IDEE&STRUMENTI

Dal catalogo Apogeo Education
Economia e discipline aziendali

Bee, Santi, *Finanza quantitativa con R*
Boldizzoni, Nacamulli (a cura di) *Oltre l'aula. Strategie di formazione nella società della conoscenza*
Baldarelli, Berlini, Carlini Cuttin, Semprini, Vignini, *Manuale di ragioneria*
Candiotto, *Analisi di bilancio con Excel*
Capodaglio, Semprini, Dangarska, *Il nuovo bilancio di esercizio*
Carapellotti, Governare l'economia 4.0
Clerici, De Pra, Salviotti, *Comunicare 2.0. Lavorare con gli strumenti del nuovo Web*
Damodaran, *Valutazione delle aziende*
Damodaran, Roggi, *Elementi di finanza aziendale e risk management*
Damodaran, Roggi, *Finanza aziendale*, 4a edizione
East, Wright, Vanhuele, *Comportamento del consumatore. Applicazioni per il marketing*
Elton, Gruber, Brown, Goetzmann, *Teorie di portafoglio e analisi degli investimenti*
Ghiringhelli, Pero, *Le PMI in Italia. Innovazione, strategie, modelli organizzativi*
Giunta, Pisani, *Il bilancio*, 3a edizione
Giunta, Pisani, *L'analisi del bilancio*
Hoffman, Bateson, Iasevoli, *Marketing dei servizi*
Kreitner, Kinicki, *Comportamento organizzativo*, 2a edizione
La Bella, *Leadership*
La Bella, Battistoni (a cura di), *Economia e organizzazione aziendale*
Lieberman, Hall, *Economia. Principi e applicazioni*
Lindstrom, *Neuromarketing. Attività cerebrale e comportamenti d'acquisto*
Luenberger, *Introduzione alla matematica finanziaria*
Luenberger, *Finanza e investimenti. Fondamenti matematici*
Lugli, *Emotions tracking. Come rispondiamo agli stimoli di marketing*
Lugli, *Neuroshopping. Come e perché acquistiamo*
Lugli, *Troppa scelta. Difficoltà e fatica dell'acquistare*
Noe, Hollenbeck, Gerhart, Wright, *Gestione delle risorse umane*, 2a edizione
Pastore, Vernuccio, *Impresa e comunicazione. Principi e strumenti per il management*
Peretti, *Marketing digitale. Scenari, strategie, strumenti*
Perloff, *Microeconomia. Teoria e applicazioni con il calcolo differenziale*
Pocci, Rotundo, De Kok, Matlab. Per le applicazioni economiche e finanziarie
Rezzani, *Big Data. Architettura, tecnologie e metodi per l'utilizzo di grandi basi di dati*
Rezzani, *Business Intelligence. Processi, metodi, utilizzo in azienda*
Winer, *Marketing management*, 2ª edizione

APOGEO education

Organizzazione aziendale

Sesta edizione

Richard L. Daft

Edizione italiana a cura di
Daniele Boldizzoni
e Raoul C.D. Nacamulli

MAGGIOLI EDITORE

Organizzazione aziendale, sesta edizione

Titolo originale
Organization Theory and Design 12th ed.

Autore
Richard L. Daft

Traduzione: Alessandro Paparelli, Elena Di Benedetto, Lorenzo Magni, Maristella Notaristefano, Giovanni Elba
Revisione: Daniele Boldizzoni, Raoul C.D. Nacamulli
Elaborazione e realizzazione delle sezioni "Uno sguardo sull'Europa": Alessandra Lazazzara
Progetto grafico e impaginazione elettronica: Fabio Gialain – Milano

Maggioli Editore è un marchio di Maggioli S.p.A.
Azienda con sistema qualità certificato ISO 9001: 2008

47822 Santarcangelo di Romagna (RN) • Via del Carpino, 8
Tel. 0541/628111 • Fax 0541/622595
www.maggiolieditore.it
e-mail: clienti.editore@maggioli.it

Finito di stampare nel mese di febbario 2017
nello Stabilimento Maggioli S.p.A.
Santarcangelo di Romagna (RN)

Sommario

Presentazione della sesta edizione italiana

Organizzazione aziendale di Richard L. Daft è un libro istituzionale che considera il complesso degli argomenti di un corso base di organizzazione aziendale. La sesta edizione italiana (corrispondente alla dodicesima statunitense) assegna particolare rilievo ai processi di innovazione organizzativa e strategica abilitati dalle tecnologie digitali. "Rivoluzione digitale" è un'espressione ombrello che indica i processi di cambiamento nei prodotti e servizi e nei sistemi produttivi dovuti alla diffusione epocale e pervasiva di macchine e dispositivi intelligenti fra loro interconnessi (*internet of things*), l'enorme ricchezza di dati disponibili sia in termini di volume che di varietà (*big data*) unita alla capacità di mettere a frutto, in tempo reale, le informazioni utilizzando metodi avanzati di analisi (*analytics*). Si può dire che con il digitale diviene concreto gran parte del mondo descritto dai film di fantascienza del secolo scorso che tematizzano l'impatto di sviluppi tecnologici epocali sulle persone, nell'economia e nella società. Infatti, lo scenario attuale e le evoluzioni probabili del futuro prossimo confermano che l'interattività è diventata una cosa della vita di tutti i giorni, le simulazioni avanzate consentono di ottimizzare i processi produttivi ed organizzativi, i lavoratori della conoscenza interagiscono con "robot umanoidi" collaborativi interconnessi e rapidamente programmabili, le stampanti in 3D sono in grado di realizzare oggetti tridimensionali, le percezioni sensoriali dei consumatori e del personale di produzione possono essere arricchite tramite le tecnologie della realtà aumentata e molto altro ancora. Tutto questo tende a spostare l'attenzione dalle economie di scala verso la flessibilità organizzativa e la customizzazione di prodotti e servizi, come principale fonte di valore aggiunto ed elemento di competitività.

Le sezioni denominate "Uno sguardo sull'Europa" – scritte appositamente da Alessandra Lazazzara per questa edizione italiana – comprendono anche il caso Tetra Pak, che mette in evidenza i processi di trasformazione organizzativa indotti dalla rivoluzione tecnologica dell'industria 4.0 nel settore manifatturiero. In Europa l'industria 4.0 è partita prima in Germania ma si è avviata, subito dopo, anche in Svezia, dove ha sede la casa madre di Tetra Pak, per poi arrivare anche negli altri Paesi europei, fra cui l'Italia. Un altro caso considerato, che testimonia la singolarità degli sviluppi tecnologici in corso ed i processi di trasformazione digitale nel mondo del service management, è Reale Mutua, un'azienda italiana attiva nell'assicurazione danni, auto, vita e previdenza che sta mettendosi alla prova con l'utilizzo dei big data per potenziare la razionalità dei propri processi di decisione nel ramo auto. Dai casi europei considerati nell'intero volume emerge poi un quadro complessivo che sottolinea l'importanza dell'imprinting istituzionale (la storia, la cultura, i sistemi di governance, le piattaforme infrastrutturali) per interpretare gli specifici tratti evolutivi delle imprese europee. Tuttavia, anche le aziende del vecchio continente risultano esposte alle forze della globalizzazione, che nell'epoca attuale operano in maniera particolarmente intensa. Quindi, anche da noi in Europa si manifesta un processo di "glocalizzazione", secondo cui l'agire complementare delle pressioni di difformità locale e di quelle di omogeneizzazione globale generano processi originali di sviluppo internazionale, specifici modelli organizzativi e particolari pratiche di management.

Il volume sottolinea come le imprese di maggiore successo sono quelle che mostrano dei buoni risultati complessivi: sono primatiste quelle aziende che hanno ottenuto buone affermazioni non solo sul piano economico e finanziario, ma pure rispetto ad altri fattori quali la qualità, il grado d'innovazione dei prodotti e servizi, l'equità organizzativa e le competenze del personale, l'eccellenza manageriale e la responsabilità sociale. Ne consegue che per comprendere i processi di sviluppo delle imprese bisogna partire non solo e non tanto dalla constatazione che la direzione del progresso strategico e organizzativo aziendale risulta segnata dalla natura delle opportunità presenti nell'ambiente competitivo di riferimento, quanto dalla considerazione che il successo dipende soprattutto dal patrimonio di competenze distintive accumulato nel tempo dall'organizzazione. È in questa prospettiva che risulta interessante mettere in risalto come la classifica delle "aziende più ammirate", compilata annualmente dalla rivista *Fortune*, risulta essere costantemente capeggiata, negli ultimi anni, da Apple. Quindi, secondo i CEO interpellati da *Fortune*, Apple continua ad avere successo a livello mondiale non solo perché si è dimostrata in grado di rispondere positivamente alle attese dei propri azionisti, ma soprattutto perché è stata capace di sviluppare delle strategie competitive coerenti e innovative di lungo termine e, attraverso queste, di rispondere alle attese dei consumatori e degli altri stakeholder. In questo modo Apple si è dimostrata in grado sia di elaborare e mettere a punto nuovi concept di prodotto come l'iPhone e l'iPad, sia, attraverso di essi, di generare modelli di relazioni sociali e stili di vita differenti. Insomma, essere un'azienda con una buona reputazione significa oggi sia avere buoni risultati economici e finanziari, sia risultare capaci di sviluppare dei processi d'innovazione frutto d'investimenti coerenti sulle risorse materiali e immateriali. In definitiva le aziende con buona reputazione rappresentano una storia di promesse mantenute e di azioni perseguite nel tempo, ossia debbono essere in grado di produrre e raccontare un modo di agire che faccia perno sulla coerenza fra quanto dichiarato e i comportamenti effettivamente praticati.

La seconda nella graduatoria delle "aziende più ammirate" è Alphabet, che comprende oltre alla celeberrima Google (Android, Search, You Tube, Apps, Maps e Ads) anche altre imprese focalizzate su competenze distintive ed opportunità di sviluppo basate su know how disciplinari differenti quali: le biotecnologie, la biogenetica, la bioinformatica, le nanotecnologie, la medicina e le neuroscienze. Google, l'azienda più conosciuta di Alphabet, è caratterizzata da un forte orientamento al servizio e deve il proprio successo anche all'essere riuscita a conservare alcuni tratti fondamentali della propria cultura di "start up", pur essendo divenuta ormai un'organizzazione grande e consolidata. Elementi caratteristici della cultura di Google sono l'ambiente di lavoro informale, il contesto di design interno esteticamente piacevole, la flessibilità operativa, la forte enfasi sui simboli e sugli artefatti culturali e la rilevanza del lavoro di gruppo. Anche per Google la buona performance ottenuta è il risultato del rapporto coerente e continuativo nel tempo fra il modello interno di coinvolgimento delle risorse umane e gli impegni presi nei confronti degli stakeholder esterni. La terza azienda più ammirata nella graduatoria di *Fortune* è Amazon, una piattaforma di commercio online che, a partire dagli anni Novanta del secolo scorso, ha saputo sviluppare costantemente la propria proposizione di valore e la propria reputazione all'insegna dell'utilizzo sempre più evoluto della tecnologia digitale per sostenere l'orientamento verso il cliente, l'allargamento del portafoglio prodotti, la convenienza di prezzo e la flessibilità e velocità di consegna (si pensi ad Amazon Prime).

Tutto questo puntando sulla sempre maggiore articolazione ed efficienza della propria infrastruttura logistica, sia direttamente che attraverso lo sviluppo di partnership locali.

Nel testo accanto ad esempi aziendali vengono considerate in modo esteso anche le organizzazioni nonprofit, che sono differenti rispetto a quelle profit sul versante di finalità e comportamenti, ma spesso hanno anche significativi aspetti di convergenza riguardo alla complessità delle sfide organizzative e gestionali che debbono affrontare. Sono poi esaminati anche i recenti sviluppi dell'economia della condivisione (*sharing economy*) che vede il capitale sociale fondato sulla reputazione e sulla fiducia avere uguale peso di quello finanziario. Le protagoniste di questo settore emergente sono le "aziende piattaforma" quali Uber, che mette in contatto per il tramite di una App chi ha bisogno di un passaggio in macchina con chi dispone di un'auto, e Airbnb, che mette in relazione persone alla ricerca di un alloggio con chi ha uno spazio abitativo adeguato disponibile. Ulteriori argomenti trattati sono: il rapporto fra teorie, ricerche organizzative e management, i processi decisionali e i processi di risoluzione dei conflitti, gli elementi fondamentali della struttura organizzativa, i sistemi d'integrazione, gli obiettivi strategici e le architetture organizzative, i fabbisogni di coerenza fra gli scenari competitivi, gli assetti organizzativi e interorganizzativi.

L'intero volume risulta costruito all'insegna del concetto di "innovazione aperta", secondo cui lo sviluppo delle discipline organizzative non può derivare da un "*loop* incestuoso" fra risultati di ricerche svolte solo da accademici, ma deve essere il frutto di una pluralità di apporti diversificati provenienti sia dalla teoria che dalla pratica, sia dal mondo accademico che da quello operativo. C'è del vero nella celebre frase "non c'è nulla di più pratico di una buona teoria". D'altra parte è altrettanto vero che il linguaggio formale delle teorie organizzative è divenuto sempre più sofisticato e distante da quello della pratica. Ne consegue che, molto spesso, il primo riesce a influenzare direttamente il mondo dei manager assai meno dei libri che distillano, in maniera comprensibile e accattivante, esperienze, casi e buone prassi manageriali. D'altra parte, ritornando alle origini delle storie dell'organizzazione aziendale e del management, questo fenomeno non appare casuale: tali discipline sono nate come un portato di esperienze e di "buone soluzioni" elaborate in prima persona da manager e capi azienda per far fronte a sfide e a problemi ricorrenti nella pratica di un dato contesto storico. Certo è che nella disciplina dell'organizzazione aziendale anche la teoria conta e quindi non va sottovalutata. Si pensi, ad esempio, all'apporto di Herbert A. Simon, premio Nobel per l'economia, filosofo della scienza, padre dell'intelligenza artificiale e, soprattutto, importante esponente della disciplina dell'organizzazione, al quale si deve il concetto seminale di razionalità limitata e di soluzione soddisfacente, che ha consentito, tra l'altro, lo sviluppo dell'*organizational design*. E ancora, l'apporto di Ronald H. Coase, anch'egli premio Nobel, al quale si deve la genesi dei concetti attraverso i quali può essere valutata comparativamente l'efficienza delle differenti forme di organizzazione, avendo particolare riguardo ai confini di ciascuna organizzazione e alle relazioni inter organizzative. Tali schemi di riferimento sono stati successivamente sviluppati e raffinati da Oliver E. Williamson, secondo il quale sia i meccanismi di mercato sia quelli organizzativi (l'organizzazione interna, la gerarchia) sono intercambiabili ma hanno ciascuno una capacità di coordinamento specifica e limitata. Ne consegue che risulta necessario ovviare a una doppia miopia: quella della teoria dell'organizzazione, che sostiene la superiorità assoluta in termini di capacità di coordinamento dell'organizzazione interna, e quella dell'economia, che si fonda sul primato organizzativo della "mano invisibile" del mercato. Anche a Williamson è stato assegnato nel 2009 il premio Nobel per l'economia in compartecipazione a Elinor

Ostrom, una scienziata eclettica che ha costruito e sviluppato una sorta di terza via fra mercato e gerarchia volta a superare la cosiddetta "tragedia dei beni comuni", vale a dire di quei beni (le foreste, gli oceani, l'aria che respiriamo) che, non appartenendo formalmente a nessuno, sono liberamente accessibili e anche saccheggiabili da ciascuno. Un bene comune è anche la conoscenza: i "knowledge common" assumono particolare rilevanza nell'era d'internet entro cui le risorse conoscitive possono essere gestite e sviluppate da comunità di utilizzatori, così come accade nel caso di Wikipedia. Dunque, nel campo organizzativo la conoscenza nasce e si sviluppa come operazione di sintesi fra la teoria e la pratica, fra gli schemi concettuali e i casi concreti. Più precisa mente, come afferma in modo magistrale Ikujiro Nonaka, "la conoscenza organizzativa è 'contestualmente situata' poiché dipende da spazio e tempo specifici e nasce dalla continua dialettica fra esperienze pratiche e processi attraverso i quali esse vengono socializzate e condivise per essere trasformate in principi e metodologie e poi esplicitate, vale a dire teorizzate"[1]. A ulteriore riprova di ciò si pensi, ad esempio, all'esperienza biografica di Frederick Taylor e alla teoria della direzione scientifica del lavoro; alla storia personale di Henri Fayol, che porta alla teorizzazione del fabbisogno di passaggio da "un uomo solo al comando" verso il gruppo dirigente specializzato per funzioni manageriali e alla conseguente struttura organizzativa funzionale. E ancora, alla storia di Alfred P. Sloan che precisa, sulla scorta dell'esperienza vissuta alla guida della General Motors, il concetto d'imprenditorialità interna, suggerendo il passaggio dalla forma organizzativa federata verso il modello organizzativo multi-divisionale o "M-form"; e, ancora e più recentemente, alla vicenda di Taiichi Ohno che, facendo tesoro del caso specifico dell'evoluzione della Toyota a fronte di sfide difficili e particolari, giunge al modello concettuale della "*lean organization*" oggi continuamente rielaborato e raffinato. L'importanza della dialettica continua della pratica con la teoria e della teoria con la pratica appare ancora maggiore in periodi come quelli attuali, caratterizzati da alta volatilità ambientale, da intensi processi d'internazionalizzazione e globalizzazione e dalla presenza pervasiva delle tecnologie dell'informazione e della comunicazione nell'industria e nei servizi. Infatti, specie nell'epoca attuale, lo spartiacque fra teoria e pratica organizzativa può essere colmato solo attraverso un processo di apprendimento continuo, che implichi la costante individuazione di casi esemplari e la riflessione su di essi alla luce delle teorie, al fine di produrre delle sintesi, per forza solo provvisorie.

In quest'ottica, i casi forniscono delle "tracce" utili a individuare quali siano i problemi davvero rilevanti, le modalità possibili e profittevoli per risolverli e le lezioni che possono risultare d'interesse in chiave più generale. Si può trattare di "case history" molto note e che hanno fatto e continuano a fare scuola, come quelle di Starbucks, IBM o Procter & Gamble, oppure di situazioni rilevanti affrontate da aziende assai meno note o addirittura sconosciute al largo pubblico. È proprio Richard Daft che in un articolo pubblicato su Academy of Management Journal insiste sulla necessità di superare il divario fra teoria e pratica realizzando una sorta di "corto circuito" fra i due domini, sia sul piano della creazione che su quello della diffusione di conoscenze manageriali. Questo monitorando sia il mondo dei manager e dei professionisti sia quello degli accademici, allo scopo di sviluppare sinergie fra la "rilevanza" della pratica e il "rigore" delle teorie[2] . Il suo libro di testo si sviluppa proprio in questa direzione, volendo superare sia la trappola di riferirsi

---

1 Nonaka I., "The knowledge-creating company", Harvard Business Review, novembre-dicembre 1991, 96-104.

2 Daft R. (con Rynes S.L. e Bartunek J.M.), "Across the Great Divide: Knowledge Creation and Transfer between Practitioners and Academics", Academy of Management Journal, 2001, Vol. 44.

soltanto alle teorie per divenire (in maniera più o meno mascherata) un ennesimo libro di storia del pensiero organizzativo, sia quella di presentarsi come una collezione disarticolata di casi ed esempi trainati dalla moda, dal gusto e dalla retorica in assenza di teorie in grado di rinvigorirli.

Dunque, in *Organizzazione aziendale* i casi e gli esempi pratici, le teorie organizzative e le buone prassi manageriali sono valorizzati in maniera sinergica e sistemica allo scopo: a) di situare la teoria avendo riferimento al contesto di casi e di problemi definiti, facilitando l'apprendimento di concetti e di strumenti a studenti privi di esperienza, collegando l'esposizione anche a situazioni e contesti di riferimento dati; b) di facilitare un processo di "fertilizzazione incrociata" fra casi e teoria agli studenti dei corsi avanzati, ai manager e ai professionisti, proponendo delle chiavi di lettura e un metodo che faciliti anche la valorizzazione delle esperienze organizzative da loro vissute in prima persona. È vero che, a prima vista, il libro di Richard Daft appare scritto in primo luogo per gli studenti d'oltreoceano e ci si può legittimamente domandare se la prospettiva che ne scaturisce abbia la stessa validità al "centro" e nelle "periferie" dell'impero. Tuttavia, sebbene sia un testo americano, esso tratta una disciplina che si è sviluppata non solo negli Stati Uniti, ma anche in Europa e in altri Paesi, fra cui principalmente il Giappone: infatti l'idea di organizzazione nasce dapprima in Europa, insieme all'idea di modernità, intesa come capacità di far fronte a un ambiente in mutamento. È Max Weber il principale capostipite della teoria organizzativa che analizza storicamente le interrelazioni fra economia, società, spirito e strutture del capitalismo moderno. Sebbene la questione burocratica rimanga ancora oggi – a distanza di più di un secolo – un caposaldo della teoria organizzativa, molte delle idee sottostanti si traducono in pratica su larga scala non in Europa, ma oltre oceano. È in America che si sviluppano l'industrialismo e il fordismo, che nasce simbolicamente nel 1914, quando Henry Ford introduce la giornata di lavoro di otto ore a cinque dollari per gli operai della catena di montaggio per la produzione di automobili a Dearden, nel Michigan. Sempre in America nasce e opera in quel periodo Frederick Winslow Taylor, il fondatore del movimento della direzione scientifica del lavoro, al quale si attribuisce la prima definizione di management. Secondo Taylor l'esercizio del management implica una nuova ripartizione di responsabilità tra direzione e mano d'opera e consiste in una rivoluzione mentale resa possibile dall'applicazione della scienza allo svolgimento dei processi produttivi. Ancora, malgrado l'idea di suddivisione dell'organizzazione in gruppi specialistici funzionali (la produzione, il marketing, l'amministrazione ecc.) sia stata originata nella prima parte del Novecento nel vecchio continente dal francese Henri Fayol, le strutture multidivisionali per gruppi di prodotti e di mercati si sviluppano anzitutto negli Stati Uniti e lì vengono studiate in modo sistematico da Alfred Chandler, per essere contestualizzate nel modello "strategia e struttura". D'altra parte, sebbene la "progettazione organizzativa sistemico-contingente" sia nata nella seconda metà del Novecento in Europa con il lavoro sui "sistemi meccanici e organici" di Tom Burns e G.M. Stalker, essa viene ripresa da Paul Lawrence e Jay Lorsch ad Harvard per essere raffinata e sviluppata magistralmente.

In ogni modo, sebbene esista da tempo l'Unione Economica Europea, ancora oggi risulta difficile distinguere i caratteri sociali, culturali e istituzionali specifici comuni al complesso della società europea occidentale. Questo mentre divengono più intense e minacciose le spinte centrifughe inaugurate dal Brexit: il percorso d'uscita della Gran Bretagna dall'Europa Unita. Risultano, invece, più chiare le identità e i tratti istituzionali dei differenti capitalismi europei: quello anglosassone, quello renano, quello scandinavo e quello latino (si vedano le sezioni "Uno sguardo sull'Europa"). Inoltre bisogna rilevare come fin dagli anni Ottanta del secolo scorso il centro dell'innovazione organizzativa si sia spostato dall'America verso il continente asiatico: è infatti in Giappone che si sviluppano i modelli organizzativi più nuovi, vale a dire quelli che, secondo Benjamin Coriat, sono accomunati da un "pensiero costruito all'inverso" rispetto a quello tradizionale[3]. In questo territorio si sviluppano nuovi concetti organizzativi, fra cui in particolare quello di "rapporti interorganizzativi" fra competizione e collaborazione. Il riferimento è alla maggiore "porosità" dei confini fra organizzazioni che tendono non solo a competere ma pure a tessere alleanze. Ne consegue lo sviluppo di rapporti di partnership fra organizzazioni di "natura ibrida", ossia sostenuti non solo da regole e procedure, ma anche da rapporti di mercato e da relazioni sociali fiduciarie. Certo non si può non rammentare che negli anni Ottanta del secolo scorso proprio il nostro Paese appariva essere, secondo il punto di vista di Richard Sabel e Michael Piore del Massachusetts Institute of Technology, non una provincia, ma il luogo di elezione del sistema di "specializzazione flessibile", ossia di una formula organizzativa di successo alternativa che poteva essere esportata fruttuosamente in altri contesti. Il caso esemplare era dato dal tessuto economico e organizzativo della "Terza Italia" (quella che non appartiene né al triangolo industriale né al Mezzogiorno), fatto di sistemi locali a economia diffusa entro cui risultavano protagoniste le interrelazioni fra variabili economiche e variabili sociali. Questo consentendo di orientare i processi produttivi verso una "produzione customizzata" tramite macchine flessibili (general purpose) e lavoratori qualificati, superando l'approccio "fordista tradizionale americano" orientato a prodotti standard ottenuti attraverso macchine speciali (dedicate rispetto al prodotto) e lavoratori semiqualificati. Oggi, questa situazione appare essere profondamente mutata: infatti, come afferma Suzanne Berger, anch'essa del Massachusetts Institute of Technology, "le conseguenze dei cambiamenti intervenuti nel sistema produttivo si stanno ancora dispiegando, ma alcune di esse appaiono in netto contrasto con i modelli di organizzazione della produzione preesistenti [centrati sul mercato locale]. Innanzitutto, in molti settori si possono creare imprese di successo che gestiscono una sola funzione o pochissime funzioni. Inoltre la rivoluzione modulare ha creato una maggiore uguaglianza tra aziende che operano in diversi punti del processo produttivo"[4]. In altri termini, come già a suo tempo sottolineato da Adam Smith, le opportunità offerte dal miglioramento dei sistemi di trasporto e della logistica e quelle che nascono dalle nuove tecnologie allargano il mercato e favoriscono la divisione del lavoro fra imprese e la loro specializzazione nell'arena competitiva[5]. Ciò consente lo sviluppo di fornitori globali specializzati e qualificati in singoli anelli della catena del valore, che si relazionano con altri che operano nel mercato globale. Come si è accennato, un effetto moltiplicatore di questo trend consiste nel processo di "modularizzazione" della produzione. In altre parole, la tendenza in atto appare quella di basarsi su un'architettura a moduli sia nei processi che nei prodotti, il che equivale a riferirsi a essi come se fossero delle componenti di un "gioco del Lego". Questo modo di procedere consente, da un lato, di conseguire economie di scala, di gamma e di apprendimento, e dall'altro, di rendere meno complesso il processo di integrazione fra i vari anelli della catena di fornitura. Questa tendenza, per quanto riguarda il nostro Paese, ha causato il declino dell'assetto organizzativo tradizionale dei distretti del "Made in Italy",

---

3 Coriat B., *Penser à l'envers*, Bourgois Éditeur, 1991.

4 Berger S. e Industrial Performance Center MIT, *How we compete: What Companies Around the World Are Doing to Make it in Today's Global Economy*, Doubleday Publishing, 2005.

5 Smith A., *An Inquiry into the Nature and Causes of the Wealth of Nations*, 1776.

la conseguente loro ristrutturazione, in taluni casi la loro rivitalizzazione in altra forma, in altri casi la loro scomparsa a causa della delocalizzazione nei Paesi emergenti a basso costo del lavoro di alcune, molte o della globalità delle fasi dei processi produttivi. Oggi dalla realtà italiana dei distretti sono, in molti casi, emerse aziende capaci di competere sui mercati internazionali restando piccole e flessibili (le multinazionali tascabili), avendo saputo praticare processi di crescita per linee esterne e ricorrendo a modelli organizzativi innovativi "a network".

Quindi, nel contesto italiano come in quello della generalità dei Paesi sviluppati, sono premiati modelli organizzativi evoluti, centrati su strategie di differenziazione e di qualificazione tecnologica.

In conclusione, *Organizzazione aziendale* è riuscito, edizione dopo edizione, a riflettere e interpretare magistralmente i cambiamenti del mondo delle organizzazioni, per diventare, anche in Italia, un libro istituzionale classico, pur non essendo certo un libro tradizionale e conservatore. Al contrario, esso si caratterizza come sintesi aggiornata degli schemi di riferimento concettuali delle teorie dell'organizzazione classiche ed emergenti, collegate esplicitamente a casi concreti significativi continuamente scelti e rinnovati in base alla loro capacità di trasferire le nuove idee e i nuovi stimoli che contraddistinguono l'era attuale.

Raoul C. D. Nacamulli
Daniele Boldizzoni

Prefazione

Nel realizzare la dodicesima edizione di Organization Theory and Design mi sono posto l'obiettivo di integrare i problemi attuali della progettazione organizzativa con idee e teorie significative, in un modo che potesse essere interessante per gli studenti, gli operatori aziendali e i consulenti che vogliono approfondire la materia.

In questa edizione il testo è stato aggiornato ai risultati più recenti del dibattito teorico; inoltre sono stati aggiunti nuovi casi aziendali, nuovi e numerosi esempi e nuovi riferimenti bibliografici.

La ricerca empirica e la teoria organizzativa sono in costante evoluzione e offrono importanti intuizioni per la comprensione del mondo delle organizzazioni e la soluzione di problemi reali.

La mia missione in questo libro consiste nel combinare i concetti e i modelli prodotti dalla teoria organizzativa con gli esempi offerti da una realtà continuamente mutevole, per offrire ai lettori la visione più aggiornata della progettazione organizzativa.

Molti concetti sono stati aggiunti o ampliati in questa edizione. In particolare, si può trovare nuovo materiale sui seguenti argomenti: la crescente complessità dell'ambiente organizzativo, il social business, l'analitica dei big data (big data analytics), l'organizzazione ibrida e gli obiettivi conflittuali, la sostenibilità, la necessità della collaborazione, l'analisi dei social network, la quasi-razionalità nel campo dei processi decisionali, il processo decisionale e le trappole cognitive che i manager dovrebbero evitare, le fasi della innovazione radicale, la fabbrica intelligente e i recenti sviluppi della produzione manifatturiera, i contesti innovativi e il crowdsourcing, le tipologie di relazioni di dipendenza dalle risorse, la decentralizzazione radicale e la progettazione di organizzazioni "senza capi", il capitalismo consapevole e, infine, i team globali (gruppi di lavoro internazionali) per far fronte alla tensione fra la necessaria uniformità globale e la reattività locale.

Organizzazione del testo

In ciascun capitolo, la presentazione dei concetti e dei modelli teorici è arricchita e sostenuta da numerosi apparati pedagogici.

Organizzare le imprese: qual è la vostra opinione? Prima di tutto, in apertura del capitolo viene chiesto ai lettori di esprimere la propria opinione in merito a tre affermazioni collegate agli argomenti che verranno trattati, dichiarandosi in accordo o in disaccordo. Nel seguito del capitolo tre riquadri "Confrontate la vostra opinione" riprendono le affermazioni iniziali, permettendo di verificare la "correttezza" delle opinioni espresse alla luce della teoria organizzativa e dei risultati empirici disponibili.

Profilo personale. I riquadri denominati "Profilo personale" propongono un breve questionario riguardante le caratteristiche e le preferenze personali del lettore, fornendo brevi indicazioni sui contesti organizzativi e le situazioni lavorative in cui queste potrebbero inserirsi più facilmente.

Segnalibro. I "Segnalibro" sono brevi recensioni di opere pubblicate negli ultimi anni che riflettono temi attuali di interesse per i manager e descrivono i diversi modi in cui le aziende cercano di affrontare le sfide di un ambiente competitivo incerto e mutevole.

In pratica. Questi brevi casi, ricorrenti in ciascun capitolo, servono a illustrare in contesti reali i concetti teorici presentati.

Riepilogo e interpretazioni. Questa sezione, al termine di ciascun capitolo, collega i principali concetti presentati nelle pagine precedenti al contesto più ampio della teoria organizzativa.

Punti chiave. Posti anch'essi a fine capitolo, questi brevi richiami forniscono alcune linee guida per applicare i concetti teorici appresi nell'analisi di un caso concreto o nella gestione di un'organizzazione.

Ringraziamenti

La scrittura di un libro di testo è un'impresa collettiva; la dodicesima edizione di *Organization Theory and Design* racchiude le idee e il lavoro di molte persone, alle quali va la mia gratitudine. I revisori del testo e i partecipanti ai focus group organizzati dall'editore hanno dato un contributo particolarmente rilevante, apprezzando alcune caratteristiche del testo, criticandone altre e fornendo utili suggerimenti.

David Ackerman
University of Alaska, Southeast
Kristin Backhaus
SUNY New Paltz
Michael Bourke
Houston Baptist University
Suzanne Clinton
Cameron University
Pat Driscoll
Texas Woman's University
Jo Anne Duffy
Sam Houston State University
Cheryl Duvall
Mercer University
Allen D. Engle, Sr.
Eastern Kentucky University
Patricia Feltes
Missouri State University
Robert Girling
Sonoma State University
Yezdi H. Godiwalla
University of Wisconsin-Whitewater
John A. Gould
University of Maryland
George Griffin
Spring Arbor University
Leda McIntyre Hall
Indiana University, South Bend
Ralph Hanke
Pennsylvania State University
Bruce J. Hanson
Pepperdine University
Thomas Head
Roosevelt University
Patricia Holahan
Stevens Institute of Technology
Jon Kalinowski
Minnesota State University, Mankato
Guiseppe Labianca
Tulane University
Jane Lemaster
University of Texas–Pan American
Kim Lukaszewski
SUNY New Paltz
Steven Maranville
University of Saint Thomas

Rick Martinez
Baylor University
Ann Marie Nagye
Mountain State University
Janet Near
Indiana University
Julie Newcomer
Texas Woman's University
Frank Nolan
Liberty University
Asbjorn Osland
George Fox University
Laynie Pizzolatto
Nicholls State University
Paula Reardon
State University of New York, Delhi
Samantha Rice
Abilene Christian University
Richard Saaverda
University of Michigan
W. Robert Sampson
University of Wisconsin, Eau Claire
Amy Sevier
University of Southern Mississippi
W. Scott Sherman
Pepperdine University
Marjorie Smith
Mountain State University
R. Stephen Smith
Virginia Commonwealth University
Filiz Tabak
Towson University
Thomas Terrell
Coppin State College
Jack Tucci
Southeastern Louisiana University
Renee Tyre
Wilmington University
Isaiah Ugboro
North Carolina A&T State University
Warren Watson
University of North Texas
Richard Weiss
University of Delaware
Judith White
Santa Clara University
Jan Zahrly
University of North Dakota

Ho un particolare debito di gratitudine con alcuni amici e colleghi della Vanderbilt Owen School (Bruce Barry, Rich Oliver, David Owens, Ty Park, Ranga Ramanujam e Bart Victor) per gli stimoli intellettuali e i commenti forniti. Devo anche ringraziare in modo particolare il rettore Eric Johnson e il vice-rettore Sal March, che mi hanno concesso il tempo e le risorse per mantenermi aggiornato sulla letteratura scientifica in tema di progettazione organizzativa e per preparare la nuova edizione del libro.

Voglio esprimere un ringraziamento particolare alla mia collaboratrice editoriale Pat Lane; si deve al suo entusiasmo e alla sua attenzione ai contenuti se questa dodicesima edizione mantiene il livello di eccellenza delle edizioni precedenti. Ringrazio anche DeeGee Lester per il suo lavoro competente e creativo sulle bozze.

Anche il team di lavoro alla Cengage Learning merita una menzione speciale: Scott Person ha fatto un encomiabile lavoro di progettazione e ha dato preziosi suggerimenti per i miglioramenti. Suzanne Wilder e Josh Wells sono eccellenti collaboratori che hanno gestito il team e mantenuto il progetto in linea con i tempi previsti, oltre a risolvere i problemi in modo intelligente e rapido. Jennifer Ziegler e Joseph Malcolm hanno coordinato brillantemente il progetto e con talento e competenza hanno fatto in modo che il volume venisse completato in tempo. Emily Horowitz, Kristen Hurd e Christopher Walz, Marketing Coordinator, hanno offerto il loro supporto e la loro creatività oltre a una grande conoscenza del mercato.

Infine, voglio riconoscere l'amore e il sostegno delle mie figlie, Danielle, Amy, Roxanne, Solange e Elizabeth, e del mio nuovo nipote, Nelson, che rende la mia vita speciale durante il prezioso tempo passato insieme.

Richard L. Daft
Nashville, Tennessee
Gennaio 2015

Autore

Richard L. Daft, Ph.D., è Brownlee O. Currey, Jr., Professor of Management alla Owen Graduate School of Management della Vanderbilt University. Il professor Daft si è particolarmente impegnato nello studio della teoria organizzativa e della leadership. È membro della Academy of Management e ha fatto parte dei comitati editoriali delle riviste *Academy of Management Journal, Administrative Science Quarterly* e *Journal of Management Education*; è stato condirettore di *Organization Science* e *Administrative Science Quarterly*.

È autore o coautore di 13 libri, tra i quali The Executive and the Elephant: A Leader's Guide to Building Inner Excellence (Jossey-Bass 2010), *Management* (Cengage/South-Western, 2012), *The Leadership Experience* (Cengage/South-Western, 2011), *What to Study: Generating and Developing Research Questions* (Sage, 1982) e *Fusion Leadership: Unlocking the Subtle Forces That Change People and Organizations* (Berrett-Koehler, 2000, con Robert Lengel). Ha pubblicato articoli su *Administrative Science Quarterly, Academy of Management Journal, Academy of Management Review, Organizational Dynamics, Strategic Management Journal, Journal of Management, Accounting Organizations and Society, Management Science, MIS Quarterly, California Management Review* e *Organizational Behavior Teaching Review*.

Il professor Daft è anche assai attivo come docente e consulente. Ha tenuto corsi di management, leadership, cambiamento organizzativo, comportamento organizzativo e teoria organizzativa. Ha partecipato ad attività di consulenza e sviluppo manageriale per numerose aziende e organizzazioni, tra le quali Allstate Insurance, American Banking Association, Bell Canada, Bridgestone, National Transportation Research Board, NL Baroid, Nortel, TVA, Pratt & Whitney, State Farm Insurance, Tenneco, Tennessee Emergency Pediatric Services, Aeronautica degli Stati Uniti, Esercito degli Stati Uniti, J.C. Bradford & Co., Central Parking System, USAA, United Methodist Church, Entergy Sales and Service, Bristol-Myers Squibb, First American National Bank e Vanderbilt University Medical Center.

PARTE I

Organizzazione e management

Organizzazioni e progettazione organizzativa

1

ORGANIZZARE LE IMPRESE:
qual è la vostra opinione?

Prima di leggere il presente capitolo, indicate qual è la vostra opinione in merito a ciascuna delle seguenti affermazioni:

1 Un'organizzazione può essere compresa principalmente considerando le persone che ne fanno parte.

D'ACCORDO ☐ IN DISACCORDO ☒

2 Il compito principale dei dirigenti di una organizzazione è conseguire la massima efficienza.

D'ACCORDO ☐ IN DISACCORDO ☒

3 La principale priorità del management è assicurarsi che l'organizzazione sia ben progettata.

D'ACCORDO ☒ IN DISACCORDO ☐

Uno sguardo da vicino: Xerox Corporation

La Xerox Corporation si è creata la propria reputazione con le macchine fotocopiatrici. In un passato non ancora remoto l'azienda sembrava cavalcare la cresta dell'onda, i suoi profitti crescevano rapidamente, così come il valore delle sue azioni, e la sua nuova linea di fotocopiatrici/ stampanti computerizzate era tecnologicamente superiore ai prodotti rivali. A meno di due anni dal lancio di tali prodotti, però, molti iniziarono a esprimere i propri dubbi sulla sopravvivenza dell'azienda un tempo tanto ammirata. Si considerino i seguenti avvenimenti nella storia recente della Xerox.

- Le vendite e i profitti precipitarono quando i rivali raggiunsero il livello tecnologico delle macchine digitali di più alta qualità della Xerox, offrendo prodotti analoghi a prezzi inferiori.
- Le perdite della Xerox per l'anno di apertura del ventunesimo secolo ammontavano a 384 milioni di dollari e l'azienda continuava a essere in rosso; i debiti salirono a 18 miliardi di dollari.
- Il titolo crollò da $ 64 a soli $ 4, fomentando i timori che l'azienda presentasse istanza di protezione federale per bancarotta. Nel corso di diciotto mesi la Xerox perse 38 miliardi di dollari in ricchezza degli azionisti.
- Ventunomila lavoratori persero il posto, con conseguente abbassamento del morale e riduzione del senso di fedeltà dei dipendenti rimanenti. Vennero persi anche i clienti principali, a causa di una ristrutturazione che collocò gli agenti di vendita in territori non familiari e sconvolse i sistemi di fatturazione, portando a una confusione generale e a frequenti errori.

Che cosa era successo alla Xerox? Il deterioramento dell'azienda è una classica storia di errori e declino organizzativi. Sebbene la Xerox sembrasse precipitare quasi all'improvviso, i problemi dell'azienda erano legati a una serie di errori organizzativi susseguitisi per diversi anni.

La Xerox fu fondata nel 1906 come Haloid Company, un'azienda che produceva carta fotografica e che sviluppò la prima fotocopiatrice xerografica del mondo, commercializzata nel 1959. Senza alcun dubbio, la fotocopiatrice "914" fu un pozzo di denaro. Fino agli inizi degli anni Settanta, quando venne ritirata, la 914 era il prodotto industriale più venduto di tutti i tempi e il nuovo nome dell'azienda, Xerox, venne inserito nel dizionario come sinonimo di "fotocopiare". Tuttavia, come molte organizzazioni redditizie, la Xerox divenne vittima del proprio successo. Sicuramente i dirigenti sapevano che l'azienda doveva andare oltre le fotocopiatrici per sostenere la propria crescita, ma trovarono difficile guardare oltre il 70 per cento di margine di profitto lordo della 914.

Il centro di ricerca della Xerox, Palo Alto Research Center (PARC), fondato nel 1970, guadagnò fama mondiale nel campo dell'innovazione. Molte delle tecnologie più rivoluzionarie nel settore dell'informatica, tra cui il personal computer, l'interfaccia utente grafica, Ethernet e la stampante laser, nacquero al PARC. Ma la burocrazia della fotocopiatrice, o *Burox*, come venne chiamata, rese i leader della Xerox ciechi dinnanzi all'enorme potenziale di tali innovazioni. Mentre la Xerox progrediva con lentezza vendendo fotocopiatrici, alcune aziende più giovani, più piccole e più affamate stavano sviluppando le tecnologie PARC in prodotti e servizi enormemente redditizi.

Nel 1982 la quota di mercato della Xerox era scesa dal 95 per cento al 13 per cento e, in mancanza di nuovi prodotti che le consentissero di recuperare la differenza, l'azienda dovette impegnarsi duramente per ridurre i costi e riconquistare la quota di mercato convertendosi alle tecniche di stile giapponese e al total quality management. Grazie alla forza delle sue capacità dirigenziali, entro il 1990 l'amministratore delegato David Kearns riuscì a riorganizzare le truppe e ringiovanire l'azienda – ma anche a collocarla sulla rotta del futuro disastro. Avvertendo l'esigenza di diversificazione, Kearns spostò l'azienda nel campo dei servizi assicurativi e finanziari. Quando gli subentrò Paul Allaire nel 1990, il bilancio della Xerox riportava nel settore assicurativo poste negative di bilancio per miliardi di dollari.

L'ingresso nell'era digitale. Allaire avviò saggiamente un piano metodico e graduale per liberare la Xerox dal business dei servizi assicurativi e finanziari. Contemporaneamente implementò una strategia mista di riduzione dei prezzi e introduzione di nuovi prodotti per riavviare l'azienda tradizionale. La Xerox ebbe successo con una linea di stampanti digitali e nuove fotocopiatrici digitali ad alta velocità, ma commise un grave errore sottostimando la minaccia della stampante da tavolo.

Le stampanti da tavolo, insieme a un aumento dell'uso di Internet e della posta elettronica, ebbero forti ripercussioni sulle vendite di fotocopiatrici da parte della Xerox. Non vi era la necessità di fare tante fotocopie, ma occorrevano modalità nuove ed efficaci per la creazione e condivisione dei documenti. Rinominando la Xerox "The Document Company", Allaire entrò nell'era digitale, sperando di riplasmare la Xerox secondo il modello della ringiovanita IBM, per offrire non solo "scatole (macchine)", ma soluzioni di gestione dei documenti.

Sempre in linea con la sua strategia, Allaire scelse Richard Thoman, che era allora il braccio destro di Louis Gerstner all'IBM, come suo successore. Presso la Xerox Thoman divenne responsabile di un settore, direttore generale e infine amministratore delegato nella speranza che l'azienda potesse riconquistare la statura dei suoi anni gloriosi. Solo tredici mesi più tardi, poiché i ricavi e il prezzo del titolo continuavano a scendere, venne licenziato da Allaire, che era rimasto presidente della Xerox.

Il problema culturale. Allaire e Thoman si accusarono vicendevolmente di non aver attuato con successo la strategia digitale. Gli osservatori esterni ritengono invece che le cause di tale fallimento siano da ricercare piuttosto nella cultura disfunzionale della Xerox. Tale cultura era già caratterizzata da lentezza di adattamento e alcuni sostengono che con Allaire essa divenne quasi completamente paralizzata dai giochi di politica aziendale. Thoman venne scelto per scuotere la situazione, ma quando egli tentò di cambiare le cose, la vecchia guardia si ribellò. Si scatenò quindi una guerra tra dirigenti, che vedeva l'outsider Thoman e alcuni alleati contrapposti ad Allaire e il suo gruppo di insider che erano abituati ad agire da "Xeroidi". Apprezzato per la sua conoscenza, la sua esperienza di business e la sua serietà, Thoman era tuttavia ritenuto un po' arrogante e inavvicinabile; non fu mai capace di esercitare un'influenza considerevole sui manager più importanti e sui dipendenti, né di conquistarsi il supporto dei membri del consiglio di amministrazione, che rimanevano alleati di Allaire.

La fallita successione dell'amministratore delegato dimostra l'imponenza della sfida di reinventare un'azienda quasi centenaria. Thoman arrivò alla Xerox al termine di un ventennio di continui processi di ristrutturazione, taglio dei costi, ringiovanimento e rimodellamento dell'azienda, eppure ben poco era effettivamente cambiato. Alcuni osservatori dubitavano che qualcuno potesse sistemare la Xerox perché la sua cultura era diventata troppo distonica e politicizzata. "C'erano sempre nuove assunzioni e soppressioni", sostiene un ex dirigente. "I rami vengono cambiati, ma quando guardi meglio vedi che sugli alberi sono sedute sempre le stesse vecchie scimmie".

Un nuovo corso per un'azienda storica. Nell'agosto del 2001, Allaire passò le redini di amministratore delegato a Anne Mulcahy, una delle più popolari veterane, che aveva iniziato alla Xerox ventiquattro anni prima come addetta alla vendita di fotocopiatrici ed era riuscita a scalare la gerarchia aziendale. Nonostante la sua posizione di insider, Mulcahy dimostrò di essere ben disposta a sfidare lo status quo alla Xerox. Dopo aver assunto la guida dell'azienda, Mulcahy contrastò la sfiducia degli analisti, azionisti e dipendenti elaborando uno dei più straordinari piani di rilancio aziendale della storia recente.

Come è riuscita in questa impresa? Sebbene in pochi la ritenessero capace di adottare le misure radicali necessarie per la sopravvivenza della Xerox, Mulcahy diede prova di avere una forte capacità decisionale. Avviò prontamente un piano di rilancio che comprendeva massicce azioni di taglio dei costi e l'eliminazione di molte iniziative troppo costose, tra cui una che aveva precedentemente diretto. Citando le parole di un collaboratore, fu molto franca circa "la parte buona, quella brutta e quella cattiva" della situazione della Xerox, ma mostrò al tempo stesso una grande sensibilità nei confronti dei dipendenti, infondendo loro speranza in un futuro migliore. Tutti sapevano che stava profondendo il massimo impegno per salvare l'azienda. Dopo le azioni di licenziamento non si sottrasse al confronto aperto con il personale e comunicò tutto il proprio rammarico. Negoziò personalmente la chiusura di una lunga serie di indagini su pratiche contabili fraudolente, insistendo che il suo personale coinvolgimento fosse necessario per segnalare un nuovo impegno in pratiche aziendali eticamente irreprensibili. Rivolse un appello diretto ai creditori, chiedendo loro di non togliere ossigeno all'azienda senza aver concesso al nuovo management il tempo necessario per operare i dovuti cambiamenti.

Mulcahy trasferì gran parte della produzione a fornitori esterni, rifocalizzando l'azienda su innovazione e servizi e rifiutandosi, nel contempo, di operare tagli all'unità ricerca e sviluppo e al servizio clienti. Oltre a lanciare nuovi prodotti, la Xerox si è spostata verso aree a elevata crescita come servizi di gestione di documenti, consulenza IT e tecnologia di stampa digitale. Grazie a una serie di piccole acquisizioni, l'azienda è penetrata in nuovi mercati e ha potuto espandere la propria base di clienti tra le aziende di piccole e medie dimensioni.

"Non facciamo più macchine fotocopiatrici." Dopo aver attentamente valutato i piani di successione, nel 2009 Mulchay ha ceduto il posto al suo braccio destro Ursula Burns, la prima donna afroamericana al vertice di un'azienda che figura nella classifica *Fortune 500*. Proprio come chi l'ha preceduta, Burns vanta una carriera decennale in Xerox – iniziata come stagista prima di conseguire la laurea in ingegneria presso la Columbia University – durante la quale ha scalato le gerarchie aziendali. Se la Xerox aveva dominato gli uffici del passato con le sue macchine fotocopiatrici, Burns sceglie di mutare indirizzo, per far sì che l'azienda dominasse gli uffici del futuro. Oltre la metà dell'attività della Xerox deriva ora da servizi come la gestione di soluzioni per il pagamento elettronico dei pedaggi su autostrade e ponti, il trattamento di pratiche assicurative e la gestione di call center dedicati ai clienti. Tramite un accordo per la fornitura di servizi, stipulato in via sperimentale con alcuni comuni della California, l'azienda invierà sui cellulari dei cittadini dei messaggi per indicare la disponibilità di parcheggio, facendo pagare automaticamente la giusta tariffa; questo consentirà ai comuni di massimizzare la riscossione dei parcheggi negli orari di maggiore congestione. Sophie Vandebroek, chief technology officer della Xerox, stanca del fatto che la gente ignorasse l'allettante nuova tecnologia esposta dalla sua azienda in occasione delle fiere del lavoro, preferendo visitare gli stand della Google o della IBM, qualche anno fa ha esposto un cartello che recitava: "Non facciamo più macchine fotocopiatrici." Così facendo ha attirato l'attenzione di tantissimi, che si chiedevano "E allora, che fate?".

Circa dieci anni dopo una crisi quasi irreversibile, questa "icona" americana è nuovamente apprezzata nel mondo delle imprese, posizionandosi fra i "visionari" nel Magic Quadrant for Enterprise

Content Management della Gartner Inc. per la sua capacità di offrire risorse per la gestione di contenuti, fra le quali soluzioni on-site e cloud-based. La "tempesta perfetta" si è forse tramutata in una "alba perfetta"? Burns e il suo top management sono convinti che la Xerox abbia i mezzi per resistere all'attuale rallentamento dell'economia, ma nel mondo in rapido mutamento delle organizzazioni nulla è mai certo.[1]

La teoria organizzativa in azione

Benvenuti nel mondo reale della progettazione organizzativa. Le mutevoli sorti della Xerox mostrano la progettazione organizzativa in azione. I manager della Xerox erano profondamente immersi nella progettazione organizzativa ogni giorno delle loro vite lavorative – ma non se ne sono mai accorti. I manager dell'azienda non compresero appieno come l'organizzazione fosse legata all'ambiente o come dovesse funzionare internamente. La progettazione organizzativa fornisce gli strumenti per valutare e comprendere come e perché alcune organizzazioni crescono e hanno successo, mentre altre no; ci aiuta a spiegare che cosa è successo nel passato e a prevedere che cosa potrebbe accadere in futuro, in modo da poter gestire le organizzazioni più efficacemente. I concetti di progettazione organizzativa hanno aiutato Anne Mulcahy e Ursula Burns ad analizzare e diagnosticare che cosa stesse accadendo e ad attuare i cambiamenti necessari per aiutare l'azienda ad adattarsi ai rapidi mutamenti del contesto. La progettazione organizzativa fornisce gli strumenti per spiegare il declino della Xerox e individuare alcune misure che il nuovo amministratore delegato sta adottando per mantenere la competitività dell'azienda.

Numerose altre organizzazioni hanno dovuto affrontare problemi analoghi. La Kodak, per esempio, che un tempo dominava il settore delle pellicole fotografiche, non è riuscita ad adattarsi all'era della digitalizzazione. L'azienda ha inventato una delle prime macchine fotografiche digitali e ha investito centinaia di milioni di dollari nello sviluppo di tecnologia digitale; eppure, la paura di cannibalizzare il suo lucrativo business delle pellicole ha paralizzato il management quando si è trattato di passare sul mercato. Attualmente la Kodak lotta per rimanere in vita, reinventandosi azienda produttrice di inchiostri e stampanti.[2] Oppure si pensi ai clamorosi passi falsi organizzativi riportati da alcune agenzie governative statunitensi negli ultimi anni. I servizi segreti sono rimasti coinvolti in un incubo relativo alle pubbliche relazioni quando è stata diffusa la notizia che i membri della squadra di sicurezza inviati a Cartagena, in Colombia, per preparare la visita del presidente Barack Obama, avevano fatto una notte brava dedicandosi a bere, a visitare strip club e a invitare prostitute nelle loro camere di albergo. Diversi agenti furono licenziati e il direttore Mark Sullivan e altri manager furono chiamati davanti a una sottocommissione del Senato per fornire spiegazioni circa la condotta sregolata. L'agenzia fu nuovamente nei guai a fine marzo 2014, quando tre agenti intenti nella preparazione della visita di Obama nei Paesi Bassi furono rimandati a casa dopo che uno di loro fu trovato in stato di ebbrezza e privo di sensi nella hall dell'albergo dove soggiornava ad Amsterdam.[3] La reputazione e l'efficienza dell'Internal Revenue Service, l'agenzia delle entrate statunitense, è stata messa a repentaglio dalla decisione di applicare controlli supplementari alle richieste di esenzione d'imposta da parte dei gruppi conservatori del Tea Party. La prassi di effettuare accertamenti supplementari su determinati gruppi che potenzialmente potrebbero fare un utilizzo fraudolento del beneficio dell'esenzione di imposta è ampiamente consolidata negli Stati Uniti, ma i critici sostengono che l'agenzia si è spinta troppo oltre nel momento in cui l'ha applicata a organizzazioni politiche conservatrici, in alcuni casi ritardando l'accoglimento delle istanze di anni e anni.[4]

Temi

Ognuno dei temi che verranno affrontati in questo libro è illustrato nel caso della Xerox. I manager di organizzazioni come Xerox, Kodak, i servizi segreti e l'agenzia delle entrate devono di continuo affrontare una serie di sfide. Per esempio:

- In che modo l'organizzazione può controllare elementi esterni come i concorrenti, i clienti, il governo e i creditori nel mutevole ambiente esterno?
- Quali cambiamenti strategici e culturali è necessario attuare per agevolare l'organizzazione nel raggiungimento dell'efficacia?
- In che modo l'organizzazione può evitare di cadere in trappole di ordine etico che potrebbero toglierle vigore?
- In che modo i manager affrontano i problemi legati alle grandi dimensioni e alla burocrazia?
- Qual è l'uso adeguato del potere e della politica in campo manageriale?
- Come gestire il conflitto interno e il coordinamento tra le funzioni aziendali?
- Quale tipo di cultura aziendale è necessaria e in che modo i manager possono plasmarla?
- In che misura occorre promuovere l'innovazione e il cambiamento e in quale direzione?

Questi temi sono al centro della progettazione organizzativa. Si tratta di sfide che riguardano istituzioni appartenenti a tutti i settori, in tutti i paesi del mondo. I manager della Hyundai, per esempio, hanno trasformato una casa automobilistica coreana dalla reputazione non proprio brillante, un tempo nota per la produzione di auto economiche e spartane, nella quarta azienda del settore al mondo puntando instancabilmente sulla qualità, il controllo dei costi e la soddisfazione del cliente. Bob Iger e il suo top management hanno rivitalizzato la Walt Disney Company attraverso la gestione efficace dei conflitti interni e il miglioramento del coordinamento all'interno dell'azienda e con i partner esterni. I manager di Estée Lauder, azienda di cosmetica di alta gamma, hanno avviato un'importante riorganizzazione mirata a migliorare le vendite in una congiuntura economica fiacca.[5] Queste aziende si stanno avvalendo di concetti basati sulla progettazione organizzativa. Tale teoria si applica anche alle organizzazioni non profit, come United Way, American Humane Association, le organizzazioni locali di belle arti, le università e la Make-a-Wish Foundation, che esaudisce i desideri dei bambini malati terminali.

La teoria e progettazione organizzativa elabora insegnamenti tratti dall'esperienza di tutte queste organizzazioni e li rende accessibili a studenti e manager. Come dimostrato dall'esempio a inizio capitolo della Xerox, anche le organizzazioni grandi e di successo sono vulnerabili, le lezioni che provengono dall'esperienza pratica non vengono apprese automaticamente, e inoltre le organizzazioni sono forti nei limiti in cui lo sono i loro decisori. Dalle ricerche emerge che molte nuove aziende non sopravvivono più di cinque anni, sebbene alcune organizzazioni prosperino per 50 o persino 100 anni. Nel Segnalibro di questo capitolo vengono esaminate alcune caratteristiche che possono contribuire alla sopravvivenza delle organizzazioni nel lungo termine. Le organizzazioni non sono statiche; esse si adattano continuamente ai cambiamenti dell'ambiente esterno. Oggi molte aziende stanno affrontando l'esigenza di trasformarsi in organizzazioni assai diverse a causa di nuove sfide nell'ambiente in cui operano.

Sfide attuali

Ricerche effettuate in centinaia di organizzazioni forniscono la base di conoscenza per rendere le aziende più efficaci. Le sfide che si presentano attualmente alle organizzazioni sono diverse da quelle del passato, e di conseguenza si evolvono il concetto di organizzazione e la teoria e progettazione organizzativa. Il mondo sta cambiando più rapidamente di quanto sia mai successo e i manager hanno la responsabilità di mettere le proprie organizzazioni in condizioni di adattarsi alle nuove esigenze. Alcune sfide specifiche che manager e organizzazioni si trovano a fronteggiare allo stato attuale sono la globalizzazione, la più intensa competizione, l'attenzione alle pratiche etiche ed ecocompatibili, la necessità di risposte rapide, l'associazione di social business e grandi volumi di dati.

Segnalibro

Great by Choice: Uncertainty, Chaos, and Luck—Why Some Thrive Despite Them All *di Jim Collins e Morten T. Hansen*

Jim Collins, autore del bestseller *Good to Great* (*O meglio o niente* nell'edizione italiana), ha passato molti anni alla ricerca di aziende che registrano performance migliori rispetto alle loro omologhe nonostante i periodi di instabilità, incertezza e crisi. Nel suo nuovo libro, *Great by Choice*, egli collabora con Morten Hansen, docente di management, alla descrizione delle azioni di management che contribuiscono al successo.

Le tre caratteristiche per il successo di lungo termine

Great by Choice descrive innanzitutto le organizzazioni, chiamate 10X, che hanno registrato una performance di almeno dieci volte superiore rispetto alle medie di settore in un periodo di almeno quindici anni, mettendole a confronto con altre aziende simili, ma meno fortunate. Fra le 10X vi sono Southwest Airlines, Amgen, Intel e Progressive Insurance. I manager delle 10X condividono tutti tre caratteristiche:

- *Estrema disciplina.* Gli autori utilizzano la metafora della "marcia delle venti miglia", un percorso a passo costante verso obiettivi che richiedono sia l'ambizione per riuscire sia l'autocontrollo per tenersi a freno. I manager delle 10X preferiscono avere guadagni costanti piuttosto che sottoporsi ai rischi di chi vuole la luna. Andrew Grove della Intel, per esempio, ha abbandonato il business della produzione dei memory chip soltanto dopo essersi informato appieno sui cambiamenti dell'ambiente tecnologico e del contesto commerciale.
- *Creatività empirica.* Un intero capitolo viene dedicato all'approccio "spara prima proiettili, poi palle di cannone." I manager delle organizzazioni 10X tendono a sparare proiettili per vedere che cosa può funzionare e soltanto in seguito tirano fuori l'artiglieria pesante. "Dopo che la palla di cannone colpisce," scrivono, "continui la marcia delle venti miglia per trarre massimo profitto dal tuo successo."
- *Paranoia produttiva.* Herb Kelleher, fondatore ed ex amministratore delegato della Southwest Airlines, si preparava sempre per la successiva recessione, anche quando non ce n'era una all'orizzonte. I manager delle 10X "rimangono in uno stato di paranoia produttiva nei periodi favorevoli, riconoscendo che è ciò che fanno prima della tempesta che conta di più." Sono sempre alle prese con la costruzione di "trincee" e la messa in opera di strategie di assorbimento degli shock per far fronte agli eventi inattesi.

Controllo e disciplina di fronte al cambiamento

Il cambiamento è inevitabile e l'innovazione è necessaria. Pubblico e mezzi di comunicazione di massa tendono ad ammirare e riverire gli sfrontati rischiatutto, eppure le organizzazioni che sopravvivono nel lungo termine, asseriscono Collins e Hansen, sono quelle che rimangono specifiche, metodiche e coerenti. Talvolta, dicono, è meglio rimanere "una moda indietro." Le aziende di successo si preparano in modo rigoroso per ciò che non sono in grado di prevedere, tendono a non assumersi rischi eccessivi e mantengono idonee trincee in ciascuna delle loro aree di attività. I manager di queste organizzazioni fanno affidamento sui fatti e tendono a preferire guadagni costanti a guadagni eccezionali.

"Che cosa ci aspetta?", si chiedono gli autori. "L'unica cosa che sappiamo è che nessuno lo sa. Eppure alcune aziende e leader navigano in questo mondo eccezionalmente bene. [...] Costruiscono grandi imprese in grado di perdurare nel tempo. Non riteniamo che caos, incertezza e instabilità siano cose positive: aziende, leader, organizzazioni e società non prosperano sfruttando il caos. Tuttavia, possono prosperare nel caos."

Great by Choice, di Jim Collins e Morten T. Hansen, è pubblicato da HarperBusiness. (trad. it.: *O meglio o niente*, Milano, Mondadori, 2007).

Globalizzazione. Il luogo comune secondo cui il mondo sta diventando più piccolo è decisamente vero per le organizzazioni di oggi. Mercati, tecnologie e organizzazioni sono sempre più interconnesse.[6] Nel ventunesimo secolo le organizzazioni dovranno "sentirsi a casa" in ogni parte del mondo. Cresce la domanda di manager in grado di aiutare le aziende a sviluppare una prospettiva globale, come Carlos Ghosn, l'amministratore delegato brasiliano-libanese-francese della giapponese Nissan, oppure Omar Ishrak, amministratore delegato della Medtronic, che è nato in Bangladesh, si è formato nel Regno Unito e ha lavorato negli Stati Uniti per un ventennio circa.[7]

Le aziende possono collocare le diverse parti dell'organizzazione ovunque ciò offra un vantaggio economico: il vertice strategico in una nazione e le capacità intellettuali di tipo tecnico e la produzione altrove. Alan Mulally, amministratore delegato della statunitense Ford Motor Company, spende un terzo circa del suo tempo in questioni collegate alla Cina. La Ford è entrata in ritardo in Cina e nel 2013 possedeva soltanto il 3 per cento circa del mercato automobilistico cinese. Mulally dichiarò di voler costruire cinque ulteriori stabilimenti in Cina, di raddoppiare il numero di concessionarie, di portarvi 15 nuovi veicoli e di lanciare il marchio Lincoln in quel Paese nel 2014. "Chiaramente, questo ci farà continuare ad avere il più alto tasso di crescita," disse Mulally.[8]

Tendenze correlate sono l'*outsourcing* mondiale, che consiste nell'appaltare alcune funzioni a organizzazioni in altri paesi, e le partnership strategiche con organizzazioni straniere per ottenere un vantaggio su scala globale. Le operazioni internazionali di acquisizione e la gestione di rapporti aziendali efficaci in altri paesi sono cruciali per il successo di numerose organizzazioni. Le grandi società multinazionali cercano manager dotati di una solida esperienza internazionale e della capacità di destreggiarsi tra culture diverse. Eppure, fare business su scala globale non è semplice. Diversi incendi di aziende di abbigliamento in Bangladesh nel 2012 e il crollo di un altro stabilimento di confezioni nel 2013 che ha ucciso più di 1100 operai hanno messo in luce le pessime condizioni lavorative in quel Paese. Il problema per le aziende della grande distribuzione come Walmart, H&M, Target e altre grandi imprese che utilizzano l'esternalizzazione è che condizioni lavorative sfavorevoli simili esistono negli altri Paesi a basso costo della manodopera come il Pakistan, la Cambogia, l'Indonesia e il Vietnam, che producono la maggior parte dell'abbigliamento destinato al mercato globale. Alcuni commercianti al dettaglio sia europei sia americani hanno annunciato dei programmi mirati a migliorare la sicurezza negli stabilimenti di produzione all'estero, ma le difficoltà di monitorare appaltatori e subappaltatori nei Paesi a basso costo della manodopera sono enormi.[9] Anche Apple, Amazon e altre aziende occidentali hanno avuto problemi con gli appaltatori all'estero riguardo la produzione di altre categorie di prodotti.[10]

Competizione più intensa. La crescente interdipendenza dell'economia mondiale determina nuovi vantaggi competitivi, ma comporta anche una maggiore complessità e competitività ambientale. Solo il 24 per cento dei manager intervistati dalla Bain & Company in un recente sondaggio sugli strumenti e le tendenze gestionali ritiene che le aziende leader di mercato oggi saranno ancora tali tra cinque anni.[11] I consumatori richiedono prezzi bassi per beni e servizi di qualità e saranno le organizzazioni in grado di soddisfare tale richiesta a vincere la sfida competitiva. Per esempio, spesso le imprese che si affidano all'*outsourcing* in paesi del terzo mondo beneficiano di costi del 50 o 60 per cento inferiori rispetto alle imprese basate negli Stati Uniti, che si vedono quindi costrette a trovare nuove strategie per competere o a spostarsi su nuovi rami di attività.[8] Un'imprenditrice che punta a lanciare sul mercato un nuovo tipo di batteria per notebook ha scelto di affidare la produzione a un'azienda di Shenzhen, in Cina, perché i produttori statunitensi esigevano anticipi per milioni di dollari, a differenza dei concorrenti cinesi.[12]

Data l'attuale debolezza dell'ambiente economico, le aziende di tutti i settori sono sotto pressione per via della necessità di abbassare i costi pur mantenendo bassi i prezzi e, al tempo stesso, sono costrette a investire in ricerca e sviluppo se puntano a cavalcare l'onda globale dell'innovazione. Di recente la Texas Instruments ha annunciato di abbandonare il settore dei chip per telefoni mobili per l'intensa concorrenza da parte dei produttori di cellulari, che si avvalgono di progettisti interni. L'azienda sta tagliando 1100 posti di lavoro circa nel processo di messa a punto del proprio obiettivo, che includerà anche lo sviluppo di nuovi processori incorporati come quelli utilizzati nelle automobili e nelle apparecchiature industriali.[13] Oppure consideriamo l'esempio di McDonald's: mentre i manager tentavano di ampliare il menu e attirare nuovi clienti, nei laboratori si studiava la strategia per tagliare i costi di preparazione del Dollar Menu. Con l'aumento del prezzo di ingredienti come formaggio, manzo e panini, McDonald's si vedeva costretta a tagliare i costi interni oppure andare incontro a perdite sul Dollar Menu.[14] Nel settore delle assicurazioni auto, si è reso necessario trovare nuove strategie competitive quando gli automobilisti, alle prese con i prezzi del carburante in aumento, hanno tentato di ridurre le proprie spese per i trasporti.[15]

Etica ed ecocompatibilità. Oggi i manager subiscono forti pressioni da parte del governo e dell'opinione pubblica affinché le loro organizzazioni e i loro dipendenti rispettino standard etici e professionali di alto livello. A causa delle frodi e dei conseguenti scandali finanziari le organizzazioni sono oggetto di controlli più stringenti. Da un recente sondaggio effettuato dallo studio legale Labaton Sucharow sugli impiegati di Wall Street è emerso che il 25 per cento circa dei professionisti della finanza sostengono che sarebbero disposti a commettere frodi per guadagnare 10 milioni di dollari se riuscissero a farla franca. Inoltre, il 52 per cento ritengono probabile che i loro concorrenti abbiano intrapreso una qualche attività illegale o contraria all'etica.[16] Grandi banche come J. P. Morgan Chase & Company, Bank of America e Cigroup sborsano cifre esorbitanti in spese legali per mettere riparo ai pasticci emersi dalle indagini del Dipartimento di Giustizia riguardo le attività del settore bancario durante il crollo del mercato immobiliare e la crisi finanziaria. J. P. Morgan ha assunto ulteriori 7000 addetti al controllo dei rischi e ha fornito 750.000 ore di formazione su tematiche collegate alla regolamentazione e al controllo. "Risolvere le questioni relative al controllo è il nostro primo compito," ha detto l'amministratore delegato Jamie Dimon. La banca nega di aver ingannato di proposito clienti e investitori, ma Dimon sa che dovrà provare agli organismi di regolamentazione e al pubblico che J. P. Morgan è "esperta nel mantenere i controlli quanto lo è nel registrare i profitti."[17]

Oltre che al rispetto di standard etici più stringenti, le organizzazioni sono chiamate a un impegno più concreto rispetto alla responsabilità sociale, e in particolare alla protezione dell'ambiente. L'*ecocompatibilità* è il nuovo imperativo per le aziende, per via del mutare degli atteggiamenti sociali, delle nuove politiche pubbliche, degli effetti del cambiamento climatico e delle tecnologie che contribuiscono a divulgare rapidamente le notizie riguardanti i danni ambientali causati dalle attività aziendali. Molte organizzazioni stanno sposando la filosofia della **sostenibilità**, cioè un modello di sviluppo economico che genera ricchezza e soddisfa le esigenze dell'attuale generazione salvaguardando nel contempo le risorse naturali per le generazioni future.[18] Interface, azienda di Atlanta produttrice di moquette, si impegna a ridurre l'utilizzo di materie prime vergini e a eliminarne l'impatto sull'ambiente entro il 2020. Attualmente, il 49 per cento della totalità delle materie prime utilizzate dalla Interface sono riciclate o biologiche. Net-Works, un programma sperimentale per il riciclo nelle Filippine, consente agli abitanti dei villaggi di disfarsi delle reti da pesca usate in cambio di denaro: le reti vengono imballate e inviate a uno stabilimento dove, combinate con batuffoli di nylon e altri materiali di scarto, vengono trasformate in fibre per moquette. Il programma aiuta gli abitanti dei villaggi, eliminando al contempo un serio pericolo per la vita marina. Interface spera di ampliare il programma intrapreso nelle Filippine e di lanciare simili iniziative in Indonesia e Camerun.[19]

Rapidità di risposta. Una quarta sfida significativa per le organizzazioni è rappresentata dalla rapidità e incisività di risposta a cambiamenti ambientali, crisi organizzative e modificazioni delle aspettative dei clienti. Per gran parte del ventesimo secolo le organizzazioni hanno operato in un ambiente economico relativamente stabile, pertanto i manager hanno potuto focalizzarsi sulla progettazione di strutture e sistemi che permettessero all'organizzazione di procedere in maniera tranquilla ed efficiente. Non c'era molto bisogno di ricercare nuovi modi per gestire nuove sfide competitive, improvvise modificazioni dell'ambiente o della domanda. Al giorno d'oggi nuovi prodotti, nuove aziende e persino interi nuovi settori nascono e muoiono più rapidamente che in passato. Gli studi hanno dimostrato che la velocità di sviluppo contribuisce al successo dei nuovi prodotti.[20] Callaway Golf, per mantenere la sua reputazione di una fra le più innovative aziende nel settore del golf, introduce sette/otto nuovi prodotti all'anno, il che necessita di un processo di progettazione che promuove una stretta collaborazione fra squadre di progettisti, ingegneri, produttori, addetti al marketing e persino avvocati, oltre che la condivisione di informazioni con partner negli Stati Uniti, in Cina, in Giappone, in Corea, in Messico e in Taiwan. La tecnologia collaborativa offre a tutti un accesso continuo, ventiquattrore su ventiquattro, alle informazioni e ai documenti più aggiornati, eliminando i rallentamenti causati dai fusi orari.[21]

Alcune aziende necessitano di ancora maggiore astuzia. Chi avrebbe mai pensato che i commercianti al dettaglio avrebbero avuto la possibilità di accettare pagamenti tramite carta di credito utilizzando uno smartphone? Chi avrebbe mai pensato che i musicisti un giorno non avrebbero più avuto bisogno di una casa discografica per guadagnare? Se si considerano la turbolenza e il continuo mutamento caratteristici del mondo attuale, per avere successo, manager e aziende necessitano di una *forma mentis* improntata a un continuo reinventarsi, il che di solito comporta l'attribuzione, a coloro che operano in prima linea, del potere di sperimentare e prendere decisioni.[22] Il generale Stanley McChrystal, che ha diretto il Joint Special Operations Command in Iraq e Afghanistan, e successivamente è stato a capo di tutte le forze armate statunitensi e internazionali in Afghanistan prima di dimettersi, spiega: "Da militari, siamo cresciuti con questa [classica gerarchia]: una persona al vertice, da due a sette subordinati al di sotto di essa, da due a sette al di sotto di essi e via dicendo. È questo che, stando alla teoria organizzativa, funziona." Contro Al Quaeda, tuttavia, "abbiamo dovuto modificare la nostra struttura per diventare una rete. Ci veniva chiesto di reagire velocemente. Abbiamo capito che, nella maggior parte dei casi, le decisioni migliori non erano tanto quelle prese da chi era più in alto nella gerarchia, quanto piuttosto da chi si trovava più vicino al problema."[23]

Social business e grandi volumi di dati. La realtà di oggi, fatta di Internet, social network, blog, collaborazione online, community sul Web, podcast, dispositivi mobili, Twitter, Facebook, YouTube e Skype, è radicalmente diversa da quella con la quale numerosi manager hanno dimestichezza.[24] La rivoluzione digitale ha cambiato non solo la comunicazione, la ricerca di informazioni e la condivisione di idee, ma anche le modalità di progettazione e gestione delle organizzazioni, l'operatività delle aziende e lo svolgimento del lavoro. Il **social business**, ossia l'utilizzo delle tecnologie social per facilitare l'interazione, la comunicazione e la collaborazione fra impiegati, clienti e altri stakeholder, rappresenta una delle sfide più attuali alle quali i manager si trovano a dover far fronte. I **programmi di social media**, ivi incluse le pagine di comunità online di un'azienda, le wiki per la collaborazione virtuale, i social network come Facebook e LinkedIn, i canali video come YouTube, le piattaforme di microblogging come Twitter e i forum online delle aziende possono migliorare l'efficienza, aumentare la produttività e consentire un'operatività più rapida e scorrevole migliorando la comunicazione e la collaborazione all'interno dell'impresa e fra un'impresa e l'altra.[25] Inoltre, la tecnologia dei social media viene utilizzata dalle aziende per creare relazioni con i clienti.[26] La Dell, per esempio, nel 2010 ha lanciato una sala di controllo per social media per monitorare quanto veniva detto sul suo conto nei social network.[27]

Allo stesso modo, i social media offrono la possibilità di costruire relazioni più forti e autentiche fra manager e dipendenti. Subito dopo il suo insediamento come nuovo amministratore delegato della MassMutual, in occasione della più grande conferenza di vendita dell'azienda, a Roger Crandall fu chiesto da una dipendente se poteva registrare il suo intervento con una Flip cam e postarlo sulla community page intranet dell'azienda. Tutta l'azienda poteva vedere in tempo reale "A Week in the Life" ed "era un buon modo per creare una connessione personale," disse Crandall.[28] Alcuni manager hanno cominciato a inserire dei video nei loro blog in quanto consentono loro di interagire con le persone in tempo reale su un piano estremamente personale.[29]

Un altro aspetto della rivoluzione digitale è l'utilizzo dell'**analisi di grandi volumi di dati** (*big data analytics*), che si riferisce alle tecnologie, competenze e processi per la ricerca e l'esame di enormi set di dati, alla ricerca di modelli e correlazioni nascosti.[30] Facebook, per esempio, utilizza i dati personali inseriti dagli utenti nella propria pagina per tracciarne e monitorarne i comportamenti online, e quindi individuare e suggerire potenziali "amici".[31] Amazon.com raccoglie ingenti quantità di dati sui suoi clienti, ivi inclusi i libri acquistati, le ricerche effettuate, le modalità di navigazione del sito, il livello di influenza di promozioni e recensioni e via dicendo; fatto questo, utilizza degli algoritmi in grado di prevedere e suggerire quali libri il cliente potrebbe essere interessato a leggere in futuro.[32] Tuttavia, i grandi volumi di dati non interessano soltanto le aziende via Internet:[33] Walmart raccoglie oltre 2,5 petabyte di dati dalle transazioni dei clienti e li utilizza per prendere decisioni più avvedute (un petabyte corrisponde a circa un milione di gigabyte, o equivale a circa 20 milioni di schedari pieni di dati scritti).[34]

Obiettivi del capitolo

L'obiettivo di questo capitolo è esplorare la natura delle organizzazioni e della progettazione organizzativa attuale. Quest'ultima si è sviluppata in base all'osservazione sistematica delle organizzazioni da parte degli studiosi. I concetti sono stati tratti da organizzazioni reali e in movimento. La teoria e progettazione organizzativa ha utilità pratica, come illustrato nel caso della Xerox; essa cioè aiuta le persone a capire, diagnosticare e rispondere ai problemi organizzativi che debbono affrontare.

Il prossimo paragrafo inizia con una definizione formale di organizzazione ed esplora quindi alcuni concetti introduttivi per descrivere e analizzare le organizzazioni, tra cui molteplici dimensioni strutturali e fattori contingenti. Introduciamo i concetti di efficacia ed efficienza e illustriamo l'approccio degli stakeholder, che esamina le aspettative di gruppi diversi nei confronti dell'organizzazione. I paragrafi successivi esaminano la storia della progettazione organizzativa, uno schema di riferimento concettuale utile per comprendere la configurazione organizzativa, la distinzione tra sistemi meccanici e sistemi organici, l'organizzazione come sistema aperto e i modi in cui la teoria organizzativa può aiutare a gestire organizzazioni complesse nel mondo attuale, in rapido cambiamento. Il capitolo si chiude con una breve panoramica sui temi che verranno trattati in questo libro.

Che cos'è un'organizzazione?

Le organizzazioni sono difficili da vedere. Noi vediamo ciò che di esse affiora, come un edificio, un terminale o un impiegato amichevole, ma l'organizzazione nel suo complesso è vaga e astratta e può essere distribuita in diversi luoghi. Sappiamo che le organizzazioni esistono perché con esse entriamo in contatto ogni giorno. Esse, in realtà, sono talmente diffuse che le diamo per scontate. Difficilmente rimarchiamo che siamo nati in un ospedale, che il nostro atto di nascita è registrato in un ufficio comunale, che ci siamo formati all'interno di scuole e università, che ci nutriamo con il cibo prodotto da aziende agricole, che veniamo curati da dottori associati in uno studio medico, o che acquistiamo case costruite da imprese edili e vendute da agenzie immobiliari, che prendiamo a prestito denaro da una banca, che ci rivolgiamo alla polizia o ai pompieri quando si verificano dei guai, che passiamo quaranta ore alla settimana lavorando in un'organizzazione.[35]

Definizioni

Organizzazioni molto diverse come una banca, un'azienda agricola, un'agenzia governativa e la Xerox hanno delle caratteristiche in comune. La definizione utilizzata in questo libro è la seguente: le **organizzazioni** sono (1) entità sociali (2) guidate da obiettivi, (3) progettate come sistemi di attività deliberatamente strutturati e coordinati che (4) interagiscono con l'ambiente esterno.

Un'organizzazione è un mezzo per raggiungere uno scopo e deve essere progettata per raggiungere tale scopo. Possiamo immaginarla come uno strumento o un macchinario per operare e per realizzare un obiettivo specifico. Quest'ultimo può variare, ma l'aspetto centrale di un'organizzazione resta il coordinamento di individui e risorse per la realizzazione collettiva degli obiettivi desiderati.[36] Un'organizzazione non è un edificio o un insieme di politiche e procedure. Le organizzazioni sono fatte dalle persone e dalle loro reciproche relazioni: un'organizzazione esiste quando le persone interagiscono le une con le altre nell'esercizio di funzioni che aiutano a conseguire degli obiettivi. I manager e i proprietari strutturano deliberatamente le risorse organizzative per raggiungere i fini dell'organizzazione. In ogni caso, anche se il lavoro può essere strutturato in diverse unità o insiemi di attività, la maggior parte delle organizzazioni si sforza oggi di ottenere un maggiore coordinamento orizzontale delle attività lavorative, utilizzando spesso gruppi di persone appartenenti ad aree funzionali diverse, da far cooperare per progetti. I confini tra le unità organizzative, così come quelli tra le organizzazioni, stanno diventando più flessibili e labili con l'emergere del bisogno da parte delle aziende di rispondere più velocemente ai cambiamenti dell'ambiente esterno. Un'organizzazione non può esistere senza interagire con clienti, fornitori, concorrenti e gli altri elementi dell'ambiente esterno. Oggi alcune aziende cooperano persino con i propri concorrenti, condividendo informazioni e tecnologia con vantaggi reciproci. In Figura 1.1 l'organizzazione viene rappresentata come un **sistema aperto** che riceve input dall'ambiente esterno, aggiunge valore tramite un processo di trasformazione e restituisce prodotti e servizi all'ambiente.

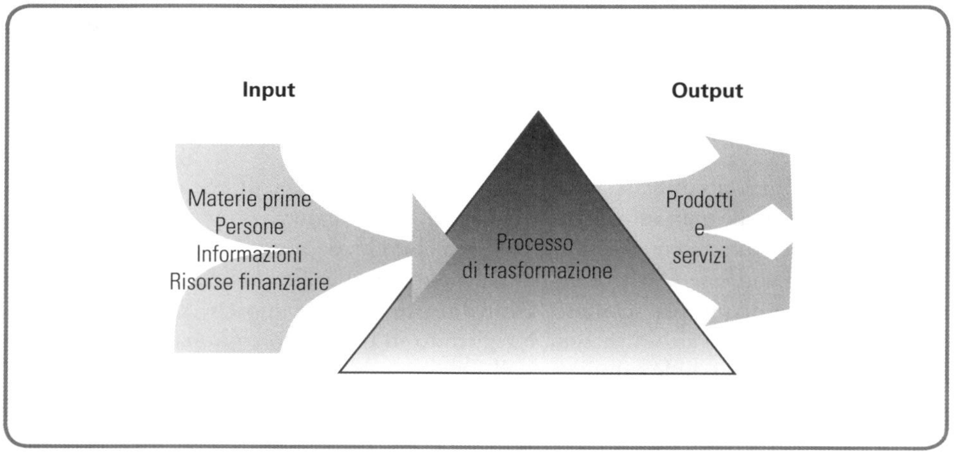

Figura 1.1
L'organizzazione come sistema aperto

Dalle multinazionali alle organizzazioni non profit

Alcune organizzazioni sono grandi società multinazionali, altre sono piccoli negozi a conduzione familiare; altre ancora sono organizzazioni non profit oppure agenzie governative. Alcune producono beni come automobili, televisori a schermo piatto o lampadine, mentre altre forniscono servizi come tutela legale, telecomunicazioni e connessioni Internet, sostegno psicologico e cure psichiatriche, riparazione di automobili. Nel Capitolo 7 studieremo la distinzione tra tecnologie per la produzione manifatturiera e per i servizi. Nel Capitolo 9 analizzeremo le dimensioni organizzative e il ciclo di vita e presenteremo alcune differenze tra le piccole e le grandi organizzazioni.

Un'altra importante distinzione da considerare è quella tra le aziende a scopo di lucro e le *organizzazioni non profit*. Tutti gli argomenti affrontati nel testo si riferiscono sia a organizzazioni non profit, come Esercito della Salvezza, World Wildlife Fund, Save the Children Foundation, sia ad aziende a scopo di lucro come Xerox, GameSpot, Sirius XM Radio e Dunkin'Donuts. Occorre tuttavia tenere a mente alcune importanti differenze. Quella principale è che le attività dei manager delle aziende sono dirette verso l'acquisizione di profitti, mentre gli sforzi dei dirigenti delle organizzazioni non profit sono volti per lo più alla produzione di un determinato tipo di impatto sociale. Le caratteristiche e le esigenze peculiari delle organizzazioni non profit derivanti da tale distinzione pongono delle sfide particolari.[37]

Le risorse finanziarie per le organizzazioni non profit statali e benefiche provengono in genere da stanziamenti pubblici, sovvenzioni e donazioni piuttosto che dalla vendita di prodotti e servizi ai clienti. Nelle aziende, i manager si concentrano sul miglioramento dei prodotti e dei servizi offerti al fine di incrementare i ricavi delle vendite. Nelle organizzazioni non profit, invece, i servizi sono generalmente forniti a clienti non paganti e il problema principale di molte di esse consiste nell'assicurare un apporto costante di fondi per poter continuare a operare. I manager delle organizzazioni non profit, dediti al servizio dei clienti con fondi limitati, devono adoperarsi per mantenere i costi organizzativi al livello più basso possibile e dimostrare un uso altamente efficiente delle risorse. Inoltre, spesso anche le aziende a scopo di lucro promuovono raccolte di fondi da destinare in beneficenza, competendo con le organizzazioni non profit nella ricerca di donazioni.[38] Inoltre, molte organizzazioni non profit come ospedali e università private devono pareggiare i conti, ossia generare ricavi sufficienti a coprire le spese, acquistare nuove strumentazioni, aggiornare la tecnologia e via dicendo, per cui i manager lottano spesso con il dilemma di che cosa costituisca l'efficacia organizzativa. Se infatti è facile misurare quantità di denaro, quantificare il successo delle organizzazioni non profit è impresa tutt'altro che semplice: i manager si trovano a dover misurare obiettivi intangibili come "il miglioramento della salute pubblica", "il miglioramento delle condizioni di vita degli emarginati" o "la valorizzazione dell'arte".

I manager delle organizzazioni non profit devono inoltre gestire molti *stakeholder* (portatori di interesse) differenti e pubblicizzare i loro servizi per attrarre non solo clienti, ma anche volontari e donatori. Questa situazione può a volte generare conflitti e lotte per il potere tra le organizzazioni, come dimostra il caso della Make-a-Wish Foundation, che si sta scontrando con piccoli gruppi locali dediti alla stessa missione (l'aiuto all'infanzia) mano a mano che si espande per le città degli Stati Uniti. Maggiore è il numero dei bambini aiutati, più è facile raccogliere fondi. I gruppi locali non vogliono che Make-a-Wish invada il loro campo, specie in una fase come quella attuale, in cui le donazioni caritatevoli diminuiscono a causa dalla stagnazione dell'economia. I piccoli gruppi accusano Make-a-Wish di abusare del potere della sua presenza nazionale per sopraffarli o assorbirli. "Non dovremmo competere per i bambini e il denaro", sostiene il direttore del Children's Wish Fund dell'Indiana. "Loro [Make-a-Wish] si battono con tutta la forza e il denaro che hanno per ottenere ciò che vogliono".[39]

I concetti di progettazione organizzativa discussi in questo libro, come la gestione di questioni di potere e conflitto, la determinazione degli obiettivi e la misura dell'efficacia, il controllo dell'incertezza ambientale, l'applicazione di meccanismi di controllo efficaci e la soddisfazione di molteplici stakeholder si riferiscono pertanto sia a organizzazioni non profit come la Children's Wish Fund dell'Indiana, sia alla Xerox. Tali concetti e teorie vengono modificati e rivisti quanto è necessario perché si adattino a esigenze e problemi particolari di svariate organizzazioni, piccole, grandi, a scopo di lucro e di tipo non profit.

L'importanza delle organizzazioni

Può sembrare difficile da credere oggi, ma le "organizzazioni", per come le conosciamo, ono relativamente recenti nella storia dell'uomo. Anche nel tardo diciannovesimo secolo, erano poche le organizzazioni di una qualche dimensione o importanza – nessun sindacato, nessuna associazione di categoria, poche grandi imprese, organizzazioni *non profit* e ministeri. Che cambiamento da allora! Lo sviluppo di grandi organizzazioni ha trasformato l'intero scenario: in particolare, la grande azienda moderna può essere considerata l'innovazione più significativa degli ultimi cent'anni.[40]

Le organizzazioni ci circondano e regolano le nostre vite in molti modi. Ma quali sono i contributi specifici apportati dalle organizzazioni? Perché sono importanti? In Figura 1.2 sono indicate sette ragioni per le quali le organizzazioni sono importanti per gli individui e per la società. Innanzitutto, come abbiamo visto, le organizzazioni sono un mezzo per raggiungere uno scopo e mettono insieme risorse per raggiungere specifici obiettivi. Si consideri, per esempio, la Northrup Grumman Newport News (già Newport News Shipbuilding), che costruisce portaerei a propulsione nucleare della classe Nimitz. Assemblare una portaerei è un lavoro incredibilmente complesso che richiede 47.000 tonnellate di acciaio con saldature di precisione, più di un milione di componenti diversi, 900 miglia di fili e cavi e più di sette anni di duro lavoro da parte dei 17.800 dipendenti dell'organizzazione.[41] Sarebbe praticamente impossibile realizzare un lavoro di questo tipo in assenza di un'organizzazione che acquisti e coordini una tale varietà di risorse.

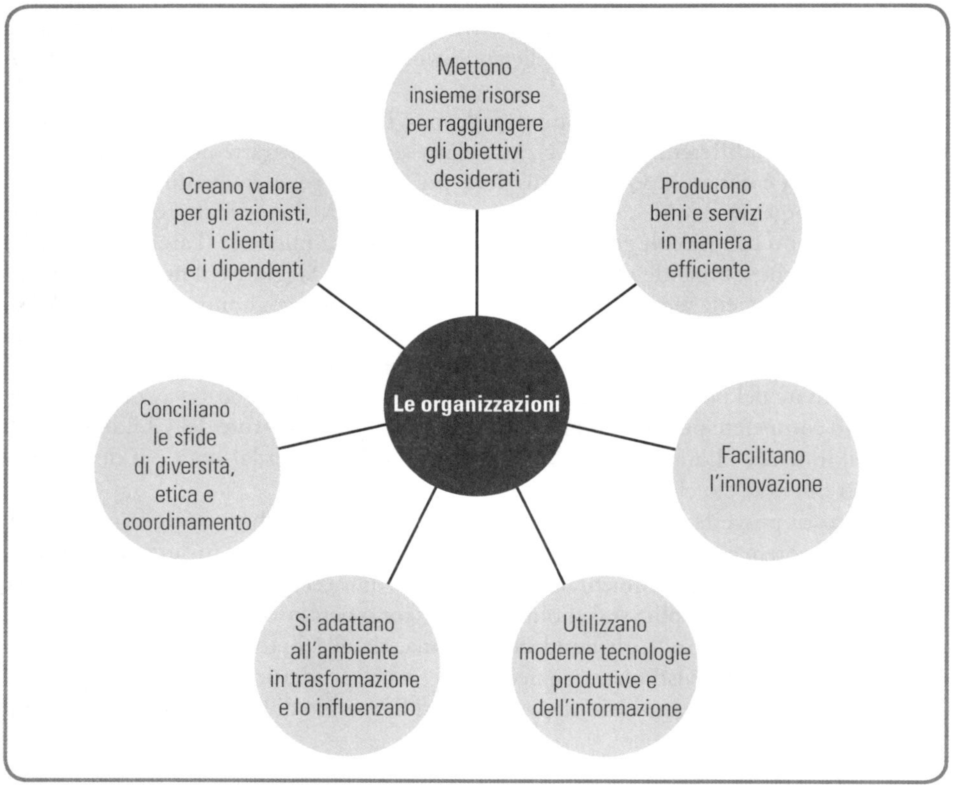

Figura 1.2 L'importanza delle organizzazioni

Le organizzazioni producono inoltre a prezzi competitivi i beni e i servizi che i clienti desiderano. Le aziende cercano modi innovativi per produrre e distribuire beni e servizi più efficientemente. Un tempo la Harley-Davidson non doveva preoccuparsi dell'efficienza, ma la recente recessione ha cambiato le cose. Il suo stabilimento di York, in Pennsylvania, ha migliorato l'efficienza riprogettando il processo produttivo.

IN PRATICA

Harley-Davidson

La Harley-Davidson ha sempre fatto pagare prezzi elevatissimi per le sue motociclette, e i clienti erano disposti a pagare e aspettare anche diciotto mesi per la consegna: era come se l'inefficienza contribuisse al fascino del marchio. Nel 2009, tuttavia, tale inefficienza non affascinava più. L'azienda era prossima al collasso e il prezzo azionario era crollato da $ 75 a soli $ 8.

I manager non sapevano cosa fare: per un'azienda con un "marchio americano attento a salvaguardare la classe operaia" intraprendere condotte antisindacali o cominciare a produrre le motociclette in Messico sarebbe stato catastrofico. Sapevano che l'azienda avrebbe potuto competere soltanto riprogettando il sistema produttivo per aumentare l'efficienza. Per questo motivo, demolirono lo stabilimento esistente per costruirne uno nuovo, in cui centinaia di operai, lavorando in squadre di cinque o sei, costruivano a mano ogni motocicletta. Potrebbe apparire un modo costoso per fare business, ma il capofabbrica Ed Magee fa notare che esistono circa 1200 diverse configurazioni e che ogni ottanta secondi una nuova motocicletta entra nella linea di produzione. Praticamente sono tutte diverse l'una dall'altra e gli operai non hanno idea alcuna di come sarà quella su cui lavoreranno ottanta secondi dopo. A differenza dei robot, gli esseri umani hanno la possibilità di adattarsi "strada facendo". Per esempio un operaio, avendo notato che il pezzo di plastica che tiene insieme le parti elettriche nella parte anteriore della motocicletta non si incastrava correttamente, dette qualche colpetto in più per sistemarlo: sapeva che senza quei pochi colpetti in più si sarebbe avuta la perdita di 2200 motociclette all'anno. Con l'aiuto dell'operaio, la Harley-Davidson risolse il problema.

La sopravvivenza stessa dell'azienda fu messa a repentaglio nel 2009, ma di recente lo stabilimento di York ha vinto il premio Industry Week Best Plants. La domanda da parte dei clienti sta aumentando ora che possono ricevere la motocicletta nel giro di un paio di settimane dall'ordine, invece che dover aspettare un anno e mezzo. Craig Kennison dell'impresa di ricerca Baird ha affermato: "Si tratta certamente della migliore azione di recupero che abbia mai visto".[42]

Sebbene presso la Harley-Davidson non ci siano robot nella catena di montaggio principale, ce ne sono per svolgere compiti secondari: i manager, infatti, hanno combinato tecnologia avanzata e sistemi umani evoluti allo scopo di costruire motociclette più rapidamente e meglio. La riprogettazione delle strutture organizzative e delle pratiche gestionali può anch'essa contribuire a una maggiore efficienza. Le organizzazioni creano una spinta all'innovazione piuttosto che affidarsi a prodotti standard e ad approcci sorpassati.

Le organizzazioni si adattano e al tempo stesso influenzano un ambiente in veloce trasformazione. Amazon, per esempio, segue un percorso di adattamento all'evoluzione di Internet. Il fondatore e amministratore delegato Jeff Bezos continua a puntare sulla rapidità di consegna, ampliando i servizi di consegna il giorno successivo o in giornata, e costruendo nuovi magazzini e centri di distribuzione.[43] Numerose grandi aziende hanno uffici appositi incaricati di monitorare l'ambiente esterno e di trovare modi di adattarsi a quest'ultimo o di influenzarlo.

Attraverso tutte queste attività, le organizzazioni creano valore per i propri azionisti, clienti e dipendenti. I manager devono comprendere quali parti delle attività creano valore e quali no; un'azienda può essere profittevole solo quando il valore che essa crea è maggiore del costo delle risorse impiegate.

Infine, le organizzazioni devono rispondere alle attuali sfide in termini di diversità della forza lavoro e di crescente attenzione per l'etica e la sostenibilità, così come devono trovare modi efficaci per motivare i dipendenti a lavorare insieme per raggiungere gli obiettivi organizzativi.

Le dimensioni della progettazione organizzativa

Le organizzazioni regolano le nostre vite, e i manager preparati possono regolare le organizzazioni. Il primo passo per comprendere le organizzazioni è quello di guardare alle caratteristiche che descrivono specifici tratti della struttura organizzativa. Tali caratteristiche rappresentano le organizzazioni nello stesso modo in cui la personalità e i tratti fisici descrivono le persone.

In Figura 1.3 sono illustrati due tipi di dimensioni interagenti delle organizzazioni: le dimensioni strutturali e i fattori contingenti. Le **dimensioni strutturali** forniscono etichette per descrivere le caratteristiche interne di un'organizzazione; esse creano una base per misurare e confrontare le organizzazioni. I **fattori contingenti** comprendono elementi più ampi che influiscono sulle dimensioni strutturali, tra cui la dimensione dell'organizzazione, la tecnologia, l'ambiente, la cultura e gli obiettivi; essi descrivono l'ambiente organizzativo che influenza e modella le dimensioni strutturali. I fattori contingenti possono dare origine a confusione, dal momento che rappresentano sia l'organizzazione sia l'ambiente. Essi possono essere visti come un insieme di elementi sovrapposti che plasmano la struttura e i processi di lavoro di un'organizzazione, come illustrato in Figura 1.3. Per comprendere e valutare le organizzazioni si devono esaminare sia le dimensioni strutturali sia i fattori contingenti.[44] Tali caratteristiche della progettazione organizzativa interagiscono le une con le altre e possono essere utilizzate per raggiungere i fini precedentemente elencati in Figura 1.2.

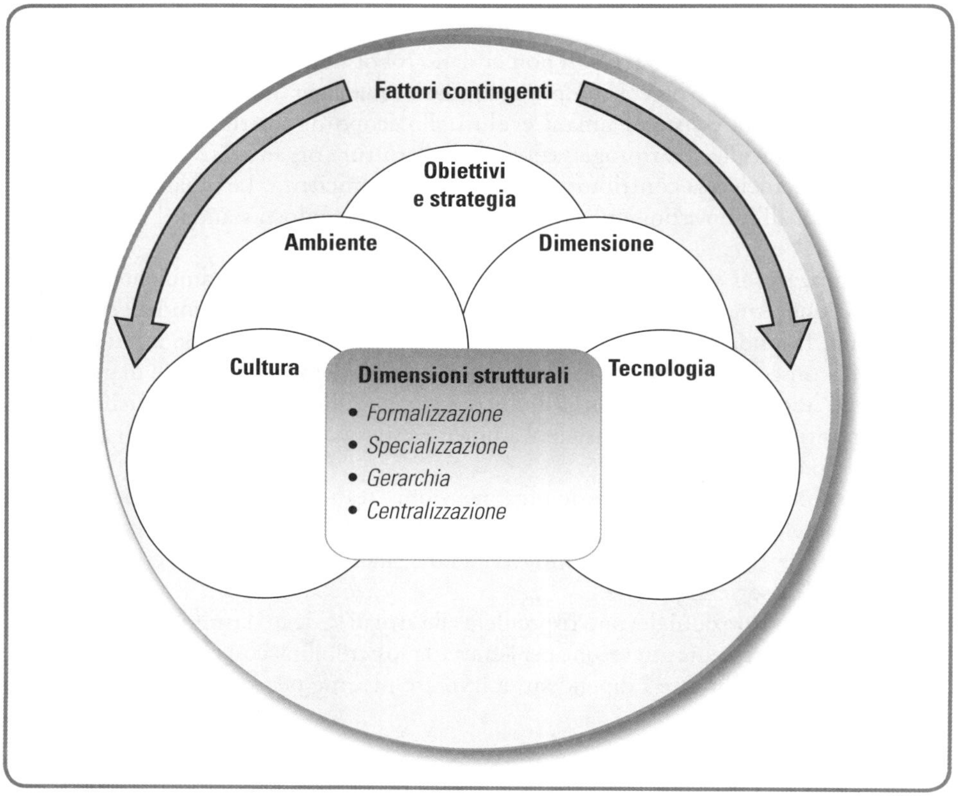

Figura 1.3
L'interazione tra dimensioni strutturali della progettazione e fattori contingenti

Dimensioni strutturali

Le dimensioni strutturali principali delle organizzazioni sono la formalizzazione, la specializzazione, la gerarchia, la complessità e la centralizzazione.

1. La *formalizzazione* si riferisce alla quantità di documentazione scritta riguardante l'organizzazione. La documentazione comprende procedure, mansionari, regolamenti e manuali di linee di condotta. Questi documenti scritti descrivono comportamenti e attività. Una misura della formalizzazione all'interno di un'organizzazione si può avere semplicemente contando il numero di pagine di documentazione. Le grandi università statali, per esempio, tendono ad avere un alto livello di formalizzazione. Una piccola attività a gestione familiare, d'altro canto, può operare quasi in assenza di regole scritte, e sarebbe pertanto considerata informale.
2. La *specializzazione* è il grado in cui i compiti organizzativi vengono suddivisi tra posizioni lavorative separate. Se la specializzazione è alta, ogni dipendente svolge solo una ristretta gamma di compiti; se è bassa, i dipendenti svolgono un'ampia gamma di compiti nei rispettivi lavori. Ci si riferisce talvolta alla specializzazione come alla *divisione del lavoro*.
3. La *gerarchia* descrive chi riporta a chi e l'ambito di controllo (*span of control*) di ogni manager. La gerarchia è descritta in un organigramma da linee verticali, come illustrato in Figura 1.4. Essa è collegata all'ambito di controllo (il numero di impiegati che riportano a un superiore): quando gli ambiti di controllo sono limitati, la gerarchia tende a essere lunga; quando sono ampi, la gerarchia sarà più "corta".
4. La *complessità* si riferisce al numero di diverse unità o attività all'interno dell'organizzazione. La complessità può essere misurata lungo tre dimensioni: verticale, orizzontale e spaziale. La complessità verticale è il numero di livelli nella gerarchia: a livelli organizzativi diversi corrispondono diversi repertori di conoscenze e competenze.[45] La complessità orizzontale corrisponde al numero di unità o specializzazioni lavorative esistenti orizzontalmente nell'organizzazione. La complessità spaziale è il grado di dispersione geografica di unità e personale di un'organizzazione. L'organizzazione in Figura 1.4 presenta una complessità orizzontale di cinque livelli: la sua complessità orizzontale al livello 3 sarebbe di sette unità, mentre la complessità spaziale sarebbe uno dal momento che tutti gli uffici sono dislocati nello stesso punto.
5. La *centralizzazione* si riferisce al livello gerarchico che ha l'autorità per prendere decisioni. Quando l'attività decisionale è ristretta ai livelli superiori, l'organizzazione è centralizzata; quando le decisioni vengono delegate a livelli organizzativi più bassi, è decentralizzata. Decisioni organizzative che possono essere centralizzate o decentralizzate comprendono l'acquisto dei macchinari, la determinazione degli obiettivi, la scelta dei fornitori, la fissazione dei prezzi, l'assunzione di dipendenti e la definizione delle aree territoriali di marketing.

Per comprendere quanto sia importante curare le dimensioni strutturali nella progettazione organizzativa, considerate gli esempi seguenti.

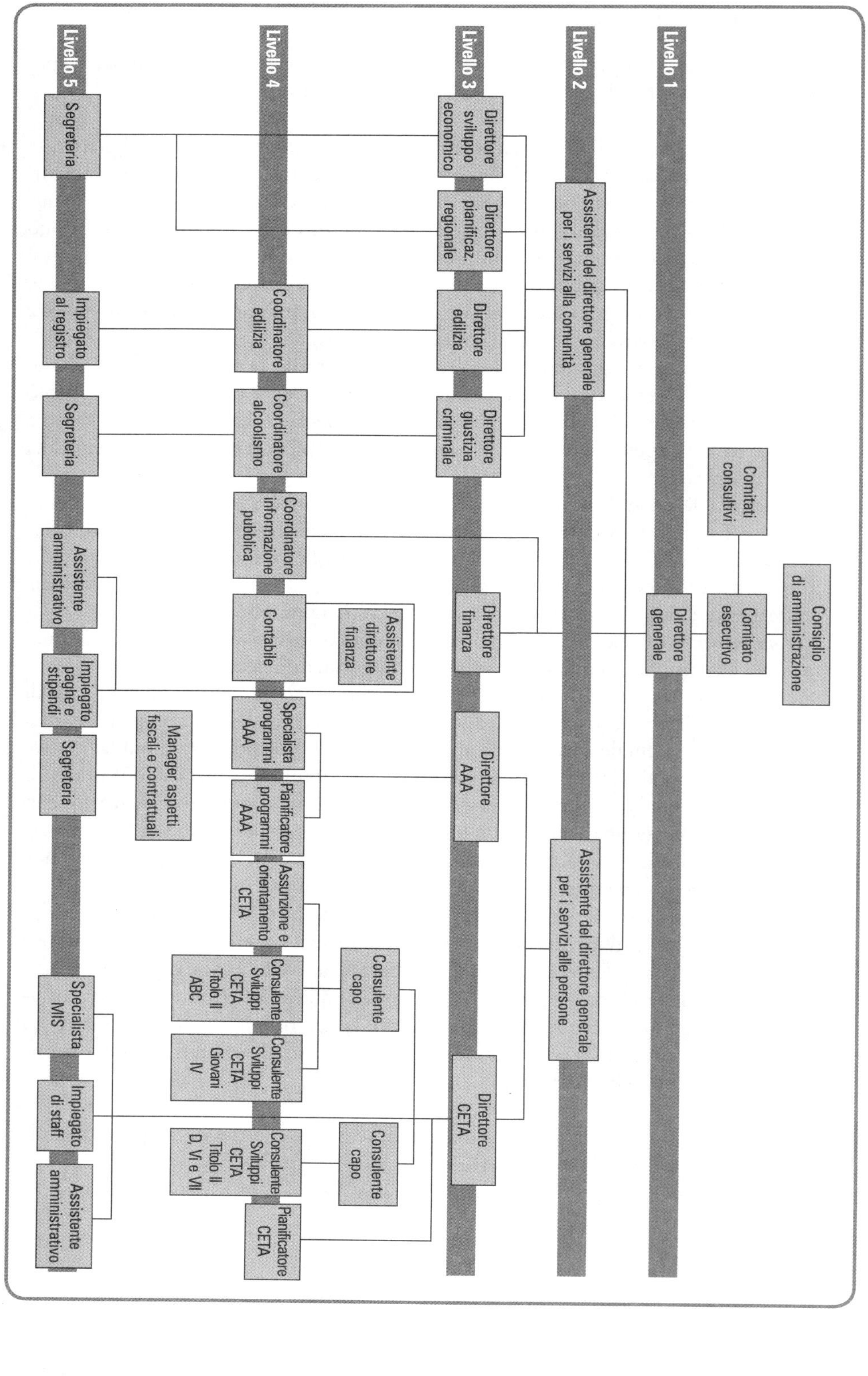

Figura 1.4 Organigramma che illustra la gerarchia dell'autorità all'interno del Community Job Training Program

IN PRATICA

Centro di evacuazione nella scuola elementare Shizugawa e piattaforma petrolifera Deepwater Horizon BP-Transocean

Secondo la descrizione di recente proposta da un giornalista, il Giappone è "un paese ossessionato dalle regole, con una propensione a creare strutture burocratiche e istituire ruoli e comitati per lo svolgimento di qualsiasi compito, anche il più banale." Quando il paesino di pescatori di Minamisanriku è stato devastato dallo tsunami nella primavera del 2011, questa propensione si è rivelata molto preziosa: l'elaborazione di regole, procedure e strutture gerarchiche ha contribuito a ripristinare un senso di rassicurante normalità nel Centro di evacuazione della scuola elementare di Shizugawa. Le persone alloggiate nel centro hanno creato sei unità incaricate di gestire svariati aspetti della vita quotidiana come la preparazione dei pasti, le pulizie, il controllo delle scorte e l'assistenza sanitaria, dotandosi di regole e procedure. I gruppi che curavano l'igiene del centro, per esempio, seguivano un foglio di istruzioni molto dettagliato, nel quale si illustrava come separare i rifiuti non riciclabili da quelli riciclabili, come sostituire i sacchi e così via. Grazie a procedure esaustive e precise, il centro è stato gestito alla perfezione e le persone evacuate sono state aiutate ad affrontare una situazione estremamente difficile. Secondo Shitaro Goto, attore ed elettricista trentaduenne tornato al paese da Tokyo pochi mesi dopo la catastrofe, "i giapponesi si sentono molto più rassicurati se hanno delle regole da seguire."

Si metta a confronto questa operatività impeccabile con quello che successe dopo che nel Golfo del Messico si verificò un'esplosione a bordo della piattaforma di perforazione Deepwater Horizon, di proprietà della Transocean e operante per conto della British Petroleum. L'incidente provocò 11 vittime e un grave disastro ambientale. Tralasciando le cause della sciagura, la struttura implementata a bordo della piattaforma non fece altro che aggravare la situazione: l'organizzazione era talmente approssimativa che nessuno sapeva chi fosse responsabile e quale grado di autorità avesse. Al momento dell'esplosione, la confusione era totale. Accortasi che nessuno se ne era occupato, la ventitreenne Adrea Fleytas lanciò un SOS ma fu rimproverata di aver abusato della propria autorità. Un manager ha dichiarato di non aver chiesto aiuto perché non era certo di essere autorizzato a procedere; un altro ha riferito di aver cercato di contattare qualcuno a terra, solo per sentirsi dire che l'ordine doveva essere emesso da un'altra persona. I membri dell'equipaggio sapevano bene che occorreva attivare la chiusura di emergenza, ma non era chiaro chi dovesse autorizzare l'operazione. Mentre l'incendio si propagava, le istruzioni per l'evacuazione furono date solo dopo diversi minuti. Anche in questo caso, Andrea Fleytas, in preda al panico, utilizzò l'impianto di diffusione sonora per comunicare che l'equipaggio stava abbandonando la piattaforma. Carlos Ramos, uno dei lavoratori impiegati sulla piattaforma, racconta: "La situazione era estremamente caotica. Non c'era una linea gerarchica, né un responsabile."[46]

Fattori contingenti

La sola analisi delle dimensioni strutturali non è sufficiente a comprendere o progettare adeguatamente le organizzazioni. Occorre esaminare anche i fattori contingenti, cioè la dimensione, la tecnologia, l'ambiente, gli obiettivi e la strategia e la cultura.

1. La *dimensione* può essere misurata per l'organizzazione nel suo complesso o per specifiche componenti, come stabilimenti o divisioni. Poiché le organizzazioni sono sistemi sociali, la dimensione viene tipicamente misurata attraverso il numero di dipendenti; altre misure, come il fatturato o il valore delle attività a bilancio, riflettono anch'esse la grandezza dell'organizzazione, ma non indicano la dimensione della sua componente umana.
2. La *tecnologia* si riferisce agli strumenti, alle tecniche e alle azioni utilizzate per trasformare gli input in output. Essa riguarda il modo in cui l'organizzazione realizza i prodotti e i servizi che fornisce ai clienti e comprende elementi quali metodi produttivi flessibili, sistemi informativi e Internet. Una linea di assemblaggio di automobili, un'aula universitaria e un sistema di spedizione di pacchi in giornata costituiscono tutti delle tecnologie, sebbene di tipo assai differente.

3. L'*ambiente* include tutti gli elementi esterni ai confini dell'organizzazione. Gli elementi chiave comprendono il settore di attività, la pubblica amministrazione, i clienti, i fornitori e la comunità finanziaria. Gli elementi ambientali che più influenzano un'organizzazione sono spesso costituiti dalle altre organizzazioni.
4. Gli *obiettivi* e la *strategia* dell'organizzazione definiscono lo scopo e le tecniche competitive che la distinguono da altre organizzazioni. Gli obiettivi sono spesso messi in forma scritta come dichiarazione durevole dell'intento dell'azienda. Una strategia consiste in un piano d'azione che descrive l'allocazione delle risorse e le attività attraverso le quali relazionarsi con l'ambiente e raggiungere gli obiettivi dell'organizzazione. Gli obiettivi e le strategie definiscono l'ambito delle attività e le relazioni con dipendenti, clienti e concorrenti.
5. La *cultura* di un'organizzazione è l'insieme di valori fondamentali, convinzioni, conoscenze e regole condivise dal complesso dei dipendenti. I valori di fondo possono riguardare il comportamento etico, l'impegno dei dipendenti, l'efficienza o il servizio ai clienti e forniscono il collante che tiene uniti i membri dell'organizzazione. La cultura di un'organizzazione non è scritta, ma può essere osservata nella sua storia, nei suoi slogan, nelle sue cerimonie, nell'abbigliamento usato e nel layout degli uffici.

Le cinque dimensioni strutturali e i cinque fattori contingenti qui presentati sono interdipendenti. Alcuni fattori contingenti influiscono sul grado di specializzazione e formalizzazione delle organizzazioni. Per esempio, le grandi dimensioni di un'organizzazione, una tecnologia routinaria e un ambiente stabile sono tutti elementi che tendono a creare un'organizzazione caratterizzata da un maggior grado di formalizzazione, specializzazione e centralizzazione. Le relazioni tra fattori contingenti e dimensioni strutturali verranno analizzate in maggior dettaglio nei capitoli successivi.

confrontate la vostra opinione

1 **Un'organizzazione può essere compresa principalmente considerando le persone che ne fanno parte.**

Risposta esatta: *In disaccordo.* Le organizzazioni hanno precise caratteristiche, indipendenti dalla natura degli individui che ne fanno parte. Ciascun individuo potrebbe essere sostituito con il passare del tempo, ma le dimensioni strutturali e i fattori contingenti dell'organizzazione resterebbero quasi immutate.

Le dimensioni organizzative illustrate in Figura 1.3 forniscono una base per la misurazione e l'analisi di caratteristiche che non possono essere viste dall'osservatore occasionale e rivelano significative informazioni riguardo a un'organizzazione. Consideriamo, per esempio, le dimensioni della Valve Software messe a confronto con quelle di Walmart e di un'agenzia governativa.

IN PRATICA

Valve Software

Valve Software Corporation è un'azienda leader nel settore dei videogiochi, con Counter-Strike, Half-Life 2, Left 4 Dead, Portal e la popolare piattaforma di distribuzione digitale Steam. A settembre 2013, la rivista online britannica *WhatCulture* ha inserito Gabe Newell, cofondatore della Valve, nella lista dei "cinque più ricchi miliardari del settore tecnologico che hanno abbandonato l'università." Newell funge da amministratore delegato della Valve, ma l'azienda è "priva di capi dal 1996," come recita il suo sito. "È straordinario quello che le persone creative sono in grado di escogitare quando non c'è nessuno che dica loro che cosa fare." La particolare struttura organizzativa della Valve ha causato un lieve battage mediatico dopo che qualcuno, nella primavera del 2012, ha pubblicato online il prontuario del dipendente, ma la Valve funziona benissimo senza capi sin dalla sua creazione. Newell e il cofondatore Mike Harrington, ex dipendenti della Microsoft, volevano creare un'organizzazione non gerarchica e agile che consentisse ai dipendenti la massima flessibilità. Sembra quasi un sogno per i dipendenti, eppure molti non riescono ad adattarsi alla "struttura senza struttura" e lasciano l'azienda alla ricerca di posti di lavoro più tradizionali. Presso la Valve, tutti hanno voci in capitolo nel prendere le decisioni importanti: qualsiasi dipendente può contribuire alle decisioni riguardanti le assunzioni, che di solito vengono prese da squadre; non esistono promozioni, ma soltanto nuovi progetti che prevedono un leader *de facto*. I licenziamenti sono rari, ma le squadre decidono insieme se qualcuno non va bene. Le riunioni delle squadre sono estremamente informali e i partecipanti sono invitati a condividere i loro sentimenti, oltre che le idee lavorative.

Confrontiamo l'approccio della Valve con quello della Walmart, che costruisce il proprio vantaggio competitivo sull'efficienza dei costi interni. Una formula standard viene utilizzata per costruire ogni nuovo punto vendita, con lo stesso layout e assortimento merceologico. Le spese amministrative di Walmart sono più basse di ogni altra catena. Il sistema di distribuzione è un prodigio di efficienza. I prodotti possono essere recapitati in qualsiasi punto vendita in meno di due giorni dall'effettuazione dell'ordine. I singoli punti vendita sono controllati dall'alto, ma agli store manager viene comunque data una certa discrezionalità per l'adattamento alle condizioni locali. I dipendenti si attengono a procedure standard stabilite dall'alto e hanno poca voce in capitolo in fase decisionale. Di norma, le performance sono comunque alte e gran parte dei dipendenti ritiene di ricevere un giusto trattamento dall'azienda.

Una situazione ancora diversa si osserva spesso nelle agenzie governative o nelle organizzazioni non profit che dipendono in larga misura da finanziamenti pubblici. Molte agenzie culturali e artistiche statali, per esempio, sono dotate di un piccolo numero di dipendenti altamente specializzati, ma sono oppresse da regole e regolamenti e sommerse dal lavoro d'ufficio. Le agenzie devono richiedere resoconti dettagliati ai propri clienti per poter a loro volta compilare rapporti regolari per una varietà di fonti di finanziamento statali e federali.[47]

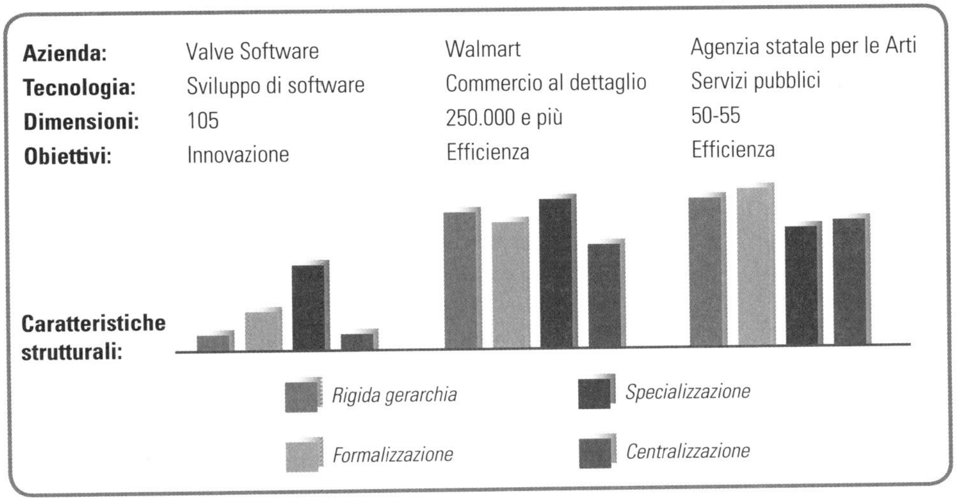

Figura 1.5
Le differenti caratteristiche di tre organizzazioni

In Figura 1.5 sono illustrate molteplici dimensioni strutturali e fattori contingenti di Valve Software, di Walmart e di una ipotetica Agenzia statale per le Arti. Valve è un'organizzazione di piccole dimensioni che è classificabile con livelli molto bassi di formalizzazione e centralizzazione ed è caratterizzata da un grado medio di specializzazione; si pone l'accento sulla collaborazione orizzontale per offrire ai clienti prodotti innovativi, anziché sulla gerarchia. La Walmart è molto più formalizzata, specializzata e centralizzata ed evidenzia una rigida gerarchia. L'efficienza è più importante dei nuovi prodotti e servizi, cosicché la maggior parte delle attività è guidata da procedure. L'Agenzia per le Arti, diversamente dalle altre organizzazioni, è una piccola parte di un più ampio sistema burocratico statale. L'agenzia è sovraccarica di regole e modalità standard per svolgere le attività; le regole vengono emanate dall'alto e i flussi di comunicazione seguono una rigida scala gerarchica dall'alto verso il basso.

Dimensioni strutturali e fattori contingenti possono quindi dire molto su un'organizzazione e sulle differenze tra le organizzazioni. Le dimensioni di progettazione organizzativa saranno esaminate con maggior dettaglio in capitoli successivi, allo scopo di determinare il livello di ogni dimensione strutturale necessario per operare efficacemente a seconda di diversi fattori contingenti.

Risultati di performance ed efficacia

Lo scopo che è sotteso allo studio delle dimensioni strutturali e dei fattori contingenti è quello di progettare l'organizzazione in modo tale da raggiungere alti livelli di performance ed efficacia. I manager adattano le dimensioni strutturali e contestuali per trasformare gli input in output e fornire valore nel modo più efficiente ed efficace possibile. L'**efficienza** si riferisce alla quantità di risorse impiegate per raggiungere gli obiettivi dell'organizzazione; è misurata in base alla quantità di materie prime, denaro e lavoratori necessaria per produrre un dato livello di output. L'**efficacia** è un termine più generale, che indica il livello di raggiungimento degli obiettivi di un'organizzazione.

Per essere efficaci, le organizzazioni hanno bisogno di obiettivi chiari e precisi e di strategie adeguate per raggiungerli. Nel Capitolo 2 verrà discusso in dettaglio il concetto di efficacia, analizzando le strategie, gli obiettivi e i vari approcci alla misurazione dell'efficacia. Molte organizzazioni utilizzano le nuove tecnologie per migliorare l'efficienza e l'efficacia. Grazie all'utilizzo di nuovi strumenti tecnologici, in uno studio medico di Philadelphia è stato possibile accrescere l'efficienza e gestire un maggior numero di pazienti facendo a meno di tre impiegati; il nuovo sistema ha anche contribuito a migliorare l'efficacia, permettendo allo staff di reperire più velocemente le informazioni necessarie riducendo gli errori, con il risultato di una migliore qualità delle cure e dei servizi prestati ai clienti.[48]

Raggiungere l'efficacia non è sempre facile perché persone diverse vogliono dall'organizzazione cose diverse. Per i clienti, la preoccupazione principale è di avere prodotti e servizi di alta qualità in modo puntuale e a un prezzo ragionevole, mentre i dipendenti sono fondamentalmente interessati a una retribuzione adeguata, buone condizioni lavorative e soddisfazione nel lavoro. Uno **stakeholder** è un qualsiasi gruppo all'interno o all'esterno dell'organizzazione che abbia un interesse nei confronti della performance dell'organizzazione stessa. Il livello di soddisfazione di ogni gruppo può essere rilevato come un indicatore della performance e dell'efficacia dell'organizzazione.[49] Per esempio, in contrasto con la visione degli uffici statali come paludi burocratiche di inefficienza gestite da manager indolenti, l'ufficio passaporti di Hudson Street nella lower Manhattan ottiene eccellenti recensioni su Yelp e altri siti di rating online. Michael Hoffman, direttore dell'ufficio, si pone l'obiettivo di dare ai clienti esattamente quello che desiderano. Pur dovendo fare i conti con un certo livello di specializzazione e standardizzazione, ha

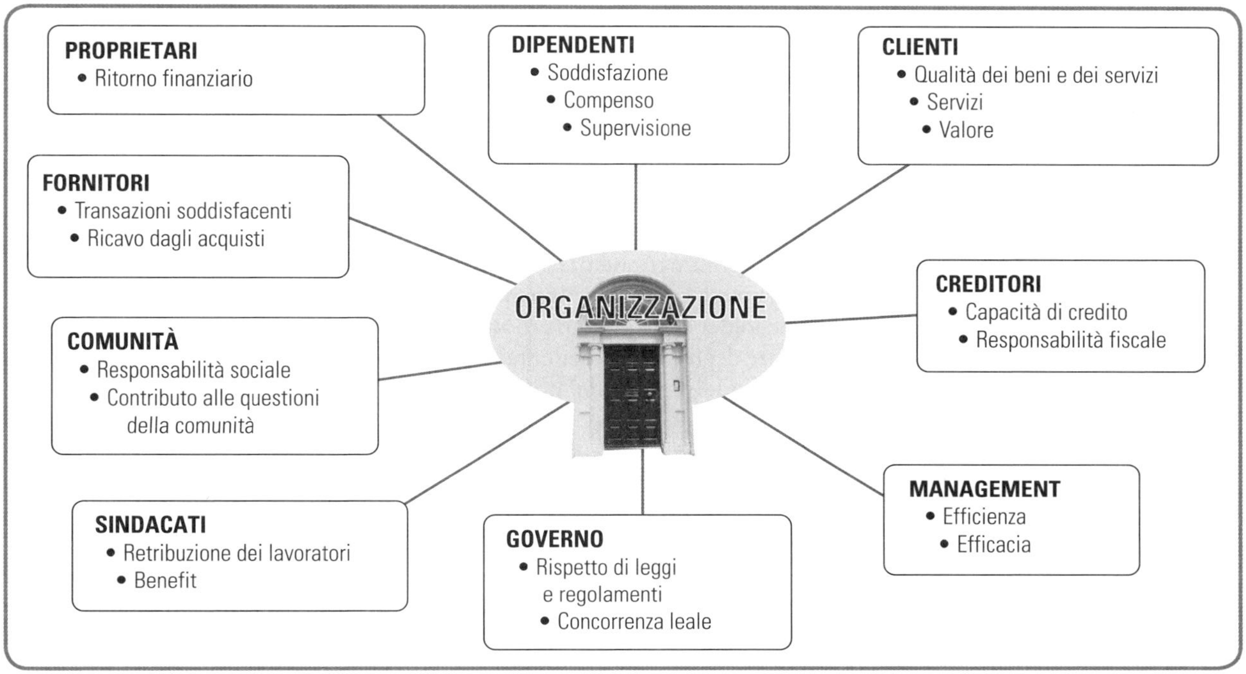

Figura 1.6
I principali stakeholder e le loro aspettative

potere discrezionale sulla gestione del personale e dell'ufficio. Ha organizzato l'attesa in ufficio e le aree di lavoro in modo tale da assicurare un flusso regolare e senza intoppi di persone e lavoro. Inoltre, forma e supporta i dipendenti, e fornisce loro le risorse e il potere discrezionale per fare il proprio lavoro senza dover ricercare l'approvazione dei manager, quando possibile. L'ufficio passaporti di Hudson Street è un chiaro esempio di come una valida progettazione e gestione organizzativa possa fare un'enorme differenza.[50]

confrontate la vostra opinione

2 **Il compito principale dei dirigenti di una organizzazione è conseguire la massima efficienza.**

Risposta esatta: *In disaccordo.* L'efficienza è importante, ma bisogna tener conto che le organizzazioni devono rispondere a molteplici stakeholder, che potrebbero avere aspettative diverse. I manager si sforzano di conseguire efficienza *e* efficacia nel tentativo di soddisfare i bisogni e gli interessi degli stakeholder. L'efficacia è spesso ritenuta più importante dell'efficienza.

In Figura 1.6 sono illustrati vari stakeholder e ciò che ciascuno di tali gruppi vuole dall'organizzazione. Gli interessi degli stakeholder sono a volte in conflitto tra loro e le organizzazioni spesso incontrano difficoltà nel soddisfare contemporaneamente le richieste di tutti i gruppi. Un'azienda può garantire un'alta soddisfazione dei clienti, ma avere rapporti difficili con i fornitori, oppure può avere problemi con i creditori. Considerate per esempio Walmart. I clienti amano la sua efficienza e i bassi prezzi, ma l'enfasi sul contenimento dei costi da parte dell'azienda ha causato attriti con i fornitori. Alcuni gruppi di attivisti sostengono che le tattiche di Walmart sono eticamente riprovevoli, perché costringono i fornitori a licenziare dipendenti, chiudere impianti e trasferire la produzione in Paesi a basso costo del lavoro. Un fornitore ha affermato che presso Walmart i capi di abbigliamento sono venduti a prezzi così bassi che molte aziende statunitensi non potrebbero essere competitive neppure se facessero lavorare gratis i propri dipendenti. Le sfide implicite nella gestione di un'organizzazione di tali dimensioni hanno anche condotto a tensioni con i dipendenti e con altri gruppi di stakeholder, come messo in evidenza da recenti azioni legali per discriminazione di genere e proteste per le basse retribuzioni e i benefit miserabili.[51] Questo esempio mostra quanto possa essere difficile per i manager soddisfare i molteplici stakeholder di un'organizzazione. In tutte le organizzazioni i manager devono valutare le esigenze degli stakeholder e stabilire obiettivi che possano garantire almeno in misura limitata la soddisfazione dei principali gruppi di stakeholder.

L'evoluzione della progettazione organizzativa

La progettazione organizzativa non è una raccolta di fatti; è un modo di concepire le organizzazioni e una riflessione su come individui e risorse vengono organizzati per realizzare un fine specifico.[52] È un modo di vedere e analizzare le organizzazioni più accuratamente e approfonditamente di quanto si potrebbe fare altrimenti. Tale teoria è basata su modelli e aspetti ricorrenti nella progettazione e nel comportamento organizzativo. Gli studiosi di organizzazione ricercano queste regolarità, le definiscono, le misurano e le rendono disponibili agli altri. I fatti ricavati dalla ricerca empirica non sono tanto importanti quanto i modelli generali e le deduzioni sul funzionamento organizzativo tratte dallo studio comparato delle organizzazioni. Modelli e deduzioni possono aiutare i manager a migliorare l'efficienza e l'efficacia organizzative, oltre che a consolidare la qualità della vita organizzativa.[53] Un'interessante area di ricerca è la variazione della progettazione organizzativa e della prassi manageriale nel tempo in risposta ai cambiamenti avvenuti nella società in generale.

Prospettive storiche

Probabilmente già sapete che l'era moderna della teoria manageriale ha avuto inizio con la prospettiva manageriale classica, fra il tardo diciannovesimo secolo e l'inizio del ventesimo. L'emergere del sistema di fabbrica durante la Rivoluzione Industriale ha posto problemi che le organizzazioni non avevano incontrato in precedenza. Con lo svolgimento del lavoro su scala molto più ampia da parte di un più grande numero di lavoratori, si cominciò a pensare a come progettare e svolgere il lavoro in modo da incrementare la produttività e consentire all'organizzazione di raggiungere la massima efficienza. La prospettiva classica, che cerca di far funzionare le organizzazioni come macchine efficienti e ben oliate, è associata allo sviluppo della gerarchia e della burocrazia, e rimane la base per molta della teoria e della pratica manageriale moderna. In questo paragrafo esamineremo la prospettiva classica, che pone l'accento sull'efficienza e l'organizzazione, così come altre prospettive che sono emerse per fronteggiare nuove questioni, come la soddisfazione dei bisogni dei collaboratori e il ruolo dell'ambiente. Elementi di ciascuna di tali prospettive sono ancora utilizzati nella progettazione organizzativa, sebbene siano stati adattati e rivisti per soddisfare le mutevoli esigenze. Queste diverse prospettive possono inoltre essere associate a modi diversi di concepire e considerare l'organizzazione, denominati *modelli di riferimento* del manager. Per comprendere meglio il vostro modello di riferimento rispondete al questionario del riquadro "Profilo personale" a pagina seguente.

L'efficienza prima di tutto. Secondo quanto postulato dallo **scientific management** – il cui pioniere fu Frederick Winslow Taylor – il miglioramento dell'efficienza e della produttività del lavoro può essere conseguito mediante metodi e tempi di lavoro determinati tramite le metodologie scientifiche. Secondo Taylor, i lavoratori "possono essere riattrezzati come le macchine, ricalibrandone gli ingranaggi fisici e mentali per migliorare la produttività."[54] Taylor sosteneva che la stessa attività di direzione dovesse cambiare, sottolineando che le decisioni basate su regole empiriche e consuetudini andassero sostituite con precise procedure sviluppate dopo uno studio attento delle singole situazioni.[55] Assumendo questo approccio, i manager sviluppano precise procedure standard per lo svolgimento di ogni attività, selezionano i lavoratori in possesso delle capacità adeguate, li addestrano nelle procedure standard, pianificano attentamente il lavoro e forniscono incentivi salariali per incrementare l'output.

L'approccio di Taylor è illustrato dalla sua analisi dell'attività di scarico del ferro dai vagoni ferroviari e di carico dell'acciaio prodotto allo stabilimento della Bethlehem Steel nel 1898. Taylor calcolò che con movimenti, strumenti e sequenze corrette ogni uomo poteva caricare 47,5 tonnellate al giorno invece delle usuali 12,5 tonnellate. Egli elaborò inoltre un sistema di incentivi che prevedeva il pagamento di 1,85 dollari al giorno a ogni lavoratore in caso di raggiungimento dei nuovi standard, con un incremento di 1,15 dollari rispetto al precedente compenso. La produttività alla Bethlehem Steel aumentò sensibilmente da un giorno all'altro.

L'idea di creare un sistema finalizzato a ottenere la massima efficienza e organizzare il lavoro con l'obiettivo della massima produttività è profondamente radicata nelle organizzazioni. Secondo un articolo pubblicato dalla *Harvard Business Review* sulle innovazioni che hanno plasmato l'organizzazione aziendale, lo scientific management si attesta in cima alla classifica delle dodici innovazioni più decisive.[56]

Come organizzarsi. Un'altra sotto-area della prospettiva classica analizzava l'organizzazione da una prospettiva più ampia. Mentre lo scientific management si focalizzava principalmente sul nucleo operativo – sul lavoro svolto in fabbrica – la **direzione amministrativa** si rivolse alla progettazione e al funzionamento dell'organizzazione nel suo complesso. Henri Fayol, per esempio, propose quattordici principi di management, quali "ogni subordinato riceve ordini da un solo superiore" (unità di comando) e "in un'organizzazione attività simili dovrebbero essere raggruppate sotto un unico manager" (unità di direzione). Questi principi hanno costituito le fondamenta della prassi manageriale e della progettazione organizzativa moderne.

Gli approcci dello scientific management e della direzione amministrativa ebbero molta influenza e diedero alle organizzazioni nuove idee fondamentali per la realizzazione di una più alta produttività. La direzione amministrativa contribuì in particolare allo sviluppo delle **organizzazioni burocratiche**, le quali enfatizzarono la progettazione e la gestione delle organizzazioni in un'ottica impersonale e razionale, attraverso elementi quali autorità e responsabilità chiaramente definite e un'uniforme applicazione di regole standard. Nonostante il termine *burocrazia* abbia assunto un'accezione negativa divenendo sinonimo di burocratizzazione nelle organizzazioni odierne, le caratteristiche burocratiche funzionarono estremamente bene nella fase di sviluppo dell'Era Industriale.

Profilo personale

Test attitudinale: stile di management

Questo test è finalizzato a ottenere una descrizione di voi stessi. In ciascuna domanda, assegnate il numero 4 all'affermazione che vi descrive meglio, il numero 3 alla seconda affermazione più adeguata e così via fino ad assegnare il numero 1 all'affermazione che vi assomiglia di meno.

1. I miei punti di forza sono:
   __ **a.** Le capacità analitiche
   __ **b.** Le capacità interpersonali
   __ **c.** Le capacità politiche
   __ **d.** La tendenza al melodramma

2. La migliore descrizione di me stesso è:
   __ **a.** Tecnico esperto
   __ **b.** Buon ascoltatore
   __ **b.** Abile negoziatore
   __ **d.** Leader ispiratore

3. La capacità che più mi ha aiutato a raggiungere il successo è:
   __ **a.** La capacità di prendere le decisioni giuste
   __ **b.** La capacità di formare e far crescere gli altri
   __ **c.** La capacità di costruire alleanze solide e una base di potere
   __ **d.** La capacità di ispirare ed entusiasmare gli altri

4. La mia caratteristica che gli altri notano più facilmente è:
   __ **a.** L'attenzione ai dettagli
   __ **b.** L'attenzione alle persone
   __ **c.** La capacità di uscire vincente da conflitti e contrasti
   __ **d.** Il carisma

5. La mia capacità dirigenziale più importante è:
   __ **a.** Ragionamento logico e chiaro
   __ **b.** Cura e sostegno degli altri
   __ **c.** Durezza e aggressività
   __ **d.** Immaginazione e creatività

6. La parola che meglio mi descrive è:
   __ **a.** Analista
   __ **b.** Umanista
   __ **c.** Politico
   __ **d.** Visionario

Punteggio: Calcolate il vostro punteggio in base al seguente criterio. Il punteggio più alto indica la vostra concezione dell'organizzazione e influenzerà il vostro stile di gestione.

Struttura = 1a + 2a + 3a + 4a + 5a + 6a =
Risorse umane = 1b + 2b + 3b + 4b + 5b + 6b =
Politico = 1c + 2c + 3c + 4c + 5c + 6c =
Simbolico = 1d + 2d + 3d + 4d + 5d + 6d =

Interpretazione: I manager delle organizzazioni di norma guardano il mondo attraverso uno o più modelli mentali di riferimento. (1) Secondo il *modello di riferimento strutturale*, l'organizzazione è una macchina che può essere economicamente efficiente, dotata di gerarchia verticale e compiti routinari che conferiscono al manager l'autorità formale per raggiungere degli obiettivi. Questo modo di pensare ha preso piede durante l'era dello scientific management, quando l'efficienza era tutto. (2) Il *modello delle risorse umane* identifica l'organizzazione nelle persone che ne fanno parte; il manager dedica una particolare attenzione a supporto, responsabilizzazione e spirito di appartenenza. Questo modo di pensare ha assunto una crescente importanza dopo gli esperimenti di Hawthorne. (3) Secondo il *modello politico*, l'organizzazione compete per le scarse risorse necessarie al raggiungimento degli obiettivi e l'attenzione dei manager è rivolta alla creazione del consenso tra gruppi diversi. Questo modello di riferimento riflette il bisogno delle organizzazioni di condividere le informazioni, seguire una strategia collaborativa e far sì che tutte le parti lavorino insieme. (4) Secondo il *modello simbolico*, l'organizzazione è una sorta di palcoscenico e l'attenzione del manager è rivolta a simboli, visione, cultura e ispirazione. Questo modello di riferimento è importante per la gestione di una cultura adattativa in una organizzazione che apprende.
Quale modello riflette il vostro modo di guardare il mondo? I primi due modelli di riferimento – quello strutturale e quello delle risorse umane – sono importanti per i manager con minore esperienza che si trovano ai livelli bassi e medi dell'organizzazione. Di norma, sono questi i modelli che vengono padroneggiati prima. Man mano che i manager accumulano esperienza e scalano i vertici dell'organizzazione, dovrebbero acquisire anche capacità politiche e collaborative (Capitolo 13), oltre che apprendere a utilizzare i simboli per plasmare i valori culturali (Capitolo 10). È fondamentale per i manager non fossilizzarsi in un solo modo di considerare l'organizzazione perché questo potrebbe limitarne la crescita.

Fonte: Roy G. Williams e Terrence E. Deal, *When Opposites Dance: Balancing the Manager and Leader Within* (Palo Alto, CA: Davies-Black, 2003), pp. 24-28. Riproduzione autorizzata.

L'attenzione alle persone. Gli studi sulla psicologia industriale e sulle relazioni umane ricevettero scarsa attenzione fino al momento in cui venne realizzata una serie di esperimenti sui rapporti fra illuminazione e produttività presso la società elettrica di Chicago, che divennero noti come gli **esperimenti di Hawthorne**. I risultati di questi esperimenti permisero di affermare che un miglior rapporto psicologico con i lavoratori aveva causato un aumento della motivazione e della produttività. Queste ricerche portarono a una rivoluzione nella gestione del personale e posero le basi per successivi lavori che analizzarono le tematiche della leadership e della motivazione, aggiungendo nuovi e importanti contributi allo studio del management e delle organizzazioni.

A ogni modo, il sistema gerarchico e gli approcci burocratici che si erano sviluppati durante la Rivoluzione Industriale rimasero l'orientamento principale per la progettazione e il funzionamento organizzativo fino agli anni Ottanta. Durante gli anni Ottanta, la più intensa competizione, specialmente su scala globale, cambiò le regole del gioco.[57] Molte aziende nord-americane, per andare avanti, dovevano trovare un equilibrio migliore.

La burocrazia può diventare flessibile? Gli anni Ottanta produssero nuove culture aziendali che adottarono valori quali la flessibilità, la rapidità di risposta nei confronti dei clienti, la motivazione dei dipendenti, la qualità del servizio e dei prodotti. Le organizzazioni cominciarono a sperimentare il lavoro in team, le gerarchie piatte e gli approcci di management partecipativo. Per esempio, nel 1983 in un impianto della Dupont a Martinsville, in Virginia, i livelli di management furono ridotti da otto a quattro e si cominciò a ricorrere a team di addetti alla produzione per la risoluzione di problemi e lo svolgimento di compiti routinari di management. La nuova organizzazione contribuì a migliorare la qualità, abbassare i costi e favorire l'innovazione, rendendo l'impianto più competitivo in un ambiente mutato.[58] Piuttosto che affidarsi a regole rigide e alla gerarchia, i manager iniziarono a guardare al sistema organizzativo nel suo insieme, compreso l'ambiente esterno.

A partire dagli anni Ottanta, il mondo delle imprese ha attraversato un cambiamento ancora più profondo e di più vasta portata. Si sono diffusi approcci flessibili alla progettazione organizzativa. Tra i fattori che di recente hanno influito sul cambiamento della progettazione organizzativa vanno citati Internet e altre innovazioni nelle comunicazioni e nell'information technology, la globalizzazione e la crescente interconnessione tra le organizzazioni, il più alto livello di istruzione dei dipendenti e le loro maggiori aspettative sulla qualità della vita, e infine la crescita del lavoro basato sulla conoscenza e delle attività fondate sull'elaborazione delle informazioni intese come attività organizzative primarie.[59]

Contingenze cruciali

Sorgono molti problemi quando tutte le organizzazioni vengono trattate come se fossero simili, e questo è stato il caso della scuola dello scientific management e di quella della direzione amministrativa, che hanno cercato, per l'appunto, di progettare tutte le organizzazioni nello stesso modo. Le strutture e i sistemi che funzionano nella divisione vendita al dettaglio di una conglomerata non sarebbero appropriati per la divisione produzione; così come gli organigrammi e le procedure finanziarie ottimali per un'azienda che opera in Internet come Pinterest non funzionerebbero per un grande stabilimento di processo operante in campo alimentare come Kraft oppure per una grande organizzazione non profit come United Way.

Una delle premesse fondamentali di questo libro è che progettare organizzazioni efficaci significa conoscere svariate contingenze e comprendere come adeguare la progettazione ai fattori contingenti. Il termine **contingenza** esprime il fatto che "una cosa dipende da altre cose" e che, affinché le organizzazioni siano efficaci, ci deve essere una buona corrispondenza tra la loro progettazione e svariati fattori contingenti.[60] Ciò che funziona in un determinato contesto può non funzionare in un altro; non ci sono soluzioni migliori in generale. La teoria contingente poggia su un principio che può essere sintetizzato nell'espressione: "tutto dipende" (*it all depends*). Un'agenzia governativa, per esempio, può operare in un ambiente certo, adottare una tecnologia di routine e desiderare l'efficienza. In questa situazione, un approccio burocratico che utilizza procedure di controllo rigide, una struttura gerarchica e una comunicazione formalizzata sarebbe appropriato. L'approccio corretto dipende dalla situazione contingente dell'organizzazione. Qui di seguito analizzeremo due approcci fondamentali alla progettazione organizzativa e i fattori contingenti tipicamente associati a ciascuno di essi.

confrontate la vostra opinione

3 La principale priorità del management è assicurarsi che l'organizzazione sia ben progettata.

Risposta esatta: *D'accordo.* I top manager hanno numerose responsabilità, ma una delle più importanti è assicurarsi che l'organizzazione sia progettata correttamente. L'organizzazione aziendale struttura e focalizza il lavoro degli individui, oltre a plasmare la loro risposta ai clienti e agli altri stakeholder. I manager tengono conto sia delle dimensioni strutturali sia delle dimensioni contestuali e si accertano che le varie parti dell'organizzazioni lavorino insieme al raggiungimento di obiettivi importanti.

Modelli organici e modelli meccanici a confronto

Le organizzazioni possono essere classificate lungo un continuum che vede a un estremo il sistema meccanico, all'altro il sistema organico. Furono Tom Burns e G.M. Stalker i primi a utilizzare i termini "organico" e "meccanico" per descrivere due estremi di progettazione organizzativa dopo aver condotto uno studio sulle imprese industriali in Inghilterra.[61] In linea generale, le organizzazioni progettate secondo un **modello meccanico** sono caratterizzate da regole e procedure standard nonché da una chiara linea gerarchica. Sono altamente formalizzate e centralizzate e gran parte delle decisioni viene presa dai vertici. Per contro, le organizzazioni progettate secondo un **modello organico** presentano un grado di gran lunga maggiore di libertà ed elasticità. In molti casi le norme e i regolamenti non sono scritti o, se lo sono, si applicano con flessibilità; i dipendenti godono di un elevato grado di autonomia, la linea gerarchica è meno rigida e definita e l'autorità decisionale è decentrata.

Sono numerosi i fattori contingenti che incidono sulla maggiore o minore efficacia di un modello prevalentemente meccanico oppure organico. In Figura 1.7 si presenta una sintesi delle differenze tra il modello organico e quello meccanico sulla base di cinque elementi: la struttura, i compiti, la formalizzazione, la comunicazione e la gerarchia. Sono inoltre indicati i fattori contingenti tipicamente associati a ciascun tipo di modello.

- *Struttura centralizzata o struttura decentralizzata.* La centralizzazione e la decentralizzazione fanno riferimento al livello gerarchico incaricato del processo decisionale. In un modello meccanico la struttura è centralizzata, mentre in un modello organico il processo decisionale è decentralizzato. Per **centralizzazione** si intende che l'autorità decisionale si trova ai vertici della gerarchia organizzativa: la conoscenza e il controllo delle attività sono accentrate al vertice dell'organizzazione e i dipendenti agiscono in base alle istruzioni ricevute. La **decentralizzazione** prevede invece che l'autorità decisionale venga delegata ai livelli organizzativi più bassi. In un'organizzazione molto organica, sono i dipendenti, anziché i supervisori e gli alti dirigenti, a conoscere e controllare le attività; inoltre, si incoraggiano gli individui a gestire le difficoltà collaborando con i colleghi e con i clienti e prendendo decisioni a propria discrezione.

- *Compiti specializzati o ruoli allargati.* Un **compito** è un'attività lavorativa definita con precisione e assegnata a una persona. Nei modelli meccanici, i compiti vengono suddivisi in elementi specifici e separati, come in una macchina, e ciascun dipendente svolge le attività delineate in una precisa descrizione della mansione. Un **ruolo**, invece, costituisce parte di un sistema sociale; è caratterizzato da discrezionalità e responsabilità, e permette che le persone facciano uso del proprio giudizio e della propria abilità per ottenere un risultato o raggiungere un obiettivo. In un'organizzazione progettata secondo un modello organico, i dipendenti ricoprono dei ruoli all'interno del team o dell'unità e i ruoli possono essere costantemente ridefiniti o adattati.
- *Sistemi formali o sistemi informali.* I modelli meccanici prevedono numerosi regolamenti, norme e procedure standard, con sistemi formali per la gestione delle informazioni e della comunicazione e l'individuazione delle deviazioni da standard e obiettivi consolidati. Nei modelli organici, invece, le norme e i sistemi di controllo formale sono pochi e la comunicazione e la condivisione di informazioni sono informali.
- *Comunicazione verticale o comunicazione orizzontale.* Nelle organizzazioni meccaniche si privilegia la comunicazione verticale, verso l'alto o verso il basso della scala gerarchica: gli alti dirigenti informano i collaboratori su obiettivi, strategie, istruzioni e procedure lavorative e si aspettano di ricevere un flusso di informazioni dal basso riguardanti problemi, relazioni sulla performance, dati finanziari, eventuali idee e suggerimenti e così via. Nelle organizzazioni organiche si pone maggiore enfasi sulla comunicazione orizzontale, con flussi di informazioni omnidirezionali all'interno delle unità e tra unità diverse così come tra diversi livelli gerarchici. Grazie alla condivisione delle informazioni, tutti i dipendenti dispongono di un quadro completo della situazione organizzativa che permette loro di agire rapidamente. Inoltre, le organizzazioni organiche mantengono canali di comunicazione aperti con clienti, fornitori e persino concorrenti per potenziare le capacità di apprendimento.
- *Autorità gerarchica o lavoro in team collaborativo.* Le organizzazioni progettate secondo un modello meccanico tendono a rispettare la linea gerarchica formale di comando: di norma, le attività lavorative sono organizzate per funzione dal basso all'alto dell'organizzazione e si riscontra un basso grado di collaborazione tra le unità organizzative. L'intera organizzazione è controllata attraverso la gerarchia verticale. Per contro, nelle organizzazioni organiche si pone l'accento sul lavoro in team collaborativo e si costruisce la struttura attorno a flussi di lavoro o processi orizzontali, anziché a unità organizzative, e i dipendenti svolgono il proprio lavoro trasversalmente rispetto ai confini organizzativi. Il modello organico favorisce quindi l'*imprenditorialità*, per cui coloro che fanno parte dell'organizzazione escogitano e promuovono nuove idee che rispondono alle necessità dei clienti.[62] Nelle organizzazioni molto organiche, l'unità di lavoro fondamentale è data da team auto-gestiti.

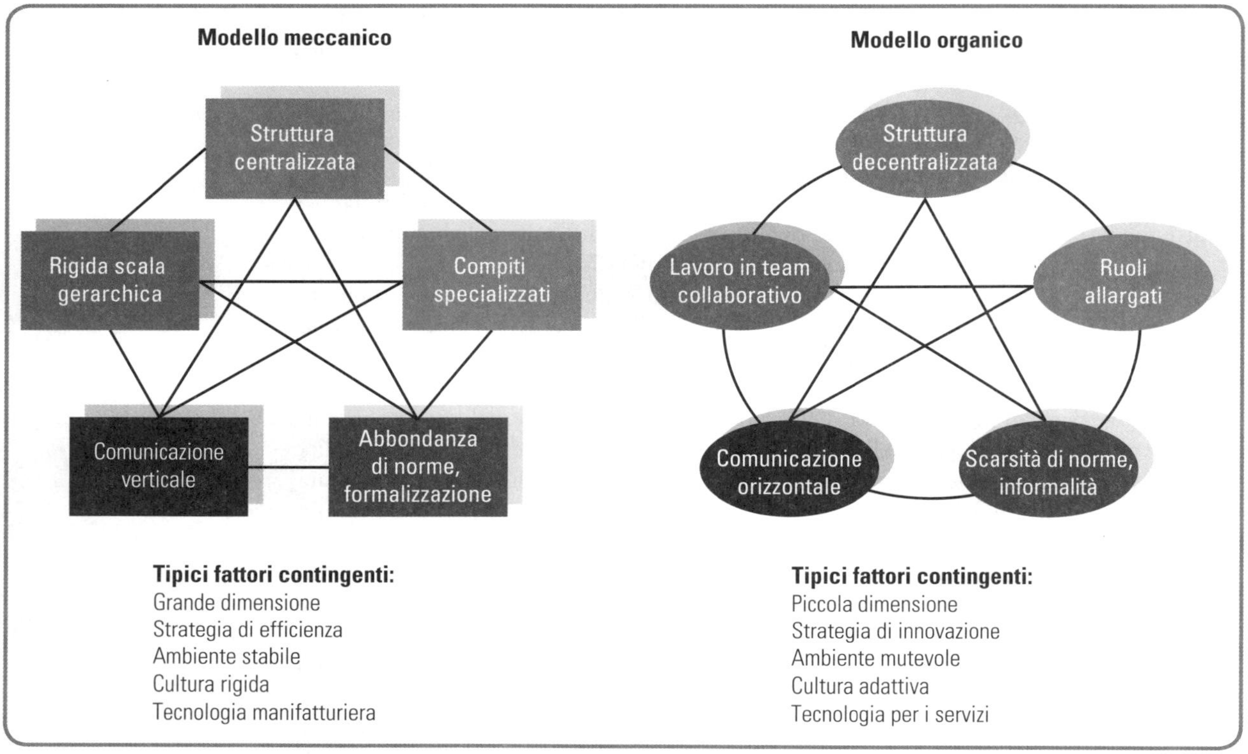

Figura 1.7
Modello organico e modello meccanico

Idee contemporanee di progettazione organizzativa: decentralizzazione radicale

In una certa misura, le organizzazioni evidenziano ancora l'impronta dell'approccio gerarchico, formalizzato e meccanico emerso nel diciannovesimo secolo con Frederick Taylor. Eppure le sfide poste dall'ambiente attuale richiedono a gran parte delle organizzazioni una maggiore flessibilità. Alcune organizzazioni come la Valve Software, di cui si è parlato nei paragrafi precedenti, sono passate a un modello estremamente organico, "senza capi" (*bossless*). Di fatto, diversi ambienti di lavoro bossless esistono già da diversi decenni, come nel caso della W. L. Gore e dell'azienda francese FAVI, ma negli ultimi anni il fenomeno è diventato una vera e propria tendenza. Tanto per cominciare, le modalità e il luogo di lavoro sono cambiati notevolmente in quanto molti hanno la possibilità di lavorare facilmente da casa o da altri luoghi che non siano il tradizionale ufficio. Presso la Symantec, per esempio, un tempo la maggior parte dei dipendenti lavoravano in scomparti, mentre oggi molti lavorano da casa o da altri luoghi lontani sparsi in tutto il mondo.[63] Anche nel caso della aziende il cui personale lavora sul posto, le nuove tecnologie consentono che tutti siano connessi con il cuore dell'organizzazione,[64] e quando tutti hanno accesso alle informazioni di cui hanno bisogno e sono formati per prendere correttamente le decisioni, avere tanti manager non fa altro se non far lievitare i costi e rallentare i tempi di risposta.

Molte aziende bossles, come Valve, Netflix (streaming e noleggio video) e Atlassian (software per le imprese), operano in settori connessi alla tecnologia, sebbene anche altre aziende appartenenti ai settori più disparati, come GE Aviation (produzione di componenti e sistemi per l'aeronautica), W. L. Gore & Associates (meglio nota per i tessuti Gore-Tex), Whole Foods (supermercati) e Semco (produzione varia) da anni prosperano con strutture analoghe. Morning Star fornisce uno degli esempi più interessanti di ambiente di lavoro bossless.

IN PRATICA

Morning Star

Chris Rufer, fondatore della Morning Star, la più grande azienda al mondo specializzata nella lavorazione dei pomodori, con tre stabilimenti che producono per aziende come Heinz e Campbell Soup Company, ritiene che se le persone sono in grado di gestire le complessità della vita senza un capo, non vi è motivo per cui non possano gestirsi autonomamente sul posto di lavoro. Rufer ha organizzato la Morning Star, nella quale 400 dipendenti circa producono ricavi annui per oltre 700 milioni di dollari, sulla base dei principi dell'autogestione:

- nessuno ha un capo
- i dipendenti negoziano le responsabilità con i loro pari
- tutti possono spendere il denaro dell'azienda
- non esistono titoli o promozioni
- i compensi vengono decisi dai pari.

Come funziona un tale sistema? Nella misura in cui l'azienda cresceva, passando dai 24 "colleghi" (così i dipendenti si chiamano fra di loro) delle origini a circa 400, si presentavano nuovi problemi. Alcuni incontravano delle difficoltà nel lavorare in un ambiente privo di capi e gerarchia, per cui Rufer ha creato il Morning Star Self-Management Institute per formare i dipendenti ai principi e sistemi dell'autogestione. Attualmente ogni collega si sottopone alla formazione, in gruppi da 10 a 15, per imparare a lavorare in modo efficace all'interno di un team, a gestire le responsabilità di "pianificazione, organizzazione, guida e controllo" di solito prerogativa dei manager, a bilanciare libertà ed accountability, a capire e comunicare efficacemente con gli altri, a gestire i conflitti.

Attualmente ogni collega scrive la sua personale missione ed è responsabile in tutto e per tutto del compimento di essa, ivi incluso l'approvvigionamento di strumenti e risorse necessari. Ciò significa che tutti possono ordinare forniture e attrezzature, e i colleghi sono responsabili dell'avvio del processo di assunzione quando c'è bisogno di aiuto. Ogni anno ciascun collega negozia una Collegue Letter of Understanding (CLOU) con i colleghi maggiormente interessati dal suo lavoro. Ogni CLOU presenta delle misure ben definite che consentono di monitorare i progressi in termini di raggiungimento degli obiettivi e soddisfacimento dei bisogni dei colleghi. "Da queste parti," ha detto un collega "nessun è tuo capo e tutti lo sono."[65]

In un ambiente di lavoro senza capi come quello della Morning Star, nessuno dà ordini né li prende. L'accountability è nelle mani del cliente e della squadra piuttosto che di un manager. Un ambiente di lavoro di questo tipo può presentare molti vantaggi, fra cui maggiore flessibilità, iniziativa e impegno da parte dei dipendenti, oltre che un processo decisionale migliore e più rapido.[66] Tuttavia questo tipo di strutture presentano anche nuove sfide: se è vero infatti, che i costi potrebbero risultare inferiori in virtù delle minori spese generali, è necessario investire denaro nella formazione e nello sviluppo in corso dei dipendenti, in modo tale che possano lavorare efficacemente all'interno di un sistema privo di capi e autogestirsi. Anche la cultura deve impegnare i dipendenti e fornire supporto all'ambiente non gerarchico.

Schema del libro

In che cosa differisce un corso di progettazione organizzativa da un corso di management o di comportamento organizzativo? La risposta è legata al concetto di livello di analisi.

Livelli di analisi

Ogni organizzazione è un sistema composto da svariati sottosistemi. I sistemi di un'organizzazione operano all'interno di altri sistemi ed è necessario scegliere un **livello di analisi** come focus principale. Le organizzazioni sono caratterizzate normalmente da quattro livelli di analisi, come illustrato in Figura 1.8. Il singolo essere umano è per l'organizzazione ciò che una cellula è per un sistema biologico. Il livello successivo e superiore di sistema è costituito dal gruppo o dall'unità organizzativa, ossia insiemi di individui che lavorano insieme per svolgere attività in gruppo. Il livello di analisi seguente è l'organizzazione stessa: un'organizzazione è un insieme di gruppi o unità organizzative che si combinano per formare l'organizzazione in senso stretto.

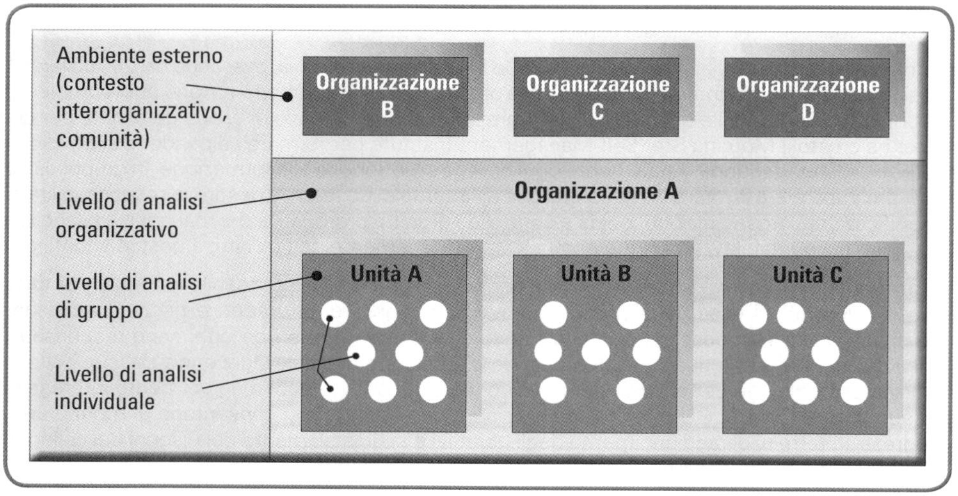

Figura 1.8 Livelli di analisi nelle organizzazioni
Fonti: basato su Andrei H. Van De Ven, Diane L. Ferry, *Measuring and Assessing Performance* (New York: Wiley 1980) 8; Richard L. Daft, Richard M. Steers, *Organizations: A Micro/Macro Approach* (Glenview, Ill. : Scott, Foresman 1986), 8.

Le organizzazioni possono a loro volta essere raggruppate in un ulteriore livello di analisi, che è rappresentato dal contesto interorganizzativo e dalla comunità. Il contesto interorganizzativo è il gruppo di organizzazioni con le quali una singola organizzazione interagisce; le altre organizzazioni nella comunità costituiscono anch'esse una parte importante dell'ambiente di un'organizzazione.

La progettazione organizzativa si concentra sul livello di analisi organizzativo, prestando tuttavia attenzione anche ai gruppi e all'ambiente. Per comprendere un'organizzazione, si dovrebbe guardare non solo alle sue caratteristiche, ma anche alle caratteristiche dell'ambiente e a quelle delle unità organizzative e dei gruppi che formano l'organizzazione stessa. Scopo di questo libro è di aiutare il lettore nella comprensione delle organizzazioni esaminando le loro caratteristiche specifiche, la natura delle relazioni tra i gruppi e le unità organizzative che formano ciascuna organizzazione e l'insieme delle organizzazioni che formano l'ambiente.

Gli individui sono compresi nella progettazione organizzativa? La progettazione organizzativa considera il comportamento degli individui, ma in forma aggregata. Le persone sono importanti, ma esse non costituiscono l'oggetto principale dell'analisi. La progettazione organizzativa è una disciplina distinta dal comportamento organizzativo.

Il **comportamento organizzativo** è l'approccio "micro" alle organizzazioni, che si focalizza sugli individui all'interno delle organizzazioni considerandoli unità rilevanti di analisi. Il comportamento organizzativo esamina concetti quali la motivazione, gli stili di leadership e la personalità, e si occupa delle differenze cognitive ed emotive tra le persone all'interno delle organizzazioni.

La **progettazione organizzativa** è invece l'esame a livello "macro" delle organizzazioni, in cui l'intera organizzazione viene analizzata come unica entità. La progettazione organizzativa si occupa delle aggregazioni delle persone all'interno di unità organizzative e organizzazioni e delle differenze nella struttura e nel comportamento a livello organizzativo; può essere definita la "sociologia" delle organizzazioni, mentre il comportamento organizzativo è la "psicologia" delle organizzazioni.

La progettazione organizzativa è rilevante in primo luogo per il top e middle management e solo in minor misura per il management di livello inferiore. I top manager sono responsabili dell'intera organizzazione e devono stabilire obiettivi, sviluppare strategie, interpretare l'ambiente esterno e decidere sulla struttura e la progettazione organizzativa. Il middle management si occupa delle principali unità organizzative, come il marketing o la ricerca, e deve stabilire come ciascuna unità si relaziona con il resto dell'organizzazione. Il middle management deve progettare le unità organizzative in modo che risultino coerenti con la tecnologia delle unità di lavoro e deve gestire elementi come il potere, i conflitti intergruppo e i sistemi informativi e di controllo, ognuno dei quali è parte della teoria e progettazione organizzativa. La progettazione organizzativa riguarda solo in parte il management di livello inferiore, perché questo livello ha direttamente a che fare con la supervisione delle attività operative: dipendenti che fanno funzionare macchine, immettono dati, tengono corsi o vendono prodotti. La teoria organizzativa si occupa invece del quadro generale dell'organizzazione e delle sue principali unità.

Piano del libro

Nel campo della progettazione organizzativa gli argomenti sono interrelati. I capitoli sono disposti in modo che i concetti principali si articolino in una sequenza logica. Lo schema che guida l'organizzazione del libro è mostrato in Figura 1.9. La Parte I introduce l'idea base delle organizzazioni come sistemi sociali e i concetti fondamentali della progettazione organizzativa. Questa premessa fornisce le fondamenta per la Parte II, che riguarda la gestione strategica, gli obiettivi e l'efficacia e gli elementi fondamentali della struttura organizzativa. Si cerca quindi di esaminare come i manager aiutino l'organizzazione a conseguire il suo scopo, inclusa la progettazione di una struttura appropriata, funzionale, divisionale, a matrice od orizzontale. La Parte III guarda ai diversi elementi di sistema aperto che influenzano la struttura e la progettazione organizzativa, inclusi l'ambiente esterno, le relazioni interorganizzative e l'ambiente internazionale.

Le Parti IV e V si occupano dei processi all'interno dell'organizzazione. In particolare, la Parte IV descrive come la progettazione organizzativa sia correlata a fattori contingenti

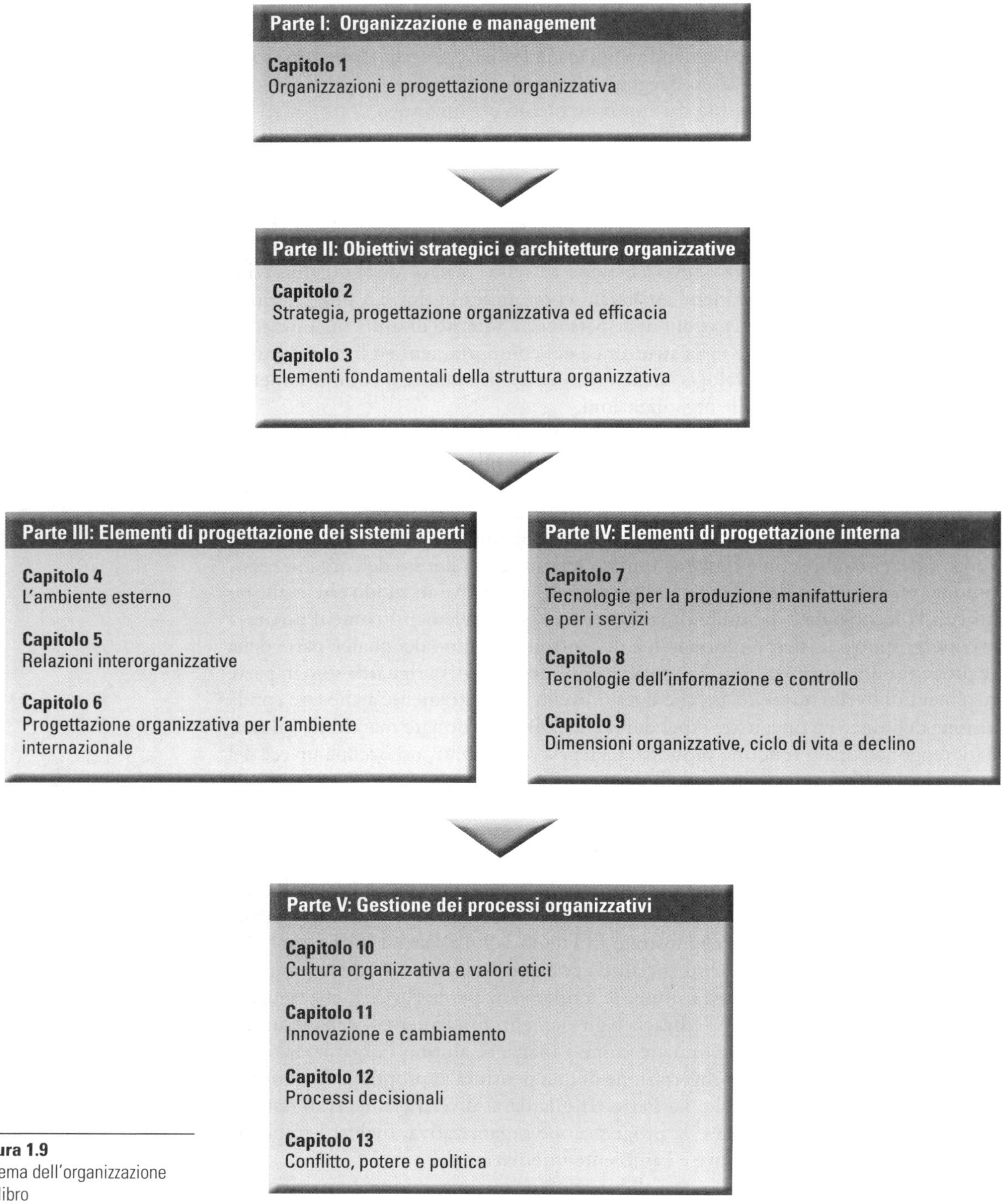

Figura 1.9
Schema dell'organizzazione del libro

come le tecnologie per la produzione manifatturiera e per i servizi, le dimensioni e il ciclo di vita organizzativi e i sistemi di informazione e di controllo. La Parte V si sposta verso i processi dinamici che sono presenti entro e tra le maggiori unità organizzative e comprende argomenti quali l'innovazione e il cambiamento, la cultura organizzativa e i valori etici, i processi decisionali, la gestione dei conflitti inter-gruppo, il potere e gli aspetti politici.

Piano di ciascun capitolo

Ciascun capitolo inizia con alcune domande di apertura, "Qual è la vostra opinione?", finalizzate a fornire un primo approccio ai contenuti trattati. I concetti teorici vengono introdotti e spiegati nel corpo principale del capitolo; sono state incluse diverse sezioni denominate "In pratica" per illustrare i concetti e mostrare come essi vengano applicati nelle organizzazioni reali. Tutti i capitoli contengono inoltre un test, "Profilo personale", che coinvolge più attivamente i lettori in un dato argomento, consentendo loro di sperimentare in prima persona le questioni legate alla progettazione organizzativa. I "Segnalibro" contenuti in ciascun capitolo sono mini-recensioni finalizzate a presentare tematiche organizzative di particolare attualità. Gli esempi e le recensioni illustrano i radicali cambiamenti in corso nel pensiero e nella pratica gestionali. "Uno sguardo sull'Europa", una sezione appositamente creata per questa edizione italiana, presenta mini-casi di aziende italiane ed europee che permettono di inquadrare i concetti principali di ciascun capitolo nella particolare prospettiva di organizzazioni operanti in un ambiente caratterizzato da ben precise specificità e non sempre assimilabile a quello statunitense. Ogni capitolo, infine, si chiude con due sezioni denominate rispettivamente "Riepilogo e interpretazioni" e "Punti chiave". Nella prima vengono richiamati i più importanti concetti teorici presentati nel capitolo, la seconda evidenzia alcuni suggerimenti da utilizzare concretamente nella progettazione e nella gestione delle organizzazioni.

Riepilogo e interpretazioni

- La progettazione organizzativa fornisce gli strumenti per comprendere, progettare e gestire le organizzazioni più efficacemente, studiando aspetti come l'adattamento a un ambiente mutevole, la gestione di dimensioni e complessità crescenti, i conflitti interni e il coordinamento e la creazione della cultura giusta per raggiungere gli obiettivi.
- Oggi i manager si trovano ad affrontare nuove sfide come la globalizzazione, la competizione più intensa, l'attenzione alle pratiche etiche ed ecocompatibili, la necessità di fornire risposte rapide, l'associazione di social business e grandi volumi di dati.
- Le organizzazioni sono sistemi aperti che ricevono input dall'ambiente esterno, aggiungono valore tramite un processo di trasformazione e restituiscono nuovamente prodotti e servizi all'ambiente.
- Le organizzazioni sono estremamente importanti e i manager hanno il compito di plasmarle di modo che producano performance ottimali e soddisfino i bisogni della società. Le dimensioni strutturali (formalizzazione, specializzazione, gerarchia, complessità e centralizzazione) e i fattori contingenti di un'organizzazione (dimensione, tecnologia

Uno sguardo sull'Europa

Dallara: l'eccellenza made in Italy gareggia sulle auto da corsa

L'obiettivo di Dallara è solo uno: vincere innovando. Da più di 40 anni quest'azienda della *Motor Valley* italiana, con sede a Varano de' Melegari nella provincia di Parma, progetta e realizza alcune tra le migliori vetture da competizione al mondo. Il continuo investimento in ricerca e sviluppo che l'ha sempre caratterizzata, ha fatto sì che l'intero corso dell'azienda fosse punteggiato da alcune importanti innovazioni che ne hanno scandito la crescita e l'evoluzione. L'offerta dell'azienda infatti, non si caratterizza solo per la progettazione e realizzazione di telai per auto da corsa, ma anche per le competenze distintive nell'utilizzo della fibra di carbonio e nel campo dell'aerodinamica e della simulazione.

Start-up e sviluppo

Cresciuto nel distretto industriale dell'*automotive*, Gian Paolo Dallara ha nel DNA la passione per le auto e le corse automobilistiche. Pochi come lui vantano così tanta esperienza come progettista di auto da corsa nelle più prestigiose aziende di quel triangolo industriale. Passando da Ferrari a Maserati, da Lamborghini a De Tomaso, nel 1972 Dallara decide di perseguire in proprio la sua ambizione di occuparsi di auto da competizione e crea con quattro dipendenti la sua società. Inizia così una grande sfida che vedrà l'azienda crescere nel tempo e affermarsi come leader indiscusso nel mercato.

L'azienda produce tra le 50 e le 200 vetture l'anno. Fra il 1978 e il 1979 Dallara comincia a impiegare per le sue vetture la fibra di carbonio. Uno dei primi committenti è la Lancia, per la quale realizza, tra gli altri modelli, un'evoluzione della Beta Montecarlo con la quale vincerà nel 1979 il campionato mondiale Endurance battendo la Porsche. Da quel momento, grazie all'introduzione della fibra di carbonio, le auto Dallara cominciano a vincere nelle competizioni e l'azienda a conquistare mercati prevalendo sui marchi più affermati.

Grazie alla collaborazione con Scuderia Italia e l'ingresso nella Formula 1, la Dallara affina la ricerca aerodinamica e, come ulteriore innovazione, fra il 1984 e il 1985 introduce in azienda la prima delle due gallerie del vento a tappeto mobile per lo studio dell'aerodinamica, che permette test più precisi e che la differenzia ulteriormente dagli altri produttori di automobili. Nel 1994 Dallara torna a collaborare con Ferrari, per la quale realizza il modello 333 che domina le competizioni statunitensi. Da questa collaborazione si aprono per Dallara le porte per lo sbarco negli USA, poiché nel 1997 gli vengono ordinate 15 autovetture per competere a Indianapolis nella Formula Indy. Sebbene il primo anno le auto Dallara non ottengano grandi risultati nella competizione, a partire dagli anni seguenti vincono quasi ininterrottamente a Indianapolis, fino a giungere a un vero e proprio monopolio Dallara sulle auto che corrono in quel circuito.

In una fase di consolidamento che dura circa 10 anni, dal 1998 al 2007, l'azienda mette a fattor comune le due innovazioni – l'introduzione della fibra di carbonio e l'aerodinamica – e l'esperienza sviluppata negli anni continuando le sue collaborazioni con importanti produttori di auto da corsa in tutto il mondo e la ricerca dell'eccellenza.

Da family business ad azienda managerializzata

Il 2007 rappresenta un momento cruciale per l'azienda che, fino a quel momento cresciuta e gestita come impresa di famiglia, realizza un passaggio generazionale con l'ingresso in azienda di un manager esterno, Andrea Pontremoli, nelle vesti di azionista e amministratore delegato. Pontremoli, con alle spalle una carriera che lo ha portato a essere presidente e amministratore delegato di IBM Italia, non solo è un appassionato di automobili, ma è cresciuto nella Valceno in provincia di Parma. Conosce quindi bene proprio quel territorio in cui ha sede la Dallara e che, grazie alla rete costruita con i fornitori e gli

organizzativa, ambiente, obiettivi e strategia, cultura) forniscono utili strumenti per la misurazione e l'analisi delle organizzazioni. Queste caratteristiche possono variare in modo notevole da organizzazione a organizzazione. I capitoli successivi forniscono uno schema per analizzare le organizzazioni alla luce di questi concetti.

- Esistono molti tipi di organizzazioni. Una distinzione importante è quella fra aziende con scopo di lucro, ove le attività dei manager sono dirette verso l'acquisizione di profitti per l'azienda, e le organizzazioni non profit, ove gli sforzi dei manager sono volti alla produzione di un impatto sociale. I manager si adoperano per progettare le organizzazioni affinché esse raggiungano alti livelli di performance e di efficacia. Il raggiungimento dell'efficacia è una questione complessa perché diversi stakeholder hanno esigenze e interessi diversi che vogliono soddisfatti dall'organizzazione.
- Gli approcci alla progettazione organizzativa sono cambiati nel corso del tempo. I manager possono comprendere più a fondo le organizzazioni per mezzo di una prospettiva storica e conoscendo la differenza fra modelli organici e meccanici.

enti locali, costituisce una delle leve su cui si basa la competitività non solo di Dallara, ma di tutto il distretto industriale.
In questa nuova fase Pontremoli porta in azienda competenze gestionali, di marketing e strategiche che, innestandosi sulla base tecnico-progettuale preesistente, danno vita a un nuovo corso caratterizzato da un forte incremento di fatturato, organico e redditività, nonché all'apertura di nuovi mercati e processi di internazionalizzazione. I dipendenti sono infatti più che raddoppiati (oggi sono circa 250) e, per la maggior parte, i nuovi assunti sono dei laureati con profili tecnici impiegati nelle attività di progettazione o in quelle gestionali e di supporto.
È in questa fase che si realizza la terza innovazione di Dallara, il simulatore di guida, che è il culmine di un forte investimento economico, ma anche figlio di una cultura di miglioramento continuo e innovazione incrementale che caratterizza da sempre l'azienda. Il simulatore di guida si basa su una serie di modelli matematici sviluppati internamente e si lega strettamente alle due innovazioni precedenti, la progettazione delle automobili utilizzando fibra di carbonio e l'aerodinamica con le due gallerie del vento. Il simulatore non solo insegna ai piloti come guidare un'auto o provare le caratteristiche di un determinato circuito, ma consente anche di testare delle auto virtuali non ancora costruite permettendo di collaudare alcune innovazioni e ridurre i costi e i tempi di sviluppo delle vetture.

Il futuro

Dallara ha ancora davanti a sé una lunga strada di successi da percorrere, e le tre direzioni in cui questo percorso si articolerà sono: nuovi paesi, nuovi mercati e riduzione dei consumi. L'azienda è infatti in fase di espansione internazionale su scala globale. Non soltanto incrementando la sua presenza in paesi con cui ha una *partnership* stabile oramai da tempo come gli Stati Uniti, in cui di recente è stato inaugurato anche un impianto produttivo, ma anche aprendo verso altri mercati in crescita ed emergenti come Giappone, India, Corea e Brasile.
Nel futuro c'è poi anche l'idea di applicare le competenze distintive di Dallara in altri mercati e l'espansione in settori o prodotti che variano da quelli più ordinari come le biciclette a quelli più sofisticati come droni e treni. Ne è un esempio la collaborazione con un consorzio di alcune delle aziende leader nel motorsport per le quali Dallara ha costruito il telaio monoscocca destinato alle monoposto a motore elettrico del nuovo campionato di Formula E (Electric) promosso dalla FIA. Così come la realizzazione del telaio dell'*handbike* con cui Zanardi ha vinto quattro medaglie alle Paralimpiadi di Londra e Rio de Janeiro, progettato e sviluppato da Dallara applicando le stesse metodologie delle vetture da competizione. L'attenzione di Dallara si sta poi concentrando anche sulla riduzione dei consumi grazie al forte alleggerimento consentito dalla fibra di carbonio e al miglioramento dell'efficienza attraverso lo studio aerodinamico, promuovendo così una svolta ecologica nel settore automobilistico, e non solo, per gli anni a venire.

Domande:

1. Quali sono le ragioni del successo e della crescita di Dallara? In che modo le risorse umane e il capitale intellettuale dell'azienda hanno contribuito al suo sviluppo?
2. La Dallara avrebbe potuto avere la stessa evoluzione se non fosse stata inserita nella *Motor Valley*? In che modo le relazioni con il territorio sono una leva competitiva per l'azienda?
3. Ritenete perseguibili i percorsi futuri che l'azienda vuole intraprendere? In che modo dovrebbe cambiare per crescere ulteriormente?

- La progettazione organizzativa segue un continuum che va da un modello meccanico a un modello organico. La progettazione meccanica è caratterizzata da struttura centralizzata, compiti specializzati, sistemi formali, comunicazione verticale e rigida gerarchia. La progettazione organica si caratterizza invece per struttura decentralizzata, ruoli allargati, sistemi informali, comunicazione orizzontale e lavoro in team collaborativo. Le sfide poste dall'ambiente attuale stanno inducendo numerose organizzazioni ad adottare una progettazione più organica; occorre tuttavia ricordare che le caratteristiche meccaniche sono comunque efficaci in determinati contesti.
- Infine, la maggior parte dei temi qui presentati interessa in primo luogo i livelli di top management e middle management dell'organizzazione. I temi di supervisione e motivazione dei dipendenti, che interessano particolarmente il livello operativo, vengono generalmente trattati nell'ambito del comportamento organizzativo, non della teoria organizzativa.

Punti chiave

Tieni a mente questi suggerimenti

1. Non ignorare l'ambiente esterno e non cercare di proteggere l'organizzazione da esso. Poiché l'ambiente è imprevedibile, non aspettarti di poter raggiungere un ordine completo e una piena razionalità all'interno dell'organizzazione. Adoperati per un bilanciamento tra ordine e flessibilità.
2. Considera le esigenze e gli interessi di tutti gli stakeholder quando stabilisci gli obiettivi e progetti l'organizzazione al fine di raggiungere l'efficacia.
3. Pensa all'organizzazione come a uno strumento per raggiungere un fine, un modo di organizzare le persone e le risorse per il raggiungimento di uno scopo preciso. Descrivi l'organizzazione in termini di grado di formalizzazione, specializzazione, centralizzazione e gerarchia. Considera i fattori contingenti: dimensione, tecnologia, ambiente, obiettivi e strategia e cultura organizzativa.
4. Usa molta cautela nell'applicare qualcosa che funziona in una situazione a una situazione diversa. I sistemi organizzativi non sono tutti uguali. Usa la teoria organizzativa per identificare la struttura e i sistemi di gestione corretti per ogni organizzazione.
5. Valuta se l'organizzazione debba essere progettata secondo un modello prevalentemente meccanico (associato a grande dimensione, strategia di efficienza, ambiente stabile, cultura rigida e tecnologia di produzione) o prevalentemente organico (associato a piccola dimensione, strategia di innovazione, ambiente mutevole, cultura adattiva e tecnologia di servizi).
6. Acquisisci competenza e influenza come manager utilizzando lo schema messo a disposizione dalla teoria organizzativa per interpretare e comprendere l'organizzazione intorno a te.

Glossario

analisi di grandi volumi di dati
approccio degli stakeholder
centralizzazione
compito
comportamento organizzativo
contingenza
decentralizzazione
dimensioni strutturali
direzione amministrativa
efficacia
efficienza
esperimenti di Hawthorne
fattori contingenti
livello di analisi
modello meccanico
modello organico
organizzazioni
organizzazioni burocratiche
ruolo
scientific management
sistema aperto
sostenibilità
stakeholder
teoria e progettazione organizzativa

Domande per la discussione

1. Qual è la definizione di organizzazione? Spiegate, in breve, ogni parte della definizione.
2. Portate alcuni esempi di come il social business ha influenzato un'organizzazione con la quale avete dimestichezza, per esempio la vostra università, un negozio o un ristorante della vostra città, un'associazione di volontariato o un'associazione cui siete iscritti oppure la vostra famiglia, indicando gli aspetti positivi e negativi di tale influenza che riuscite a identificare.

3. Alcune aziende che figurano nella classifica *Fortune 500* vantano oltre un secolo di storia, un fatto alquanto raro. Secondo voi, quali caratteristiche organizzative possono spiegare una simile longevità?
4. Un'organizzazione può essere efficiente ma non efficace? Viceversa, un'organizzazione inefficiente può risultare efficace? Motivate ciascuna risposta.
5. Qual è la differenza tra formalizzazione e specializzazione? Pensate che un'organizzazione che si caratterizza su una di queste dimensioni, lo sia necessariamente anche sull'altra?
6. Cosa significa contingenza? Per i manager, quali sono gli effetti delle teorie della contingenza?
7. Quali sono le differenze fondamentali tra un'organizzazione organica e un'organizzazione meccanica? Quale pensate che sia più facile da dirigere?
8. Che cosa si intende quando si dice che un'organizzazione è un sistema aperto? Qual è la relazione tra l'approccio degli stakeholder e il concetto di sistemi aperti?
9. Quali potrebbero essere alcune delle differenze nelle aspettative degli stakeholder di un'organizzazione non-profit rispetto a una con scopo di lucro?
10. I primi teorici del management credevano che le organizzazioni dovessero sforzarsi di essere logiche e razionali, secondo il principio "un posto per ogni cosa e ogni cosa al suo posto". Analizzate i pro e i contro di questo approccio per le organizzazioni contemporanee.

Quaderno di lavoro

Misurazione delle dimensioni organizzative

Singolarmente o in coppia, intervistate due dipendenti di diverse organizzazioni o appartenenti a diverse unità della stessa organizzazione e che compiono lavori diversi. A ciascuno di essi chiedete di rispondere alle seguenti domande scegliendo fra: "Assolutamente no", "Più no che sì", "Più sì che no", "Assolutamente sì". Vi verrà chiesto di analizzare i risultati ottenuti.

Formalizzazione	Assolutamente no	Più no che sì	Più sì che no	Assolutamente sì CC
1. Esiste una descrizione scritta del mio lavoro.	....	....	....	....
2. Esiste un organigramma che mostri le relazioni gerarchiche.	....	....	....	....
3. Esiste traccia scritta della performance di ciascun dipendente.	....	....	....	....
4. Esiste un documento scritto che indica cosa fare durante una crisi.	....	....	....	....
5. Esistono procedure scritte per la maggior parte delle situazioni.	....	....	....	....
Risultato relativo alla formalizzazione .... (Sommare le domande 1-5, assegnando 4 punti per ogni "Assolutamente sì", 3 punti per ogni "Più sì che no", 2 punti per ogni "Più sì che no" e 1 punto per ogni "Assolutamente no").				

Centralizzazione	Assolutamente no	Più no che sì	Più sì che no	Assolutamente sì CC
6. Una persona che fa questo lavoro non può aspettarsi di prendere tutte le decisioni per conto proprio.				
7. Ogni decisione che prendo deve essere soggetta all'approvazione del mio capo.				
8. Di solito anche le decisioni relative a questioni di minore importanza devono essere sottoposte a un superiore.				
9. Prendo parte alle decisioni relative alle assunzioni al mio livello.				
10. Le modalità operative nella mia organizzazione vengono decise dalla persona interessata.				
Risultato relativo alla centralizzazione .... (Sommare le domande 6-8, assegnando 4 punti per ogni "Assolutamente sì", 3 punti per ogni "Più sì che no", 2 punti per ogni "Più sì che no" e 1 punto per ogni "Assolutamente no". *Invertire i punteggi* per le domande 9-10, assegnando 1 punto per ogni "Assolutamente sì", 2 punti per ogni "Più sì che no", 3 punti per ogni "Più sì che no" e 4 punti per ogni "Assolutamente no").				

Tecnologia (Varietà lavorativa)	Assolutamente no	Più no che sì	Più sì che no	Assolutamente sì CC
11. Sul mio posto di lavoro ci sono novità ogni giorno.				
12. Una delle cose qui è la varietà di lavoro.				
13. Ogni giorno c'è qualcosa di diverso da fare qui.				
14. Il lavoro qui è estremamente routinario.				
15. Alcuni miei simili fanno pressappoco lo stesso lavoro in modo analogo la maggior parte del tempo.				
Risultato relativo alla tecnologia .... (Sommare le domande 11-13, assegnando 4 punti per ogni "Assolutamente sì", 3 punti per ogni "Più sì che no", 2 punti per ogni "Più sì che no" e 1 punto per ogni "Assolutamente no". *Invertire i punteggi* per le domande 14-15, assegnando 1 punto per ogni "Assolutamente sì", 2 punti per ogni "Più sì che no", 3 punti per ogni "Più sì che no" e 4 punti per ogni "Assolutamente no").				

Domande

1. Quali sono le principali differenze fra i tre punteggi conseguiti dai due intervistati?
2. Notate degli andamenti ricorrenti nei tre punteggi (per esempio un punteggio maggiore di una caratteristica associato a un punteggio maggiore o minore di un'altra caratteristica)?
3. Quali degli intervistati è apparso maggiormente soddisfatto del suo lavoro? Ritenete che la soddisfazione sia collegata ai punteggi conseguiti in merito a formalizzazione, centralizzazione e tecnologia? Perché?

PARTE II

Obiettivi strategici e architetture organizzative

Strategia, progettazione organizzativa ed efficacia

2

ORGANIZZARE LE IMPRESE: qual è la vostra opinione?

Prima di leggere il presente capitolo, indicate qual è la vostra opinione in merito a ciascuna delle seguenti affermazioni:

1 La direzione strategica di un'azienda è il risultato dell'analisi sistematica dei fattori organizzativi e ambientali condotta dai manager.

D'ACCORDO ☒ **IN DISACCORDO** ☐

2 La migliore strategia di business consiste nel differenziare il più possibile prodotti e servizi per ottenere un vantaggio competitivo.

D'ACCORDO ☐ **IN DISACCORDO** ☒

3 I migliori indicatori dell'andamento dell'azienda sono quelli finanziari.

D'ACCORDO ☐ **IN DISACCORDO** ☒

Una delle responsabilità primarie dei manager è mettere la propria organizzazione in condizione di avere successo stabilendo obiettivi e strategie che possano aiutarla a essere competitiva. Consideriamo l'esempio di Instagram, il cui direttore operativo Emily White è stata la prima a voler trasformare la popolare applicazione online in un vero e proprio business. Instagram, acquisita da Facebook per un miliardo di dollari circa, fino a ora non ha fruttato un solo centesimo. A detta di White, uno dei problemi è la mancanza di una chiara missione e di obiettivi che guidino il personale e che consentano di vendere il servizio a futuri pubblicitari. Per questo motivo, le sue prime due settimane di lavoro le ha impiegate, insieme al co-fondatore e CEO Kevin Systrom, per giungere alla definizione di una succinta e ambiziosa missione: "Catturare e condividere i momenti del mondo". White, Systrom e il resto della squadra di Instagram sono ora alle prese con la formulazione di una strategia e di obiettivi che consentano all'azienda di guadagnare senza alienarsi la fedeltà degli utenti Instagram. Con molta probabilità, in tale strategia le partnership con altre società giocheranno un ruolo di primo piano. Per esempio, Levi Strauss & Co. ha di recente lanciato una campagna di marketing nella quale un gruppo di artisti a bordo di un treno in viaggio da un capo all'altro degli Stati Uniti, facendo delle soste nelle principali città, creeranno musica e arte e caricheranno foto e video su Instagram.[1]

Probabilmente Instagram dovrà ancora fare molta strada prima di diventare redditizia, ma i manager sanno che per qualsiasi azienda stabilire la missione, gli obiettivi e la strategia rappresenta il primo passo per raggiungere il proprio fine. I manager devono sapere in quale direzione vogliono che l'organizzazione vada, prima di poterci arrivare. Quando non hanno obiettivi chiari, o ne hanno di conflittuali, mettono l'organizzazione in una posizione difficile, al punto da far apparire pressoché impossibile il raggiungimento di qualsiasi risultato. Basti pensare al caso dell'affrettata ed erronea implementazione dell'Affordable Care Act (la cosiddetta legge ObamaCare): lo staff che ha costruito l'*insurance exchange* HealthCare.org, una piazza virtuale in cui contrattare sul libero mercato la propria assicurazione sanitaria al prezzo più vantaggioso, si è dovuto sforzare per sviluppare le varie parti di essa ricevendo direttive talvolta conflittuali dai vari dirigenti delle diverse agenzie, ciascuna con obiettivi molto divergenti. Un commentatore ben informato ha colto appieno la confusione in questo processo di sviluppo con le seguenti parole: "È stato come costruire un ponte partendo da entrambe le sponde del fiume, sperando che le due parti si incontrassero al centro."[2]

Obiettivi del capitolo

I top manager forniscono alle organizzazioni una *direzione*; essi stabiliscono obiettivi e sviluppano piani affinché le loro organizzazioni raggiungano quegli obiettivi. Lo scopo di questo capitolo è di aiutare il lettore a comprendere le tipologie di obiettivi che le organizzazioni perseguono, nonché alcune delle strategie competitive che i manager attuano per raggiungere tali obiettivi. Dopo una prima panoramica sul management strategico, esamineremo due modelli significativi per la determinazione dell'azione strategica e osserveremo come le strategie influiscono sulla progettazione organizzativa. Il capitolo descrive inoltre gli approcci più noti per la misurazione dell'efficacia degli sforzi organizzativi: per gestire correttamente le organizzazioni, i manager necessitano infatti di un'idea chiara su come misurare l'efficacia organizzativa nel raggiungimento degli obiettivi prefissati.

Il ruolo della direzione strategica nella progettazione organizzativa

Un **obiettivo organizzativo** è uno stato desiderato che l'organizzazione cerca di raggiungere.[3] Un obiettivo rappresenta il risultato o il punto di arrivo verso il quale sono diretti gli sforzi dell'organizzazione e la scelta di obiettivi e strategie influisce sulla progettazione organizzativa.

I top manager decidono l'obiettivo finale per cui l'organizzazione lotterà e determinano la direzione che prenderà per raggiungerlo. Sono questo obiettivo e questa direzione che determinano come l'organizzazione viene progettata e gestita. Infatti, *la principale responsabilità del top management è di determinare gli obiettivi, la strategia e la struttura dell'organizzazione, con ciò adattando l'organizzazione ai cambiamenti dell'ambiente.*[4] I manager di livello intermedio fanno all'incirca le stesse cose con riferimento alle principali unità organizzative, nell'ambito delle linee guida fornite dal top management. Le relazioni attraverso le quali i top manager forniscono la direzione, e quindi la struttura, vengono illustrate in Figura 2.1.

Il processo di determinazione della direzione strategica ha inizio tipicamente con una rilevazione delle opportunità e delle minacce nell'ambiente esterno, comprese l'entità del cambiamento, l'incertezza e la disponibilità di risorse, che discuteremo con maggiore

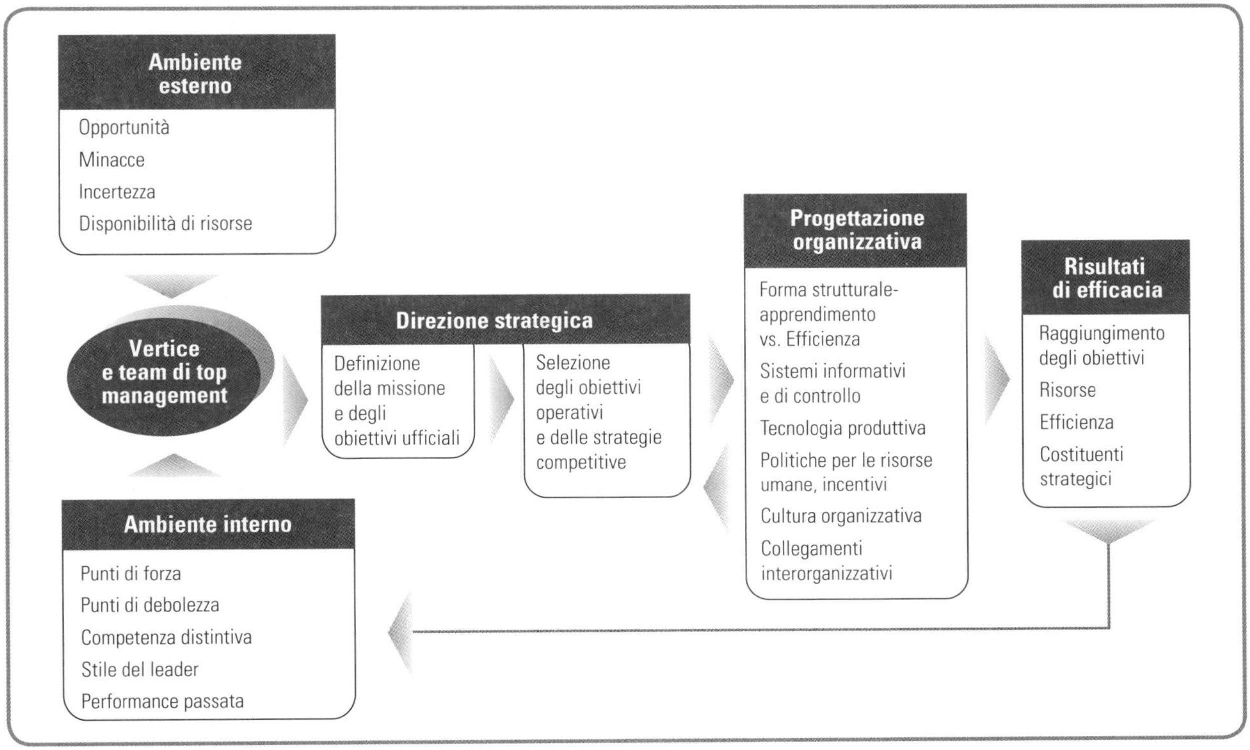

Figura 2.1
Il ruolo del top management nella direzione, progettazione ed efficacia dell'organizzazione
Fonte: adattato da Arie Y. Lewin, Carroll U. Stephens, "Individual Properties of the CEO as Determinants of Organization Design", manoscritto non pubblicato, Duke University, 1990; Arie Y. Lewin, Carroll U. Stephens, "CEO Attributes as Determinants of Organization Design: An Integrated Model", *Organization Studies* 15, no. 2 (1994): 183-212.

dettaglio nel Capitolo 4. I top manager rilevano anche i punti di forza e di debolezza interni per definire la competenza distintiva dell'azienda rispetto ad altre aziende del settore. Questa analisi competitiva dell'ambiente interno e dell'ambiente esterno è uno dei concetti fondamentali della direzione strategica.[5]

confrontate la vostra opinione

1 **La direzione strategica di un'azienda è il risultato dell'analisi sistematica dei fattori organizzativi e ambientali condotta dai manager**

Risposta esatta: *D'accordo.* Le strategie migliori scaturiscono da un'analisi dei punti di forza e dei punti di debolezza dell'organizzazione, associata all'analisi delle opportunità e delle minacce dell'ambiente. Un attento studio, associato all'esperienza, conferisce ai top manager gli strumenti per prendere decisioni in merito a obiettivi e strategie specifici.

Il passo successivo consiste nella definizione e articolazione dell'intento strategico dell'organizzazione. Questo comprende la definizione della missione (*mission*) generale e degli obiettivi ufficiali basati sul corretto adattamento tra opportunità esterne e punti di forza interni. In seguito possono essere formulati specifici obiettivi e strategie operative per definire il modo in cui l'organizzazione deve soddisfare la missione generale. In Figura 2.1 la progettazione organizzativa rappresenta il modo in cui obiettivi e strategie vengono implementati, per far sì che l'attenzione e le risorse dell'organizzazione siano costantemente dedicate alla realizzazione della missione e degli obiettivi.

La progettazione organizzativa consiste nell'amministrazione e nell'esecuzione del piano strategico. I manager prendono decisioni riguardanti la forma strutturale, tra cui la questione se l'organizzazione sarà progettata secondo un orientamento all'apprendimento e all'innovazione (approccio organico) oppure all'efficienza (approccio meccanico), come discusso nel Capitolo 1. Operano anche altre scelte, relative ai sistemi informativi e di controllo, il tipo di tecnologia produttiva, le politiche per le risorse umane, la cultura e i collegamenti con altre organizzazioni. I cambiamenti concernenti struttura, tecnologia, politiche per le risorse umane, cultura e collegamenti interorganizzativi saranno discussi nei capitoli seguenti. Si noti inoltre, in Figura 2.1, la freccia che torna indietro dalla progettazione organizzativa alla direzione strategica: ciò significa che le strategie sono spesso formulate nell'ambito della struttura corrente dell'organizzazione, cosicché tale struttura restringe o pone limiti a obiettivi e strategie. Più spesso di quanto non accada il contrario, tuttavia, i nuovi obiettivi e le nuove strategie sono selezionati basandosi sulle necessità ambientali, e successivamente il top management tenta di riprogettare l'organizzazione per raggiungere quei fini.

Infine, in Figura 2.1 è illustrato il modo in cui i manager valutano l'efficacia degli sforzi organizzativi, ovvero la misura in cui l'organizzazione realizza i propri obiettivi. Il diagramma rappresenta i modi più comuni di misurazione delle performance, ognuno dei quali verrà trattato più avanti in questo capitolo. È importante notare a questo proposito che la misurazione della performance fornisce un feedback all'ambiente interno: in questo modo le performance passate sono prese in considerazione dal top management nello stabilire nuovi obiettivi e strategie per il futuro.

La Procter & Gamble (P&G) fornisce un esempio di come queste idee si traducano in pratica organizzativa. Il CEO A. G. Lafley, volendo fornire uno schema per organizzare la discussione degli obiettivi e della direzione strategica, ha fatto ricorso al modello "obiettivi, scopi, strategie e misure" illustrato in Figura 2.2. Si noti che un vago obiettivo come "Essere leader in termini di rendimento operativo totale garantito agli azionisti nel settore dei prodotti di carta in America settentrionale e creare valore per la P&G" viene tradotto in finalità e strategie più specifiche come "Accrescere il margine dei marchi Bounty e Charmin".[6]

Il ruolo del top management è importante perché i manager possono interpretare l'ambiente in modo diverso ed elaborare obiettivi differenti. Molti anni fa, nel bel mezzo di un crollo delle vendite negli Stati Uniti, i top manager della Walmart cercarono una nuova direzione: piuttosto che continuare a insistere sugli obiettivi di elevata efficienza operativa e prezzi bassi sempre, decisero di corteggiare i clienti di fascia alta con negozi rinnovati e meno disordinati, cibi biologici e merce alla moda. Invece di offrire prezzi bassi sempre, furono aumentati i prezzi di molti articoli, promuovendo degli sconti su una selezione di determinati. Così facendo, Walmart riuscì nel suo intento di attrarre maggiore clientela di fascia alta, ma molti dei suoi clienti più affezionati decisero di cominciare a realizzare acquisti presso altre catene di negozi discount. Le vendite di Walmart cominciarono a registrare una netta flessione. "A mio parere, abbiamo cercato di spingere il marchio troppo oltre," disse William Simon, a capo della divisione statunitense. Attualmente il management sta ripensando gli obiettivi per cercare di ritrovare una formula vincente."[7]

Le scelte che i top manager fanno riguardo a obiettivi, strategie e progettazione organizzativa hanno un impatto straordinario sull'efficacia dell'organizzazione. Si rammenti

OBIETTIVI	STRATEGIE	MISURE
Migliorare la vita delle famiglie fornendo prodotti di carta per cucina e bagno preferiti dai consumatori Essere leader in termini di rendimento operativo totale garantito agli azionisti nel settore dei prodotti di carta in America settentrionale e creare valore per la P&G **FINALITÀ** Rendimento operativo totale garantito agli azionisti anno per anno > XX% Crescita annua della quota di mercato e del fatturato di X% Miglioramento del profitto annuo lordo e operativo di X% Rendimento del capitale investito in attrezzature e scorte di X%	**DOVE OPERARE:** • Vincere in America settentrionale • Accrescere il margine di leadership dei marchi Bounty e Charmin • Vincere nei canali dei supermercati e dei negozi discount • Costruire segmenti di consumatori basati su performance, sensorialità e valore **COME VINCERE:** 1 Evitare gli eccessi • Ottenere capitale in impianti/attrezzature spendendo fino a XX del fatturato • Ridurre le giacenze del XX% 2 Essere la scelta dei consumatori • Prodotti superiori, prezzi giusti • Formati e modelli di prodotti preferiti dai consumatori • Gestire la crescita di categoria 3 Essere la scelta dei venditori al dettaglio • Migliorare la disponibilità sugli scaffali e il servizio • Sviluppare soluzioni di acquisto differenziate • Vincere con i vincitori	• Miglioramento in termini di rendimento totale operativo garantito agli azionisti • Miglioramento in termini di crescita della quota di mercato e del fatturato • Miglioramento in termini di crescita dei profitti Misure dell'efficienza • Efficienza del capitale • Rotazione del magazzino Misure della preferenza da parte dei consumatori • Intenzione di acquisto ponderata • Prova, acquisto e fedeltà Misure del feedback da parte dei rivenditori • Fattori commerciali fondamentali (distribuzione, quota di scaffale, quota di merchandising ecc.) • Preferenza da parte dei venditori

Figura 2.2
Modello di discussione strategica della Procter & Gamble
Fonte: adattato da A. G. Lafley e Roger Martin, "Instituting a Company-Wide Strategic Conversation at Procter & Gamble," *Strategy & Leadership* 41, no. 4(2013): 4-9; Table 6.1.

che obiettivi e strategia non sono fissi o dati per scontati. I top manager e i manager di livello intermedio devono selezionare gli obiettivi per le rispettive unità, e l'abilità di fare queste scelte determina in larga misura il successo dell'azienda. La progettazione organizzativa è utilizzata per implementare obiettivi e strategie ed è determinante per il successo dell'organizzazione.

Il fine organizzativo

Le organizzazioni vengono create e mantenute in esistenza al fine di raggiungere qualcosa. Ogni organizzazione – Walmart, Procter & Gamble, Instagram, Google, la Harvard University, la Chiesa Cattolica, il Ministero dell'Agricoltura, il piccolo negozio – esistono per un fine. Quest'ultimo può essere riferito a un obiettivo o una missione generali. Diverse parti dell'organizzazione stabiliscono i propri obiettivi per contribuire al conseguimento del fine, della missione o dello scopo generali dell'organizzazione.

Progetto strategico

In un'organizzazione esistono molte tipologie di obiettivi, e ogni tipologia assolve a una funzione diversa. Tuttavia, per avere successo, obiettivi e strategie organizzative vanno messi a fuoco con un progetto strategico. Il **progetto strategico** implica che tutte le energie e le risorse dell'organizzazione sono indirizzate verso un obiettivo generale ben definito, unificante e convincente.[8] Esempi di obiettivi ambiziosi che esemplificano un progetto strategico sono "Portare un computer in tutte le case", "Circondare Caterpillar" e "Mettere una Coca Cola in mano a ogni consumatore nel mondo", gli obiettivi dichiarati, rispettivamente, di Microsoft, Komatsu e Coca Cola.[9] Il progetto strategico focalizza l'azione del management. Tre aspetti a esso legati sono la missione, la competenza distintiva e il vantaggio competitivo.

Missione. L'obiettivo generale di un'organizzazione è spesso chiamato **missione**: questo concetto ne riassume la visione, i valori condivisi e la ragion d'essere. La missione è talvolta indicata con l'espressione **obiettivi ufficiali**, essendo essa riferita a dichiarazioni formali sull'ambito di business e sui risultati che l'organizzazione cerca di raggiungere. Le dichiarazioni di obiettivi ufficiali tipicamente definiscono le attività di business e possono focalizzarsi sui valori, sui mercati e sui clienti che distinguono l'organizzazione. Indipendentemente dal termine utilizzato, la formulazione generale dello scopo e della filosofia dell'organizzazione è spesso messa per iscritto all'interno di un manuale di linee guida o nel *report* annuale. In Figura 2.3 viene mostrata la missione della CVS Health. La CVS formula la propria missione (o finalità, come viene definita nella figura) in questi termini: "Agevolare le persone nel loro percorso verso uno stato di salute migliore." La formula definisce anche i valori fondamentali dell'azienda.

SIAMO

Un'azienda operante nel settore dell'innovazione farmaceutica

LA NOSTRA STRATEGIA

Reinventare l'arte farmaceutica

IL NOSTRO FINE

Agevolare le persone nel loro percorso verso uno stato di salute migliore

I NOSTRI VALORI

Innovazione
Collaborazione
Premura
Integrità
Accountability

Figura 2.3
Missione della CVS Health

Uno degli obiettivi principali di una missione è di fungere da strumento di comunicazione.[10] Una missione comunica ai dipendenti attuali e futuri, ai clienti, agli investitori, ai fornitori e ai concorrenti le finalità dell'organizzazione e gli obiettivi che essa cerca di raggiungere. Una missione comunica la legittimazione agli stakeholder (portatori di interesse) interni ed esterni, che possono diventare parte integrante dell'organizzazione e sviluppare un senso di dedizione verso di essa perché si identificano con gli obiettivi e la visione da questa dichiarati. La maggior parte dei top manager vuole che i dipendenti, i clienti, i concorrenti, i fornitori, gli investitori e la comunità locale vedano l'organizzazione in una luce favorevole, e il concetto di legittimità organizzativa gioca in questo un ruolo critico. Di recente la CVS Caremark ha cambiato ragione sociale in CVS Health e ha ridefinito la sua finalità per comunicare un più ampio impegno in ambito sanitario e la visione dell'azienda di "guidare le innovazioni necessarie per dar forma al futuro della sanità."[11] A inizio 2014 la CVS, che gestisce cliniche e catene farmaceutiche e di vendita al dettaglio, ha annunciato che entro ottobre dello stesso anno avrebbe interrotto la vendita di sigarette e di altri derivati del tabacco. A detta dei manager, per un'azienda impegnata nella promozione della salute e del benessere, vendere tabacchi, oltre a non avere senso, danneggerebbe la reputazione dell'azienda. Secondo le previsioni, questa decisione implicherà una perdita di fatturato pari a 2 miliardi di dollari. Gli analisti ritengono che altre farmacie interessate a fornire servizi

Segnalibro

Blue Ocean Strategy: How to Create Uncontested Market Space and Make Competition Irrelevant *di W. Chan Kim e Renée Mauborgne*

Pressoché tutti i libri o gli articoli di strategia si concentrano su come battere sul tempo i rivali, sconfiggere la concorrenza e vincere a spese delle altre aziende. È questo il motivo per cui così tanti manager e aziende lottano nell'"oceano rosso" della spietata e sanguinosa concorrenza. W. Chan Kim e Renée Mauborgne, nel loro libro di successo *Blue Ocean Strategy*, propongono un approccio diverso: *creare un nuovo mercato in cui ci sia meno concorrenza*. È questa l'essenza della strategia oceano blu.

Alcuni esempi classici di strategia oceano blu

Il libro di Kim e Mauborgne si basa su oltre 15 anni di ricerca su 150 mosse strategiche in un periodo di oltre un secolo e 30 settori industriali. Ecco alcuni esempi classici di come le aziende siano riuscite a creare uno spazio di mercato incontrastato.

- *La Nintendo Wii*. Piuttosto che scontrarsi nell'oceano rosso con Sony e Microsoft, Nintendo ha deciso di creare un sistema di gioco destinato a un pubblico diverso: donne, adulti e famiglie. La Wii non eccelleva certo per grafica, ma godeva di un'ottima interattività, esattamente quello che occorreva a persone poco avvezze a utilizzare videogiochi. La Nintendo Wii ha inventato un nuovo tipo di videogiochi.
- *Il Cirque du Soleil*. Questo spettacolo canadese ha tagliato le spese di solito sostenute dai circhi (animali al seguito ecc.), amplificando piuttosto l'aspetto teatrale, il che ha consentito all'organizzazione di far pagare prezzi più elevati puntando a un diverso segmento di mercato in cui non c'erano concorrenti.
- *La New York Public Library (NYPL)*. A fronte di un taglio dei finanziamenti del 20 per cento e dell'intensificazione della concorrenza, Paul Holdengräber, il direttore del programma di incontri pubblici della New York Public Library, ha reso quest'ultima uno dei luoghi più popolari della città infondendo fascino e teatralità nelle tradizionali letture di libri. Ha invitato poeti, politici, rock star e scrittori a dialogare su argomenti controversi quali ossessioni, terrorismo e download di musica. Inoltre, ha spostato gli eventi dalle 6 alle 7 del pomeriggio, orario in cui un numero maggiore di persone sono uscite dal lavoro.

Come le aziende creano gli oceani blu

La strategia degli oceani blu sposta il centro dell'attenzione da una situazione in cui ci sono vincitori e vinti, a una in cui ci sono soltanto vincitori, dicono Kim e Maurbogne. "I nuovi spazi di mercato creano una vincita per aziende, società, dipendenti e talvolta anche per l'arena competitiva. È questa l'essenza della strategia oceano blu." Inoltre, qualsiasi azienda può creare delle strategie oceano blu:

- *Ridisegnando i confini del mercato*. Paul Holdengräber presso la NYPL ha creato un oceano blu di nuovo spazio di mercato modificando l'orario degli eventi e ampliando gli argomenti di discussione.
- *Concentrandosi sul quadro generale, piuttosto che sui numeri*. Il Cirque du Soleil avrebbe potuto concentrarsi sui grandi numeri del pubblico che stava perdendo per il fatto di non utilizzare animali durante gli spettacoli, ma così facendo si sarebbe lasciato sfuggire il quadro strategico generale.
- *Andando oltre la domanda esistente*. Al momento della creazione della Wii, vi era molta domanda di giochi destinati ai teenager di sesso maschile e ai giovani, eppure la Nintendo ha scelto di andare oltre, spingendosi nell'oceano dei clienti potenziali .

Blue Ocean Strategy, di W. Chan Kim e Renée Mauborgne, è pubblicato da Harvard Business School Press (trad. it. *Strategia Oceano Blu*, Milano, Etas, 2006).

sanitari seguiranno l'esempio della CVS Health per ottemperare al bisogno di comunicare legittimità. Le aziende i cui manager sono sinceramente guidati da una missione incentrata su fini sociali di più vasta portata (come quella di Medtronic: "Per ridare salute e una vita piena" o quella di Liberty Mutual: "Aiutare le persone a vivere in totale sicurezza") attraggono migliori dipendenti, hanno migliori relazioni esterne e migliori risultati di mercato nel lungo periodo.[12]

Vantaggio competitivo. Lo scopo generale del progetto strategico è aiutare l'organizzazione a conseguire un vantaggio competitivo sostenibile. Il **vantaggio competitivo** si riferisce a quanto contraddistingue l'organizzazione dalle altre, fornendole una particolare capacità di soddisfare le esigenze dei clienti nel mercato. La strategia varia di necessità con il passare del tempo per adattarsi alle condizioni ambientali e i bravi manager sono molto attenti alle tendenze che potrebbero comportare cambiamenti nelle modalità operative dell'azienda. I manager analizzano i concorrenti e gli ambienti interno ed esterno alla ricerca di potenziali *aperture competitive* e comprendono di quali nuove capacità l'organizzazione necessita per avere la meglio sulle altre aziende del settore.[13] Le aperture competitive possono essere immaginate come degli spazi che un'azienda può potenzialmente riempire. Il Segnalibro di questo capitolo suggerisce che, invece di cercare di competere in mercati affollati dove le aziende si rosicchiano a vicenda per accaparrarsi quote di mercato sempre più piccole (oceani rossi), i manager più avveduti dirigono le organizzazioni di cui sono a capo verso i grandi oceani blu, più promettenti e con minore competizione.

Competenza distintiva. La **competenza distintiva** di un'azienda è qualcosa che l'organizzazione fa particolarmente bene rispetto ai concorrenti. Una competenza distintiva potrebbe essere rappresentata dall'eccellenza nell'area di ricerca e sviluppo, dal know-how tecnologico, dall'efficienza di processo, o da un servizio ai clienti di alta qualità.[14] Mimeo, un azienda che fornisce servizi di stampa, per esempio, eccelle nel servizio ai clienti e nell'applicazione della tecnologia per garantire l'efficienza dei processi interni. Mimeo è in grado di effettuare incarichi urgentissimi che aziende più grandi non sono in grado di gestire. Alla Apple la strategia è incentrata sulle competenze distintive di eccellenza del design e sul marketing.[15] In ciascun caso, i manager hanno individuato le attività in cui l'azienda riesce meglio e hanno costruito una strategia attorno a esse. La Amazon ha sviluppato una competenza distintiva nella rapidità della consegna che altre aziende stanno ora cercando di copiare.

IN PRATICA

Amazon

Difficile a credersi, ma un tempo Amazon era un rivenditore di libri online che faticava a crearsi un mercato. Oggi, rappresenta "una minaccia alla sopravvivenza " come l'ha definita Fiona Dias, vice presidente esecutivo della GSI Commerce. Amazon punta ai clienti desiderosi di fare acquisti a prezzi vantaggiosi comodamente tramite Internet. Sul sito Amazon.com, questi ultimi possono trovare pressoché qualsiasi cosa desiderino, pagando meno di quanto avrebbero fatto acquistando altrove. Inoltre, in molti casi possono ricevere il prodotto con la stessa rapidità con cui lo acquisterebbero recandosi al negozio locale.
Amazon vuole fornire "prodotti di qualità elevata a prezzi non elevati." Per farlo, ha sviluppato un'ampia rete di venditori terzi, ossia partner con i quali mantiene buoni rapporti reciprocamente redditizi, sta perfezionando costantemente la sua efficienza operativa e ha creato uno dei più agili sistemi di distribuzione esistenti. Amazon sfrutta le proprie competenze distintive in termini di vasta gamma dell'assortimento di prodotti offerti, efficienza e costi bassi e ambito della distribuzione ampio.

L'azienda offre già un servizio di consegna in giornata nelle aree metropolitane e Walmart punta a fare lo stesso. Ha dichiarato un'analista della Forrester Research: "Tutti nel settore della distribuzione sono terrorizzati da Amazon e temono di doverle cedere una quota ancora maggiore del proprio portafoglio di mercato". Qualora Walmart riuscisse nel suo intento, avrebbe sostanzialmente più di 4000 punti vendita da utilizzare come centri di distribuzione, il che le conferirebbe un notevole vantaggio rispetto ad Amazon. Sul versante opposto, il CEO di Amazon Jeff Bezos sostiene che "uno dei grandi vantaggi di Amazon per i consumatori consiste nel fatto di poter ricevere un unico pacco contenente articoli di diverse categorie." Nel mondo della vendita al dettaglio, la guerra delle spedizioni è appena cominciata.[16]

Obiettivi operativi

La missione e gli obiettivi generali dell'organizzazione costituiscono la base per lo sviluppo di obiettivi operativi più specifici. Gli **obiettivi operativi** designano i fini perseguiti attraverso le procedure operative dell'organizzazione e spiegano cosa l'organizzazione sta effettivamente cercando di fare.[17] La dicotomia obiettivi operativi/obiettivi ufficiali rispecchia quella relativa a obiettivi effettivi/obiettivi dichiarati. Gli obiettivi operativi riguardano tipicamente i compiti primari che un'organizzazione deve svolgere.[18] La definizione di obiettivi specifici per ogni compito primario fornisce la direzione da seguire per le decisioni quotidiane e per le attività all'interno delle unità organizzative. Alcuni obiettivi operativi tipici definiscono il fine che l'organizzazione persegue e riguardano la performance generale, le risorse, il mercato, lo sviluppo del personale, la produttività e infine l'innovazione e il cambiamento, come illustrato in Figura 2.4.

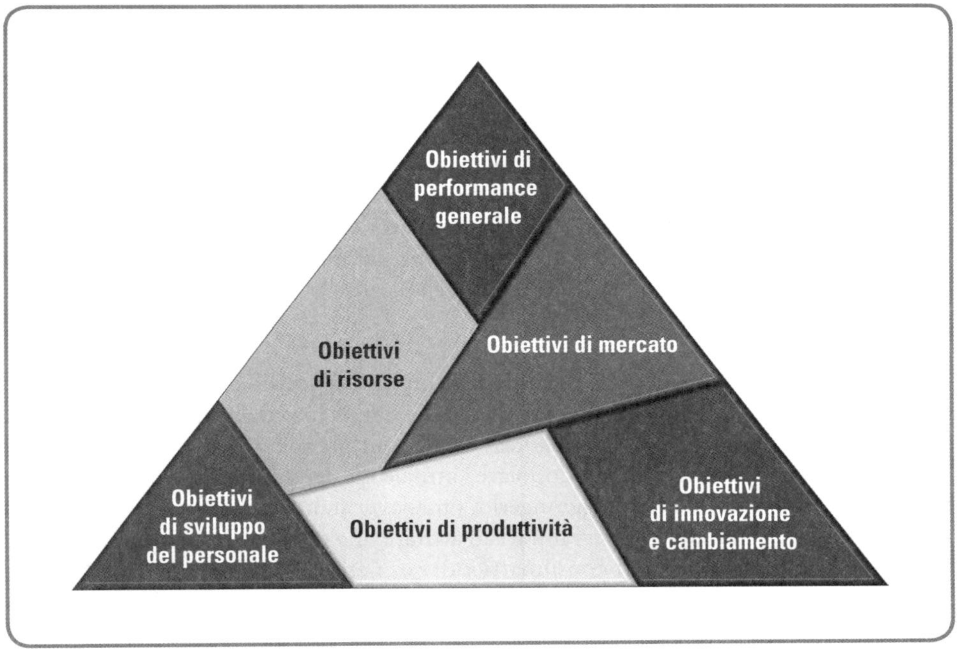

Figura 2.4
Obiettivi operativi tipici di un'organizzazione

Performance generale. La performance generale delle organizzazioni a scopo di lucro è rappresentata dalla redditività. La redditività può essere espressa in termini di utile netto, utile per azione o ritorno sull'investimento. Altri obiettivi generali sono la crescita e il volume di output: la crescita riguarda gli incrementi nel tempo relativi a vendite o profitti, il volume riguarda le vendite totali o l'ammontare di prodotti o servizi forniti. Per esempio, durante le festività natalizie del 2013, la UPS ha avuto delle difficoltà nel soddisfare gli obiettivi di performance per la consegna delle spedizioni. Mentre le aziende di spedizioni di dimensioni più ridotte nei periodi di picco riuscivano ad adeguarsi facendo ricorso a furgoni a noleggio e autisti temporanei, quelle più grandi come la UPS si intasavano con gli ordini inattesi dell'ultima ora da Amazon, Kohl's e altri partner, e disponevano di poche alternative per la consegna dei prodotti ai clienti.[19]

Le amministrazioni pubbliche e le organizzazioni non profit come i servizi sociali e i sindacati non hanno obiettivi di redditività, ma hanno fini orientati a garantire l'erogazione di servizi ai clienti o ai membri entro i vincoli posti da determinati livelli di budget. Un obiettivo dell'Internal Revenue Service, per esempio, è di fornire risposte accurate ad almeno l'85 per cento delle domande poste dai contribuenti a proposito delle nuove leggi in materia fiscale. In queste organizzazioni gli obiettivi di crescita e di volume possono anche essere indicatori della performance generale. Per esempio, l'espansione dei propri servizi a nuovi clienti è un obiettivo primario per molte agenzie dei servizi sociali statunitensi.

Risorse. Gli obiettivi relativi alle risorse riguardano l'acquisizione dall'ambiente delle risorse materiali e finanziarie necessarie. Possono perciò comprendere l'ottenimento di un finanziamento per la costruzione di nuovi impianti, la ricerca di fonti meno costose di materie prime o l'assunzione di brillanti laureati. Di recente Starbucks ha instaurato un'alleanza con l'indiana Tata Group per ottenere chicchi di Arabica indiana di prima qualità da offrire nelle caffetterie. L'azienda di Seattle potrà sfruttare questa alleanza per posizionare i punti vendita in India in luoghi strategici, un'altra risorsa preziosa.[20] Un nuovo obiettivo relativo alle risorse per Walmart è quello di assumere ogni veterano desideroso di avere un lavoro, a condizione che abbia lasciato le armi nell'anno precedente e non sia stato radiato dai ranghi. "Siamo chiari: assumere un veterano può essere una delle decisioni migliori che ciascuno di noi possa prendere," ha detto William S. Simon, presidente e CEO di Walmart U.S. "Si tratta, infatti, di leader disciplinati, preparati e dediti al servizio."[21] Per le organizzazioni non profit, gli obiettivi di risorse comprendono il reclutamento di operatori telefonici volontari e l'espansione della base di finanziamento dell'organizzazione.

Mercato. Gli obiettivi di mercato riguardano la quota o la posizione nel mercato desiderata dall'organizzazione; sono in buona misura di competenza delle unità di marketing, delle vendite e della promozione. L'Oréal SA, la più grande azienda di cosmetica al mondo, si è posta l'obiettivo di raddoppiare l'attuale numero di clienti conquistandone un miliardo entro il 2020. Per raggiungerlo, i manager stanno modificando la strategia di marketing e adottando approcci mirati ad attirare una più ampia clientela in Brasile. Le donne brasiliane sono forti consumatrici di cosmetici, ma il gigante della bellezza ha incontrato non poche difficoltà nell'adattarsi al mercato.[22] Gli obiettivi di mercato possono essere applicati anche alle organizzazioni non profit: il Cincinnati Children's Hospital Medical Center, non pago di un ruolo regionale limitato nel settore sanitario, ha guadagnato una crescente quota di mercato nazionale sviluppando competenze nel settore di nicchia della cura di malattie rare e complesse e concentrandosi sull'instancabile miglioramento della qualità.[23]

Sviluppo del personale. Lo sviluppo del personale ha a che fare con la formazione, la promozione, la sicurezza e la crescita dei dipendenti; riguarda sia i dirigenti sia i dipendenti. Gli obiettivi di crescita professionale dei dipendenti sono una delle caratteristiche comuni alle organizzazioni che la rivista *Fortune* pone nella classifica delle "100 migliori società per cui lavorare". Inoltre, è stata individuata una correlazione positiva fra obiettivi di maggiore crescita dei dipendenti ed il livello di performance dei vari dipartimenti aziendali.[24] Si sa che le banche di Wall Street incoraggiano normalmente l'allungamento dell'orario di lavoro. Ciò nonostante alcune di esse stanno ora assumendo un atteggiamento critico nei confronti della cultura del sovraccarico lavorativo. Per esempio, la Bank of America Merrill Lynch ha di recente stabilito tramite circolare interna che i dipendenti di livello inferiore dispongano di almeno due fine settimana di riposo al mese. Per aumentare la crescita professionale da parte dei dipendenti, la banca intende anche "assicurare che ai dipendenti di livello inferiore sia assegnata una più ampia varietà di compiti... e assicurare che nell'assegnazione delle mansioni lo sviluppo delle competenze chiave dei dipendenti costituisca un fattore importante che debba essere tenuto presente".[25]

Produttività. Gli obiettivi di produttività riguardano l'ammontare di output ottenuto dalle risorse disponibili. Per descrivere l'ammontare di risorse di input necessarie per raggiungere il desiderato livello di output si ricorre tipicamente agli indici di produttività, che sono pertanto formulati in termini di "costo per unità produttiva", "unità prodotte per dipendente" o "costo delle risorse per dipendente". La casa di produzione Illumination Entertainment, che ha prodotto il cartone animato campione d'incassi "Hop", si è posta obiettivi di produttività che le consentono di produrre film di animazione a costi quasi dimezzati rispetto ad altre grandi case di produzione. L'amministratore delegato Christopher Meledandri è convinto che un rigido controllo dei costi non è incompatibile con prodotti di successo, ma richiede un'elevata produttività ai suoi circa 30 dipendenti.[26]

Innovazione e cambiamento. L'obiettivo del cambiamento concerne la flessibilità interna e la prontezza nell'adattarsi a cambiamenti inaspettati nell'ambiente in cui opera l'organizzazione. Gli obiettivi di innovazione sono spesso definiti in relazione allo sviluppo di nuovi specifici servizi, prodotti o processi produttivi. Nel 2001 Procter & Gamble ha avviato il programma Connect + Develop, con l'obiettivo di ricavare il 50 per cento delle innovazioni dall'esterno entro il 2010. Questo ambizioso obiettivo è stato raggiunto e superato e si è tradotto nel lancio di prodotti innovativi come il catturapolvere Swiffer Duster, la linea di cosmetici Olaz Regenerist e il prodotto per la pulizia Gomma Magica Mastrolindo.[27]

Le organizzazioni di successo utilizzano un insieme di obiettivi operativi accuratamente bilanciato. Nonostante la redditività sia importante, per esempio, alcune delle migliori aziende attualmente riconoscono che un'attenzione univoca ai risultati di bilancio può non essere il modo più adeguato per raggiungere alte performance. Gli obiettivi di innovazione e di cambiamento sono sempre più importanti, anche se all'inizio possono causare un *calo* dei profitti. Gli obiettivi di sviluppo del personale sono critici per aiutare a mantenere una forza lavoro motivata e coinvolta.

Obiettivi conflittuali e organizzazione ibrida

Le organizzazioni svolgono molte attività e perseguono molteplici obiettivi simultaneamente per compiere una più generica missione. Ma chi decide quali siano la missione e gli obiettivi da perseguire? Raggiungere determinati obiettivi significa posporne o mettere da parte altri, motivo per cui capita spesso che il management non sia concorde sulle priorità da porsi. Gli obiettivi di crescita professionale del personale potrebbero essere in conflitto con quelli di produttività; gli obiettivi di innovazione potrebbero andare a scapito della redditività. Per fare un esempio concreto di questo fenomeno, gli obiettivi di Bloomberg News di fornitura di un'accurata informazione giornalistica cozzano talvolta con gli obiettivi della sezione commerciale incentrata sulla vendita di terminali per le operazioni finanziarie.

IN PRATICA

Bloomberg LP

La maggior parte dei giornali e delle riviste dispongono di una sezione di attualità e una commerciale, e la loro convivenza risulta spesso difficile. I manager della sezione commerciale, per esempio, non apprezzano che vengano pubblicati articoli critici nei confronti delle grandi agenzie pubblicitarie. Presso Bloomberg le due unità convivevano abbastanza bene nei primi anni, quando il servizio attualità era ancora troppo poco sviluppato per far infuriare i clienti, ma le cose sono cambiate.

L'attività principale di Bloomberg è la vendita di terminali per le operazioni finanziarie, che fornisce l'85 per cento circa dei suoi ricavi. Tuttavia, l'attività giornalistica conferisce credibilità all'organizzazione e la sezione attualità è più che raddoppiata. Agli utenti dei terminali di dati finanziari, tuttavia, interessa sostanzialmente avere notizie flash di grande rilevanza per i mercati, non certo gli articoli approfonditi che i giornalisti vorrebbero pubblicare.

I potenziali conflitti si fanno sentire particolarmente in Cina, dove i ricavi derivanti dai dati finanziari sono cresciuti del 45 per cento circa all'anno. Le vendite dei terminali di dati Bloomberg sono scese notevolmente quando le disdicevoli informazioni fornite da Bloomberg News sugli eventi in Cina hanno spinto i funzionari a recedere dagli abbonamenti. Un funzionario cinese, arrabbiato, ha detto che Bloomberg in Cina dovrebbe pubblicare soltanto notizie finanziarie, non politiche. I direttori hanno ordinato che alcuni articoli fossero rimossi dal sito web dell'azienda, mandando su tutte le furie i giornalisti di Bloomberg. "Proponendovi sempre più come un'azienda del settore dei mass media, è necessario che operiate una scelta in Cina: o vi occupate di notizie, oppure di economia e finanza, ma è difficile che vi occupiate di entrambe," ha detto James McGregor, ex capo della Dow Jones & Company in Cina.[28]

Bloomberg, insieme a molte altre aziende del settore dei mass media, è l'esempio di una cosiddetta **organizzazione ibrida**, ossia un'organizzazione che mescola sistemi di valori e comportamenti rappresentativi di due differenti settori della società, esponendosi in tal modo a tensioni e conflitti interni in merito a obiettivi e priorità.[29] Obiettivi e valori dei due settori talvolta si escludono a vicenda, per cui i manager si trovano a dover negoziare e a trovare un qualche accordo sulla direzione che l'azienda dovrà assumere. Potrebbe avvenire, per esempio, che le organizzazioni con una missione sociale debbano assumere personale con forma mentis commerciale per vendere i loro servizi e generare ricavi supplementari. Quest'ultimo punterà soprattutto a obiettivi come vendite, ricavi ed efficienza, mentre quello con forma mentis orientata ai pubblici servizi si focalizzerà soprattutto su obiettivi di sacrificio e soddisfacimento dei bisogni sociali. Quando le organizzazioni di social welfare devono raggiungere la loro missione sociale attraverso attività commerciali, i manager si trovano spesso nel bel mezzo di richieste in competizione provenienti da mentalità orientate al mercato e al *social welfare*. Potrebbe accadere che un gruppo sostenga le priorità di profitto, mentre l'altro il contributo alle necessità sociali. Un altro esempio di organizzazione ibrida è un'azienda di biotecnologie che incorpora obiettivi e forma mentis della ricerca scientifica imparziale per amore di nuova conoscenza da una parte, e della ricerca finalizzata allo sviluppo e alla commercializzazione di prodotti potenzialmente lucrativi dall'altra. Tali differenze nell'orientamento degli obiettivi possono essere fonte di raggiri, elusione o disprezzo da parte di una fazione piuttosto che dell'altra, a meno che i manager non siano in grado di bilanciare le domande conflittuali.

Un approccio per la risoluzione di questi conflitti è rappresentato dal cosiddetto *coalition management* e, che comporta la costruzione di un'alleanza di persone che sostengono gli obiettivi di un manager e sono in grado di influenzare altri, spingendoli ad accettare di lavorare per il loro conseguimento.[30] I manager parlano con i dipendenti dell'organizzazione per capire quali problemi e opportunità si presentano loro. Così facendo, capiscono non soltanto chi supporta i loro obiettivi, ma anche chi si oppone a essi e con quali motivazioni. Non lasciano che i conflitti riguardanti gli obiettivi fermentino e siano di detrimento per il raggiungimento degli obiettivi. È compito dei manager far cadere i muri e favorire i negoziati e la cooperazione fra gruppi e dipartimenti per il raggiungimento di un accordo e per il compimento degli obiettivi importanti. Se il caso lo richiede, può avvenire che i manager rinuncino ad alcuni obiettivi e passino a sostenere altri manager. La costruzione di relazioni, discussione e negoziazione è un'abilità fondamentale perché le cose funzionino nelle organizzazioni ibride.

L'importanza degli obiettivi

Sia gli obiettivi ufficiali sia quelli operativi sono basilari per l'organizzazione, sebbene siano orientati a fini differenti. Gli obiettivi ufficiali e la missione delineano un sistema di valori per l'organizzazione e stabiliscono un fine generale e una visione; gli obiettivi operativi rappresentano i suoi compiti principali. Gli obiettivi ufficiali legittimano l'organizzazione; gli obiettivi operativi sono più espliciti e meglio definiti.

Gli obiettivi operativi sono diretti a molteplici finalità, come illustrato in Figura 2.5. In primo luogo, tali obiettivi possono conferire ai dipendenti un senso di direzione, mettendoli a conoscenza del fine al quale sono diretti i loro sforzi; in questo modo i dipendenti possono essere motivati a raggiungere obiettivi specifici e risultati importanti. Numerosi studi hanno dimostrato che obiettivi ben definiti e ambiziosi possono far aumentare significativamente il rendimento dei dipendenti.[31] Un recente studio ha confermato che i vari dipartimenti registrano performance di gran lunga migliori quando i dipendenti sono coinvolti nel raggiungimento degli obiettivi.[32] Alle persone piace avere un fine per le proprie attività e i propri sforzi. Jennifer Dulski, attualmente presidente e COO di Change.org, una piattaforma web per il cambiamento sociale, racconta di come ha motivato i dipendenti di un'organizzazione nella quale ha lavorato in passato. "Per un trimestre ci eravamo prefissati tre grandi obiettivi. Dissi, 'Se riusciamo a raggiungerli tutti, vinciamo la corsa tris e ce ne andiamo tutti alle corse dei cavalli.' E detti a ognuno di loro 50 dollari per scommettere alle gare. Quando ero un insegnante, ho imparato che ciascuno ha un bambino dentro di sé, e che le persone amano queste sciocchezzuole divertenti. Forse non lo ammetteranno, ma le amano."[33]

Un'altra importante funzione degli obiettivi è quella di tracciare le linee guida per il processo decisionale e il comportamento dei dipendenti. Obiettivi adeguati possono fornire un insieme di vincoli al comportamento e alle azioni individuali, così che i dipendenti possano agire nei limiti accettati dall'organizzazione e dalla società in generale.[34] Google utilizza un sistema chiamato Objectives and Key Results (OKRs, acronimo per "obiettivi e risultati fondamentali"). Un manager, per esempio, ha stabilito come obiettivo il miglioramento della reputazione di Google Blogger ed è giunto a risultati facilmente misurabili come "Ristabilire la leadership parlando in occasione di tre eventi del settore"; "Partecipare regolarmente alle discussioni via Twitter sul tema: prodotti Blogger." Gli obiettivi e i risultati fondamentali sono tutti pubblici, da quelli dei top leader scendendo verso il basso. Non vengono utilizzati per determinare le promozioni, ma possono essere impiegati dai dipendenti per rendersi conto dei propri progressi.

Inoltre, gli obiettivi aiutano a definire le decisioni più appropriate riguardo la struttura organizzativa, l'innovazione, il benessere dei dipendenti e la crescita; infine, gli obiettivi forniscono uno standard per la rilevazione dei risultati. Il livello di performance dell'organizzazione, in termini di profitti, unità prodotte, grado di soddisfazione dei dipendenti, livello di innovazione oppure numero dei reclami dei clienti, necessita di una base di valutazione, che viene fornita appunto dagli obiettivi operativi.

Missione; obiettivi ufficiali

- Comunicare il fine e i valori dell'organizzazione
- Conferire legittimità

Obiettivi operativi

- Guidare e motivare il personale
- Fornire linee guida per il processo decisionale
- Definire uno standard di performance

Figura 2.5
Tipologie e finalità degli obiettivi

Due quadri di riferimento per la selezione della strategia e della struttura

Per realizzare quanto stabilito dal progetto strategico dell'organizzazione e mantenere i dipendenti concentrati su quanto indicato dalla missione, dalla visione e dagli obiettivi operativi, i manager devono selezionare determinate opzioni di strategia e struttura che possono aiutare l'organizzazione a raggiungere il suo fine e i suoi obiettivi all'interno dell'ambiente competitivo in cui essa opera. In questo paragrafo esaminiamo due approcci pratici per selezionare la strategia e la struttura organizzativa. Il "Profilo personale" a pagina seguente vi aiuterà a scoprire le vostre competenze nel campo della direzione strategica.

Una **strategia** è un piano per l'interazione con l'ambiente competitivo volto a raggiungere gli obiettivi organizzativi. Alcuni manager pensano a obiettivi e strategie come concetti intercambiabili, ma ai nostri fini gli obiettivi definiscono dove l'organizzazione vuole andare, mentre le strategie definiscono il modo con il quale ci arriverà. Per esempio, un obiettivo può essere il raggiungimento del 15 per cento di crescita annuale delle vendite; le strategie per raggiungere questo obiettivo potrebbero includere una campagna pubblicitaria aggressiva per attrarre nuovi clienti, la motivazione del personale di vendita per incrementare gli acquisti dei clienti e l'acquisizione di altre attività che offrono prodotti simili. Le strategie possono includere un qualsiasi numero di tecniche atte a raggiungere l'obiettivo. L'essenza dell'attività di formulazione delle strategie consiste nello scegliere se l'organizzazione deve impegnarsi in attività differenti da quelle dei propri concorrenti o se deve svolgere attività simili, ma in maniera più efficiente.[35]

Profilo personale

Test: i vostri punti di forza – stratega o implementatore di strategie?

Come potenziali manager, quali sono i vostri punti di forza per quanto riguarda la formulazione e l'implementazione della strategia? Per scoprirlo, pensate a *come affrontate sfide e problemi* nello studio o nel lavoro. Cerchiate poi la risposta *a* o la risposta *b*, a seconda di quale ritenete più adeguata a descrivere il vostro comportamento. Non ci sono risposte giuste o sbagliate: scegliete semplicemente l'opzione che descrive meglio il vostro modo di affrontare determinate situazioni lavorative.

1. Se devo tenere un archivio, tendo a essere:
   a. Molto accurato
   b. Piuttosto disordinato

2. Se dirigo un gruppo o un progetto
   a. ho un'idea generica e lascio che siano gli altri a decidere come eseguire i vari compiti
   b. cerco di individuare obiettivi specifici, scadenze temporali e risultati attesi

3. La descrizione più accurata del mio modo di ragionare è
   a. pensiero lineare, da A a B a C
   b. pensiero "a salti", da un'idea all'altra

4. Nel mio ufficio (oppure in casa) gli oggetti sono
   a. ammucchiati qua e là
   b. sistemati in maniera piuttosto ordinata

5. Mi soddisfa molto sviluppare
   a. modi di superare un ostacolo e giungere a una soluzione
   b. nuove ipotesi sulle cause di un problema

6. Posso dare un migliore contributo alla strategia assicurandomi che vi siano
   a. apertura a un ampio spettro di ipotesi e idee
   b. accuratezza nell'implementazione di nuove idee

7. Uno dei miei punti di forza è
   a. l'impegno per far sì che le cose funzionino
   b. l'impegno per far sì che si avveri un sogno per il futuro

8. Il mio operato è più efficace quando faccio leva
   a. sull'invenzione di soluzioni originali
   b. sulla realizzazione di miglioramenti pratici

Punteggio: Per i punti di forza come *Stratega*, assegnate un punto a ciascuna risposta *a* alle domande 2, 4, 6 e 8 e a ciascuna risposta *b* alle domande 1, 3, 5, 7. Per i punti di forza come *Implementatore di strategie*, assegnate un punto a ciascuna risposta *b* alle domande 2, 4, 6 e 8 e a ciascuna risposta *a* alle domande 1, 3, 5 e 7. Qual è il punteggio più alto e di quanto? Il punteggio più alto indica i vostri punti di forza strategici.

Interpretazione: Stratega e Implementatore sono due profili importanti mediante i quali i manager apportano valore alla gestione strategica e all'efficacia dell'organizzazione. I manager con profilo da implementatore tendono a lavorare su obiettivi operativi per incrementare efficienza e affidabilità, mentre i manager con profilo da stratega tendono a propendere per strategie fuori dagli schemi e amano pensare alla missione, alla visione e a innovazioni rivoluzionarie. Entrambi gli stili sono essenziali per il management strategico e l'efficacia organizzativa. Gli strateghi spesso utilizzano le proprie capacità per creare strategie e approcci completamente nuovi, mentre gli implementatori spesso lavorano su miglioramenti strategici, implementazione e misurazioni.
Se la differenza tra i due punteggi da voi totalizzati va da zero a due punti, il vostro stile è equilibrato. Se la differenza è di quattro o cinque punti, avete uno stile moderatamente marcato e probabilmente lavorerete meglio nel ruolo corrispondente al vostro punto di forza. Se infine la differenza è di sette o otto punti, il vostro punto di forza è molto ben definito e quasi sicuramente darete un miglior contributo nel ruolo corrispondente al vostro punto di forza piuttosto che nel ruolo contrario.

Fonte: Adattato da Dorothy Marcic e Joe Seltzer, *Organizational Behavior: Experiences and Cases* (South-Western, 1998), 284-287 e William Miller, *Innovation Styles* (Global Creativity Corporation, 1997).

Tra i modelli per la formulazione di strategie vi sono il modello delle strategie competitive di Porter e la tipologia di Miles e Snow; ognuno di essi fornisce uno schema per l'azione competitiva. Successivamente alla descrizione dei due modelli, vedremo come le scelte strategiche influiscano sulla progettazione organizzativa.

Le strategie competitive di Porter

Michael E. Porter ha studiato un gran numero di organizzazioni e ha suggerito che i manager possono rendere l'organizzazione più redditizia e meno vulnerabile adottando una strategia di leadership di costo oppure una strategia di differenziazione.[36] Scegliendo la prima, i manager decidono di competere attraverso costi inferiori, mentre prediligendo la seconda competono attraverso la capacità di offrire prodotti e servizi unici e distintivi che possano meritare un *premium price*. Queste due strategie sono illustrate in Figura 2.6. Occorre sottolineare che ciascuna può essere applicata in un ambito competitivo variabile, da ampio a ristretto.

Differenziazione. In una **strategia di differenziazione**, le organizzazioni cercano di distinguere i propri prodotti o servizi dagli altri competitori all'interno del medesimo settore. I manager possono utilizzare la pubblicità, alcune caratteristiche distintive del prodotto, un servizio fuori dalla norma o una nuova tecnologia al fine di ottenere una percezione del prodotto come unico. Questa strategia si rivolge solitamente a una clientela che non dà particolare importanza al prezzo, quindi può risultare abbastanza profittevole.

Una strategia di differenziazione può ridurre la rivalità tra i concorrenti e scongiurare la minaccia di prodotti sostitutivi sfruttando il fatto che i clienti sono fedeli alla marca dell'azienda. In ogni caso, i manager devono tenere a mente che le strategie di differenziazione di successo richiedono un certo numero di attività costose, quali la ricerca sul prodotto, la progettazione e una promozione massiccia. Le aziende che perseguono tali strategie hanno bisogno di solide capacità di marketing e di dipendenti creativi, ai quali

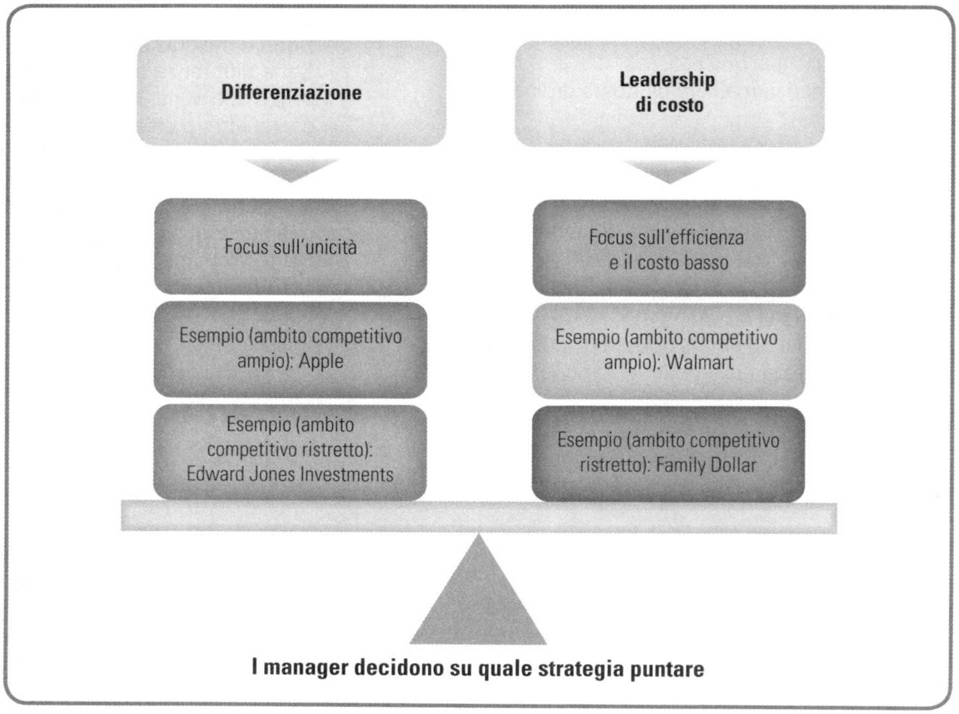

Figura 2.6
Le strategie competitive di Porter
Fonte: basato su Michael E. Porter, *Competitive Advantage: Creating and Sustaining Superior Performance* (New York: The Free Press, 1988).

vengano dati il tempo e le risorse per sviluppare innovazioni. Un buon esempio di azienda che trae beneficio da una strategia di differenziazione è la Apple. La Apple non ha mai cercato di competere sul prezzo e ama essere considerata un marchio "di élite". L'azienda ha costruito una base di clienti fedeli fornendo prodotti innovativi ed eleganti e creando un'immagine prestigiosa.

Anche le aziende di servizi possono utilizzare una strategia di differenziazione. Trader Joe's, partito nel 1967 come classico negozio di alimentari e casalinghi, è stato rapidamente trasformato dal suo fondatore Joe Coulombe in un formato originale per la commercializzazione di cibi e bevande con 17 punti vendita nella California meridionale. Oggi la catena conta oltre 370 punti vendita negli Stati Uniti e la richiesta aumenta sempre di più. I manager, tuttavia, sono estremamente cauti nelle modalità di espansione. Trader Joe's non vende alcun marchio già commercializzato a livello nazionale, offre cibi e bevande salutistici di elevata qualità a prezzi modesti. L'80 per cento circa dei prodotti riportano il marchio Trader Joe's e l'azienda mantiene il segreto su chi confeziona i prodotti per conto suo. Molti dei punti vendita offrono soltanto 2500 referenze , rispetto ai tradizionali supermercati che ne offrono oltre 40.000, e l'assortimento cambia continuamente. Quello che spinge la gente a tornare nei negozi Trader Joe's è la novità e il senso di avventura – non sai mai quello che trovi – oltre al servizio amichevole pari a quello che ci si aspetterebbe nel negozio dietro l'angolo. I manager valutano ogni decisione tenendo conto di quanto essa risulta congruente all'obiettivo di mantenere un'atmosfera da piccolo negozio di quartiere.[37]

Leadership di costo. La **strategia di leadership di costo** cerca di incrementare la quota di mercato mantenendo bassi i costi rispetto ai concorrenti. Con una strategia di leadership di costo l'organizzazione ricerca in maniera aggressiva l'efficienza negli impianti, attua riduzioni dei costi e utilizza stretti controlli per realizzare prodotti più efficientemente dei propri concorrenti. Leadership di costo non implica necessariamente prezzi bassi; tuttavia in molti casi le aziende che si avvalgono di questa strategia riescono a fornire ai clienti beni e servizi a prezzi ridotti. Per esempio, l'amministratore delegato della compagnia aerea irlandese Ryanair descrive nel modo seguente la strategia della propria azienda: "È la più vecchia e semplice delle formule: vendi tanto, vendi a poco ... vogliamo essere la Walmart del trasporto aereo. Nessuno ci batterà sul prezzo. Mai." Ryanair è in grado di offrire questo genere di tariffe perché mantiene i costi bassi, più bassi di ogni altra compagnia aerea in Europa. Il "mantra" dell'azienda è offrire biglietti economici, non curarsi del cliente né offrire servizi distintivi.[38]

Questa strategia ha a che fare principalmente con la stabilità piuttosto che con l'assunzione di rischi o la ricerca di nuove opportunità per l'innovazione e la crescita. Una posizione di leadership di costo implica il fatto che l'azienda può conseguire profitti più elevati rispetto ai concorrenti per via della propria efficienza e di costi operativi più bassi. Aziende leader che adottano una strategia di leadership di costo come Ryanair possono vendere a prezzi inferiori di quelli dei concorrenti e continuare tuttavia a offrire una qualità analoga ottenendo profitti ragionevoli. Inoltre, se nel contesto fanno ingresso prodotti sostitutivi o potenziali nuovi concorrenti, il produttore a basso costo si trova in una posizione migliore per prevenire perdite di quota di mercato.

Porter trovò che le aziende che non adottavano coscientemente una strategia di leadership di prezzo o di differenziazione, ottenevano profitti mediamente inferiori rispetto alle aziende che adottavano una di queste strategie. Molte aziende che operano in Internet hanno fallito perché i manager non hanno sviluppato strategie competitive che le avrebbero distinte nel mercato.[39] D'altra parte, Google ha riscosso un notevole successo con una coerente strategia di differenziazione che l'ha caratterizzata rispetto ad altri motori di ricerca.

confrontate la vostra opinione

2 **La migliore strategia di business consiste nel differenziare il più possibile prodotti e servizi per ottenere un vantaggio competitivo.**

Risposta esatta: *In disaccordo.* La differenziazione, che consiste nel differenziare il più possibile i prodotti e servizi dell'azienda rispetto ai concorrenti, è un approccio strategico che può risultare efficace. Un approccio di leadership di costo può avere pari o maggiore efficacia, a seconda dei punti di forza dell'organizzazione e della natura della concorrenza nel settore.

Ambito competitivo ampio o ristretto. Entrambe le strategie individuate da Porter possono essere perseguite in un ambito competitivo ampio o ristretto. In altri termini, le organizzazioni possono scegliere di competere in numerosi segmenti di mercato e di clientela oppure di concentrare le proprie energie su un mercato o un gruppo di consumatori specifici. Per esempio, Walmart utilizza una strategia di leadership di costo, e compete in un mercato ampio, vendendo a molti segmenti di mercato. Un valido esempio di strategia di leadership di costo in un ambito competitivo ristretto è rappresentato dalla Allegiant Travel Company.

IN PRATICA

Allegiant Travel Company

"Vogliamo essere considerati la compagnia aerea di tutte le piccole città del Paese," ha detto Andrew Levy, presidente della Allegiant Travel Company. Con una flotta di soltanto 64 aerei, la compagnia è specializzata nei voli da 75 piccole città non diversamente servite verso 14 destinazioni turistiche con clima caldo come Orlando, Las Vegas e Honolulu.
La Allegiant è riuscita ad ottenere i costi più bassi, gli aerei più al completo e i margini più elevati nel settore ed è stata redditizia in 39 degli ultimi 41 trimestri collegando piccole città non servite dai concorrenti. Nel suo caso, la strategia di leadership in ambito competitivo ristretto si traduce nel fronteggiare la concorrenza su soltanto 17 delle sue 203 rotte. I manager credono nella strategia di "attaccare le opportunità di nicchia." Per esempio, Allegiant è subentrata quando altre compagnie aeree hanno abbandonato i mercati in contrazione della Rust Belt e attrae i passeggeri canadesi lungo la frontiera per volare da e verso i piccoli aeroporti statunitensi. La compagnia aerea ha ora rivolto il proprio sguardo sul Messico, sperando di far volare i messicani di classe media da città come Zacatecas o Culiacán verso destinazioni turistiche come Las Vegas negli Stati Uniti.
Nel tentativo di raggiungere gli obiettivi di contenimento dei costi, la Allegiant si spinge all'estremo: invece di pagare le agenzie di viaggio, fa molto affidamento sulla pubblicità tramite passaparola; offre una tariffa base "no-frills" e fa pagare quasi tutto il resto, dal bagaglio a mano all'acqua. I manager asseriscono anche che "voliamo soltanto quando riusciamo a far soldi ." Gli aerei vecchi e di seconda mano che la compagnia utilizza, infatti, bevono carburante, per cui volano soltanto nei giorni di picco, quando il volo è pressoché pieno. "Il martedì sembriamo una compagnia aerea in bancarotta," dice Levy, ma "chi è che comincia la vacanza di martedì?"[40]

Un'organizzazione che persegue una strategia di differenziazione in un ambito competitivo ristretto è Edward Jones Investments, una società di brokeraggio basata a St. Louis, che punta a consolidare la propria attività nelle aree rurali e nelle cittadine degli Stati Uniti offrendo consulenza su opzioni d'investimento prudenti di lungo periodo. Come ha osservato l'esperto e consulente di management Peter Drucker, l'orientamento distintivo agli investimenti sicuri consente alla Edward Jones di offrire un prodotto "che nessun'altra casa di investimento di Wall Street ha mai venduto: la tranquillità."[41]

La tipologia strategica di Miles e Snow

Un'altra tipologia di strategie di business è stata sviluppata grazie a Raymond Miles e Charles Snow.[42] La tipologia di Miles e Snow si basa sull'idea che i manager cerchino di formulare strategie che possano essere congruenti con l'ambiente esterno. Le organizzazioni si sforzano infatti di trovare una coerenza tra le caratteristiche interne dell'organizzazione, la strategia e l'ambiente esterno. Le quattro strategie che possono essere attuate sono la strategia di esplorazione, quella difensiva, quella analitica e quella reattiva.

Impresa esploratrice. La strategia di esplorazione consiste nell'innovare, assumere rischi, ricercare nuove opportunità e crescere. Questa strategia si adatta bene ad ambienti dinamici e in crescita, nei quali la creatività è più importante dell'efficienza. La Nike, che innova sia nei prodotti sia nei processi interni, esemplifica la strategia di esplorazione. Per esempio, ha lanciato una nuova linea di scarpe basate su modelli che possono essere prodotti utilizzando materiali riciclati e quantitativi limitati di colle a base di agenti chimici tossici.[43] L'organizzazione cinese Zhejiang Geely Holding Group sta definendo una strategia di esplorazione per la Volvo Car Corporation, che ha acquisito dalla Ford Motor Company. Per molti anni la Volvo si è caratterizzata per un focus sulla stabilità, cercando di attirare clienti che apprezzavano la reputazione del marchio, associato ad auto familiari sicure e affidabili. Il nuovo e ambizioso proprietario cinese Li Shifu ha tuttavia immaginato un nuovo corso per la casa automobilistica, puntando su un'espansione aggressiva nel mercato delle automobili di lusso in concorrenza diretta con aziende del calibro di BMW e Mercedes. La visione di Li è entrata in conflitto con quella dell'amministratore delegato per l'Europa Stefan Jacoby, che propendeva per un distacco più lento e graduale dallo stile tradizionale Volvo. I due sono poi riusciti a trovare un accordo su un ambizioso piano di rilancio che prevede investimenti per 10 miliardi di dollari nell'arco di cinque anni e l'obiettivo di raddoppiare le vendite globali a 800.000 veicoli entro il 2020. Li è convinto che la Volvo debba offrire modelli innovativi che si fanno notare per conquistare nuovi clienti. La Cina è un mercato in crescita per il settore dell'auto e, secondo Li, la Volvo non ha futuro se non riuscirà a soddisfare i gusti bizzarri della classe emergente di nuovi ricchi del paese.[44]

Li e Jacoby non hanno ancora appianato le differenze di visione e stile di management, ma la strategia di esplorazione mirata a riposizionare l'azienda nel mercato delle auto di lusso espandendo aggressivamente le attività è già in atto. Anche aziende che operano online, come Facebook e Google, adottano una strategia di esplorazione.

Impresa difensiva. La strategia difensiva è quasi l'opposto di quella di esplorazione. Anziché assumere rischi e ricercare nuove opportunità, la strategia difensiva riguarda la stabilità o addirittura lo snellimento. Questa strategia cerca di tenersi stretti i clienti attuali, senza innovare né cercare la crescita. Chi attua una strategia difensiva ha a cuore innanzitutto l'efficienza interna e il controllo al fine di offrire prodotti affidabili e di alta qualità destinati a una clientela stabile. Questa strategia può essere efficace quando l'organizzazione opera all'interno di un settore in declino o di un ambiente stabile. La Paramount Pictures utilizza una strategia difensiva da diversi anni.[45] La Paramount realizza un flusso costante di film di successo, ma pochi kolossal. I manager sfuggono il rischio e a volte rifiutano film potenzialmente di alto profilo per controllare i costi. Tale strategia ha consentito all'azienda di continuare a guadagnare notevoli profitti mentre altre case di produzione ottenevano profitti modesti o persino perdite.

Impresa analitica. Chi adotta una strategia analitica cerca di mantenere un livello delle attività stabile, innovando al contempo alla periferia. Tale strategia sembra posizionarsi a metà strada tra quella di esplorazione e quella difensiva. Alcuni prodotti verranno indirizzati verso ambienti stabili nei quali è utilizzata una strategia di efficienza elaborata per mantenere i clienti attuali. Altri verranno indirizzati verso ambienti nuovi e più dinamici, dove la crescita è possibile. L'azienda che persegue una strategia analitica mira a bilanciare la produzione efficiente per le attuali linee di prodotto o di servizio con lo sviluppo creativo di nuove linee di prodotto. Amazon.com è un buon esempio: l'attuale strategia dell'azienda consiste nel difendere il proprio *core business* di vendita di libri e altri beni fisici in rete, e parallelamente costruire un'attività attorno ai media digitali, anche con iniziative come il libro elettronico, la vendita di film in streaming, lo sviluppo di contenuti originali e un negozio di musica digitale per fare concorrenza a iTunes della Apple.[46]

Impresa reattiva. La strategia di reazione in realtà non è affatto una strategia. Piuttosto, chi utilizza un approccio del genere risponde alle minacce ambientali e alle opportunità caso per caso. In una strategia reattiva il top management non possiede piani a lungo termine ben definiti e non ha fornito all'organizzazione una missione o un obiettivo espliciti, cosicché l'organizzazione intraprende qualsiasi azione che sembri rispondere alle necessità immediate. Nonostante la strategia reattiva possa essere talvolta efficace, essa può anche portare le aziende alla rovina. Alcune grandi aziende che un tempo godevano di grande successo si trovano ora nei guai perché i manager hanno fallito nell'adottare una strategia coerente con le tendenze dei clienti. In anni recenti, i manager della Barnes & Noble, un tempo catena di librerie di successo e redditizia, sembravano procedere a tentoni nella ricerca della strategia adeguata. Il Nook, introdotto per competere con il Kindle della Amazon, "si presentava bene, funzionava bene e si vendeva meglio di quanto la Barnes & Noble si aspettasse." Il problema fu che, quando la Apple introdusse l'iPad, i manager della Barnes & Noble reagirono con il lancio di un dispositivo multifunzione concorrenziale. Fu un errore: il Nook Media fece registrare perdite operative pari a 475 milioni di dollari nell'esercizio finanziario conclusosi ad aprile 2013. "Si è entusiasmato troppo del digitale" disse un analista con riferimento al CEO della Barnes & Noble, William Lynch, che subito dopo lasciò l'azienda.[47]

La tipologia di Miles e Snow è stata ampiamente utilizzata, e i ricercatori hanno verificato la sua validità in molteplici organizzazioni: ospedali, università, istituzioni bancarie, produttori di beni industriali e società di assicurazioni e, in generale, hanno riscontrato l'efficacia di questa tipologia strategica in situazioni reali per i manager delle organizzazioni.[48]

Benché la capacità di elaborare e attuare una chiara strategia competitiva sia considerata uno dei fattori critici per il successo organizzativo, numerosi manager faticano a gestire questa importante responsabilità.

Come le strategie influiscono sulla struttura organizzativa

Le scelte strategiche influiscono sulle caratteristiche interne dell'organizzazione. Le caratteristiche della struttura organizzativa devono supportare l'approccio competitivo dell'azienda. Per esempio, un'azienda che voglia crescere e inventare nuovi prodotti è caratterizzata da un aspetto e un clima diverso da un'azienda che è focalizzata sul mantenimento della quota di mercato per prodotti introdotti da molto tempo all'interno di un settore stabile. In Figura 2.7 sono riassunte le caratteristiche di progettazione organizzativa associate alle strategie di Porter e a quelle di Miles e Snow.

Strategie competitive di Porter	Tipologia strategica di Miles e Snow
Strategia: Differenziazione **Progettazione organizzativa** • Orientamento all'apprendimento; agisce in maniera flessibile e senza molti vincoli, con un forte coordinamento orizzontale • Grandi spazi per la ricerca • Valorizza e costruisce meccanismi per la familiarità con i clienti • Premia la creatività dei dipendenti, l'assunzione di rischi e l'innovazione **Strategia:** Leadership di costo **Progettazione organizzativa** • Orientamento all'efficienza; forte autorità centrale; stretto controllo dei costi con report frequenti e dettagliati • Procedure operative standard • Sistemi di approvvigionamento e distribuzione molto efficienti • Attenta supervisione; compiti routinari; limitata responsabilizzazione dei dipendenti	**Strategia:** Esplorazione **Progettazione organizzativa** • Orientamento all'apprendimento; struttura flessibile, fluida e decentralizzata • Grandi spazi per la ricerca **Strategia:** Difesa **Progettazione organizzativa** • Orientamento all'efficienza; autorità centralizzata e stretto controllo sui costi • Enfasi sull'efficienza produttiva; bassi costi generali • Attenta supervisione, limitata responsabilizzazione dei dipendenti **Strategia:** Analisi **Progettazione organizzativa** • Bilancia l'efficienza e l'apprendimento; stretto controllo sui costi, flessibilità e adattabilità • Produzione efficiente per linee di prodotto consolidate; enfasi sulla creatività, la ricerca e l'assunzione di rischi per l'innovazione **Strategia:** Reazione **Progettazione organizzativa** • Nessun chiaro approccio organizzativo; le caratteristiche della struttura possono cambiare bruscamente in base alle necessità del momento

Figura 2.7
Implicazioni di progettazione organizzativa della strategia
Fonte: basato su Michael E. Porter, *Competitive Strategy: Techniques for Analyzing Industries and Competitors* (New York: The Free Press, 1980); Michael Treacy, Fred Wiersema, "How Market Leaders Keep Their Edge", *Fortune* (February 6, 1995), 88-98; Michael Hitt, R. Duane Ireland, Robert E. Hoskisson, *Strategic Management* (St. Paul, Minn.: West, 1995), 100-113; Raymond E. Miles, Charles C. Snow, Alan D. Meyer, Henry J. Coleman Jr., "Organizational Strategy, Structure, and Process", *Academy of Management Review* 3 (1978), 546-562.

Attraverso una strategia di leadership di costo i manager adottano un approccio di progettazione organizzativa improntato all'efficienza, prevalentemente meccanico, mentre una strategia di differenziazione implica un approccio più organico, rivolto all'apprendimento. Si ricordi in proposito dal Capitolo 1 che le organizzazioni meccaniche progettate per l'efficienza hanno caratteristiche diverse da quelle organiche progettate per l'apprendimento. Una strategia di leadership di costo (efficienza) è associata a un'autorità forte e centralizzata e a uno stretto controllo, a procedure operative standardizzate e a un'enfasi su sistemi di approvvigionamento e distribuzione efficienti. I dipendenti svolgono generalmente compiti routinari sotto un'attenta supervisione e controllo e non sono responsabilizzati per assumere decisioni o prendere iniziative autonomamente. Una strategia di differenziazione, dall'altro lato, richiede che i dipendenti sperimentino e apprendano costantemente. La struttura è flessibile e fluida, con un forte coordinamento orizzontale. I dipendenti, responsabilizzati, lavorano direttamente con i clienti e sono ricompensati per la creatività e l'assunzione di rischi. L'organizzazione valorizza la ricerca, la creatività e l'innovatività più dell'efficienza e delle procedure standard.

La strategia di esplorazione richiede caratteristiche simili a quelle di una strategia di differenziazione, mentre la strategia di difesa adotta un approccio efficientista simile alla strategia di leadership di costo. Poiché la strategia di analisi cerca di bilanciare l'efficienza per le linee di prodotto consolidate con la flessibilità e l'apprendimento per i nuovi prodotti, essa è associata a un mix di caratteristiche, come mostrato in Figura 2.7. Attraverso una strategia di reazione, i manager lasciano l'organizzazione senza una direzione o un chiaro approccio alla progettazione.

Altri fattori contingenti che influenzano la struttura organizzativa

La strategia è un fattore importante che influisce sulla progettazione organizzativa. In definitiva, comunque, la struttura organizzativa è il risultato di numerose contingenze, che verranno discusse in questo libro. L'enfasi posta sull'efficienza e il controllo (orientamento meccanico) piuttosto che sull'apprendimento e la flessibilità (orientamento organico) è determinata dalle contingenze che riguardano la strategia, l'ambiente, la dimensione e il ciclo di vita, la tecnologia e la cultura organizzativa. L'organizzazione è progettata per "adattarsi" ai fattori contingenti, come illustrato in Figura 2.8.

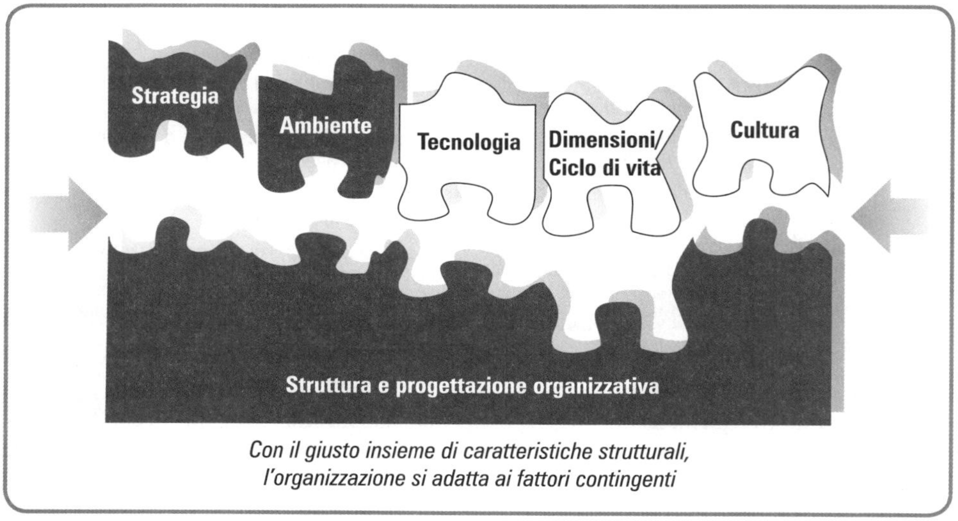

Figura 2.8
Fattori contingenti che influiscono sulla progettazione organizzativa

In un ambiente stabile, l'organizzazione può avere una struttura meccanica tradizionale che enfatizzi il controllo verticale, l'efficienza, la specializzazione, le procedure standardizzate e il processo decisionale accentrato. Dall'altro lato un ambiente in rapido cambiamento può richiedere una struttura organica più flessibile, con un forte coordinamento e una forte collaborazione orizzontale attraverso gruppi o altri meccanismi. L'ambiente verrà discusso in dettaglio nei Capitoli 4 e 5. In termini di dimensione e ciclo di vita, le organizzazioni giovani e piccole sono generalmente informali e hanno un basso grado di divisione del lavoro, poche regole e regolamenti e sistemi di budgeting e risultati *ad hoc*. Grandi organizzazioni come Coca-Cola o Samsung Electric, invece, hanno un alto grado di divisione del lavoro, numerose regole e regolamenti, e procedure e sistemi di budgeting, controllo, ricompensa e innovazione standardizzati. Le dimensioni e le fasi del ciclo di vita verranno discusse nel Capitolo 9.

La struttura deve altresì adattarsi alla tecnologia che caratterizza il flusso produttivo dell'organizzazione. Per esempio, con una tecnologia di produzione di massa, come quella di una tradizionale linea di assemblaggio per auto, l'organizzazione funziona al meglio enfatizzando l'efficienza, la formalizzazione, la specializzazione, il processo decisionale accentrato e lo stretto controllo. Un'attività basata su Internet, al contrario, può aver bisogno di essere molto informale e flessibile. L'impatto della tecnologia sulla struttura verrà discusso in dettaglio nei Capitoli 7 e 8. Un'ultima contingenza che influisce sulla progettazione organizzativa è la cultura aziendale. Una cultura organizzativa che valorizza il lavoro di gruppo, la collaborazione, la creatività e la comunicazione aperta fra dipendenti e manager, per esempio, non funzionerebbe bene con una struttura verticale, rigida e con severe norme e regole. Il ruolo della cultura verrà discusso nel Capitolo 10.

Una responsabilità dei manager è quella di progettare organizzazioni che si adattino ai fattori contingenti della strategia, dell'ambiente, delle dimensioni e del ciclo di vita, della tecnologia e della cultura. Trovare il giusto *fit* porta all'efficacia organizzativa, mentre un equilibrio scarso può portare al declino o persino alla morte dell'organizzazione.

La rilevazione dell'efficacia organizzativa

La comprensione degli obiettivi e delle strategie organizzative, così come del concetto dell'adattamento della struttura a diverse contingenze, costituisce un primo passo verso la comprensione dell'efficacia organizzativa. Gli obiettivi organizzativi rappresentano la ragione dell'esistenza dell'organizzazione e i risultati che essa cerca di raggiungere. I prossimi paragrafi analizzano l'argomento "efficacia" e come questa viene misurata nelle organizzazioni.

Definizione

Si ricordi dal Capitolo 1 che l'efficacia organizzativa è la misura in cui l'organizzazione realizza i propri obiettivi. Si tratta di un concetto ampio, che prende implicitamente in considerazione una gamma di variabili sia a livello dell'organizzazione generale sia a quello delle unità organizzative. L'*efficacia* valuta la misura in cui vengono raggiunti molteplici obiettivi, siano essi ufficiali od operativi. L'*efficienza* è un concetto più limitato, che attiene al funzionamento interno dell'organizzazione: l'efficienza organizzativa è l'ammontare di risorse utilizzate per produrre un'unità di output[49] e può essere misurata come rapporto tra input e output. Se un'organizzazione può raggiungere un certo livello di output con un minore ammontare di risorse rispetto a un'altra organizzazione, viene descritta come più efficiente.[50]

L'efficienza porta a volte all'efficacia; in altri casi invece efficienza ed efficacia non sono collegate: un'organizzazione può infatti essere altamente efficiente ma fallire nel raggiungimento dei suoi obiettivi perché offre prodotti per i quali non esiste domanda, e analogamente può raggiungere i propri obiettivi di profitto ma essere allo stesso tempo inefficiente. Gli sforzi finalizzati a incrementare l'efficienza, in particolare mediante un drastico taglio dei costi, possono talvolta rendere l'organizzazione meno efficace. Per esempio, una catena di fast food diffusa a livello regionale intenzionata a ottenere una maggiore efficienza ha deciso di ridurre gli sprechi di cibo preparandolo solo al momento dell'ordinazione. Questa decisione ha ridotto i costi, ma ha anche portato a ritardi nel servizio, clienti indispettiti e vendite più basse.[51]

L'efficacia generale è difficile da misurare nelle organizzazioni. Le organizzazioni sono entità vaste, varie e frammentate; svolgono molte attività simultaneamente, perseguono molteplici obiettivi e generano molti risultati, alcuni in modo intenzionale e altri meno.[52] I manager determinano quali indicatori misurare al fine di valutare l'efficacia delle proprie organizzazioni. Quattro possibili approcci alla misurazione dell'efficacia sono:

- l'approccio degli obiettivi;
- l'approccio basato sulle risorse;
- l'approccio dei processi interni;
- l'approccio dei costituenti strategici.

Chi sceglie?

I principali responsabili dell'organizzazione, come il top management e i membri del Consiglio di Amministrazione, devono operare una decisione consapevole rispetto alle modalità di valutazione dell'efficacia organizzativa. Così come accade per le persone, i principali responsabili dell'organizzazione definendo i suoi obiettivi determinano anche quando l'organizzazione ha successo. Questa è un **costrutto sociale**, cioè viene creata e definita da un singolo oppure da un gruppo e non esiste di per sé nel mondo esterno.[53] Una vecchia storiella tratta dal mondo del baseball può forse chiarire il concetto. Tre arbitri spiegano in base a quale criterio stabiliscono se un lancio è "strike" o "ball": il primo afferma: "Chiamo strike e ball in base a come sono"; il secondo ribatte: "Li chiamo a seconda di come li vedo"; il terzo, che crede nei costrutti sociali, sostiene: "Ball e strike non esistono finché io non li chiamo".[54] Analogamente, l'efficacia organizzativa non esiste finché i manager o gli stakeholder non ne elaborano una definizione.

Mentre per un dipendente l'organizzazione è efficace se distribuisce puntualmente uno stipendio equo ed eroga i benefit promessi, per un cliente lo è se offre un buon prodotto a un prezzo conveniente; per un amministratore delegato, infine, l'efficacia organizzativa potrebbe coincidere con la redditività. Dato che l'efficacia è sempre multidimensionale, anche le valutazioni della stessa in genere lo sono. I manager generalmente considerano gli utili e l'andamento delle azioni come indicatori di efficacia, senza trascurarne altri come la soddisfazione del personale, la fidelizzazione della clientela, la cittadinanza d'impresa, l'innovatività o la reputazione nel settore.[55]

- Rispetto delle scadenze; consegne puntuali
- Acquisizione tempestiva di materiali e attrezzature
- Qualità del prodotto o del servizio
- Soddisfazione/reclami dei clienti
- Quota di mercato rispetto alla concorrenza
- Formazione e sviluppo del personale (numero di ore)
- Rispetto del budget
- Soddisfazione degli azionisti
- Riduzione dei costi
- Ritardi o miglioramenti nella supply chain
- Produttività; spesa per unità di output
- Coinvolgimento del personale
- Raggiungimento degli obiettivi di vendita
- Durata del ciclo di sviluppo del prodotto (riduzione della durata del ciclo)
- Numero di ore/giorni/ecc. per il completamento dei compiti

Figura 2.9
Alcuni indicatori dell'efficacia organizzativa impiegati nelle società multinazionali
Fonte: Basato su "Table 1; Initial Items Derived form Interviews," in Cristina B. Gibson, Mary E. Zellmer-Bruhn, Donald P. Schwab, "Team Effectiveness in Multinational Organizations: Evaluation Across Contexts," *Group & Organizational Management* 28, no 4 (December 2003), 444–474.

Spesso i manager analizzano indicatori utilizzati in più di uno dei quattro approcci alla misurazione dell'efficacia (approccio degli obiettivi, approccio basato sulle risorse, approccio dei processi interni, approccio dei costituenti strategici). In Figura 2.9 è elencato un campione dei 15 indicatori che i manager di grandi società multinazionali hanno dichiarato di considerare nella valutazione dell'efficacia. Leggendo la descrizione dei quattro approcci alla misurazione dell'efficacia nei paragrafi che seguono, cercate di stabilire a quale approccio appartiene ciascun indicatore.[56]

Come emerge dai punti indicati in Figura 2.9, gli indicatori dell'efficacia possono essere sia quantitativi e tangibili sia qualitativi e intangibili. Indicatori come il raggiungimento degli obiettivi di vendita oppure la percentuale di quota di mercato sono semplici da misurare, mentre altri – per esempio il coinvolgimento del personale, la qualità o la soddisfazione del cliente – sono decisamente meno ovvi e spesso devono essere valutati sul piano qualitativo.[57] Impiegando solo metriche quantitative i manager potrebbero ricavare una visione limitata o distorta dell'efficacia. Si dice che Albert Einstein tenesse nel suo ufficio un cartello che recitava pressappoco così: "Non tutto ciò che può essere contato conta; non tutto ciò che conta può essere contato."[58]

Quattro approcci alla misurazione dell'efficacia

Essendo sistemi aperti, le organizzazioni acquisiscono risorse dall'ambiente, e queste risorse sono trasformate in output che vengono indirizzati di nuovo all'ambiente, come mostrato in Figura 2.10.

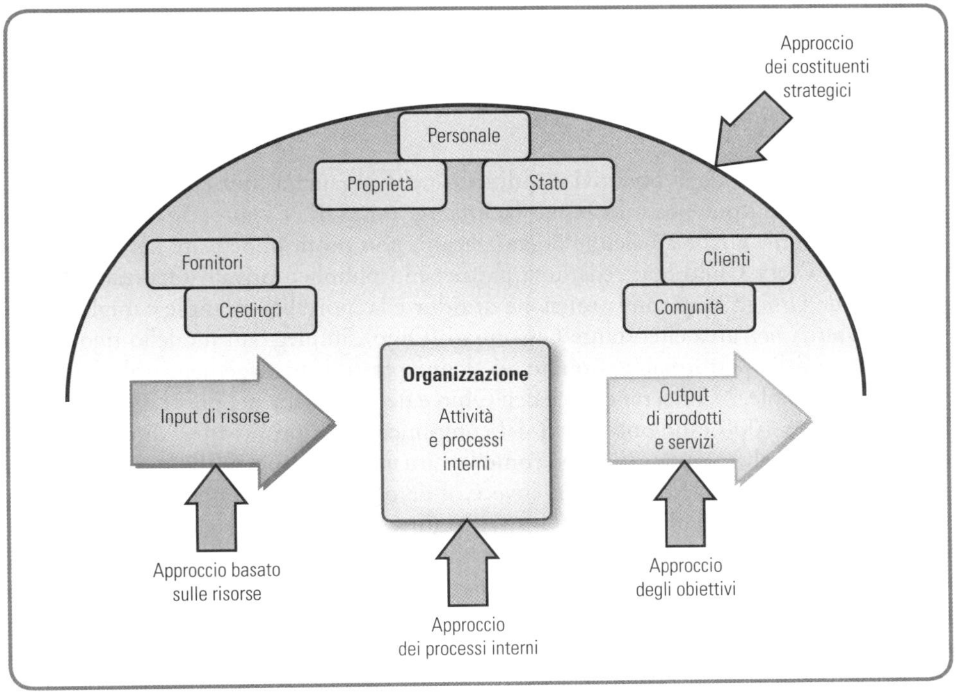

Figura 2.10
Quattro approcci alla misurazione dell'efficacia organizzativa

Inoltre, come abbiamo visto nel Capitolo 1, le organizzazioni interagiscono con molteplici gruppi di stakeholder interni ed esterni all'ambiente organizzativo. Quattro approcci fondamentali alla misurazione dell'efficacia guardano a parti diverse dell'organizzazione e misurano indicatori legati a output, input, attività interne o stakeholder primari, denominati anche costituenti strategici.[59]

Approccio degli obiettivi

L'**approccio degli obiettivi** consiste nell'identificare gli obiettivi di output di un'organizzazione e nel rilevare la misura in cui questi sono stati conseguiti.[52] È un approccio logico, dal momento che le organizzazioni cercano effettivamente di conseguire determinati livelli di output, di profitto o di soddisfazione dei clienti. L'approccio degli obiettivi misura appunto il progresso verso il conseguimento di quegli obiettivi.

Indicatori. Poiché gli obiettivi ufficiali (missione) tendono a essere astratti e difficili da misurare, gli obiettivi importanti da considerare sono quelli operativi, che rappresentano attività effettivamente svolte dall'organizzazione.[61] Gli indicatori monitorati secondo l'approccio degli obiettivi comprendono:

- redditività: i profitti ricavati dalle attività commerciali o dagli investimenti dopo aver detratto le spese;
- quota di mercato: la percentuale del mercato che l'azienda è in grado di acquisire in rapporto ai concorrenti;
- crescita: la capacità dell'organizzazione di incrementare nel tempo le vendite, i profitti o la base di clienti;
- responsabilità sociale: la misura in cui l'organizzazione fa gli interessi della società, oltre che i propri;
- qualità del prodotto: la capacità dell'organizzazione di raggiungere elevati standard qualitativi per i propri beni e servizi.

Utilità. L'approccio degli obiettivi è utilizzato nelle organizzazioni economiche perché gli obiettivi di output possono essere facilmente misurati. L'approccio degli obiettivi può risultare utile anche ad alcune organizzazioni non profit impegnate nel sociale. Per esempio, la Every Child Succeeds, una partnership pubblico-privato finanziata principalmente da United Way con la missione di ridurre la mortalità infantile e migliorare la salute materna nell'area circostante Cincinnati (Ohio), impiega un modello rigoroso di misurazione della performance ispirato ad alcune prassi di management utilizzate dalla Procter & Gamble. Nelle sette contee dell'Ohio e del Kentucky nei pressi di Cincinnati, 8,3 bambini su 1000 muoiono prima del compimento del primo anno di età, un dato alla pari con quelli registrati in paesi come la Lituania e il Brunei. Tra le madri iscritte al programma Every Child Succeeds, invece, il dato scende al 2,8 per cento, più basso rispetto a quasi tutti gli altri paesi industrializzati. Utilizzando un rigoroso modello per la misura della performance, basato su alcune delle pratiche di management della Procter & Gamble, gli assistenti sociali e gli infermieri delle 15 organizzazioni partecipanti, tra cui due ospedali di Cincinnati e diverse agenzie di servizi sociali, fanno visita alle madri a rischio e le aiutano a smettere di fumare, a seguire un'alimentazione più sana, a tenere sotto controllo il diabete o l'ipertensione e a migliorare lo stato di salute generale in molti altri modi. A differenza di numerosi altri programmi per il sociale, Every Child Succeeds stabilisce e misura pochi obiettivi limitati e specifici che ricadono in sette aree chiave.[62]

Per imprese e organizzazioni non profit come Every Child Succeeds, l'identificazione degli obiettivi operativi e la misurazione dell'efficacia non sempre risultano semplici. Due potenziali problemi sono legati alla molteplicità di obiettivi e alla scelta di indicatori soggettivi. Poiché le organizzazioni hanno obiettivi molteplici e conflittuali, l'efficacia spesso non può essere rilevata attraverso un singolo indicatore. Un alto risultato in termini di grado di conseguimento di un obiettivo significa un basso risultato riguardo a un altro. Esistono inoltre obiettivi che riguardano le unità organizzative e altri che riguardano invece la performance generale: la completa rilevazione dell'efficacia dovrebbe tenere in considerazione diversi obiettivi simultaneamente.

L'altra questione da risolvere riguardo all'approccio degli obiettivi consiste nel modo in cui identificare gli obiettivi operativi per un'organizzazione e misurarne il conseguimento. Per le imprese, ci sono spesso indicatori obiettivi rispetto a fattori come il reddito o la crescita. Every Child Succeeds può impiegare indicatori obiettivi come il numero di neonati immunizzati oppure il numero di madri che smettono di fumare durante la gravidanza. Tuttavia per altri fattori, come il benessere dei dipendenti, la responsabilità sociale o la soddisfazione del cliente, è necessaria una rilevazione soggettiva. Il top management e altri attori organizzativi importanti devono individuare con chiarezza quali obiettivi devono essere misurati; in mancanza di indicatori quantitativi, si deve ricorrere alle percezioni soggettive rispetto al raggiungimento degli obiettivi prefissati. I manager si affidano a informazioni fornite da clienti, concorrenti, fornitori e dipendenti, così come al proprio intuito, nel momento in cui intendono valutare il livello di conseguimento di questi obiettivi.

Approccio basato sulle risorse

L'**approccio basato sulle risorse** guarda al lato degli input del processo di trasformazione mostrato in Figura 2.10. Esso assume che le organizzazioni, per essere efficaci, devono riuscire a ottenere e gestire risorse di valore perché le risorse preziose sul piano strategico conferiscono un vantaggio competitivo.[63] Secondo una prospettiva basata sulle risorse, l'efficacia organizzativa viene definita come la capacità dell'organizzazione, in termini sia assoluti sia relativi, di ottenere risorse scarse e di valore, e di integrarle e gestirle con successo.[64]

Indicatori. Il criterio di valutazione dell'efficacia organizzativa è l'ottenimento e la gestione proficua delle risorse. In senso ampio, gli indicatori dell'efficacia legati alle risorse comprendono le seguenti dimensioni:[65]

- posizione negoziale: la capacità dell'organizzazione di ottenere risorse scarse e di valore dal suo ambiente, comprese risorse tangibili come una sede ben posizionata, finanziamenti, le materie prime, risorse umane di alto profilo e beni intangibili come un brand forte o conoscenze superiori;
- le capacità dei decisori dell'organizzazione di percepire e interpretare correttamente le reali caratteristiche dell'ambiente esterno e le forze dell'offerta;

- le capacità dei manager di utilizzare risorse tangibili (per esempio forniture, persone) e intangibili (per esempio conoscenze, cultura aziendale) nelle attività organizzative quotidiane per conseguire performance superiori;
- la capacità dell'organizzazione di rispondere ai cambiamenti nei settori dell'ambiente legati alle risorse.

Utilità. L'approccio basato sulle risorse si rivela prezioso quando è difficile ottenere altri indicatori della performance; in molte organizzazioni non profit e operanti in ambito sociale, è difficile misurare gli obiettivi di output o l'efficienza interna. Il sistema Shriners Hospitals for Children (SHC) è un buon esempio in proposito. Le 22 strutture ospedaliere che ne fanno parte offrono cure gratuite a migliaia di bambini con patologie ortopediche, ustioni, malattie del midollo spinale, labbro leporino e palato leporino. Per gran parte della sua storia, l'SHC ha ottenuto generose donazioni, la fonte principale di finanziamenti per le attività ospedaliere. Quando il governo federale degli Stati Uniti ha lanciato un programma di assicurazione sanitaria a costo zero per i bambini appartenenti a famiglie a basso reddito, gli ospedali Shriners hanno registrato una riduzione del numero di pazienti, che si rivolgevano in misura crescente alla strutture sanitarie tradizionali. La diminuzione dei ricoveri si è accompagnata a un calo delle donazioni e i manager sono stati costretti a trovare nuove strategie per fronteggiare la crescente concorrenza e ottenere le risorse necessarie.[66] Numerose organizzazioni a scopo di lucro ricorrono all'approccio basato sulle risorse perché queste ultime sono essenziali per il successo competitivo. Per esempio, la catena britannica di distribuzione al dettaglio Marks & Spencer valuta l'efficacia anche misurando la capacità dell'azienda di ottenere, gestire e mantenere risorse preziose come punti vendita ben posizionati, un brand forte, dipendenti di qualità e relazioni efficaci con i fornitori.[67]

Pur essendo prezioso in mancanza di altre misure di efficacia, l'approccio basato sulle risorse ha anche degli svantaggi; per menzionarne uno, considera solo in modo vago i collegamenti dell'organizzazione con i bisogni dei clienti. Una capacità superiore di acquisire e utilizzare risorse è infatti importante soltanto se risorse e capacità vengono utilizzate per ottenere qualcosa che soddisfa un bisogno riscontrabile nell'ambiente. Secondo i critici, tale approccio presuppone la stabilità del mercato e non considera adeguatamente il valore mutevole di varie risorse al variare dell'ambiente competitivo e delle esigenze dei clienti.[68]

Approccio dei processi interni

Secondo l'**approccio dei processi interni**, l'efficacia si misura come stato di salute ed efficienza interna dell'organizzazione. Un'organizzazione efficace evidenzia processi interni fluidi e ben funzionanti in cui le attività delle varie unità organizzative si armonizzano assicurando un'elevata produttività. Questo approccio non prende in considerazione l'ambiente esterno. L'elemento importante dell'efficacia è ciò che l'organizzazione realizza con le risorse di cui dispone, così come viene rispecchiato dalla sua salute ed efficienza.

Indicatori. Un indicatore dell'efficacia dei processi interni è l'efficienza economica. Tuttavia, i più noti sostenitori del modello dei processi interni provengono dall'approccio alle organizzazioni basato sui rapporti umani. Autori come Chris Argyris, Warren G. Bennis, Rensis Likert e Richard Beckhard hanno lavorato a lungo con le risorse umane nelle organizzazioni e sottolineano il legame tra risorse umane ed efficacia.[69] Secondo i risultati di uno studio condotto in circa 200 scuole superiori, sia le risorse umane sia i processi orientati ai dipendenti si sono rivelati importanti nello spiegare e promuovere l'efficacia in queste organizzazioni.[70]

Gli indicatori dei processi interni comprendono:[71]

- una cultura aziendale forte e adattativa e un clima di lavoro positivo;
- rapporti basati sulla fiducia tra personale e management;
- l'efficienza operativa, per esempio l'utilizzo del minimo di risorse per raggiungere un risultato;
- una comunicazione orizzontale e verticale non distorta;
- la crescita e lo sviluppo dei dipendenti;
- interazione tra le parti dell'organizzazione, con soluzione dei conflitti nell'interesse dell'organizzazione.

Utilità. L'approccio del processo interno è importante perché l'utilizzo efficiente delle risorse e l'armonioso funzionamento interno sono buoni parametri per valutare l'efficacia organizzativa. In un clima economico recessivo, aziende come DuPont, Campbell Soup e UPS stanno cercando di diventare più efficienti, per esempio utilizzando le tecnologie di cui dispongono per realizzare di più con meno. Nello stabilimento di produzione di Maxton (North Carolina) della Campbell, grazie a centinaia di piccoli cambiamenti e miglioramenti, molti suggeriti dai lavoratori, l'efficienza operativa è cresciuta fino all'85 per cento della massima efficienza che si può ottenere secondo le valutazioni dei manager. I furgoni UPS sono dotati di dispositivi che tracciano il numero di svolte a sinistra contromano che i corrieri devono effettuare; ottimizzando i percorsi per ridurre al minimo le svolte a sinistra, il sistema porterà a una riduzione del consumo di carburante di oltre 5 milioni di litri all'anno.[72]

Oggi la maggior parte dei manager è convinta che dipendenti felici, impegnati e attivamente coinvolti e una cultura aziendale positiva siano importanti misure interne di efficacia. L'approccio del processo interno presenta anche alcuni svantaggi: l'output totale e le relazioni dell'organizzazione con l'ambiente esterno non vengono valutate; inoltre, le valutazioni della salute e del funzionamento interni sono spesso soggettive, poiché molti aspetti riguardanti gli input e i processi interni non sono quantificabili. I manager dovrebbero essere consapevoli del fatto che questo approccio, preso a sé, rappresenta una visione limitata dell'efficacia organizzativa. Dopo la fusione della Burlington Northern Railroad con la Atchinson, Topeka e Santa Fe Railway, i manager della BNSF Railway si impegnarono a creare un ambiente capace di sostenere l' efficacia organizzativa, combinando l'approccio del processo interno orientato a misurare l'efficacia con altri approcci.

IN PRATICA
BNSF Railway

Trovandosi a dover conciliare due sistemi operativi, due sistemi di gestione e due culture aziendali in un'unica organizzazione coesa, i manager della BNSF erano consci del fatto che avrebbero potuto lasciare che la cultura aziendale si sviluppasse naturalmente nel corso del tempo oppure essere partecipanti attivi nel creare la cultura aziendale che desideravano. Forti di tale consapevolezza, hanno scelto di assumere un ruolo attivo nel creare un ambiente interno positivo.
Gli indicatori dell'efficacia interna presso la BNSF sono il fatto che i dipendenti siano orgogliosi di lavorare presso la compagnia ferroviaria e abbiano l'opportunità di crescita e sviluppo personale. Fra i valori condivisi vi sono l'ascolto dei clienti e l'assolvimento di tutti i compiti necessari a soddisfare le loro aspettative. Inoltre, i manager spingono i dipendenti al miglioramento continuo e forniscono un ambiente di lavoro sicuro.

I manager combinano le misure di efficacia dei processi interni con misure della bontà con la quale la BSNF soddisfa gli obiettivi di un servizio alla clientela puntuale e impeccabile, informazione accurata e tempestiva riguardo alle spedizioni dei clienti e l'offerta del miglior rapporto qualità prezzo. Fra gli altri obiettivi vi sono rendimenti per azionisti superiori a quelli offerti da altre compagnie ferroviarie e un rendimento sul capitale investito maggiore del costo del capitale della BNSF. Anche gli altri portatori di interesse vengono tenuti in considerazione. Nella valutazione dell'efficacia complessiva, la BNSF tiene conto dei propri impegni etici e legali verso le comunità di riferimento, nonché dell'attenzione sensibile verso l'ambiente naturale.[73]

Come illustra questo esempio, molte organizzazioni utilizzano più di un approccio per misurare l'efficacia, poiché svolgono molti tipi diversi di attività e servono molti interessi differenti.

Approccio dei costituenti strategici

L'approccio dei costituenti strategici è legato all'approccio degli stakeholder esaminato nel Capitolo 1. Come illustrato in Figura 1.6, le organizzazioni hanno una molteplicità di stakeholder interni ed esterni dotati di aspettative contrastanti. Diversi gruppi di stakeholder importanti sono illustrati anche nella parte superiore della Figura 2.10.

In realtà, è poco sensato presupporre che tutti gli stakeholder possano riportare lo stesso grado di soddisfazione. L'**approccio dei costituenti strategici** misura l'efficacia prendendo in esame il livello di soddisfazione degli stakeholder chiave, che sono essenziali per consentire all'organizzazione di sopravvivere e crescere. La soddisfazione dei costituenti strategici può essere considerata un indicatore della performance organizzativa.[74]

Indicatori. Il primo lavoro di valutazione dell'efficacia mediante l'approccio dei costituenti strategici è stato svolto su 97 piccole imprese e 7 gruppi rilevanti per queste organizzazioni. I membri di ciascun gruppo sono stati intervistati per determinare la percezione di efficacia da ciascun punto di vista.[75] Ogni gruppo di costituenti strategici applicava un criterio di efficacia diverso.

Gruppo di costituenti strategici	**Criterio di efficacia**
Proprietà	Rendimento finanziario
Dipendenti	Retribuzione, buona supervisione, soddisfazione del lavoro
Clienti	Qualità dei beni e dei servizi
Creditori	Affidabilità creditizia
Comunità	Contributo alla vita della comunità
Fornitori	Transazioni soddisfacenti
Stato	Rispetto delle leggi e delle norme

Se un'organizzazione non riesce a soddisfare i bisogni di svariati gruppi di costituenti, probabilmente non sta centrando gli obiettivi di efficacia stabiliti. Benché i sette gruppi elencati rappresentino i costituenti che quasi tutte le organizzazioni devono soddisfare in misura più o meno maggiore, ogni organizzazione può presentare un insieme diverso di costituenti strategici. Per esempio, gli sviluppatori indipendenti di software sono fondamentali per il successo di aziende come Facebook, anche se non rientrano nella categoria dei clienti, dei fornitori o dei proprietari dell'organizzazione. L'amministratore delegato

Mark Zuckerberg si impegna al massimo per accaparrarsi l'appoggio degli sviluppatori: durante un convegno di sviluppatori software, ha presentato una nuova tecnologia che consente ai siti web di installare gratuitamente un pulsante "Mi piace" collegato al social network. Gli utenti possono fare clic sul pulsante per segnalare il gradimento di un contenuto, che compare poi nella pagina Facebook dell'utente con un link al sito. Questa nuova tecnologia ha la funzione di dirottare il traffico da Facebook ad altri siti web e viceversa.[76]

Utilità. Secondo i risultati di alcune ricerche, valutando la soddisfazione di molteplici costituenti si può ottenere un quadro preciso dell'efficacia organizzativa, in particolare della capacità di adattamento dell'organizzazione.[77] Inoltre, sia le organizzazioni a scopo di lucro che le organizzazioni non profit curano la reputazione e tentano di influenzare le percezioni delle performance.[78] L'approccio dei costituenti strategici dipinge un quadro ampio dell'efficacia e prende in esame fattori ambientali e fattori organizzativi. Analizza simultaneamente svariati criteri (input, processi interni e output) e riconosce che non esiste un singolo parametro di misurazione dell'efficacia.

L'approccio dei costituenti strategici è ampiamente usato perché si basa sull'idea che l'efficacia è un concetto multidimensionale e complesso che non si può inquadrare attraverso un singolo parametro di misurazione.[79] Nel paragrafo seguente esaminiamo un altro approccio molto diffuso per la misurazione dell'efficacia, basato su un metodo multidimensionale e integrato.

Un modello di efficacia integrato

L'**approccio dei valori competitivi** tenta di bilanciare l'attenzione a diverse parti dell'organizzazione anziché focalizzarsi su una di esse. Tale approccio all'efficacia riconosce che le organizzazioni fanno molte cose e producono molti risultati,[80] e perciò combina diversi indicatori di efficacia in uno schema unitario.

L'approccio è basato sull'ipotesi che vi siano disaccordi e punti di vista diversi su ciò che costituisce l'efficacia. I manager a volte non concordano nell'individuare gli obiettivi più importanti da perseguire e misurare. Un tragico esempio di punti di vista differenti e di interessi conflittuali proviene dalla NASA. Dopo la morte di sette astronauti a causa dell'esplosione dello space shuttle Columbia nel 2003, una commissione investigativa riscontrò profondi errori organizzativi, tra cui inefficaci meccanismi di gestione delle differenti opinioni tra i manager incaricati del rispetto dei tempi di lancio e quelli responsabili della sicurezza. Pressioni esterne perché il lancio venisse effettuato in tempo spinsero a trascurare le preoccupazioni riguardanti la sicurezza del lancio del Columbia.[81] Analogamente, le indagini condotte dal Congresso statunitense sull'esplosione della piattaforma petrolifera Deepwater Horizon e lo sversamento di petrolio nel Golfo del Messico hanno rilevato che gli ingegneri e i manager della BP avevano preso una serie di decisioni in contrasto con i suggerimenti dei principali appaltatori, anteponendo il controllo dei costi e la tempestività alla sicurezza della piattaforma.[82] I casi della BP e della NASA sono indicativi della complessità delle organizzazioni, che operano non solo con differenti punti di vista interni, ma anche esterni: appaltatori, enti pubblici di regolamentazione e di governo e aspettative dell'opinione pubblica.

L'approccio dei valori competitivi tiene conto di queste complessità. Il modello è stato originariamente sviluppato da Robert Quinn e John Rohrbaugh per unire i diversi indicatori di performance utilizzati da manager e ricercatori.[83] Facendo uso di una lista completa di indicatori di performance, un gruppo di esperti in efficacia organizzativa ha classificato gli indicatori in base alla loro affinità. L'analisi ha prodotto alcune dimensioni fondamentali, riguardo ai criteri di efficacia, che rappresentano valori competitivi di management nelle organizzazioni.

Indicatori. La prima dimensione valoriale attiene al **focus** dell'organizzazione, ovvero se i valori dominanti riguardino temi *interni* o *esterni* all'azienda. Un focus interno riflette la preoccupazione del management per il benessere e l'efficienza dei dipendenti, mentre un focus esterno rispecchia un'enfasi sul benessere dell'organizzazione stessa rispetto all'ambiente. La seconda dimensione valoriale riguarda la **struttura** organizzativa e il fatto se sia la *stabilità* o la *flessibilità* l'atteggiamento strutturale dominante: la stabilità riflette un valore del management orientato all'efficienza e al controllo top-down, laddove la flessibilità rappresenta il valore dell'apprendimento e del cambiamento.

Le dimensioni valoriali della struttura e del focus sono illustrate in Figura 2.11. La combinazione delle due dimensioni fornisce quattro approcci all'efficacia organizzativa i quali, nonostante all'apparenza sembrino differenti, risultano strettamente collegati. Nelle organizzazioni reali questi valori competitivi possono – e ciò spesso avviene – coesistere. Ogni approccio riflette una diversa enfasi manageriale riguardo alla struttura e al focus.[84]

Figura 2.11
Quattro approcci valoriali all'efficacia
Fonte: adattato da Robert E. Quinn, John Rohrbaugh, "A Spatial Model of Effectiveness Criteria: Toward a Competing Values Approach to Organizational Analysis", *Management Science* 29 (1983), 363-77; Robert E. Quinn, Kim Cameron, "Organizational Life Cycles and Shifting Criteria of Effectiveness: Some Preliminary Evidence", *Management Science* 29 (1983), 33-51.

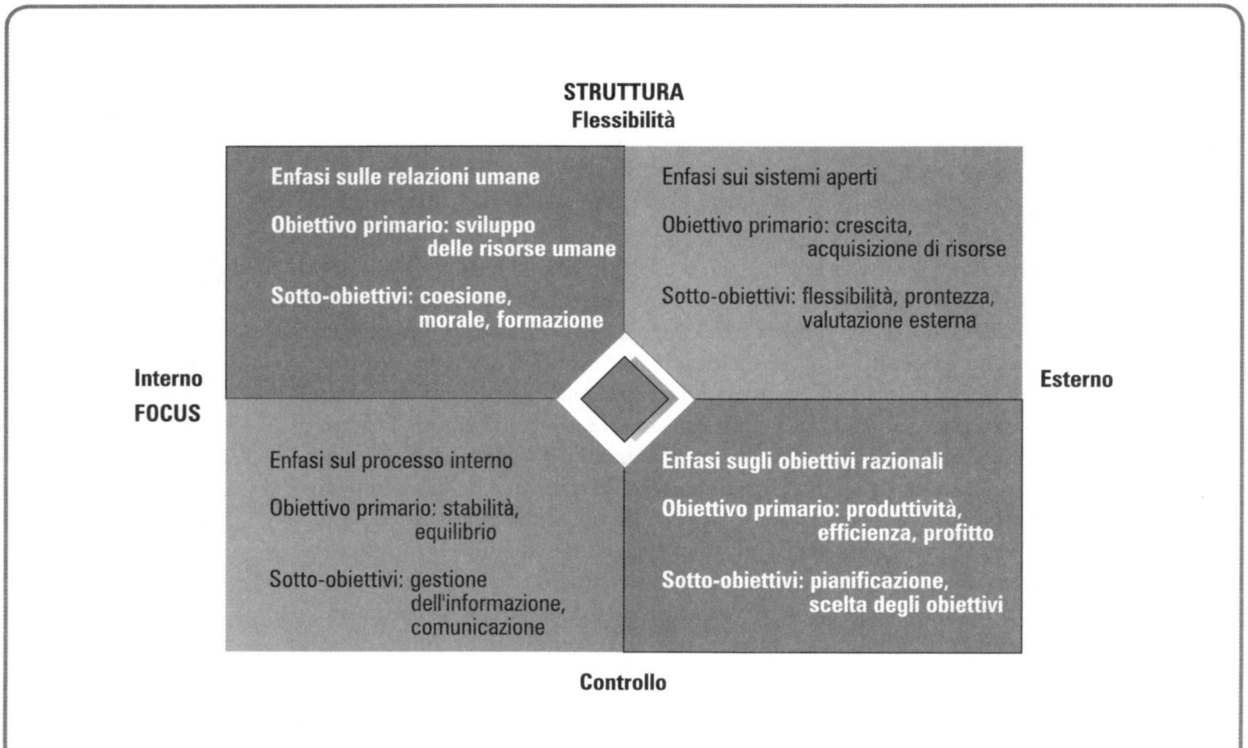

Una combinazione di focus esterno e struttura flessibile porta all'**enfasi sui sistemi aperti**. Gli obiettivi principali del management sono la crescita e l'acquisizione di risorse. L'organizzazione raggiunge questi obiettivi attraverso i sotto-obiettivi della flessibilità, della prontezza e della valutazione positiva dall'esterno. Il valore dominante è la creazione di un buon rapporto con l'ambiente al fine di acquisire risorse e crescere. Tale approccio è in qualche modo simile all'approccio basato sulle risorse descritto in precedenza.

L'**enfasi sugli obiettivi razionali** rappresenta valori manageriali di controllo strutturale e focus esterno. Gli obiettivi principali sono la produttività, l'efficienza e il profitto. L'organizzazione vuole ottenere obiettivi di output in maniera controllata. I sotto-obiettivi che facilitano questi risultati sono la pianificazione interna e la selezione degli obiettivi, che sono strumenti razionali di gestione. Tale approccio è simile all'approccio degli obiettivi descritto in precedenza.

L'**enfasi sul processo interno** si colloca nel riquadro in basso a sinistra in Figura 2.11; essa riflette i valori di focus interno e controllo strutturale. Il risultato principale è un ambiente organizzativo stabile che si auto-mantiene in maniera ordinata. Le organizzazioni che sono ben radicate in un ambiente e vogliono semplicemente mantenere la loro posizione attuale riflettono tale approccio. I sotto-obiettivi includono i meccanismi per una comunicazione efficiente, la gestione dell'informazione e i processi decisionali. Sebbene questa fattispecie sia in qualche modo simile all'approccio del processo interno descritto in precedenza, essa pone tuttavia un'attenzione minore alle risorse umane rispetto agli altri processi interni che conducono all'efficienza.

L'**enfasi sulle relazioni umane** incorpora i valori di focus interno e di struttura flessibile. L'attenzione del management si rivolge qui allo sviluppo delle risorse umane: ai dipendenti vengono fornite opportunità per l'autonomia e lo sviluppo; il management lavora in direzione dei sotto-obiettivi di coesione, morale e opportunità di formazione. Le organizzazioni che adottano questo approccio sono più attente ai propri dipendenti che all'ambiente.

I quattro riquadri in Figura 2.11 rappresentano valori organizzativi contrapposti. I manager decidono quali valori obiettivo saranno prioritari all'interno dell'organizzazione. In Figura 2.12 è mostrato come due organizzazioni vengono analizzate in relazione ai quattro approcci.[85] L'organizzazione A è una giovane organizzazione intenta a trovare una nicchia e a consolidarsi all'interno dell'ambiente esterno. L'attenzione principale viene data alla flessibilità, all'innovazione, all'acquisizione di risorse dall'ambiente e alla soddisfazione dei costituenti strategici. Questa organizzazione pone un'enfasi moderata sulle relazioni umane e un'enfasi ancora minore sulla produttività e sui profitti correnti. Soddisfare e adattarsi all'ambiente sono ritenuti aspetti più importanti. L'enfasi data ai valori di sistema aperto implica che l'enfasi sul processo interno sia praticamente inesistente. La stabilità e l'equilibrio ricevono scarsa attenzione.

L'organizzazione B, di contro, rappresenta un business consolidato nel quale i valori dominanti sono la produttività e il profitto. Questa organizzazione è caratterizzata dalla pianificazione e dalla selezione degli obiettivi. L'organizzazione B è una grande azienda che è ben consolidata nell'ambiente e pone attenzione principalmente a svolgere con successo l'attività produttiva e a ottenere profitti; la flessibilità e le risorse umane non costituiscono preoccupazioni di primo piano. Questa organizzazione predilige la stabilità e l'equilibrio rispetto all'apprendimento e all'innovazione perché vuole massimizzare il valore della clientela consolidata.

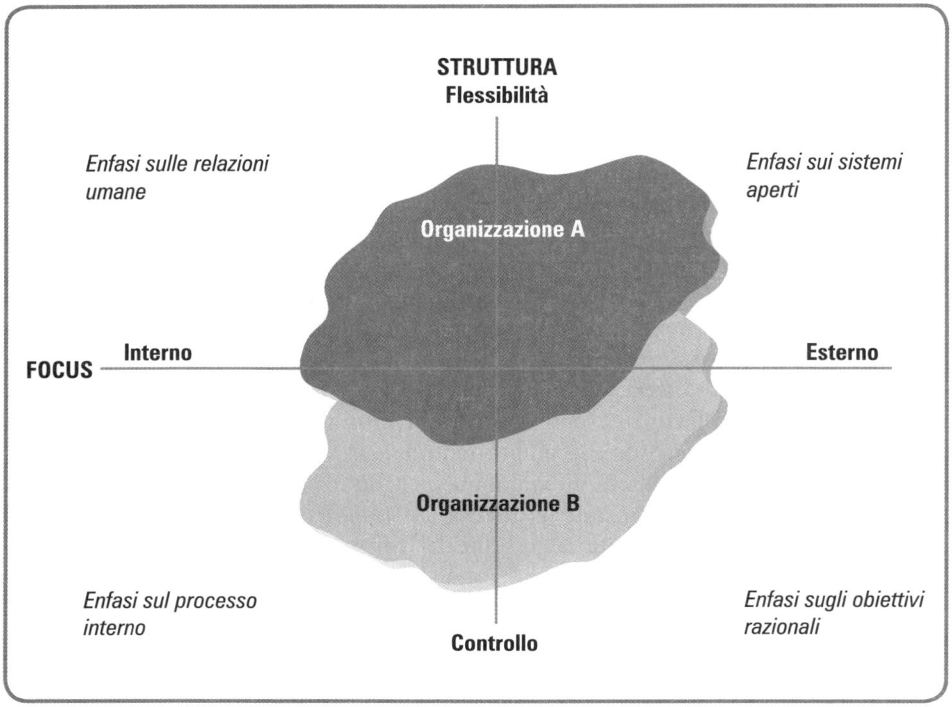

Figura 2.12
Approcci valoriali per l'efficacia di due organizzazioni

confrontate la vostra opinione

3 I migliori indicatori dell'andamento dell'azienda sono quelli finanziari.

Risposta esatta: *In disaccordo.* Se si può disporre di un solo tipo di misurazione della performance dell'azienda, questa dovrebbe essere di carattere finanziario. Tuttavia, prospettive molteplici sulla performance, come quelle ricavate dall'approccio dei valori competitivi, si sono rivelate più efficaci di quelle esclusivamente finanziarie, perché consentono ai manager di individuare e controllare le azioni che determinano l'efficacia dell'azienda. I soli dati finanziari apportano informazioni parziali e limitate.

Utilità. L'approccio dei valori competitivi fornisce due contributi. Innanzitutto integra concetti diversi di efficacia in una prospettiva unitaria; incorpora le idee di obiettivi di output, acquisizione di risorse e sviluppo delle risorse umane come obiettivi che l'organizzazione cerca di conseguire. In secondo luogo, richiama l'attenzione su come i criteri di efficacia siano costruiti socialmente a partire dai valori manageriali e mostra come valori contrapposti possano coesistere. I manager devono decidere quali valori vogliono perseguire e su quali porre invece minore enfasi. Le classi di valori competitivi coesistono, ma non tutte ricevono uguale priorità. Un'organizzazione nuova e di piccole dimensioni, per esempio, che si concentra nel consolidarsi all'interno dell'ambiente competitivo, porrà minor enfasi sullo sviluppo del personale piuttosto che sull'ambiente esterno.

Uno sguardo sull'Europa

Virgin Active e il settore del fitness nel Regno Unito

Nonostante la stagnazione economica, il Regno Unito è il primo mercato europeo per fatturato nel settore del *wellness* e del *fitness*. In questo trend positivo, le catene di palestre che si posizionano nel segmento premium si trovano a fronteggiare i cambiamenti in corso legati all'ingresso di nuovi *player*, i centri *fitness low-cost* o "*budget*", che, puntando esclusivamente sull'abbattimento dei costi legati al personale e alla manutenzione, riescono a offrire prezzi di abbonamento pari a circa un terzo di quelli delle palestre di medio livello.

Le catene maggiormente affermate si trovano a dover ripensare il loro posizionamento e la loro offerta per fronteggiare questa nuova minaccia competitiva. In che modo?

Fra i colossi economici più grandi e di successo, fondato negli anni Settanta dall'eccentrico magnate britannico Richard Branson, il Gruppo Virgin racchiude 300 società che operano in 30 paesi nel mondo, impiegano circa 50.000 persone e operano in tantissimi settori: dai viaggi all'intrattenimento, ai media, all'elettronica, all'editoria e molto altro.

Leader a livello mondiale, Virgin Active è la società del Gruppo Virgin che opera dal 1999 nel settore del *fitness* e del benessere. Dall'apertura a Preston, in Gran Bretagna, del primo club Virgin Active, i clienti sono stati attratti dalla qualità delle strutture e dei servizi e dall'elevato livello della *customer care*; la domanda è cresciuta stabilmente negli anni.

Virgin Active ha oggi oltre 1 milione di iscritti, più di 260 centri *fitness* in tutto il mondo e una strategia di espansione internazionale che al momento fa registrare la sua presenza in Europa (Italia, Spagna, Portogallo e Regno Unito), Sud Africa e Australia, rendendola un *brand* globale riconosciuto.

Che cosa c'è in un nome

Ed è proprio il *brand* uno degli *asset* più importanti della società. Il nome Virgin, infatti, è estremamente noto in tutto il Regno Unito; è sinonimo di *value for money*, qualità, innovazione, divertimento e sfida competitiva, e fa di tutto per raggiungere questo obiettivo di modo che i dipendenti offrano sempre un servizio eccellente alla clientela. In sostanza la filosofia di base di Virgin Active è "*The gym for all*": promuovere la salute, il *fitness* e il benessere per tutti e cambiare lo stile di vita facendo aumentare la fiducia in se stessi. Tutto questo, però, senza mai perdere di vista un elemento fondamentale, che è quello del divertimento, leva necessaria per affrontare ogni sfida secondo il patron Branson.

Recentemente inoltre, sull'onda del diffondersi del *brand* Virgin Active nel mondo, la società ha investito 20 milioni di sterline per il rinnovamento degli impianti e un aggiornamento delle attrezzature nei club già esistenti.

I *competitor* non possono vantare la stessa reputazione del nome Virgin, divenuto sinonimo di rispetto e affidabilità, ed è proprio questo ciò che distingue Virgin Active dalle altre palestre e il motivo che spinge le persone a pagare un prezzo maggiore e a fidelizzarsi.

La strategia

Obiettivo di Virgin Active è dominare il mercato di massa nel settore dei centri *fitness*. Per fare questo la strategia è quella di creare un'offerta *all-inclusive* ma allo stesso tempo differenziata a seconda dei bisogni. Nella sua offerta rientrano ad esempio corsi *Club-V* per i bambini tra le 6 settimane e i 7 anni, in maniera tale da permettere ai genitori di allenarsi in palestra mentre i figli partecipano a queste attività o evitare di ricorrere al *baby-sitting* durante le festività scolastiche; vi rientrano anche corsi speciali per i più anziani, formule di abbonamento riservate ai giovani e agli studenti e servizi studiati apposta per i lavoratori.

La società punta inoltre a crescere rapidamente attraverso acquisizioni mirate e un marketing aggressivo. Ha all'attivo numerose acquisizioni di club presistenti nel Regno Unito e all'estero, che sono stati sottoposti a un *restyling* e a un *rebranding* complessivo; in un'ottica di investimento globale, l'azienda sta cominciando a valutare l'idea di un'espansione in Asia.

La customer experience

L'offerta si caratterizza per un servizio di alta qualità mantenendo dei prezzi contenuti al fine di realizzare velocemente economie di scala. Quello attorno a cui ruota il business infatti non è il *fitness*, ma soprattutto la *customer experience*. Il *format* e le strutture dei club prevedono una dimensione minima di 4.000 m^2 di superficie, in cui la separazione degli ambienti sulla base della funzionalità è fondamentale. Il primo punto di contatto con l'esterno è il banco servizi collocato all'ingresso, dove è garantita l'interazione con il personale per qualsiasi quesito e richiesta di carattere commerciale e non. Un elemento molto importante poi è l'area ristorazione. Virgin Active infatti offre un'area in cui ristorarsi e socializzare, rispondendo ad esempio alle esigenze dei lavoratori che si recano in palestra in pausa pranzo. Sempre in ottica di diversificazione della sua offerta a seconda delle esigenze della clientela propone anche un'area bambini che offre un servizio di *baby parking* mentre i genitori si allenano in palestra. Ogni club ha poi anche un'area spa e una piscina/solarium, oltre a una vasta area con numerose macchine e attrezzature studiata apposta per ridurre al minimo i tempi di attesa, nonché le varie sale in cui si svolgono i corsi *fitness* tenuti da istruttori professionisti.

A questo si affiancano poi la cura dei dettagli, la pulizia della struttura, il *merchandising*, la costante ricerca di innovazione, le iniziative rivolte a specifici target, le *facilities*, la connessione wi-fi a Internet e le postazioni multimediali installate sui macchinari di ultima generazione.

Domande:

1. Quali sono i punti di forza e di debolezza della strategia adottata da Virgin Active?
2. Quali elementi caratterizzano il valore del *brand* Virgin Active?
3. Analizzando l'ambiente esterno, su quali fattori Virgin Active dovrebbe focalizzare la sua strategia per restare competitiva anche in futuro?

I valori dominanti in un'organizzazione cambiano spesso nel tempo, mano a mano che l'organizzazione sperimenta nuove esigenze ambientali, ricambi ai vertici oppure cambiamenti di altro tipo. Per esempio, quando i manager del Samsung Group hanno spostato il focus dell'azienda dalla quantità delle vendite alla qualità dei prodotti, è stato necessario variare anche i valori dominanti.

IN PRATICA

Samsung Group

Un tempo la Samsung perseguiva come obiettivo principale la vendita di prodotti in grande quantità, ma di bassa qualità. I manager puntavano su stabilità, produttività ed efficienza. Tutto cambiò quando negli anni Novanta il presidente del gruppo, Kun-hee Lee, fece visita a un rivenditore al dettaglio di Los Angeles e trovò le confezioni di prodotti Samsung a raccogliere polvere, posizionate in secondo piano negli espositori, mentre i clienti ammiravano i prodotti d'avanguardia di altri produttori.
Lee ritornò in Corea, ordinò la distruzione di giacenze per un valore di 50 milioni di dollari, e dichiarò che quantità e innovazione sarebbero stati i nuovi principi guida. Il nuovo approccio, che enfatizza responsabilizzazione dei dipendenti e formazione, creatività, flessibilità e risposta innovativa all'ambiente esterno, fu di grande successo. Nel 2006, l'impresa di consulenza Interbrand conferì alla Samsung il primo posto in classifica come migliore marchio di elettronica al mondo. Nel 2013 gli smartphone della Samsung rappresentavano una sfida per la Apple quanto a stile e innovatività.
Nello spostare il proprio focus dalla quantità alla qualità, La Samsung dovette attribuire maggiore importanza alla gente. "Le persone vengono prima" e "Un'azienda e la sua gente" sono i motto che guidano l'azienda, e viene enfatizzata la gestione del talento per preparare una squadra di leader di nuova generazione. Sono state creati nuove strumentazioni per l'apprendimento digitale e spazi per il networking per incrementare creatività e innovazione.[86]

I valori di efficacia che hanno guidato la Samsung in passato riflettevano un processo principalmente interno e un'enfasi su obiettivi razionali. I manager valutavano stabilità, produttività, efficienza e profitti regolari. Tuttavia, il presidente Kun-hee Lee ha capito che la redditività non sarebbe durata a lungo a meno che le cose non fossero cambiate, per cui ha reindirizzato l'organizzazione verso valori di efficacia che mettono al centro il contributo delle risorse umane e pongono enfasi sui sistemi aperti. Ricordate che tutte le organizzazioni racchiudono un insieme di idee, obiettivi e valori conflittuali e che gli obiettivi e i valori preponderanti possono mutare con il passare del tempo per soddisfare nuovi bisogni.

Riepilogo e interpretazioni

- Le organizzazioni esistono per uno scopo; i top manager definiscono il progetto strategico dell'organizzazione, compresa una missione specifica da realizzare. La missione (obiettivi ufficiali) rende esplicito lo scopo e la direzione di un'organizzazione. Gli obiettivi operativi designano fini specifici perseguiti mediante procedure operative effettive. Gli obiettivi ufficiali e operativi costituiscono un elemento chiave all'interno delle organizzazioni perché rispondono a diversi bisogni: costruire legittimità nei confronti di gruppi esterni, fornire ai dipendenti un senso di direzione e motivazione e stabilire standard di performance.
- La conflittualità fra obiettivi è inevitabile nelle organizzazioni e i manager talvolta si trovano a dover negoziare per raggiungere un accordo agli obiettivi più importanti da perseguire. Un'organizzazione ibrida è un'organizzazione che mette insieme sistemi di valori e comportamenti che rappresentano due diversi settori della società, il che comporta tensioni e conflitti all'interno dell'organizzazione in merito a obiettivi e priorità.

- Altri due aspetti legati alla direzione strategica sono il vantaggio competitivo e la competenza distintiva. Il vantaggio competitivo si riferisce a quanto distingue l'organizzazione dalle altre fornendole un particolare vantaggio, mentre la competenza distintiva è qualcosa che l'organizzazione fa particolarmente bene rispetto ai concorrenti. I manager vanno alla ricerca di aperture competitive e sviluppano strategie basate sulla competenza distintiva.
- Le strategie comportano l'impiego di tecniche opportune per raggiungere gli obiettivi prefissati. Due modelli per la formulazione di strategie sono il modello delle strategie competitive di Porter e quello della tipologia di Miles e Snow. È necessario che la struttura organizzativa aziendale si integri con l'approccio competitivo per conseguire l'efficacia organizzativa.
- Rilevare l'efficacia organizzativa è un'attività complessa e riflette la generale complessità delle organizzazioni come oggetto di studio. L'efficacia è un costrutto sociale perché i criteri di efficacia vengono elaborati e concordati dagli individui. Soggetti diversi valuteranno l'efficacia organizzativa sulla base di criteri diversi. È compito dei manager stabilire come definire e misurare l'efficacia organizzativa.
- Nessuna misura di facile utilizzo, semplice e sicura fornirà una rappresentazione univoca dell'efficacia. Per avere successo, le organizzazioni devono svolgere bene diverse attività, dall'ottenimento di risorse di input alla distribuzione di output. Quattro approcci alla misurazione dell'efficacia sono l'approccio degli obiettivi, l'approccio basato sulle risorse, l'approccio dei processi interni e l'approccio dei costituenti strategici. Poiché l'efficacia è multidimensionale, generalmente i manager utilizzano indicatori tipici di più di un approccio e si servono di misure qualitative e quantitative.
- Nessun approccio è adatto per la totalità delle organizzazioni, ma ciascuno offre vantaggi e svantaggi rispetto agli altri. L'approccio dei valori competitivi si caratterizza per l'attenzione a svariate parti dell'organizzazione, anziché concentrarsi su una singola parte. Evidenzia differenti aree di focus (interno, esterno) e di struttura (flessibilità, stabilità) e lascia ai manager la possibilità di enfatizzare i valori che desiderano perseguire.

Punti chiave

Tieni a mente questi suggerimenti

1. Definisci e comunica la missione e gli obiettivi organizzativi. Comunica gli obiettivi ufficiali allo scopo di fornire una dichiarazione della missione dell'organizzazione ai gruppi di supporto esterni. Comunica gli obiettivi operativi allo scopo di fornire ai dipendenti una direzione interna, linee guida e standard di performance.
2. Dopo che gli obiettivi sono stati definiti, seleziona le strategie per raggiungere tali obiettivi. Definisci le strategie specifiche basandoti sulle strategie competitive di Porter o sulla tipologia strategica di Miles e Snow.
3. Progetta l'organizzazione in modo da supportare le strategie competitive dell'azienda. In presenza di una strategia di leadership di costo o di difesa, seleziona caratteristiche strutturali associate con un orientamento all'efficienza. Per una strategia di differenziazione o di esplorazione, invece, scegli caratteristiche che incoraggino l'apprendimento, l'innovazione e l'adattamento. Utilizza un mix equilibrato di caratteristiche per una strategia di analisi.
4. Utilizza l'approccio degli obiettivi, l'approccio del processo interno e l'approccio basato sulle risorse per ottenere specifiche rappresentazioni dell'efficacia organizzativa nelle aree dell'output, dei processi interni e degli input. Valuta il livello di soddisfazione dei costituenti strategici oppure usa il modello dei valori competitivi per ottenere una visione più ampia dell'efficacia.

Glossario

approccio basato sulle risorse
approccio degli obiettivi
approccio dei costituenti strategici
approccio dei processi interni
approccio dei valori competitivi
competenza distintiva
costrutto sociale
enfasi sugli obiettivi razionali
enfasi sui sistemi aperti
enfasi sul processo interno
enfasi sulle relazioni umane
focus
impresa analitica
impresa difensiva
impresa esploratrice
impresa reattiva
missione
obiettivi operativi
obiettivi organizzativi
obiettivi ufficiali
organizzazione ibrida
progetto strategico
strategia
strategia di differenziazione
strategia di leadership di costo
struttura
vantaggio competitivo

Domande per la discussione

1. Discutete il ruolo del top management nello stabilire gli obiettivi dell'organizzazione.
2. Come potrebbero gli obiettivi aziendali di sviluppo del personale essere correlati con quelli di innovazione e cambiamento? E a quelli di produttività? Esaminate i modi in cui questi obiettivi possono entrare in conflitto.
3. Qual è l'obiettivo didattico per cui state leggendo questo libro? Chi lo ha stabilito? Discutete come tale obiettivo educativo abbia effetto sui vostri obiettivi e sulla vostra motivazione.
4. Qual è la differenza tra un obiettivo e una strategia come definiti nel testo? Identificate sia un obiettivo sia una strategia per un università o una comunità di cui fate parte.
5. Discutete le somiglianze e le differenze nelle strategie descritte da Porter e nella tipologia di Miles & Snow.
6. Ritenete che le dichiarazioni della missione e gli obiettivi ufficiali forniscano all'organizzazione una chiara legittimazione nell'ambiente esterno? Quando un'azienda come la CVS (presentata nel corso del capitolo) prende la decisione di interrompere la vendita di sigarette in quanto tale attività è in conflitto con la sua missione, quale impatto pensate che ciò abbia sull'opinione pubblica? E quale sull'attività commerciale futura? Discutetene.
7. Supponiamo che vi sia stato chiesto di valutare l'efficacia di un commissariato di Polizia o di una stazione dei Carabinieri in una comunità di medie dimensioni. Da dove iniziereste e come procedereste? Quale approccio all'efficacia preferireste?
8. Nella misurazione dell'efficacia organizzativa, quali sono i vantaggi e gli svantaggi dell'approccio basato sulle risorse e di quello basato sugli obiettivi?
9. Quali sono le analogie e le differenze nel considerare l'efficacia sulla base dell'approccio dei valori competitivi rispetto a quello dei costituenti strategici?
10. Un noto teorico dell'organizzazione una volta affermò: "L'efficacia organizzativa può essere qualsiasi cosa che il top management definisca come tale". Discutetene.

Quaderno di lavoro

Identificazione delle preferenze in termini di obiettivi

Ipotizzando di poter ideare l'organizzazione perfetta che rifletta i vostri valori, a quali obiettivi dareste priorità?

Mettete in ordine da 1 a 10 gli obiettivi dell'elenco seguente, in base a quanto ritenete che essi siano più o meno importanti per la vostra organizzazione ideale.

Obiettivo	Posizione da 1 a 10
1. Crescita delle competenze del personale	....
2. Stabilità dell'organizzazione	....
3. Posizione leader in termini di quota di mercato	....
4. Creatività-innovazione	....
5. Contributo sociale	....
6. Elevato morale/soddisfazione	....
7. Elevata produttività	....
8. Rapida crescita /adattabilità	....
9. Massimizzazione dei profitti	....
10. Rispetto della legge/etica	....

Domande

1. Facendo riferimento al modello di efficacia integrata nelle Figure 2.11 e 2.12, inserite ciascuno degli obiettivi sopra elencati nel quadrante secondo voi più adatto. Quale dei quadranti del modello riflette i vostri più elevati valori obiettivo? Quale i più bassi?
2. Confrontate la vostra classifica con quella di altri colleghi i, cercando le somiglianze. In che cosa si differenziano le vostre classifiche?
3. Quali obiettivi sono per voi importanti ma non figurano nell'elenco? In quale posizione li collochereste?

Elementi fondamentali della struttura organizzativa

3

ORGANIZZARE LE IMPRESE:
qual è la vostra opinione?

Prima di leggere il presente capitolo, indicate qual è la vostra opinione in merito a ciascuna delle seguenti affermazioni:

1 Una forma comune di organizzazione consiste nel lasciare che i lavoratori scelgano autonomamente dove e come lavorare, affinché la motivazione e l'entusiasmo siano costantemente elevati.

D'ACCORDO ☐ IN DISACCORDO ☒

2 Comitati e task force composti da membri di unità organizzative diverse si rivelano spesso incapaci di realizzare qualcosa di concreto.

D'ACCORDO ☐ IN DISACCORDO ☒

3 È giusto che i top manager mantengano il controllo delle attività di unità organizzative chiave piuttosto che appaltarle ad altre imprese.

D'ACCORDO ☒ IN DISACCORDO ☐

Carlos Ghosn ha salvato la Nissan dal fallimento alla fine degli anni Novanta, ma la sua abilità nel ristrutturare aziende è stata nuovamente messa alla prova quando, nel 2013, il secondo produttore di automobili giapponese cominciò a registrare profitti sorprendentemente bassi e un calo della quota di mercato. I top manager ne individuarono la causa, che non era da cercare – a detta loro – nella progettazione o negli stabilimenti di produzione, né tantomeno nell'ufficio pianificazione. Il problema era la struttura organizzativa, là dove un unico direttore generale sovraintendeva a un numero crescente di opportunità e investimenti in tutto il mondo. Nella nuova struttura, tre vice presidenti esecutivi si sarebbero occupati di supervisionare pianificazione ed esecuzione; avrebbero lavorato a stretto contatto sin dall'inizio, il che avrebbe consentito loro di individuare rapidamente i problemi, bilanciare le risorse e coordinare gli investimenti fra le varie regioni. L'obiettivo principale della nuova struttura era un migliore coordinamento, in modo tale che i problemi potessero esser risolti rapidamente. Gli obiettivi sarebbero stati raggiungibili, a detta di Ghosn, a patto che vi fosse una struttura di management in grado di ottenere la collaborazione da parte di tutti. "Abbiamo bisogno di una squadra di management che sia all'altezza", disse.[1]

La struttura organizzativa è uno dei fattori che aiutano le aziende a mettere in atto le loro strategie e a raggiungere gli obiettivi che si sono prefissate. La mancanza di coordinamento e collaborazione rappresenta oggi un enorme problema per molte organizzazioni, così come lo era per la Nissan. A titolo esemplificativo, da un sondaggio che la Banca Mondiale ha svolto di recente presso i dipendenti, è emerso che presso questa grande istituzione per lo sviluppo economico operante in oltre cento Paesi si respira un ambiente "terribile" in termini di collaborazione.[2] Molte aziende ricorrono a innovazioni strutturali, come i team e le strutture a matrice, per ottenere il coordinamento e la flessibilità di cui hanno bisogno. I team, per esempio, rientrano nella strategia utilizzata dall'FBI per la lotta al terrorismo. Come altre organizzazioni, l'FBI deve trovare il modo di fare di più con risorse limitate. Tra le novità introdotte figurano i Flying Squad, team di agenti e personale di supporto proveniente da svariate funzioni che volontariamente si rendono disponibili ad operare in altri uffici dell'agenzia federale disseminati in tutto il mondo e a corto di personale.[3] Jeff Bezos gestisce l'organizzazione della Amazon ricorrendo al concetto del "team delle due pizze": l'azienda, a detta sua, dovrebbe essere organizzata in gruppi autonomi di non oltre dieci persone, ossia di dimensioni tali per cui un paio di pizze possano bastare per tutti quando si fanno gli straordinari.[4]

In ragione della complessità del mondo moderno, molte organizzazioni risultano più complesse rispetto a quanto non lo fossero in passato. Wyeth Pharmaceuticals ha creato una joint venture con Accenture, la Alliance for Clinical Data Excellence, finalizzata a "unire il meglio di Wyeth e Accenture" per la gestione delle procedure di svolgimento dei test clinici, dalla definizione del protocollo al reclutamento dei pazienti al monitoraggio.[5] Formalmente la Accenture non ha un quartier generale, né filiali ufficiali, né uffici permanenti. Il responsabile tecnologico dell'azienda si trova in Germania, il responsabile delle risorse umane a Chicago, il responsabile dell'area finanziaria nella Silicon Valley e la maggior parte dei consulenti sono in continuo movimento.[6] Wyeth e Accenture sono esempi della tendenza strutturale rilevabile tra le organizzazioni odierne verso l'outsourcing, le alleanze e le reti.

Ciò nonostante, altre imprese continuano ad avere successo affidandosi a strutture funzionali tradizionali coordinate e controllate mediante una catena gerarchica. Le organizzazioni impiegano una grande varietà di soluzioni strutturali per raggiungere gli obiettivi e le finalità prefissate e quasi ogni azienda deve passare attraverso una riorganizzazione per rispondere alle nuove sfide. Cambiamenti nelle strutture si rendono necessari per assecondare nuove strategie o rispondere a cambiamenti negli altri fattori contingenti, introdotti nei Capitoli 1 e 2: l'ambiente, la tecnologia, le dimensioni, il ciclo di vita e la cultura.

Obiettivi del capitolo

Questo capitolo introduce alcuni concetti di base sulla struttura organizzativa e mostra come progettare una struttura così come appare rappresentata in un organigramma. Dapprima definiremo la struttura e forniremo una visione d'insieme della progettazione delle strutture; quindi una prospettiva basata sulla condivisione delle informazioni spiegherà come progettare collegamenti verticali e orizzontali per predisporre il flusso di informazioni e il coordinamento necessari. Il capitolo presenterà poi le opzioni di progettazione fondamentali, seguite dalle strategie per raggruppare le attività organizzative in strutture funzionali, divisionali, matriciali, orizzontali, virtuali o ibride. Il paragrafo conclusivo esaminerà il modo in cui l'applicazione delle strutture fondamentali dipende dalle molteplici contingenze dell'organizzazione e sottolineerà i sintomi di un disallineamento strutturale.

Struttura organizzativa

I tre componenti chiave nella definizione della **struttura organizzativa** sono i seguenti.

1. La struttura organizzativa indica i rapporti di dipendenza formale, compresi il numero di livelli gerarchici e lo *span of control* di manager e supervisori.
2. La struttura organizzativa identifica il raggruppamento di individui in unità organizzative e di unità organizzative nella totalità dell'organizzazione.
3. La struttura organizzativa comprende la progettazione di sistemi che assicurino una comunicazione e un coordinamento efficaci e l'integrazione degli sforzi fra le unità organizzative.[7]

Questi tre elementi strutturali si riferiscono ad aspetti sia verticali sia orizzontali dell'attività di un'organizzazione. Per esempio, i primi due elementi costituiscono il *framework* strutturale, ovvero la gerarchia verticale.[8] Il terzo elemento riguarda gli schemi di interazioni tra i dipendenti dell'organizzazione. Una struttura ideale incoraggia i dipendenti a fornire informazione e coordinamento orizzontali dove e quando si rendono necessari.

La struttura organizzativa è rappresentata nell'organigramma. Non è possibile "vedere" la struttura interna di un'organizzazione nel modo in cui si possono vedere i suoi strumenti di produzione, gli uffici o i prodotti. Anche se possiamo osservare i dipendenti eseguire i propri compiti, svolgere diverse mansioni e lavorare in diversi luoghi, l'unico modo per vedere effettivamente la struttura che sta alla base di tutte queste attività è la considerazione dell'organigramma. Quest'ultimo è la rappresentazione visiva di un intero sistema di attività e processi fondamentali di un'organizzazione; in Figura 3.1 è mostrato l'esempio di un organigramma semplice di un'organizzazione tradizionale. L'organigramma può essere abbastanza utile per comprendere il modo in cui un'azienda funziona: esso mostra le varie parti di un'organizzazione, il modo in cui sono collegate e come ogni posizione e unità si collochi nell'insieme.

Figura 3.1
Un esempio di organigramma

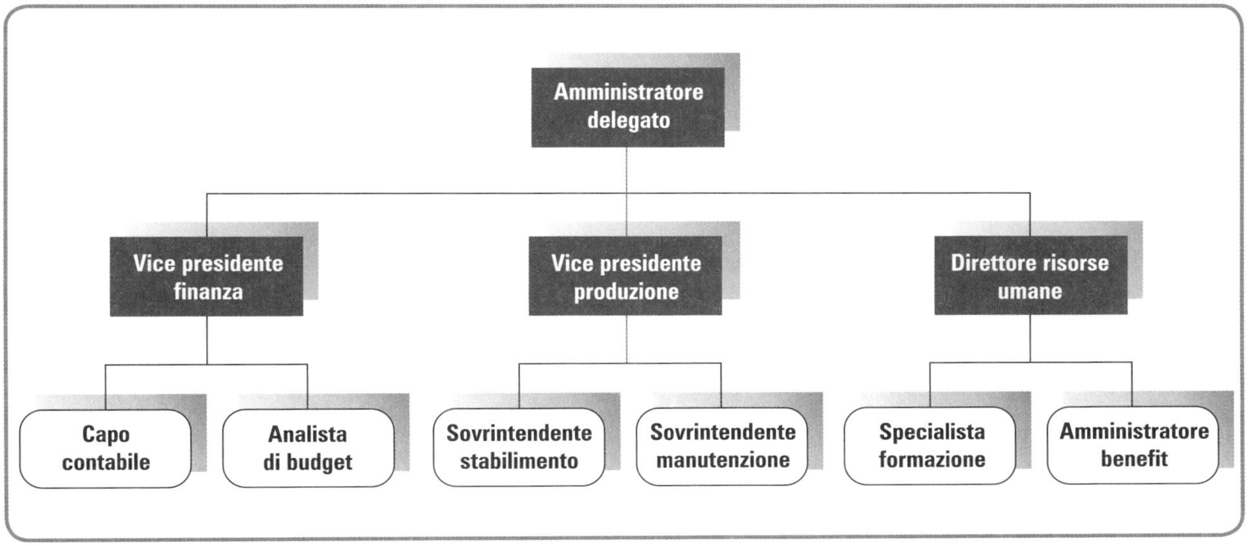

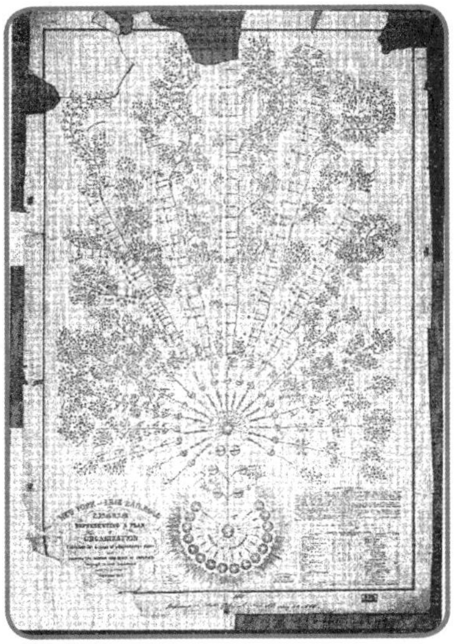

Figura 3.2
Organigramma della Erie Railroad Company, 1855
Fonte: Erie Railroad Organization Chart of 1855. Library of Congress, Haer, N.Y.

Il concetto di *organigramma* per mostrare quali posizioni esistono, come sono raggruppate e chi riporta a chi è utilizzato da secoli.[9] Per esempio, nelle chiese medioevali spagnole possono essere rintracciati alcuni schemi che evidenziano le gerarchie ecclesiastiche. In ogni caso, l'utilizzo dell'organigramma per le attività economiche deriva in gran parte dalla Rivoluzione Industriale. Come descritto nel Capitolo 1, con l'aumento della complessità del lavoro e con il suo svolgimento da parte di sempre più grandi masse di lavoratori, è emerso il pressante bisogno di definire modalità per gestire e controllare le organizzazioni. Lo sviluppo delle ferrovie fornisce un esempio a questo proposito. Dopo la collisione di due convogli passeggeri nel Massachusetts, nel 1841, l'opinione pubblica richiese un miglior controllo dell'attività. Come risultato, il consiglio d'amministrazione della Western Railroad cominciò a evidenziare "definite responsabilità per ogni fase dell'attività dell'azienda, tracciando chiare linee di autorità e comando per l'amministrazione, la manutenzione e la gestione delle linee ferroviarie".[10]

In Figura 3.2 si può osservare l'organigramma realizzato da Daniel McCallum per la Erie Railroad Company nel 1855, un interessante esempio storico. Alle prese con difficoltà finanziarie e un calo della produttività, McCallum elaborò degli schemi per mostrare agli investitori le modalità operative della società ferroviaria e illustrare la suddivisione delle responsabilità tra i sovrintendenti per centinaia di chilometri di ferrovia. McCallum suddivise la rete ferroviaria in divisioni geografiche di dimensioni gestibili, ciascuna guidata da un sovrintendente.[11]

Nel tipo di struttura organizzativa che scaturì da questi sforzi alla fine del diciannovesimo secolo e all'inizio del ventesimo, l'amministratore delegato veniva posto al vertice ed esisteva una chiara gerarchia di autorità che si estendeva a tutti i soggetti collocati in livelli inferiori, come illustrato in Figura 3.1. Il lavoro intellettuale e il processo decisionale sono svolti da coloro che si trovano al vertice, mentre il lavoro fisico è svolto dai dipendenti, che sono organizzati in unità funzionali distinte. Questa struttura ha caratterizzato il mondo del business, delle organizzazioni militari e di quelle non profit per la maggior parte del ventesimo secolo. Tuttavia questo tipo di struttura verticale non è sempre efficace, soprattutto in ambienti in rapido cambiamento. Nel corso degli anni le organizzazioni hanno sviluppato altre strutture organizzative, molte delle quali tendenti a incrementare il coordinamento e la comunicazione orizzontali e a incoraggiare l'adattamento ai cambiamenti esterni. Nel Segnalibro di questo capitolo si sostiene che nuovi approcci all'organizzazione e alla gestione del personale siano fondamentali per le aziende al fine di conseguire vantaggi competitivi duraturi nel ventunesimo secolo.

confrontate la vostra opinione

1 Una forma comune di organizzazione consiste nel lasciare che i lavoratori scelgano autonomamente dove e come lavorare, affinché la motivazione e l'entusiasmo siano costantemente elevati.

Risposta esatta: *In disaccordo.* Solo poche aziende hanno ottenuto piccoli successi adottando questo approccio: le organizzazioni hanno la necessità di strutturare attività lavorative, posizioni e uffici in maniera tale da assicurare che il lavoro venga svolto e coordinato per raggiungere gli obiettivi prefissati. Tuttavia, numerosi manager cercano di prendere in considerazione le scelte dei dipendenti al fine di mantenere alto l'entusiasmo.

Approccio alla struttura basato sulla condivisione delle informazioni

L'organizzazione dovrebbe essere progettata per fornire un flusso di informazioni sia verticale sia orizzontale per raggiungere gli obiettivi generali dell'organizzazione. Se la struttura non soddisfa le esigenze informative dell'organizzazione, le persone avranno troppe poche informazioni oppure spenderanno tempo nell'elaborare informazioni che non sono vitali per i propri compiti, riducendo quindi l'efficacia.[12] Esiste in ogni caso una tensione intrinseca tra meccanismi verticali e orizzontali in un'organizzazione. Mentre i collegamenti verticali sono progettati principalmente per il controllo, i collegamenti orizzontali sono progettati per il coordinamento e la collaborazione, il che implica solitamente una riduzione del controllo.

Centralizzazione e decentralizzazione

Una quesito da porsi è a quale livello vengono prese le decisioni all'interno dell'organizzazione, in quanto ciò determina il punto in cui sono necessarie le informazioni. Centralizzazione e decentralizzazione riguardano il livello gerarchico al quale vengono prese le decisioni: la **centralizzazione** implica che l'autorità decisionale si trovi in prossimità del vertice dell'organizzazione, mentre la **decentralizzazione** comporta che essa si trovi ai livelli inferiori.

Le organizzazioni possono scegliere se orientarsi verso una organizzazione tradizionale progettata per l'efficienza e che enfatizza la comunicazione e il controllo verticali (un sistema meccanico, descritto nel Capitolo 1) oppure verso una *learning organization* moderna e flessibile, che enfatizza la comunicazione e il coordinamento orizzontali (un sistema organico). In Figura 3.3 vengono messe a confronto le organizzazioni progettate per l'efficienza con quelle progettate per l'apprendimento e l'adattamento all'ambiente. Un'enfasi sull'efficienza e il controllo è associata a compiti specializzati, gerarchia dell'autorità, regole e normative, sistemi formali di reporting, pochi team o task force e processo decisionale accentrato. Un'enfasi sull'apprendimento e l'adattamento all'ambiente è associata a compiti condivisi, gerarchia più blanda e poche regole, comunicazione diretta, molti team o task force e processo decisionale informale e decentrato.

Segnalibro

The Future of Management

di Gary Hamel con Bill Breen

Innovazioni nella gestione aziendale come i principi dello scientific management, la struttura organizzativa divisionale e l'utilizzo dei brand manager per il coordinamento orizzontale hanno creato un vantaggio competitivo più sostenuto di qualsiasi prodotto o servizio, afferma Gary Hamel nel libro *The Future of Management*, scritto a quattro mani con Bill Breen. Ma non è forse vero che queste idee sono in circolazione praticamente da sempre? Secondo Hamel, è proprio questo il punto: in realtà, gran parte dei manager di oggi stanno gestendo le organizzazioni del ventunesimo secolo avvalendosi di idee, pratiche e meccanismi strutturali inventati più di un secolo fa. All'epoca, i principi di gerarchia verticale, specializzazione, controllo burocratico e forte centralizzazione erano approcci totalmente nuovi sviluppati per risolvere il problema dell'inefficienza, ma oggi si rivelano troppo rigidi e vincolanti, mentre la rapidità del cambiamento si fa sempre maggiore. Secondo Hamel, le organizzazioni odierne devono diventare "tanto flessibili sul piano strategico quanto efficienti sul piano operativo."

Esempi di innovazioni strutturali

Hamel suggerisce che la pratica manageriale deve subire una trasformazione simile a quella verificatasi con la rivoluzione industriale e l'avvento dello scientific management. Di seguito sono riportati alcuni esempi tratti dal libro mediante i quali potrete farvi un'idea di quello che diventa possibile fare quando i manager costruiscono la struttura aziendale attorno ai principi di comunità, creatività e condivisione delle informazioni, piuttosto che affidarsi a una rigida gerarchia:

- *Whole Foods Market*. I team sono l'unità organizzativa di base di Whole Foods e godono di un grado di autonomia quasi senza precedenti nel settore della vendita al dettaglio. Ciascun punto vendita è costituito da circa otto team autogestiti che si occupano di unità come i reparti prodotti freschi, cibi pronti, prodotti caseari e casse. I team sono responsabili di tutte le decisioni operative chiave, comprese la prezzatura, gli ordini, le assunzioni e le campagne promozionali interne.
- *W.L. Gore*. L'innovazione di W.L. Gore è consistita nell'organizzare il lavoro di modo che tutto vada bene sia quando i manager "hanno il controllo della situazione" sia quando ciò non accade. Gore, meglio conosciuta per il tessuto Gore-Tex, lascia che siano i dipendenti a decidere a che cosa dedicarsi: non esistono livelli manageriali né un organigramma e ci sono ben poche cariche ufficiali. Come nel caso di Whole Foods, le unità operative chiave sono piccoli team, ma alla Gore ciascuno è libero di scegliere in quale team lavorare e di rifiutare le richieste di chiunque. Tuttavia Gore si fonda anche su un forte senso di responsabilità e controllo: ogni anno, l'operato di ciascun dipendente viene analizzato da almeno venti colleghi.
- *Visa*. Tutti conoscono benissimo Visa, ma ben pochi sanno qualcosa dell'organizzazione che sta dietro il marchio. Visa è stata la prima azienda quasi interamente virtuale del mondo: nei primi anni Settanta, un gruppo di banche ha costituito un consorzio che oggi si è sviluppato in una rete globale di 21.000 istituti finanziari e oltre 1,3 miliardi di detentori di carte di credito. L'azienda è in buona misura auto-organizzata e in continua evoluzione.

Come diventare un innovatore nel management

Gran parte delle aziende dispongono di un sistema di innovazione del prodotto ma, sottolinea Hamel, ben poche contano su un sistema consolidato di innovazione manageriale. *The Future of Management* presenta una serie di misure a cui i manager possono ricorrere per incrementare le possibilità di introdurre innovazioni nella gestione aziendale. Nell'opinione di Hamel, lo sviluppo del management moderno e della progettazione organizzativa sono le innovazioni più importanti del ventesimo secolo.

The Future of Management, di Gary Hamel con Bill Breen, è pubblicato da Harvard Business School Press. (trad. it : *Il futuro del management*, Milano, Etas, 2008).

È possibile che le organizzazioni debbano procedere per tentativi per trovare il grado adeguato di centralizzazione o decentralizzazione che soddisfi le loro esigenze. Per esempio, in uno studio di William Ouchi, si evidenziò che tre grandi distretti scolastici che erano passati a una struttura più flessibile e decentrata conferendo ai direttori più autonomia, responsabilità e controllo sulle risorse, ottenevano risultati migliori e una maggiore efficienza rispetto a grandi distretti altamente centralizzati.[13] I capi di governo britannici sperano che lo stesso avvenga con la decentralizzazione del sistema sanitario nazionale (National Health Service), che sta subendo la più profonda ristrutturazione dal 1948, anno della sua fondazione: una parte rilevante del piano, infatti, prevede che sia affidato ai medici a livello locale il controllo dell'ingente budget sanitario annuo.

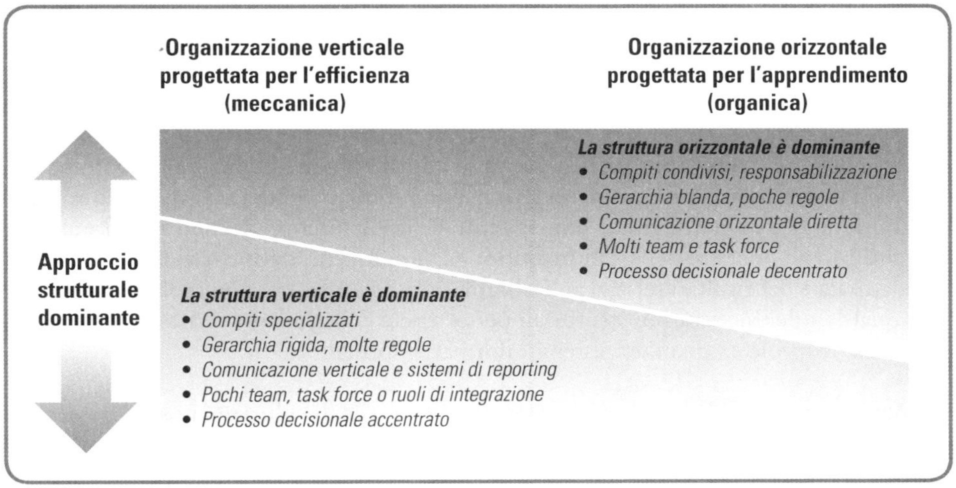

Figura 3.3
La relazione tra progettazione organizzativa orientata all'efficienza e progettazione orientata ai risultati di apprendimento

Il governo britannico ritiene che la decentralizzazione consentirà un taglio dei costi, la semplificazione e ottimizzazione delle procedure, e la riduzione delle inefficienze "mettendo il potere nelle mani dei pazienti e del personale medico."[14]

Persino un'azienda giapponese come la Toyota, forte di una lunga tradizione di centralizzazione, sta valutando le potenzialità della decentralizzazione come modalità per promuovere un senso di responsabilità.

IN PRATICA

Toyota

"Non dovevamo ritornare in Giappone per l'approvazione di qualsiasi cosa," ha detto Randy Stephens, capo ingegnere del Toyota Technical Center vicino ad Ann Arbor, in Michigan, dove la nuova versione dell'Avalon è stata progettata e sviluppata. "Certo, è possibile che vi tornassimo per fare il punto sullo stato del progetto, ma qui negli Stati Uniti c'è un forte sentimento di proprietà nei confronti di questa macchina."

La nuova versione della Avalon, progettata e sviluppata in Michigan, e prodotta in Kentucky, viene promossa come il veicolo Toyota più americano di sempre. Primo prototipo non sviluppato in Giappone, sta testando quanto la Toyota sia in grado di decentralizzare il processo decisionale sulle sue affiliate. Dopo quattro anni di crisi dovuta a problemi di sicurezza e a richiami, i manager della Toyota hanno dato vita a un graduale processo di rafforzamento dell'azienda, che fra le altre cose prevede la delega delle responsabilità in senso più globale.

L'azienda è stata duramente criticata per il fatto che era gestita dal quartier generale per qualsiasi decisione riguardante le questioni di sicurezza e i richiami. Da quel momento i dirigenti hanno riorganizzato il processo di controllo della qualità e decentralizzato maggiormente il processo decisionale sui manager regionali incaricati della sicurezza in America settentrionale, Europa e Asia.[15]

Nonostante molte decisioni continueranno a essere prese dai dirigenti nel quartier generale, la Toyota ha capito che è opportuno che alcune di esse vengano prese più a valle. I manager regionali ritengono che i problemi che ha avuto la Toyota abbiano dato all'alta dirigenza la libertà di assumersi dei rischi che diversamente non si sarebbe accollata.[16]

Tuttavia, non in tutte le organizzazioni andrebbe introdotta la decentralizzazione per tutte le decisioni. In molte di esse esiste spesso un "tiro alla fune fra centralizzazione e decentralizzazione," là dove l'alta dirigenza vuole centralizzare alcune operazioni per eliminare le duplicazioni, mentre il management operativo vuole mantenere un controllo decentralizzato.[17] I dirigenti sono alla costante ricerca della migliore combinazione di controllo verticale e collaborazione orizzontale, centralizzazione e decentralizzazione, più adeguata alle loro specifiche situazioni.[18]

Condivisione verticale delle informazioni

La struttura organizzativa dovrebbe facilitare la comunicazione tra i dipendenti e tra le unità, comunicazione necessaria per portare a termine i compiti generali dell'organizzazione. I manager creano *collegamenti* per facilitare la comunicazione e il coordinamento tra gli elementi organizzativi. I **collegamenti verticali** vengono utilizzati per coordinare le attività tra il vertice e la base di un'organizzazione e sono progettati principalmente ai fini del controllo dell'organizzazione. I dipendenti dei livelli inferiori devono svolgere attività coerenti con gli obiettivi dei livelli superiori; gli alti dirigenti devono essere a conoscenza delle attività e dei risultati relativi ai livelli inferiori. Le organizzazioni possono utilizzare uno qualsiasi dei meccanismi strutturali per ottenere collegamenti verticali, compresi la gerarchia, le regole e i piani, e i sistemi informativi formali.[19]

Riporto gerarchico. Il principale meccanismo verticale di collegamento è la gerarchia, o catena di comando, che è illustrata dalle linee verticali in Figura 3.1. Se emerge un problema che i dipendenti non sanno risolvere, esso può essere riportato verso l'alto al successivo livello gerarchico. Quando il problema è risolto, la risposta viene ritrasmessa ai livelli inferiori. Le linee dell'organigramma rappresentano i canali di comunicazione.

Regole e piani. Un ulteriore meccanismo di collegamento è costituito dalle regole e dai piani. Nella misura in cui problemi e decisioni sono ripetitivi, è possibile stabilire una regola o una procedura che faccia sì che i dipendenti sappiano come reagire senza bisogno di comunicare direttamente con i propri dirigenti. Le regole e le procedure forniscono una fonte informativa omogenea che permette ai dipendenti di essere coordinati senza dover comunicare per ogni lavoro da svolgere. Per esempio, i manager di PepsiCo Gemesa, un'azienda messicana del settore alimentare e dolciario, comunicano ai dipendenti precise istruzioni su obiettivi, processi e procedure, mettendoli così in condizione di svolgere gran parte del lavoro necessario ad assicurare il regolare svolgimento del processo di produzione; inoltre, in questo modo le unità produttive possono funzionare con un minor numero di manager.[20] I piani forniscono anch'essi informazioni stabili per i dipendenti. Quello più diffusamente utilizzato è il budget: con l'aiuto di piani di budget accuratamente elaborati e comunicati, i dipendenti dei livelli inferiori possono essere tranquillamente lasciati allo svolgimento delle loro attività nell'ambito dell'allocazione delle risorse stabilita.

Sistemi informativi verticali. I **sistemi informativi verticali** rappresentano un'altra strategia per incrementare l'ampiezza del flusso dell'informazione verticale. Essi comprendono i report periodici, le informazioni scritte e le comunicazioni interne che vengono diffuse tra i manager. I sistemi informativi fanno procedere le informazioni verso l'alto o il basso della gerarchia in maniera più efficiente.

Nel mondo attuale dominato da scandali finanziari e preoccupazioni etiche, molti top manager stanno pensando di rafforzare il presidio dei flussi informativi e il controllo verticale della propria organizzazione. L'altra questione fondamentale per le organizzazioni consiste nel fornire adeguati collegamenti orizzontali per il coordinamento e la collaborazione.

Condivisione delle informazioni e collaborazione orizzontale

La comunicazione orizzontale consente di superare barriere tra le unità organizzative e fornisce opportunità di coordinamento e collaborazione tra i dipendenti, per raggiungere unità di intenti e obiettivi organizzativi. Il termine **collaborazione** si riferisce allo sforzo congiunto fra i dipendenti di due o più unità per produrre risultati in linea con un obiettivo comune o con una finalità condivisa, di solito più ambiziosi rispetto a quelli che ciascun dipendente o unità potrebbero raggiungere lavorando in maniera individuale.[21] Per capire il valore della collaborazione, si consideri la missione statunitense del 2011 per fare irruzione nel nascondiglio di Osama bin Laden in Pakistan. Il raid non sarebbe potuto riuscire senza la stretta collaborazione fra la Central Intelligence Agency (CIA) e l'esercito statunitense. Storicamente, c'è sempre stata poca interazione fra funzionari dell'intelligence statunitense e militari, ma la guerra al terrorismo ha cambiato le cose. Nelle fasi di pianificazione della missione bin Laden, i militari hanno lavorato quotidianamente per mesi e mesi a stretto contatto con la squadra della CIA in una struttura isolata del campus della CIA. "È una di quelle cose che, in passato, coloro che guardavano i film pensavano possibile, a differenza di quelli che lavoravano al governo" ha dichiarato più tardi un funzionario in merito alla missione svolta in collaborazione.[22]

I **collegamenti orizzontali** si riferiscono all'ammontare di comunicazione e coordinamento esistenti orizzontalmente tra le unità organizzative. La loro importanza è espressa nei commenti di Lee Iacocca, quando arrivò al vertice della Chrysler negli anni Ottanta. Certo, la seguente citazione avrà forse trent'anni, ma descrive in maniera chiara un problema che persiste all'interno delle organizzazioni di tutto il mondo.

> Ciò che trovai alla Chrysler furono trentacinque vicepresidenti, ognuno con il proprio orticello. [...] Non potevo credere, per esempio, che la persona che gestiva le unità di ingegnerizzazione non fosse in costante contatto con la sua controparte della produzione. Ma questo è ciò che succedeva. Ognuno lavorava in modo autonomo. Diedi uno sguardo a quel sistema e fui sul punto di rinunciare. Quello fu il momento in cui realizzai di essere nei guai. [...] Nessuno alla Chrysler sembrava capire che l'interazione tra le diverse funzioni in un'azienda è assolutamente cruciale. Le persone che lavorano nella progettazione e nella produzione devono quasi dormire insieme, e invece non avevano neanche un flirt![23]

Negli anni passati alla Chrysler, Iacocca portò il coordinamento orizzontale ad alti livelli. Ogni persona coinvolta in uno specifico progetto di veicolo – progettisti, ingegneri e addetti alla produzione, rappresentanti del marketing, della finanza, degli acquisti e persino fornitori esterni – lavorava insieme agli altri in un unico spazio, in modo da poter comunicare facilmente.

I meccanismi di collegamento orizzontale spesso non sono tracciati all'interno dell'organigramma, ma nonostante ciò sono parte fondamentale della struttura dell'organizzazione. Nelle organizzazioni piccole, in genere esiste un elevato grado di interazione tra tutti i dipendenti, mentre nelle organizzazioni più grandi, come la Chrysler, la Microsoft o la Toyota, occorrono meccanismi per la condivisione orizzontale delle informazioni per garantire l'efficacia della collaborazione, della condivisione delle informazioni e del processo decisionale.[24] Per esempio, lo scarso coordinamento e la mancata condivisione di informazioni sono stati considerati tra le cause dei ritardi nelle decisioni e nelle misure correttive prese dalla Toyota a fronte di problemi di qualità e sicurezza legati a pedali dell'acceleratore troppo rigidi, freni difettosi e altri problemi.[25] I meccanismi che seguono sono alternative strutturali che possono migliorare il coordinamento orizzontale e il flusso informativo;[26] ciascun meccanismo permette alle persone di scambiare informazioni.

Sistemi informativi. Un metodo significativo per realizzare collegamenti orizzontali nelle organizzazioni odierne è quello di utilizzare sistemi informativi interfunzionali. I sistemi informativi permettono ai dirigenti o ai lavoratori in prima linea di tutta l'organizzazione di scambiarsi costantemente informazioni su problemi, opportunità, attività o decisioni. Gli ospedali della Veterans Administration (VA) situati in varie località negli Stati Uniti, per esempio, utilizzano un sofisticato sistema denominato Vista che consente a tutti i dipendenti di accedere a informazioni complete sul paziente e fornire assistenza di migliore qualità. Favorendo il coordinamento e la collaborazione, la tecnologia ha contribuito a trasformare il VA in una delle organizzazioni sanitarie più all'avanguardia e più efficienti del paese.[27]

Alcune organizzazioni inoltre incoraggiano le persone a utilizzare i sistemi informativi e di comunicazione dell'azienda per costruire delle relazioni con gli altri dipendenti dell'organizzazione, mirando a sostenere e rafforzare il coordinamento orizzontale in atto tra i diversi progetti e oltre i confini geografici. La CARE International, una delle maggiori organizzazioni private di assistenza a livello internazionale, ha potenziato il proprio database del personale perché i dipendenti trovino facilmente colleghi con interessi, preoccupazioni o esigenze analoghe. Nel database vengono inseriti le responsabilità attuali e passate, l'esperienza, le lingue parlate, i paesi conosciuti, le situazioni di emergenza vissute, le abilità e competenze e gli interessi extra-lavorativi di ogni persona. Il database consente a tutti i collaboratori dei vari paesi di cercarsi, condividere idee e informazioni e costruire collegamenti orizzontali durevoli.[28]

Ruoli di collegamento. Un più alto livello di collegamento orizzontale è il contatto diretto tra manager o dipendenti interessati da un problema. Un modo per promuovere il contatto diretto è la creazione di un **ruolo di collegamento**: una persona viene collocata in un'unità organizzativa, ma ha la responsabilità di comunicare e raggiungere il coordinamento e la collaborazione con un'altra unità. I ruoli di integrazione si trovano spesso tra le funzioni di progettazione e quelle di produzione, poiché la progettazione deve elaborare e testare i prodotti per adattarsi alle limitazioni poste dalle strutture produttive. Per esempio, potrebbe essere opportuno posizionare l'ufficio di un ingegnere nell'area di produzione, di modo che i supervisori possano contattarlo prontamente in caso di problemi ingegneristici durante le attività produttive; analogamente, un dipendente della funzione ricerca e sviluppo potrebbe assistere alle riunioni della forza vendite per allineare lo sviluppo dei nuovi prodotti alle previsioni circa le tendenze di consumo.

Task force. I ruoli di integrazione mettono in relazione solitamente solo due unità organizzative. Quando il collegamento coinvolge diverse unità, si rende necessario un meccanismo più complesso, come quello della task force. Una **task force** è un comitato temporaneo composto da rappresentanti di ogni unità interessata da un problema.[29] Ogni membro rappresenta l'interesse della propria unità e può riportare a tale unità informazioni provenienti dagli incontri.

Le task force sono un efficace meccanismo di collegamento orizzontale per aspetti temporanei; risolvono i problemi attraverso la collaborazione orizzontale diretta e riducono il carico informativo all'interno della gerarchia verticale. Tipicamente vengono sciolte dopo lo svolgimento del loro compito. Le organizzazioni hanno utilizzato le task force per gestire questioni di ogni tipo dalla gita aziendale annuale alla risoluzione di problemi produttivi complessi. La Georgetown Preparatory School di North Bethesda (Maryland), per esempio, ha creato una task force composta da insegnanti, personale amministrativo, istruttori, staff di supporto e consulenti esterni incaricata di elaborare un piano per fronteggiare eventuali epidemie di influenza. Quando diversi anni fa si è scatenata l'epidemia di influenza H1N1, la Georgetown era molto più preparata a gestire la crisi rispetto ad altre scuole perché aveva un piano già predisposto.[30]

confrontate la vostra opinione

2 Comitati e task force composti da membri di unità organizzative diverse si rivelano spesso incapaci di realizzare qualcosa di concreto.

Risposta esatta: *In disaccordo.* La funzione di comitati inter-funzionali e task force è quella di condividere informazioni per coordinare le attività di unità organizzative diverse. Il lavoro del comitato consiste nell'incontrarsi, discutere ed essere in disaccordo, non nel "realizzare qualcosa di concreto" nel senso di essere efficienti.

Integratore full-time. Un meccanismo di collegamento orizzontale più potente consiste nel creare una posizione full-time o un'unità organizzativa adibita esclusivamente al coordinamento. Un **integratore** full-time ha spesso una denominazione, per esempio quella di product manager, project manager, program manager o brand manager. Differentemente dalla persona di collegamento descritta in precedenza, l'integratore non riporta a una delle unità funzionali che vengono coordinate, bensì si colloca al di fuori delle unità e ha la responsabilità di coordinare diverse unità. Il brand manager della Planters Peanuts, per esempio, coordina le vendite, la distribuzione e la pubblicizzazione di tale prodotto.

L'integratore può altresì essere responsabile di un progetto di innovazione o cambiamento, come il coordinamento del progetto, il finanziamento e il marketing di un nuovo prodotto. Un organigramma che illustra la posizione di project manager per lo sviluppo di un nuovo prodotto viene mostrato in Figura 3.4. I project manager vengono rappresentati sul lato della figura per indicare la loro collocazione separata rispetto ad altre unità organizzative. Le frecce indicano i project manager assegnati allo sviluppo del nuovo prodotto; al nuovo prodotto A, per esempio, è assegnato un contabile finanziario per seguire costi e budget. Il membro della progettazione fornisce consulenza progettuale e il membro degli acquisti e quello della produzione rappresentano le rispettive aree. Il project manager è responsabile dell'intero progetto: controlla che il nuovo prodotto venga completato in tempo, introdotto nel mercato e raggiunga gli altri obiettivi del progetto. Le linee orizzontali in Figura 3.4 indicano che il project manager non ha un'autorità formale nei confronti dei membri del team riguardo ad aumenti retributivi, assunzioni o licenziamenti. L'autorità formale è attribuita ai manager delle unità funzionali, i quali la esercitano in maniera diretta nei confronti dei dipendenti all'interno delle loro unità.

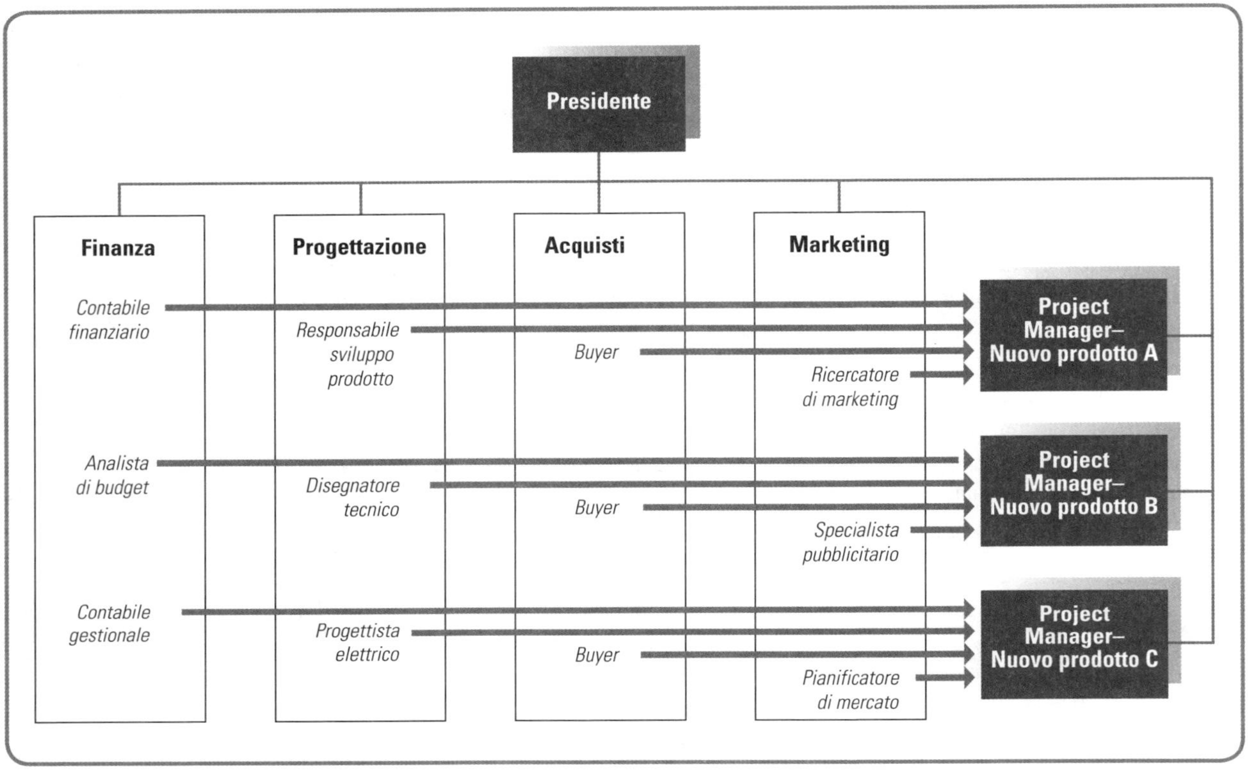

Figura 3.4
Collocazione dei project manager nella struttura

Coloro che svolgono il ruolo di integratori devono essere in possesso di eccellenti capacità relazionali. Nella maggior parte delle aziende hanno molta responsabilità ma poca autorità, e devono far uso di competenza e persuasione per ottenere il coordinamento. L'integratore ricopre un ruolo di confine tra le unità organizzative e deve essere in grado di mettere insieme le persone, mantenere la loro fiducia, affrontare i problemi e risolvere conflitti e dispute nell'interesse dell'organizzazione.[31]

Team. I team di progetto tendono a essere il più forte meccanismo di collegamento orizzontale. I **team** sono task force permanenti e vengono spesso utilizzati congiuntamente a un integratore full-time. Quando le attività tra le unità organizzative richiedono forte coordinamento e collaborazione per un lungo periodo di tempo, la soluzione è spesso rappresentata da un team inter-funzionale. Team di progetto speciali possono essere utilizzati quando le organizzazioni hanno un progetto su larga scala, un'innovazione di grande portata o una nuova linea di prodotto. La JetBlue Airways ha creato un team di progetto speciale composto da operatori di sistema, flight dispatcher, addetti alle prenotazioni, e altri dipendenti per rivedere le modalità di gestione e ripristino dopo una fase di "operatività irregolare" legata per esempio a condizioni meteorologiche avverse. L'efficacia nella gestione e nel ripristino della normale operatività incide in misura considerevole sulle performance e sulla soddisfazione della clientela e richiede uno stretto coordinamento. Durante la prima riunione, i responsabili hanno simulato una situazione di emergenza e hanno chiesto ai membri del team di descrivere come avrebbero agito, per individuare i problemi nelle risposte fornite. L'obiettivo era mettere a punto soluzioni per aiutare la compagnia aerea a migliorare le performance in condizioni di normale operatività e i tempi di ripristino dopo fasi di operatività irregolare.[32]

Oggi numerose organizzazioni si servono di team inter-funzionali virtuali. Un **team virtuale** è un team composto da membri appartenenti a molte unità organizzative e a stabilimenti dispersi geograficamente che sono connessi fondamentalmente tramite tecnologie di informazione e di comunicazione digitali; essi utilizzano spesso Internet e uno specifico software collaborativo per lavorare insieme anziché incontrarsi di persona.[33]

Figura 3.5
Team utilizzati per il coordinamento orizzontale alla Wizard Software Comapny

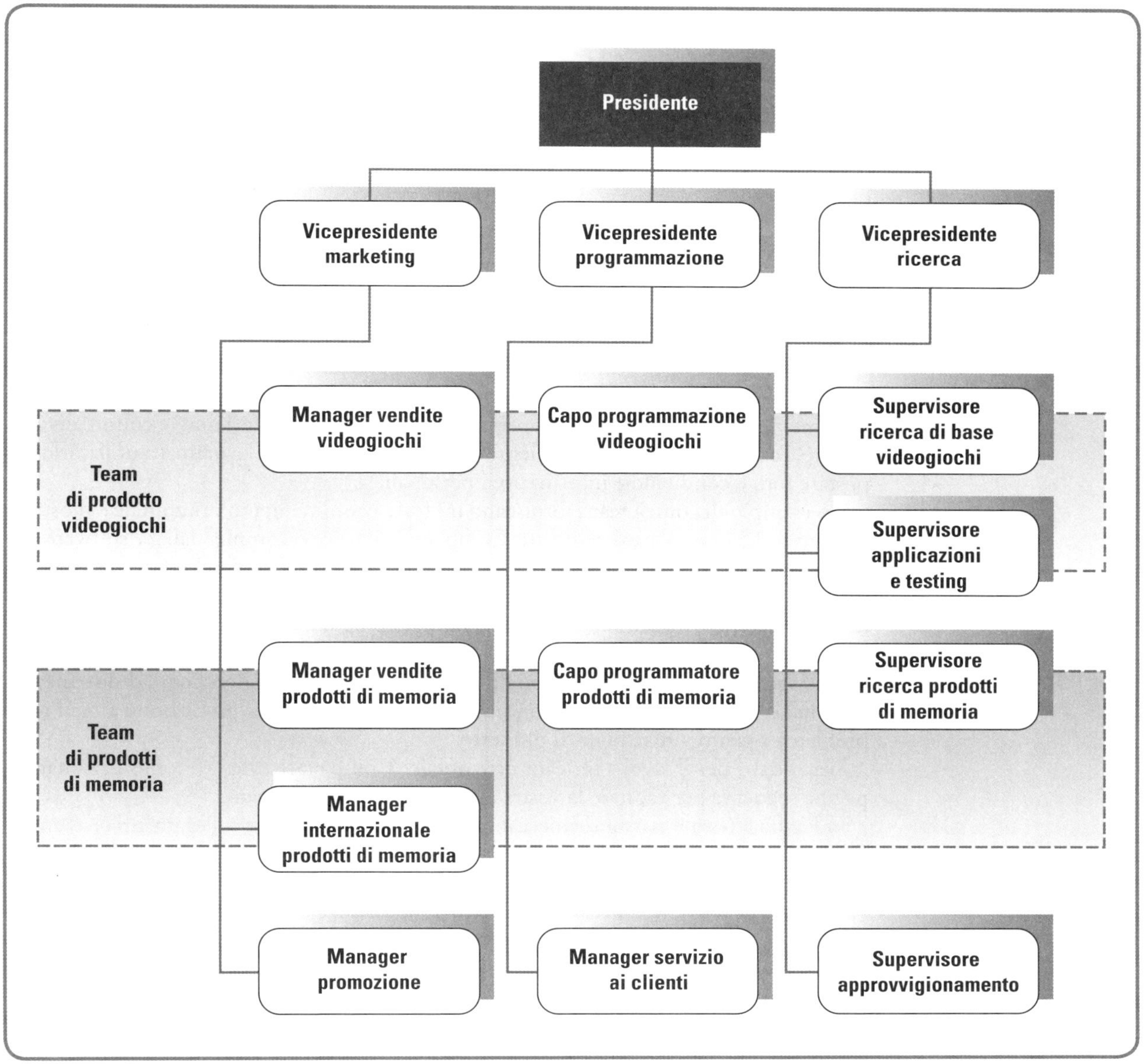

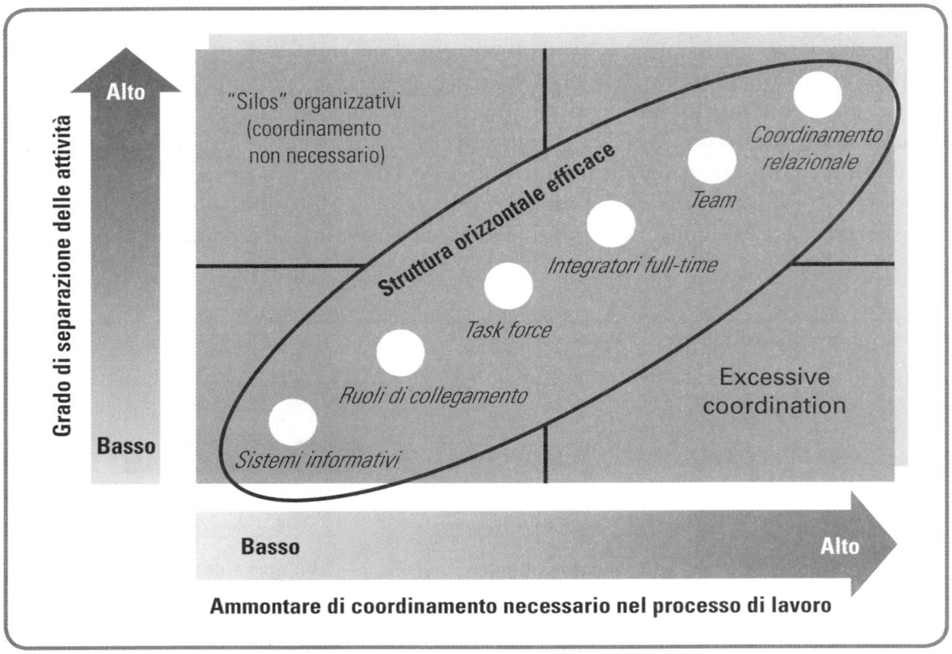

Figura 3.6
Meccanismi di collegamento e coordinamento orizzontale
Fonte: basato sull'Exhibit 1 in Nicolay Worren, "Hitting the Sweet Spot Between Separation and Integration in Organization Design," *People & Strategy* 34, no. 1 (2011), 24-30; Richard L. Daft, *Organization Theory and Design*, 11th ed. (Cincinnati, OH: Cengage/Southwestern), 106.

I team virtuali IBM, per esempio, collaborano soprattutto mediante siti web interni utilizzando la tecnologia wiki.[34] La Nokia ha creato un'area di lavoro accessibile 24 ore su 24 per i membri di team virtuali che operano in svariati paesi con fusi orari e culture diverse. Inoltre, l'azienda offre un collegamento online incoraggiando i lavoratori a utilizzarlo per postare foto e condividere informazioni personali.[35]

Un esempio di come i team forniscano un forte coordinamento orizzontale è mostrato in Figura 3.5. La Wizard Software Company sviluppa e commercializza software per diverse applicazioni per il web, i personal computer e i telefoni cellulari, dai giochi ai social media; la società utilizza i team per coordinare ogni linea di prodotto attraverso le unità di ricerca, programmazione e marketing, come mostrano le linee tratteggiate e le aree ombreggiate in figura. I membri di ciascun team si riuniscono ogni giorno all'inizio della giornata per risolvere problemi di soddisfazione di bisogni dei clienti, ordini inevasi, modifiche di programmazione, conflitti di pianificazione della produzione e ogni altro problema riguardante le linee di prodotto.

Siete adatti per il lavoro in team orizzontale? Completate il test "Profilo personale" a pagina seguente per valutare la vostra attitudine al lavoro in team.

In Figura 3.6 sono riassunti i meccanismi utilizzati per ottenere collegamenti orizzontali. Questi meccanismi rappresentano alternative che i manager possono utilizzare per aumentare il coordinamento e la collaborazione orizzontale all'interno di qualsiasi organizzazione. I meccanismi di livello superiore offrono una capacità informativa orizzontale più elevata, anche se il costo per l'organizzazione in termini di tempo e risorse umane è maggiore. Se la comunicazione orizzontale è insufficiente, le unità organizzative si ritroveranno fuori sintonia e non contribuiranno agli obiettivi generali dell'organizzazione; quando è necessario un coordinamento orizzontale più deciso, i manager dovrebbero scegliere meccanismi di livello superiore.

Profilo personale

Il lavoro in team: croce o delizia?

Il vostro approccio al lavoro o allo studio può indicare se il lavoro in team fa per voi oppure no. Rispondete alle seguenti domande sulle vostre preferenze, scegliendo "Più sì che no" o viceversa per ciascuna affermazione.

	Più sì che no	Più no che sì
1. Preferisco lavorare in gruppo piuttosto che individualmente.	____	____
2. Potendo scegliere, cerco di lavorare individualmente per non dover affrontare le difficoltà del lavoro di gruppo.	____	____
3. Quando lavoro con altri, mi piace l'interazione interpersonale.	____	____
4. Preferisco svolgere i miei compiti da solo e lasciare che gli altri facciano altrettanto.	____	____
5. Traggo più soddisfazione da un successo conseguito insieme ad altri che da un successo individuale.	____	____
6. Il lavoro di gruppo è una perdita di tempo se non tutti danno il proprio contributo.	____	____
7. Mi sento a mio agio quando lavoro con altre persone, anche quando siamo in disaccordo.	____	____
8. Preferisco fare affidamento su me stesso piuttosto che sugli altri nello svolgimento di un lavoro o di un compito.	____	____

Punteggio: Assegnatevi un punto per ciascuna affermazione dispari alla quale avete risposto "Più sì che no" e un punto per ciascuna affermazione pai alla quale avete risposto "Più no che sì". Il punteggio finale indica se preferite il lavoro di gruppo oppure il lavoro individuale. Se avete totalizzato da zero a due punti, mostrate una netta preferenza per il lavoro individuale; se il vostro punteggio è pari o superiore a sette, mostrate una preferenza per il lavoro di gruppo; infine, un punteggio compreso fra tre e sei indica che lavorate bene sia con gli altri sia da soli.

Interpretazione: A seconda delle vostre preferenze, il lavoro di gruppo può essere frustrante o, al contrario, stimolante. Lavorando in gruppo, perdete parte della vostra autonomia e talvolta siete costretti a fare affidamento su persone che potrebbero impegnarsi meno di voi; inoltre, dovete lavorare tramite altri, con una perdita di controllo sulle procedure e i risultati lavorativi. D'altro canto, i team possono raggiungere risultati che superano di gran lunga quelli ottenibili da un individuo e lavorare con altri può portare grandi soddisfazioni. Se mostrate una netta preferenza per il lavoro individuale, molto probabilmente vi adatterete meglio in una struttura funzionale caratterizzata da gerarchia verticale o in un ruolo da collaboratore singolo. Se invece preferite il lavoro di gruppo, siete adatti a un ruolo di collegamento orizzontale, come membro di una task force o come integratore, e vi sentireste a vostro agio in una struttura organizzativa orizzontale o a matrice.

Fonte: Group & Organization Management di Stark, Shaw, Duffy. Copyright 2007, Sage Publications Inc. Journals. Riproduzione autorizzata da Sage Publication Inc. Journal nel formato Other Book mediante Copyright Clearance Center.

Coordinamento relazionale

Il livello più alto di coordinamento orizzontale indicato in Figura 3.6 è il **coordinamento relazionale**, cioè "la comunicazione frequente, tempestiva e orientata al problem solving ottenuta mediante rapporti umani basati su obiettivi e conoscenze condivise e rispetto reciproco."[36] Il coordinamento relazionale non è una struttura o un meccanismo come gli altri elementi riportati in figura, ma appartiene al tessuto e alla cultura organizzativi. In un'organizzazione con un grado elevato di coordinamento relazionale, le informazioni circolano liberamente tra unità funzionali diverse, si condividono le conoscenze e si risolvono i problemi attraverso l'interazione costante. Il coordinamento si ottiene tramite una rete di rapporti interpersonali positivi, anziché mediante ruoli o meccanismi di coordinamento formali,[37] e sono i dipendenti a coordinarsi e a collaborare direttamente tra unità funzionali diverse.

Per far crescere il coordinamento relazionale nel tessuto organizzativo occorre l'intervento attivo dei manager. Questi ultimi sono chiamati a investire in attività formative mirate allo sviluppo delle capacità necessarie per l'interazione e la risoluzione dei conflitti inter-funzionali, costruire la fiducia e la credibilità mostrandosi attenti al personale e coltivare rapporti basati su obiettivi condivisi, togliendo enfasi agli obiettivi delle singole unità. Anziché essere soggetti a rigide norme nell'esecuzione dei compiti, i dipendenti possono operare con flessibilità e offrire il proprio contributo laddove è necessario; i sistemi di ricompensa si basano sull'operato e i successi dei team. La sfera di controllo dei supervisori di prima linea è limitata, per consentire loro di instaurare stretti rapporti di collaborazione con i subordinati e fungere da coach e mentori. Inoltre, i manager creano precisi ruoli inter-funzionali mirati a favorire ulteriormente il coordinamento. La Southwest Airlines fornisce un valido esempio di questo coordinamento.

IN PRATICA

Southwest Airlines

Uno fra i tanti compiti impegnativi che le compagnie aeree si trovano a dover affrontare e che si ripropone centinaia di volte al giorno è assicurare che gli aerei vengano caricati e decollino in modo sicuro e nei tempi previsti. La partenza degli aerei è un processo estremamente complesso, che richiede che numerosi dipendenti di varie unità (gestori di biglietteria, piloti, assistenti di volo, addetti ai bagagli, addetti ai gate, meccanici, addetti alle scale mobili, addetti al rifornimento ecc.) svolgano molteplici compiti in un lasso di tempo estremamente limitato, in condizioni imprevedibili e in continuo cambiamento. Senza un rigido coordinamento di questi gruppi, difficilmente si avrebbero partenze puntuali.

La Southwest Airlines vanta il più rapido *turnaround time* nel settore, in parte perché il management promuove il coordinamento relazionale per raggiungere una performance ottimale in termini di puntualità e un elevato livello di soddisfazione della clientela. In qualsiasi compagnia aerea, in caso di ritardi delle partenze, possono nascere grosse controversie fra i vari dipendenti in merito a chi debba addossarsene la colpa. Per questo motivo il management della Southwest ha creato il cosiddetto "ritardo di squadra": quando qualcosa non va nel verso giusto, piuttosto che andare alla ricerca del colpevole, la compagnia chiama in causa il "ritardo di squadra" per rilevare i problemi di coordinamento fra i vari gruppi. Così facendo, ciascuno ha modo di concentrarsi sugli obiettivi condivisi di puntualità nelle partenze, accurata gestione dei bagagli e soddisfazione della clientela. Dal momento che il ritardo diventa un problema di squadra, i dipendenti sono motivati a lavorare a stretto contatto e a coordinare le loro attività, piuttosto che a guardarsi intorno per cercare di trovare il colpevole, di evitare la colpa o di attribuirla ad altri. I supervisori lavorano a stretto contatto con i dipendenti, ma il loro ruolo non è tanto quello di "fare il capo", quanto piuttosto di facilitare la crescita professionale e aiutare i dipendenti a svolgere il proprio mestiere. Presso la Southwest, ciascun supervisore si occupa di un numero estremamente esiguo di dipendenti, in rapporto di uno a otto/nove. In tal modo egli ha il tempo per preparare e assistere i dipendenti, considerati una sorta di clienti interni.[38]

Utilizzando pratiche che facilitano il coordinamento relazionale, il management della Southwest assicura che tutte le unità coinvolte nella partenza degli aerei siano ben coordinate. In presenza di un grado elevato di coordinamento, i lavoratori si scambiano informazioni e coordinano le rispettive attività spontaneamente.

Il generale statunitense David M. Rodriguez, primo comandante della International Security Assistance Force Joint Command e vicecomandante delle truppe statunitensi impegnate in Afghanistan, ha cercato di favorire il coordinamento relazionale tra i vertici militari statunitensi e afghani, i comandanti di grado inferiore, i leader civili e non solo. Il suo centro operativo sembrava quasi una sala stampa dove i presenti comunicavano e si scambiavano liberamente informazioni. Le linee guida emanate dagli ufficiali di grado più elevato venivano riviste da capitani e sergenti più in basso nella scala gerarchica. Rodriguez è convinto che le persone devono "lavorare insieme e comprendere come massimizzare l'efficacia del team". Si è impegnato al massimo per instaurare rapporti basati sulla fiducia e il rispetto reciproci e su obiettivi e impegni condivisi. "Abbiamo chiesto di essere ritenuti responsabili delle nostre azioni e abbiamo assunto lo stesso atteggiamento nei confronti degli afghani in una sorta di responsabilità condivisa," ha spiegato Rodriguez in un'intervista.[39] Sia in ambito militare che negli affari, la fiducia si rafforza a tutto vantaggio della conoscenza e della collaborazione quando i leader costruiscono rapporti solidi.

Alternative di progettazione organizzativa

La progettazione generale della struttura organizzativa evidenzia tre cose: le attività di lavoro necessarie, le relazioni di reporting e i raggruppamenti delle unità organizzative.

Attività di lavoro necessarie

Le unità organizzative sono create al fine di svolgere compiti considerati strategicamente importanti per l'azienda. In una tipica azienda manifatturiera, per esempio, le attività di lavoro includono una gamma di funzioni che aiutano l'organizzazione a raggiungere i suoi obiettivi, come un'unità risorse umane per reclutare e formare i dipendenti, un'unità acquisti per ottenere le forniture e le materie prime, un'unità produzione per fabbricare il prodotto e un'unità vendite per venderlo. Quando l'organizzazione cresce in dimensioni e complessità, i manager rilevano la necessità di svolgere un numero sempre maggiore di funzioni. La definizione di nuove posizioni, unità o divisioni è in genere un modo per svolgere nuovi compiti ritenuti preziosi dall'organizzazione. Per esempio, dopo il disastro ambientale causato dall'affondamento della piattaforma petrolifera Deepwater Horizon, la BP ha creato una nuova divisione incaricata della sicurezza.

Relazioni di reporting

Una volta definite le attività di lavoro e le unità organizzative necessarie, la questione successiva riguarda come queste attività e queste unità debbano inserirsi all'interno della gerarchia organizzativa. Le relazioni di reporting, spesso chiamate "catena di comando", vengono rappresentate in un organigramma da linee verticali. La catena di comando è costituita da una linea di autorità senza soluzione di continuità che collega ogni persona nell'organizzazione e mostra chi riporta a chi. In un'organizzazione di grandi dimensioni come General Electric, L'Oreal o Microsoft potrebbero essere necessari un centinaio di organigrammi o più per identificare le relazioni di reporting che collegano migliaia di dipendenti. L'identificazione delle unità organizzative e le relazioni di reporting definiscono il modo in cui i dipendenti devono essere raggruppati nelle unità.

Opzioni per il raggruppamento delle attività

Le opzioni per il raggruppamento delle attività, che comprendono i raggruppamenti funzionale, divisionale, multifocalizzato, orizzontale e a rete, sono illustrate in Figura 3.7. Il **raggruppamento delle attività** ha effetti sui dipendenti poiché in questo modo essi condividono un supervisore comune, risorse comuni, sono congiuntamente responsabili per un risultato e tendono a identificarsi e a collaborare gli uni con gli altri.[40]

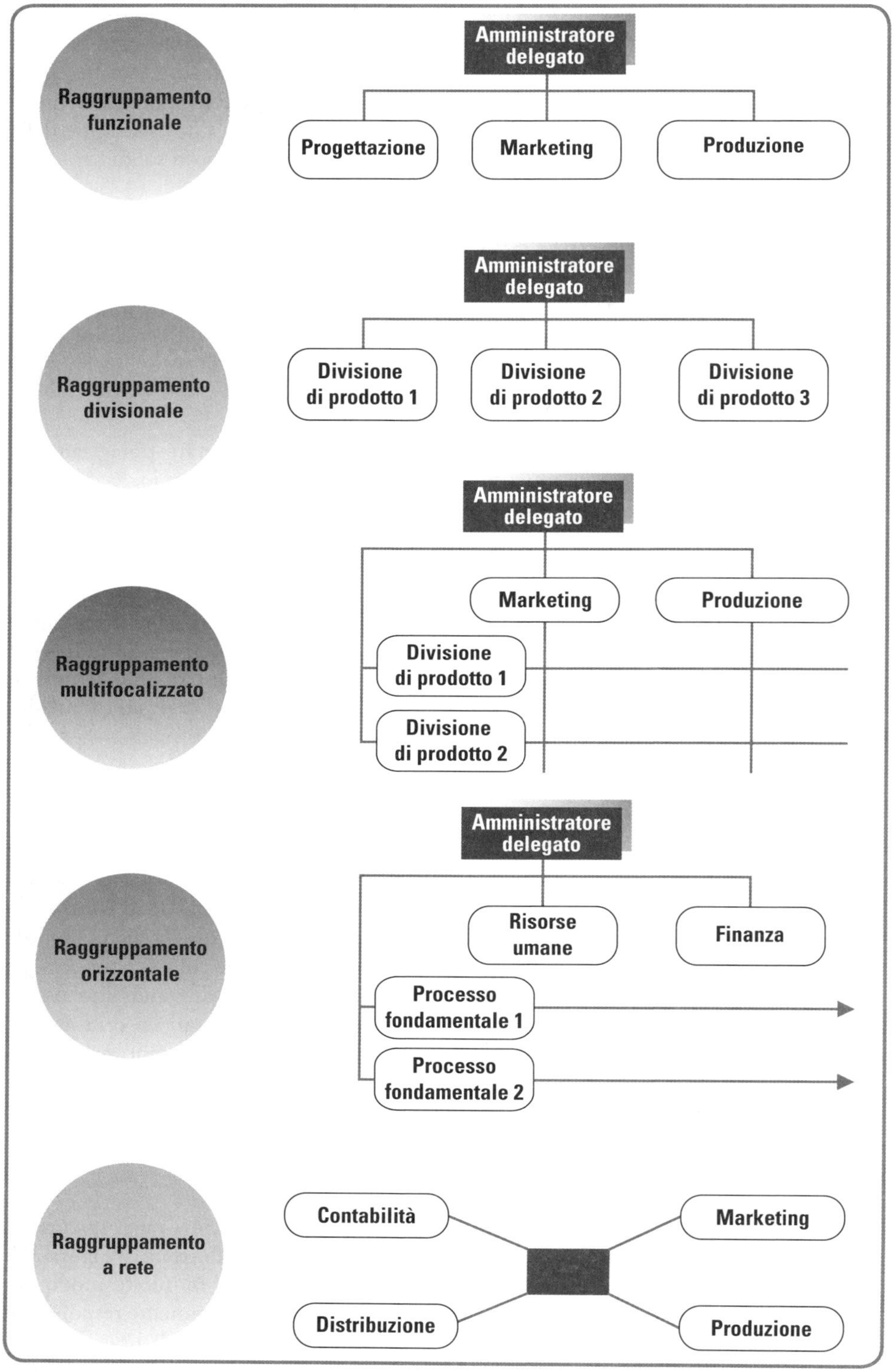

Figura 3.7 Opzioni di progettazione strutturale per il raggruppamento delle attività
Fonte: adattato da David Nadler, Michael Tushman, *Strategic Organization Design* (Glenview, IL.: Scott Foresman, 1988), 68.

Il **raggruppamento funzionale** mette insieme dipendenti che svolgono funzioni o processi simili o che concentrano conoscenze e capacità analoghe. In quest'ottica, per esempio, tutte le persone che si occupano di marketing lavorano insieme sotto lo stesso supervisore, così come tutte quelle che lavorano nella produzione, nelle risorse umane e nella progettazione; in un'azienda che opera online, tutte le persone coinvolte nella manutenzione del sito possono essere raggruppate in un'unica unità organizzativa, mentre in un'azienda impegnata nella ricerca scientifica tutti i chimici possono essere raggruppati in un'unità distinta rispetto ai biologi, perché i due gruppi rappresentano discipline diverse.

Il **raggruppamento divisionale** sta a indicare che le persone vengono organizzate in base a ciò che l'organizzazione produce. Tutte le persone necessarie per la produzione di pasta dentifricia – inclusi gli addetti al marketing, alla produzione e alle vendite – sono raggruppati insieme sotto un unico dirigente. Nelle grandi aziende come la Time Warner Corporation alcune linee di prodotti o servizi possono costituire business indipendenti, come Warner Brothers Entertainment (film e video), Time Inc. (editore di riviste come *Sports Illustrated*, *Time* e *People*) e Turner Broadcasting (reti televisive via cavo).

Con il **raggruppamento multifocalizzato** l'organizzazione adotta simultaneamente due o più alternative di raggruppamento strutturale. Questi modelli di struttura sono spesso chiamati *matrici* o *forme ibride*, e verranno trattati in maggior dettaglio più avanti in questo capitolo. Un'organizzazione può aver bisogno di effettuare raggruppamenti simultaneamente per funzione e divisione di prodotto oppure di utilizzare una combinazione delle caratteristiche di molteplici opzioni strutturali.

Il **raggruppamento orizzontale** consiste nell'organizzare i dipendenti intorno ai processi di lavoro fondamentali, ai lavori contigui e ai flussi di informazioni e materiali che creano direttamente valore per i clienti. Tutti coloro che lavorano all'interno di un processo chiave vengono messi insieme in un gruppo piuttosto che essere tenuti separati in unità funzionali. Per esempio, negli uffici locali della Occupational Safety and Health Administration le istanze avanzate dai lavoratori statunitensi riguardo a questioni di salute e sicurezza sul lavoro vengono gestite da gruppi di lavoratori che rappresentano funzioni differenti, piuttosto che da addetti specializzati che si dividono il lavoro a seconda dell'area specifica.[41]

Il **raggruppamento a rete** è l'approccio più recente al raggruppamento delle attività. In questa prospettiva, l'organizzazione è un gruppo di componenti separate debolmente collegate tra loro. Fondamentalmente, le unità sono organizzazioni distinte e collegate elettronicamente per condividere le informazioni necessarie allo svolgimento delle attività. Le unità possono essere sparse in tutto il mondo anziché essere situate in un'unica locazione geografica.

I modelli organizzativi descritti in Figura 3.7 mostrano le opzioni generali nell'ambito delle quali viene redatto l'organigramma e viene progettata in dettaglio la struttura. Ogni alternativa di progettazione è caratterizzata da significativi punti di forza e di debolezza, che vengono esaminati qui di seguito.

Strutture funzionali, divisionali e per area geografica

Il raggruppamento funzionale e quello divisionale sono i due approcci più comuni alla progettazione strutturale.

Struttura funzionale

In una **struttura funzionale**, detta anche U-form (unitaria), le attività vengono raggruppate in base a una funzione comune, dalla base fino al vertice dell'organizzazione.[42] Tutti i progettisti sono localizzati nell'unità di progettazione e il vicepresidente progettazione è responsabile per tutte le attività in questione. Lo stesso accade per il marketing, la ricerca e sviluppo e la produzione. Un esempio di struttura organizzativa funzionale è stato fornito precedentemente in questo capitolo in Figura 3.1.

Mediante una struttura funzionale, tutte le conoscenze e le capacità umane riguardo a specifiche attività vengono consolidate, fornendo all'organizzazione una preziosa conoscenza approfondita. Questa struttura è maggiormente efficace quando la profondità dell'esperienza è critica per il raggiungimento degli obiettivi organizzativi, quando l'organizzazione necessita di essere controllata e coordinata attraverso la gerarchia e quando l'efficienza riveste un ruolo importante; questa struttura può essere abbastanza efficace se c'è poco bisogno di coordinamento orizzontale. In Figura 3.8 sono riassunti i punti di forza e di debolezza della struttura funzionale.

Punti di forza	Punti di debolezza
1. Facilita le economie di scala all'interno delle unità funzionali	1. Tempo di risposta lento di fronte ai cambiamenti ambientali
2. Permette lo sviluppo di conoscenze e capacità approfondite	2. Può causare un accumulo di decisioni al vertice e il sovraccarico della gerarchia
3. Permette all'organizzazione di conseguire obiettivi funzionali	3. Porta a uno scarso coordinamento orizzontale tra le unità organizzative
4. È da preferire in presenza di un solo prodotto o pochi prodotti	4. Si traduce in una minore innovazione
	5. Implica una visione ristretta degli obiettivi organizzativi

Figura 3.8
Punti di forza e di debolezza della struttura organizzativa funzionale
Fonte: Organizational Dynamics di Duncan. Copyright 1979 di Elsevier Science & Technology Journals. Riproduzione autorizzata da Elsevier Science & Technology Journals nel formato Other Book mediante Copyright Clearance Center.

Un punto di forza della struttura funzionale è che essa promuove il raggiungimento di economie di scala all'interno delle varie funzioni. La presenza di economie di scala significa che tutti i dipendenti si trovano nello stesso luogo e possono condividere le stesse risorse. Realizzare tutti i prodotti in uno stesso stabilimento, per esempio, permette l'acquisizione da parte dello stesso dei macchinari più avanzati. Costruire un unico stabilimento invece di stabilimenti separati per ogni linea di prodotto riduce le duplicazioni e gli sprechi. La struttura funzionale facilita anche lo sviluppo delle capacità da parte dei dipendenti; questi ultimi sono infatti messi a contatto con un insieme di attività funzionali nell'ambito della loro unità di appartenenza.[43] Un esempio interessante proviene dall'India, dove il dott. Devi Shetty gestisce una clinica dove vengono effettuati interventi a cuore aperto a un costo pari a circa il 10 per cento di quello degli ospedali degli Stati Uniti, pur senza perdere in termini di qualità, applicando procedure operative standardizzate e i principi della produzione di massa.

> **IN PRATICA**
> **Narayana Hrudayalaya Hospital**
>
> Certo a nessuno verrebbe in mente di trovarsi su una catena di montaggio entrando in sala operatoria per subire un intervento al cuore, eppure il dott. Devi Shetty, nei primi anni Novanta cardiochirurgo di Madre Teresa di Calcutta, offre cure mediche all'avanguardia a un costo nettamente inferiore rispetto agli Stati Uniti applicando i principi della produzione di massa di Henry Ford. Lavorando sui grossi volumi, il dott. Shetty riesce infatti a tagliare i costi.
> "Ciò di cui ha bisogno la sanità è un'innovazione di processo, non di prodotto," egli sostiene. Quando vi è la possibilità di suddividere i servizi in precise fasi, i dipendenti possono seguire regole e procedure stabilite quando devono ripetere continuamente lo stesso compito, in linea con la tendenza verso i cosiddetti *lean services*, che puntano a migliorare qualità ed efficienza a partire dalla progettazione del lavoro. "Nella sanità, non si può fare una cosa sola e ridurre il prezzo," sostiene il dott. Shetty. "Dobbiamo fare mille piccole cose."
> Quando è possibile standardizzare i servizi, una struttura funzionale solida e centralizzata può risultare efficace. Dal momento che i chirurghi effettuano numerosi interventi al cuore, acquisiscono una competenza sempre maggiore. L'ospedale registra un tasso di mortalità dell'1,4 per cento a trenta giorni da una delle più comuni procedure, rispetto a una media dell'1,9 per cento negli Stati Uniti.[44]

La struttura funzionale è ciò che si addice al Narayana Hrudayalaya Hospital. L'organizzazione ha scelto di rimanere di medie dimensioni e di focalizzarsi su poche procedure.

Il principale punto di debolezza della struttura funzionale è la lentezza di risposta a cambiamenti ambientali che richiedano un coordinamento tra le unità organizzative. La gerarchia viene sovraccaricata, le decisioni da prendere si accumulano e i top manager non reagiscono in maniera sufficientemente rapida. Altri svantaggi sono rappresentati dalla lentezza dell'innovazione, a causa dello scarso coordinamento, e dalla limitata visione che i dipendenti hanno degli obiettivi generali.

Struttura funzionale con collegamenti orizzontali

Alcune organizzazioni funzionano in maniera estremamente efficace con una struttura funzionale e l'organizzazione per funzioni è ancora l'approccio prevalente alla progettazione organizzativa.[45] Tuttavia, nel mondo in rapido mutamento in cui operano oggi, pochissime aziende possono sperare di avere successo mantenendo una struttura strettamente funzionale. Per esempio, presso la Watershed Asset Management vige la suddivisione delle mansioni (legale, amministrativa e di investimento ecc.), ma per assicurare il coordinamento e la collaborazione, la fondatrice Meridee A. Moore fa sedere tutti in un grande open space. "Poco viene filtrato o schermato," dice. "Quando lavoriamo su qualcosa c'è un grande viavai."[46] Nel caso di un'organizzazione di piccole dimensioni, questo coordinamento informale funziona bene, ma quando esse acquisiscono dimensioni maggiori, di solito necessitano di meccanismi più forti di collegamento orizzontale.

Le organizzazioni compensano la gerarchia funzionale verticale instaurando collegamenti orizzontali, come descritto in precedenza in questo capitolo. I manager migliorano il coordinamento orizzontale utilizzando i sistemi informativi, i ruoli di collegamento, gli integratori full-time o i project manager (si veda Figura 3.4), le task force o i team (si veda Figura 3.5) e creando le condizioni favorevoli per il coordinamento relazionale. Un utilizzo interessante dei collegamenti orizzontali è rintracciabile al Karolinska Hospital di Stoccolma, in Svezia, che aveva ben 47 unità funzionali. Anche dopo la loro riduzione a undici da parte del vertice, il livello di coordinamento era ancora inadeguato. Il vertice decise allora di riorganizzare il flusso operativo dell'ospedale intorno al servizio al paziente. Invece di spostare continuamente il paziente da un reparto all'altro, il Karolinska immagina ora il periodo che va dalla malattia al ricovero come un processo caratterizzato da "pit stop" in accettazione, in radiologia, in chirurgia e così via. L'aspetto più interessante dell'approccio è la nuova posizione del coordinatore degli infermieri, che agisce da integratore full-time, mediando le transizioni all'interno dei reparti o tra gli stessi. Un migliore coordinamento orizzontale ha incrementato notevolmente la produttività e il servizio al paziente al Karolinska.[47] Il Karolinska utilizza efficacemente i collegamenti orizzontali per superare alcuni degli svantaggi della struttura funzionale.

Struttura divisionale

Attraverso la **struttura divisionale**, denominata anche M-form (multi-divisionale), si possono organizzare divisioni separate in forma decentrata, ciascuna responsabile di singoli prodotti, servizi, gruppi di prodotti, progetti o programmi principali, divisioni, business o centri di profitto.[48] Questa struttura viene anche denominata struttura per prodotto o struttura per funzioni strategiche. Il tratto distintivo della struttura divisionale è il fatto che il raggruppamento è basato sugli output dell'organizzazione. Per esempio, il LEGO Group è passato da una struttura funzionale a una divisionale con tre divisioni di prodotti: i grandi mattoncini DUPLO destinati ai più piccoli, le costruzioni LEGO e una terza categoria per altre forme di materiali da gioco di qualità LEGO come i gioielli da poter costruire. Ciascuna divisione conteneva le unità funzionali necessarie per la specifica linea di giocattoli.[49] La United Technologies Corporation (UTC), una delle 50 maggiori aziende manifatturiere statunitensi, si articola in numerose divisioni, tra cui Carrier (impianti di climatizzazione e riscaldamento), Otis (ascensori e scale mobili), Pratt & Whitney (motori per aeromobili) e Sikorsky (elicotteri).[50] L'azienda cinese operante nel settore dell'e-commerce Taobao è suddivisa in tre divisioni e ciascuna offre un servizio diverso: collegamento tra singoli venditori e acquirenti, mercato per le aziende della distribuzione e servizio di ricerca sui siti di e-commerce cinesi per gli utenti.[51]

Man mano che diventano più complesse, le organizzazioni tendono a passare da una struttura funzionale a una divisionale.[52] La differenza tra una struttura divisionale e una struttura funzionale è illustrata in Figura 3.9. La struttura funzionale può essere riprogettata per gestire gruppi di prodotti separati, ove ogni gruppo contiene le unità funzionali di ricerca e sviluppo, produzione, amministrazione e marketing. Il coordinamento tra le unità funzionali nell'ambito di uno stesso gruppo di prodotti è massimizzato. La struttura divisionale promuove la flessibilità e il cambiamento poiché ogni unità è più piccola e si può adattare ai bisogni dell'ambiente; inoltre, la struttura divisionale *decentralizza* il processo decisionale, dal momento che le linee di autorità convergono a un livello più basso nella gerarchia. La struttura funzionale, di contro, è *centralizzata*, poiché incanala forzatamente le decisioni fino a raggiungere il vertice, prima che un problema che coinvolge diverse funzioni possa essere risolto.

I punti di forza e di debolezza della struttura divisionale sono riassunti in Figura 3.10. Il modello di struttura organizzativa divisionale è eccellente per ottenere il coordinamento tra unità funzionali; funziona bene quando le organizzazioni non possono più essere controllate adeguatamente attraverso la gerarchia e quando gli obiettivi sono orientati verso l'adattamento e il cambiamento. Organizzazioni colossali e complesse come la General Electric, la Time Warner e la Johnson & Johnson sono suddivise in una serie di organizzazioni più piccole e autonome ai fini di un migliore controllo e coordinamento. In queste grandi e complesse aziende le unità vengono a volte chiamate divisioni, business o strategic business unit. La Johnson & Johnson è organizzata in tre grandi business unit (Largo consumo, Medicale e diagnostico e Farmaceutico) e all'interno di ciascuna esistono 250 unità operative separate in 57 paesi.[53] Anche alcune organizzazioni governative utilizzano la struttura divisionale. Un esempio è dato dall'Internal Revenue Service, l'agenzia statunitense per la riscossione delle imposte. Cercando un maggiore "orientamento al cliente", l'agenzia ha spostato il proprio focus sulle attività di informazione, educazione e servizio al pubblico attraverso quattro divisioni separate rivolte a gruppi diversi di contribuenti: singoli contribuenti, piccole imprese, grandi imprese e organizzazioni esentasse. Ogni divisione ha un proprio budget, personale, linee guida e uno staff di pianificazione rivolto a individuare le soluzioni migliori per ogni particolare fascia di contribuenti.[54]

La struttura divisionale ha molti punti di forza.[55] Si tratta di una struttura adatta al rapido cambiamento e a un ambiente instabile, che offre una forte visibilità del prodotto o del servizio. Dal momento che a ogni prodotto corrisponde una divisione distinta, i clienti sono in grado di contattare la divisione giusta e di vedere soddisfatte le proprie necessità.

Figura 3.9
Riorganizzazione da una struttura funzionale a una struttura divisionale alla Info-Tech.

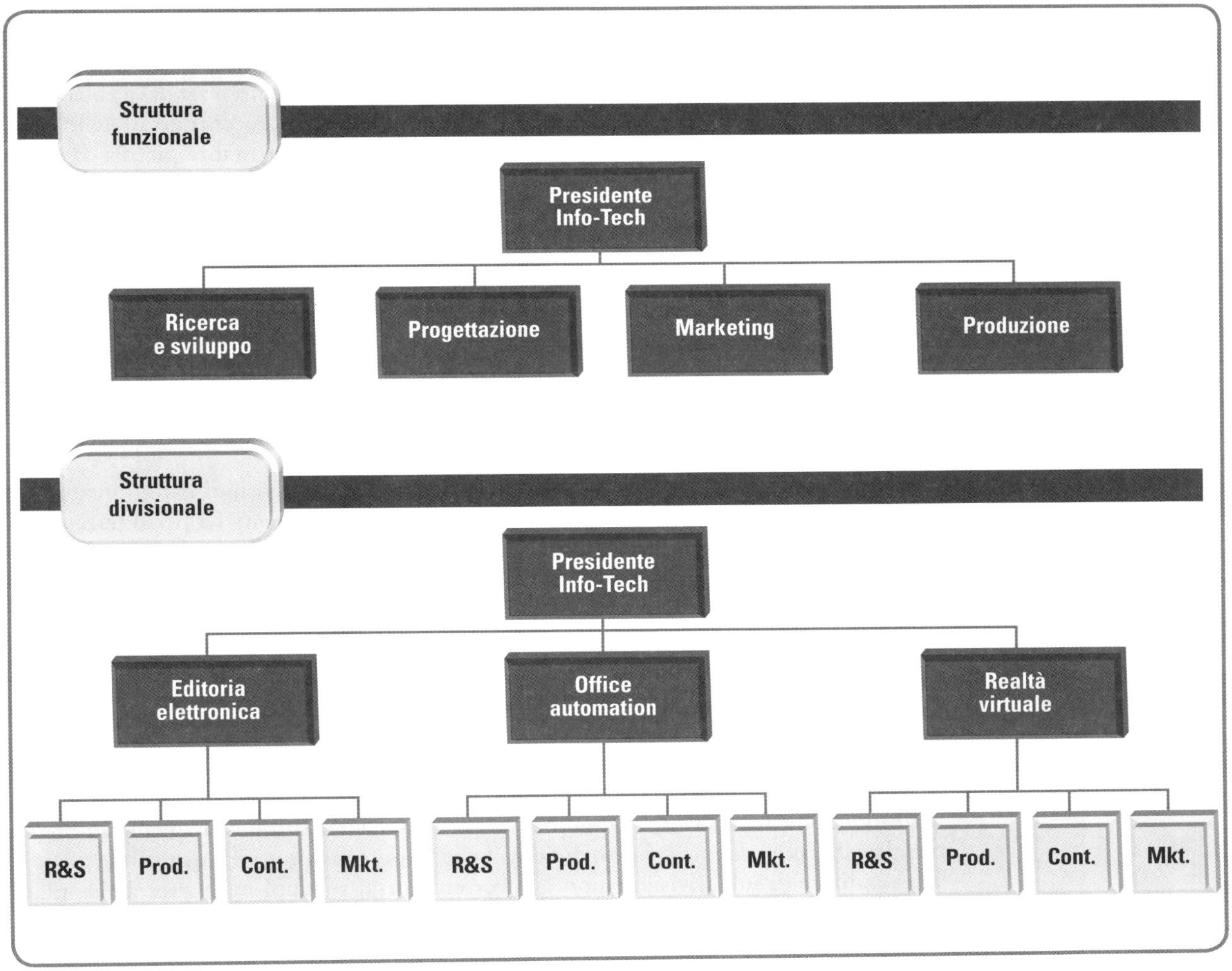

Punti di forza	Punti di debolezza
1. È indicata in caso di rapidi cambiamenti in un ambiente instabile	1. Elimina le economie di scala nelle unità funzionali
2. Porta alla soddisfazione del cliente perché le responsabilità sul prodotto e i punti di contatto sono chiari	2. Porta a uno scarso coordinamento tra le linee di prodotto
3. Genera un alto grado di coordinamento tra le funzioni	3. Elimina l'approfondimento delle competenze e la specializzazione tecnica
4. Permette alle unità di adattarsi a differenze di prodotto, geografiche, di clientela	4. Rende difficili l'integrazione e la standardizzazione tra linee di prodotto
5. È da preferire in organizzazioni di grandi dimensioni con molti prodotti	
6. Decentralizza il processo decisionale	

Figura 3.10
Punti di forza e di debolezza della struttura organizzativa divisionale
Fonte: Organizational Dynamics di Duncan. Copyright 1979 di Elsevier Science & Technology Journals. Riproduzione autorizzata da Elsevier Science & Technology Journals nel formato Other Book mediante Copyright Clearance Center.

Il coordinamento tra le funzioni è eccellente. Ogni prodotto può essere adattato alle esigenze di singoli clienti o di aree geografiche. La struttura divisionale funziona al meglio, tipicamente, in organizzazioni che hanno molteplici prodotti o servizi e abbastanza personale da potersi permettere unità funzionali separate. Il processo decisionale viene portato in basso, al livello delle divisioni. Ogni divisione è abbastanza piccola da essere veloce e reagire rapidamente ai cambiamenti del mercato.

Uno svantaggio dell'utilizzo di una struttura divisionale, per contro, è la perdita da parte dell'organizzazione delle economie di scala: invece di avere cinquanta ingegneri ricercatori che condividono risorse comuni all'interno di una struttura funzionale, a ciascuna di cinque divisioni di prodotto possono essere assegnati dieci ingegneri. La massa critica necessaria per una consistente attività di ricerca viene persa e le strutture fisiche devono essere duplicate per ogni linea di prodotto. Un altro problema è che le linee di prodotto vengono separate le une dalle altre, e il coordinamento tra di loro può risultare difficile. Come riportato da un dirigente della Johnson & Johnson: "Dobbiamo ricordare continuamente a noi stessi che lavoriamo per la stessa azienda".[56]

Alcune grandi aziende strutturate in un gran numero di divisioni hanno incontrato grandi problemi nel coordinamento tra le diverse unità. La Sony ha perso terreno nel settore dei supporti musicali a vantaggio della Apple anche a causa di uno scarso coordinamento. Con il lancio del suo iPod, la Apple ha rapidamente conquistato il 60 per cento del mercato statunitense, lasciando alla Sony il 10 per cento. Nel mercato della musica digitale è essenziale un coordinamento senza soluzioni di continuità, ma il Walkman della Sony non riconosceva neppure alcuni dei file musicali che potevano essere realizzati con il software SonicStage (della stessa Sony), e dunque non si combinava adeguatamente con l'offerta della divisione che vende musica online.[57] Se non si mettono a punto efficaci meccanismi di coordinamento orizzontale, una struttura divisionale può rivelarsi dannosa per la performance complessiva. Può accadere, per esempio, che la divisione software realizzi programmi o prodotti non compatibili con quelli venduti da un'altra divisione, come nel caso di Sony. I clienti possono provare frustrazione quando un venditore di una divisione non è al corrente degli sviluppi nelle altre divisioni. Si rendono perciò necessari task force e altri meccanismi di collegamento orizzontale per ottenere un coordinamento tra le divisioni. Una certa mancanza di specializzazione tecnica è un altro problema che si può presentare in una struttura divisionale, perché i dipendenti si identificano con la linea di prodotto piuttosto che con una specializzazione funzionale. Il personale della ricerca e sviluppo, per esempio, tende a svolgere ricerca applicata per creare benefici alla linea di prodotto piuttosto che fare ricerca di base per creare benefici all'intera organizzazione.

Il ritardo nell'entrata nei redditizi mercati degli smartphone e dei tablet da parte della Microsoft è stato attribuito al cattivo coordinamento e all'inefficiente collaborazione fra le varie divisioni, tant'è vero che il top management sta cercando di mettere riparo con una massiccia, ma complicata, riorganizzazione.

IN PRATICA

Microsoft

La Microsoft sta incontrando notevoli difficoltà a stare al passo con Apple e Google: mentre queste ultime introducevano nuovi entusiasmanti prodotti sul mercato, Microsoft "stava diventando l'equivalente high-tech di una casa automobilistica di Detroit, tirando fuori dalle catene di montaggio versioni più attuali degli stessi vecchi modelli." Una delle importanti ragioni è il fatto che le divisioni dell'azienda si sono fatte per lungo tempo la guerra l'una con l'altra. Tecnologie potenzialmente innovative per tablet e smartphone sono state distrutte, ritardate od ostacolate da lotte intestine e giochi di potere. Steven A. Ballmer, ex CEO storico della Microsoft, ha detto: "Per poter operare, da essere tante Microsoft dobbiamo passare a essere una sola."

L'alta dirigenza sta mettendo in atto una grande riorganizzazione, sciogliendo le otto divisioni di prodotto esistenti a favore di quattro unità basate su ampi temi che, si spera, favoriranno maggiore collaborazione e lavoro di squadra. L'obiettivo, ha detto Ballmer, è organizzare il tutto in modo tale da "guidare una squadra inter-aziendale verso il successo." Se dunque ciascuna divisione un tempo aveva le proprie unità di finanza e marketing, queste funzioni sono state centralizzate per costringere i gruppi a lavorare a più stretto contatto alla creazione di prodotti completi in cui tutto l'hardware, il software e i servizi funzionino insieme. Ogni importante iniziativa avrà un portavoce aziendale di livello elevato che si interfaccerà direttamente con il CEO, per assicurare che vi sia un corretto flusso di informazioni e per far sì che tutti operino nella stessa direzione.

In un'intervista telefonica, Qi Lu, a capo di Bing e di tutte le altre iniziative Internet da parte della Microsoft, ha detto che la vecchia struttura era simile al baseball, in quanto offriva ai singoli giocatori l'opportunità di fare la propria performance; un modello migliore per la nuova Microsoft sarebbe piuttosto il football americano: "Bisogna stringersi e consultarsi prima di ogni mossa."[58]

Rimane da capire se le divisioni della Microsoft per lungo tempo in lotta siano in grado di integrarsi e consultarsi, e di mettere il bene dell'intera azienda al di sopra dei loro singoli obiettivi. I problemi dell'azienda sono diventati talmente preoccupanti che, all'inizio di ottobre 2013, tre dei primi 20 azionisti hanno cominciato a fare pressioni sul C.d.A. perché spingesse Bill Gates a dimettersi come presidente dell'azienda che aveva cofondato 38 anni prima.[59] Probabilmente la Microsoft utilizzerà vari meccanismi strutturali per incoraggiare una maggiore collaborazione fra le quattro grandi unità e cercare di dare nuovi stimoli all'azienda.

Il problema del coordinamento e della collaborazione risulta ulteriormente amplificato a livello internazionale, in quanto le unità organizzative si differenziano non soltanto per obiettivi e attività lavorative, ma anche per distanza geografica, fuso orario, valori culturali e talvolta anche lingua. In che modo i manager possono assicurare che nella loro azienda vi siano i necessari coordinamento e collaborazione, a livello sia nazionale che globale? Il coordinamento è il risultato di informazione e cooperazione. I manager possono progettare sistemi e strutture, come si è detto in precedenza, per promuovere il coordinamento e la collaborazione orizzontale.

Struttura per area geografica

Un'altra base per il raggruppamento strutturale è costituita dagli utenti o clienti dell'organizzazione. La struttura più comune in questa categoria è quella per area geografica. Ogni regione della nazione può avere gusti e necessità distinte; ogni unità geografica include quindi tutte le funzioni necessarie per produrre e commercializzare prodotti o servizi in quella regione. Grandi organizzazioni non profit, come le Girl Scout, Habitat for Humanity, la Make-A-Wish Foundation e la United Way of America, utilizzano spesso una struttura per area geografica, con un quartier generale centrale e unità locali semiautonome. L'organizzazione nazionale garantisce la riconoscibilità del marchio, coordina la raccolta fondi e gestisce alcune funzioni amministrative, mentre il controllo quotidiano delle attività e le relative decisioni sono decentrate alle unità locali o regionali.[60] La Banca Mondiale, menzionata in apertura di capitolo, fa ricorso a un tipo complesso di struttura divisionale geografica, organizzata Paese per Paese, regione per regione. In ragione del cattivo coordinamento e della inefficiente collaborazione fra regioni diverse, Jim Yong Kim, assunta la carica di presidente nel 2012, ha pianificato una radicale riorganizzazione, progettando la struttura con 14 "pratiche globali", ivi incluse agricoltura, energia e istruzione, che prescindono dai vari progetti, dai fondi e dalle collocazioni geografiche della banca, con l'obiettivo di incoraggiare maggiori coordinazione e collaborazione.[61]

Nel caso delle aziende multinazionali vengono create unità autonome relativamente a diverse nazioni o parti del mondo. In Figura 3.11 viene presentata la possibile struttura geografica di un'azienda produttrice di computer. Tale struttura focalizza manager e dipendenti su specifiche aree geografiche e precisi obiettivi di vendita. Walmart Stores è organizzata per regioni geografiche, come Walmart Giappone, Walmart India, Walmart Brasile, Walmart Cina e Walmart Asia. Fino a poco tempo fa, le attività negli Stati Uniti

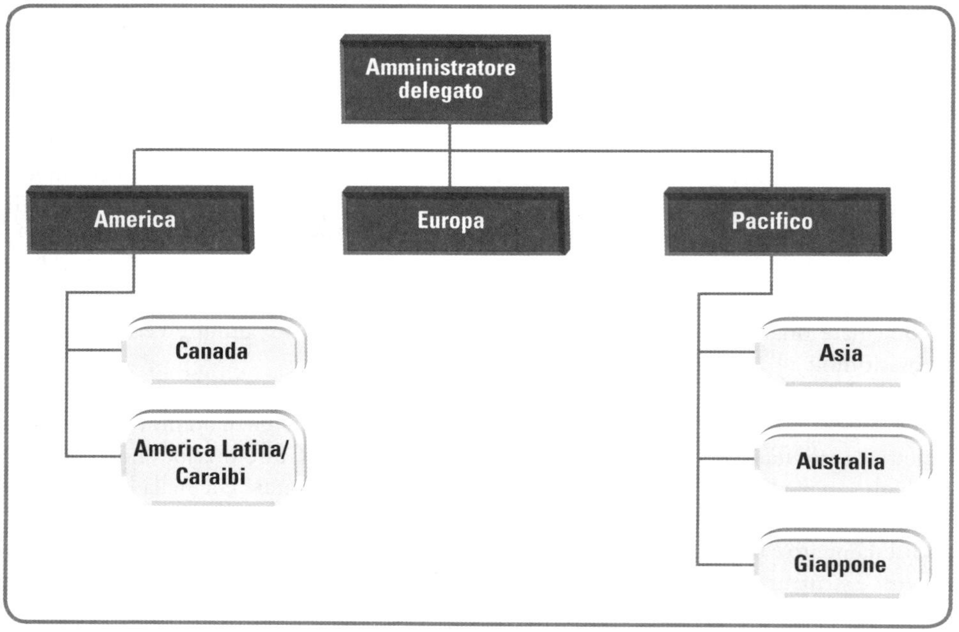

Figura 3.11
Struttura per aree geografiche di un'azienda di computer

erano prevalentemente organizzate per funzione, ma i manager hanno operato una ristrutturazione creando tre divisioni geografiche (West, South e North), rendendo l'assetto dell'organizzazione statunitense più somigliante a quello delle attività internazionali. La struttura per area geografica aiuta l'azienda a espandersi in nuovi mercati e a fare un uso più efficiente delle risorse.[62]

I punti di forza e di debolezza di una struttura divisionale per area geografica sono riconducibili alle caratteristiche dell'organizzazione divisionale elencate in Figura 3.10. Con questa soluzione l'organizzazione si può adattare agli specifici bisogni della propria regione e i dipendenti si identificano con obiettivi regionali piuttosto che con obiettivi nazionali. Viene inoltre enfatizzato il coordinamento orizzontale all'interno di una specifica regione piuttosto che i collegamenti tra regioni o con la sede nazionale. Per esempio, Jim Yong Kim, presidente della Banca Mondiale, ha detto: "Quando abbiamo chiesto ai tecnici quanto tempo passassero a fornire supporto ad altre regioni, hanno risposto meno dell'1 per cento."

Struttura a matrice

Talvolta una struttura organizzativa ha bisogno di essere multifocalizzata in modo che sia i prodotti sia le funzioni – ovvero sia i prodotti sia le aree geografiche – siano evidenziati nella stessa misura. Un modo per ottenere ciò è di ricorrere a una **struttura a matrice**.[63] La struttura a matrice può essere usata quando sia l'esperienza tecnica sia l'innovazione di prodotto e il cambiamento sono importanti per raggiungere gli obiettivi organizzativi, ed è la soluzione preferita quando le organizzazioni si trovano a constatare che né la struttura funzionale, né quella divisionale, né quella per aree geografiche o le loro combinazioni con meccanismi di collegamento orizzontale funzioneranno.

La matrice è un potente meccanismo di collegamento orizzontale. La caratteristica distintiva dell'organizzazione a matrice è che sia la divisione per prodotti sia la struttura funzionale (dimensione orizzontale e verticale rispettivamente) sono implementate simultaneamente, come mostrato in Figura 3.12. I manager dei prodotti e i manager delle funzioni hanno la stessa autorità all'interno dell'organizzazione e i dipendenti riportano a entrambi. La struttura a matrice è simile all'utilizzo degli integratori full time o dei product manager, come descritto precedentemente in questo capitolo (si veda Figura 3.4), eccetto il fatto che nella struttura a matrice ai product manager (dimensione orizzontale) viene data un'autorità formale pari a quella dei manager funzionali (dimensione verticale).

Condizioni per la matrice

Una gerarchia duale può sembrare un modo insolito per strutturare un'organizzazione, tuttavia la matrice è la struttura corretta quando si presentano le seguenti condizioni.[64]

- *Condizione 1.* Esiste una pressione a condividere risorse scarse tra le linee di prodotto. L'organizzazione è tipicamente di medie dimensioni e ha un moderato numero di linee di prodotto. Vi è la necessità di un utilizzo condiviso e flessibile delle persone e dei macchinari tra quei prodotti. Per esempio, l'organizzazione non è abbastanza grande da poter assegnare ingegneri a tempo pieno a ogni linea di prodotto, così questi vengono assegnati part-time a diversi prodotti o progetti.

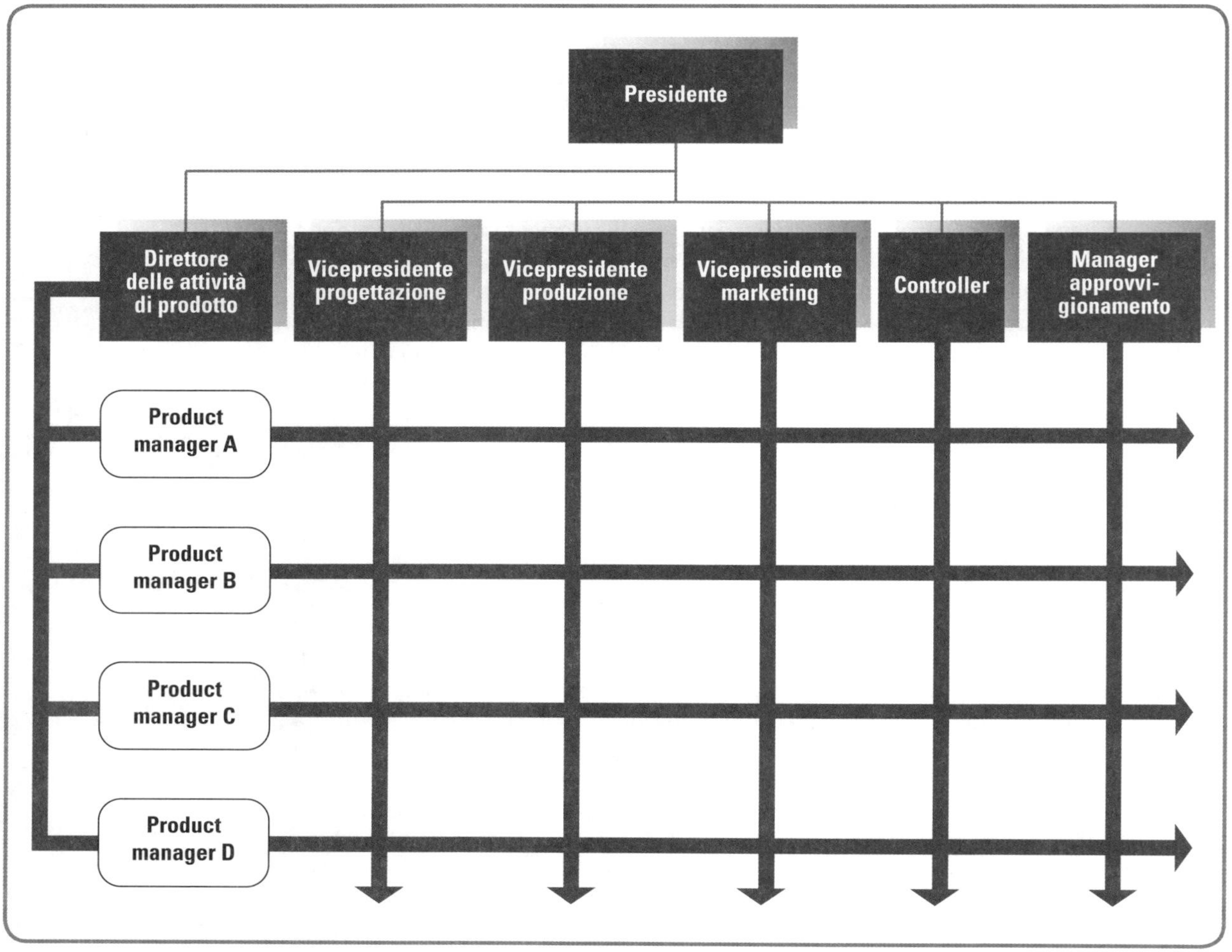

Figura 3.12
Struttura ad autorità duplice in un'organizzazione a matrice

- *Condizione 2.* Esiste una pressione ambientale verso due o più output critici, per esempio verso una conoscenza tecnica approfondita (struttura funzionale) e verso l'innovazione di prodotto (struttura divisionale). Questa duplice pressione implica il bisogno di un bilanciamento di potere tra il versante funzionale dell'organizzazione e quello del prodotto e si rende necessaria una struttura a duplice autorità per mantenere tale bilanciamento.
- *Condizione 3.* L'ambiente di riferimento dell'organizzazione è sia complesso sia incerto. Frequenti cambiamenti esterni e alta interdipendenza tra le unità richiedono un grande coordinamento e una consistente elaborazione di informazioni in direzione sia verticale sia orizzontale.

In presenza di queste tre condizioni, alle linee di autorità verticali e orizzontali deve essere attribuita uguale considerazione. Viene quindi creata una struttura a duplice autorità in modo che il bilanciamento di potere sia equo.

In riferimento ancora alla Figura 3.12, supponiamo che la struttura a matrice rappresentata si riferisca a un produttore di abbigliamento. Il prodotto A sono le calzature, il prodotto B i vestiti, il prodotto C gli indumenti intimi e così via; ogni linea di prodotto serve mercati e clienti diversi. Come organizzazione di medie dimensioni, l'azienda deve utilizzare in maniera efficace persone della produzione, della progettazione e del marketing per lavorare su ogni linea di prodotto. Non ci sono abbastanza progettisti per garantire un'unità di progettazione separata, cosicché i progettisti vengono condivisi dalle diverse linee di prodotto. Inoltre, mantenendo intatte le funzioni di produzione, progettazione e marketing, i dipendenti possono sviluppare l'esperienza approfondita necessaria per servire tutte le linee di prodotto in maniera efficiente.

La matrice formalizza allo stesso modo i gruppi orizzontali e la tradizionale gerarchia verticale e cerca di dare un giusto bilanciamento a entrambe le strutture, ma può spostarsi in una direzione o nell'altra. Molte aziende hanno trovato difficile realizzare e mantenere una matrice bilanciata, perché spesso un lato della struttura dell'autorità domina sull'altro. Riconoscendo questa tendenza, si sono sviluppate due varianti della struttura a matrice, la **matrice funzionale** e la **matrice per prodotto**. Nella prima, i capi delle funzioni hanno un'autorità maggiore e i manager di progetto o di prodotto coordinano semplicemente le attività relative al prodotto stesso; nella seconda, per contro, i manager di progetto o di prodotto hanno un'autorità maggiore e i manager delle funzioni assegnano semplicemente il personale tecnico ai progetti, fornendo competenze quando si rende necessaria una consulenza. Per molte organizzazioni uno di questi due approcci funziona meglio della matrice bilanciata con una duplice linea di autorità.[65]

La matrice è stata sperimentata da ogni tipo di organizzazione, compresi ospedali, società di consulenza, banche, compagnie assicurative, agenzie governative e molti tipi di aziende manifatturiere.[66] La struttura è stata utilizzata con successo in grandi aziende globali come la Ford Motor, la Procter & Gamble (P&G), la Unilever e la Dow Chemical, che hanno perfezionato la matrice per adattarla ai propri obiettivi e alla proprie specifiche culture.

Punti di forza e di debolezza

La struttura a matrice è da preferire quando il cambiamento ambientale è elevato e quando gli obiettivi riflettono una duplice necessità, come nel caso di obiettivi sia di prodotto sia funzionali. La struttura a duplice linea di autorità facilita la comunicazione e il coordinamento per affrontare il rapido cambiamento ambientale e permette un equo bilanciamento tra i manager di prodotto e di funzione. La matrice facilita l'adattamento a problemi inaspettati. È idonea soprattutto in organizzazioni di dimensioni limitate, con poche linee di prodotto; non è necessaria in presenza di un'unica linea di prodotto, e d'altra parte troppe linee di prodotto rendono difficile il coordinamento simultaneo in entrambe le direzioni. In Figura 3.13 sono riassunti i punti di forza e di debolezza della struttura a matrice sulla base di ciò che sappiamo circa le organizzazioni che la utilizzano.[67]

Il punto di forza della matrice è il fatto che permette all'organizzazione di far fronte a differenti domande della clientela nell'ambiente. Le risorse (persone, macchinari) possono essere allocate in maniera flessibile tra diversi prodotti e l'organizzazione può adattarsi a mutevoli esigenze esterne.[68] Inoltre, questa struttura offre un'opportunità ai dipendenti per acquisire sia capacità funzionali sia capacità di *general management*, in funzione dei loro interessi.

Punti di forza	Punti di debolezza
1. Realizza il coordinamento necessario per far fronte a richieste duali da parte dei clienti **2.** Assicura la condivisione flessibile delle risorse umane tra i prodotti **3.** Si adatta a decisioni complesse e cambiamenti frequenti in un ambiente instabile **4.** Offre opportunità per lo sviluppo di competenze sia funzionali sia di prodotto **5.** È da preferire in organizzazioni di media grandezza con molteplici prodotti	**1.** Espone i partecipanti a una duplice autorità, può creare confusione e risultare frustrante **2.** Implica che i partecipanti abbiano buone capacità interpersonali e ricevano una formazione approfondita **3.** Assorbe molto tempo: comporta frequenti riunioni e sessioni di risoluzione dei conflitti **4.** Non può funzionare se i partecipanti non la comprendono e non adottano relazioni collegiali anziché verticali **5.** Richiede grandi sforzi per mantenere un bilanciamento del potere

Figura 3.13 Punti di forza e di debolezza della struttura organizzativa a matrice
Fonte: adattato da Robert Duncan, "What Is the Right Organization Structure? Decision Tree Analysis Provides the Answer", *Organizational Dynamics* (Winter 1979): 429.

Uno svantaggio della matrice è invece costituito dal fatto che alcuni dipendenti sono sottoposti a una duplice autorità, rispondendo a due capi e talvolta trovandosi di fronte a richieste contrastanti; ciò può essere frustrante e generare confusione, specialmente se ruoli e responsabilità non sono chiaramente definiti dall'alta direzione.[69] Queste persone devono possedere eccellenti capacità interpersonali e di risoluzione dei conflitti, il che può richiedere una speciale formazione sulle relazioni umane. La matrice induce inoltre i manager a impiegare una grande quantità di tempo in riunioni.[70] Molti di coloro che lavorano in strutture a matrice affermano che passano due giorni alla settimana in riunioni e che soltanto il 50 per cento degli argomenti trattati li riguardano o interessano il loro lavoro.[71] Se i manager non si adattano alla condivisione di informazioni e di potere richiesta dalla matrice, il sistema non potrà funzionare; essi devono collaborare gli uni con gli altri piuttosto che affidarsi all'autorità verticale nel processo decisionale. Un'implementazione di successo della matrice si può riscontrare nell'azienda siderurgica inglese analizzata di seguito.

IN PRATICA

Englander Steel

Fin dai tempi più lontani, l'industria inglese dell'acciaio era stata stabile e sicura. Poi, negli anni Ottanta e Novanta, l'eccesso di capacità produttiva a livello europeo, una recessione economica, l'emergere dei *mini-impianti* e la concorrenza dei produttori tedeschi e giapponesi cambiarono per sempre la situazione. All'inizio del nuovo secolo, le tradizionali imprese siderurgiche degli Stati Uniti, come Bethlehem Steel Corp. e LTV Corp., erano sull'orlo del fallimento. L'asiatica Mittal Steel e il principale produttore europeo, Arcelor, iniziarono ad acquisire altre aziende per dominare il settore dell'acciaio a livello mondiale (le due aziende si sono fuse nel 2006, dando vita alla ArcelorMittal). La speranza di sopravvivenza delle piccole aziende siderurgiche tradizionali risiedeva nel vendere prodotti ad alta specializzazione. Una piccola azienda può vendere i prodotti speciali più aggressivamente, adattandosi rapidamente ai bisogni dei clienti. Complesse regolazioni di processo e condizioni di produzione devono essere cambiate velocemente per ciascun ordine, un compito difficile da realizzare per le grandi imprese.
La Englander Steel impiegava 2900 persone, produceva 400.000 tonnellate di acciaio all'anno (circa l'1 per cento della produzione di Arcelor) ed esisteva da 180 anni. Per 160 di questi anni la struttura funzionale aveva retto bene. Quando l'ambiente divenne più turbolento e competitivo, tuttavia, i dirigenti della Englander Steel si resero conto che non riuscivano a stare al passo. Il cinquanta per cento degli ordini della Englander erano in ritardo. I profitti venivano erosi dal costo del lavoro, dei materiali e dell'energia. La quota di mercato diminuiva.
Consultandosi con esperti esterni, il presidente della Englander Steel vide che l'azienda era in una

strettoia. Si doveva specializzare in alcuni prodotti ad alto valore aggiunto adattati a mercati separati, garantendo economie di scala e tecnologia sofisticata in una struttura funzionale. La doppia pressione portò ad una soluzione inusuale per un'azienda siderurgica: una struttura a matrice.
La Englander Steel ha quattro linee di prodotto; la responsabilità e l'autorità su ciascuna linea vennero affidate a quattro business manager, che furono incaricati di preparare il relativo business plan, definendo gli obiettivi per i costi di produzione, le scorte, le date di spedizione e il fatturato. Ai manager fu data l'autorità per raggiungere questi obiettivi e per far sì che le rispettive linee di prodotti generassero profitti. I dirigenti funzionali erano responsabili per le decisioni tecniche; ci si aspettava che si tenessero al passo con le innovazioni tecnologiche nelle loro aree e che mantenessero il personale aggiornato rispetto alle nuove tecnologie che potevano essere applicate alle loro linee di produzione. Con 20.000 "ricette" per acciai speciali già esistenti e parecchie centinaia di nuove "ricette" ordinate ogni mese, il personale funzionale deve stare al passo. Due dipartimenti funzionali, le vendite e le relazioni industriali, non furono inclusi nella matrice. Alla fine il progetto complessivo era una struttura ibrida, parte a matrice e parte funzionale, come illustrato in Figura 3.14.
L'implementazione della matrice fu lenta. I dirigenti di medio livello erano confusi. Sembrava che ogni giorno si dovessero tenere incontri per coordinare gli ordini tra i vari dipartimenti funzionali. Dopo un anno di addestramento guidato da consulenti esterni, tuttavia, la Englander Steel era "in pista". Il 90 per cento degli ordini venivano ora evasi in tempo e venne recuperata la quota di mercato. Sia la produttività che la redditività aumentarono costantemente. I dirigenti trassero beneficio dalla struttura a matrice. Gli incontri per coordinare i prodotti e le decisioni funzionali furono un'esperienza di crescita. I manager di medio livello iniziarono a coinvolgere dipendenti più giovani nelle discussioni sulla matrice come allenamento alle future responsabilità di gestione.[72]

Questo esempio illustra l'utilizzo corretto di una struttura a matrice. La duplice pressione a mantenere le economie di scala e a commercializzare quattro linee di prodotto ha portato a un'uguale enfasi sulle gerarchie funzionali e di prodotto. La Englander Steel, attraverso le continue riunioni di coordinamento, ha raggiunto sia l'economia di scala sia la flessibilità.

Struttura orizzontale

Un recente approccio all'organizzazione è costituito dalla **struttura orizzontale**, che raggruppa le attività sui processi chiave. Le organizzazioni in genere si muovono verso una struttura orizzontale attraverso una metodologia di reengineering. Il **reengineering**, o *business process reengineering*, consiste essenzialmente nel riprogettare un'organizzazione verticale lungo il suo flusso di lavoro e i suoi processi orizzontali. Un **processo** è un gruppo organizzato di compiti o attività correlati nella trasformazione degli input in output che creano valore per i clienti.[73] Esempi di processi sono l'evasione degli ordini, lo sviluppo di nuovi prodotti e il servizio ai clienti. Il reengineering cambia il modo in cui i manager pensano alle modalità di svolgimento del lavoro; anziché focalizzarsi su compiti limitati strutturati in unità funzionali separate, enfatizzano i processi chiave che percorrono orizzontalmente l'organizzazione e sviluppano team di collaboratori che lavorano insieme per servire i clienti.

La gestione degli indennizzi alla Progressive Casualty Insurance Company illustra bene il concetto di processo. Negli anni passati un cliente denunciava un incidente a un agente, il quale inoltrava l'informazione a un addetto al servizio clienti, il quale a sua volta la inoltrava a un dirigente delle denunce danni. Questi la catalogava assieme alle altre denunce provenienti dalla stessa zona e la assegnava a un agente, il quale stabiliva una data per esaminare il danno al veicolo. Oggi gli agenti sono organizzati in team che

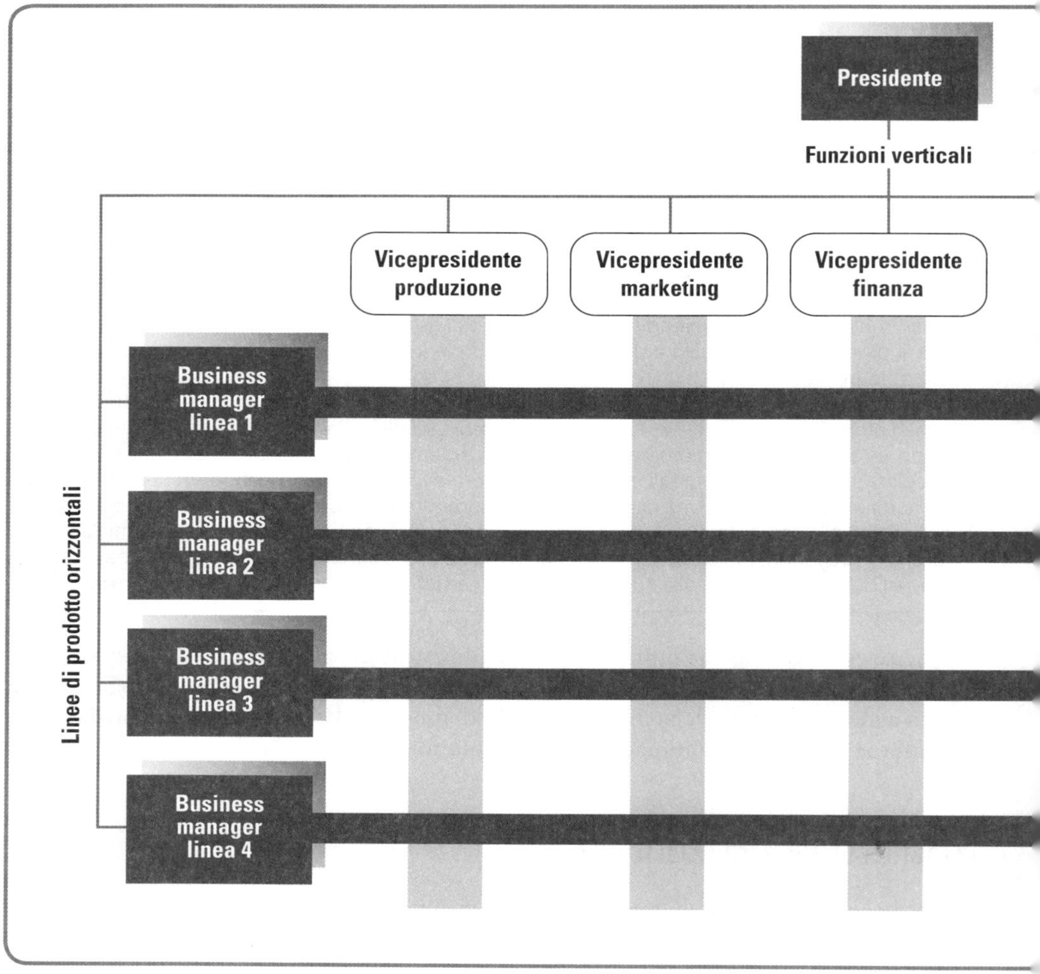

gestiscono l'intero processo degli indennizzi dall'inizio alla fine. Una persona gestisce le telefonate dei clienti che vogliono denunciare un incidente mentre altre sono disposte sul campo. Quando un agente risponde a una telefonata, sbriga tutto ciò che è possibile per telefono. Se è necessario un esame del danno, l'agente contatta un collega in servizio sul campo e fissa immediatamente un appuntamento. La Progressive ora misura il tempo trascorso dalla telefonata all'esame del danno in ore anziché nei sette-dieci giorni che occorrevano una volta.[74]

Quando un'azienda viene riprogettata in una struttura orizzontale, tutti i dipendenti che lavorano in un determinato processo (come la gestione degli indennizzi o l'evasione degli ordini) sono raggruppati in modo da poter facilmente comunicare tra loro e coordinare i propri sforzi. La struttura orizzontale elimina virtualmente sia la gerarchia verticale sia i vecchi confini tra unità organizzative. Tale approccio alla struttura è in gran parte una risposta ai profondi cambiamenti che sono avvenuti nell'ambiente di lavoro e nell'economia negli ultimi quindici-venti anni. Il progresso tecnologico mette in evidenza l'integrazione

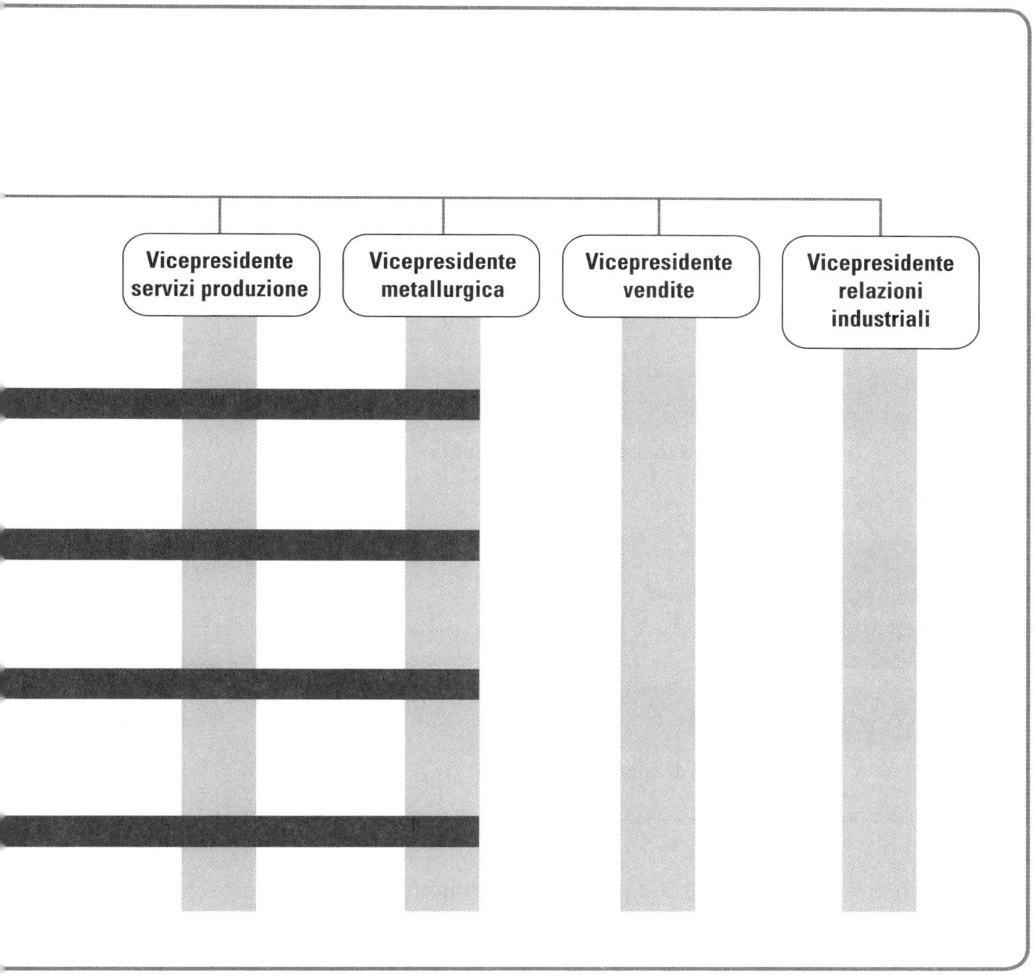

Figura 3.14
Struttura a matrice della Englander Steel

basata sulle nuove tecnologie informatiche e di Internet e il coordinamento. I clienti si aspettano un servizio più veloce e migliore, i dipendenti vogliono avere opportunità per mettere a frutto le proprie potenzialità, apprendere nuove competenze e assumere maggiori responsabilità. Le organizzazioni impantanate in un modo di pensare verticale si trovano in grande difficoltà nell'affrontare queste sfide. Numerose organizzazioni hanno quindi sperimentato meccanismi orizzontali come team interfunzionali per ottenere coordinamento tra le unità o task force per portare a termine progetti temporanei. Le organizzazioni si stanno sempre più allontanando da strutture gerarchiche, basate sulle funzioni, per spostarsi verso strutture basate sui processi orizzontali.

Caratteristiche

In Figura 3.15 viene illustrata un'azienda riprogettata in una struttura orizzontale. Una tale organizzazione presenta le caratteristiche seguenti.[75]

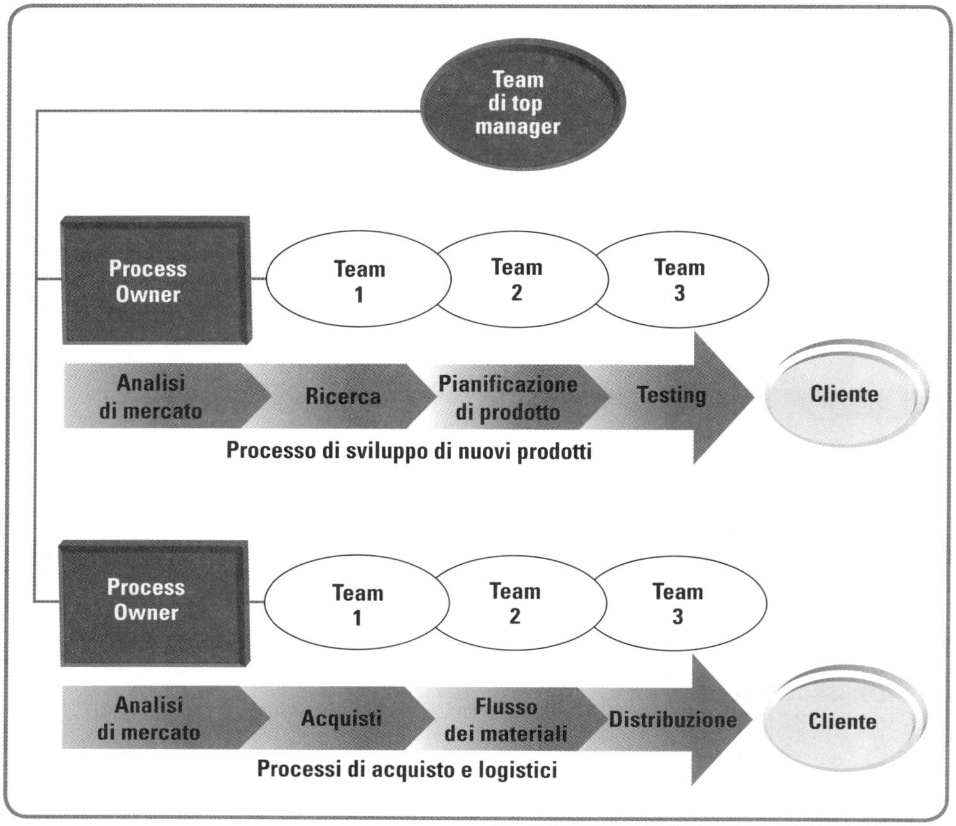

Figura 3.15 Una struttura orizzontale
Fonte: basato su Frank Ostroff, *The Horizontal Organization* (New York: Oxford University Press, 1999); John A. Byrne, "The Horizontal Corporation", *BusinessWeek* (December 20, 1993), 76-81; Thomas A. Stewart, "The Search for the Organization of Tomorrow", *Fortune* (May 18, 1992) 92-98.

- La struttura viene creata intorno a processi chiave interfunzionali piuttosto che intorno a compiti, funzioni o aree geografiche. Di conseguenza, i confini tra le unità vengono annullati. La divisione Customer Service della Ford, per esempio, ha team dedicati ai seguenti processi chiave: sviluppo dei business, fornitura di ricambi e logistica, assistenza e programmi veicoli e supporto tecnico.
- I team auto-diretti, non gli individui, stanno alla base della progettazione e della performance organizzativa. Schwa, un ristorante di Chicago che serve elaborati pasti con molteplici portate, è gestito da un team, che adotta un sistema di rotazione delle mansioni: ciascuno dei membri è talvolta uno chef, talvolta un lavapiatti, talvolta un cameriere e altre volte l'addetto a rispondere al telefono, prendere le prenotazioni o accogliere i clienti all'arrivo.[76]
- I process owner hanno la responsabilità di ogni processo chiave nella sua interezza. Per il processo di fornitura di ricambi e logistica della Ford, per esempio, un certo numero di team può occuparsi di compiti come l'analisi dei ricambi, gli acquisti, il flusso dei materiali e la distribuzione, ma un process owner è responsabile del coordinamento dell'intero processo.
- Alle persone che compongono un team sono fornite le competenze, gli strumenti, la motivazione e l'autorità per prendere le decisioni che sono essenziali per la performance del team stesso. I membri del team vengono formati in maniera trasversale, così

che sono in grado di svolgere l'uno il lavoro dell'altro e le capacità, combinate, sono adeguate a completare un compito organizzativo principale.
- I team dispongono della libertà di pensare in maniera creativa e di reagire in maniera flessibile alle nuove sfide che si manifestano.
- I clienti sono il fattore guida dell'organizzazione orizzontale. L'efficacia viene misurata sulla base degli obiettivi di performance di fine processo (sull'obiettivo di trasmettere valore per il cliente), così come sulla base della soddisfazione dei clienti, della soddisfazione dei dipendenti e del risultato finanziario.
- La cultura è caratterizzata da apertura, fiducia e collaborazione, focalizzata sul miglioramento continuo. La cultura valorizza la responsabilizzazione, l'impegno e il benessere dei dipendenti.

Lo stabilimento della General Electric a Salisbury, in North Carolina, è stato riprogettato in una struttura orizzontale per migliorare la flessibilità e il servizio ai clienti.

IN PRATICA

GE Salisbury

Lo stabilimento della General Electric a Salisbury (North Carolina), che produce banchi di controllo per gli impianti di illuminazione per scopi industriali e commerciali, era organizzato in modo funzionale e verticale. Poiché ogni cliente della GE ha necessità diverse da qualsiasi altro cliente, ogni pannello di controllo deve essere configurato e costruito secondo l'ordine, il che spesso creava strozzature nel processo di produzione standard. A metà degli anni Ottanta, trovandosi dinnanzi a costi elevati, un servizio ai clienti inadeguato e una quota di mercato in diminuzione, i manager iniziarono a esplorare nuovi metodi di organizzazione che enfatizzavano il lavoro di gruppo, la responsabilizzazione, il miglioramento continuo, l'impegno e la dedizione al cliente.
Agli inizi degli anni Novanta, lo stabilimento di Salisbury della GE aveva completato la transizione a una struttura orizzontale che collega gruppi di team con molteplici competenze, responsabili dell'intero processo di costruzione in base agli ordini. La nuova struttura è basata sull'obiettivo di produrre pannelli di controllo "della più alta qualità possibile, nel periodo di tempo più breve possibile, a un prezzo competitivo e con il miglior servizio possibile". Il processo consiste di quattro team collegati, ognuno costituito di dieci-quindici persone corrispondenti a una gamma di competenze e funzioni. Un team di controllo della produzione funge da process owner (come illustrato precedentemente in Figura 3.15) ed è responsabile per la ricezione dell'ordine, la pianificazione, il coordinamento della produzione, gli acquisti, i contatti con i fornitori e i clienti, l'inventario dei materiali e il mantenimento della concentrazione dei team sul raggiungimento degli obiettivi. Il team di produzione taglia, costruisce, salda e dipinge le varie parti della scatola che ospiterà il pannello dei componenti elettrici, che viene assemblato e testato dal team dei componenti elettrici, il quale gestisce anche la spedizione. Un team di manutenzione si occupa della manutenzione dei macchinari pesanti che non può essere inclusa nel normale processo di produzione. I manager sono diventati *consulenti associati* che guidano, coordinano e portano la loro esperienza nei team quando necessario.
La chiave del successo della struttura orizzontale è il coordinamento armonioso dei team operativi e il libero accesso alle informazioni necessarie per raggiungere gli obiettivi di team e di processo. I team ricevono informazioni su vendite, ordinativi, merci in magazzino, esigenze di organico, produttività, costi, qualità e altri dati, e ogni team condivide regolarmente con gli altri le informazioni riguardanti la sua parte di processo. Le riunioni di produzione congiunte, la rotazione delle mansioni (*job rotation*) e la formazione incrociata dei dipendenti sono alcuni dei meccanismi che contribuiscono ad assicurare una buona integrazione. I team collegati si assumono la responsabilità di fissare i propri target di produzione, determinare le scadenze, assegnare i compiti, individuare e risolvere i problemi.
La produttività e la performance sono nettamente migliorate con la struttura orizzontale. Le strozzature nel flusso di lavoro, che una volta rendevano impossibile rispettare le scadenze di produzione, sono state praticamente eliminate. L'intervallo di sei settimane tra l'ordine e la consegna è stato ridotto a due giorni e mezzo. Meno eclatanti, ma altrettanto importanti, sono i miglioramenti nella soddisfazione dei dipendenti e dei clienti che la GE Salisbury ha conseguito da quando ha implementato la nuova struttura.[77]

Punti di forza e di debolezza

Una struttura orizzontale, come tutte le strutture, presenta punti di forza e di debolezza; entrambi sono illustrati in Figura 3.16.

Figura 3.16
Punti di forza e di debolezza della struttura orizzontale
Fonti: basato su Frank Ostroff, *The Horizontal Organization: What the Organization of the Future Looks Like and How it Delivers Value to Customers* (New York: Oxford University Press, 1999); Richard L. Daft, *Organization Theory and Design*, sesta edizione (Cincinnati, Ohio: South- Western, 1998), 253.

Punti di forza	Punti di debolezza
1. Promuove la flessibilità e la velocità di reazione ai cambiamenti nei bisogni dei clienti 2. Focalizza l'attenzione verso la creazione di valore per il cliente 3. Ogni dipendente ha una visione più ampia degli obiettivi organizzativi 4. Promuove il lavoro di gruppo e la collaborazione 5. Migliora la qualità della vita dei dipendenti offrendo loro opportunità per una condivisione delle responsabilità, la presa di decisioni e per farsi carico dei risultati	1. La determinazione dei processi chiave è difficile e lunga 2. Richiede cambiamenti nella cultura, nella progettazione delle mansioni, nella filosofia di management e nei sistemi informativi e di ricompensa 3. I manager tradizionali possono essere restii ad abbandonare potere e autorità 4. Richiede una formazione significativa dei dipendenti per permettere loro di lavorare in maniera efficace in ambienti di gruppo orizzontali 5. Può limitare lo sviluppo di competenze approfondite

Il punto di forza maggiormente significativo della struttura orizzontale è un maggior coordinamento, che può aumentare molto la flessibilità dell'azienda e la sua risposta ai cambiamenti nei bisogni dei clienti. La struttura focalizza l'attenzione di ognuno verso il cliente, il che porta a una maggiore soddisfazione del cliente stesso così come a miglioramenti nella produttività, nella velocità e nell'efficienza. Oltre a ciò, dal momento che non vi sono confini tra unità funzionali, i dipendenti hanno una visione più ampia degli obiettivi organizzativi invece di essere concentrati sugli obiettivi di una singola unità organizzativa. La struttura orizzontale pone un'enfasi particolare sul lavoro di gruppo e sulla cooperazione, in modo tale che i membri del team condividano un impegno per raggiungere obiettivi comuni. Infine, la struttura orizzontale può migliorare la qualità della vita per i dipendenti, fornendo loro opportunità per condividere responsabilità, prendere decisioni e contribuire in maniera significativa agli obiettivi dell'organizzazione. Di solito i dipendenti sono entusiasti quando vengono coinvolti in progetti più ampi, piuttosto che in compiti circoscritti a livello di unità. Presso il reparto missili e direzione di tiro dello stabilimento Pike County Operations della Lockheed Martin a Troy, in Alabama, tutti i dipendenti lavorano in squadre auto-dirette che stabiliscono obiettivi di performance e prendono decisioni relative all'assemblaggio e al test di sistemi missilistici avanzati. I team dello stabilimento di Pike County Operations hanno contribuito a far raggiungere al reparto il risultato di consegne puntuali senza resi da parte dei clienti nel 100 per cento dei casi.[78]

Un punto di debolezza della struttura orizzontale consiste nel fatto che essa può ostacolare anziché aiutare la performance dell'organizzazione se i manager non determinano con cura quali processi chiave rivestono un ruolo critico nel trasmettere valore al cliente. La sola definizione dei processi intorno ai quali strutturare l'organizzazione può essere difficile. Inoltre, passare a una struttura orizzontale è complicato e richiede molto tempo, perché implica cambiamenti significativi nella cultura, nella progettazione delle mansioni, nella filosofia di management e nei sistemi informativi e di ricompensa. I manager tradizionali possono essere restii ad abbandonare potere e autorità per concentrarsi sui ruoli di guida e di facilitatori dei team. I dipendenti devono essere formati per lavorare in maniera efficace in un ambiente di gruppo. Infine, a causa della natura interfunzionale del lavoro, la struttura orizzontale può limitare lo sviluppo di una conoscenza approfondita e di capacità se non vengono prese misure al fine di offrire ai dipendenti opportunità per il mantenimento e la costruzione di competenze tecniche.

Strutture a rete e outsourcing

Recenti sviluppi nella progettazione organizzativa estendono il concetto del coordinamento e della collaborazione orizzontale oltre i confini dell'organizzazione tradizionale. Negli ultimi anni, una tendenza diffusa è stata quella di affidare varie parti dell'organizzazione a partner esterni.[79] Si parla di **outsourcing** quando un'azienda ricorre a fornitori esterni per determinati compiti o funzioni, quali la produzione, le risorse umane o la gestione dei crediti.

Organizzazioni di ogni tipo si stanno lanciando a capofitto nell'outsourcing. La città di Maywood, in California, ha deciso di esternalizzare numerosi servizi, dalla gestione dei parcheggi e della manutenzione stradale ai servizi di polizia e sicurezza pubblica. Il budget del dipartimento di polizia in passato si aggirava attorno agli 8 milioni di dollari, mentre ora la città destina un ammontare praticamente dimezzato al Dipartimento dello sceriffo della contea di Los Angeles e, secondo i residenti, il servizio è migliorato.[80] Un altro esempio è dato dalle Forze Armate statunitensi, che fanno un crescente uso di fornitori di servizi militari privati per la gestione di quasi ogni operazione, eccetto le attività chiave di combattimento e consolidamento delle posizioni difensive; Kellogg Brown & Root, una controllata di Halliburton Corporation, per esempio, costruisce basi militari e ne cura la manutenzione, oltre a fornire servizi di catering e pulizia. Nel mondo delle imprese, la Hitachi un tempo produceva internamente componenti e televisori, mentre oggi si avvale dell'outsourcing delle attività manifatturiere e acquista i componenti essenziali da fornitori esterni. Wachovia Corporation ha trasferito l'amministrazione del personale a Hewitt Associates e il rivenditore al dettaglio di prodotti alimentari inglese J. Sainsbury ha appaltato ad Accenture la gestione dell'intero sistema informatico. Circa il 20 per cento della ricerca chimica della casa farmaceutica Eli Lilly & Company viene svolto in Cina da laboratori start-up come Chem Explorer; aziende come l'indiana Wipro, la francese S.R. Teleperformance e la statunitense Convergys gestiscono call center e servizi di supporto tecnico per conto di grandi aziende di informatica e telefonia cellulare di tutto il mondo.[81] La casa farmaceutica Pfizer sta utilizzando un approccio innovativo consentendo ad alcuni dipendenti di delegare alcuni compiti a una società di outsourcing indiana con un semplice clic. Anziché affidare intere funzioni a fornitori esterni, questo approccio di "ousourcing personalizzato" consente ai collaboratori di delegare solo alcune attività particolarmente noiose o dispendiose in termini di tempo per concentrarsi su lavori più importanti.[82]

Un tempo, le unità operative di un'azienda "si trovavano all'interno dell'organizzazione ed erano 'strettamente connesse', oppure si trovavano all'esterno e non erano legate in alcun modo", per usare le parole di un osservatore.[71] Oggi i confini sono talmente sfumati che può diventare difficile dire che cosa faccia parte di un'organizzazione e che cosa no. L'IBM gestisce le operazioni di back-office di numerosissime grandi aziende, ma a sua volta affida in outsourcing parte delle proprie attività ad altre imprese, che a loro volta appaltano parte delle proprie funzioni ad altre organizzazioni.[84]

Alcune organizzazioni portano l'ousourcing alle estreme conseguenze e creano una struttura a rete. Con una **struttura a rete**, chiamata a volte anche *struttura modulare*, l'organizzazione appalta un gran numero delle funzioni o dei processi principali ad aziende separate e coordina le loro attività da un quartier generale snello.[85]

Come funziona la struttura

L'organizzazione a rete può essere considerata come un nodo centrale circondato da una rete di specialisti esterni. Per esempio, Philip Rosedale dirige la LoveMachine da casa e dalle caffetterie di San Francisco. L'azienda realizza software che consentono di inviare ai colleghi messaggi simili ai Tweet per ringraziare qualcuno o congratularsi. Quando il messaggio viene inviato tutti ne ricevono una copia, un fattore che contribuisce a consolidare il morale; il software di base è gratuito. La LoveMachine non ha dipendenti a tempo pieno tra lo staff che si occupa dello sviluppo, ma lavora con una rete di liberi professionisti che presentano le proprie offerte per incarichi come la creazione di nuove funzionalità e la correzione di difetti di funzionamento. Rosedale ha esternalizzato anche la gestione delle buste paga e altre mansioni amministrative.[86]

Con una struttura a rete, anziché essere riuniti sotto uno stesso tetto o raggruppati all'interno di un'unica organizzazione, i servizi come la contabilità, la progettazione, la produzione, il marketing e la distribuzione sono appaltati ad aziende o individui che sono collegati elettronicamente a un ufficio centrale. I partner dell'organizzazione, situati nelle diverse parti del mondo, possono utilizzare computer collegati in rete oppure connettersi a Internet per scambiarsi dati e informazioni in modo così rapido e scorrevole che la "rete a maglie larghe" composta da fornitori, produttori e distributori può agire come un'unica azienda. La forma a rete prevede un coordinamento per mezzo del mercato al posto della tradizionale gerarchia verticale. I subappaltatori possono tranquillamente entrare e uscire dal sistema come richiesto dalle mutevoli esigenze. La cittadina di Sandy Springs, nella Georgia, è gestita quasi interamente da subappaltatori.

IN PRATICA

La cittadina di Sandy Springs, in Georgia

Il sobborgo di Atlanta Sandy Springs conta ben 94.000 abitanti ma soltanto sette dipendenti del Comune, ivi incluso il sindaco, John F. McDonough che operano da un normale edificio industriale lavorando fianco a fianco con quelli retribuiti da fornitori esterni, senza che nessuno possa accorgersi della differenza.

Se un cittadino ha bisogno di ottenere la licenza per l'apertura di un'attività commerciale, per esempio, dovrà interfacciarsi con un dipendente della Severn Trent, una multinazionale con sede a Coventry, in Inghilterra; per una licenza edilizia, invece, dovrà parlare con un dipendente della Collaborative of Boston, in Massachusetts; per un problema con la raccolta della spazzatura, dovrà rivolgersi alla URS Corporation di San Francisco, in California: ovviamente, per quel che egli ne sappia, tutti questi impiegati lavorano per la cittadina di Sandy Springs. Persino il tribunale e gli uffici amministrativi sono gestiti da aziende appaltatrici esterne. Il Comune possiede un proprio corpo di vigili urbani e di vigili del fuoco, ma il 911, ossia il call center per le emergenze, è gestito da una società esterna, la IXP, con quartier generale presso Cranbury, nel New Jersey. Sandy Springs non è la cittadina più esternalizzata negli Stati Uniti: il primato lo detiene infatti Maywood, in California, che conta un unico dipendente e gestisce qualsiasi cosa tramite appalti. Un membro del consiglio comunale di Maywood sostiene che questo approccio ha fatto lievitare i costi di gestione della cittadina. "Mettiamo, per esempio, che un albero cada su una macchina," ha detto. "Prima avevamo un dipendente che se ne sarebbe occupato. Ora, invece, dobbiamo prendere un appuntamento con un'azienda esterna, che interverrà quando potrà. Non siamo più noi a controllare le cose." Il sindaco di Sandy Springs sostiene di essere riuscito a sottrarsi a queste problematiche: il segreto, spiega, sta nell'arte del saper selezionare le giuste aziende appaltatrici.[87]

Il centro mantiene il controllo sui processi in cui ha competenze distintive o difficili da imitare e trasferisce le altre attività lavorative, assieme al controllo su di esse, alle altre organizzazioni. Queste organizzazioni partner realizzano il loro lavoro utilizzando idee, risorse e strumenti propri.[88] L'idea è che un'azienda possa concentrarsi sui lavori che svolge meglio e appaltare tutto il resto ad aziende con ottime competenze in aree specifiche, potendo quindi ottenere di più con meno risorse.[89] Per esempio Smart Balance, un'azienda specializzata nella produzione di alimenti, è stata in grado di innovarsi e crescere rapidamente scegliendo una struttura a rete. La Smart Balance conta soltanto 67 dipendenti, ma complessivamente coloro che lavorano per l'azienda come appaltatori e subappaltatori sono ben 400. Ogni mattina dipendenti a tempo pieno e collaboratori esterni si scambiano una valanga di email e telefonate per aggiornarsi sulle attività del giorno precedente e sul programma della giornata. I dirigenti dedicano la maggior parte del proprio tempo alla gestione dei rapporti interpersonali.[90]

In presenza di una struttura a rete come quella della cittadina di Sandy Springs o della Smart Balance, è difficile descrivere l'organizzazione in termini tradizionali: le varie componenti vengono coordinate grazie all'elettronica, costituendo così una nuova forma di organizzazione. Quasi come mattoni, le componenti della rete possono essere aggiunte o tolte per soddisfare i bisogni mutevoli.[91] La Figura 3.17 illustra in forma semplificata la struttura di un'azienda come la Smart Balance, mostrando alcune delle funzioni che possono essere affidate in outsourcing ad altre aziende.

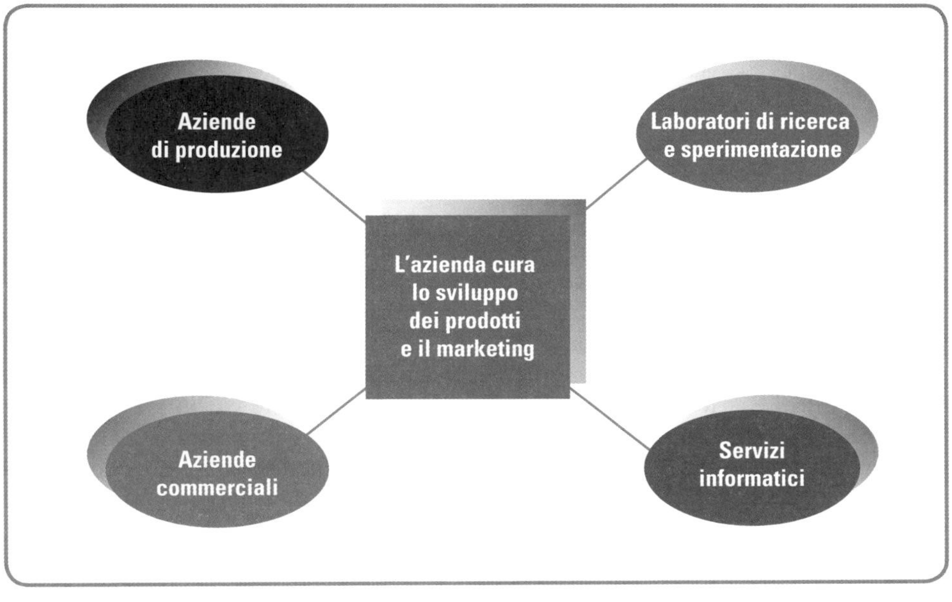

Figura 3.17
Esempio di struttura a rete

Punti di forza e di debolezza

In Figura 3.18 sono riassunti i punti di forza e di debolezza della struttura a rete.[92] Uno dei maggiori punti di forza consiste nel fatto che l'organizzazione, anche se di piccole dimensioni, può essere effettivamente globale, attingendo a risorse internazionali per raggiungere la qualità e il prezzo migliori e vendendo i prodotti o i servizi in tutto il mondo molto facilmente tramite i subappaltatori. La struttura a rete consente anche a un'azienda nuova o di piccole dimensioni di sviluppare prodotti o servizi e commercializzarli rapidamente senza grandi investimenti in impianti, macchinari, magazzini o strutture di distribuzione. La capacità di organizzare e riorganizzare le risorse per affrontare i mutevoli bisogni e servire meglio i clienti conferisce alla struttura a rete estrema flessibilità e rapidità di risposta. Le nuove tecnologie si possono sviluppare rapidamente attingendo a una rete internazionale di esperti e l'organizzazione può continuamente ridefinirsi per affrontare le mutevoli opportunità di prodotto o di mercato. Un ultimo punto di forza è la riduzione dei costi amministrativi e delle spese generali, in quanto non sono necessarie grandi strutture di staff. Le competenze manageriali e tecniche possono quindi concentrarsi sulle attività chiave che apportano un vantaggio competitivo mentre le altre attività vengono appaltate.

Punti di forza	Punti di debolezza
1. Consente anche alle organizzazioni di piccole dimensioni di operare su scala globale e attingere a risorse internazionali	1. I manager non hanno il controllo su molte attività e molti dipendenti
2. Conferisce all'azienda un ampio raggio d'azione senza grandi investimenti in impianti, macchinari o strutture di distribuzione	2. Richiede una grande quantità di tempo per gestire le relazioni e i potenziali conflitti con i partner
3. Consente all'organizzazione di essere altamente flessibile e di fornire una risposta rapida ai bisogni mutevoli	3. Comporta il rischio di fallimento organizzativo se un partner non effettua le consegne o cessa l'attività
4. Riduce i costi amministrativi	4. La fedeltà dei dipendenti e la cultura aziendale possono essere deboli perché i dipendenti hanno la sensazione di poter esser sostituiti da servizi a contratto

Figura 3.18
Punti di forza e di debolezza della struttura a rete
Fonti: basato su Linda S. Ackerman, "Transition Management: An In-Depth Look at Managing Comlex Change," *Organizational Dynamics* (estate 1982), 46-66; Frank Ostroff, "The Horizontal Organization (New York: Oxford University Press, 1999) Fig. 2.1, 34.

La struttura a rete presenta anche una serie di punti di debolezza. Il primo è la mancanza di controllo, in quanto questa struttura porta la decentralizzazione all'estremo. I manager non hanno tutte le operazioni sotto la loro giurisdizione e devono affidarsi ad appalti, coordinamento e trattative per tenere insieme le cose. Si rende quindi necessaria una maggiore quantità di tempo per gestire i rapporti con i partner e risolvere i conflitti. K'Nex Brands LP, azienda di giocattoli a conduzione familiare vicino a Filadelfia, ha riportato gran parte della produzione delle sue costruzioni di plastica nel suo stabilimento negli Stati Uniti dai subappaltatori in Cina per mantenere un maggiore controllo su qualità e materiali. La sicurezza dei giocattoli costruiti all'estero preoccupa sempre più i genitori e, dal momento che stanno aumentando stipendi e costi di trasporto in Cina, il management della K'Nex ha visto un vantaggio competitivo nel riportare la produzione entro i confini nazionali.[93]

confrontate la vostra opinione

3 Comitati e task force composti da membri di unità organizzative diverse si rivelano spesso incapaci di realizzare qualcosa di concreto.

Risposta esatta: *In disaccordo.* Le reti e le forme di outsourcing hanno trovato diffusione nella progettazione organizzativa perché offrono una maggiore flessibilità e rapidità di risposta in un ambiente in rapido mutamento. Le unità organizzative affidate in outsourcing possono aumentare o diminuire in base al variare delle condizioni. Mantenere il controllo interno su tutte le attività potrebbe risultare più comodo per alcuni manager, ma compromette la flessibilità.

Un problema di pari importanza è il rischio di fallimento se un partner dell'organizzazione non rispetta i termini di consegna o cessa l'attività. I manager dell'organizzazione centrale devono agire rapidamente per individuare i problemi e trovare nuove soluzioni. Infine, dal punto di vista delle risorse umane, in un'organizzazione a rete la fedeltà dei dipendenti può essere debole a causa di preoccupazioni sulla sicurezza del posto di lavoro; i dipendenti possono infatti avere la sensazione di poter essere sostituti da servizi a contratto. Inoltre è più difficile sviluppare una cultura aziendale coesa. Il turnover può essere più elevato perché l'impegno emotivo tra l'organizzazione e i dipendenti è basso. Con prodotti, mercati e partner mutevoli, è possibile che l'organizzazione debba ridistribuire i dipendenti in qualsiasi momento per ottenere l'insieme corretto di competenze e abilità.

Struttura ibrida

Dal punto di vista pratico, molte strutture nel mondo reale non esistono nelle forme pure che abbiamo evidenziato in questo capitolo. In particolare, numerosissime grandi organizzazioni adottano una **struttura ibrida**, che combina caratteristiche di vari approcci adattati alle specifiche necessità strategiche. La maggior parte delle aziende abbina caratteristiche delle strutture funzionale, divisionale, per area geografica, orizzontale o a rete per trarre vantaggio dai punti di forza delle varie strutture ed evitare alcuni dei relativi punti di debolezza. Le strutture ibride tendono a essere utilizzate in ambienti in rapido cambiamento poiché garantiscono all'organizzazione una maggiore flessibilità.

Un tipo di struttura ibrida spesso adottata è quella che unisce le caratteristiche della struttura funzionale e di quella divisionale. Quando un'azienda assume grandi dimensioni e ha diversi prodotti o mercati, è tipicamente organizzata in divisioni autonome di qualche tipo. Le funzioni importanti per ogni prodotto o mercato vengono decentralizzate in unità indipendenti ma, allo stesso tempo, alcune funzioni relativamente stabili e per le quali è necessario realizzare economie di scala e specializzazione vengono accentrate nella sede centrale. Per esempio, la Starbucks ha una serie di divisioni geografiche, ma funzioni come il marketing, le attività legali e le operazioni della supply chain sono centralizzate.[94] La Sun Petroleum Products Corporation (SPPC) si è riorganizzata passando a una struttura ibrida per meglio reagire ai mutevoli mercati di riferimento. La nuova struttura organizzativa ibrida adottata dalla SPPC è illustrata nella parte 1 in Figura 3.19. Sono state create tre divisioni principali – Carburanti, Lubrificanti e Prodotti chimici –, ognuna delle quali serve un diverso mercato e richiede una diversa strategia e un diverso stile di gestione. Ogni vicepresidente di linea di prodotto ha ora la responsabilità di tutte le funzioni che interessano quel prodotto, come il marketing, gli acquisti e la distribuzione, la pianifi-

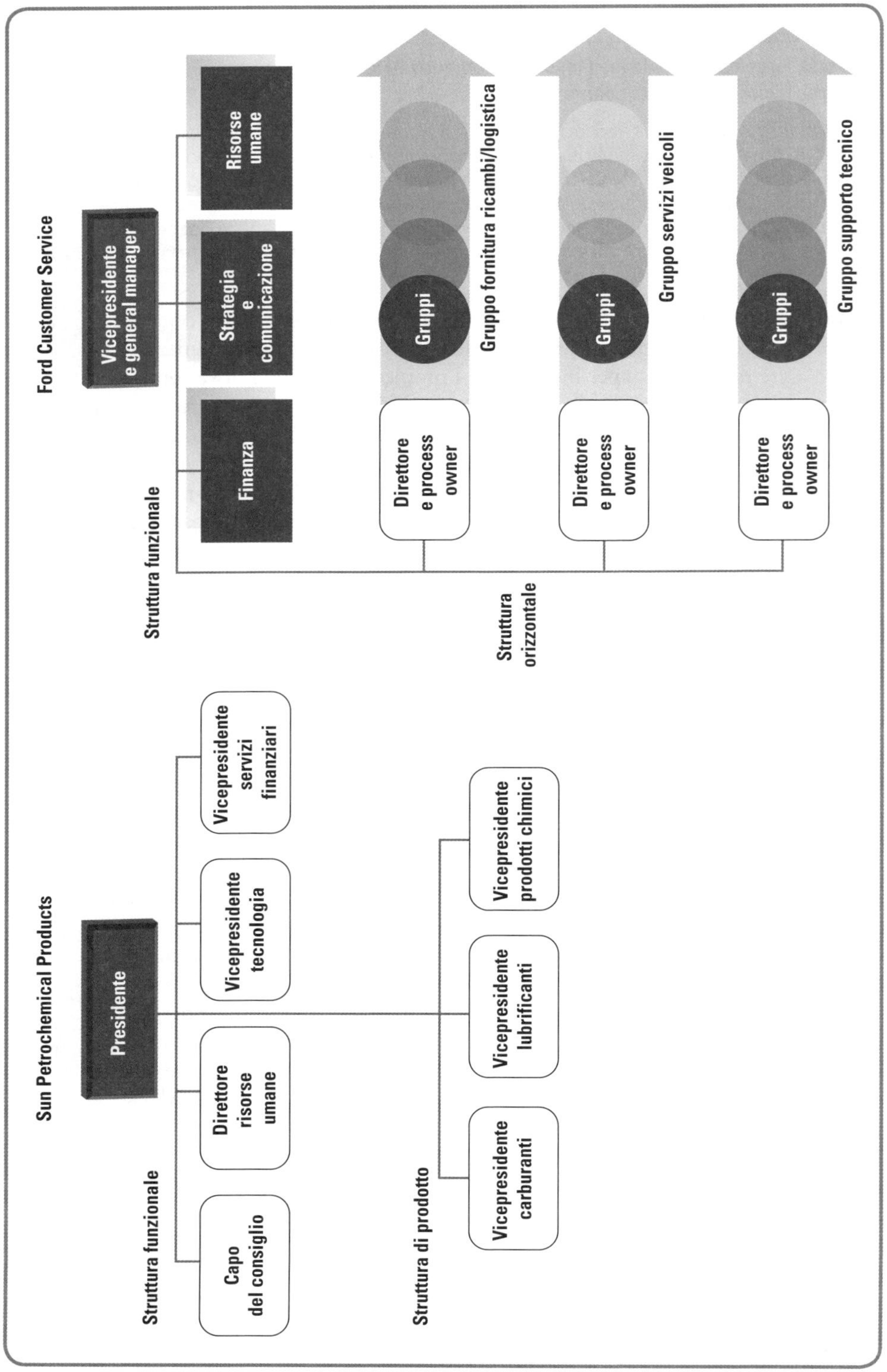

Figura 3.19 Due strutture ibride

Fonte: basato su Linda S. Ackerman, "Transition Management: An In-Depth Look at Managing Complex Change," *Organizational Dynamics* (estate 1983), 46-66; Frank Ostroff, *The Horizontal Organization* (New York: Oxford University Press, 1999), Figure 2.1, 34.

cazione e la produzione. Allo stesso tempo, però, attività come quelle relative alle risorse umane, agli aspetti legali, alla tecnologia e alla finanza sono state centralizzate come unità funzionali presso la sede centrale, al fine di raggiungere economie di scala. Ognuna di queste unità fornisce i suoi servizi all'intera organizzazione.[95]

Un secondo approccio ibrido sempre più usato attualmente è quello che consiste nell'unire le caratteristiche della struttura funzionale, di quella divisionale e di quella orizzontale. La divisione Customer Service della Ford, una struttura composta da 12.000 dipendenti che serve circa 15.000 rivenditori, fornisce un esempio di questo tipo di ibrido. A partire dal 1995, quando la Ford lanciò il suo programma "Ford 2000" mirato a farne la più grande azienda di automobili nel ventunesimo secolo, i top manager focalizzarono sempre più l'attenzione sulle lamentele riguardanti il servizio ai clienti. Decisero allora che il modello orizzontale offriva la migliore possibilità per ottenere un approccio più rapido, efficiente e integrato nei confronti dei clienti. La parte 2 in Figura 3.19 illustra un segmento della struttura ibrida della divisione Customer Service. Diversi gruppi disposti orizzontalmente, composti da team dalle competenze multiple, si concentrano sui processi chiave come la fornitura di ricambi e la logistica (reperimento di ricambi e spedizione ai rivenditori in modo rapido ed efficiente), servizi e manutenzione dei veicoli (raccolta e diffusione di informazioni su problemi di riparazione) e supporto tecnico (garanzia che ogni unità di servizio riceva informazioni tecniche aggiornate). Ogni gruppo ha un process owner cui spetta la responsabilità di controllare che il team raggiunga gli obiettivi generali. La divisione Customer Service della Ford ha mantenuto una struttura funzionale per le unità di finanza, di strategia e comunicazione e delle risorse umane; ognuna di queste unità fornisce servizi per l'intera divisione.[96]

In una grande organizzazione come la Ford i manager possono utilizzare una varietà di caratteristiche strutturali per soddisfare le esigenze dell'organizzazione nel suo insieme. Come molte grandi organizzazioni, per esempio, anche la Ford appalta alcune delle proprie attività ad altre imprese. Una struttura ibrida è spesso preferita a una struttura pura di tipo funzionale, divisionale, orizzontale o a rete, perché può contemporaneamente offrire alcuni dei vantaggi e sopperire ad alcuni degli svantaggi che le altre strutture presentano.

Applicazioni della progettazione organizzativa

Ogni tipo di struttura viene applicata in situazioni diverse e soddisfa bisogni diversi. Nel descrivere le varie strutture, abbiamo accennato brevemente a condizioni che sono collegate alla struttura, quali la stabilità o il cambiamento ambientale e le dimensioni dell'organizzazione. Ogni forma di struttura – funzionale, divisionale, a matrice, orizzontale, a rete, ibrida – costituisce uno strumento che può aiutare i manager a rendere più efficace l'organizzazione, in base alle esigenze che caratterizzano la sua situazione.

Allineamento strutturale

In ultima istanza, la decisione più rilevante che i manager devono prendere sulla progettazione strutturale riguarda il giusto bilanciamento tra controllo verticale e coordinamento orizzontale. Il controllo verticale è associato a obiettivi di efficienza e stabilità, mentre il coordinamento orizzontale è associato all'apprendimento, all'innovazione e alla flessibilità. In Figura 3.20 è mostrato in maniera semplificata un *continuum* che spiega come gli

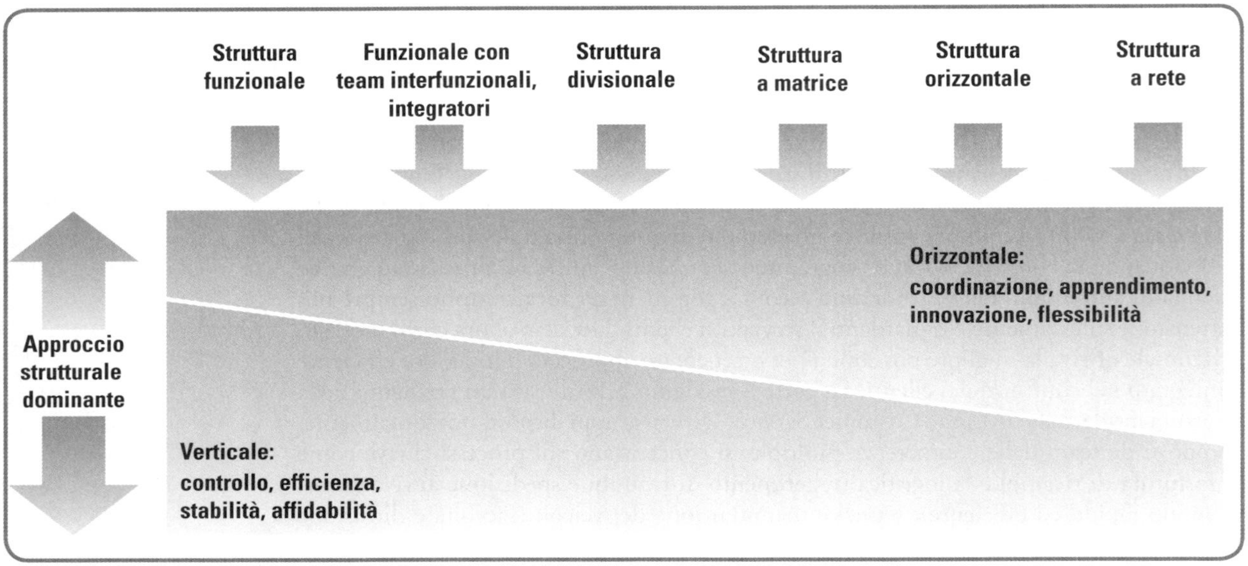

Figura 3.20 Relazioni fra la struttura e le necessità di efficienza o di apprendimento

Uno sguardo sull'Europa

La struttura organizzativa di Ferrero tra globalizzazione e internazionalizzazione

Da quando nel 1946 dal laboratorio di via Rattazzi, ad Alba, è uscito il primo prodotto Ferrero - la pasta gianduia, o *giandujot,* a base di nocciole - venendosi così a costituire ufficialmente l'azienda, la struttura societaria del Gruppo Ferrero si è evoluta in funzione dell'espansione mondiale per far fronte alla sfide di un ambiente sempre più complesso. L'idea imprenditoriale generata dal fondatore Pietro Ferrero e portata avanti dai suoi successori, accanto ai prodotti di successo e innovativi che l'azienda produce, ben presto hanno valicato i confini regionali e nazionali, rendendo il *brand* Ferrero famoso in tutti i continenti.

Il Gruppo Ferrero si compone di settantadue società consolidate, delle quali trentotto operative, quindici stabilimenti produttivi e tre ulteriori operanti nell'ambito delle Imprese Sociali, che servono oltre cento mercati finali di sbocco, per un totale di circa 22.000 dipendenti.

Le innovazioni di prodotto e lo sviluppo del Gruppo Ferrero

Già negli anni Cinquanta Ferrero comincia a guardare lontano sia in termini di sviluppo di nuovi prodotti, allargando il mercato nazionale, sia di ingresso in nuovi mercati, prima attraverso l'esportazione e poi trasformandosi in impresa multinazionale. La Germania è stato il primo paese in cui l'azienda è approdata con la nascita di Ferrero GmbH e la costruzione del primo stabilimento estero. È in questo nuovo sito produttivo che si avvia la produzione e il lancio nel mercato tedesco di una nuova linea di prodotto, Mon Chéri, che riscuoterà un grandioso successo. A seguire Ferrero continua la sua espansione in Belgio e in Francia, non solo per la distribuzione dei prodotti dolciari ma, in Francia, anche con una unità produttiva.

Nel decennio successivo l'azienda continua l'espansione internazionale e il lancio sul mercato di nuovi prodotti, molti dei quali divenuti *love marks* in tutto il mondo. È dalla ricetta del Giandujot che nasce, nel 1964, uno dei prodotti Ferrero più amati e apprezzati: Nutella. A seguire nel 1968 vengono commercializzati per la prima volta Pocket Coffee, la famosa pralina di cioccolato ripieno di caffè, e Kinder Cioccolato, una barretta al cioccolato ripiena al latte. Nel 1974 nasce in Ferrero un'apposita divisione interamente dedicata alla linea Kinder, e negli stessi anni l'azienda avvia anche una fase di diversificazione della produzione con conseguente ingresso in altri comparti del settore dolciario con prodotti quali Tic Tac e Estathè.

Dopo aver affermato la sua presenza anche in Olanda, Lussemburgo, Danimarca, Svezia, Austria, Irlanda, Svizzera e Gran Bretagna, nel 1969 Ferrero varca l'oceano aprendo un ufficio a New York, ma anche società rivolte alla commercializzazione in Brasile e Messico, fino a raggiungere tutti i cinque continenti con l'espansione in Asia, Africa e Australia.

Negli anni Ottanta e Novanta continua il lancio di prodotti nuovi e originali come Ferrero Rocher, uno dei prodotti simbolo a livello mondiale dell'azienda, e la nuova linea di prodotti delle merende fresche, a seguire poi nuovi tipi di *dessert* per il fine pasto e nuove tipologie di praline.

approcci strutturali sono associati al controllo verticale piuttosto che al coordinamento orizzontale. La struttura funzionale è adatta quando l'organizzazione deve essere coordinata mediante la gerarchia verticale e quando l'efficienza è importante al fine di conseguire gli obiettivi organizzativi. La struttura funzionale utilizza la specializzazione dei compiti e una rigida gerarchia per ottenere un efficiente uso delle risorse scarse, ma non permette all'organizzazione di essere flessibile o innovativa. All'estremo opposto, la struttura orizzontale è adatta quando l'organizzazione ha un grande bisogno di coordinamento tra le funzioni per creare innovazione e promuovere l'apprendimento. La struttura orizzontale consente alle organizzazioni di differenziarsi e di reagire rapidamente ai cambiamenti, ma a spese di un efficiente utilizzo delle risorse. La struttura a rete offre una flessibilità ancora maggiore e un maggior potenziale di risposta rapida consentendo all'organizzazione di aggiungere o togliere dei pezzi quando necessario per adattarsi e soddisfare le esigenze mutevoli dell'ambiente e del mercato. In Figura 3.20 è mostrato anche come altri tipi di struttura definiti in questo capitolo – funzionale con collegamenti orizzontali, divisionale e a matrice – rappresentino stadi intermedi nel cammino dell'organizzazione verso l'efficienza o verso l'innovazione e l'apprendimento. La figura non comprende tutte le possibili strutture, ma illustra il modo in cui le organizzazioni cercano di bilanciare le necessità di efficienza e di controllo verticale con l'innovazione e il coordinamento orizzontale. Inoltre, come è stato spiegato nel capitolo, molte organizzazioni utilizzano una struttura ibrida per combinare le caratteristiche dei diversi modelli strutturali.

L'evoluzione verso una struttura organizzativa a matrice

Per circa sessanta anni Ferrero ha perseguito una strategia di crescita legata sia allo sviluppo di prodotto sia alla penetrazione in nuovi paesi considerati strategici, perseguendo quindi separatamente da un lato lo sviluppo di nuovi prodotti e dall'altro quello dei mercati. Questo *modus operandi* ha portato l'azienda a rafforzarsi moltissimo in Europa, dove vanta una leadership indiscussa nei vari segmenti in cui opera, e a dotarsi di un assetto organizzativo e un modello di business molto centrato sul paese, al fine di ottenere una customizzazione del prodotto e della sua produzione e distribuzione. Pertanto, la struttura organizzativa di cui si era dotata Ferrero era prevalentemente focalizzata sul paese e le decisioni relative ai prodotti venivano prese a livello locale.

Negli anni recenti, il mutato contesto competitivo ha reso l'espansione internazionale, soprattutto al di fuori dell'Europa, il principale obiettivo del Gruppo, attraverso la definizione e un posizionamento dei prodotti a livello globale e una strategia di crescita basata sullo sviluppo del *brand* e sull'innovazione. Per poter perseguire questa crescita nel modo più rapido possibile, Ferrero si è dotata di una struttura a matrice articolata su due dimensioni: per prodotto (*product management*) e per area geografica (*geographic management*).

L'obiettivo di Ferrero è stato quello di utilizzare le categorie di prodotto come *asset* di globalizzazione per rafforzare la marca o le marche leader in una determinata categoria. Dall'altro lato, invece, si è spostato il focus dai singoli paesi verso *cluster* geografici costruiti a partire dal principio di omogeneità: degli assetti distributivi, dei *player*, delle caratteristiche climatiche, dei profili di consumo e dei consumatori finali, nonché di altri aspetti contestuali (es. fusi orari diversi). L'obiettivo di questo tipo di struttura è costruire e sviluppare una strategia di prodotto globale (quali marche promuovere e come commercializzarle) con un focus sulla localizzazione legata alle aree geografiche.

Accanto agli organismi focalizzati sulle specifiche categorie e sulle aree geografiche omogenee, un'altra chiave di lettura è quella funzionale, attraverso unità specifiche integrate che possano guidare attività e risorse con una visione globale, favorendo le sinergie operative e l'ottimizzazione dell'impiego delle risorse e dei fattori produttivi in ambito *packaging*, logistica, materie prime, sperimentazione dei prodotti e marketing, al fine di favorire l'integrazione, la condivisione e il lavoro in team a tutti i livelli.

Questo nuovo modello organizzativo ha comportato una fortissima accelerazione nel processo di internazionalizzazione del Gruppo Ferrero e una globalizzazione più rapida dei prodotti, potendo puntare su *brand* già molto famosi e apprezzati dai consumatori di tutto il mondo.

Domande:

1. In che modo la struttura organizzativa a matrice si adatta alla strategia che Ferrero intende mettere in atto? Quali obiettivi vuole perseguire implementando il nuovo modello organizzativo?
2. Quali sono i punti di forza e di debolezza di una struttura a matrice?
3. Quali sono le condizioni necessarie affinché una struttura a matrice sia attuabile in un'organizzazione?

Sintomi di inadeguatezza strutturale

Gli alti dirigenti valutano periodicamente l'adeguatezza della struttura per determinare se sia appropriata alle mutevoli esigenze. I manager ricercano il miglior bilanciamento tra le relazioni di reporting interne e i bisogni dell'ambiente esterno. Come regola generale, quando la struttura organizzativa non è allineata con i bisogni organizzativi compaiono uno o più dei seguenti **sintomi di inadeguatezza strutturale**.[97]

- *Vi è assenza di collaborazione fra unità*. La struttura organizzativa dovrebbe favorire la collaborazione, quando e dove richiesto, in vista del raggiungimento degli obiettivi che l'organizzazione si è prefissata. Dovrebbe far sì che obiettivi e bisogni conflittuali di diverse unità possano combinarsi in un unico insieme di obiettivi per l'intera organizzazione. Quando le unità operano in base a fini trasversali o agiscono sotto pressione per raggiungere i propri obiettivi a spese degli obiettivi dell'organizzazione, la struttura è spesso la principale responsabile, poiché i meccanismi di collegamento orizzontale sono inadeguati.
- *Le decisioni vengono ritardate o non sono accurate*. I decisori possono essere sovraccaricati perché la gerarchia incanala verso di loro troppi problemi e decisioni. La delega ai livelli inferiori può essere insufficiente. Un'altra causa di una scarsa qualità delle decisioni è costituita dal fatto che le informazioni possono non raggiungere le persone giuste. I collegamenti informativi, in direzione sia verticale sia orizzontale, possono risultare inadeguati per assicurare qualità nelle decisioni.
- *L'organizzazione non reagisce in maniera innovativa all'ambiente che cambia*. Una ragione per la mancanza di innovazione è data dal fatto che le unità organizzative non sono coordinate orizzontalmente. Per esempio, l'identificazione dei bisogni dei clienti da parte dell'unità di marketing e l'identificazione degli sviluppi tecnologici da parte dell'unità di ricerca devono essere coordinate. La struttura organizzativa deve inoltre specificare le responsabilità delle unità relative al monitoraggio dell'ambiente e all'innovazione.
- *Le performance dei dipendenti peggiorano e gli obiettivi non vengono raggiunti*. Le performance dei dipendenti possono peggiorare perché la struttura non offre chiarezza negli obiettivi, nelle responsabilità e nei meccanismi di coordinamento e collaborazione. La struttura dovrebbe riflettere la complessità dell'ambiente di mercato e tuttavia essere abbastanza lineare da consentire ai dipendenti di lavorarvi con efficacia.

Riepilogo e interpretazioni

- La struttura organizzativa deve conseguire per l'organizzazione due risultati: fornire un sistema di responsabilità, relazioni di reporting e meccanismi per il collegamento e il coordinamento degli elementi dell'organizzazione per formare un insieme coerente. La struttura viene rappresentata con un organigramma.
- La struttura organizzativa può essere progettata per fornire collegamenti informativi verticali e orizzontali basati sul trattamento delle informazioni necessario a raggiungere l'obiettivo generale dell'organizzazione. I manager possono scegliere se orientarsi verso un'organizzazione tradizionale progettata per l'efficienza, che mette in rilievo i collegamenti verticali come la gerarchia, le regole, i piani e i sistemi informativi formali (una struttura meccanica), oppure verso una moderna organizzazione progettata per

l'apprendimento e l'adattamento all'ambiente, che enfatizza la comunicazione e il coordinamento orizzontali (una struttura organica). I collegamenti verticali non risultano al giorno d'oggi sufficienti per la maggior parte delle organizzazioni. Le organizzazioni si dotano di collegamenti orizzontali attraverso i sistemi informativi interfunzionali, i ruoli di collegamento, le task force temporanee, gli integratori full-time e l'utilizzo dei team e creando le condizioni per favorire il coordinamento relazionale.

- Le alternative riguardanti il raggruppamento delle attività, delle persone e delle unità all'interno della progettazione strutturale comprendono il raggruppamento funzionale, quello divisionale, quello multifocalizzato, quello orizzontale e quello a rete. La scelta tra le strutture funzionali, divisionali e orizzontali determina l'area nella quale il coordinamento e l'integrazione saranno maggiori. Con le strutture funzionali e divisionali, i manager fanno uso anche di meccanismi di collegamento orizzontale come complemento della dimensione verticale ottenendo così l'integrazione delle unità e dei livelli nell'organizzazione nel suo complesso. Con una struttura orizzontale le attività sono invece organizzate orizzontalmente intorno ai processi chiave.
- La struttura a rete estende il concetto del coordinamento e della collaborazione orizzontali oltre i confini dell'organizzazione. Le attività chiave vengono eseguite dall'azienda centrale mentre altre funzioni e attività vengono appaltate ad altre aziende.
- La struttura a matrice cerca di raggiungere un equo bilanciamento tra la dimensione verticale e quella orizzontale. La maggior parte delle organizzazioni non rientra in queste forme pure, e utilizza invece strutture ibride che incorporano caratteristiche di due o più tipi di struttura.
- In ultima istanza, i manager cercano di trovare un corretto bilanciamento tra il controllo verticale e il coordinamento orizzontale. Alcuni dei segni di cattivo allineamento strutturale sono la mancanza di collaborazione, i ritardi nel processo decisionale, la mancanza di innovazione e le cattive performance dei dipendenti.
- Infine, occorre sottolineare come un organigramma non consista soltanto in molte linee e riquadri rappresentati su un foglio di carta. Lo scopo di un organigramma è di incoraggiare e dirigere i dipendenti verso attività che permettano all'organizzazione di raggiungere i propri obiettivi. L'organigramma definisce la struttura, ma sono i dipendenti a fornire i comportamenti concreti; l'organigramma fornisce una linea guida per incoraggiare le persone a lavorare insieme, ma sono i manager che devono dar vita alla struttura e implementarla.

Punti chiave

Tieni a mente questi suggerimenti

1. Elabora un organigramma che descriva le responsabilità relative ai compiti, le relazioni di reporting e i raggruppamenti delle persone all'interno delle unità. Fornisci una documentazione sufficiente a far sì che tutte le persone all'interno dell'organizzazione sappiano a chi devono riportare e qual è il loro posto nella rappresentazione generale dell'organizzazione.
2. Realizza collegamenti informativi verticali e orizzontali per integrare unità diverse in un insieme coerente. Realizza il collegamento verticale attraverso il riporto gerarchico, le regole, i piani e i sistemi informativi verticali. Realizza il collegamento orizzontale attraverso sistemi informativi interfunzionali, ruoli di collegamento, task force, integratori full-time e team.
3. Ricorda che i meccanismi di collegamento orizzontale più forti sono più costosi in termini di tempo e risorse umane ma sono necessari quando l'organizzazione richiede un livello elevato di coordinamento orizzontale per raggiungere i suoi obiettivi. Se è necessario un grado elevato di coordinamento e condivisione delle conoscenze, cerca di radicare il coordinamento relazionale nella cultura organizzativa.

4. Nel progettare la struttura organizzativa generale, scegli una struttura funzionale quando l'efficienza è importante, quando la conoscenza approfondita e l'esperienza sono critiche per il raggiungimento degli obiettivi organizzativi e quando l'organizzazione ha bisogno di essere controllata e coordinata attraverso la gerarchia verticale. Utilizza una struttura divisionale in organizzazioni di grandi dimensioni con molteplici linee di prodotto e quando vuoi dare priorità agli obiettivi di prodotto e al coordinamento tra le funzioni.
5. Considera la possibilità di adottare una struttura a matrice quando l'organizzazione ha bisogno di dare uguale priorità sia ai prodotti sia alle funzioni a causa di duplici pressioni provenienti dai clienti nell'ambiente di riferimento. Utilizza una matrice funzionale o una matrice per prodotto se la matrice bilanciata con doppia linea di autorità non è appropriata per la tua organizzazione.
6. Considera la possibilità di adottare una struttura orizzontale quando i bisogni e le richieste dei clienti cambiano rapidamente e quando l'apprendimento e l'innovazione rivestono un ruolo critico per il successo dell'organizzazione. Individua con attenzione i processi chiave e promuovi una formazione per manager e dipendenti mirata al lavoro di gruppo all'interno di una struttura orizzontale.
7. Utilizza una struttura a rete per avere elevata flessibilità e rapidità di risposta ai cambiamenti nel mercato di riferimento. Focalizza l'attenzione sulle attività chiave che conferiscono all'organizzazione il vantaggio competitivo e appalta le altre attività a partner scelti accuratamente.
8. Implementa, se necessario, strutture ibride allo scopo di unire caratteristiche delle strutture funzionali, divisionali e orizzontali. Utilizza una struttura ibrida in ambienti complessi per trarre vantaggio dai punti di forza di varie caratteristiche strutturali ed evitare alcuni dei punti di debolezza.
9. Trova il bilanciamento corretto tra controllo verticale e coordinamento orizzontale per soddisfare i bisogni dell'organizzazione. Considera l'opportunità di una riorganizzazione strutturale quando emergono sintomi di inadeguatezza strutturale.

Glossario

centralizzazione
collaborazione
collegamenti orizzontali
collegamenti verticali
coordinamento relazionale
decentralizzazione
integratore
matrice funzionale
matrice per prodotto
outsourcing
processo
raggruppamento a rete
raggruppamento delle attività
raggruppamento divisionale
raggruppamento funzionale
raggruppamento multifocalizzato
raggruppamento orizzontale
reengineering
ruolo di collegamento
sintomi di inadeguatezza strutturale
sistema informativo verticale
struttura a matrice
struttura a rete
struttura divisionale
struttura funzionale
struttura ibrida
struttura organizzativa
struttura orizzontale
task force
team
team virtuale

Domande per la discussione

1. Qual è la definizione di struttura organizzativa? La struttura organizzativa si esprime con un organigramma?
2. Quando si preferisce una struttura funzionale a una divisionale?
3. Le grandi aziende tendono a utilizzare strutture ibride. Perché?
4. Quali sono le principali differenze nella struttura tra un'organizzazione tradizionale e meccanica, progettata per l'efficienza, e un'organizzazione più attuale, organica, progettata per l'apprendimento?

5. Qual è la differenza tra una task force e un team? Tra un ruolo di collegamento e un ruolo di integrazione? Quali ruoli assicurano una maggiore integrazione orizzontale?
6. In qualità di manager, quale strategia usereste per creare un'organizzazione con un grado elevato di coordinamento relazionale?
7. Quali condizioni devono, solitamente, essere presenti prima che un'organizzazione adotti una struttura a matrice?
8. Il direttore di un'azienda produttrice di beni di consumo ha affermato: "Noi utilizziamo la posizione di brand manager per formare futuri dirigenti". Pensate che tale posizione sia un buon "terreno" di allenamento?
9. Perché le aziende che fanno uso di una struttura orizzontale hanno una cultura che enfatizza l'apertura, l'empowerment dei dipendenti e la responsabilità? Come pensate che sia il lavoro di un manager in un'azienda organizzata orizzontalmente?
10. Descrivete la struttura a rete. Quali sono i vantaggi e gli svantaggi del ricorso a questa struttura rispetto allo svolgimento di tutte le attività all'interno dell'organizzazione?

Quaderno di lavoro

Voi e la struttura organizzativa[98]

Per meglio comprendere l'importanza della struttura organizzativa nella vostra vita, svolgete il seguente esercizio. Selezionate una delle seguenti situazioni da organizzare:

1. Un negozio di fotocopie e stampe
2. Un'agenzia di viaggi
3. Un noleggio di una attrezzatura sportiva in un'area di villeggiatura
4. Una panetteria

Premessa

L'organizzazione è un modo per acquisire potere nei confronti di un ambiente incerto, che fornisce gli input, come le materie prime, le risorse umane e quelle finanziarie. Esiste, quindi, un servizio o un bene da produrre che coinvolge la tecnologia. Gli output vanno ai clienti, vale a dire soggetti di cui bisogna curarsi. Le complessità dell'ambiente e della tecnologia determinano la complessità dell'organizzazione.

Pianificazione della vostra organizzazione

1. Scrivete, in poche frasi, la missione o lo scopo dell'organizzazione.
2. Quali sono gli aspetti specifici da realizzare per raggiungere la missione?
3. Basandovi sulle specifiche contenute nel punto 2, sviluppate un organigramma. Ogni posizione in esso inclusa svolgerà uno specifico compito o sarà responsabile in un certo risultato.
4. Siete nel terzo anno di attività e la vostra azienda ha riscosso molto successo. Volete aggiungere una seconda localizzazione a qualche chilometro di distanza. Quali questioni dovrete affrontare gestendo l'azienda in due localizzazioni? Tracciate un organigramma che includa le due localizzazioni.

5. Vent'anni dopo avete settantacinque localizzazioni in cinque Stati. Quali questioni e problemi dovete affrontare nella struttura organizzativa? Tracciate un organigramma per tale organizzazione, indicando fattori quali le posizioni responsabili della soddisfazione dei clienti, il metodo per scoprire se le esigenze dei clienti sono soddisfatte e il modo in cui le informazioni scorrono all'interno dell'organizzazione.

PARTE III

Elementi di progettazione dei sistemi aperti

L'ambiente esterno

4

ORGANIZZARE LE IMPRESE:
qual è la vostra opinione?

Prima di leggere il presente capitolo, indicate qual è la vostra opinione in merito a ciascuna delle seguenti affermazioni:

1 Il modo migliore per far fronte a un ambiente complesso è sviluppare una struttura organizzativa altrettanto complessa.

D'ACCORDO ☐ IN DISACCORDO ☒

2 In un ambiente volatile e in rapido mutamento, un'attività rigorosa di pianificazione porta solo a uno spreco di tempo e risorse.

D'ACCORDO ☐ IN DISACCORDO ☒

3 I dirigenti delle imprese non dovrebbero avere nulla a che fare con la politica.

D'ACCORDO ☐ IN DISACCORDO ☒

Gregg Steinhafel, entrato a far parte di Target come buyer nel 1979 e diventato amministratore delegato nel 2008, si è fatto una reputazione riempiendo i negozi di merce alla moda a prezzi bassi. Il logo con il bersaglio di Target è diventato uno dei marchi più conosciuti nel campo della vendita al dettaglio. Sembrava che Target non ne sbagliasse una, eppure negli ultimi anni le cose si sono messe male per Steinhafel e l'azienda. Il problema più grande è stato un incidente di sicurezza durante le vendite di Natale 2013, quando un software dannoso si è placidamente appropriato dei dati di 40 milioni di carte di credito e debito, mentre essi passavano non criptati tra i sistemi di registro di cassa di Target. La notizia della violazione dei dati ha arrecato seri danni all'azienda, riducendone l'afflusso presso i punti vendita e togliendo tempo e risorse ai top manager per occuparsi di altre faccende. Questi ultimi, infatti, erano già alle prese con un'espansione in Canada rivelatasi più costosa del previsto e con la presa in carico dell'operatività via internet dalla Amazon, che si era occupata della gestione delle operazioni di back-end per conto di Target fino al 2011. Quest'ultima si è trovata a dover fare i conti con un sito poco affidabile, pronto ad andare in panne ogniqualvolta aumentava di molto la domanda dei prodotti più venduti. Tutti questi problemi hanno comportato il licenziamento di 475 dipendenti e la cancellazione di 700 posizioni aperte presso le direzioni centrali: l'ondata più imponente di licenziamenti aziendali dal 2009. Il morale era a pezzi: "Lo staff di Target ha bisogno di concentrarsi per dare nuovo vigore al business e la faccenda della violazione dei dati ne ha distolto l'attenzione in un momento critico," ha affermato Amy Koo, analista presso la società di consulenza Kantar Retail.[1]

Cambiamenti ambientali possono creare sia minacce sia opportunità per le organizzazioni. La violazione di dati ha rappresentato una seria minaccia esterna per la Target e con molta probabilità i manager dovranno subirne le ripercussioni per anni. Tutte le organizzazioni affrontano profonde incertezze nella gestione di eventi dell'ambiente esterno e spesso devono adattarsi rapidamente a nuove sfide competitive, congiunture economiche turbolente, variazioni degli interessi dei consumatori e tecnologie innovative. Il cyber crime, come nel caso della violazione di dati della Target, rappresenta una crescente minaccia derivante dall'ambiente per tutte le organizzazioni.

Obiettivi del capitolo

L'obiettivo di questo capitolo è sviluppare un modello per valutare l'ambiente e il modo in cui le organizzazioni possono interagire con esso. Innanzitutto identificheremo l'area di influenza dell'organizzazione e i settori che incidono su di essa, quindi prenderemo in esame due grandi spinte che l'ambiente esercita su un'organizzazione: il bisogno di informazioni e il bisogno di risorse finanziarie. Le organizzazioni reagiscono a queste forze attraverso la progettazione strutturale, i sistemi di pianificazione e vari tentativi di adattarsi agli individui, agli eventi e alle organizzazioni dell'ambiente esterno e influenzarli.

L'ambiente dell'organizzazione

In senso lato, l'ambiente è infinito e comprende tutto ciò che sta all'esterno dell'organizzazione; l'analisi qui svolta, tuttavia, considera soltanto quegli aspetti dell'ambiente nei confronti dei quali l'organizzazione è sensibile e ai quali deve rispondere allo scopo di sopravvivere. Viene quindi definito **ambiente organizzativo** tutto ciò che esiste al di fuori dei confini dell'organizzazione ed è in grado di influenzare l'organizzazione stessa o una sua parte.

L'ambiente di un'organizzazione può essere compreso analizzando la sua area di influenza nell'ambito dei settori esterni. Per un'organizzazione, l'**area di influenza** è costituita dal campo d'azione scelto nell'ambiente: è il territorio che essa si ritaglia in termini di prodotti, servizi e mercati serviti, e definisce la nicchia in cui va a operare e i settori esterni con i quali interagirà per raggiungere i propri obiettivi.

L'ambiente è suddivisibile in **settori**, contenenti ciascuno elementi simili. Per ogni organizzazione si possono prendere in considerazione undici settori: materie prime, risorse umane, risorse finanziarie, mercato, tecnologia, condizioni economiche, settore di appartenenza, governo, naturale, fattori socio-culturali e fattori internazionali. In Figura 4.1 vengono illustrati i settori e un'ipotetica area di influenza di un'organizzazione. Per la maggior parte delle aziende, i settori in Figura 4.1 possono essere ulteriormente suddivisi tra ambiente di riferimento e ambiente generale.

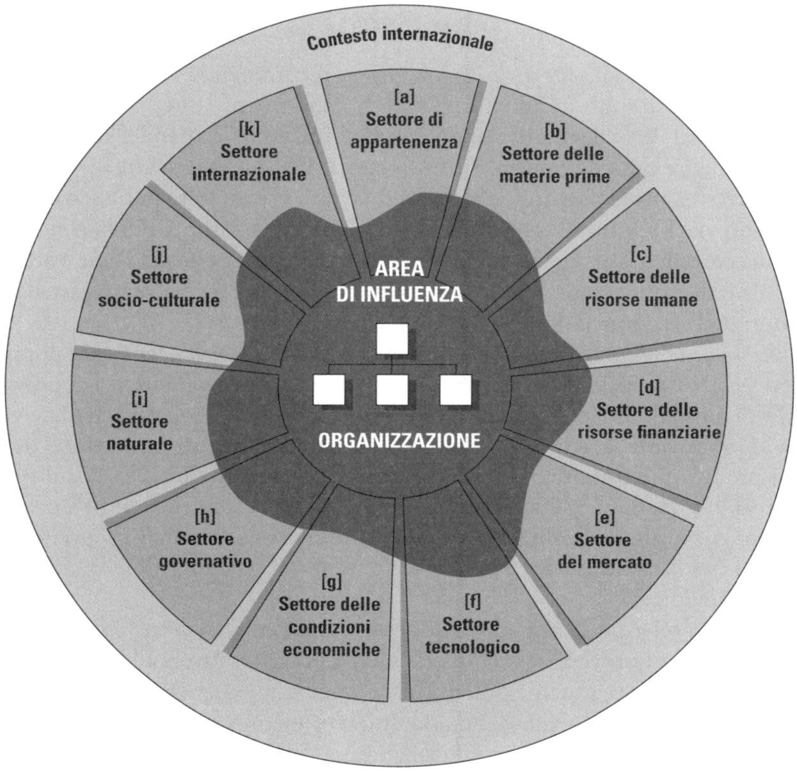

(a) Concorrenti, dimensione del settore e competitività, settori collegati
(b) Fornitori, produttori, beni immobili, servizi
(c) Mercato del lavoro, agenzie di collocamento, università, scuole di formazione, dipendenti in altre aziende, sindacalizzazione
(d) Mercati azionari, banche, risparmi e prestiti, investitori privati
(e) Consumatori, clienti, potenziali utilizzatori di prodotti e servizi
(f) Tecniche di produzione, conoscenze scientifiche, computer, information technology, e-commerce
(g) Recessione, tasso di disoccupazione, tasso di inflazione, tasso di investimento, parametri economici, crescita
(h) Città, Stato, leggi e regolamenti, tasse, servizi, sistema giudiziario, meccanismi politici
(i) Ecologisti, sostenibilità, gestione delle risorse naturali
(j) Età, valori, convincimenti, educazione, religione, etica del lavoro, movimenti dei consumatori
(k) Competizione e acquisizioni da parte di aziende straniere, ingresso in mercati esteri, dogane, regolamentazioni, tassi di cambio

Figura 4.1
Esempio di ambiente di un'organizzazione

L'ambiente di riferimento

L'**ambiente di riferimento** (*task environment*) copre i settori con i quali l'organizzazione interagisce in modo diretto e che hanno un impatto immediato sulla capacità dell'organizzazione di raggiungere i suoi obiettivi. Esso comprende tipicamente settore di appartenenza, le materie prime e il mercato, ed eventualmente le risorse umane e i fattori internazionali.

Gli esempi che seguono mostrano come ognuno di questi settori può influire sull'organizzazione.

- Per quanto riguarda il *settore di appartenenza*, il commercio al dettaglio nella Corea del Sud è sempre stato dominato da grandi department store, ma con l'impennata nell'utilizzo nel Paese degli smartphone negli ultimi anni, le aziende hanno individuato nuove modalità per raggiungere i consumatori. Dal momento che la Corea del Sud conta un basso numero di donne nella forza lavoro, vi è un folto pubblico di acquirenti benestanti via TV e Internet. Per questo motivo, cresce sempre più la concorrenza da parte dei commercianti che utilizzano questi canali, tant'è che nel Paese è attualmente possibile fare acquisti semplicemente fotografando i codici a barre sui cartelloni affissi sui muri delle stazioni della metropolitana.[2]
- Nel *settore delle materie prime*, la Tyson Foods sta spendendo centinaia di milioni di dollari per costruire 90 allevamenti di polli in Cina per garantirsi l'approvvigionamento di animali di elevata qualità, che successivamente l'azienda lavora e vende ad aziende produttrici di cibi pronti, grossisti e altre aziende di lavorazione delle carni per la produzione di salsicce e altri prodotti. Negli Stati Uniti, la Tyson paga degli allevatori indipendenti per allevare i polli, ma in Cina, non riuscendo a esercitare un adeguato controllo su qualità e sicurezza, ha deciso di costruire i propri allevamenti, sperando che la sicurezza dei prodotti le consenta di farsi un nome in un Paese dove non è conosciuta.[3]
- Nel *settore del mercato*, le aziende cosiddette 'intelligenti' (*smart company*) raccolgono ed elaborano dati provenienti dai social media (Twitter, Facebook) per comprendere gli interessi di clienti attuali e potenziali, conoscere rapidamente le tendenze e capire quali parole chiave utilizzare nel marketing. Per esempio Mars, azienda produttrice dei confetti M&Ms, e Kraft, con la sua ampia varietà di maccheroni al formaggio, stanno apportando piccole modifiche ai loro prodotti, in particolar modo riguardo l'utilizzo di determinati coloranti alimentari, per rispondere alle preoccupazioni da parte dei clienti.[4]
- Il *settore delle risorse umane* è al centro dell'attenzione di quasi tutte le imprese. In Cina, un neonato movimento sindacale si contrappone ai vertici aziendali con gruppi emergenti di attivisti, consulenza legale e reti di supporto per la difesa dei diritti dei lavoratori nelle università. I giovani lavoratori migranti usano Internet e i telefoni cellulari per organizzarsi e divulgare dati e informazioni sulle difficili condizioni di impiego. "Ogni dipendente è una sorta di giuslavorista e conosce i suoi diritti meglio del mio direttore della funzione Risorse umane" ha affermato il proprietario tedesco di una fabbrica che produce connettori per cavi in Cina.[5]
- Per la maggior parte delle aziende, anche il *settore internazionale* costituisce parte dell'ambiente di riferimento a causa della globalizzazione e della forte competizione. Nell'agosto 2013, il dipartimento dell'agricoltura degli Stati Uniti (U.S. Department of Agriculture, USDA) ha consentito che quattro aziende di lavorazione di pollame cinesi cominciassero a esportare prodotti precotti negli Stati Uniti, il che ha comportato un aumento della concorrenza per gli stabilimenti di lavorazione statunitensi. Non molto tempo dopo questa decisione, la cinese Shuanghui International Holdings Ltd. ha dato il via all'acquisizione da 4,7 miliardi di dollari della Smithfield Foods Inc., azienda statunitense specializzata nella lavorazione delle carni di maiale, per acquisire nuova tecnologia e migliorare le pratiche di sicurezza.[6]

L'ambiente generale

L'**ambiente generale** comprende quei settori che non hanno un impatto diretto sulle attività quotidiane di un'azienda, ma che possono influenzarle indirettamente; spesso comprende i settori relativi al governo, all'ambiente naturale, ai fattori socio-culturali, alle condizioni economiche, alla tecnologia e alle risorse finanziarie. Tali settori influenzano in ultima analisi ogni organizzazione. Consideriamo gli esempi seguenti.

- Nel *settore del governo*, le norme influenzano ogni fase della vita organizzativa. Due dei cambiamenti più rilevanti e di più vasta portata negli ultimi anni negli Stati Uniti sono stati il Patient Protection and Affordable Care (la riforma della Sanità nota come ObamaCare) e il Dodd-Frank Act (il pacchetto di misure di regolamentazione dei mercati finanziari).[7] Soprattutto le piccole aziende devono fare i conti con i vincoli temporali e i costi legati all'adeguamento alle nuove norme in materia di sanità e regolamentazione finanziaria.
- Il *settore naturale* dell'ambiente esterno, ivi inclusi tutti gli elementi che sono naturalmente presenti sulla Terra, assume importanza sempre maggiore nella misura in cui consumatori, organizzazioni e manager diventano sempre più sensibili alla diminuzione delle risorse naturali e all'impatto ambientale di prodotti e pratiche commerciali. Molte aziende hanno adottato una filosofia di *sostenibilità*, che fa riferimento a uno sviluppo economico che soddisfi le necessità della generazione attuale e nello stesso tempo salvaguardi l'ambiente per le necessità delle generazioni future. Caesars Entertainment, una delle maggiori aziende di gioco e intrattenimento al mondo, ha creato un cruscotto capace di rispecchiare quanto l'impresa è stata efficace nell'abbassare il consumo di energia, riciclare i rifiuti, ridurre il consumo di acqua e soddisfare altri obbiettivi "verdi". I manager hanno scoperto che quanto maggiori informazioni i clienti avevano sulle pratiche sostenibili della Caesars, tanto maggiore era la probabilità che fossero soddisfatti della loro esperienza presso i casinò e ci tornassero in futuro.[8]
- Un elemento significativo del *settore socio-culturale* è rappresentato dalle pressioni esercitate dai gruppi che patrocinano migliori condizioni lavorative per i dipendenti assunti dagli appaltatori per grandi aziende come Walmart, Apple e Amazon. Di recente Walmart ha sospeso uno dei suoi fornitori di frutti di mare in Sudamerica a seguito di una denuncia da parte di alcuni lavoratori immigranti: sarebbero stati costretti a lavorare per oltre 80 ore settimanali, sotto minaccia di percosse e ripercussioni ai danni delle loro famiglie in Messico, qualora si fossero rivolti alle agenzie di governo. La National Guestworker Alliance ha pubblicato una lista di 644 citazioni in giudizio federali presso dodici fornitori di prodotti alimentari a Walmart. "Lavoriamo con oltre 60.000 fornitori negli Stati Uniti e abbiamo degli standard rigorosi ai quali i nostri fornitori devono attenersi," ha dichiarato Lorenzo Lopez, portavoce di Walmart, aggiungendo che l'azienda sta portando avanti le proprie indagini e interromperà le relazioni con qualsiasi fornitore violi i suoi standard etici.[9]
- Le *condizioni economiche* generali influiscono spesso sul modo in cui un'azienda deve svolgere la propria attività. La recessione globale cominciata nel 2008 ha colpito le organizzazioni di tutti i settori: Briggs Inc., una piccola realtà di New York specializzata nell'organizzazione di eventi su misura per aziende che desiderano stupire i clienti o premiare la fedeltà del personale, ha dovuto attuare grandi cambiamenti a seguito di una diminuzione del volume di attività. Il clima economico incerto ha indotto anche le grandi società a ridimensionare

le spese e la Briggs ha iniziato a proporre eventi con costi più bassi, scegliendo location più piccole, risparmiando sull'allestimento e offrendo extra che non pesano sui costi. Per esempio, si può organizzare un evento di classe in un *piccolo hotel di lusso*, anziché in uno spazio in Fifth Avenue. L'adozione di questa strategia ha rappresentato un onere finanziario per la Briggs, ma l'ha aiutata a non perdere clienti nel lungo periodo.[10]

- Il *settore della tecnologia* è un'area in cui sono avvenuti cambiamenti molto significativi negli ultimi anni. La tecnologia per Internet su dispositivi mobili è un settore in rapida crescita. È vero che la tecnologia ha creato alcuni posti di lavoro; secondo gli esperti, tuttavia, ne sta eliminando più di quanti ne stia creando. In vari paesi, dagli Stati Uniti al Canada al Giappone, dagli studi sono emersi sostanziali cali nei lavori impiegatizi collegati all'adozione di nuove tecnologie. Al giorno d'oggi i computer identificano le macchie sospette nelle lastre in ambito medico, individuano i profitti nelle operazioni di compravendita di titoli nel giro di millisecondi, passano al vaglio i documenti nei casi giudiziari e registrano i dati relativi all'utilizzo di corrente elettrica trasmessi da contatori digitali di milioni di case. Secondo le stime di un consulente, due milioni di posti di lavoro nel settore delle risorse umane, della finanza, dell'informatica e dell'approvvigionamento sono scomparsi negli Stati Uniti e in Europa dal 2008, sostituiti dalla tecnologia. Nella misura in cui migliorano le condizioni all'interno dell'azienda, molti manager si rendono conto che non è necessario assumere nuovo personale.[11]
- Tutti i business si devono occupare delle *risorse finanziarie*, ma questo settore occupa spesso il primo posto nella mente degli imprenditori che avviano una nuova attività. Molti piccoli imprenditori si sono rivolti a reti di *social lending* (prestito sociale) online per prestiti di bassa entità quando le banche hanno irrigidito gli standard di credito. Per esempio Jeff Walsh ha ricevuto circa 22.000 dollari mediante Prosper.com per la propria lavanderia a gettoni. Alex Kalempa aveva bisogno di 15.000 dollari per espandere l'attività di sviluppo di sistemi di cambio per moto da corsa, ma le banche erano disposte a offrirgli linee di credito da 500 a 1000 dollari. Kalempa si è quindi rivolto a LendingClub.com, ottenendo un prestito di 15.000 dollari a un tasso di interesse di diversi punti inferiore rispetto a quello proposto dalle banche.[12]

L'ambiente internazionale

Il settore internazionale può riguardare in modo diretto molte organizzazioni ed è diventato di estrema importanza negli ultimi anni. L'industria dell'auto, per esempio, ha subito grandi mutamenti, culminati con il recente emergere della Cina come principale mercato mondiale. Molte case automobilistiche stanno trasferendo il quartier generale in Cina e progettano veicoli con le caratteristiche desiderate dai consumatori cinesi, come sedili posteriori molto ampi in stile Limousine, sistemi di intrattenimento d'avanguardia e tonalità più tenui per gli interni. Queste tendenze, ispirate dal mercato cinese, sono osservabili nei modelli venduti in tutto il mondo.[13]

Inoltre, occorre considerare che eventi internazionali possono influenzare tutti i settori nazionali: per esempio, condizioni meteorologiche avverse e scioperi dei lavoratori nell'Africa occidentale, che produce circa i due terzi dei semi di cacao del mondo, hanno determinato un marcato incremento dei costi delle materie prime per Choco-Logo, un piccolo produttore di cioccolato di prima qualità di Buffalo (New York).[14] Negli Stati Uniti agricoltori, aziende produttrici di fertilizzanti, aziende produttrici di prodotti alimentari e rivenditori al dettaglio hanno dovuto fronteggiare nuove sfide competitive per via di un'inaspettata carenza di grano e di costi crescenti legati a mutamenti internazionali. La sostenuta crescita economica in alcuni paesi in via di sviluppo ha consentito a milioni di persone di permettersi consumi alimentari più ricchi, compreso quello di carne di allevamenti che utilizzano il grano come mangime: questo ha direttamente contribuito alla carenza del cereale negli Stati Uniti.[15] Paesi e organizzazioni di tutto il mondo sono legati come mai prima d'ora e i cambiamenti economici, politici e socioculturali in una zona del mondo finiscono per ripercuotersi su altre aree.

Ogni organizzazione è soggetta a incertezza nell'ambiente sia nazionale sia internazionale. Consideriamo le sorti dell'azienda italiana di porcellane da tavola Richard Ginori.

IN PRATICA

Richard Ginori

Fondata nel 1735, la Richard Ginori produceva porcellane da tavola uniche, fatte a mano ed elegantemente decorate: hanno abbellito le tavole degli italiani facoltosi, sono state personalizzate per navi di lusso e alberghi sontuosi, e utilizzate persino in Vaticano. Ma nel gennaio 2013, dopo alcuni anni di lotta per la sopravvivenza, l'azienda ha dichiarato bancarotta.

Cambiamenti e incertezza nell'ambiente sono stati di entità tale da diventare pressoché ingestibili per la Ginori. Le cene formali sono andate via via scomparendo e con esse anche il mercato delle porcellane fatte a mano, la cui produzione è lenta e costosa. Per provare a essere competitiva, la Ginori ha cominciato a produrre prodotti di uso più quotidiano, fra cui anche stoviglie da tavola da offrire in omaggio presso i supermercati. Secondo alcuni, questa iniziativa non ha fatto altro se non indebolire il marchio, mettendolo in diretta concorrenza con le ceramiche di livello inferiore. Attualmente gli Italiani acquistano il 60 per cento circa delle stoviglie da tavola dalla Cina. La lobby che rappresenta le 273 aziende produttrici di ceramiche italiane ha accusato i cinesi di aver riempito il mercato italiano di prodotti venduti a prezzi addirittura inferiori al costo di produzione.

I liquidatori incaricati dal tribunale sono andati alla ricerca di un acquirente per quello che rimane della Ginori. La città di Sesto Fiorentino e i 300 impiegati dello stabilimento che fanno rimostranze davanti ai cancelli poco possono fare per cambiare le cose in presenza di una tale incertezza nell'ambiente. "I capitali esteri sono i benvenuti," ha detto il sindaco Gianni Gianassi, "ma le menti e le mani dell'azienda devono rimanere toscane."[16]

Tutte le organizzazioni devono adattarsi ai cambiamenti lievi o marcati nell'ambiente. Nei paragrafi seguenti discuteremo in maggior dettaglio il modo in cui le aziende possono affrontare e gestire la complessità e il dinamismo ambientali.

L'ambiente che cambia

In che modo l'ambiente influenza un'organizzazione? Le linee evolutive e gli eventi che si sviluppano nei settori ambientali possono essere descritti in base a tre dimensioni principali: dinamismo (se gli eventi nell'ambiente sono stabili o instabili), complessità (se l'ambiente è semplice o complesso) e munificenza (quantità di risorse finanziarie disponibili a supporto della crescita dell'organizzazione).[17] Queste dimensioni sono illustrate nella Figura 4.2. Nella misura in cui l'ambiente diventa più complesso, gli eventi meno stabili e le risorse finanziarie meno disponibili, aumenta il livello di incertezza. Queste dimensioni possono essere ricondotte a due modalità principali secondo le quali l'ambiente influenza le organizzazioni: (1) il bisogno di ottenere informazioni sul cambiamento dell'ambiente e (2) il bisogno di ottenere risorse dall'ambiente. Le condizioni ambientali di complessità e dinamismo creano un maggiore bisogno di raccogliere informazioni e di rispondere al cambiamento in base a tali informazioni. L'organizzazione è inoltre impegnata sul fronte della scarsità delle risorse finanziarie e della necessità di assicurarne la disponibilità; di questo si parlerà più avanti nel corso del capitolo.

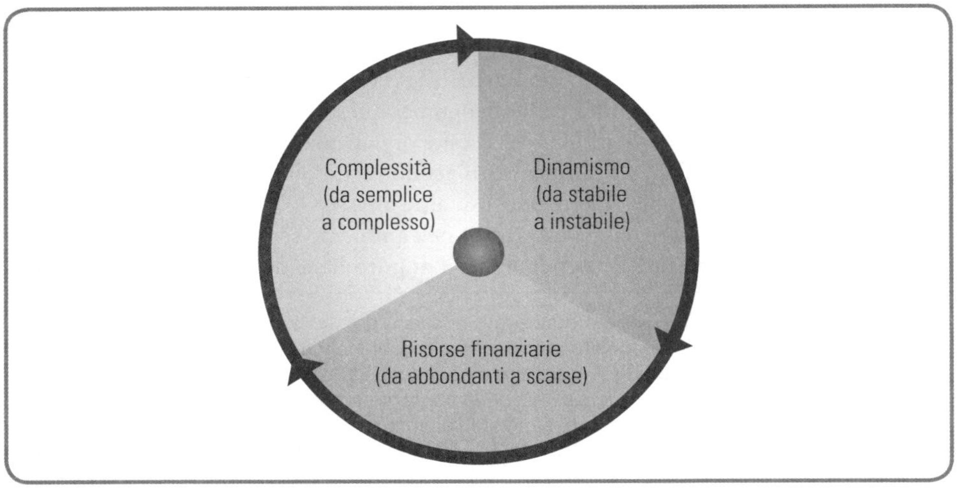

Figura 4.2
I fattori fonte di incertezza per l'organizzazione

L'incertezza ambientale riguarda in primo luogo i settori (illustrati in Figura 4.1) con cui l'organizzazione interagisce regolarmente, su base giornaliera. Sebbene alcuni settori dell'ambiente generale (come le condizioni economiche, le tendenze sociali e i cambiamenti tecnologici) possano creare incertezza per le organizzazioni, determinare l'incertezza ambientale di un'organizzazione significa in genere concentrarsi sulle caratteristiche dell'*ambiente di riferimento*, come il numero di elementi (per esempio, individui, altre organizzazioni, eventi) con cui l'organizzazione interagisce regolarmente, la rapidità con cui questi svariati elementi cambiano. Per valutare l'incertezza si può analizzare ogni settore dell'ambiente di riferimento dell'organizzazione in base a dimensioni come la stabilità o instabilità e il grado di complessità.[18] La quantità totale di incertezza percepita da un'organizzazione è l'incertezza accumulata nei settori dell'ambiente di riferimento con i quali interagisce.

Le organizzazioni devono affrontare e gestire l'incertezza per essere efficaci. **Incertezza** significa che i decision maker non hanno sufficienti informazioni riguardo ai fattori ambientali e risulta loro difficile prevedere i cambiamenti esterni. L'incertezza aumenta il rischio che le decisioni dell'organizzazione falliscano e rende problematico calcolare costi e probabilità associati alle diverse alternative decisionali.[19] In questo paragrafo verrà affrontata la prospettiva informativa, che si occupa dell'incertezza creata dal grado di complessità dell'ambiente e dal grado di dinamismo degli eventi. Nel seguito del capitolo verrà discusso il modo in cui le organizzazioni influenzano l'ambiente per acquisire le risorse finanziarie di cui necessitano.

Complessità

La **complessità** ambientale si riferisce all'eterogeneità, ovvero al numero e alla diversità degli elementi esterni (per esempio concorrenti, fornitori, cambiamenti del settore, leggi e norme dello Stato) che incidono sulle attività di un'organizzazione. La complessità aumenta all'aumentare del numero degli elementi esterni che influenzano regolarmente l'organizzazione e del numero delle altre aziende nell'ambito organizzativo. In un ambiente complesso, molti elementi esterni differenti interagiscono con l'organizzazione e la influenzano. In un ambiente semplice, solo pochi elementi esterni, simili tra loro, interagiscono con l'organizzazione e la influenzano.

Per esempio, un negozio di ferramenta a gestione familiare situato in periferia ha un ambiente di riferimento semplice; non deve interagire con tecnologie complesse o complicate regolamentazioni governative e i cambiamenti culturali e sociali hanno un impatto limitato; le risorse umane non costituiscono un problema perché il negozio è gestito dai membri della famiglia e da personale part-time; gli unici elementi esterni di una qualche importanza sono rappresentati dai pochi concorrenti, dai fornitori e dai clienti. Per contro, aziende farmaceutiche come Abbott Laboratories, Merck e Pfizer operano in un ambiente estremamente complesso. Impiegano numerose tecnologie sofisticate, devono rispettare svariate normative in continua evoluzione, subiscono fortemente l'impatto degli eventi internazionali, si contendono risorse finanziarie scarse e scienziati specializzati, interagiscono con una molteplicità di fornitori, clienti, appaltatori e partner, devono rispondere al mutare dei valori sociali e gestire complessi sistemi finanziari e legali in molteplici paesi. I tanti elementi esterni propri dell'area di influenza di un'azienda farmaceutica contribuiscono a creare un ambiente complesso. Di recente la Abbott ha annunciato un piano di scissione in due diverse aziende per far meglio fronte alla complessità dell'ambiente. Al contrario, altre aziende, come la Merck e la Schering Plough, si sono fuse per gestire meglio l'incertezza.[20]

Dinamismo

Il **dinamismo** si riferisce alla stabilità o instabilità dell'ambiente in cui l'organizzazione opera. Una sfera ambientale è stabile se rimane immutata per un periodo di mesi o anni, mentre in condizioni di instabilità gli elementi ambientali subiscono mutamenti improvvisi. Vediamo che cosa sta accadendo nella sfera ambientale delle aziende produttrici di fotocamere digitali.

IN PRATICA

Fujifilm Holding Corporation

I manager della Fuji, pur avendo ricevuto elogi per aver intercettato la tendenza verso le macchine fotografiche digitali e aver risposto più rapidamente rispetto alla Kodak, analogamente ad altre aziende non si sono preparati al dinamismo nell'ambiente causato dalle macchine fotografiche digitali compatte.

La pratica di aggiungere la tecnologia wi-fi per la connettività Internet si è diffusa in molti apparecchi elettronici di consumo, ma per lo più le macchine fotografiche digitali rimangono dei dispositivi a sé stanti. Questa svista sta danneggiando non soltanto Fuji ma anche Panasonic, Olympus, Canon e altri produttori di macchine fotografiche. È innegabile, infatti, che il numero di fotografie scattate stia aumentando vertiginosamente; eppure, esse vengono per lo più scattate con gli smartphone, in modo tale da poter essere facilmente condivise tramite Facebook, Instagram e altri social media. Le consegne di macchine fotografiche compatte sono precipitate del 42 per cento nei primi cinque mesi del 2013. "È il classico caso di settore incapace di adattarsi," ha detto Christopher Chute, analista di imaging digitale presso la società di ricerca IDC.

La Fujifilm ha dichiarato di voler tagliare la produzione dei modelli punta e scatta del 50 per cento, ma probabilmente neanche questo sarà sufficiente. "Tutti in questo settore riconoscono che il mercato sta cambiando," sostiene Hiroshi Tanaka, vice presidente della Fujifilm, "La questione è che cosa possiamo fare."

Shigenobu Nagamori, amministratore delegato della Nidec Corporation, fornitore di componenti utilizzati in diversi prodotti elettronici di consumo, avverte i produttori che sperano in una ripresa delle macchine fotografiche compatte: "Ho detto loro di considerare morte le macchine fotografiche poco costose, proprio come i PC," ha affermato.[21]

Come questo caso dimostra, spesso l'instabilità è dettata dal mutare delle preferenze dei consumatori, dall'introduzione di nuove tecnologie oppure dalle mosse e contromosse aggressive della concorrenza alle politiche pubblicitarie e di introduzione di nuovi prodotti o servizi. Talvolta sono eventi specifici e imprevedibili a creare condizioni instabili per le organizzazioni, come nel caso della violazione di dati della Target descritto nell'esempio introduttivo di questo capitolo: gli studi che attestano la presenza di piombo nei coloranti utilizzati per i giocattoli Mattel prodotti in Cina, il tentativo del governo pachistano di bloccare l'accesso ad alcuni video su YouTube, oppure la scoperta della pericolosità per il cuore di medicine come Vioxx e Celebrex. Oggi blogger e utenti di Twitter e YouTube senza particolari scrupoli possono distruggere la reputazione di un'impresa praticamente in ogni momento. Per esempio, dopo il rifiuto della United Airlines di concedergli un rimborso per aver danneggiato la sua chitarra del valore di 3.500 dollari, un musicista ha composto una canzone e pubblicato su YouTube un video musicale denigratorio sulle estenuanti trattative con la compagnia aerea. Il rapido passaparola su Internet ha indotto la United a rispondere rapidamente con una proposta di risarcimento.[22] Analogamente, i manager di Domino's Pizza hanno dovuto approntare una rapida reazione quando due dipendenti hanno pubblicato un video nel quale si esibivano in un repertorio di atti disgustosi utilizzando gli ingredienti delle pizze. L'azienda ha risposto con un video nel quale il presidente si scusava e ringraziava la comunità virtuale per aver segnalato il caso, promettendo che i due sarebbero stati licenziati per la loro bravata e delineando una serie di misure per impedire comportamenti analoghi. Affrontando il confronto online sulla crisi, la Domino's ha dato prova dell'attenzione che riserva ai clienti e spento sul nascere pettegolezzi e timori.[23]

Le sfere ambientali sembrano essere sempre più instabili per la maggior parte delle organizzazioni.[24] Il Segnalibro di questo capitolo esamina la natura imprevedibile dell'attuale mondo del business e fornisce alcuni suggerimenti per affrontare un ambiente in rapido mutamento.

Nonostante gli ambienti siano oggi più instabili per la maggior parte delle organizzazioni, un esempio di ambiente tradizionalmente stabile è fornito dai servizi pubblici.[25] Nelle aree rurali del Midwest degli Stati Uniti, per esempio, i fattori di domanda e di offerta per questi servizi sono stabili e, quando anche si possa verificare un graduale incremento della domanda, questo può essere facilmente previsto. Le aziende produttrici di giocattoli, al contrario, sono caratterizzate da un ambiente instabile. È difficile prevedere quali possano essere i giocattoli che andranno per la maggiore, senza tenere conto del fatto che i bambini perdono interesse per i giocattoli sempre più presto, catturati dai videogiochi, da gadget elettronici e da Internet. Un ulteriore fattore di instabilità per i produttori di giocattoli è la crisi della vendita al dettaglio, con le catene di negozi specializzati costrette alla chiusura perché non riescono a competere con i bassi prezzi praticati da rivenditori come Walmart. I produttori di giocattoli stanno tentando di attirare più clienti in mercati in via di sviluppo come la Cina, la Polonia, il Brasile e l'India per bilanciare il calo del mercato statunitense, ma ottenere risultati in questi paesi si è rivelata una sfida piuttosto complessa. Aziende come Fisher-Price, di proprietà di Mattel, possono vedere i loro principali prodotti languire sugli scaffali dei negozi mentre gli acquirenti si rivolgono ai meno costosi giocattoli prodotti localmente in mondi dove il valore del marchio è un fattore irrilevante. Come affermato da un analista del settore, "I bambini cinesi sono cresciuti per 5000 anni rinunciando alle meraviglie di Fisher Price."[26]

Segnalibro

Confronting Reality: Doing What Matters to Get Things Right
di Lawrence A. Bossidy e Ram Charan

Il mondo degli affari sta cambiando a un passo sempre più rapido. Questa è la realtà che ha stimolato Larry Bossidy, ex presidente e amministratore delegato di Honeywell International ora in pensione, e Ram Charan, noto autore e consulente di management, a scrivere *Confronting Reality: Doing What Matters to Get Things Right*. Gli autori ritengono che troppi manager siano tentati di nascondere la testa sotto la sabbia dei problemi finanziari, piuttosto che affrontare la confusione e la complessità dell'ambiente organizzativo.

Lezioni per affrontare la realtà

Per molte aziende, l'ambiente di oggi è caratterizzato da una iper-competizione globale, dal declino dei prezzi e dalla crescita del potere dei consumatori. Bossidy e Charan offrono alcune lezioni per muoversi in un mondo che cambia rapidamente.

- *Comprendere l'ambiente per come è ora e per come probabilmente sarà in futuro, piuttosto che per come è stato in passato.* Contare sul passato e sulla saggezza convenzionale può portare al disastro. Kmart, per esempio, rimase fisso sulla sua vecchia formula, mentre Wal-Mart gli rubava i clienti e creava un nuovo modello di business. In pochi avrebbero potuto prevedere nel 1990 che Wal-Mart sarebbe diventato il più grande rivenditore al dettaglio di alimentari d'America.
- *Cercare e accogliere idee diverse e poco ortodosse.* I manager devono essere proattivi e mentalmente aperti al dialogo con i dipendenti, i fornitori, i clienti, i colleghi e chiunque altro con cui entrino in contatto. Che cosa pensano i loro interlocutori? Quali cambiamenti e opportunità vedono? Cosa li preoccupa per il futuro?
- *Evitare le cause più frequenti di incapacità ad affrontare la realtà da parte dei manager: informazioni filtrate, ascolto selettivo, pii desideri, timore, eccessivo coinvolgimento emozionale in una linea d'azione fallimentare, aspettative irrealistiche.* Per esempio, quando le vendite e i profitti della EMC crollarono, i dirigenti mostrarono una predisposizione ad ascoltare solo le buone notizie e credettero che l'azienda stesse incontrando una semplice flessione nella propria curva di crescita. Quando Joe Tucci fu nominato CEO, tuttavia, si mostrò determinato nello scoprire se il crollo fosse realmente temporaneo. Parlando direttamente con i leader delle organizzazioni clienti dell'azienda, Tucci vide chiaramente la realtà: il modello di business della EMC, basato su una tecnologia molto costosa, era morto. Tucci implementò un nuovo modello di business che si adattasse alla realtà.
- *Valutare impietosamente la propria organizzazione.* La comprensione dell'ambiente interno è importante. I manager devono saper valutare se la propria azienda ha le capacità, l'impegno e l'atteggiamento richiesti per apportare importanti cambiamenti. Alla EMC, Tucci si rese conto che il reparto vendite aveva bisogno di un cambio di atteggiamento per vendere software, servizi e soluzioni di business, piuttosto che solamente hardware costoso. L'arrogante e dura tattica di vendita del passato doveva essere rimpiazzata con un approccio più morbido e più orientato al cliente.

Sopravvivere

Sopravvivere nell'ambiente di business attuale richiede che i manager siano in costante stato di allerta. I dirigenti dovrebbero sempre guardare ai concorrenti, alle tendenze di settore, alle innovazioni tecnologiche, ai cambiamenti nelle politiche pubbliche, ai cambiamenti delle forze di mercato e al quadro economico. Contemporaneamente, dovrebbero lavorare duramente per stare in contatto con quello che i propri clienti pensano e desiderano. In questo modo possono affrontare la realtà ed essere pronti per il cambiamento.

Confronting Reality: Doing What Matters to Get Things Right, di Lawrence A. Bossidy e Ram Charan, è pubblicato dalla Crown Business Publishing.

Un modello di valutazione

Le dimensioni relative a semplicità-complessità e stabilità-instabilità sono riunite in Figura 4.3 in uno schema per la valutazione dell'incertezza ambientale. In un ambiente *semplice e stabile* il livello di incertezza è basso; ci sono soltanto pochi elementi esterni appartenenti a un numero limitato di settori ambientali (per esempio fornitori e clienti) da gestire, che tendono a rimanere stabili. Un ambiente *complesso e stabile* rappresenta un livello di incertezza in qualche misura maggiore. Deve essere rilevato, analizzato e tenuto in considerazione un alto numero di elementi (per esempio fornitori, clienti, normative,

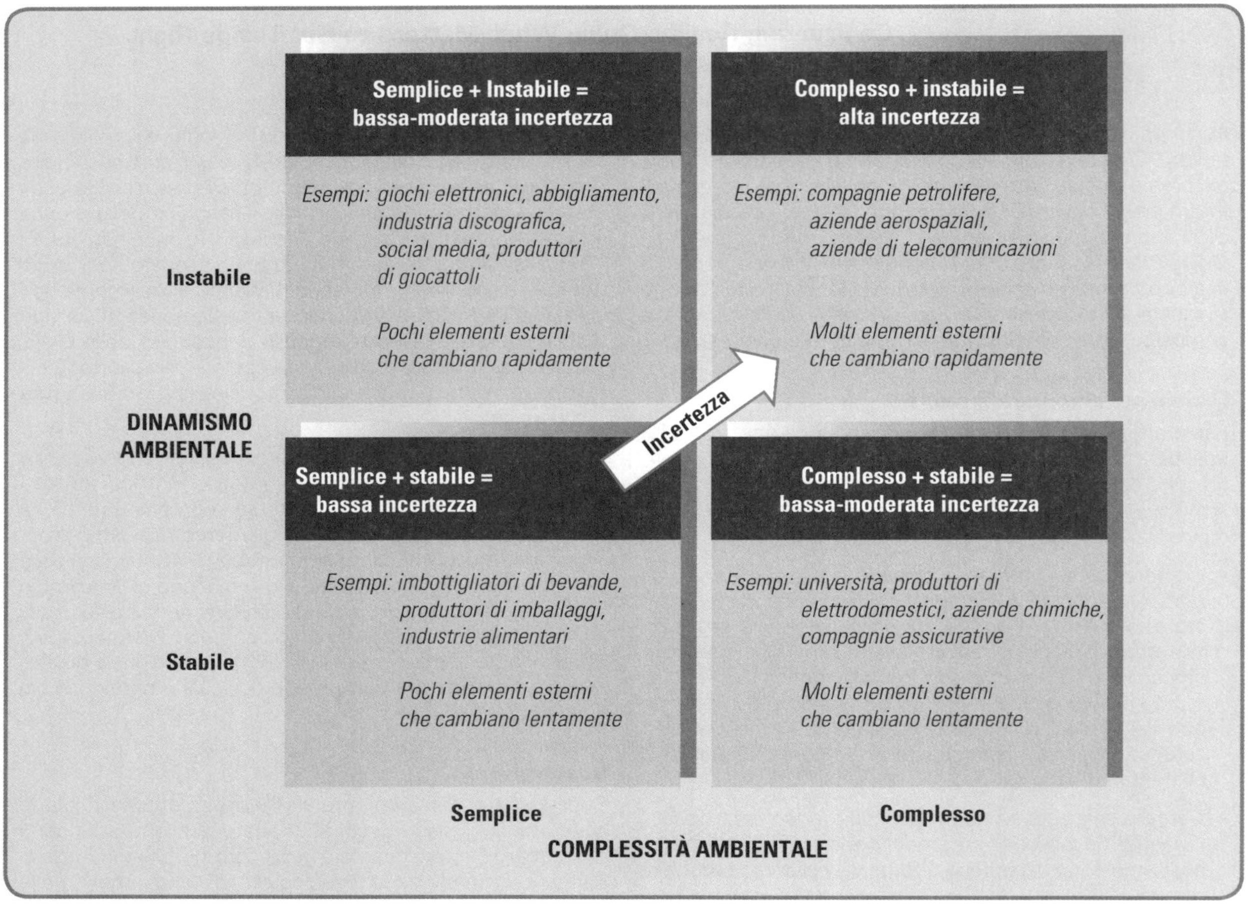

Figura 4.3
Modello per la rilevazione dell'incertezza ambientale
Fonti: basato su Robert Duncan, "Characteristics of Organizational Environments and Perceived Environments Uncertainty," *Administrative Science Quarterly* 17 (settembre 1972), 313-327; Robert B. Duncan, "Multiple Decision-Making Structures in Adapting to Environmental Uncertainty: The Impact on Organizational Effectiveness," *Human Relations* 26, no. 3 (1973), 273-291; Robert B. Duncan, "Modifications in Decision Structures in Adapting to the Environment: Some Implications for Organizational Learning," *Decision Sciences* 5, no. 4 (ottobre 1974), 705-725.

mutamenti del settore, sindacati, congiuntura economica) affinché l'organizzazione possa ottenere buoni risultati; in questo ambiente gli elementi non cambiano però in modo rapido o inatteso.

Un livello di incertezza ancora maggiore è quello che caratterizza un ambiente *semplice e instabile*.[27] Il rapido cambiamento crea incertezza per i manager e, nonostante l'organizzazione debba gestire pochi elementi esterni, tali elementi sono difficili da prevedere (come per esempio il mutare delle tendenze sociali o delle preferenze di consumo) e reagiscono in maniera inaspettata alle iniziative dell'organizzazione. Il livello più alto di incertezza per un'organizzazione si riscontra infine in presenza di un ambiente *complesso e instabile*. Molti elementi appartenenti a numerosi settori ambientali interferiscono con l'organizzazione, per di più cambiando frequentemente e reagendo in maniera marcata alle iniziative dell'organizzazione stessa. Quando diversi settori cambiano contemporaneamente, l'ambiente diventa turbolento.[28]

Un distributore di bevande opera in un ambiente semplice e stabile. La domanda cambia solo gradualmente. Il distributore ha un itinerario di consegne stabilito e i rifornimenti arrivano puntualmente. Le università statali, i produttori di elettrodomestici e le compagnie di assicurazione si trovano in ambienti in qualche modo stabili e complessi. Sono presenti molti elementi esterni, soggetti a cambiamenti, ma i cambiamenti sono graduali e prevedibili.

I produttori di giocattoli operano in ambienti semplici e instabili. Le organizzazioni che progettano, realizzano e vendono giocattoli o giochi elettronici, così come quelle impegnate nel settore dell'abbigliamento o in quello musicale, sono caratterizzate da un'offerta e una domanda instabili. L'azienda di abbigliamento Zara lancia circa 11.000 nuovi prodotti all'anno per cercare di soddisfare le mutevoli preferenze dei clienti, per esempio.[29] Nonostante gli elementi da gestire possano essere pochi – per esempio i fornitori, i clienti, i concorrenti –, sono difficili da prevedere e cambiano in modo rapido e improvviso.

Il settore delle telecomunicazioni, quello petrolifero e quello aereo fronteggiano ambienti complessi e instabili. Molti settori esterni cambiano infatti simultaneamente. Nel caso del trasporto aereo, in soli pochi anni le maggiori compagnie aeree sono state soggette a una carenza di controllori del traffico aereo, all'invecchiamento delle flotte di velivoli, ad agitazioni dei lavoratori, ad aumenti del prezzo del carburante, all'entrata di nuovi concorrenti low-cost, a una serie di disastri aerei e alla netta diminuzione della domanda da parte dei clienti. Nel giro di pochi anni, quattro grandi compagnie aeree e molti piccoli vettori sono andati incontro alla bancarotta e hanno complessivamente licenziato 170.000 dipendenti. A fine 2013, la American Airlines si è ripresa dalla bancarotta e si è fusa con la US Airways.[30]

Adattarsi a complessità e dinamismo

Ora che abbiamo osservato come diversi tipi di ambiente differiscano in relazione a cambiamento e complessità, la prossima domanda da porsi è la seguente: "In che modo le organizzazioni si adattano a ciascun livello di incertezza?". L'incertezza ambientale rappresenta un importante fattore di contesto per la struttura organizzativa e i comportamenti interni. Come abbiamo visto nel Capitolo 3, le organizzazioni che operano in condizioni di incertezza generalmente ricorrono a meccanismi strutturali che incoraggiano la comunicazione e la collaborazione orizzontali allo scopo di aiutare l'azienda ad adattarsi ai cambiamenti che avvengono nell'ambiente. In questo paragrafo discutiamo più approfonditamente il modo in cui l'ambiente influenza le organizzazioni. Un'organizzazione all'interno di un ambiente certo verrà gestita e controllata in maniera diversa da un'organizzazione in un ambiente incerto, e questo con riferimento a posizioni e unità organizzative, differenziazione e integrazione organizzativa, processi di controllo, pianificazione futura e previsioni. Le organizzazioni hanno la necessità di avere una giusta corrispondenza tra struttura interna e ambiente esterno.

Aggiungere posizioni e unità organizzative

Con l'aumentare della complessità e dell'incertezza dell'ambiente esterno, aumenta anche il numero di posizioni e unità organizzative nell'ambito dell'organizzazione, che a sua volta determina un aumento della complessità interna. Questa relazione è una parte di ciò che implica l'essere un sistema aperto. Ogni settore dell'ambiente esterno richiede un dipendente o un'unità che si occupi di esso. L'unità risorse umane si occupa delle persone alla ricerca di un lavoro che vogliono entrare a far parte dell'azienda; l'unità di marketing va alla ricerca di clienti; gli impiegati addetti agli acquisti reperiscono materie prime da centinaia di fornitori; il gruppo di finanza lavora con le banche; quello che si occupa degli aspetti legali lavora invece con i tribunali e le agenzie governative. Le unità di e-business gestiscono le attività di commercio elettronico e unità di information technology si occupano della crescente complessità delle informazioni digitali e dei sistemi di knowledge management. Il Presidente Barack Obama, per esempio, ha aggiunto alla squadra di governo un Chief Technology Officer e un Chief Information Officer. Numerose organizzazioni hanno creato le figure del Chief Compliance Officer o del Chief Governance Officer per gestire le complessità legate al Sarbannes-Oxley Act del 2002 (spesso denominato SOX). Il SOX ha disposto diverse riforme della *corporate governance*, come un miglior controllo interno finalizzato a ridurre il rischio di frodi, la certificazione dei risultati finanziari da parte degli alti dirigenti, misure più efficaci di revisione dei conti interna e il potenziamento della comunicazione al pubblico del profilo finanziario delle imprese. L'aggiunta di nuove posizioni e dipartimenti è una maniera comune per le organizzazioni di adattarsi alla crescente incertezza ambientale. Dopo la disastrosa esplosione e la fuoriuscita di petrolio nel Golfo del Messico, la British Petroleum si è lanciata in una grossa ristrutturazione delle proprie operazioni di esplorazione, sviluppo e produzione a monte (*upstream*) per fare in modo che un evento simile non accada mai più. Per migliorare la gestione del rischio, l'amministratore delegato Robert W. Dudley ha nominato uno specifico chief executive per la totalità delle operazioni upstream a livello globale .[31]

Costruire relazioni

L'approccio tradizionale nell'affrontare l'incertezza ambientale è stato quello di istituire unità organizzative che facessero da cuscinetto. Il ruolo delle **unità cuscinetto** consiste appunto nell'assorbire l'incertezza proveniente dall'ambiente.[32] Il nucleo operativo in un'organizzazione svolge dunque l'attività produttiva principale, mentre le unità cuscinetto lo "circondano" e scambiano materiali, risorse e denaro tra l'ambiente e l'organizzazione. Queste unità aiutano il nucleo operativo a funzionare in maniera efficiente. L'unità acquisti fa da cuscinetto al nucleo operativo stoccando forniture e materie prime, l'unità risorse umane lo fa invece gestendo l'incertezza associata alla ricerca, assunzione e formazione degli addetti alla produzione.

Un più recente approccio che molte organizzazioni stanno sperimentando consiste nell'eliminare le unità cuscinetto ed esporre il nucleo operativo direttamente all'incertezza dell'ambiente. In questo caso si sceglie di non creare unità cuscinetto perché si ritiene che essere ben connessi a clienti e fornitori sia più importante dell'efficienza interna. Gli ambienti con un grado elevato di incertezza impongono la rapida condivisione di informazioni e conoscenze per consentire all'organizzazione di adattarsi più tempestivamente. Come abbiamo visto nel Capitolo 3, i team spesso lavorano direttamente con i clienti e altre parti esterne all'organizzazione.[33] Alla Total Attorneys, un'azienda di Chicago che fornisce software e servizi ai piccoli studi legali, team inter-funzionali lavorano con i clienti che testano i prodotti sviluppati e forniscono un feedback.[34] L'apertura dell'organizzazione all'ambiente mediante la costruzione di relazioni con soggetti esterni rende quest'ultima più fluida e capace di adattarsi.

I **ruoli di confine** collegano e coordinano un'organizzazione con gli elementi chiave dell'ambiente esterno. Le attività di confine riguardano principalmente lo scambio di informazioni per rintracciare e acquisire dati sui cambiamenti che avvengono nell'ambiente e mandare informazioni all'ambiente allo scopo di presentare l'organizzazione in una luce positiva.[35]

Le organizzazioni devono restare in contatto con ciò che accade nell'ambiente, in modo tale che i manager possano reagire ai cambiamenti del mercato e ad altri sviluppi. Un'inchiesta condotta su aziende high-tech ha evidenziato che il 97 per cento dei fallimenti competitivi è derivato da una mancanza di attenzione verso i mutamenti del mercato o dal non aver fatto seguire azioni concrete a informazioni vitali.[36] Il personale che ricopre ruoli di confine perlustra l'ambiente per rintracciare informazioni importanti e portarle all'interno dell'organizzazione: l'unità delle ricerche di marketing, per esempio, osserva e controlla le tendenze nei gusti dei consumatori, mentre i ruoli di confine nelle unità di progettazione e di ricerca e sviluppo hanno la responsabilità di ricercare novità negli sviluppi tecnologici, nelle innovazioni e nelle materie prime. Chi ricopre questi ruoli ha in generale il compito di tenere informato il management dei cambiamenti ambientali per far sì che l'organizzazione non si areni. Spesso l'importanza attribuita ai ruoli di confine cresce parallelamente al livello di incertezza dell'ambiente.[37]

Un approccio alle attività di confine è costituito dalla **business intelligence**, che si basa sull'analisi, effettuata con mezzi ad alta tecnologia, di grandi quantità di dati interni ed esterni per evidenziare modelli e relazioni che potrebbero essere significativi. Per esempio, Verizon utilizza la business intelligence per monitorare attivamente le interazioni con i clienti, in modo da evidenziare i problemi e risolverli nel più breve tempo possibile.[38] Gli strumenti per automatizzare il processo sono un'area molto dinamica nel mercato dei prodotti software, e le imprese sono giunte a spendere miliardi di dollari in software per la business intelligence negli anni più recenti.[39]

La business intelligence è correlata a un'altra importante area delle attività di confine, la *competitive intelligence*. Le attività di competitive intelligence consentono al vertice di raccogliere e analizzare in modo sistematico informazioni pubbliche sui concorrenti e utilizzarle per prendere decisioni migliori.[40] I professionisti che operano in questo campo, mediante tecniche che vanno dalla navigazione in Rete al frugare tra i rifiuti, ottengono informazioni sui concorrenti circa nuovi prodotti, costi di produzione o metodi di formazione e li condividono con il top management. I team di intelligence sono l'ultima tendenza nelle attività di *competitive intelligence*. Un **team di intelligence** è un gruppo inter-funzionale composto da dirigenti e dipendenti e di norma guidato da un professionista di competitive intelligence, con il compito di comprendere più approfonditamente specifiche questioni riguardanti l'azienda, allo scopo di presentare nuove intuizioni, possibilità e raccomandazioni agli alti dirigenti.[41] I team di intelligence possono fornire suggerimenti che mettono i manager in condizioni di prendere decisioni più informate in merito agli obiettivi, oltre che a formulare piani capaci di fronteggiare gli imprevisti e scenari legati ai temi competitivi emergenti più importanti.

Il compito di confine di inviare all'ambiente informazioni che rappresentino l'organizzazione è volto a influenzare la percezione di quest'ultima presso gli altri. Entro l'unità di marketing, chi si occupa di pubblicità e di vendite rappresenta l'organizzazione nei confronti dei clienti; chi segue gli acquisti può chiamare i fornitori e chiarire le proprie esigenze di acquisto; l'unità preposta agli affari legali informa i gruppi di interesse, i funzionari pubblici e i politici riguardo alle esigenze dell'organizzazione o alle opinioni della stessa in merito a questioni politiche. Molte aziende costruiscono un proprio sito Web o un blog per presentare l'organizzazione in una luce favorevole.

confrontate la vostra opinione

1 **Il modo migliore per far fronte a un ambiente complesso è sviluppare una struttura organizzativa altrettanto complessa.**

Risposta esatta: *D'accordo.* Man mano che l'ambiente di un'organizzazione si fa più complesso, si rende necessario aggiungere funzioni, unità organizzative e ruoli di confine per gestirne tutti gli elementi. Quando i settori ambientali sono complessi non c'è modo per un'organizzazione di rimanere semplice e priva di complicazioni e continuare al tempo stesso ad essere efficace.

Differenziazione e integrazione

Un'altra risposta all'incertezza ambientale è il grado di differenziazione e integrazione tra le unità organizzative. La **differenziazione** organizzativa fa riferimento alla "diversità degli orientamenti cognitivi ed emotivi tra i manager di differenti unità funzionali e nella diversità della struttura formale tra tali unità".[42] Quando l'ambiente esterno è complesso e in rapido cambiamento, le unità organizzative diventano altamente specializzate per gestire l'incertezza nell'ambiente esterno di competenza. Il successo all'interno di ognuno dei settori dell'ambiente (risorse umane, tecnologia, governo e così via) richiede speciali competenze e comportamenti. I dipendenti di un'unità di ricerca e sviluppo hanno quindi attitudini, valori, obiettivi e formazione caratteristici che li distinguono, per esempio, dai dipendenti delle unità di produzione o di vendita.

Uno studio di Paul Lawrence e Jay Lorsch ha esaminato tre unità organizzative – produzione, ricerca e vendite – in dieci diverse aziende.[43] Il risultato di questo studio è stato che ogni unità si era evoluta verso un diverso orientamento e una diversa struttura allo scopo di gestire specifiche sezioni dell'ambiente esterno. In Figura 4.4 sono illustrati i sotto-ambienti di mercato, scientifico e di produzione identificati da Lawrence e Lorsch. Come mostra la figura, ogni unità ha interagito con gruppi esterni diversi. Le differenze che si sono sviluppate tra le unità all'interno dell'organizzazione vengono mostrate in Figura 4.5. Per lavorare efficacemente con il sotto-ambiente scientifico, la ricerca e sviluppo si era data un obiettivo di qualità del lavoro, un orizzonte temporale di lungo periodo (fino a cinque anni), una struttura informale e dipendenti con un orientamento ai compiti. Le vendite erano all'estremo opposto: si erano date un obiettivo di soddisfazione del cliente, erano orientate al breve periodo (due settimane circa), avevano una struttura molto formale ed erano orientate agli aspetti sociali.

Un effetto negativo dell'alta differenziazione è che il coordinamento e la collaborazione tra le unità diventano difficoltosi. Quando attitudini, obiettivi e orientamento nel lavoro differiscono in misura così ampia, occorre infatti impiegare un maggior ammontare di tempo e di risorse per ottenere il coordinamento. L'**integrazione** consiste nella qualità del coordinamento tra unità.[44] I ruoli formali di integrazione sono spesso necessari per tale coordinamento. Quando l'ambiente ha un alto livello di incertezza, i frequenti cambiamenti richiedono una maggiore elaborazione delle informazioni per ottenere il coordinamento orizzontale, così i ruoli di integrazione diventano un necessario complemento della struttura organizzativa. Talvolta i ruoli di integrazione sono ricoperti dal *personale di collegamento, project manager, brand manager* o *coordinatori.* Come mostrato in Figura 4.5, le organizzazioni caratterizzate da ambienti altamente incerti e da una struttura molto differenziata assegnano circa il 22 per cento del proprio personale di management ad attività

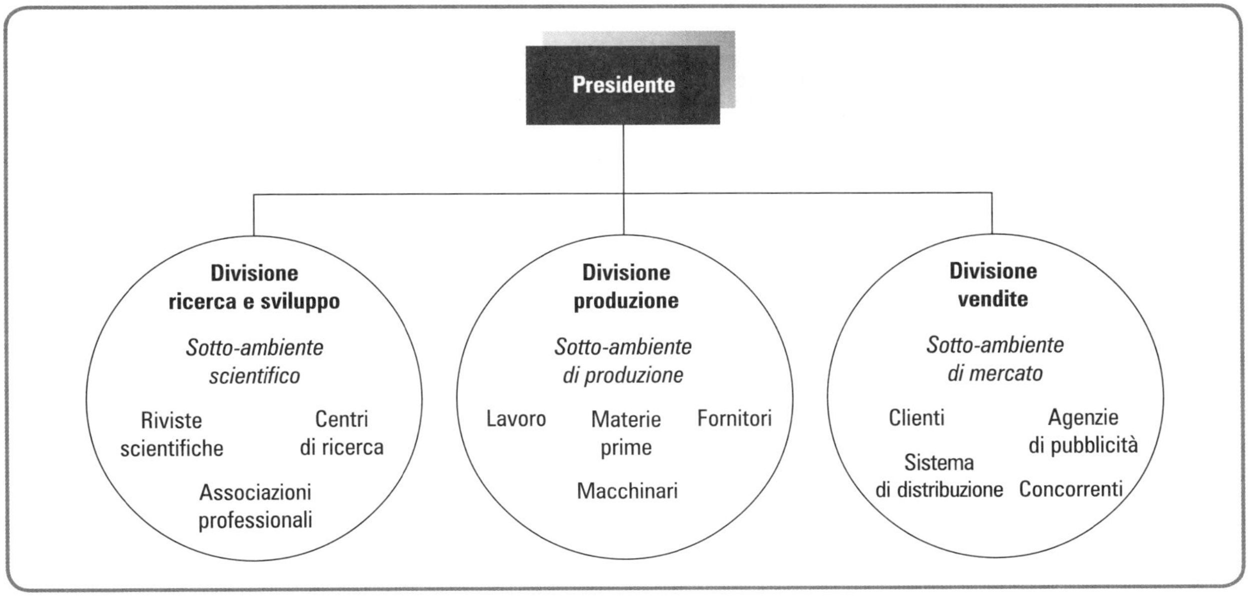

Figura 4.4
Le unità organizzative si differenziano per rispondere alle necessità dei sotto-ambienti

di integrazione, come la partecipazione a comitati e task force o a ruoli di collegamento.[45] Nelle organizzazioni caratterizzate da ambienti molto semplici e stabili, di contro, quasi nessun manager viene assegnato a ruoli di integrazione. In Figura 4.6 è mostrato come la differenziazione tra le unità cresca parallelamente all'aumentare dell'incertezza ambientale; di conseguenza l'organizzazione deve assegnare una maggiore percentuale di manager a ruoli di coordinamento.

Caratteristiche	Unità ricerca e sviluppo	Unità produzione	Unità vendite
Obiettivi	Nuovi sviluppi, qualità	Produzione efficiente	Soddisfazione dei clienti
Orizzonte temporale	lungo	breve	breve
Orientamento interpersonale	prevalentemente ai compiti	compiti	sociale
Formalizzazione della struttura	bassa	alta	alta

Figura 4.5
Differenze negli obiettivi e negli orientamenti tra unità organizzative
Fonte: basato su Paul R. Lawrence, Jay W. Lorsch, *Organization and Environment* (Homewood, Ill.: Irwin, 1969), 23-29.

La ricerca di Lawrence e Lorsch ha evidenziato che le organizzazioni hanno risultati migliori quando i livelli di differenziazione e integrazione corrispondono al livello di incertezza e complessità dell'ambiente. Nelle organizzazioni che hanno avuto successo in ambienti incerti sono stati riscontrati alti livelli sia di differenziazione sia di integrazione, mentre in quelle che hanno ottenuto buoni risultati in ambienti meno incerti sono stati riscontrati livelli di differenziazione e di integrazione inferiori. Un recente studio di 266 imprese manifatturiere in nove Paesi ha confermato che a elevati livelli di integrazione si associano migliori performance in ambienti complessi.[46]

Figura 4.6
Incertezza ambientale e integratori organizzativi
Fonte: basato su Jay W. Lorsch, Paul R. Lawrence, "Environmental Factors and Organizational Integration," *Organization Planning: Cases and Concepts* (Homewood, Ill.: Irwin and Dorsey, 1972), 45

Settori	Plastica	Alimentare	Imballaggi
Incertezza ambientale	Alta	Moderata	Bassa
Differenziazione tra le unità	alta	moderata	bassa
Percentuale di manager in ruoli di integrazione	22	17	0

Processi di management organici e meccanici

Il grado di incertezza dell'ambiente esterno è una delle principali contingenze che determina se l'organizzazione funzionerà meglio con una struttura organica o meccanica, illustrate nel Capitolo 1. Tom Burns e G.M. Stalker hanno osservato venti aziende industriali nel Regno Unito e hanno scoperto che la struttura di management interna era correlata all'ambiente esterno.[47] Quando l'ambiente esterno era stabile, l'organizzazione interna era caratterizzata da regole standard, procedure, una chiara gerarchia, formalizzazione e centralizzazione. Burns e Stalker definirono questo un **sistema** organizzativo **meccanico**, come descritto nel Capitolo 1 e illustrato in Figura 1.7.

In ambienti in rapido mutamento, l'organizzazione interna era molto più flessibile, libera e adattiva, con una gerarchia flessibile e un processo decisionale decentralizzato. Burns e Stalker utilizzarono il termine **organico** per caratterizzare questo tipo di organizzazione. Completate il test "Profilo personale" per capire se il vostro profilo personale è più confacente al lavoro in un'organizzazione organica o meccanica.

All'aumentare dell'incertezza ambientale, le organizzazioni tendono a diventare maggiormente organiche, il che significa decentrare l'autorità e la responsabilità a livelli inferiori, incoraggiando i dipendenti a prendersi carico dei problemi comunicando direttamente, spingendo verso il lavoro di gruppo e adottando un approccio informale nell'assegnazione di compiti e responsabilità. L'organizzazione diventa quindi più fluida ed è in grado di adattarsi continuamente ai cambiamenti dell'ambiente esterno.[48] La Guiltless Gourmet, che vende tortilla chips a basso contenuto di grassi e altri spuntini di alta qualità è un ottimo esempio: quando grandi imprese come Frito-Lay facevano il loro ingresso nel mercato degli spuntini a basso contenuto di grassi, Guiltless è passata a una struttura a rete flessibile per rimanere competitiva. L'azienda ha riprogettato se stessa per diventare fondamentalmente un'organizzazione di marketing a tempo pieno, mentre la produzione e altre attività sono state affidate ad aziende esterne. Un immenso impianto di Austin è stato chiuso e la forza lavoro ridotta da 125 a circa 10 persone, che gestiscono il marketing e le promozioni di vendita. La struttura flessibile ha consentito alla Guiltless Gourmet di adattarsi rapidamente alle mutevoli condizioni di mercato.[49]

Pianificazione, previsione e rapidità di risposta

Lo scopo di aumentare l'integrazione interna e passare a una struttura più organica è quello di rafforzare la capacità di risposta rapida dell'organizzazione ai cambiamenti improvvisi di un ambiente incerto. Potrebbe sembrare che la pianificazione sia inutile in un ambiente

Profilo personale

Forma mentis e ambiente

La vostra *forma mentis* risulta più adeguata a un'organizzazione che opera in un ambiente certo o incerto? Prendete in esame il vostro comportamento e il vostro modo di pensare come studente, dipendente o in una posizione dirigenziale formale o informale. Rispondete a ciascuna domanda scegliendo "Più sì che no" o viceversa.

	Più sì che no	Più no che sì
1. Ho sempre fornito spiegazioni sul mio modo d'interpretare dati e problemi.	____	____
2. Accetto di buon grado punti di vista insoliti proposti da altri, anche quando si lavora sotto pressione.	____	____
3. Ho sempre ritenuto importante frequentare rassegne, fiere ed eventi aziendali (o scolastici).	____	____
4. Ho esplicitamente incoraggiato gli altri a esprimere idee e argomentazioni in contrasto con le mie.	____	____
5. Ho sempre posto domande per capire meglio anche correndo il rischio che fossero giudicate ingenue.	____	____
6. Mi ha sempre fatto piacere che venissero proposte nuove idee, anche in prossimità di una scadenza di consegna.	____	____
7. Ho sempre espresso le mie opinioni, anche le più discutibili, a dirigenti e colleghi.	____	____
8. Ho suggerito strategie per migliorare il mio modo di operare e quello dei colleghi.	____	____

Punteggio: Assegnatevi un punto per ciascuna affermazione cui avete risposto "Più sì che no". Se avete totalizzato un punteggio inferiore a cinque, il vostro profilo potrebbe essere più adatto a un'organizzazione che opera in un ambiente stabile, mentre un punteggio pari o superiore a cinque indica un profilo più coerente con un'organizzazione che opera in un ambiente instabile.

Interpretazione: in un'organizzazione operante in un ambiente estremamente incerto tutto sembra in continuo mutamento. In questa situazione, le qualità importanti per un dipendente professionista o per un manager comprendono una maggiore apertura mentale e capacità di pensiero indipendente. In un ambiente stabile, l'organizzazione sarà più "meccanica" e un dirigente con un profilo differente potrebbe lavorare bene perché gran parte dei compiti possono essere svolti seguendo le consuetudini. In un ambiente incerto, invece, è importante che tutti apportino nuovi modi di pensare, nuove idee e nuovi modi di lavorare. Dunque un punteggio alto in questo test indica una maggiore adeguatezza a un'organizzazione "organica" che opera in un ambiente incerto.

Fonte: queste domande si basano su idee tratte da R.L. Daft e R.M. Lengel, *Fusion Leadership*, capitolo 4 (San Francisco, Calif.: Berrett Koehler, 2000); B. Bass e B. Abolio, *Multifactor Leadership Questionnaire*, seconda ed. (Menlo Park, Calif.: Mind Garden, Inc); Karl E. Weick e Kathleen M. Sutcliffe, *Managing the Unexpected: Assuring High Performance in an Age of Complexity* (San Francisco, Calif.: Jossey-Bass, 2001).

ove tutto cambia in continuazione. Negli ambienti incerti, invece, la pianificazione e la previsione ambientale acquisiscono in effetti *maggiore* importanza in quanto metodi per tenere l'organizzazione pronta a una risposta coordinata e rapida. Quando l'ambiente è stabile, l'organizzazione può concentrarsi sui problemi riguardanti le attività correnti e sull'efficienza giornaliera. La pianificazione di lungo periodo e la previsione non sono necessarie, poiché in futuro le richieste ambientali saranno uguali a quelle presenti.

Con il crescere dell'incertezza ambientale, la pianificazione e la previsione diventano necessarie.[50] Sondaggi condotti all'interno di grandi multinazionali hanno confermato che quando l'ambiente si fa più turbolento, i dirigenti intensificano le proprie attività di pianificazione, in particolare in termini di esercizi che favoriscono l'apprendimento, l'adattamento continuo e l'innovazione.[51] Dopo gli attacchi terroristici dell'11 settembre 2001, per esempio, negli Stati Uniti si è registrato un assai più frequente ricorso alla pianificazione che implica l'utilizzo di scenari e di piani contingenti quale strategia per gestire l'incertezza. Benché siano stati oggetto di scarso interesse negli ultimi anni, questi approcci sono tornati alla ribalta per via delle crescenti turbolenze dell'ambiente e della recente crisi finanziaria globale. Produttori giapponesi di elettronica di consumo come Sony, Panasonic e Sharp, per esempio, hanno dovuto far fronte a cali delle vendite in quasi tutte le categorie di prodotti e hanno dovuto pianificare un futuro differente. Il progetto della Sony, per esempio, è stato l'entrata nel settore medico con un investimento nell'azienda produttrice di endoscopi Olympus.[52]

Con l'elaborazione di scenari, i manager sperimentano mentalmente differenti situazioni cercando di anticipare i vari cambiamenti che potrebbero influenzare l'organizzazione. Gli scenari sono simili a racconti che offrono vivide immagini alternative di come potrà essere il futuro e di come i manager reagiranno. La Royal Dutch/Shell Oil ha utilizzato per molto tempo la tecnica di elaborazione di scenari ed è stata leader per la rapidità di risposta a cambiamenti di cui le altre organizzazioni non si sono accorte se non quando era ormai troppo tardi.[53] La pianificazione può attenuare gli impatti negativi dei cambiamenti esterni; le organizzazioni che hanno ambienti instabili costituiscono spesso un'unità separata per il *planning*. In un ambiente imprevedibile gli uomini della pianificazione osservano gli elementi ambientali e analizzano le possibili mosse e contro-mosse delle altre organizzazioni. La pianificazione può essere approfondita e prevedere vari scenari riguardo ai fattori di contesto ambientali.

confrontate la vostra opinione

2 In un ambiente volatile e in rapido mutamento, un'attività rigorosa di pianificazione porta solo a uno spreco di tempo e risorse.

Risposta esatta: *In disaccordo.* Una volta il generale Colin Powell ha affermato che "nessun piano di battaglia sopravvive al contatto con il nemico"[54]; tuttavia nessun buon generale affronterebbe una battaglia senza averne uno. Una seria attività di pianificazione diventa più importante in un ambiente turbolento, anche se i piani hanno breve durata: la pianificazione e le previsioni sull'ambiente aiutano i dirigenti ad anticipare i cambiamenti per essere pronti a rispondere a essi. La mancanza di pianificazione è più sensata in un ambiente stabile e prevedibile.

In ogni caso la pianificazione non è sostitutiva di altre attività, come un'efficace esplorazione dei confini e un'integrazione e un coordinamento interno adeguati. Le organizzazioni che hanno più successo in ambienti incerti sono quelle che mantengono tutti i membri in stretto contatto con l'ambiente, cosicché possano individuare minacce e opportunità, permettendo all'organizzazione di reagire immediatamente.

Un modello per adattarsi a complessità e dinamismo

La Figura 4.7 riassume i modi attraverso i quali l'incertezza ambientale influenza le caratteristiche organizzative, mette in relazione le dimensioni della complessità e del dinamismo e illustra quattro livelli di incertezza. L'ambiente a bassa incertezza è semplice e stabile; le organizzazioni che si trovano in questo tipo di ambiente possono avere poche unità organizzative e una struttura meccanica. In un ambiente a incertezza bassa-moderata è necessario un maggior numero di unità organizzative e di ruoli di integrazione per coor-

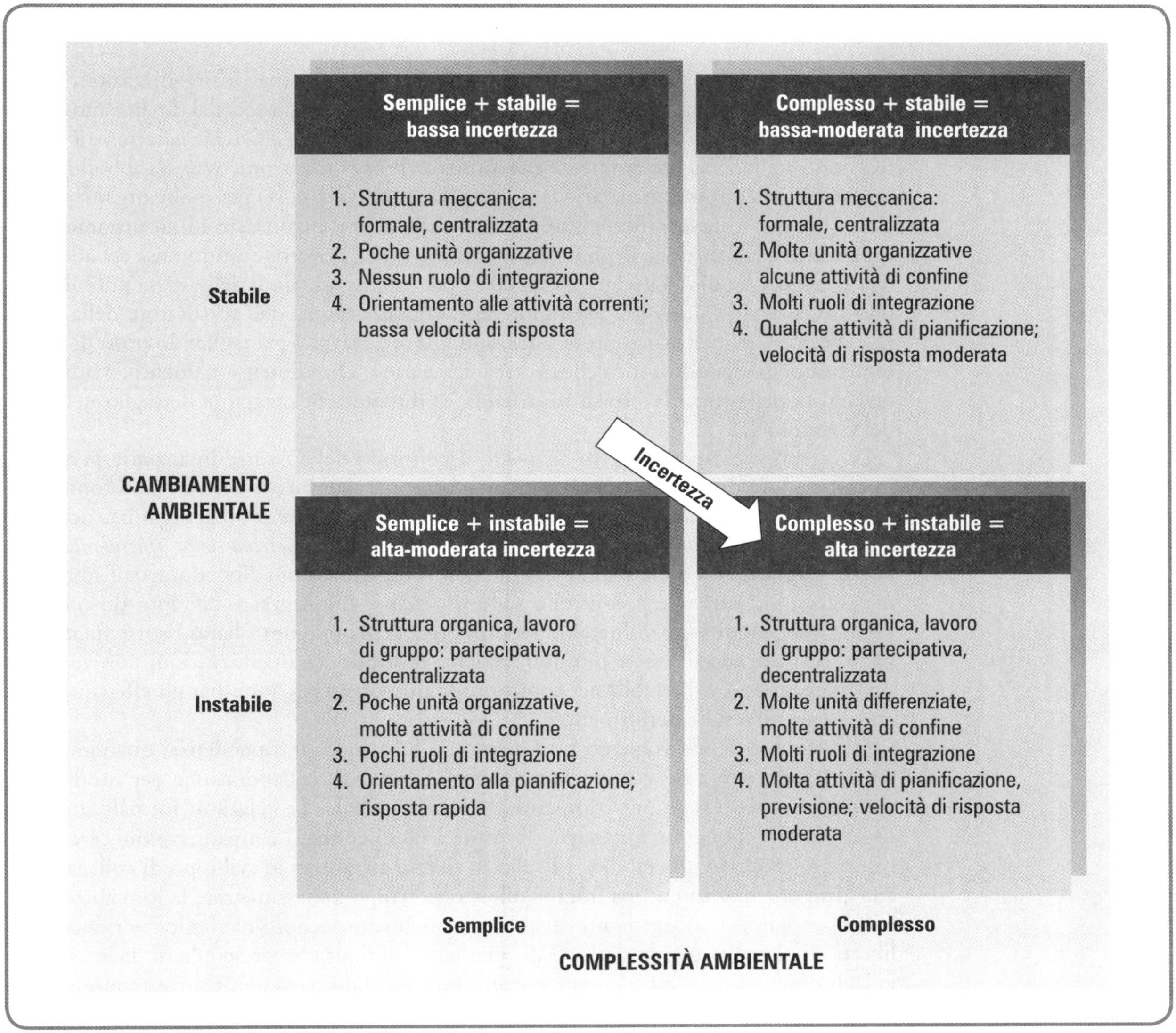

Figura 4.7
Modello contingente per la risposta organizzativa dell'incertezza ambientale

dinare le unità; possono inoltre essere svolte alcune attività di pianificazione. Gli ambienti ad alta-moderata incertezza sono semplici ma instabili; la struttura organizzativa è organica e decentrata; viene enfatizzata la pianificazione e i manager sono rapidi nel realizzare cambiamenti interni quando questi si rendono necessari. L'ambiente ad alta incertezza è sia complesso sia instabile, ed è l'ambiente più difficile da un punto di vista gestionale; le organizzazioni sono di grandi dimensioni e hanno molte unità organizzative, ma allo stesso tempo sono organiche; una percentuale molto alta di manager viene assegnata a ruoli di coordinamento e di integrazione, mentre l'organizzazione svolge attività di confine, di pianificazione e di previsione per consentire un'elevata velocità di risposta ai cambiamenti ambientali.

Dipendenza dalle risorse finanziarie

Questo capitolo ha finora descritto diversi modi attraverso i quali le organizzazioni si possono adattare alla mancanza di informazione e all'incertezza causata dal dinamismo e dalla complessità ambientali. Rivolgiamo ora la nostra attenzione alla terza caratteristica della relazione organizzazione-ambiente che influenza le organizzazioni, ovvero l'abbondanza o la scarsità delle risorse finanziarie necessarie. Una prima risposta per molte organizzazioni che si trovano a dover fronteggiare un calo delle risorse finanziarie è il licenziamento di dipendenti e la riduzione degli investimenti. Mentre il governo statunitense era alle prese con le negoziazioni del budget a fine 2012 per evitare riduzioni della spesa pubblica per 600 miliardi di dollari, per esempio, varie organizzazioni, dall'appaltatore della difesa Lockheed Martin all'assicuratore sulla salute Aetna, stavano già tagliando posti di lavoro in previsione della riduzione delle risorse finanziarie.[55] Di ridimensionamento, o riduzione dell'entità della forza lavoro di un'azienda, si discuterà in maggiore dettaglio nel corso del Capitolo 9.

Le aziende cercano anche di acquisire il controllo delle risorse finanziarie per minimizzare la loro dipendenza da altre organizzazioni.[56] L'ambiente costituisce la fonte delle scarse risorse finanziarie che sono essenziali per la sopravvivenza dell'organizzazione. Le attività di ricerca in quest'area vanno sotto il nome di *prospettiva della dipendenza dalle risorse*. **Dipendenza dalle risorse** significa che le organizzazioni dipendono dall'ambiente, ma cercano di ottenere il controllo sulle risorse per minimizzare tale loro dipendenza. Le organizzazioni sono vulnerabili se altre organizzazioni controllano risorse finanziarie vitali, così cercano di essere più indipendenti possibile. Le organizzazioni non vogliono diventare troppo vulnerabili nei confronti di altre organizzazioni, per gli effetti negativi che ciò avrebbe sulle performance.

Sebbene le aziende vogliano minimizzare il loro stato di dipendenza, quando i costi e i rischi sono alti esse si impegnano anche in forme di collaborazione per condividere risorse scarse ed essere più competitive su scala globale. Le relazioni formali con altre organizzazioni pongono i manager di fronte a un dilemma. Le organizzazioni cercano di ridurre la propria vulnerabilità a livello di risorse attraverso lo sviluppo di collegamenti con altre organizzazioni, ma mirano allo stesso tempo a massimizzare la loro autonomia e indipendenza. I collegamenti organizzativi richiedono coordinamento[57] e riducono la libertà di ciascuna organizzazione di prendere decisioni che prescindano dalle esigenze e dagli obiettivi delle altre organizzazioni. Le relazioni interorganizzative rappresentano quindi un *trade-off* tra risorse e autonomia. Per mantenersi autonome, le organizzazioni che dispongono già di risorse finanziarie abbondanti tenderanno a non costruire nuovi collegamenti. D'altro canto, le organizzazioni che hanno bisogno di risorse rinunceranno all'indipendenza per acquisire tali risorse. Per esempio, la DHL, divisione corriere espresso della tedesca Deutsche Post AG, ha perso milioni di dollari nel tentativo di assumere il controllo del mercato statunitense. Alla fine, DHL si è unita a UPS in una partnership strategica, affidando le sue consegne negli Stati Uniti alla rivale di sempre, mentre nei mercati europei la competizione continua. A fronte di perdite per 3 milioni di dollari, difficoltà nel costruire un team dirigenziale locale negli Stati Uniti e problemi di manutenzione delle strutture di gestione dei pacchi in territorio americano, l'amministratore delegato di Deutsche Post Frank Appel ha definito la partnership con UPS "una strategia pragmatica e realista" per le attività dell'azienda negli Stati Uniti.[58] La dipendenza dalle risorse verrà approfondita ulteriormente nel Capitolo 5.

Influenzare le risorse finanziarie

In risposta al fabbisogno di risorse, le organizzazioni cercano di mantenere un equilibrio tra la dipendenza da altre organizzazioni e la conservazione della propria indipendenza. Le organizzazioni mantengono questo equilibrio attraverso tentativi di modificare, manipolare o controllare elementi dell'ambiente esterno (come altre organizzazioni o enti pubblici di regolamentazione) per soddisfare i loro bisogni.[59] Un'organizzazione, allo scopo di sopravvivere, spesso cerca di cambiare o controllare elementi dell'ambiente. Possono venire adottate due strategie per influenzare risorse nell'ambiente esterno: stabilire relazioni favorevoli con altre organizzazioni e (2) influenzare l'ambiente dell'organizzazione.[60] In Figura 4.8 vengono riassunte le tecniche utilizzabili per attuare ognuna di queste strategie. Come regola generale, quando le organizzazioni percepiscono le risorse preziose come scarse, utilizzano le strategie presentate in Figura 4.8 piuttosto che lasciare le cose come stanno. Possiamo notare quanto dissimili siano queste strategie dalle risposte al dinamismo e alla complessità ambientali descritte in Figura 4.7. La diversità riflette la differenza che intercorre tra la risposta al fabbisogno di risorse e la risposta al fabbisogno di informazioni.

Stabilire collegamenti interorganizzativi	Controllare la sfera ambientale
1. Proprietà	1. Cambiamento dell'ambiente di riferimento
2. Contratti, joint ventures	2. Attività politica, regolamentazione
3. Cooptazione, CdA concatenati	3. Associazioni di settore
4. Recruitment dei dirigenti	4. Attività illecite
5. Pubblicità, pubbliche relazioni	

Figura 4.8 Strategie organizzative per il controllo dell'ambiente esterno

Stabilire relazioni formali

Tecniche come l'acquisizione di proprietà, la realizzazione di joint venture e partnership, lo sviluppo di contatti con persone che contano nell'ambiente, il reclutamento di persone chiave e il ricorso a pubblicità e pubbliche relazioni rientrano tutte nella costruzione di relazioni formali.

Acquisizione di una quota di proprietà. Le aziende ricorrono a varie forme di proprietà per ridurre l'incertezza in un'area che ritengono importante, per esempio acquisendo una parte di un'altra azienda o una partecipazione di controllo nella stessa al fine di guadagnare accesso a tecnologie, prodotti o altre risorse che attualmente non possiedono.

Un maggiore grado di proprietà e di controllo si ottiene attraverso un'acquisizione o una fusione. Un'*acquisizione* comporta l'acquisto di un'organizzazione da parte di un'altra organizzazione in maniera tale che l'acquirente ne assuma il controllo, come l'acquisto di YouTube da parte di Google, di PayPal da parte di eBay e del britannico ASDA Group da parte di Walmart. Una *fusione* consiste invece nell'unificazione di due o più organizzazioni in una singola entità.[61] Sirius Satellite Radio e XM Satellite Radio Holdings si sono fuse e hanno dato vita a Sirius XM Radio. La fusione ha consentito alle due aziende di unire risorse e condividere rischi per diventare più competitive nei confronti dei fornitori di musica digitale e di altre tipologie emergenti di distribuzione musicale. Negli ultimi anni, nei settori delle telecomunicazioni e della pubblicità si è verificata una notevole attività di acquisizioni e fusioni che rifletteva il modo in cui queste organizzazioni rispondono alla grande incertezza che si trovano ad affrontare. Per esempio, Omnicom e Publicis hanno scelto di provare a fondersi e creare la più grande azienda pubblicitaria al mondo per competere in un nuovo ambiente con minori risorse a disposizione.

IN PRATICA

Omnicom e Publicis

Un tempo il settore pubblicitario era dominato da piccole boutique indipendenti sotto la guida di persone creative. Oggi esse sono cresciute, si sono fuse, per poi crescere ancora di più. Oggi, la pubblicità e il marketing rappresentano un grande business; chiamiamolo business dei "Big Data". Il tentativo di fusione fra Omnicom e Publicis non è tanto una risposta alla concorrenza da parte delle altre agenzie pubblicitarie, quanto piuttosto il tentativo di rafforzarsi per far fronte ad aziende come IBM, Google, Salesforce e Oracle. "Potenzialmente questa battaglia è persa in partenza," ha detto Darren Herman, chief digital media officer di Media Kitchen, un'agenzia di proprietà di MDC Partners.

Quando a Parigi è stata annunciata la fusione di Omnicom e Publicis, Maurice Lévy, amministratore delegato di Publicis, ha affermato che "miliardi di persone" forniscono via Internet dati, il che offre la possibilità di utilizzare le tecnologie pubblicitarie per elaborarli e indirizzare messaggi specifici a gruppi di pubblico molto ristretti. Da molto tempo le agenzie pubblicitarie lavorano fianco a fianco di Google, Facebook e Twitter, ma ora queste e altre aziende, fra cui IBM, Oracle, Microsoft e tante altre start-up di analisi di dati lavorano direttamente con le aziende per sviluppare campagne pubblicitarie mirate, scavalcando le agenzie pubblicitarie. Alcune aziende, fra le quali Nike, Progressive e Procter & Gamble, utilizzano sistemi algoritmici di offerte in tempo reale per rivolgersi ai consumatori singoli. Le agenzie pubblicitarie sono sotto pressione come non mai. I tentativi di fusione costituiscono un segnale che il business del marketing sta diventando più personalizzato e competitivo. "Improvvisamente avviene che il nuovo gruppo di aziende inseritesi in questo spazio di mercato non sia soltanto grande e redditizio, ma si trovi a competere con aziende che a loro volta sono molto grandi e redditizie," ha affermato un analista delle fusioni in ambito pubblicitario.[62]

Realizzazione di joint venture e partnership. Quando esiste un alto grado di complementarietà tra le linee di business, il posizionamento geografico o le competenze di due aziende, le aziende intraprendono spesso la via dell'alleanza strategica invece di quella della proprietà mediante fusione o acquisizione.[63] Queste alleanze vengono realizzate tramite contratti e joint venture.

I contratti e le joint venture riducono l'incertezza per mezzo di una relazione legalmente riconosciuta e vincolante con un'altra azienda. I contratti prendono la forma di *accordi di licenza*, che implicano l'acquisto del diritto di utilizzare un'attività (quale una nuova tecnologia) per un periodo determinato, e di *accordi di fornitura*, che stabiliscono la vendita dei prodotti o servizi di un'azienda a un'altra. I contratti possono portare a una sicurezza di lungo termine, legando clienti e fornitori a specifici prezzi e quantità. Per esempio, la casa di moda italiana Versace ha raggiunto un accordo per dare in licenza il suo asset primario, il nome, per una linea di occhiali di design.[64]

Le *joint venture* consistono nella creazione di una nuova organizzazione formalmente indipendente da quelle che la hanno generata, sebbene queste ultime avranno su di essa un certo controllo.[65] La start up tecnologica madrilena FON ha concluso un accordo di joint venture con l'operatore telefonico britannico BT, che installerà la tecnologia wi-fi FON sui modem di quasi due milioni di clienti. Office Depot e Reliance Retail Limited, una divisione dell'azienda indiana del settore privato con il più alto numero di dipendenti, hanno realizzato una joint venture per fornire prodotti e servizi ai clienti business in India. L'azienda alimentare e agricola Cargill Inc ha numerosi accordi di joint venture in tutto il mondo e ne ha di recente concluso uno con la cooperativa spagnola Hojiblance per commercializzare e fornire ai clienti di tutto il mondo olio di oliva con la marca dei distributori e all'ingrosso. Come evidenziato da questi tre brevi esempi, quando le aziende svolgono la propria attività economica in altri paesi oppure a livello mondiale spesso tendono a entrare in joint venture con altre aziende per condividere i rischi.

Contatti con persone chiave. La **cooptazione** avviene quando i leader di importanti settori dell'ambiente entrano a far parte di un'organizzazione. Ciò si verifica, per esempio, quando clienti o fornitori influenti sono nominati membri del consiglio di amministrazione, come nel caso di un dirigente di banca che siede nel consiglio di amministrazione di un'azienda di produzione; come membro del consiglio, il dirigente della banca può venire psicologicamente coinvolto nell'interesse dell'azienda di produzione.

Un **consiglio di amministrazione concatenato** (*interlocking directorate*) è un collegamento formale che si realizza quando un membro del consiglio di amministrazione di un'azienda siede nel consiglio di amministrazione di un'altra. Egli funge da legame di comunicazione tra le aziende e può influire sulle politiche e sulle decisioni adottate. Quando un individuo fa da collegamento tra due aziende, si parla tipicamente di una **concatenazione diretta**. Una **concatenazione indiretta** si verifica invece quando un membro del consiglio dell'azienda A e un membro del consiglio dell'azienda B sono entrambi membri del consiglio dell'azienda C; essi sono così in contatto l'uno con l'altro, ma non esercitano un'influenza diretta sulle rispettive aziende.[66] Una ricerca mostra che, quando un'azienda è soggetta a un declino finanziario, aumentano le concatenazioni dirette con istituzioni finanziarie. L'incertezza finanziaria legata a un intero settore è stata invece associata a maggiori concatenazioni indirette tra le aziende concorrenti.[67] Nel clima economico turbolento degli ultimi anni diverse organizzazioni, tra cui anche Apple e Google, si sono scontrate con una legge federale statunitense che vieta la concatenazione diretta tra aziende concorrenti. Per esempio, Arthur Levinson, presidente della Genetech, sussidiaria della Roche Holding AG, si è dovuto dimettere dal consiglio di amministrazione della Google quando la Federal Trade Commission ha avviato un'indagine sulla sua appartenenza al consiglio di amministrazione sia del colosso di Mountain View sia della Apple. Per lo stesso motivo anche Erich Schmidt, presidente esecutivo ed ex amministratore delegato di Google, ha dovuto rassegnare le dimissioni come membro del consiglio di amministrazione della Apple, perché le due aziende competono in un numero crescente di settori di attività.[68]

Anche i leader di vari settori della comunità o dell'economia possono essere nominati nel consiglio di amministrazione di una società o in altri comitati o task force di un'organizzazione. Queste persone influenti vengono così rese partecipi delle necessità dell'azienda e sarà più probabile che nelle loro decisioni prenderanno in considerazione gli interessi dell'azienda. Oggi, numerose aziende devono fronteggiare l'incertezza delle azioni di gruppi di pressione ambientalisti e stanno quindi cercando di instaurare rapporti con i leader del settore: la DuPont, per esempio, ha cooptato degli ambientalisti nel suo comitato consultivo sulle biotecnologie.[69]

***Recruitment* dei dirigenti.** Il trasferimento o lo scambio di dirigenti offre un ulteriore metodo per stabilire collegamenti favorevoli con organizzazioni esterne. Per esempio, la Getco LLC, che opera nel settore dell'high frequency trading, ha reclutato nel suo team di regolamentazione e compliance un ex vicedirettore della divisione Trading e mercati della Securities and Exchange Commission, l'ente federale statunitense incaricato della vigilanza finanziaria.[70] Spesso l'industria aerospaziale statunitense assume generali in pensione e dirigenti del Dipartimento della Difesa. Essi hanno contatti personali nel Dipartimento della Difesa, cosicché le aziende aerospaziali ottengono informazioni migliori sulle specifiche tecniche, sui prezzi e sulla tempistica per nuovi sistemi di armamenti. Le aziende hanno così modo di apprendere le necessità del dipartimento e sono in grado di presentare con più efficacia le proprie proposte per contratti di difesa. Le aziende che non hanno contatti personali trovano invece praticamente impossibile ottenere un contratto. Avere canali di influenza e di comunicazione tra le organizzazioni riduce l'incertezza finanziaria e la dipendenza.

Raccontare la propria versione dei fatti. Un modo tradizionale di stabilire relazioni favorevoli è quello della pubblicità. Le organizzazioni spendono grandi somme di denaro per influenzare i gusti e le opinioni dei consumatori. La pubblicità è importante soprattutto in settori altamente competitivi di beni di consumo e in settori caratterizzati da una domanda variabile. Per esempio, da quando la Food and Drug Administration ha autorizzato la pubblicizzazione di farmaci vendibili su prescrizione negli Stati Uniti, le grandi case farmaceutiche hanno speso quasi 5 milioni di dollari all'anno in pubblicità come quella per lo spray antiallergico Nasonex con un'ape come protagonista, oppure quella per il farmaco anti-colesterolo Crestor, i cui benefici sono presentati da persone colpite da infarto.[71]

Le pubbliche relazioni sono simili alla pubblicità, tranne per il fatto che le iniziative sono spesso gratuite e dirette all'opinione pubblica. Gli addetti alle pubbliche relazioni presentano l'organizzazione in una luce favorevole in discorsi, comunicati stampa, programmi televisivi e siti web. Google è bravissima nel costruire la propria immagine attraverso donazioni, programmi di affiliazione e conferenze mirate a stabilire una rete di legami con organizzazioni di difesa, intellettuali e istituzioni accademiche, i quali prendono spesso le parti dell'azienda nei dibattici pubblici e in questioni di politica nazionale. Google, incoraggiando e talvolta supportando gruppi che hanno punti di vista simili al suo, ha un'ampia campagna di pubbliche relazioni in corso, che una volta un giornalista ha definito "sagaci atti di persuasione." Oggi anche i blog e le attività su Twitter e altri social network sono una componente importante delle attività di pubbliche relazioni di numerose aziende.[73]

Influenzare i settori chiave

Oltre a stabilire collegamenti favorevoli, le organizzazioni cercano spesso di cambiare l'ambiente. Esistono quattro modi di influenzare o cambiare la sfera ambientale di un'azienda.

Cambiare area di influenza. Nella prima parte di questo capitolo abbiamo parlato dell'area di influenza dell'organizzazione e dei dieci settori dell'ambiente di riferimento. L'area di influenza di un'organizzazione non è immutabile. I dirigenti decidono in quali business essere presenti, il mercato nel quale entrare e i fornitori, le banche, i dipendenti e le localizzazioni di cui avvalersi, e questa sfera di influenza può essere modificata, se necessario, affinché l'organizzazione continui a essere competitiva.[74] Un'organizzazione può cercare nuove relazioni ambientali e mettere da parte le vecchie. La Walmart, che da tempo concentra le sue attività sugli ipermercati, alla fine sta cercando di entrare "davvero" nell'e-commerce, mentre Amazon sta cercando di crearsi una presenza fisica sul suolo statunitense.

IN PRATICA

Amazon e Walmart

Chi avrebbe mai pensato che un giorno Walmart avrebbe tentato di inseguire Amazon? Eppure è quello che a quanto pare sta succedendo, dal momento che il colosso del commercio al dettaglio lotta per costruirsi una presenza online per competere con il conquistatore del mondo dello shopping online, Amazon, il quale a sua volta sta iniziando a costruire magazzini e centri di ritiro nel Paese destinati a invadere il territorio di Walmart.

Amazon ha decretato di voler controllare *tutto* il mondo dello shopping, non soltanto quello online. Pertanto, per rimanere competitiva, Walmart sta cercando di imparare, partendo da zero, le regole del business tecnologico presso la sua divisione dot-com, Walmart Global E-Commerce, dove ha dato vita ai @WalmartLabs. I manager dei due giganti stanno ora modificando le proprie aree di influenza: Walmart diventa più technology-oriented, mentre Amazon compete in uno spazio più fisico. Entrambe le aziende sono convinte che il futuro sia una combinazione di negozi fisici e attività di vendita online.

Walmart Global E-Commerce, con sede nella Silicon Valley, ha acquisito diverse start-up che costruiscono strumenti per l'elaborazione di dati, creano app per dispositivi mobili o accelerano i siti web; tali acquisizioni hanno interessato anche fondatori e ingegneri. L'azienda mette a disposizione degli ingegneri delle giornate in cui possono lavorare a qualsiasi cosa vogliano. Ha anche assunto 150 dipendenti da aziende come Yahoo ed eBay. Walmart spera di trasformare i suoi 4100 punti vendita negli Stati Uniti e molti dei suoi 6200 negozi all'estero in attività di e-commerce. Attualmente vi è la possibilità di ordinare online alcuni prodotti e di riceverli direttamente dai punti vendita; inoltre è possibile fare ordini online e ritirarli direttamente presso i negozi. In alcuni mercati di prova, l'azienda sta anche testando la consegna in giornata.[75]

I manager di Walmart sono consapevoli della necessità di modificare l'area di influenza per essere più competitivi di fronte ad Amazon, nella misura in cui le abitudini di acquisto continuano ad andare nella direzione dello shopping online. Essi hanno molti motivi per modificare l'area di influenza di un'organizzazione. Possono cercare di trovare un ambiente di riferimento caratterizzato da un basso livello di competizione, mancanza di regolamentazioni statali, abbondanza di fornitori, clienti numerosi e barriere per tenere i concorrenti fuori dal mercato. Acquisizioni e disinvestimenti sono due tecniche per modificare il proprio ambiente di riferimento. Per esempio, Google ha acquisito YouTube per espandere il proprio ambiente di riferimento al di là della ricerca e di recente Facebook ha pagato 16 miliardi di dollari per acquistare WhatsApp, un'applicazione per l'invio di messaggi con 450 milioni di utenti. Un esempio di disinvestimento, invece, è la vendita da parte di Google dell'unità smartphone Motorola Mobility a Lenovo per 2,9 miliardi di dollari a febbraio 2014 per uscire dal business della produzione di telefoni cellulari.[76]

Usare la politica. L'attività politica comprende le tecniche per influenzare la legislazione e le regolamentazioni statali. Strategie politiche possono essere usate per erigere barriere contro nuovi concorrenti per mezzo di regolamentazioni o per evitare iniziative legislative sfavorevoli. Le aziende cercano anche di influenzare la nomina a membro di un determinato organismo di persone vicine alle proprie esigenze.

Le compagnie di assicurazione che offrono piani sanitari hanno esercitato pesanti pressioni sui funzionari federali e statali nel tentativo di ottenere un ammorbidimento delle rigide norme previste dall'Obama Care rispetto ai premi e ai profitti delle assicurazioni.

Giganti della grande distribuzione come Walmart e Target usano le attività di lobbying per fare in modo che per legge anche Amazon.com sia tenuta a richiedere imposte sulle vendite. Infine Facebook ha un ufficio a Washington con otto lobbisti che si interessano delle normative per la tutela della privacy applicabili alle aziende online.[77]

Molti amministratori delegati ritengono opportuno partecipare attivamente alle pratiche di lobbying perché hanno accessi più facili dei lobbisti e possono essere particolarmente efficaci quando si interessano di aspetti politici. L'attività politica è talmente importante che il "lobbying informale" è una parte non scritta di quasi ogni *job description* di un amministratore delegato.[78] I dirigenti della Amerilink Telecom Corporation hanno usato ampiamente l'attività politica nel tentativo (finora non riuscito) di favorire l'ingresso nel mercato statunitense dei dispositivi per le telecomunicazioni prodotti dall'azienda cinese Huawei Technologies Company.

IN PRATICA

Huawei Technologies

La Huawei Technologies ha cercato per anni di penetrare nel mercato statunitense, ma tutti i tentativi sono andati a vuoto per via di timori legati alla sicurezza. A causa dei presunti legami dell'azienda con il governo e l'esercito cinesi, i funzionari statunitensi temono che l'uso di dispositivi prodotti dalla Huawei possa esporre le comunicazioni nazionali a malfunzionamenti e intercettazioni.

Huawei è la più grande azienda di telecomunicazioni al mondo, leader nella 'impiantistica' delle reti di telefonia cellulare, con un fatturato nel 2012 superiore a 35,4 miliardi di dollari. L'azienda afferma che più di un terzo della popolazione mondiale è agganciata a reti che utilizzano dispositivi Huawei, ed è questo che preoccupa i funzionari statunitensi. Per uno dei suoi ultimi tentativi in ordine di tempo – un'offerta per una commessa multimiliardaria per l'aggiornamento della rete di Sprint Nextel – l'azienda cinese ha instaurato una partnership con la società di consulenza statunitense Amerilink, fondata da William Owens, ex vicepresidente del Joint Chiefs of Staff durante la presidenza Clinton. Owens e altri alti dirigenti hanno immediatamente avviato una pervasiva campagna di lobbying incontrando numerosi rappresentanti del Congresso e dell'amministrazione Obama. Inoltre, la società ha reclutato diversi ex funzionari pubblici come Richard Gebhardt, ex leader del Congresso, Gordon England, vicesegretario della Difesa e del Dipartimento della sicurezza interna sotto la presidenza di George W. Bush, e James Wolfensohn, ex presidente della Banca Mondiale.

Nonostante gli sforzi di lobbying, l'offerta congiunta Huawei-Amerilink è stata rifiutata dalla Sprint Nextel per via dei timori rispetto alla sicurezza nazionale che sarebbero stati sollevati da funzionari del governo. Inoltre, gli Stati Uniti hanno attivato un'azione costante di lobbying per convincere altri Paesi a rifiutare le apparecchiature Huawei. Di recente, la Corea del Sud ha accettato che sul suo territorio le apparecchiature Huawei non siano utilizzate o connesse alle basi militari statunitensi e che le comunicazioni sensibili fra Stati Uniti e Corea siano reindirizzate su altre reti.[79]

Nonostante l'attività di lobbying della Amerilink sia stata vana sino ai nostri giorni, il caso dimostra che le aziende ricorrono all'attività politica per cercare di influenzare le posizioni del governo e le normative che possono incidere sul successo dell'organizzazione.

confrontate la vostra opinione

3 I dirigenti delle imprese non dovrebbero avere nulla a che fare con la politica.

Risposta esatta: *In disaccordo.* I dirigenti più abili si dedicano ad attività politiche e di lobbying per cercare di fare in modo che le conseguenze di nuove leggi e norme siano in buona misura positive per le loro imprese. Le aziende remunerano generosamente associazioni e lobbisti affinché i provvedimenti del governo vadano a loro favore.

L'unione fa la forza. Molta parte dell'attività di condizionamento dell'ambiente esterno è svolta congiuntamente da organizzazioni che hanno interessi comuni. Per esempio, la maggior parte delle aziende farmaceutiche statunitensi fa parte della Pharmaceutical Research and Manufacturers of America. Le aziende manifatturiere fanno capo alla National Association of Manufacturers e i venditori al dettaglio alla Retail Industry Leaders Association. L'American Petroleum Institute è la principale associazione di aziende operanti nel settore del gas e del petrolio. Queste organizzazioni, mettendo in comune risorse, possono finanziare persone che svolgano attività come quelle di lobbying nei confronti dei legislatori, di pressione per nuove regolamentazioni, di creazione di campagne di pubbliche relazioni e di redazione degli articoli per tali campagne. Primerica sta sfruttando le risorse e l'influenza dell'American Council of Life Insurers per fare in modo che gli esami per l'abilitazione alla professione di assicuratore vengano modificati perché, così come sono, metterebbero in una posizione di svantaggio gli appartenenti alle minoranze. A differenza di numerose grandi compagnie di assicurazione, Primerica punta sulla vendita di assicurazioni sulla vita di base e si rivolge quasi esclusivamente a consumatori di reddito medio, anziché offrire polizze più costose. Secondo i manager, la formulazione delle domande dei test impedisce all'azienda di reclutare agenti appartenenti alle minoranze, che potrebbero relazionarsi meglio con la clientela di riferimento.[80]

Evitare le attività illecite. Le attività illecite rappresentano il metodo ultimo che le aziende talvolta utilizzano per controllare il proprio ambiente di riferimento, sebbene si tratti di una tecnica che di norma si ritorce contro di loro. Determinate condizioni, quali un basso livello di profitti, pressioni provenienti da senior manager o la scarsità di risorse nell'ambiente, possono portare i manager ad adottare comportamenti considerati illeciti.[81] Uno studio ha rilevato che aziende di settori caratterizzati da bassa domanda, scarsità di fattori e scioperi hanno una maggiore probabilità di essere condannate per attività illegali, sottintendendo che le azioni illegali sono un tentativo di affrontare la scarsità di risorse. Alcune organizzazioni non profit, per esempio, hanno compiuto azioni illegittime o illegali per aumentare la propria visibilità e reputazione nella competizione con altre organizzazioni per ottenere le scarse sovvenzioni e donazioni.[82]

La corruzione è un'attività illecita spesso utilizzata, in particolare dalle aziende che operano a livello mondiale. Le aziende del comparto energetico, per esempio, si muovono in un ambiente estremamente incerto e hanno bisogno dell'approvazione di governi esteri per effettuare investimenti colossali e autorizzare progetti rischiosi. Con il pressante obiettivo di aggiudicarsi dei contratti in Nigeria, l'ex dirigente della KBR (all'epoca una divisione della Halliburton Company) Albert "Jack" Stanley ha ammesso di aver destinato complessivamente circa 182 milioni di dollari in tangenti a funzionari del governo nigeriano per convincerli ad approvare la costruzione di un impianto di gas naturale liquefatto nel paese. Stanley è stato condannato a sette anni di reclusione e al pagamento di una salata sanzione pecuniaria dopo essersi dichiarato colpevole.[83] Fra gli altri tipi di attività illecite vi sono il pagamento di tangenti a governi di altri Paesi, i finanziamenti illeciti ai partiti, regali a persone influenti e gli accordi collusivi per la definizione di prezzi. Per quasi un decennio, i dirigenti di Procter & Gamble (P&G), Colgate-Palmolive, Unilever e Henkel AG, stando a quanto si dice, si sono incontrati segretamente in vari ristoranti di Parigi per fissare il prezzo dei detergenti per il bucato in Francia. I manager utilizzavano nomi fasulli e discutevano meccanismi di fissazione del prezzo particolareggiati e intricati durante le riunioni che arrivavano a durare anche quattro ore. La macchinazione andò avanti per anni, finché i partecipanti non furono in disaccordo sugli aumenti dei prezzi e sulle promozioni, e uno di loro consegnò una relazione di 282 pagine alle autorità antitrust francesi. Alla fine le aziende coinvolte furono multate per un totale di 361 milioni di euro.[84]

Modello di integrazione organizzazione-ambiente

In Figura 4.9 sono riassunti i due temi principali riguardanti le relazioni tra organizzazioni e ambiente discussi in questo capitolo. Un tema è quello che afferma che l'ammontare di complessità e di dinamismo nell'ambiente di riferimento di un'organizzazione influenza il fabbisogno informativo e di conseguenza l'incertezza percepita all'interno dell'organizzazione. La risposta alla maggiore incertezza informativa è una maggiore flessibilità strutturale (struttura organica) e la creazione di unità organizzative aggiuntive e di ruoli di confine. Quando il livello di incertezza è basso, le strutture di management possono essere più meccanicistiche, e il numero delle unità organizzative e dei ruoli di confine più basso. Il secondo tema riguarda la scarsità di risorse finanziarie. Più un'organizzazione è dipendente

Figura 4.9
Collegamenti fra caratteristiche ambientali e azioni organizzative

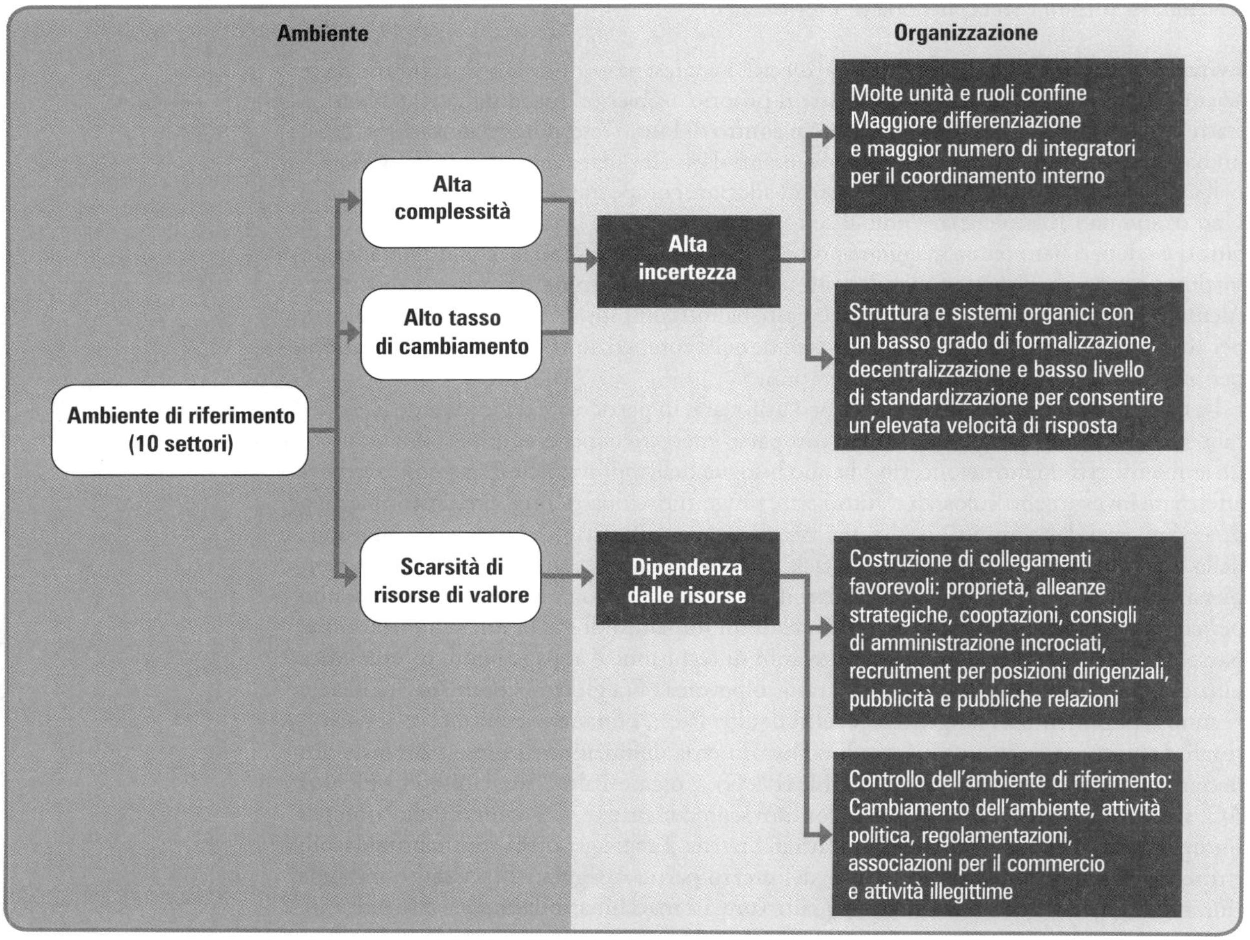

Uno sguardo sull'Europa

Dalla Germania la rivoluzione dell'e-commerce con Zalando

Quali sono gli elementi alla base del successo internazionale di Zalando? Nata come start-up nel 2008 in Germania, la società è oggi una multinazionale dell'e-commerce specializzata nella vendita online di scarpe, vestiti e accessori. Crescendo rapidamente attraverso l'espansione internazionale, Zalando ha rafforzato la sua posizione in Europa ed è oggi presente in quattordici paesi (Germania, Austria, Svizzera, Francia, Belgio, Paesi Bassi, Italia, Spagna, Polonia, Svezia, Danimarca, Norvegia, Finlandia e Inghilterra). È il più grande *retailer* online europeo in termini di vendite nel settore del *fashion*, ed è l'azienda europea che ha raggiunto più velocemente 1,15 miliardi di euro di fatturato netto a soli quattro anni da quando è stata fondata da Robert Gentz e David Schneider.
La nascita e lo sviluppo di Zalando sono avvenuti facendo leva su alcuni trend che stanno modificando l'ambiente in cui le organizzazioni operano. Da un lato l'evoluzione tecnologica che sta favorendo la diffusione dell'e-commerce, dall'altro il radicale cambiamento delle abitudini di acquisto dei consumatori che si sta diffondendo in un sempre maggior numero di mercati.

La diffusione dell'e-commerce e dello shopping online
Sin dall'inizio della diffusione di Internet, uno dei principali ambiti di applicazione valutato come ad alto potenziale era il commercio elettronico. L'evoluzione tecnologica, in particolare legata alla diffusione dei social network e dei *mobile device*, accompagnata dai repentini cambiamenti nei ritmi e negli stili di vita, ha reso l'e-commerce sempre più attraente e ha anche modificato il modo in cui le persone acquistano. Fare shopping online, infatti, non offre soltanto un risparmio in termini di tempo, ma anche di costo. All'azzeramento della quantità di risorse ed energie che sarebbero state spese per raggiungere fisicamente i punti vendita, si aggiunge la possibilità di confrontare simultaneamente numerosissime offerte differenti e, molto spesso, i prezzi online (al netto delle spese di spedizione) sono più bassi di quelli offline.
La titubanza dei primi tempi verso l'acquisto online, legata al timore di frodi e alla riluttanza a divulgare i dati della propria carta di credito, è stata notevolmente contenuta nel tempo grazie al miglioramento della sicurezza e della trasparenza delle transazioni virtuali. Dal 1998 ad esempio è attiva PayPal, una società specializzata in pagamenti e-commerce che permette di effettuare transazioni senza condividere i dati della carta con il destinatario finale del pagamento. Tuttavia, il tema della reputazione e dell'affidabilità del *retailer* resta ancora molto importante nell'e-commerce, dove manca l'interazione diretta con il venditore.

Il modello Zalando
Se secondo Morgan Stanley (2013) le ragioni che spingono un consumatore a rivolgersi a un determinato rivenditore online sono convenienza, vasto assortimento, usabilità del sito web e consegna e reso gratuiti, Zalando aggiunge alcuni altri elementi che rendono questo mix di elementi la vera formula per il successo. Le competenze in termini di tecnologia, approvvigionamento, logistica, online marketing e *fashion* che la caratterizzano, infatti, affiancate a un forte focus sul cliente, fanno sì che il successo di Zalando sia il risultato dell'incontro di diverse strategie.
Oltre ad avere una delle piattaforme più avanzate di acquisto online, l'azienda ha creato forti relazioni con i principali fornitori del settore scarpe e moda, e ciò le permette di avere condizioni di consegna e pagamento privilegiate. In virtù della sua *policy* di reso molto vantaggiosa, inoltre, il tasso di restituzione dei prodotti acquistati si aggira attorno al 50%, rendendo particolarmente strategico per l'azienda avere un sistema logistico efficiente. Per questo motivo Zalando ha deciso di gestire internamente tutta la parte logistica ed è in fase di apertura il suo terzo centro logistico del paese, a Mönchengladbach, nella zona nord-occidentale della Germania.
L'azienda, poi, sta seguendo la logica dell'essere al posto giusto nel momento giusto, entrando in mercati emergenti che hanno grandi potenzialità di crescita futura.

Il contesto europeo e l'adattamento alle esigenze del mercato
Secondo una recente ricerca Morgan Stanley (2013) l'e-commerce ha ancora davanti a sé ampi margini di crescita anche nei mercati sviluppati. Risultano essere per lo più i libri e l'elettronica di consumo i settori con il più alto tasso di penetrazione (rapporto tra il valore dei consumi online e il valore totale delle vendite *retail*), mentre quello più basso è legato ai generi alimentari. Questo dato però varia significativamente da paese a paese. Si passa infatti dal 15% delle vendite di prodotti non alimentari e il 5% delle vendite di prodotti alimentari che avvengono online nel Regno Unito (uno dei tassi più alti al mondo), all'Europa meridionale, dove gli acquisti online rimangono in generale molto bassi.
Come fa allora Zalando a soddisfare le esigenze di consumatori così diversificati e per di più in un settore che non è ancora tra i primi per tasso di penetrazione? In un'intervista rilasciata da Giuseppe Tamola, *country manager* di Zalando Italia, e Felix Kreyer, *regional manager* di Zalando per l'area Sud Europa, al più autorevole blog di marketing italiano, Ninja Marketing, ci viene svelato come l'azienda risponde alle esigenze specifiche del mercato locale. In un paese in cui il tasso di shopping online è ancora abbastanza basso, Zalando ha introdotto la possibilità di fare ordini anche telefonicamente e, prima azienda del settore in Italia, ha dato la possibilità di pagare in contrassegno, senza costi aggiuntivi, a prescindere dall'entità dell'importo. Ha inoltre predisposto un Team Buying che opera in Italia e ha il compito di cogliere i trend emergenti e raccogliere i feedback dei consumatori italiani, cercando il più possibile di rispondere alle esigenze specifiche dei clienti rafforzando il supporto pre-vendita tramite training specifici per gli operatori.

Domande:
1. L'e-commerce rappresenta una minaccia o un'opportunità per i *retailer* tradizionali?
2. In che modo Zalando si è adattata a un ambiente instabile?
3. Quale tipo di struttura organizzativa e quali modelli di management ritenete che Zalando abbia e debba sviluppare per garantire la sua efficacia?

da altre organizzazioni per tali risorse, più importante diventa stabilire legami favorevoli con le organizzazioni in questione oppure controllare l'accesso all'ambiente di riferimento. Se la dipendenza dalle risorse esterne è bassa, l'organizzazione può mantenere la propria autonomia e non ha necessità di stabilire collegamenti o di controllare l'ambiente esterno.

Riepilogo e interpretazioni

- Il dinamismo e la complessità nelle varie sfere ambientali hanno implicazioni di primo piano per la progettazione organizzativa e l'azione manageriale. Le organizzazioni sono sistemi sociali aperti; la maggior parte di esse ha a che vedere con centinaia di elementi dell'ambiente esterno come clienti, fornitori, concorrenti, legislatori e particolari gruppi di interesse. Settori dell'ambiente di riferimento importanti con i quali le organizzazioni interagiscono sono il settore economico di appartenenza, le materie prime, le risorse umane, le risorse finanziarie, il mercato di sbocco, la tecnologia, le condizioni economiche, le politiche pubbliche, i fattori naturali, il mondo socio-culturale e il contesto internazionale.
- Gli ambienti nei quali operano le organizzazioni differiscono in termini di incertezza e dipendenza dalle risorse. L'incertezza organizzativa è il risultato delle dimensioni stabilità-instabilità e semplicità-complessità dell'ambiente. La dipendenza dalle risorse è il risultato della scarsità delle risorse e finanziarie di cui l'organizzazione ha bisogno.
- La progettazione organizzativa adotta una prospettiva di carattere logico nel momento in cui si prende in considerazione l'ambiente. Le organizzazioni cercano di sopravvivere e raggiungere dei risultati di efficienza in un mondo caratterizzato da incertezza e scarsità. Specifiche unità organizzative e funzioni vengono create allo scopo di gestire le fonti di incertezza. L'organizzazione può essere vista come composta da un nucleo operativo e da unità che fungono da cuscinetto nei confronti dell'incertezza ambientale; i ruoli di confine apportano invece all'organizzazione informazioni riguardanti l'ambiente e inviano informazioni riguardanti l'organizzazione all'ambiente esterno.
- I concetti contenuti in questo capitolo forniscono modelli specifici per comprendere in che modo l'ambiente influenza la struttura e il funzionamento di un'organizzazione. La complessità e il dinamismo ambientali, per esempio, hanno un impatto specifico sulla complessità interna e sull'adattabilità. In condizioni di grande incertezza vengono allocate maggiori risorse a unità organizzative che pianificheranno e gestiranno specifici elementi ambientali e integreranno attività interne differenti. Inoltre, le organizzazioni operanti in ambienti in rapido mutamento di norma presentano una struttura organica e processi di management molto flessibili.
- Quando il livello di rischio è alto o le risorse sono scarse, l'organizzazione può stabilire dei collegamenti attraverso acquisizioni della proprietà di altre organizzazioni o attraverso alleanze strategiche, consigli di amministrazione concatenati, *recruitment* dei dirigenti o campagne pubblicitarie e di pubbliche relazioni, minimizzando i rischi e mantenendo una fonte di risorse scarse. Altri metodi per influenzare l'ambiente includono un cambiamento dell'ambiente di riferimento nel quale opera l'organizzazione, l'attività politica, la partecipazione ad associazioni di settore e talvolta attività illecite.
- Due importanti temi di questo capitolo sono che le organizzazioni possono apprendere e adattarsi all'ambiente e che le organizzazioni possono cambiare e controllare l'ambiente. Queste strategie si rivelano particolarmente vere per organizzazioni di grandi dimensioni che gestiscono molte risorse: esse possono adattarsi quando si rende necessario, ma possono anche neutralizzare o modificare aree problematiche dell'ambiente.

Punti chiave

Tieni a mente questi suggerimenti

1. Organizza gli elementi dell'ambiente esterno in undici settori ai fini dell'analisi: settore di appartenenza, materie prime, risorse umane, risorse finanziarie, mercato servito, tecnologia, condizioni economiche, governo, naturale, fattori socioculturali e fattori internazionali. Concentrati su settori nei quali possono verificarsi cambiamenti significativi in qualsiasi momento.
2. Monitora l'ambiente esterno per individuare minacce, cambiamenti e opportunità. Utilizza i ruoli di confine, come unità di ricerche di mercato e di competitive intelligence, per portare all'interno dell'organizzazione informazioni riguardanti i cambiamenti che avvengono nell'ambiente. Potenzia le attività di confine quando l'ambiente è caratterizzato da incertezza.
3. Ricerca una corrispondenza tra la struttura organizzativa interna e l'ambiente esterno. Se l'ambiente esterno è complesso, adotta una struttura organizzativa complessa. Associa un ambiente stabile con una struttura di tipo meccanico e un ambiente instabile con una struttura di tipo organico. Se l'ambiente esterno è sia complesso sia mutevole, rendi l'organizzazione molto differenziata e organica e utilizza meccanismi per raggiungere un coordinamento tra le unità.
4. Controlla i settori esterni che minacciano le risorse di cui hai bisogno. Influenza l'ambiente di riferimento impegnandoti in attività politiche, aderendo ad associazioni di settore e costruendo legami favorevoli. Costruisci legami mediante proprietà, alleanze strategiche, cooptazione, consigli di amministrazione concatenati e *recruitment* dei dirigenti. Riduci l'ammontare di cambiamento o di minaccia proveniente dall'ambiente esterno in modo che l'organizzazione non debba cambiare internamente.

Glossario

ambiente di riferimento
ambiente generale
ambiente organizzativo
area di influenza
business intelligence
complessità
concatenazione diretta
concatenazione indiretta
consiglio di amministrazione concatenato
cooptazione
differenziazione
dinamismo
dipendenza dalle risorse
incertezza
integrazione
ruoli di confine
settori
sistema meccanico
sistema organico
team di intelligence
unità cuscinetto

Domande per la discussione

1. Come definireste l'ambiente organizzativo? Il contesto operativo di un'azienda che lavora in Internet sarà uguale a quello di un ministero?
2. Descrivete alcune forze che influenzano l'incertezza ambientale. Tipicamente, che cosa influisce maggiormente sull'incertezza: la complessità o il dinamismo ambientale? Perché?
3. Elencate alcuni fattori che determinano la complessità ambientale per un'organizzazione a vostra scelta. In che modo tale complessità ambientale può determinare complessità organizzativa?
4. Discutete l'importanza, per le organizzazioni contemporanee, del contesto internazionale in confronto con quello locale. In quali maniere l'ambiente internazionale può influire sulle organizzazioni della vostra città o comunità?
5. Descrivete la differenziazione e l'integrazione. In quale tipo di incertezza ambientale la differenziazione e l'integrazione saranno maggiori? E minori?

6. Secondo la vostra opinione, per quali aspetti le attività di pianificazione delle organizzazioni odierne somigliano a quelle di venticinque anni fa? Pensate che la pianificazione assuma un'importanza maggiore o minore in un mondo in rapido mutamento nel quale le crisi sono un aspetto ricorrente della vita delle organizzazioni?
7. Cos'è un'organizzazione organica? E un'organizzazione meccanica? L'influsso ambientale quali effetti produce sulle strutture organiche e su quelle meccaniche?
8. Perché le organizzazioni instaurano relazioni interorganizzative? Queste relazioni influenzeranno la dipendenza organizzativa? E la prestazione?
9. Ipotizziamo che vi sia stato chiesto di calcolare il rapporto tra gli impiegati nelle funzioni di staff rispetto a quelli della produzione in due organizzazioni - una in un ambiente semplice e stabile e l'altra in un ambiente complesso e instabile. Come vi aspettate che tali rapporti si differenzino? Perché?

Il cambiamento del campo di attività dell'organizzazione è una valida strategia per far fronte a un ambiente "minaccioso"? Riuscite a individuare un'organizzazione che di recente ha modificato la propria area di influenza?

Quaderno di lavoro

Organizzazioni da cui dipendete[85]

Elencate, di seguito, quattro organizzazioni da cui, in qualche modo, dipendete nella vita di tutti i giorni per l'approvvigionamento di una qualche risorsa. Tra gli esempi vi potrebbero essere un ristorante, un negozio di abbigliamento, l'università, la famiglia, l'ufficio postale, il vostro Internet provider, una compagnia aerea, la consegna a domicilio della pizza e il vostro posto di lavoro. Indicate, nella prima colonna, queste quattro organizzazioni; quindi, nella colonna 2, scegliete un'altra organizzazione che potreste utilizzare nel caso in cui non fosse disponibile quella della prima colonna. Nella colonna 3, valutate il vostro livello di dipendenza dalle organizzazioni descritte in colonna 1, utilizzando la scala: Forte, Media o Debole. Infine, nella colonna 4, valutate qual è la sicurezza con la quale stimate che le organizzazioni siano in grado di soddisfare i vostri bisogni, secondo la scala: Alta (certezza), Media o Bassa.

Organizzazione	Organizzazione sostitutiva	Livello di dipendenza	Livello di certezza
1.			
2.			
3.			
4.			
5.			
6.			
7.			
8.			

Domande

1. Nei casi di dipendenza elevata dalla risorsa, avete delle adeguate organizzazioni sostitutive? Come potreste creare altri sostituti?
2. Che cosa fareste se un'organizzazione che avete valutato con un'alta dipendenza e una grande sicurezza venisse improvvisamente valutata con un'alta dipendenza e una bassa sicurezza? In che modo il vostro comportamento sarebbe correlato al concetto di dipendenza da risorse?
3. Per gestire le vostre relazioni con le organizzazioni elencate in colonna 1, vi siete mai comportati in maniera simile a quanto esposto in Figura 4.8?

Relazioni interorganizzative

5

ORGANIZZARE LE IMPRESE:
qual è la vostra opinione?

Prima di leggere il presente capitolo, indicate qual è la vostra opinione in merito a ciascuna delle seguenti affermazioni:

1 Le organizzazioni dovrebbero sforzarsi di essere quanto più indipendenti e autosufficienti possibile, di modo che i loro manager non si trovino nella condizione di "dovere giocare a un gioco imposto da altri".

D'ACCORDO ☐ IN DISACCORDO ☐

2 Il successo di una start-up è in larga misura determinato dai colpi di genio e dalle capacità di gestione dell'imprenditore.

D'ACCORDO ☐ IN DISACCORDO ☐

3 I dirigenti dovrebbero imitare o prendere in prestito con la massima rapidità le tecniche utilizzate da altre aziende di successo per rendere le proprie organizzazioni più efficaci e mantenerle al passo con i cambiamenti.

D'ACCORDO ☐ IN DISACCORDO ☐

Diversi incendi in aziende di abbigliamento in Bangladesh nel 2012 e il crollo di uno stabilimento nel 2013 che ha causato la morte di oltre 1100 operai hanno messo in luce le pessime condizioni lavorative nel paese in questione. Gli incidenti hanno scatenato l'indignazione pubblica, chiedendo risposte da parte di Walmart, Target e H&M, aziende che ricorrono agli appaltatori in Bangladesh. Si tratta di un problema grave e, nonostante Walmart, seguita da altri rivenditori al dettaglio, abbia reso pubblica una blacklist di circa 250 fornitori del Bangladesh presso i cui stabilimenti sono stati riscontrati problemi di sicurezza, questo non è bastato a placare l'ira del pubblico. Ora i principali rivenditori al dettaglio statunitensi, fra i quali Gap, Walmart, Target, Macy's, Costco e VF Corporation si sono uniti per formare la Alliance for Bangladesh Worker Safety, un gruppo che si pone come obiettivi principali il miglioramento delle condizioni lavorative e la prevenzione di disastri di questo tipo. Il gruppo ha messo a punto degli standard comuni di sicurezza contro incendi e crolli e ha formato un consiglio che include quattro rappresentanti di aziende, l'ex ambasciatore statunitense in Bangladesh Jim Moriarty e il consulente di sicurezza antincendio Randy Tucker. Il gruppo fornirà prestiti a basso costo per 100 milioni di dollari alle aziende che investono in sicurezza. Il progetto, tuttavia, non raggiunge l'impegno preso da un gruppo di aziende per lo più europee, fra le quali H&M, di pagare i costi di riparazione e ristrutturazione di 5000 aziende di abbigliamento del Bangladesh. Si tratta pur sempre di un passo nella giusta direzione. L'ex rappresentante degli Stati Uniti Ellen O'Kane Tauscher, che fungerà da presidente del consiglio di amministrazione, sostiene che il suo compito è assicurare l'accountability. "Ci aspettiamo indagini accurate, ma è anche importante darci il tempo per mettere i progetti in azione."[1]

Anche le organizzazioni più articolate e competenti presto esauriscono la propria efficacia quando devono affrontare problemi significativi come le catastrofi aziendali. Come abbiamo visto nel capitolo precedente, l'ambiente attuale è caratterizzato da un grado elevato di complessità e incertezza e le organizzazioni devono fronteggiare una pluralità di sfide. È per questo che una delle tendenze attualmente più diffuse in materia organizzativa è quella di ridurre le barriere e incrementare la collaborazione tra le aziende, talvolta persino tra concorrenti. Per esempio, Poste Italiane S.p.A., che offre prodotti postali, servizi bancari, carte di credito e telefonia mobile, ha realizzato uno dei sistemi più sofisticati al mondo per la sicurezza informatica. L'amministratore delegato Massimo Sarmi si è reso conto che l'unico modo per garantire alla clientela la massima sicurezza informatica era collaborare con altre organizzazioni e si è messo alla ricerca di contatti in tutto il mondo. Poste Italiane ha siglato un protocollo d'intesa con U.S. Secret Service ed è entrata a far parte della New York Electonic Crimes Task Force. Ha inoltre instaurato partnership con aziende come Microsoft, Enel e Visa/MasterCard e organizzazioni accademiche come la George Mason University e la University of London per la creazione del Global Cyber Security Center. Questo centro si occupa di favorire la cooperazione internazionale in materia di sicurezza informatica e mettere a punto strategie per rendere più sicura la rete attraverso la difesa attiva. "Siamo di fronte a un problema su scala globale, non nazionale o locale."[2]

In numerosi settori, l'ambiente economico è talmente complesso che nessuna azienda è in grado di sviluppare tutte le competenze e le risorse necessarie per continuare a essere competitiva. Qual è la ragione? La globalizzazione e i rapidi progressi nella tecnologia, nelle comunicazioni e nei trasporti hanno creato incredibili opportunità per le organizzazioni, ma hanno anche aumentato gli investimenti necessari per fare business e hanno reso sempre più difficile per qualunque azienda trarre vantaggio da queste opportunità in modo autonomo. In questa nuova economia, a emergere sono le reti di organizzazioni: collaborazioni e partnership sono la nuova maniera di fare business. Le organizzazioni si considerano come team che creano valore congiuntamente piuttosto che aziende autonome in competizione l'una con l'altra.

Obiettivi del capitolo

Obiettivo di questo capitolo è esplorare una delle tendenze più recenti in materia organizzativa, costituita dalla sempre più densa rete di relazioni che si sviluppa tra le organizzazioni. Le aziende sono sempre state dipendenti da altre organizzazioni per forniture, materie prime e informazioni. Un tempo la grande azienda metteva sotto pressione i piccoli fornitori, oggi può invece scegliere di sviluppare una relazione positiva e basata sulla fiducia. Il concetto di relazioni orizzontali descritto nel Capitolo 3 e l'analisi dell'incertezza ambientale condotta nel Capitolo 4 ci portano al successivo stadio dell'evoluzione organizzativa, costituito dalle relazioni orizzontali *tra* le organizzazioni. Le organizzazioni possono scegliere tra molti modi in cui costruire relazioni tra di loro, come per esempio selezionare dei fornitori preferenziali, stipulare accordi, formare partnership per gestire il business, creare joint venture, o anche procedere a fusioni e acquisizioni.

La ricerca interorganizzativa ha portato alla formulazione di approcci come quelli della dipendenza dalle risorse, dei network collaborativi, dell'ecologia delle popolazioni e dell'istituzionalismo. Il risultato complessivo di queste idee è per alcuni versi scoraggiante, perché ai manager non è più data la sicurezza che deriva dal dover gestire una singola organizzazione. Essi devono invece trovare una soluzione al problema posto dal dover gestire un intero sistema di relazioni interorganizzative, il che rappresenta una sfida di gran lunga più complessa.

Ecosistemi organizzativi

Le **relazioni interorganizzative** sono costituite da flussi, transazioni e collegamenti relativamente durevoli, che hanno luogo tra due o più organizzazioni.[3] Queste transazioni sono state tradizionalmente viste come un male necessario per ottenere ciò di cui l'organizzazione necessita. Il presupposto di questo atteggiamento è stata una visione del mondo come composto di business differenti che si battono per la propria autonomia e competono tra di loro per la supremazia. Un'azienda quindi può essere forzata ad allacciare relazioni interorganizzative in base ai propri bisogni e alla instabilità e complessità dell'ambiente.

Un nuovo punto di vista, proposto da James Moore, sostiene che le organizzazioni stiano ora evolvendosi verso ecosistemi di business. Un **ecosistema organizzativo** è un sistema formato dalle interazioni di una comunità di organizzazioni e dei loro rispettivi ambienti. Un ecosistema si pone trasversalmente rispetto alle tradizionali suddivisioni di settore.[4] Un concetto simile è quello di *approccio della megacommunity*, in base al quale imprese, governi e organizzazioni non profit operanti in settori e comparti diversi fanno fronte comune per affrontare problemi significativi e urgenti di mutuo interesse, come lo sviluppo energetico, la fame nel mondo oppure la criminalità informatica.[5]

La competizione è morta?

Nessuna azienda può procedere da sola per la propria strada sotto l'assalto dei concorrenti internazionali, dei cambiamenti tecnologici e delle nuove regole competitive. Le organizzazioni di tutto il mondo sono situate in reti complesse di relazioni confuse basate su rapporti di collaborazione in alcuni mercati, di feroce competizione in altri. Il numero di alleanze aziendali sta aumentando a un tasso del 25 per cento all'anno, e in buona misura si tratta di alleanze tra concorrenti.[6] Hyundai, Chrysler e Mitsubishi gestiscono insieme la Global Engine Manufacturing Alliance, mirata a mettere a punto un motore a quattro cilindri. Volvo, che è stata acquisita dal gruppo cinese Zhejiang Geely Holding Group, continua ad essere alleata della Ford Motor Company, la vecchia casa madre, per la fornitura di motori e altre componenti.[7]

La competizione tradizionale, che presume una situazione nella quale una determinata azienda si misura con altre aziende indipendenti per sopravvivere e primeggiare, non esiste più perché ogni organizzazione sostiene le altre e da esse dipende per il successo e forse anche per la stessa sopravvivenza. La maggior parte dei manager, tuttavia, è dell'opinione che i giochi competitivi sono più rischiosi che mai, in un mondo nel quale le quote di mercato possono sbriciolarsi da un giorno all'altro e nessun settore è immune da un'obsolescenza che può essere pressoché istantanea.[8] Nel mondo attuale, infatti, si sta intensificando una nuova forma di competizione.[9]

Innanzitutto, le aziende necessitano ora di evolvere insieme ad altre aziende all'interno dell'ecosistema, in modo che ognuna diventi più forte. Prendiamo l'esempio del lupo e del cervo. Il lupo è in grado di eliminare il cervo più debole, il cui branco di conseguenza si rafforza; un branco più forte implica che il lupo deve diventare anch'esso più forte: grazie alla coevoluzione l'intero sistema si rafforza. Analogamente, le aziende coevolvono attraverso discussioni, visioni condivise e alleanze, e gestendo relazioni complesse.

In Figura 5.1 è illustrata la complessità di un ecosistema organizzativo con la miriade di relazioni sovrapposte tra aziende high-tech. Da quando è stata realizzata la figura, molte di queste aziende si sono fuse, sono state acquisite oppure sono uscite dal business. Gli ecosistemi mutano e si evolvono costantemente, alcune relazioni si rafforzano mentre altre si indeboliscono o giungono al termine. Il modello mutevole delle relazioni e delle interazioni di un ecosistema contribuisce alla salute e alla vitalità del sistema come un insieme integrato.[10]

In un ecosistema interorganizzativo, conflitto e cooperazione spesso convivono. Consideriamo, per esempio, quanto sta accadendo ad Apple e Samsung.

IN PRATICA

Apple e Samsung

Samsung è il più accanito rivale di Apple nelle guerre degli smartphone, oltre che il maggiore fornitore dei sofisticati processori e memory chip utilizzati in molti iPhone, iPod e iPad della Apple, e degli schermi per alcuni prodotti.

Una decina di anni fa, quando Apple ha cominciato a collaborare con Samsung, le due aziende non erano affatto in competizione; le cose, tuttavia, sono cambiate quando Samsung ha cominciato a produrre gli smartphone che attualmente mettono in ombra l'iPhone in termini di unità messe in commercio. I manager della Apple hanno cercato di trovare dei fornitori alternativi per alcune delle componenti che attualmente gli vengono fornite da Samsung, ma non è semplice. Le due aziende lavorano insieme da oltre dieci anni per costruire chip personalizzati. I dirigenti della Apple sapevano che la Samsung aveva l'ambizione di competere con loro, ma allo stesso tempo avevano bisogno della tecnologia che soltanto la Samsung sarebbe stata in grado di fornire in grande quantità. Samsung, dal canto suo, aveva bisogno di fare affari. La Apple è un grande cliente della Samsung. Un tentativo da parte della Apple di rivolgersi alla Sharp per la fornitura degli schermi per l'iPad di terza generazione ha vacillato quando Sharp non è riuscita a rispettare la scadenza del lancio del prodotto. Poco dopo, Samsung ha acquistato una quota del 3 per cento di Sharp e ha deciso di acquistare più schermi LCD da loro. Questa mossa ha fatto sì che Samsung diventasse il principale cliente della Sharp, potenzialmente evitando che Apple acquisisse maggiore potere contrattuale.

Per il momento Apple e Samsung hanno bisogno l'una dell'altra. Se Apple ritirasse tutto il suo giro di affari, Samsung perderebbe un'enorme parte di fatturato e utili. È probabile che Apple continui a cercare un modo per "divorziare" da Samsung, ma per il momento le due aziende sono strette in una relazione che appare, anche se forse non sempre, giovevole a entrambe. E pur collaborando, le due aziende hanno passato quasi due anni a intentarsi una causa dietro l'altra in merito all'aspetto e alle caratteristiche dei loro cellulari.[11]

Alcune aziende ritengono che la cooperazione sia essenziale per il successo. Google, per esempio, dispone di un'intera squadra dedita a svelare la tecnologia alla concorrenza. Anche Microsoft tende a collaborare con un'ampia gamma di aziende che la aiutano a vendere software e servizi. Ha investito 20 miliardi di dollari in un leveraged buy-out di Dell Computer. Microsoft, dicono i dirigenti, "è impegnata nel successo di lungo termine dell'intero ecosistema dei PC."[12]

Altre aziende come la Apple, meno propense a collaborare, lo fanno quando ne ricevono chiari benefici. "Gli open system non sempre vincono": ne era convinto Steve Jobs, cofondatore e amministratore delegato della Apple, che aveva sempre tenuto sotto stretto controllo i prodotti della sua azienda.[13] In linea generale la cooperazione è diventata la norma in numerosi settori e soprattutto nel comparto high-tech. La stampa specializzata

Le aziende di maggiori dimensioni (quelle con più di 10.000 dipendenti) costituiscono, non sorprendentemente, i punti centrali dell'universo digitale: esse tendono ad attrarre le partnership (linee nere) e gli investimenti (linee grigie) più strategici.*

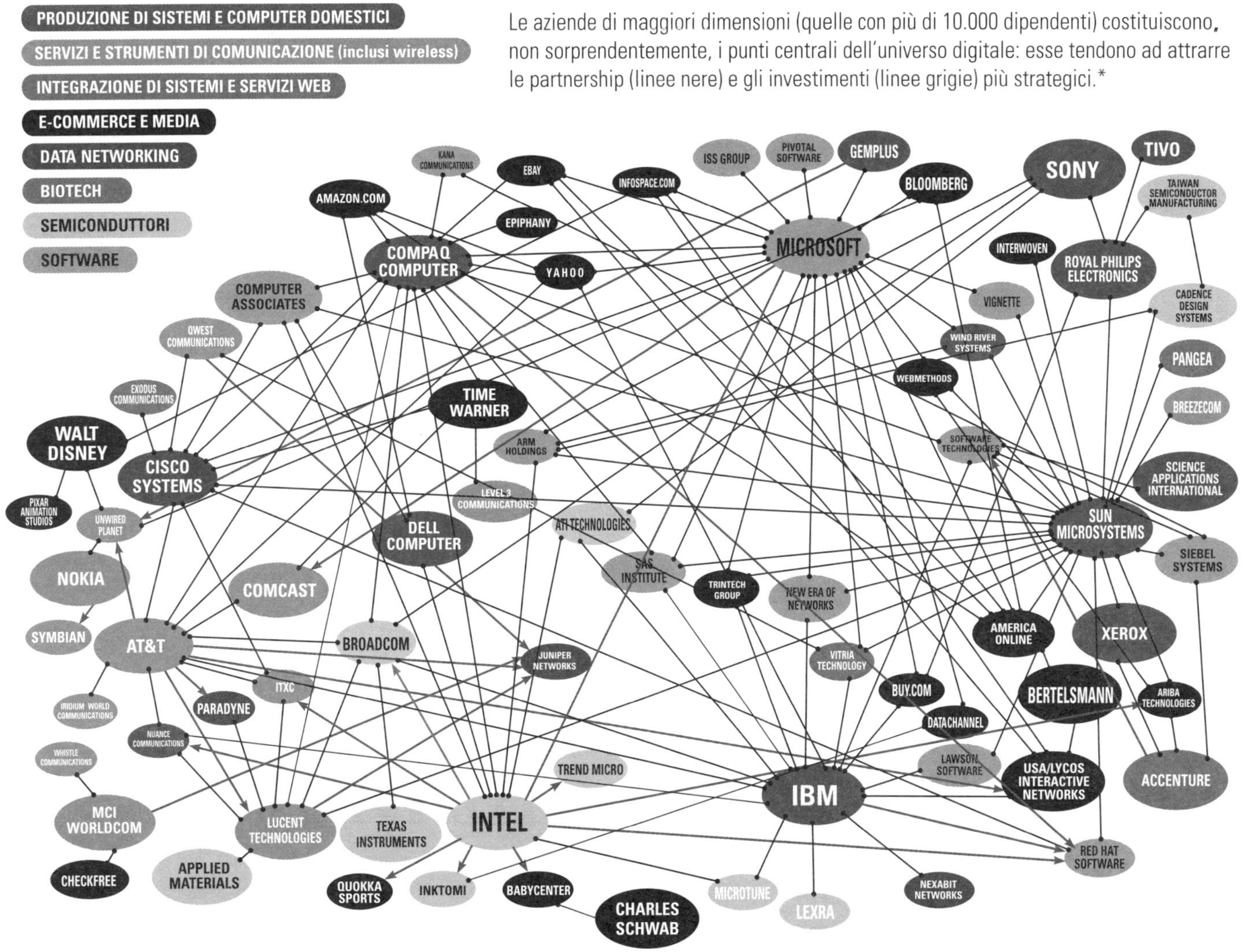

* Le aziende di dimensioni più piccole che non hanno relazioni con i punti centrali non sono state raffigurate.

Figura 5.1 Un ecosistema organizzativo

dedica numerosissimi articoli ai cosiddetti *frenemies* (nemici-amici), a indicare la crescente tendenza tra le aziende a collaborare e farsi concorrenza al tempo stesso. Molte aziende che si erano a lungo vantate della propria indipendenza sono passate ad adottare la prospettiva dell'ecosistema. Dipendenze reciproche e partnership sono diventate un dato di fatto negli ecosistemi di business. Le aziende oggi possono usare la loro forza per sbaragliare i concorrenti, ma alla fine è la cooperazione a imporsi.

L'evoluzione del ruolo del management

All'interno degli ecosistemi di business i manager imparano a muoversi al di là delle tradizionali responsabilità relative alla strategia aziendale e alla progettazione di strutture gerarchiche e sistemi di controllo. I manager devono guardare oltre i confini della loro azienda e costruire relazioni con una rete di partner. Se un top manager si concentra sull'operatività per assicurare ordine e uniformità, l'azienda perde l'opportunità di nuovi e promettenti rapporti esterni.[14] In questo nuovo mondo i manager pongono attenzione ai processi orizzontali piuttosto che alle strutture verticali. Le iniziative importanti non si articolano solo dall'alto verso il basso, ma vengono realizzate attraversando i confini che separano le unità organizzative. Inoltre, le relazioni orizzontali includono i collegamenti con i fornitori e con i clienti, che diventano parte del team. Le imprese leader possono imparare a indirizzare la coevoluzione economica. I manager imparano a riconoscere e apprezzare l'ambiente ricco di opportunità che scaturisce dalle relazioni cooperative con altri attori dell'ecosistema. Piuttosto che cercare di forzare i fornitori ad abbassare i prezzi o i clienti ad acquistare a prezzi elevati, i manager si sforzano di irrobustire il più vasto sistema che si sviluppa intorno a loro e ricercano modi per comprendere questo scenario generale e dare il loro contributo. Per esempio, i manager dei negozi di lusso Neiman Marcus stanno collaborando con i manager dei negozi *cheap and chic* Target e con gli stilisti di moda a un esperimento che va oltre i confini del commercio al dettaglio ed è potenzialmente in grado di ampliare la base di clienti di tutti. Per la stagione di acquisti natalizi, una collezione limitata di 50 articoli alla moda di case come Diane Von Fustenberg, Tory Burch, Derek Lam, Rodarte e 20 altri stilisti saranno offerti a un prezzo medio di 60 dollari in entrambe le catene di vendita al dettaglio. Neiman possedeva i contatti con gli stilisti, mentre Target aveva a disposizione un'ampia catena di fornitura per produrre in massa. I dirigenti delle due catene si sono incontrati per fare delle ipotesi su come potesse funzionare l'esperimento e poi hanno cominciato a negoziare con gli stilisti.[15]

Tutto ciò configura un ruolo di leadership più ampio di quanto lo sia mai stato in passato. I manager responsabili del coordinamento con le altre aziende devono apprendere nuove capacità dirigenziali. Per esempio, secondo quanto emerso dalle indagini federali, l'incapacità dei manager di collaborare e comunicare con efficacia superando i confini organizzativi ha avuto un peso rilevante nel disastro ambientale provocato dall'affondamento della piattaforma petrolifera Deepwater Horizon, gestita dalla Transocean per conto della BP, trattato nel Capitolo 1. In particolare, gli investigatori hanno indagato su uno scontro tra un manager della BP e un manager della Transocean verificatosi sulla piattaforma il giorno dell'incidente. Anche la collaborazione tra la BP e i manager dell'agenzia federale nelle operazioni di risanamento ambientale è stata piuttosto difficile.[16]

Uno studio dei ruoli dirigenziali condotto da Hay Group ha tracciato una distinzione tra *ruoli operativi* e *ruoli collaborativi*. Gran parte dei manager della vecchia scuola sono competenti nella gestione di ruoli operativi, caratterizzati da gerarchia verticale tradizionale e controllo dei risultati aziendali principalmente mediante un controllo diretto su individui e risorse. I ruoli collaborativi invece non prevedono un'autorità diretta su colleghi e partner orizzontali, ma sono comunque soggetti al controllo su risultati aziendali specifici. I manager che rivestono ruoli collaborativi devono essere estremamente flessibili e proattivi; centrano gli obiettivi attraverso la comunicazione interpersonale e la risoluta ricerca delle informazioni e delle risorse necessarie.[17]

Il vecchio stile di management faceva affidamento quasi esclusivamente su ruoli operativi, difendendo i confini dell'organizzazione e detenendo un controllo diretto sulle risorse. Oggi invece sono i ruoli collaborativi ad assumere una crescente importanza per il successo. Se le alleanze falliscono, di norma accade per via dell'incapacità dei partner di sviluppare relazioni collaborative e basate sulla fiducia, e non per la mancanza di un piano di business o di una strategia ben costruiti. Nelle alleanze fruttuose, si lavora fianco a fianco quasi come se si facesse parte della stessa organizzazione.[18] Pensiamo per esempio all'approccio scelto dagli Stati Uniti nella lotta al terrorismo. Come abbiamo accennato, la collaborazione interorganizzativa è essenziale per affrontare problemi grandi e complessi. Per contrastare il terrorismo, il governo statunitense collabora con i governi di altri paesi, ma anche con numerose aziende private che operano nel settore della sicurezza. Presso il National Military Command Center del Pentagono, i dipendenti di imprese private lavorano gomito a gomito con il personale militare monitorando potenziali crisi a livello mondiale e passando informazioni ai vertici. "Non riusciremmo a svolgere la nostra missione senza di loro" afferma Ronald Sanders, ex responsabile del capitale umano dell'Office of the Director of National Intelligence. "Sono le nostre riserve, flessibili e dotati di competenze che non possiamo acquisire. E una volta che si uniscono a noi, li consideriamo parte del gruppo."[19]

Modello interorganizzativo

La comprensione di questo più ampio ecosistema costituisce una delle aree più stimolanti della teoria organizzativa. I modelli e gli approcci per la comprensione delle relazioni interorganizzative aiutano in ultima istanza i manager a modificare il loro ruolo da una gestione top-down a una gestione orizzontale che si sviluppa tra diverse organizzazioni. In Figura 5.2 viene presentato un modello per analizzare i differenti punti di vista sulle relazioni interorganizzative. Le relazioni intercorrenti tra le aziende possono essere classificate sia in base alla somiglianza o meno delle organizzazioni, sia in base alla competitività o cooperatività delle relazioni. Acquisendo una conoscenza di questi approcci, i manager possono valutare gli ambienti nei quali operano e adottare diverse strategie. Il primo di tali approcci viene denominato *teoria della dipendenza dalle risorse*: è stato illustrato brevemente nel Capitolo 4. Tale approccio descrive le modalità di tipo razionale con cui le organizzazioni si pongono in relazione le une con le altre allo scopo di ridurre la dipendenza dall'ambiente. Il secondo approccio riguarda i *network collaborativi*, all'interno dei quali le organizzazioni sono disposte a rendersi dipendenti da altre organizzazioni al fine di aumentare il valore e la produttività di ognuna. Il terzo approccio è quello dell'*ecologia delle popolazioni*, che esamina il modo in cui nuove organizzazioni occupano le nicchie lasciate scoperte dalle organizzazioni consolidate e come una ricca varietà di nuove forme organizzative sia di beneficio alla società. L'ultimo approccio viene indicato come *istituzionalismo* e spiega perché e come le organizzazioni legittimino se stesse nell'ambiente e progettino strutture prendendo in prestito le idee le une delle altre. Questi quattro approcci allo studio delle relazioni interorganizzative sono descritti nel resto del capitolo.

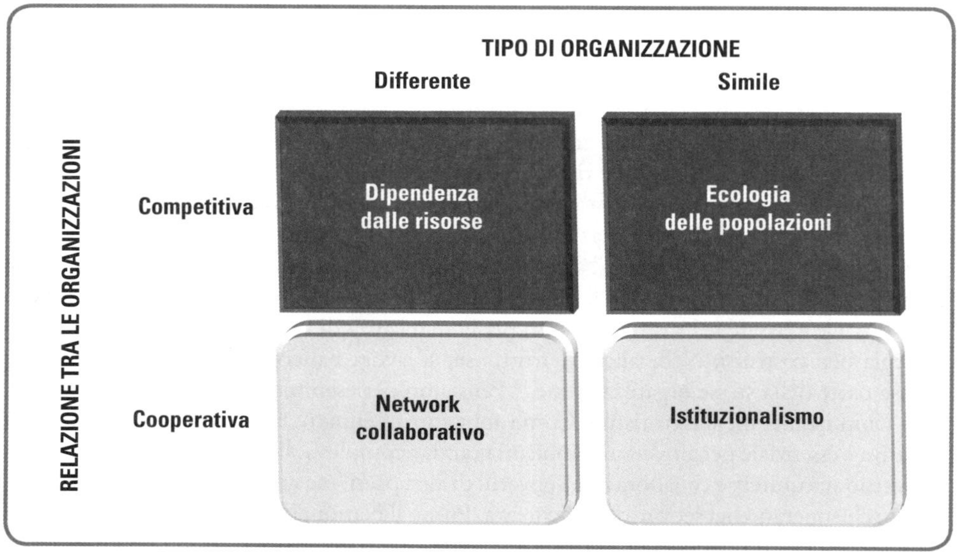

Figura 5.2
Un modello per le relazioni interorganizzative
Grazie ad Anand Narasimhan per aver suggerito questo modello.

Dipendenza dalle risorse

La dipendenza dalle risorse rappresenta la visione tradizionale delle relazioni tra organizzazioni. Come descritto nel Capitolo 4, la teoria della **dipendenza dalle risorse** sostiene che le organizzazioni cercano di minimizzare la loro dipendenza da altre organizzazioni riguardo l'acquisizione di risorse importanti e di influenzare l'ambiente per ottenere la disponibilità di tali risorse.[20] Le organizzazioni raggiungono quindi il successo lottando per la propria indipendenza e autonomia. Se minacciate da una dipendenza più elevata, le organizzazioni imporranno il controllo sulle risorse esterne per minimizzare tale dipendenza.

Nel caso in cui le organizzazioni percepiscano un vincolo di risorse o di fornitura, l'approccio della dipendenza dalle risorse afferma che esse agiranno in modo tale da mantenere la propria autonomia attraverso una varietà di strategie, alcune delle quali sono state descritte nel Capitolo 4. Una strategia consiste nell'adattarsi alle relazioni di interdipendenza oppure modificarle. Questo potrebbe significare per esempio l'acquisizione della proprietà di alcune imprese di fornitori, la stipulazione di contratti a lungo termine o di joint venture per vincolare le risorse necessarie o la costruzione di relazioni in modi diversi.

Tipologie di relazioni di dipendenza dalle risorse

Le organizzazioni che operano seguendo la filosofia della dipendenza dalle risorse faranno qualsiasi cosa sia necessaria per evitare un'eccessiva dipendenza da altre organizzazioni e mantenere il controllo delle risorse e dei risultati, riducendo così la loro incertezza. In Figura 5.3 sono riportate le relazioni di dipendenza dalle risorse in ordine gerarchico. Le strategie più in alto nella gerarchia offrono ai manager un controllo più diretto sui risultati comuni in modo tale che l'organizzazione possa mantenere la propria autonomia, mentre quelle più in basso offrono un controllo meno diretto.

Figura 5.3
Tipi di relazioni di dipendenza dalle risorse

Acquisizione/Fusione. Questo tipo di relazione offre la maggior quantità di controllo sui risultati comuni in quanto l'impresa acquirente assorbe tutte le risorse, le attività e le passività dell'organizzazione target. Per esempio, di recente Mattel ha acquisito la canadese Mega Brand Inc. per ampliare la propria linea di giocattoli e competere con LEGO nel mercato dei mattoncini da costruzione in plastica. L'azienda sarà di proprietà di Mattel, che eserciterà il controllo su di essa.[21]

Joint venture. Una joint venture offre meno controllo rispetto a una completa proprietà. Come ha detto una volta Peter Drucker, "Una volta i business si sviluppavano in uno di due modi: spontaneamente o tramite acquisizione [...] Oggi si sviluppano attraverso alleanze, qualsiasi tipo di pericolose alleanze. Joint venture e partenariati che, per inciso, pochissimi comprendono."[22] Una **joint venture** è un'entità organizzativa nuova e distinta messa in piedi da due o più organizzazioni per sviluppare in maniera congiunta un prodotto innovativo o una tecnologia condivisa. Il fortunato sito di video streaming HULU, per esempio, è una joint venture creata dalla News Corporation (proprietaria di Fox), Disney (proprietaria di ABC) e Comcast (proprietaria di NBC). Sebbene le tre aziende competano l'una con l'altra per i programmi televisivi, sanno che potrebbero essere più competitive insieme, piuttosto che separatamente, con il video streaming.[23] Whirlpool ha una joint venture con Hisense-Kelon Holdings Co. per produrre frigoriferi e lavabiancheria in Cina.[24]

Alleanza strategica. Un'**alleanza strategica** è meno formale e vincolante rispetto a una joint venture. Si tratta di un accordo di collaborazione fra due o più organizzazioni che conferiscono risorse per una causa comune, pur mantenendo la loro individualità. Un esempio è una partnership strategica fra NBCUniversal News Group e NowThis News, una start-up che crea brevi segmenti di notizie personalizzati per siti come Instagram e Snapchat, e memorizzati su app per dispositivi mobili in modo che gli utenti possano guardarli quando preferiscono. NowThis News crea segmenti di notizie di 10, 15 e 30 secondi riguardo i maggiori avvenimenti della giornata. Ci si aspetta che la partnership con NBC faciliti il collegamento a video più lunghi, per quanti desiderino informazioni più approfondite.[25]

Approvvigionamento di forniture. Molte organizzazioni stipulano contratti con fornitori chiave per acquisire risorse a supplemento delle risorse e capacità interne. Piuttosto che fare da sé, Apple, Walmart, Dell e Tesco sviluppano relazioni profonde e mutualmente vantaggiose per assicurarsi le forniture e le risorse di cui necessitano. Per esempio, la SCA (Svenska Cellulosa Aktiebolaget) utilizza la fibra della carta riciclata per produrre fazzoletti, carta igienica e tovaglioli per ristoranti, uffici, scuole e altre organizzazioni. Negli ultimi anni, però, la fornitura di carta riciclata è diminuita per via della riduzione degli sprechi e della concorrenza delle aziende cinesi del settore. La SCA ha instaurato partnership con numerosi centri di riciclaggio, fornendo contributi finanziari per l'ammodernamento delle attrezzature in cambio della vendita esclusiva di fibra riciclata.[26] Allo stesso tempo, le aziende non vogliono diventare troppo dipendenti da un fornitore. Apple, che da anni si rivolge a una sola azienda, Foxconn, per l'assemblaggio di iPhone e iPad, di recente ha cominciato a rivolgersi anche a un'altra azienda, Pegatron Corp., per l'assemblaggio dei tablet iPad Mini e un iPhone a basso costo. L'obiettivo è ridurre il rischio e l'eccessiva dipendenza da un'azienda nella catena di fornitura.[27]

Associazione di categoria. Un'**associazione di categoria** è una federazione che consente alle organizzazioni, spesso afferenti allo stesso settore, di incontrarsi, condividere informazioni e monitorare le attività vicendevolmente. Un'associazione di categoria può anche utilizzare risorse collettive per esercitare pressioni per far approvare politiche di governo a protezione del settore. Le adesioni alla Smoke Free Alternatives Trade Association (SFATA) stanno aumentando al crescere della concorrenza nel settore delle sigarette elettroniche e della popolarità dello "svapo".[28] La SFATA ha esercitato pressioni per evitare che il governo federale statunitense applicasse alle sigarette elettroniche la stessa regolamentazione applicata ai derivati del tabacco, nella convinzione che "l'autoregolamentazione è essenziale per il successo del settore."[29]

Consiglio di amministrazione concatenato. È la circostanza che si verifica quando il membro del consiglio di amministrazione di un'azienda siede contemporaneamente nei consigli di amministrazione di altre aziende, creando connessioni fra di esse. L'azienda di dolciumi Hershey, per esempio, da decenni possiede un consiglio di amministrazione con almeno una dozzina di concatenazioni con altre aziende contemporaneamente.[30] Questa pratica è anche frequente nella Silicon Valley, dove il venture capitalist Marc Andreessen siede nel consiglio di amministrazione di numerose aziende, fra le quali eBay, Hewlett-Packard e Facebook.[31]

Implicazioni di potere

Nelle relazioni di dipendenza dalle risorse le aziende di grandi dimensioni e indipendenti esercitano un potere nei confronti dei fornitori o dei partner di dimensioni inferiori. Quando una grande azienda come Amazon può esercitare il proprio potere su piccole case editrici, per esempio, può chiedere loro particolari condizioni di spedizione o delle riduzioni di prezzo, e la casa editrice non può fare altro se non acconsentire. Un ex dirigente di Amazon incaricato delle relazioni con i venditori in Europa ha confessato che, dopo che Amazon è diventata grande e potente, ha sviluppato "un piacere quasi sadico" nel fare pressioni sulle case editrici perché concedano all'azienda online migliori termini finanziari.[32] Facebook, avendo acquisito maggiore potere, lo sta esercitando per imporre restrizioni e limiti agli sviluppatori indipendenti che creano applicazioni per il social network.

IN PRATICA

Facebook

Antoine Morcos ha perso istantaneamente qualcosa come mezzo milione di utenti registrati alla sua applicazione di condivisione di fotografie Vintage Camera quando Facebook ha inaspettatamente tagliato i collegamenti con l'applicazione di terze parti bloccandone l'accesso da Facebook. "Ero davvero sconvolto," ha dichiarato Morcos. Nell'e-mail che aveva ricevuto da Facebook quest'ultima diceva di aver ricevuto troppe lamentele riguardo Vintage Camera. Morcos, tuttavia, è convinto che la vera questione è il fatto che l'applicazione competa con Instagram, di proprietà di Facebook.
Vintage Camera non rappresenta un caso isolato. Di recente Facebook ha bloccato un numero crescente di applicazioni di terze parti, fra le quali la app di messaggistica Voxer, l'applicazione di social discovery Wonder della Yandex NV e l'applicazione video Vine di Twitter. Gli sviluppatori sostengono che Facebook stia utilizzando il suo potere per bloccare le applicazioni che competono con i servizi di sua proprietà. A Message Me, un servizio di messaggistica, è stato inibito l'accesso agli elenchi di "amici" degli utenti dopo che i fondatori hanno snobbato le proposte di acquisizione da parte di Facebook. Man mano che cresce, Facebook si trova a dover mantenere gli equilibri fra sviluppatori e i suoi stessi nuovi prodotti. Gli sviluppatori indipendenti temono di essere estromessi se non accettano di sottostare alle sempre mutevoli regole imposte da Facebook.[33]

La dipendenza dalle risorse può esistere anche in senso contrario. Aziende del settore automobilistico come Toyota e General Motors stanno sviluppando un nuovo tipo di motore elettrico che non richiede l'uso di neodimio, un metallo del gruppo delle terre rare quasi interamente estratto e raffinato in Cina. I fornitori cinesi detengono un certo potere rispetto alle aziende automobilistiche, impegnate nella realizzazione di veicoli ibridi ed elettrici, e il prezzo del metallo è andato alle stelle.[34] I rapporti di potere nei vari settori industriali sono in continuo mutamento.

Network collaborativi

L'approccio dei **network collaborativi** rappresenta un'alternativa emergente rispetto alla teoria della dipendenza dalle risorse. Le aziende si uniscono allo scopo di diventare maggiormente concorrenziali e di condividere risorse scarse. Le grandi imprese aerospaziali si accordano tra di loro e con aziende più piccole e fornitori per progettare nuovi velivoli. Le grandi aziende farmaceutiche si uniscono con le piccole aziende di biotecnologia per condividere le risorse e la conoscenza e stimolare l'innovazione. Società di consulenza, di investimenti e di revisione possono formare un'alleanza per far fronte alla domanda dei clienti per un insieme di servizi più ampio.[35]

Cinque gruppi del settore sanitario statunitense, che operano in diversi stati curando milioni di pazienti, si sono uniti in un consorzio per condividere dati come le cartelle cliniche in formato elettronico. Geisinger Health System, Kaiser Permanente, Mayo Clinic, Intermountain Healthcare e Group Health Cooperative ritengono che l'uso e la condivisione di cartelle cliniche digitali possa aiutare gli operatori del settore a prendere decisioni più informate e fornire cure migliori, per esempio invitando il paziente a richiedere un consulto a uno specialista in un'altra struttura ospedaliera.[36] Per instaurare alleanze aziendali è necessario che i manager abbiano buone capacità di costruire reti interpersonali superando qualsiasi barriera. Quanto siete bravi nella creazione di reti? Completate il test del "Profilo personale" per scoprirlo.

Profilo personale

Il networking

Quanto vi riesce facile collegarvi con gli altri per costruire il vostro networking personale? La possibilità di disporre di diverse fonti di informazioni è un pilastro portante delle partnership con individui che operano in altre organizzazioni. Per saperne di più sulle vostre capacità di networking, scegliete la risposta "Più sì che no" o viceversa per ciascuna affermazione pensando a come vi comportate nello studio o nel lavoro.

	Più sì che no	Più no che sì
1. Vengo subito a conoscenza dei cambiamenti in corso nell'organizzazione e di come possono ripercuotersi su di me o sul mio lavoro.	____	____
2. Costruisco relazioni sociali tanto per aiutare gli altri a risolvere i loro problemi quanto per trarne un vantaggio personale.	____	____
3. Entro a far parte di gruppi professionali e associazioni per ampliare la mia rete di relazioni e per espandere il mio sapere.	____	____
4. Conosco e ho rapporti sociali con colleghi che lavorano per altre organizzazioni.	____	____
5. Faccio da ponte tra il mio e altri gruppi di lavoro.	____	____
6. Spesso organizzo pranzi di lavoro in modo da incontrare gente e sviluppare nuove relazioni.	____	____
7. Partecipo regolarmente a iniziative di beneficenza.	____	____
8. Tengo aggiornato l'elenco di amici e colleghi cui inviare gli auguri per Natale.	____	____
9. Mantengo i contatti con persone che ho conosciuto in passato in altre aziende. a scuola o in università.	____	____
10. Mi impegno attivamente nel fornire informazioni a subordinati, colleghi e superiori.	____	____

Punteggio: Assegnatevi un punto per ciascuna affermazione alla quale avete risposto "Più sì che no". Un punteggio pari o superiore a sette indica che siete naturalmente portati per il networking attivo, mentre un punteggio pari o inferiore a tre suggerisce che relazionarvi con gli altri vi richiede uno sforzo particolare.

Interpretazione: In un mondo di relazioni antagoniste tra organizzazioni, il networking finalizzato a superare i confini organizzativi non aveva una grande importanza. In un mondo di partnership interorganizzative, invece, il networking attivo sortisce numerosi effetti positivi e consente di costruire una rete di relazioni organizzative finalizzate al raggiungimento di risultati. Se in futuro vi troverete a gestire le relazioni con altre organizzazioni, il networking sarà un aspetto essenziale del vostro lavoro. Esso consente di costruire relazioni sociali, lavorative e di carriera che favoriscono benefici reciproci. Gli individui che creano reti attive e allargate tendono ad amare le partnership e ad apportare il proprio contributo, determinando un maggiore impatto sulle relazioni interorganizzative.

Perché collaborare?

Come mai tutto questo interesse per la collaborazione interorganizzativa? Alcune aziende hanno abbandonato l'idea di rimanere indipendenti per concedersi la possibilità di sviluppare delle relazioni di mutua dipendenza con altre organizzazioni e raggiungere degli obiettivi che da sole non potrebbero raggiungere. Per esempio, nell'ultimo trentennio vi è stato un aumento vertiginoso nella formazione di alleanze strategiche, da parte sia di imprese grandi e consolidate, sia di piccole, le quali hanno tutte approfittato dei benefici della collaborazione.[37] Alcune delle ragioni principali della collaborazione sono rappresentate dalla condivisione dei rischi quando si entra in nuovi mercati, intraprendendo nuovi e onerosi programmi e riducendo i costi, e dal miglioramento della posizione dell'organizzazione in determinati settori o tecnologie. Cooperazione e collaborazione sono un prerequisito per maggiore innovazione, adattamento, capacità di risoluzione dei problemi e performance.[38] Oltre a ciò, le partnership costituiscono anche una via maestra di accesso ai mercati globali e vedono la realizzazione di collaborazioni sia tra le grandi aziende sia tra quelle piccole. Le joint venture con organizzazioni di altri paesi, per esempio, rappresentano una quota consistente degli investimenti esteri e delle strategie di accesso ad altri mercati delle aziende statunitensi.[39]

Le aziende nordamericane hanno tradizionalmente lavorato da sole, in competizione le une con le altre e credendo nella tradizione dell'individualismo e dell'autonomia, ma hanno imparato dalle proprie esperienze internazionali quanto efficaci si possano rivelare le relazioni interorganizzative. Sia il Giappone sia la Corea hanno una lunga tradizione di clan aziendali o gruppi industriali che collaborano per assistersi l'uno con l'altro. Le aziende nordamericane hanno tipicamente considerato l'interdipendenza come una cosa negativa, nella convinzione che essa avrebbe diminuito la competizione. L'esperienza di collaborazione in altri paesi ha invece dimostrato che le aziende possono entrare in forte competizione in alcune aree pur collaborando in altre. È come se i fratelli e le sorelle di un'unica famiglia si fossero dedicati a business diversi e volessero ognuno essere superiore all'altro, mantenendo però sempre sentimenti di affetto ed essendo pronti ad aiutarsi qualora si rendesse necessario.

confrontate la vostra opinione

1 Le organizzazioni dovrebbero sforzarsi di essere quanto più indipendenti e autosufficienti possibile, di modo che i loro manager non si trovino nella condizione di "dovere giocare a un gioco imposto da altri".

Risposta esatta: *In disaccordo.* Il desiderio di autonomia e indipendenza appartiene a un vecchio modo di pensare secondo il quale le organizzazioni dovrebbero ridurre al minimo la dipendenza da altre organizzazioni per evitare di diventare vulnerabili. Oggi invece le aziende di successo considerano la collaborazione un approccio migliore per mantenere un equilibrio tra potere e capacità di portare a termine i compiti.

I collegamenti interorganizzativi forniscono una sorta di rete di sicurezza che incoraggia l'investimento di lungo periodo, la condivisione di informazioni e l'assunzione del rischio. Le aziende possono raggiungere livelli di innovazione e di performance più elevati quando imparano a passare da una mentalità competitiva a una collaborativa.[40] Consideriamo i seguenti esempi:

- General Motors e Ford Motor Company sono in acerrima competizione nella vendita di automobili e furgoni, eppure si sono alleate per sviluppare nuove trasmissioni a 9 velocità per i veicoli a trazione anteriore e a 10 velocità per automobili e furgoni a trazione posteriore. Le nuove trasmissioni rientrano nel tentativo da parte delle aziende di far fronte ai prossimi standard di efficienza energetica ed emissioni di anidride carbonica negli Stati Uniti e in Europa. La cooperazione in termini di progettazione, sviluppo e collaudo consentirà alle aziende di risparmiare centinaia di milioni di dollari. Le due case automobilistiche hanno già collaborato a una trasmissione automatica a 6 velocità. "Abbiamo già provato che gli ingegneri delle trasmissioni di Ford e General Motors lavorano molto bene insieme," ha affermato il vice presidente del settore ingegneria dei sistemi di trasmissione di Ford.[41]

- Di recente Microsoft e Oracle hanno stilato un accordo per permettere ad alcune parti del software per il business della Oracle di funzionare con il software e i servizi online di Microsoft. L'accordo fra i due giganti della tecnologia spesso in lotta fra loro è motivato dal fatto che entrambe le aziende si trovano a dover combattere la concorrenza derivante da alternative web-based ad alcuni dei loro prodotti principali. Inoltre, le aziende hanno dei clienti in comune che hanno bisogno di aiuto per far sì che i loro prodotti funzionino insieme. Steven Ballmer, ex amministratore delegato di Microsoft, ha affermato che da tempo le due imprese hanno una "collaborazione dietro le quinte," ma che essa non era più sufficiente in un tempo in cui i clienti vogliono che tutti i loro servizi cloud funzionino facilmente insieme. Larry Ellison, amministratore delegato di Oracle, ha accennato alla possibilità che la sua azienda sviluppi ulteriormente dei partenariati con altre aziende.[42]
- Roche Holding AG e AstraZeneca PLC hanno sviluppato una partnership per condividere dati sulla progettazione nelle fasi iniziali di farmaci, per aumentare le probabilità di produrre medicinali sicuri ed efficaci. I dati saranno anche condivisi con una terza azienda, MedChemica Ltd., specializzata nell'analisi di composti chimici al fine di individuare strutture chimiche potenzialmente in grado di risolvere problemi di sicurezza. Le aziende manifestano la loro speranza che altre aziende farmaceutiche si associno nella partnership per la condivisione di dati, con l'obiettivo di creare medicinali più sicuri ed efficaci.[43] Fino a poco tempo fa, le case farmaceutiche hanno avuto un atteggiamento piuttosto protettivo nei confronti dei dati provenienti dalle loro ricerche, eppure si è verificata una chiara tendenza verso la collaborazione, come nel caso della Accelerating Medicines Partnership di recente formazione.

IN PRATICA

Accelerating Medicines Partnership

Le aziende hanno speso miliardi di dollari cercando di primeggiare l'una sull'altra nella ricerca di promettenti farmaci per la cura di malattie come l'Alzheimer. Ora, dieci grandi aziende farmaceutiche hanno stipulato un accordo di cooperazione quinquennale con il National Institutes of Health (NIH) finalizzato alla condivisione di scienziati, campioni di tessuti e di sangue e dati di ricerca. Collaborando, gli scienziati sperano di studiare il morbo di Alzheimer, il diabete di tipo 2, il lupus e l'artrite reumatoide secondo nuove modalità rispetto a quelle impiegate individualmente da ciascuna di esse e di individuare degli obiettivi per lo sviluppo di nuovi farmaci.

Il gruppo, battezzato Accelerating Medicines Partnership, comprende aziende in acerrima competizione fra loro del calibro di Bristol-Myers Squibb, Johnson & Johnson, GlaxoSmithKline, Eli Lilly, Sanofi e Merck. Il patto vieta a ciascuna casa farmaceutica di utilizzare una scoperta prima che il progetto non ne renda pubblici i dati. "Nel momento in cui i risultati del progetto vengono resi pubblici," ha detto David Wholley del NIH, "tutta la competizione riprende vita per sviluppare il farmaco vincente."

Non è stato facile raggiungere l'accordo; in alcuni momenti, alcuni dei partecipanti "si rifiutavano persino di parlarsi l'uno con l'altro." Jan Lundbert, a capo dei laboratori di ricerca della Eli Lilly & Company, ha affermato che la ricerca delle modalità di collaborazione nonostante la rivalità si è prefissata "un vincolo: ci rispettiamo l'un l'altro come scienziati e come esseri umani?"[44]

Da avversari a partner

Stanno sbocciando nuovi fiori nel campo segnato dalle battaglie, un tempo teatro dell'aspra rivalità tra fornitori, clienti e concorrenti. Nel Nord America la collaborazione tra le organizzazioni si è realizzata inizialmente nei servizi sociali non profit e nelle organizzazioni di salute mentale, dove vi era un interesse di natura pubblica. Le organizzazioni comunitarie collaboravano allo scopo di raggiungere una maggiore efficacia e per utilizzare in maniera migliore risorse scarse.[45] Sotto la spinta dei concorrenti e degli esempi provenienti da oltre confine, i manager americani hanno presto iniziato a spostarsi verso un nuovo paradigma improntato alla partnership, sul quale basare le loro relazioni.

In Figura 5.4 è rappresentata una sintesi di questo cambiamento di approccio. Il nuovo modello si basa sulla fiducia e sull'interdipendenza delle organizzazioni, e non sulla loro indipendenza. Le misure della performance della partnership non sono definite nei dettagli, i problemi sono risolti tramite il dialogo e la discussione. La gestione delle relazioni strategiche con altre aziende è diventata un'abilità manageriale cruciale, come analizzato nel Segnalibro di questo capitolo. Secondo questo nuovo orientamento, le persone cercano di incrementare il valore per entrambe le parti e credono in un deciso impegno anziché nel sospetto e nella competizione. Le aziende lavorano per raggiungere profitti equi per tutte le parti anziché solo per il proprio beneficio. Il nuovo modello si caratterizza per la massiccia condivisione di informazioni, compresi i collegamenti elettronici e le discussioni faccia a faccia per fornire feedback e risolvere i problemi. Alcuni rappresentanti delle aziende sono talvolta fisicamente presenti *in loco* per permettere un coordinamento molto stretto. Si trovano soluzioni eque ai conflitti, preferendo non fare riferimento a contratti e vertenze legali. I contratti possono essere definiti non troppo rigidamente, e non è inusuale per i partner aiutarsi reciprocamente anche al di là di quanto specificato nel contratto.[46]

Figura 5.4
Cambiamenti nelle caratteristiche delle relazioni interorganizzative
Fonte: basato su Mick Marchington e Steven Vincent, "Analysing the Influence of Institutional, Organizational, and Interpersonal Forces in Shaping Inter-Organizational Relations," *Journal of Management Studies* 41, no. 6 (settembre 2004), 1029-1056; Jeffrey H. Dyer, "How Chrysler Created an American *Keiretsu*", *Harvard Business Review* (July- August 1996): 42-56 Myron Magnet, "The New Golden Rule of Business", *Fortune*, 21 February 1994, 60-64; Peter Grittner, "Four Elements of Successful Sourcing Strategies", *Management Review* (October 1995): 41-45.

Orientamento tradizionale: Conflittuale	Nuovo orientamento: Partnership
Bassa dipendenza	Alta dipendenza
Sospetto, competizione, distacco	Fiducia, incremento del valore per entrambe le parti, grande impegno
Misure della performance precise e accurate	Misure della performance meno precise, soluzione die problemi mediante la discussione
Prezzo, efficienza, propri profitti	Equità, lealtà, profitti di entrambi
Informazioni e feedback limitati	Collegamenti elettronici per condividere informazioni chiave, feedback sui problemi e discussione
Soluzione legale dei conflitti	Meccanismi per uno stretto coordinamento, presenza fisica delle persone
Coinvolgimento e investimenti anticipati minimi, risorse anticipate	Coinvolgimento nelle attività di progettazione e produzione dei partner, condivisione delle risorse
Contratti a breve termine	Contratti a lungo termine
Il contratto limita la relazione	Supporto anche al di fuori del contratto

In questa nuova ottica della partnership la dipendenza da un'altra azienda è considerata un fattore che riduce i rischi anziché aumentarli. Entrambe le parti possono ottenere un valore maggiore. Legate all'interno di un sistema di relazioni interorganizzative, tutte le organizzazioni sono in grado di fare meglio perché si aiutano l'un l'altra. E tutto ciò è molto lontano dalla convinzione che le organizzazioni operino al meglio se sono autonome e indipendenti. L'orientamento alla partnership è osservabile in numerosi settori. Per esempio i produttori di aeromobili EADS, Embraer e Boeing hanno fatto squadra per sviluppare biocarburanti per aerei.[47] I maggiori centri medici, come Mayo Clinic, MD

Segnalibro

Managing Strategic Relationships: The Key to Business Success
di Leonard Greenhalgh

Che cosa determina il successo organizzativo nel ventunesimo secolo? Secondo Leonard Greenhalgh, autore di *Managing Strategic Relationships: The Key to Business Success*, è il modo in cui le organizzazioni sostengono, promuovono e proteggono le relazioni collaborative, sia all'interno sia all'esterno dell'azienda. In distinti capitoli il libro offre delle strategie per gestire le relazioni tra le persone e i gruppi all'interno dell'azienda e con le altre organizzazioni. Una gestione efficace delle relazioni porta a un senso di comunità e consenso, che in ultima analisi porta al vantaggio competitivo.

Gestire le relazioni in una nuova era

Greenhalgh sostiene che i manager hanno bisogno di nuovi modi di pensare per adeguarsi alle realtà della nuova era. Riportiamo alcune linee guida.

- *Riconoscere che i contratti legali dettagliati possono minare la fiducia e la buona volontà.* Greenhalgh sottolinea la necessità di costruire relazioni basate su onestà, fiducia, comprensione e obiettivi comuni anziché su contratti legali troppo minuziosi che si limitano a definire ciò che un'azienda può offrire all'altra.
- *Trattare i partner come membri della propria organizzazione.* I membri delle organizzazioni partner devono essere partecipanti attivi nell'esperienza di apprendimento attraverso il coinvolgimento nell'addestramento, nelle riunioni di gruppo e in altre attività. Offrire ai dipendenti delle organizzazioni partner un'occasione per apportare un vero contributo promuove lo sviluppo di legami più profondi e un senso di comunità.
- *I top manager devono sostenere l'alleanza.* I manager di entrambe le organizzazioni devono assumere comportamenti che segnalino a tutti all'interno e all'esterno dell'organizzazione una nuova enfasi sulla partnership e la collaborazione. L'impiego di cerimoniali e simboli può aiutare a istillare un impegno verso la partnership nella cultura aziendale.

Il paradigma della partnership

Per avere successo nell'ambiente attuale, le pratiche manageriali del vecchio paradigma basate su potere, gerarchia e relazioni conflittuali devono essere abbandonate a favore delle pratiche della nuova era, che enfatizzano la collaborazione e forme comunitarie di organizzazione. Le aziende che prospereranno, ritiene Greenhalgh, "sono quelle che agiscono veramente insieme, quelle che possono integrare con successo strategia, processi, accordi di business, risorse, sistemi e forza lavoro responsabilizzata". E ciò può essere ottenuto solo creando, modellando e sostenendo efficacemente delle relazioni strategiche.

Managing Strategic Relationships: The Key to Business Success, di Leonard Greenhalgh, è pubblicato da The Free Press.

Anderson Cancer Center e Community Health Systems hanno formato delle partnership con reti di cliniche o con ospedali non profit di dimensioni più contenute per estendere i servizi offerti e per sfruttare i propri marchi.[48] Le aziende automobilistiche hanno instaurato numerose partnership per condividere i costi di sviluppo di nuovi veicoli elettrici e ibridi. La canadese Bombardier e i suoi fornitori erano collegati quasi a formare un'unica organizzazione nella costruzione del business jet Continental.[49]

Superando le barriere ed entrando in partnership con un approccio volto all'equità nel rapporto e alla creazione di valore per entrambe le parti, le aziende attuali stanno cambiando la concezione stessa di organizzazione.

Ecologia delle popolazioni

L'approccio dell'**ecologia delle popolazioni** si differenzia dagli altri approcci perché si concentra sulla diversità delle organizzazioni e sul loro adattamento all'interno di una popolazione di organizzazioni.[50] Una **popolazione** è in questo senso un insieme di organizzazioni impegnate in attività simili e con caratteristiche analoghe per quanto riguarda l'utilizzo delle risorse e i risultati. Le organizzazioni all'interno di una popolazione competono per risorse o clienti simili, come per esempio le istituzioni finanziarie nell'area di Seattle o i concessionari di automobili a Houston (Texas).

Nell'ambito di una popolazione, la domanda che si sono posti i ricercatori che hanno seguito questo approccio riguarda il grande numero e la grande varietà di organizzazioni. Perché emergono costantemente nuovi modelli organizzativi che creano tale diversità? La loro risposta è che l'adattamento di una singola organizzazione è fortemente limitato in rapporto ai cambiamenti richiesti dall'ambiente. L'innovazione e il cambiamento all'interno di una popolazione di organizzazioni si verificano quindi più attraverso la nascita di nuove tipologie di organizzazioni che mediante il rinnovamento e la modificazione di organizzazioni esistenti. I modelli organizzativi sono infatti considerati relativamente stabili e lo sviluppo di una società nel suo complesso è dato dalla nascita di nuovi modelli di organizzazione per mezzo di iniziative imprenditoriali. Nuove organizzazioni soddisfano i nuovi bisogni della società in misura maggiore di organizzazioni consolidate che sono lente a cambiare.[51]

Che cosa significa questa teoria in termini pratici? Significa che grandi e stabili organizzazioni finiscono spesso per diventare dei dinosauri. Pensate che delle aziende che nel 1955 figuravano nella *Fortune* 500, solo 71 sono rimaste in classifica per 50 anni. Alcune sono state acquisite o si sono fuse con altre aziende, altre ancora sono cadute in declino e non esistono più. Aziende grandi e consolidate spesso incontrano enormi difficoltà nell'adattarsi ad un ambiente in rapido mutamento. Ora stanno emergendo nuovi modelli organizzativi capaci di adattarsi all'ambiente attuale, che occupano una nuova nicchia e che, con il tempo, sottrarranno mercato ad aziende più consolidate.[52] Secondo la prospettiva dell'ecologia delle popolazioni, quando si osserva una popolazione di organizzazioni nel suo insieme, è l'ambiente mutevole a determinare quali organizzazioni sopravvivono e quali falliscono. Si presuppone che le singole organizzazioni subiscano l'inerzia strutturale e incontrino difficoltà nell'adattarsi ai cambiamenti ambientali. In caso di rapidi cambiamenti è quindi probabile che le vecchie organizzazioni vadano incontro al declino o al fallimento e che emergano nuove organizzazioni più rispondenti ai bisogni dell'ambiente.

Che cosa ostacola l'adattamento?

Perché le organizzazioni incontrano così grandi difficoltà nell'adattarsi a un ambiente in rapido cambiamento? Michael Hannan e John Freeman sostengono che vi sono molte limitazioni alla capacità di cambiamento delle organizzazioni, limitazioni provenienti da pesanti investimenti in impianti, macchinari e personale specializzato, da informazioni limitate, dalle opinioni radicate dei decisori, dalla propria storia di successo che giustifica le procedure correnti e dalla difficoltà di cambiare la cultura aziendale. Se si considerano tutti questi ostacoli, una trasformazione reale costituisce un evento raro e improbabile.[53] Consideriamo il caso della Barnes & Noble.

IN PRATICA

Barnes and Noble

Nel 1997, durante un intervento di Jeff Bezos di Amazon presso la Harvard Business School, uno studente, con estrema schiettezza, gli disse: "Lei sembra un tipo a posto... ma deve davvero vendere l'azienda a Barnes & Noble e uscire subito." Ai suoi uditori Bezos disse che probabilmente lo studente aveva ragione, ma aggiunse: "Credo che forse sottovalutiate le difficoltà che incontreranno i negozi tradizionali affermati o qualsiasi azienda abituata a fare le cose in un certo modo, nel muoversi agilmente o nel concentrarsi su un nuovo canale. Staremo a vedere."[54]

Bezos ha dato prova di una predisposizione naturale a comprendere quanto difficile sia per le organizzazioni affermate adattarsi. Sapeva che i manager della Barnes & Noble avrebbero incontrato delle difficoltà a competere seriamente online in quanto non sarebbero stati disposti a rischiare di andarsi a perdere in una nuova iniziativa imprenditoriale incerta. Sarebbero stati riluttanti a sottrarre personale di talento e pieno di risorse dai negozi tradizionali per impiegarli in un'impresa che, almeno per un certo periodo, avrebbe sottratto fondi dai negozi redditizi. Inoltre, Barnes and Noble non era preparato a confezionare e consegnare uno o due libri a singoli clienti: poteva soltanto consegnare scatole di libri a un certo numero di punti vendita. Il cambiamento sarebbe stato difficile e tutt'altro che privo di errori. Per Amazon, invece, consegnare un libro alla volta era routine quotidiana.[55]

Nel 1997, pochi pensavano che Amazon avrebbe rappresentato una minaccia per Barnes and Noble. La vicenda di come questa nuova azienda ha sconfitto un gigante dimostra quanto può essere difficile per le grandi aziende consolidate adottare una nuova modalità di gestire gli affari. Un altro esempio analogo è quello della Kodak, che ha di fatto inventato alcune delle prime tecnologie di fotografia digitale ma non è stata in grado di comprenderne l'impatto sulla fotografia analogica tradizionale. La Kodak vantava un successo consolidato ed era così grande e radicata nel suo ambito di attività che non è riuscita a cambiare volto in misura significativa nonostante gli sforzi dei manager.[56]

Il modello dell'ecologia delle popolazioni è stato sviluppato basandosi sulle teorie biologiche della selezione naturale, e i termini *evoluzione* e *selezione* vengono utilizzati con riferimento ai processi comportamentali sottostanti. Le teorie riguardanti l'evoluzione biologica cercano di spiegare perché determinate forme di vita compaiono e sopravvivono mentre altre soccombono. Alcune teorie suggeriscono che le forme che sopravvivono sono tipicamente quelle che si adattano meglio all'ambiente circostante. L'ambiente degli anni Quaranta e Cinquanta era favorevole alla Woolworth, ma negli anni Ottanta divennero dominanti nuove organizzazioni come quelle rappresentate da Walmart e altri superstore. Ora l'ambiente sta cambiando ancora, segno che "l'era dei big box" (le grandi superfici di vendita) probabilmente sta volgendo al termine. La crescita dello shopping online conferisce un vantaggio competitivo ai piccoli punti vendita nell'ambito della distribuzione al dettaglio tradizionale. Walmart ha messo a punto un piano per l'apertura di piccoli punti vendita negli Stati Uniti, i Best Buy Mobile, e sta cercando nuove strategie per riempire gli spazi inutilizzati all'interno dei punti vendita più grandi.[57] Nessuna impresa può considerarsi immune ai cambiamenti sociali. Di recente, la tecnologia ha determinato profondi cambiamenti ambientali, condannando al declino numerose organizzazioni ormai superate e determinando una proliferazione di nuove aziende come Pinterest, Facebook e Twitter.

Modello organizzativo e nicchia di mercato

Un **modello organizzativo** consiste in un insieme di tecnologia, struttura, prodotti, obiettivi e personale specifici di un'organizzazione, che possono essere accettati o respinti dall'ambiente. Ogni nuova organizzazione cerca di trovare una **nicchia** (un ambito d'azione caratterizzato da risorse e necessità ambientali caratteristiche) che sia sufficiente a supportarla. La nicchia è solitamente di piccole dimensioni nelle prime fasi di vita di un'organizzazione, ma può con il tempo aumentare di dimensioni se l'azienda ha successo. Se l'organizzazione non riesce a trovare una nicchia adeguata, subirà un inevitabile declino e potrà infine scomparire.

Dal punto di vista di una singola azienda, la fortuna, le occasioni e il caso giocano un ruolo rilevante ai fini della sopravvivenza. Sia gli imprenditori sia le grandi organizzazioni propongono continuamente nuovi prodotti e nuove idee. La sopravvivenza o il fallimento di queste idee e questi modelli organizzativi è spesso una questione affidata al caso – in dipendenza del fatto che le circostanze esterne siano di supporto o meno. Una donna che avesse avviato un piccolo business nel campo delle forniture elettriche in un'area in rapida crescita come Austin (Texas) o Raleigh (North Carolina), le due città a più rapida crescita nel 2014, avrebbe eccellenti probabilità di successo. Se dovesse invece avviare la stessa attività in un'altra area degli Stati Uniti soggetta a recessione, le possibilità di successo sarebbero molto inferiori. Il successo o il fallimento di una singola azienda è quindi determinato dalle caratteristiche dell'ambiente nella stessa misura in cui lo è dalle capacità o dalle strategie utilizzate dai manager dell'organizzazione.

confrontate la vostra opinione

2 Il successo di una start-up è in larga misura determinato dai colpi di genio e dalle capacità di gestione dell'imprenditore.

Risposta esatta: *In disaccordo.* Spesso la fortuna è importante quanto i colpi di genio perché forze dell'ambiente più potenti, che di norma passano inosservate agli occhi dei manager, fanno sì che alcune imprese abbiano successo e altre falliscano. Se una start-up si trova al posto giusto nel momento giusto, le probabilità di successo sono molto più alte, a prescindere dalle capacità di gestione dei manager.

Il processo di cambiamento ecologico

Il modello dell'ecologia delle popolazioni assume che all'interno di una popolazione appaiano continuamente nuove organizzazioni. Le popolazioni di organizzazioni sono quindi costantemente sottoposte a cambiamento. Il processo di cambiamento all'interno della popolazione si concretizza in tre stadi: *mutazione*, *selezione* e *consolidamento*, come riassunto in Figura 5.5.

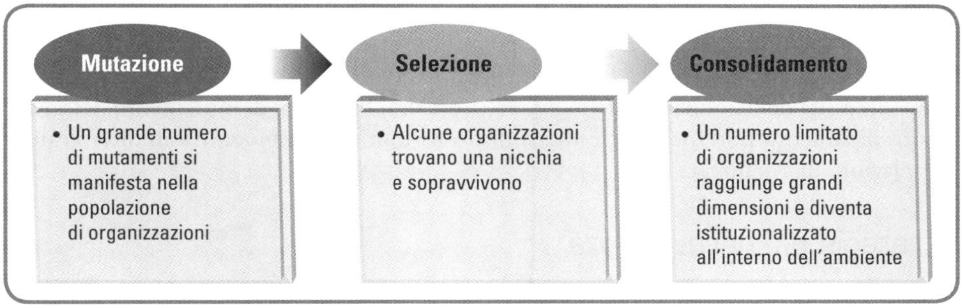

Figura 5.5 Elementi del modello organizzativo dell'ecologia delle popolazioni

- *Mutazione.* La **mutazione** comporta la comparsa, in una popolazione di organizzazioni, di nuovi modelli organizzativi. Essi vengono avviati da imprenditori, creati come venture capital da grandi aziende o realizzati dallo Stato per offrire nuovi servizi. Alcuni modelli possono essere concepiti specificatamente per far fronte a determinate necessità provenienti dall'ambiente esterno. Negli ultimi anni sono state avviate molte aziende per sviluppare applicazioni per smartphone, siti di social network e software, per fornire consulenza e altri servizi informatici indirizzati alle grandi aziende e per realizzare prodotti e tecnologie a servizio del commercio elettronico. Altre organizzazioni create recentemente si occupano invece di servizi o produzioni tradizionali come l'acciaio, ma lo fanno utilizzando nuove tecnologie, nuovi modelli di business e nuove tecniche manageriali che danno alle nuove società probabilità molto maggiori di sopravvivere. Le variazioni che intervengono nelle organizzazioni sono analoghe alle mutazioni biologiche e si vanno ad aggiungere alla sfera d'azione e alla complessità dei modelli organizzativi all'interno dell'ambiente.

- *Selezione*. La **selezione** riguarda la possibilità che un nuovo modello sia adatto all'ambiente e in grado di sopravvivere. Solo poche mutazioni sono "selezionate" da parte dell'ambiente in modo che le organizzazioni possano sopravvivere nel lungo periodo. Alcuni mutamenti saranno più adatti di altri all'ambiente esterno. Certi dimostreranno di poter apportare benefici e saranno perciò in grado di trovare una nicchia e acquisire dall'ambiente le risorse necessarie per sopravvivere. Altri mutamenti non soddisferanno invece le richieste dell'ambiente e soccomberanno. Quando non c'è una domanda sufficiente per il prodotto o il servizio di un'azienda e quando non sono disponibili risorse sufficienti l'organizzazione viene "eliminata" dalla selezione.
- *Consolidamento*. Il **consolidamento** consiste nella preservazione e nell'istituzionalizzazione dei modelli organizzativi selezionati. A determinate tecnologie, prodotti e servizi viene attribuito un alto valore da parte dell'ambiente. All'interno di quest'ultimo il modello organizzativo consolidato può diventare un elemento dominante. Molti modelli organizzativi sono istituzionalizzati: per esempio il governo, le scuole, le chiese e i produttori di automobili. La McDonald's, che detiene il 43 per cento del mercato del fast-food e fornisce la prima occupazione a molti teenager, è ormai istituzionalizzata nella vita americana.

Organizzazioni istituzionalizzate come McDonald's sembrano essere una caratteristica relativamente permanente nelle popolazioni di organizzazioni, ma non lo sono nel lungo periodo. L'ambiente è in continua evoluzione, e se i modelli organizzativi dominanti non si adattano al cambiamento esterno subiranno un declino e verranno sostituiti da altri.

Nella prospettiva dell'ecologia delle popolazioni l'ambiente costituisce la determinante fondamentale del successo o del fallimento organizzativo. L'organizzazione deve rispondere a una necessità dell'ambiente, altrimenti verrà esclusa. I principi di mutamento, selezione e consolidamento portano all'affermarsi di nuovi modelli organizzativi all'interno delle popolazioni di organizzazioni.

Strategie di sopravvivenza

Un altro principio che sta alla base del modello dell'ecologia delle popolazioni è la **lotta per la sopravvivenza**, o competizione. Le organizzazioni e le popolazioni di organizzazioni sono impegnate in una lotta competitiva per la conquista delle risorse e ogni modello organizzativo combatte per la propria sopravvivenza. La lotta è più intensa tra le nuove organizzazioni e sia i tassi di natalità, sia quelli di sopravvivenza delle nuove organizzazioni sono legati a fattori relativi all'ambiente generale. Storicamente, per esempio, fattori come la dimensione dell'area urbana, la percentuale di immigrati, il tasso di crescita del settore e la variabilità ambientale, per esempio, hanno influenzato la nascita e la sopravvivenza di quotidiani, aziende di telecomunicazioni, linee ferroviarie, agenzie governative, sindacati e persino organizzazioni di volontariato.[58]

Secondo l'approccio dell'ecologia delle popolazioni, i modelli organizzativi si differenziano, nella loro lotta per la sopravvivenza, in **generalisti** o **specialisti**, in relazione alle strategie che adottano. Sono definite *generaliste* le organizzazioni caratterizzate da una nicchia o una sfera di influenza ampia, ossia quelle che offrono una vasta gamma di prodotti o servizi o servono un ampio mercato; sono definite *specialiste* le organizzazioni che invece offrono una gamma più limitata di beni o servizi o che servono un mercato più ristretto.

Nell'ambiente naturale, una forma specialista di flora o di fauna si evolverebbe in una situazione di isolamento in un luogo come le Hawaii, dove la terra più vicina dista duemila chilometri. La flora e la fauna sono quindi altamente protette. Al contrario, luoghi come la Costa Rica, che hanno sperimentato continue ondate di influenze esterne, hanno sviluppato un sistema generalista di flora e fauna, caratterizzato da una elasticità e una flessibilità migliori per adattarsi a una vasta serie di ambienti. Nel mondo del business, Amazon.com ha iniziato seguendo una strategia specialista, con la vendita di libri attraverso Internet, ma si è evoluta verso una strategia generalista aggiungendo attività relative a musica, DVD, elettronica e un ampio ventaglio di altri prodotti, come l'e-book reader Kindle e, più di recente, un servizio di streaming video con migliaia di film e programmi televisivi. Un'azienda come la Olmec Corporation, che vende bambole afro-americane e ispaniche, sarebbe considerata specialista, mentre la Mattel sarebbe detta generalista, dal momento che commercializza un'ampia gamma di giocattoli per bambini e bambine di tutte le età.[59] Apple utilizza una strategia specialista con i suoi iPhone, offrendo un unico modello di smartphone, mentre Samsung utilizza una strategia generalista, creando diverse versioni di innumerevoli prodotti.[60]

Le aziende specialiste sono in genere più competitive di quelle generaliste all'interno dell'area ristretta nella quale operano. L'ampiezza del campo d'azione delle aziende generaliste, tuttavia, serve in qualche modo a proteggerle dai cambiamenti ambientali. Infatti, nonostante le aziende generaliste possano vedere diminuire la domanda per alcuni dei loro prodotti o servizi, solitamente si assiste allo stesso tempo a un aumento della domanda per altri. Inoltre, data la diversità di prodotti, servizi e clienti, le generaliste sono in grado di riallocare internamente le risorse per adattarsi a un ambiente mutevole, laddove le specialiste non possono farlo. D'altro canto, poiché le specialiste sono spesso aziende di dimensioni più piccole, possono a volte muoversi con maggiore rapidità ed essere più flessibili nell'adattarsi ai cambiamenti.[61] L'influenza manageriale sul successo di un'azienda consiste spesso nel selezionare una strategia che diriga un'azienda verso una nicchia scoperta.

Istituzionalismo

L'approccio dell'**istituzionalismo** fornisce un ulteriore punto di vista sulle relazioni interorganizzative.[62] L'approccio dell'istituzionalismo descrive come le organizzazioni sopravvivono e hanno successo attraverso la ricerca della coerenza tra l'organizzazione stessa e le aspettative provenienti dall'ambiente nei suoi confronti. L'**ambiente istituzionale** è composto da norme e valori propri dei diversi stakeholder (clienti, investitori, associazioni, organi di gestione, altre organizzazioni, governo e comunità). L'approccio dell'istituzionalismo sostiene quindi che le organizzazioni adottano strutture e processi per compiacere gli attori esterni e che queste attività finiscono con l'assumere natura di regole all'interno delle organizzazioni. L'ambiente istituzionale riflette quelli che la società considera modi corretti di organizzarsi e comportarsi.[63]

La **legittimità** è definita come la percezione che le azioni di un'organizzazione sono desiderabili, opportune e appropriate nel contesto del sistema ambientale di norme, valori e credenze.[64] La teoria dell'istituzionalismo riguarda quindi l'insieme intangibile di norme e valori che determinano il comportamento, visto in contrapposizione con gli elementi tangibili rappresentati dalla tecnologia e dalla struttura. Le organizzazioni e i settori devono adattarsi alle aspettative cognitive ed emotive dei loro gruppi di riferimento. Le persone, per esempio, non depositeranno denaro in una banca che non dia loro segnali di sicurezza e di conformità alle regole di una saggia gestione finanziaria. Consideriamo anche il caso di un'amministrazione locale e proviamo a pensare se potrebbe aumentare le imposte sugli immobili per incrementare i finanziamenti al sistema scolastico senza che i membri della comunità approvino le politiche e le attività del Provveditorato.

Gran parte delle organizzazioni si pone il problema della legittimità, come si può notare dalla classifica annuale delle grandi aziende in base alla loro reputazione pubblicata dalla rivista *Fortune* o dal Global Rep Trak 100, condotto ogni anno dal Reputation Institute. Il successo e la buona reputazione vanno di pari passo. Godere di una buona reputazione ripaga in termini di profitto; una conferma viene da uno studio condotto sul settore del trasporto aereo. Una buona reputazione è significativamente correlata a più alti livelli di misure della performance come la redditività delle attività e il margine di utile netto.[65]

Numerose organizzazioni plasmano e gestiscono attivamente la propria reputazione per accrescere il proprio vantaggio competitivo. Sulla scia della crisi dei mutui e del fallimento di colossi come Bear Stearns e Lehman Brothers, per esempio, molte aziende del settore finanziario si sono messe alla ricerca di nuove strategie che ne rafforzino la legittimità. Citigroup, Merrill Lynch e Wachovia hanno estromesso i direttori generali per via di questioni legate ai mutui e in parte per segnalare il proprio impegno in favore di migliori pratiche aziendali. Il Consiglio di amministrazione della BP ha chiesto le dimissioni dell'amministratore delegato Tony Hayward per via della cattiva gestione della crisi causata dall'affondamento della piattaforma petrolifera Deepwater Horizon e ha nominato un sostituto che si riteneva fosse in grado di prendere le misure necessarie per restituire all'azienda una buona reputazione.[66]

La nozione di legittimità risponde a una domanda importante per i teorici dell'istituzionalismo: perché si riscontra tanta omogeneità nelle forme e nella prassi delle organizzazioni consolidate? Se per esempio visitiamo diverse banche, scuole, ospedali, uffici statali o aziende di uno stesso settore, esse ci appariranno sorprendentemente simili in qualsiasi parte del territorio. Quando viene creato un nuovo campo d'azione per le organizzazioni, come nel caso di aziende legate a Internet, la diversità rappresenta la norma e nuove organizzazioni si impadroniscono delle nicchie emergenti. Una volta che un settore si è consolidato, tuttavia, un'invisibile forza spinge verso l'omogeneità. *Isomorfismo* è il termine che viene utilizzato per descrivere questo spostamento verso l'omogeneità.

L'approccio istituzionale e la progettazione organizzativa

L'approccio istituzionale considera inoltre le organizzazioni come composte da due dimensioni fondamentali: quella tecnica e quella istituzionale. La prima è rappresentata dalla tecnologia impiegata nelle attività quotidiane e dalle necessità produttive, mentre la seconda è la parte dell'organizzazione più visibile al pubblico esterno. Oltre a ciò, la dimensione tecnica è governata da criteri di razionalità ed efficienza, mentre la dimensione istituzionale è governata dalle aspettative di persone e organizzazioni appartenenti all'ambiente esterno. Come risultato della pressione a gestire le attività nella maniera appropriata e corretta, le strutture formali di molte organizzazioni riflettono le aspettative e i valori dell'ambiente piuttosto che la domanda di attività produttive. Ciò significa che un'organizzazione può prevedere posizioni o attività (per esempio, la divisione e-commerce, il chief compliance officer, il responsabile dei social media) che sono percepite come importanti dalla società e che incrementano la sua legittimità e le sue prospettive di sopravvivenza, anche nel caso in cui questi elementi dovessero peggiorare il livello di efficienza. Molte piccole aziende, per esempio, istituiscono un sito web, sebbene i benefici che ne derivino siano a volte controbilanciati dai costi di mantenerlo. La società considera oggi fondamentale per un'azienda possedere una divisione per il commercio elettronico. La struttura formale e la progettazione di un'organizzazione possono risultare in questo modo non razionali rispetto al flusso delle attività e ai prodotti o servizi da offrire, ma assicureranno la sopravvivenza all'interno dell'ambiente.

Le organizzazioni si adattano all'ambiente segnalando la propria rispondenza alle richieste e alle aspettative che derivano da norme culturali, standard stabiliti da organi professionali, agenzie di finanziamento e clienti. La struttura è qualcosa di simile a una facciata che non ha collegamenti con il lavoro di tipo tecnico attraverso il quale l'organizzazione ottiene consenso, legittimazione e supporto continuo. L'adozione di una struttura, quindi, può non essere legata a reali esigenze produttive e può avvenire indipendentemente dal fatto che consenta o meno la soluzione di specifici problemi interni. Secondo questa prospettiva, dunque, la struttura formale è separata dall'azione tecnica.[67]

Somiglianza istituzionale

Molti aspetti della struttura e del comportamento possono in questo essere indirizzati verso l'accettazione da parte dell'ambiente piuttosto che verso l'efficienza tecnica interna. Le relazioni interorganizzative sono quindi caratterizzate da forze che fanno sì che le organizzazioni di popolazioni simili si assomiglino l'una con l'altra. La **somiglianza istituzionale**, denominata nella letteratura accademica *isomorfismo istituzionale*, consiste nell'emergere di una struttura e di un approccio comuni tra le organizzazioni di uno stesso campo. L'isomorfismo è il processo che determina il fatto che un'unità di una certa popolazione assomigli ad altre unità che sono esposte allo stesso insieme di condizioni ambientali.[68]

Come si verifica esattamente questa crescente somiglianza? Come si concretizzano queste forze? In Figura 5.6 vengono riassunti tre meccanismi che descrivono il processo di adattamento istituzionale. I tre meccanismi fondamentali sono: le forze mimetiche, che costituiscono una risposta all'incertezza, le forze coercitive, che derivano dall'influenza politica, e le forze normative, che derivano da formazione e professionalità condivise.[69]

	Mimetico	Coercitivo	Normativo
Ragioni per cui si diventa simili	incertezza;	dipendenza;	obbligo, dovere;
Eventi	visibilità delle innovazioni;	leggi, regole, sanzioni;	professionalità, certificazione, attribuzione;
Base sociale	supportato culturalmente;	legale;	morale;
Esempi	reengineering, benchmarking	controllo dell'inquinamento, normativa scolastica	standard contabili, formazione consulenziale

Figura 5.6
Tre meccanismi per l'adattamento istituzionale
Fonte: adattato da W. Richard Scott, *Institutions and Organizations* (Thousand Oaks, Calif.: Sage, 1995).

Forze mimetiche. La maggior parte delle organizzazioni, soprattutto quelle economiche, deve far fronte a un elevato grado di incertezza. Anche ai dirigenti più esperti non è chiaro esattamente quali prodotti, servizi, tecnologie o pratiche manageriali consentiranno di raggiungere gli obiettivi desiderati, e a volte sono gli stessi obiettivi a non essere chiari. Di contro a questa incertezza si manifestano le **forze mimetiche**, ovvero la pressione a copiare o conformarsi ad altre organizzazioni. I dirigenti notano un'innovazione generalmente considerata efficace realizzata da un'altra azienda e la soluzione in questione viene rapidamente copiata. A fronte di vendite stagnanti, McDonald's ha modificato i menu aggiungendo piatti più sani e nuovi tipi di bevande ed è stata presto imitata da altre grandi catene di fast food. "Bisogna imparare dalla concorrenza" ha affermato David Novak, amministratore delegato di Yum Brands, la società madre di KFC, Taco Bell e Pizza Hut. SanDisk, Microsoft, Samsung e altre aziende hanno lanciato sul mercato dispositivi digitali per la riproduzione di musica per cercare di cavalcare l'onda del successo dell'iPod Apple.[70] Molte grandi aziende entrano in determinati mercati esteri quando sono le loro principali concorrenti a farlo: l'operazione è molto rischiosa, ma i manager non vogliono correre il rischio di restare indietro.[71]

Spesso questo adeguamento delle organizzazioni viene fatto senza nessuna chiara prova di un miglioramento della performance. I processi mimetici spiegano perché nel mondo del business si riscontrino mode e manie. Una volta che un'idea prende piede, molte organizzazioni la adottano di slancio, per poi scoprire che la sua applicazione è difficile e può causare più problemi di quanti sia in grado di risolverne: è stato il caso della recente ondata di fusioni che ha attraversato molti settori. Gli ultimi decenni hanno visto la più vasta ondata di fusioni e acquisizioni della storia, ma i dati dimostrano che molte di tali fusioni non hanno prodotto i guadagni finanziari e gli altri benefici attesi. La forza della moda fu talmente potente che molte aziende scelsero di fondersi non a causa del potenziale incremento di efficacia o redditività ma semplicemente perché sembrava la cosa giusta da fare.[72]

Tecniche come quelle dell'*outsourcing*, dei team, dei programmi di qualità Six Sigma, del *brainstorming* e delle *balanced scorecard* sono tutte state adottate senza un chiaro miglioramento in termini di efficienza o efficacia. L'unico beneficio certo è dato dal fatto che la percezione del livello di incertezza da parte del management risulterà minore e l'immagine dell'azienda verrà migliorata perché la stessa sarà considerata all'avanguardia nell'utilizzo delle più recenti tecniche di management. Uno studio condotto su cento organizzazioni ha confermato che le aziende associate all'uso di tecniche manageriali popolari riscuotevano una maggior ammirazione e venivano considerate migliori in termini di qualità del management, sebbene non avessero spesso migliori risultati economici.[73] L'esempio forse più chiaro di processo di imitazione è rappresentato dalla tecnica del benchmarking, che si colloca nell'ambito più generale del movimento della qualità totale. Per *benchmarking* si intende l'identificazione di chi in un settore risulta essere il migliore per un certo aspetto e la conseguente diffusione della tecnica in questione ai fini del raggiungimento dell'eccellenza forse anche con un miglioramento del processo. Numerose organizzazioni, invece, si limitano a copiare la concorrenza senza comprendere perché ha successo o in che misura determinati aspetti possono risultare in sintonia o in contrasto con le modalità operative seguite.[74]

Il processo mimetico si rivela efficace perché i manager sono sottoposti a un alto grado di incertezza, sono consapevoli delle innovazioni che si manifestano nell'ambiente e le innovazioni sono supportate a livello culturale, attribuendo quindi legittimità a chi le adotta. Questo rappresenta un forte meccanismo mediante il quale gli elementi di un gruppo di banche o di aziende manifatturiere iniziano ad apparire e agire allo stesso modo gli uni con gli altri.

confrontate la vostra opinione

3 I dirigenti dovrebbero imitare o prendere in prestito con la massima rapidità le tecniche utilizzate da altre aziende di successo per rendere le proprie organizzazioni più efficaci e mantenerle al passo con i cambiamenti.

Risposta esatta: *D'accordo.* Spesso i dirigenti imitano tecniche utilizzate da altre aziende di successo al fine di legittimare la propria attività e apparire al passo con i tempi. Questo è uno dei motivi per cui le organizzazioni potrebbero iniziare a somigliarsi e ad agire allo stesso modo sul piano di strutture, processi e sistemi di management.

Forze coercitive. Tutte le organizzazioni sono soggette a una pressione, formale e informale, da parte del governo e di altre importanti organizzazioni all'interno dell'ambiente, soprattutto di quelle dalle quali un'azienda dipende. Le **forze coercitive** consistono nelle pressioni esterne esercitate nei confronti di una organizzazione affinché adotti strutture, tecniche o comportamenti simili ad altre organizzazioni. Per esempio, di recente le grandi aziende hanno fatto pressione sui fornitori di servizi, come studi di contabilità e studi legali, affinché intensifichino i loro sforzi per promuovere la diversità della forza lavoro. I manager di queste aziende percepiscono la richiesta di incrementare la diversità dell'organico nelle proprie organizzazioni e desiderano che le aziende con le quali lavorano riflettano a loro volta un impegno ad assumere un adeguato numero di donne e di persone appartenenti a minoranze etniche e a premiarne l'operato.[75]

Alcune di queste pressioni possono avere forza di legge, come nel caso di risoluzioni governative per l'adozione di nuove apparecchiature per il controllo dell'inquinamento oppure nuovi standard per la sicurezza. Nuove regolamentazioni e organi di vigilanza statali sono stati istituiti per il settore del credito ipotecario e della finanza dopo il crollo di Wall Street. Per esempio, il Credit Card-Accountability, Responsibility and Disclosure (CARD) Act impone alle società che erogano carte di credito di segnalare con chiarezza le conseguenze di ritardi nei pagamenti e gli interessi complessivi che il cliente è tenuto a versare se effettua solo il rimborso minimo.

Le pressioni coercitive spesso si manifestano tra organizzazioni fra le quali esiste una differenza di potere, come descritto precedentemente in questo capitolo. Per le grandi aziende non è inusuale insistere affinché i loro fornitori adottino determinate politiche, procedure e tecniche. Nell'ambito delle nuove politiche per la sostenibilità, Walmart chiede ai suoi circa 100.000 fornitori di calcolare i "costi ambientali complessivi" delle attività produttive (per esempio il consumo di acqua, le emissioni di biossido di carbonio e i rifiuti) e comunicare i dati, che vengono poi schematizzati in una sorta di classifica mostrata accanto al prezzo del prodotto.[76]

Come nel caso di altri cambiamenti, quelli comportati da forze coercitive potrebbero, nei fatti, non aumentare l'efficacia dell'organizzazione; tuttavia, ove i cambiamenti siano considerati legittimi dall'ambiente, l'organizzazione verrà giudicata maggiormente efficace. I cambiamenti organizzativi originati da forze coercitive hanno luogo quando un'organizzazione è in un rapporto di dipendenza nei confronti di un'altra, quando sono implicati fattori politici quali regole, leggi e sanzioni, o quando la relazione è definita da qualche altra base di tipo contrattuale o legale. Le organizzazioni che operano in presenza di tali vincoli adotteranno i cambiamenti e si relazioneranno le une con le altre in maniera tale da aumentare l'omogeneità e limitare la diversità.

Forze normative. La terza ragione per la quale le organizzazioni cambiano, secondo l'approccio dell'istituzionalismo, è di tipo normativo. Le **forze normative** sono le pressioni al raggiungimento di standard professionali e all'adozione di tecniche considerate aggiornate ed efficaci dalla comunità professionale. I cambiamenti possono riguardare qualsiasi area, come l'information technology, i requisiti contabili, le tecniche di marketing o le relazioni collaborative con altre organizzazioni.

I professionisti condividono un corpo di conoscenze basate sulla formazione accademica e sui network professionali attraverso i quali avviene uno scambio di idee a opera di consulenti ed esperti del settore. Le università, le società di consulenza, le associazioni di categoria e le istituzioni di formazione professionale sviluppano e diffondono una serie di norme tra i manager di un determinato settore. Alle persone vengono quindi proposti degli standard e una formazione uniformi, che poi vengono applicati nelle organizzazioni all'interno delle quali queste persone lavorano. Nei corsi di specializzazione in finanza, marketing o risorse umane delle business school si insegna che certe tecniche sono migliori di altre, e così l'utilizzo di quelle tecniche diventa uno standard in un determinato campo. Uno studio si è occupato per esempio di una stazione radio che ha cambiato la sua struttura da funzionale a multidivisionale perché un consulente aveva raccomandato quest'ultima come uno "standard più elevato" di fare business. Non esisteva una prova che questa struttura fosse migliore, ma la stazione radio voleva ottenere legittimità ed essere percepita pienamente come un'azienda professionale, aggiornata riguardo alle tecniche di gestione.

Le aziende accettano le pressioni normative a uniformarsi a causa di un senso di dovere o di obbligo nei confronti di alti standard di performance, basandosi su norme professionali che sono condivise da manager e specialisti all'interno delle rispettive organizzazioni. Tali norme vengono trasmesse attraverso la formazione e la certificazione professionale, e costituiscono quasi un requisito morale o etico che si basa sui più alti standard adottati dalla professione in un dato momento. In alcuni casi, tuttavia, le forze normative che mantengono la legittimità si spezzano, come è accaduto di recente nei settori del credito ipotecario e della finanza, e si rendono necessarie le forze coercitive per riportare le organizzazioni verso standard accettabili.

Uno sguardo sull'Europa

La spagnola Zara e il just in time applicato al settore del fashion

Il gruppo spagnolo Inditex, la cui testa di serie è il brand Zara, è uno dei più grandi gruppi di *fashion retailer* al mondo. Amancio Ortega Gaona, fondatore e azionista di maggioranza dell'azienda, ha iniziato la sua carriera come commesso in un negozio di tessuti. Ha poi fondato nel 1963 Confecciones GOA, una società che produceva capi di abbigliamento, e nel 1975 ha aperto il primo negozio Zara a La Coruña, in Galizia, dove ha tuttora sede l'*headquarter* della società. La holding Inditex fu poi fondata nel 1985, e da allora il gruppo ha continuato a espandersi in un'ottica internazionale e a crescere per acquisizione di altre società. Oltre a Zara, il più grande e famoso fra i suoi marchi, Inditex possiede altri *concept*, che sono: Pull & Bear, Massimo Dutti, Bershka, Stradivarius, Oysho, Zara Casa e Uterqüe.
Il gruppo ha più di 6000 negozi distribuiti in 86 nazioni, 120.314 dipendenti in tutto il mondo, e comprende più di 100 aziende che si occupano di *fashion design*, progettazione del tessuto, produzione e distribuzione. Quotata in borsa dal 2001, Inditex è cresciuta considerevolmente negli ultimi anni, raggiungendo un fatturato di 15.946 milioni di euro nel 2012 e un utile netto di 2.361 milioni di euro.

Zara: la più famosa tra le sorelle
Oltre a essere la più famosa, Zara è anche la più grande fra le sorelle che costituiscono il gruppo Inditex. La catena contribuisce al 64,8 per cento delle vendite dell'intero gruppo e ha più di 1800 punti vendita dislocati nelle principali città del mondo. Ognuno di essi è caratterizzato da un'alta attenzione non solo al design degli *store*, delle vetrine e degli arredi, ma anche al posizionamento nelle principali aree dello shopping. I punti vendita rappresentano il migliore strumento pubblicitario dell'azienda, e ognuno di essi deve essere unico e adattato alla diversa cultura e al contesto locale, pur condividendo gli stessi principi guida della casa madre.
La comparsa di Zara nei mercati internazionali ha rappresentato una vera rivoluzione in termini di vendita al dettaglio e focus sulla clientela. A Zara viene infatti attribuito il merito di aver democratizzato la moda rendendo i desideri e i gusti dei consumatore finali i principi ispiratori di ogni collezione. Il processo creativo e di progettazione portato avanti da un team costituito da più di 200 professionisti, infatti, è strettamente legato alle esigenze e ai feedback della clientela. L'efficiente flusso informativo che viaggia tra gli *store* e i team di designer attraverso il Product Management Department veicolando opinioni e richieste della clientela, nonché l'integrazione verticale delle attività (progettazione, produzione, logistica e vendite nei negozi di proprietà dell'azienda), le permettono di essere flessibile e adeguarsi rapidamente alle richieste del mercato. Non a caso il suo modello è caratterizzato dal continuo aggiornamento dell'assortimento: due volte a settimana vengono consegnati nuovi articoli in ogni negozio. Questo meccanismo genera quello che viene definito nel marketing "principio della scarsità": il prodotto va acquistato subito, altrimenti rischi di non trovarlo più. Per questa ragione il cliente ha un forte stimolo all'acquisto d'impulso, poiché ha timore di non trovare più quello che ha visto nel punto vendita; inoltre effettua visite frequenti negli *store* per vedere quali sono le novità della settimana.

Il modello logistico di Zara
In controtendenza rispetto al settore del tessile, che tende a delocalizzare la produzione nei paesi a più basso costo della manodopera, l'elemento che permette a Zara di rinnovare le collezioni quasi mensilmente ed essere così reattiva ai cambiamenti nel mercato è l'integrazione verticale della catena di valore. Zara infatti ha scelto di privilegiare la produzione locale e l'integrazione verticale, tagliando i tempi di produzione e consegna, riducendo le scorte, garantendo un migliore controllo e preservando la possibilità di introdurre nuovi articoli a stagione iniziata. I prodotti a marchio Zara sono infatti realizzati per il 60 per cento circa internamente (e per il 40 per cento realizzati in *outsourcing* da fornitori esterni al gruppo) e venduti mediante punti di vendita in prevalenza diretti. Anche la gestione logistica è interna. La distribuzione del gruppo Inditex si basa su 12 centri logistici in tutto il territorio spagnolo, di cui attualmente quattro centri di distribuzione garantiscono la catena di fornitura per Zara. Il modello prevede di raggruppare il più possibile le attività vicino agli impianti e al centro nevralgico dell'azienda, nonostante i gravi limiti infrastrutturali che all'inizio dell'avventura Zara la zona di La Coruña presentava.
La reattività alle richieste del mercato è garantita da un *reporting* giornaliero basato su un sistema di informazione integrato a tutta la filiera; anche i subappaltanti e i fornitori sono collegati permanentemente con la sede e lavorano in esclusività per Zara.

L'apertura verso l'e-commerce
Con un certo ritardo rispetto agli altri *competitor*, soprattutto per quanto riguarda l'ingresso in un mercato maturo come quello degli Stati Uniti, anche Inditex e in particolare Zara, che ha fatto da apripista, si sono affacciati al commercio elettronico. Se l'efficiente sistema logistico prevedeva una distribuzione verso dei punti fissi almeno due volte a settimana, l'apertura verso le vendite online ha generato una nuova sfida distributiva, dovendo garantire rapidità di consegna verso destinazioni non prevedibili e non ricorrenti. L'ininterrotta crescita delle vendite online ha evidenziato una necessità di ampliamento delle installazioni logistiche e un cospicuo investimento in tale direzione. Zara ha oggi una presenza online in 18 paesi europei ed è anche da poco attiva nel commercio elettronico in Giappone, Stati Uniti, Cina e Canada.

Domande:
1. Quali sono i punti di forza e di debolezza del modello di integrazione verticale di Zara?
2. In un'ottica di dipendenza dalle risorse, quale influenza hanno i fornitori di Zara sulla catena del valore?
3. Il modello di integrazione verticale si presta anche alla modalità *e-commerce*?

Un'organizzazione può utilizzare uno qualsiasi o tutti i meccanismi delle forze mimetiche, coercitive o normative allo scopo di cambiare se stessa e ottenere così una maggiore legittimazione nell'ambiente istituzionale. Le aziende tendono a fare uso di questi meccanismi quando agiscono in condizioni di subordinazione, incertezza, obiettivi ambigui e dipendenza da norme e principi professionali. Il risultato finale di questi processi è che le organizzazioni diventano molto più uniformi di quanto ci si aspetterebbe in base alla naturale diversità esistente tra i vari manager e tra i vari ambienti.

Riepilogo e interpretazioni

- Questo capitolo ha affrontato l'evoluzione avvenuta nelle relazioni interorganizzative. Un tempo le organizzazioni si consideravano come entità autonome e separate che cercavano di superare le aziende concorrenti. Oggi un numero maggiore di organizzazioni si vede invece come parte di un ecosistema. L'organizzazione può estendersi in diversi settori ed essere legata ad altre aziende da una fitta rete di relazioni. In questo ecosistema la collaborazione riveste un ruolo altrettanto importante della competizione. Le organizzazioni possono infatti competere e collaborare allo stesso tempo in relazione al luogo e all'attività in questione. Negli ecosistemi di business il ruolo del management sta cambiando, tendendo a includere anche la creazione di relazioni orizzontali con altre organizzazioni.
- Sono stati sviluppati quattro approcci per spiegare le relazioni tra organizzazioni. L'approccio della dipendenza dalle risorse è il più tradizionale di essi e sostiene che le organizzazioni cercano di evitare situazioni di eccessiva dipendenza da altre organizzazioni. Secondo questo punto di vista, le organizzazioni dedicano un impegno considerevole al controllo dell'ambiente per assicurarsi un'ampia disponibilità di risorse e mantenere la propria indipendenza. Fra i tipi di relazioni di dipendenza dalle risorse vi sono fusioni e acquisizioni, joint venture, alleanze strategiche, approvvigionamenti di forniture, associazioni di categoria e consigli di amministrazione concatenati.
- L'approccio dei network collaborativi rappresenta un'alternativa emergente alla dipendenza dalle risorse. Le organizzazioni accolgono la collaborazione e l'interdipendenza con altre organizzazioni come un modo per accrescere il valore di tutte le parti coinvolte. Molti dirigenti stanno cambiando il proprio modo di vedere, muovendosi da un orientamento all'autonomia a un orientamento alla collaborazione, che spesso avviene tra aziende precedentemente rivali. Il nuovo approccio basato sulla partnership enfatizza la fiducia, l'equità nelle transazioni e l'ottenimento di profitti per tutte le parti coinvolte nella relazione.
- L'approccio dell'ecologia delle popolazioni spiega il motivo per il quale si assiste a un continuo incremento della diversità organizzativa con la comparsa di nuove organizzazioni che occupano nicchie lasciate scoperte dalle aziende consolidate. Questo approccio afferma che le grandi aziende non sono di solito in grado di adattarsi a un ambiente in trasformazione, per cui emergono nuove aziende caratterizzate da modelli e capacità idonee a servire nuovi bisogni. Attraverso il processo di mutazione, selezione e consolidamento, alcune organizzazioni sopravvivranno e cresceranno, mentre altre saranno destinate a soccombere. Le aziende possono adottare una strategia generalista o specialista allo scopo di sopravvivere all'interno di una popolazione di organizzazioni.

- L'approccio dell'istituzionalismo sostiene che le relazioni interorganizzative sono modellate tanto dal bisogno di legittimità di un'azienda quanto dalla necessità di fornire prodotti e servizi. Il bisogno di legittimità si traduce nel fatto che l'organizzazione adotterà strutture e attività che sono percepite dagli stakeholder esterni come valide, appropriate e aggiornate. In questo modo le organizzazioni consolidate copiano le tecniche le une delle altre e finiscono per apparire molto simili. Le strutture e gli approcci comuni che emergono all'interno di uno stesso campo vengono definite somiglianza istituzionale o isomorfismo istituzionale. Esistono tre meccanismi fondamentali che spiegano la crescente omogeneità organizzativa: le forze mimetiche, che derivano dalle reazioni all'incertezza, le forze coercitive, che derivano da differenze di potere e da influenze politiche, e le forze normative, che derivano da formazione e professionalità comuni.
- Ognuno di questi approcci è valido. Essi rappresentano diverse lenti attraverso le quali può essere osservato il mondo delle relazioni interorganizzative: le organizzazioni intraprendono battaglie competitive per difendere la propria autonomia; possono prosperare grazie a relazioni di tipo collaborativo con altre organizzazioni; la lentezza nell'adattamento può aprire la strada alla nascita e allo sviluppo di nuove organizzazioni e infine le aziende ricercano sia profitti sia legittimazione nell'ambiente esterno. L'importante è che i manager sviluppino una coscienza delle relazioni interorganizzative e le gestiscano in maniera consapevole.

Tieni a mente questi suggerimenti

Punti chiave

Ricerca e sviluppa relazioni con altre organizzazioni. Non limitarti in questo a singoli settori o tipi di business. Costruisci un ecosistema del quale la tua organizzazione sia parte.

1. Raggiungi e controlla individui e organizzazioni esterni che minacciano le risorse di cui hai bisogno. Adotta strategie per il controllo delle risorse soprattutto quando la tua organizzazione si trova in situazioni di dipendenza e ha un basso livello di potere. Esercita l'influenza che può esprimere la tua azienda quando puoi contare su potere e controllo delle risorse.
2. Adatta la tua organizzazione ai nuovi mutamenti che vengono selezionati e consolidati nell'ambiente esterno. Se stai avviando una nuova organizzazione cerca una nicchia che sia caratterizzata da un forte bisogno ambientale nei confronti dei tuoi prodotti o servizi e preparati a una battaglia competitiva per l'ottenimento di risorse scarse.
3. Ricerca la legittimazione da parte dei tuoi principali stakeholder nell'ambiente esterno. Adotta strategie, strutture e nuove tecniche manageriali che soddisfino le aspettative di attori importanti, assicurandoti così la loro cooperazione e l'accesso alle loro risorse.
4. Incrementa la tua legittimazione facendo tue le buone idee di altre aziende, conformandoti a leggi e regolamenti e seguendo le procedure che sono considerate migliori per la tua azienda.

Glossario

alleanza strategica
ambiente istituzionale
associazione di categoria
dipendenza dalle risorse
ecologia delle popolazioni
ecosistema organizzativo
forze coercitive
forze mimetiche
forze normative
generalista
istituzionalismo
joint venture
legittimità
lotta per la sopravvivenza
modello organizzativo
network collaborativi
nicchia
popolazione
relazioni interorganizzative
somiglianza istituzionale
specialista

Domande per la discussione

1. Il concetto di ecosistema organizzativo implica che le organizzazioni sono più interdipendenti rispetto a quanto ritenuto in passato. Basandovi sulle vostre esperienze personali, potete affermare di essere d'accordo?
2. Che orientamento dovreste avere pensando di diventare un manager che deve amministrare un insieme di relazioni con le altre aziende, piuttosto che dirigere solamente la propria?
3. Ipotizzate di essere il manager di una piccola impresa dipendente da una grossa azienda-cliente che utilizza la prospettiva basata sulla risorse. Mettetevi dalla parte della piccola azienda e descrivete quali azioni intraprendereste per sopravvivere e avere successo. Quali azioni porreste in atto se foste la grande impresa?
4. Molti manager, attualmente, sono stati formati partendo dall'assunto che avranno relazioni ostili con le altre aziende. Pensate, nei rapporti con le altre organizzazioni, che operare come avversari sia più o meno difficile che comportarsi da partner?
5. Discutete le modalità in cui si manifestano gli orientamenti all'ostilità, piuttosto che alla collaborazione, tra gli studenti nella vostra classe. Sarebbe possibile sviluppare una vera collaborazione, nella quale il vostro lavoro dipenda dagli altri?
6. La prospettiva di ecologia delle popolazioni afferma che, quando l'ambiente muta, per la società è salutare vedere nuove organizzazioni che compaiono e vecchie organizzazioni che muoiono. Siete d'accordo? Perché, allora, i paesi europei hanno approvato (in passato) leggi di sostegno alle organizzazioni tradizionali e di inibizione all'emergere di nuove forme?
7. Discutete come il processo di mutazione, selezione e ritenzione possa spiegare le innovazioni che avvengono nelle organizzazioni.
8. Credete che la legittimazione motivi realmente le organizzazioni? L'accettazione da parte degli altri produce motivazione negli individui?
9. Il desiderio di legittimazione come riesce a fare in modo che le organizzazioni, nel tempo, si rassomiglino sempre di più?
10. Quali sono le differenze tra le forze mimetiche e quelle normative? Fornite un esempio di entrambe.

Quaderno di lavoro

La Shamatosi[77]

1. Dividetevi in gruppi di tre. Metà dei gruppi, disposti da una parte dell'aula sono gli "1", mentre l'altra metà sono i "2".
2. Gli 1 appartengono alla Pharmacology, Inc. mentre i 2 a Radiology, Inc. Leggete *soltanto* il vostro ruolo, non quello degli altri.
3. Eventuali studenti non inseriti in nessun gruppo di negoziazione avranno il ruolo di osservatori in una specifica riunione di negoziazione.
4. Entrambi i gruppi vogliono acquistare la pianta Shamatosi, di proprietà della DBR.
5. Ciascun gruppo ha 10 minuti per preparare una strategia di negoziazione per l'incontro con l'altro gruppo.

6. Un gruppo della Pharmacology, Inc. incontra un gruppo della Radiology, Inc. in modo tale che tutti i gruppi si incontrano con una controparte.
7. Avete 15 minuti per cercare di negoziare un possibile accordo per l'acquisto della pianta Shamatosi dalla DBR.
8. Dovreste decidere se siete in grado di trovare un accordo per andare avanti insieme oppure se sarete in competizione l'uno con l'altro. L'accordo dovrebbe tenere in considerazione il prezzo offerto per le piante, le modalità di condivisione dei costi, il punto di consegna delle piante (quale azienda) e le modalità di utilizzo migliore delle piante.
9. I gruppi relazionano all'intera classe sui risultati delle negoziazioni. Gli osservatori possono contribuire con le loro osservazioni, riguardo per esempio al livello di fiducia e/o trasparenza e di facilità/difficoltà nel raggiungimento dell'accordo fra aziende.
10. Il docente intavola una discussione su accordi interorganizzativi, processo decisionale e joint venture.

Ruolo del team della Pharmacology, Inc.:
La dott.ssa Berenice Hobbs, biologa della Pharmacology, Inc., importante casa farmaceutica, ha monitorato con crescente preoccupazione le relazioni dalla foresta pluviale amazzonica del Brasile. Tutto, dai processi di cambiamento atmosferico all'approvvigionamento, secondo le stime, di uno su quattro ingredienti in medicina è legato alla salvaguardia delle foreste pluviali del mondo. Ma, nell'ultimo decennio, scienziati e case farmaceutiche, insieme a gruppi ambientalisti e altri, hanno assistito, allarmati, alla distruzione delle foreste pluviali e, con essa, di intere specie di piante, animali e insetti.

Nel monitorare la situazione, il dott. Dominguez è particolarmente preoccupato delle condizioni di una particolare pianta che si trova in quantità limitata in prossimità del Rio Negro. Gli alberi delle foreste pluviali hanno radici poco profonde in quanto i principali nutrienti per la crescita si trovano in prossimità del livello di superficie. I biologi hanno scoperto una rara piccola pianta, chiamata Shamatosi, nascosta fra gli alberi in prossimità del Rio Negro, e da anni ne esplorano il potenziale utilizzo in ambito medico.

La dott.ssa Hobbs, lavorando sulle foglie della piccolissima pianta di Shamatosi, ne ha scoperto il potenziale di farmaco antitumorale dopo gli interventi per l'asportazione del cancro al seno. Da diversi anni, il medicinale più utilizzato in questi casi è il Tamoxifen, un farmaco sintetico descritto come "eccezionale" e ritenuto responsabile di aver salvato più vite di qualsiasi altro farmaco oncologico dal principale studioso di un importante gruppo di ricerca sul cancro al seno. Tuttavia, dalle ricerche è anche emerso che il Tamoxifen aumenta il rischio di tumore alle pareti dell'utero e può comportare emboli nei polmoni. È inoltre in aumento il livello di preoccupazione per lo sviluppo della resistenza al farmaco. Il medicinale sviluppato dalla dott.ssa Hobbs sarebbe potenzialmente in grado di evitare questi problemi e di portare una nuova cura nella lista delle opzioni per medici e pazienti, ma sono necessarie ulteriori ricerche, per cui la dott.ssa Hobbs ha bisogno di aver accesso a quante più foglie possibile di pianta di Shamatosi.

DBR, l'azienda di legname brasiliana, è in possesso di diverse migliaia di esemplari di Shamatosi della stagione dell'anno in corso che ha ripiantato in cassette portatili. L'azienda per la quale lavorate, la Pharmacology, Inc. ha autorizzato l'offerta di 1,5 milioni di dollari da parte del vostro team per ottenere le piante; non potete superare questo budget. Il vostro team ha fissato un incontro con il team della Radiology, Inc., anch'esso interessato all'acquisto di piante di Shamatosi dalla DBR, per discutere un possibile accordo per l'acquisto e l'utilizzazione delle piante a scopo di ricerca.

Ruolo del team della Pharmacology, Inc.:
Il dott. Alberto Dominguez, biochimico per la Radiology, Inc., con esperienza nel trattamento dell'esposizione alle radiazioni, monitora con crescente preoccupazione le relazioni dalla foresta pluviale amazzonica del Brasile. Tutto, dai processi di cambiamento atmosferico all'approvvigionamento, secondo le stime, di uno su quattro ingredienti in medicina è legato alla salvaguardia delle foreste pluviali del mondo. Ma, nell'ultimo decennio, scienziati e case farmaceutiche, insieme a gruppi ambientalisti e altri, hanno assistito, allarmati, alla distruzione delle foreste pluviali e, con essa, di intere specie di piante, animali e insetti.

Nel monitorare la situazione, la dott.ssa Hobbs è particolarmente preoccupata delle condizioni di una particolare pianta che si trova in quantità limitata in prossimità del Rio Negro. Gli alberi delle foreste pluviali hanno radici poco profonde in quanto i principali nutrienti per la crescita si trovano in prossimità del livello di superficie. I biologi hanno scoperto una rara piccola pianta, chiamata Shamatosi, nascosta fra gli alberi in prossimità del Rio Negro, e da anni ne esplorano il potenziale utilizzo in ambito medico.

Il Dr. Dominguez ha lavorato con le radici della pianta Shamatosi in risposta a incidenti che hanno interessato l'esposizione alle radiazioni. L'espansione mondiale degli stabilimenti nucleari, le lezioni dal disastro di Chernobyl del 1986 e i risultanti casi di cancro alla tiroide fra migliaia di bambini e adolescenti hanno comportato un'intensa ricerca da parte del dott. Dominguez e dei suoi colleghi per fornire la risposta più rapida con il farmaco più potente possibile. Per anni, è stato distribuito nitrato di potassio (KI) in kit da parte di organizzazioni come i Centers for Disease Control. Tuttavia, è stato scoperto che il nitrato di potassio non era in grado di proteggere molte parti del corpo, come per esempio fegato e intestino. Il dott. Dominguez ha scoperto la piccola pianta Shamatosi e dalle sue ricerche è emerso che i farmaci prodotti con la radice di questa pianta sono in grado di fornire protezione addizionale, anche nei casi di incidenti su ampia scala o prolungata esposizione. Il terremoto e lo tsunami di Tohoku di marzo 2011, e la conseguente esposizione alle radiazioni causata dalla fusione accidentale del nocciolo dello stabilimento nucleare di Fukushima Daiichi hanno intensificato la preoccupazione del mondo della scienza per la ricerca e sviluppo di un nuovo farmaco. Il dott. Dominguez necessita di quante più piante possibile.

DBR, l'azienda di legname brasiliana, è in possesso di diverse migliaia di esemplari di Shamatosi della stagione dell'anno in corso che ha ripiantato in cassette portatili. L'azienda per la quale lavorate, la Radiology, Inc. ha autorizzato l'offerta di 1,5 milioni di dollari da parte del vostro team per ottenere le piante; non potete superare questo budget. Il vostro team ha fissato un incontro con il team della Pharmacology, Inc., anch'esso interessato all'acquisto di piante di Shamatosi dalla DBR, per discutere un possibile accordo per l'acquisto e l'utilizzazione delle piante a scopo di ricerca.

Progettazione organizzativa per l'ambiente internazionale

6

ORGANIZZARE LE IMPRESE:
qual è la vostra opinione?

Prima di leggere il presente capitolo, indicate qual è la vostra opinione in merito a ciascuna delle seguenti affermazioni:

1. L'unica strategia grazie alla quale un'organizzazione può ragionevolmente ambire ad avere successo in diversi paesi è la personalizzazione di prodotti e servizi al fine di adeguarli a interessi, preferenze e valori locali.

   D'ACCORDO ☐ IN DISACCORDO ☐

2. I mezzi essenziali a disposizione di un manager per controllare il comportamento dei dipendenti sono l'enfasi sui valori condivisi, la fiducia e l'impegno verso la missione dell'organizzazione.

   D'ACCORDO ☐ IN DISACCORDO ☐

3. Le multinazionali più avanzate hanno sviluppato dei sistemi per mantenere uno stretto controllo da parte della sede centrale sulle sussidiarie in decine di paesi.

   D'ACCORDO ☐ IN DISACCORDO ☐

Tesco, il gigante britannico della distribuzione, non era certo abituato a sbagliare eppure, dopo aver investito cinque anni e un miliardo di sterline (1,18 miliardi di euro circa) nell'apertura di 199 supermercati Fresh & Easy negli Stati Uniti, i manager dovettero prepararsi a vendere oppure a chiudere e abbandonare per sempre il mercato americano. "È probabile... che la nostra presenza in America sia giunta al termine," affermò Philip Clarke, amministratore delegato di Tesco, al momento dell'annuncio. Fresh & Easy rappresentava un nuovo format per gli Americani: punti vendita più grandi dei negozi di prossimità ma più piccoli dei supermercati, e specializzati nella vendita di cibi freschi. A conti fatti, tuttavia, gli Americani non trovarono questi negozi né "freschi" né "comodi". I manager importavano i cibi preferiti dai Britannici, invece di adattarsi ai gusti degli Americani, e ciascun punto vendita proponeva la stessa selezione di pasti preconfezionati e altri prodotti, indipendentemente dalla sua posizione; mancava un reparto gastronomia dove poter acquistare cibo su ordinazione; i sandwich preconfezionati, consueti e graditi ai consumatori britannici sembravano prodotti da un distributore automatico agli acquirenti americani. Anche la tempistica non aveva aiutato: Fresh & Easy aveva aperto negli Stati Uniti appena prima che la crisi dei mutui subprime e la conseguente recessione colpissero molte delle zone dove erano stati inaugurati i primi punti vendita in California, Arizona e Nevada. Per tutto ciò la catena non risultò mai redditizia.[1]

Questa è la realtà del business internazionale: quando un'organizzazione decide di operare in un altro paese, i manager affrontano una nuova serie di sfide e ostacoli nel percorso, scoprendo talvolta che per ottenere a livello internazionale lo stesso successo conseguito nel proprio paese è necessario un approccio del tutto diverso. Tesco, catena di rivenditori al dettaglio di grande successo in Gran Bretagna, ha avuto problemi anche in altri paesi, in particolare in Polonia, Repubblica Ceca, Slovacchia e Cina, sebbene sia riuscita in altri mercati a livello mondiale. In generale, i rivenditori al dettaglio di generi alimentari che riscuotono successo all'estero lo fanno acquistando aziende locali che hanno già in corso consolidate relazioni di affari con i manager locali, come quando Walmart acquistò la catena di supermercati britannica Asda nel 1999. Nell'autunno 2013 Yucaipa Companies di Los Angeles accettò di acquistare 150 punti vendita Fresh & Easy, la maggior parte dei quali in California.[2]

Anche altre aziende hanno avuto delle difficoltà nell'arena internazionale. Deere & Company, il più grande produttore a livello mondiale di attrezzature agricole, sta tentando a tutti i costi di entrare nel mercato della Russia, ma deve fare i conti con una legge approvata dal governo che impedisce di ottenere finanziamenti per l'acquisto di macchinari agricoli prodotti all'estero, costringendo di fatto gli agricoltori a non acquistare dalla Deere. L'azienda ha aperto uno stabilimento produttivo nei pressi di Mosca, ma continua a fronteggiare grandi rischi e incertezze. Walmart è penetrata nel mercato della Corea del Sud con grandi aspettative, ma dopo dieci anni si è vista costretta a cedere tutti i propri punti vendita a un dettagliante locale e a battere in ritirata. Il colosso statunitense della distribuzione ha dovuto abbandonare anche la Germania dopo aver tentato inutilmente per otto anni di farsi spazio nel competitivo mercato tedesco del discount.[3] Walmart non è l'unica organizzazione di successo ad essere uscita da un mercato estero leccandosi le ferite, con i manager a domandarsi che cosa avessero sbagliato.

Avere successo a livello mondiale è tutt'altro che semplice. I manager sono chiamati a prendere decisioni delicate sull'approccio strategico da adottare, su quale sia il modo migliore di entrare nei mercati internazionali e su come progettare l'organizzazione al fine di cogliere i benefici dell'espansione sui mercati esteri. Nonostante la molteplicità di sfide, i dirigenti di gran parte delle organizzazioni ritengono che i potenziali benefici superino di gran lunga i rischi. Le imprese con base negli Stati Uniti avviano attività all'estero per fornire i beni e servizi richiesti dai consumatori di altri paesi, oltre che per ottenere costi più bassi e know-how tecnico per la produzione di beni e servizi destinati al mercato nazionale. A loro volta, aziende giapponesi, tedesche, cinesi, britanniche e di altri paesi competono con le organizzazioni statunitensi nei propri paesi di origine e all'estero. La necessità di comprendere e affrontare le sfide legate alle attività economiche internazionali è oggi più pressante che mai.

Obiettivi del capitolo

Il presente capitolo esplorerà in che modo i manager progettano l'organizzazione per l'ambiente internazionale. Inizieremo osservando alcune delle motivazioni primarie che spingono l'organizzazione a espandersi in senso internazionale, gli stadi tipici dello sviluppo internazionale e l'uso di alleanze e acquisizioni come mezzi di espansione internazionale. Nei paragrafi successivi discuteremo alcuni problemi di progettazione che le organizzazioni globali si trovano a dover risolvere, analizzeremo gli approcci di strategia globale, prenderemo in esame l'applicazione di vari aspetti di progettazione strutturale per ottenere vantaggi a livello globale e osserveremo i meccanismi di coordinamento utilizzati nelle organizzazioni globali. Infine, il capitolo offrirà uno sguardo a un tipo emergente di organizzazione globale, il *modello transnazionale*, che presenta alti livelli delle diverse capacità necessarie per avere successo in un ambiente internazionale complesso e mutevole.

L'ingresso nell'arena globale

Solo pochi decenni fa, molte organizzazioni potevano permettersi di ignorare l'ambiente internazionale. Oggi non più: il mondo si sta rapidamente trasformando in un'unica grande arena competitiva, un'evoluzione che impone ai manager e alle organizzazioni di adottare una prospettiva globale. Brasile, Russia, India e Cina (i cosiddetti BRIC) e altre economie emergenti si stanno rapidamente affermando come fornitori di prodotti e servizi per Stati Uniti, Canada, Europa e altre economie sviluppate, e nel contempo

Segnalibro

The World is Flat: A Brief History of the Twenty-First Century
di Thomas L. Friedman

L'arena competitiva globale si sta appiattendo. Con quanta rapidità la globalizzazione sta facendo sentire i propri effetti? Il giornalista del *New York Times* Thomas L. Friedman, insignito per tre volte del premio Pulitzer, ha cominciato a lavorare alla seconda edizione del suo best-seller *The World is Flat* quando la prima non era ancora arrivata sugli scaffali delle librerie. Tuttavia, secondo Friedman, le forze scatenanti di questa fase accelerata della globalizzazione hanno di fatto iniziato a dispiegarsi negli ultimi anni del ventesimo secolo.

Che cosa appiattisce il mondo?

Friedman individua una serie di forze che hanno appiattito il mondo, denominandole livellatori (*flattener*). Molte di esse sono legate, in maniera diretta o indiretta, al progresso tecnologico e comprendono:

- *Software per la gestione dei processi.* Un ampio ventaglio di programmi che facilitano la comunicazione tra computer: ecco che cosa consente a uno studio di animazione come Wild Brain di creare film con un team di addetti alla produzione sparsi in tutto il mondo o agli impianti della Boeing di rifornire automaticamente i clienti globali con le componenti mancanti. Tali software implicano che le aziende possono creare degli uffici virtuali globali, oltre che affidare in outsourcing parte delle proprie operazioni a chiunque possa svolgere il lavoro nel modo migliore e con la maggior efficienza, a prescindere dal paese in cui si trova.
- *Gestione della catena di fornitura (supply-chaining).* I software per la gestione dei processi migliorano anche il *supply-chaining*, la collaborazione orizzontale tra fornitori, rivenditori al dettaglio e clienti che è diventata un significativo fenomeno negli anni Novanta. In una sorta di circolo virtuoso, quanto maggiori sono la crescita e la proliferazione di catene di fornitura, tanto più il mondo si appiattisce. Il *supply chaining* impone l'adozione di standard e tecnologie comuni tra le aziende, di modo che tutti gli anelli della catena possano interagire senza soluzione di continuità.
- *Steroidi.* Friedman definisce 'steroidi' tutta una serie di nuove tecnologie "perché amplificano e sovralimentano tutti gli altri livellatori." Forse l'elemento più significativo è la rivoluzione wireless, che consente di "prendere tutto ciò che è stato digitalizzato, reso virtuale e personale, ovunque ci si trovi." Come afferma il vice presidente senior di Airespace Alan Cohen, "La scrivania ormai ti segue ovunque tu vada. E quante più persone hanno la possibilità di inviare e ricevere informazioni da un luogo all'altro più velocemente, tante più barriere alla concorrenza e alla comunicazione vengono abbattute."

Come trarre vantaggio da un mondo più piatto

Un mondo più piatto e interconnesso implica che dipendenti e organizzazioni possono collaborare e competere con più successo che mai prima d'ora, quali che siano le loro dimensioni e la loro posizione geografica. Tuttavia i benefici di un mondo più piatto non sono automatici. Friedman delinea delle strategie mediante le quali le aziende possono allinearsi alla nuova realtà della globalizzazione. Mette in guardia le imprese statunitensi (e i lavoratori) suggerendo loro di accettare l'idea che non esisteranno più un'azienda americana né un lavoro americano: in un mondo piatto, le aziende migliori sono quelle che sanno collaborare meglio.

The World is Flat: A Brief History of the Twenty-First Century, di Thomas L. Friedman, è pubblicato da Farrar, Straus & Giroux (trad. it : *Il mondo è piatto. Breve storia del ventunesimo secolo*, Milano, Mondadori, 2006) stanno diventando grandi mercati per i prodotti e i servizi di imprese statunitensi e non solo.[4] La Cina, che vanta il primato storico di più rapida crescita della classe media, è il più grande o il secondo più grande mercato per svariati prodotti e servizi, fra cui cellulari, automobili, elettronica di consumo, beni di lusso e utilizzo di Internet.[5]

Alan Mulally, amministratore delegato della statunitense Ford Motor Company, spende un terzo circa del suo tempo su questioni collegate alla Cina. Sta attualmente progettando di costruire cinque nuovi stabilimenti sul territorio cinese e di raddoppiare il numero delle concessionarie.[6] La Cina conta anche 1,22 miliardi di abbonati alla telefonia cellulare e i produttori di smartphone leader nel settore, ossia la statunitense Apple e la sudcoreana Samsung, devono ora far fronte alla nuova concorrenza da parte del produttore di cellulari cinese Xiaomi, oltre che dalle cinesi Lenovo e Acer, di recente entrate nel mercato degli smartphone.[7]

Nell'arco dei prossimi decenni, i BRIC acquisiranno un enorme potere d'acquisto per via del delinearsi di una nuova classe media costituita da circa un miliardo di persone.[8] Le organizzazioni moderne possono concretamente operare ovunque nel mondo, con tutte le sfide e le opportunità che ne conseguono. Nel Segnalibro di questo capitolo vengono esaminati alcuni dei fattori che contribuiscono a rendere il mondo sempre più interconnesso e il modo in cui tali legami si riflettono sulle organizzazioni.

Le motivazioni di un'espansione globale

Le forze economiche, tecnologiche e competitive si sono unite per spostare il focus di molte aziende da un ambito domestico a uno globale. Gli straordinari progressi nel campo delle comunicazioni, della tecnologia e dei trasporti hanno creato uno scenario globale nuovo ed estremamente competitivo.[9]

L'importanza dell'ambiente globale per le organizzazioni odierne si riflette nei mutamenti dell'economia mondiale. Di questo è indicativa "Global 500", la lista delle 500 più grandi imprese nel mondo per fatturato realizzata dalla rivista *Fortune*, che evidenzia come il potere economico sia ampiamente diffuso su scala globale. La Figura 6.1 mostra il numero di imprese di vari paesi menzionate nella Global 500 nel 2006, nel 2008 e nel 2013. Si può notare il calo di presenze di imprese del Nord America e dell'Europa occidentale e la crescita di aziende nate in Cina, Brasile, Taiwan e Russia. La Cina in particolare si sta imponendo in misura crescente sullo scenario economico globale: con un Pil superiore a quello giapponese nella seconda metà del 2010, la Cina è diventata la seconda economia mondiale dopo gli Stati Uniti.[10] Basti pensare che nel 1993 solo tre imprese cinesi figuravano nella Global 500, mentre attualmente ce ne sono ben 89. L'importanza del Giappone, invece, ha continuato a diminuire e il numero di imprese giapponesi tra le prime 500 è passato da 149 nel 1993 a 64 nel 2008 e a 62 nel 2013.[8]

Con i continui mutamenti degli equilibri di potere, le organizzazioni considerano la partecipazione al business globale una vera e propria necessità; inoltre, le aziende che operano in determinati paesi possono sperare di avere successo solo sfondando su scala mondiale. In generale, tre fattori principali spingono le aziende verso l'espansione internazionale: le economie di scala, le economie di gamma e i minori costi dei fattori di produzione.[12] Si ricordi quanto detto nel Capitolo 2, ossia che le aziende vanno sempre alla ricerca di maggiore efficienza ed efficacia, e che l'espansione a livello globale rappresenta uno dei modi per raggiungere questi obiettivi.

	Numero di imprese menzionate nella Global 500		
	2006	2008	2013
Stati Uniti	170	153	132
Giappone	70	64	62
Cina	20	29	89
Francia	38	39	31
Germania	35	37	29
Regno Unito	38	34	26
Svizzera	12	14	14
Corea del Sud	12	15	2
Paesi Bassi	14	13	11
Canada	14	14	9
Italia	10	10	8
Spagna	9	11	8
India	6	7	8
Taiwan	3	6	6
Australia	8	8	8
Brasile	4	5	8
Russia	5	5	7
Messico	5	5	3
Svezia	6	6	3
Singapore	1	1	2

Figura 6.1
L'economia globale come si riflette nelle "Global 500" di Fortune
Fonte: basato sui dati tratti da "Global 500," classifica annuale elaborata dalla rivista *Fortune* delle più grandi imprese nel mondo nel 2006, 2008 e 2013, http://money.cnn.com/magazines/fortune/global500/ (consultato il 7 dicembre 2011 e il 14 marzo 2014).

Economie di scala. Sviluppando una presenza globale, l'organizzazione espande la scala delle sue attività, potendo così realizzare delle **economie di scala**. La tendenza verso le grandi organizzazioni si verificò inizialmente durante la Rivoluzione industriale, che in molti settori portò alla creazione di impianti più grandi che potessero cogliere i benefici delle economie di scala offerte dalle nuove tecnologie e dai nuovi metodi di produzione. Grazie a un ampio volume di produzione, tali giganti industriali potevano raggiungere il costo minimo per unità di produzione. Oggi tuttavia i mercati domestici non consentono a molte aziende di raggiungere un livello di vendite e un volume di produzione tali da sfruttare appieno le economie di scala. Per i produttori di attrezzature agricole come Deere & Company, per esempio, la crescita proviene principalmente dall'estero, dove maggiore è la quantità di terreni che cominciano a essere coltivati e maggiore è il numero di agricoltori che si approcciano alla meccanizzazione. Stando a un recente rapporto sul mercato dei macchinari, la maggior parte delle attrezzature agricole negli Stati Uniti, invece, sono abbastanza nuove. "Per quanto possa esserci ancora qualche possibilità di crescita [in America Settentrionale], siamo più vicini al picco che non alla valle," recita il rapporto. Deere si rivolge quindi ai paesi del BRIC per aumentare il fatturato fuori dagli Stati Uniti, in modo tale che l'azienda possa raggiungere delle economie di scala.[13]

Anche l'industria cinematografica hollywoodiana ha di recente ampliato le sue prospettive globali a fronte del calo delle vendite di biglietti ai botteghini e di DVD negli Stati Uniti, e della loro crescita in altri paesi. Le case di produzione tendono sempre più a reclutare star internazionali e rivedere le sceneggiature per renderle più allettanti per un pubblico internazionale. Secondo un veterano del settore, "nessun responsabile di una casa di produzione è disposto a produrre un film con un budget molto elevato ... a meno che non possa interessare a un pubblico mondiale. È praticamente impossibile recuperare i costi di produzione se il prodotto è destinato esclusivamente al pubblico nazionale."[14] Le vendite internazionali di biglietti rappresentano attualmente fino all'80 per cento dei profitti totali di una pellicola. La Paramount Pictures ha fatto di tutto per far sì che *Star Trek Into Darkness*, il secondo film della saga, riscuotesse successo all'estero: i membri del cast e i produttori sono andati in giro per il mondo a fare marketing avanzato, la Paramount ha deciso di selezionare attori stranieri e gli sceneggiatori hanno cercato di scrivere una storia che mantenesse l'interesse da parte dei fan fedeli, senza tuttavia deludere gli spettatori degli altri paesi che non conoscevano gli altri film della serie.[15] Poiché i mercati nazionali sono ormai saturi, per molte imprese le uniche possibilità di crescita sono all'estero. Starbucks punta sull'Asia per crescere su scala internazionale ed aprirà centinaia di punti vendita in Cina, India e Vietnam.[16] L'Asia ha rappresentato una valida fonte di crescita per Starbucks, ma il Vietnam, a differenza degli altri paesi asiatici, possiede una cultura del caffè ben radicata, per cui se l'azienda vuole avere successo in quel paese dovrà modificare il modo in cui prepara e serve il caffè.[17] Le economie di scala inoltre consentono alle aziende di ottenere degli sconti di volume dai fornitori, con conseguente riduzione del costo di produzione.

Economie di gamma. Un secondo fattore è costituito dalla maggiore possibilità di sfruttare le **economie di gamma**. La *gamma* si riferisce al numero e alla varietà dei prodotti e servizi offerti da un'azienda, e al numero e alla varietà delle regioni, dei paesi e dei mercati da essa serviti. Lo studio cinematografico di Hollywood DreamWorks SKG ha venduto una quota del 50 per cento all'indiana Reliance Big Entertainment perché quest'ultima, grazie alla presenza in tutte le piattaforme per l'intrattenimento, può distribuire i film della DreamWorks attraverso cinema, canali televisivi satellitari, videonoleggio, stazioni radio e telefonia cellulare.[18]

Le aziende che godono di una presenza in molti mercati acquistano una sinergia e una forza di marketing che un'azienda presente in un numero minore di paesi non potrebbe raggiungere. Per esempio, un'agenzia pubblicitaria presente in diversi mercati acquista un vantaggio competitivo servendo aziende di grandi dimensioni che operano in tutto il mondo. Oppure si consideri il caso della McDonald's, che deve acquistare confezioni di senape e ketchup quasi uguali per i suoi ristoranti di tutto il mondo. Un fornitore presente in ogni paese servito dalla McDonald's ha un vantaggio competitivo perché offre benefici di costo, coerenza e comodità alla McDonald's, che non deve trattare con diversi fornitori locali nei vari paesi.

Le economie di gamma possono incrementare anche il potere di mercato di un'azienda rispetto ai concorrenti, poiché le consentono di sviluppare un'ampia conoscenza dei fattori culturali, sociali, economici e di altro tipo che influenzano i suoi clienti nelle varie localizzazioni e di fornire pertanto prodotti e servizi specializzati per soddisfare tali esigenze. La Amway ha dovuto ripensare *ex novo* l'azienda per sopravvivere e prosperare in Cina; l'espansione della gamma, tuttavia, l'ha aiutata a prosperare anche in altre zone.

IN PRATICA

Amway

Amway fu fondata nel 1959 con un modello di vendita diretta ai clienti da parte di imprenditori indipendenti. A fine anni Ottanta, oltre la metà dei ricavi dell'azienda provenivano da paesi diversi dagli Stati Uniti per cui, quando nel 1995 cominciò a vendere nella Repubblica Popolare Cinese, aveva già una certa esperienza in quella parte del mondo. Nel giro di pochi anni, la Cina divenne un giro di affari di 200 milioni di dollari e in rapida crescita, salvo poi vietare la vendita diretta, a causa di pratiche contrarie all'etica da parte di alcuni venditori estranei all'Amway.
Amway poteva scegliere di farsi estromettere dal mercato oppure, affermò Eva Cheng, all'epoca responsabile dell'azienda in Cina, di cooperare con il governo cinese per trovare una soluzione. Per lungo tempo, negli anni successivi, le modifiche alla regolamentazione in Cina imposero alla Amway di rivedere più volte il modello di business, tant'è vero che l'azienda lo fece ben cinque volte, pur di continuare a mantenere la sua presenza in Cina. Tanto per cominciare, creò dei negozi fisici, cosa che non aveva mai fatto prima; inoltre, piuttosto che importare i prodotti dagli Stati Uniti, cominciò a produrli in Cina; e ancora, i manager modificarono interamente il sistema di compensi ai distributori in Cina e cominciarono a pubblicizzare il marchio, dal momento che non potevano più fare affidamento sul passaparola che veniva utilizzato per la vendita diretta. Amway è stata lungimirante e oggi la Cina rappresenta il suo più grande mercato.
Le modifiche che Amway apportò in Cina furono all'epoca di enorme portata in termini di gamma; in seguito, tuttavia, le sono tornate estremamente utili anche in altri mercati. Inoltre, il fatto che i manager fossero stati costretti a rivedere il modello di business fece loro comprendere l'importanza di mettere regolarmente in questione il modello di business e di adattarlo per avere successo in diversi mercati a livello globale.[19]

Fattori di produzione a basso costo. Il terzo elemento che induce a espandersi su scala globale riguarda i **fattori di produzione**. Una delle prime motivazioni a spingere le aziende statunitensi a investire all'estero, e ancora oggi una delle più importanti, è costituita dall'opportunità di ottenere materie prime, lavoro e altre risorse al più basso costo possibile. Le organizzazioni si rivolgono da lungo tempo all'estero per procurarsi le materie prime che sono scarse o non disponibili nel proprio paese. Agli inizi del ventesimo secolo le aziende statunitensi produttrici di pneumatici andarono all'estero per sviluppare le piantagioni di gomma in risposta alla crescente domanda del settore automobilistico. Oggi, i produttori di carta come Weyerhaeuser e International Paper Co., spinti dalle preoccupazioni ambientali a cercare all'estero nuovo legname, stanno gestendo milioni di acri di colture di alberi in Nuova Zelanda e in altre aree.[20]

Molte aziende si rivolgono ad altri paesi considerati fonte di manodopera a basso costo. La produzione degli iPhone e degli iPad Apple viene appaltata a imprese manifatturiere come Foxconn Technologies e Pegatron Corporation. Nonostante le critiche riguardo le loro pratiche lavorative, è improbabile che tali posti di lavoro tornino agli Stati Uniti. Steve Jobs, durante una cena in California a Febbraio 2011, disse al presidente Barack Obama che le dimensioni, la rapidità e la flessibilità degli stabilimenti, nonché le capacità e la diligenza degli operai all'estero erano importanti quasi quanto i bassi costi.[21]

Il settore tessile negli Stati Uniti è quasi del tutto scomparso perché le aziende hanno trasferito la maggior parte della produzione in Asia, Messico, America Latina e Caraibi, dove i costi del lavoro sono molto inferiori. La produzione di mobili in legno sta rapidamente seguendo lo stesso schema. Le aziende chiudono gli stabilimenti negli Stati Uniti e importano mobili in legno di alta qualità dalla Cina, dove il costo per l'ingaggio di trenta lavoratori è uguale al costo di un ebanista statunitense.[22] Il Messico sta assumendo un ruolo di primo piano nella produzione di automobili, come dimostra il fatto che una su dieci macchine vendute negli Stati Uniti nel 2011 risulta prodotta in Messico.[23] Ma il trend non è limitato al settore manifatturiero. Un numero crescente di aziende di servizi in India, per esempio, progettano software, svolgono attività di consulenza e forniscono supporto tecnico, contabilità ed elaborazione di dati per alcune delle maggiori imprese degli Stati Uniti. Secondo un indice, in India esistono 900 aziende di servizi alle imprese che danno lavoro a circa 575.000 persone.[24]

Stadi di sviluppo internazionale

Nessuna azienda può diventare globale da un giorno all'altro. I manager devono adottare consapevolmente una strategia per lo sviluppo e la crescita globali. Le organizzazioni entrano nei mercati esteri in modi differenti e seguono percorsi diversi. Tuttavia, il passaggio da domestico a globale avviene tipicamente attraverso stadi di sviluppo, come illustrato in Figura 6.2.[25] Nel primo stadio, lo **stadio domestico**, l'azienda è orientata al mercato nazionale, ma i manager sono consapevoli dell'ambiente globale e possono considerare l'eventualità di un primo coinvolgimento in mercati esteri per espandere il volume di produzione e realizzare le economie di scala. Il potenziale di mercato è limitato ed è relativo generalmente di tipo funzionale o divisionale e le vendite iniziali effettuate all'estero vengono gestite attraverso un'unità dedicata all'export. Le attività relative ai trasporti, ai problemi doganali e ai cambi sono esternalizzate. Hershey, colosso del settore dolciario, rappresenta un esempio di azienda in questo stadio. L'azienda, infatti, è orientata al mercato interno e i manager stanno cominciando a valutare l'espansione nei mercati esteri, in particolar modo in Cina. Con l'obiettivo di soddisfare meglio i gusti cinesi, Hershey prevede di aprire l'Asia Innovation Center, con sede a Shanghai.[26]

Figura 6.2
I quattro stadi dell'evoluzione internazionale
Fonte: basato su Nancy J. Adler, *International Dimensions of Organizational Behavior*, 4a edizione (Cincinnati, Ohio: South-Western, 2002), 8-9; Theodore T. Herbert, "Strategy and Multinational Organization Structure: An Interorganizational Relationships Perspective," *Academy of Management Review* 9 (1984): 259-71.

	I. Domestico	II. Internazionale	III. Multinazionale	IV. Globale
Orientamento strategico	Orientamento al paese	Orientamento all'esportazione, multidomestico	Multinazionale	Globale
Stadio di sviluppo	Iniziale coinvolgimento internazionale	Posizionamento competitivo	Esplosione	Globale
Struttura	Struttura domestica più unità di export	Struttura domestica più divisione internazionale	Per aree geografiche o per prodotti, a livello mondiale	Matrice, transnazionale
Potenziale di mercato	Moderato, prevalentemente domestico	Ampio, multidomestico	Molto ampio, multinazionale	Mondiale

Nel secondo stadio, lo **stadio internazionale**, l'azienda considera le esportazioni più seriamente e inizia a pensare in ottica multidomestica. Il termine *multidomestico* indica che gli aspetti competitivi di ogni paese sono indipendenti da quelli di altri paesi; l'azienda gestisce quindi ogni paese singolarmente. L'attenzione è rivolta al posizionamento competitivo internazionale rispetto alle altre aziende del settore. A questo punto l'unità dedicata all'export è stata sostituita da una divisione internazionale e sono state assunte persone specializzate per gestire le attività rivolte all'estero per quanto riguarda vendite, servizi e magazzini. Il mercato potenziale in questo stadio è identificato con molteplici paesi. Purafil, per esempio, con sede a Doraville in Georgia che produce filtri per la depurazione dell'aria, vende i propri prodotti in sessanta paesi diversi.[27] L'azienda iniziò l'attività di esportazione nei primi anni Novanta ed ora il 60 per cento dei suoi ricavi provengono dall'estero. Nel settore dei servizi, un esempio è AlertDriving, un'impresa che fornisce corsi di formazione online per aziende dotate di flotte di veicoli per il trasporto su gomma. AlertDriving deve personalizzare i prodotti e il marketing per adeguarsi alle aspettative, alle abitudini di guida e alle differenze geografiche dei venti paesi nei quali esporta i suoi corsi.[28]

Nel terzo stadio, lo **stadio multinazionale**, l'azienda ha una vasta esperienza in vari mercati internazionali e ha realizzato strutture di marketing, produzione o ricerca e sviluppo in diversi paesi stranieri. L'organizzazione ottiene un'alta percentuale dei propri redditi dalle vendite effettuate al di fuori dal paese di origine. L'esplosione del business si verifica con il decollo delle attività internazionali, con le unità di business dell'azienda sparse intorno al mondo così come fornitori, produttori e distributori. La tedesca Siemens, la giapponese Sony, la statunitense Coca-Cola e l'indiana Aditya Birla Group sono imprese allo stadio multinazionale. Aditya Birla Group nacque nel 1850 come compagnia mercantile della famiglia Birl e, a partire dagli anni Settanta, dal sud-est asiatico si è espansa in tutto il mondo, operando in 33 paesi, attraverso la produzione e la vendita di prodotti come fibra, sostanze chimiche, cemento, metalli, filati e tessuti, abbigliamento, fertilizzanti e nerofumo. Nel 2010, l'azienda ha ricavato circa il 60 per cento dei profitti all'estero.[29]

Il quarto e ultimo stadio è costituito dallo **stadio globale**, che indica che l'azienda trascende ormai qualsiasi singolo paese. Il business di riferimento non è rappresentato semplicemente da un insieme di settori nazionali; piuttosto, le sussidiarie sono collegate tra loro nella misura in cui la posizione competitiva in una nazione influenza significativamente le attività in altre nazioni.[30] Le **aziende globali** vere e proprie non considerano più una singola nazione come il proprio paese di origine e, di conseguenza, vengono anche indicate come *stateless corporations*, ovvero "aziende senza patria".[31] Questo aspetto rappresenta una nuova e rilevantissima evoluzione rispetto alle aziende multinazionali degli anni Sessanta e Settanta. Nella fase attuale, la proprietà, il controllo e il top management aziendali tendono a essere distribuiti in diversi paesi.[32] La Nestlé SA è un ottimo esempio: l'azienda vende i suoi prodotti soprattutto al di fuori del suo paese "di origine", cioè la Svizzera, e i suoi 280.000 dipendenti operano praticamente in tutto il mondo. L'amministratore delegato Paul Bulcke è belga, il presidente Peter Brabeck-Letmathe è di origini austriache e oltre la metà dei manager non sono svizzeri. La Nestlé ha centinaia di brand, impianti di produzione e altre funzioni in quasi tutti i paesi del mondo.[33]

Quanto efficaci sareste nel gestire un'azienda globale interagendo con persone provenienti da molte culture diverse? Completate il test del "Profilo personale" per scoprire il vostro livello di intelligenza culturale.

Le aziende globali operano in maniera realmente globale e l'intero mondo è il loro mercato di riferimento. Aziende globali come Nestlé, Royal Dutch/Shell, Unilever e Matsushita Electric possono operare in più di cento paesi. Riuscire a tenere insieme questo immenso complesso di unità operative distribuite a migliaia di chilometri l'una dall'altra costituisce un problema di enormi proporzioni. La struttura organizzativa relativa a questo stadio può essere estremamente complessa ed evolve spesso verso una matrice internazionale o verso un modello transnazionale, che verranno discussi successivamente in questo capitolo.

Profilo personale

Qual è la vostra intelligenza culturale?

Istruzioni: In che misura i comportamenti descritti di seguito vi appartengono? Scegliete onestamente "Più sì che no" o "Più no che sì" per ciascuna delle seguenti affermazioni.

	Più sì che no	Più no che sì
1. Rifletto su come relazionarmi con persone di culture diverse prima di incontrarle.	_____	_____
2. Conosco le principali religioni e il loro impatto sulle altre culture.	_____	_____
3. Conosco la storia, la geografia e i leader culturali di numerosi Paesi.	_____	_____
4. Discuto regolarmente gli avvenimenti del mondo con famigliari e amici.	_____	_____
5. Vado alla ricerca di opportunità di interazione con persone di culture diverse.	_____	_____
6. So adattarmi in modo abbastanza agevole alla vita in una cultura diversa.	_____	_____
7. So di poter farmi amiche le persone del posto in una cultura a me poco familiare.	_____	_____
8. Trovo che il lavoro in una squadra multiculturale sia estremamente soddisfacente.	_____	_____
9. Frequento con regolarità persone con retroterra culturali diversi dal mio.	_____	_____
10. Modifico gesti ed espressioni facciali secondo le necessità per facilitare un'interazione fra culture diverse.	_____	_____
11. Modifico rapidamente i miei modi di fare quando un incontro interculturale sembra richiederlo.	_____	_____
12. Provo piacere nel parlare con qualcuno che non conosce bene la mia lingua.	_____	_____

Punteggio e interpretazione: I punteggi attribuiti a queste affermazioni fanno riferimento ad alcuni aspetti dell'*intelligenza culturale*, ossia la capacità da parte di un manager di funzionare bene in situazioni caratterizzate da diversità culturale. Assegnatevi un punto per ciascuna affermazione alla quale avete risposto "Più sì che no", come segue:

Intelligenza culturale cognitiva, affermazioni 1-4.
Punteggio = _____ .
Intelligenza culturale emotiva, affermazioni 5-8.
Punteggio = _____ .
Intelligenza culturale comportamentale, affermazioni 9-12.
Punteggio = _____ .

L'intelligenza culturale cognitiva riguarda la mente, quella emotiva il cuore e quella comportamentale il corpo. Se avete un'esperienza internazionale e un'intelligenza culturale tali da aver totalizzato 3-4 punti in tutte e tre le parti, possedete un elevato livello di intelligenza culturale. Se avete totalizzato 1-2 in tutte e tre le parti, è il momento di imparare a conoscere meglio le altre culture: perfezionate le vostre capacità di osservazione, frequentate dei corsi, andate alla ricerca di opportunità di viaggi all'estero e imparate a cogliere gli indizi su come gli individui di un paese diverso rispondono a varie situazioni. Confrontate i vostri punteggi con quelli di altri studenti. Se non siete affascinati da popoli e culture differenti, come potreste sviluppare una maggiore empatia nei confronti di coloro che sono diversi da voi?

Fonte: basato su P. Christopher Earley ed Elaine Mosakowski, "Cultural Intelligence," *Harvard Business Review*, ottobre 2004, 139-146; Soon Ang, Lynn Van Dyne, Christine Koh, K. Yee Ng, Klaus J. Templer, Cheryl Tay e N. Anand Chandrasekar, "Cultural Intelligence: Its Measurement and Effects on Cultural Judgment and Decision Making, Cultural Adaptation, and Task Performance," *Management and Organization Review* 3 (2007), 335-371; David C. Thomas e Kerr Inkson, *Cultural Intelligence: People Skills for Global Business* (San Francisco: Berrett-Koehler, 2004).

L'espansione globale attraverso alleanze internazionali e acquisizioni

Le alleanze sono uno dei modi più utilizzati per realizzare attività internazionali. Le organizzazioni operanti in settori in rapido cambiamento come quello dei mass media, dell'intrattenimento, dei prodotti farmaceutici, delle biotecnologie e del software possono avere centinaia di relazioni di questo tipo.[34]

Le tipiche alleanze includono gli accordi di licenza, le joint venture e le acquisizioni.[35] Ritornando alla nostra discussione del capitolo precedente su queste tecniche come tipi di relazioni di dipendenza dalle risorse, anch'esse vengono utilizzate per l'espansione internazionale. Per esempio, all'ingresso in nuovi mercati, specie in aree del mondo in via di sviluppo, rivenditori al dettaglio come Saks Fifth Avenue e Barneys New York limitano i rischi cui vanno incontro concedendo il proprio nome in licenza a partner locali. Saks ha aperto negozi in Arabia Saudita, a Dubai e in Messico mediante accordi di licenza, mentre Barneys ne possiede uno in Giappone; entrambe le aziende, così come molte altre catene di grandi magazzini statunitensi, attualmente stanno puntando molto sull'espansione internazionale per via delle basse vendite e della dura concorrenza che fronteggiano negli Stati Uniti.[36] Come si è detto nel capitolo precedente, le **joint venture** sono entità separate create da due o più aziende: si tratta di un approccio molto utilizzato per ripartire i costi di sviluppo e produzione e penetrare in nuovi mercati.[37] Le joint venture possono aver luogo anche con clienti o concorrenti. Una joint venture guidata da Sprint, Deutsche Telecom e France Telecom, con la partecipazione di molte aziende più piccole, soddisfa le esigenze di telecomunicazioni di aziende globali distribuite in sessantacinque paesi.[38] Navistar International Corporation, con sede a Warrenville in Illinois, ha concluso un accordo di joint venture con la rivale Mahindra & Mahindra Ltd, produttore automobilistico indiano in rapida crescita, per la produzione di camion e bus destinati all'esportazione.[39] Mediante la creazione di Bharti Wal-Mart Private Limited, frutto della joint venture con Bharti Enterprises, la Walmart spera di aver trovato il giusto trampolino di lancio per sfondare nel dinamico ma complesso mercato della vendita al dettaglio in India.[40] Purtroppo i problemi che attanagliano l'economia indiana, le accuse di corruzione e la normativa statale che ha creato degli ostacoli, hanno costretto le due aziende a mettere fine alla loro partnership a fine 2013, quando Walmart ha rilevato la sua parte della joint venture.[41]

Le imprese spesso cercano di creare joint venture per risparmiare sui costi di produzione attraverso le economie di scala, per condividere capacità tecnologiche complementari, distribuire nuovi prodotti o servizi attraverso i canali di distribuzione di un altro paese oppure per beneficiare della conoscenza dei mercati locali offerta da un partner. Tuttavia molte aziende, quando riescono a convincere i senior manager di aziende estere a rimanere in carica, preferiscono le acquisizioni in quanto offrono maggiore controllo rispetto alle joint venture. Walmart, per esempio, ha stipulato una joint venture con Seiyu Ltd., catena giapponese di supermercati, per poi acquisirla totalmente diversi anni fa, dopo aver maturato maggiore esperienza nel mercato giapponese.[42] Le acquisizioni sono state la modalità preferite dalla Cina per espandersi a livello internazionale.

IN PRATICA

Espansione internazionale della Cina

Probabilmente la più grande storia di successo della Cina in termini di acquisizioni internazionali è quella di Lenovo, che ha acquisito il business dei personal computer, fra cui i laptop ThinkPad, dalla IBM nel 2005. L'azienda ha lottato per alcuni anni per la sopravvivenza, ma Lenovo ha mantenuto diversi manager importanti dell'unità IBM e ha suddiviso i quartier generali fra Pechino e Morrisville, in North Carolina, dove era dislocata l'unità IBM. Queste mosse aiutarono a porre l'azienda su solide fondamenta. Dopo l'acquisizione da parte di Lenovo, le vendite del ThinkPad sono raddoppiate e i margini di profitto si sono attestati al di sopra del 5 per cento.
Le aziende cinesi hanno anche acquisito diverse altre aziende straniere, fra cui Volvo, le sale cinematografiche AMC, l'italiana Ferretti produttrice di yacht di lusso e Smithfield Foods, che da tempo fornisce ai supermercati americani i prosciutti Smithfield, i salumi Eckrich, le polpette di carne Armour e il bacon Farmland. L'acquisizione della Smithfield, costata a Shuanghui International Holdings Ltd. 4,7 miliardi di dollari, è tata finora la più importante, ma le aziende cinesi probabilmente si spingeranno oltre. Sebbene la Cina abbia iniziato seriamente a investire nei mercati sviluppati soltanto intorno al 2000, il tasso di incremento dell'investimento cinese e la diversità di settori e aree geografiche interessate sono sorprendenti. Con ogni probabilità, queste acquisizioni ridisegneranno il panorama del business globale.[43]

Sebbene i marchi cinesi abbiano faticato ad affermarsi a livello internazionale, le aziende cinesi hanno imparato che possono avere successo acquistando dei marchi esteri forti e mantenendoli in buona salute. In molti casi, le aziende cinesi mantengono i manager del posto, lasciando che siano loro a gestire le aziende. Quando la conglomerata cinese Dalian Wanda Group Corporation ha acquistato AMC Entertainment Holdings Inc., per esempio, ha mandato un team di esperti di finanza negli Stati Uniti, ma ha lasciato che fossero i manager americani a decidere come utilizzare il loro budget strategico.[44]

Le sfide della progettazione globale

I manager che portano le loro aziende in ambito internazionale affrontano la difficile sfida di trovare i modi per sfruttare al meglio le incredibili opportunità che l'espansione globale presenta. Il grafico in Figura 6.3 mostra le tre sfide principali che le organizzazioni globali devono affrontare: maggiori complessità e differenziazione, maggiore necessità di integrazione e maggiore difficoltà nel trasferimento della conoscenza e dell'innovazione. Nell'ambiente di riferimento internazionale le organizzazioni devono accettare un livello di complessità ambientale estremamente elevato e affrontare le numerose diversità esistenti tra i paesi, il che richiede una maggiore differenziazione organizzativa su base nazionale. Per esempio, ciascun paese si differenzia dagli altri per la storia, la cultura, l'assetto normativo e il sistema di regolamentazione. Le tradizioni gastronomiche, la religione, gli atteggiamenti e gli usi sociali possono essere molto diversi.[45] Questa complessità ambientale e variazioni geografiche richiedono una maggiore differenziazione a livello di organizzazione, come si è detto nel Capitolo 4.

Allo stesso tempo le organizzazioni devono trovare dei modi per raggiungere efficacemente il coordinamento e la collaborazione tra unità che si trovano a grande distanza tra loro e facilitare lo sviluppo e il trasferimento della conoscenza organizzativa e dell'innovazione al fine di consentire un apprendimento a livello globale.[46] Sebbene nel business internazionale siano coinvolte molte aziende di piccole dimensioni, la maggior parte delle aziende internazionali diventano molto grandi, con la conseguenza che si verifica un rilevante problema di coordinamento. In Figura 6.4 vengono confrontati i ricavi di alcune grandi multinazionali con il prodotto interno lordo (PIL) di alcuni paesi per fornire un'idea delle dimensioni e dell'impatto delle aziende internazionali.

Figura 6.3
Sfida organizzativa globale

Figura 6.4
Confronto tra i ricavi di alcune multinazionali e il prodotto interno lordo (PIL) di alcuni paesi, 2010 (in dollari)
Fonte: basato su Vincent Trivett, " 25 US Mega Corporations: Where They Rank If They Were Countries" (con dati da *Fortune/CNNMoney* e IMF), 27 giugno 2011, *BusinessInsider.com*, http://www.businessinsider.com/25-corporations-bigger-tan-countries-2011-6?op=1 (consultato il 30 aprile 2014).

Azienda	Ricavi*	Paese	PIL annuale†
Walmart	421,89 miliardi	Norvegia	414,46 miliardi
ExxonMobil	354,67 miliardi	Tailandia	318,85 miliardi
Chevron	196,34 miliardi	Repubblica Ceca	192,15 miliardi
Fannie Mae	153,83 miliardi	Perù	152,83 miliardi
General Electric	151,63 miliardi	Nuova Zelanda	140,43 miliardi
Berkshire Hathaway	136,19 miliardi	Ungheria	128,96 miliardi
General Motors	135,59 miliardi	Bangladesh	104,92 miliardi
Bank of America	134,19 miliardi	Vietnam	103,57 miliardi

*Questo confronto dimensionale si basa sul presupposto che i ricavi siano stati valutati in maniera equivalente al PIL.
† Prodotto interno lordo.

Maggiore complessità e differenziazione

Quando le organizzazioni entrano nell'ambiente internazionale, incontrano un maggior grado di complessità interna ed esterna rispetto a quanto affrontato in ambito nazionale. Devono infatti creare una struttura adatta a operare in una serie di paesi che differiscono in termini di sviluppo economico, lingua, sistemi politici e regolamentazioni governative, norme e valori culturali e infrastrutture relative ai trasporti e alle comunicazioni. Per esempio, nei paragrafi precedenti abbiamo menzionato il produttore di computer Lenovo come azienda cinese, ma Lenovo ha sede legale a Hong Kong, dispone di nove centri operativi e manager e funzioni aziendali sono sparsi in tutto il mondo: l'amministratore delegato si trova a Singapore, il presidente a Raleigh, in Nord Carolina, e il direttore finanziario a Hong Kong. Il coordinamento del marketing a livello mondiale ha sede in India.[47]

Tutta questa complessità nell'ambiente internazionale si riflette in una maggiore complessità all'interno dell'organizzazione. Si ricordi quanto detto nel Capitolo 4, ossia che con l'aumentare della complessità e dell'incertezza ambientali le organizzazioni diventano più differenziate, prevedendo molte posizioni e unità specializzate per gestire specifici settori ambientali. Per esempio, il management può avere la necessità di istituire unità specializzate per affrontare le leggi e le regolamentazioni contabili dei diversi paesi. In India, le aziende del settore Internet come Google, Yahoo e Facebook sono tenute a contribuire all'applicazione di determinati standard e a rimuovere i contenuti potenzialmente controversi, ma talvolta le regole sono difficili da interpretare. L'India è un paese democratico nel quale vige la libertà di opinione sia in rete che sulla stampa, almeno in linea di principio: per via della pluralità di religioni e gruppi etnici, infatti, il governo indiano si riserva il diritto di imporre "ragionevoli restrizioni" alla libertà di opinione al fine di mantenere l'ordine pubblico. La maggior parte delle aziende cercano di adeguarsi alle normative e alle esigenze locali, ma al tempo stesso cercano di esercitare una certa discrezionalità in relazione a ciò che ritengono debba essere tollerabile, per cui ricorrono a squadre di avvocati e altri esperti per monitorare i reclami e decidere come rispondere.[48]

Oltre a divisioni incaricate di gestire normative e regolamenti diversi, le aziende che operano su scala internazionale necessitano un numero maggiore di unità di confine per valutare l'ambiente esterno e attuare delle risposte adeguate. Alcune aziende disseminano in diversi paesi del mondo le operazioni ingegneristiche, la progettazione, la produzione, il marketing e le vendite. In particolare, numerose organizzazioni hanno approntato sistemi globali di sviluppo del prodotto per conseguire così un più ampio accesso a competenze internazionali e un design di prodotto più adeguato ai mercati globali. Secondo uno studio condotto da Deloitte Research, il 48 per cento delle aziende manifatturiere dell'America del Nord e dell'Europa occidentale ha predisposto lo svolgimento di attività ingegneristiche all'estero.[49] Inoltre le organizzazioni possono implementare una varietà di strategie, una più vasta gamma di attività e un numero molto maggiore di prodotti e servizi a livello internazionale.

Maggiore esigenza di coordinamento

Mano a mano che le organizzazioni diventano sempre più differenziate, con una varietà di prodotti, divisioni, unità e posizioni sparse in numerosi paesi, i manager devono affrontare l'importante sfida del coordinamento. Il *coordinamento* si riferisce alla qualità della collaborazione tra le unità dell'organizzazione. Il problema è come raggiungere l'integrazione e la collaborazione necessarie affinché un'organizzazione globale colga i benefici delle economie di scala, delle economie di gamma e dei minori costi di produzione offerti dall'espansione internazionale. Come ricorderete dal Capitolo 4, persino in un'azienda domestica l'alto livello di differenziazione tra le unità richiede che vengano dedicate quantità maggiori di tempo e risorse per raggiungere il coordinamento a causa di una estrema disomogeneità degli atteggiamenti, degli obiettivi e degli orientamenti lavorativi dei dipendenti. Si immagini quali dimensioni raggiunga tale questione in un'organizzazione internazionale le cui unità operative sono divise non solo per gli obiettivi e gli atteggiamenti verso il lavoro, ma per la distanza geografica, il fuso orario, i valori culturali e a volte anche la lingua. Le aziende devono trovare dei modi per condividere le informazioni, le idee, i prodotti nuovi e le tecnologie in tutta l'organizzazione.

Tutte le organizzazioni che operano a livello globale affrontano la sfida rappresentata dal far lavorare insieme tutte le componenti nel modo giusto, al momento giusto e nel posto giusto.

Maggiore difficoltà nel trasferimento della conoscenza e dell'innovazione

La terza sfida internazionale che le organizzazioni devono affrontare consiste nell'imparare dalle esperienze internazionali e sfruttare quanto appreso per sviluppare e sfruttare una conoscenza organizzativa globale. La diversità dell'ambiente internazionale offre opportunità straordinarie per l'apprendimento, lo sviluppo di capacità diverse e l'innovazione di prodotti e servizi. Nel caso della Essilor International SA, il maggiore produttore al mondo di lenti oftalmiche correttive, per esempio, la progettazione delle lenti avviene in Germania, la realizzazione dei semilavorati da polimeri a elevata trasparenza negli Stati Uniti e l'aggiunta del rivestimento ultrasottile in Giappone.[50]

Secondo alcuni esperti, nei prossimi anni saranno le aziende dei mercati emergenti, come la Cina e l'India, a proporre una significativa percentuale di interessanti novità.[51] Mentre in passato prodotti e servizi di avanguardia provenivano principalmente dai paesi sviluppati per poi diffondersi nella regioni meno avanzate del mondo, la cosiddetta *innovazione inversa* (o *trickle-up innovation*) spinge le imprese di tutto il mondo a dedicare più attenzione che mai ai meccanismi che favoriscono la condivisione delle idee su scala internazionale. Consideriamo i prodotti destinati al settore sanitario: la GE Healthcare godeva di una solida presenza in Cina, ma le sue apparecchiature ecografiche e gli altri dispositivi medici non soddisfacevano le esigenze dei medici impiegati in ospedali poco equipaggiati o in cliniche situate in aree rurali, che considerano importanti fattori come il prezzo, la trasportabilità e la facilità d'uso. La GE Healthcare ha formato una "squadra di crescita locale" semiautonoma in Cina che, attingendo ai talenti locali e combinando sviluppo del prodotto, approvvigionamento dei materiali, produzione e marketing in un'unica unità, ha realizzato un'apparecchiatura ecografica portatile con un costo inferiore del 15 per cento rispetto agli altri macchinari ad alta tecnologia dell'azienda. Ora la GE vende ovunque questo prodotto, che nell'arco di sei anni è stato affiancato da una gamma di altri prodotti per un valore di 278 milioni di dollari.[52] Jeffrey Immelt, amministratore delegato della General Electric afferma: "Se non siamo noi a tirare fuori delle innovazioni nei paesi poveri, facendoli diventare globali, saranno nuovi concorrenti provenienti dal mondo in via di sviluppo, come Mindray, Suzlon e Goldwind, a farlo."[53] In Figura 6.5 sono illustrati altri esempi di innovazione inversa.

Le unità organizzative in ogni località acquisiscono le abilità e la conoscenza necessarie per gestire le sfide ambientali che sorgono in quel determinato luogo. Come dimostra il diffondersi dell'innovazione inversa, gran parte di tale conoscenza, che può riguardare miglioramenti di prodotto, efficienze operative, sviluppi tecnologici o una miriade di altre competenze, è importante anche per molti altri paesi, pertanto le organizzazioni necessi-

Impresa	Innovazione e applicazione
Danone	Dopo aver costruito in Bangladesh stabilimenti produttivi di piccole dimensioni che producono un centesimo dello yogurt prodotto in uno stabilimento standard ma operano con lo stesso livello di efficienza, Danone ha adottato lo stesso modello in altri mercati.
Nestlé	Ha riposizionato i noodles istantanei Maggi, realizzati come pasto a basso costo per le aree rurali del Pakistan e dell'India, come alimento salutare e conveniente in Australia e Nuova Zelanda.
General Electric	Ha realizzato un elettrocardiografo portatile a basso costo per l'India, dove i medici devono fare i conti con sbalzi di tensione, carenza di finanziamenti e di spazio per apparecchiature di grandi dimensioni, ambienti molto polverosi e difficoltà nella ricerca di pezzi di ricambio per apparecchiature di alta gamma. Attualmente vende lo stesso elettrocardiografo anche negli Stati Uniti e in altri paesi del mondo.
Hewlett-Packard	Dispone di un team in India incaricato di eseguire la migrazione delle applicazioni per l'interfaccia web realizzate per i telefoni cellulari in Asia e Africa nei mercati degli Stati Uniti e dell'Europa.
John Deere	John Deere India ha sviluppato un trattore di alta qualità e a basso costo per il mercato indiano che, per via del clima economico recessivo, riscontra una domanda crescente anche negli Stati Uniti e probabilmente risulterà cruciale per l'espansione dell'azienda nel mercato russo.

Figura 6.5
Esempi di innovazione inversa
Fonti: esempi tratti da Michael Fitzgerald, "As the World Turns," *Fast Company* (March 2009), 33–34; Reena Jana, "Inspirations from Emerging Economies," *BusinessWeek* (March 23 & 30, 2009); 38–41; Jeffrey R. Immelt, Vijay Govindrajan e Chris Temble, "How GE Is Disrupting Itself," *Harvard Business Review* (October 2009), 3–11; e Navi Radjou, "Polycentric Innovation: A New Mandate for Multinationals," *The Wall Street Journal Online* (November 9, 2009), http://online.wsj.com/article/SB125774328035737917.html (consultato il 13 novembre 2009).

tano di sistemi che promuovano il trasferimento della conoscenza all'interno dell'azienda globale. Un classico esempio è fornito dalla Procter & Gamble (P&G). Il Liquid Tide è stato uno dei prodotti lanciati negli anni Ottanta che hanno riscosso maggior successo, ma esso è nato dalla condivisione di una varietà di innovazioni sviluppate in diverse parti dell'azienda. Il Liquid Tide integrava una tecnologia elaborata nella sede statunitense della P&G che aiutava a eliminare lo sporco dall'acqua di lavaggio, la formula degli agenti pulenti proveniente dai tecnici della P&G in Giappone e gli ingredienti speciali per combattere i sali minerali presenti nell'acqua dura sviluppati dagli scienziati dell'azienda a Bruxelles.[54]

Far sì che i dipendenti condividano idee e conoscenze superando i confini nazionali può rivelarsi estremamente problematico. Quando l'azienda siderurgica lussemburghese ArcelorMittal volle che nel suo stabilimento di Burns Harbor, nell'Indiana, si cominciassero a utilizzare attrezzature ultramoderne e tecniche simili a quelle impiegate nello stabilimento di Gent, in Belgio, con l'obiettivo di aumentare produttività e redditività, gli operai non fecero certo salti di gioia: da sempre erano abituati a utilizzare carta e penna per calcolare la giusta miscela di minerale di ferro, carbone coke e calcare per ciascuna partita di acciaio. Per questo motivo, si rifiutarono di frequentare dei corsi per imparare a seguire le istruzioni di un computer. In un processo definito "gemellaggio", due stabilimenti simili per dimensioni, età e prodotti vengono valutati utilizzando dei benchmark, e al più debole viene imposto di seguire le pratiche del più forte. Così ArcelorMittal inviò oltre 100 ingegneri e manager statunitensi a Gent, in Belgio, dicendo loro di "fare come i Belgi." Oggi lo stabilimento di Burns Harbor vanta un record di produzione e la produttività si avvicina al livello dello stabilimento belga. Gli operai affermano che il gemellaggio ha contribuito a evitare la catastrofe e che il loro lavoro è diverso, ma migliore.[55] Numerose organizzazioni attingono solamente a una frazione del potenziale disponibile attraverso il trasferimento internazionale delle conoscenze e delle innovazioni perché, per esempio, persone disseminate in luoghi diversi in tutto il mondo talvolta faticano a instaurare rapporti basati sulla fiducia. Vanno considerate anche diverse altre ragioni.[56]

- Barriere linguistiche, differenze culturali e distanze geografiche possono impedire ai manager di individuare le conoscenze e le opportunità presenti nelle unità operative dei diversi paesi.
- Talvolta i manager non colgono il valore dell'integrazione organizzativa e desiderano tutelare gli interessi della propria divisione, piuttosto che instaurare rapporti collaborativi con le altre.
- Le divisioni a volte considerano le conoscenze e le innovazioni un potere e vogliono mantenerle per ottenere una posizione importante all'interno dell'azienda globale.
- La sindrome del "non inventato qui" scoraggia alcuni manager dall'attingere al know-how e alle abilità di altre unità.
- Gran parte della conoscenza di un'organizzazione si trova nelle teste dei dipendenti e non può essere scritta e condivisa facilmente con altre unità.

Le organizzazioni devono incoraggiare sia lo sviluppo sia la condivisione della conoscenza e mettere in atto gli opportuni sistemi per sfruttare la conoscenza esistente e condividere le innovazioni per affrontare le sfide della globalizzazione. I manager si danno da fare per trovare la struttura e la strategia giusta per le loro specifiche situazioni.

Progettare la struttura per adattarsi alla strategia globale

Come abbiamo visto nel Capitolo 3, la struttura di un'organizzazione deve adattarsi alle situazioni fornendo un sistema informativo utile ai fini del coordinamento e del controllo, focalizzando al tempo stesso i dipendenti su specifiche funzioni, prodotti o aree geografiche. La progettazione organizzativa per le aziende internazionali segue una logica simile, con un particolare interesse verso le opportunità strategiche globali o locali.

Strategie per sviluppare le opportunità globali o locali

Quando le organizzazioni si avventurano nell'ambiente internazionale, i manager si sforzano di formulare una strategia globale coerente che fornirà sinergia alle attività in tutto il mondo al fine di raggiungere obiettivi organizzativi comuni. Un dilemma da affrontare è la scelta tra porre l'enfasi sulla standardizzazione globale oppure sulla reattività locale. I manager devono decidere se vogliono che ogni azienda affiliata agisca autonomamente o se occorre standardizzare le attività in tutti i paesi. Tali decisioni si riflettono nella scelta tra una strategia di *globalizzazione* e una strategia globale *multidomestica*.

La **strategia di globalizzazione** si concretizza nel fatto che la progettazione del prodotto, la produzione e la strategia di marketing sono standardizzate in tutto il mondo, il che è meno costoso del creare diversi prodotti per mercati diversi.[57] La Black & Decker è divenuta molto più competitiva a livello internazionale da quando ha standardizzato la sua linea di utensili. Alcuni prodotti, come la Coca-Cola, sono prodotti globali "naturali", perché soltanto la pubblicità e il marketing hanno bisogno di essere adattati per le varie regioni in cui vengono venduti. In generale, i servizi sono meno adatti alla dimensione globale perché usi e costumi diversi spesso richiedono un differente approccio alle modalità di erogazione. Per esempio, Meliá Hotels International, la più grande catena di alberghi in Spagna e una fra le venti più grandi aziende alberghiere al mondo, instaura partnership con aziende locali, sotto forma di joint venture e altri partenariati, per acquisire il know-how per poter operare in 35 paesi diversi, fra cui Cina, Bulgaria, Stati Uniti, Indonesia, Grecia, Croazia, Brasile, Egitto e Regno Unito.[58] La mancata conoscenza delle consuetudini locali è stato uno dei motivi per cui Walmart ha incontrato serie difficoltà nell'ingresso nel mercato sudcoreano: il rivenditore al dettaglio statunitense ha infatti continuato a utilizzare strategie di marketing e stili di presentazione dei prodotti tipicamente occidentali, mentre i concorrenti locali di maggior successo ricorrono a tecniche di esposizione fantasiose e accattivanti e assumono dipendenti incaricati di promuovere i prodotti con megafoni e battimani. Walmart ha commesso un errore simile in Indonesia, dove ha chiuso i suoi punti vendita dopo solo un anno; i clienti non amavano i negozi vividamente illuminati ed estremamente organizzati e, poiché non erano permesse contrattazioni sul prezzo, ritenevano che i prodotti venduti fossero troppo cari.[59]

Anche altre imprese hanno iniziato ad allontanarsi da una rigida strategia di globalizzazione. Mutamenti economici e sociali, inclusa una violenta reazione contro il potere delle multinazionali, hanno determinato nei consumatori un minor interesse nei confronti delle marche globali a favore di prodotti percepiti come locali.[60] Tuttavia, una strategia di globalizzazione può aiutare un'organizzazione a ottenere i vantaggi di costo derivanti dalle economie di scala perché consente di standardizzare la progettazione del prodotto e la produzione, utilizzare fornitori comuni, velocizzare l'introduzione dei prodotti in tutto il mondo, coordinare i prezzi ed eliminare le strutture ridondanti.[61] La Gillette Company, che realizza prodotti per la rasatura come il sistema Mach3 per uomo e il rasoio Venus per donna, possiede grandi impianti di produzione che si servono di fornitori e processi comuni per produrre beni le cui specifiche tecniche sono standardizzate in tutto il mondo.[62]

confrontate la vostra opinione

1 **L'unica strategia grazie alla quale un'organizzazione può ragionevolmente ambire ad avere successo in diversi paesi è la personalizzazione di prodotti e servizi al fine di adeguarli a interessi, preferenze e valori locali.**

Risposta esatta: *In disaccordo.* La gente spesso predilige prodotti e servizi creati su misura per le necessità e i bisogni locali e molte organizzazioni riescono ad avere successo soddisfacendo le richieste del mercato locale. Tuttavia, altre organizzazioni internazionali conseguono vantaggi competitivi utilizzando lo stesso design di prodotto e le medesime strategie di marketing in numerosi paesi del mondo.

Una **strategia multidomestica** si realizza quando la competizione all'interno di ogni paese è gestita indipendentemente dalla competizione all'interno di altri paesi. Una strategia multidomestica incoraggia quindi attività di progettazione del prodotto, di assemblaggio e di marketing adattate alle necessità specifiche di ogni paese. Alcune aziende hanno preso atto che i loro prodotti non sono in grado di prosperare in un mercato globale indistinto. Per esempio, persone di paesi differenti hanno aspettative molto diverse su prodotti per la cura personale come i deodoranti e i dentifrici. In alcune parti del Messico il detersivo per lavatrice è utilizzato per lavare stoviglie, non abiti. Persino le catene di fast food statunitensi, un tempo considerate gli esempi più estremi di standardizzazione per il mercato mondiale, hanno sentito l'esigenza di una maggiore reattività alle differenze nazionali. I menu dei ristoranti McDonald's variano sensibilmente nelle varie parti del mondo, per esempio, nonostante sistemi di approvvigionamento e distribuzione siano standardizzati e centralizzati.[63] Quando nel 1973 KFC (Yum Brands) tentò per la prima volta di espandersi in Asia, non riuscì a conquistare i consumatori locali perché adottò una strategia di globalizzazione e gli undici ristoranti che aveva aperto chiusero nel giro di due anni. Dopo questa lezione, i manager ci riprovarono con una strategia multidomestica, riscuotendo notevole successo, in particolar modo in Cina, dove la catena guadagnò una quota di mercato del 40 per cento, rispetto al 16 per cento di McDonald's.[64]

Per soddisfare le esigenze di standardizzazione globale oppure di reattività locale vi sono diversi elementi di progettazione organizzativa. Una ricerca condotta su più di cento aziende internazionali con sede in Spagna ha provato la connessione tra struttura e focus strategico a livello internazionale.[65] Il modello riportato in Figura 6.6 illustra come la progettazione organizzativa e la strategia internazionale si adattino alle necessità dell'ambiente.[66]

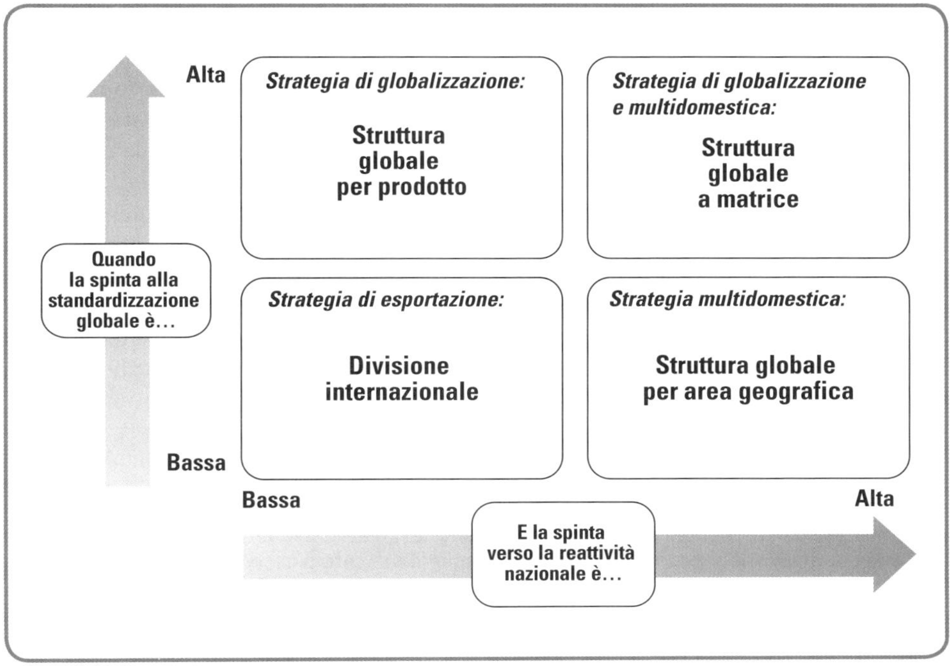

Figura 6.6
Modello per l'adattamento della struttura organizzativa al vantaggio internazionale
Fonti: basato su Christopher A. Bartlett and Sumantra Ghoshal, *Text, Cases, and Readings in Cross-Border Management*, 3rd ed. (New York: Irwin McGraw-Hill, 2000), 395; Roderick E. White e Thomas A. Poynter, "Organizing for Worldwide Advantage," *Business Quarterly*, Summer 1989, 84-89; Gunnar Hedlund, "The Hypermodern MNC–A Heterarchy?" *Human Resource Management* 25, no. 1 (Spring 1986), 9-36; J. M. Stopford e L. T. Wells, Jr., *Managing the Multinational Enterprise* (New York: Basic Books, 1972).

Le aziende possono essere classificate in base al fatto di avere linee di prodotti o di servizi che presentano un potenziale per la globalizzazione, ovvero di essere in grado di ottenere vantaggi attraverso una standardizzazione a livello mondiale. Le aziende che vendono prodotti o servizi simili in molti paesi hanno una strategia di globalizzazione. Dall'altro lato, alcune aziende hanno prodotti e servizi coerenti con una strategia multidomestica, ovvero sono in grado di ottenere vantaggi a livello locale-nazionale attraverso la differenziazione e l'adattamento alle esigenze locali.

Come indicato in Figura 6.6, quando siamo in presenza di bassi livelli sia per quanto riguarda le forze che spingono alla standardizzazione globale sia per quelle che spingono verso la reattività a livello locale in molti paesi, allora l'utilizzo di una semplice divisione internazionale con una struttura domestica è un modo appropriato per gestire il business internazionale. In alcuni settori, tuttavia, le forze tecnologiche, sociali o economiche possono creare una situazione nella quale la vendita di prodotti standardizzati in tutto il mondo fornisce una base per ottenere un vantaggio competitivo perché consente all'azienda di mantenere costi più bassi rispetto a quelli che sosterrebbe qualora dovesse fornire prodotti personalizzati per ciascun mercato. In questi casi è quindi appropriata una struttura globale basata sul prodotto. Questa struttura fornisce ai product manager l'autorità per gestire le loro linee di prodotto su base globale e permette all'azienda di sfruttare un mercato globale unificato. In altri casi, un'azienda può conseguire vantaggi competitivi attraverso una maggiore sensibilità alle diverse situazioni locali, rispondendo alle necessità specifiche dei diversi paesi in cui opera. Per le aziende di questi settori è quindi appropriata una struttura su base geografica: ogni paese o regione avrà una propria sussidiaria che modificherà i prodotti e i servizi per renderli adatti a quello specifico ambiente. Un buon esempio è fornito dall'azienda pubblicitaria Ogilvy & Mather, che suddivide le sue attività in quattro regioni geografiche primarie perché gli approcci pubblicitari devono essere modificati per adeguarsi a gusti, preferenze, valori culturali e regolamentazioni governative delle diverse parti del mondo.[67] Negli Stati Uniti si utilizzano spesso i bambini per pubblicizzare i prodotti, mentre in Francia tale approccio è illegale. Allo stesso modo, le pubblicità comparative di prodotti rivali che si vedono regolarmente nella televisione statunitense violerebbero le regolamentazioni governative vigenti in Germania.[68]

In molti casi le aziende si trovano nella condizione di dover rispondere contemporaneamente a opportunità sia globali sia locali, nel qual caso può essere utilizzata una struttura globale a matrice. È possibile che parte della linea di prodotto debba essere standardizzata globalmente, mentre altre parti debbano essere adattate alle necessità dei singoli paesi. In realtà, nella maggior parte delle aziende, si è assistito a un aumento della tensione fra bisogno di uniformità globale da una parte e di adattamento e reattività locale dall'altra. Qui di seguito è riportato quanto ha fatto Panasonic per affrontare tale tensione.

IN PRATICA

Panasonic

Panasonic costituì la sua prima joint venture per la produzione in Cina nel 1987 e presto arrivò a contare oltre 40 siti manifatturieri cinesi. A inizio 2000, la Cina era per la Panasonic il principale centro di produzione di elettrodomestici, ma l'obiettivo era raggiungere efficienza e costi bassi nella realizzazione di prodotti destinati all'esportazione. Lo sviluppo dei prodotti, infatti, avveniva per lo più in Giappone e poco veniva fatto per capire il mercato cinese degli elettrodomestici. Successivamente, i manager della Panasonic notarono che l'azienda cinese Haier la stava rapidamente superando, con una crescita annua del 20-30 per cento, a fronte della crescita stabile della Panasonic in Cina. Capirono che dovevano correggere la loro strategia per evitare di continuare a retrocedere non soltanto in Cina ma anche in tutti gli altri mercati in cui operavano. Nel corso del tempo, Panasonic imparò ad attribuire all'obiettivo di soddisfare i bisogni dei clienti locali la stessa importanza dell'obiettivo di raggiungere un vantaggio competitivo attraverso l'uniformità con un'operatività integrata a livello mondiale. L'azienda creò il China Lifestyle Research Center, con sede a Shanghai, primo tentativo concreto da parte sua di capire davvero gli stili di vita dei consumatori nei mercati diversi dal Giappone. Sin dall'inizio, il direttore del centro abbracciò la tensione fra uniformità globale e adattamento locale. Un esempio di adattamento per il mercato cinese fu la riduzione delle dimensioni dei frigoriferi, in modo tale che potessero adattarsi agli spazi di 55 centimetri che rappresentano lo standard nelle cucine cinesi. Le vendite salirono alle stelle. Nel corso del tempo, man mano che le conoscenze si spostarono dalla Cina al resto dell'azienda e dalle varie unità commerciali alla Cina, la Panasonic dette vita ad alcune iniziative per capire meglio i consumatori in altri mercati del mondo. Oggi, l'azienda continua la sua "filosofia di abbracciare la tensione" dell'essere al contempo efficiente su scala globale e locale, concentrandosi sui bisogni del consumatore.[69]

Perciò, anche le aziende che non utilizzano una struttura a matrice come quella della Figura 6.6 spesso ricorrono a vari meccanismi per far risolvere la tensione fra il bisogno di uniformità globale e di reattività locale. Discutiamo ora in maggiore dettaglio ciascuna delle strutture della Figura 6.6.

Divisione internazionale

Nel momento in cui le aziende iniziano a esplorare opportunità internazionali, esse incominciano in genere con l'avvalersi di un'unità di export, che si sviluppa poi in una **divisione internazionale**. La divisione internazionale, rappresentata in Figura 6.7, ha all'interno dell'azienda lo stesso status delle altre unità o divisioni principali. Mentre le divisioni domestiche sono generalmente organizzate lungo linee funzionali o di prodotto, la divisione internazionale è organizzata secondo gli interessi geografici, come illustrato in figura. La divisione internazionale ha una propria gerarchia per gestire gli affari (accordi di licenza, joint venture) in diversi paesi, vendendo i prodotti e i servizi creati dalle divisioni domestiche, aprendo stabilimenti sussidiari e, in generale, portando l'organizzazione verso attività internazionali più sofisticate.

Nonostante le strutture funzionali siano spesso utilizzate a livello domestico, esse sono adottate meno frequentemente per gestire un business a livello mondiale.[70] L'utilizzo di linee gerarchiche funzionali per tutto il mondo renderebbe le stesse troppo estese, cosicché ci si avvale di qualche forma di struttura geografica o per prodotto per suddividere l'organizzazione in unità più piccole. Le aziende iniziano tipicamente con un'unità internazionale e, a seconda della loro strategia, si servono in seguito di strutture divisionali geografiche, per prodotto oppure di strutture a matrice. Secondo i risultati di uno studio, il 48 per cento delle organizzazioni considerate leader a livello mondiale ricorre a una struttura divisionale, mentre il 28 per cento presenta una struttura a matrice.[71]

Struttura globale divisionale per prodotto

In una **struttura globale per prodotto**, le divisioni di prodotto hanno la responsabilità per le attività globali relative alla loro area di prodotto specifica. Si tratta di una delle strutture più utilizzate dai manager per cercare di raggiungere gli obiettivi globali, perché fornisce un metodo piuttosto diretto per gestire efficacemente una varietà di business e prodotti in tutto il mondo. I manager di ogni divisione di prodotto possono organizzarsi per gestire le attività internazionali come ritengono più opportuno e dirigere le energie dei dipendenti verso i problemi o le opportunità globali specifici della loro divisione.[72]

Inoltre, la struttura fornisce ai top manager della sede centrale una più ampia prospettiva sulla competizione, consentendo all'intera azienda di rispondere più rapidamente al mutevole ambiente globale.[73] Anche le aziende di servizi possono usare una struttura divisionale.

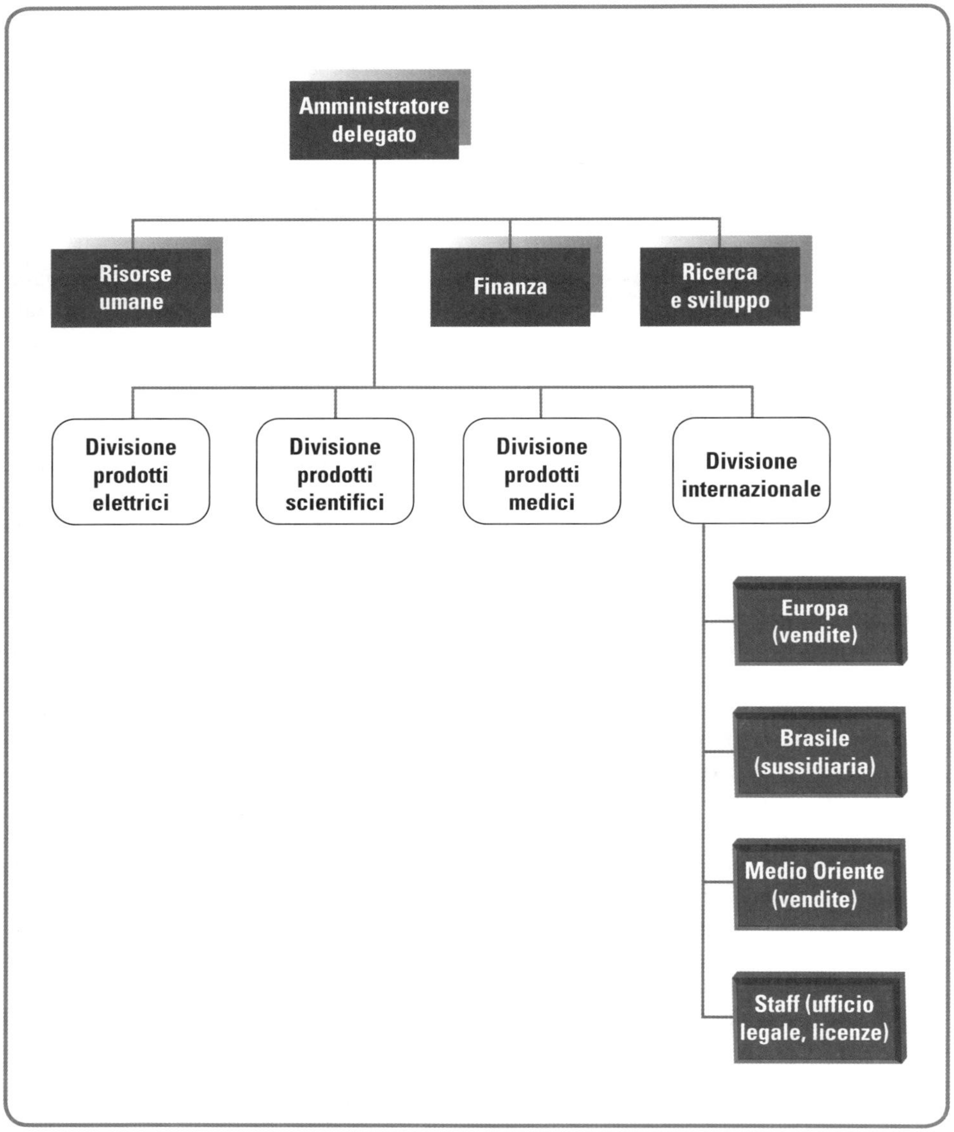

Figura 6.7
Struttura domestica ibrida con divisione internazionale

Per esempio, la banca Unicredit, con quartier generale a Milano e oltre 9.600 filiali in 22 paesi, si articola in tre divisioni: Family and Small-Medium Sized Enterprises (servizi bancari per privati e piccole e medie imprese), Corporate and Investment Banking (servizi per grandi imprese e istituzioni finanziarie in tutti i settori bancari) e Private Banking and Asset Management (servizi finanziari). La banca ha anche una divisione geografica per le operazioni e la crescita nei paesi dell'Europa centrale e orientale, e in generale assegna particolare peso alla dimensione geografica anche negli altri paesi, in modo da valorizzare al massimo la propria capacità di servire i clienti.[74]

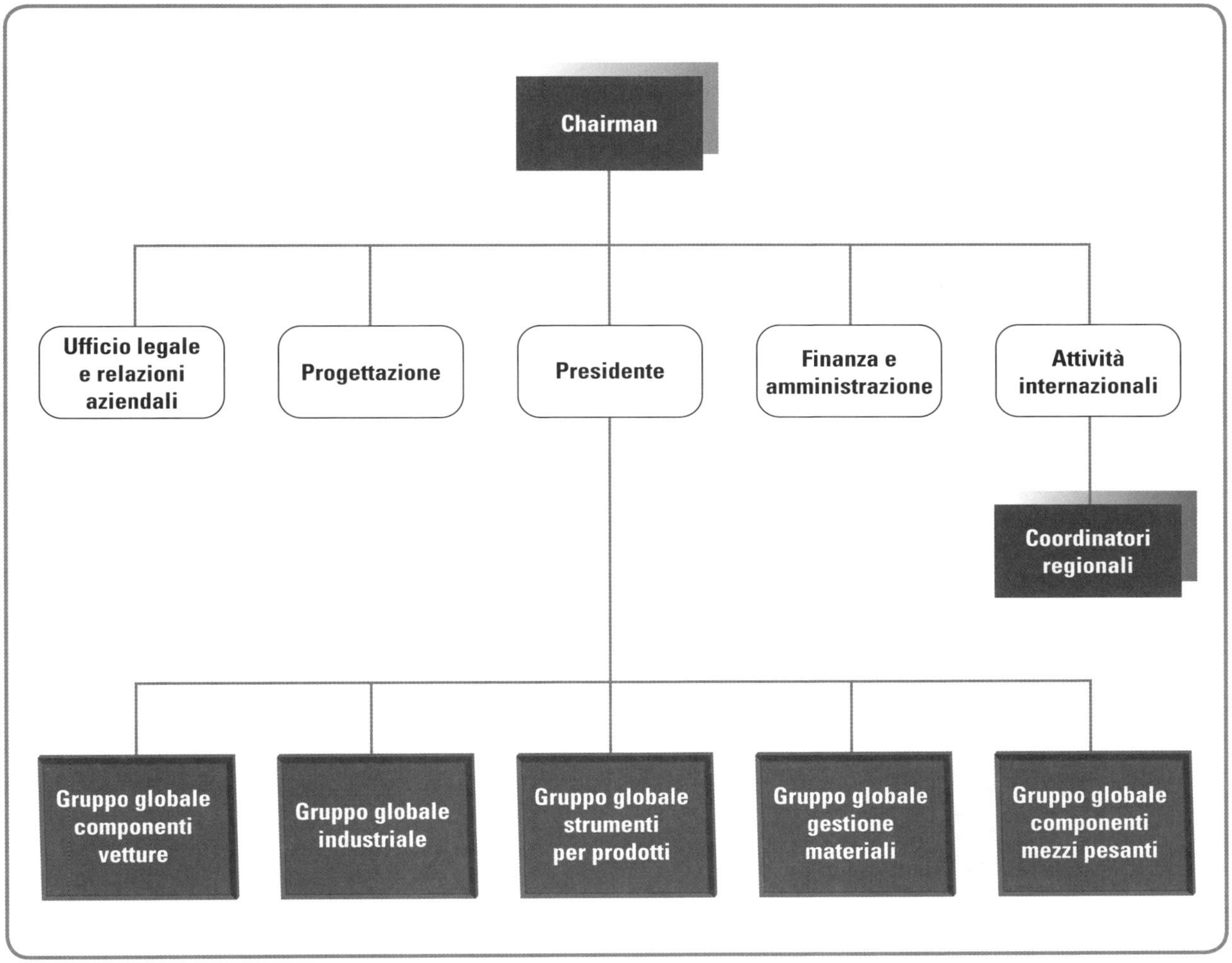

Figura 6.8
Struttura globale parziale per prodotto utilizzata dalla Eaton Corporation
Fonte: basato su *New Directions in Multinational Corporate Organization* (New York: Business International Corp., 1981).

Con una struttura globale per prodotto, ogni manager di divisione è responsabile per la pianificazione, l'organizzazione e il controllo di tutte le funzioni attinenti alla produzione e alla distribuzione dei suoi prodotti o servizi per qualsiasi mercato nel mondo. Come abbiamo visto in Figura 6.6, la struttura globale per prodotto funziona al meglio quando l'azienda ha l'opportunità di produrre e vendere in tutto il mondo prodotti standardizzati per tutti i mercati, fornendo così economie di scala e permettendo la standardizzazione della produzione, del marketing e della pubblicità.

La Eaton Corporation ha utilizzato una struttura per prodotto a livello mondiale, come mostrato in Figura 6.8. All'interno di questa struttura, il gruppo componenti autovetture, il gruppo industriale e così via sono responsabili per la produzione e la vendita dei prodotti in tutto il mondo. Il vicepresidente della divisione internazionale è responsabile dei coordinatori di ogni regione, vale a dire un coordinatore per il Giappone, l'Australia, il Sud America e il Nord Europa. I coordinatori trovano modalità per condividere le strutture e migliorare la produzione e la distribuzione relativamente a tutte le linee di prodotto vendute nella loro regione. Essi assolvono alla stessa funzione dei ruoli di standardizzazione descritti nel Capitolo 3.

La struttura per prodotto è utile per standardizzare la produzione e le vendite a livello mondiale, ma presenta dei problemi. Spesso le divisioni di prodotto non lavorano bene insieme, mettendosi in competizione tra di loro in alcuni paesi anziché collaborare, e può accadere che alcuni paesi vengano ignorati dai product manager. La soluzione adottata dalla Eaton Corporation – utilizzare coordinatori nazionali che hanno un ruolo definito chiaramente – è un modo eccellente per superare questi problemi. Haier ricorre a una struttura per prodotto di tipo radicale: l'azienda è suddivisa in 2000 squadre semiautonome di 10-30 dipendenti, ciascuna con i propri profitti e perdite, e ciascuna dedita al coordinamento di uno specifico prodotto o progetto in diversi paesi.[75]

Struttura globale divisionale geografica

Un approccio regionale è adatto alle aziende che vogliono enfatizzare l'adattamento alle esigenze di mercato a livello regionale o locale con una strategia multidomestica, come illustrato precedentemente in Figura 6.6. La **struttura globale geografica** divide il mondo in regioni geografiche e ogni divisione geografica riporta all'amministratore delegato. Ogni divisione ha pieno controllo sulle attività funzionali all'interno della propria area geografica. Per esempio la Nestlé, con sede centrale in Svizzera, pone grande enfasi sull'autonomia dei manager regionali che conoscono la cultura locale. La più grande azienda alimentare del mondo rifiuta l'idea di un unico mercato globale e ha utilizzato una struttura organizzativa geografica frammentata per focalizzarsi sui bisogni locali e sulla concorrenza in ogni paese. I manager locali sono autorizzati a modificare il sapore, la confezione, la dimensione della porzione di un prodotto e altri elementi che essi ritengono adatti. Molti dei suoi 8000 marchi sono registrati solamente in un paese.[76]

Le aziende che utilizzano questo tipo di struttura sono generalmente caratterizzate da linee di prodotto mature e tecnologie stabili. Esse hanno la possibilità di produrre i beni a basso costo all'interno dei singoli paesi e presentano in questi ultimi necessità diverse riguardo al marketing e alle vendite. Tuttavia, diverse tendenze a livello di organizzazione e di business hanno portato a un ampliamento della gamma delle tipologie di aziende che utilizzano la struttura globale geografica.[77] La crescita delle organizzazioni di servizi ha superato quella delle aziende manifatturiere da diversi anni, e i servizi per loro natura devono aver luogo a livello locale. Starbucks Coffee Company impiega una struttura organizzativa su tre regioni: 1) Cina e Asia-Pacifico, con i mercati di Giappone, Corea, Hong Kong, Tailandia, Malesia, Singapore, Indonesia, Filippine, Australia e Nuova Zelanda; 2) Americhe, con Stati Uniti, Canada, Messico e America Latina e 3) EMEA, con Europa, Regno Unito, Russia, Medio Oriente e Africa.[78]

Inoltre, per far fronte alle nuove minacce competitive, molte aziende manifatturiere stanno enfatizzando la capacità di personalizzare i loro prodotti per soddisfare specifiche esigenze, il che richiede di porre una maggiore enfasi sulla reattività locale e regionale. Tutte le organizzazioni sono costrette dall'ambiente e dalle sfide competitive attuali a sviluppare relazioni più strette con i clienti, il che può portare le aziende a passare da una struttura basata sul prodotto a una struttura geografica. La Bupharm, una giovane azienda farmaceutica indiana in crescita, ha creato ripartizioni geografiche per la funzione vendite (Asia-Pacifico, America Latina ed Europa) per servire meglio i clienti dei 40 paesi in cui opera.[79]

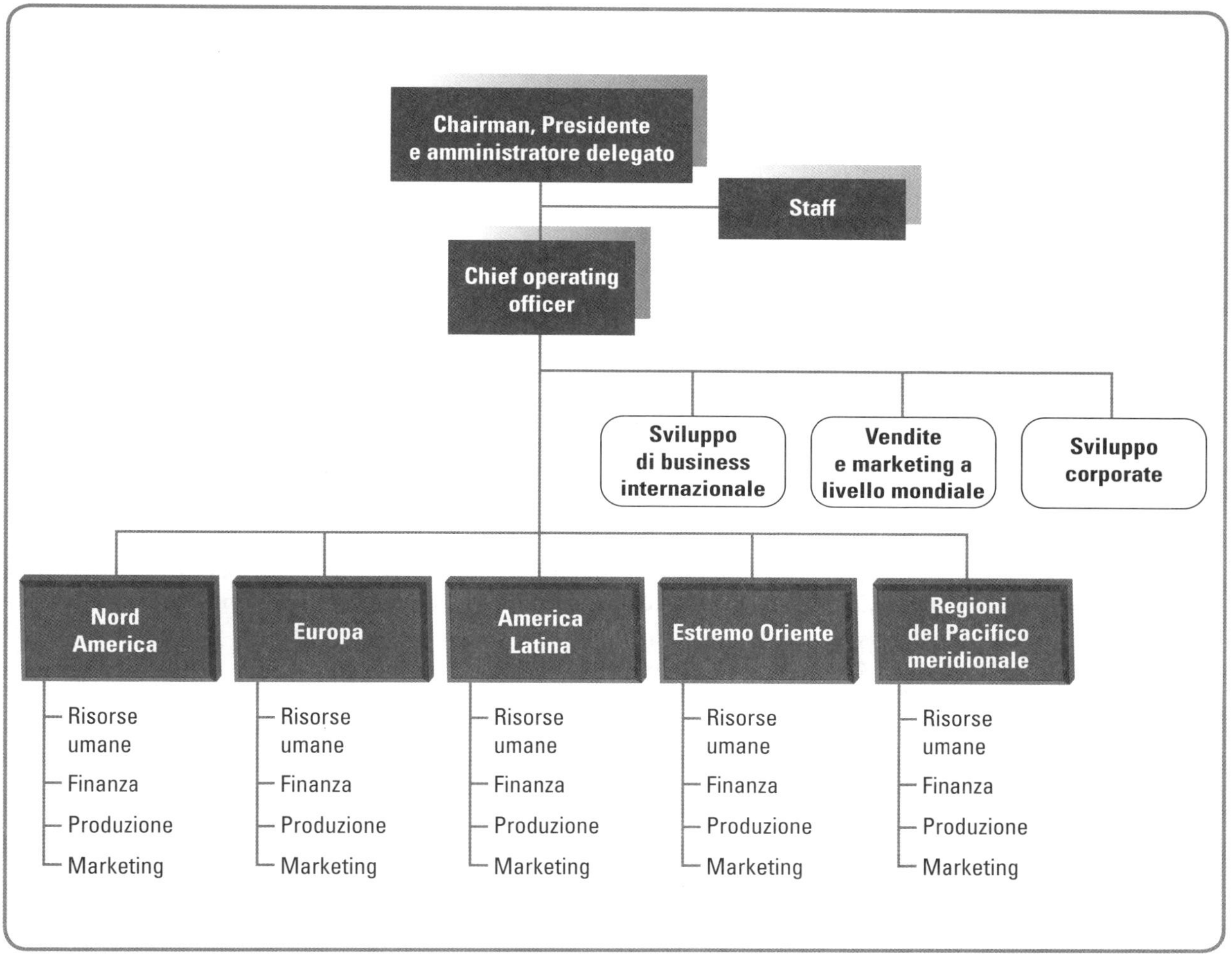

Figura 6.9
La struttura globale geografica della Colgate-Palmolive
Fonte: basato su Robert J. Kramer, *Organizing for Global Competitiveness: The Geographic Design* (New York: The Conference Board, 1993), 30.

I problemi incontrati dal management nell'utilizzare una struttura globale geografica derivano dall'autonomia di cui gode ogni divisione regionale. Per esempio, le attività di pianificazione su scala globale – come quelle relative alla ricerca e sviluppo di un nuovo prodotto – risultano difficili da svolgere, perché ogni divisione agisce soltanto per soddisfare le necessità della sua regione. Può essere inoltre difficile trasferire nuove tecnologie e prodotti domestici a mercati internazionali, perché ogni divisione pensa che svilupperà ciò di cui ha bisogno. Analogamente, è difficile introdurre rapidamente nei rispettivi mercati domestici prodotti sviluppati esternamente a essi e infine tra le regioni c'è spesso una duplicazione di posizioni manageriali di linea o di staff. Misurare i costi e mantenerne il controllo può diventare un difficile problema poiché le divisioni regionali agiscono in modo da far fronte alle particolari necessità delle proprie aree. L'esempio che segue illustra come i dirigenti di Colgate-Palmolive siano riusciti a risolvere i problemi associati alla struttura geografica.

IN PRATICA

Colgate-Palmolive

Per diversi anni la Colgate-Palmolive, che produce e commercializza prodotti per la cura della persona, la pulizia della casa e prodotti speciali, ha utilizzato una struttura globale geografica del tipo illustrato in Figura 6.9. La Colgate ha una lunga e ricca storia di coinvolgimento internazionale e per rimanere competitiva si è affidata a divisioni regionali in Nord America, Europa, America Latina, Estremo Oriente e Pacifico meridionale. Oltre la metà delle vendite totali dell'azienda sono generate al di fuori dei confini degli Stati Uniti.

L'approccio regionale sostiene i valori culturali della Colgate, che enfatizzano l'autonomia individuale, uno spirito imprenditoriale e la capacità di agire a livello locale. Ogni presidente regionale riporta direttamente al *chief operating officer* e ogni divisione ha le proprie funzioni di staff, come le risorse umane, la finanza, la produzione e il marketing. La Colgate ha gestito il problema del coordinamento tra le divisioni geografiche creando un *gruppo di sviluppo di business internazionale*, che è responsabile delle operazioni di pianificazione di lungo termine e della comunicazione e del coordinamento relativi ai diversi prodotti a livello mondiale. Sono stati utilizzati diversi leader di team di prodotto, molti dei quali avevano ricoperto la funzione di country manager accumulando vasta esperienza e conoscenza. I leader di prodotto sono essenzialmente coordinatori e consulenti per le divisioni geografiche; non hanno poteri diretti, ma hanno la capacità e il supporto organizzativo necessari per esercitare una notevole influenza. L'aggiunta di tale gruppo di sviluppo di business ha consentito il rapido raggiungimento di risultati positivi in termini di una più veloce introduzione dei nuovi prodotti in tutti i paesi e di operazioni di marketing migliori e a costi inferiori.

Il successo del gruppo di sviluppo di business internazionale ha indotto il management della Colgate ad aggiungere due ulteriori posizioni di coordinamento, un *vice presidente di sviluppo corporate*, che si concentra sulle acquisizioni, e un *gruppo di vendite e marketing a livello mondiale*, che coordina le iniziative relative alle vendite e al marketing in tutte le localizzazioni geografiche. Con l'aggiunta alla struttura di queste due posizioni di livello mondiale, la Colgate mantiene il focus su ogni regione e ottiene un coordinamento globale per la pianificazione generale, una più rapida introduzione dei prodotti e un aumento delle vendite e dell'efficienza nelle attività di marketing.[80]

Struttura globale a matrice

Abbiamo visto come la Eaton ha utilizzato una struttura globale divisionale per prodotto e ha trovato modi per coordinare le sue divisioni sparse per il mondo. La Colgate-Palmolive ha utilizzato una struttura globale divisionale geografica e ha trovato modi per coordinare diverse regioni geografiche. Ognuna di queste due aziende ha enfatizzato un'unica dimensione. Nel Capitolo 3 abbiamo invece visto che una struttura a matrice offre un modo per ottenere un coordinamento verticale e orizzontale contemporaneamente lungo due dimensioni. Una **struttura globale a matrice** è simile alla matrice descritta nel Capitolo 3, salvo per il fatto che per le multinazionali le distanze geografiche ai fini della comunicazione sono più grandi e il coordinamento risulta più complesso.

La matrice funziona al meglio quando la pressione sui processi decisionali bilancia gli interessi relativi sia alla standardizzazione di prodotto sia alla localizzazione geografica e quando il coordinamento per la condivisione di risorse ha un ruolo importante. La matrice può supportare una strategia mista di globalizzazione e multidomestica, come illustrato in Figura 6.6; ossia, può consentire a un'impresa globale di sviluppare al contempo aspetti relativi all'uniformità globale e alla diversificazione e reattività locale.[81] Per molti anni la ABB (Asea Brown Boveri), leader mondiale in tecnologie per l'energia e l'automazione con sede a Zurigo, ha utilizzato una struttura globale a matrice che funziona molto bene per coordinare 150.000 dipendenti coinvolti in attività in 100 paesi circa.

IN PRATICA

ABB Group

L'ABB ha dato un nuovo significato al concetto "essere locali in tutto il mondo". La ABB ha utilizzato una complessa struttura globale a matrice simile a quella mostrata in Figura 6.10 allo scopo di ottenere economie di scala a livello mondiale unite a flessibilità e reattività a livello locale.
Al vertice della struttura si trovano l'amministratore delegato e un comitato esecutivo composto da dieci top manager, che tengono frequenti riunioni intorno al mondo. Lungo un lato della matrice ci sono i manager delle divisioni di prodotto Power Products (Prodotti e sistemi di alta e media tensione e trasformatori), Power Systems (Generazione, trasmissione e distribuzione di energia), Discrete Automation and Motion (Automazione discreta e azionamenti), Low Voltage Products (Prodotti e sistemi di bassa tensione) e Process Automation (Automazione di impianti). Ciascuno è responsabile della gestione del business su scala globale, dell'allocazione dei mercati di esportazione, della determinazione di standard di costo e di qualità e della creazione di team multinazionali per la risoluzione dei problemi. Ogni divisione è suddivisa in unità più piccole, di cui è responsabile il manager della divisione stessa.
Lungo l'altro lato della matrice c'è una struttura per regione; l'ABB ha otto manager regionali, per Europa settentrionale, Europa centrale, Mediterraneo, Nord America, Sud America, India, Medio Oriente e Africa, Asia settentrionale e Asia meridionale. Al gradino più basso della scala gerarchica rispetto ai manager regionali ci sono i manager locali che, trasversalmente rispetto alle aree di business, sono responsabili dei bilanci locali, degli aspetti fiscali e dei livelli di carriera. La struttura a matrice trova una convergenza al livello delle aziende locali. I presidenti di queste aziende riportano a due diversi capi – il leader della divisione di prodotto, che svolge un ruolo di coordinamento su scala mondiale, e il presidente della struttura nazionale, che dirige l'azienda della quale l'organizzazione locale è una sussidiaria.
La filosofia dell'ABB consiste nel decentrare ogni cosa ai livelli più bassi. I manager globali sono generosi, pazienti e parlano diverse lingue; essi devono lavorare con gruppi composti da varie nazionalità ed essere sensibili agli aspetti culturali. Questi manager elaborano la strategia e valutano le prestazioni delle persone impiegate nelle sussidiarie sparse per il mondo. I country manager, di contro, sono manager di linea responsabili di diverse sussidiarie nazionali; essi devono collaborare con i direttori delle divisioni di prodotto per raggiungere efficienze a livello globale e introdurre nuovi prodotti sul mercato. Infine, i presidenti delle aziende locali hanno sia un capo a livello globale – il manager dell'area di affari – sia un capo a livello nazionale, e imparano a coordinare le necessità di entrambi.[82]

Figura 6.10
Struttura globale a matrice

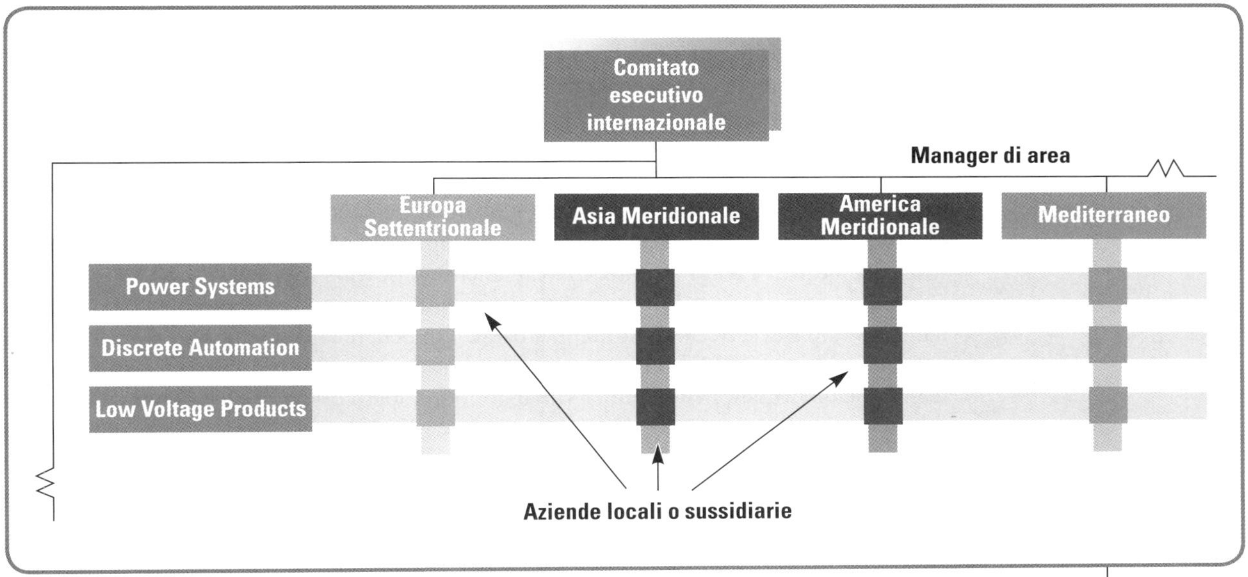

L'ABB è una azienda di grandi dimensioni e di successo, che ha ottenuto i vantaggi tipici sia delle organizzazioni basate sul prodotto sia di quelle basate sulle aree geografiche attraverso la struttura a matrice. Tuttavia, durante gli ultimi anni, poiché l'ABB si è trovata ad affrontare aspetti competitivi sempre più complessi, i suoi leader hanno trasformato ulteriormente l'azienda in qualcosa che prende il nome di *modello transnazionale*, che discuteremo più avanti nel capitolo.

Nel mondo reale, come si ricorderà a proposito della struttura ibrida a livello nazionale, molte aziende internazionali, come ABB, Colgate, UniCredit, Nestlé o Eaton Corporation, applicano una *struttura globale ibrida* o *mista*, utilizzando due o più strutture differenti oppure elementi di strutture diverse. Le strutture ibride sono tipiche degli ambienti altamente instabili. UniCredit, per esempio, integra elementi delle divisioni funzionali, geografiche e per prodotto al fine di rispondere alle condizioni dinamiche dei mercati dei vari paesi in cui opera.[83]

Non esiste una struttura *ideale* e organizzazioni che operano su scala globale devono frequentemente apportare modifiche alle loro strutture per superare i problemi correlati ad attività svolte in un ambiente globale. Nei paragrafi seguenti analizziamo altri meccanismi di coordinamento utilizzati per far fronte alle sfide dell'operatività su scala globale.

Ulteriori meccanismi di coordinamento globale

Vi sono molti esempi di aziende note che incontrano problemi nel trasferire idee, prodotti e servizi di successo dal paese di provenienza all'ambiente internazionale. Come si è detto precedentemente nel corso del capitolo, la maggiore complessità e differenziazione, l'aumentata necessità di coordinamento e la maggiore difficoltà nel trasferimento di conoscenze e innovazione generano delle sfide per la progettazione organizzativa globale. Inoltre, i manager devono far fronte alla tensione fra il voler raggiungere da una parte efficienza e uniformità a livello globale e dall'altra adattamento e reattività locale in ciascun mercato nel quale operano. Essi affrontano queste sfide globali in diversi modi. Alcuni fra i più comunemente utilizzati sono l'uso dei team globali, una pianificazione e un controllo maggiori da parte della sede centrale e ruoli di coordinamento specifici.

Team globali

Uno dei più preziosi meccanismi di coordinamento globale e di trasferimento di conoscenza e innovazione è rappresentato dai team globali, ai quali oggi le organizzazioni ricorrono, oltre che per questi fini, anche per far fronte proprio alla tensione fra uniformità globale e reattività locale.[84] I **team globali**, indicati anche come *team transnazionali*, sono gruppi di lavoro composti da membri provenienti da nazioni diverse e con molteplici competenze, il cui operato è al servizio di molteplici paesi.[85] In genere vi sono due tipi di team: i team interculturali, i cui membri provengono da paesi diversi e si incontrano faccia a faccia, e i team globali virtuali, i cui membri rimangono in luoghi diversi nel mondo e conducono il loro lavoro comunicando per via elettronica.[86] Per esempio, la Heineken ha dato vita alla European Production Task Force, un team di tredici membri provenienti da diverse nazioni che si riunisce regolarmente per discutere su come ottimizzare le strutture di produzione dell'azienda in tutta Europa.[87] L'azienda siderurgica tedesca ThyssenKrupp si avvale di team globali virtuali, impiegando sofisticate reti informatiche e software per collegare e coordinare membri del team operanti in tre continenti nella gestione virtuale dell'attività siderurgica.[88]

Tuttavia, costruire team globali efficienti è tutt'altro che facile. Differenze linguistiche e culturali possono far insorgere malintesi, rancori e diffidenze che possono rapidamente mandare a monte gli sforzi del team. Consideriamo che cosa è accaduto a un team virtuale i cui membri provenivano da India, Israele, Canada, Stati Uniti, Singapore, Spagna, Belgio, Regno Unito e Australia:

> Inizialmente…i membri del team erano riluttanti a chiedere consigli ai colleghi stranieri, temendo che la loro richiesta di aiuto potesse essere considerata indice di scarsa competenza. Inoltre, alla richiesta di aiuto di un collega, la reazione non sempre era collaborativa: una dipendente ha confessato di aver soppesato attentamente la quantità di informazioni che era disposta a condividere. Secondo il suo punto di vista, aiutare un collega di team virtuale aveva un costo elevato in termini di tempo ed energia senza alcuna garanzia di reciprocità.[89]

Come questo esempio dimostra, è facile che si sviluppi una mentalità basata sul "noi contro di loro", l'esatto contrario di quello che le organizzazioni desiderano ottenere dai team globali.[90] Non c'è dunque da stupirsi se, quando il comitato direttivo della rivista *CIO* ha domandato ai *chief information officer* di stilare una classifica delle sfide più difficili da affrontare, la gestione dei team virtuali globali sia risultata al primo posto.[91] L'Oréal, colosso francese della cosmetica sul territorio mondiale, è una delle aziende più efficaci nel costruire team in grado di migliorare il coordinamento, trasferire conoscenza e innovazione, aiutare a risolvere la tensione fra uniformità e reattività locale, e contrastare la mentalità "noi contro loro".

IN PRATICA

L'Oréal

Spesso la tensione fra globale e locale risulta massima quando lo sviluppo del prodotto richiede una conoscenza sottile e complessa difficile da codificare o da mettere per iscritto. Si tratta della cosiddetta conoscenza tacita che risiede nelle menti delle persone radicate in certi contesti e di norma si manifesta soltanto nell'azione e nell'interazione; ciò vuol dire che la conoscenza tacita può essere interpretata scorrettamente da persone che vivono oltre i confini nazionali. L'azienda di cosmetici L'Oréal esemplifica questa tensione, così come qualsiasi altra azienda del settore, in quanto le necessità relative alla cura del corpo sono specifiche di ciascuna cultura. Eppure l'azienda è riuscita a essere al contempo estremamente globale e locale: possiede uffici in 130 paesi e nel 2012 oltre la metà del suo fatturato proveniva da nuovi mercati al di fuori di Stati Uniti ed Europa, principalmente quelli in via di sviluppo.

Dato che l'alta direzione è sempre stata fortemente radicata nella cultura patria di L'Oréal, come riesce l'azienda a collegare i propri prodotti con i bisogni di altre culture nazionali? Lo sviluppo dei prodotti rappresenta il suo principale vantaggio competitivo, per cui recluta e costruisce squadre di sviluppo dei prodotti che relazionano ai manager con retroterra culturali diversificati. In una squadra di tre o quattro persone di solito ve ne sono almeno due multiculturali: per esempio un manager libanese-spagnolo-americano che lavora con un manager di progetto francese-irlandese-cambogiano oppure indiano-americano-francese. Le squadre di sviluppo dei prodotti condividono le idee fra di loro e con il top management man mano che il lavoro progredisce, per un anno circa. "Il loro background rappresenta una sorta di master su come far convivere più idee assieme," afferma un dirigente. "Pensano come se fossero francesi, americani o cinesi, e lo fanno tutti insieme contemporaneamente."

In che modo questa prospettiva flessibile comporta un trasferimento di conoscenza e innovazione? Un manager francese-irlandese-cambogiano che lavorava ai prodotti per la cura della pelle notò che molte creme coloranti in Asia avevano un effetto lifting. All'epoca, invece, la maggior parte delle creme per il viso in Europa erano solo coloranti, e quindi considerate trucchi, oppure solo a effetto lifting, e quindi considerate creme per la cura della pelle. Il manager attinse a questa conoscenza delle tendenze asiatiche in materia di bellezza e suggerì una "crema colorante" per il mercato francese che si rivelò un enorme successo.

Man mano che l'azienda cresce nel mondo, alcuni di questi manager multiculturali cominciano a entrare nel gruppo dirigente di vertice dell'azienda, segno che l'approccio sta funzionando. L'Oréal sta cominciando a collocare dei manager multiculturali al centro delle interazioni fra marchi, zone e funzioni, e sta sempre più favorendo il flusso di conoscenza di ritorno dalle sussidiarie al paese di origine, così come anche secondo la modalità tradizionale che va dal paese di origine alle sussidiarie lontane.[92]

confrontate la vostra opinione

2 **Lavorare in un team globale per coordinare la propria attività e condividere nuove idee e prospettive con colleghi di divisioni diverse sparse in tutto il mondo è un compito particolarmente arduo.**

Risposta esatta: *D'accordo.* I problemi causati da lingue, situazioni geografiche, pratiche aziendali e valori culturali diversi rendono l'appartenenza a un team internazionale particolarmente complessa. I team globali possono essere efficaci solo se i membri sono dotati della pazienza e delle competenze necessarie per oltrepassare i confini e condividere apertamente informazioni e idee. I team globali composti da individui dotati di sensibilità culturale e genuinamente desiderosi di coordinarsi e comunicare con i propri colleghi di altri paesi mostrano performance migliori.

Pianificazione centrale

Un secondo approccio per raggiungere un maggior coordinamento globale prevede che la sede centrale svolga un ruolo attivo nella pianificazione, programmazione e controllo per far sì che le parti geograficamente disperse dell'organizzazione globale lavorino insieme e procedano nella stessa direzione. Un sondaggio rivela che, secondo il 70 per cento delle aziende globali, la funzione più importante della sede centrale consiste nel "fornire una leadership a livello di impresa".[93] Per esempio, l'organizzazione Global Consumer Marketing della Panasonic, di cui si è parlato precedentemente nel riquadro "In Pratica", viene diretta dal vertice dell'organizzazione. I top leader decidono riguardo la distribuzione delle risorse per favorire l'obiettivo di risolvere la tensione fra globale e locale. Se i top leader non prendono decisioni che al contempo favoriscano la coltivazione di una forma mentis globale e promuovano una maggiore comprensione dei mercati locali in vari paesi, e agiscono invece come semplici osservatori, difficilmente gli obiettivi vengono raggiunti.[94]

In assenza di una forte leadership, è possibile che divisioni con un'alta autonomia inizino ad agire come aziende indipendenti anziché come parti coordinate di un insieme globale. Per contrastare tale tendenza, il top management può delegare responsabilità e autorità decisionale in alcune aree, come l'adattamento di prodotti o servizi per soddisfare le necessità locali, pur mantenendo un forte controllo tramite sistemi centralizzati in altre aree per garantire il coordinamento e la standardizzazione necessari.[95] I piani, i programmi, le regole e le procedure formali possono contribuire a garantire una maggiore comunicazione tra le unità fra loro distanti al fine di raggiungere gli obiettivi organizzativi in modo efficiente in termini di costi. Il top management può fornire una chiara direzione strategica, guidare le operazioni distanti e mediare tra richieste competitive provenienti da varie unità.

Espansione dei ruoli di coordinamento

Le organizzazioni possono anche attuare delle soluzioni strutturali per ottenere maggior coordinamento e collaborazione.[96] La creazione di specifici ruoli o posizioni organizzative per il coordinamento costituisce un modo per integrare tutte le parti dell'azienda al fine di raggiungere una forte posizione competitiva. Nelle aziende internazionali di successo, il ruolo dei *manager funzionali* di alto livello, per esempio, viene espanso per includervi la responsabilità di coordinare i paesi, individuare e collegare le abilità e le risorse mondiali dell'organizzazione. In un'organizzazione internazionale, il manager di produzione deve conoscere e gestire le operazioni di produzione dell'azienda nelle varie parti del mondo affinché l'azienda raggiunga l'efficienza produttiva e vi sia condivisione di tecnologie e idee tra le unità. Una nuova tecnologia produttiva sviluppata per migliorare l'efficienza delle attività brasiliane di un'azienda può essere preziosa anche per gli impianti europei e nordamericani. I manager di produzione hanno la responsabilità di aggiornarsi sui nuovi sviluppi ovunque essi accadano e di utilizzare la loro conoscenza per migliorare l'organizzazione. Analogamente, i manager di marketing, delle risorse umane e altri manager funzionali di un'azienda internazionale sono coinvolti non solamente nelle attività relative alla loro localizzazione ma anche nel coordinamento con le corrispondenti unità in altri paesi.

Mentre i manager funzionali sono responsabili del coordinamento tra i diversi paesi, i *country manager* sono responsabili del coordinamento tra le diverse funzioni situate all'interno del paese. Il country manager di un'azienda internazionale deve coordinare tutte le varie attività funzionali per gestire i problemi, le opportunità, le esigenze e le tendenze del mercato locale, consentendo all'organizzazione di raggiungere flessibilità multinazionale e rapidità di risposta. Un country manager in Venezuela appartenente a un'azienda globale di beni di consumo come la Colgate-Palmolive, per esempio, ha la responsabilità di coordinare tutto ciò che accade in quel paese, dalla produzione alle risorse umane al marketing, per garantire che le attività soddisfino i requisiti linguistici, culturali, governativi e giuridici del Venezuela. Il country manager in Irlanda o in Canada svolge la stessa attività di coordinamento per tali paesi. I country manager inoltre contribuiscono al trasferimento di idee, tendenze, prodotti e tecnologie che nascono in un paese e possono assumere importanza significativa su più ampia scala. Alcune organizzazioni fanno ricorso anche a *business integrator* per ottenere un coordinamento su una base regionale che può arrivare a comprendere diversi paesi. Questi manager si rivolgono a varie componenti dell'organizzazione al fine di risolvere problemi e coordinare attività tra gruppi, divisioni o paesi.

Un altro ruolo di coordinamento è quello del *coordinatore di network* per il coordinamento delle informazioni e delle attività relative ai principali clienti. Tali coordinatori consentirebbero a un'azienda manifatturiera, per esempio, di offrire conoscenza e soluzioni integrate tra molteplici business, divisioni e paesi per un grande cliente del settore della distribuzione commerciale come Tesco, Walmart o Carrefour. I top manager delle aziende globali di successo, inoltre, incoraggiano e supportano i network e le relazioni informali per garantire il flusso delle informazioni in tutte le direzioni. Gran parte dello scambio di informazioni in un'organizzazione non avviene tramite sistemi o strutture formali ma tramite canali e relazioni informali. Supportando tali network informali, offrendo alle persone di diversi paesi le opportunità per trovarsi e sviluppare relazioni, e quindi modi per tenersi in stretto contatto, i dirigenti rafforzano il coordinamento dell'organizzazione.[97]

I vantaggi del coordinamento

Le aziende operanti in ambito internazionale hanno difficoltà a rimanere competitive senza uno stretto coordinamento e una forte collaborazione tra le varie unità. Le aziende che stimolano e sostengono la collaborazione in genere sono meglio attrezzate a sfruttare risorse e capacità disperse per raccogliere benefici operativi ed economici.[85] Tra i benefici che derivano dalla collaborazione tra unità si possono elencare i seguenti:

- *Riduzione di costi*. La collaborazione può generare benefici reali, misurabili, nei termini di una riduzione di costi derivante dalla condivisione di *best practice* a livello globale tra le diverse divisioni. Per esempio, alla BP un'unità basata negli Stati Uniti ha migliorato la gestione delle scorte e ridotto il capitale circolante richiesto per la gestione delle stazioni di servizio statunitensi utilizzando le *best practice* messe a punto dalle unità in Gran Bretagna e Olanda.
- *Migliori processi decisionali*. Condividendo informazioni e pareri tra le varie divisioni, i manager possono prendere decisioni migliori, a beneficio della propria unità e dell'organizzazione nel suo complesso.
- *Maggiori ricavi*. Condividendo esperienza e prodotti tra le varie divisioni, le organizzazioni possono aumentare i ricavi. Ancora una volta, BP fornisce un esempio. Più di settantacinque persone di varie unità in varie parti del mondo si sono riunite in Cina per aiutare il team che stava lavorando allo sviluppo di un impianto per la produzione di acido acetico; come risultato, la BP ha completato il progetto e ha iniziato a ottenere ricavi prima di quanto si aspettassero i pianificatori del progetto.
- *Maggiore innovazione*. La condivisione di idee e innovazioni tecnologiche tra le unità stimola la creatività e favorisce lo sviluppo di nuovi prodotti e servizi. McDonald's sta adottando un approccio denominato "libertà nell'ambito di un modello" che consente ai manager regionali e nazionali di sviluppare pratiche e prodotti adeguati alle caratteristiche locali. L'azienda fa poi in modo che i manager internazionali abbiano a diposizione modalità formali e informali di comunicare e condividere idee. Il Big Tasty, un grande panino con hamburger condito con salsa barbecue e sormontato da tre fette di formaggio, è stato testato sperimentalmente in Germania e lanciato poi sul mercato svedese; con l'aumentare della sua popolarità, il Big Tasty è stato adottato anche in paesi come Brasile, Italia e Portogallo, dove è diventato uno dei prodotti più richiesti.[99]

Modello transnazionale

Poiché gli approcci tradizionali si sono rivelati inadeguati a soddisfare le domande di un ambiente globale complesso in rapido cambiamento, molte aziende internazionali stanno passando a un *modello transnazionale* di organizzazione, che è caratterizzato da un elevato grado di differenziazione per affrontare la maggiore complessità dell'ambiente globale, pur offrendo livelli elevati di coordinamento, apprendimento e trasferimento della conoscenza e delle innovazioni organizzative. Il **modello transnazionale** rappresenta il tipo più avanzato di organizzazione internazionale. Esso costituisce l'esempio migliore sia in termini di complessità organizzativa, comprendendo un gran numero di unità diverse, sia in termini di coordinamento organizzativo, prevedendo meccanismi per integrare le varie parti. Il modello transnazionale si rivela utile per le grandi aziende multinazionali con sussidiarie presenti in molti paesi che cercano di sfruttare a livello globale e locale i vantaggi derivanti da cambiamenti tecnologici, rapida innovazione, apprendimento e condivisione della conoscenza a livello globale. Anziché sviluppare capacità principalmente in un'area, l'efficienza globale, la reattività locale oppure dell'apprendimento globale, il modello transnazionale cerca di raggiungere contemporaneamente le capacità specifiche di tutte e tre le aree. Gestire molteplici aspetti complessi e interconnessi richiede una forma complessa di organizzazione e di struttura.

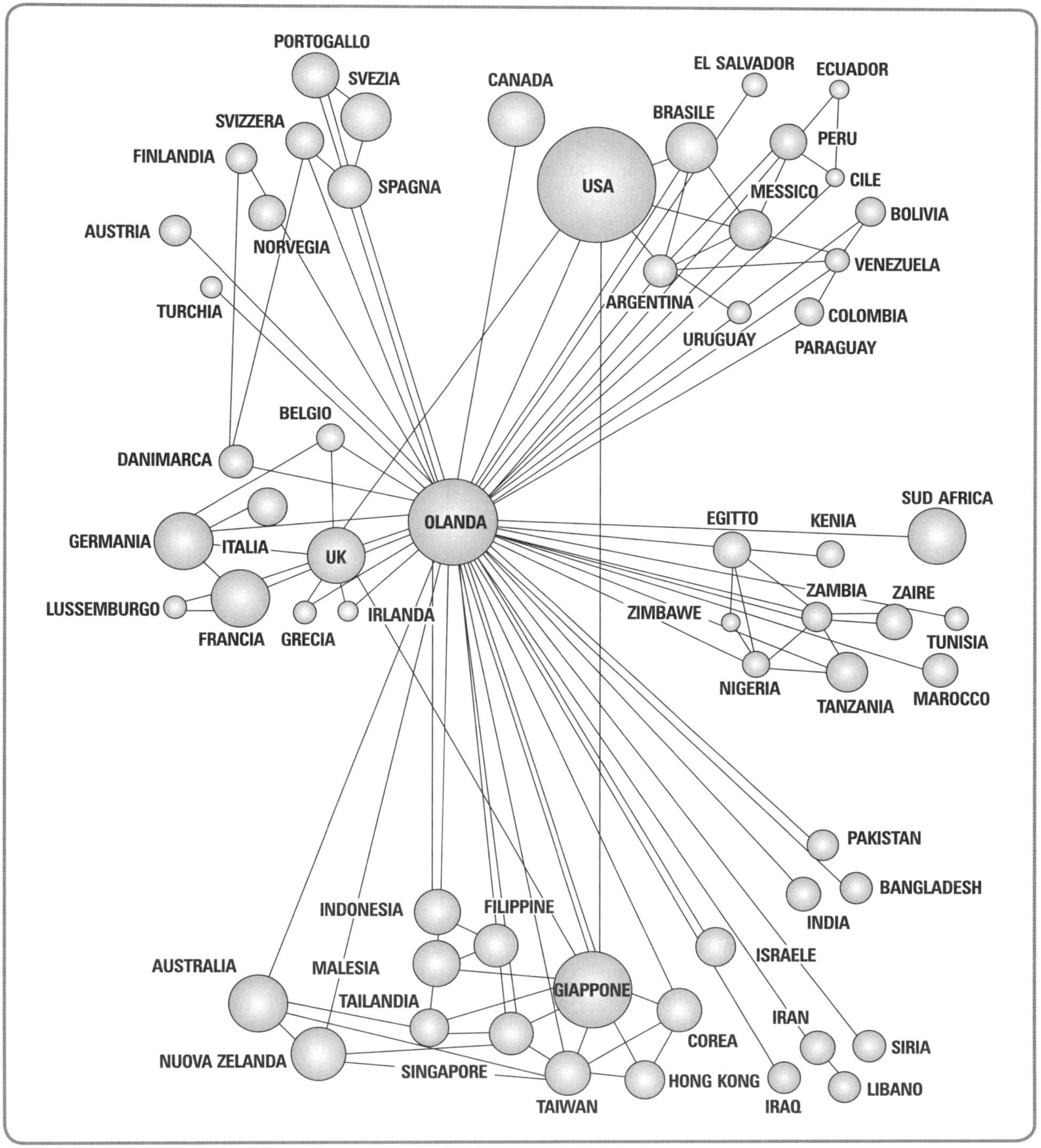

Figura 6.11 Unità organizzative internazionali e collegamenti interni della Philips

Fonte: Academy of Management Review di Ghoshal e Bartlett. Copyright 1990 di Academy of Management (NY). Riprodotto su autorizzazione di Academy of Management (NY) nel formato Other book via Copyroght Clearance Center.

Il modello transnazionale rappresenta la più recente evoluzione concettuale relativa al tipo di struttura necessaria per organizzazioni globali altamente complesse come la Philips, illustrata in Figura 6.11. La Philips, con sede legale in Olanda, ha centinaia di unità operative in tutto il mondo ed è una tipica azienda globale, come la Unilever, la Matsushita o la Procter & Gamble.[100] Anche le grandi società di servizi professionali come KPMG e Pricewaterhouse Coopers (PwC) si avvalgono della struttura transazionale. Quest'ultima, per esempio, ha oltre 160.000 dipendenti in 757 uffici in 151 paesi e offre un ventaglio altamente diversificato di servizi basati sulla conoscenza che devono essere personalizzati per specifici clienti in determinate località, motivo per cui gli uffici locali devono operare con discrezionalità e autonomia. Al tempo stesso, la PwC necessita standard operativi e sistemi di controllo coerenti su scala globale.[101]

Le unità di una rete organizzativa transnazionale, presentate in Figura 6.11, si trovano a grande distanza le une dalle altre. Ottenere coordinamento, un senso di partecipazione e coinvolgimento da parte delle sussidiarie e una condivisione delle informazioni, delle conoscenze, delle nuove tecnologie e dei clienti rappresenta una sfida di dimensioni imponenti. Per esempio, un'azienda globale come Philips, Unilever o Pricewaterhouse Coopers è talmente grande che la stessa dimensione costituisce un problema enorme quando si tratta di coordinare le attività globali. Inoltre, alcune aziende sussidiarie possono diventare esse stesse talmente grandi da non risultare più coerenti con il limitato ruolo strategico assegnato loro dalla sede centrale. Pur facendo parte di una grande organizzazione, alcune unità necessitano di autonomia per se stesse e hanno bisogno di avere un impatto su altre parti dell'organizzazione.

confrontate la vostra opinione

3 **Le più avanzate multinazionali hanno sviluppato dei sistemi per mantenere uno stretto controllo centrale sulle sussidiarie in decine di paesi.**

Risposta esatta: *In disaccordo.* Per avere successo come parte di una grande azienda globale, le singole unità necessitano di flessibilità e autonomia. Gran parte dell'allineamento in un'organizzazione transnazionale viene raggiunto attraverso la comunione di cultura e valori, la condivisione di vision e obiettivi e l'interdipendenza delle relazioni fra sussidiarie. I manager devono uscire dalle loro zone di familiarità e sicurezza per riuscire a livello internazionale, il che talvolta significa rinunciare al controllo nel senso tradizionale del termine.

Il modello transnazionale affronta tali sfide creando un network integrato di singole attività che sono tra loro collegate per raggiungere gli obiettivi multidimensionali dell'organizzazione complessiva.[102] La filosofia gestionale è basata sull'*interdipendenza* anziché sulle condizioni diametralmente opposte di una completa indipendenza divisionale o di una totale dipendenza delle unità dalla sede centrale per quanto riguarda il processo decisionale e il controllo. Il modello transnazionale è molto più di un semplice organigramma. È uno stato d'animo manageriale, un insieme di valori, un desiderio comune di far funzionare un sistema di apprendimento su scala mondiale e una struttura organizzativa idealizzata che possa gestire efficacemente tale sistema. Le seguenti caratteristiche distinguono l'organizzazione transnazionale da altre forme di organizzazione globale come la matrice, precedentemente descritta.

1. *Le proprietà e le risorse sono disperse su scala mondiale in attività altamente specializzate collegate tra loro tramite relazioni di interdipendenza.* Le risorse e le capacità sono ampiamente diffuse per aiutare l'organizzazione a individuare e reagire a stimoli diversi come le esigenze di mercato, gli sviluppi tecnologici o le tendenze dei consumatori che emergono in diverse parti del mondo. Per gestire la maggiore complessità e differenziazione, i manager tuttavia sviluppano relazioni di interdipendenza tra le varie unità di prodotto, funzione o area geografica. Meccanismi come i team composti da membri di diverse sussidiarie, per esempio, costringono le unità a lavorare insieme per il bene della loro unità e anche dell'intera organizzazione. Anziché essere completamente autosufficiente, ogni gruppo deve cooperare per raggiungere i propri obiettivi. Il sistema di gestione dei clienti impiegato dalla Pricewaterhouse Coopers, per esempio, collega team di persone operanti in tutto il mondo in divisioni, linee di servizio e aree di competenza diverse. Tali interdipendenze incoraggiano la condivisione collaborativa di informazioni e risorse, la risoluzione dei problemi tra le diverse unità e l'implementazione collettiva richiesta dall'ambiente internazionale competitivo di oggi. I materiali, le persone, i prodotti, le idee, le risorse e le informazioni fluiscono continuamente tra le parti disperse del network integrato. Inoltre i manager svolgono un ruolo attivo modellando, gestendo e rinforzando i network informativi informali che attraversano diverse funzioni, prodotti, divisioni e paesi.
2. *Le strutture sono flessibili e sempre mutevoli.* Il modello transnazionale opera in base al principio di *centralizzazione flessibile*. Esso può centralizzare alcune funzioni in un paese e altre in un paese diverso, e al tempo stesso decentrare altre funzioni ancora all'interno delle sue molte sedi disperse geograficamente. Un centro di ricerca e sviluppo può essere centralizzato in Olanda e un centro di acquisti essere collocato in Svezia, mentre le responsabilità relative alla contabilità finanziaria possono essere decentrate nelle strutture di molti paesi. Un'unità che si trova a Hong Kong può essere responsabile del coordinamento delle attività dell'intera Asia, mentre le attività relative a tutti gli altri paesi vengono coordinate da una grande sede centrale di divisione a Londra. Il modello transnazionale richiede che i manager siano flessibili nel determinare le necessità strutturali sulla base dei benefici da ottenere. Alcune funzioni, prodotti e regioni geografiche possono per loro natura avere bisogno di maggior controllo e coordinamento centrali rispetto ad altre. Inoltre i meccanismi di coordinamento e di controllo cambieranno nel tempo per affrontare nuove esigenze o minacce competitive. Alcune aziende hanno iniziato a creare molteplici quartier generali in diversi paesi, dato che l'organizzazione si fa troppo grande e complessa per essere gestita da un'unica sede e per avvicinarsi a importanti mercati. Irdeto Holdings BV, per esempio, ha un quartier generale a Hoofddorp, nei Paesi Bassi, e uno a Pechino, e l'amministratore delegato si è trasferito in Cina con la sua famiglia. La IBM ha creato un quartier generale per i mercati in crescita a Shanghai, responsabile di Asia (eccetto il Giappone), America Latina, Russia, Europa dell'Est e Africa. La giapponese Nissan ha dislocato il quartier generale per il suo brand di lusso Infiniti a Hong Kong.[103]
3. *I manager delle sussidiarie avviano strategie e innovazioni che diventano strategie per l'intera azienda.* Nelle strutture tradizionali, i manager hanno un ruolo strategico soltanto limitatamente alla loro divisione. In un modello transnazionale, diversi centri e aziende sussidiarie possono influire sull'intera azienda dal basso sviluppando soluzioni creative e avviando programmi in risposta alle esigenze locali, e successivamente diffondendo tali innovazioni nelle strutture di tutto il mondo. Le aziende

Uno sguardo sull'Europa

In tutto il mondo la bellezza parla francese con Sephora

Sephora è il *retailer* che opera nel settore dei prodotti di bellezza divenuto famoso per il suo *concept* innovativo costruito per dare vita a esperienza di acquisto coinvolgenti. Grazie al modello "self-service assistito" le clienti possono provare tutti i profumi presenti nel punto vendita e sono libere di giocare e sperimentare le differenti categorie di prodotti esposti. L'offerta è molto ampia, in modo da riuscire a soddisfare le attese di un target di consumatori diversificato; si va infatti dai brand più classici e famosi a quelli più attuali e originali. A questo si affiancano anche una serie di servizi aggiuntivi, come lezioni di *make-up* o consulenze e trattamenti gratuiti per far provare e conoscere i prodotti.

Lo sviluppo di Sephora

La storia ha inizio nel 1968, quando Dominique Mandonnaud apre la sua prima profumeria a Limoges (Francia), Shop 8, innovando nel modello di servizio per dare la possibilità ai clienti di toccare, annusare e provare i prodotti. Per la prima volta il settore della profumeria si allontana dal modello tradizionale di service management, che prevedeva l'assistenza diretta del cliente da parte di commessi specializzati su particolari marchi e capaci di fornire un servizio personalizzato. Il successo di questa rivoluzione è tale che nei successivi venti anni vengono aperti altri undici Shop 8. Nel 1993 Mandonnaud acquisisce Sephora, andando ad aggiungere altri 38 punti vendita al suo portfolio, e abbandona il vecchio brand per il nuovo. Sephora diviene così una vera e propria catena distributiva del settore della bellezza, caratterizzata da un modello di business originale. Di lì a poco verrà commercializzata anche la prima delle serie di prodotti *private label*.
Dal 1997 Sephora fa parte della divisione Selective Retailing del gruppo LVMH Moët Hennessy Louis Vuitton, leader mondiale dei prodotti di lusso. L'acquisizione da parte del gruppo LVMH ha segnato l'inizio di una fase di rapida e aggressiva crescita internazionale, basata sull'esportazione del modello "self-service assistito" e la creazione di alleanze strategiche (acquisizioni e joint venture) con aziende del settore presenti nei vari paesi target.

La falsa partenza in Giappone*

A partire dal 1998 Sephora inizia a espandersi in Portogallo, Polonia, Spagna, Stati Uniti e Italia. Questo è anche l'anno dell'ingresso in Giappone, all'epoca il secondo più grande mercato di prodotti cosmetici di lusso del mondo. In un periodo storico particolarmente delicato in cui la liberalizzazione commerciale del paese invogliava gli investitori stranieri nonostante la grave recessione economica causata dalla bolla speculativa dei primi anni Novanta, il contesto commerciale e sociale era particolarmente difficile da leggere e molte multinazionali, inclusa Sephora (che nel 2002 abbandonò l'avventura giapponese), non capirono a fondo le regole del gioco. Essenzialmente l'azienda aveva esportato il modello "self-service assistito" anche in Giappone, ignorando alcuni elementi socio-culturali del mercato giapponese. Per il consumatore giapponese, infatti, la qualità non si riferisce soltanto al prodotto acquistato, ma anche al servizio di assistenza ricevuto. L'elemento self-service, invece, privava il consumatore del rispetto e dell'attenzione a cui era abituato negli *store* delle altre catene. A questo si aggiunge anche l'aver puntato la sua offerta più sui profumi che sui cosmetici, che invece hanno la maggiore quota di mercato nel settore di prodotti di bellezza in Giappone, e di non aver sviluppato dei prodotti che soddisfacessero le preferenze del pubblico giapponese, esportando piuttosto una tipologia di offerta basata sui *trend* e le preferenze della cosmesi francese.
Quello che sembra essere mancato a Sephora in questa fase è stata un'adeguata *cross-cultural literacy*, cioè un'analisi delle differenze culturali che possono influenzare il business e pertanto necessitano di essere prese in seria considerazione quando si entra in un mercato straniero. Recentemente Sephora ha aperto il suo più grande negozio in Cina, a Shanghai, che costituisce un mercato in continua espansione per quanto riguarda la cosmesi e su cui l'azienda sta puntando moltissimo. Tuttavia, il suo ingresso in Cina è stato preceduto da un'attenta analisi delle aspettative delle clienti cinesi, in maniera tale da definire l'offerta da presentare e identificare il *concept* e le città più adatte per i nuovi punti vendita.

Una presenza globale

Nonostante l'errore di valutazione nella fase di ingresso nel mercato giapponese, la strategia di internazionalizzazione di Sephora resta comunque un caso di successo se si guardano i risultati raggiunti. Infatti, oltre a essere una delle maggiori catene di distribuzione di prodotti di bellezza in Europa, dove è oramai presente con 600 punti vendita, Sephora opera in più di 30 nazioni per un totale di 1300 negozi ed è leader di mercato per profumi e cosmetici negli Stati Uniti. Il processo di espansione è tuttora in corso, soprattutto in Asia e in America Latina, e Sephora persegue una strategia di differenziazione in tutte le regioni geografiche in cui è presente attraverso le leve dell'innovazione, dell'esclusività e del servizio alla clientela. In quest'ottica l'azienda sta investendo molto nella formazione dei consulenti di vendita, che sono i veri ambasciatori dell'azienda nei paesi in cui è presente e che devono soddisfare le esigenze e le richieste della clientela locale. Sta infatti ponendo l'accento su una strategia centrata sul cliente estendendo i suoi programmi di fidelizzazione alle nuove regioni e offrendo prodotti nuovi e servizi personalizzati.
Sephora è anche un portale di *e-commerce* disponibile in dieci lingue diverse per acquisti online in Francia, Stati Uniti, Canada, Cina, Brasile, Italia e Russia. In particolare, il negozio online è attualmente il primo punto vendita di Sephora Stati Uniti in termini di fatturato.

Domande:

1. Quali sono le motivazioni che spingono le aziende a internazionalizzarsi?
2. Quali sono i rischi a cui vanno incontro le aziende in fase di espansione internazionale?
3. Quali sono le *lessons learned* che possono essere tratte dall'esperienza di Sephora in Giappone?

* Per saperne di più http://www.essay.uk.com/free-business-essays/internationalization-of-sephora-in-japan.php

transnazionali riconoscono che ognuna delle unità sparse nel mondo è fonte di capacità e conoscenze che possono essere utilizzate a beneficio dell'intera organizzazione. Inoltre, le esigenze e le opportunità ambientali variano da paese a paese, ed esporre l'intera organizzazione a questa più ampia gamma di stimoli ambientali può innescare un livello di apprendimento e di innovazione maggiore.

4. *L'integrazione e il coordinamento sono ottenuti principalmente attraverso la cultura aziendale, la condivisione della visione e dei valori e lo stile di gestione, piuttosto che attraverso strutture e sistemi formali.* Secondo quanto rilevato da uno studio condotto dallo Hay Group, una delle caratteristiche distintive delle aziende che raggiungono il successo su scala globale è l'efficace coordinamento tra le unità e le sussidiarie a livello mondiale attorno a una visione e a valori strategici comuni, anziché il ricorso esclusivo a sistemi di coordinamento formale.[104] In un'organizzazione in cui i dipendenti provengono da una varietà di contesti nazionali, sono separati dal fuso orario e dalla distanza geografica e hanno norme culturali diverse, è più facile raggiungere l'integrazione e il coordinamento attraverso la conoscenza condivisa anziché con sistemi formali. Gli alti dirigenti costruiscono un contesto caratterizzato da visione, valori e prospettive condivisi tra i manager, che a loro volta trasmettono tali elementi attraverso tutte le parti dell'organizzazione. Tramite la selezione e la formazione dei manager si enfatizzano la flessibilità e l'apertura mentale. Inoltre le persone vengono spesso rotate tra diversi lavori, divisioni e paesi per acquisire una più vasta esperienza e sviluppare un forte radicamento sociale all'interno della cultura aziendale. Raggiungere il coordinamento in un'organizzazione transnazionale implica un processo molto più complesso della centralizzazione o del decentramento del processo decisionale: richiede lo sviluppo e l'adattamento di credenze, culture e valori affinché tutti partecipino alla condivisione delle informazioni e all'apprendimento.

Prese insieme, queste caratteristiche facilitano un forte coordinamento, l'apprendimento organizzativo e la condivisione della conoscenza organizzativa su scala globale. Benché il modello transnazionale sia effettivamente una via complessa e "complicata" per concettualizzare la struttura di un'organizzazione, sta diventando sempre più rilevante per grandi aziende globali che considerano il mondo intero come loro campo d'azione e non hanno un'unica base nazionale. L'autonomia delle diverse parti dell'organizzazione dà forza alle unità più piccole e permette all'azienda di trarre vantaggio da cambiamenti rapidi e opportunità competitive a livello locale, mentre l'enfasi sull'interdipendenza consente di ottenere efficienze globali e apprendimento organizzativo. Ogni parte dell'azienda transnazionale è consapevole dell'intera organizzazione ed è strettamente integrata a essa, in modo tale che le sue azioni locali risultano complementari e di supporto ad altre parti dell'azienda.

Riepilogo e interpretazioni

- Questo capitolo ha esaminato in che modo i manager progettano le organizzazioni per un ambiente internazionale complesso. Oggi quasi tutte le aziende affrontano forze globali significative e molte aziende stanno sviluppando attività all'estero per trarre vantaggio dai mercati globali. Tre motivazioni principali per l'espansione globale sono la realizzazione delle economie di scala, lo sfruttamento delle economie di gamma e l'ottenimento di fattori di produzione a minor costo. Un metodo molto utilizzato dalle imprese per intraprendere attività a livello globale è rappresentato dalle alleanze strategiche con aziende internazionali. Le alleanze comprendono gli accordi di licenza, le joint venture e le acquisizioni.

- In genere le organizzazioni evolvono attraverso quattro stadi, cominciando con un orientamento domestico, spostandosi poi verso un orientamento internazionale, quindi verso un orientamento multinazionale, e infine seguendo un orientamento globale che vede il mondo intero come mercato potenziale. Generalmente le organizzazioni utilizzano un'unità dedicata all'esportazione, quindi una divisione internazionale e infine si sviluppano in una struttura a livello mondiale impostata per aree geografiche o per prodotto.
- Avere successo su scala globale non è facile. Le tre sfide principali della progettazione organizzativa globale sono: affrontare la complessità ambientale tramite maggiore complessità e differenziazione organizzative, raggiungere l'integrazione e il coordinamento tra unità altamente differenziate e attuare meccanismi per il trasferimento della conoscenza e delle innovazioni.
- Le organizzazioni cercano di adattare la progettazione ai loro obiettivi strategici. Le strutture per area geografica sono massimamente efficaci per le organizzazioni che possono trarre vantaggio da una strategia multidomestica, ossia quando i prodotti e i servizi otterranno il massimo risultato se personalizzati alle esigenze e culture locali. Una struttura per prodotto supporta una strategia di globalizzazione, il che significa che i prodotti e i servizi possono essere standardizzati e venduti in tutto il mondo. Le grandi aziende globali possono utilizzare una struttura a matrice per rispondere contemporaneamente sia alle forze locali sia a quelle globali. Molte aziende adottano strutture ibride, unendo elementi di due o più strutture diverse per soddisfare le condizioni dinamiche dell'ambiente globale.
- Altri meccanismi di coordinamento per affrontare il problema dell'integrazione e del trasferimento della conoscenza sono l'utilizzo di team globali, una pianificazione e un controllo centrale maggiori e ruoli specifici di coordinamento. I team possono anche risultare utili per risolvere la tensione fra desiderio di uniformità globale e desiderio di reattività locale.
- I manager inoltre riconoscono che diversi valori nazionali e culturali influenzano l'approccio dell'organizzazione al coordinamento e al controllo. Quattro diversi approcci nazionali sono rappresentati da coordinamento e controllo centralizzati, che troviamo tipicamente in molte aziende con sede in Giappone, un'enfasi sulla tradizione in Cina, decentramento, comune presso le aziende europee, e formalizzazione, spesso utilizzata dalle aziende internazionali con sede negli Stati Uniti. La maggior parte delle aziende, tuttavia, a prescindere dal paese di provenienza, utilizza una combinazione di elementi di ciascuno di tali approcci.
- Le aziende operanti su scala globale avvertono la necessità di metodi di coordinamento ampi e alcune si stanno spostando verso il modello transnazionale di organizzazione. Tale modello è basato su una filosofia di interdipendenza ed è caratterizzato da un alto grado di differenziazione pur offrendo livelli elevati di coordinamento, apprendimento e trasferimento della conoscenza tra divisioni tra loro distanti. Il modello transnazionale rappresenta l'esempio migliore di progettazione globale in termini sia di complessità sia di integrazione organizzative. Ogni parte dell'organizzazione transnazionale è consapevole dell'organizzazione nel suo complesso ed è strettamente integrata ad essa, in modo tale che le sue azioni locali risultano complementari e di supporto ad altre parti dell'azienda.

Punti chiave

Tieni a mente questi suggerimenti

1. Prendi in considerazione l'idea di istituire una presenza internazionale per realizzare delle economie di scala, sfruttare le economie di gamma od ottenere fattori di produzione – come il lavoro e le materie prime – a costo inferiore.
2. Sviluppa alleanze strategiche internazionali, come accordi di licenza e joint venture, quali metodi veloci ed economici per ottenere un coinvolgimento in attività di vendita e di produzione a livello internazionale.
3. Scegli una struttura globale per prodotto quando l'organizzazione può conseguire vantaggi competitivi attraverso una strategia di globalizzazione (integrazione globale). Scegli una struttura globale per area geografica quando l'azienda può ottenere vantaggi utilizzando una strategia multidomestica (adeguamento e reattività locale). Utilizza una divisione internazionale quando l'azienda è principalmente domestica e ha soltanto alcune attività internazionali.
4. Impiega meccanismi come i team globali, la pianificazione centrale e specifici ruoli di coordinamento per fornire l'integrazione e il coordinamento necessari alle unità internazionali tra loro distanti. Poni enfasi sulla condivisione delle informazioni e della conoscenza per aiutare l'organizzazione ad apprendere e migliorare su scala globale.
5. Considera le differenze valoriali di diverse culture e cerca di utilizzare meccanismi di coordinamento in sintonia con i valori locali. Quando sono necessari meccanismi di coordinamento di più ampia portata, poni il focus sulla formazione e la cultura aziendale quali metodi per raggiungere la comprensione e l'accettazione.
6. Punta a un modello transnazionale di organizzazione quando l'azienda deve rispondere contemporaneamente a molteplici forze globali e ha bisogno di promuovere l'integrazione, l'apprendimento e la condivisione della conoscenza su scala mondiale.

Glossario

aziende globali
divisione internazionale
joint venture
modello transnazionale
stadio domestico
stadio globale
stadio internazionale
stadio multinazionale
strategia di globalizzazione
strategia multidomestica
struttura globale a matrice
struttura globale geografica
struttura globale per prodotto
team globali

Domande per la discussione

1. Nominate alcune aziende che credete possano avere oggi successo grazie a una strategia di globalizzazione e spiegate il motivo della vostra scelta. Quali sono le differenze tra la strategia di globalizzazione e quella multidomestica?
2. Per quale motivo ritenete che la tensione fra desiderio di uniformità globale e reattività locale sia maggiore oggi rispetto al passato?
3. Molte aziende americane entrano in Cina attraverso joint venture con imprese locali, eppure il successo della Cina negli Stati Uniti è dovuto principalmente alla strategia di acquistare completamente le aziende. Quali sono alcuni dei fattori che potrebbero spiegare questa differenza?
4. Ritenete sensato che un'organizzazione transnazionale abbia più di un quartier generale? Quali potrebbero essere alcuni vantaggi legati all'esistenza di due quartier generali, ciascuno responsabile di aspetti diversi? Riuscite a individuare anche degli svantaggi?
5. Quali sono alcune delle principali ragioni per cui un'azienda decide di espandersi in ambito internazionale? Trovate sul giornale un'azienda che abbia recentemente costruito

un nuovo impianto all'estero. A quale delle tre motivazioni per l'espansione globale descritte nel capitolo ritenete si debba principalmente attribuire la decisione dell'azienda?
6. Quando un'organizzazione dovrebbe considerare l'uso di una struttura globale a matrice? In quali aspetti la matrice globale differisce dalla matrice interna descritta nel Capitolo 3?
7. Elencate alcuni elementi che contribuiscono ad aumentare la complessità delle organizzazioni internazionali. In che modo le organizzazioni affrontano tale complessità? Pensate che questi elementi siano rilevanti per un'azienda come Spotify, che vuole espandere il servizio di ascolto di musica in streaming a livello internazionale?
8. I valori tradizionali in Messico sostengono un'elevata distanza dal potere e una bassa tolleranza all'incertezza. Quali sono le vostre previsioni per un'azienda che avvii un'unità in Messico cercando di realizzare team globali caratterizzati da potere e autorità condivisi e assenza di linee guida, regole e struttura formali?
9. Ritenete sia possibile per un'azienda globale raggiungere contemporaneamente gli obiettivi di efficienza e integrazione globali, sensibilità e flessibilità nazionale, apprendimento e condivisione della conoscenza a livello mondiale?
10. Confrontate la descrizione del modello transnazionale, fornita in questo capitolo, con gli elementi della struttura organica e della struttura meccanica descritti nel Capitolo 1. Pensate che il modello transnazionale sia realizzabile in una grande azienda globale?

Quaderno di lavoro

Prodotto negli Stati Uniti?

A marzo 2011, il canale televisivo ABC World News ha trasmesso una serie speciale intitolata "Made in America". Durante la prima puntata del programma, gli inviati David Muir e Sharyn Alfonsi hanno eliminato tutti i prodotti provenienti dall'estero dalla casa di una famiglia di Dallas (Texas), scoprendo che restava ben poco una volta portata a termine l'opera. Quanti prodotti tra quelli che avete in casa sono "Made in America" o "Made in Italy"? Per questo esercizio, scegliete tre prodotti di consumo tra quelli che avete in casa (p. es., una maglietta, un gioco, un telefono, un paio di scarpe, un completo di lenzuola, una macchinetta per il caffè) e per ogni prodotto cercate le informazioni indicate nella seguente tabella; attingete a siti Web e articoli di diversi quotidiani e riviste che trattano di economia, e osservate le etichette degli articoli ed eventualmente i manuali per l'uso; potreste anche provare a telefonare alle aziende per porre delle domande.

Prodotto	Da quale paese provengono i materiali?	Dove è fabbricato o assemblato?	Quale paese si occupa del marketing e della pubblicità?	In quali paesi il prodotto è venduto?
1.				
2.				
3.				

Quali conclusioni potete trarre sui prodotti e le organizzazioni internazionali basandovi sulla vostra analisi?

PARTE IV

Elementi di progettazione interna

Tecnologie per la produzione manifatturiera e per i servizi

7

ORGANIZZARE LE IMPRESE: qual è la vostra opinione?

Prima di leggere il presente capitolo, indicate qual è la vostra opinione in merito a ciascuna delle seguenti affermazioni:

1 La produzione snella è un sistema manifatturiero estremamente efficiente mediante il quale si ottengono prodotti di alta qualità.

D'ACCORDO ☐ IN DISACCORDO ☐

2 Al fine di fornire un buon servizio, la migliore strategia per un'azienda consiste nel fissare regole e procedure chiare e particolareggiate e assicurarsi che tutti le seguano alla lettera.

D'ACCORDO ☐ IN DISACCORDO ☐

3 Le caratteristiche di progettazione e i processi di gestione che risultano efficaci per la funzione vendite di un canale televisivo probabilmente non opererebbero altrettanto bene se applicati alla funzione redazionale.

D'ACCORDO ☐ IN DISACCORDO ☐

Una fabbrica di componenti per automobili manda i suoi ingegneri in giro per il mondo affinché possano apprendere nuove tecniche di produzione; un team di dipendenti di una compagnia aerea studia le tecniche per il pit stop utilizzate dalle squadre di assistenza nelle gare NASCAR (National Association for Stock Car Auto Racing); un piccolo produttore di abbigliamento di New York investe in una macchina da maglieria computerizzata di fabbricazione tedesca. Queste organizzazioni hanno una caratteristica in comune: sono alla ricerca di strategie per fornire beni e servizi in maniera più efficiente ed efficace.

Molte imprese statunitensi rischiano il fallimento se non riescono a giocare le carte giuste. Per anni, negli Stati Uniti e in altri paesi sviluppati il settore manifatturiero è stato protagonista di un lungo declino: stando ai dati del Bureau of Labor Statistics, in America ha perso 5,8 miliardi di posti di lavoro fra il 1990 e il 2012.[1] Tuttavia, alcune aziende manifatturiere hanno cominciato ad applicare nuove tecnologie per guadagnare un rinnovato vantaggio competitivo. L'attività industriale sta tornando negli Stati Uniti, ma in una nuova veste: oggi sono le macchine, non più le persone, a svolgere la maggior parte del lavoro. Parkdale Mills in South Carolina, il maggiore acquirente di cotone grezzo negli Stati Uniti, ha riaperto nel 2010 e produce 1100 tonnellate circa di filato alla settimana con 140 operai. Nel 1980, un tale livello di produzione avrebbe richiesto oltre 2000 dipendenti. "Con tutte le difficoltà scaturite dalle importazioni a basso costo, sapevamo che per sopravvivere avremmo dovuto spingere al massimo la tecnologia," ha affermato Anderson Warlick, amministratore delegato di Parkdale Mills. Anche altre aziende manifatturiere stanno puntando agli Stati Uniti come un luogo migliore per fare business. Da un sondaggio è emerso che un terzo delle aziende che producono all'estero stavano considerando di riportare almeno una parte delle loro produzione negli Stati Uniti.[2] Tutto questo in virtù del cambiamento tecnologico. Dal CEO Study condotto dalla IBM nel 2012 è emerso che la tecnologia era in cima alla lista delle forze esterne che, secondo i dirigenti, influenzeranno notevolmente le loro organizzazioni nei prossimi anni.[3]

Anche le aziende di servizi devono stare al passo con il progresso tecnologico e sono alla continua ricerca di approcci migliori. Molte devono lottare per sopravvivere a fronte dell'inasprirsi della concorrenza globale, mentre i costi di tecnologie e procedure inefficaci o superate possono decidere il declino e il fallimento dell'organizzazione.

Questo capitolo esamina le tecnologie sia per i servizi sia per la produzione manifatturiera. Con il termine **tecnologia** si indicano i processi, le tecniche, i macchinari e le azioni utilizzati per trasformare gli input organizzativi (materiali, informazioni, idee) in output (prodotti e servizi).[4] La tecnologia consiste nel processo produttivo di un'organizzazione e comprende sia le procedure di lavoro sia i macchinari.

Un tema importante del capitolo è l'influenza della *core technology* sulla progettazione organizzativa; comprendendo tale aspetto si possono infatti guadagnare nuove prospettive su come progettare un'organizzazione per conseguire una performance efficiente.[5] La **core technology** di un'organizzazione è costituita dal processo di lavoro che è direttamente correlato alla missione dell'organizzazione, come l'insegnamento in una scuola superiore, i servizi medici in una clinica o la produzione manifatturiera presso la American Axle & Manufacturing (AAM). Per esempio, alla AAM la core technology comincia a manifestarsi in relazione alle materie prime (acciaio, alluminio e materiali compositi). I dipendenti agiscono su queste materie prime per produrre un cambiamento in esse (tagliano e forgiano i metalli e assemblano le parti), trasformando così le materie prime nel prodotto dell'organizzazione (assali, alberi di trasmissione, alberi a gomiti, parti per la trasmissione ecc). Per un'impresa di servizi come la UPS, la core technology comprende l'attrezzatura di produzione (macchine selezionatrici, dispositivi per gestire i pacchi, camion e aeroplani) e le procedure necessarie per l'effettuazione di consegne in giornata. I computer e le nuove tecnologie informatiche hanno rivoluzionato i processi di lavoro nelle organizzazioni sia manifatturiere sia di servizi, come è successo alla UPS e alla AAM. L'impatto specifico delle tecnologie informatiche verrà descritto nel Capitolo 8.

In Figura 7.1 viene presentato un esempio di core technology per uno stabilimento manifatturiero. Possiamo notare come la core technology sia formata da input di materie prime, da un processo di trasformazione (lavorazione, controllo, assemblaggio) che cambia e aggiunge valore a questi elementi e dall'output rappresentato dal prodotto o servizio finale che viene venduto ai consumatori presenti nell'ambiente. Nelle organizzazioni di oggi, grandi e complesse, i processi di lavoro "core" possono variare ampiamente e risulta a volte difficile individuarli. Si può comprendere in parte la core technology esaminando le materie prime che fluiscono nell'organizzazione,[6] la variabilità delle attività di lavoro,[7] il grado di automatizzazione del processo produttivo,[8] la misura in cui un compito dipende da un altro all'interno del flusso di lavoro[9] o il numero di nuovi prodotti o servizi.[10]

Inoltre, le organizzazioni sono composte da molte unità, ognuna delle quali può utilizzare un diverso processo di lavoro (tecnologia) per realizzare un bene o un servizio.

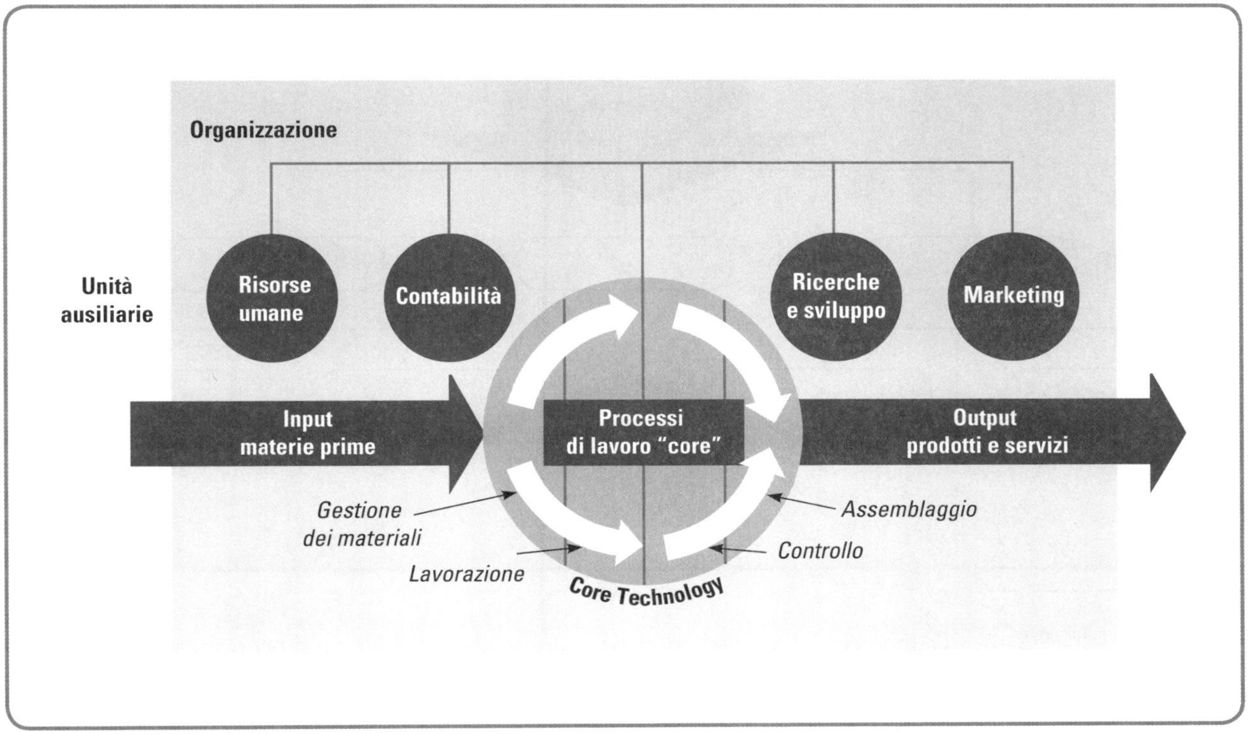

Figura 7.1
Processo di trasformazione di base per un'azienda manifatturiera

Una **tecnologia ausiliaria** è un processo che è importante per l'organizzazione ma non è direttamente correlato alla sua missione fondamentale. Nel grafico in Figura 7.1, i processi ausiliari sono costituiti dalle unità preposte alle risorse umane, alla contabilità, alla ricerca e sviluppo e al marketing. La ricerca e sviluppo trasforma per esempio idee in nuovi prodotti, e il marketing trasforma il magazzino in vendite, ognuno facendo uso di un diverso tipo di processo. Il prodotto dell'unità risorse umane è costituito dalle persone che lavorano nell'organizzazione e l'unità contabile produce precisi rapporti sulla condizione finanziaria dell'organizzazione.

Obiettivi del capitolo

In questo capitolo analizzeremo sia i processi "core" sia quelli ausiliari e la loro relazione con la progettazione organizzativa. Occorre tenere in considerazione la natura dei processi dell'organizzazione al fine di progettarla in modo che essa raggiunga la massima efficienza ed efficacia. La progettazione organizzativa ottimale si basa su una varietà di elementi. Nello schema in Figura 7.2, le forze che influiscono sulla progettazione organizzativa provengono sia dall'esterno sia dall'interno dell'organizzazione. Le esigenze strategiche esterne, come le condizioni ambientali, la direzione strategica e gli obiettivi organizzativi, generano pressioni dall'alto verso il basso per progettare l'organizzazione in modo tale che essa si adegui all'ambiente e realizzi gli obiettivi. Tali pressioni sulla progettazione sono state discusse nei capitoli precedenti. Tuttavia, le decisioni in merito alla progettazione dovrebbero tenere in considerazione anche le pressioni che procedono dal basso verso

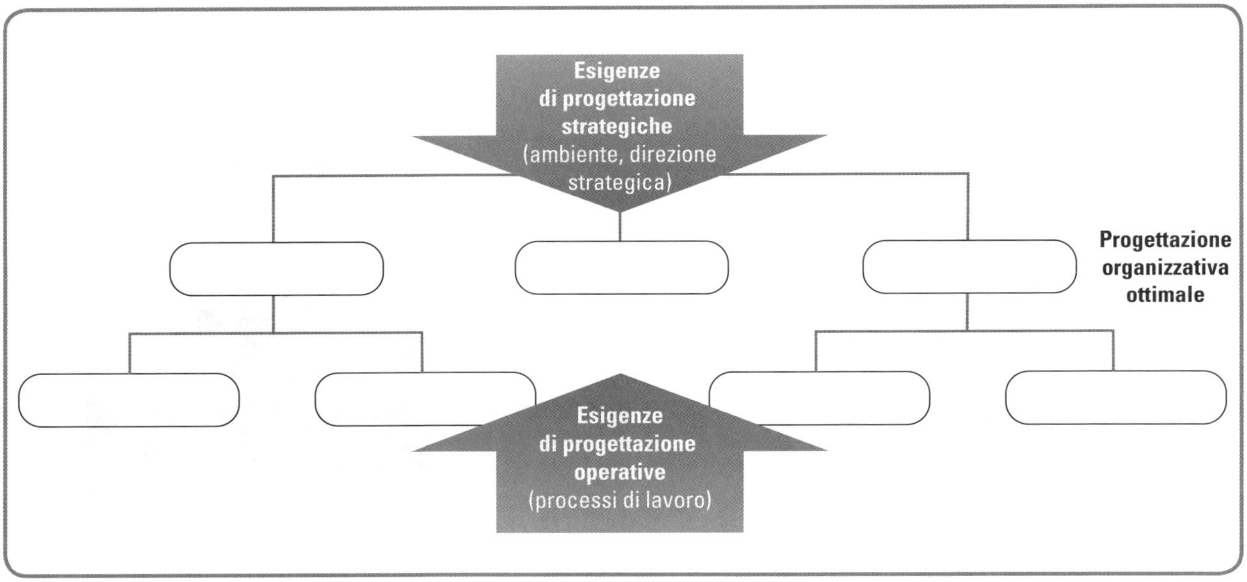

Figura 7.2
Le pressioni che influiscono sulle decisioni di progettazione organizzativa
Fonte: basato su David. A. Nadler e Michael L. Tushman con Mark B. Nadler, *Competing by Design: The Power of Organizational Architecture* (New York: Oxford University Press, 1997), 54.

l'alto, ossia dai processi operativi di lavoro che vengono svolti per realizzare i prodotti o i servizi dell'organizzazione. Tali processi influenzeranno la struttura organizzativa assieme alla core technology e alle unità ausiliarie. La domanda affrontata in questo capitolo è pertanto la seguente: "Come dovrebbe essere progettata la struttura organizzativa per facilitare i processi di produzione?"

Il resto del capitolo si articolerà nel modo seguente. Esamineremo innanzitutto come la tecnologia che caratterizza l'organizzazione nel suo insieme influisce sulla struttura e sulla progettazione dell'organizzazione stessa. Questa discussione affronterà sia le tecnologie rivolte alla produzione manifatturiera sia quelle relative ai servizi. Successivamente esamineremo le differenze tra le tecnologie delle diverse unità organizzative e come le tecnologie influiscono sulla progettazione e sulla gestione delle sotto-unità dell'organizzazione. Infine, ci occuperemo della natura dell'interdipendenza – in termini di flusso di materiali e informazioni – tra le unità, e di come essa influisce sulla progettazione organizzativa.

Tecnologia "core" manifatturiera

Le tecnologie manifatturiere comprendono i processi manifatturieri tradizionali e applicazioni contemporanee quali la fabbrica intelligente e la produzione snella.

Aziende manifatturiere

Il primo e più significativo studio svolto sulla tecnologia manifatturiera fu condotto da Joan Woodward, una studiosa di management industriale inglese. La sua ricerca iniziò come uno studio sul campo dei principi di gestione nell'Essex meridionale. Il pensiero manageriale prevalente di quel tempo (siamo negli anni Cinquanta) era racchiuso nei principi noti come principi universalistici di management, rappresentati da norme che esprimevano "il modo migliore" in cui le organizzazioni efficaci si supponeva dovessero agire in relazione a un determinato aspetto della propria attività. Woodward condusse una ricerca diretta su cento aziende manifatturiere per scoprire come erano organizzate.[11] Insieme al suo gruppo di ricercatori visitò le aziende, intervistò i manager, esaminò i dati aziendali e osservò le attività di produzione. I suoi dati comprendevano un'ampia gamma di caratteristiche strutturali (l'ampiezza del controllo gerarchico – *span of control* –, i livelli gerarchici di management) e di dimensioni relative allo stile di gestione (comunicazioni scritte piuttosto che verbali, utilizzo degli incentivi) e infine il tipo di processo manifatturiero. Vennero inoltre raccolti dati che esprimevano il successo commerciale delle aziende in questione.

Woodward predispose una scala di classificazione e ordinò le aziende in base alla complessità tecnica del processo manifatturiero. La **complessità tecnica** rappresenta il grado di meccanizzazione del processo manifatturiero: un'alta complessità implica il fatto che la maggior parte del lavoro è eseguita da macchine, una bassa implica viceversa che i dipendenti hanno un ruolo maggiore nel processo di produzione. La scala di complessità tecnica di Woodward presentava originariamente dieci categorie, come riassunto in Figura 7.3. Queste categorie venivano successivamente riunite in tre gruppi di tecnologie di base.

- *Gruppo I: produzione a piccoli lotti e unitaria.* Queste aziende tendono a configurarsi come attività su commessa che producono e assemblano piccoli ordini per soddisfare necessità specifiche dei clienti. Il lavoro svolto su misura costituisce la norma. La **produzione a piccoli lotti** si basa in maniera prevalente sul fattore umano e pertanto non

Figura 7.3
Classificazione di Woodward basata sul sistema di produzione
Fonte: adattato da Joan Woodward, *Management and Technology* (London: Her Majesty's Stationery Office, 1958). Riprodotto su autorizzazione.

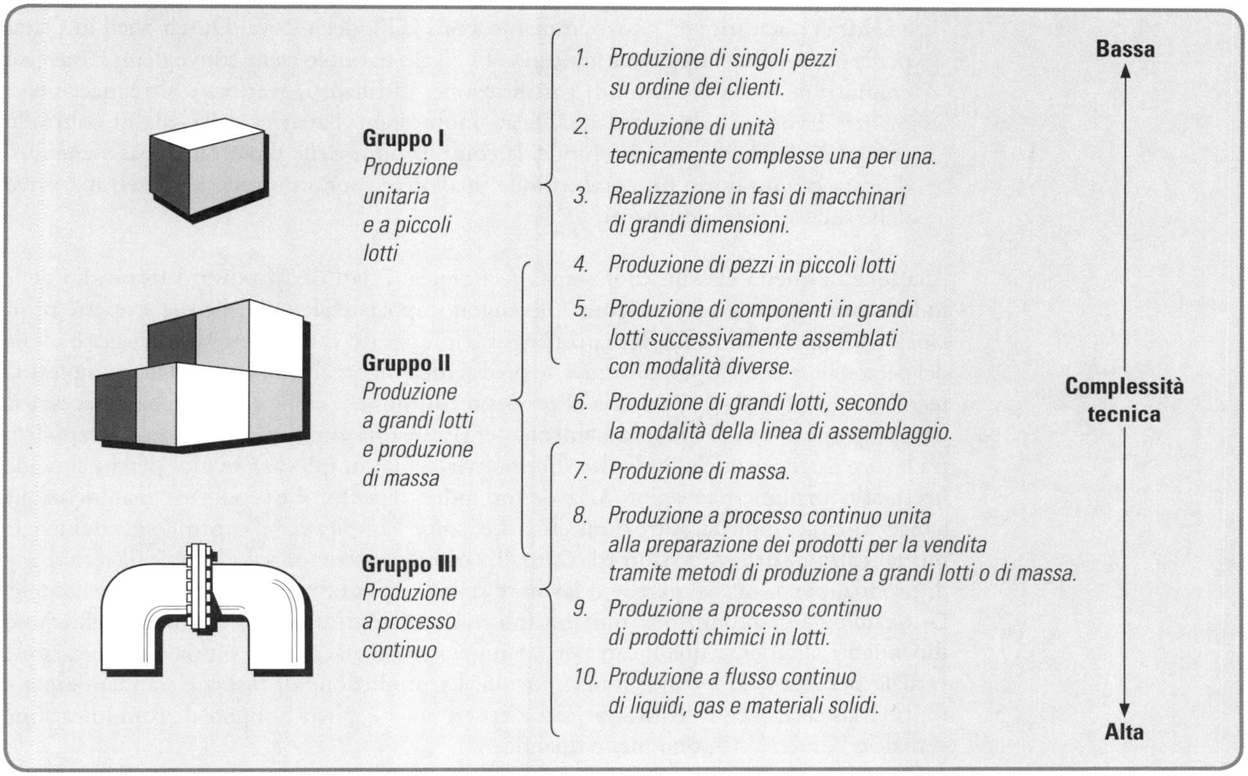

presenta un alto grado di automatizzazione. Un esempio di produzione a piccoli lotti è dato dalla borsa Kelly della Hermès International, così chiamata in onore dell'attrice Grace Kelly. Questa borsa da 7000 dollari è quasi interamente cucita a mano e reca la firma degli artigiani che l'hanno creata.[12] Anche un classico centro di distribuzione Amazon potrebbe essere considerato un esempio di fornitura di servizi a piccoli lotti: gli operai prendono i libri dagli scaffali e assemblano gli ordini dei clienti uno alla volta.

- *Gruppo II: produzione a grandi lotti e di massa.* La **produzione a grandi lotti** è un processo manifatturiero caratterizzato da lunghi cicli produttivi di parti standardizzate. L'output del processo spesso alimenta un magazzino dal quale vengono prelevati gli ordini ricevuti, dal momento che i clienti non hanno necessità particolari. Esempi di questo tipo di produzione sono rappresentati dalle tradizionali linee di assemblaggio, come per esempio quelle per la produzione di automobili.
- *Gruppo III: produzione a processo continuo.* Nella **produzione a processo continuo** l'intero processo è automatizzato. Non esiste un momento di inizio e di fine del processo. Questo rappresenta un passo ulteriore rispetto alla meccanizzazione e alla standardizzazione che caratterizzano una linea di assemblaggio. Il processo continuo è controllato da macchine automatizzate e i risultati sono estremamente prevedibili. I nuovi centri di distribuzione completamente automatizzati di Amazon potrebbero essere considerati un esempio di produzione a processo continuo. Di recente, infatti, l'azienda ha acquistato Kiva Systems, produttore di robot in grado di portare all'operaio tutti gli articoli necessari per evadere un ordine; successivamente, altri robot portano i colli alle bocche di carico.[13] Altri esempi di questo tipo di produzione sono offerti da impianti chimici, raffinerie petrolifere, produttori di liquori, aziende farmaceutiche e centrali nucleari. Nel nuovo impianto Pearl GTL della Royal Dutch Shell in Qatar per la conversione del gas naturale in GTL, il gas naturale viene convogliato attraverso condutture, serbatoi, unità di gassificazione, distillatori, reattori e altri macchinari mentre lavoratori altamente qualificati monitorano l'attività dalla sala di controllo centrale. Mediante processi chimici la composizione delle molecole di gas viene modificata per produrre un combustibile incolore e inodore simile al diesel, ma privo delle sue sostanze inquinanti.[14]

Alla luce di questa classificazione della tecnologia, i dati di Woodward fornivano delle indicazioni significative. In Figura 7.4 vengono riportate alcune delle sue scoperte principali. Il numero dei livelli di management e il rapporto tra numero di manager e totale del personale, per esempio, mostravano precisi incrementi all'aumentare della complessità tecnica dalla produzione unitaria al processo continuo, e ciò a indicare che è necessaria una maggiore intensità di coordinamento per gestire una tecnologia complessa. Il rapporto tra lavoro diretto e quello indiretto diminuisce con la complessità tecnica perché si rende necessario un numero maggiore di lavoratori indiretti per fornire supporto e manutenzione a macchinari complessi. Altre caratteristiche, come l'ampiezza del controllo gerarchico, la formalizzazione delle procedure e la centralizzazione, presentano valori alti per la tecnologia di produzione di massa, perché il lavoro è standardizzato, ma bassi per altre tecnologie. Le tecnologie di produzione unitaria (piccoli lotti) e di processo continuo richiedono dipendenti altamente qualificati per far funzionare i macchinari e una comunicazione verbale per adattarsi a condizioni mutevoli. La produzione di massa è standardizzata e routinaria, cosicché si verificano poche eccezioni, c'è poco bisogno di comunicazione verbale e i dipendenti sono meno qualificati.

	Tecnologia		
Caratteristiche strutturali	**Produzione unitaria**	**Produzione di massa**	**Processo continuo**
Numero dei livelli di management	3	4	6
Span of control dei supervisori	23	48	15
Rapporto lavoro diretto/indiretto	9:1	4:1	1:1
Rapporto manager/totale del personale	basso	medio	alto
Livello di competenze dei dipendenti	alto	basso	alto
Formalizzazione delle procedure	bassa	alta	bassa
Centralizzazione	bassa	alta	bassa
Ammontare di comunicazione verbale	alto	basso	alto
Ammontare di comunicazione scritta	basso	alto	basso
Struttura generale	organica	meccanica	organica

Figura 7.4
Relazione tra complessità tecnica e caratteristiche strutturali
Fonte: Joan Woodward, *Industrial Organization: Theory and Practice* (London: Oxford University Press, 1965). Riprodotto su autorizzazione.

Complessivamente, la struttura e i sistemi di gestione relativi alla tecnologia sia di produzione unitaria sia di processo continuo si caratterizzano come organici, come definito nei Capitoli 1 e 4. Questi sistemi hanno un grado di strutturazione e un'adattabilità maggiore, con una presenza minore di procedure formali e di standardizzazione. La produzione di massa, d'altra parte, è di tipo meccanico, con la presenza di compiti standardizzati e procedure formalizzate. La scoperta di Woodward relativa alla tecnologia ha quindi fornito una nuova prospettiva sostanziale riguardo ai fattori determinanti della struttura organizzativa. Nelle parole di Joan Woodward, "tecnologie differenti impongono tipi di richieste differenti su individui e organizzazioni e quelle domande dovevano essere soddisfatte attraverso una struttura appropriata".[15]

Strategia, tecnologia e prestazioni

Un'altra parte dello studio di Woodward ha esaminato il successo delle aziende relativamente alle dimensioni della redditività, della quota di mercato, della quotazione azionaria e della reputazione. Come indicato nel Capitolo 2, non è possibile avere una misurazione dell'efficacia semplice o precisa, ma Woodward fu ugualmente in grado di classificare le aziende con una scala di successo competitivo a seconda che esse avessero mostrato prestazioni superiori alla media, inferiori alla media o nella media relativamente a obiettivi strategici.

Woodward confrontò la relazione tra struttura e tecnologia con il successo competitivo, scoprendo che le aziende efficaci tendevano a essere quelle caratterizzate da strutture e tecnologie complementari. Molte delle caratteristiche organizzative delle aziende efficaci erano vicine alla media della loro categoria tecnologica, come mostrato in Figura 7.4. Di converso, le aziende che si posizionavano sotto la media tendevano a discostarsi dalle caratteristiche strutturali relative al loro tipo di tecnologia. In sintesi, si può concludere che le caratteristiche strutturali potevano essere interpretate raggruppandole in sistemi di gestione organici e meccanici, come definiti nei Capitoli 1 e 4. Le organizzazioni di successo con produzioni a piccoli lotti e a processo continuo presentavano strutture organiche, mentre le organizzazioni di successo a produzione di massa presentavano strutture meccaniche. La ricerca successiva ha confermato queste conclusioni.[16]

Il risultato che ne deriva per le aziende di oggi è che strategia, struttura e tecnologia devono essere allineate, specialmente quando cambiano le condizioni competitive.[17] Si considerino per esempio i cambiamenti nel settore dei materassi, che hanno imposto alla Sealy di adottare una progettazione più organica. A causa del crescente successo dei materassi di Sleep Number e Tempur-Pedic, nonché del rallentamento del mercato immobiliare, il management della Sealy ha assistito a un notevole calo del fatturato derivante dalla linea di gamma alta Stearns & Foster. La Sealy ha rinnovato le modalità di progettazione dei suoi materassi, facendo ricorso a squadre interfunzionali e associandosi all'azienda di progettazione IDEO, perché quest'ultima progettasse un letto più grazioso che differenziasse Stearns & Foster e che convincesse i clienti ad acquistare davvero un prodotto superiore.[18] L'azienda ha anche fatto ricorso alla produzione snella (di cui si parlerà più avanti nel corso del capitolo) per risultare più competitiva nel nuovo ambiente.

Non adottare nuove tecnologie idonee a supportare la strategia, o adottare una nuova tecnologia e non riuscire a riallineare la strategia per renderla ad essa coerente, può avere come conseguenza delle scarse prestazioni. L'aumentata competizione globale di oggi implica mercati più volatili, cicli di vita del prodotto più brevi e consumatori più raffinati e bene informati e la flessibilità necessaria per soddisfare queste nuove esigenze è diventata un imperativo strategico per molte aziende.[19] Le aziende manifatturiere possono adottare le nuove tecnologie per supportare questa strategia della flessibilità. Tuttavia, anche le strutture e i processi di gestione dell'organizzazione devono essere riallineati, dal momento che una struttura estremamente meccanica ostacola la flessibilità e impedisce all'azienda di catturare i vantaggi resi possibili dalla nuova tecnologia introdotta.[20]

Applicazioni contemporanee

La fabbrica di oggi è molto diversa da quella studiata da Woodward negli anni Cinquanta. In particolare, i computer e le tecnologie dell'informazione e della comunicazione hanno rivoluzionato tutti i tipi di produzione manifatturiera, a piccoli lotti, a grandi lotti e a processo continuo. Per esempio a Marion, North Carolina, nell'impianto della divisione Power Systems della Rockwell Automation, dipendenti ben addestrati sono in grado di gestire rapidamente un processo di produzione su richiesta del singolo pezzo grazie a computer, tecnologie wireless e sistemi di identificazione a radio frequenze (RFID). In un caso l'impianto di Marion ha costruito, confezionato e consegnato un componente di ricambio da installare in un impianto industriale di condizionamento dell'aria in Texas solo 15 ore dopo che il cliente aveva chiamato per l'assistenza.[21]

Tendenze

Come illustrato nell'esempio dell'azienda tessile Parkdale Mills a inizio capitolo, la tecnologia ha trasformato le fabbriche di oggi: nella maggior parte dei casi, non si presentano più come laboratori soffocanti, polverosi e affollati, colmi di dipendenti sovraccarichi di lavoro, ma piuttosto come istallazioni moderne ed efficienti dove qualità dell'aria, temperatura e livello di umidità sono strettamente controllati a beneficio dei sofisticati macchinari. La tecnologia ha anche trasformato il settore dei servizi. Eppure la crescente complessità della tecnologia presenta aspetti sia positivi sia negativi.

Estrema complessità. Boeing ha definito la produzione del suo 787 Dreamliner una "reinvenzione della produzione manifatturiera." La nuova tecnologia ha permesso di costruire il velivolo utilizzando materiali compositi, novità assoluta nel settore. Questo consentirebbe un risparmio di carburante del 20 per cento e una produzione di emissioni del 20 per cento inferiore. Eppure il lancio del nuovo modello è stato posticipato di anni e, una volta avvenuto, l'aereo è stato afflitto da un problema di qualità dietro l'altro: perdite di carburante, crepe in un finestrino della cabina di pilotaggio, problemi nel cablaggio e surriscaldamento delle batterie.[22]

Boeing, tuttavia, non è l'unica azienda a subire le conseguenze dell'aver voluto essere all'avanguardia in termini di nuova tecnologia complessa. Si considerino, come ulteriore esempio, i problemi nel settore delle crociere.

IN PRATICA

Carnival Cruise Lines

Nell'autunno 2013, a seguito di una serie di incidenti sulla Carnival Cruise Lines, molti clienti giurarono che non avrebbero mai più fatto una crociera con quella compagnia. Nel caso peggiore, un incendio nella sala macchine portò la Carnival Triumph alla deriva, priva di corrente elettrica, nel Golfo del Messico, con 4200 persone a bordo. Visto che la durata della crociera, originariamente di quattro giorni, raddoppiò, cibo e acqua scarseggiavano, i passeggeri soffocavano dal caldo per la mancanza di impianti di condizionamento e i media parlavano di bagni straripanti, descrivendo la scena come "infernale". I manager di Carnival stanno rivalutando la strategia di costruire navi ancora più grandi, perché complesse al punto da risultare pressoché ingestibili quando si verifica un'emergenza.

I pericoli di quella strategia apparvero in tutta la loro chiarezza quando il naufragio della Costa Concordia lungo le coste italiane causò 32 vittime. L'incidente rivelò delle enormi falle nelle procedure di sicurezza ed emergenza. Il capitano Francesco Schettino fu accusato di una serie di errori, nonché di aver aggravato la situazione non rispondendo per 45 minuti dopo che l'equipaggio gli ebbe comunicato che la nave si stava allagando e che i motori erano in avaria. Tuttavia, il pericolo derivò anche in gran parte dalle enormi dimensioni della nave e dalla mancanza di controllo. Oggi le dimensioni delle navi da crociera più grandi arrivano a essere quasi cinque volte superiori a quelle del 1985.[23]

La recente serie di incidenti nel settore delle crociere ha spinto esperti e organismi di regolamentazione in materia di sicurezza a chiedere maggiore responsabilità, dicendo che la strategia di costruire supernavi da crociera è piena di rischi. "Date le dimensioni delle navi odierne, qualsiasi problema diventa immediatamente enorme," ha affermato Michael Bruno, preside della scuola di ingegneria del Stevens Institute of Technology.[24] Il Segnalibro di questo capitolo fornisce una prospettiva storica sui pericoli insiti nella mancata comprensione e nella gestione inefficace di tecnologie estremamente complesse.

Che ne è delle persone? Presso la fabbrica Philips in China, centinaia di operai assemblano rasoi elettrici a mano. In uno stabilimento analogo, nei Paesi bassi, 128 bracci robotici fanno lo stesso lavoro, guidati da videocamere; essi lavorano a una velocità tale da dover essere racchiusi in gabbie di protezione, per evitare di ferire i pochi esseri umani che li supervisionano. La fabbrica nei Paesi Bassi conta un decimo circa degli operai della fabbrica in Cina. UPS e FedEx impiegano ancora decine di migliaia di dipendenti per caricare e scaricare i camion, ma nel prossimo futuro è in programma l'automazione robotizzata.[25] Una nuova stirpe di abili robot stanno sostituendo gli operai sia nelle aziende manifatturiere sia nelle imprese di servizi.

I sistemi tecnologici e umani di un'organizzazione sono intrecciati. Che cosa avviene dunque alle persone quando subentrano robot o altre macchine nel lavoro? Che piaccia o no, è l'onda del futuro e probabilmente l'unico modo in cui i produttori dei Paesi sviluppati

Segnalibro

Inviting Disaster: Lessons from the Edge of Technology
di James R. Chiles

Parigi, Francia, 25 luglio 2000. Il volo Air France Concorde 590 è decollato dall'aeroporto Charles De Gaulle da meno di due minuti, quando accade un incidente terribile. Divampa il fuoco e si alza un fumo nero, l'enorme aeroplano si inclina verso sinistra e si schianta contro un albergo, uccidendo 109 persone a bordo e altre 4 a terra. È solo uno dei disastri tecnologici che James R. Chiles descrive nel suo libro, *Inviting Disaster: Lessons from the Edge of Technology*, pubblicato prima dello schianto dello shuttle *Columbia* nel 2003.
Uno dei punti principali illustrati da Chiles è che il progresso tecnologico rende possibile la creazione di macchine che mettono a dura prova la capacità umana di comprenderle e farle funzionare in modo sicuro. Per esempio, l'eccessiva fiducia dei manager della BP nelle loro capacità di comprendere e gestire i dispositivi di *blowout prevention* (prevenzione delle eruzioni) è stata una delle cause del disastro della piattaforma petrolifera Deepwater Horizon; analogamente l'incapacità di gestire in condizioni di sicurezza complesse tecnologie nucleari ha causato perdite radioattive nella centrale nucleare di Fukushima, in Giappone, dopo il terremoto e lo tsunami del 2011. Secondo l'autore, i margini di sicurezza si stanno sempre più assottigliando mano a mano che i motori che guidiamo diventano sempre più potenti e il lasso di tempo che trascorre tra l'invenzione e l'utilizzo si accorcia. Chiles ritiene che oggi "ogni venti libri che suggeriscono come perseguire il successo, occorre almeno un libro che spieghi come possono avvenire disastri nonostante sforzi enormi e grandi ideali".

Come avvengono i disastri: esempi di fratture di sistema

Chiles si avvale di esempi di calamità storiche, come l'affondamento del *Titanic*, e di disastri moderni, come l'esplosione dello shuttle *Challenger*, per illustrare i pericoli della *frattura di sistema*, una catena di eventi provocata da un errore umano in risposta a disfunzioni di macchinari complessi. I disastri iniziano quando a un punto debole se ne aggiungono altri.

- *Sultana* (nave a vapore americana sul fiume Mississippi presso Memphis, nel Tennessee), 25 aprile 1865. La nave, progettata per portare al massimo 460 persone, stava trasportando verso nord più di 2000 ex prigionieri dell'Unione (e altre 200 persone tra equipaggio e passeggeri) quando tre delle quattro caldaie esplosero, uccidendo 1800 persone. Una delle caldaie aveva una crepa cui era stata provvisoriamente posta una toppa, che però era troppo sottile. Gli operatori non riuscirono a compensare la perdita regolando la valvola di sicurezza.
- *Piper Alpha* (piattaforma petrolifera nel Mare del Nord), 6 luglio 1988. La piattaforma situata in alto mare trattava enormi volumi di gas naturale provenienti da altri impianti attraverso i condotti. Una squadra di lavoro diurno, che non aveva completato la riparazione di una pompa di gas condensato, riferì un messaggio verbale alla squadra del turno successivo, che tuttavia avviò la pompa. Quando il sigillo provvisorio alla pompa si ruppe, un incendio intrappolò i lavoratori di turno lasciandoli senza via di fuga, uccidendo 167 persone tra addetti e soccorritori.
- *Union Carbide (India) Ltd.* (rilascio di sostanze chimiche altamente tossiche in una comunità), Bhopal, Madhya Pradesh, India, 3 dicembre 1984. Vi sono tre teorie contrastanti per spiegare come l'acqua si sia infiltrata in un serbatoio, scatenando una violenta reazione che riversò nell'ambiente l'altamente tossico metil-isocianato utilizzato nella produzione di pesticidi, provocando circa 7000 morti: (1) sistemi di sicurezza inadeguati, (2) sabotaggio, (3) errore umano.

Qual è la causa delle fratture di sistema?

Vi è un'infinità di cause che portano a tali disastri, da errori di progettazione, insufficiente addestramento degli operatori e scarsa pianificazione ad avidità e cattiva gestione. Chiles scrive questo libro per ricordare che la tecnologia ci porta in posti rischiosi: nello spazio, in torri alte 600 metri o in impianti chimici. Chiles cita inoltre esempi di disastri sventati grazie a prontezza di pensiero e reazioni adeguate. Per aiutare a prevenire le fratture di sistema, i manager possono creare organizzazioni ove le persone di tutta l'azienda sono esperte nel cogliere i sottili segnali dei veri problemi, e hanno il potere per riferirne e reagire prontamente.

Inviting Disaster: Lessons from the Edge of Technology, di James R. Chiles, è pubblicato dalla HarperBusiness.

possono competere con i Paesi a basso costo della manodopera. I progressi tecnologici di solito distruggono alcuni posti di lavoro ma ne creano altri; eppure, come si è detto nel Capitolo 4 e nei paragrafi precedenti di questo capitolo, i recenti progressi tecnologici stanno distruggendo più posti di lavoro di quanti non ne stiano creando. Persino i lavori impiegatizi nella finanza, nelle risorse umane e in altre funzioni vengono progressivamente sostituiti da sofisticata information technology. Di information technology si parlerà in maggiore dettaglio nel prossimo capitolo.

La tecnologia avanzata sta rendendo le aziende più efficienti e produttive; vi sono tuttavia delle cose che i robot non possono fare. La Harley-Davidson, per esempio, ha scoperto che gli esseri umani sono molto più flessibili, come si è detto nel relativo esempio "In Pratica" del Capitolo 1, per cui l'azienda fa ancora ricorso a persone per costruire motociclette che si presentano in 1200 configurazioni diverse. Gli esseri umani sono in grado di adattarsi via via, mentre i robot non possono farlo. Presso la Harley e altre aziende, i robot svolgono i compiti semplici e ripetitivi, mentre i dipendenti quelli più complessi e dinamici. Parlando di robot, "non si tratta di una sostituzione uno a uno," dice Rodney Brooks, ex professore di robotica presso il MIT. "Le persone sono di gran lunga più brave nel fare determinate cose."[26]

La fabbrica intelligente

Due significative applicazioni contemporanee della tecnologia avanzata per la produzione di massa sono la fabbrica intelligente e la produzione snella. La maggior parte delle fabbriche contemporanee utilizzano nuove tecnologie manifatturiere quali robot, macchine utensili a controllo numerico, RFID, tecnologie wireless e software per la progettazione del prodotto, per le analisi di ingegneria e il controllo remoto dei macchinari. Secondo uno studio, le imprese manifatturiere statunitensi utilizzano dispositivi per l'elaborazione delle informazioni (come computer ecc.) in misura sei volte maggiore rispetto a venti anni fa.[27] Questo incremento è indice della crescente incertezza e delle difficili sfide che le imprese manifatturiere devono fronteggiare, per esempio la globalizzazione delle operazioni, la concorrenza sempre più agguerrita, la maggiore complessità del prodotto e la necessità di coordinarsi con un numero maggiore di partner aziendali.[28] I più recenti impianti automatizzati sono noti come **fabbriche intelligenti**,[29] ovvero anche come *fabbriche digitali, produzione integrata e automatizzata, sistemi manifatturieri flessibili (FMS, flexible manufacturing systems), tecnologia manifatturiera avanzata* o *produzione agile*. La fabbrica intelligente mette in rete componenti della produzione manifatturiera che operavano precedentemente in maniera isolata. Ne consegue che robot, macchine, attività di progettazione di prodotto e analisi di ingegneria finiscono per fare capo al sistema di un singolo computer in una rete interconnessa di informazioni e produzione.[30]

La fabbrica intelligente comprende diverse sottocomponenti:

- *Computer-aided design (CAD)*. I computer sono utilizzati nelle fasi di disegno, progettazione e ingegnerizzazione di nuove parti. I progettisti utilizzano i propri computer per disegnare determinate configurazioni sullo schermo, comprese le dimensioni e i dettagli delle componenti. In questo modo possono essere esplorate centinaia di alternative di progettazione, così come versioni su scala minore o maggiore rispetto all'originale.[31]
- *Computer-aided manufacturing (CAM)*. L'utilizzo di macchine a controllo computerizzato nella gestione dei materiali, nella fabbricazione dei componenti, nel processo produttivo e nell'assemblaggio incrementa molto la velocità alla quale possono essere prodotti i diversi output. Il CAM consente anche a una linea di produzione di spostarsi rapidamente dalla realizzazione di un prodotto a qualsiasi varietà di prodotti diversi semplicemente con una modifica delle istruzioni software. Il CAM permette alla linea di produzione di soddisfare velocemente le richieste del cliente in relazione a cambiamenti nella progettazione del prodotto e nel mix di prodotto.[32]

- *Robot*. Da anni le case automobilistiche utilizzano robot nelle catene di montaggio; tuttavia, una nuova generazione di robot più piccoli e semplici consente anche ai produttori di piccole e medie dimensioni di beneficiarne. Questi nuovi robot sono in grado di comunicare e collaborare con i dipendenti ed essere di aiuto in ogni fase del processo produttivo, dalla consegna delle componenti, all'assemblaggio dei prodotti, al magazzinaggio, al confezionamento, alla spedizione.[33] Questi robot, con il contributo apportato dai nuovi software di imaging e interfaccia uomo-macchina, nonché dai progressi nel riconoscimento degli oggetti e nella tecnologia sensoriale, possono essere utilizzati da produttori di qualsiasi dimensione in quanto possono operare senza gabbie di protezione. Sono in grado di percepire i loro "co-operai" e di reagire, sono provvisti di meccanismi di sicurezza incorporati e sono in grado di prendere decisioni basate sul senso comune durante lo svolgimento di compiti ripetitivi.[34]
- *Stampa 3D*. Anche nota come *produzione additiva*, la stampa 3D costruisce oggetti sovrapponendo in successione strati di materiali uno alla volta. La tecnologia consente agli ingegneri di modellare un oggetto, che si tratti di una Barbie o dell'asse di un camion Ford, su un computer e di stamparlo con plastica, metallo o materiali compositi piuttosto che tagliando o forando l'oggetto a partire da stampi. Questa tecnica consente di ridurre lo spreco di materiali e i tempi di consegna.[35]

Una fabbrica intelligente permette di progettare un nuovo prodotto a computer e realizzare un prototipo senza alcun intervento fisico da parte dell'uomo. La fabbrica ideale può passare velocemente da un prodotto a un altro, lavorare velocemente e con precisione e senza la produzione di documenti o la tenuta di registri che intasano il sistema.[36] Inoltre, i nuovi software consentono di coordinare le informazioni provenienti da più unità aziendali e organizzazioni coinvolte in un progetto, oltre che di progettare qualsiasi tipo di prodotto, anche una nuova fabbrica.

Lo stabilimento Siemens Electronic Works di Amberg, in Germania, rappresenta un valido esempio di fabbrica intelligente: macchinari intelligenti coordinano la produzione e distribuzione dei sistemi di controllo Simatic prodotti dall'azienda, processo che interessa oltre 1,6 miliardi di componenti provenienti da 250 fornitori per la produzione su misura e su commessa di 950 diversi prodotti in 50.000 varianti all'anno. Il tutto viene fatto con un tasso di affidabilità del 99 per cento e un record di solo 15 difetti circa per milione.[37] Anche l'industria automobilistica fornisce validi esempio dei benefici della fabbrica intelligente. La Honda ha conseguito uno straordinario grado di flessibilità nell'impianto situato a East Liberty, Ohio. Considerata il produttore di auto più flessibile nel Nord America, in questo impianto la Honda può passare dalla produzione della monovolume Civic a quella dei più lunghi e alti SUV CRV in soli cinque minuti. Per passare dall'assemblaggio di un modello a un altro occorre semplicemente installare "mani" diverse sui robot affinché possano maneggiare pezzi diversi. La capacità di modificare rapidamente i livelli di magazzino dei diversi modelli di veicoli ha rappresentato un vantaggio strategico fondamentale per la Honda in un'epoca caratterizzata da prezzi del carburante volatili e gusti del pubblico mutevoli.[38]

La produzione snella

La fabbrica intelligente raggiunge il massimo potenziale di miglioramento della qualità, soddisfazione dei clienti e riduzione dei costi quando tutte le parti vengono utilizzate in maniera interdipendente e associate a processi gestionali flessibili in un sistema chiamato *produzione snella*. La **produzione snella** utilizza personale altamente specializzato in ogni stadio del processo produttivo, adottando un approccio scrupoloso alla riduzione dello spreco e al miglioramento del valore qualità per il cliente. Di solito la produzione snella viene associata al *Six Sigma*, uno standard di qualità estremamente ambizioso che fissa come obiettivo un numero non superiore a 3,4 difetti per milione di componenti.[39] Tuttavia, il Six Sigma è stato esteso rispetto alla sua stretta definizione diventando un termine generico applicato a un approccio al controllo della qualità che pone l'accento su una ricerca disciplinata e incessante di maggiore qualità a costi più bassi. Secondo un sondaggio condotto da *Industry Week* e dal Manufacturing Performance Institute su un campione di 745 imprese manifatturiere in merito ai piani di miglioramento utilizzati, la produzione snella è stata di gran lunga il metodo più citato: più del 40 per cento delle aziende interpellate ha riferito di fare ricorso a tecniche di produzione snella.[40]

Il Lean Six Sigma prevede un approccio olistico condotto da squadre finalizzato all'eliminazione dello spreco e al miglioramento della qualità.[41] Esso incorpora elementi tecnologici, come il CAD/CAM, ma ruota attorno alle persone e non a macchinari o software. La produzione snella richiede cambiamenti nei sistemi organizzativi, nuovi processi decisionali e gestionali, e una cultura organizzativa che supporti l'attiva partecipazione dei dipendenti, un'ottica di qualità e focalizzazione sul cliente. I dipendenti sono addestrati a combattere lo spreco e impegnarsi per un processo di miglioramento continuo in tutte le aree.[42]

Il *kaizen*. Uno degli insegnamenti della produzione snella è che vi è sempre la possibilità di miglioramento. Il miglioramento continuo, o *kaizen*, è l'attuazione di un gran numero di piccoli miglioramenti incrementali in tutte le aree dell'organizzazione in modo continuo. Tutti i dipendenti sanno che l'organizzazione si aspetta il loro contributo, tramite dei cambiamenti nelle loro attività lavorative. La filosofia di base è che migliorando le cose poco per volta, ma costantemente, aumenta la probabilità di successo. All'inizio può trattarsi di piccole innovazioni e i dipendenti hanno la possibilità di contribuire con il loro successo in questo processo infinito. L'impegno nel kaizen ha consentito a La-Z-Boy di Dayton, in Tennessee, di continuare a prosperare persino durante la recente recessione.

IN PRATICA
La-Z-Boy

"Se avessimo continuato a operare come facevamo nel 2005," ha affermato David Robinson, manager del Miglioramento Continuo presso La-Z-Boy, "qualcun altro sarebbe qui in questo momento, perché noi avremmo già chiuso. Abbiamo un incremento di 50 milioni di dollari all'anno rispetto al passato."
Manager e ingegneri dello stabilimento sono stati formati al Six Sigma e dei team interfunzionali hanno organizzato 24 eventi kaizen incentrati su sicurezza, qualità e produttività. Un miglioramento di processo degno di nota presso lo stabilimento di Dayton è il Flawless Launch Program, che attribuisce a un ingegnere di produzione il compito di assicurare che tutti i nuovi prodotti rispondano alle caratteristiche di qualità e producibilità. In questo modo, sostiene Robinson, l'azienda sa quali attrezzature e apparecchiature saranno necessarie per fabbricare il prodotto ripetutamente, a un prezzo basso e senza difetti. Fa l'esempio del primo tentativo da parte dello stabilimento di produrre una poltrona elevabile elettrica, che ebbe un tasso di fallimento del 40 per cento. Dopo aver applicato il Flawless Lanch Program, sostiene Robinson, "Abbiamo ora un tasso di fallimento inferiore all'1 per cento."[43]

I manager della La-Z-Boy hanno iniziato a sperimentare con le tecniche della produzione snella circa venti anni fa, così come numerose altre aziende nordamericane, che studiarono le prassi seguite dalla Toyota e da altre aziende giapponesi, pioniere di questo sistema di produzione innovativo. Per esempio, un piccolo miglioramento presso il nuovo stabilimento Miyagi della Toyota consiste nel posizionare i veicoli uno a fianco dell'altro sulla catena di montaggio, piuttosto che in fila, il che consente di ridurre i costi di istallazione e di aumentare la produttività, in quanto gli operai devono percorrere una distanza inferiore per spostarsi fra un veicolo e l'altro.[44]

confrontate la vostra opinione

1 **La produzione snella è un sistema manifatturiero estremamente efficiente mediante il quale si ottengono prodotti di prima qualità.**

Risposta esatta: *D'accordo.* Le tecniche di produzione snella sono state applicate da centinata di organizzazioni in tutto il mondo, con notevoli miglioramenti sui piani della qualità, produttività ed efficienza. La produzione snella rappresenta ancora uno strumento importante per le aziende manifatturiere e anche i manager delle imprese di servizi più lungimiranti stanno imparando a beneficiare del pensiero snello.

La personalizzazione di massa. La produzione snella e la fabbrica intelligente hanno spianato la strada alla **personalizzazione di massa**, termine che indica l'utilizzo di tecniche proprie della produzione di massa per realizzare rapidamente e a costi ragionevoli beni progettati per rispondere alle esigenze di singoli clienti, con l'obiettivo di fornire loro esattamente quello che desiderano.[45] La personalizzazione di massa è stata applicata a un ampio ventaglio di prodotti, dalle macchine agricole ai computer, ai capi di abbigliamento, ai detergenti industriali.[46] Un cliente può ordinare un laptop Sony scegliendo tra vari pacchetti con dimensioni del disco fisso, velocità del microprocessore e software diversi, oppure una BMW con la combinazione di caratteristiche e accessori desiderata. Circa il 60 per cento dei veicoli venduti in Europa dalla BMW sono realizzati su ordinazione.[47] La Oshkosh Truck Company ha prosperato durante un periodo in cui le vendite sono crollate per l'intero settore, offrendo autocarri per i vigili del fuoco, betoniere, camion per il trasporto dei rifiuti e mezzi militari personalizzati. I vigili del fuoco si recano spesso in visita nello stabilimento per osservare il loro nuovo veicolo nascere e prendere forma, e a volte partecipano direttamente alle fasi finali del processo produttivo portando campioni di vernice per personalizzare il colore del loro parco autocarri.[48]

Il vantaggio affascinante della fabbrica intelligente è che prodotti di varie dimensioni e tipi si mescolano liberamente in base alle esigenze del cliente sulla linea di assemblaggio, consentendo di realizzare un'ampia gamma di articoli su misura con costi bassi, al livello della produzione di massa.[49] Macchine computerizzate possono effettuare cambiamenti istantanei – come per esempio collocare una vite più grande in una posizione diversa – senza che questo rallenti la linea di produzione. Un produttore può realizzare così una varietà infinita di prodotti in lotti di dimensioni illimitate, come illustrato in Figura 7.5. Nei sistemi di produzione tradizionale studiati da Woodward le scelte erano limitate a quelle presenti sulla diagonale. La produzione a piccoli lotti permetteva un'alta flessibilità di prodotto e ordini personalizzati, ma a causa della "abilità artigianale" insita nella realizzazione di prodotti personalizzati, la dimensione del lotto risultava necessariamente piccola. La produzione di massa poteva permettere lotti di grandi dimensioni, ma offriva una flessibilità di prodotto limitata. La produzione a processo continuo, infine, dava la possibilità di realizzare un singolo prodotto standard in quantità illimitate.

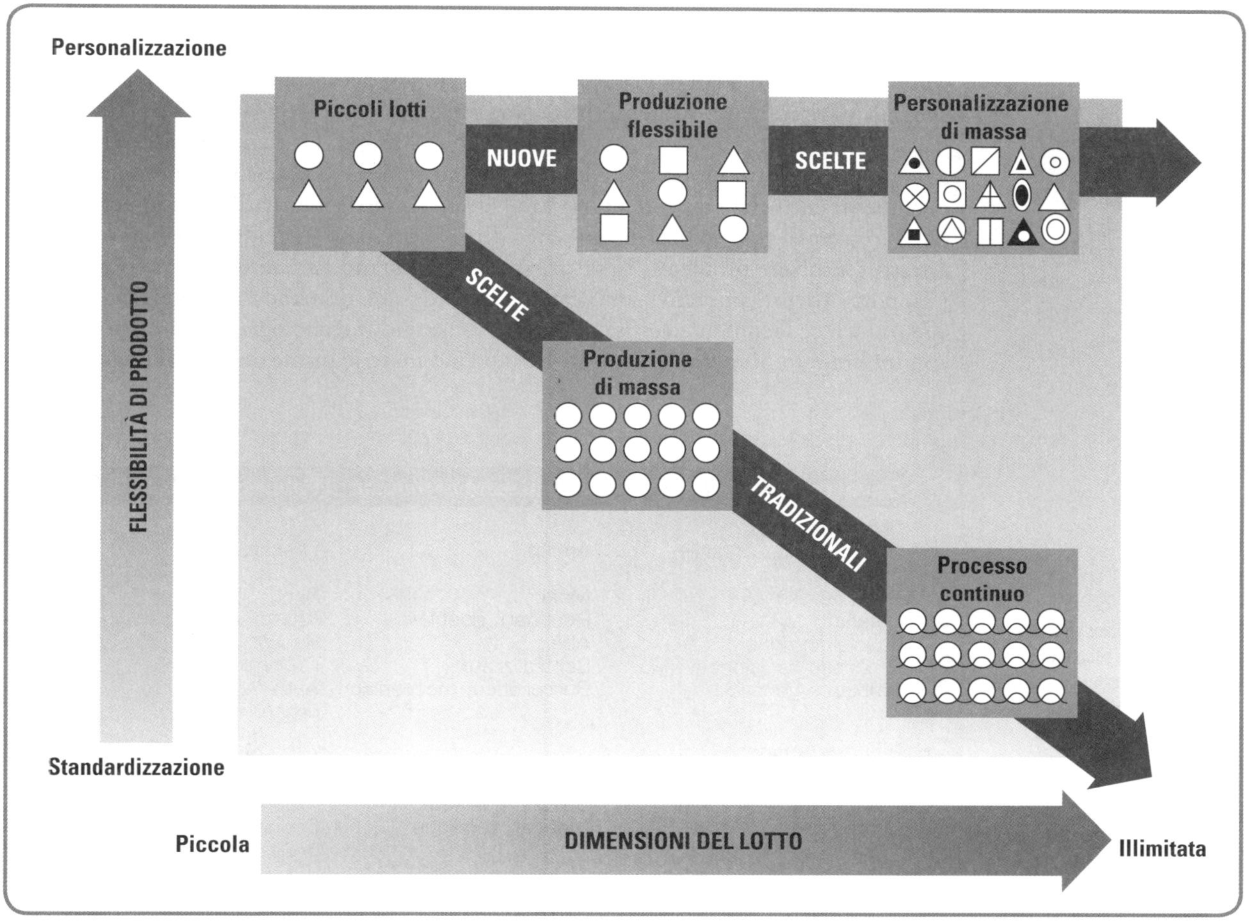

Figura 7.5
Relazioni tra la tecnologia manifatturiera flessibile e le tecnologie tradizionali
Fonte: basato su Jack Meredith, "The Strategic Advantages of New Manufacturing Technologies for Small Firms", *Strategic Management Journal* 8 (1987), 249-258; Paul Adler, "Managing Flexible Automation", *California Management Review* (Spring 1988), 34-56; Otis Port, "Custom-made Direct from the Plant", *BusinessWeek*/21st Century Capitalism (November 18, 1994), 158-159.

La fabbrica intelligente permette invece agli stabilimenti di rompere lo schema costituito da questa diagonale e di incrementare allo stesso tempo sia la flessibilità di prodotto sia le dimensioni del lotto. Se portata al suo livello massimo, la produzione flessibile consente di realizzare la personalizzazione di massa, con l'adattamento di ogni singolo prodotto alle specifiche del cliente. Questo utilizzo dei sistemi intelligenti ad alto livello è stato indicato come *produzione artigianale supportata da computer*.[50]

Performance e implicazioni strutturali

Alcuni studi suggeriscono che l'adozione della fabbrica intelligente permette un utilizzo più efficiente dei macchinari, un aumento della produttività dei dipendenti, una diminuzione degli scarti e una crescita della varietà di prodotto e della soddisfazione dei clienti.[51] Molte aziende manifatturiere statunitensi stanno reinventando il concetto di fabbrica attraverso l'utilizzo dei sistemi digitali e della produzione snella.

Alcune ricerche che esaminano il rapporto tra fabbrica intelligente e caratteristiche organizzative hanno individuato gli schemi che sembrano regolare queste due dimensioni, riassunti in Figura 7.6. In confronto alle tradizionali tecnologie di produzione di massa, la fabbrica intelligente presenta un'ampiezza del controllo gerarchico limitata, pochi livelli gerarchici, compiti adattabili, bassa specializzazione e decentramento, mentre l'ambiente generale di riferimento si caratterizza come organico e auto-regolamentato. I dipendenti hanno bisogno di possedere capacità di lavoro di gruppo, le attività di formazione sono ad ampio raggio (in modo tale che i dipendenti non siano eccessivamente specializzati) e frequenti (affinché i dipendenti possano essere sempre aggiornati). Le competenze tendono a essere di tipo cognitivo, così che i dipendenti siano in grado di elaborare concetti astratti e risolvere problemi. Nelle aziende che adottano sistemi di fabbrica intelligente i rapporti interorganizzativi sono caratterizzati da una domanda mutevole da parte dei clienti – che è facilmente gestita per mezzo della nuova tecnologia – e da rapporti stretti con un limitato numero di fornitori che offrono materie prime della migliore qualità.[52]

Figura 7.6
Confronto tra le caratteristiche organizzative associate alla produzione di massa e quelle associate alla fabbrica digitale
Fonte: basato su Patricia L. Nemetz, Louis W. Fry, "Flexible Manufacturing Organizations Implications for Strategy Formulation and Organization Design", *Academy of Management Review* 13 (1988), 627-638; Paul S. Adler, "Managing Flexible Automation", *California Management Review* (Spring 1988), 34- 56; Jeremy Main, "Manufacturing the Right Way", *Fortune* (May 21, 1990), 54-64.

Caratteristica	Produzione di massa	Fabbrica digitale
Struttura:		
Ampiezza del controllo gerarchico	Ampio;	Limitato;
Livelli gerarchici	Molti;	Pochi;
Compiti	Routinari, ripetitivi;	Adattabili, artigianali;
Specializzazione	Alta;	Bassa;
Processo decisionale	Centralizzato;	Decentralizzato;
Ambiente generale	Burocratico, meccanico	Auto-regolamento, organico
Risorse umane:		
Interazioni	Autonomia;	Lavoro di gruppo;
Formazione	Specifica, isolata;	Ampia, frequente;
Competenze	Manuali, tecniche	Cognitive, sociali, capacità di risoluzione dei problemi
Relazioni interorganizzative:		
Domanda da parte dei clienti	Stabile;	Mutevole;
Fornitori	Molti, rapporti distaccati	Pochi, rapporti stretti

La sola tecnologia non può garantire alle organizzazioni i vantaggi della flessibilità, della qualità, di una maggiore produttività e di una più grande soddisfazione dei clienti. La ricerca suggerisce che anche le strutture organizzative e i processi di gestione devono essere riprogettati in modo da sfruttare la nuova tecnologia.[53] Quando i manager al vertice si impegnano a realizzare nuove strutture e processi che responsabilizzano i dipendenti e supportano un ambiente di apprendimento e di creazione di conoscenze, la fabbrica intelligente può permettere alle aziende di diventare più competitive.[54]

Tecnologia "core" per i servizi a livello organizzativo

Un altro grande cambiamento che si sta verificando relativamente alla tecnologia delle organizzazioni è la crescita del settore dei servizi. Oltre la metà delle organizzazioni statunitensi sono imprese di servizi e si stima che circa il 90 per cento della forza lavoro statunitense è impiegata nei servizi, per esempio in ristoranti, ospedali, alberghi e resort, compagnie aeree, commercio al dettaglio, servizi finanziari e servizi di informazione.[55]

Aziende di servizi

Le tecnologie per i servizi sono diverse dalle tecnologie manifatturiere e, di conseguenza, richiedono una diversa progettazione organizzativa.

Definizione. Mentre le organizzazioni manifatturiere raggiungono il proprio scopo principale attraverso la realizzazione di prodotti, le organizzazioni di servizi conseguono il loro obiettivo primario attraverso la produzione e la fornitura di servizi, quali per esempio l'istruzione, l'assistenza sanitaria, il trasporto, le attività bancarie e le strutture ricettive. Gli studi condotti sulle organizzazioni di servizi si sono concentrati sugli aspetti distintivi delle tecnologie per i servizi. In Figura 7.7 vengono messe a confronto le caratteristiche della **tecnologia per i servizi** con quelle della tecnologia manifatturiera.

Figura 7.7
Differenze tra tecnologie manifatturiere e per i servizi
Fonti: basato su F.F. Reichheld, W.E. Sasser, Jr., "Zero Defections: Quality Comes to Services", *Harvard Business Review* 68 (September-October 1990), 105-111; David E. Bowen, Caren Siehl, Benjamin Schneider, "A Framework for Analyzing Customer Service Orientations in Manufacturing", *Academy of Management Review* 14 (1989), 75-95.

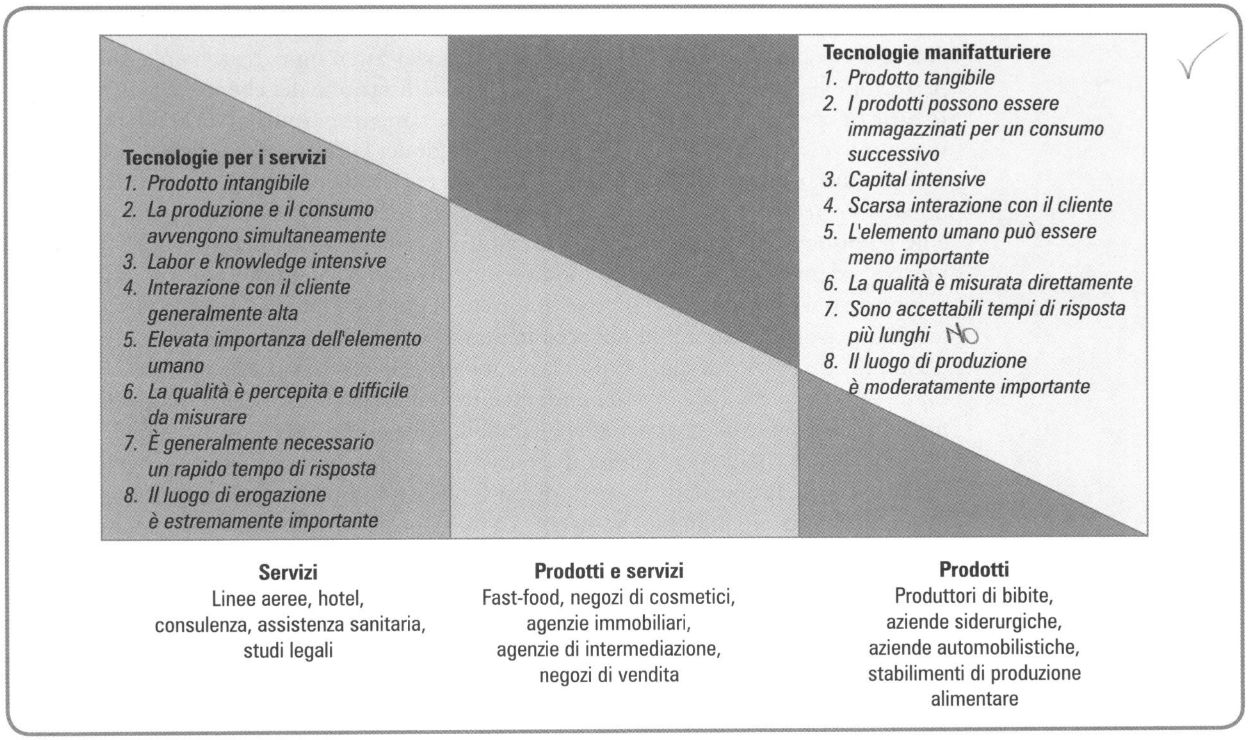

La differenza più evidente è che la tecnologia per i servizi produce un *output intangibile*, come nel caso del social network fornito da Facebook, anziché un output tangibile, come per esempio un frigorifero realizzato da General Electric. Un servizio ha invece natura astratta e spesso consiste in conoscenze e idee piuttosto che in un prodotto fisico. Di conseguenza, mentre le merci delle imprese manifatturiere possono essere destinate a magazzino per una vendita successiva, i servizi sono caratterizzati da una *simultaneità tra produzione e consumo*. Esempi possono essere l'incontro tra un cliente e un medico o un avvocato, o ancora studenti e insegnanti che si ritrovano insieme all'interno di un'aula o su Internet. Un servizio è un prodotto intangibile che non esiste fino a quando non è richiesto dal cliente. Non può essere conservato, inventariato o esaminato come un bene finito. Se un servizio non viene fruito immediatamente dopo la sua produzione, esso scompare.[56] Ciò significa tipicamente che le aziende di servizi sono ad alta intensità di lavoro e di conoscenza (*labor-* e *knowledge-intensive*), con la necessità di disporre di molti dipendenti per soddisfare le necessità dei clienti, mentre le ditte manifatturiere tendono a essere ad alta intensità di capitale (*capital-intensive*) e ad affidarsi alla produzione di massa, al processo continuo e alle tecnologie manifatturiere intelligenti.[57]

In genere, nei servizi si riscontra un livello molto alto di *interazione diretta tra cliente e dipendente*, mentre tale livello tende a essere basso all'interno del nucleo tecnico di un'azienda manifatturiera. Questa interazione diretta significa che l'elemento umano (i dipendenti) diventa estremamente importante nelle aziende di servizi. Mentre nella maggior parte dei casi una persona non incontrerà mai i dipendenti che hanno prodotto la sua automobile, si trova a interagire direttamente con l'addetto alle vendite di un concessionario o con il dipendente di una società di autonoleggio. Il trattamento ricevuto dall'addetto alle vendite – o da un medico, un avvocato o un parrucchiere – influenza la percezione del servizio ricevuto e il livello di soddisfazione del cliente. *La qualità di un servizio è percepita* e non può essere misurata direttamente e confrontata nello stesso modo in cui può esserlo la qualità di un prodotto tangibile. Un'altra caratteristica che influisce sulla soddisfazione e sulla percezione del cliente relativamente alla qualità del servizio è la *rapidità del tempo di risposta*. Un servizio deve essere fornito quando il cliente lo desidera e ne ha bisogno. Quando invitiamo un amico a cena in un ristorante, vogliamo trovare posto a sedere ed essere serviti in modo tempestivo; non saremmo molto soddisfatti se il cameriere o il proprietario ci dicesse di tornare il giorno seguente, quando ci saranno più tavoli o personale disponibili per accontentarci.

L'ultima caratteristica che definisce la tecnologia per i servizi consiste nel fatto che *la scelta del luogo è spesso molto più importante* di quanto non lo sia nel caso della produzione di beni fisici. Dal momento che i servizi sono intangibili, essi devono essere resi disponibili nel luogo in cui il cliente vuole essere servito. I servizi sono quindi dispersi e situati geograficamente vicino ai clienti. Per esempio, le catene di fast-food distribuiscono solitamente le loro strutture in più ristoranti situati in luoghi diversi. La maggior parte delle città, anche di non grandi dimensioni, anziché un unico enorme ristorante McDonald's ne hanno oggi due o più, per esempio, proprio allo scopo di offrire il servizio ove i clienti lo desiderano e lo necessitano.

Nella realtà, è difficile trovare organizzazioni che riflettano al 100 per cento le caratteristiche dei servizi o della produzione manifatturiera. Alcune aziende di servizi presentano caratteristiche tipiche dei produttori, e viceversa. Molte aziende manifatturiere pongono un'enfasi maggiore sull'assistenza ai clienti per differenziarsi ed essere più competitive. Inoltre, le organizzazioni manifatturiere hanno unità come quelle preposte agli acquisti, alle risorse umane e al marketing, che sono basate su tecnologie per i servizi. D'altra parte, organizzazioni come i distributori di benzina, le agenzie di intermediazione, i negozi di vendita al dettaglio e i ristoranti appartengono al settore dei servizi, sebbene l'offerta di un prodotto costituisca una parte significativa della transazione. La grande maggioranza delle organizzazioni presenta quindi qualche combinazione di prodotti e servizi. Il punto centrale è che tutte le organizzazioni possono essere classificate lungo un *continuum* che include sia le caratteristiche della produzione manifatturiera sia quelle dei servizi, come illustrato in Figura 7.7. Il test contenuto nel "Profilo personale" di questo capitolo vi aiuterà a comprendere se siete più adatti al ruolo di manager di un'organizzazione di servizi o di un'impresa manifatturiera.

Verso i servizi snelli. Le aziende di servizi hanno sempre puntato a offrire un *output personalizzato* – ovvero a fornire esattamente il servizio che ogni cliente desidera e di cui ha bisogno. Quando andiamo da un parrucchiere non ci viene automaticamente effettuato lo stesso taglio di capelli che è stato fatto ai tre clienti precedenti: il parrucchiere ci taglia i capelli nel modo in cui lo richiediamo. Pandora.com, che ha la missione di "trasmettere solo la musica che ami", fornisce ai suoi 250 milioni circa di utenti registrati un canale radio personalizzato che trasmette brani in linea con le loro preferenze.[58]

Profilo personale

Azienda manifatturiera o azienda di servizi?

Questo test è finalizzato a ottenere una descrizione del vostro comportamento. Rispondete a ciascuna domanda scegliendo l'opzione che più vi rappresenta.

1. Arrivo quasi sempre in ritardo a lezioni e appuntamenti.
   a. Sì
   b. No
2. Quando devo sostenere un esame scritto, preferisco che verta su
   a. Domande soggettive (argomentazioni o saggi tematici)
   b. Domande oggettive (test a scelta multipla)
3. Al momento di prendere una decisione, tendo a
   a. Seguire l'istinto e agire come mi sembra più giusto in quel momento.
   b. Soppesare attentamente ciascuna possibilità.
4. Se devo risolvere un problema, di solito
   a. Vado a fare una passeggiata, rimugino sulla questione e poi la affronto.
   b. Faccio una lista delle alternative, individuo le priorità e scelgo la migliore.
5. Ritengo che un giorno trascorso a sognare ad occhi aperti sia
   a. Utile per pianificare il mio futuro
   b. Uno spreco di tempo
6. Per ricordare un itinerario, tendo a
   a. Ricorrere alla memoria visiva
   b. Annotare le indicazioni.
7. Il mio metodo di lavoro consiste nel
   a. Gestire vari compiti contemporaneamente
   b. Concentrarmi su un compito per volta fino alla conclusione
8. La mia scrivania, il mio ufficio o il mio armadio sono
   a. A soqquadro
   b. Ben ordinati

Punteggio: Contate il numero di risposte "a" e il numero di risposte "b". Ogni risposta "a" indica modalità di pensiero proprie dell'emisfero destro del cervello, mentre ogni risposta "b" indica modalità di pensiero proprie dell'emisfero sinistro. Se avete totalizzato un numero di risposte "a" o "b" pari o superiore a 6, le attività dell'emisfero corrispondente risultano predominanti; se invece il numero di risposte "a" e "b" è inferiore a sei, probabilmente le attività dei due emisferi sono in equilibrio.

Interpretazione: Gli individui ricorrono a due modalità di pensiero: quella visiva e intuitiva, legata all'emisfero destro del cervello, e quella verbale e analitica, legata all'emisfero sinistro. A seconda della modalità di pensiero che tendenzialmente utilizzate, determinati tipi di conoscenze e informazioni – relazioni tecniche, informazioni analitiche e dati quantitativi (emisfero sinistro) oppure rapporti interpersonali, impressioni tematiche e intuizioni personali (emisfero destro) – fungono da input efficaci per i vostri processi mentali e decisionali. Le organizzazioni manifatturiere di norma ricorrono a modalità di pensiero legate all'emisfero sinistro per gestire dati basati su tecnologie fisiche e misurabili, mentre le organizzazioni di servizi tendono a usare modalità di pensiero legate all'emisfero destro per interpretare situazioni meno tangibili e servire i clienti in maniera diretta. In sintesi, le modalità di pensiero legate all'emisfero sinistro ruotano attorno alla logica, mentre le modalità di pensiero legate all'emisfero destro sono ispirate all'amore.

Fonte: Adattato da Carolyn Hopper, *Practicing Management Skills* (Houghton Mifflin, 2003); Jacquelyn Wonder e Priscilla Donovan, "Mind Openers," *Self* (marzo 1984).

Le aspettative dei clienti riguardo a ciò che costituisce un buon servizio sono salite. Zappos.com offre la spedizione in omaggio sia per gli ordinativi che per la restituzione dei prodotti. Oltre a proporsi di offrire i prezzi più convenienti e le consegne più rapide, Amazon.com aiuta i rivenditori terzi ad allineare il servizio ai clienti agli stessi standard e interviene per sopperire a eventuali mancanze. USAA, colosso del settore dei servizi assicurativi e finanziari, ha offerto corsi di formazione trasversale agli agenti e agli addetti ai call center per metterli in grado di fornire ai clienti spiegazioni e risposte in merito a tutti i prodotti e i servizi, invece di passare le domande ai colleghi.[59] Presso il Montefiore Medical Center del Bronx, New York, il dottor Vladimir Kvetan, piuttosto che avere unità di terapia intensiva (UTI) specializzate in medicina, chirurgia, cardiotorace e neurochirurgia, le ha combinate in un'unica unità centrale di terapia intensiva postoperatoria al fine di aumentare l'efficienza e migliorare la cura dei pazienti. Kvetan, direttore del reparto di medicina critica, è continuamente alla ricerca di modalità per offrire maggiori curein modo più efficiente: presso il Montefiore Medical Center, infatti, sono rari i colli di bottiglia nella terapia intensiva che si verificano presso altri grandi ospedali.[60]

L'aspettativa per un servizio migliore sta spingendo le aziende di differenti settori, dal servizio ristorativo a quello postale, a prendere esempio dall'industria manifatturiera.[61] La Japan Post, sotto pressione per ridurre perdite operative che ammontavano a 191 milioni di dollari, ingaggiò Toshihiro Takahashi della Toyota perché applicasse il Toyota Production System a ritiro, smistamento e spedizione della posta. La squadra di Takahashi implementò 370 migliorie e ridusse del 20 per cento il carico orario di lavoro degli uffici postali. L'eliminazione degli sprechi dovrebbe abbassare i costi di circa 350 milioni di dollari l'anno.[62] Negli ultimi anni numerose altre aziende di servizi, negli Stati Uniti così come in altri paesi, hanno applicato i principi del pensiero snello. Starbucks Corporation ha creato la figura del vicepresidente del pensiero snello, incaricato di viaggiare in tutto il mondo con un *team snello* per aiutare i dipendenti a trovare nuove strategie di riduzione degli sprechi e miglioramento del servizio ai clienti. La Panera Bread è alla ricerca di nuove modalità per migliorare vendite e profitti in quanto in alcuni casi le lunghe code presso i suoi punti vendita hanno dissuaso i clienti dal recarvisi e in altri l'inesattezza degli ordini ha fatto sì che non vi ritornassero.[63] Un altro buon esempio è il Seattle Children's Hospital, che ha fatto proprie le innovazioni del settore manifatturiero per accrescere l'efficienza e migliorare l'assistenza ai pazienti.

IN PRATICA

Seattle Children's Hospital

Dieci anni fa, il Seattle Children's Hospital si pose l'obiettivo di diventare il migliore centro pediatrico del paese. L'aumentare dei costi sanitari a livello nazionale ha però costretto gli amministratori a migliorare l'assistenza per i pazienti riducendo contestualmente i costi. L'obiettivo è stato raggiunto applicando le tecniche del pensiero snello mediante un programma denominato "Continuous Performance Improvement" (CPI, miglioramento continuo della performance) e mirato principalmente a ridurre gli sprechi e accrescere il valore per i pazienti.

Il CPI esamina tutti gli aspetti del servizio offerto, dal momento in cui i pazienti arrivano nel parcheggio dell'ospedale al momento in cui vengono dimessi. I manager hanno coinvolto tutti i collaboratori nello studio del flusso di medicinali, pazienti e informazioni (proprio come i manager responsabili di un impianto di produzione studiano il flusso di materiali) chiedendo loro di trovare delle strategie per migliorare i processi. Mentre in passato spesso i pazienti dovevano aspettare circa un mese per sottoporsi a una risonanza magnetica non urgente, oggi una programmazione più efficiente ha ridotto i tempi di attesa a uno o due giorni. La standardizzazione dei carrelli porta-strumenti utilizzati durante specifici interventi chirurgici ha contribuito a ridurre i costi delle scorte e gli errori nella fase preparatoria. Un team addetto alle sale operatorie ha ridotto da 21 a 11 il numero di moduli da compilare per una tonsillectomia. Grazie alla revisione della procedura per la sterilizzazione degli strumenti chirurgici, l'ospedale

ha potuto accrescere il numero di interventi svolti. Complessivamente, il programma CPI ha determinato una riduzione dei costi per paziente del 3,7 per cento, per un risparmio complessivo di 23 milioni di dollari. Inoltre, l'ospedale è stato in grado di curare migliaia di pazienti in più senza aggiungere nuovi posti letto.
Un aspetto essenziale del programma CPI è stato la trasformazione della cultura aziendale mediante la formazione del personale medico, infermieristico e amministrativo e l'acquisizione di nuovi metodi e nuovi modi di pensare. Con il CPI, i team possono operare in maniera diversa ogniqualvolta ritengono di poter migliorare un processo o ridurre gli sprechi (per sprechi si intende tutto ciò che non aggiunge valore per il paziente). Anche i cambiamenti più modesti che contribuiscono ad accrescere l'efficienza e migliorare qualitativamente l'assistenza sono accolti con favore dagli amministratori: secondo un medico, "questo sostegno promuove l'idea che chiunque può migliorare l'attività del reparto in cui opera".[64]

L'aumento della spesa sanitaria ha indotto anche altre organizzazioni del settore ad adottare un'ottica di miglioramento continuo riducendo i costi senza scendere a compromessi sulla qualità delle cure. "Nel nostro settore non puoi abbattere i costi con una sola, grande misura. Devi adottare tanti piccoli cambiamenti" afferma il dott. Devi Shetty, che dirige un ospedale in India dove un intervento chirurgico a cuore aperto costa circa il 10 per cento del costo di un intervento analogo negli Stati Uniti (si veda il relativo riquadro "In Pratica" nel Capitolo 3). "Noi dobbiamo fare mille piccole cose."[65]

Progettare le organizzazioni di servizi

La caratteristica delle tecnologie per i servizi con un'influenza precisa sulla struttura organizzativa e i sistemi di controllo è la necessità che i dipendenti del nucleo tecnico siano vicini al cliente.[66] Le differenze tra organizzazioni di servizi e di prodotto che dipendono dal contatto con il cliente sono riassunte in Figura 7.8.

Struttura	**Servizi**	**Prodotti**
Ruoli di confine separati	pochi	molti
Dispersione geografica	elevata	bassa
Processo decisionale	decentralizzato	centralizzato
Formalizzazione	minore	maggiore
Risorse umane:		
Livello di competenze dei dipendenti	maggiore	minore
Competenze enfatizzate	impersonali	tecniche

Figura 7.8 Configurazione e caratteristiche delle organizzazioni di servizi e di prodotti

L'influenza del contatto con il cliente sulla progettazione organizzativa si riflette nell'uso dei ruoli di confine e nella disaggregazione strutturale.[56] I ruoli di confine sono ampiamente utilizzati nelle aziende manifatturiere per gestire i clienti e ridurre i possibili disturbi per il nucleo tecnico. Essi sono invece meno utilizzati nelle aziende di servizi, poiché un servizio è intangibile e non può quindi essere affidato a chi si occupa di attività di confine, cosicché i clienti del servizio in questione devono interagire direttamente con i dipendenti che si occupano dell'aspetto "tecnico", come medici o agenti di cambio.

Un'azienda di servizi tratta informazioni e prodotti intangibili e non ha necessità di raggiungere grandi dimensioni. Le sue maggiori economie vengono ottenute attraverso la disaggregazione in piccole unità che possano essere situate in luoghi vicini ai clienti. Le agenzie di intermediazione, le cliniche, le società di consulenza e le banche disperdono le loro strutture in uffici regionali e locali. Le aziende manifatturiere, al contrario, tendono ad aggregare le attività in una singola area che offre la disponibilità di materie prime e forza lavoro. Una grande azienda manifatturiera può così sfruttare le economie che derivano da costosi macchinari e lunghi cicli di produzione.

La tecnologia per i servizi influisce anche sulle caratteristiche organizzative interne utilizzate per dirigere e controllare l'organizzazione. Per citare uno di questi aspetti, le competenze dei dipendenti del nucleo tecnico devono essere di solito più elevate; essi hanno infatti bisogno di possedere una conoscenza e una consapevolezza sufficienti per gestire i problemi posti dal cliente anziché possedere un livello appena adeguato a svolgere un compito di tipo meccanico. I dipendenti necessitano di competenze sociali e interpersonali, non solo di capacità tecniche.[68] Nelle aziende di servizi, a causa delle competenze più elevate e della dispersione strutturale, il processo decisionale tende spesso a essere decentrato e il livello di formalizzazione è in genere basso. I dipendenti delle organizzazioni di servizi godono generalmente di un maggior grado di libertà e discrezionalità sul posto di lavoro. Sebbene alcune organizzazioni di servizi, come molte catene di fast-food, abbiano stabilito regole e procedure da seguire per il servizio ai clienti, i dipendenti di norma godono di una maggiore libertà e discrezionalità nello svolgimento delle proprie funzioni. I manager di Home Depot hanno imparato che il modo in cui vengono gestiti i dipendenti incide significativamente sul successo di un'organizzazione di servizi.

IN PRATICA

Home Depot Inc.

Se Home Depot è cresciuta fino a diventare il più grande venditore al dettaglio di prodotti per il bricolage a livello mondiale, lo deve principalmente ai propri dipendenti. Molti di essi infatti, prima di essere assunti come assistenti alle vendite, lavoravano come idraulici, carpentieri o esperti artigiani ed erano orgogliosi di aiutare i clienti a trovare gli attrezzi e i materiali giusti e di insegnare loro come utilizzarli attingendo alle proprie conoscenze.

Con l'obiettivo di tagliare i costi, l'azienda ha iniziato ad assumere un maggior numero di dipendenti part-time e ha introdotto un tetto salariale che rendeva il lavoro meno allettante per lavoratori con esperienza. Perseguendo il medesimo obiettivo, i manager hanno deciso di misurare ogni aspetto della produttività di un punto vendita, come il tempo di scarico delle merci in consegna o le estensioni di garanzia vendute ogni settimana da ciascun dipendente. I clienti hanno iniziato a lamentare la mancanza di personale di assistenza all'acquisto e le scarse competenze e conoscenze dei pochi addetti disponibili. Alcuni hanno deciso di fare i propri acquisti altrove: spesso ciò significava recarsi in piccoli negozi, con un conseguente aumento dei prezzi, ma anche con la garanzia di ottenere un servizio migliore.

I manager della Home Depot hanno lavorato duramente per riportare l'azienda sul binario giusto: più contratti a tempo pieno, nuovi programmi di addestramento e ricerca di strategie per far sì che i dipendenti siano più informati e forniscano indicazioni utili ai clienti.[69]

Comprendere la natura della propria tecnologia per i servizi aiuta i manager della Home Depot ad allineare strategia, struttura e processi di gestione e a rendere più efficace l'azienda. Le tecnologie per i servizi richiedono strutture e sistemi che sono piuttosto diversi da quelli correlati a una tecnologia manifatturiera di tipo tradizionale. Per esempio, l'idea di suddividere compiti complessi in una serie di piccoli compiti per sfruttare le economie di scala costituisce un pilastro della produzione tradizionale, ma i ricercatori hanno riscontrato che applicare tale concetto alle organizzazioni di servizi spesso non porta a risultati molto buoni.[70] Alcune imprese di servizi hanno riprogettato i compiti separando le attività caratterizzate da un alto contatto con i clienti da quelle con basso contatto, che presentano una quantità maggiore di regole e un livello più elevato di standardizzazione rispetto alle prime. I compiti relativi ai servizi con alto contatto umano, come quelli della Home Depot, hanno bisogno di maggiore libertà e minor controllo per soddisfare i clienti.

confrontate la vostra opinione

2 **Al fine di fornire un buon servizio, la migliore strategia per un'azienda consiste nel fissare regole e procedure chiare e particolareggiate e assicurarsi che tutti le seguano alla lettera.**

Risposta esatta: *In disaccordo.* Per poter soddisfare gli specifici bisogni di ciascun cliente, i dipendenti delle organizzazioni di servizi devono avere buone capacità relazionali e godere di un certo grado di autonomia. Numerose organizzazioni di servizi dispongono di procedure standard per il servizio ai clienti, ma sono di norma caratterizzate da bassa centralizzazione e formalizzazione. La sovrabbondanza di regole può causare una perdita di autonomia personale e contatto umano.

Affrontiamo ora un'altra prospettiva riguardante la tecnologia, quella delle attività di produzione all'interno di specifiche unità organizzative. Tali unità hanno infatti spesso caratteristiche simili a quelle delle tecnologie per i servizi, fornendo servizi ad altre unità all'interno dell'organizzazione.

Tecnologia ausiliaria a livello di unità

Questo paragrafo sposta l'analisi a livello delle unità organizzative non coinvolte nel nucleo tecnico, come le unità risorse umane, contabilità, ricerca e sviluppo e marketing illustrate nella Figura 7.1. In un'organizzazione, ciascuna unità ausiliaria presenta un processo produttivo che si traduce in una tecnologia distinta. Un'azienda produttrice di componenti per automobili come Tenneco, per esempio, potrebbe avere unità che si occupano di ingegnerizzazione, ricerca e sviluppo, risorse umane, pubblicità, controllo di qualità, finanza e decine di altre funzioni. Ci prefiggiamo dunque di analizzare la natura della tecnologia a livello di unità e del suo rapporto con la progettazione dell'unità stessa.

Il modello di riferimento che ha avuto l'impatto maggiore ai fini della comprensione delle tecnologie a livello di unità è stato sviluppato da Charles Perrow.[71] Il modello di Perrow è stato utile per un'ampia gamma di tecnologie, il che lo ha reso uno strumento ideale per studiare le attività a livello di unità organizzativa.

Varietà

Perrow specificò due dimensioni delle attività di un'unità che erano rilevanti per la struttura e i processi organizzativi. La prima consiste nel numero di eccezioni nel lavoro. Questa dimensione si riferisce alla **varietà** del compito, la quale è la frequenza di eventi inattesi e nuovi che si verificano nel processo di trasformazione. La varietà del compito riguarda la possibilità che i processi siano portati a termine sempre nello stesso modo o differiscano di volta in volta quando i dipendenti trasformano in output gli input dell'organizzazione.[72] Quando gli individui incontrano un grande numero di situazioni inattese, con problemi frequenti, il grado di varietà è considerato alto. Quando invece ci sono pochi problemi e le esigenze lavorative quotidiane sono ripetitive, la tecnologia porta con sé un basso grado di varietà. All'interno delle unità la varietà può andare dalla ripetizione di un singolo atto, come avviene in una tradizionale linea di assemblaggio, al dover affrontare una serie di problemi o progetti indipendenti, come avviene nel pronto soccorso di un ospedale.

Analizzabilità

La seconda dimensione della tecnologia riguarda l'**analizzabilità** delle attività di lavoro. Quando il processo di trasformazione è analizzabile, il lavoro può essere ridotto a singoli passi di tipo meccanico e i partecipanti possono seguire una procedura fondata su dati e criteri oggettivi e sul calcolo per risolvere i problemi. La soluzione di un problema può implicare l'utilizzo di procedure standard, come istruzioni e manuali, o di conoscenze tecniche, come quelle contenute in un libro di testo o in una guida. Alcuni lavori, d'altra parte, non sono analizzabili: quando si presentano i problemi, è difficile identificare la soluzione corretta e non vi sono tecniche o procedure precedentemente acquisite che dicano a una persona cosa fare esattamente. La causa o la soluzione di un problema non è chiara, cosicché i dipendenti si affidano all'esperienza accumulata, all'intuito e al giudizio soggettivo. La soluzione finale a un problema è spesso il risultato dell'esercizio del buon senso e dell'esperienza e non il risultato di procedure standard. Per esempio, Philippos Poulos, un accordatore della Steinway & Sons, utilizza una tecnologia non analizzabile. Gli accordatori controllano con cura ogni martelletto del pianoforte per assicurarsi che producano il giusto "suono Steinway".[73] Questi compiti di controllo qualità richiedono anni di esperienza e di pratica e nessuna procedura standard potrà dire a una persona come svolgere tali compiti.

Il modello di riferimento

In Figura 7.9 vengono mostrate le due dimensioni della tecnologia a livello di unità ed esempi di attività a livello di unità in base al modello di riferimento di Perrow. Le dimensioni di varietà e analizzabilità formano i criteri per l'individuazione di quattro categorie principali di tecnologie: routinarie, artigianali, ingegneristiche e non routinarie.

Categorie di tecnologie. Le **tecnologie routinarie** sono caratterizzate da un basso grado di varietà del compito e dall'uso di procedure basate su dati e criteri oggettivi e sul calcolo. I compiti sono formalizzati e standardizzati. Esempi di queste tecnologie possono essere una linea di assemblaggio di automobili o una struttura di sportelli bancari.

Le **tecnologie artigianali** sono caratterizzate da un flusso abbastanza stabile di attività, ma il processo di trasformazione non è analizzabile o pienamente compreso. I compiti richiedono molta formazione ed esperienza perché i dipendenti gestiscono i fattori intangibili sulla base delle consuetudini di mestiere e del buon senso, ovvero dell'intuizione e dell'esperienza. Nonostante i progressi nelle tecnologie produttive sembrino aver ridotto il numero delle tecnologie artigianali nelle organizzazioni, esse sono ancora importanti. Per esempio, gli ingegneri addetti agli altiforni continuano a realizzare le mescole d'acciaio basandosi sull'intuito e l'esperienza, i modellisti di aziende di abbigliamento come Louis Vuitton, Zara o H&M convertono i disegni abbozzati degli stilisti in indumenti vendibili le squadre di autori che creano serie televisive come *Glee* o *The Mentalist* trasformano le idee in intrecci e dialoghi.

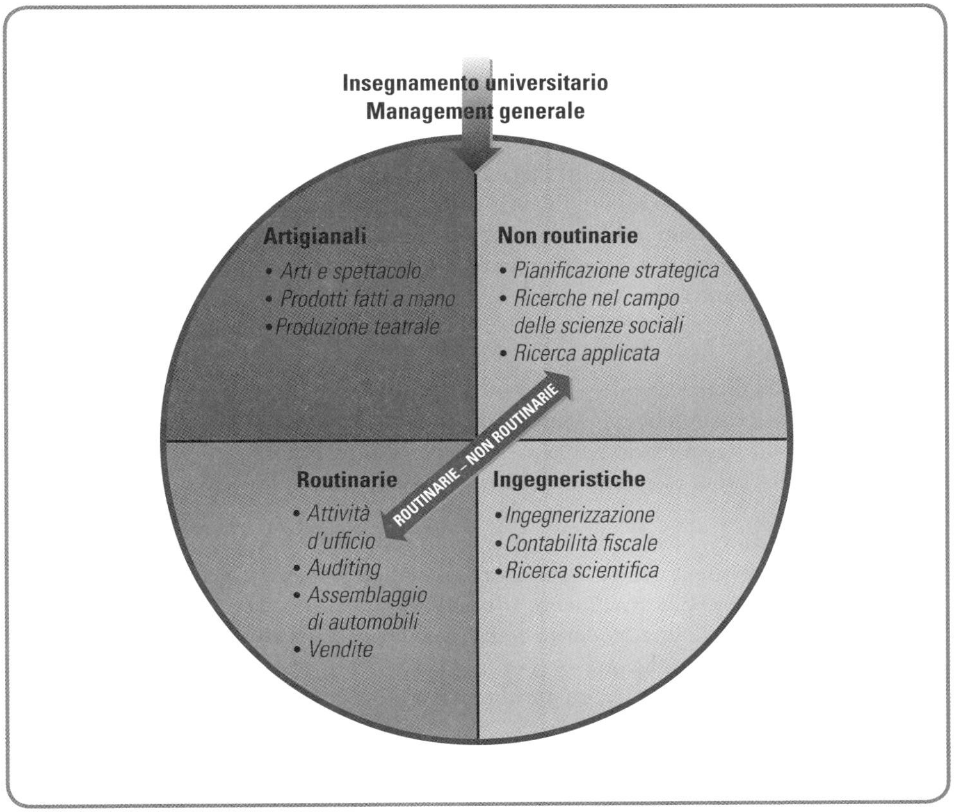

Figura 7.9
Modello per le tecnologie a livello di unità organizzativa
Fonte: basato su R. L. Daft e N. Macintosh, "A New Approach to the Design and Use of Management Information," *California Management Review* 20 (agosto 1978), 82-92; R. L. Daft e N. Macintosh, "The Technology of User Departments and Information Design," *Information and Management I* (aprile 1978), 122-131; R. L. Daft and N. Macintosh, "A Tentative Exploration into the Amount and Equivocality of Information Processing in Organizational Work Units," *Administrative Science Quarterly* 26 (giugno 1981), 207-224.

Le **tecnologie ingegneristiche** tendono a essere complesse a causa del livello significativo di varietà contenuto nei compiti eseguiti. Tuttavia, le diverse attività sono solitamente gestite sulla base di formule, procedure e tecniche prestabilite. I dipendenti possono normalmente fare riferimento a un corpo di conoscenze ben sviluppato per affrontare i problemi. Di solito i compiti di ingegnerizzazione e quelli relativi alla contabilità ricadono in questa categoria.

Le **tecnologie non routinarie** presentano un alto grado di varietà del compito e un processo di trasformazione non analizzabile o pienamente compreso. Nella tecnologia non routinaria, gran parte dello sforzo è dedicato all'analisi di problemi e attività e solitamente sono rintracciabili numerose opzioni ugualmente accettabili. Per risolvere i problemi e svolgere il lavoro sono utilizzate l'esperienza e la conoscenza tecnica. La ricerca di base, la pianificazione strategica e altri compiti che implicano nuovi progetti e problemi inattesi sono classificati come non routinari. Il settore delle biotecnologie è un esempio di tecnologia non routinaria. I progressi nella conoscenza del metabolismo e della fisiologia delle cellule dipendono dal lavoro di persone altamente qualificate che si avvalgono della propria esperienza e del proprio intuito come delle conoscenze scientifiche.[74]

Tecnologie routinarie-non routinarie. Varietà e analizzabilità possono essere associate in un'unica dimensione tecnologica, indicata come *tecnologia routinaria-non routinaria*. Le dimensioni dell'analizzabilità e della varietà sono spesso correlate nell'ambito delle unità organizzative, nel senso che le tecnologie con un'alta varietà tendono ad avere un basso livello di analizzabilità e le tecnologie con una bassa varietà tendono a essere analizzabili. Le unità possono essere quindi valutate relativamente a quest'unica dimensione (come illustrato in Figura 7.9), che comprende sia l'analizzabilità sia la varietà, rappresentando un'utile misura sintetica per l'analisi della tecnologia a livello di unità.

Le seguenti domande mostrano come è possibile analizzare la tecnologia a livello di unità per determinare il suo posizionamento nel modello tecnologico di Perrow presentato in Figura 7.9.[75] Ai dipendenti è solitamente chiesto di indicare un numero da 1 a 7 in risposta a ogni domanda.

Varietà

1. In che misura direste che il vostro lavoro è routinario?
2. È corretto affermare che quasi tutti i dipendenti di questa unità svolgono lo stesso compito nello stesso modo per la maggior parte del tempo?
3. I membri dell'unità eseguono attività ripetitive nello svolgimento del loro lavoro?

Analizzabilità

1. In che misura esiste un modo conosciuto con chiarezza per svolgere le tipologie principali di compiti che normalmente affrontate?
2. In che misura esiste una sequenza comprensibile di passi che possono essere seguiti nello svolgere il vostro lavoro?
3. In che misura potete effettivamente affidarvi a procedure e pratiche consolidate nello svolgimento del vostro lavoro?

Se le risposte alle domande precedenti indicano alti punteggi per l'analizzabilità e bassi punteggi per la varietà, il reparto avrebbe secondo il modello una tecnologia routinaria. Se si verifica il contrario, la tecnologia sarebbe non routinaria. Un basso livello sia di varietà sia di analizzabilità indica una tecnologia artigianale, mentre un alto livello sia di varietà sia di analizzabilità indica una tecnologia ingegneristica. In pratica, la maggior parte delle unità si posiziona in qualche punto lungo la diagonale e può essere caratterizzata facilmente come routinaria o non routinaria.

Progettazione delle unità organizzative

Una volta che la natura della tecnologia di un'unità organizzativa è stata identificata, è possibile determinare la progettazione appropriata. La tecnologia di unità tende a essere associata a un gruppo di caratteristiche relative all'unità stessa, quali il livello di competenze dei dipendenti, la formalizzazione e le modalità di comunicazione. Esistono modelli definiti di relazione tra tecnologia dell'unità e caratteristiche di progettazione, i quali sono a loro volta associati alle performance dell'unità.[76] In Figura 7.10 vengono descritti i rapporti chiave tra la tecnologia e le altre dimensioni delle unità che sono state descritte in questo paragrafo.

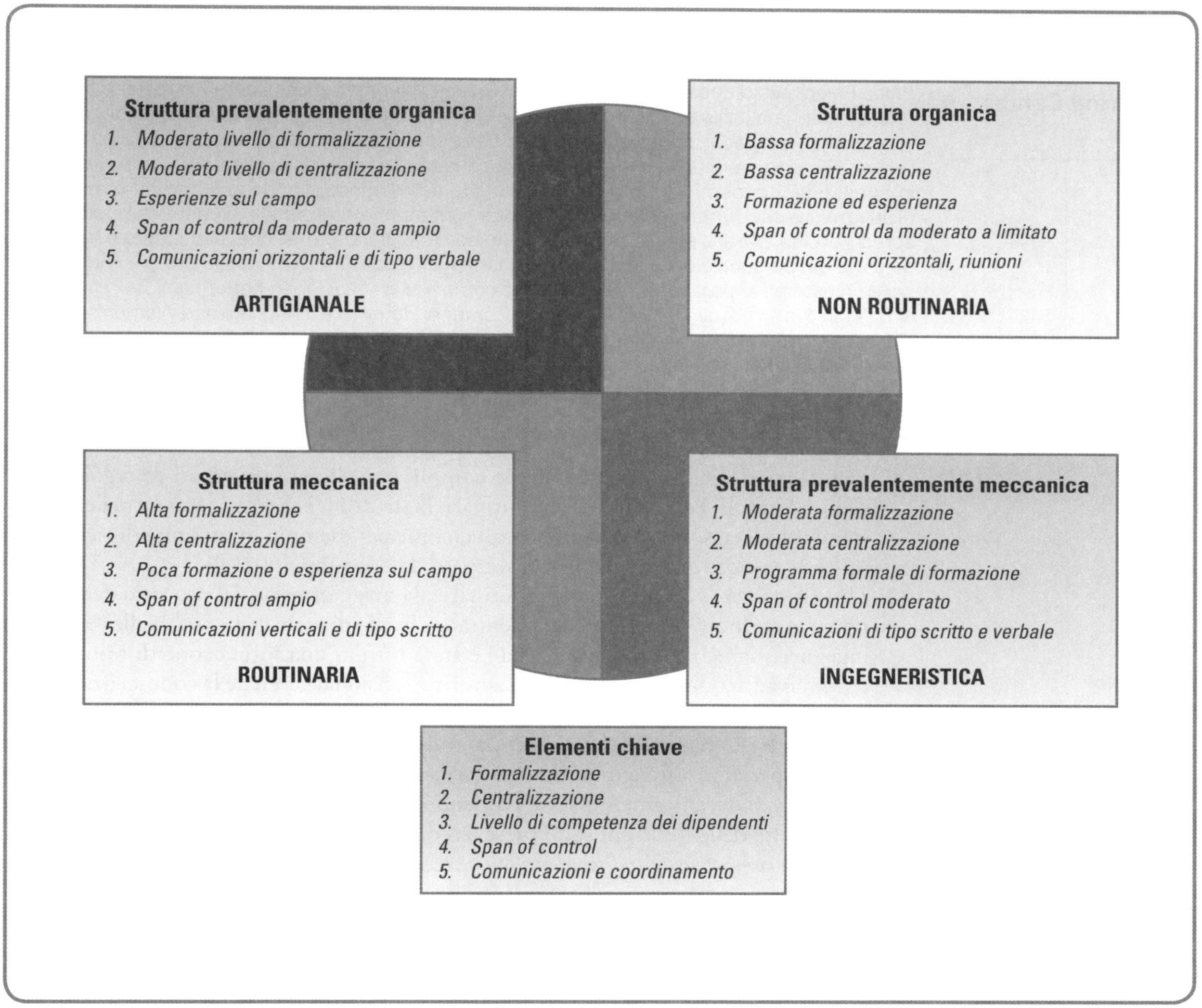

Figura 7.10
Relazione tra tecnologia a livello di unità e caratteristiche strutturali e di gestione

La progettazione generale delle unità può essere caratterizzata come organica o meccanica. Le tecnologie routinarie sono associate a strutture e processi di tipo meccanico, con regole formali e rigidi processi di gestione. Le tecnologie non routinarie sono invece associate a una struttura organica e la gestione dell'unità è più flessibile e poco strutturata. Le specifiche caratteristiche di progettazione riguardanti la formalizzazione, la centralizzazione, il livello di competenze dei dipendenti, l'ampiezza del controllo gerarchico, la comunicazione e il coordinamento variano a seconda della tecnologia che caratterizza l'unità organizzativa. Facciamo l'esempio dell'organizzazione delle unità che forniscono il cibo ai pazienti degli ospedali negli Stati Uniti.

IN PRATICA

Memorial Sloan-Kettering Cancer Center

Per molti anni, le unità di servizio ristorativo negli ospedali hanno avuto una tecnologia routinaria: il personale seguiva un menu standard, si atteneva a ricette standard e seguiva regole e procedure standard. Negli ultimi anni alcuni ospedali statunitensi sono passati a un approccio non routinario. Pnina Peled, capocuoco presso il Memorial Sloan-Kettering Cancer Center, di recente ha preparato la sua prima pizza al limone. La cuoca è sempre alla ricerca di nuove modalità per spingere i pazienti a mangiare: un giovane paziente desiderava una pizza, ma riusciva soltanto ad assaporare il limone, per cui ha creato una pizza condita con una salsa al limone. Presso l'ospedale in questione, i pazienti "ora ordinano quello che desiderano, quando sono pronti a mangiare," dice Veronica McLymont, direttore dei servizi alimentari e nutrizionali. Questo comporta meno sprechi di cibo, ma allo stesso tempo richiede una maggiore formazione, esperienza e flessibilità da parte del personale di cucina, nonché un maggiore potere discrezionale per la fornitura di un servizio ristorativo personalizzato. Ospedali come il Memorial Sloan-Kettering, il Rex Healthcare di Raleigh (North Carolina), l'MD Anderson Center di Houston e il Brigham and Women's Hospital di Boston stanno formando nuovamente il loro personale di cucina, offrendo loro una maggiore flessibilità in linea con una tecnologia di servizi non routinaria.[77]

1. *Formalizzazione.* La tecnologia routinaria è caratterizzata da standardizzazione e da una divisione del lavoro che prevede compiti parcellizzati governati da regole e procedure formali. Per compiti non routinari, la struttura è invece meno formale e meno standardizzata. Quando la varietà è alta, come per esempio in un'unità di ricerca, un numero minore di attività viene governato da procedure formali.[78]
2. *Decentramento.* Nelle tecnologie routinarie, la maggior parte del processo decisionale riguardante le attività di lavoro è accentrato a livello di management.[79] Nelle tecnologie ingegneristiche, i dipendenti ai quali è stata fornita una formazione di tipo tecnico tendono ad acquisire una moderata autorità decisionale, perché la conoscenza tecnica riveste un ruolo importante per l'adempimento dei compiti. Anche nelle tecnologie artigianali i dipendenti che si occupano del processo produttivo e che hanno una lunga esperienza ottengono autorità decisionale, perché sanno come rispondere ai problemi. Il decentramento verso i dipendenti è maggiore nei contesti non routinari, dove molte delle decisioni sono prese dai dipendenti.
3. *Livello di competenze dei dipendenti.* Nelle tecnologie routinarie il personale solitamente non ha bisogno di un significativo livello istruzione o di esperienza, il che è coerente con attività di lavoro di tipo ripetitivo. In unità con maggiore varietà, il personale ha un livello di competenze più elevato e ha spesso ricevuto un'educazione formale in istituti tecnici o università. La formazione necessaria per le attività artigianali, che sono meno analizzabili, è invece più probabile che avvenga attraverso l'esperienza acquisita direttamente sul posto di lavoro. Le attività non routinarie richiedono sia un'istruzione di tipo formale sia la maturazione di un'esperienza sul campo.[80]
4. *Ampiezza del controllo gerarchico* (*span of control*). L'ampiezza del controllo gerarchico è data dal numero di dipendenti che riportano a un singolo manager o supervisore. Questa caratteristica è normalmente influenzata dalla tecnologia che caratterizza l'unità. Più il compito è complesso e di tipo non routinario, maggiori sono i problemi che si presentano nei quali viene coinvolto il supervisore. Sebbene lo span of control possa essere influenzato da altri fattori, come il livello di competenze dei dipendenti, dovrebbe generalmente essere più limitato per compiti complessi, perché su di questi il supervisore e i dipendenti devono interagire frequentemente.[81]
5. *Comunicazione e coordinamento.* L'attività e la frequenza di comunicazione aumentano con l'aumentare della varietà del compito.[82] Problemi frequenti richiedono una maggiore condivisione delle informazioni per la loro soluzione e per assicurare un

corretto completamento delle attività. La direzione della comunicazione è tipicamente orizzontale nelle unità non routinarie e verticale in quelle routinarie.[83] La forma della comunicazione varia invece in base all'analizzabilità del compito.[84] Quando i compiti sono molto analizzabili, è frequente l'utilizzo di forme di comunicazione scritta e di tipo statistico (promemoria, rapporti, regole e procedure). Quando i compiti sono invece meno analizzabili, solitamente le informazioni vengono scambiate di persona, al telefono o in riunioni di gruppo.

Dallo schema in Figura 7.10 emergono due punti importanti. Per prima cosa le unità sono diverse le une dalle altre e possono essere classificate secondo la tecnologia che caratterizza il loro flusso di lavoro.[85] In secondo luogo, la tecnologia che caratterizza l'unità costituisce una base di differenziazione anche relativamente ai processi strutturali e di gestione. I manager dovrebbero progettare le proprie unità in modo che le diverse esigenze dovute alla tecnologia possano essere soddisfatte. I problemi di progettazione emergono con chiarezza nel caso in cui la progettazione è manifestamente incoerente con la tecnologia. Diversi studi hanno dimostrato che quando le caratteristiche della struttura e della comunicazione non rispecchiavano la natura della tecnologia, il funzionamento delle unità si è rivelato meno efficace;[86] i dipendenti non potevano infatti comunicare con la frequenza necessaria per risolvere i problemi.

confrontate la vostra opinione

3 **Le caratteristiche di progettazione e i processi di gestione che risultano efficaci per la funzione vendite di un canale televisivo probabilmente non opererebbero altrettanto bene se applicati alla funzione redazionale.**

Risposta esatta: *D'accordo.* La funzione redazionale applica una tecnologia non routinaria rispetto alla funzione vendite: nessuno sa quali eventi degni di nota si verificheranno durante uno giornata, né quando o dove accadranno o quale dovrebbe essere la copertura adeguata. I compiti dell'unità vendite, in particolare i contatti telefonici con clienti abituali con tariffe pubblicitarie standard, possono essere svolti mediante procedure standard, mentre la raccolta e la gestione delle notizie non possono essere standardizzate. Un'unità di vendite è routinaria per via della scarsa varietà e della chiarezza dei compiti da svolgere.

Interdipendenza del flusso di lavoro tra le unità

L'ultima caratteristica della tecnologia che incide sulla progettazione organizzativa è indicata come *interdipendenza*. Il concetto di **interdipendenza** esprime la misura in cui le unità dipendono le une dalle altre per informazioni, risorse o materiali al fine di svolgere i propri compiti. Una bassa interdipendenza significa che le unità possono svolgere il rispettivo lavoro indipendentemente le une dalle altre e hanno poca necessità di interagire, consultarsi o scambiare materiali; un'alta interdipendenza significa invece che le unità devono scambiare costantemente risorse tra di loro.

Tipi di interdipendenza

James Thompson ha definito tre tipi di interdipendenza che influiscono sulla struttura organizzativa:[87] essi sono illustrati in Figura 7.11 e vengono discussi nei paragrafi seguenti.

Forma di interdipendenza	Necessità in termini di comunicazione orizzontale, processo decisionale	Tipi di coordinamento richiesto	Priorità di collocare le unità vicine alle altre
Generica (banca) Cliente	Basso livello di comunicazione	Standardizzazione, regole, procedure Struttura divisionale	Bassa
Sequenziale (linea di assemblaggio) Cliente	Medio livello di comunicazione	Piani, programmazione, feedback Task forces	Media
Reciproca (ospedale) Cliente	Alto livello di comunicazione	Adattamento reciproco, riunioni inter-unità, lavoro di gruppo Struttura orizzontale	Alta

Figura 7.11
Classificazione di Thompson dell'interdipendenza e implicazioni gestionali

Generica. L'**interdipendenza generica** è la forma più bassa di interdipendenza tra le unità. In questa forma, il lavoro non fluisce tra le diverse unità. Ogni unità è parte dell'organizzazione e contribuisce al bene comune dell'organizzazione ma lavora in modo indipendente. I ristoranti McDonald's o le filiali di una banca sono esempi di interdipendenza generica: un ristorante o una filiale che si trova a Milano non ha bisogno di interagire con un ristorante o una filiale di Roma. L'interdipendenza generica può essere associata alle relazioni che caratterizzano una *struttura divisionale*, definita nel Capitolo 3. Le divisioni o le filiali condividono le risorse finanziarie all'interno di un ambito comune e il successo di ogni divisione contribuisce al successo dell'organizzazione nel suo insieme.

Thompson ritiene che l'interdipendenza generica sia presente nelle aziende caratterizzate da quella che egli ha definito una tecnologia di mediazione. Una **tecnologia di mediazione** fornisce prodotti o servizi che mediano o stabiliscono un collegamento con i clienti dell'ambiente esterno e, così facendo, permette a ogni unità di lavorare indipendentemente. Banche, agenzie di intermediazione e uffici immobiliari sono tutti caratterizzati dal fatto di mediare tra acquirenti e venditori, ma i loro uffici lavorano indipendentemente nell'ambito dell'organizzazione.

Le implicazioni di gestione associate all'interdipendenza di tipo generico sono abbastanza semplici. Secondo Thompson i manager devono utilizzare regole e procedure per standardizzare le attività comuni alle diverse unità. Ognuna di esse dovrebbe utilizzare le stesse procedure e gli stessi rendiconti finanziari, in modo tale che sia possibile misurare e raggruppare i risultati di tutte le unità. Il coordinamento quotidiano richiesto tra le unità è molto basso.

Sequenziale. Quando l'interdipendenza si presenta in forma seriale, con le parti prodotte da un reparto che diventano input per un altro reparto, allora viene definita **interdipendenza sequenziale**; in essa la prima unità deve funzionare correttamente affinché la seconda funzioni a sua volta correttamente. Ciò rappresenta un livello più alto rispetto all'interdipendenza generica, perché le unità si scambiano risorse e dipendono da altre per ottenere buoni risultati, e crea una maggiore necessità di meccanismi orizzontali come i ruoli di integrazione o le task force.

L'interdipendenza sequenziale si verifica in presenza di quella che Thompson ha chiamato **tecnologia sequenziale**, che "si riferisce alla combinazione all'interno di un'organizzazione di stadi consecutivi di produzione; ogni stadio di produzione impiega come suoi input l'output dello stadio precedente e realizza gli input per lo stadio seguente".[88] Un esempio di interdipendenza sequenziale proviene dal settore della costruzione navale. Fino a poco tempo fa, i progettisti di navi realizzavano disegni e modelli in carta e compensato che erano passati all'assemblaggio. L'attività della divisione taglio materiali dipendeva dall'accuratezza delle misure fornite dai progettisti, e l'operato della divisione assemblaggio dipendeva dalla precisione del taglio. Questa interdipendenza sequenziale implicava che gli errori nelle misurazioni o confusioni tra modelli causavano errori durante il processo di taglio e assemblaggio, determinando ritardi e aumenti dei costi. Il progettista navale Filippo Cali ha realizzato un complesso programma software che computerizza il processo di creazione dei modelli e delle sagome, eliminando così molti dei problemi che possono verificarsi tra la progettazione e l'assemblaggio.[89] Un ulteriore esempio di interdipendenza sequenziale è dato dalla linea di assemblaggio di un'automobile, che deve avere tutte le parti di cui necessita, come motori, meccanismi di sterzo e gomme, per mantenere in funzione la produzione.

I requisiti di gestione per l'interdipendenza sequenziale sono più esigenti di quelli per l'interdipendenza generica. È necessario un coordinamento tra gli impianti o le unità collegate. Poiché l'interdipendenza implica un flusso di materiali a senso unico, sono generalmente necessarie estese attività di pianificazione e programmazione. L'unità B ha bisogno di sapere cosa attendersi dall'unità A, in modo che entrambi possano funzionare efficacemente. È inoltre richiesto un certo livello di comunicazione quotidiana tra le unità per gestire i problemi inattesi e le eccezioni che si presentano.

Reciproca. Il livello più alto di interdipendenza è rappresentato dall'**interdipendenza reciproca**. Siamo in presenza di questo tipo di interdipendenza quando l'output dell'operazione A costituisce l'input dell'operazione B e l'output dell'operazione B costituisce a sua volta l'input dell'operazione A. I prodotti delle unità influiscono quindi sulle unità stesse in maniera reciproca.

L'interdipendenza reciproca tende a verificarsi in organizzazioni caratterizzate da quelle che Thompson ha definito **tecnologie intensive**, le quali forniscono al cliente una varietà di prodotti e servizi in combinazione tra loro. Un'azienda nella fase di sviluppo di nuovi prodotti fornisce un esempio di interdipendenza reciproca: è necessario un intenso coordinamento tra la progettazione, l'ingegnerizzazione, la produzione e il marketing per unire tutte le risorse in modo da soddisfare le necessità di prodotto del cliente. Per esempio, Callaway Golf introduce da sette/otto nuovi prodotti all'anno per mantenere il suo vantaggio di essere uno dei produttori più innovativi del settore. Il mantenimento di un tale ritmo richiede uno stretto coordinamento fra progettisti, ingegneri, personale di marketing e persino avvocati. Le squadre devono comunicare fra loro e scambiarsi rapidamente e in modo sicuro le informazioni create con software CAD e CAM con i loro partner incaricati della produzione in Cina, Giappone, Corea, Messico e Taiwan. Tramite i software collaborativi, tutti coloro che sono coinvolti nel processo sono in grado di accedere ai file ventiquattrore su ventiquattro per seguire l'evoluzione del progetto. In una giornata lavorativa tipo, 200 utenti diversi accedono ai documenti e collaborano con altri.[90] Anche gli ospedali sono un esempio eccellente di interdipendenza reciproca, perché forniscono ai pazienti servizi coordinati tra di loro.

L'interdipendenza reciproca richiede che le unità funzionino insieme a stretto contatto e con molta frequenza. Uno studio sui team di top management ha confermato che la performance efficiente dei team caratterizzati da un'elevata interdipendenza è legata a una comunicazione efficace e a uno stretto coordinamento.[91] Nel caso di interdipendenza reciproca, può risultare appropriata una struttura che consenta una frequente comunicazione orizzontale e la possibilità di adattamento, magari mediante team interfunzionali o una struttura orizzontale. È necessaria una estesa attività di pianificazione, ma i piani non saranno comunque in grado di prevenire o risolvere tutti i problemi. A questo scopo si rendono necessari un'interazione giornaliera e un adattamento reciproco tra le varie unità. Collaboratori provenienti da diverse unità potrebbero essere coinvolti in meccanismi di coordinamento faccia a faccia, lavoro di squadra e processi decisionali. Per questi motivi, i manager che operano in contesti caratterizzati da interdipendenza reciproca spesso organizzano il lavoro in modo da incoraggiare e stimolare il *coordinamento relazionale*, descritto nel Capitolo 3, di modo che la condivisione delle informazioni e il coordinamento tra diverse unità organizzative diventino una normale pratica quotidiana per i collaboratori e siano ben radicati nel tessuto organizzativo. [92] La Southwest Airlines rappresenta un ottimo esempio a questo proposito.

IN PRATICA

Southwest Airlines

Per qualsiasi compagnia aerea, la partenza di un volo è un processo articolato che coinvolge numerosi dipendenti operanti in unità diverse, chiamati a svolgere una molteplicità di compiti in un contesto incerto e in continuo mutamento.

In Figura 7.12 si può osservare l'elevata interdipendenza tipica del processo di partenza di un volo che coinvolge addetti alle biglietterie, piloti, assistenti di volo, addetti allo smistamento bagagli, addetti di scalo, flight dispatcher, meccanici, addetti alla pulizia delle cabine, agenti di rampa, addetti al carico/scarico degli aeromobili, addetti ai rifornimenti e addetti al catering. Un elevato grado di coordinamento fra questi gruppi è essenziale per garantire la puntualità del decollo.

Come si è detto nel Capitolo 3, la Southwest Airlines vanta il record del tempo di turnaround più basso del settore. Come lo ha conquistato? La compagnia aerea favorisce il coordinamento relazionale tra tutti questi gruppi, alcuni dei quali sono riportati in Figura 7.12, per operare con puntualità e conseguire un livello elevato di soddisfazione del cliente. I manager della Southwest hanno creato il cosiddetto *ritardo di team*, che aiuta il personale a individuare i problemi di coordinamento fra i vari gruppi, piuttosto che cercare il colpevole quando qualcosa non va secondo i piani. L'attenzione al team induce tutti i membri a concentrarsi sugli obiettivi comuni della sicurezza, della puntualità del volo, dell'accuratezza nella gestione dei bagagli e della soddisfazione dei clienti. I dipendenti della Southwest sono motivati a collaborare e coordinare le rispettive attività, piuttosto che evitare le responsabilità o scaricarle sugli altri. I supervisori lavorano a stretto contatto con i dipendenti con la funzione di favorire l'apprendimento e aiutare ciascuno a svolgere il proprio lavoro nel migliore dei modi.

Alla Southwest si attribuisce molta importanza all'assunzione di persone che evidenziano un atteggiamento collaborativo. La compagnia aerea mette al primo posto l'orientamento al lavoro in team, anziché le capacità tecniche, e promuove la collaborazione e il rispetto reciproco mediante attività di formazione e sviluppo e storie organizzative. Si racconta che un pilota convocato per un colloquio alla Southwest non abbia ottenuto l'incarico perché aveva manifestato un atteggiamento poco rispettoso nei confronti di un assistente amministrativo. Per usare le parole di un field manager la filosofia della Southwest è: "Conquistiamo il successo tutti insieme, sbagliamo tutti insieme."[93]

Adottando prassi che favoriscono il lavoro in team, la condivisione degli obiettivi e delle responsabilità e il rispetto reciproco, la Southwest promuove il coordinamento relazionale di modo che le unità interdipendenti operino in sintonia. L'interdipendenza reciproca è l'interdipendenza più complessa che le organizzazioni si trovano a gestire e la più impegnativa per i manager in fase di progettazione organizzativa.

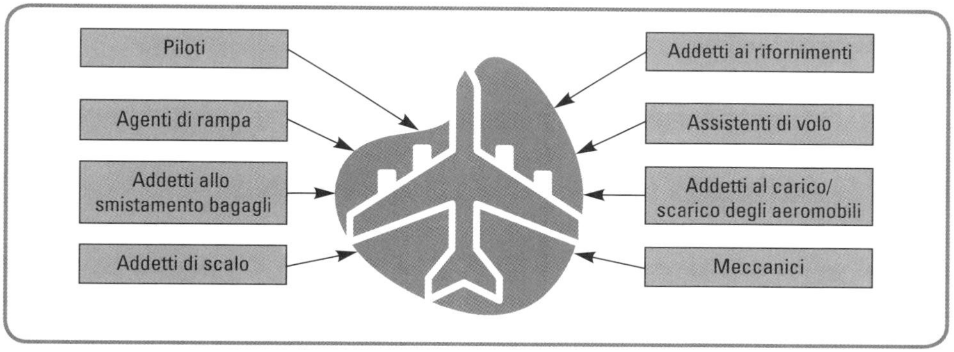

Figura 7.12
Interdipendenza delle unità coinvolte nel processo di partenza dei voli
Fonte: basato su Jody Hoffer Gitzell, "Organizing Work to Support Relational Coordination," *International Journal of Human Resource Management* 11, n. 3 (giugno 2000), 517-539.

Priorità

Come indicato in Figura 7.11, poiché per quanto riguarda l'interdipendenza reciproca il processo decisionale, la comunicazione e i problemi di coordinamento sono maggiori, dovrebbe essere proprio questo tipo di interdipendenza ad avere la massima priorità nella struttura organizzativa. Le attività reciprocamente interdipendenti dovrebbero essere raggruppate le une vicine alle altre nell'ambito dell'organizzazione, in modo che i manager abbiano facilità di contatti e adattamenti reciproci. Queste unità dovrebbero riportare in organigramma alla stessa persona e dovrebbero essere fisicamente vicine in modo da poter minimizzare il tempo e lo sforzo necessari per il coordinamento. Una struttura orizzontale, con insiemi di gruppi tra loro collegati che lavorano sui processi chiave, può fornire lo stretto coordinamento necessario per supportare un'interdipendenza reciproca. Un cattivo coordinamento porterà invece a cattive prestazioni per l'organizzazione. Se le unità reciprocamente interdipendenti non si trovano in collocazioni vicine, l'organizzazione dovrebbe allora progettare meccanismi di coordinamento quali riunioni giornaliere fra le unità o un'intranet per facilitare la comunicazione. In questa scala di attività di progettazione, la priorità successiva è assegnata alle interdipendenze sequenziali, e infine alle interdipendenze generiche.

Questa strategia di organizzazione delle attività mantiene i canali di comunicazione brevi dove il coordinamento riveste un ruolo molto critico per il successo organizzativo.

Implicazioni strutturali

La maggior parte delle organizzazioni sperimenta diversi livelli di interdipendenza e la struttura può essere progettata per adattarsi a queste necessità, come illustrato in Figura 7.13.[94] In un'azienda manifatturiera lo sviluppo di un nuovo prodotto comporta un'interdipendenza reciproca tra la progettazione, l'ingegnerizzazione, gli acquisti, la produzione e gli uffici vendite. Con tutta probabilità potrebbero essere utilizzati una struttura orizzontale o gruppi interfunzionali per gestire il flusso bidirezionale di informazioni e risorse. Una volta che il prodotto è stato progettato, la sua effettiva realizzazione configura un'interdipendenza sequenziale, con un flusso di beni che va da un'unità a un'altra, come avviene tra il reparto acquisti, il magazzino, il controllo di produzione, la produzione e l'assemblaggio. Le attività di ordinazione e consegna dei prodotti rappresentano invece un'interdipendenza di tipo generico, con i magazzini che funzionano indipendentemente. I clienti possono inoltrare un ordine presso la struttura dell'azienda più vicina, il che non richiede un coordinamento tra i vari magazzini, tranne in casi eccezionali come quelli rappresentati da un fuori scorta.

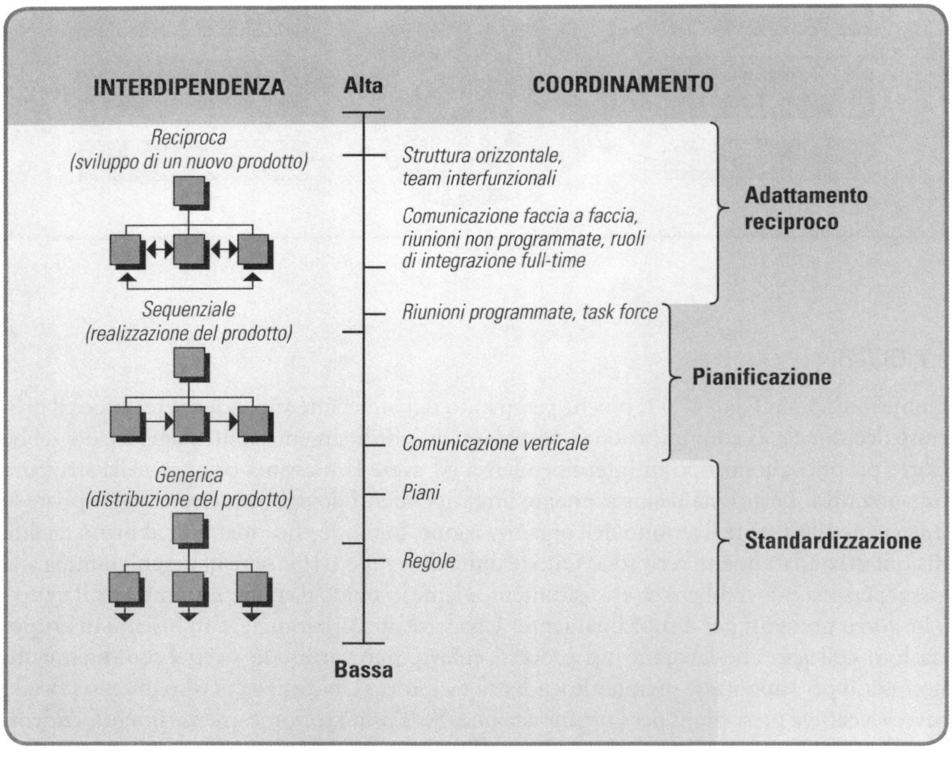

Figura 7.13
Metodi principali di coordinamento per livelli diversi di interdipendenza tra i compiti in un'azienda manifatturiera
Fonte: adattato da Andrew H. Van de Ven, Andre Delbecq, Richard Koenig, "Determinants of Communication Modes within Organizations", *American Sociological Review* 41 (1976), 330.

I tre livelli di interdipendenza sono esemplificati da uno studio condotto sulle squadre di diversi sport che ha esaminato l'interdipendenza tra i giocatori e come essa influisce su altri aspetti all'interno delle squadre di baseball, di football americano e di basket.

IN PRATICA

Squadre sportive

Una differenza principale tra il baseball, il football americano e il basket è rappresentata dall'interdipendenza che lega i giocatori. Il baseball presenta una bassa interdipendenza, il football americano è a un livello medio e il basket costituisce il caso di interdipendenza più alta tra i giocatori. I rapporti tra l'interdipendenza e altre caratteristiche del gioco di gruppo sono illustrati in Figura 7.14.

Pete Rose ha affermato: "Il baseball è un gioco di gruppo, ma nove uomini che raggiungono i loro obiettivi individuali fanno un *bel* gruppo". Nel baseball, l'interdipendenza tra i membri della squadra è bassa e può essere definita come generica. Ogni membro agisce indipendentemente, andando al turno di battuta e gestendo la propria posizione sul diamante. Quando c'è interazione, questa è solo fra due o tre giocatori, come per esempio in un "gioco doppio". I giocatori sono fisicamente dispersi sul campo e le regole del gioco sono i mezzi principali di coordinamento tra i giocatori. Questi ultimi praticano e sviluppano le proprie abilità individualmente, per esempio esercitandosi nella battuta e allenandosi all'affaticamento fisico. Il lavoro dell'allenatore consiste principalmente nello scegliere buoni giocatori. Se ogni giocatore ha successo a livello individuale, il gruppo nel suo insieme dovrebbe vincere.

Nel football americano l'interdipendenza tra giocatori è più alta e tende a essere di tipo sequenziale. La prima linea blocca gli avversari per permettere ai "running back" di correre o passare. Le azioni di gioco a disposizione di una squadra si susseguono consecutivamente ogni volta dal primo down al quarto down. La dispersione fi sica è media, permettendo ai giocatori di agire come un'unità coordinata. Il meccanismo principale per il coordinamento tra i giocatori consiste nello sviluppare un piano di gioco, oltre che in un insieme di regole che governano il comportamento dei componenti della squadra. Ogni giocatore ha un compito coerente con quelli degli altri e l'allenatore disegna lo schema di gioco in modo da ottenere la vittoria.

Nel basket l'interdipendenza tende a essere di tipo reciproco. Il gioco si svolge con meno vincoli e la divisione del lavoro è meno precisa che in altri sport. Ogni giocatore è impegnato sia in attacco sia in difesa, gestisce il possesso di palla e tenta di segnare. La palla viene smistata in continuazione tra i giocatori, che interagiscono in un flusso dinamico per ottenere la vittoria. Le competenze dell'allenatore si traducono nella capacità di influire su questo processo dinamico, sia sostituendo giocatori sia fornendo schemi di gioco che indicano in quali aree giocare la palla. I giocatori devono imparare ad adattarsi al flusso del gioco e gli uni agli altri in base a come si sviluppano gli eventi.

L'interdipendenza tra i giocatori è un fattore di primo piano nello spiegare la differenza tra questi tre sport. Il baseball è organizzato intorno a un individuo autonomo, il football americano intorno a gruppi che sono in rapporto di interdipendenza sequenziale e infine il basket intorno al libero flusso di giocatori in rapporto reciproco.[95]

	Baseball	Football	Basket
Interdipendenza	generica	sequenziale	reciproca
Dispersione fisica dei giocatori	alta	media	bassa
Coordinamento	regole di gioco	schema di gioco e ruoli delle varie posizioni	adattamento reciproco e responsabilità condivisa
Ruolo chiave dell'allenatore	selezionare i giocatori e sviluppare le loro capacità	preparare e gestire la partita	influenzare il flusso di gioco

Figura 7.14
Relazioni tra interdipendenza e altre caratteristiche del gioco di squadra
Fonte: basato su William Passmore, Carol E. Francis, e Jeffrey Halderman, "Sociotechnical Systems: A North American Reflection On the Empirical Studies of the 70's," *Human Relations* 35 (1982), 1179-1204.

Sistemi socio-tecnici

Sinora questo capitolo ha descritto alcuni modelli per analizzare come le tecnologie manifatturiere e per i servizi influiscano sui processi strutturali e di gestione. La relazione tra una nuova tecnologia e l'organizzazione sembra seguire uno schema definito, che inizia con effetti immediati sul contenuto delle mansioni, seguiti (dopo un periodo più lungo) da un impatto sulla progettazione dell'organizzazione. L'impatto complessivo della tecnologia sui lavoratori può essere parzialmente compreso attraverso il concetto dei sistemi socio-tecnici.

L'**approccio dei sistemi socio-tecnici** riconosce l'interazione delle esigenze tecniche e di quelle umane che si verifica in un'efficace attività di job design, combinando le necessità delle persone con la necessità di efficienza tecnica da parte dell'organizzazione. L'elemento *sociale* dell'approccio si riferisce alle persone e ai gruppi che lavorano nelle organizzazioni e a come il lavoro viene organizzato e coordinato; l'elemento *tecnico* si riferisce invece ai materiali, agli strumenti, alle macchine e ai processi utilizzati per trasformare gli input dell'organizzazione in output.

In Figura 7.15 vengono illustrate le tre componenti principali del modello dei sistemi socio-tecnici.[96] Il *sistema sociale* comprende tutti i fattori umani – come i comportamenti individuali e di gruppo, la cultura organizzativa, le pratiche di gestione e il grado di apertura della comunicazione – che possono influire sui risultati del lavoro. Il *sistema tecnico* riguarda invece il tipo di tecnologia produttiva, il livello di interdipendenza, la complessità dei compiti e così via. L'obiettivo dell'approccio dei sistemi socio-tecnici è quello di progettare l'organizzazione in modo che si possa avere una **ottimizzazione congiunta**, il che significa che un'organizzazione funziona al meglio quando i sistemi sociali e quelli tecnici sono progettati per adattarsi alle reciproche necessità. Infatti, stando alla teoria socio tecnica, la fusione di persone e tecnologia crea una relazione armoniosa in quanto le persone percepiscono i vantaggi della nuova tecnologia e la adottano, piuttosto che respingerla.[97] Progettare l'organizzazione per soddisfare le necessità umane ignorando i sistemi tecnici o cambiare la tecnologia per migliorare l'efficienza ignorando le necessità umane può causare problemi indesiderati di prestazioni. Per esempio, indipendentemente dall'entità del processo tecnologico – sostiene lo psicologo evoluzionista Robin Dunbar – gli esseri umani sono limitati quanto al numero di "connessioni sociali significative" che sono in grado di sopportare. Sulla base di studi antropologici e storici, il numero si attesta a 150. È questo il motivo per cui, quando una succursale della W. L. Gore & Associates supera i 150 dipendenti, si suddivide creandone una nuova. I manager sanno che, quando un gruppo comincia a perdere il senso di connessione significativa, i dipendenti non comunicano e collaborano secondo modalità tali da creare i legami di un'organizzazione di prima qualità.[98] L'approccio dei sistemi socio-tecnici tenta di trovare un equilibrio tra ciò che le persone vogliono e ciò di cui hanno bisogno, da una parte, e le esigenze tecniche del sistema produttivo dell'organizzazione, dall'altra.[99]

Un esempio ci proviene da un museo che installò un sistema televisivo a circuito chiuso. Anziché avere un gran numero di guardie che sorvegliano l'edificio e i vari piani, il monitor del sistema a circuito chiuso poteva essere facilmente controllato da un'unica guardia. Sebbene la tecnologia consentì di risparmiare denaro (dal momento che era necessaria una sola guardia per turno), la sua introduzione condusse a inattesi problemi di performance. Le guardie apprezzavano in precedenza le interazioni sociali che l'attività di sorveglianza comportava; controllare il monitor di un sistema a circuito chiuso portava invece soltanto alienazione e noia.

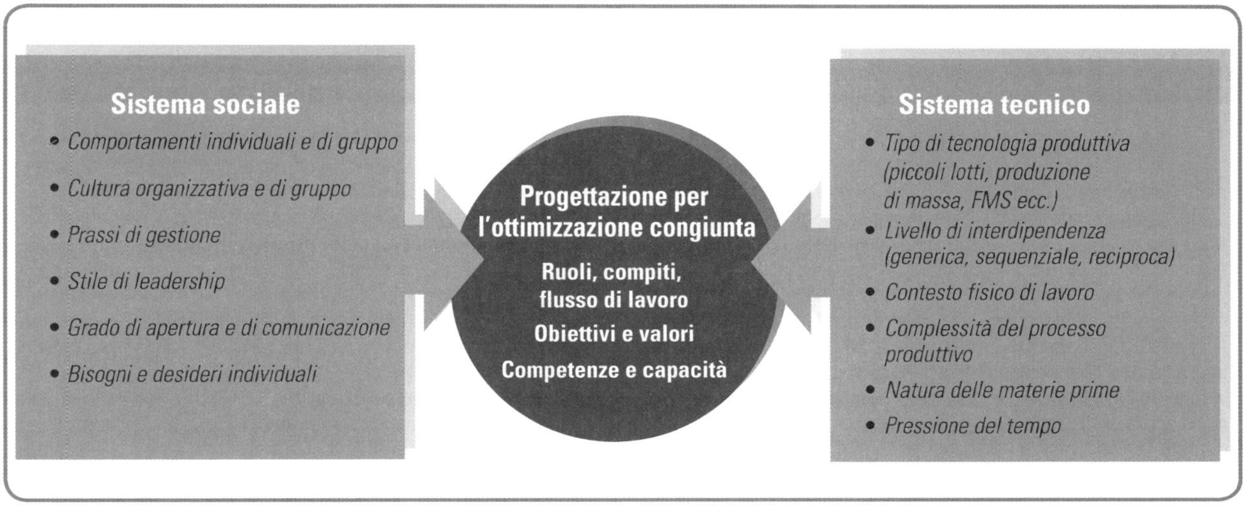

Figura 7.15
Modello dei sistemi socio-tecnici
Fonti: basato su T. Cummings, "Self-Regulating Work Groups: A Socio-Technical Synthesis," *Academy of Management Review* 3 (1978), 625–634; Don Hellriegel, John W. Slocum, e Richard W. Woodman, *Organizational Behavior*, 8th ed. (Cincinnati, OH: South-Western, 1998), 492; Gregory B. Northcraft e Margaret A. Neale, *Organizational Behavior: A Management Challenge*, 2nd ed. (Fort Worth, TX: The Dryden Press, 1994), 551.

Durante una prova del sistema durata diciotto mesi, su diverse migliaia di intrusioni simulate soltanto il 5 per cento venne rilevato dalla guardia.[100] Il sistema era inadeguato perché le necessità umane non erano state considerate.

I principi socio-tecnici si sono sviluppati a partire dal lavoro del Tavistock Institute, un'organizzazione di ricerca inglese, durante gli anni Cinquanta e Sessanta.[101] Esempi di cambiamenti organizzativi che hanno utilizzato i principi dei sistemi socio-tecnici si sono avuti in numerose organizzazioni, tra le quali la General Motors, la Volvo, la Tennessee Valley Authority (TVA) e la Procter & Gamble.[102] Sebbene vi siano stati anche fallimenti, in molte di queste applicazioni l'ottimizzazione congiunta dei cambiamenti nella tecnologia e nella struttura per soddisfare le necessità delle persone così come dell'efficienza ha migliorato le prestazioni, la sicurezza, la qualità, il turnover e ha ridotto l'assenteismo. In alcuni casi l'organizzazione del lavoro non era la più efficiente in base a principi tecnici e scientifici, ma il coinvolgimento e l'impegno dei dipendenti controbilanciavano abbondantemente la differenza. Ancora una volta, quindi, la ricerca mostra che le nuove tecnologie non hanno necessariamente un impatto negativo sui dipendenti, perché la tecnologia implica spesso capacità mentali e sociali di livello superiore e può essere organizzata in modo tale da incoraggiare il coinvolgimento e l'impegno dei dipendenti, risultando perciò di beneficio sia ai dipendenti sia all'organizzazione.

Un principio dei sistemi socio-tecnici afferma che le persone dovrebbero essere considerate come risorse e dovrebbero essere loro fornite capacità adeguate, compiti significativi e incentivi appropriati: esso acquista ancora più importanza nel mondo di oggi, caratterizzato da una complessità tecnologica crescente.[103] Uno studio sui produttori di carta ha evidenziato come le organizzazioni che si affidano eccessivamente a macchinari e tecnologie e prestano poca attenzione a un'adeguata gestione delle persone non ottengono progressi in termini di produttività e flessibilità. Le aziende che oggi riscuotono maggior successo tentano di trovare il giusto equilibrio tra macchine, robot e persone e cercano il modo più efficace per coordinare questi elementi.[104]

Uno sguardo sull'Europa

L'Industria 4.0 e la rivoluzione tecnologica nel settore manifatturiero: il caso Tetra Pak

Sensori e telecamere, robot impiegati nella produzione e veicoli a guida autonoma nella logistica, simulazioni virtuali e visori per la realtà aumentata, stampa 3D e Big Data sono solo alcuni esempi di come sta cambiando il modo di produrre e di lavorare. Il settore manifatturiero, infatti, è stato investito negli ultimi tempi da un sostanziale aumento del tasso di digitalizzazione che ha raggiunto un livello tale per cui non solo i *device* digitali ma anche gli oggetti fisici risultano essere perfettamente integrati nel network di informazioni. "Industria 4.0" è l'etichetta che rappresenta quella che è stata definita come la quarta rivoluzione industriale e che sta portando alla creazione di vere e proprie fabbriche "smart" in cui tecnologie e dispositivi sono connessi tra di loro attraverso internet e comunicano autonomamente durante le varie fasi dei processi produttivi mettendo in contatto oggetti, persone e luoghi.

L'Industria 4.0 come strategia di crescita

Dopo la Germania, nazione da cui è partita questa rivoluzione, tra i paesi più avanzati nell'adozione dell'Industria 4.0 c'è la Svezia. Quella svedese è una nazione con una forte vocazione industriale dove il settore manifatturiero crea oltre un milione di posti di lavoro e costituisce il 77% del valore totale delle esportazioni. Per rimanere competitivi nel mercato globale e sostenere la crescita di questo settore il governo svedese ha individuato nelle *smart industries* la strategie su cui puntare, di cui l'Industria 4.0 costituisce uno dei principali focus. Proprio grazie alla capacità del settore di rinnovarsi costantemente e raccogliere le sfide emergenti, le aziende svedesi hanno ampliato e raggiunto un notevole successo in ambito internazionale. Ne è un esempio Tetra Pak, da anni attiva nello sviluppo di soluzioni e processi altamente innovativi che sta lavorando molto in questa direzione sia migliorando i propri sistemi di produzione che nell'ottica di offrire nuovi servizi ai propri clienti.

Tetra Pak e l'automazione dei processi produttivi

L'azienda, fondata in Svezia nel 1951 e divenuta nel tempo un'azienda globale, è tra i principali produttori di sistemi per il confezionamento, l'imballaggio e la distribuzione di liquidi nell'industria alimentare. Serve circa 180 paesi in tutto il mondo ed ha oltre 23.000 dipendenti in più di 85 paesi.

L'esperienza di Tetra Pak con l'Industria 4.0 è particolarmente significativa e rivolta principalmente a due ambiti. Da un lato l'automazione dei processi produttivi al fine di aumentare efficienza e flessibilità. Dall'altro il versante dei servizi al cliente dove, grazie a queste innovazioni, verrà generato buona parte del valore aggiunto del rapporto fornitore-cliente futuro.

L'automazione della fabbrica è resa possibile dal mix di informazioni che provengono tanto dai sensori e microprocessori incorporati negli oggetti quanto dai dati delle simulazioni e dei modelli che riproducono i flussi di lavoro in modo virtuale ancora prima che reale. Le linee di produzione sono state arricchite da sistemi informativi automatizzati che monitorano processi fisici reali e producono dati in tempo reale. Attraverso questi sistemi di raccolta dei dati relativi agli impianti di produzione è possibile monitorare il processo produttivo e gli "allarmi" relativi alla produzione, ai dati generati dagli operatori e alle informazioni sul processo di lavorazione in generale. Questi dati vengono poi gestiti centralmente attraverso una "Performance data collection infrastructure" e costituiscono un'importante fonte di cono-

Riepilogo e interpretazioni

- Nella letteratura sulla tecnologia emergono numerosi importanti contributi. Il primo è costituito dalla ricerca di Woodward sulla tecnologia manifatturiera; Woodward visitò diverse organizzazioni e raccolse dati concreti sulle caratteristiche della tecnologia, sulla struttura organizzativa e sui sistemi di gestione. Ciò che trovò furono chiare relazioni tra la tecnologia e la struttura in organizzazioni ad alta performance. Le sue scoperte sono così limpide e rilevanti che i manager possono tuttora analizzare le proprie organizzazioni sulle stesse dimensioni di tecnologia e struttura. Inoltre, la tecnologia e la struttura possono essere allineate entrambe con la strategia organizzativa allo scopo di soddisfare bisogni mutevoli e offrire nuovi vantaggi competitivi.
- La seconda idea importante è che le tecnologie per i servizi sono sistematicamente diverse dalle tecnologie manifatturiere. Le tecnologie per i servizi sono caratterizzate da output intangibili e da un coinvolgimento diretto del cliente nel processo di produzione. Le aziende di servizi non sono caratterizzate dalle tecnologie fisse e basate

scenza rispetto a situazioni operative che possono generare stress o problematiche in termini di performance dando segnali preventivi su malfunzionamento o problemi nel processo produttivo ed evitando coì sprechi e contenendo i costi. Questa soluzione permette però anche di avere informazioni che allineino sempre più la progettazione delle linee alle effettive esigenze operative dei clienti garantendo da un lato una personalizzazione del prodotto, grazie alla migliore individuazione dei parametri di funzionamento più importanti e rilevanti, ma anche di offrire una maggiore garanzia di efficienza sulla linea di produzione.

Tetra Pak, Industria 4.0 e il nuovo concetto di produzione e servizi
Le sfide che l'Industria 4.0 porta con sé sono anche legate ad un nuovo modo di lavorare e alla necessità si sviluppare nuove competenze dal punto di vista del versante umano. Ci saranno ad esempio sempre più robot impiegati nelle linee di produzione accanto agli operai con i quali dovranno interagire, ma anche una crescente richiesta di applicazioni in grado di elaborare milioni di informazioni provenienti da più fonti in tempo reale che presentino una sintesi in modo chiaro ed abilitino la capacità di prendere decisioni affidabili. In un'ottica di maggiore *service orientation* poi, l'industria 4.0 non permette soltanto un maggiore integrazione verticale fra i sistemi di produzione e i processi di *business* all'interno delle fabbriche, ma connette anche orizzontalmente *stakeholder* diversi puntando ad una digitalizzazione dell'intera catena del valore ad esempio impiegando droni nella logistica o utilizzando stampanti 3D tramite le quali sarà direttamente il cliente a stampare il prodotto inviato digitalmente dall'azienda. Industria 4.0 è dunque sia "Internet of Things" che "Internet of Services", due concetti considerati elementi centrali di questo nuovo paradigma che rappresentano da un lato l'insieme di sensori integrati in oggetti fisici e collegati tra di loro attraverso sistemi informatici, e dall'altro i nuovi servizi offerti e utilizzati dai vari attori della catena del valore generati dalla disponibilità di *Big Data* e strumenti di *cloud computing*. Ne è un esempio la recente collaborazione di Tetra Pak con ABB e Unilever, che hanno lavorato insieme per riprogettare il sistema di controllo del processo produttivo di margarina e altri prodotti cremosi di Unilever a Helsingborg, in Svezia. In questa partnership Tetra Pak rappresentava lo specialista del processo, Unilever del prodotto e ABB delle tecnologie di controllo e monitoraggio. Tetra Pak ha messo in campo la sua *expertise* nella pianificazione, progettazione e automazione dei processi in un'ottica digitale arrivando ad una massima personalizzazione del prodotto per Unilever e abilitando una digitalizzazione dell'intera catena del valore dal fornitore al cliente finale aumentando la flessibilità, le interconnessioni tra i diversi sistemi e la rendicontazione dei consumi. L'industria 4.0, infatti, può realizzarsi a pieno solo se le aziende sono integrate in reti digitali sia verticali che orizzontali e se viene reingegnerizzata digitalmente l'intera catena del valore del prodotto o del sistema manifatturiero.

Domande:
1. Secondo voi, quali saranno gli effetti a lungo termine di questa rivoluzione tecnologica nel settore manifatturiero? Quali le opportunità e i rischi?
2. Quali sono le condizioni di successo nell'implementazione aziendale di una strategia Industria 4.0?
3. In che modo Tetra Pak sta cavalcando l'onda dell'Industria 4.0 nei suoi processi produttivi e nella relazione con i clienti?

sulle macchine che compaiono nelle organizzazioni manifatturiere; perciò, anche la progettazione organizzativa è spesso diversa.

- Il terzo contributo significativo è rappresentato dal modello di Perrow applicato alle tecnologie a livello di unità. La comprensione della varietà e dell'analizzabilità di una tecnologia fornisce elementi per valutare lo stile di gestione, la struttura e il processo che dovrebbero caratterizzare quell'unità. Le tecnologie routinarie sono caratterizzate da una progettazione di tipo meccanico, mentre le tecnologie non routinarie hanno una progettazione organica. Applicare il sistema di gestione sbagliato a un'unità porterà a insoddisfazione e a una minore efficienza.
- Il quarto concetto importante è quello dell'interdipendenza tra le unità organizzative. La misura in cui le unità dipendono le une dalle altre per materiali, informazioni o altre risorse determina l'ammontare di coordinamento richiesto tra di loro. Con l'aumentare dell'interdipendenza, il bisogno di coordinamento all'interno dell'organizzazione cresce. La progettazione organizzativa deve permettere che il giusto mix di comunicazione e di coordinamento gestisca l'interdipendenza tra le varie unità.

- Il quinto tema importante è che le organizzazioni stanno adottando i nuovi sistemi della fabbrica intelligente e della produzione snella, che hanno un impatto sulla progettazione organizzativa. Per la gran parte l'impatto è positivo, con spostamenti verso progettazioni più organiche sia all'interno dello stabilimento sia nella gerarchia manageriale. Le tecnologie sostituiscono lavori routinari, danno più autonomia ai dipendenti, producono lavori più stimolanti, incoraggiano il lavoro di squadra e permettono all'organizzazione di essere più flessibile e reattiva. Le nuove tecnologie stanno inoltre arricchendole mansioni nella prospettiva di rendere le organizzazioni luoghi più piacevoli in cui lavorare.
- Numerosi principi relativi alla teoria dei sistemi socio-tecnici, che tenta di progettare gli aspetti tecnici e umani di un'organizzazione in modo che si adattino gli uni agli altri, diventano sempre più importanti ora che i progressi tecnologici stanno modificando la natura dei lavori e l'interazione sociale all'interno delle aziende.

Punti chiave

Tieni a mente questi suggerimenti

1. Utilizza le categorie sviluppate da Woodward per studiare se la tecnologia di produzione di un'azienda manifatturiera è a piccoli lotti, a produzione di massa o a processo continuo. Utilizza una struttura più organica in presenza di tecnologie a piccoli lotti o a processo continuo e nel caso in cui vengano adottati sistemi manifatturieri intelligenti. Utilizza una struttura meccanica in presenza di tecnologie di produzione di massa.
2. Nell'adottare una nuova tecnologia, provvedi a riallineare strategia, struttura e processi di gestione allo scopo di ottenere prestazioni di eccellenza.
3. Utilizza il concetto di tecnologia per i servizi per valutare il processo di produzione delle aziende non manifatturiere. Le tecnologie per i servizi sono intangibili e devono essere situate vicino al cliente; di conseguenza, le organizzazioni di servizi possono avere una progettazione organizzativa caratterizzata da meno ruoli di confine, maggiore dispersione geografica, decentramento, dipendenti molto qualificati all'interno del nucleo tecnico e generalmente minore controllo rispetto alle organizzazioni manifatturiere.
4. Utilizza le due dimensioni della varietà e dell'analizzabilità per scoprire se il lavoro all'interno di un'unità è di tipo routinario o non routinario. Se il lavoro in un'unità è routinario, utilizza una progettazione meccanica, con struttura e processi rigidi. Se il lavoro in un'unità è non routinario, utilizza una progettazione organica e processi di gestione flessibili.
5. Valuta le interdipendenze tra le unità organizzative. Utilizza la regola generale che afferma che, con l'aumentare delle interdipendenze, anche i meccanismi di coordinamento devono aumentare. Considera la possibilità di utilizzare una struttura divisionale per le interdipendenze di tipo generico. Per le interdipendenze sequenziali, utilizza task force e ruoli di integrazione per ottenere un maggiore coordinamento orizzontale. Al livello più alto di interdipendenza (interdipendenza reciproca), favorisci il coordinamento relazione e valuta una struttura orizzontale.
6. Sii consapevole del fatto che l'introduzione di una nuova tecnologia ha un impatto significativo sulla progettazione delle mansioni. Considera l'eventualità di utilizzare l'approccio dei sistemi socio-tecnici per bilanciare le necessità dei dipendenti con le esigenze del nuovo sistema tecnologico.

Glossario

analizzabilità
approccio dei sistemi sociotecnici
complessità tecnica
core technology
fabbrica intelligente
interdipendenza
interdipendenza generica
interdipendenza reciproca
interdipendenza sequenziale
ottimizzazione congiunta
personalizzazione di massa
produzione a grandi lotti
produzione a piccoli lotti
produzione a processo continuo
produzione snella
tecnologia
tecnologia ausiliaria
tecnologia di mediazione
tecnologia per i servizi
tecnologia sequenziale
tecnologie artigianali
tecnologie ingegneristiche
tecnologie intensive
tecnologie non routinarie
tecnologie routinarie
varietà

Domande per la discussione

1. Applicando il modello di Perrow, come dovrebbe essere collocata la vostra università? Nel realizzare la vostra valutazione cercate di porre attenzione alle caratteristiche di varietà e di analizzabilità sottostanti. Un dipartimento dedito esclusivamente all'insegnamento si porrà in un quadrante diverso rispetto a uno in cui si svolge solo ricerca?
2. Spiegate i livelli di interdipendenza così come individuati da Thompson e indicate qual è il livello di interdipendenza tra i dipartimenti (finanza, marketing) di una scuola di management. Quali tipi di meccanismi di coordinamento potrebbero essere implementati dall'amministrazione per gestire ciascun livello di interdipendenza?
3. Quali relazioni scoprì Woodward tra l'ampiezza del controllo del supervisore e la complessità tecnologica?
4. In quali aspetti la fabbrica intelligente e la produzione snella differiscono rispetto alle altre tecnologie di produzione? Perché queste innovazioni sono necessarie nell'ambiente attuale?
5. Che cos'è una tecnologia per i servizi? I diversi tipi di tecnologie di servizio sono generalmente associati con differenti progettazioni organizzative?
6. I concetti della produzione snella come il miglioramento continuo e la riduzione degli sprechi vengono da tempo impiegati nelle imprese manifatturiere. Illustrate in che modo possono essere applicati anche nelle imprese di servizi. Secondo voi, perché queste ultime stanno adottando tale approccio?
7. Perché gli amministratori di una struttura ospedaliera come il Seattle Children's Hospital potrebbero puntare a favorire il coordinamento relazionale?
8. Un alto dirigente sosteneva che il livello più elevato del management rappresenta una tecnologia artigianale poiché il lavoro contiene aspetti intangibili, come la gestione del personale, l'interpretazione dell'ambiente e il superamento di situazioni inusuali che devono essere comprese attraverso l'esperienza. Se questo fosse vero, sarebbe appropriato insegnare la direzione aziendale in una business school? L'insegnamento del management da un libro di testo non parte, forse, dall'assunto che il lavoro del dirigente sia analizzabile e, quindi, che la formazione abbia maggiore importanza dell'esperienza?

9. In quale misura lo sviluppo di nuove tecnologie semplifica e rende routinarie le mansioni (job) degli impiegati? Fornite un esempio. Le nuove tecnologie possono anche portare a una maggiore varietà e complessità della mansione? Perché?
10. Descrivete il modello dei sistemi socio-tecnici. Perché alcuni manager potrebbero opporsi all'approccio dei sistemi socio-tecnici?

Quaderno di lavoro

La tecnologia dei ristoranti[105]

Analizzate la tecnologia utilizzata in due diversi ristoranti: McDonald's e un tipico ristorante familiare. Potete svolgere il lavoro da soli o in gruppo. Dovrete visitare tutti e tre i ristoranti e inferire come viene svolto il lavoro, secondo i criteri di seguito esposti. Non vi è permesso di "intervistare" alcun addetto, dovrete essere solamente osservatori. Quando sarete sul luogo, prendete molti appunti.

	McDonald's	**Ristorante familiare**
Obiettivi organizzativi: velocità, servizio, atmosfera ecc.		
Tipo di tecnologia (secondo il modello di Woodward)		
Struttura organizzativa: meccanica od organica?		
Gruppo vs individuo: le persone lavorano insieme o da sole?		
Interdipendenza: in che modo gli addetti dipendono l'uno dall'altro?		
Mansioni: routinarie vs non routinarie; quanto varie sono le mansioni?		

Domande

1. La tecnologia utilizzata è la migliore per ogni ristorante, considerando i suoi obiettivi e il suo ambiente?
2. Utilizzando i dati precedenti, determinate se la struttura e le altre caratteristiche si adattano alla tecnologia.
3. Se faceste parte di un team di consulenti che devono migliorare le operazioni di ogni organizzazione, quali raccomandazioni dareste?

Tecnologie per il controllo, il social business e i big data

8

ORGANIZZARE LE IMPRESE:
qual è la vostra opinione?

Prima di leggere il presente capitolo, indicate qual è la vostra opinione in merito a ciascuna delle seguenti affermazioni:

1 Un manager non dovrebbe curarsi molto di come e quando esattamente i dipendenti svolgono il proprio lavoro, a condizione che i risultati raggiunti siano buoni.

D'ACCORDO ☐ IN DISACCORDO ☐

2 Le organizzazioni più accorte dovrebbero incentivare i manager a utilizzare Twitter.

D'ACCORDO ☐ IN DISACCORDO ☐

3 L'analisi dei big data fornisce buoni risultati nel processo decisionale in virtù dell'utilizzo di campioni di dati attentamente selezionati.

D'ACCORDO ☐ IN DISACCORDO ☐

Poche settimane prima che il virus dell'influenza H1N1 balzasse sui titoli dei quotidiani, gli ingegneri della Google pubblicarono un sorprendente articolo nella rivista scientifica *Nature*, nel quale spiegavano come l'azienda fosse riuscita a prevedere la diffusione dell'influenza invernale negli Stati Uniti, arrivando a precisare le zone e persino gli stati. A Google sono poste oltre 3 miliardi di domande al giorno che vengono regolarmente salvate; gli ingegneri presero i 50 milioni di termini di ricerca più comuni e li confrontarono con i dati del Centro per il Controllo delle Malattie Infettive relativi alla diffusione dell'influenza stagionale fra il 2003 e il 2008, cercando delle correlazioni fra la frequenza di determinate ricerche e la diffusione della malattia. Per passare al vaglio i termini, elaborarono 450 milioni di modelli matematici differenti, mettendo a confronto le loro previsioni con gli effettivi casi di influenza. È così che la squadra della Google riuscì a trovare il tesoro: il software individuò una combinazione di 45 termini di ricerca che presentavano una forte correlazione fra le loro previsioni e le cifre ufficiali. L'articolo di *Nature* non fu affatto tenuto in considerazione al di fuori del mondo degli informatici, ma fece scalpore fra i funzionari della sanità. Quando si presenta un nuovo virus e si diffonde rapidamente, l'unica speranza che i funzionari della sanità hanno è di rallentarne la diffusione, ma per farlo hanno bisogno di sapere dove si è già diffuso. Sebbene il Centro per il Controllo delle Malattie Infettive riceva informazioni da medici, cliniche pubbliche e ospedali, i dati arrivano sempre con un paio di settimane di ritardo: ma di fronte a una malattia che si diffonde rapidamente, due settimane sono un'eternità. Il metodo di Google, costruito sfruttando il potere dei "big data" era in grado di dire dove l'influenza si era diffusa pressoché in tempo reale, senza una né due settimane di ritardo.[1]

I cosiddetti *big data* rappresentano uno dei più recenti progressi nel campo delle tecnologie dell'informazione (*information technology*, IT) e sta rimodellando aziende e interi settori. Amazon.com raccoglie ingenti quantità di dati sui clienti, ivi inclusi i libri acquistati, le ricerche effettuate, le modalità di navigazione del sito, il livello di influenza di promozioni e recensioni, e via dicendo; fatto questo, utilizza degli algoritmi in grado di prevedere e suggerire quali libri il cliente potrebbe essere interessato a leggere in futuro.[32] Inoltre, tali previsioni si fanno più accurate ogni qualvolta un cliente risponde o ignora un suggerimento.[2] Molte altre organizzazioni sono state trasformate anche da altre forme di information technology. In aziende basate sulla conoscenza come la società di consulenza KPMG Peat Marwick, Amerex Brokers (un'azienda di intermediazione specializzata in risorse energetiche) e Business Wire (che offre servizi di informazioni di settore e aziendali), l'efficace utilizzo dell'information technology è da molto tempo un aspetto fondamentale del business. Oggi l'information technology è diventata un fattore cruciale per aiutare le aziende di ogni settore a mantenere un vantaggio competitivo di fronte alla crescente sfida globale e alle sempre più alte aspettative dei clienti in relazione a velocità, comodità, qualità e valore. I vantaggi primari dell'information technology per le organizzazioni comprendono il potenziale di miglioramento del processo decisionale, così come la possibilità di ottenere maggiore controllo, efficienza e coordinamento a livello interno e con partner e clienti esterni. Secondo alcuni studiosi di teoria organizzativa, l'information technology sta gradatamente sostituendo la tradizionale gerarchia nelle funzioni di coordinamento e controllo delle attività delle organizzazioni.[3]

Obiettivi del capitolo

Le informazioni sono la linfa vitale delle organizzazioni. I manager investono almeno l'80 per cento del proprio tempo scambiando informazioni. Essi hanno bisogno di queste informazioni per mantenere unita l'organizzazione. I collegamenti verticali e orizzontali descritti nel Capitolo 3 sono progettati per fornire ai manager informazioni rilevanti per la presa di decisioni e le attività di coordinamento, valutazione e controllo. Non sono solo gli impianti produttivi, le attrezzature o i prodotti e servizi a decidere il successo di un'organizzazione, ma anche le informazioni a disposizione dei manager e il modo in cui vengono impiegate. Le organizzazioni oggi considerate vincenti sono in genere quelle che applicano più efficacemente l'information technology.

Le modalità secondo le quali i manager raccolgono e utilizzano le informazioni sono cambiate drasticamente nel corso degli anni. Questo capitolo esamina l'evoluzione dell'information technology; in primo luogo si analizzano i sistemi di information technology applicati alle attività dell'organizzazione e il modo in cui l'information technology supporta il controllo e il coordinamento dell'organizzazione, con una discussione sul knowledge management. Successivamente si considera l'utilizzo dell'information technology come arma strategica, tramite l'utilizzo delle applicazioni di social business e dei big data. Queste recenti innovazioni nel campo delle tecnologie dell'informazione rappresentano il naturale sviluppo di applicazioni precedenti come la business intelligence e il knowledge management e hanno permesso di fare enormi passi in avanti in termini di rafforzamento delle relazioni interne ed esterne, di comprensione delle organizzazioni e di successo strategico.

L'ultimo paragrafo del capitolo presenta una panoramica dei modi in cui l'information technology influenza la progettazione organizzativa.

L'evoluzione dell'information technology

Il processo di evoluzione dell'information technology è schematizzato in Figura 8.1. Il management di primo livello è tipicamente interessato a problemi ben definiti riguardanti l'operatività e la produzione. Il top management, di contro, ha a che fare con argomenti incerti e ambigui, come la strategia e la pianificazione. Con lo sviluppo di sistemi di information technology sempre più sofisticati sono state messe a punto applicazioni che supportano il top management nel coordinamento e controllo dell'organizzazione e nel processo decisionale, anche per problemi complessi e incerti.

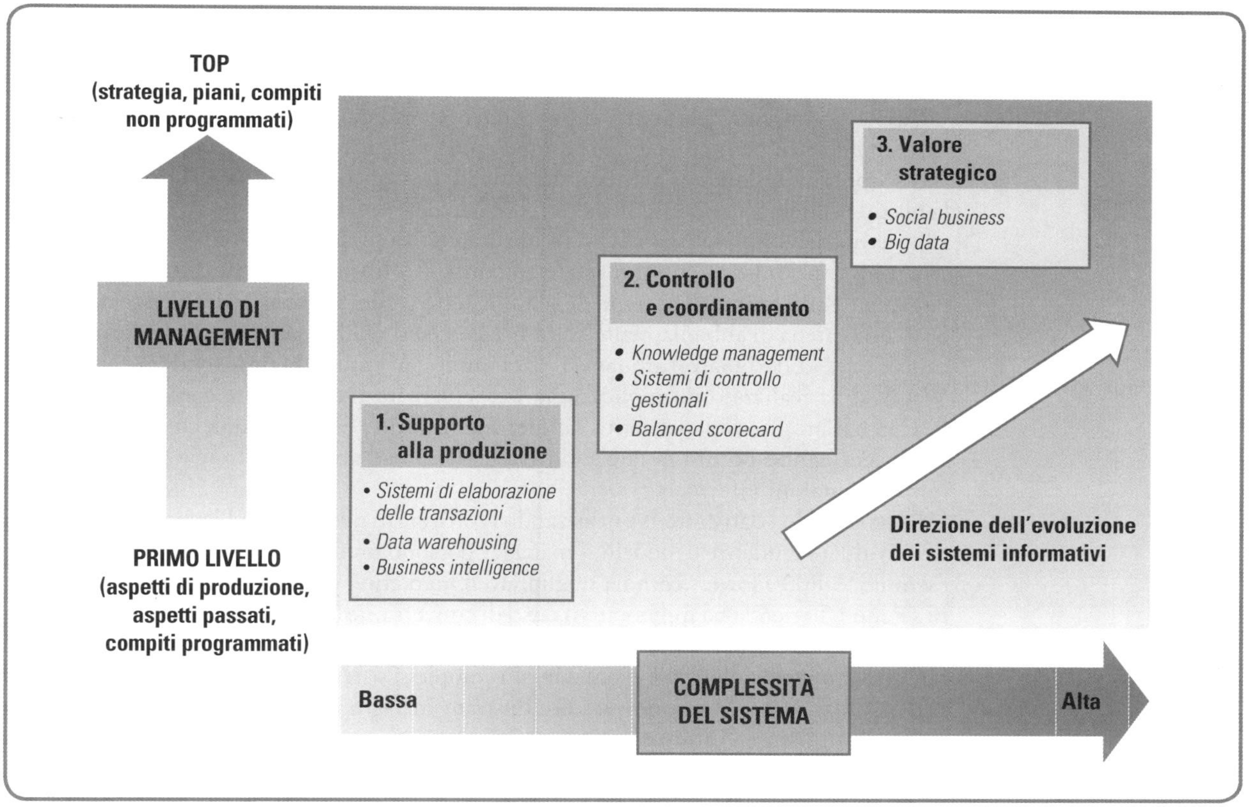

Figura 8.1
Evoluzione delle applicazioni organizzative dell'information technology

Inizialmente i sistemi di information technology utilizzati nelle organizzazioni venivano applicati alle attività produttive. Queste prime applicazioni erano basate sul concetto di efficienza all'interno della sala macchine – ovvero sul presupposto che le attività produttive potessero essere svolte con maggiore efficienza attraverso l'utilizzo della tecnologia computer-based. L'obiettivo era di ridurre i costi di manodopera sostituendo i computer all'uomo in alcuni compiti. Questi sistemi, noti come **transaction processing systems** (TPS), avevano il compito di automatizzare le transazioni routinarie e giornaliere. Un TPS raccoglie dati da transazioni quali le vendite, gli acquisti dai fornitori e le variazioni di magazzino e li memorizza in un database. Per esempio, presso la Enterprise Rent-A-Car, un sistema computerizzato tiene traccia delle transazioni (quasi un milione e mezzo) che l'impresa registra ogni ora. Il sistema garantisce al personale di contatto informazioni aggiornate al minuto sulla disponibilità delle vetture e su altri dati, mettendoli in grado di fornire ai clienti un ottimo servizio.[4] Il Midland Memorial Hospital (Texas) ha di recente implementato l'information technology per la gestione delle cartelle cliniche elettroniche. Grazie al nuovo sistema, è stato possibile recuperare un ritardo nelle attività di codifica e fatturazione delle prestazioni sanitarie per 4.500 pazienti e un valore di 16,7 milioni di dollari in sole quattro settimane, a fronte degli oltre sei mesi che sarebbero stati impiegati procedendo con il metodo tradizionale.[5]

Negli ultimi anni, l'uso di *data warehousing* e di software per la *business intelligence* hanno consentito di utilizzare meglio queste raccolte di dati. Per **data warehousing** si intende l'utilizzo di grandi database che riuniscono tutti i dati relativi all'azienda e permettono agli utenti di accedere direttamente ai dati, creare report e ottenere risposte a interrogazioni di tipo *what-if*. Il software per la **business intelligence** (denominata anche "analytics") consente agli utenti di interpretare questi dati dando loro un senso. La business intelligence permette cioè di compiere una sofisticata analisi dei dati di un'impresa allo scopo di migliorare il processo decisionale strategico.[6] Definita a volte *data mining*, la business intelligence consente la ricerca e l'analisi di dati provenienti da differenti fonti all'interno dell'impresa, ma anche in misura crescente da fonti esterne, per identificare schemi e relazioni che possano essere rilevanti. I software di business intelligence sono largamente utilizzati dalla catene di vendita al dettaglio: i manager di aziende come Wet Seal, una catena di abbigliamento statunitense che si rivolge soprattutto alle teenager, e la casa di moda Elie Tahari si affidano al data mining per individuare le tendenze emergenti. Wet Seal ha realizzato un'applicazione web chiamata Outfitter che consente alle utenti di creare il proprio look preferito online; analizzando i 300.000 look creati dalle utenti, i manager hanno potuto notare subito la tendenza ad abbinare camicie e top eleganti a jeans e pantaloni informali.[7]

Raccogliendo i dati corretti e utilizzando i software di business intelligence per analizzarli e individuare tendenze e modelli, i manager possono prendere decisioni più brillanti. Per esempio, 1-800-Flowers.com ha migliorato il marketing grazie alla business intelligence: in sei mesi, l'azienda ha migliorato il tasso di conversione (visitatori del sito che diventano acquirenti) del 20 per cento grazie a pagine web e promozioni mirate.[8] In questo modo l'information technology si è evoluta in più complessi sistemi di controllo e coordinamento dell'organizzazione, il secondo stadio illustrato in Figura 8.1. Ulteriori progressi hanno portato a utilizzare l'information technology per aggiungere valore strategico, livello più alto delle applicazioni nella figura.

Per **social business** si intende l'utilizzo delle tecnologie dei social media come blog, social network o Twitter per interagire con dipendenti, clienti e altri stakeholder, e facilitare la comunicazione e la collaborazione fra di essi. Per esempio, Dr. Pepper ha costruito un pubblico di 8,5 milioni di fan su Facebook. I manager pubblicano due messaggi al giorno sulla fan page dell'azienda, per poi analizzare le risposte e vedere cosa pensa la gente.[9] Il social business è in grado di migliorare l'efficienza di un'organizzazione, di aumentare la produttività e di rendere l'operatività più rapida e snella migliorando comunicazione, collaborazione e condivisione delle conoscenze all'interno dell'azienda e fra aziende.[10] I big data, una delle più recenti business technology, rappresentano la naturale evoluzione della business intelligence. Per **analitica dei big data** (*big data analytics*) si intende l'insieme delle tecnologie, delle competenze e dei processi atti a ricercare ed esaminare data set molto consistenti e complessi, che le classiche applicazioni di elaborazione di dati non sarebbero in grado di gestire, alla ricerca di linee evolutive e correlazioni nascoste.[11] Walmart raccoglie oltre 2,5 petabyte di dati dalle transazioni dei clienti e li utilizza per prendere decisioni più avvedute (un petabyte corrisponde a circa un milione di gigabyte, o equivale a circa 20 milioni di schedari pieni di dati scritti).[12] Facebook utilizza i dati personali inseriti dagli utenti nella propria pagina per tracciarne e monitorarne i comportamenti online, e quindi individuare e suggerire potenziali "amici".[13] Il presente capitolo considera in particolare l'influenza che social business e big data hanno sull'evoluzione dell'information technology.

Filosofia e focalizzazione dei sistemi di controllo

I manager prestano attenzione sia al controllo dell'organizzazione nel suo insieme sia a quello di unità operative, team e individui. Alcune strategie di controllo si applicano all'alta dirigenza e l'interesse è rivolto all'organizzazione nel suo insieme o alle divisioni principali. Il controllo riveste una certa importanza anche al livello operativo inferiore, al quale i manager delle unità operative e i supervisori si focalizzano sulle performance di team e singoli dipendenti.

La mutevole filosofia del controllo

L'approccio al controllo da parte dei manager sta cambiando presso molte organizzazioni. Col passaggio alla partecipazione e alla responsabilizzazione dei dipendenti, molte aziende stanno adottando un processo di controllo *decentralizzato*, piuttosto che *gerarchico*. Controllo gerarchico e decentralizzato rappresentano differenti filosofie di cultura aziendale. La maggior parte delle organizzazioni presentano aspetti di entrambe le tipologie di controllo, sebbene i manager di solito si concentrino su una o sull'altra, a seconda della cultura organizzativa e della loro visione del controllo.

Il **controllo gerarchico** comporta il monitoraggio e la modifica del comportamento dei dipendenti attraverso l'utilizzo considerevole di regole, politiche, gerarchia, documentazione scritta, sistemi di ricompensa e altri meccanismi formali.[14] Al contrario, il controllo decentralizzato si basa su valori culturali, tradizioni, credenze condivise e fiducia per promuovere l'osservanza degli obiettivi dell'organizzazione. I manager operano sulla base del presupposto che i dipendenti siano degni di fiducia e disposti a operare in modo efficace, anche in assenza di regole dettagliate e stretta supervisione.

La Figura 8.2 mette a confronto l'utilizzo dei metodi di controllo gerarchico e di quello decentralizzato. I metodi gerarchici definiscono esplicitamente regole, politiche e procedure di comportamento per i dipendenti. Il controllo è affidato all'autorità centralizzata, alla gerarchia formale e alla stretta supervisione personale. La responsabilità del controllo della qualità è affidata agli ispettori e ai supervisori preposti, piuttosto che ai dipendenti. Le descrizioni delle mansioni sono di solito specifiche ed espresse in termini di compiti, e i manager definiscono gli standard minimi di accettabilità della performance del perso-

	Controllo gerarchico	Controllo decentralizzato
Presupposti di base	Le persone non riescono ad autodisciplinarsi e non sono degne di fiducia, per cui è necessario monitorarle e controllare attentamente.	Le persone lavorano meglio quando sono impegnate appieno nell'organizzazione.
Azioni	Utilizza regole e procedure dettagliate, nonché sistemi di controllo formale.	Presenta un limitato utilizzo delle regole; si basa su valori condivisi, gruppo e autocontrollo, selezione e socializzazione.
	Ricorre all'autorità dall'alto verso il basso, alla gerarchia formale, al potere di posizione, alla supervisione, agli ispettori preposti al controllo della qualità.	Poggia su autorità flessibile, struttura piatta e potere esperto; tutti monitorano la qualità.
	Si basa su descrizioni delle mansioni espresse in termini di compiti.	Si basa su descrizioni delle mansioni espresse in termini di risultati; mette in risalto gli obiettivi da raggiungere.
	Dà importanza alle ricompense estrinseche (stipendi, benefit, posizione all'interno della gerarchia).	Promuove ricompense di tipo sia estrinseco che intrinseco (lavoro significativo, opportunità di crescita).
	Presenta una rigida cultura organizzativa e non considera le norme culturali come mezzi di controllo.	Presenta una cultura adattiva; la cultura viene considerata un mezzo per tenere insieme obiettivi a livello individuale, di team e di organizzazione per il controllo in generale.
Conseguenze	I dipendenti seguono le istruzioni e fanno *appena* quello che viene chiesto loro di fare.	I dipendenti prendono l'iniziativa e chiedono responsabilità.
	I dipendenti provano un senso di indifferenza nei confronti del lavoro.	I dipendenti sono attivamente impegnati e dediti al loro lavoro.
	Assenteismo e turnover del personale sono elevati.	Il turnover del personale è basso.

Figura 8.2
Confronto fra metodi di controllo gerarchico e decentralizzato
Fonte: basato su Naresh Khatri *et al.*, "Medical Errors and Quality of Care: From Control to Commitment," *California Management Review* 48, no. 3 (primavera 2006), 118; Richard E. Walton, "From Control to Commitment in the Workplace," *Harvard Business Review*, marzo-aprile 1985, 76-84; Don Hellriegel, Susan E. Jackson e John W. Slocum, Jr., *Management*, 8th ed. (Cincinnati, OH: South-Western, 1999), 663.

nale. Se si attengono agli standard, i singoli dipendenti ricevono ricompense esterne sotto forma di stipendi, benefit e talvolta promozioni verso i livelli superiori della gerarchia. Raramente i dipendenti prendono parte al processo di controllo; qualora lo facciano, la loro partecipazione viene formalizzata attraverso meccanismi come per esempio le procedure sindacali. In caso di controllo gerarchico, la cultura organizzativa è piuttosto rigida e i manager non reputano la cultura un mezzo utile per il controllo di dipendenti e organizzazione. La tecnologia viene spesso utilizzata per controllare il flusso e il ritmo di lavoro o per monitorare i dipendenti, per esempio misurando i minuti che essi impiegano al telefono o le pressioni di tasti effettuate al computer.

L'approccio gerarchico al controllo si manifesta chiaramente in molte aziende giapponesi. La cultura giapponese presenta un'ossessione per le regole che può rivelarsi di estrema efficacia per trasformare il disordine in ordine. Per esempio, dopo i devastanti terremoto e tsunami del 2011, il paese è stato particolarmente efficiente nell'organizzare dei centri di evacuazione per le famiglie che hanno perso le loro abitazioni durante il disastro. Questi rifugi temporanei sono stati gestiti da comitati autogovernati, i quali hanno redatto con minuzia di dettaglio le responsabilità giornaliere degli sfollati: a ciascuno di essi sono stati assegnati compiti specifici come per esempio lo smistamento dei rifiuti, e la pulizia dei bagni e delle riserve d'acqua. Questo metodo gerarchico di gestione dei centri temporanei di evacuazione ha aiutato infondere nei sopravvissuti un senso di routine e responsabilità, che potrebbe svolgere un ruolo di rilievo nel ridurre gli effetti psicofisici a lungo termine di questo disastro naturale.[15]

Il **controllo decentralizzato** si basa su valori e presupposti pressoché opposti al controllo gerarchico. Regole e procedure vengono utilizzate soltanto quando necessario; piuttosto, i manager fanno affidamento su obiettivi e valori condivisi per controllare il comportamento dei dipendenti. L'organizzazione attribuisce grande importanza alla selezione e alla socializzazione dei dipendenti per assicurare che essi possiedano i valori appropriati necessari per influenzare il comportamento al fine del raggiungimento degli obiettivi aziendali. Nessuna organizzazione è in grado di controllare i dipendenti per tutto il tempo, per cui sono autodisciplina e autocontrollo ad assicurare che la performance lavorativa si attenga agli standard prefissati. Responsabilizzazione dei dipendenti, efficace socializzazione e formazione sono tutti fattori che possono contribuire agli standard interni che forniscono autocontrollo. Nick Sarillo, proprietario di due negozi Nick's Pizza & Pub in Illinois, definisce il suo stile di management "fidati e controlla": dare alle persone gli strumenti e le informazioni di cui necessitano, comunicare loro i risultati da raggiungere e poi lasciare che facciano a modo loro. Allo stesso tempo, Sarillo tiene traccia dei risultati, in modo tale che l'azienda rimanga su un terreno solido.[16]

In caso di controllo decentralizzato, il potere è maggiormente diffuso e si basa tanto su conoscenza ed esperienza quanto sulla posizione formale. La struttura organizzativa è piatta e orizzontale, con autorità flessibile e team di lavoratori alle prese con la risoluzione dei problemi e con la messa in atto di miglioramenti. Tutti sono coinvolti nel controllo della qualità in maniera continua. Di solito le descrizioni delle mansioni lavorative sono espresse in termini di obiettivi, con maggiore enfasi sui risultati da raggiungere piuttosto che sugli specifici compiti da svolgere. I manager fanno ricorso non soltanto a ricompense estrinseche come gli stipendi, ma anche intrinseche come significatività del lavoro e opportunità di apprendimento e di crescita. La tecnologia viene utilizzata per responsabilizzare i dipendenti, dando loro le informazioni di cui necessitano per prendere decisioni efficaci, lavorare insieme e risolvere i problemi. Il personale viene ricompensato per il successo del team e dell'organizzazione, oltre che per la performance individuale, e viene dato risalto all'uguaglianza fra dipendenti. I dipendenti partecipano a tutta una serie di attività, fra le quali la decisione degli obiettivi, la determinazione degli standard di performance, l'amministrazione della qualità e la progettazione dei sistemi di controllo.

Con il controllo decentralizzato, la cultura è adattiva e i manager riconoscono l'importanza che la cultura organizzativa riveste nel tenere insieme individui, team e obiettivi organizzativi al fine di un maggiore controllo generale. Nella situazione ideale, con il controllo decentralizzato, i dipendenti mettono insieme le loro aree di expertise per giungere all'elaborazione di procedure migliori di quelle che i manager avrebbero potuto elaborare lavorando da soli. Campbell Soup fa ricorso al controllo decentralizzato chiedendo la collaborazione dei suoi dipendenti per migliorare l'efficienza all'interno dei suoi stabilimenti. In quello di Maxton, in North Carolina, ogni mattina gli operai si consultano con i manager per trovare delle modalità per far risparmiare denaro all'azienda. Questi dipendenti fanno parte di una cultura decentralizzata nella quale manager e dipendenti condividono gli obiettivi dell'azienda e collaborano alla ricerca di modalità per migliorare l'efficienza. Le consultazioni quotidiane fra dipendenti e manager servono a "far sì che tutti siano coinvolti," dichiara "Big John" Filmore, veterano dello stabilimento da 28 anni. "Invece di dire alle persone che cosa fare, facciamo in modo che i collaboratori si prendano direttamente in carico la risoluzione dei problemi,".[17]

Sistemi di controllo a feedback

I sistemi di controllo efficaci prevedono l'uso del feedback per determinare se la performance dell'organizzazione soddisfi i parametri prefissati al fine di aiutarla a raggiungere i suoi obiettivi. I manager istituiscono dei sistemi di controllo dell'organizzazione che prevedono i quattro passaggi fondamentali del **modello di controllo a feedback** illustrato in Figura 8.3.

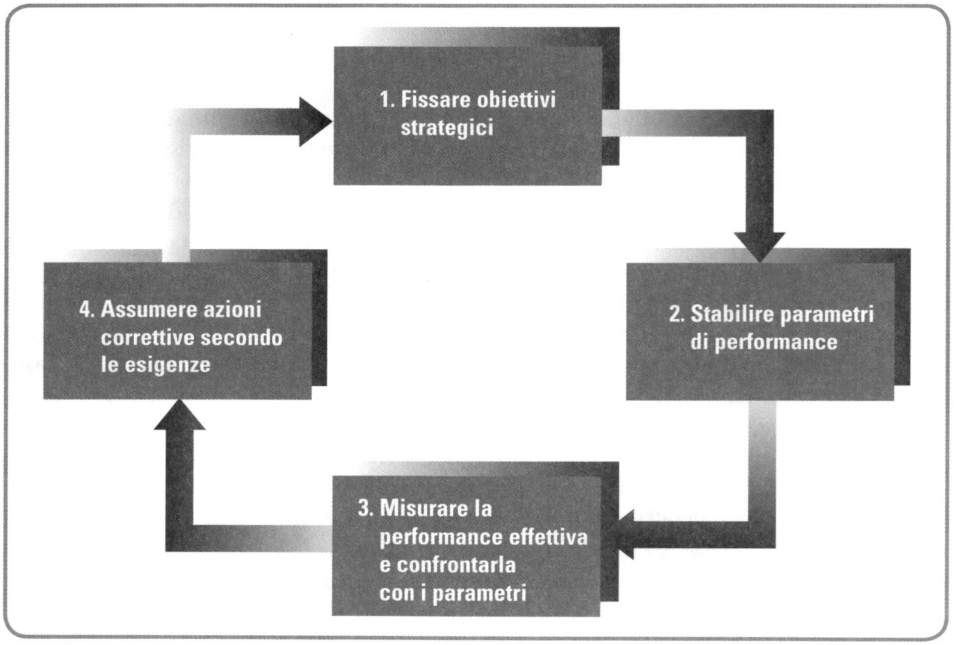

Figura 8.3
Un modello semplificato di controllo a feedback

Il ciclo del controllo prevede che vengano fissati degli obiettivi strategici per le varie unità o l'organizzazione nel suo complesso, che vengano stabiliti misure e parametri di performance, che la performance corrente venga misurata e confrontata con i parametri, correggendo infine o modificando le attività a seconda delle esigenze. Per esempio i dirigenti della Jefferson Pilot Financial, che offre una gamma completa di servizi nei settori assicurazione sulla vita e rendite vitalizie, hanno assegnato a una unità gli obiettivi di ridurre del 60 per cento i tempi tra la richiesta di un'assicurazione e l'emissione della polizza e del 40 per cento il numero delle riemissioni di polizze per via di errori. Al momento della misurazione della performance è emerso che l'unità aveva raggiunto l'obiettivo di ridurre le riemissioni del 40 per cento e aveva ridotto il tempo di evasione delle richieste del 70 per cento.[18] Il controllo a feedback aiuta i manager ad attuare gli adeguamenti necessari alle attività di lavoro, ai parametri di performance e agli obiettivi per portare l'organizza-

Profilo personale

Fissare obiettivi è una vostra dote innata?

In che modo le vostre abitudini di lavoro si adattano all'elaborazione di piani e all'individuazione di obiettivi? Rispondete alle seguenti domande scegliendo "Più sì che no" o viceversa a seconda del vostro comportamento in ambito lavorativo o di studio.

	Più sì che no	Più no che sì
1. Sono solito fissare obiettivi chiari e specifici in diverse aree del mio lavoro e della mia vita.	____	____
2. Desidero conseguire un risultato ben preciso nella vita.	____	____
3. Preferisco obiettivi generali a obiettivi specifici.	____	____
4. Lavoro meglio se non devo rispettare scadenze prestabilite.	____	____
5. Dedico del tempo alla pianificazione del mio lavoro ogni giorno/ogni settimana.	____	____
6. Ho un'idea ben chiara dei parametri che indicano se ho raggiunto un obiettivo o meno.	____	____
7. Riesco a lavorare meglio quando stabilisco per me stesso obiettivi più ambiziosi .	____	____
8. Aiuto gli altri a chiarire e definire i propri obiettivi.	____	____
9. Tentare di raggiungere particolari obiettivi, anziché non averne, rende la vita più stimolante.	____	____

Punteggio: Assegnatevi un punto per ciascuna domanda cui avete risposto "Più sì che no", ad eccezione delle domande tre e quattro, per le quali dovete assegnarvi un punto se avete risposto "Più no che sì". Se avete totalizzato un punteggio inferiore o pari a quattro, fissare obiettivi potrebbe non essere un attività a voi congeniale; se invece avete totalizzato un punteggio pari o superiore a sei, mostrate buone capacità in questo senso e una migliore preparazione per un ruolo manageriale all'interno di un'organizzazione.

Interpretazione: Un aspetto importante della vita organizzativa consiste nello stabilire obiettivi, misurare risultati e monitorare i progressi compiuti. Gran parte delle organizzazioni dispongono di sistemi appositamente creati per lo svolgimento di tali attività. Le domande del test aiutano a comprendere in che misura avete già adottato l'uso di fissare obiettivi nella vostra vita e nel vostro lavoro. Secondo alcune ricerche, stabilire obiettivi chiari, specifici e ambiziosi in aree importanti migliora le prestazioni. Non tutti danno il massimo se posti di fronte a obiettivi categorici, ma l'individuazione di risultati da raggiungere, la valutazione del lavoro svolto e il controllo delle responsabilità individuali possono rendere più efficace il vostro operato come manager di un'organizzazione. La capacità di individuare obiettivi non è necessariamente connaturata, ma si può anche acquisire con l'apprendimento.

zione al successo. Completate il test del riquadro "Profilo personale" per valutare la vostra bravura nello stabilire obiettivi.

I manager valutano con attenzione quali parametri misurare e come definirli. Il nuovo amministratore delegato della Sprint Nextel Corporation si è reso conto che l'azienda era in cattive acque perché i manager misuravano i parametri sbagliati. Per esempio, i manager del dipartimento di assistenza ai clienti esaminavano i dati sul controllo dei costi, ma non facevano nulla per risolvere i problemi; la Sprint si era così guadagnata la reputazione di avere un pessimo servizio di assistenza, perdeva clienti e non riusciva a raggiungere gli obiettivi finanziari. Quando Dan Hesse ha assunto la guida dell'azienda in veste di amministratore delegato, ha chiesto ai manager di misurare l'efficacia nella risoluzione dei problemi segnalati dai clienti, anziché i tempi di gestione delle telefonate. In men che non si dica, la Sprint ha riportato punteggi migliori sotto il profilo della soddisfazione dei clienti e ha ampliato la sua base conquistandone di nuovi.[19] In gran parte delle aziende, come la Sprint Nextel, i manager ricorrono a una serie di misure operative ben focalizzate per tenere sotto controllo la performance e l'organizzazione, anziché fare affidamento esclusivamente sui dati finanziari. Monitorano i dati relativi ad aspetti come la soddisfazione del cliente, la qualità del prodotto, la dedizione e il turnover dei dipendenti, le performance operative, l'innovazione e la responsabilità sociale aziendale, per fare alcuni esempi, oltre che i risultati finanziari.

Livello dell'organizzazione: la balanced scorecard

Una recente innovazione nei sistemi di controllo consiste nell'integrare le misure finanziarie e i rapporti statistici interni con un interesse per i mercati e i clienti e anche per i dipendenti. Il sistema di **balanced scorecard** (BSC) è un sistema di controllo di gestione

Figura 8.4
Principali dimensioni del sistema di balanced scorecard
Fonti: basato su Robert S. Kaplan, David P. Norton, "Using the Balanced Scorecard as a Strategic Management System," *Harvard Business Review* (January-February 1996), 75-85; Chee W. Chow, Kamal M. Haddad, James E. Williamson, "Applying the Balanced Scorecard to Small Companies," *Management Accounting* 79, no. 2 (August 1997), 21-27; Cathy Lazere, "All Together Now," *CFO* (February 1998), 28-36.

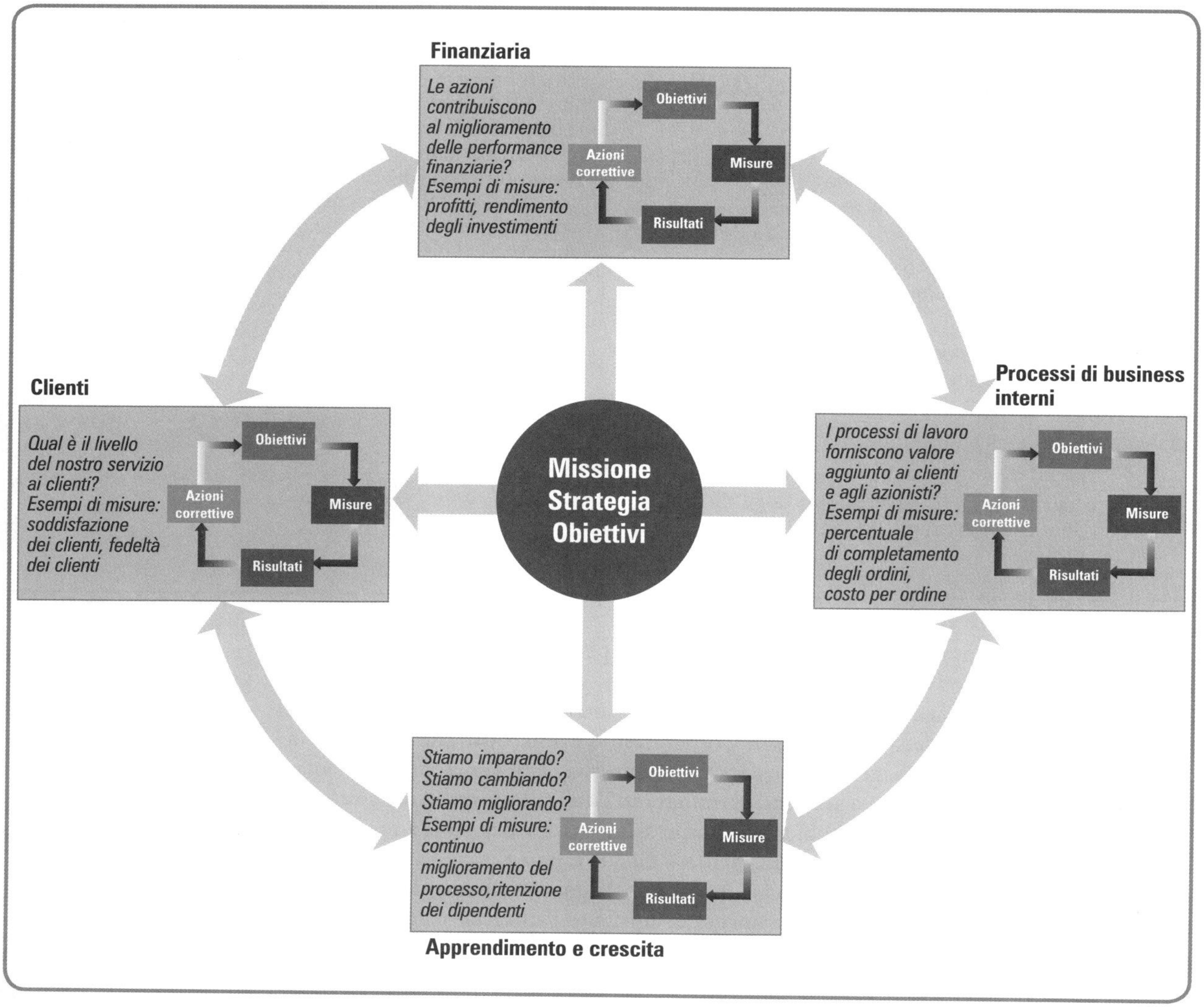

generale che bilancia le tradizionali misurazioni di tipo finanziario con misure operative legate ai fattori critici di successo dell'azienda.[20] Un sistema di BSC comprende quattro prospettive principali, come illustrato in Figura 8.4: performance finanziaria, servizio ai clienti, processi di business interni e capacità dell'organizzazione di apprendere e crescere.[21]

Nell'ambito di queste quattro aree, i manager identificano degli indicatori di performance chiave che verranno seguiti dall'organizzazione. La *prospettiva finanziaria* riflette la preoccupazione di far sì che le attività dell'organizzazione contribuiscano al miglioramento delle prestazioni finanziarie di breve e lungo periodo. Essa comprende misure tradizionali come il reddito netto e il rendimento degli investimenti (ROI). Gli *indicatori del servizio ai clienti* misurano aspetti quali l'opinione che i clienti hanno dell'organizzazione, la fedeltà e la soddisfazione del cliente. Gli *indicatori dei processi di business* si concentrano sulle statistiche produttive e operative, come il completamento degli ordini e il costo per ordine. L'ultima componente riguarda il *potenziale di apprendimento e di crescita dell'organizzazione*, che si focalizza sulla bontà della gestione delle risorse e del capitale umano per il futuro dell'azienda. Le misure relative a quest'area comprendono aspetti come la capacità di trattenere i dipendenti (*retention*), i miglioramenti dei processi di business e l'introduzione di nuovi prodotti. Le componenti del sistema di balanced scorecard sono progettate in maniera integrata, in modo tale che si rinforzino le une con le altre e colleghino le azioni di breve periodo con gli obiettivi strategici di lungo periodo, come illustrato in Figura 8.4. I manager possono utilizzare questo sistema per stabilire obiettivi, allocare risorse, pianificare budget e determinare ricompense.

Per quanto possa sembrare che questi elementi trovino impiego più immediato nelle aziende finalizzate ai prodotti, la scorecard può anche essere applicata alle imprese di servizi sia a fini di lucro sia non profit. Un grande fornitore di servizi tecnologici, per esempio, ha individuato gli indicatori di performance chiave del rendimento degli investimenti (finanziario), del numero di idee messe in atto nell'ultimo anno (apprendimento e crescita), dell'accuratezza e reattività (processi interni), e della fedeltà e capacità di mantenere i clienti (servizio ai clienti), fra gli altri.[22] La scorecard è diventata il sistema di controllo di gestione fondamentale per molte organizzazioni, come per esempio Hilton Hotel, Allstate, British Airways e Cigna Insurance. La British Airways associa l'utilizzo della BSC ai modelli di controllo a feedback mostrati in Figura 8.3. Le scorecard fungono da ordine del giorno per le riunioni mensili della dirigenza, durante le quali i manager valutano la performance, discutono sulle azioni correttive da adottare e stabiliscono nuovi obiettivi per le varie categorie della BSC.[23]

Di recente, la BSC si è evoluta in un sistema che aiuta i manager a comprendere come la performance organizzativa sia il risultato di relazioni di causa-effetto tra queste quattro aree interrelate. L'efficacia complessiva è determinata dalla misura in cui i quattro elementi sono ben allineati, affinché individui, team e unità operative lavorino in concerto per conseguire specifici obiettivi che determinano elevate performance dell'organizzazione.[24]

La tecnica di controllo delle relazioni causa-effetto è la mappa strategica. Una **mappa strategica** fornisce una rappresentazione visiva degli elementi determinanti del successo di un'organizzazione e mostra i legami tra i risultati specifici conseguiti in ciascuna area.[25] La mappa strategica semplificata in Figura 8.5 mostra le quattro aree chiave che contribuiscono al successo di un'azienda nel lungo periodo – apprendimento e crescita, processi interni, servizio ai clienti e performance finanziarie – e i legami diretti tra i vari risultati conseguiti in ciascuna area. In altri termini, una performance efficace sul piano di apprendimento e crescita funge da base per ottenere processi di lavoro interni eccellenti.

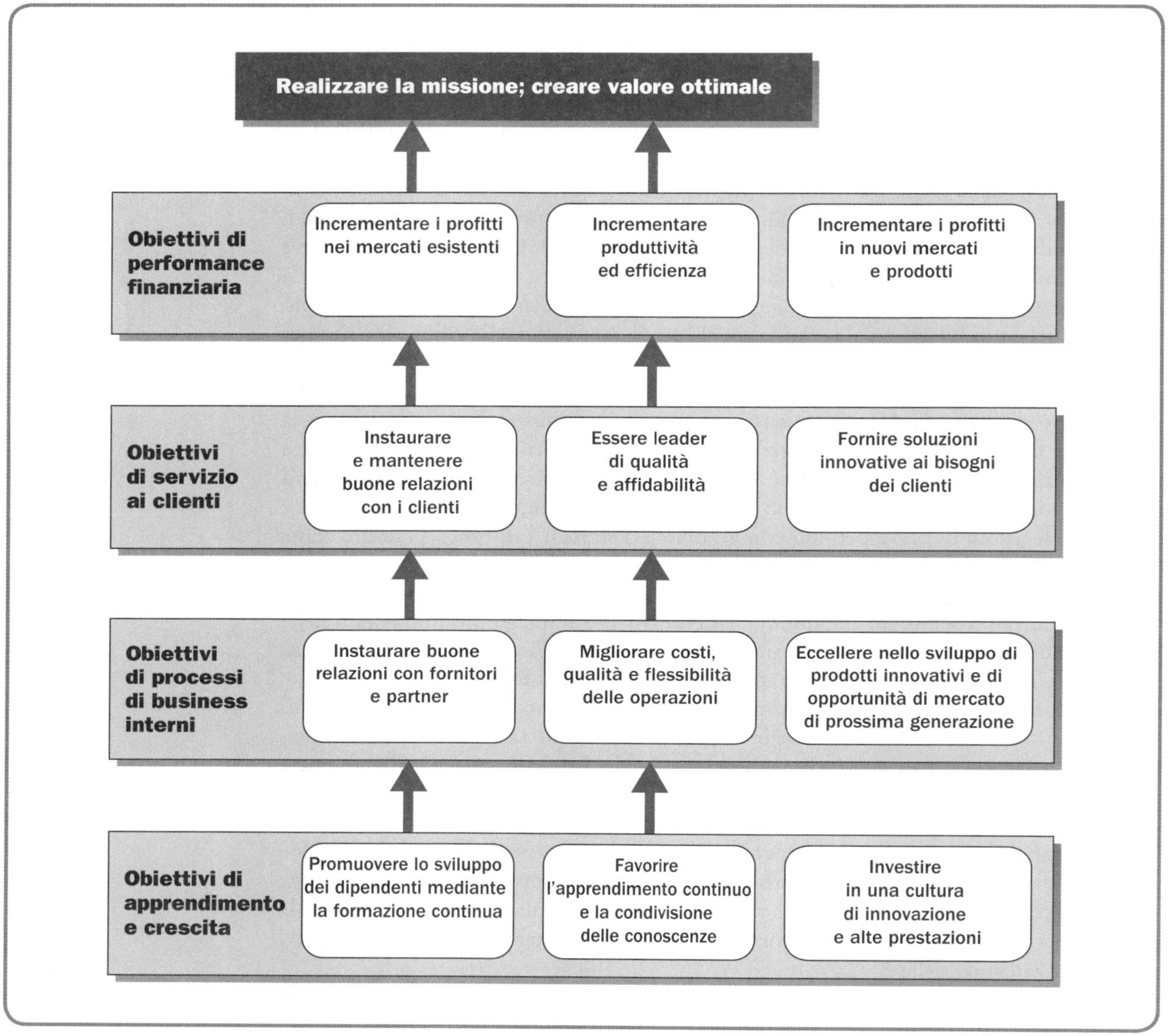

Figura 8.5
Una mappa strategica per il performance management
Fonte: Basato su Robert S. Kaplan e David P. Norton, "Mastering the Management System," *Harvard Business Review* (gennaio 2008), 63-77; R.S. Kaplan e D.P. Norton, "Having trouble with Your Strategy? Then Map It," *Harvard Business Review* (settembre-ottobre 2000), 167-176.

Questi ultimi, a loro volta, consentono all'organizzazione di conseguire elevati standard di servizio e soddisfazione dei clienti, mettendo l'organizzazione in condizione di raggiungere gli obiettivi finanziari e ottimizzare il valore per tutti gli stakeholder.

Nella mappa strategica in Figura 8.5 l'organizzazione si è posta obiettivi di apprendimento e crescita comprendenti l'addestramento e lo sviluppo dei dipendenti, la condivisione continua dell'apprendimento e delle conoscenze e la creazione di una cultura di innovazione. Conseguire questi obiettivi aiuterà l'organizzazione a costruire processi di business interni efficienti, che facilitano buone relazioni con fornitori e partner, migliorano la qualità e la flessibilità delle operazioni e consentono di eccellere nello sviluppo di prodotti e servizi innovativi. Questo a sua volta permette all'azienda di mantenere relazioni solide con i clienti, diventare leader di qualità e affidabilità e fornire soluzioni nuove ai bisogni emergenti dei clienti. Centrando questi obiettivi di livello inferiore, l'organizzazione può incrementare i profitti nei mercati esistenti, ridurre i costi grazie a maggiore produttività ed efficienza e crescere vendendo nuovi prodotti e servizi in nuovi segmenti di mercato, gli obiettivi al vertice della mappa strategica.

Nelle organizzazioni reali, la mappa strategica è di norma più complessa e indica obiettivi concreti e specifici, risultati attesi e dati importanti per l'azienda. Tuttavia, la mappa generica in Figura 8.5 dà un'idea del possibile utilizzo di mappe strategiche da parte dei manager al fine di stabilire obiettivi, monitorare gli indicatori, valutare la performance e apportare i dovuti cambiamenti.

Livello delle unità operative: controllo del comportamento e controllo dei risultati

La BSC e le mappe strategiche sono tecniche impiegate principalmente dai vertici dirigenziali e dai manager di livello più alto. I manager di livello inferiore focalizzano l'attenzione al livello dell'unità operativa sulle prestazioni degli individui, che devono centrare gli obiettivi e gli standard affinché l'organizzazione consegua gli obiettivi generali.

Il sistema di ricompensa riveste spesso un'importanza fondamentale sul piano della supervisione.

Esistono due approcci diversi alla valutazione e al controllo delle performance di team o individui e all'assegnazione di ricompense. Uno di essi si concentra primariamente su *come* gli individui svolgono il proprio lavoro, mentre l'altro si focalizza sui *risultati* conseguiti.[26] Il **controllo del comportamento** si basa sull'osservazione diretta e sulla supervisione da parte dei manager delle azioni dei dipendenti al fine di accertare se l'individuo segue regole e politiche e svolge i compiti come richiesto. I dipendenti arrivano puntuali sul posto di lavoro? Restano concentrati sui propri compiti o trascorrono molto tempo chiacchierando con i colleghi? Si vestono in maniera adeguata? Svolgono il proprio lavoro secondo i metodi stabiliti o seguendo le istruzioni del supervisore? Mediante il controllo del comportamento, i manager conseguono un alto livello di supervisione e controllo, osservano i metodi seguiti dai dipendenti nello svolgimento delle proprie funzioni, valutano e ricompensano gli individui in base a precisi criteri, che potrebbero comprendere fattori come l'aspetto, la puntualità, le competenze e le attività.

L'information technology ha incrementato il potenziale di utilizzo del controllo del comportamento da parte dei manager. Per esempio, Dennis Gray, proprietario di Accurid Pest Solutions, sospettando che alcuni suoi dipendenti dedicassero troppo tempo a questioni personali durante la giornata lavorativa, fece istallare un software di localizzazione satellitare sugli smartphone aziendali. Così facendo, scoprì che un dipendente si recava nello stesso posto diverse volte alla settimana: questi ammise di incontrare una donna. Un altro confessò che saltava il lavoro. Da un sondaggio è emerso che il 37 per cento delle aziende che mandano operai per chiamate di servizio attualmente monitorano in tempo reale la loro posizione attraverso dispositivi palmari o i loro veicoli.[27] In molte aziende, e-mail e altre attività online dei dipendenti sono monitorate dalla dirigenza. Alcuni ristoranti e distributori al dettaglio ricorrono a software di monitoraggio dei furti.[28] Alcuni ospedali utilizzano la tecnologia per risolvere l'annoso problema dell'appropriazione indebita di medicinali.

IN PRATICA

Centro medico della University of Tennessee

Nel settore sanitario, il fenomeno è noto come "diversione dei farmaci" e si presenta con una frequenza allarmante: secondo alcune stime, il 15 per cento dei professionisti del settore sanitario a un certo punto della loro carriera sviluppano una dipendenza da farmaci con ricetta, appropriandosene indebitamente per farne uso personale. Le sostanze controllate possono anche essere oggetto di furto da parte di pazienti e visitatori.
Le sottrazioni di medicinali costano agli ospedali milioni di dollari all'anno e rappresentano una minaccia per la sicurezza sia dei pazienti sia della comunità. Kim New, specialista di controllo interno presso il centro medico della University of Tennessee, passa regolarmente in rassegna i rapporti di sorveglianza medica alla ricerca di attività sospette. Le macchine erogatrici automatiche migliorano la sicurezza delle sostanze controllate documentando la distribuzione delle dosi e lo smaltimento dei medicinali inutilizzati. I farmaci sono erogati in fiale monodose e nei casi in cui al paziente debba essere somministrata una dose inferiore, gli infermieri e gli altri membri del personale sono tenuti a smaltirne la quantità residua secondo uno stretto protocollo che prevede la presenza di un testimone. Passando in rassegna i report computerizzati, New ha scoperto che un'infermiera aspettava la fine del turno per smaltire le varie fiale il cui contenuto era stato in parte utilizzato. A quanto pare, raccoglieva i farmaci residui, iniettandoseli nel parcheggio dopo il lavoro. New sostiene che i report computerizzati hanno consentito all'ospedale di 'pizzicare', più o meno ogni mese, un dipendente dedito alla pratica della diversione dei farmaci.[29]

Il monitoraggio delle sostanze controllate nelle organizzazioni sanitarie è essenziale, eppure per alcune organizzazioni, un monitoraggio così stretto risulta controproducente. Il secondo approccio al controllo consiste nel rivolgere l'attenzione a quello che gli individui realizzano, anziché a come lo fanno. Il **controllo dei risultati** si basa sul monitoraggio e la ricompensa dei risultati e i manager possono disinteressarsi quasi del tutto delle modalità di raggiungimento di tali risultati. In base a questo tipo di controllo, i manager non gestiscono i dipendenti nel modo tradizionale. Gli individui godono di una grande autonomia riguardo alle modalità di svolgimento dei propri compiti – e talvolta anche riguardo al luogo e alle tempistiche di lavoro – purché producano i risultato attesi. Anziché monitorare le ore di lavoro di un dipendente, per esempio, i manager si focalizzano sulla quantità di lavoro svolta.

Il programma Results-Only Work Environment (ROWE) di Best Buy fornisce un esempio di controllo dei risultati portato all'estremo. Quando i manager di Best Buy hanno notato un allarmante incremento del turnover dei dipendenti del quartier generale, si sono messi alla ricerca di strategie per invertire la tendenza. Si sono resi conto che la cultura di Best Buy, con la sua enfasi su lunghi turni di lavoro, procedure obbligatorie e manager "che fungevano da telecamere di sorveglianza" aveva smesso di funzionare. Un nuovo sistema lasciava liberi i dipendenti di lavorare dove e quando desiderassero purché portassero a termine il proprio lavoro. Il programma ha funzionato così bene che è stato presto esteso alle varie sedi centrali.

I risultati? Dal 2005 al 2007 il tasso di turnover nelle unità operative che utilizzavano il ROWE è sceso di circa il 90 per cento, mentre la produttività è cresciuta del 41 per cento. Sebbene il sistema non sia stato più utilizzato in quanto Best Buy è entrato in una fase di declino negli ultimi anni, ha funzionato in maniera egregia come meccanismo di controllo dei risultati. Il vice presidente senior John Thompson, inizialmente scettico riguardo al ROWE, ne è diventato uno strenuo sostenitore dopo averne osservato i risultati. "Controllavo continuamente se i dipendenti fossero presenti, mentre avrei dovuto osservare che cosa stessero facendo," ha affermato.[30]

Con il controllo dei risultati, come nel caso del sistema ROWE, l'information technology non viene impiegata per monitorare il comportamento dei singoli dipendenti, ma

Segnalibro

The Checklist Manifesto: How to Get Things Right

di Atul Gawande

Gli edifici crollano perché nel modificare la progettazione non si tiene conto di importanti specifiche tecniche. Incendi all'interno di stabilimenti di produzione, esplosioni di piattaforme petrolifere e incidenti in miniera sono causati dalla mancata applicazione di importanti misure di sicurezza. Ogni anno solo negli Stati Uniti 100.000 pazienti contraggono infezioni letali durante il ricovero in ospedale perché si trascurano semplici procedure di sterilizzazione. "Il volume e la complessità delle nostre conoscenze superano la nostra capacità individuale di trarne beneficio in modo corretto, sicuro e affidabile," scrive Atul Gawande, medico e autore del libro *The Checklist Manifesto: How to Get Things Right.*

Un modo semplice per controllare un lavoro complesso

Nel suo libro, Gawande spiega come l'uso di una checklist, o lista di controllo, può ridurre o azzerare gli errori nelle attività complesse mettendo in chiaro le priorità, ricordando fasi chiave specifiche che possono essere facilmente dimenticate in una situazione complicata e prevenendo le interruzioni nella comunicazione. Servendosi di aneddoti legati alla chirurgia, all'intelligence, al settore edilizio, all'aeronautica, ai concerti rock, alla progettazione di software e non solo, Gawande dimostra che una lista di controllo ben elaborata può migliorare i risultati sopperendo alle "pecche mentali intrinseche in ognuno di noi: errori di memoria, cali di attenzione e imprecisioni." Ecco alcuni consigli per usare efficacemente una checklist:

- *Parola d'ordine: semplicità.* La lista di controllo non deve illustrare dettagliatamente tutte le fasi di un processo come un intervento chirurgico, l'organizzazione di un concerto rock o la progettazione di un nuovo software. Deve essere semplice e precisa e illustrare nel dettaglio "solo le fasi più critiche e più importanti", durante le quali aumenta la probabilità di sbagliare. Una lista di controllo efficace serve a mettere bene in chiaro le priorità a tutti coloro che se ne servono.
- *La complessità fa dimenticare l'ovvio.* La lista di controllo serve a impedire che si commettano errori banali indotti dalla complessità della situazione. Uno specialista in terapia intensiva postoperatoria ha elaborato una lista di controllo, articolata in cinque punti, mirata a ridurre le infezioni contratte per via endovenosa nei pazienti ricoverati nel reparto di terapia intensiva: lavarsi le mani con il sapone; disinfettare la pelle del paziente; posizionare teli chirurgici sterili sul corpo del paziente; indossare mascherina, camice e guanti; coprire con una fasciatura sterile il punto di inserimento dell'ago. Il tasso di infezioni è sceso dall'11 allo 0 per cento nell'arco di un anno.
- *Uno strumento di ausilio alla comunicazione.* La checklist impone di comunicare quando è necessario. Per esempio, nel settore edilizio, anche una modifica minima alla struttura portante può ripercuotersi su una serie di altri aspetti della progettazione, come quello idraulico ed elettrico. Le liste di controllo in questo caso possono essere utilizzate per fare in modo che i responsabili di aspetti diversi di un progetto vengano interpellati circa le decisioni che potenzialmente incidono sulla parte di loro competenza. Come scrive Guwanda, "l'obiettivo principe non è limitarsi a spuntare delle caselle, ma sposare una cultura basata sul lavoro in team e sulla disciplina."

Liste di controllo e decentramento del potere

Secondo Gawande, se efficaci, le liste di controllo consentono ai manager di "trasferire il potere decisionale dal centro alle periferie." Utilizzando le checklist, i manager possono dedicare meno tempo e attenzione a modalità rigide di controllo del comportamento: "creano un sistema di controlli per garantire che gli aspetti banali ma importanti non vengano trascurati e mettono a punto un altro sistema per assicurare che gli individui comunichino e si coordinino, accettando le responsabilità e al tempo stesso gestendo sfumature e imprevisti nel migliore dei modi."

The Checklist Manifesto: How to Get Things Right, di Atul Gawande, è pubblicato da Metropolitan Books (trad. it.: *Checklist. Come fare andare meglio le cose*, Torino, Einuadi, 2011).

per valutare i risultati di performance. Per esempio, alla Best Buy il manager dell'unità operativa di gestione degli ordini online poteva utilizzare l'IT per misurare il numero di ordini processati da un team in un'ora, anche se uno dei membri lavorava in sede, un altro da casa, un altro ancora si era preso il pomeriggio libero e l'ultimo lavorava dalla casa al mare a 500 chilometri di distanza.[31] Buoni misuratori della performance sono fondamentali per l'efficace funzionamento di un sistema di controllo dei risultati.

Tuttavia, il controllo dei risultati non è necessariamente la strategia migliore in tutte le situazioni: in alcuni casi, il controllo del comportamento si rivela più adeguato ed efficace, anche se in linea generale i manager delle organizzazioni di successo si stanno discostando dallo stretto monitoraggio e controllo del comportamento, preferendo concedere maggiore discrezionalità e autonomia ai dipendenti sulle modalità di svolgimento del lavoro. Nel Segnalibro di questo capitolo viene illustrato uno strumento molto semplice che i manager possono utilizzare per concedere maggiore autonomia ai collaboratori mantenendo al contempo il controllo sulle attività lavorative critiche. In gran parte delle organizzazioni, i manager praticano sia il controllo del comportamento sia il controllo dei risultati.

confrontate la vostra opinione

1 **Un manager non dovrebbe curarsi molto di come e quando esattamente i dipendenti svolgono il proprio lavoro, a condizione che i risultati raggiunti siano buoni.**

Risposta esatta: *D'accordo.* In numerose organizzazioni, la focalizzazione sui risultati può rivelarsi un approccio estremamente efficiente al controllo a livello delle unità operative. I dipendenti non amano avere il fiato sul collo né sentirsi trattati come bambini. Gran parte dei manager ritiene necessario stabilire confini ragionevoli di comportamento corretto, ponendo maggiore enfasi sul controllo dei risultati al fine di ottenere performance migliori.

Facilitare il coordinamento e l'efficienza del personale

L'information technology viene anche utilizzata per migliorare il coordinamento e la condivisione di conoscenze fra i dipendenti, aumentando l'efficienza e la collaborazione all'interno dell'organizzazione.

Knowledge management

Una forma molto comune di condivisione di informazioni all'interno dell'azienda è rappresentata dalla **intranet**, un sistema informativo privato, di proprietà dell'azienda, che utilizza protocolli di comunicazione e standard propri di Internet, ma è accessibile soltanto alle persone all'interno dell'azienda. Gli utenti, per accedere a file o informazioni, navigano semplicemente all'interno del sito tramite un normale browser e facendo clic sui vari link. Le intranet possono migliorare la comunicazione interna e dare accesso a informazioni precedentemente non accessibili. Esse permettono ai dipendenti di mantenersi in contatto con ciò che accade all'interno dell'organizzazione, trovare rapidamente e facilmente le informazioni di cui hanno bisogno, condividere idee e lavorare su progetti in maniera collaborativa.

Uno degli impieghi principali delle intranet è rappresentato dal **knowledge management**, ossia lo sforzo sistematico di trovare, organizzare e rendere disponibile il capitale intellettuale di un'azienda e di alimentare una cultura di apprendimento continuo e condivisione della conoscenza.[32] Il **capitale intellettuale** dell'azienda è la somma delle sue informazioni, della sua esperienza, delle sue conoscenze concrete, delle sue relazioni, dei suoi processi, delle sue innovazioni e delle sue scoperte.

Le aziende necessitano di strategie per trasferire la conoscenza codificata e tacita nelle varie parti di cui si compongono.[33] La **conoscenza codificata** è la conoscenza formale e sistematica che può essere articolata, messa in forma scritta e trasmessa agli altri per mezzo di documenti, regole o istruzioni. La **conoscenza tacita**, invece, è spesso molto difficile da tradurre in parole; potrebbe includere, per esempio, il modo di interpretare lo sguardo di un negoziatore o l'esperienza appresa dal lavorare con un cliente per un lungo lasso di tempo. Essa si basa sull'esperienza personale, su regole approssimative, intuizione e giudizi soggettivi. Comprende il know-how professionale e le competenze pratiche, le conoscenze e l'esperienza individuali e le soluzioni creative che sono spesso difficili da comunicare e trasmettere agli altri. Anche l'80 per cento della conoscenza utile per un'organizzazione può essere rappresentata conoscenza tacita, non facilmente catturabile o trasferibile.[34] Alcune imprese fanno ricorso ai cosiddetti **expert-locator system**, ossia sistemi per l'identificazione delle conoscenze mirato a identificare e catalogare gli esperti in un database mediante il quale si può rintracciare tempestivamente la persona adatta a fornire una consulenza specializzata.[35]

In Figura 8.6 vengono evidenziati due approcci al knowledge management.[36] Il primo approccio riguarda principalmente la raccolta e la condivisione di conoscenza codificata, in gran parte attraverso l'utilizzo di sofisticati sistemi di information technology. La conoscenza codificata può comprendere proprietà intellettuali come brevetti e licenze, processi operativi come politiche e procedure, informazioni specifiche su clienti, mercati, fornitori o concorrenti, rapporti di "competitive intelligence" e misure di benchmark. Il secondo approccio si focalizza sulla valorizzazione dell'esperienza e del know-how individuale – conoscenza tacita – collegando le persone fisicamente o con l'uso di social media interattivi. La conoscenza tacita include il know-how professionale, le conoscenze e la creatività individuali, l'esperienza personale e l'intuito. Adottando questo approccio, i manager si concentrano sullo sviluppo di network personali che collegano tra di loro individui allo scopo di condividere la conoscenza di tipo tacito. L'organizzazione utilizza i sistemi di information technology principalmente per facilitare le conversazioni e la condivisione di esperienze, competenze e idee tra persona e persona.

Consideriamo l'esempio di Converteam, un'impresa con quartier generale nel Regno Unito che cura la manutenzione dei sistemi di alimentazione elettrica e di propulsione per centinaia di navi e piattaforme di esplorazione petrolifera in tutto il mondo. I dipendenti, che operano in Cina, India, Brasile, Stati Uniti e Norvegia, necessitano uno strumento per la condivisione di conoscenze ed expertise tra loro e con il quartier generale. L'azienda dispone di un sistema IT con i contatti di ingegneri impiegati in diversi paesi, completo di una classificazione delle

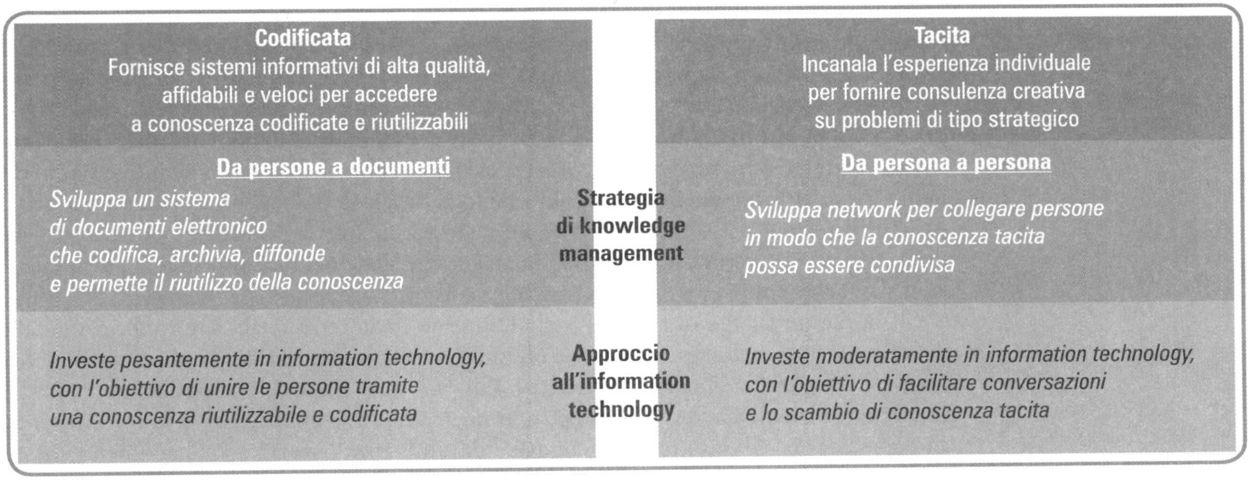

Figura 8.6
Due approcci al knowledge management
Fonte: basato su Morten T. Hansen, Nitin Nohria, Thomas Tierney, "What's Your Strategy for Managing Knowledge?", *Harvard Business Review* (marzo-aprile 1999), 106-116.

competenze. Gli ingegneri possono mettersi in contatto diretto con i colleghi per discutere di nuovi prodotti, difficoltà e problemi senza la mediazione della sede centrale.[37]

Incoraggiare e favorire la condivisione della conoscenza tacita è tutt'altro che semplice. Nonostante le organizzazioni abbiano investito ingenti somme di denaro in software e altre tecnologie per il knowledge management, la condivisione delle conoscenze è risultata inferiore agli obiettivi fissati dai manager. Per esempio, il 60 per cento dei lavoratori intervistati in un sondaggio condotto dalla Harris ha affermato che spesso persone diverse all'interno dell'organizzazione svolgono lo stesso lavoro perché ignorano a che cosa si stiano dedicando i colleghi. Secondo il 54 per cento degli intervistati, l'azienda si era lasciata sfuggire interessanti opportunità di innovazione per via di una carenza di collaborazione e condivisione delle informazioni, mentre per il 51 per cento i manager prendevano decisioni poco informate perché non sfruttavano adeguatamente le conoscenze dei dipendenti.[38] Per esempio, attraverso la conversazione e l'interazione continua, il personale di vendita spesso viene a conoscenza di quello che l'alta dirigenza dell'azienda di un cliente ricerca in un prodotto o servizio. Con questa conoscenza tacita, il personale di vendita potrebbe contribuire a sviluppare soluzioni migliori per il cliente, a raffinare il messaggio di marketing della sua azienda e a incrementarne i ricavi. Eppure alla maggior parte delle organizzazioni mancano le reti interne di condivisione delle informazioni per poter attingere a questa conoscenza tacita: il personale di vendita si concentra ovviamente sulla formazione di reti con i clienti attuali e potenziali, non con le persone interne all'azienda.[39] Sarebbe opportuno che i manager conoscessero e gestissero le reti interne di informazioni, in modo tale da agevolare la condivisione della conoscenza tacita.

L'analisi delle reti sociali

L'**analisi delle reti sociali** (*social network analysis*, SNA) è una tecnica preziosa, resa possibile dall'information technology, in grado di aiutare i manager a conoscere le relazioni informali e le strutture di rete all'interno di un'organizzazione. Grazie all'analisi delle reti sociali, essi possono sapere chi ha influenza e chi non ne ha, a chi le persone si rivolgono per ottenere delle risposte, chi possiede le conoscenze e le capacità tecniche per essere innovativo e chi ha il potenziale di leadership. L'analisi delle reti sociali è stata sviluppata da alcuni scienziati come una teoria sociale per rappresentare tramite diagrammi le relazioni fra individui differenti dalla gerarchia formale. Le reti sociali includono persone che si rivolgono l'una all'altra in cerca di aiuto, consigli, informazioni e supporto, che facciano parte o meno dello stesso gruppo di lavoro. È all'interno di queste reti che viene svolto gran parte del lavoro di un'organizzazione.[40] "Esiste all'interno di ogni organizzazione una struttura segreta che ne determina il successo o il fallimento. Non è possibile scorgerla nell'organigramma o nei flussi di denaro sui fogli di calcolo. Ma all'interno di questa struttura [informale], l'assistente che occupa il terzo scomparto dall'ascensore potrebbe essere di importanza più cruciale rispetto al manager che siede nel lussuoso ufficio all'angolo," afferma l'antropologo aziendale Karen Stephenson.[41]

Gli individui svolgono ruoli diversi all'interno delle reti sociali. Tre ruoli, o modelli di relazioni, osservati ripetutamente all'interno delle organizzazioni sono il cosiddetto "hub", il "broker" e l'"agente periferico". Gli *hub* sono persone posizionate al centro di una rete informativa. Si tratta di persone ricercate per le conoscenze e le informazioni che possiedono. Gli hub tendono ad avere più influenza rispetto agli altri dipendenti. È possibile che abbiano competenze tecniche e memoria organizzativa, così come anche una serie di relazioni che li aiutano a ottenere le informazioni di cui gli altri necessitano. Gli hub sono le "persone a cui rivolgersi" all'interno di un'organizzazione: se non conoscono la risposta, quantomeno sanno dove trovarla. Un addetto alle vendite di vecchia data potrebbe essere un hub in quanto ha sviluppato delle connessioni con altri addetti alle vendite così come anche con clienti, manager e personale di altre unità, e ha accumulato anni e anni di conoscenze relative alle modalità di funzionamento dell'organizzazione. Gli *agenti periferici* possiedono il minor numero di connessioni e operano ai margini di una rete. Sono attori marginali, che possono tuttavia risultare importanti in quanto provvisti talvolta di competenze di nicchia o di preziosi contatti all'esterno. Probabilmente di essi non se ne avrà bisogno ogni giorno; pur tuttavia potrebbero tornare utili durante una crisi o per progetti specifici. Particolare importanza rivestono poi i *broker*, ossia coloro che hanno il dono di riuscire a connettere persone appartenenti a territori e sottogruppi differenti.[42] I broker collegano gruppi specializzati di conoscenze e integrano la più ampia rete all'interno dell'organizzazione. Per esempio, una rinomata banca di investimento è riuscita a sottrarre a una banca rivale un grosso cliente grazie a David Hawkins, una manager che svolgeva il ruolo di broker. Si trattava di un cliente di vecchia data della banca rivale; tuttavia Hawkins possedeva delle connessioni con vari gruppi di prodotti e servizi all'interno della banca di cui il direttore della rivale non era provvisto all'interno della sua. Hawkins funse da collegamento fra i gruppi della sua banca e presentò loro il cliente; questo consentì alla sua banca di creare una soluzione finanziaria più mirata e personalizzata, che soddisfaceva le particolari necessità del cliente.[43]

La Figura 8.7 illustra i tre ruoli all'interno di un'ipotetica organizzazione e mostra come il broker colleghi le varie parti della rete più ampia. Il fatto di conoscere queste reti informali offre un vantaggio competitivo a un'azienda: sapendo chi fa migliorare le performance degli altri, chi collabora e chi possiede connessioni personali, i manager hanno a disposizione uno strumento attraverso il quale aiutare l'azienda a migliorare, innovare, espandersi e crescere.[44] Da anni IBM utilizza l'analisi delle reti sociali. Gli esperti di SNA lavorano a contatto con le aziende per scoprire le reti nascoste al loro interno ponendo ai dipendenti semplici del tipo:

"A chi ti rivolgi quando devi prendere una rapida decisione?"
"Con chi ti associ nella tua vita sociale?"
"A chi ti rivolgi per avere dei consigli?"
"A chi ti rivolgi per avere una buona idea?"
"A chi ti rivolgi per avere un consiglio relativo alla tua carriera?"

L'analisi delle reti sociali può essere amministrata tramite sondaggi presso i dipendenti svolti a mezzo elettronico, oppure tracciandone i messaggi e-mail. Ecco alcuni esempi di informazioni che un sistema avanzato di tracciamento delle reti potrebbe fornire:

- Chi lavora con chi all'interno della rete sociale dell'azienda?
- Chi sono i leader informali e chi possiede il potenziale di leadership?
- Come avviene la trasmissione di conoscenze e informazioni all'interno dell'organizzazione?
- Chi viene sovrautilizzato e chi sottoutilizzato?
- Chi sono gli esperti all'interno di un'azienda prima del loro pensionamento, in modo tale che le conoscenze di cui dispongono possano essere conservate o trasferite?[46]

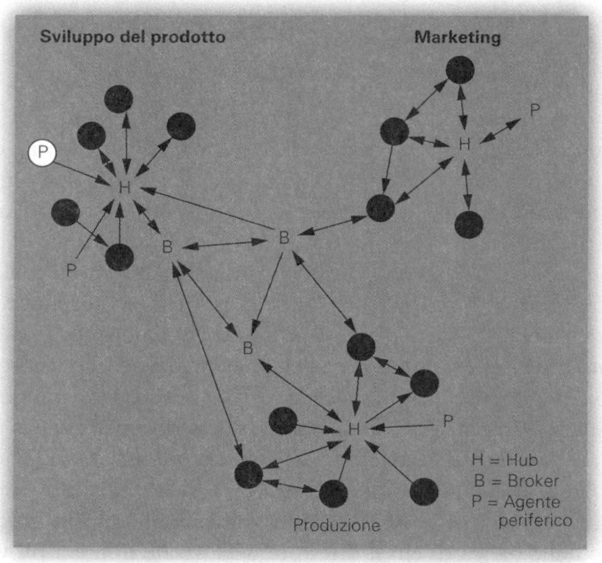

Figura 8.7
Ruoli all'interno di una rete sociale

L'analisi delle reti sociali ***è*** in grado di portare alla luce delle relazioni nascoste sul luogo di lavoro. Offre un quadro chiaro delle relazioni attraverso dati, fatti e statistiche, piuttosto che dicerie e insinuazioni. Questi dati possono essere utilizzati per cambiare l'organizzazione. Per esempio, dopo aver passato in rassegna i risultati delle analisi delle reti sociali, Mars, il gigante dei cibi confezionati, ha scoperto che il personale della divisione alimentare specializzata negli snack in New Jersey non comunicava abbastanza con la sua controparte di Los Angeles, il che creava una duplicazione del lavoro e mancate opportunità di condivisione di conoscenza tacita. Ora l'azienda dispone di modalità atte a far sì che i colleghi dislocati sulle due coste si mantengano in contatto; inoltre, i resoconti delle loro performance si basano in parte sulle loro attività all'interno di reti informali.[47]

Talvolta è necessario un intervento più vigoroso per cambiare i modelli di rete. Un'organizzazione di consulenza globale ha scoperto che si erano formati due sottogruppi sulla base di abilità tecniche e non tecniche. I clienti necessitavano di una combinazione di arguzie strategiche e di progettazione organizzativa "soft" da una parte, e di conoscenza tecnica "più dura" dall'altra. La separazione fra i due gruppi si era creata in quanto gli individui erano attratti l'uno dall'altro in virtù di interessi comuni relativi al lavoro e alla professione, per il fatto di seguire le stesse conferenze e per il tempo passato insieme al lavoro. Sotto la guida del management, ciascun sottogruppo ha appreso che cosa l'altro gruppo offriva ai clienti. I gruppi sono stati fatti incontrare per discutere la situazione, il che alla fine ha portato a cambiamenti nelle loro modalità operative, cambiamenti che hanno promosso la condivisione di conoscenze e la collaborazione. Il risultato finale dei gruppi di collaborazione ha dato all'impresa di consulenza un netto vantaggio che si è tradotto in un aumento delle vendite e in una maggiore soddisfazione da parte dei clienti.[48] Interventi sistematici da parte dei manager basati sull'analisi delle reti sociali possono aiutare un'azienda a costruire un sano modello di relazioni informali che sostituiscono all'occorrenza relazioni disfunzionali.[49]

L'aggiunta di valore strategico

Il livello più alto nell'evoluzione dell'information technology nella Figura 8.1 consiste nell'aggiunta di valore strategico, utilizzando l'IT ai fini del social business e dell'analitica dei big data.

Il social business

Come si è già detto in precedenza, per *social business* si intende l'utilizzo delle tecnologie dei social media per interagire con dipendenti, clienti e altri stakeholder e facilitare la comunicazione e la collaborazione fra di essi. I **social media** comprendono le community page e i forum dell'azienda, i blog e i wiki per la collaborazione virtuale, i siti di social media come Facebook o LinkedIn, canali video come YouTube, e i siti di microblogging come Twitter e il cinese Sina Weibo.

I social media sono in grado di aumentare l'efficacia della condivisione di conoscenza tacita.[50] Per esempio, la semplicità e l'informalità di Twitter lo rendono una modalità di comunicazione semplice e veloce: è possibile inviare una domanda e ottenere rapide risposte da tutta l'organizzazione o dall'esterno. Data la grande popolarità di Facebook e di Twitter nella vita privata, la maggior parte dei lavoratori accetta di buon grado l'idea di entrare in contatto e comunicare con i colleghi online. L'uso dei social network in un contesto organizzativo consente di stabilire contatti superando i confini geografici e organizzativi sulla base di relazioni professionali, interessi condivisi, problemi comuni o altri criteri. Un rappresentante della forza vendite della Symantec operante a Dubai ha creato un gruppo sul network aziendale per la condivisione di consigli sulle vendite aperto ai colleghi di tutto il mondo.[51] Gli utenti possono trovare sui social network colleghi in possesso delle conoscenze o delle risorse necessarie per risolvere un problema o svolgere meglio il proprio lavoro. Inoltre, la natura stessa del social networking contribuisce a sviluppare la fiducia, accrescendo le probabilità che i dipendenti collaborino e si scambino informazioni.[52]

Inoltre, la tecnologia dei social media viene utilizzata dalle aziende per costruire relazioni basate sulla fiducia con i clienti.[53] Uno dei primi leader in questo settore è stata la Morgan Stanley Wealth Management: Lauren Boyman, nel suo ruolo di direttrice della strategia digitale, lavorò a stretto contatto con i sales manager e i consulenti d'investimento affinché utilizzassero Twitter e altri social media per comunicare con i clienti.[54]

confrontate la vostra opinione

2 Le organizzazioni più accorte dovrebbero incentivare i manager a utilizzare Twitter.

Risposta esatta: *D'accordo.* Twitter e altri siti di microblogging rappresentano una modalità sempre più popolare attraverso la quale i manager comunicano sia con i dipendenti sia con i clienti. Per alcuni manager blogging e microblogging sono diventate modalità di comunicazione comuni quasi quanto l'e-mail. I dipendenti si aspettano che i manager utilizzino Twitter, almeno di tanto in tanto.

Allo stesso modo, i social media possono contribuire alla costruzione di relazioni più forti e autentiche fra manager e dipendenti.

IN PRATICA

General Motors

Mark Reuss ha lasciato la General Motors in Australia per gestire l'azienda in America Settentrionale appena dopo che essa aveva presentato istanza di fallimento e stava mettendo in atto dei piani per eliminare oltre 2000 concessionarie negli Stati Uniti. Sapeva che ogni sua mossa avrebbe avuto delle conseguenze sulla capacità da parte dell'azienda di superare il difficile periodo e sulla riuscita della procedura di fallimento.
Reuss scelse di comunicare con la rete di concessionari attraverso la funzionalità di Facebook destinata all'invio di messaggi per conoscersi, piuttosto che tramite e-mail o altre comunicazioni aziendali. La strategia contribuì a creare fiducia e credibilità in quanto Reuss si rese raggiungibile e si mostrò autenticamente disposto a entrare in contatto con gli altri. "Indipendentemente da quello che succedeva – disse – sapevano che io ero lì ad ascoltarli e che avevano... qualcuno con cui parlare all'interno dell'azienda, e che potevano farlo all'istante. E guardando come siamo riusciti a superare quel periodo, e i concessionari che abbiamo e la fiducia che ho costruito... è tutto merito di quella conversazione su Facebook."[55]

Anche altri manager trovano che i social media siano un ottimo modo per costruire rapidamente fiducia e credibilità. Subito dopo il suo insediamento come nuovo amministratore delegato della MassMutual, in occasione della più grande conferenza di vendita dell'azienda, a Roger Crandall fu chiesto da una dipendente se poteva registrare il suo intervento con una Flip cam e postarlo sulla community page intranet dell'azienda. Tutta l'azienda poteva vedere in tempo reale "A Week in the Life" ed "era un buon modo per creare una connessione personale," disse Crandall.[56] Alcuni manager hanno cominciato a inserire dei video nei loro blog in quanto essi consentono loro di interagire con le persone in tempo reale su un piano estremamente personale.[57]

Sono numerosissime le organizzazioni che stanno sperimentando l'uso dei social media a fini commerciali, dalle piccole realtà imprenditoriali, alle agenzie non profit, alle grandi aziende. La Maersk Group, azienda danese operante nel settore delle spedizioni e dell'energia, per un secolo intero ha mantenuto un basso profilo pubblico, eppure adesso è leader nel campo del social business, vantando la sua presenza su Facebook, Twitter, YouTube, Tumblr, Google+, Sina Weibo, LinkedIn e altrove. Quando il pubblico ha cominciato a chiedere alle aziende una maggiore trasparenza, la Maersk si è sorpresa a tenere conversazioni e a chiedere ai clienti e ad altri di interagire con l'azienda stessa. I social media vengono anche utilizzati all'interno dell'azienda ai fini della collaborazione interna. Una unità, Damco, ha creato la Damco People's Network per aiutare gli agenti di vendita di Copenhagen, per esempio, a entrare in contatto con le loro controparti di altri paesi, come la Cina, dove avrebbero trovato potenziali vantaggi. Un'altra unità utilizza Chatter per mettere in contatto le squadre di vendita nel mondo e creare un database di conoscenze. Quando si riesce a mettere in contatto persone che non si conoscono in una rete globale," afferma il corporate brand manager Anna Granholm-Brun, "cominciano a prodursi magie."[58]

Progettazione strutturale per il social business

La Maersk non è l'unica azienda che utilizza i social media per comunicare con i clienti. Molte organizzazioni, ivi incluse Ford Motor Company, Harrah's Entertainment, McDonald's, Petco e AT&T hanno assunto dei *social media director* incaricati di varie attività, fra cui marketing e promozioni, customer service e supporto.[59] Come accade per la maggior parte delle nuove attività o tecniche all'interno delle organizzazioni, il social business di solito parte lentamente e per acquisire man mano maggiore impeto. A differenza di altre attività, tuttavia, spesso il social business parte dal basso verso l'alto: sono i dipendenti e i manager di livello inferiore a percepire il valore dei social media; successivamente il loro utilizzo si diffonde al resto dell'organizzazione. Facebook fu fondato nel 2004 e Twitter nel 2006, ma la maggior parte delle organizzazioni hanno iniziato a utilizzare attivamente i social media a fini commerciali soltanto negli ultimi anni.

In ragione del suo valore nel mettere in contatto le aziende con i clienti, il social business si è dapprima diffuso nelle unità di marketing e pubbliche relazioni, o di comunicazione aziendale. I social network, Twitter e i blog sono tecnologie di interazione con i clienti particolarmente diffuse. Nel 2013, il 77 per cento delle aziende che figurano nel *Fortune* 500 dichiaravano di possedere degli account di Twitter attivi e il 70 per cento erano su Facebook. È interessante il fatto che soltanto il 34 per cento riportassero di possedere dei blog aziendali.[60]

Di solito i social media director e le squadre di social business rispondono alle unità di marketing o di comunicazione aziendale; tuttavia, sempre più spesso le squadre di social business rispondono direttamente al top management per servire in maniera trasversale le varie unità all'interno dell'azienda. I tre quarti delle aziende intervistate nel 2013 hanno dichiarato di possedere un apposito team di social media funzionale all'intera azienda; soltanto il 14 per cento, tuttavia, possiedono un'unità specifica destinata ai social media. Le organizzazioni ricorrono a vari modelli per favorire e sostenere i programmi di social media.[61] Uno degli approcci più diffusi consiste nell'utilizzo dei *social media command center*.[62]

Un **social media command center** è un ufficio dedicato in cui un'azienda può monitorare quanto viene detto sul suo conto nelle piattaforme di social media. Un esempio è riportato in Figura 8.8. In alcuni casi, si tratta di una stanza all'avanguardia dedicata alla squadra dei social business; in altri, si tratta soltanto di due scrivanie all'interno di una stanza. Dal centro di comando, il personale può ottenere un feedback immediato su quanto i clienti stanno dicendo, sulle tendenze emergenti, sulle più recenti lamentele da parte dei clienti sull'azienda o su altre aziende del settore, e sulla performance della concorrenza. La Coca-Cola Company, per esempio, di recente ha ritirato una campagna pubblicitaria per la Diet Coke nella quale utilizzava il tema "You're on" dopo che gli spot sono stati derisi sui social media: secondo alcuni blogger, essi evocavano la dipendenza da cocaina e la storia della Coke, sorella della Diet Coke, che un tempo conteneva fra i suoi ingredienti piccole quantità della droga.[63] Le scoperte effettuate nei centri di comando possono essere condivise all'interno dell'organizzazione. Cisco ha sistemato una postazione a doppio schermo davanti agli uffici dell'amministratore delegato e del direttore di marketing per consentire loro di avere una visione in tempo reale di quanto veniva detto riguardo l'azienda. Dell utilizza il suo social media command center per scoprire informazioni funzionali ad aiutare il personale a meglio capire i clienti. Gatorade è stata uno dei pionieri con il suo Mission Control Center, che fornisce preziosa business intelligence riguardo l'impatto dei prodotti sui clienti, un sentiment dettagliato sulle campagne di marketing e via dicendo.[64] La Wells Fargo Bank ha costruito il suo Social Media Command Center come tempestivo campanello di allarme per le questioni relative a customer service e di gestione del rischio. I manager sono consapevoli del fatto che anche un passo falso nei canali sociali potrebbe avere serie conseguenze, per cui uno degli obiettivi del programma di social business della banca è equilibrare il potenziale di partecipazione attiva da parte dei dipendenti con la mitigazione del rischio che tale partecipazione può creare.[65]

Figura 8.8
Un social media command center.

I big data

Uno dei termini più in voga in ambito di information technology è "big data". Per **big data** si intende qualsiasi data set che superi i confini e le normali capacità di elaborazione dell'information technology. I big data necessitano di un approccio non convenzionale; ai manager viene chiesto di mettere da parte il vecchio modo di pensare e assumere un approccio completamente nuovo. La Figura 8.9 rappresenta in quale misura i big data si differenzino dai dati tradizionali.

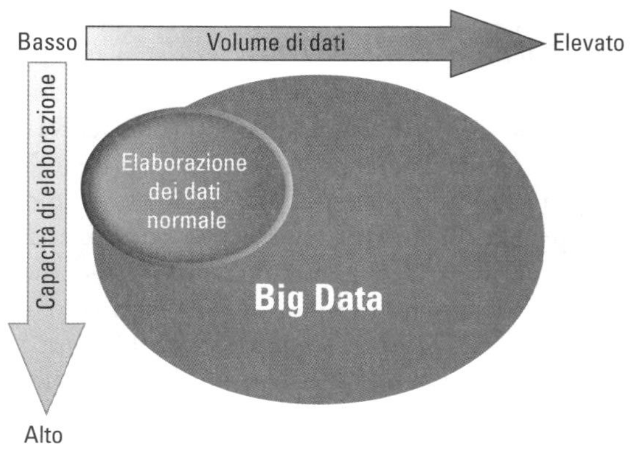

Figura 8.9
I big data sono davvero "big"
Fonte: basato su Steve Duplessie, "Big Data: A Better Definition," blog dell'Entreprise Strategy Group, 6 gennaio 2012, http://www.esg-global.com/blogs/big-data-a-better-definition/ (consultato il 20 dicembre 2014).

I big data includono dei data set di dimensioni che esulano la capacità dei software tradizionali di gestirli ed elaborarli in un lasso di tempo accettabile. Come descritto in precedenza, per *analitica dei big data* si intende il processo di esame di queste grandi moli di dati alla ricerca di linee evolutive nascoste, correlazioni e altre informazioni utili, al fine di migliorare il processo decisionale. In ragione delle dimensioni dei data set, spesso l'analitica dei big data non può essere effettuata tramite gli strumenti di analitica avanzata esistenti; pertanto, è nata una nuova categoria di tecnologia dei big data.

La Figura 8.10 illustra i cinque elementi dei big data, ciascuno dei quali viene discusso nei paragrafi successivi.

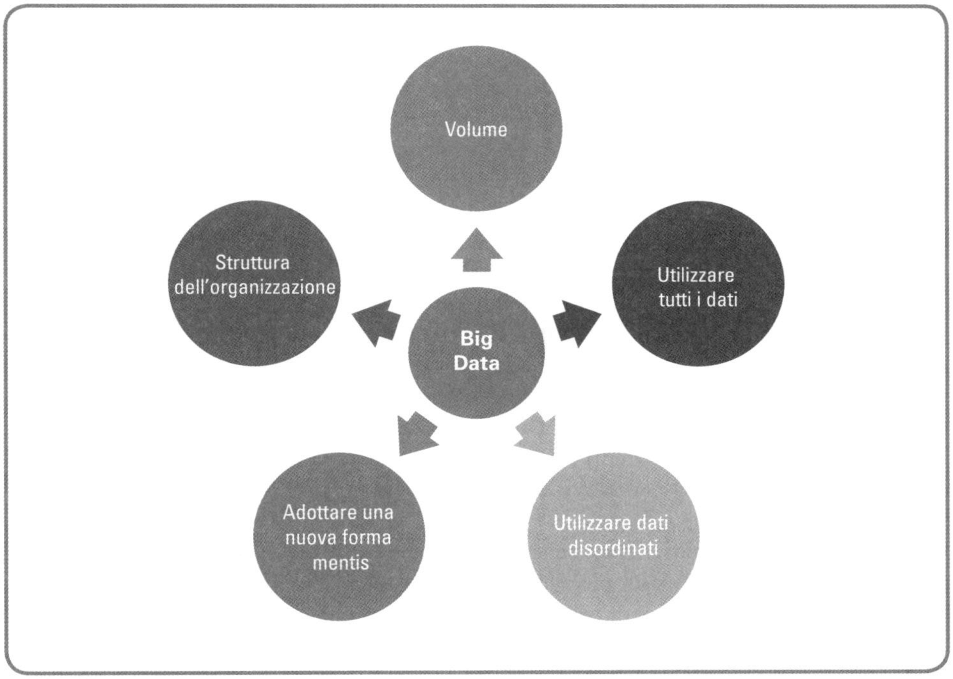

Figura 8.10
Elementi della funzione di big data
Fonte: basato sulla Figura 1.1 Cracking the Big Data Nut, in David Loshin, *Big Data Analytics: From Strategic Planning to Enterprise Integration with Tools, Techniques, NoSQL, and Graph* (Morton Kaufmann, 2009), 3.

Volume. I big data sono *davvero* "big". Sono talmente grandi da risultare difficili da comprendere. Che cos'è uno zettabyte o uno yottabyte? Quintilioni di byte di dati vengono creati ogni giorno e, stando ai calcoli della IBM, il 90 per cento circa dei dati che esistono nel mondo oggi sono stati creati nel giro degli ultimi due anni.[66] I dati possono essere raccolti facilmente e spesso senza consapevolezza da parte dei diretti interessati. Molte automobili registrano dati continuamente; la nostra collocazione fisica si trasforma in dati; se si apre Google Maps sul proprio smartphone, immediatamente appare la propria posizione. Persino le nostre interazioni con gli altri sono diventate dei dati, sostengono Viktor Mayer-Schönberger e Kenneth Cukier, autori di un libro sui big data, i quali definiscono questo nuovo fenomeno come "datificazione di tutto".[67]

Secondo gli autori, se tutti i dati disponibili oggi fossero stampati, i libri con essi creati coprirebbero l'intera superficie degli Stati Uniti con 52 strati; memorizzandoli su CD-ROM e con questi ultimi creando delle pile, esse arriverebbero alla luna, formando cinque pile diverse.[68] Affoghiamo nei dati, ma la sfida e far sì che essi diventino significativi. Per esempio, Dell ha scoperto che vi erano oltre sette settilioni di possibili configurazioni dei suoi prodotti sul sito web. Per creare un nuovo sistema di "configurazione ottimizzata", la squadra di analitica è andata alla ricerca delle più comuni configurazioni selezionate dai clienti, restringendo i sette settilioni a un paio di milioni, e arrivando addirittura a identificare pochi modelli che potevano essere tenuti in un magazzino preconfigurato, facendo risparmiare sia alla Dell sia ai clienti tempo e denaro.[69] "Oggi immagazzinare dati, registrare dati costa poco," afferma Radhika Subramanian, amministratore delegato del fornitore di soluzioni di analitica Emcien. "Ora i dati sono dovunque. Tutti possiedono dei dati. Sono come lo sporco."[70]

Utilizzare tutti i dati. Utilizzando i big data, persone e aziende possono fare cose che erano impossibili con le quantità più ridotte di dati. Piuttosto che utilizzare semplicemente un campione dei loro dati, le aziende hanno il potere di catturare e immagazzinare tutti i dati relativi alla loro operatività, il che può consentire di ottenere interessanti correlazioni. Per esempio, un'azienda ha scoperto che le persone che acquistano feltrini da apporre sotto le gambe delle sedie per proteggere il parquet sono di solito creditori affidabili. Da un'analisi delle automobili usate è emerso che quelle arancioni hanno una probabilità dimezzata rispetto alle altre di presentare dei difetti.[71] I manager con una forma mentis ispirata ai big data accolgono queste correlazioni, anche se non ne vedono una motivazione o una finalità immediata. Alcune correlazioni si dimostrano estremamente preziose. In *Predictive Analytics*, Eric Siegel parla di come le aziende utilizzano i big data per quantificare la probabilità, per esempio, che un particolare cliente non onori un prestito, passi a un livello superiore di servizio di TV via cavo, o vada alla ricerca di un altro lavoro. Citizens Bank è riuscita a ridurre le perdite commesse alle truffe con gli assegni del 20 per cento grazie a una migliore analisi dei dati. La FedEx dichiara di riuscire a prevedere con un'accuratezza dal 65 al 90 per cento quali clienti passeranno alla concorrenza, il che le consentirebbe di offrire loro degli incentivi per convincerli a non farlo.[72]

Utilizzare dati disordinati. All'aumentare delle dimensioni dei data set, aumentano anche le imprecisioni. Pensiamo a un piccolo negozio di generi alimentari, che ha la possibilità di contare il denaro nel registratore di cassa a fine giornata fino all'ultimo centesimo; la stessa operazione non può certo essere fatta per il PIL di un paese. Nel mondo dei big data, non c'è spazio per la dedizione alla rigida esattezza: i manager si accontentano di una direzione generica. I big data sono spesso disordinati, variano per qualità e provengono da fonti differenti. In ragione della minore probabilità di errore rispetto all'utilizzo del campionamento, tuttavia, i manager sono disposti ad accettare queste imprecisioni. Amazon ha effettuato un test per verificare se le raccomandazioni personali di libri da parte del personale della redazione o da analisi al computer basate sui dati facessero incrementare le vendite dei libri: l'analisi al computer ha vinto facilmente. I siti web raccolgono quantità enormi di dati disordinati sui clienti. Utilizzando tutti i dati e andando alla ricerca di correlazioni, aziende come Amazon, Netflix, eHarmony, LinkedIn e Facebook sono in grado di raccomandare libri, prodotti, amici, appuntamenti e gruppi senza nemmeno conoscere il motivo per cui alle persone questi potrebbero interessare.[73]

Adottare una nuova forma mentis. L'approccio dei big data necessita di una nuova forma mentis; richiede che ci si arrenda ai dati. "Mi è dispiaciuto molto che la squadra della redazione fosse stata battuta," ha affermato Greg Linden di Amazon. "Ma i dati non mentono e il prezzo da pagare è stato molto alto."[74] Una delle prime volte in cui molti si sono imbattuti nella forma mentis dei big data è stato nel film del 2011 *L'arte di vincere*. Brad Pitt rappresenta Bill Beane, leggendario general manager della squadra di baseball Oakland Athletics, che nel 2002 è riuscito a costruire una delle squadre più vittoriose della Major League Baseball con uno dei budget più esigui. Piuttosto che basarsi sull'intuito degli scout, che talvolta scarterebbero un giocatore per il fatto che non "sembra da major league," Beane faceva molto affidamento sui dati e sull'analisi statistica. Se dall'analisi emergeva che un giovane ricevitore sovrappeso che nessun altro voleva doveva essere la prima scelta di giocatore da ingaggiare, Beane lo sceglieva. Il film è incentrato sugli scontri fra l'esperto di analitica e il primo scout e manager, che faceva fatica ad abbandonare l'idea di poter prendere le decisioni sulla base dell'intuito e di anni di esperienza. Da allora, molte altre squadre sportive hanno adottato in qualche misura le tecniche statistiche dei big data per prendere le decisioni. "C'**è** ancora posto per [i tipi con i cronografi e l'intuizione], ma la tecnologia ha cambiato il gioco per sempre," ha affermato Steve Greenberg, vice commissario della Major League Baseball.[75]

Conflitti di questo tipo nascono nelle aziende di tutto il mando ogniqualvolta i manager con una forma mentis da big data si trovano a contatto con quanti ritengono che le decisioni debbano essere prese sulla base delle informazioni storiche e dell'esperienza dei manager. È questo il motivo per cui molti sostenitori dei big data danno vita a nuove aziende, come Larry Page e Sergey Brin di Google, Jeff Bezos di Amazon, Pierre Omidyar di eBay e Bradford Cross di FlightCaster.com. Quest'ultimo, in particolare, insieme ad alcuni suoi amici, ha analizzato ogni volo dei precedenti 10 anni, incrociandolo con i dati meteorologici storici e attuali, per prevedere la probabilità che un volo statunitense potesse subire o meno un ritardo. L'azienda, tuttavia, ha perso il suo vantaggio della prima mossa quando un'azienda più grande, FlyOnTime.us ha cominciato a fare la stessa cosa; così Cross ha venduto la sua azienda a Next Jump, che gestisce programmi di sconti aziendali utilizzando le tecniche dei big data.[76]

confrontate la vostra opinione

3 **L'analitica dei big data fornisce i risultati migliori con campioni attentamente selezionati di dati.**

Risposta esatta: *In disaccordo.* L'analitica dei big data utilizza tutti i dati, non soltanto dei campioni come nell'analisi tradizionale dei dati. Utilizzando tutti i dati, i risultati sono considerati più accurati per l'intera popolazione. Si tratta di una grossa differenza rispetto alla classica raccolta di dati sulla base di piccoli campioni.

Big data e struttura organizzativa

Una domanda cruciale riguarda il modo in cui organizzare l'attività relativa ai big data all'interno dell'impresa. La funzione dovrebbe essere centralizzata o decentralizzata? Gli specialisti di big data dovrebbero essere dislocati in un nucleo centrale oppure associati alle singole unità o funzioni aziendali? A quale unità esistente dovrebbero rispondere? Come per molte altre attività all'interno delle organizzazioni, non esiste un "modo migliore." In Figura 8.11 sono illustrate quattro opzioni strutturali per mettere in piedi un'operazione di big data; le varie forme strutturali funzionano meglio a seconda delle dimensioni e del tipo di organizzazione.

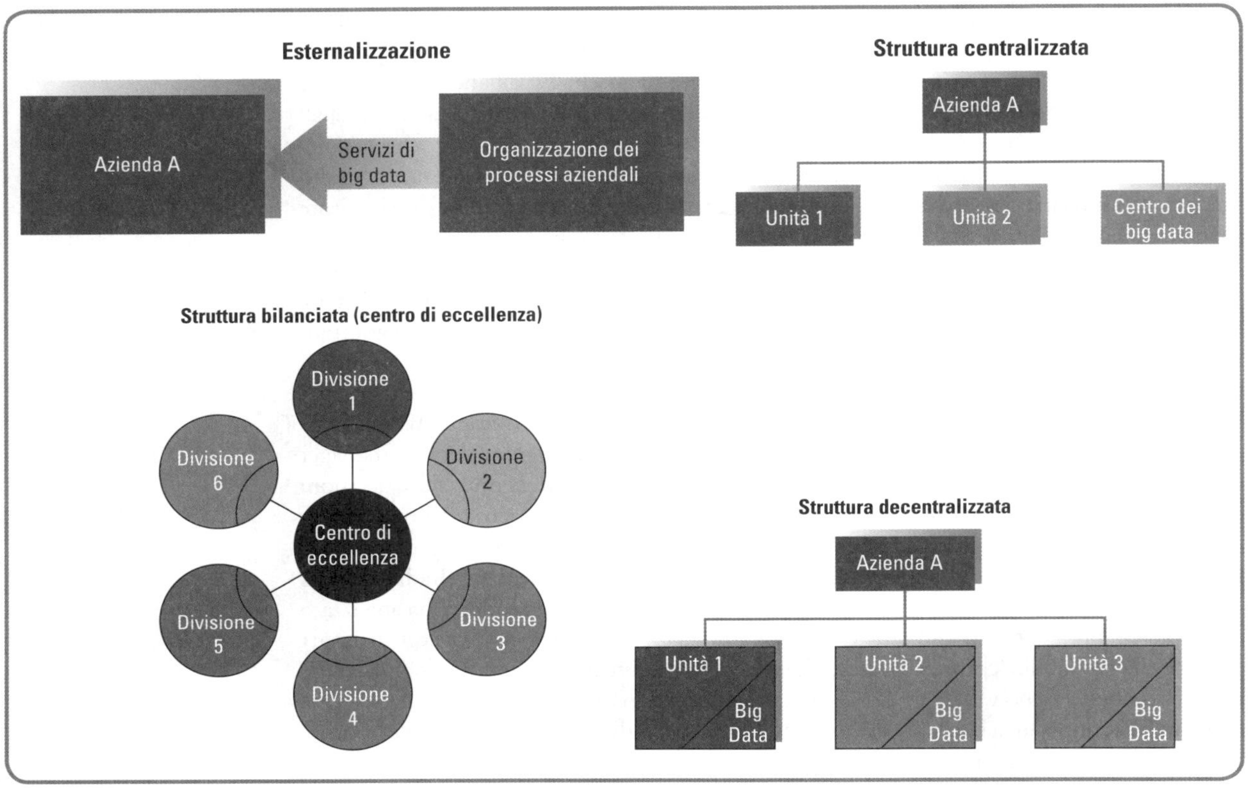

Figura 8.11
Strutture alternative per organizzare l'analitica dei big data.

Esternalizzazione. La prima opzione consiste nell'esternalizzare le attività di analitica, una scelta molto comune in quanto molte aziende non possiedono le conoscenze e l'esperienza necessarie per costruire una squadra di analitica. Inoltre, non è sempre facile trovare esperti e analisti di big data. Dal momento, infatti, che l'analisi dei big data è tanto in voga, vi è penuria di analisti competenti alla ricerca di un impiego. Numerose organizzazioni specializzate nell'esternalizzazione dei processi aziendali (*business process outsourcing*, BPO) gestiscono operazioni di call center, di programmazione informatica, di ricerca legale, di contabilità e altri servizi per le organizzazioni; a questi servizi si aggiunge anche la business analytics. I BPO in India, per esempio, possiedono delle squadre di analitica estremamente competenti.

Uno dei benefici dell'esternalizzazione è che essa aumenta la flessibilità rendendo i costi fissi variabili. Creare un'unità interna dedicata potrebbe risultare costoso. Per aziende che non hanno questa possibilità, l'esternalizzazione fornisce un modo per ottenere rapidamente le risorse per realizzare progetti di analitica e ottenere importanti informazioni a basso costo. Nei mercati in cui risulta difficile reperire personale con competenze di analitica, l'esternalizzazione potrebbe rappresentare l'unico modo per procurarsi una base di analitica e ottenere un vantaggio rispetto alla concorrenza. Spesso l'impresa appaltatrice offre risorse e formazione a beneficio degli stessi dipendenti dell'azienda appaltante.[77]

Un'altra forma di esternalizzazione consiste nel ricorrere ai cosiddetti **intermediari di dati**, ossia imprese che raccolgono dati da diverse organizzazioni e li analizzano nell'insieme per loro conto.[78] Per esempio, Visa e MasterCard analizzano miliardi di transazioni effettuate dai titolari delle carte di credito in 210 paesi per prevedere le tendenze dei consumatori e del settore, e vendono i dati a terzi. Una divisione chiamata MasterCard Advisors ha scoperto che quando le persone fanno il pieno di carburante alle 4:00 del pomeriggio circa, con molta probabilità nell'ora successiva spenderanno fra i 35 e i 50 dollari in un negozio di generi alimentari o in un ristorante.[79]

Struttura centralizzata. Le aziende che vogliono creare un'unità interna dedita all'analitica dei big data devono innanzitutto chiedersi se centralizzare o decentralizzare. Il primo modello interno all'azienda in Figura 8.11 centralizza le attività di analisi inserendo tutti gli esperti di big data all'interno di un'unica unità,[80] col vantaggio di riuscire a mettere insieme una massa critica di analisti e di assicurare nel modo più semplice che l'unità riesca a ottenere i dati necessari e a sviluppare le competenze richieste per testare e utilizzare i vari modelli statistici, di data mining e predittivi in modo efficiente. I manager devono decidere se l'unità risponderà a uno degli uffici, per esempio l'ufficio finanze o l'ufficio marketing, oppure a un *chief data officer* (CDO) che risponde direttamente all'amministratore delegato. Il problema nel far sì che un gruppo di analitica centralizzato risponda a una delle funzioni, come per esempio quella finanziaria, è che le applicazioni esterne a tale funzione potrebbero passare inosservate o rimanere irrisolte.[81] Procter & Gamble possiede un gruppo di analitica dal 1992 e di conseguenza è stata fra le prime aziende ad adottare l'analitica dei big data. Presso l'azienda, il *chief information officer* (CIO) svolge attualmente la funzione di CDO lavorando con le unità aziendali per introdurre nuovi approcci analitici e, in virtù del lungo passato dell'azienda nell'utilizzo dell'analitica, questo approccio sembra funzionare bene. Per assumere il comando delle attività legate ai big data, Intel ricorre a un partenariato fra il CIO e il *chief marketing officer*. IBM, invece, utilizza un responsabile della trasformazione d'impresa (*enterprise transformation head*) che risponde all'amministratore delegato, svolgendo funzioni analoghe a quelle del CDO.[82]

Struttura bilanciata. Un altro approccio per la creazione di un'unità interna specializzata in analitica dei big data consiste nel ricorrere a una struttura bilanciata o ibrida, inserendo un numero ristretto di esperti in dati in un "centro di eccellenza" diretto dal CDO, e lasciando i restanti all'interno dei vari dipartimenti funzionali o delle varie unità aziendali.[83] Il centro di eccellenza svolge un ruolo di coordinamento, valutando i bisogni, assegnando la priorità ai progetti e via dicendo. Si potrebbe immaginare come una struttura "a raggiera" tale per cui una squadra di esperti in un'unità centrale si rende disponibile per coordinare, rispondere alle domande e fornire assistenza riguardo l'analitica dei dati ai vari dipartimenti e alle unità aziendali. In base a questa struttura, ciascuna unità possiede le proprie priorità analitiche, come per esempio incrementare gli sforzi promozionali per il marketing oppure ottimizzare i livelli delle giacenze per l'operatività. Tuttavia, risponde anche alla necessità di creare una *expertise* di analitica da poter applicare trasversalmente all'interno dell'organizzazione e di coordinare la strategia di analitica dei dati. ***È*** possibile che un analista del centro di eccellenza sia assegnato a una delle unità per un progetto specifico, contribuendo a creare delle competenze all'interno dell'unità stessa.[84]

Struttura decentralizzata. Questo approccio consiste nel decentralizzare completamente l'analitica dei dati: gruppetti di analisti sono dislocati nei vari uffici o unità dell'organizzazione. Questa struttura completamente decentralizzata rappresenta il modo più semplice per far sì che gli analisti collaborino con i rispettivi uffici o unità aziendali, e personalizzino i loro modelli in relazione ai bisogni di ciascuna unità; esso, tuttavia, rende difficile la condivisione di soluzioni innovative fra le varie unità e il raggiungimento di una massa critica di problemi e opportunità trasversali all'organizzazione. Inoltre, ci sarà da domandarsi se ciascun piccolo gruppo possieda le competenze necessarie per ottenere i dati necessari e ricorrere ai modelli analitici appropriati.[82] Caesars Entertainment è passata da una struttura decentralizzata a una centralizzata per aumentare efficienza ed efficacia della funzione di analitica dei big data.

IN PRATICA

Caesars Entertainment

Caesars Entertainment, che conta oltre 70.000 dipendenti e casinò su quattro continenti, *è* dedita all'utilizzo dell'analitica dei big data. È stato l'amministratore delegato Gary Loveman, un economista di formazione classica, ad inserire l'analitica nella cultura dell'organizzazione. Un tempo, ciascuna struttura della Caesars possedeva la propria squadra di analitica composta da tre o quattro persone, ma Loveman e il *chief analytics officer* Ruben Sigala ritenevano che sarebbe stata necessaria una maggiore centralizzazione per raccogliere i benefici dell'analitica dei dati. Negli ultimi anni, Caesars ha effettuato una riorganizzazione, centralizzando l'analitica, in modo tale da capire più in profondità l'intera azienda. L'analitica dei dati viene utilizzata non soltanto per capire i clienti e arricchire la loro esperienza in ciascuna struttura, ma anche per migliorare l'operatività: qualsiasi cosa, dall'analitica del food and beverage all'analitica delle risorse umane. La centralizzazione dell'analitica ha conferito a tutte le operazioni una prospettiva uniforme riguardo la loro attività e una lingua comune all'interno dell'organizzazione. La centralizzazione della funzione di analitica ha consentito alla squadra di sviluppare e fornire un supporto analitico di livello internazionale per ciascuna delle strutture, nonché di agevolare l'innovazione all'interno delle varie aree dell'organizzazione e attraverso i partenariati all'esterno di essa.[86]

L'impatto dell'information technology sulla progettazione organizzativa

I manager e le organizzazioni studiano la relazione esistente tra la tecnologia e la progettazione e il funzionamento organizzativi da oltre mezzo secolo. Come si è detto nel corso del Capitolo 7, dal CEO Study condotto dalla IBM nel 2012 è emerso che la tecnologia era in cima alla lista delle forze esterne che, secondo i dirigenti, influenzeranno notevolmente le loro organizzazioni nei prossimi anni.[87] Recentemente, i progressi dell'information technology hanno esercitato l'impatto più considerevole su gran parte delle organizzazioni.[88] Alcune delle implicazioni specifiche in termini di progettazione organizzativa sono rappresentate da dimensioni organizzative più piccole, strutture decentralizzate, un miglior coordinamento interno ed esterno e nuove strutture organizzative modulari.

1. *Organizzazioni più piccole.* Alcune aziende operanti su Internet esistono quasi interamente solo nel cyberspazio; non c'è una "organizzazione" formale in termini di edifici con uffici, scrivanie ecc. Una o più persone possono gestire il sito dalle proprie abitazioni o da un luogo di lavoro preso in affitto. Anche nel caso delle aziende tradizionali, le nuove tecnologie dell'informazione consentono all'organizzazione di svolgere lo stesso ammontare di lavoro con un minor numero di persone. I clienti possono acquistare polizze assicurative, capi di abbigliamento, attrezzature di vario genere e

praticamente qualsiasi altro prodotto su Internet senza neppure parlare con un agente o un addetto alle vendite. Inoltre i nuovi sistemi di information technology gestiscono automaticamente molte incombenze amministrative delle organizzazioni, riducendo le esigenze di personale impiegatizio. Il Dipartimento dei trasporti del Michigan aveva bisogno di un esercito di dipendenti per verificare il lavoro degli appaltatori. Per i progetti principali spesso occorreva inviare ogni giorno venti ispettori sul luogo di realizzazione del lavoro per seguire migliaia di elementi. Oggi il Dipartimento invia raramente più di un tecnico di cantiere sul posto. I dipendenti inseriscono i dati in un computer portatile utilizzando un software di gestione delle costruzioni stradali collegato ai computer della sede centrale; questo sistema può elaborare automaticamente un preventivo e gestire altri processi amministrativi che una volta richiedevano ore di lavoro.[89] Grazie all'information technology, oggi le aziende possono inoltre esternalizzare molte funzioni e utilizzare di conseguenza meno risorse interne.

2. *Strutture organizzative decentrate.* Nonostante la filosofia di management e la cultura aziendale abbiano un impatto sostanziale nel determinare se l'information technology viene utilizzata per decentrare le informazioni e l'autorità oppure per rinforzare una struttura ad autorità centralizzata,[90] oggi la maggior parte delle organizzazioni utilizza la tecnologia per ottenere un maggior decentramento. Informazioni che potevano in precedenza essere disponibili soltanto per il top management della sede centrale possono essere condivise rapidamente e facilmente all'interno di tutta l'organizzazione, anche in presenza di grandi distanze geografiche. Nello studio della IBM summenzionato, gli amministratori delegati considerano la tecnologia come un fattore che consente apertura, collaborazione e gerarchie meno rigide.[91] I manager delle varie divisioni o uffici possono ora avere velocemente a disposizione le informazioni di cui hanno bisogno per prendere decisioni importanti, anziché dover aspettare che vengano prese decisioni dalla sede centrale. Le tecnologie di social business che permettono alle persone di incontrarsi e coordinarsi on-line possono facilitare la comunicazione e i processi decisionali tra gruppi di dipendenti autonomi e distanti fisicamente, come accade nei team virtuali.
3. *Miglioramento del coordinamento e della collaborazione interni ed esterni.* Forse uno dei maggiori risultati delle nuove tecnologie informatiche è rappresentato dal loro potenziale in termini di miglioramento del coordinamento, della comunicazione e della collaborazione all'interno dell'azienda. Le applicazioni IT possono connettere tra di loro le persone anche se i loro uffici, stabilimenti o negozi sono sparsi per il mondo, e molti degli strumenti che tradizionalmente le aziende utilizzano appaiono antiquati ai giovani dipendenti. Un direttore di banca argentino che ha preso parte allo studio del 2012 della IBM ha affermato: "Noi siamo la generazione dell'e-mail; loro sono la generazione dei social network." La IBM fa un largo impiego di team virtuali, i cui membri utilizzano una grande varietà di strumenti di social business per comunicare e collaborare con facilità. Un team composto da membri statunitensi, tedeschi e inglesi si è avvalso di un software collaborativo come sala riunioni virtuale per risolvere nel giro di pochi giorni un grave problema tecnico a un cliente.[92] La Siemens utilizza invece una rete intranet globale che collega 450.000 dipendenti sparsi in tutto il mondo, consentendo loro di condividere conoscenze e collaborare sugli stessi progetti.[93] MITRE Corporation, che fornisce servizi di consulenza, ricerca e sviluppo soprattutto ad agenzie e dipartimenti del governo statunitense come il Dipartimento della Difesa e la Federal Aviation Administration, usa i social network per abbattere barriere tradizionali come l'anzianità, la

Uno sguardo sull'Europa

Verso il knowledge management 2.0 di Danone

La multinazionale del settore alimentare Danone è stata la prima azienda in Francia a lanciare una piattaforma 2.0 per tutti i dipendenti, cavalcando un'evoluzione che, facendo leva sull'attitudine al networking e alla condivisione propria della cultura aziendale, ha portato i processi di apprendimento organizzativi a basarsi non solo sulla dimensione *face to face* ma pure su quella collaborativa virtuale.

Evoluzione del Gruppo Danone

Danone nasce originariamente in Spagna, a Barcellona, quando il medico greco Isaac Carasso, interessato agli effetti dei fermenti lattici contenuti nello yogurt in ambito terapeutico, avvia una piccola fabbrica di yogurt alla quale dà come nome il vezzeggiativo del figlio Daniel: Danon. È proprio il figlio Daniel che, alla morte del padre verso la fine degli anni Venti, si trasferisce in Francia e inizia una crescita per acquisizioni che gli permetterà di entrare in nuovi mercati. Nel 1967 Daniel Carasso fonde la sua società con Fromageries Gervais, specializzata nella produzione di prodotti caseari freschi, creando una nuova società operativa: Gervais-Danone SA. Il 1972 è l'anno della nascita ufficiale del gruppo Danone dalla fusione con Boussois-Souchon-Neuvesel (BSN), gruppo attivo nella produzione del vetro che aveva appena iniziato a diversificare entrando nel settore alimentare. Danone è oggi presente in tutti e 5 i continenti e i suoi prodotti sono venduti in oltre 120 paesi per diffondere salute e benessere attraverso il cibo al maggior numero di persone nel mondo. I suoi 160 stabilimenti produttivi sono disseminati in 25 paesi e ha oltre 101.000 dipendenti nel mondo. Nel 2011 ha registrato un fatturato di 19 miliardi di euro (+7,8 per cento su base comparabile). È leader mondiale per la produzione di prodotti lattieri freschi (che contribuiscono al 58 per cento del fatturato) e leader europeo nel settore della nutrizione medica. È invece al secondo posto nel mondo per le acque in bottiglia e la nutrizione infantile.

Le esigenze di knowledge management di una multinazionale decentrata

La gestione e condivisione della conoscenza ha un ruolo importante in un'azienda come Danone, contraddistinta da una crescita veloce e diffusa geograficamente. Il modello di decentralizzazione dell'azienda viene considerato strategico perché permette di adattare la presenza in termini di prodotti alle esigenze locali grazie all'autonomia delle Country Business Unit (CBU), che possono così reagire più velocemente ai cambiamenti del mercato. Tuttavia, la dispersione geografica e l'autonomia fanno sì che sia molto complesso sviluppare relazioni orizzontali tra CBU. Inoltre, le difficoltà incontrate nel 2001 nell'implementazione dell'*enterprise resource planning* (ERP), avevano evidenziato come i dipendenti di Danone fossero più a loro agio nel comunicare di persona, e non nell'usare portali online o strumenti tecnologici di altra specie. Per questo motivo, mettendo da parte le tecnologie, nel 2002 Danone lancia un programma rivolto allo scambio di *best practice* tra manager, al fine soprattutto di diffondere quello che viene chiamato Networking Attitude. Si tratta di un progetto che mira a diffondere un modello di comportamento basato sull'idea di incoraggiare le persone a condividere la conoscenza, di creare cioè una cultura di discussione, contatto, solidarietà, aiuto e relazione facendo rete.

Tra gli strumenti sviluppati per questa iniziativa ci sono:

- i "market place": sessioni di circa due ore che si svolgono durante *convention* di altra natura a cui partecipano, rigorosamente mascherati per creare informalità e abbattere le barriere gerarchiche, manager che presentano le soluzioni a dei problemi comuni (*givers*), manager che stanno affrontando gli stessi problemi (*takers*) e i facilitatori della sessione.
- i "messaggi nella bottiglia": sessioni più brevi in cui un manager espone in due minuti un problema (sotto forma di messaggio nella bottiglia) a un pubblico di circa venti colleghi disposti a ragionare sulla soluzione i quali, a loro volta, esporranno poi le proprie criticità.

A questi strumenti si affiancano altri di *follow-up* come t-shirt bianche su cui i manager scrivono il proprio problema, una *web directory* che aiuta a trovare gli esperti su uno specifico tema, comunità di pratica che favoriscono l'adozione di *best practice* in altre CBU.

Knowledge management 2.0

L'iniziativa Networking Attitude di Danone è sicuramente un esempio di knowledge management di successo, tutt'oggi portato avanti e incoraggiato. A partire dal 2007 l'azienda è andata oltre cercando di estendere l'iniziativa non soltanto ai manager, ma a tutti i dipendenti e agli *stakeholder* esterni, per condividere pratiche di successo anche con fornitori e clienti finali. Nonostante l'iniziale presa di distanza dalle nuove tecnologie, Danone non ha potuto restare impassibile di fronte ai vantaggi offerti dai social media e allo sviluppo delle loro applicazioni, affiancando alle consolidate modalità *face-to-face* nuove interazioni basate sugli strumenti 2.0. Dopo aver analizzato quale utilizzo facessero i dipendenti dei social network nella loro vita privata e quali fossero le aspettative relative a un loro utilizzo all'interno dell'azienda, è stato lanciato il progetto Dan 2.0, una sorta di social network interno che consente a tutti i dipendenti di presentare il proprio percorso professionale e raccontare i progetti a cui hanno preso parte e che include applicazioni come blog, chat, video e wiki. Nonostante la cultura *face-to-face* di Danone, grazie all'attenzione nella comunicazione e implementazione della svolta *social* del progetto e al coinvolgimento dei dipendenti più giovani come *champion* del cambiamento, a 5 anni dall'adozione sono state presentate 1.000 buone pratiche pronte per essere implementate e sono stati attivati più di 70 *sharing network* in diverse CBU.

Domande

1. Qual è stato il ruolo della cultura organizzativa di Danone nel promuovere un modello di knowledge management basato su condivisione e networking? La cultura organizzativa di Danone rappresentava più una leva o una minaccia per l'implementazione di Dan 2.0?
2. Il modello di knowledge management adottato in Danone potrebbe funzionare in un'altra organizzazione? Se sì, con le stesse caratteristiche?
3. Quali suggerimenti dareste a un'organizzazione che vuole introdurre i social media al suo interno come leva di gestione della conoscenza?

dispersione geografica e l'appartenenza a specifiche unità, che in passato hanno ostacolato la condivisione delle informazioni e la collaborazione.[94]

4. *Struttura a rete rafforzata.* Nelle strutture organizzative a rete virtuale è necessario un livello elevato di collaborazione interorganizzativa, come si è visto nel Capitolo 3, e tale livello è raggiungibile solo tramite l'utilizzo delle tecnologie informatiche avanzate. Nel mondo aziendale tali strutture sono a volte denominate *organizzazioni a rete virtuali.* L'outsourcing è diventato una tendenza importante grazie alla tecnologia computer-based che può collegare le aziende in un flusso continuo di informazioni. La Li & Fung di Hong Kong, ad esempio, è uno dei maggiori fornitori di abbigliamento per i dettaglianti come Abercrombie & Fitch, Guess, Ann Taylor e Disney, ma l'azienda non possiede né impianti, né macchinari né tessuti. La Li & Fung si specializza nella gestione delle informazioni, affidandosi a una rete di 7500 partner, connessi elettronicamente e situati in trentasette paesi, che forniscono le materie prime e confezionano gli abiti. Grazie alla IT la Li & Fung può tenersi in contatto con i partner di tutto il mondo e spostare i prodotti rapidamente dalle fabbriche ai rivenditori. L'extranet consente inoltre ai dettaglianti di seguire lo stato di avanzamento degli ordini e di effettuare modifiche e aggiunte dell'ultimo minuto.[95] In una struttura a rete la maggior parte delle attività è esternalizzata, pertanto le varie funzioni necessarie all'organizzazione vengono svolte da aziende diverse. La velocità e la facilità della comunicazione elettronica rendono la struttura a rete una valida opportunità per le aziende che vogliono mantenere bassi i costi ma estendere le proprie attività o la propria presenza nel mercato.

Riepilogo e interpretazioni

- Le organizzazioni che oggi riscuotono maggiore successo sono in genere quelle che più delle altre sono in grado di applicare con efficacia l'information technology. I sistemi di information technology si sono evoluti in una varietà di applicazioni per rispondere alle esigenze informative e contribuire a migliorare l'efficienza. Queste applicazioni comprendono i sistemi di elaborazione delle transazioni, il data warehousing e la business intelligence.
- I sistemi avanzati di information technology vengono inoltre utilizzati per migliorare il controllo e il coordinamento dell'organizzazione. Molte organizzazioni stanno passando da un processo di controllo gerarchico a uno centralizzato, basato su valori condivisi piuttosto che su ferree regole e stretta supervisione ai fini del controllo. Con il controllo decentralizzato tutti necessitano di avere accesso a valide informazioni.
- Al livello di controllo organizzativo, un sistema innovativo chiamato *balanced scorecard* offre ai manager una visione bilanciata dell'organizzazione integrando le misure finanziarie tradizionali e i rapporti statistici con un interesse per i mercati, i clienti e i dipendenti. I manager utilizzano anche mappe strategiche per studiare le relazioni di causa-effetto tra questi fattori critici per il successo. Al livello di unità operativa si ricorre al controllo del comportamento oppure al controllo dei risultati. Il primo consiste in un attento *monitoraggio delle* attività dei dipendenti, mentre il secondo si basa sulla misurazione e la ricompensa dei risultati. Gran parte dei manager si avvalgono di una combinazione di controllo del comportamento e controllo dei risultati,

ponendo maggiore enfasi sul secondo perché determina performance migliori e un livello più alto di motivazione.

- Due importanti modalità per aumentare il coordinamento sono il knowledge management e l'analisi delle reti sociali. I manager utilizzano intranet e altri sistemi di IT per promuovere la condivisione di conoscenza sia codificata sia tacita. L'analisi delle reti sociali aiuta i manager a individuare i centri di scambio di informazioni informali all'interno dell'organizzazione e i leader informali che svolgono il compito di connettere persone e gruppi all'interno dell'organizzazione.
- Il social business, ossia l'utilizzo delle tecnologie di social media per interagire con dipendenti, clienti e altri stakeholder e facilitare la comunicazione e la collaborazione fra di essi, è un'area di attività in rapida crescita. Molte aziende dispongono di social media director e di social media team che di solito rispondono agli uffici di marketing o di comunicazione aziendale. Queste squadre tengono d'occhio la reputazione dell'azienda su Internet monitorando quanto viene detto sul suo conto su siti di social network, blog e altri media online, spesso tramite dei social media command center, e possono condividere queste informazioni all'interno dell'organizzazione.
- I big data rappresentano uno dei più recenti progressi nel campo dell'information technology. L'analitica dei big data, evoluzione diretta delle prime applicazioni di business intelligence, utilizza le nuove tecnologie per esaminare questi grandi data set alla ricerca di linee evolutive nascoste, correlazioni e altre informazioni utili, con l'obiettivo di migliorare il processo decisionale. Gli elementi dei big data sono il loro enorme volume, la possibilità di utilizzare tutti i dati piuttosto che soltanto dei campioni, l'utilizzo di dati "disordinati" e la necessità di una nuova forma mentis. Alcune aziende esternalizzano le attività relative ai big data a organizzazioni di business process o fanno ricorso a intermediari di dati, in quanto risulta difficile costruire internamente delle funzionalità di big data. Tuttavia, nella misura in cui aumenta il numero di individui con competenze in questo settore, cresce anche il numero di organizzazioni che stanno costruendo le loro unità interne di analitica dei big data. Le aziende possono scegliere di centralizzare le attività di big data, di decentralizzarle spostandole su unità o divisioni, o di ricorrere a un cosiddetto "centro di eccellenza."
- Questi progressi nell'information technology stanno esercitando una significativa influenza sulla progettazione organizzativa e, secondo alcuni esperti, l'IT finirà per sostituire la gerarchia tradizionale come mezzo primario di coordinamento e controllo. La tecnologia ha permesso la creazione della struttura organizzativa a rete, tramite la quale l'organizzazione esternalizza la maggior parte delle sue funzioni ad aziende separate. Altre specifiche implicazioni delle tecnologie informatiche avanzate includono organizzazioni di dimensioni più piccole, strutture organizzative decentralizzate e un miglioramento del coordinamento interno ed esterno.

Punti chiave

Tieni a mente questi suggerimenti

1. Scegli fra una filosofia di controllo principalmente gerarchica o decentralizzata. Nel caso del controllo gerarchico, utilizza regole e procedure dettagliate, una forte autorità dall'alto verso il basso e sistemi di controllo formali. Nel caso della filosofia decentralizzata, limita l'utilizzo di regole ferree e autorità dall'alto verso il basso e fai maggiore affidamento sulla selezione dei dipendenti e sulla socializzazione per costruire una cultura di valori condivisi che guidino il comportamento dei dipendenti.

2. Elabora dei sistemi di controllo costituiti dalle quattro fasi fondamentali del modello di controllo a feedback: fissa dei parametri di performance, misura la performance effettiva e confrontala con i parametri, infine correggi o modifica le attività conformemente alle necessità.
3. Utilizza un sistema di balanced scorecard per integrare le varie dimensioni del controllo e ottenere una visione più completa della performance organizzativa. Seleziona gli indicatori delle aree di performance finanziaria, servizio ai clienti, processi interni e apprendimento e crescita e prendi in considerazione il ricorso a una mappa strategica per visualizzare i legami tra i risultati.
4. Non fare un uso eccessivo del controllo del comportamento. Stabilisci linee guida ragionevoli per il comportamento in ambito lavorativo, ma poni enfasi sul controllo dei risultati focalizzandoti sugli obiettivi raggiunti e lasciando ai dipendenti un certo grado di discrezionalità e autonomia su come centrare gli obiettivi.
5. Istituisci dei sistemi per facilitare la condivisione della conoscenza, sia codificata sia tacita fra i dipendenti, al fine di aiutare l'organizzazione ad apprendere e migliorare. Utilizza l'analisi delle reti sociali per capire le relazioni informali e i modelli di influenza.
6. Utilizza i social media per migliorare la comunicazione e la collaborazione fra dipendenti, clienti e altri stakeholder. Prevedi un social media director e un social media team che dirigano l'iniziativa di sociale business e sviluppino un social media command center.
7. Cambia la tua forma mentis per trarre massimo profitto dall'analitica dei big data. Impara a utilizzare tutti i dati che hai a disposizione, non soltanto dei campioni. Vai alla ricerca di linee evolutive e di correlazioni che possano essere significative.
8. Se sei alle prime armi con i big data, considera di esternalizzare questa attività a un'organizzazione che disponga del personale, delle competenze e delle procedure per svolgere l'analitica dei big dati in modo efficace ed efficiente. Se invece decidi di ricorrere a un'unità interna all'organizzazione, utilizza una funzione centralizzata di big data per mettere insieme un numero ragguardevole di esperti, ottenere efficienza e condividere le innovazioni all'interno dell'azienda. In alternativa, decentralizza le attività di big data se gli analisti necessitano di lavorare a più stretto contatto con ciascuna unità e di personalizzare i loro modelli a seconda delle necessità di ciascuna unità. Utilizza infine una struttura bilanciata, provvista di un centro di eccellenza, per assegnare pochi analisti a specifiche unità, lasciando gli altri centralizzati in modo che si occupino del coordinamento e di problematiche trasversali all'organizzazione.

Glossario

analisi delle reti sociali
balanced scorecard
big data
analitica dei big data
business intelligence
capitale intellettuale
conoscenza codificata
conoscenza tacita
controllo decentralizzato
controllo dei risultati
controllo del comportamento
controllo gerarchico
data warehousing
expert-locator system
intermediari di dati
intranet
knowledge management
mappa strategica
modello di controllo a feedback
networking
social business
social media command center
transaction processing systems

Domande per la discussione

1. Ritenete che la tecnologia per il social business possa riuscire, alla fine dei conti, a far svolgere al top management il proprio lavoro con poche comunicazioni faccia a faccia?
2. Quali tipi di tecnologie informatiche utilizzate regolarmente nella vostra attività di studio? Quanto sarebbe diversa la vostra vita se non aveste a disposizioni tali tecnologie?
3. Come potrebbe l'amministratore di un ospedale che cerca di implementare delle squadre interfunzionali utilizzare l'analisi delle reti sociali per migliorare la comunicazione e la collaborazione fra infermieri, medici, tecnici e altri membri del personale?
4. Discutete alcuni modi in cui una grande compagnia di assicurazione, come la Allstate, la Progressive, o State Farm, potrebbe utilizzare i social media come i microblog o i social network. Pensate che questi strumenti siano più applicabili a un'azienda di servizi o a un'azienda manifatturiera?
5. Descrivete in che modo i quattro elementi della balanced scorecard discussi nel capitolo potrebbero essere utilizzati per il controllo a feedback nelle organizzazioni. Quale di queste componenti è più simile al controllo dei risultati? E al controllo del comportamento?
6. Descrivete quale uso fate della conoscenza codificata quando effettuate una ricerca. In questa attività, utilizzate anche la conoscenza tacita?
7. Perché il knowledge management è particolarmente importante per un'azienda che vuole apprendere e cambiare continuamente anziché operare in uno stato stabile?
8. Caesars Entertainment ha centralizzato la sua funzione di big data per essere più efficiente. Riuscite a pensare ad alcune questioni relative alla concorrenza che potrebbero spingere un'azienda a passare da una funzione di big data centralizzata a una decentralizzata nelle varie unità?
9. In che modo si potrebbero utilizzare i social media per sviluppare relazioni maggiormente basate sulla fiducia fra management e dipendenti? E fra un'azienda e i suoi clienti?
10. Per quale motivo ritenete che l'applicazione di tecnologie informatiche avanzate di norma porti a un maggiore decentramento all'interno di un'organizzazione? Potrebbe essere utilizzata anche per un maggiore accentramento in alcune organizzazioni?

Quaderno di lavoro

Esercizio di balanced scorecard

Leggete le misurazioni e gli obiettivi elencati di seguito per una impresa commerciale e un'organizzazione sanitaria. Assegnate ciascun obiettivo/indicatore alla colonna corretta della balanced scorecard. Se pensate che un obiettivo/indicatore appartenga a due categorie, assegnate il numero uno alla vostra prima preferenza e il numero due alla seconda.

	Finanziaria	Clienti	Processi di business interni	Apprendimento e crescita
Impresa commerciale				
Ritorno sul capitale investito (ROCE)	______	______	______	______
Creazione di un centro ricreativo per i dipendenti entro dicembre 2012	______	______	______	______
Sviluppo di nuovi prodotti in un periodo di tempo di otto mesi	______	______	______	______
Offerta di un programma di formazione per team leader entro luglio 2010	______	______	______	______
Conseguimento del 98% di soddisfazione del cliente entro dicembre 2012	______	______	______	______
Numero dei reclami mensili da parte dei clienti	______	______	______	______
Riduzione del 10% del costo per unità venduta	______	______	______	______
Incremento del 15% della customer retention	______	______	______	______
Incremento del 20% della soddisfazione dei dipendenti	______	______	______	______
Posizione di leader di mercato nella velocità di consegna entro il 2011	______	______	______	______
Costi più bassi del settore entro il 2012	______	______	______	______
Miglioramento dei profitti del 12 % nel corso dell'anno successivo	______	______	______	______
Precisione nelle previsioni di bilancio	______	______	______	______
Lancio di tre nuovi prodotti entro dicembre 2011	______	______	______	______
Formazione realizzata in percentuale	______	______	______	______
Numero di leader meritevoli di promozione	______	______	______	______
Completamento del piano di successione	______	______	______	______
Percentuale di dipendenti part-time	______	______	______	______
Aumento dell'1% mensile delle vendite	______	______	______	______
Numero di vertenze dei dipendenti	______	______	______	______
Livelli di coinvolgimento dei dipendenti	______	______	______	______
Numero di risoluzioni di contratti	______	______	______	______
Intervallo di tempo per l'implementazione delle politiche	______	______	______	______
Tasso di consegne puntuali dei venditori	______	______	______	______
Ricavi annui complessivi	______	______	______	______
Costi generali	______	______	______	______
Richieste di riconoscimenti economici dei lavoratori	______	______	______	______
Margine operativo lordo	______	______	______	______

continua

	Finanziaria	Clienti	Processi di business interni	Apprendimento e crescita
Organizzazione sanitaria				
Obiettivi raccolta fondi				
Soddisfazione del paziente				
Tempestività nell'assegnazione di appuntamenti				
Percentuale di pazienti guariti				
Numero di pazienti richiedenti servizi				
Équipe di assistenza clinica in percentuale				
Soddisfazione del personale infermieristico				
Durata del rapporto di lavoro del personale medico				
Soddisfazione dei pazienti riguardo la programmazione				
Soddisfazione riguardo i tempi di attesa				
Percezione della qualità da parte dei pazienti				
Costo delle cure per paziente				
Redditività				
Rispetto delle norme sulla privacy da parte dello staff				
Tasso di utilizzazione dei posti letto				
Numero di decessi per 100 pazienti				
Percentuale di personale infermieristico in possesso di laurea				
Velocità di ricovero e dimissione dei pazienti				
Educazione dei familiari alla prestazione di cure				
Qualità di controllo del dolore				
Percentuale di medicinali preparati accuratamente				
Tasso di turnover del personale infermieristico				
Tasso di carenza di personale infermieristico				
Tasso di esecuzione di servizi prescritti				
Costo complessivo del personale				
Margini operativi				
Cure a titolo gratuito				
Costi non coperti dei piani sanitari pubblici				
Efficacia dei programmi di lotta contro il fumo				
Risultati della revisione contabile sui rimborsi delle Assicurazioni mediche				
Tasso di completamento di percorsi formativi				

Dimensioni organizzative, ciclo di vita e declino

9

ORGANIZZARE LE IMPRESE: qual è la vostra opinione?

Prima di leggere il presente capitolo, indicate qual è la vostra opinione in merito a ciascuna delle seguenti affermazioni:

1 Sarebbe bene che un imprenditore che fonda una impresa "a prato verde" continui a mantenere uno stretto controllo personale sulle attività gestionali una volta che l'azienda si sia sviluppata.

D'ACCORDO ☐ IN DISACCORDO ☐

2 I mezzi essenziali a disposizione di un manager per controllare il comportamento dei dipendenti sono l'enfasi sui valori condivisi, la fiducia e l'impegno verso la missione dell'organizzazione.

D'ACCORDO ☐ IN DISACCORDO ☐

3 Dopo una riduzione del personale che si è resa necessaria, i manager non dovrebbero curarsi troppo di aiutare i dipendenti collocati in mobilità, concentrandosi piuttosto su chi resta per assicurarsi che si faccia il necessario per favorire la ripresa dell'azienda.

D'ACCORDO ☐ IN DISACCORDO ☐

"Oggi Southwest sta meglio di quanto non sia mai stata nella sua storia," afferma Gary Kelly, amministratore delegato della compagnia aerea. Eppure, a ben guardare, Southwest comincia a mostrare i segni dell'invecchiamento. Persino Kelly, messo alle strette, ammette che a cambiare non è stato soltanto il settore aereo, ma anche la posizione della Southwest all'interno di esso. La crescita si è arrestata: le tariffe basse che per lungo tempo sono state il punto di forza, tanto basse non lo sono più. Le tre maggiori compagnie aeree statunitensi – American Airlines Group, United Continental Holdings e Delta Air Lines – offrono programmi e servizi mirati a attirare i viaggiatori d'affari; gli ultra-discount hanno battuto Southwest sui prezzi. Inoltre, la compagnia aerea dispone di sistemi telefonici e informatici obsoleti, che creano problemi ogniqualvolta le cose non vadano nel verso giusto, come quando nell'inverno 2014 dovette cancellare migliaia di voli a causa delle bufere di neve: gli impiegati dovettero riprogrammare manualmente i voli di ciascun passeggero. Il 2 gennaio 2014, al Midway Airport di Chicago, Southwest smarrì 7500 bagagli. Molti dipendenti rimpiangono i tempi del cofondatore, ex amministratore delegato e presidente esecutivo Herb Kelleher, noto per i suoi vestiti eccentrici, la passione per il bourbon Wild Turkey e le sue Harley-Davidson. "Da quando Herb… se n'è andato, la nostra ha cominciato ad assomigliare più a una grande azienda e non a una famiglia," ha affermato il sindacalista Randy Barnes.[1]

Quando aziende come Southwest diventano più grandi e complesse, necessitano di sistemi e procedure più evolute per la guida e il controllo dell'organizzazione. Inoltre, l'adozione dei nuovi sistemi e procedure può creare problemi di inefficienza, rigidità e tempi di risposta lenti, con la conseguenza che l'azienda fatica a innovare o adattarsi rapidamente ai cambiamenti dell'ambiente e ai bisogni dei clienti. In un recente video postato sul web, l'attuale amministratore delegato della Southwest Gary Kelly chiedeva al suo predecessore: "Come rispondi ai dipendenti preoccupati del cambiamento?" E Herb Kellher rispondeva: "Dico loro… 'Qui si parla del vostro futuro. Se non cambiate, un futuro non ce l'avrete."[2]

Southwest Airlines ha goduto di un lungo periodo di "giovinezza," mantenendo lo spirito di innovazione e adattabilità delle start-up più a lungo rispetto alla maggior parte delle organizzazioni; eppure tutte le organizzazioni – ristoranti e piccoli negozi così come grandi aziende, organizzazioni non profit e grandi agenzie internazionali – alla fine si trovano a dover fare i conti con i problemi delle dimensioni organizzative, della burocrazia e del controllo. Nel ventesimo secolo le grandi organizzazioni si sono moltiplicate e la burocrazia è diventata uno degli argomenti maggiormente studiati nella teoria e progettazione organizzativa.[3] La maggior parte delle grandi organizzazioni presenta caratteristiche di tipo burocratico, che possono rivelarsi molto efficaci: sono queste stesse organizzazioni che ci forniscono una grande quantità di prodotti e servizi e ci sorprendono con prestazioni straordinarie quali l'esplorazione di Marte, la consegna in giornata di pacchi in ogni parte del mondo, la programmazione e il coordinamento di migliaia di voli aerei al giorno. È anche vero, però, che la burocrazia è stata accusata di molti peccati, tra cui inefficienza, rigidità e creazione di compiti meccanici che alienano sia i dipendenti sia i clienti che un'organizzazione cerca di servire.

Obiettivi del capitolo

In questo capitolo confronteremo grande e piccola organizzazione e vedremo come la dimensione sia collegata alla struttura e al controllo. La dimensione di un'organizzazione è un importante fattore contingente che influisce sulla progettazione e il funzionamento organizzativi, proprio come fanno le variabili contingenti analizzate nei capitoli precedenti – tecnologia, ambiente, obiettivi. Nella prima parte del capitolo prenderemo in esame i vantaggi derivanti dall'essere un'azienda di grandi dimensioni rispetto a quelli legati alle piccole dimensioni. Di seguito esploreremo quello che è chiamato il ciclo di vita di un'organizzazione e le caratteristiche strutturali relative a ogni stadio. Esamineremo successivamente la necessità storica della burocrazia come mezzo per controllare le grandi organizzazioni e confronteremo il controllo di tipo burocratico con varie altre strategie di controllo. Infine, analizzeremo le cause del declino organizzativo ed esamineremo alcuni metodi per gestire il ridimensionamento (*downsizing*). In seguito alla lettura del capitolo dovremmo essere in grado di riconoscere quando un controllo di tipo burocratico può rendere un'organizzazione efficace e quando risultano più appropriati altri tipi di controllo.

Dimensioni organizzative: grande è meglio?

Il dilemma relativo a grande dimensione contro piccola dimensione inizia con il concetto di crescita e con le ragioni per le quali così tante organizzazioni sentono la necessità di diventare più grandi.

Spinte alla crescita

Avete mai sognato di fondare una piccola azienda? Per molti il sogno è diventato realtà: le piccole start-up sono la linfa vitale dell'economia statunitense. Tuttavia, la speranza di praticamente ogni uomo o donna d'affari è ancora quello di vedere la propria azienda crescere velocemente e raggiungere grandi dimensioni, e magari un giorno entrare a far parte della lista delle *Fortune 500*.[4] A volte questo obiettivo risulta prioritario rispetto a quello di realizzare i prodotti migliori o di riportare i maggiori utili possibili. Al contrario, i manager di alcune aziende di successo hanno opposto resistenza alla crescita illimitata decidendo di concentrarsi piuttosto su obiettivi diversi, come illustrato nel Segnalibro di questo capitolo.

La congiuntura economica negativa e le azioni di riduzione del personale in numerose grandi aziende hanno convinto coraggiosi imprenditori a correre il rischio e fondare la propria azienda o lanciarsi nell'avventura dell'impresa individuale. Tuttavia, il consolidamento del settore, l'espansione globale e la diversificazione hanno reso le aziende notevolmente più grandi nel corso degli ultimi decenni. Nel 1960, i ricavi delle 50 maggiori aziende statunitensi ammontavano in totale a 103 miliardi di dollari, quasi 2,1 miliardi per azienda. Nel 2010, la cifra è salita a 5,1 mila miliardi di dollari, ossia 102 miliardi per azienda.[5] Inoltre, nonostante la proliferazione di nuove piccole organizzazioni, giganti come Toyota, General Electric, Samsung e Walmart hanno continuato a crescere. Le aziende di tutti i settori, dalla distribuzione al dettaglio all'aerospaziale ai mass media, cercano di crescere per acquisire le dimensioni e le risorse necessarie per competere su scala globale, per investire nelle nuove tecnologie e per controllare i canali di distribuzione e garantirsi l'accesso ai mercati.[6] Ci sono una serie di elementi che spingono le organizzazioni verso la crescita. Molti dirigenti sono dell'opinione che le aziende debbano crescere per restare economicamente sane, e che l'interruzione della crescita equivalga alla stagnazione. Rimanere stabili significa secondo questo punto di vista che è possibile che i clienti non vedano le loro esigenze completamente soddisfatte o che i concorrenti aumentino la propria quota di mercato a spese della nostra azienda. Rovio Entertainment ha trovato l'oro con il lancio di Angry Birds e ha registrato una crescita notevole nel 2012, eppure l'alta dirigenza sa che la continuazione della crescita dipende dalla capacità da parte dell'azienda di passare da "sviluppatore di giochi di successo a fucina dell'intrattenimento globale": se Rovio non produrrà nuovi giochi che riscuotano il successo presso i clienti, non potrà continuare a crescere.[7] I dirigenti della Walmart hanno giurato di continuare a puntare sulla crescita, anche se ciò implica rendimenti degli investimenti (ROI) in calo. Essi hanno la radicata idea che smettere di crescere significhi andare incontro alla stagnazione e al declino. Come ha dichiarato il direttore finanziario Tom Schoewe, anche se il ROI "diminuisse di poco ma l'azienda riuscisse a crescere più rapidamente, io non ci vedrei niente di male."[8]

Le grandi dimensioni consentono alle aziende di correre rischi che potrebbero distruggere imprese più piccole; inoltre, in alcuni settori operare su larga scala è cruciale per il benessere economico delle organizzazioni. Attualmente il settore sanitario statunitense è segnato da una vera e propria ondata di fusioni e acquisizioni volute da ospedali, gruppi sanitari e compagnie assicurative nel tentativo di controllare i costi e rispondere alla nuove sfide legate alla riforma della sanità voluta dal governo federale (Affordable Care Act).[9] Per società *marketing-intensive* come Coca-Cola e Procter & Gamble, la maggiore dimensione fornisce potere nell'ambito dei rispettivi mercati e determina quindi maggiori ricavi.[10] Dopo una serie di operazioni di fusione e acquisizione la belga Inbrew (ribattezzata Anheuser-Busch InBev) è diventata il più grande produttore e distributore di birra a livello mondiale, acquisendo un enorme potere nel settore. Oltre a ciò, le organizzazioni in fase di crescita si caratterizzano per essere posti di lavoro pieni di vita e stimolanti, il che permette di attrarre e mantenere al proprio interno risorse umane di qualità. Quando il numero di dipendenti è in crescita, l'azienda ha infatti la possibilità di offrire molte occasioni e opportunità per l'avanzamento di carriera.

Segnalibro

Small Giants: Companies That Choose to Be Great Instead of Big
di Bo Burlingham

Secondo il modo di pensare prevalente nel mondo del business, crescita è sinonimo di successo. Bo Burlingham, *editor-at-large* della rivista *Inc.*, ci ricorda però l'esistenza di una categoria diversa di "grandi" aziende che si focalizzano sul diventare migliori, anziché ampliare le loro dimensioni. Burlingham le denomina *Small Giants* (piccoli giganti) e nel suo libro, dallo stesso titolo, analizza quattordici piccole aziende ammirate nei rispettivi settori di appartenenza, riconosciute per i risultati conseguiti e guidate da manager che hanno consapevolmente deciso di non puntare all'espansione, alla quotazione in borsa o alla fusione con un'azienda più grande.

Qual è il segreto dei piccoli giganti?

Le aziende descritte da Burlingham appartengono a una vasta gamma di settori e si differenziano marcatamente in termini di numero di dipendenti, struttura aziendale, approccio alla gestione e stadio del ciclo di vita. Quali aspetti hanno in comune? Burlingham descrive sette caratteristiche che conferiscono a queste aziende un alone quasi magico, tra cui le tre seguenti:

- *Fondatori e leader hanno consapevolmente deciso di costruire il tipo di business che desideravano "vivere", anziché adeguarsi a un'attività plasmata da forze esterne.* Danny Meyer, proprietario dello Union Square Café, dichiara: "Ho guadagnato di più rifiutando determinate cose, non accettandole." Fritz Maytag di Anchor Brewery, contento di limitare la distribuzione della propria birra alla sola California settentrionale, ha addirittura aiutato i birrai rivali a sviluppare le proprie competenze per rispondere alla crescente domanda del tipo di birra da lui prodotto.
- *Ogni piccolo gigante ha instaurato uno stretto legame con la comunità all'interno della quale opera.* Citistorage, azienda leader indipendente di immagazzinamento documenti negli Stati Uniti, ha scelto come sede del proprio magazzino un'area depressa al fine di ridurre i costi. Ha poi rapidamente stretto un legame con la comunità assumendo i residenti, mettendo a disposizione la struttura per eventi della comunità e destinando generose donazioni alla scuola locale.
- *I leader hanno una passione per la propria attività.* Che si dedichino a fare musica, creare effetti speciali, progettare e fabbricare cerniere a frizione, distillare birra o curare progetti per immobili ad uso commerciale, i leader di queste aziende mostrano una vera passione per la propria attività oltre che un profondo coinvolgimento emotivo nei confronti di dipendenti, clienti e fornitori.

Come costruire un piccolo gigante?

Uno degli effetti positivi sortiti dal libro di Burlingham è stato dimostrare a imprenditori novizi e aspiranti tali che "migliore" non sempre coincide con "più grande", frenando così in alcuni casi l'istinto di cogliere ogni opportunità per espandersi. Burlingham sottolinea che per resistere alle pressioni della crescita è necessario un temperamento molto determinato; questo libro intrigante svela le interessanti esperienze di imprenditori e manager che hanno trovato la forza di attuare le decisioni ritenute più giuste.

Small Giants: Companies That Choose to Be Great Instead of Big, di Bo Burlingham, è pubblicato da Portfolio, una divisione di Penguin Group.

Il dilemma delle grandi dimensioni

Le organizzazioni si sentono obbligate a crescere, ma quanto e fino a quali dimensioni? Quale dimensione è la più equilibrata per un'organizzazione che si prefigge di competere in un ambiente globale in rapido mutamento? Gli argomenti relativi a questo aspetto sono riassunti in Figura 9.1.

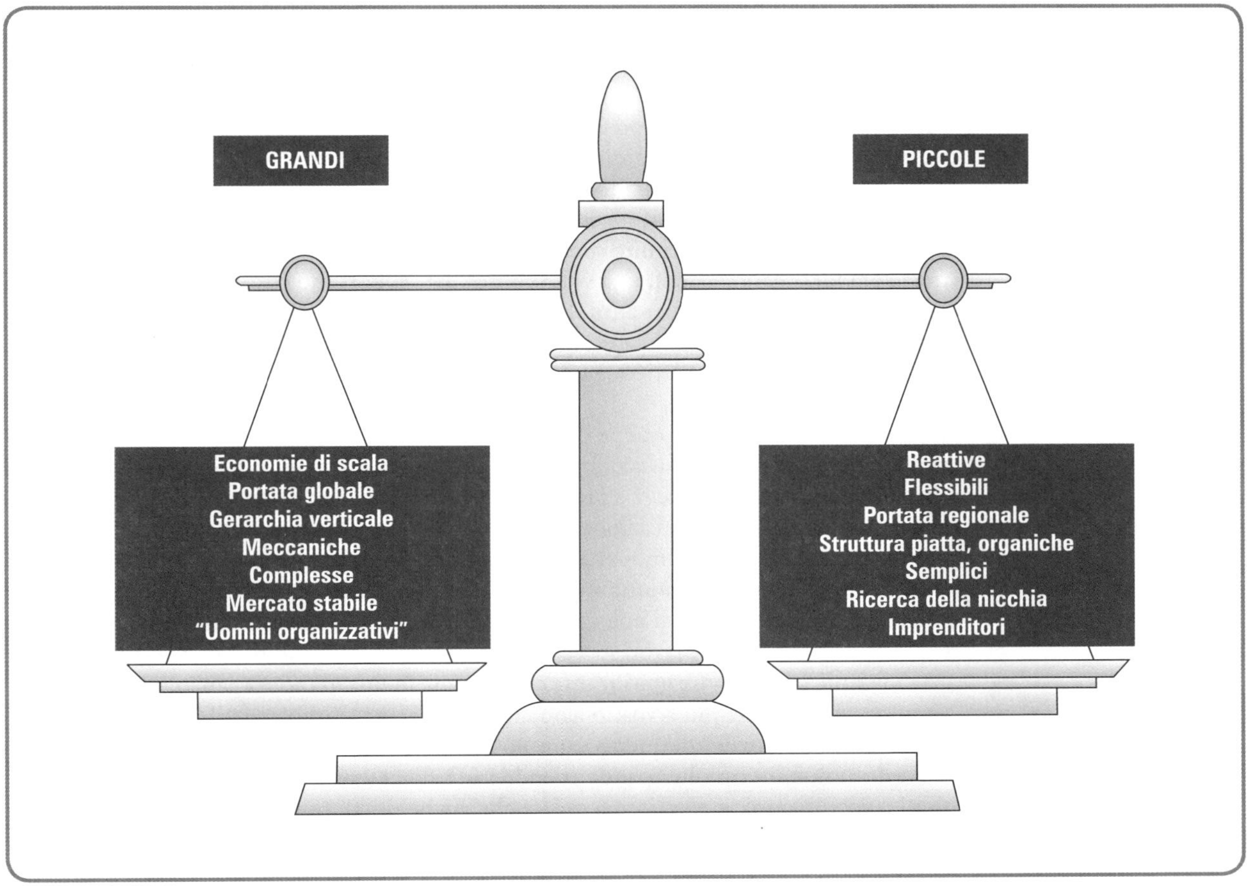

Figura 9.1
Differenze tra organizzazioni di grandi e piccole dimensioni
Fonte: basato su John A. Byrne, "Is Your Company Too Big?" *Business Week* (27 marzo 1989), 84-94.

Grande. Per molte organizzazioni sono necessarie enormi risorse ed economie di scala e di gamma per competere a livello globale. Solo grandi organizzazioni possono costruire l'imponente Keystone Pipeline, un oleodotto che dal Canada Occidentale scende lungo gli Stati Uniti. Solo una grande società come la General Electric può permettersi di costruire turbine eoliche super efficienti costituite da 8000 componenti diverse.[11] Soltanto un'organizzazione di grandi dimensioni come la Johnson & Johnson può investire centinaia di milioni in nuovi prodotti come lenti a contatto bifocali e cerotti per il controllo delle nascite che somministrano sostanze contraccettive attraverso la pelle. Le grandi organizzazioni, inoltre, sono riuscite a superare le congiunture economiche negative degli ultimi anni molto meglio rispetto alle piccole imprese, molte delle quali lottano ancora per la sopravvivenza o sono state estromesse dal mercato.[12] Da un recente studio su 99 paesi in via di sviluppo è emerso che le grandi aziende registravano una produttività sensibilmente maggiore rispetto alle piccole imprese. In particolare, la connessione fra dimensioni e produttività è particolarmente forte negli Stati Uniti in ragione delle economie di scala e di gamma.[13] Le grandi organizzazioni dispongono delle risorse necessarie per fornire maggiore sostegno sociale alle comunità all'interno delle quali sono inserite. Nel 2011, dopo il terremoto, lo tsunami e i danni alle centrali nucleari in Giappone, la compagnia assicurativa Aflac, che ricava una quota significativa dei suoi profitti nel paese, ha concesso ai clienti una dilazione di sei mesi per il pagamento dei premi assicurativi e ha donato aiuti per milioni di dollari.[14] Le grandi organizzazioni inoltre sono in grado di riprendere l'attività più rapidamente dopo un disastro, offrendo ai dipendenti e alle comunità locali un senso di sicurezza e protezione in un periodo di incertezze.

Le grandi aziende sono standardizzate, spesso complesse e funzionanti in maniera meccanicistica. La complessità genera centinaia di specializzazioni funzionali all'interno dell'organizzazione per eseguire compiti e realizzare prodotti a loro volta complessi. Inoltre, le grandi organizzazioni, una volta consolidatesi, possono costituire una presenza che rende stabile un mercato per anni. I manager possono entrare in azienda e aspettarsi una carriera simile a quella che era usuale negli anni Cinquanta e Sessanta. L'organizzazione può offrire longevità di carriera, aumenti e promozioni.

Piccolo. La tesi opposta sostiene che "piccolo è bello", basandosi sul fatto che i requisiti cruciali per il successo in un'economia globale sono la reattività e la flessibilità in mercati che cambiano rapidamente. Le piccole dimensioni possono offrire vantaggi significativi in termini di velocità di reazione ai cambiamenti dei bisogni del consumatore o alle mutevoli condizioni dell'ambiente e del mercato.[15] Inoltre, nelle piccole organizzazioni spesso i dipendenti profondono maggiore impegno nel lavoro perché l'ambiente facilita la sensazione di fare parte di una comunità. Di norma gli individui si occupano di diversi compiti, anziché svolgere lavori specializzati e circoscritti. Per molti, lavorare in una piccola azienda è più stimolante e gratificante che lavorare in una grande organizzazione. In quale contesto vi sentireste più a vostro agio come manager? Completate il test contenuto nel box "Profilo personale" di questo capitolo per scoprirlo.

Negli ultimi anni molte grandi aziende sono diventate ancora più grandi grazie a fusioni o acquisizioni, ma la ricerca indica che poche di tali fusioni raggiungono i livelli di performance attesi. Secondo studi condotti da imprese di consulenza come McKinsey & Company e Hay Group, tra gli altri, in caso di acquisizione circa il 20 per cento delle aziende mostra un successivo calo della performance; stando ad alcune stime, ben il 90 per cento delle fusioni e acquisizioni dura meno del previsto. Molti ricercatori e analisti concordano nell'affermare che, spesso, le grandi dimensioni non comportano necessariamente una migliore performance.[16] Consideriamo il caso di Pulte Group, la seconda azienda per dimensioni nel settore edilizio statunitense, che nel 2009 ha acquisito la Centex Corporation. Le sfide dell'integrazione tra le due aziende, assieme al rallentamento del mercato edilizio, hanno fatto colare a picco la redditività: dal perfezionamento dell'operazione alla metà del 2011, il gruppo ha perso milioni di dollari e ha registrato un solo trimestre redditizio.[17]

Nonostante le dimensioni di molte aziende aumentino, la vitalità economica degli Stati Uniti e della maggior parte del mondo sviluppato è legata alle aziende di piccole e medie

Profilo personale

Piccolo è bello oppure grande è meglio?

Le vostre preferenze lavorative si adattano meglio a un'organizzazione piccola o grande? Completate il seguente test scegliendo "Più sì che no" o viceversa per ciascuna affermazione.

	Più sì che no	Più no che sì
1. Considero la stabilità e la prevedibilità due caratteristiche positive dell'organizzazione per la quale lavoro.	____	____
2. Le regole sono fatte per essere infrante.	____	____
3. Gli anni di servizio dovrebbero essere un fattore determinantedegli incrementi retributivi e degli avanzamenti di carriera.	____	____
4. Generalmente preferisco lavorare su una serie di cose diverse anziché specializzarmi solo in pochi compiti.	____	____
5. Prima di accettare un lavoro, mi assicurerei che l'azienda offra dei benefici accessori soddisfacenti.	____	____
6. Preferirei lavorare in un team che prevede la condivisione della responsabilità anziché in un reparto con un unico manager quale riferimento.	____	____
7. Mi piacerebbe lavorare per un'azienda grande e ben conosciuta.	____	____
8. Preferirei guadagnare 90.000 dollari all'anno come vice presidente di una piccola azienda, anziché guadagnarne 100.000 come manager di livello intermedio in una grande azienda.	____	____

Punteggio: Assegnatevi un punto per ciascuna affermazione dispari alla quale avete risposto "Più sì che no" e un punto per ciascuna affermazione pari alla quale avete risposto "Più no che sì".

Interpretazione: Lavorare in una grande organizzazione è un'esperienza molto diversa dal lavorare in una piccola azienda. Le grandi organizzazioni sono ben consolidate, offrono benefici accessori soddisfacenti e si caratterizzano per stabilità, regole, mansioni ben definite e chiari riferimenti gerarchici. Le piccole organizzazioni talvolta devono lottare per la sopravvivenza e sono caratterizzate da un'atmosfera più entusiasta, con svolgimento simultaneo di più mansioni, rischio e condivisione delle responsabilità. Se avete totalizzato un punteggio pari o superiore a sei, una grande organizzazione potrebbe essere quello che fa per voi, mentre se il vostro punteggio è pari o inferiore a tre, l'ambiente migliore per voi potrebbe essere un'organizzazione piccola e meno strutturata.

Fonte: Tratto da *Hellriegel/Jackson/Slocum*. Managing, 11E. Copyright 2008 South-Western, di Cengage Learning, Inc. Riproduzione autorizzata. http://www.cengage.com/permissions.

dimensioni. Secondo l'agenzia governativa Small Business Administration, le piccole aziende rappresentano la metà circa dell'economia del settore privato e il 99 per cento di tutte le imprese statunitensi. Ai 27,9 milioni di piccole imprese negli Stati Uniti va attribuito oltre la metà del fatturato nazionale e il 55% di tutti i posti di lavoro.[18] Inoltre, le piccole imprese hanno generato il 64 per cento dei nuovi posti di lavoro creati fra il 1993 e il 2011, e il 67 per cento circa dall'ultima recessione (da metà 2009 al 2011).[19] Una forte percentuale degli esportatori è inoltre costituita da piccole aziende. La crescita di Internet e di altre tecnologie informatiche rende più semplice per le piccole aziende competere con le grandi. Il settore dei servizi in costante crescita contribuisce anch'esso alla diminuzione delle dimensioni organizzative medie, poiché molte aziende di servizi rimangono piccole per servire meglio i clienti.

Le piccole organizzazioni hanno una struttura piatta e uno stile di gestione organico e flessibile che incoraggia l'imprenditorialità e l'innovazione. I medicinali biotecnologici che oggi riscuotono maggior successo commerciale, per esempio, sono stati tutti scoperti da piccole società come la Gilead Sciences, che ha sviluppato i farmaci anti-retrovirali per curare l'HIV, piuttosto che da società farmaceutiche gigantesche come la Pfizer.[20] Inoltre, il coinvolgimento personale dei dipendenti all'interno delle aziende di piccole dimensioni stimola la motivazione e l'impegno, poiché i dipendenti si identificano personalmente l'uno con l'altro e con la missione dell'azienda. Sulla base di studi condotti su società primitive, sette religiose, organizzazioni militari e alcune attività economiche, l'antropologo Robin Dunbar ha suggerito che 150 sia il numero di membri ottimale per un gruppo di qualsiasi genere creato per raggiungere un obiettivo, come descritto nel Capitolo 7. Superate queste dimensioni, l'efficacia del gruppo svanisce per via della sovrabbondanza di regole, procedure e burocrazia che rallenta il lavoro e incide negativamente sul morale, l'entusiasmo e l'impegno del gruppo.[21]

Ibrido grande azienda/piccola azienda. Il paradosso è rappresentato dal fatto che i vantaggi delle piccole aziende a volte permettono loro di avere successo e, perciò, di diventare grandi. Le piccole aziende, tuttavia, possono diventare vittime del proprio successo nel momento in cui raggiungono grandi dimensioni, spostandosi verso una struttura meccanica che evidenzia le gerarchie verticali e produce burocrati piuttosto che imprenditori. Le aziende gigantesche sono "costruite per ottimizzare, non per innovare".[22] Le grandi aziende si impegnano nei prodotti e nelle tecnologie esistenti e incontrano difficoltà nel supportare le innovazioni per il futuro.

La soluzione sta in quella che Jack Welch, ex presidente e CEO della General Electric in pensione, chiama "ibrido grande azienda/piccola azienda", che unisce le risorse e il raggio d'azione di una grande azienda con la semplicità e la flessibilità di una piccola. Queste aziende contengono strutture e processi che consentono loro di essere al contempo adattabili ed efficienti. Ossia, utilizzano un *approccio ambidestro*, avvalendosi di strutture e processi appropriati sia alla creatività delle piccole aziende sia ai sistemi utilizzati dalle grandi aziende per sfruttare le innovazioni. Per esempio, una struttura sciolta e flessibile, e una maggiore libertà per i dipendenti rappresentano delle ottime condizioni per la creazione e l'avvio di idee; tuttavia, queste stesse condizioni rendono spesso difficile il cambiamento in quanto fanno aumentare la probabilità che i dipendenti si mostrino meno accondiscendenti. Con un approccio ambidestro, i manager promuovono la flessibilità e libertà per innovare e proporre nuove idee all'interno di alcune unità, ma utilizzano un approccio più rigido, centralizzato e standardizzato per attuare le innovazioni all'interno dell'organizzazione.[23] Per esempio, Mike Lawrie, amministratore delegato della londinese Misys, operante nel settore del software, ha creato un'unità separata per Misys Open Source Solutions, un'impresa finalizzata alla creazione di innovazioni di rottura in ambito sanitario. Lawrie voleva che i dipendenti più creativi avessero il tempo e le risorse necessarie per realizzare nuovi software per la condivisione di dati senza soluzione di continuità tra ospedali, medici, compagnie assicurative e altri attori del settore sanitario. L'implementazione delle nuove idee, per la quale routine e precisione sono importanti, avviene all'interno della più meccanica e tradizionale organizzazione.[24] La struttura divisionale, descritta nel Capitolo 3, è un altro dei modi in cui alcune organizzazioni di grandi dimensioni creano un ibrido grande azienda/piccola azienda. Ristrutturandosi in gruppi di piccole organizzazioni, enormi aziende come la Johnson & Johnson sono in grado di dotarsi dell'approccio mentale e dei vantaggi propri dell'essere piccoli. La Johnson & Johnson è in effetti un gruppo di 250 società separate che operano in 57 paesi.[25] Michael Dell sta cercando di riportare la sua organizzazione agli antichi splendori conferendo alle unità l'autonomia di agire come se fossero delle start-up.

IN PRATICA

Dell Inc.

Un tempo Dell era il maggiore produttore di PC al mondo; ora è il terzo, dopo Hewlett-Packard e Lenovo. Si trova inoltre a dover far fronte ad una dura competizione da parte di IBM, HP e Oracle nel mercato del corporate computing. Nel passaggio da azienda produttrice di PC ad "azienda fornitrice di soluzioni," il fondatore Michael Dell sta cercando di riportare la Dell alle sue radici imprenditoriali.

Dell si sta spostando in nuove aree come la cybersecurity e la progettazione e gestione di data center, lasciando che queste nuove unità operino in modo più autonomo. Forrest Norrod, responsabile dell'unità di progettazione dei data center, sostiene di avere il permesso di ignorare in parte l'"aiuto" proveniente dagli uffici centrali. Michael Dell afferma di volere che le unità agiscano in modo più creativo e meno burocratico, per cui sta utilizzando un approccio di non ingerenza. L'unità gestita da Norrod, infatti, si trova nel campus della Dell di Parmer South, a otto miglia dalla sede centrale. Quando è capitato che non si trovassero dei righelli per misurare gli armadi per server, sono state utilizzate delle banconote; un impiegato ha costruito uno speciale telaio nel suo garage; è stato utilizzato del nastro adesivo telato per collegare l'alimentazione. Per quanto questo possa non sembrare il modo migliore per gestire un colosso dell'informatica, Norrod e Michael Dell concordano che è così che va gestita una start-up imprenditoriale veloce e flessibile. Potrebbe essere la migliore opportunità per la Dell per superare i suoi più grandi rivali nella tecnologia.[26]

Anche altre aziende hanno trovato il modo di restare piccole pur essendo grandi: il gigante della distribuzione Lowe's, per esempio, utilizza i vantaggi delle grandi dimensioni in aree come la pubblicità, gli acquisti e il reperimento di capitali, ma al tempo stesso conferisce a ogni singolo negozio l'autonomia necessaria per servire i clienti come una piccola bottega di paese. Per evitare il problema dell'isolamento dei vertici dirigenziali, il gestore di fondi aperti Vanguard chiede a tutti, compreso l'amministratore delegato, di dedicare del tempo ogni mese a gestire telefonate e parlare direttamente ai clienti.[27] Le piccole aziende in fase di crescita possono utilizzare anche queste idee per aiutare le proprie organizzazioni a mantenere l'attenzione sulla flessibilità e sui clienti che hanno alimentato la loro crescita.

Ciclo di vita organizzativo

Un modo utile per pensare alla crescita e al cambiamento organizzativi è il concetto di **ciclo di vita** di un'organizzazione,[28] che ipotizza che le organizzazioni nascano, crescano e infine muoiano. La struttura dell'organizzazione, lo stile di leadership e i sistemi amministrativi seguono una dinamica abbastanza prevedibile attraverso gli stadi del ciclo di vita, che sono consecutivi e seguono una progressione naturale.

Stadi dello sviluppo del ciclo di vita

La ricerca sul ciclo di vita suggerisce che lo sviluppo organizzativo è caratterizzato da quattro stadi principali,[29] illustrati in Figura 9.2 insieme ai problemi associati al passaggio a ogni stadio successivo.

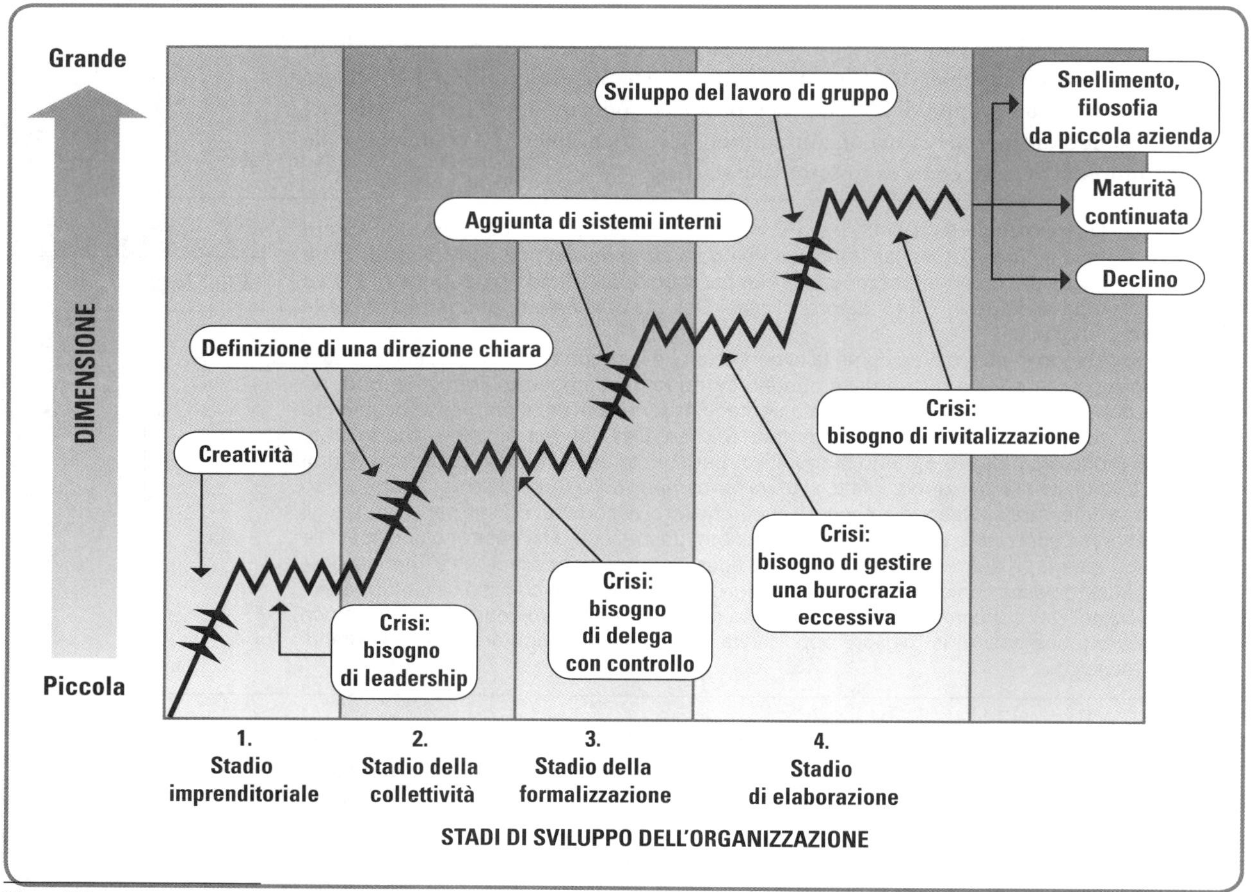

Figura 9.2
Ciclo di vita di un'organizzazione
Fonti: adattato da Robert E. Quinn, Kim Cameron, "Organizational Life Cycles and Shifting Criteria of Effectiveness: Some Preliminary Evidence", *Management Science* 29 (1983): 33-51; Larry E. Greiner, "Evolution and Revolution as Organizations Grow," *Harvard Business Review* 50 (July-August 1972), 37-46.

Definizioni. La crescita non è facile. Ogni volta che un'organizzazione entra in un nuovo stadio del suo ciclo di vita, fa ingresso in un gioco completamente nuovo, con un nuovo insieme di regole su come l'organizzazione stessa funziona internamente e su come si relaziona all'ambiente esterno.[30]

1. *Stadio imprenditoriale.* Quando un'organizzazione prende vita, l'enfasi viene posta sulla creazione di un prodotto o di un servizio e sulla sopravvivenza nel mercato. I fondatori sono imprenditori e dedicano le loro massime energie alle attività tecniche di produzione e di marketing. L'organizzazione è di carattere informale e non burocratico. Le ore di lavoro sono lunghe. Il controllo è basato sulla supervisione personale dei proprietari. La crescita avviene sulla base di un nuovo prodotto o servizio "creativi". Per esempio, nel 1998 Andrew Mason ha trasformato un sito web per l'azione sociale fallito nel fenomeno delle offerte giornaliere dal nome Groupon. Dennis Crowley e Naveen Selvadurai erano al tavolo della cucina di Crowley, nell'East Village di New York, quando hanno creato la prima versione di Foursquare, un'applicazione mobile che consente agli utenti di condividere con gli amici la loro posizione, salvare infor-

mazioni riguardanti luoghi da visitare e condividere consigli ed esperienze. Dopo il lancio nel 2009 a Austin (Texas), a gennaio 2014 Foursquare aveva 45 milioni di utenti in tutto il mondo. Crowley ha assunto il ruolo di amministratore delegato e continua a guidare personalmente l'azienda, che ora conta 140 dipendenti circa.[31]
La nascita di Foursquare ricorda quella della Apple (originariamente Apple Computer), che si trovava nello **stadio imprenditoriale** quando fu creata da Steve Jobs e Stephen Wozniak nel garage dei genitori di Wozniak nel 1976.
Crisi: bisogno di leadership. Man mano che l'organizzazione cresce, il maggiore numero di dipendenti determina l'insorgere di problemi. I proprietari, orientati alla tecnica e alla creatività, si trovano ad affrontare aspetti di gestione, ma può accadere che essi preferiscano concentrare le proprie energie sulla realizzazione e sulla commercializzazione del prodotto o sull'ideazione di nuovi prodotti e servizi. Al verificarsi di questo momento di crisi, gli imprenditori devono adattare la struttura dell'organizzazione per assecondare un processo continuo di crescita oppure introdurre nella struttura manager capaci in grado di svolgere al loro posto questo compito. Per esempio, quando un'apprezzata ingegnere della GitHub lasciò l'azienda a causa della cultura di vessazioni e mancato rispetto verso le donne, l'amministratore delegato Chris Wanstrath capì che all'azienda mancava un sistema per far fronte a questo tipo di problematiche, per cui assunse immediatamente un direttore delle risorse umane. Groupon ha registrato una crescita fenomenale, ma il fondatore Andrew Mason non sembrava interessato a gestire una grande azienda e ne fu estromesso nel 2013. "Considero Mason un visionario generatore di idee," ha affermato un analista. "Pochi sarebbero disposti a mettere in discussione quanto imponente fosse diventata l'organizzazione di Groupon. Tuttavia, a un certo punto, divenne il bambinone di Internet… non proprio pronto a prendere decisioni da adulto."[32]

2. *Stadio della collettività.* Se la crisi di leadership viene superata, il risultato che si ottiene è una leadership forte e l'inizio dello sviluppo di obiettivi e di una direzione chiari per l'organizzazione. Vengono stabilite le unità organizzative, insieme a una gerarchia di autorità, alla definizione dei compiti e a una prima divisione del lavoro. Nello **stadio della collettività**, i dipendenti si identificano nella missione dell'organizzazione e si dedicano a lungo a contribuire al successo organizzativo. I membri si sentono parte di un collettivo, e le attività di comunicazione e controllo sono prevalentemente a carattere informale, sebbene inizino a comparire alcuni sistemi formali. La Apple si trovava nello stadio della collettività durante gli anni di rapida crescita dal 1978 al 1981. Jobs rimase come CEO e leader visionario, nonostante A. C. Markkula fosse stato introdotto come amministratore delegato per assumersi gran parte delle responsabilità di gestione. Gli stessi dipendenti entrarono nel business, nel momento in cui venne realizzata la linea di prodotto principale e più di duemila rivenditori si resero disponibili per la distribuzione.
Crisi: bisogno di delega. Se il nuovo management ha operato con successo, i dipendenti dei livelli inferiori si troveranno gradualmente limitati dalla forte leadership esercitata dall'alto. I manager di livello inferiore inizieranno ad acquistare fiducia nelle proprie aree funzionali e vorranno un maggior grado di discrezionalità. Una crisi di autonomia si verifica quando i manager del vertice dell'organizzazione, che hanno operato con successo grazie alle loro forti caratteristiche di leadership e di visione, non intendono affidare ad altri le responsabilità di gestione. I top manager vogliono infatti assicurarsi che tutte le parti dell'organizzazione siano coordinate e collaborino

tra di loro. L'organizzazione ha invece bisogno di trovare meccanismi per controllare e coordinare le diverse unità senza la supervisione diretta del vertice. Per esempio, quando alla Diamond Wipes International è emerso che si commettevano gravi errori per via della scarsa comunicazione tra le unità, l'imprenditore di Taiwan Eve Yen ha assunto un general manager incaricato di coordinare il lavoro.[33]

confrontate la vostra opinione

1 Sarebbe bene che un imprenditore che fonda una impresa "a prato verde" continui a mantenere uno stretto controllo personale sulle attività gestionali una volta che l'azienda si sia sviluppata.

Risposta esatta: *In disaccordo.* In genere gli imprenditori amano usare la creatività per fabbricare e vendere nuovi prodotti o servizi. Molti continuano a mantenere uno stretto controllo personale troppo a lungo perché incontrano difficoltà nel passare il ruolo di direttore gestionale ad altre persone e nel disegnare e sviluppare le procedure e i sistemi che si rendono necessari man mano che l'azienda cresce. In gran parte dei casi, gli imprenditori di successo si affidano a manager competenti in modo che essi gestiscano l'organizzazione per riuscire a traghettarla verso il livello successivo di sviluppo.

3. *Stadio della formalizzazione.* Lo **stadio della formalizzazione** riguarda l'introduzione e l'utilizzo di regole, procedure e sistemi di controllo. In questa fase, la comunicazione è meno frequente e più formale e con tutta probabilità segue una linea gerarchica. Possono essere assunti ingegneri, specialisti di risorse umane e altre figure professionali. La direzione generale comincia a interessarsi di argomenti come la strategia e la pianificazione e lascia gli aspetti produttivi dell'azienda al middle management. Possono formarsi gruppi di prodotto o altre unità decentralizzate per migliorare il livello di coordinamento. Possono essere infine realizzati sistemi di incentivi basati sui profitti per assicurarsi che i manager perseguano ciò che è meglio per l'azienda nel suo complesso. Facebook si trova attualmente all'inizio dello stadio della formalizzazione. Il consiglio di amministrazione lavora con il fondatore e amministratore delegato Mark Zuckerberg e con il direttore operativo Sheryl Sandberg allo sviluppo di regole e procedure per guidare l'azienda e assicurarne la supervisione. Zuckerberg ha potere pressoché assoluto, ma Facebook ha raggiunto lo stadio in cui regole formali e sistemi di controllo sono necessari.[34] Quando sono gestiti in maniera efficace, i nuovi sistemi di coordinamento e controllo permettono all'organizzazione di continuare a crescere realizzando meccanismi di collegamento tra la direzione generale e le unità operative. Internet company come eBay e Amazon.com stanno attraversando lo stadio della formalizzazione del rispettivo ciclo di vita e i manager stanno mettendo a punto nuovi sistemi per la gestione di operazioni sempre più complesse.
Crisi: eccesso di burocrazia. A questo punto dello sviluppo dell'organizzazione, la proliferazione di sistemi e programmi può iniziare a soffocare i manager dei livelli intermedi. L'organizzazione appare burocratizzata. Il middle management può mal sopportare "intrusioni" da parte del personale di staff, e l'innovazione può anche risentirne e risultarne limitata. L'organizzazione sembra troppo grande e complessa per essere gestita attraverso programmi formali. Google attualmente sta attraversando una crisi: Larry Page, uno dei fondatori, è tornato al timone dell'azienda per cercare di ridurre la burocrazia e infondere un nuovo spirito imprenditoriale.

4. *Stadio di elaborazione.* La soluzione alla crisi da burocrazia consiste in un nuovo senso di collaborazione e di lavoro di squadra: all'interno di tutta l'organizzazione i manager spingono allo sviluppo di capacità utili ad affrontare i problemi e lavorare insieme. La burocrazia può aver raggiunto il suo limite; il controllo sociale e l'autodisciplina riducono la necessità di ulteriori controlli formali, e i manager imparano a lavorare all'interno della burocrazia senza doverla accrescere ulteriormente. I sistemi formali possono essere semplificati e sostituiti da gruppi di manager e task force. Per ottenere la collaborazione necessaria, i gruppi sono spesso trasversali alle funzioni o divisioni dell'azienda. L'organizzazione può anche essere scomposta in più divisioni per mantenere una filosofia da piccola azienda. La Apple si trova attualmente nello **stadio di elaborazione** del suo ciclo di vita, così come lo sono grandi aziende come la Toyota, la General Electric, la Caterpillar e la Southwest Airlines di cui si è parlato nell'esempio di apertura del capitolo.
Crisi: bisogno di rivitalizzazione. Dopo che l'organizzazione ha raggiunto la maturità, può entrare in periodi di temporaneo declino.[35] La necessità di un rinnovamento si può manifestare con cadenze che vanno dai dieci ai venti anni. L'organizzazione si disallinea rispetto all'ambiente o magari diventa lenta e troppo burocratizzata e deve passare attraverso uno stadio di snellimento e innovazione. Durante questo periodo vengono spesso sostituiti i manager al vertice. Alla Apple il timone di comando è passato di mano in mano diverse volte durante la lotta dell'azienda per il rinnovamento negli anni fra il 1985 e il 1997. Con l'aggravamento dei problemi dell'azienda, anche gli amministratori delegati John Sculley, Michael Spindler e Gilbert Amelio sono stati a turno esonerati dal consiglio d'amministrazione. Alla metà del 1997 Steve Jobs tornò a gestire l'azienda che egli stesso aveva fondato quasi 25 anni prima. Jobs ha riorganizzato rapidamente l'azienda, estirpato le inefficienze e rifocalizzato la Apple sui prodotti innovativi per il mercato *consumer.* Jobs ha spinto l'azienda verso una direzione totalmente nuova con il sistema musicale iPod e con l'iPhone. Le vendite e i profitti hanno iniziato a decollare, aprendo una lunga fase di successo.[36] Negli anni trascorsi lontano dalla Apple, Jobs aveva acquisito abilità di gestione ed esperienza, ma è stato sufficientemente lungimirante da coinvolgere anche altri manager molto dotati. Per esempio, Timothy D. Cook, assunto da Jobs nel 1998, è stato descritto come "la storia dietro la storia" e per lungo tempo ha gestito l'operatività quotidiana mentre Jobs deteneva il ruolo di leader visionario. Cook ha riassunto il ruolo di amministratore delegato verso la metà del 2011, dopo le dimissioni di Jobs per motivi di salute.[37] La Apple continua ad avere successo, ma continuerà a dover fare i conti con gli stessi problemi di tutte le organizzazione mature, che devono passare attraverso rivitalizzazioni periodiche; altrimenti sono destinate al declino, come mostrato nell'ultimo stadio rappresentato in Figura 9.2.

Riepilogo. L'84 per cento delle imprese che superano il primo anno di vita falliscono nel giro di cinque anni a causa dell'incapacità di effettuare la transizione dallo stadio imprenditoriale a quello successivo.[38] La transizione diventa ancor più difficile man mano che le organizzazioni progrediscono attraverso i successivi stadi del ciclo di vita. Le organizzazioni che non risolvono con successo i problemi associati a queste transizioni sono limitate nella loro crescita e possono anche fallire. Viste dall'interno di un'organizzazione, le crisi relative al ciclo di vita assumono una rilevanza molto concreta. Larry Page sta cercando di risolvere la crisi determinata dall'eccesso di burocrazia presso Google.

IN PRATICA

Google

Il ciclo di vita delle aziende tecnologiche diventa sempre più breve e, per restare competitive, organizzazioni come Facebook, Netflix e Google devono riuscire ad attraversarne gli stadi rapidamente e con successo. È difficile credere che Google fu fondata nel 1998, e ancora più difficile credere che abbia raggiunto lo stadio dell'eccessiva burocratizzazione. L'azienda ha solo 19 anni, ma in anni tecnologici è praticamente anziana.

Larry Page, uno dei cofondatori di quello che probabilmente è il più conosciuto sito di ricerca su Internet, ha il compito di far superare a Google la sua crisi di mezza età e di creare le condizioni perché operi di nuovo come una giovane start-up di successo. Ha rimodellato la squadra dei top leader, selezionando attentamente le persone incaricate della gestione e imponendo loro di passare parte della loro giornata lavorativa seduti in un open space con delle scrivanie al quarto piano del Building 1900 all'interno del Googleplex. L'idea l'ha mutuata dall'ex sindaco di New York, Michael Bloomberg: è un modo per far stare tutti assieme per un certo numero di ore e velocizzare il processo decisionale. Page ha anche cancellato molti prodotti e riorganizzato l'azienda in sette unità per concentrarsi su quelle più promettenti, collegando i bonus di fine anno al successo complessivo delle loro iniziative. Se in passato una decisione richiedeva l'intervento dello stesso Page, del cofondatore Sergey Brin e del presidente esecutivo Eric Schmidt, ora Page vuole che siano rapide, anche se non perfette. Costringe i manager a comporre le liti di persona, come avviene nelle realtà imprenditoriali di dimensioni inferiori, piuttosto che via e-mail.[39]

Caratteristiche organizzative e ciclo di vita

Man mano che le organizzazioni si evolvono attraverso i quattro stadi del ciclo di vita, si verificano dei cambiamenti che riguardano struttura, sistemi di controllo, innovazione e obiettivi. Le caratteristiche organizzative associate a ogni stadio sono riassunte in Figura 9.3.

Stadio imprenditoriale. Inizialmente, l'organizzazione è di piccole dimensioni, non burocratica e il suo destino dipende sostanzialmente da un'unica persona. Il manager al vertice fornisce la struttura e il sistema di controllo. L'energia organizzativa è dedicata alla sopravvivenza e alla produzione di un singolo prodotto o servizio.

Stadio della collettività. Questo stadio costituisce il periodo di giovinezza dell'organizzazione. La crescita è rapida e i dipendenti sono entusiasti e impegnati nel soddisfare la missione organizzativa. La struttura è ancora prevalentemente informale, anche se emergono alcune procedure. Forti leader carismatici forniscono all'organizzazione direzione e obiettivi. L'obiettivo principale è la crescita continua.

Stadio della formalizzazione. Con questo stadio l'organizzazione entra nella sua fase di "mezza età". Emergono le caratteristiche burocratiche. L'organizzazione aggiunge gruppi di supporto in staff, formalizza procedure e stabilisce una gerarchia e una divisione del lavoro chiare. Nello stadio della formalizzazione le organizzazioni possono anche sviluppare prodotti complementari per offrire una linea di prodotti completa. L'innovazione può essere ottenuta istituendo un'unità di ricerca e sviluppo separata. Gli obiettivi principali sono la stabilità interna e l'espansione nel mercato. Il top management deve delegare, ma al tempo stesso realizza sistemi di controllo formali.

Stadio di elaborazione. L'organizzazione matura è grande e burocratica, con sistemi di controllo articolati, regole e procedure. I manager dell'organizzazione cercano di sviluppare un orientamento al gruppo all'interno della burocrazia per evitare un ulteriore sviluppo della burocrazia stessa. I manager al vertice si impegnano nella realizzazione di tutti gli aspetti di un'organizzazione. Lo status e la reputazione organizzativi assumono un ruolo importante. L'innovazione è istituzionalizzata attraverso un'unità dedicata alla ricerca e sviluppo. Il management può infine attaccare la burocrazia e snellirla.

Riepilogo. Le organizzazioni che attraversano un processo di crescita si muovono da uno stadio all'altro di un ciclo di vita e a ogni stadio sono associate specifiche caratteristiche relativamente a struttura, sistemi di controllo, obiettivi e innovazione. Il fenomeno del ciclo di vita è un concetto potente che viene utilizzato per comprendere i problemi che le organizzazioni affrontano e come i manager possano rispondere a essi in modo positivo per far passare un'organizzazione allo stadio successivo.

Figura 9.3
Caratteristiche dell'organizzazione durante i quattro stadi del ciclo di vita

	1. Imprenditoriale	2. Collettività	3. Formalizzazione	4. Elaborazione
Caratteristica	**Non burocratica**	**Pre-burocratica**	**Burocratica**	**Molto burocratica**
Struttura	Informale, dipendente da un singolo	Prevalentemente informale, qualche procedura	Procedure formali, divisione del lavoro, aggiunta di specializzazioni	Lavoro di gruppo all'interno di un contesto burocratico, approccio da piccola azienda
Prodotti o servizi	Singolo, prodotto o servizio	Prodotto o servizio principale con varianti	Linea di prodotti o servizi	Molteplici linee di prodotto o servizio
Sistemi di ricompensa e di controllo	Personali, paternalistici	Personali, contributo al successo	Impersonali, sistemi formalizzati	Diffusi, personalizzati rispetto a prodotti e unità organizzative
Innovazione	Da parte del proprietario-manager	Da parte di dipendenti e manager	Da parte di gruppi sperati dedicati all'innovazione	Da parte di un centro ricerca e sviluppo istituzionalizzato
Obiettivi	Sopravvivenza	Crescita	Stabilità interna, espansione nel mercato	Reputazione, completare l'organizzazione
Stile adottato dal top management	Individualistico, imprenditoriale	Carismatico, capace di fornire una direzione	Delega e controllo	Orientamento al gruppo, "attacco" alla burocrazia

Fonti: adattato da Larry E. Greiner, "Evolution and Revolution as Organizations Grow," *Harvard Business Review* 50 (luglio-agosto 1972): 37-46; G.L. Lippitt, W.H. Schmidt, "Crises in a Developing Organization," *Harvard Business Review* 45 (novembre-dicembre 1967): 102-12; B.R. Scott, "The Industrial State: Old Myths and New Realities, " *Harvard Business Review* 51 (marzo-aprile 1973): 133-48; Robert E. Quinn, Kim Cameron; "Organizational Life Cycles and Shifting Criteria of Effectiveness," *Management Science* 29 (1983), 33-51.

Dimensioni organizzative, burocrazia e controllo

Quando le organizzazioni percorrono tutto il ciclo di vita, tendono ad assumere solitamente caratteristiche burocratiche via via che diventano più grandi e complesse. Lo studio sistematico della burocrazia venne iniziato da Max Weber, uno dei padri fondatori della sociologia, che analizzò le organizzazioni governative europee per sviluppare un modello delle caratteristiche amministrative che avrebbero reso le "grandi organizzazioni razionali ed efficienti.[40] Weber voleva comprendere come le organizzazioni potevano essere meglio progettate allo scopo di avere un ruolo positivo nella società.

Che cos'è la burocrazia?

Sebbene Weber percepisse la **burocrazia** come una minaccia nei confronti delle fondamentali libertà personali, la riconobbe anche come il sistema più efficiente possibile per organizzarsi. Egli predisse il trionfo della burocrazia, dovuto alla sua capacità di assicurare un funzionamento più efficiente delle organizzazioni sia in contesti economici e commerciali sia in contesti di pubblica utilità. Weber identificò un insieme di caratteristiche organizzative, elencate in Figura 9.4, che potevano essere rintracciate nelle organizzazioni burocratiche di successo.

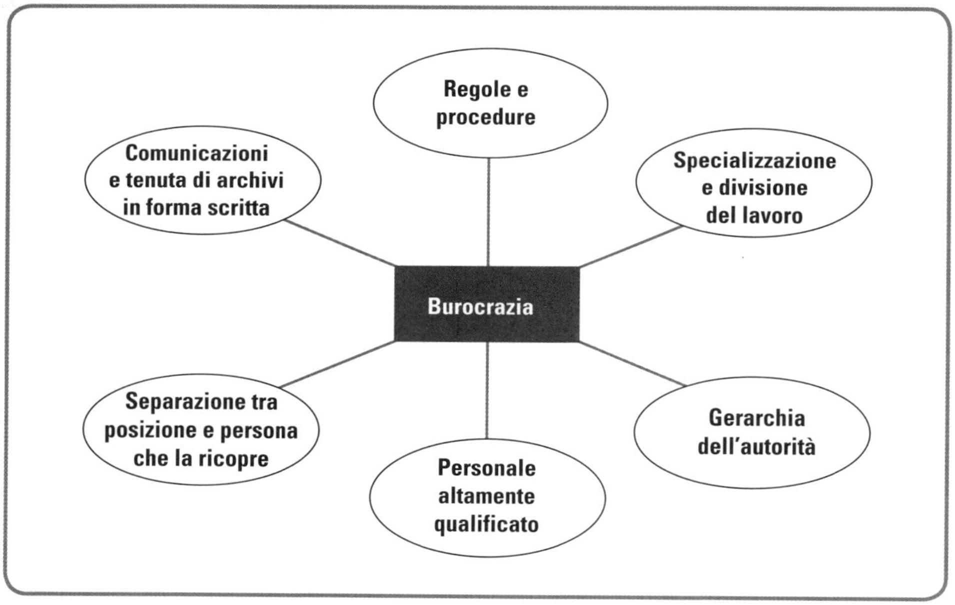

Figura 9.4
Dimensioni della burocrazia secondo Weber

Regole e procedure standard permettevano di eseguire le attività organizzative in modo prevedibile e routinario. L'introduzione di compiti specializzati comportava il fatto che a ogni dipendente venisse assegnato un compito chiaro da eseguire. La gerarchia forniva un meccanismo ragionevole per la supervisione e il controllo, e il criterio in base al quale le persone venivano assunte era la competenza tecnica, anziché le amicizie, i legami familiari e i favoritismi. La separazione tra la posizione e il titolare della stessa significava che gli individui non vantavano una proprietà o un diritto intrinseco relativamente al proprio lavoro, promuovendo così una maggiore efficienza. La tenuta di archivi scritti forniva infine una forma di memoria e continuità organizzativa nel tempo.

Anche se le caratteristiche burocratiche portate all'estremo sono oggi ampiamente criticate, il controllo razionale introdotto da Weber rappresenta un'idea rilevante e una forma di organizzazione nuova. La burocrazia ha portato molti vantaggi rispetto alle forme di organizzazione precedenti, basate su favoritismi, posizione sociale, legami di parentela o corruzione. Per esempio, da un'indagine sulla Banca di Kabul è emersa un'enorme frode che ha portato al collasso della più grande istituzione finanziaria dell'Afghanistan. I funzionari della banca e i loro amici e parenti si sono appropriati di 861 milioni di dollari in prestiti fraudolenti; in alcuni casi, questi venivano contratti per estinguere prestiti precedenti. I documenti e i bilanci di esercizio dell'azienda sono stati falsificati e in alcuni casi il denaro è stato fatto uscire illegalmente dal paese sui vassoi per alimenti di una compagnia aerea.[41] Pensiamo alla situazione in molti paesi latino-americani, dove corruzione e nepotismo dilagano all'interno di enti governativi e attività economiche. In Brasile, per esempio, alcuni funzionari statali sono stati accusati di corrompere i legislatori per ottenerne l'appoggio, di favorire appaltatori che finanziavano illegalmente le loro campagne elettorali e di utilizzare la propria influenza per ottenere lavori e favoritismi per i membri delle loro famiglie.[42] La tradizione di assegnare i posti pubblici ai parenti è diffusa in paesi come la Cina; la classe di persone istruite ora emergente non ama vedere i posti migliori presi dai figli e parenti dei funzionari.[43] Anche gli Stati Uniti non sono immuni dalla corruzione, come messo in luce dal recente caso del governatore dell'Illinois Rod Blagojevich, accusato di comportamenti immorali e di aver cercato di mettere in vendita il seggio del Senato lasciato libero dal presidente Barack Obama.[37] Rispetto alle situazioni illustrate in questi esempi, la forma logica e razionale descritta da Weber permette di svolgere il lavoro più efficientemente e secondo regole codificate.

Una ricerca sui risultati di quaranta anni di studi empirici in ambito organizzativo confermano l'attualità "sempre verde" del modello di burocrazia di Weber, dimostrando che esistono relazioni positive tra elementi quali la specializzazione, la formalizzazione e la standardizzazione, come mostrato in Figura 9.4.[44] Le caratteristiche burocratiche possono avere un impatto positivo su molte aziende di grandi dimensioni. Si consideri per esempio l'UPS, a oggi una delle grandi organizzazioni più efficienti.

IN PRATICA

United Parcel Service

La United Parcel Service, a volte chiamata *Big Brown* per il colore marrone dei camion e delle uniformi dei dipendenti che consegnano i pacchi, è il più grande corriere espresso del mondo: consegna oltre 15 milioni di pacchi ogni giorno lavorativo ed è leader mondiale nei servizi logistici, informativi e di supply chain. L'azienda opera in oltre 200 paesi e territori in tutto il mondo. Come ha fatto l'UPS a ottenere tale successo? Molte efficienze sono state realizzate grazie all'adozione del modello organizzativo burocratico. L'UPS opera seguendo un mucchio di regole e regolamenti. Essa impartisce agli autisti addirittura 340 precise indicazioni per consegnare correttamente un pacco: come scendere dal furgone, come camminare (in modo spedito, ma senza correre) e come portare le chiavi. Vengono applicati severi codici di abbigliamento: uniformi marroni pulite ogni giorno, calzature nere o marroni lustre con suole antiscivolo, nessuna camicia sbottonata oltre il primo bottone, niente capelli lunghi oltre il colletto della camicia, niente barba, niente tatuaggi in vista durante le consegne, e così via. Prima di ogni turno, gli autisti eseguono una "Z scan", un'ispezione a Z delle fiancate e della parte frontale dei loro veicoli. Vi sono regole di sicurezza per gli autisti, i caricatori, gli impiegati e i manager. Ai dipendenti è richiesto di sgomberare la scrivania alla fine di ogni giornata in modo da iniziare il lavoro su un tavolo pulito ogni mattina. Ai manager sono distribuite copie dei libri delle politiche aziendali con l'aspettativa che li consultino regolarmente, e ogni giorno circolano centinaia di promemoria su varie politiche e regole aziendali. Nonostante le rigide regole e le numerose politiche, i dipendenti sono soddisfatti e l'UPS ha un alto tasso di stabilità dei dipendenti (tasso di ritenzione). I dipendenti sono trattati bene e retribuiti bene, e l'azienda ha mantenuto un senso di eguaglianza e lealtà. Ciascuno è chiamato per nome. Il manuale delle politiche aziendali afferma: "Un leader non deve ricordare agli altri la sua autorità ricorrendo a un titolo. La conoscenza, la performance e le capacità dovrebbero essere prove sufficienti della posizione e della leadership." La qualifica tecnica e non il favoritismo è il criterio di assunzione e promozione. Gli alti dirigenti hanno iniziato dalla gavetta; il precedente amministratore delegato James Kelly ha iniziato la sua carriera come autista interinale per il periodo di lavoro intenso delle vacanze. L'enfasi sull'eguaglianza, la lealtà e la mentalità di "promozione dall'interno" infondono un senso di fedeltà e impegno a tutti i livelli dell'organizzazione.[45]

L'esempio dell'UPS mostra come gli elementi burocratici aumentino con le dimensioni organizzative. L'UPS è talmente produttiva e affidabile da dominare il mercato della consegna dei piccoli pacchi. Mano a mano che si espande e si trasforma in un business di logistica globale basato sulla conoscenza, è probabile che i manager dell'UPS debbano trovare dei metodi efficaci per ridurre la burocrazia. Le nuove tecnologie e i nuovi servizi avanzano maggiori richieste ai lavoratori, che dovranno avere più flessibilità e autonomia per raggiungere una buona performance. Osserviamo ora alcune influenze specifiche delle dimensioni organizzative sulla struttura e il controllo dell'organizzazione.

Dimensione e controllo strutturale

Nel campo della teoria organizzativa, la dimensione di un'organizzazione è stata descritta come una variabile contingente importante che influisce sulla progettazione strutturale e sui metodi di controllo. Un'organizzazione che diventa più grande dovrebbe diventare anche più burocratica? Per quali dimensioni organizzative le caratteristiche burocratiche risultano maggiormente appropriate? Numerosissimi studi hanno tentato di rispondere a queste domande.[46] La maggior parte di tali lavori indica che le grandi organizzazioni sono diverse dalle piccole organizzazioni relativamente a vari indicatori di struttura burocratica, compresa la formalizzazione, la centralizzazione e gli indicatori del personale.

Formalizzazione e centralizzazione. La **formalizzazione**, come descritto nel Capitolo 1, riguarda regole, procedure e documentazione scritta, come manuali di politiche aziendali e descrizioni della posizione (*job description*), che illustrano diritti e doveri dei dipendenti.[47] I dati corroborano l'ipotesi che le grandi organizzazioni sono maggiormente formalizzate, come l'UPS; la ragione è che esse fanno affidamento su regole, procedure e attività amministrative per ottenere la standardizzazione e il controllo nei confronti di grandi numeri di dipendenti e di unità organizzative, mentre i top manager possono utilizzare la propria capacità di osservazione personale per controllare un'organizzazione di piccole dimensioni.[48] Per esempio, un piccolo bar di una cittadina non ha bisogno di manuali, politiche e procedure dettagliati analoghi a quelli utilizzati da Starbucks per standardizzare e controllare le attività in tutto il mondo.

La **centralizzazione** riguarda il livello gerarchico che ha l'autorità per prendere decisioni. Nelle organizzazioni centralizzate le decisioni tendono a essere prese al vertice, nelle organizzazioni decentrate decisioni simili sarebbero prese invece a un livello inferiore.

Il decentramento rappresenta un paradosso, perché, nella perfetta burocrazia, tutte le decisioni sarebbero prese dall'amministratore che occupa il posto più alto nella gerarchia, che avrebbe così un controllo assoluto. Tuttavia, man mano che un'organizzazione raggiunge dimensioni più elevate e un maggior numero di persone e unità, tutte le decisioni non possono essere inoltrate al vertice, perché il livello dei senior manager diventerebbe presto sovraccarico e si ingolferebbe. Così, la ricerca sulle dimensioni organizzative segnala il fatto che le organizzazioni di maggiori dimensioni debbono essere contraddistinte da un più alto grado di decentramento.[49] In piccole organizzazioni start-up, invece, il fondatore o il direttore possono essere efficacemente coinvolti in ogni decisione, piccola o grande.

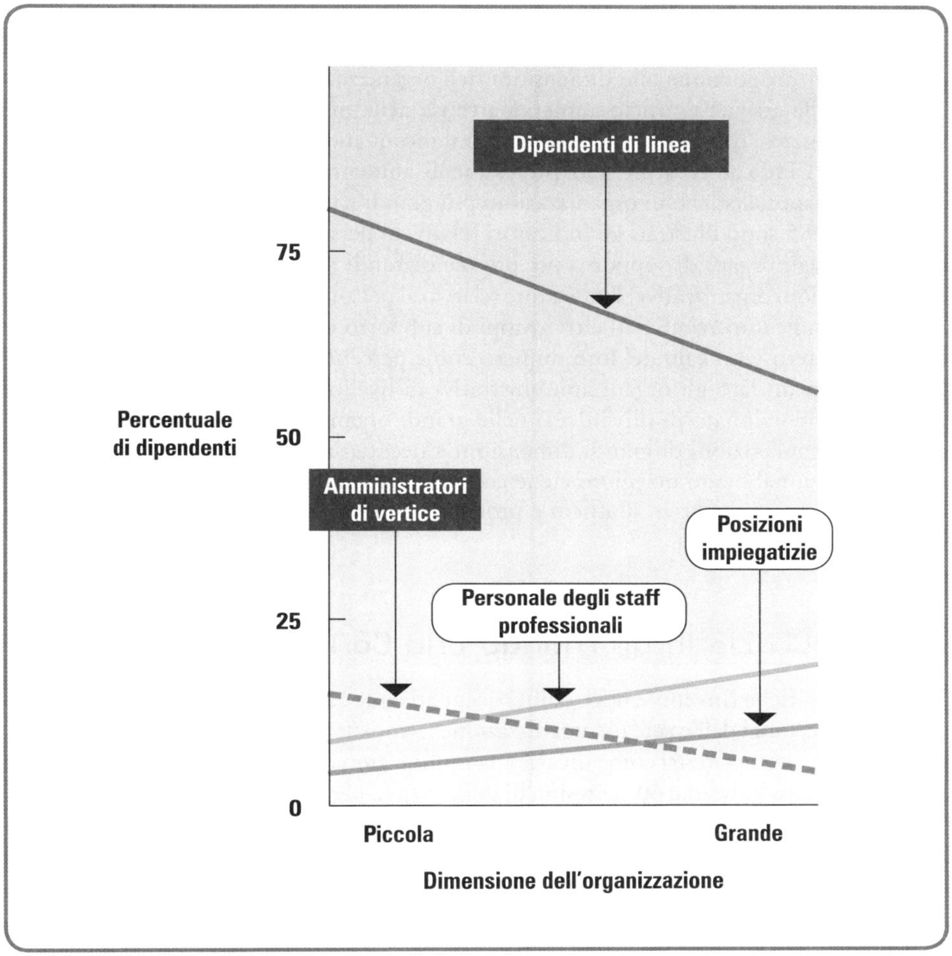

Figura 9.5
Percentuale del personale allocata ad attività amministrative e di supporto

Indicatori del personale. Un'altra caratteristica della burocrazia è rappresentata dagli **indicatori del personale** per gli staff di supporto amministrativo, d'ufficio e professionali; l'indicatore più frequentemente studiato è quello amministrativo.[50] Dalle analisi emergono due linee di tendenza: la prima è che il rapporto tra personale amministrativo di livello superiore e totale dei dipendenti è di solito più piccolo nelle grandi organizzazioni,[51] il che indica che le organizzazioni sperimentano economie amministrative man mano che raggiungono maggiori dimensioni. Tuttavia, da recenti studi su grandi college e università è emerso che in alcuni di essi il numero degli amministrativi è cresciuto di otto-dieci volte nell'ultimo decennio rispetto al corpo docente. Secondo il Dipartimento dell'Istruzione statunitense il numero di dipendenti assunti dagli istituti di istruzione superiore per gestire e amministrare persone, programmi e regolamenti è cresciuto del 50 per cento più rapidamente rispetto al numero di docenti fra il 2001 e il 2011.[52] A causa delle differenze nel modo in cui le varie istituzioni classificano il personale, tuttavia, **è possibile che** alcuni di questi dipendenti facciano in realtà parte dello staff di supporto d'ufficio e professionale piuttosto che del personale amministrativo. La seconda riguarda gli indicatori degli staff di supporto d'ufficio e professionali:[53] questi gruppi tendono ad *aumentare* in proporzione alle dimensioni dell'organizzazione. L'indicatore riguardante gli addetti alle attività d'ufficio aumenta a causa della maggiore comunicazione e delle maggiori esigenze di reporting che si manifestano quando le organizzazioni diventano più grandi. L'indicatore degli staff professionali aumenta per l'aumentata necessità di competenze specialistiche in organizzazioni più grandi e più complesse.

In Figura 9.5 sono illustrati gli indicatori relativi al personale amministrativo di livello superiore e agli organi di supporto per piccole e grandi organizzazioni. Con l'aumento delle dimensioni organizzative, l'indicatore relativo al personale amministrativo diminuisce, mentre gli indicatori relativi ad altri gruppi di supporto crescono.[54] L'effetto netto per i lavoratori diretti è un calo del loro numero come percentuale del totale dei dipendenti. In sintesi, da un lato gli organi amministrativi di livello superiore non presentano un numero sproporzionato di dipendenti nelle grandi organizzazioni, dall'altro il concetto che nelle organizzazioni di grandi dimensioni è necessaria una quota di lavoratori indiretti proporzionalmente maggiore viene confermato. Mantenere bassi i costi degli staff di supporto amministrativi, d'ufficio e professionali rappresenta una sfida continua per le grandi organizzazioni.

La burocrazia in un mondo che cambia

Le prove empiriche rinvenute negli edifici occupati dalle cellule terroristiche suggeriscono che "al-Qaida, lungi dall'essere un'organizzazione terroristica poco affidabile e frammentata, sta provando a comportarsi come un'azienda multinazionale." I gruppi documentano con precisione le loro spese, dai 60 centesimi di dollaro spesi per un pasticcino ai 330 dollari per 3300 cariche di munizioni. La stretta burocrazia, sostiene un esperto, ha aiutato al-Qaida non solo a resistere, ma anche a diffondersi. "Dispongono di pochi modi per mantenere il controllo... Devono gestirla come un'azienda."[55] Persino al-Qaida, quindi, trae vantaggio dall'utilizzo dei principi burocratici per mantenere l'ordine.

La predizione di Weber sul trionfo della burocrazia si è rivelata esatta. Le caratteristiche burocratiche presentano molti vantaggi e hanno funzionato estremamente bene per molte delle necessità dell'era industriale.[56] Istituendo una gerarchia di autorità e specifiche regole e procedure, la burocrazia fornisce un modo efficace per portare ordine all'interno di grandi gruppi di persone e ridurre al minimo gli abusi di potere. La burocrazia consente di avvalersi di modi sistematici e razionali per organizzare e gestire compiti troppo complessi per essere compresi e gestiti da un ristretto numero di persone, migliorando così di molto l'efficienza e l'efficacia all'interno delle grandi organizzazioni. I rapporti impersonali basati sui ruoli anziché sulle persone hanno anche ridotto il favoritismo e il nepotismo caratteristici di molte organizzazioni preindustriali.

Tuttavia, il sistema burocratico meccanicistico dell'età industriale non funziona sempre altrettanto bene nel momento in cui le organizzazioni affrontano nuove sfide e devono approntare risposte rapide. La burocrazia del Vaticano, per esempio, è stata ritenuta colpevole dell'incapacità da parte della Chiesa Cattolica di rispondere ai suoi membri e di meglio servirli. Papa Francesco è solo l'ultimo dei papi che hanno tentato per decenni – fino a ora fallendo – di cambiare il Vaticano. "Invece di essere tu a trasformare la struttura, è la struttura a trasformare te," ha affermato un ex generale di un ordine religioso della

Chiesa Cattolica Romana. La comunicazione fra i vari settori è a passo di lumaca; alcuni funzionari del Vaticano oggi utilizzano Twitter, ma le risposte sono comunque lente ad arrivare. Un funzionario ha affermato: "Qui i meccanismi sono finalizzati a evitare che chiunque possieda una buona idea possa portarla avanti."[57]

Le aziende presentano lo stesso problema. Consideriamo la Microsoft, che, a detta di alcuni attuali ed ex dipendenti, negli ultimi anni è diventata lenta e costretta da una pesante burocrazia: quasi tutte le operazioni significative necessitano la firma di un rappresentante legale e ottenere l'approvazione anche per azioni di routine potrebbe richiedere settimane. Un dipendente ha lasciato l'azienda perché era stanco di essere inondato di scartoffie: "la questione più insignificante si trasforma in un incubo da un migliaio di e-mail."[58] I manager sono alla ricerca di strategie volte a ridimensionare la burocrazia, di modo che i dipendenti possano dedicarsi alle proprie mansioni con più efficacia, aiutando l'azienda a rimanere competitiva. Analogamente, molte organizzazioni avvertono l'esigenza di ridurre la formalizzazione e la burocrazia.

I problemi causati da una eccessiva burocratizzazione sono evidenti nelle inefficienze di alcune grandi organizzazioni governative statunitensi. In risposta alla richiesta del Presidente Obama di tagliare il budget di 100 milioni di dollari, lo U.S. Office of Thrift Supervision (una divisione del Dipartimento del Tesoro) ha individuato linee telefoniche inutilizzate che costavano 320.000 dollari all'anno.[59] Secondo i risultati di uno studio recente, esistono in media diciotto livelli di management tra la dirigenza e la base all'interno di gran parte delle agenzie federali, per esempio tra il Segretario per l'agricoltura e una guardia forestale, oppure tra il Segretario degli interni e un addetto incaricato di ispezionare le piattaforme petrolifere.[60] Alcune agenzie hanno un numero talmente elevato di membri dello staff e titoli di posizioni talmente simili che nessuno è veramente sicuro di chi faccia che cosa. Richard Cavanagh, un tempo aiutante del Presidente Jimmy Carter, riferisce il suo titolo federale preferito: "assistente amministrativo del vice-amministratore per l'amministrazione dell'Amministrazione dei Servizi Generali".[61] Alcuni critici hanno biasimato la burocrazia federale per i fallimenti nell'attività di intelligence, nella comunicazione e nelle assunzioni di responsabilità rispetto agli attacchi terroristici del 2001, al disastro dello shuttle Columbia, agli abusi perpetrati nella prigione di Abu Ghraib e alla insufficiente risposta alle devastazioni causate dal disastro della Deepwater Horizon nel 2010 e dall'uragano Sandy del 2012. "Ogniqualvolta viene aggiunto uno strato di burocrazia, si rallenta il percorso delle informazioni verso l'alto lungo la catena di comando; al tempo stesso le informazioni si diluiscono, perché a ogni passo vengono persi alcuni dettagli", ha affermato Richard A. Posner, giudice della corte di appello federale, autore di un volume sulla riforma dei servizi segreti.[62] Anche nel modo delle imprese molte organizzazioni avvertono l'esigenza di ridurre la formalizzazione e la burocrazia. Le descrizioni di posizione definite in maniera molto precisa e l'eccesso di regole, per esempio, tendono a limitare la creatività, la flessibilità e le rapidità di risposta necessarie nelle attuali organizzazioni basate sulla conoscenza.

Organizzazioni temporanee

In che modo le organizzazioni possono superare i problemi della burocrazia in ambienti in rapido cambiamento? Alcune stanno attuando soluzioni strutturali innovative. Una di queste è l'utilizzo di sistemi o strutture temporanee per rispondere rapidamente alle situazioni di emergenza o di crisi. Tale approccio è spesso utilizzato da polizia e vigili del fuoco o altre agenzie che gestiscono le emergenze per mantenere i benefici relativi all'efficienza e al controllo offerti dalla burocrazia pur prevenendo il problema della lentezza di risposta alle crisi.[63] Tale approccio viene adattato anche ad altri tipi di organizzazioni per aiutarle a rispondere rapidamente alle nuove opportunità, alle minacce competitive impreviste o alle crisi organizzative.

L'idea alla base dell'ICS è che le organizzazioni possano spostarsi agilmente tra una struttura altamente formalizzata e gerarchica, efficace nei periodi di stabilità, e una struttura più flessibile e meno strutturata, necessaria per rispondere adeguatamente a condizioni ambientali inattese e ardue. Il lato gerarchico con le sue regole, le sue procedure e la sua catena del comando aiuta a mantenere il controllo e assicurare l'aderenza alle regole che sono state sviluppate e provate in molti anni per affrontare problemi e situazioni ben note. Tuttavia, nei periodi particolarmente incerti, la struttura più efficace è quella che allenta la catena del comando e consente alle persone di lavorare trasversalmente rispetto alle unità organizzative e alle linee gerarchiche per prevedere, evitare e risolvere i problemi unici nel loro genere, in un contesto definito da una missione e delle linee guida chiaramente comprese. Tale approccio trova applicazione all'interno dell'Esercito della Salvezza, che è stato definito "l'organizzazione più efficace del mondo."

IN PRATICA

Esercito della Salvezza

L'Esercito della Salvezza fornisce assistenza giornaliera ai senza tetto e alle persone economicamente svantaggiate. Inoltre l'organizzazione interviene prontamente ovunque si verifichi un disastro imponente – che si tratti di un tornado, un'inondazione, un uragano, un incidente aereo o un attacco terroristico – collegandosi con le altre agenzie per fornire aiuto. Il management dell'organizzazione sa che le emergenze richiedono un'elevata flessibilità. Allo stesso tempo, l'organizzazione deve avere un alto livello di controllo e responsabilità per assicurare la sua esistenza in modo continuativo e rispondere alle sue responsabilità giornaliere. Come afferma un ex comandante nazionale, "Dobbiamo avere un duplice carattere. Non possiamo scegliere di essere flessibili e imprudenti oppure responsabili ... Dobbiamo essere diversi tipi di organizzazioni allo stesso tempo".

Nei primi momenti di emergenza di una crisi, l'Esercito della Salvezza dispiega un'organizzazione temporanea che ha una propria struttura di comando. Le persone devono sapere con chiarezza chi è il responsabile per evitare che le esigenze di risposta rapida degenerino nel caos. Per esempio, se l'organizzazione si attiva per rispondere a un disastro come la colata di fango nella contea di Snohomish, nello stato di Washington, i manuali specificano chiaramente chi sarà incaricato di parlare con i mass media, chi avrà la responsabilità del rifornimento delle scorte, chi avrà compiti di collegamento con le altre agenzie, e così via. Tale modello dell'organizzazione temporanea garantisce reattività e coerenza all'Esercito della Salvezza. Tuttavia, nelle fasi successive della crisi che prevedono la ripresa e la ricostruzione, i supervisori forniscono di frequente linee guida generali alle persone interessate e consentono loro di improvvisare le soluzioni migliori, non avendo il tempo per esaminare e sottoscrivere ogni singola decisione che deve essere presa per ristabilire famiglie e comunità.

In questo modo l'Esercito della Salvezza ottiene che effettivamente le persone lavorino contemporaneamente in tutti i diversi tipi di strutture, dalle strutture tradizionali di comando verticale ai network e ai team orizzontali, a una sorta di forma modulare che poggia sulla collaborazione con altre agenzie. La fluidità delle attività consente all'organizzazione di raggiungere risultati sorprendenti. Recentemente, in un solo anno negli Stati Uniti l'Esercito della Salvezza ha fornito assistenza a più di 2,3 milioni di persone coinvolte in disastri, oltre a offrire regolari programmi giornalieri a molte altre. L'organizzazione è stata riconosciuta leader nell'utilizzo massimamente efficace di propri fondi, con la conseguenza che i donatori offrono volentieri le loro risorse perché sanno che l'organizzazione è responsabile e allo stesso tempo flessibile e innovativa nel soddisfare le esigenze umane.[64]

Altri approcci per ridurre la burocrazia

Le organizzazioni attuali stanno prendendo una serie di altri provvedimenti, meno radicali, per ridurre la burocrazia, spesso promossi dai top leader. Molte eliminano i livelli gerarchici, mantenendo di piccole dimensioni gli organi di staff della sede centrale e dando ai dipendenti dei livelli inferiori una maggiore libertà nel prendere decisioni piuttosto che caricarli di regole e regolamenti eccessivi. L'impegno dell'alta dirigenza è cruciale quando un'organizzazione deve ridurre la burocrazia e rendersi più flessibile e reattiva.[65] Consideriamo i seguenti esempi:

- Come accennato sopra, Larry Page ha di recente riassunto l'incarico di amministratore delegato di Google per cercare di snellire la struttura burocratica che si è sviluppata nella fase di crescita dell'azienda. Page sta cercando di velocizzare il processo decisionale e di ricreare un'atmosfera da start-up mediante una sessione giornaliera di "riscaldamento". Tutti i pomeriggi, Page e altri dirigenti si riuniscono in uno spazio pubblico del quartier generale aziendale, di modo che i dipendenti possano rivolgersi direttamente a loro per sollevare problemi e questioni di vario genere. "Quanto più gli si ripete che un'azienda di grande dimensioni non può funzionare come se fosse piccola, tanto più cresce la sua [di Larry Page] determinazione a raggiungere proprio questo obiettivo" afferma Steven Levy, autore di un libro sul colosso di Mountain View.[66]
- I dirigenti di un'impresa manifatturiera multinazionale operante nel settore dei beni di consumo hanno creato piccoli team per regione incaricati di studiare i bisogni dei clienti e il contesto competitivo della rispettiva area, ottimizzando anche le modalità di comunicazione e collaborazione tra team, divisioni e quartier generale. In questo modo è stato possibile dimezzare le consultazioni rispetto ai problemi da affrontare, sveltendo il processo decisionale ed eliminando frustrazioni e perdite di tempo sia per i lavoratori sia per i clienti.[67] Lo scopo dell'iniziativa è ridurre la burocrazia, che rappresenta un ostacolo per la flessibilità e l'autonomia di divisioni e team.
- Nella casa farmaceutica GlaxoSmithKline PLC, con sede a Londra, l'alta dirigenza ha deciso che la facoltà di stabilire le priorità e allocare le risorse per i farmaci in fase di sviluppo spetta agli scienziati in prima linea, e non ai manager o al comitato di ricerca. Il passaggio delle responsabilità su quali progetti di ricerca farmaceutica finanziare ha conferito uno spirito imprenditoriale al colosso del settore simile a quello proprio di una piccola azienda di biotecnologie.[68]

Un altro attacco alla burocrazia proviene dalla crescente professionalità dei dipendenti. La professionalità è definita come la lunghezza del periodo che comprende tutte le attività di formazione e le esperienze formali dei dipendenti. Sempre più dipendenti hanno bisogno di una laurea, un MBA e altre qualifiche professionali per poter lavorare come avvocati, ricercatori, ingegneri o medici alla Google, alla Zurich Financial Services o alla GlaxoSmithKline. Generalmente le aziende Internet-based hanno personale composto esclusivamente da knowledge worker con un elevato livello di istruzione. Gli studi professionali mostrano che la formalizzazione non è necessaria, perché la formazione alla professione consente di normalizzare un alto standard di comportamento da parte dei dipendenti, agendo come sostituto della burocrazia.[69] Le aziende accentuano questa tendenza quando forniscono una formazione continua a *tutti* i dipendenti, dal front office alla linea di produzione, in una spinta verso l'apprendimento continuo degli individui e dell'organizzazione. Una maggiore attività di formazione sostituisce regole e procedure burocratiche che possono limitare la creatività dei dipendenti nel risolvere problemi, potenziando nel contempo le capacità individuali e dell'organizzazione.

Recentemente è emersa una forma di organizzazione denominata *partnership professionale*, formata esclusivamente da professionisti.[70] Essa comprende studi di contabilità, studi medici, studi legali e società di consulenza. La conclusione generale degli studi sulle partnership professionali è che i vari uffici sono caratterizzati da un'autonomia sostanziale e dal decentramento dell'autorità per prendere le decisioni necessarie. Le organizzazioni di questo tipo funzionano tramite un orientamento al consenso piuttosto che essere dirette dall'alto come avviene nei business tradizionali e nelle organizzazioni governative.

Burocrazia e altre forme di controllo organizzativo

Anche se molte organizzazioni stanno cercando di diminuire il livello di burocrazia e ridurre regole e procedure che limitano i dipendenti, ogni organizzazione ha bisogno di sistemi per guidare e controllare l'organizzazione stessa. I dipendenti possono godere di più libertà nelle aziende attuali, ma il controllo resta una delle principali responsabilità del management.

I manager dei livelli superiori e intermedi di un'organizzazione possono scegliere fra tre approcci generali relativamente alle attività di controllo. Questi approcci derivano di un modello per il controllo organizzativo proposto da William Ouchi della University of California di Los Angeles (UCLA). Ouchi ha suggerito tre strategie di controllo che le organizzazioni potrebbero adottare: controllo burocratico, di mercato e di clan.[71] Ogni forma di controllo utilizza tipi diversi di informazioni, ma tutti e tre i tipi possono essere presenti contemporaneamente in un'organizzazione. I requisiti di ogni strategia di controllo vengono presentati in Figura 9.6.

Figura 9.6
Tre strategie di controllo organizzativo
Fonte: basato su William G. Ouchi, "A Conceptual Framework for the Design of Organizational Control Mechanisms," *Management Science* 25 (1979), 833-48.

Tipo	Elementi necessari
Burocratico	Regole, standard, gerarchia, autorità legittima
Di mercato	Prezzi, competizione, rapporti di scambio
Di clan	Tradizione, valori e opinioni condivise, fiducia

Controllo burocratico

Il **controllo burocratico** consiste nell'utilizzo di regole, politiche, gerarchie, documentazione scritta, standardizzazione e altri meccanismi burocratici ai fi ni di standardizzare il comportamento e valutare le prestazioni. Esso utilizza le caratteristiche burocratiche definite da Weber e illustrate con il caso dell'UPS. Lo scopo principale delle regole e delle procedure burocratiche è di standardizzare e controllare il comportamento dei dipendenti.

Abbiamo visto in precedenza come con il progredire delle organizzazioni lungo il ciclo di vita e con il raggiungimento di maggiori dimensioni, le organizzazioni stesse diventano più formalizzate e standardizzate. All'interno di una grande organizzazione hanno luogo migliaia di comportamenti di lavoro e scambi di informazioni, sia verticalmente sia orizzontalmente. Regole e politiche si sviluppano attraverso un processo per tentativi ed errori per regolare questi comportamenti; il controllo burocratico è utilizzato in qualche misura praticamente in ogni organizzazione. Regole, regolamenti e direttive contengono informazioni su una gamma di comportamenti. A titolo di esempio, la Figura 9.7 illustra i comportamenti che i manager di un club nautico cercano di controllare attraverso precise regole.

Regolamento per i dipendenti del Northeast Harbor Yacht Club

- Curare l'aspetto e l'igiene personale.
- Nei mesi estivi indossare bermuda verdi, maglia bianca infilata nei pantaloni, cintura nera o marrone e scarpe da vela. Gli indumenti non devono avere un aspetto logoro o consumato.
- Raggiungere il circolo con puntualità o qualche minuto prima dell'inizio del turno.
- Non fumare e non bere alcolici nell'area del circolo.
- Mostrarsi sempre gentili e disponibili nei confronti dei soci.
- Mantenersi a una distanza rispettosa dai soci e declinare gentilmente qualsiasi invito da parte loro.
- Non sostare nella struttura quando non si è in servizio.
- Non utilizzare i telefoni del circolo per effettuare o ricevere telefonate.
- Gli istruttori devono utilizzare manuali e radio propri.
- Gli addetti alla manutenzione devono utilizzare la propria attrezzatura.

Figura 9.7
Le regole di un circolo nautico

Per far sì che il controllo burocratico funzioni, i manager devono avere l'autorità per mantenere il controllo nei confronti dell'organizzazione. Weber ha argomentato che l'autorità legittima e razionale accordata ai manager fosse da preferire rispetto ad altri tipi di controllo (per esempio favoritismi o ricompense) come base per le decisioni e le attività organizzative. Nell'ambito della società in generale, tuttavia, Weber ha identificato tre tipi di autorità che potrebbero spiegare la creazione e il controllo di una grande organizzazione.[72]

L'**autorità razionale-legale** si basa sulla fiducia dei dipendenti nel valore legale delle regole e nel diritto di dare ordini da parte di coloro che sono stati elevati a posizioni di autorità. L'autorità razionale-legale è la base sia per la creazione sia per il controllo della maggior parte delle organizzazioni governative ed è anche la base più comune di controllo nelle organizzazioni in tutto il mondo. L'**autorità tradizionale** consiste nella fiducia nelle tradizioni e nella legittimità dello status delle persone che esercitano l'autorità per mezzo di tali tradizioni. Essa è alla base del controllo esercitato da monarchie, organizzazioni ecclesiastiche e da alcune organizzazioni, per esempio dell'America Latina e del Golfo Persico. L'autorità carismatica è basata sulla devozione nei confronti del carattere esemplare o dell'eroismo di una persona fisica e dell'ordine da questa stabilito. Le organizzazioni militari rivoluzionarie si basano spesso sul carisma del leader, così come le organizzazioni guidate da individui carismatici come Steve Jobs, fondatore e amministratore delegato della Apple, oppure Oprah Winfrey, imprenditrice del settore della comunicazione, direttrice di una rivista di successo e di un canale televisivo.

Nelle organizzazioni possono coesistere più tipi di autorità – come per esempio una lunga tradizione e il particolare carisma del leader – ma l'autorità razionale-legale resta la forma utilizzata più diffusamente per governare le attività di lavoro interne e i processi decisionali, in particolare nelle grandi organizzazioni. Il controllo burocratico può essere molto efficace, e regole e standardizzazione sono importanti quando ne va della sicurezza. "L'esistenza di norme e regole, e dei burocrati che le fanno osservare… mettono un freno alle tipologie di iniziative che possono condurre alla catastrofe."[73] Newell Rubbermaid, per esempio, segue attentamente delle procedure standard per costruire e testare seggiolini per auto e passeggini. Consideriamo anche il caso della sicurezza ambientale nel trivellare la zona del Marcellus Shale, una vasta formazione rocciosa sotterranea ricca di gas naturale.

IN PRATICA

East Resources Inc. e Royal Dutch Shell PLC

La East Resources Inc. è stata fra le prime compagnie a trivellare la zona del Marcellus Shale, a partire dal 2008, ed è stata citata dagli organismi di regolamentazione per aver prodotto ripetutamente sversamenti o altre infrazioni ambientali. Successivamente, è stata acquisita dalla Royal Dutch Shell, società che portò il suo controllo burocratico nelle operazioni.

La prima cosa che fece la Shell fu chiudere gli impianti petroliferi e fare nuova formazione per tutto il personale, con il risultato che, dal 2010, ossia l'anno dell'acquisizione, la compagnia ha registrato in media meno di una violazione ogni quattro pozzi. Lo stesso dato è stato registrato nella zona del Marcellus Shale. Quando le aziende di dimensioni maggiori con procedure standardizzate acquistano imprese di dimensioni inferiori, si assiste a un miglioramento dei dati relativi ad ambiente e sicurezza, in virtù del fatto che esse hanno sviluppato approcci più rigorosi, in quanto sanno che anche un solo errore può inficiare la loro capacità di fare business in tutte le aree. La maggior parte di queste aziende hanno imparato dal disastro della British Petroleum che è meglio abbondare in prudenza. Di solito le imprese di dimensioni inferiori, invece, utilizzano procedure più rischiose. Dai risultati delle ispezioni emerge che, per ogni 100 pozzi trivellati nella zona del Marcellus Shale, le imprese di grandi dimensioni come Shell, Exxon e Chevron hanno registrato in media 38 violazioni, quelle di dimensioni medie 69 e quelle di piccole dimensioni 139. Un consulente politico senior per il Fondo di Difesa Ambientale ha affermato: "vi è motivo di pensare… che nella misura in cui una parte maggiore dell'attività sarà nelle mani delle grandi aziende, assisteremo a un miglioramento della performance ambientale."[74]

Chiaramente alcune aziende hanno anche riscontrato che l'eccesso di regole può ripercuotersi negativamente sul servizio ai clienti. I dipendenti della Starbucks, che nel 1987 aveva solo sei caffetterie e si è trasformata in una grande azienda con migliaia di punti vendita in tutto il mondo, si sentono soffocati da regole e prassi molto precise ormai inefficaci. La coerenza è un punto di forza per qualsiasi azienda e la Starbucks è arrivata al successo anche grazie a norme e procedure che consentono di ottenere risultati prevedibili. L'applicazione di tali norme senza spirito critico e flessibilità ha però causato svariati problemi: un imprenditore del settore informatico che collabora con la rivista *Inc.* ha raccontato di aver assistito a un lungo scontro verbale tra una cliente che voleva ritirare il suo sandwich al bancone e un cassiere che insisteva nel farle presente che le regole non lo consentivano.[75]

Controllo di mercato

Il **controllo di mercato** si verifica quando viene utilizzata la competizione di prezzo per valutare l'output e la produttività di un'organizzazione o delle maggiori unità operative e divisioni. Il concetto di controllo di mercato è stato sviluppato nell'ambito della teoria economica.[76] Un prezzo espresso in valuta corrente rappresenta una forma efficiente di controllo perché i manager possono confrontare prezzi e profitti per valutare l'efficienza della aziende. I top manager utilizzano quasi sempre il meccanismo del prezzo per valutare le performance aziendali. Il fatturato e i costi aziendali sono riassunti nel conto profitti e perdite, che può essere confrontato con le prestazioni degli anni precedenti o con quello di altre aziende.

L'uso del controllo di mercato richiede che l'output sia sufficientemente esplicito, in modo che possa essere assegnato un prezzo e che possa esservi competizione; senza competizione, infatti, il prezzo non riflette con accuratezza l'efficienza interna. Persino alcune organizzazioni governative e non profit stanno ricorrendo efficacemente al controllo di mercato. Per esempio, l'amministrazione federale dell'aviazione degli Stati Uniti ha aperto pubblicamente le offerte per la gestione dei propri computer per il calcolo delle paghe dei dipendenti (il Dipartimento dell'Agricoltura si è aggiudicato l'asta battendo l'IBM e altre due aziende private).[77] La città di Indianapolis richiede a tutti i suoi dipartimenti di presentare offerte in competizione con quelle delle aziende private. Quando il dipartimento dei trasporti venne battuto da un'offerta da parte di un'azienda privata relativamente a un contratto per la manutenzione delle strade, i lavoratori del sindacato cittadino presentarono una controproposta che comportava l'eliminazione della maggior parte delle posizioni di quadro intermedio del dipartimento e la riprogettazione delle mansioni di lavoratori ad alto tasso di adesione sindacale per ottenere dei risparmi monetari. Diciotto supervisori vennero licenziati, i costi furono tagliati del 25 per cento e il reparto si aggiudicò l'appalto.[78]

Il controllo di mercato era in precedenza utilizzato principalmente a livello dell'organizzazione nel suo complesso, ma ora risulta sempre più spesso adottato anche all'interno delle divisioni di prodotto e delle singole unità operative. I centri di risultato sono, in questo caso, rappresentati da divisioni indipendenti, come quelle descritte nel Capitolo 3. Ogni divisione dispone degli input di risorse necessari per realizzare un risultato e può essere valutata sulla base del profitto o della perdita conseguita rispetto alle altre divisioni. La ABB, un'impresa globale operante nell'impiantistica delle centrali e nel settore delle apparecchiature elettriche, comprende tre centri di risultato, ciascuno dei quali produce profitti o perdite in rapporto sia a vere e proprie "transazioni esterne" di acquisto e di vendita, sia a transazioni fra clienti e fornitori "interni" valorizzate attraverso "prezzi di trasferimento".[79] Anche l'organizzazione a rete, descritta sempre nel Capitolo 3, esemplifica il funzionamento del controllo di mercato, in quanto diverse aziende competono sul prezzo per fornire le funzioni e i servizi richiesti dall'organizzazione centrale. Tale tipo di organizzazione in genere assegna gli appalti all'azienda che offre il prezzo più vantaggioso e il valore migliore.

Controllo di clan

Il **controllo di clan** consiste nell'uso di fattori sociali, come i valori condivisi, l'impegno, le tradizioni e le opinioni, per controllare il comportamento. Le organizzazioni che utilizzano il controllo di clan sono caratterizzate da una forte cultura che pone enfasi su valori condivisi e fiducia tra i dipendenti.[80] Questo tipo di controllo gioca un ruolo importante quando l'ambiguità e l'incertezza sono alte: alta incertezza significa che l'organizzazione non può assegnare un prezzo ai propri servizi e le cose cambiano così velocemente che regole e regolamenti non sono in grado di specificare ogni comportamento corretto. In condizioni di controllo di clan, le persone possono essere assunte perché impegnate nei confronti dello scopo dell'organizzazione, come avviene in un'organizzazione religiosa o un'organizzazione focalizzata su una missione sociale. I nuovi dipendenti di norma sono sottoposti a un lungo periodo di socializzazione prima di venire accettati dai colleghi.

Esiste una forte pressione a conformarsi alle norme del gruppo, che regolano un ampio spettro di comportamenti dei dipendenti. I manager fungono primariamente da mentori, modelli di ruolo e agenti per la trasmissione di valori.[81]

confrontate la vostra opinione

2 **I mezzi essenziali a disposizione di un manager per controllare il comportamento dei dipendenti sono l'enfasi sui valori condivisi, la fiducia e l'impegno verso la missione dell'organizzazione.**

Risposta esatta: *D'accordo* o *in disaccordo.* Il controllo di clan, che fa affidamento su cultura, fiducia, impegno, valori condivisi e tradizioni, può essere estremamente efficace e si rivela molto utile in unità operative e organizzazioni alle prese con un elevato grado di incertezza e turbolenza ambientale. Tuttavia, nelle giuste circostanze anche altre forme di controllo, come il controllo burocratico o di mercato, si rivelano altrettanto efficaci e appropriate.

I meccanismi di controllo tradizionali basati su regole rigide e una stretta supervisione sono inadeguati ai fini del controllo del comportamento in condizioni di alta incertezza e rapido cambiamento.[82] Inoltre, l'utilizzo delle reti di computer e di Internet, che spesso portano a una diffusione democratica delle informazioni all'interno di tutta l'organizzazione, può forzare molte aziende a contare, per il bene aziendale, meno sul controllo burocratico e più sui valori condivisi che guidano le azioni degli individui.[83]

L'*autocontrollo* è simile al controllo di clan, ma laddove quest'ultimo avviene in funzione della socializzazione all'interno di un gruppo, l'autocontrollo deriva da valori, obiettivi e standard individuali. I manager cercano di intraprendere un processo di cambiamento tale per cui i valori interni e le preferenze di lavoro dei singoli dipendenti vengano allineati con i valori e gli obiettivi dell'organizzazione.[84] Attraverso l'adozione dell'autocontrollo, sono generalmente i dipendenti a stabilire i propri obiettivi e a monitorare le proprie prestazioni; cionondimeno, le aziende che si affidano all'autocontrollo hanno bisogno di leader forti che possano chiarire i confini nell'ambito dei quali gli individui esercitano il loro giudizio e la loro discrezionalità.

Il controllo di clan o l'autocontrollo possono essere utilizzati anche in specifiche unità organizzative, come la pianificazione strategica, dove l'incertezza è alta ed è difficile misurare le prestazioni. I manager di unità che si affidano a questi meccanismi di controllo informali non devono supporre che l'assenza di controllo documentato e burocratico significhi assenza totale di controllo: il controllo di clan non è visibile, ma è lo stesso molto potente. Uno studio recente ha rilevato come le azioni dei dipendenti fossero controllate ancor più fortemente e completamente attraverso il controllo di clan che non per mezzo di una gerarchia burocratica.[85] Quando il controllo di clan funziona, il controllo burocratico non è necessario, come hanno imparato i manager di queste aziende "senza capi".

IN PRATICA

Menlo Innovations e FAVI

Richard Sheridan, James Goebel, Richard Simms e Thomas Meloche hanno fondato Menlo Innovations per creare software personalizzati per organizzazioni, ma uno dei loro obiettivi principali era creare una cultura unica nel suo genere che abbracciasse i valori di uguaglianza, lavoro di squadra, fiducia, apprendimento e divertimento. Menlo infonde felicità nel lavoro di sviluppo di software, spesso solitario e tedioso, rendendolo un'esperienza comune. In molte aziende di software, gli sviluppatori lavorano da soli e sono incitati a soddisfare rigorosi obiettivi di performance; alla Menlo, invece, tutti lavorano in un grande open space senza barriere di nessun tipo

che limitino la comunicazione e la condivisione di informazioni. I dipendenti lavorano in coppie, condividendo un unico computer e passandosi il mouse mentre espongono liberamente le idee e individuano e correggono i problemi. Il processo di assunzione "senza capi" della Menlo prende il nome di "Colloquio Estremo" e ha una sorprendente rassomiglianza con lo *speed date*: i candidati, talvolta anche cinque per ciascuna posizione vacante, vengono fatti accomodare nell'ufficio per una serie di interviste a bruciapelo con diversi dipendenti. L'enfasi è posta su a curiosità, interesse ad apprendere, abilità di "andare d'accordo con gli altri," generosità. La competenza tecnica passa in secondo piano rispetto all'"abilità da parte del candidato di far fare bella figura al proprio collega." Menlo è risultata una delle imprese private statunitensi con più rapida crescita nell'*Inc. 500*.
Un'azienda che è passata da un approccio caratterizzato dal controllo burocratico tradizionale a un approccio "senza capi" è FAVI. Quando l'amministratore delegato Jean-François Zobrist ha assunto la carica presso FAVI, azienda francese di 600 dipendenti che progetta e produce componenti per automobili, ha eliminato la gerarchia tradizionale. Non esistono ufficio del personale, quadri intermedi, orologi marcatempo, prontuari per i dipendenti. "Ho detto loro 'domani, quando verrete al lavoro, non lavorerete per me o per un capo: lavorerete per il vostro cliente. Non sono io che vi pago, sono loro.'" In 10 anni, FAVI non ha mai registrato un ritardo di consegna di un ordine ai clienti.[86]

Il controllo di clan funziona bene per Menlo Innovations e per FAVI così come anche per molte altre organizzazioni alle prese con la sperimentazione di strutture senza capi. Il segreto sta nello stabilire forti valori di clan che guidino il comportamento dei dipendenti. Come discusso nel capitolo precedente, l'approccio da parte dei manager al controllo sta cambiando in molte organizzazioni. In relazione al passaggio a forme di lavoro più collaborativo e alla tendenza verso strutture organizzative senza capi, molte aziende stanno adottando un approccio decentralizzato più in linea con il controllo di clan, piuttosto che un processo gerarchico associato al controllo burocratico.

Declino organizzativo e "downsizing"

Nei paragrafi precedenti abbiamo analizzato il ciclo di vita organizzativo, che indica che le organizzazioni nascono, crescono e infine muoiono. Le grandi dimensioni possono diventare un peso per numerose organizzazioni. Per esempio, la Hostess Brands, forse più nota per le merendine alla crema Twinkies, ha cessato l'attività nel 2012, dopo aver operato sotto diversi nomi per qualcosa come 82 anni. Alcuni dei marchi sono stati acquistati da altre aziende e sopravvivono, ma l'azienda in sé e per sé non esiste più, distrutta dai debiti, dall'aumento del costo della manodopera e delle lotte sindacali, e dalla cattiva gestione.[87] La General Motors è crollata sotto il suo stesso peso e ha affrontato un periodo di amministrazione controllata e una ristrutturazione forzata: non solo faticava a far fronte all'impegno finanziario di ingenti spese pensionistiche e sanitarie, ma si ritrovava strozzata da una pesante burocrazia che impediva di cogliere i bisogni dei consumatori. I manager regionali sostenevano che le idee e proposte da loro avanzate per modifiche sui prodotti o approcci pubblicitari diversi non arrivavano neppure ai decisori o, se ciò avveniva, cadevano nel vuoto.[88] Pressoché ogni organizzazione attraversa periodi di declino temporaneo. Inoltre, una constatazione riferita al mondo contemporaneo è che per alcune aziende una crescita e un'espansione continua possono risultare impossibili.

Si vedono ovunque esempi di organizzazioni che hanno interrotto la propria crescita e di altre che sono in fase di declino. Grandi aziende di servizi finanziari, come Lehman

Brothers e Bear Stearns, sono crollate, in parte a causa di una crescita incontrollata e di sistemi di controllo inefficaci. La congiuntura economica negativa ha indotto numerose grandi aziende a ridimensionare il personale negli ultimi anni. Le amministrazioni locali sono state costrette a chiudere scuole, licenziare poliziotti ed eliminare stazioni dei vigili del fuoco a seguito della diminuzione del gettito fiscale. College e università statunitensi hanno bloccato le assunzioni, accantonato i progetti di ampliamento e tagliato i budget per la manutenzione.[89]

In questo paragrafo esamineremo le cause e gli stadi del declino organizzativo e discuteremo come i manager possano gestire in maniera efficace il ridimensionamento (*downsizing*), che rappresenta una realtà nelle aziende di oggi.

Definizione e cause

Il termine **declino organizzativo** è definito come una condizione nella quale si verifica una diminuzione sostanziale e in termini assoluti nella base di risorse di un'organizzazione nel corso del tempo.[90] Il declino organizzativo è associato spesso al declino ambientale, nel senso che la sfera di riferimento di un'organizzazione vive una riduzione di dimensione (come una diminuzione della domanda o l'erosione della base imponibile di una città) o una riduzione di forma (per esempio, un cambiamento nelle preferenze dei consumatori). Generalmente, i tre fattori seguenti sono considerati causa del declino organizzativo.

1. *Atrofia organizzativa*. L'atrofia ha luogo quando le organizzazioni crescono e diventano inefficienti e sovra-burocratizzate. La capacità di un'organizzazione di adattarsi al proprio ambiente di riferimento pertanto viene meno. Spesso l'atrofia segue un lungo periodo di successo: l'organizzazione infatti considera il successo come un fatto ovvio, si fossilizza su pratiche e strutture che hanno funzionato in passato e non si adatta ai cambiamenti ambientali.[91] Un ottimo esempio è rappresentato da BlackBerry, che è stata pioniera nella rivoluzione degli smartphone ma non è riuscita a prepararsi alla competizione e ai cambiamenti del mercato. I segnali di allarme dell'atrofia organizzativa comprendono un eccesso di personale amministrativo e di supporto, procedure amministrative ingombranti, mancanza di comunicazione e coordinamento efficaci e una struttura organizzativa sorpassata.[92]
2. *Vulnerabilità*. La vulnerabilità riflette l'incapacità strategica di un'organizzazione di prosperare all'interno del suo ambiente. Questo accade spesso alle piccole organizzazioni che non sono ancora pienamente consolidate. Tali organizzazioni sono vulnerabili rispetto ai cambiamenti dei gusti dei consumatori o della situazione economica della comunità. Alcune organizzazioni sono vulnerabili perché non sono in grado di elaborare la strategia corretta per adattarsi all'ambiente. Le organizzazioni vulnerabili in genere tendono a ridefinire il proprio ambiente di riferimento per entrare in nuovi settori o nuovi mercati.
3. *Declino ambientale o competizione*. Il declino ambientale si riferisce a una diminuzione nell'energia e nelle risorse disponibili per supportare un'organizzazione. Quando l'ambiente ha minori capacità di sostenere le organizzazioni, queste devono diminuire progressivamente le loro attività oppure spostarsi in un altro ambiente di riferimento.[93] I manager della Croce Rossa Americana, per esempio, faticano a raccogliere i fondi necessari per coprire le spese. Da anni ormai le donazioni sono in declino e recenti

eventi catastrofici come il tifone Haiyan nelle Filippine, i terremoti in Giappone, Cina, Pakistan e altrove, un'enorme colata di fango nello stato di Washington e l'uragano Sandy negli Stati Uniti nordorientali hanno prosciugato le risorse dell'organizzazione. Crollo della borsa, emorragia di posti di lavoro, prezzi in aumento e un pessimismo diffuso circa la situazione economica statunitense hanno creato un ambiente difficile per la raccolta fondi per tutte le organizzazioni non profit.[94] Anche la nuova competizione e i rapidi cambiamenti nel settore di riferimento possono risultare un problema. Aziende consolidate come Hewlett-Packard, Dell e Cisco non erano pronte alla transizione, più rapida del previsto, da parte sia delle imprese sia dei consumatori, dal PC ai telefoni cellulari e ai tablet. Le aziende che si dimostrano vincenti nel nuovo ambiente sono quelle come Apple e Amazon, non quelle della vecchia guardia come HP, Dell e Cisco.[95]

I tre fattori appena descritti hanno contribuito a causare il declino della Eastman Kodak, una volta icona americana dell'industria fotografica.

IN PRATICA

Eastman Kodak

La Eastman Kodak, fondata nel 1880, divenne una delle più rinomate aziende americane, contribuendo a creare l'industria delle pellicole fotografiche e dominandola per decenni. Al culmine del successo, la Kodak contava un personale di 145.000 unità a livello mondiale. Eppure, una combinazione di fattori condussero l'azienda lungo un cammino lungo e tortuoso verso il fallimento, tanto che nel gennaio 2012 presentò istanza per ottenere la protezione prevista dal Capitolo 11, diventando ai nostri giorni l'ombra di sé stessa.
Le cause principali del declino vanno ricercate nella competizione e nel cambiamento del settore, sebbene anche l'atrofia e la vulnerabilità abbiano contribuito. Di fatto, all'azienda si deve l'invenzione di una delle prime macchine fotografiche digitali e l'investimento di centinaia di milioni di dollari nello sviluppo della tecnologia digitale; eppure, la paura di cannibalizzare il suo lucrativo business delle pellicole paralizzò il management quando si trattò di passare sul mercato. La Fuji, che già da molti anni competeva in modo aggressivo con la Kodak nel mercato delle pellicole tradizionali, riducendo i prezzi e adottando una strategia di bassi costi, fu rapida nel saltare sul treno del digitale.
La Kodak provò a contrattaccare, ma i manager non riuscirono a trovare la giusta strategia per competere in un mondo sempre più digitale. Nel 2003 l'azienda cessò di investire nella sua attività tradizionale di produzione di pellicole, con il disappunto da parte di alcuni dei suoi clienti storici. È entrata troppo tardi nel digitale per competere con Fuji e con altre grandi aziende specializzate. La decisione di puntare sulle stampanti a getto di inchiostro non portò alcun risultato.[96]

Quando i manager sono colpiti da tutte e tre le cause del declino, come nel caso di Kodak, è estremamente difficile sopravvivere. In alcuni casi, non resta altro da fare se non cessare l'attività in maniera ordinata. Nella sezione seguente, esaminiamo le fasi del declino organizzativo e passiamo in rassegna alcuni errori comuni in cui il management può incorrere, errori che portano inevitabilmente alla scomparsa dell'azienda.

Un modello degli stadi del declino organizzativo

Sulla base di un ampio esame della ricerca sul declino organizzativo, è stato proposto un modello degli stadi del declino che viene riassunto in Figura 9.8. Questo modello suggerisce che il declino, se non è gestito correttamente, può attraversare cinque stadi che portano infine alla dissoluzione dell'organizzazione.[97]

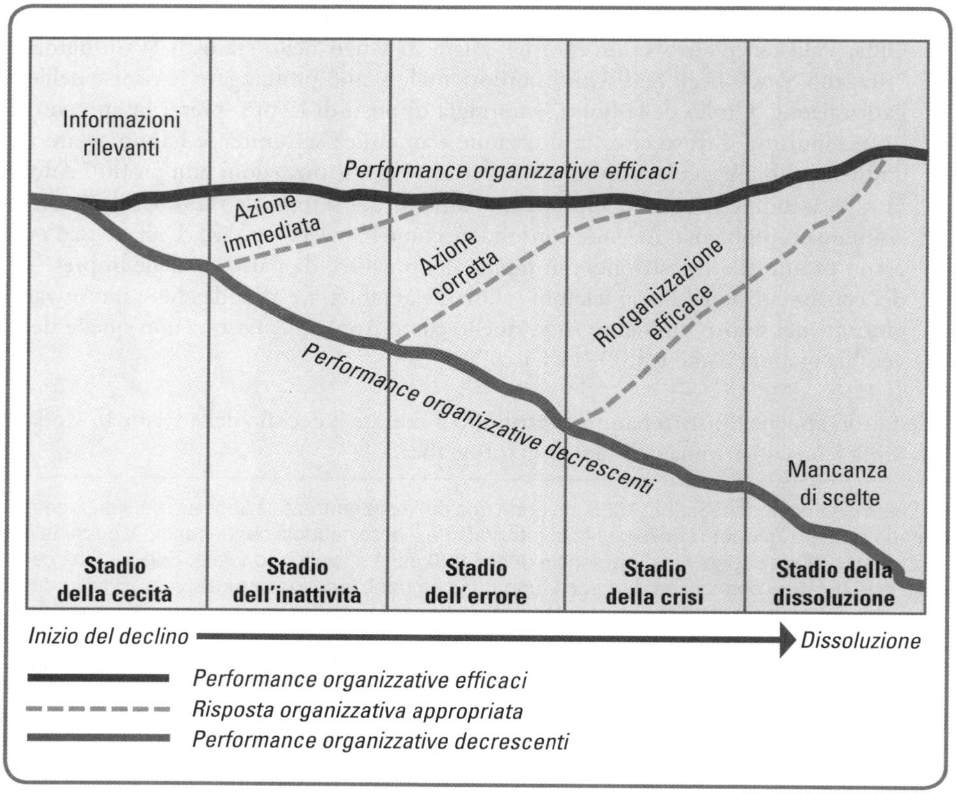

Figura 9.8
Stadi del declino e crescente gap di prestazioni
Fonte: American Science Quarterly. "Decline in Organizations: A Literature Integration and Extension," di William Weitzel, vol. 34, pp. 99-109 (marzo 1989), riproduzione autorizzata.

1. *Stadio della cecità*. Il primo stadio del declino è costituito dai cambiamenti interni ed esterni che minacciano la sopravvivenza nel lungo termine e potrebbero richiedere che l'organizzazione prenda delle misure appropriate. L'organizzazione potrebbe presentare personale in eccesso, procedure ingombranti o mancanza di armonia con i propri clienti. I leader spesso a questo livello non avvertono i segnali di declino, e la soluzione consiste nello sviluppare sistemi di monitoraggio e di controllo efficaci che indichino quando qualcosa non funziona come dovrebbe. Potendo contare su informazioni tempestive, i leader attenti possono riportare l'organizzazione alle prestazioni ottimali.
2. *Stadio dell'inattività*. Il secondo stadio del declino è indicato come stadio di inattività, nel quale si negano le condizioni correnti malgrado i segni del deterioramento delle prestazioni. I leader possono provare a convincere i dipendenti e altri stakeholder che tutto va bene. In taluni casi, i manager ricorrono a un approccio "creativo" alla contabilità può fare in modo che le cose sembrino in regola durante questo periodo. La soluzione è che i leader riconoscano il declino e intraprendano azioni tempestive per riallineare l'organizzazione con l'ambiente. Le azioni da parte dei leader possono includere nuovi approcci alla risoluzione dei problemi, una maggiore partecipazione al processo decisionale e l'incoraggiamento delle manifestazioni di insoddisfazione da parte dei dipendenti e dei clienti allo scopo di comprendere cosa non va.

3. *Stadio dell'errore.* Nel terzo stadio l'organizzazione affronta problemi gravi e gli indicatori che mostrano i cattivi risultati non possono essere ignorati. La mancata reazione alla spirale di declino può condurre a questo punto al fallimento organizzativo. I leader sono costretti da circostanze gravi a considerare cambiamenti drastici. Le azioni possibili possono implicare riduzioni dei costi, tra cui tagli al personale e ridimensionamenti. I leader dovrebbero ridurre l'incertezza dei dipendenti chiarendo valori e fornendo informazioni. Un errore grave commesso in questo stadio diminuisce le possibilità dell'organizzazione di riuscire nel risanamento.
4. *Stadio della crisi.* Nel quarto stadio l'organizzazione non è stata ancora in grado di gestire efficacemente il declino e si trova in una situazione di panico. L'organizzazione può vivere situazioni di caos, sforzi per ritornare alle attività basilari, bruschi cambiamenti. È ovviamente auspicabile che un'organizzazione eviti di entrare in uno stadio di crisi e l'unica soluzione è di intraprendere una radicale riorganizzazione. Il tessuto sociale dell'organizzazione subisce un processo di erosione e si rendono necessarie azioni straordinarie, come la sostituzione del vertice e cambiamenti rivoluzionari nella struttura, nella strategia e nella cultura. Il ridimensionamento può assumere in questi casi connotati assai severi.
5. *Stadio della dissoluzione.* Questo stadio del declino è irreversibile. L'organizzazione subisce perdite di quota di mercato e di reputazione, degli elementi migliori del suo personale e dei capitali. L'unica strategia possibile è di porre fine all'organizzazione in maniera ordinata e ridurre il trauma da separazione dei dipendenti.

Gestire correttamente il declino organizzativo è necessario se un'organizzazione vuole evitare la dissoluzione. I manager hanno la responsabilità di rilevare i segni di declino, riconoscerli, intraprendere le azioni necessarie e invertire il corso degli eventi. Alcune delle decisioni più difficili da prendere riguardano il **ridimensionamento** (*downsizing*), ossia la riduzione intenzionale delle dimensioni dell'organico di un'organizzazione.

L'implementazione del ridimensionamento

La recessione economica ha reso nuovamente il ridimensionamento una pratica diffusa presso le organizzazioni americane. Durante gli ultimi venti anni il ridimensionamento è stato parte integrante della vita organizzativa di molte aziende, che sono cambiate per fronteggiare la competizione globale e il rapido mutamento dell'ambiente.[98] I progetti di reengineering, le fusioni e acquisizioni, l'implementazione di tecnologie all'avanguardia e la tendenza all'outsourcing sono tutti fattori che hanno portato a riduzioni del personale.[99]

Alcuni ricercatori hanno riscontrato che un ridimensionamento massiccio spesso non ha portato ai benefici attesi e in alcuni casi ha causato danni rilevanti all'organizzazione.[100] L'amministratore delegato della Honeywell David Cote ritiene che pesanti licenziamenti possano danneggiare l'azienda nel lungo periodo. Durante l'ultima recessione, l'azienda ha adottato un approccio diverso, pensando non soltanto a una risposta alla recessione, ma anche a quello che sarebbe stato meglio per l'azienda in termini di efficienza e redditività nel lungo termine, senza inficiarne la capacità di riuscire nella ripresa. L'azienda ha deciso che i licenziamenti massicci non sarebbero sati la risposta.[101] Ciononostante, vi sono periodi in cui il ridimensionamento è una parte necessaria della gestione del declino organizzativo. Una serie di tecniche possono tuttavia agevolare tale processo e alleviare la tensione dei dipendenti che lasciano l'azienda e di quelli che vi rimangono.[102]

Uno sguardo sull'Europa

Tra declino e turnaround: la crisi del colosso finlandese della telefonia Nokia

La storia dell'azienda finlandese Nokia inizia nel 1865, quando Knut Fredrik Idestam apre un impianto per la lavorazione del legno e della cellulosa sulle rive dell'omonimo fiume. Nel 1966 avviene la fusione tra lo stabilimento di lavorazione del legno e della cellulosa, la Società Finlandese della gomma e la principale industria nazionale di cavi per il telefono e il telegrafo. Nel 1992 l'azienda decide di focalizzarsi esclusivamente sui telefoni cellulari e le infrastrutture di rete, uscendo da diversi comparti come quello dei televisori e dei computer. Leader mondiale nel settore *mobile* dal 1998, undici anni dopo Nokia registra la sua prima perdita trimestrale. Il 2009, infatti, segna l'inizio del calo delle vendite e delle quote di mercato che le hanno fatto perdere terreno nel settore e progressivamente hanno permesso il sorpasso dei *competitor* Samsung e Apple.

Le cause della crisi

Numerose sono le cause che hanno determinato il declino di Nokia. Fra queste, sicuramente la più rilevante è l'incapacità di prevedere la rivoluzione degli smartphone, non reagendo in tempo all'emergere dirompente dell'iPhone di Apple e del sistema operativo Android di Google. Una svista, questa, attribuita a una struttura organizzativa molto rigida e gerarchica in cui non c'era propensione al cambiamento per via della piena consapevolezza del successo e della reputazione dell'azienda. Nel 2007 Apple introduce nel settore della telefonia mobile l'iPhone, il primo dispositivo a offrire simultaneamente dati, audio, musica e Internet. Sebbene Nokia stia ancora cavalcando il successo del modello Nokia N95 lanciato alla fine del 2006, né questo modello né i successivi riusciranno a eguagliare lo standard del modello immesso nel mercato da Apple. Nella fascia bassa del mercato, poi, Nokia deve fronteggiare l'erosione dei prezzi e l'aumento della pressione legata, da un lato, all'abbassamento del costo degli smartphone Android e, dall'altro, alla competizione aggressiva dei produttori cinesi come ZTE e Huawei, che penetrano nei mercati asiatici e africani con cellulari economici. Nella fascia alta del mercato, invece, Nokia non è stata in grado di attirare i mercati più sviluppati, in particolare gli Stati Uniti. Nokia, infatti, ha trascurato il paese più ricco del mondo, cercando piuttosto di consolidare il suo predominio in Europa e di aumentare la sua posizione nei paesi asiatici.
Un'altra critica rivolta a Nokia è relativa all'aver puntato troppo su Symbian. Il sistema operativo utilizzato dagli smartphone Nokia, infatti, è stato considerato problematico sin dal suo sviluppo a causa delle difficoltà del sistema nel gestire browser e altre applicazioni che si rivelavano invece molto semplici da gestire con gli smartphone usciti nello stesso periodo basati su altri sistemi operativi. Nokia, inoltre, ha ritardato di molto l'introduzione dei telefoni *touch screen*, nonostante l'elevata richiesta di questa gamma di prodotti da parte del mercato. Nokia è sempre stata un'azienda fortemente innovatrice, ha introdotto per prima i giochi multimediali nei telefonini e creato lo standard di invio dati Bluetooth, ma non ha puntato massicciamente sulle innovazioni. Con una forte resistenza al cambiamento, e in un contesto di crisi finanziaria mondiale, questo ha portato l'azienda a perdere quote di mercato e affrontare risultati operativi negativi a causa della forte competizione sia nella fascia alta che in quella bassa del mercato, permettendo invece a Samsung di consolidare la sua posizione.

Il cambio al vertice della compagnia

La nuova strategia di Nokia passa innanzitutto attraverso una nuova leadership, una nuova struttura operativa e un nuovo approccio.
Olli-Pekka Kallasvuo, CEO e presidente dal 2006 ma in azienda dal 1980, ha vissuto l'ascesa di Nokia fino a renderla il marchio di telefonia più famoso al mondo, ma è sotto la sua leadership che è iniziato anche il declino. Nel 2010 Kallasvuo viene sostituito da Stephen Elop,

1. *Stabilire i criteri per le necessità lavorative future.* Il ridimensionamento dovrebbe essere utilizzato come modalità per rendere l'organizzazione più forte e competitiva in presenza di una variazione delle condizioni, non semplicemente come un modo per tagliare sul personale. I manager dovranno individuare le necessità future in termini di tipologie di lavoro e di compiti; successivamente, potranno individuare conoscenze, capacità, abilità ed esperienza lavorativa necessarie in futuro e operare i tagli del personale sulla base di questi criteri. Diversamente, i manager corrono il rischio di licenziare proprio i dipendenti che possiedono le competenze e abilità necessarie all'azienda per riprendersi.[103]
2. *Cercare alternative.* I manager possono usare la creatività per ridurre i costi e limitare i licenziamenti durante una fase di declino. Durante l'ultimo periodo recessivo, la Honeywell ha usato i congedi e i tagli dei programmi di benefit per evitare di mandare a casa i lavoratori. Il governo dello stato del Connecticut, Tri-Star Industries e numerose altre organizzazioni hanno scelto invece programmi di solidarietà,

primo CEO e presidente non finlandese della società, con esperienze precedenti in Microsoft e Adobe. È lui l'uomo nelle cui mani viene consegnato il destino della società.
Appena insediatosi, Elop invia un memorandum a tutti i dipendenti, dal titolo "Burning Platform", in cui descrive le occasioni che l'azienda non ha saputo cogliere e individua le sfide strategiche che la società di telefonia mobile dovrà affrontare. Nell'ambio del piano di riduzione dei costi Elop ha dovuto prendere molte decisioni impopolari. Ha annunciato il taglio di 10.000 posti di lavoro entro il 2013, ha ceduto la divisione di telefonini extra-lusso Vertu, ha venduto *l'headquarter* per portare circa 170 milioni di euro di liquidità in cassa.

Tra fusioni e cessioni: la strategia di turnaround

Elap è anche l'uomo dell'accordo con Microsoft, con il quale nel 2011 si è legato in maniera pressoché esclusiva a Windows Phone per riconquistare la leadership nel segmento smartphone e fornire prodotti differenziati e innovativi. La piattaforma Windows Phone è andata a sostituire la oramai obsoleta Symbian, e l'azienda ha deciso di investire fortemente sui nuovi smartphone Nokia Lumia. Nonostante la proficua collaborazione con Microsoft, Nokia non è stata in grado di tornare alla redditività. Nel 2014 si è quindi concluso l'acquisto della divisione Devices & Services di Nokia da parte di Microsoft per oltre 7 miliardi di dollari con la costituzione di una divisione denominata *Microsoft Mobile*. Tutti i *device* Nokia assieme a team di sviluppo, impianti di produzione e di collaudo, dipendenti, relazioni con gli sviluppatori, contratti e relazioni con aziende esterne e servizi sono passati quindi a Microsoft. In questo modo, l'azienda americana attraverso il colosso finlandese cercava di affermare la sua presenza nel mobile potendo sfruttare un canale di distribuzione essenziale attraverso relazioni già esistenti con gli operatori. Nokia, invece, manteneva il business delle reti, la divisione Here (mappe digitali) e la ricerca e sviluppo e, grazie alla collaborazione con Microsoft, intendeva rafforzare applicazioni e contenuti e investire sullo sviluppo di soluzioni per le telecomunicazioni. In questa direzione va infatti l'acquisizione dell'azienda franco-americana Alcatel-Lucent del 2015. Nello stesso anno però, la compagnia dichiara la propria volontà di tornare al suo business originario stringendo partnership con vari attori che cureranno produzione, vendita, marketing e assistenza dei futuri prodotti di telefonia mobile e intraprendendo una serie di nuove fusioni e acquisizioni. Dal canto suo, il nuovo CEO di Microsoft Satya Nadella, che succedeva all'artefice dell'acquisizione di Nokia Steve Ballmer, si è dichiarato sin da subito intenzionato a ridimensionare la presenza di Microsoft settore della telefonia mobile. Nel 2016, infatti, Microsoft ha venduto a FIH Mobile (sussidiaria di Foxconn) e HMD Global (società finlandese fondata da alcuni ex Nokia), una divisione che si occupa dei cosiddetti "feature phone", cioè il business degli smartphone di fascia bassa, e la cessione dei diritti per l'utilizzo del brand Nokia, del software, dei servizi, dei contratti e degli accordi con i fornitori. A inizio 2017 Nokia, in collaborazione con HMD Global, rientra ufficialmente nel mercato della telefonia mobile lanciando il Nokia 6 con sistema operativo Android. Sarà l'inizio del ritorno dell'azienda e del brand nel mercato degli smartphone?

Domande

1. Che peso ha avuto la leadership di Nokia nel determinare la crisi e nel processo di *turnaround*? Quanto è stato decisivo secondo voi il cambio al vertice dell'azienda?
2. Come valutate la scelta di Nokia di cedere la divisione Devices & Services a Microsoft?
3. Secondo voi Nokia riuscirà a raggiungere gli obiettivi strategici che si è prefissata? Quali errori andrebbero evitati?

riducendo l'orario di lavoro dei dipendenti. Altre organizzazioni diminuiscono gli stipendi, offrono periodi sabbatici non retribuiti o con retribuzione parziale, stabiliscono giornate di chiusura e ricorrono a numerose altre strategie per evitare tagli indiscriminati del personale.[104]

3. *Aumentare la comunicazione, non diminuirla.* Alcuni manager pensano che meno si parla di un probabile licenziamento, meglio è. Non è così: le voci di corridoio possono rivelarsi più dannose della comunicazione diretta. Alla 3Com (che ora appartiene a Hewlett-Packard), i manager elaborarono un piano in tre fasi nella preparazione dei licenziamenti: innanzitutto avvisarono i dipendenti diversi mesi prima che i licenziamenti erano inevitabili; subito dopo effettuarono delle presentazioni in tutte le sedi dell'azienda per spiegare ai dipendenti che i licenziamenti erano necessari e per offrire loro tutte le informazioni possibili su ciò che avrebbero dovuto aspettarsi.[105] I manager dovrebbero tenere a mente che nei periodi di turbolenza è impossibile "comunicare troppo". I dipendenti che rimangono devono sapere che cosa li attende,

se sono possibili ulteriori licenziamenti e che cosa l'organizzazione sta facendo per aiutare i colleghi che hanno perso il posto.

4. *Fornire assistenza ai lavoratori licenziati.* L'organizzazione ha la responsabilità di aiutare i lavoratori licenziati ad affrontare la perdita del posto e a ristabilirsi nel mercato del lavoro. L'organizzazione può fornire formazione, liquidazioni, indennità e assistenza nella ricerca di un nuovo lavoro. I manager di eBay hanno offerto ai dipendenti licenziati un'indennità di licenziamento pari a cinque mensilità, hanno prorogato i benefit sanitari per quattro mesi e si sono impegnati ad aiutarli a trovare un altro lavoro. "Il trattamento riservato a chi viene licenziato determina un forte impatto sulle opinioni dei lavoratori che restano circa l'azienda" ha affermato un dirigente della funzione Risorse Umane di eBay.[106] I servizi di consulenza per i dipendenti e le loro famiglie possono inoltre alleviare il trauma associato alla perdita del lavoro. Un numero crescente di aziende sta fornendo ai lavoratori licenziati accesso continuo a piani di assistenza per aiutarli a gestire lo stress, la depressione e problemi di altro genere.[107]
5. *Aiutare i "sopravvissuti" a prosperare.* Sono state condotte numerose ricerche sulla "sindrome dei sopravvissuti" ai processi di riduzione del personale.[108] Molte persone vivono sentimenti di colpa, rabbia, confusione e tristezza dopo la perdita dei colleghi e i manager dovrebbero riconoscere tali sentimenti. I dipendenti che rimangono potrebbero essere preoccupati per il proprio posto, perdere fiducia nella dirigenza dell'azienda, deprimersi e adottare un atteggiamento cinico. Talvolta gli individui incontrano difficoltà ad adattarsi ai cambiamenti nei doveri e nelle responsabilità lavorative e alla gestione delle relazioni di reporting dopo un ridimensionamento. È molto importante che, per quanto il loro stato d'animo non sia dei migliori, i manager non si isolino: devono interagire con i dipendenti e fare il possibile per alleviarne l'incertezza, lo stress e la confusione. "Uno degli errori più gravi che il management può commettere in fasi come queste è non prendere atto della situazione e del peso che determina sul personale" segnala la consulente manageriale Simma Lieberman.[109]

confrontate la vostra opinione

3 **Dopo una riduzione del personale che si è resa necessaria, i manager non dovrebbero curarsi troppo di aiutare i dipendenti collocati in mobilità, concentrandosi piuttosto su chi resta per assicurarsi che si faccia il necessario per favorire la ripresa dell'azienda.**

Risposta esatta: *In disaccordo.* Un modo per curarsi dei dipendenti che restano dopo un'azione di ridimensionamento è dedicare attenzioni a chi è stato messo in mobilità: l'aiuto ai lavoratori licenziati segnala a chi rimane che l'organizzazione si preoccupa dei colleghi e amici andati via, e questo aiuta l'azienda a rimettersi in marcia. Gestire un ridimensionamento significa fornire assistenza sia ai lavoratori che lasciano l'azienda sia a quelli che restano.

Anche le organizzazioni con la migliore gestione possono a volte aver bisogno di licenziare i dipendenti in presenza di un ambiente turbolento oppure per rivitalizzarsi e invertire la rotta del declino. I leader possono ottenere risultati positivi se gestiscono il ridimensionamento in modo che i dipendenti lascino il posto con dignità e i membri dell'organizzazione rimanenti siano motivati, produttivi e impegnati verso un futuro migliore.

Riepilogo e interpretazioni

- Le organizzazioni subiscono numerose pressioni legate alla crescita e le grandi dimensioni sono di importanza cruciale per il benessere economico in alcuni settori. Le dimensioni consentono lo sviluppo di economie di scala, forniscono un ampio spettro di opportunità ai dipendenti e consentono alle aziende di investire in progetti costosi e rischiosi. Tuttavia le grandi organizzazioni faticano ad adattarsi ai rapidi cambiamenti dell'ambiente: in genere le grandi organizzazioni sono standardizzate, gestite in modo meccanicistico e caratterizzate da una certa complessità. Le piccole organizzazioni invece presentano una struttura più piatta e una gestione manageriale organica e flessibile, sono in grado di rispondere più rapidamente ai mutamenti ambientali e sono più adeguate a incoraggiare l'innovazione e l'imprenditorialità. I manager di aziende grandi e in crescita cercano di trovare i meccanismi per rendere le loro organizzazioni più flessibili e reattive.
- Le organizzazioni si evolvono attraverso stadi distinti di un ciclo di vita man mano che crescono e maturano. La struttura organizzativa, i sistemi interni e i problemi di gestione sono diversi per ogni stadio di sviluppo. La crescita determina crisi e rivoluzioni lungo il cammino verso le grandi dimensioni. Uno dei compiti primari dei manager è di guidare l'organizzazione attraverso gli stadi di sviluppo imprenditoriale, della collettività, della formalizzazione e dell'elaborazione.
- Man mano che le organizzazioni avanzano lungo il ciclo di vita e diventano più grandi e complesse, generalmente assumono caratteristiche burocratiche, quali la presenza di regole, la divisione del lavoro, la tenuta di registri, la gerarchia e le procedure impersonali. La burocrazia è un modo logico di organizzarsi che permette alle aziende di utilizzare le risorse in maniera efficiente; tuttavia, in molte grandi organizzazioni aziendali e governative il modello burocratico è stato corretto tramite tentativi di decentrare l'autorità, appiattire la struttura dell'organizzazione e ridurre le regole. L'intento è stato di creare un approccio mentale da piccola azienda. Queste aziende hanno ottenuto minori economie di scala in cambio di maggiore reattività e adattabilità. Con le stesse finalità, molte aziende si strutturano in piccole divisioni per ottenere i vantaggi tipici delle piccole aziende. Un altro approccio adottato per superare i problemi causati dalla burocrazia consiste nel ricorso a sistemi temporanei, che consente all'organizzazione di passare agilmente da uno stile altamente formalizzato e gerarchizzato, efficace durante i periodi di stabilità, a uno stile più flessibile, necessario per rispondere alle condizioni ambientali inattese o volatili.
- Tutte le organizzazioni, grandi e piccole, hanno bisogno di sistemi di controllo. I manager possono scegliere a questo riguardo fra tre approcci generali relativamente a: controllo di mercato, burocratico e di clan. Il controllo burocratico poggia su regole standard e sull'autorità razionale-legale dei manager. Il controllo di mercato è utilizzato laddove agli output di prodotto o di servizio può essere associato un prezzo ed esiste competizione. Il controllo di clan e, più recentemente, l'autocontrollo, sono associati a processi organizzativi incerti e in rapido cambiamento. Questi sistemi si affidano per il controllo all'impegno, alla tradizione e ai valori condivisi. I manager possono infine utilizzare, per soddisfare le necessità dell'organizzazione, una combinazione di approcci al controllo. In

generale, oggi le aziende passano da un approccio al controllo di tipo gerarchico a uno di tipo decentralizzato.

- Molte organizzazioni nel corso del loro ciclo di vita smettono di crescere e alcune entrano in una fase di declino. Le organizzazioni attraversano diversi stadi di declino ed è compito dei manager individuarne i segni, attuare i provvedimenti necessari e invertire la rotta. Una delle decisioni più difficili riguarda il ridimensionamento della forza lavoro, il *downsizing*. Per agevolare tale processo, i manager possono stabilire i criteri relativi alle tipologie di lavoro e competenze necessarie per la ripresa, cercare alternative per non ricorrere a licenziamenti di massa, comunicare con i dipendenti fornendo loro la maggior quantità possibile di informazioni, aiutando coloro che perdono il posto e ricordando di prestare attenzione alle esigenze emotive di coloro che rimangono all'interno dell'organizzazione.

Punti chiave

Tieni a mente questi suggerimenti

1. Decidi se la tua organizzazione deve agire come una grande azienda o una piccola azienda. Nella misura in cui le economie di scala, la portata globale del business e la complessità sono importanti, introduci un maggior grado di burocratizzazione con l'aumentare delle dimensioni dell'organizzazione. Se si rende necessario, aggiungi regole nello sviluppo delle carriere nonché forme di decentramento.
2. Se la reattività, la flessibilità, la semplicità e la scoperta di nicchie di mercato assumono invece un ruolo più importante, segmenta l'organizzazione in divisioni semplici e autonome dotate ciascuna di libertà e di un approccio da piccola azienda.
3. Fai crescere la tua azienda, quando è possibile. Attraverso la crescita, puoi offrire ai dipendenti opportunità di avanzamento e maggiore redditività ed efficacia. Applica nuovi sistemi di gestione e configurazioni strutturali a ogni stadio dello sviluppo organizzativo. Interpreta le necessità dell'organizzazione in fase di crescita e rispondi a esse con i sistemi di gestione e i sistemi interni che porteranno l'organizzazione fino allo stadio successivo di sviluppo.
4. Quando l'organizzazione cresce, fornisci un maggiore grado di formalizzazione per raggiungere la standardizzazione e il controllo. Stai attento alle spese generali eccessive mantenendo bassi i costi del personale amministrativo e dello staff di supporto.
5. Considera l'opportunità di utilizzare sistemi temporanei per mantenere i benefici offerti dalla burocrazia in termini di efficienza e di controllo evitando nel contempo il problema della lentezza di risposta al rapido cambiamento ambientale. Consenti all'organizzazione di passare agilmente da un sistema formalizzato durante i periodi di stabilità a una struttura più flessibile di fronte alle minacce, le crisi e i cambiamenti ambientali inattesi.
6. Implementa una delle tre alternative di base – controllo burocratico, di clan e di mercato – come strumento principale per il controllo organizzativo. Utilizza il controllo burocratico con organizzazioni grandi, con un ambiente stabile, e caratterizzate da una tecnologia routinaria; utilizza il controllo di clan all'interno di unità di piccole dimensioni e caratterizzate da incertezza; utilizza il controllo di mercato quando agli output può essere assegnato un prezzo e quando sono disponibili offerte competitive.
7. Comprendi le cause e gli stadi del declino. Sii vigile per rilevare i segni di declino nell'organizzazione e agire il più velocemente possibile per invertire il corso del declino. Un'azione tempestiva nei primi stadi impedisce all'organizzazione di degenerare nel quarto stadio, lo stadio della crisi, quando il risanamento diventa molto più difficile.
8. Quando i licenziamenti si rendono necessari, gestiscili con attenzione. Tratta i dipendenti che lasciano il posto gestendo attivamente le relazioni sociali, comunica con loro fornendo il maggior numero possibile di informazioni, offri assistenza ai dipendenti licenziati e tieni a mente le esigenze emotive dei dipendenti che restano.

Glossario

autorità carismatica
autorità razionale-legale
autorità tradizionale
burocrazia
centralizzazione
ciclo di vita
controllo burocratico
controllo di clan
controllo di mercato
declino organizzativo
formalizzazione
indicatori del personale
ridimensionamento
stadio della collettività
stadio della formalizzazione
stadio di elaborazione
stadio imprenditoriale

Domande per la discussione

1. Perché le grandi organizzazioni tendono ad avere personale amministrativo e staff di supporto più numerosi? Perché di norma sono più formalizzate rispetto alle piccole organizzazioni?
2. Applicate il concetto di ciclo di vita a un'organizzazione con cui avete familiarità, come un'impresa della vostra zona. In quale stadio si trova ora l'organizzazione? In che modo l'organizzazione ha gestito o è passata attraverso le crisi del ciclo di vita?
3. Perché pensate che le organizzazioni avvertano tensioni legate alla crescita? Come ritenete che le aziende descritte nel Segnalibro di questo capitolo come "piccoli giganti" controbattano a tali pressioni?
4. Descrivete le tre basi del potere identificate da Weber. All'interno di un'organizzazione è possibile che sia impiegato contemporaneamente ogni tipo di autorità.
5. Sfogliate alcuni numeri di recente pubblicazione di riviste come *Fortune*, *BusinessWeek* e *Fast Company*, ricercate due esempi di aziende che stanno utilizzando strategie per ridurre la burocrazia e analizzate le tecniche applicate.
6. Scrivendo a proposito dei tipi di controllo, William Ouchi affermò: "Il Mercato è come la trota e il Clan è come il salmone, entrambe sono delle meravigliose specie altamente specializzate che richiedono condizioni inusuali per la loro sopravvivenza. In confronto, il metodo di controllo burocratico è il pescegatto – brutto e sgraziato, ma capace di vivere in un ampio spettro di ambienti e, in definitiva, la specie dominante". Discutete su cosa Ouchi abbia voluto dire con questa analogia.
7. Le organizzazioni governative sembrano spesso assomigliare più ad organizzazioni burocratiche che a imprese orientate al profitto. In parte, questo potrebbe essere il risultato del tipo di controllo utilizzato?
8. In che modo l'Esercito della Salvezza riesce ad essere "diversi tipi di organizzazioni allo stesso tempo"? L'approccio utilizzato sembra poter essere adatto per una grande azienda mediatica come Time Warner o Disney che voglia ridurre la burocrazia?
9. Numerosi grandi istituti finanziari, come Lehman Brothers e Merrill Lynch, hanno vissuto un drammatico declino o sono del tutto spariti negli ultimi anni. Quali delle tre cause del declino organizzativo illustrate nel capitolo sembra applicarsi più esplicitamente a queste imprese?
10. Pensate che in una business school si dovrebbe insegnare una filosofia di management improntata a "niente crescita"?

Quaderno di lavoro

Controllo della classe

Ripensate a uno dei vostri corsi preferiti e a uno dei più odiati. In che modo il docente controllava voi e gli altri studenti in questi corsi? Scrivete le risposte alle seguenti domande.

- Come venivano utilizzate regole, standard o legittima autorità per influenzare il comportamento degli studenti?
- Corso preferito:
- Corso più odiato:
- Come venivano utilizzati competizione e risultati misurati per influenzare il comportamento degli studenti?
- Corso preferito:
- Corso più odiato:
- Come venivano utilizzati valori condivisi, norme, aspettative e autocontrollo per influenzare il comportamento degli studenti?
- Corso preferito:
- Corso più odiato:

Domande

1. In che modo le differenze in termini di *tipologia* di controllo hanno influenzato il vostro gradimento del corso?
2. In che modo la *quantità* di controllo esercitato sugli studenti ha influenzato il vostro gradimento del corso?
3. In che modo le dimensioni di ciascuna classe hanno influenzato la tipologia e la quantità di controllo utilizzate dal docente?
4. Discutete le vostre risposte con altri studenti per capire se avete uguali o differenti percezioni del controllo.

PARTE V

Gestione dei processi organizzativi

Cultura organizzativa e valori etici

10

ORGANIZZARE LE IMPRESE:
qual è la vostra opinione?

Prima di leggere il presente capitolo, indicate qual è la vostra opinione in merito a ciascuna delle seguenti affermazioni:

1 In genere, i top manager dovrebbero concentrare maggiormente le proprie energie su struttura organizzativa e strategia, anziché sulla cultura aziendale.

D'ACCORDO ☐ IN DISACCORDO ☐

2 Adottare standard etici e un atteggiamento socialmente responsabile non è solo la cosa giusta da fare per un'azienda: è un fattore cruciale per il successo del business.

D'ACCORDO ☐ IN DISACCORDO ☐

3 L'unica strategia realmente efficace per assicurarsi che un'organizzazione disponga di una forte base etica è adottare un codice etico valido e assicurarsi che tutti i dipendenti ne conoscano il contenuto.

D'ACCORDO ☐ IN DISACCORDO ☐

Pensando al lavoro presso una start-up tecnologica, alcuni dei termini che vengono in mente sono *straordinari*, *collaborazione*, *creatività*, *coesione*, *sfida*, *cameratismo* e *divertimento*; raramente alle start-up imprenditoriali vengono associati termini come *competizione interna*, *avversità*, *confronto* e *minaccia*... a meno che non si stia parlando con qualche "evaso" dalla Amazon, come alcuni ex dipendenti e manager dell'azienda amano definirsi. Alcuni ex dipendenti, infatti, con riferimento all'ambiente interno della Amazon, parlano di "cultura dei gladiatori", per il fatto che in qualsiasi aspetto dell'azienda sembra sia insita una spietata competizione fra dipendenti. Alcuni asseriscono di non voler nemmeno sentir parlare di tornare a lavorarvi. Eppure altri amano il ritmo e la sfida di una tale cultura del confronto e sono convinti che non riuscirebbero a lavorare efficacemente in nessun altro posto. LinkedIn, il network dedicato ai professionisti, è pieno di dirigenti che hanno lasciato Amazon, salvo poi ritornare perché sentivano la mancanza del senso di sfida. "All'interno dell'azienda," scrive Brad Stone nella sua storia del colosso dell'e-commerce, "questo prende il nome di effetto boomerang."[1]

Amazon è un'azienda di grande successo che ha dipendenti e manager che amano il loro lavoro e che in generale apprezzano le modalità operative dell'azienda; tuttavia, ci sono anche manager e dipendenti convinti che valori culturali e modalità operative arrechino danno alla loro felicità e al successo dell'azienda nel lungo termine.

Tutte le organizzazioni, come Amazon, possiedono particolari valori che caratterizzano il modo in cui le persone dovrebbero comportarsi e il modo in cui l'organizzazione gestisce quotidianamente la propria attività. Uno dei più importanti compiti dei leader organizzativi è quello di trasmettere e sostenere il tipo di valori necessari perché l'impresa abbia successo.

Le culture forti possono esercitare sull'azienda un impatto considerevole – positivo o negativo. Per esempio, alla J.M. Smucker & Company – che nel 2004 è stata la prima azienda manifatturiera a raggiungere il vertice della classifica delle "100 migliori imprese per cui lavorare" stilata dalla rivista *Fortune* – i forti valori della cooperazione, dell'attenzione per dipendenti e clienti e di uno spirito del tipo "uno per tutti, tutti per uno" permettono all'impresa di perseguire coerentemente obiettivi di produttività, qualità e servizio alla clientela nel difficile ambiente del settore alimentare.[2] Le norme culturali negative, tuttavia, possono danneggiare un'azienda in modo altrettanto importante di quanto le norme positive possono rafforzarla. Da un rapporto indipendente della Barclay's, disposto l'indomani di uno scandalo relativo alla manipolazione dei tassi di interesse, sono emersi dei problemi legati alla cultura. I manager, nel fare pressioni per trasformare la Barclay's da banca al dettaglio a colosso finanziario globale nell'ultimo ventennio, hanno creato una cultura che "tendeva a favorire le transazioni piuttosto che le relazioni, il breve termine piuttosto che la sostenibilità e le finalità finanziarie piuttosto che altre finalità commerciali," viene affermato nel rapporto. Il desiderio di aumentare i profitti è diventato smodato. Il nuovo amministratore delegato Antony P. Jenkins ha annunciato un piano per rendere migliore la cultura della Barclay's, nel quale è previsto anche di tenere a freno comportamenti aggressivi di assunzione di rischio. In una comunicazione di servizio interna, ha invitato i dipendenti che non si fossero dichiarati disposti ad aiutare la Barclay's a ricostruire la propria reputazione a lasciare l'organizzazione.[3]

Un concetto correlato all'influenza esercitata da norme e valori sul modo in cui le persone lavorano insieme e su come si comportano tra loro e con i clienti è quello di *capitale sociale*. Il **capitale sociale** consiste nella qualità delle interazioni tra le persone e nella condivisione di una prospettiva comune. In organizzazioni con un alto livello di capitale sociale, le relazioni sono basate sulla fiducia, sulla mutua comprensione, su norme e valori condivisi che consentono alle persone di cooperare e coordinare le loro attività per raggiungere gli obiettivi.[4] Un'organizzazione può avere un livello alto o basso di capitale sociale, che può essere concepito come *goodwill* (buona disposizione). Quando le relazioni sia all'interno dell'organizzazione sia con i clienti, i fornitori e i partner sono basate sull'onestà, la fiducia e il rispetto, tutti sono ben disposti e desiderosi di collaborare per raggiungere i mutui benefici. Un alto livello di capitale sociale consente interazioni sociali e scambi senza attrito che contribuiscono al buon funzionamento dell'organizzazione. Le relazioni basate su una competizione all'ultimo sangue, l'egoismo e il sotterfugio possono avere effetti devastanti su un'azienda. Il capitale sociale è legato sia alla cultura aziendale sia all'etica, che sono gli argomenti trattati nel presente capitolo.

Obiettivi del capitolo

Questo capitolo esplora i concetti riguardanti la cultura aziendale, i valori etici a essa associati, e come questi sono influenzati dai manager delle organizzazioni. Nella prima parte si descrivono la natura della cultura aziendale, le sue origini e il suo scopo, ed è spiegato come identificare e interpretare la cultura osservando riti e cerimonie dell'organizzazione, storie e slogan, simboli, strutture organizzative, rapporti di potere e sistemi di controllo. Sarà considerato quindi come la cultura rinforza la strategia e la progettazione strutturale di cui l'organizzazione necessita per essere efficace all'interno del proprio ambiente, richiamando l'importante ruolo della cultura per l'apprendimento organizzativo e la performance. Successivamente il capitolo si occuperà dei valori etici e della responsabilità sociale d'impresa nelle organizzazioni e del modo in cui i manager realizzano le strutture e i sistemi utili a influenzare il comportamento dei dipendenti. Si vedrà inoltre come i manager possono modellare la cultura e i valori etici in modo tale che siano compatibili con la strategia e i risultati dell'organizzazione. Il capitolo si chiuderà con una breve panoramica sulle complesse questioni culturali ed etiche che i manager si trovano ad affrontare in un ambiente internazionale.

Cultura organizzativa

La popolarità dell'argomento della cultura aziendale solleva molte domande. Siamo in grado di identificare diverse culture? È possibile allineare la cultura con la strategia? Come è possibile cambiare le culture? Il migliore punto di partenza consiste nel definire la cultura e spiegare come questa si riflette all'interno delle organizzazioni.

Che cos'è la cultura?

La **cultura** è l'insieme di valori, opinioni e conoscenze che sono condivisi dai membri di un'organizzazione e insegnati ai nuovi membri come la maniera corretta di pensare e comportarsi.[5] Essa rappresenta la parte non scritta dell'organizzazione. La cultura è la componente informale dell'organizzazione, mentre aspetti come la struttura, le dimensioni e la strategia, esaminati nei capitoli precedenti, ne rappresentano le componenti formali. Tutte le organizzazioni si caratterizzano per la presenza di strutture e sistemi formali, oltre che di valori informali, norme e assunti appartenenti alla cultura aziendale.[6] Tutti partecipano alle dinamiche culturali, ma generalmente la cultura passa inosservata: è solo quando i manager provano a realizzare nuove strategie, strutture o sistemi che sono in contrasto con le norme e i valori di base della cultura aziendale che gli stessi si ritrovano faccia a faccia con il potere esercitato dalla cultura.

La cultura organizzativa si stratifica su due livelli, come illustrato in Figura 10.1. In superficie troviamo i manufatti visibili e i comportamenti osservabili – i modi in cui la gente si veste e agisce, la disposizione degli uffici, i sistemi di controllo e la strutture di potere utilizzate dall'azienda, i simboli, le storie e le cerimonie che i membri dell'organizzazione condividono. Gli elementi visibili della cultura, tuttavia, sono espressione di valori più profondi, radicati nelle menti dei membri dell'organizzazione. Questi valori sottostanti, gli assunti, le opinioni e i processi mentali operano a livello inconscio e danno forma alla cultura.[7] Per esempio, presso l'azienda di lavorazione del pomodoro Morning Star, descritta nel Capitolo 1, gli uffici amministrativi sono dislocati in prossimità dell'area di produzione, per cui manager e dipendenti possono interagire da pari a pari. Presso la tedesca TeamBank, i top manager hanno imposto di utilizzare l'informale *Du* nelle interazioni all'interno della banca, piuttosto che il formale *Sie* comunemente utilizzato in Germania sui posti di lavoro. Si tratta in questi casi di simboli osservabili. I valori enfatizzati sono l'apertura, la collaborazione, l'egualitarismo e il lavoro di squadra.[8] Gli attributi della cultura si manifestano in molti modi, ma si sviluppano tipicamente in modelli comprendenti insiemi di attività che vengono svolte attraverso interazioni sociali.[9] Tali modelli possono essere utilizzati allo scopo di interpretare una cultura.

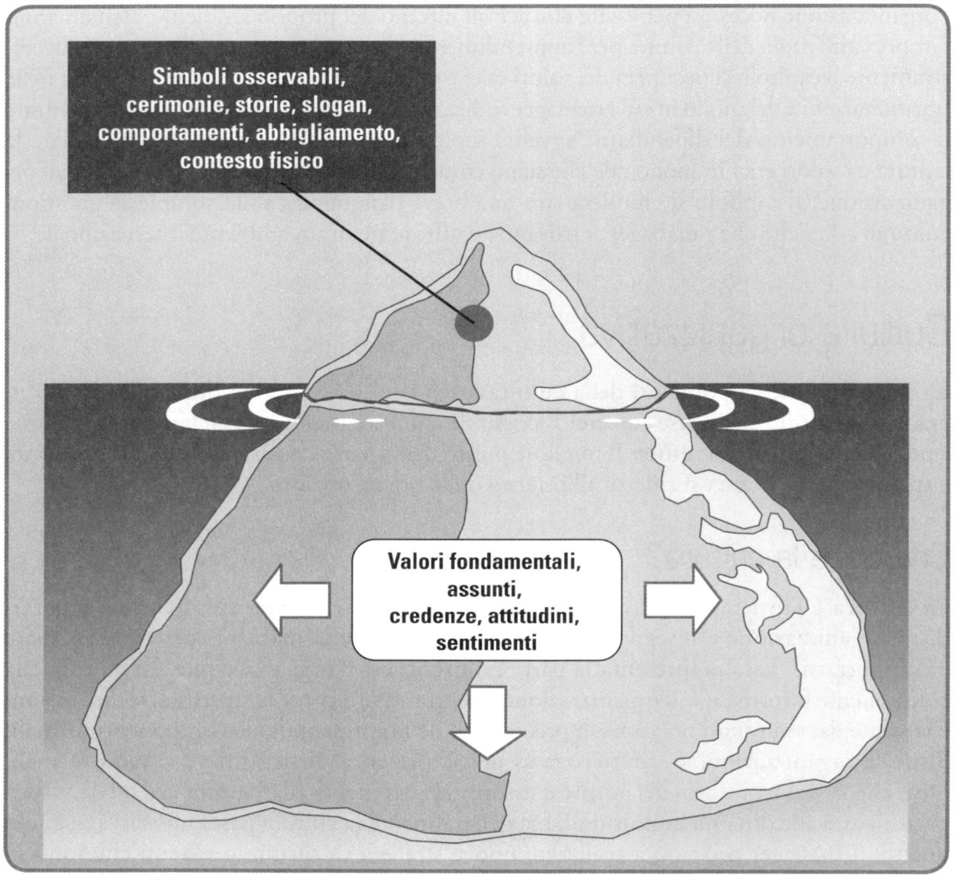

Figura 10.1
Livelli della cultura aziendale

Manifestazione e scopo della cultura

La cultura fornisce ai membri un senso di identità organizzativa e genera un impegno nei confronti di opinioni e valori che hanno una portata più ampia rispetto ai singoli individui.[10] Sebbene i concetti che divengono parte della cultura possano provenire da ogni luogo all'interno dell'organizzazione, la cultura di quest'ultima prende vita generalmente grazie a un fondatore o a un leader che elabora e mette in pratica concetti e valori particolari, quali una visione, una filosofia o una strategia di business.

Quando questi concetti e valori conducono al successo, si istituzionalizzano e prende forma una cultura organizzativa che riflette la visione e la strategia del fondatore o del leader. Per esempio la cultura della Amazon, descritta nell'esempio introduttivo, riflette i valori del fondatore Jeff Bezos, che si basa su disaccordo e contestazione: egli ritiene infatti che spetti ai leader contestare decisioni od opinioni su cui non è d'accordo, anche se questo può risultare sgradevole. Un leader è coraggioso e fedele alle proprie convinzioni; è tenace e non scende a compromessi per amore della coesione sociale; quando ha preso una decisione, tuttavia, a essa si dedica con tutto se stesso. Altri valori che Bezos ha inculcato nella cultura di Amazon sono frugalità, attenzione ossessiva al cliente, innovazione e propensione all'azione. A una dipendente che, in occasione di una delle prime riunioni plenarie, gli chiese quando l'azienda pensava di migliorare l'equilibrio vita-lavoro per i dipendenti, rispose che probabilmente Amazon non faceva al caso suo. "Il motivo per cui siamo qui è per fare in modo che le cose vengano fatte e questa è la massima priorità," affermò Bezos. "Questo la Amazon ce l'ha nel DNA."[11]

Le culture assolvono nelle organizzazioni due funzioni critiche: (1) integrare i membri in modo che essi sappiano come relazionarsi gli uni agli altri; (2) aiutare l'organizzazione ad adattarsi all'ambiente esterno. L'**integrazione interna** significa che i membri sviluppano un'identità collettiva e comprendono come lavorare insieme in maniera efficace. È la cultura che guida i rapporti di lavoro quotidiano e determina il modo in cui le persone comunicano all'interno dell'organizzazione, quale comportamento è accettabile o non accettabile e il modo in cui vengono assegnati potere e status. L'**adattamento esterno** si riferisce invece a come l'organizzazione raggiunge gli obiettivi e si relaziona a entità esterne. La cultura contribuisce a dirigere le attività quotidiane dei dipendenti verso il raggiungimento di determinati obiettivi, e può aiutare l'organizzazione a rispondere rapidamente alle necessità dei clienti o alle mosse di un concorrente. Per esempio, vediamo come la cultura della Billtrust, una piccola impresa del New Jersey che offre servizi di fatturazione automatizzata ed elettronica, promuove l'integrazione interna e aiuta l'azienda ad adattarsi all'ambiente esterno.

IN PRATICA

Billtrust

In due anni Billtrust è passata da 45 a 145 dipendenti e l'aumento del giro d'affari voleva dire che anche l'organico sarebbe aumentato... Era una bella notizia, ma il fondatore Flint Lane voleva assicurarsi che la cultura che promuoveva divertimento, comunicazione aperta, lavoro di squadra e interazione fra unità rimanesse forte.

Billtrust ha una politica "porte aperte" per incoraggiare i dipendenti ad identificarsi con il proprio compito ed a parlare liberamente con i propri capi di qualunque cosa riguardi il proprio lavoro. Quando l'azienda è cresciuta, i manager hanno deciso di aggiungere una riunione mensile informale per tutti i dipendenti. L'incontro inizia alle 11:37 del mattino, un orario non convenzionale, scelto per dare la possibilità ai dipendenti di dare prova della loro dedizione all'azienda facendo della puntualità una priorità. Durante queste riunioni, Lane e altri manager incoraggiano i partecipanti a porre domande esplicite, alle quali essi rispondono in modo aperto e onesto. La Billtrust organizza anche diversi eventi estesi a tutta l'azienda: fra gli altri, un torneo all'anno di ping-pong a squadre, due tornei all'anno di bowling e regolarmente, in estate, dei barbecue in cui le varie unità si avvicendano scegliendo un "grill master" la cui abilità alla griglia viene valutata dai colleghi. Questi eventi rafforzano i legami fra una forza lavoro cresciuta consistentemente di numero e rendono più robusta l'identità nei valori culturali aziendali. Come ha detto una volta un nuovo dipendente: "Le altre aziende mi offrivano un posto di lavoro; Billtrust, invece, mi offriva qualcosa di cui potevo diventare parte."[12]

La cultura dell'organizzazione guida anche il processo decisionale dei dipendenti in mancanza di regole o politiche aziendali scritte.[13] Pertanto entrambe le funzioni della cultura sono correlate allo sviluppo del capitale sociale dell'organizzazione, determinando relazioni positive o negative sia all'interno dell'organizzazione sia con le persone esterne.

Interpretare la cultura

Per identificare e interpretare la cultura è necessario basarsi su elementi osservabili. Tali elementi possono essere studiati, ma sono difficili da decifrare con precisione. Una cerimonia di premiazione in un'azienda può avere un significato diverso da quello che ha in un'altra azienda. Per comprendere ciò che succede realmente in un'organizzazione è necessario un lavoro investigativo e magari qualche esperienza come membro interno di tale organizzazione. In Figura 10.2 sono illustrati alcuni degli aspetti dell'organizzazione che possono permettere di comprenderne la cultura:[14] i riti e le cerimonie, le storie e gli slogan, i simboli, le strutture organizzative, i rapporti di potere e i sistemi di controllo.[15]

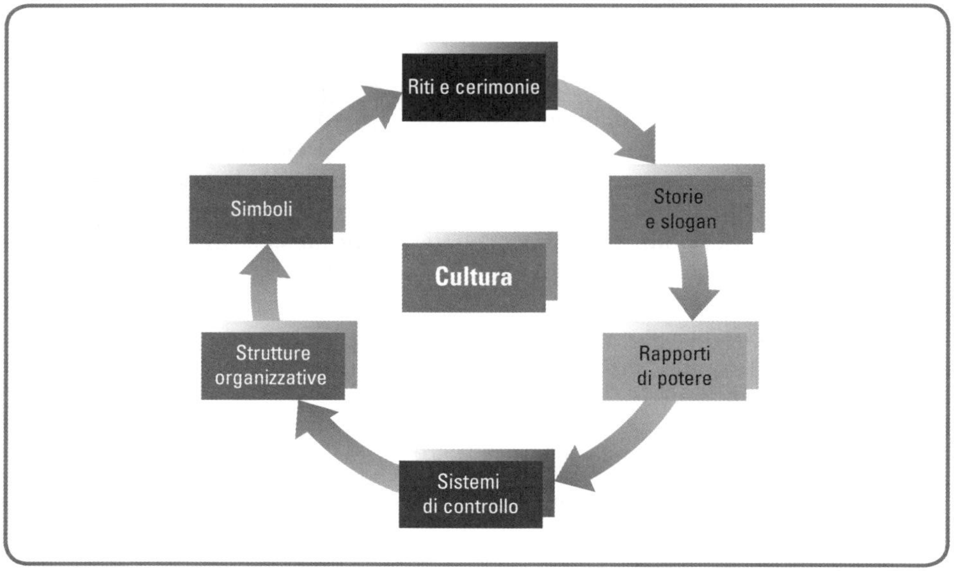

Figura 10.2
Aspetti osservabili della cultura organizzativa
Fonti: basato su Gerry Johnson, "Managing Strategic Change–Strategy, Culture, and Action," *Long Range Planning* 25, no. 1 (1992), 28-36; Jerry Johnson, "Rethinking Incrementalism," *Strategic Management Journal* 9, no. 1 (1988), 75-91.

Riti e cerimonie. Generalmente, i valori culturali possono essere identificati nei **riti** e nelle **cerimonie**, attività elaborate e pianificate che costituiscono un evento speciale e sono spesso svolte a beneficio di un pubblico. I manager possono organizzare riti e cerimonie per fornire esempi significativi dei valori dell'azienda. Queste circostanze rappresentano occasioni speciali che rinforzano valori specifici, creano un vincolo tra le persone per la condivisione di concetti importanti e consacrano e celebrano eroi che simboleggiano opinioni e attività importanti.[16]

Un tipo di rito che si manifesta nelle organizzazioni è il *rito di passaggio*, che facilita la transizione dei dipendenti verso nuovi ruoli sociali. In organizzazioni molto diverse tra loro, dagli ordini religiosi alle imprese e ai corpi militari, questi riti vengono impiegati per l'iniziazione dei nuovi membri e la comunicazione di valori importanti. Un altro tipo è il *rito di integrazione*, spesso utilizzato per creare legami comuni e sentimenti positivi tra i dipendenti e far aumentare la dedizione nei confronti dell'organizzazione. Consideriamo i seguenti esempi:

- L'impresa di traslochi Gentle Giant di Somerville (Massachusetts), che ha ricevuto ben nove volte il premio Best of Boston dalla rivista *Boston*, organizza il rito di passaggio della "corsa allo stadio". L'amministratore delegato Larry O'Toole ha stabilito che i nuovi assunti devono correre lungo le gradinate dell'Harvard University Stadium per sottolineare che il personale dell'azienda lavora con impegno, si mette continuamente alla prova e dà sempre il massimo in ogni occasione senza abbattersi di fronte alla situazioni difficili. Dopo la corsa, O'Toole offre un'abbondante colazione e pronuncia un discorso di orientamento. "Non puoi dire di far parte dell'azienda finché non hai partecipato alla corsa" riferisce la dipendente Kyle Green.[17]

- Papa Francesco, a capo di un'organizzazione intrisa di scandali, ha fatto ricorso ai riti per catturare l'attenzione e dare rinnovata energia ai Cattolici stanchi e feriti del mondo. Per esempio, per rappresentare i valori di umiltà e di inclusione ha modificato un rito tradizionale, lavando i piedi dei prigionieri in un carcere minorile il Giovedì Santo, piuttosto che quelli dei preti, come avevano fatto i suoi predecessori. Inoltre, a quanto pare, per la prima volta al rito hanno partecipato due donne e due Musulmani. Questo potrebbe essere considerato un rito di integrazione.[18]

Storie e slogan. Le **storie** sono racconti basati su eventi reali che circolano con frequenza tra i dipendenti dell'organizzazione e sono riportati ai nuovi dipendenti per fornire loro informazioni sull'organizzazione. Molte storie riguardano **eroi** aziendali assunti a modelli o ideali a servizio delle norme e dei valori culturali. Alcune storie sono considerate **leggende**, perché agli eventi effettivamente accaduti possono essere stati aggiunti dettagli immaginari.[19] Le storie mantengono vivi i valori principali dell'organizzazione e forniscono una conoscenza comune a tutti i dipendenti. Gli **slogan** sono motti o mantra che racchiudono importanti valori culturali, come il "prezzi bassi sempre" di Walmart. Di seguito sono forniti alcuni esempi di come le storie e gli slogan formano la cultura.

- I manager della Brinker Capital desideravano una cultura in cui le persone fossero considerate responsabili del proprio operato, ma l'amministratrice delegata Noreen Beaman sapeva che talvolta si commettono errori: lei stessa ne aveva fatto uno grosso all'inizio della sua carriera. La cosa importante è risolvere il problema e non rifare lo stesso errore. Uno degli slogan dell'azienda è "Trovalo, correggilo e fai in modo che non si ripeta." Lush Cosmetics utilizza il motto: "Ci riserviamo il diritto di sbagliare." Un'altra azienda ricorre allo slogan "Fissa degli obiettivi, tieni il punteggio, vinci" per sottolineare i valori di competitività, assunzione del rischio e responsabilità dei risultati.[20]
- Talvolta uno slogan nasce da una storia, come nel caso di "Solo il meglio è buono abbastanza" della LEGO. Si racconta che quando l'azienda produceva ancora giocattoli di legno, Godtfred, figlio del fondatore Ole Kirk, si vantava di aver risparmiato dando soltanto due mani di vernice, piuttosto che le solite tre, su una partita di paperelle giocattolo in partenza quel giorno. Ole, offeso per essere stato ingannato, costrinse Godtfred a ritornare in stazione, recuperare la merce e passare la notte a correggere il suo errore. Godtfred, che lavorava per l'azienda da quando aveva 12 anni e che successivamente ne divenne amministratore delegato, immortalò l'ideale di suo padre incidendo il motto su una placca di legno, una foto della quale è esposta all'ingresso della tavola calda nel quartier generale della LEGO a Billund, in Danimarca.[21]

Simboli. Un altro strumento per interpretare una cultura è rappresentato dai simboli. Un **simbolo** è qualcosa che rappresenta qualcos'altro. In un certo senso le cerimonie, le storie, gli slogan e i riti sono tutti simboli perché simboleggiano i valori più profondi di un'organizzazione. Un altro tipo di simboli è costituito dagli elementi fisici dell'organizzazione, che sono potenti perché concentrano l'attenzione su un oggetto specifico. Quelli che seguono sono due esempi di simboli fisici.

- Nelle sale riunioni del quartier generale della Amazon, i tavoli dei negoziati sono composti da una mezza dozzina di scrivanie ricavate da porte, addossate l'una all'altra. La frugalità è uno dei valori fondamentali di Amazon, che non ritiene utile spendere denaro in cose che non arrecano alcun giovamento ai clienti, come tavoli da riunione o scrivanie per manager. Il fondatore Jeff Bezos è convinto che se una porta-scrivania era sufficiente per lui quando, una ventina di anni fa, costruiva Amazon dal nulla nel suo garage, può andar bene per chiunque altro lavori per la Amazon oggi. L'azienda assegna dei "Premi porta-scrivania" ai dipendenti che escogitano idee che contribuiscono ad abbassare i costi per i clienti.[22]
- Quando i dipendenti dalla Foot Levelers, azienda che realizza prodotti per la chiropratica, vedono il cartello "Rudy in Progress" attaccato alla porta della sala conferenze sanno che è in corso una proiezione del film *Rudy* per i neoassunti. Realizzato nel 1993, il film racconta la storia del poco talentuoso ma determinato Rudy Ruettiger, giocatore della squadra di football americano della Notre Dame University, che entra in campo nei minuti conclusivi di una partita contro il Georgia Tech e mette in scacco gli avversari. Il film comunica l'enfasi posta dall'azienda su valori come la determinazione, la passione, l'impegno e la tenacia. Ogniqualvolta un dipendente si rivolge a un manager esponendo un problema complesso, gli viene domandato se ha già applicato il "metodo Rudy", cioè se ha tentato in tutti i modi di risolverlo.[23]

Strutture organizzative. Il modo in cui l'organizzazione è progettata è un forte riflesso della sua cultura. Ha una struttura *meccanica* rigida o una struttura *organica* flessibile, come illustrato nei Capitoli 1 e 4? La gerarchia è articolata o piatta, come descritto nel Capitolo 3? Il modo in cui i dipendenti e le unità operative sono organizzati e il grado di flessibilità e autonomia concesso possono dire molto su quali valori culturali vengono enfatizzati nell'organizzazione. Consideriamo i seguenti esempi:

- La catena di centri commerciali Nordstrom rimarca l'importanza di supportare i dipendenti dei livelli inferiori per mezzo dell'organigramma mostrato in Figura 10.3. La Nordstrom è nota per il suo straordinario servizio ai clienti e l'organigramma simboleggia che i manager devono fornire supporto ai dipendenti che erogano il servizio ai clienti, piuttosto che controllarli.[24]
- Per rimettere in piedi la Chrysler dopo una fase di amministrazione controllata, l'amministratore delegato Sergio Marchionne ha operato una riorganizzazione eliminando svariati livelli di management per ottenere una struttura più piatta e avvicinare la dirigenza alle attività di produzione e vendita dei veicoli. Ha inoltre scelto di occupare un ufficio al quarto piano del centro tecnico, anziché l'attico tradizionalmente riservato all'amministratore delegato, per comunicare quanto è importante che l'alta dirigenza sia vicina agli ingegneri e ai supervisori che quotidianamente prendono decisioni importanti per l'azienda.[25]

Rapporti di potere. L'osservazione dei rapporti di potere consente di comprendere chi influenza e manipola l'organizzazione o chi sarebbe in grado di farlo. Quali sono gli individui e le unità operative cruciali che detengono il potere? In alcune aziende, coloro che lavorano nella finanza sono molto potenti, in altre il potere è in mano a ingegneri e progettisti. Un altro aspetto da considerare è la formalità o informalità dei rapporti di potere; in altri termini, se gli individui sono potenti per via della loro posizione gerarchica

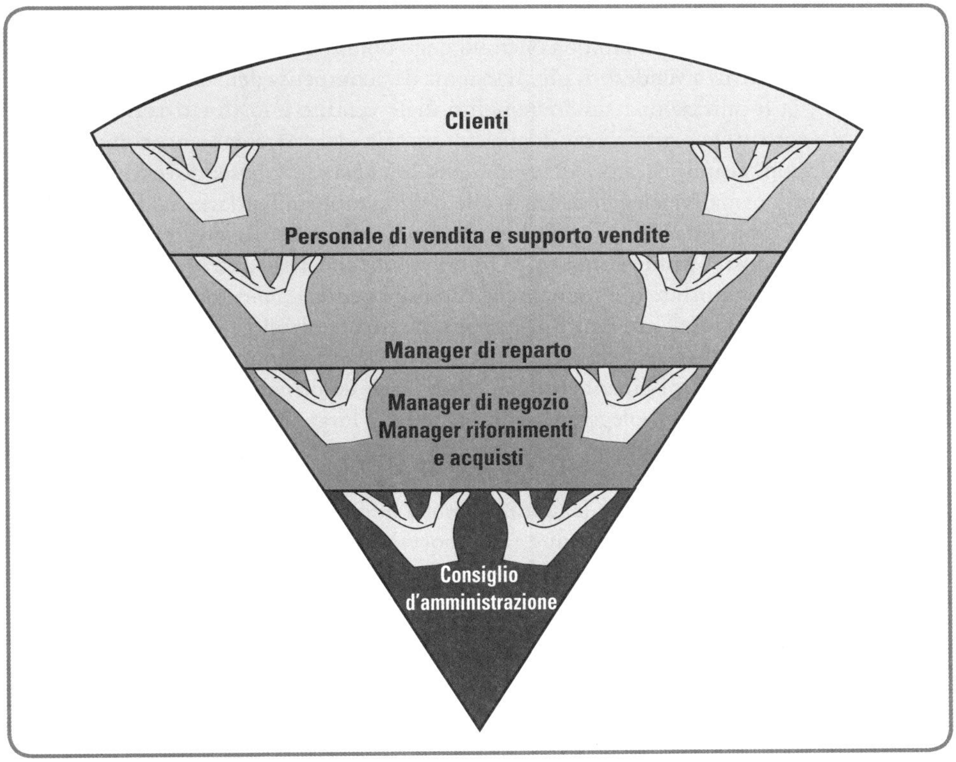

Figura 10.3
Organigramma della Nordstrom
Fonte: utilizzo autorizzato dalla Nordstrom

o per altri fattori, come le competenze o un comportamento esemplare. Consideriamo i seguenti esempi:

- Una società di investimento di Atlanta, Georgia, dispone di un "sancta sanctorum interno" dotato di uffici speciali, toilette e sala da pranzo per gli alti dirigenti. La porta di accesso ha una serratura elettronica che consente l'ingresso solo agli aventi diritto. I manager di livello intermedio hanno il titolo di "direttori" e pranzano in una sala separata, mentre i supervisori di primo livello e gli altri dipendenti utilizzano una sala comune. I luoghi per i pasti e i titoli segnalano chi ha più potere all'interno della gerarchia verticale dell'organizzazione.
- Alla W.L. Gore sono in pochi ad avere un titolo e nessuno ha un capo. La leadership viene assegnata a coloro che hanno una buona idea e riescono a trovare le persone giuste per metterla in pratica, a prescindere dalla loro posizione all'interno dell'azienda.[26]

Sistemi di controllo. L'ultimo elemento rappresentato in Figura 10.2 riguarda i sistemi di controllo, cioè i meccanismi di funzionamento interno mediante i quali l'organizzazione controlla individui e attività. Questi comprendono aspetti come la gestione delle informazioni, il controllo del comportamento o dei risultati da parte dei manager, i sistemi di controllo della qualità, i metodi di controllo finanziario, i sistemi di ricompensa e le modalità di svolgimento del processo decisionale. Consideriamo due esempi di come i sistemi di controllo riflettono la cultura:

- I manager del centro di distribuzione della Anheuser-Busch InBev spesso iniziano la giornata di lavoro con un rapido controllo degli obiettivi di vendita giornalieri, motivando i dipendenti a vendere di più. Il sistema di ricompensa dell'azienda, basato sugli incentivi, la focalizzazione sull'incremento delle vendite e lo sforzo continuo per il taglio dei costi, è elemento chiave di una cultura aziendale estremamente competitiva.[27]
- Jamie Dimon, amministratore delegato della J.P. Morgan Chase, dovendo far fronte ai problemi normativi e legali collegati alle perdite multimiliardarie dal fiasco dell'investimento "London Whale" e ad altre questioni, affermò: "Risolvere le questioni di controllo è il nostro primo compito." Quindi decise che il più alto organo di controllo interno doveva riportare direttamente al direttore generale, piuttosto che al consiglio generale. Decise poi di attribuire ai responsabili del controllo e del management del rischio una maggiore potere discrezionale; inoltre l'amministratore delegato sta aggiungendo migliaia di nuovi dipendenti nei settori legale e normativo. Dimon sostiene che questi cambiamenti simboleggiano il fatto che J.P. Morgan Chase è dedita al controllo tanto quanto al conseguimento di profitti.[28]

Abbiamo affermato all'inizio che la cultura esiste a due livelli: i valori e gli assunti sottostanti da un lato, gli elementi visibili e i comportamenti osservabili dall'altro. I riti e le cerimonie, le storie e gli slogan, i simboli, le strutture organizzative, i rapporti di potere e i sistemi di controllo descritti poco sopra sono manifestazioni visibili dei valori sottostanti dell'azienda. Questi elementi e comportamenti visibili possono essere utilizzati per interpretare la cultura e non solo: i manager possono farvi ricorso per formare i valori aziendali e rafforzare la cultura aziendale auspicata. Pertanto, il riepilogo degli elementi culturali in Figura 10.2 può fungere sia da meccanismo interpretativo sia da mappa per l'azione in caso di necessità di modificare o rafforzare i valori culturali.[29]

Cultura e progettazione organizzativa

I manager auspicano una cultura aziendale che consolidi la strategia e la struttura di cui l'organizzazione necessita per operare con efficacia all'interno del proprio ambiente. Per esempio, se l'ambiente esterno richiede flessibilità e reattività, come quello in cui si muovono le aziende Internet-based, come Twitter, Pandora, Pinterest o Hulu, la cultura dovrebbe incoraggiare l'adattabilità. Il corretto rapporto tra valori culturali, strategia organizzativa, struttura e ambiente può migliorare le performance organizzative.[30]

Le culture possono essere valutate in base a diverse dimensioni, come il livello di collaborazione o di isolamento tra persone e tra unità, l'importanza attribuita al controllo e la sua collocazione all'interno dell'azienda, oppure l'orientamento temporale di lungo o breve periodo.[31] Ci concentriamo qui su due dimensioni specifiche: (1) il grado di flessibilità o stabilità richiesto dall'ambiente; (2) la misura in cui il focus strategico e i punti di forza sono interni o esterni. Le quattro tipologie di cultura associate a questi fattori, come illustrato in Figura 10.4, sono la cultura adattiva, della missione, di clan e burocratica.[32] Queste quattro tipologie sono associate alla corretta combinazione tra cultura, strategia, struttura e ambiente, e ognuna può risultare efficace, a seconda delle necessità dell'ambiente esterno e del focus strategico dell'organizzazione.

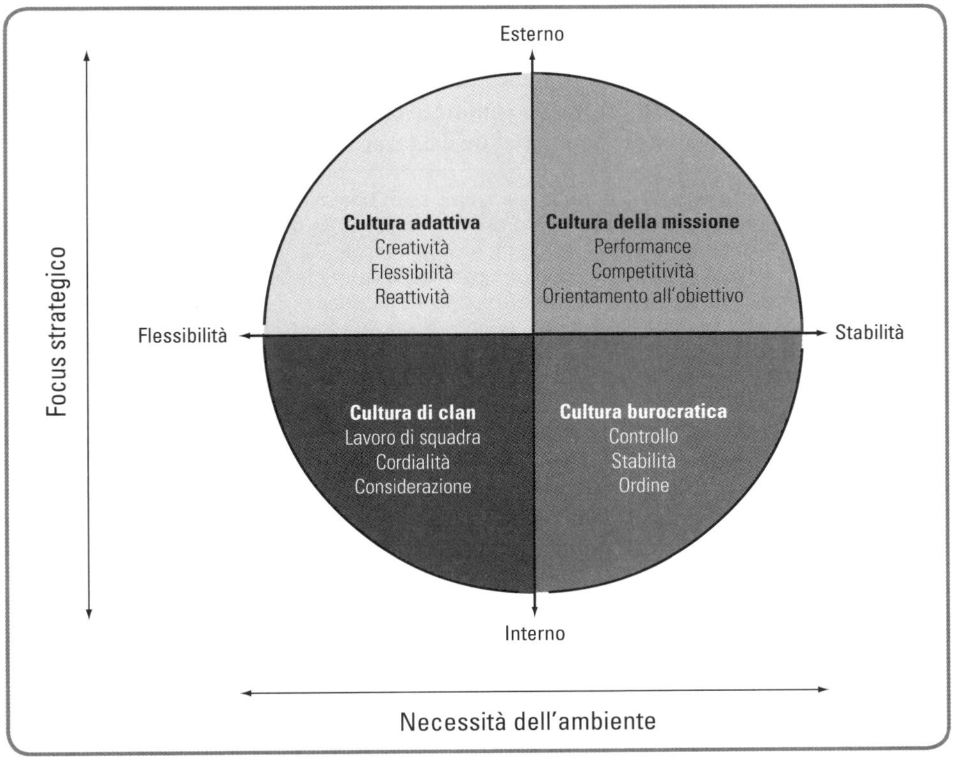

Figura 10.4
Quattro tipi di cultura organizzativa
Fonti: basato su Daniel R. Denison e Aneil K. Mishra, "Toward a Theory of Organizational Culture and Effectiveness," *Organization Science* 6, no. 2 (marzo-aprile 1995), 204-223; R.E. Quinn, *Beyond Rational Management: Mastering the Paradoxes and Competing Demands of High Performance* (San Francisco: Jossey-Bass, 1988); Mohamed Hafar, Wafi Al-Karaghouli e Ahmad Ghoneim, "An Empirical Investigation of the Influence of Organizational Culture on Individual Readiness for Change in Syrian Manufacturing Organizations," *Journal of Organizational Change Management* 27, no. 1 (2014), 5-22.

confrontate la vostra opinione

1 **In genere, i top manager dovrebbero concentrare maggiormente le proprie energie su struttura organizzativa e strategia, anziché sulla cultura aziendale.**

Risposta esatta: *In disaccordo.* I top manager più acuti sanno che, affinché l'organizzazione abbia successo, la strategia e la struttura devono essere supportate dalla giusta cultura per essere efficaci nell'ambiente. Una volta qualcuno ha affermato che "La cultura si mangia la strategia a pranzo." I manager possono investire tutto il tempo e le risorse a disposizione nel definire una strategia vincente, ma se i valori culturali non sono allineati ad essa, implementarla sarà impossibile.

La cultura adattiva

La **cultura adattiva** (o imprenditoriale) è caratterizzata da un focus strategico sull'ambiente esterno che si traduce in flessibilità e cambiamento allo scopo di soddisfare le necessità dei clienti. Questa cultura incoraggia valori, norme e opinioni utili a supportare la capacità dell'organizzazione di rilevare, interpretare e tradurre i segnali provenienti dall'ambiente in nuove risposte di comportamento. Queste aziende, tuttavia, non si limitano a reagire velocemente ai cambiamenti, ma li creano attivamente. L'innovazione, la creatività e l'assunzione di rischi sono aspetti valutati positivamente e ricompensati.

Gran parte delle aziende Internet-based, come Google, ricorrono alla cultura adattiva, così come le aziende che operano nei settori del marketing, dell'elettronica e dei cosmetici, perché hanno la necessità di muoversi velocemente se vogliono soddisfare i clienti. Zappos.com, che opera nel settore del commercio online, ha riscosso un enorme successo con una cultura adattiva che favorisce le ampie vedute e il lavoro in team, con un tocco di follia.

IN PRATICA

Zappos

Zappos è un rivenditore online noto per la sua ampia selezione di calzature e abbigliamento e per la sua politica di spedizione a costo zero. Ma per l'amministratore delegato Tony Hsieh, l'obiettivo reale dell'azienda è coltivare la felicità dei clienti e del personale. La teoria gestionale di Hsieh è la seguente: se crei una cultura lavorativa che promuove il benessere e le buone prassi (di conseguenza) i buoni profitti verranno da sé. Fino a ora, questa sua teoria produce eccezionali risultati commerciali. Avendo sperimentato, prima della Zappos, quanto fosse frustrante svolgere un lavoro privo di significato in cui contavano solo le capacità tecniche, Hsieh è consapevole dell'importanza di una cultura solida e adattiva per la soddisfazione del personale e dei clienti; ha deciso di scrivere il libro *Delivering Happiness* per documentare il suo viaggio "dalla corsa al profitto alla corsa alla passione", illustrando le lezioni di vita apprese e come le ha messe in pratica alla Zappos. Ecco alcuni dei punti di maggiore interesse per costruire una cultura adattiva:

- *Scegliere i valori giusti*. Alcuni dei dieci valori fondamentali della Zappos sono: "Creare un'atmosfera divertente e un po' bizzarra"; "Offrire un servizio completo DA URLO"; "Abbracciare il cambiamento ed esserne gli artefici"; "Essere avventurosi, creativi e di larghe vedute"; "Cercare la crescita e l'apprendimento"; infine, "Essere umili." Hsieh ha inviato un'email a tutti i dipendenti chiedendo loro quali dovevano essere i valori dell'azienda. Le risposte sono state dibattute, sintetizzate e unite per elaborare un elenco finale.
- *Scegliere le persone giuste*. Alla Zappos, durante l'assunzione di nuovo personale, i candidati affrontano due colloqui: il primo verte sulle precedenti esperienze di lavoro, le capacità professionali e tecniche e la capacità di lavorare in team, mentre il secondo è incentrato esclusivamente sull'allineamento alla cultura dell'azienda, con domande legate a ciascuno dei valori fondamentali, per esempio "Quanto sei bizzarro/a?". La selezione è mirata ad assumere persone in sintonia con la cultura dell'azienda, anche quando significa rinunciare a candidati con solide competenze tecniche.
- *Mettere la cultura al primo posto*. Tutti i dipendenti seguono una sessione di formazione di quattro settimane e imparano i valori aziendali a memoria. Al termine della formazione, vengono offerti loro 2000 dollari (la somma varia di anno in anno) per presentare le dimissioni se ritengono di non essere in sintonia con la cultura della Zappos. Ogni anno l'azienda pubblica il *Culture Book*, un volume nel quale i dipendenti spiegano quale significato attribuiscono alla cultura aziendale raccontando le proprie esperienze.[33]

Per quanto i valori della Zappos possano sembrare un tantino stravaganti, favorendo divertimento, flessibilità e creatività fanno in modo che i dipendenti rimangano adattivi e disposti al cambiamento, come si addice alle aziende che operano in settori in rapida evoluzione.

La cultura della missione

Un'organizzazione che si trova nella situazione di servire clienti specifici nell'ambiente esterno, ma senza la necessità di cambiamenti rapidi, è adatta alla **cultura della missione**, caratterizzata da un'enfasi su una visione chiara dello scopo dell'organizzazione e sul raggiungimento di obiettivi, quali crescita del fatturato, redditività o quota di mercato, che aiutino a raggiungere tale scopo. I singoli dipendenti possono essere responsabili di un determinato livello di prestazioni e l'organizzazione promette in cambio specifiche ricompense. I manager influenzano il comportamento immaginando e comunicando uno stato futuro desiderato per l'organizzazione; dal momento che l'ambiente è stabile, essi possono tradurre la visione in obiettivi misurabili e valutare le prestazioni dei dipendenti nel tentare di raggiungerli. In alcuni casi, le culture della missione riflettono un alto livello di competitività e un orientamento alla generazione di profitto. Amazon riflette alcuni aspetti di una cultura della missione, nel momento in cui dà risalto a competitività, assertività e raggiungimento degli obiettivi di crescita di fatturato e quota di mercato.

Anehuser-Busch InBev, di cui si è parlato sopra, riflette una cultura della missione: professionalità, ambizione e aggressività sono i valori chiave. I manager mantengono i dipendenti concentrati sul raggiungimento di alti livelli di fatturato e di profitto, e coloro che raggiungono gli obiettivi attesi sono lautamente ricompensati. Bonus e promozioni vengono assegnati in base alle prestazioni, e non all'anzianità, e gli alti dirigenti non si vergognano nel riservare un trattamento speciale a coloro che conseguono risultati eccellenti.[34]

La cultura di clan

La **cultura di clan** si concentra principalmente sul coinvolgimento e sulla partecipazione dei membri dell'organizzazione ed è caratterizzata da un ambiente esterno nel quale le aspettative cambiano rapidamente. Questa cultura è simile alla forma di controllo di clan descritta nel Capitolo 9. Più di ogni altra, essa si concentra sulle necessità dei dipendenti come via da percorrere per conseguire alte prestazioni. Il coinvolgimento e la partecipazione creano un senso di responsabilità e di appartenenza e, quindi, un maggiore impegno nei confronti dell'organizzazione.

In una cultura di clan, un valore importante è prendersi cura dei dipendenti e assicurarsi che dispongano di qualunque cosa essi abbiano bisogno per aiutarli a essere soddisfatti e allo stesso tempo produttivi. L'approccio alla cultura assunto da William Rogers, amministratore delegato di UKRD, proprietaria di diverse stazioni radio commerciali del Regno Unito, riflette una cultura di clan. "Se il tuo personale è la chiave per una buona performance, favorirne la soddisfazione, l'impegno e la dedizione sono fondamentali per ottenere il massimo successo...," afferma Rogers. "I nostri valori sono destinati a cambiare la vita delle persone in meglio." Quando i leader della UKRD si recano in una delle 17 stazioni del paese per una riunione, dedicano molto tempo a parlare con il personale e a salutare tutti. Ogni anno, tutte le squadre dell'azienda si prendono un giorno per parlare insieme dei valori, dei comportamenti e dell'ambiente di lavoro che vorrebbero. UKRD ha una "dedizione ferrea" a una cultura delle *persone prima di tutto* e qualsiasi manager non vi si attiene è invitato a lasciare l'azienda.[35]

La cultura burocratica

La **cultura burocratica** ha un focus interno e un orientamento coerente con un ambiente stabile. La spinta è verso un approccio metodico nelle attività di business; simboli, eroi e cerimonie consolidano i valori di cooperazione, tradizione e osservanza di politiche e prassi consolidate come metodo per raggiungere gli obiettivi. Il coinvolgimento personale è più basso che negli altri casi, ma questo aspetto è più che controbilanciato da un alto livello di coerenza, di conformità e di collaborazione tra i membri. Questo tipo di organizzazione raggiunge il successo operando in maniera altamente integrata ed efficiente.

Oggi la maggior parte dei manager si sta allontanando dalle culture burocratiche a causa dell'esigenza di maggior flessibilità. Tuttavia, SAS Institute e Pacific Edge Software (ora assorbita dalla Serena Software) hanno utilizzato con successo alcuni elementi della

Profilo personale

La vostra cultura aziendale preferita

La misura in cui un manager o un dipendente si adattano alla cultura aziendale può essere determinante ai fini del successo e della soddisfazione personali. Per scoprire qual è la vostra cultura di elezione, assegnate un numero da 1 (preferenza più alta) a 8 (preferenza più bassa) a ciascuna delle seguenti affermazioni sulla base delle vostre preferenze.

1. L'organizzazione è qualcosa di personale: è un po' come una famiglia allargata.
2. L'organizzazione è un ambiente dinamico e mutevole, al cui interno gli individui corrono rischi.
3. L'organizzazione è orientata ai risultati, con un'attenzione particolare alla competizione e allo svolgimento dei compiti.
4. L'organizzazione è stabile e strutturata, è basata su chiarezza e procedure prestabilite.
5. Lo stile di management è ispirato a lavoro di gruppo e partecipazione.
6. Lo stile di management è ispirato a innovazione e rischio.
7. Lo stile di management è ispirato ad aspettative e risultati di alta performance.
8. Lo stile di management è ispirato a sicurezza e prevedibilità.

Punteggio: Per scoprire qual è la vostra preferenza per ciascun tipo di cultura, sommate il punteggio ottenuto per le seguenti coppie di affermazioni:

Cultura di clan: punteggio delle affermazioni 1,5
Cultura adattiva: punteggio delle affermazioni 2,6
Cultura della missione: punteggio delle affermazioni 3,7
Cultura burocratica - punteggio delle affermazioni 4,8

Interpretazione: Ciascuna delle domande precedenti è relativa a uno dei quattro tipi di cultura illustrati in Figura 10.4. Un punteggio più basso implica una forte preferenza per quella specifica cultura: molto probabilmente vi sentireste più a vostro agio e il vostro lavoro sarebbe più efficace come manager in una cultura aziendale compatibile con le vostre preferenze personali. Un punteggio più alto significa che quella specifica cultura non sarebbe coerente con le vostre esigenze e dovreste modificare il vostro stile per risultare efficaci. Rileggete la panoramica sui quattro tipi di cultura: la cultura indicata dal vostro punteggio nel test vi sembra quella giusta? Vi vengono in mente aziende che si adatterebbero bene alla vostra preferenza?

Fonte: Adattato da Kim S. Cameron e Robert E. Quinn, *Diagnosing and Changing Organizational Culture* (Reading, Massachussetts: Addison-Wesley, 1999).

cultura burocratica per far rientrare i progetti nei vincoli di tempo e di budget previsti, e per assicurare che i loro dipendenti avessero una vita più sana. L'enfasi sull'ordine e sulla disciplina comporta, per esempio, che presso la SAS la settimana lavorativa è di 35 ore. Nonostante a volte l'accuratezza sia sinonimo di lentezza, la Pacific Edge e la SAS sono riuscite a rimanere al passo con le domande dell'ambiente esterno.[36]

Alcuni amano l'ordine e la prevedibilità tipici di una cultura burocratica, mentre altri si sentirebbero soffocati, costretti da una disciplina troppo oppressiva, e sarebbero più contenti di lavorare in un'azienda caratterizzata da un altro tipo di cultura. Completate il questionario del box "Profilo personale" per farvi un'idea del tipo di cultura – adattiva, della missione, di clan o burocratica – all'interno della quale lavorereste più volentieri e con successo.

Coesione culturale e sottoculture organizzative

La **coesione culturale** fa riferimento alla misura in cui i membri di un'organizzazione concordano sull'importanza di specifici valori: se c'è un vasto consenso sull'importanza di tali valori, la cultura è coesa e forte; se c'è invece un consenso limitato, la cultura è debole.[37] Una cultura forte si basa su valori e norme sociali chiari: la gente sa cosa ci si aspetta. Esiste in generale poca differenziazione fra le persone all'interno della cultura e poca tolleranza nei confronti delle deviazioni dalla norma. La resistenza al cambiamento è forte perché le persone amano la cultura esistente e vogliono che le cose rimangano come sono.[38]

Una cultura forte è di solito associata al frequente utilizzo di cerimonie, simboli, storie e slogan che esprimono i valori fondamentali, come illustrato in precedenza, e i manager allineano struttura e processi di modo che fungano da supporto ai valori culturali. Questi elementi aumentano la dedizione dei dipendenti ai valori e alla strategia dell'azienda. In ogni caso, non sempre la cultura risulta uniforme per tutta l'organizzazione, specialmente nelle grandi aziende. Anche in organizzazioni che hanno culture forti, vi possono essere numerosi insiemi di sottoculture. Le **sottoculture** si sviluppano come manifestazione di problemi comuni, obiettivi ed esperienze condivise dai membri di un gruppo, di un reparto o di un'altra unità organizzativa. Un ufficio, un ramo o un'unità aziendale che è fisicamente separato dalle strutture principali dell'azienda può anch'esso adottare una sottocultura distintiva.

Anche se la cultura dominante di una determinata organizzazione è per esempio una cultura della missione, unità organizzative diverse possono presentare caratteristiche adattive, di clan o burocratiche. L'unità manifatturiera di una grande organizzazione può trovare le sue condizioni ideali in un ambiente che evidenzia ordine, efficienza e ubbidienza alle regole, mentre l'unità di ricerca e di sviluppo può essere caratterizzata da empowerment dei dipendenti, flessibilità e focus sui clienti. Questo aspetto è simile al concetto di differenziazione presentato nel Capitolo 4, nel quale abbiamo visto come i dipendenti delle unità di produzione, vendite e ricerca studiati da Paul Lawrence e Jay Lorsch[39] avevano sviluppato valori diversi in riferimento all'orizzonte temporale e ai rapporti interpersonali allo scopo di eseguire il lavoro di ogni particolare unità nella maniera più efficace. Consideriamo in che modo la divisione crediti della Pitney Bowes, una grande azienda che produce macchine per l'affrancatura, fotocopiatrici e altre apparecchiature per l'ufficio, ha sviluppato una sottocultura distintiva per incoraggiare l'innovazione e l'assunzione di rischio.

IN PRATICA

Pitney Bowes Credit Corporation

La Pitney Bowes, azienda produttrice di macchine per l'affrancatura e altre apparecchiature per l'ufficio, ha a lungo prosperato in un ambiente caratterizzato da ordine e prevedibilità. La sua sede centrale rispecchia un tipico ambiente aziendale e una cultura improntata all'ordine, con le pareti spoglie e le soffici moquette, ma se salite al terzo piano dell'edificio della Pitney Bowes a Shelton, nel Connecticut, potreste pensare di essere in un'altra azienda. Il regno della Pitney Bowes Credit Corporation (PBCC) sembra più un parco di divertimenti al coperto, con tappeti disegnati come fossero sentieri ciottolosi, lampade particolari e un elaborato orologio stile Town Square. C'è anche un caffè in stile francese, un ristorante ispirato agli anni Cinquanta e la "Cranial Kitchen" (la "cucina dei cervelli"), dove i dipendenti siedono in comode cabine per navigare in Internet o guardare video di formazione e addestramento. Gli atri e i corridoi, dall'aspetto piacevole, incoraggiano conversazioni improvvisate, nelle quali i dipendenti hanno modo di scambiare idee e informazioni che altrimenti non condividerebbero.

Tradizionalmente la PBCC ha avuto come compito quello di aiutare i clienti a finanziare i loro business con la propria casa madre. Tuttavia, Matthew Kisner, presidente e amministratore delegato dell'azienda, ha lavorato con altri manager per ridefinire la divisione perché risultasse un *creatore* di servizi invece di un semplice *fornitore* di servizi: anziché limitarsi a finanziare le vendite e i contratti di leasing per prodotti esistenti, la PBCC ora crea nuovi servizi che i clienti possono comprare. Per esempio, Purchase Power ("Potere d'Acquisto") è una linea di credito che aiuta le aziende a finanziare i propri costi di spedizione postale; il servizio ha cominciato a generare utili nel giro di nove mesi e ora conta più di 400.000 clienti. Quando la PBCC ha ridefinito il proprio ruolo, ha iniziato a ridefinire anche la propria sottocultura perché risultasse coerente, sottolineando i valori di lavoro di squadra, assunzione del rischio e creatività. "Volevamo uno spazio divertente che fosse permeato dalla nostra cultura", afferma Kisner; "nessuna linea retta, nessun ragionamento lineare. Dal momento che siamo una società di servizi finanziari, il nostro vantaggio più grande è la qualità delle nostre idee". Finora il nuovo approccio ha funzionato. In un anno la divisione, i cui 600 dipendenti rappresentano meno del 2 per cento della forza lavoro totale della Pitney Bowes, ha generato il 36 per cento dei profitti netti della casa madre.[40]

Le sottoculture includono solitamente i valori fondamentali della cultura organizzativa dominante e valori aggiuntivi che sono caratteristici dei membri della sottocultura. A ogni modo, le differenze tra sottoculture possono condurre talvolta a conflitti tra unità organizzative, specialmente in organizzazioni che non hanno culture aziendali forti; inoltre, quando i valori delle sottoculture diventano troppo forti e risultano predominanti sui valori culturali aziendali, possono emergere conflitti che danneggiano le performance organizzative. Tali conflitti saranno affrontati in dettaglio nel Capitolo 13.

Cultura costruttiva, apprendimento e performance

La cultura può giocare un ruolo importante nel creare un clima organizzativo che favorisca l'apprendimento e una risposta innovativa alle sfide dell'ambiente, alle minacce della competizione o alle nuove opportunità. Una cultura forte che incoraggia la reattività e il cambiamento migliora la performance organizzativa stimolando e motivando i dipendenti, unendoli intorno a obiettivi condivisi e a una missione di livello più alto, modellandone e indirizzandone il comportamento in modo tale da allinearne le azioni alle priorità strategiche. Dunque, la creazione di una *cultura costruttiva* è uno dei compiti più importanti per i leader di un'organizzazione. La cultura giusta può condurre al raggiungimento di buone performance.[41] Aaron Levie, a soli 20 anni co-fondatore di Box, azienda californiana che fornisce soluzioni di archiviazione online di file per le imprese, offre un valido esempio di creazione di una cultura costruttiva.

IN PRATICA

Box

Aaron Levie, amministratore delegato di Box, afferma che i suoi obiettivi principali sono "innovare e distruggere." "Inoltre, voglio evitare di essere distrutto." Tali obiettivi si riflettono nella cultura dell'azienda, che promuove velocità, flessibilità e superamento dei limiti. Levie ricorda costantemente ai suoi dipendenti che "possono fare cose 10 volte più grandi, 10 volte meglio e 10 volte più velocemente," valore fondamentale che egli definisce "10X." Altri valori di riferimento sono "Datti una mossa" e "Assumiti i rischi. Sbaglia in fretta."

Assumersi rischi è essenziale perché l'azienda rimanga competitiva; sbagliare in fretta, invece, significa anche essere in grado di correggere rapidamente i propri errori. Per un'azienda con 600 dipendenti che compete con altre aziende che ne hanno decine di migliaia, la velocità risulta di cruciale importanza. La cultura aziendale è tutta incentrata su quanto i dipendenti sono in grado di fare in quanto meno tempo possibile. Gli obiettivi sono molto elevati e la cultura aziendale apprezza la risoluzione di qualsiasi problema si presenti come squadra. Presso la Box, nessuno possiede un ufficio privato, nemmeno lo stesso Levie. L'open office invoglia il personale a interagire e collaborare continuamente. Le 44 stanze che potrebbero essere uffici sono invece adibite a sale riunioni, nelle quali i dipendenti possono proporre e discutere a fondo le idee. I muri di vetro sono fatti per scriverci sopra: i dipendenti sono incoraggiati a "gettare le loro idee sul muro." Se è vero che velocità e obiettivi aggressivi possono tradursi in elevata pressione, è pur vero che Box promuove anche il divertimento. "Abbiamo uno dei migliori giocolieri al mondo e una delle migliori majorette del Paese," afferma Levie. "Le abilità circensi sono una caratteristica alquanto importante da queste parti."[42]

Molti studi hanno riscontrato una correlazione positiva tra cultura e performance.[43] Nel volume *Corporate Culture and Performance*, Kotter e Heskett forniscono la prova empirica che le organizzazioni che gestiscono intenzionalmente valori culturali ottengono risultati migliori di quelle che non lo fanno. Alcune imprese hanno sviluppato metodi sistematici per misurare e gestire l'impatto della cultura sulla performance organizzativa.[44] Anche il governo federale statunitense riconosce l'esistenza di un legame tra la cultura e l'efficacia.

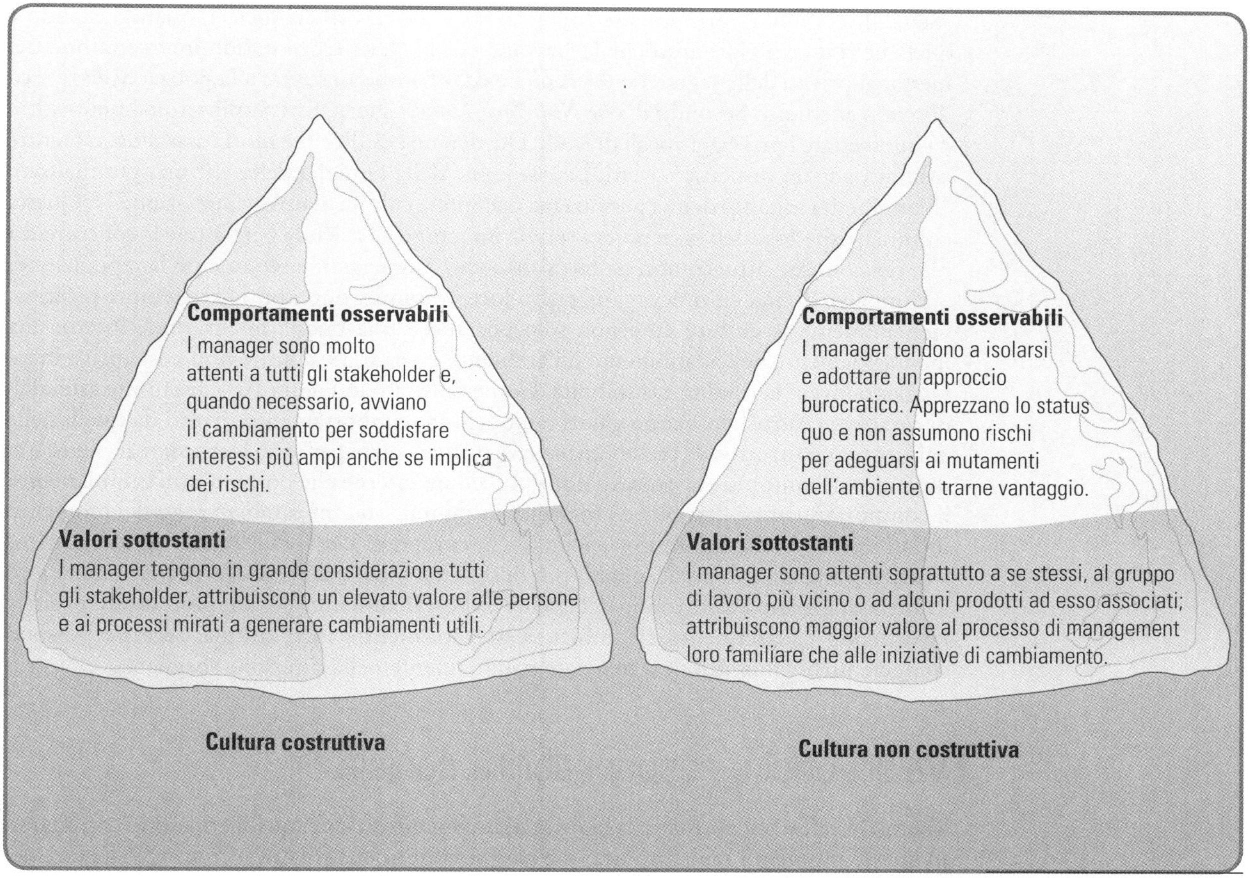

Figura 10.5
Culture costruttive e culture non costruttive
Fonte: basato su John P. Kotter e James L. Heskett, *Corporate Culture and Performance* (New York: The Free Press, 1992), 51.

Lo U.S. Office of Personnel Management ha creato la sua Organizational Assessment Survey (indagine per la valutazione organizzativa) per permettere alle agenzie federali di misurare i fattori culturali e modificare i valori per raggiungere un'alta performance.[45]

Culture forti che non incoraggiano l'adattamento costruttivo e la reattività, tuttavia, possono danneggiare un'organizzazione. Un pericolo per molte aziende di successo deriva dal fatto che, quando la cultura si consolida, non è più possibile adattarsi ai cambiamenti dell'ambiente. Quando un'organizzazione ha successo, i valori, le idee e le prassi che l'hanno aiutata a raggiungere la sua posizione attuale si istituzionalizzano; se l'ambiente cambia questi valori, non più funzionali, possono compromettere le performance future. Molte organizzazioni, così, diventano vittime del proprio successo, rimanendo legate a valori e comportamenti superati, o persino distruttivi. Quando le azioni dei top manager non sono conformi all'etica, per esempio, l'intera cultura aziendale può esserne influenzata. Si consideri quanto è accaduto al gigante statunitense dell'informazione News Corporation, che detiene la proprietà di numerosi e redditizi mezzi di informazione in tutto il mondo. Rupert Murdoch, presidente e amministratore delegato, è stato accusato dai mass media di ricorrere spesso, in affari, a pratiche non etiche, talvolta addirittura squallide.

"Seppellisci i tuoi errori," amava dire.[46] Lo scandalo travolse la società, quando, stando a quel che si dice, i giornalisti che lavoravano per la News Corporation intercettarono dei messaggi privati delle segreterie telefoniche ed offrirono mazzette alla polizia nella ricerca di scoop allettanti. Secondo il *The New York Times*, i giornalisti si spinsero talmente oltre da intercettare i messaggi vocali di Milly Dowler, una tredicenne morta assassinata, mentre risultava ancora dispersa.[47] Mark Lewis, legale della famiglia della vittima, puntualizzò: "Non si tratta soltanto di una persona ma dell'intera cultura di un'organizzazione."[48] Questa cultura irrispettosa dell'etica poteva servire un tempo all'azienda per battere la concorrenza ma, nel contesto attuale, non ha fatto altro che danneggiarne seriamente la reputazione.

L'impatto di una cultura organizzativa forte, dunque, può non essere sempre positivo. Generalmente le culture sane non solo portano a una buona integrazione interna ma incoraggiano anche l'adattamento all'ambiente esterno. Le culture non costruttive incoraggiano invece la rigidità e la stabilità. Come illustrato in Figura 10.5, le culture aziendali di carattere costruttivo hanno valori e modelli di comportamento diversi da quelli delle culture non costruttive.[49] Nelle culture costruttive i manager sono interessati ai clienti e ai dipendenti, come pure ai processi e alle procedure interne che portano utili cambiamenti; il comportamento è flessibile e i manager intraprendono un cambiamento nel momento in cui esso si rende necessario, anche se ciò comporta dei rischi. Nelle culture non costruttive i manager si preoccupano più di se stessi o dei propri progetti specifici, e i loro valori scoraggiano l'assunzione del rischio e il cambiamento. Perciò forti culture positive favoriscono l'adattamento all'ambiente esterno, mentre forti culture negative possono spingere un'organizzazione a marciare risolutamente nella direzione sbagliata.

Valori etici e responsabilità sociale

Tra tutti i valori che formano la cultura di un'organizzazione, quelli etici sono considerati in questo momento i più importanti e hanno assunto una rilevanza crescente alla luce del dilagare di scandali finanziari e della carenza di moralità. Stando a un'indagine dell'Ethics Resource Center, il 41 per cento dei 6400 dipendenti statunitensi intervistati dichiarano di aver assistito ad atti illeciti sul posto di lavoro. Per quanto la percentuale sembri elevata, è pur sempre inferiore al 45 per cento del 2011 e al 55 per cento del 2007. La cattiva notizia, tuttavia, è che il 60 per cento delle violazioni etiche sono state perpetrate da persone provviste di autorità manageriale. Inoltre, la percentuale dei dipendenti che dichiarano di essere stati oggetto di ritorsione per aver denunciato gli atti contrari all'etica rimane grossomodo lo stesso dei precedenti sondaggi.[50] Il problema non è circoscritto agli Stati Uniti: anche i leader di paesi come la Germania e il Giappone si sono resi protagonisti di numerosi scandali da prima pagina.[51] I top manager delle grandi aziende sono sotto l'esame dell'opinione pubblica come mai prima, e persino le piccole aziende avvertono l'esigenza di porre maggior enfasi sull'etica per ripristinare la fiducia dei loro clienti e della comunità.

Le fonti dei principi etici individuali

L'**etica** è il codice di principi e di valori morali che governa i comportamenti di una persona o di un gruppo in riferimento a ciò che è giusto o sbagliato. I valori etici stabiliscono degli standard riguardo a ciò che è considerato buono o cattivo nella condotta e nella presa di decisioni.[52] L'etica è personale e unica per ciascun individuo, anche se in ogni gruppo, organizzazione o società vi sono molte aree di consenso riguardo ciò che costituisce un comportamento etico.[53] Ogni persona è una creazione del proprio tempo e del luogo in cui vive. La cultura nazionale, l'eredità religiosa, il contesto storico portano allo sviluppo della moralità sociale, ossia del punto di vista della società verso ciò che è giusto o sbagliato. La moralità sociale è spesso riflessa in norme di comportamento e valori che indicano cosa abbia senso per una vita sociale ordinata. Alcuni principi sono codificati in leggi e regolamenti, per esempio le leggi contro la guida in stato di ebbrezza, il furto o l'omicidio.

Queste leggi, insieme alle norme non scritte e ai valori sociali non codificati, formano l'ambiente locale all'interno del quale agisce ogni individuo: la comunità in cui risiede, la famiglia, il posto di lavoro. Gli individui assorbono le convinzioni e i valori provenienti da famiglia, comunità, cultura, società, confessione religiosa e ambiente geografico di appartenenza, tipicamente eliminandone alcuni e incorporandone altri nei loro standard etici personali. L'etica di un individuo è dunque un miscuglio del suo background e di influenze storiche, culturali, sociali e familiari.

È importante osservare l'etica a livello individuale perché il comportamento etico implica sempre un'azione da parte di un individuo, che sia la decisione di agire in un certo modo o l'inazione di fronte alle malefatte di altri. Nelle organizzazioni una posizione etica individuale può essere modificata da colleghi, subordinati e superiori, così come dalla cultura organizzativa. La cultura organizzativa spesso ha una profonda influenza nelle scelte individuali e può sostenere e incoraggiare le azioni etiche o promuovere comportamenti non etici e socialmente irresponsabili.

Etica manageriale

Molti dei recenti scandali che hanno riempito le pagine dei giornali hanno avuto a che fare con persone e aziende che hanno infranto la legge: per esempio, una coalizione di gruppi di difesa di minori, salute e pubblico interesse ha inviato delle rimostranze alla Federal Trade Commission, sostenendo che il marketing online del sito HappyMeal.com di McDonald's, del sito Nick.com di Nickelodeon, del sito RessesPuffs.com della General Mills, del sito SubwayKids.com della Subway e del sito CartoonNetwork.com della Turner violano una legge federale a tutela della privacy dei minori. Stando alle accuse, poiché è illegale raccogliere indirizzi e-mail e inviare materiale pubblicitario direttamente ai bambini, queste e altre aziende utilizzerebbero tattiche come invogliare gli utenti dei siti a giocare a dei giochi e condividerli con gli amici, in modo tale che il sito possa inviare a questi ultimi messaggi di marketing.[53] Molte aziende sono state accusate di pagare delle tangenti all'estero, violando le leggi statunitensi.[55] È importante ricordare che le decisioni etiche vanno molto oltre il comportamento governato dalle leggi.[56] Una **norma di legge** nasce da una serie di principi codificati che descrivono il modo in cui una persona dovrebbe comportarsi, principi che sono generalmente accettati dalla società e che possono essere fatti valere in tribunale.[57]

Per esempio, di recente negli Stati Uniti i procuratori federali hanno scoperto un giro di esami truccati: gli interessati pagavano dei terzi perché svolgessero per loro conto, utilizzando falsi identificativi, l'esame di abilitazione all'insegnamento. Diverse persone sono state incriminate per frode telematica, postale e previdenziale, e alcuni sono già stati incarcerati per aver preso parte a un disegno andato avanti per 15 anni in tre stati del sud.[58] In questo caso si tratta di un chiaro episodio di infrazione della legge; altri casi, invece, come le indagini da parte dei militari statunitensi su alcune accuse di frode fra istruttori della marina e dell'aeronautica presso il centro di addestramento del reattore nucleare dell'esercito a Charleston, nel South Carolina, e presso gli equipaggi dei missili nucleari in Montana, non sono altrettanto chiari. I funzionari della marina hanno tolto la qualifica a circa 30 sottoufficiali di truppa superiori e l'aeronautica ha sospeso 92 ufficiali inferiori per tutta la durata delle indagini relative alle accuse di truffa. Non vi è stata infrazione della legge, ma l'ammiraglio di squadra Jonathan Greenert della marina militare statunitense ha affermato: "Questo va contro i nostri valori. Il fondamento della nostra condotta nella marina è l'integrità."[59]

Il rapporto tra standard etici e prescrizioni legali è illustrato nella Figura 10.6. Gli standard etici si applicano per lo più ad aspetti del comportamento non regolati dalla legge, mentre una norma di legge riguarda comportamenti non necessariamente regolati da standard etici. Le leggi vigenti spesso riflettono un insieme di giudizi morali combinati, ma non tutti i giudizi morali sono codificati da leggi. La norma morale che ci impone di aiutare una persona che sta affogando, per esempio, non è codificata dalla legge, e la guida sul lato destro della strada non ha alcuna base morale; per atti come il furto o l'omicidio, invece, leggi e standard morali si sovrappongono. Molte persone sono convinte che se non infrangiamo alcuna legge il nostro comportamento può essere considerato eticamente corretto, ma questo non è sempre vero. Molti comportamenti non sono stati regolamentati e i manager devono essere ricettivi all'emergere di nuove norme e valori a tale riguardo.

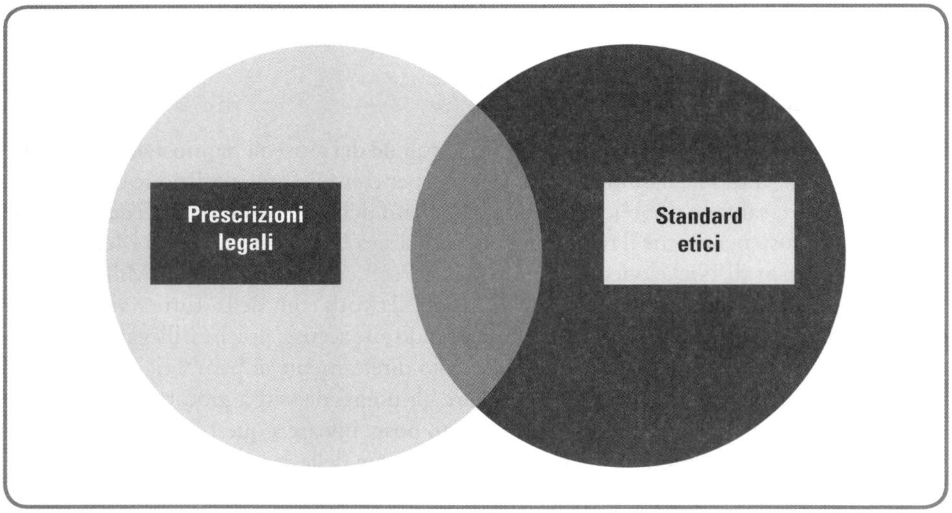

Figura 10.6
Rapporto tra standard etici e prescrizioni legali
Fonte: LaRue Tone Hosmer, *The Ethics of Management*, 2d ed. (Homewood, Ill.: Irwin, 1991).

L'**etica manageriale** consiste in principi che guidano le decisioni e i comportamenti dei manager in merito al fatto che essi siano giusti o sbagliati sotto l'aspetto morale. Esempi della necessità di un'etica manageriale sono i seguenti:[60]

- Gli alti dirigenti stanno prendendo in considerazione la promozione di un bravo sales manager che apporta 70 milioni di dollari ogni anno e ha aperto nuovi mercati, in luoghi come il Brasile e la Russia, che sono importanti per la crescita internazionale dell'organizzazione. Le dipendenti si lamentano tuttavia da anni che tale manager si

rivolge loro in modo offensivo, racconta barzellette scurrili e si infuria quando una di loro non svolge il lavoro esattamente come vuole lui.
- La manager di un salone di bellezza sa che lei e le sue agenti di vendita riceveranno bonus consistenti se venderanno un dato numero di confezioni di un nuovo prodotto, una permanente che costa quasi il doppio del prodotto solitamente scelto dalle clienti del suo salone. Decide quindi di dare istruzioni alle agenti di vendita di portare il vecchio prodotto nel retro del negozio e riferire alle clienti che c'è stato un ritardo nella consegna.
- Un produttore statunitense con stabilimenti all'estero viene invitato a pagare tangenti a funzionari del governo dietro assicurazione che tale pratica rientra negli usi locali, sebbene sia illegale negli Stati Uniti.

Come illustrano questi esempi, l'etica e la responsabilità sociale riguardano il processo decisionale. I manager ogni giorno devono scegliere se essere onesti o ingannevoli con i clienti e i fornitori, se trattare i dipendenti con rispetto o con disprezzo, se essere "buoni cittadini" nella propria organizzazione o arrecarle danno. Alcuni problemi sono enormemente difficili da risolvere e rappresentano spesso dei veri e propri dilemmi etici. Un **dilemma etico** si presenta in una situazione in cui occorre stabilire cosa è giusto e cosa è sbagliato, ma è impossibile farlo con chiarezza perché si è in un conflitto di valori.[61] Giusto e sbagliato non possono essere identificati chiaramente in una tale situazione. Per l'agente di vendita al salone di bellezza, per esempio, il conflitto di valori è tra l'onestà nei confronti delle clienti e l'adempimento delle aspettative della sua manager. Il produttore statunitense può sentirsi diviso tra il rispetto e quindi l'adeguamento agli usi locali del paese straniero e l'osservanza delle leggi statunitensi sulle tangenti. A volte ogni scelta o comportamento alternativo sembra indesiderabile. I dilemmi etici non sono semplici da risolvere, ma le scelte possono essere facilitate stabilendo valori etici all'interno dell'organizzazione come parte della cultura aziendale per fornire alle persone delle linee guida affinché prendano la decisione migliore da un punto di vista morale.

Responsabilità sociale d'impresa

La nozione di **responsabilità sociale d'impresa** (*corporate social responsibility*, CSR) è un'estensione del concetto di etica manageriale e si riferisce al dovere da parte del management di effettuare scelte e intraprendere iniziative che contribuiscano al benessere e all'interesse di tutti gli stakeholder dell'organizzazione, ossia i dipendenti, i clienti, gli azionisti, la comunità in cui l'organizzazione opera e la società nel suo complesso.[62] Per esempio MAS Holdings, azienda di abbigliamento a conduzione famigliare dello Sri Lanka, si impegna a contribuire allo sviluppo economico migliorando nel contempo la vita dei dipendenti, delle loro famiglie e della comunità. In un'epoca in cui i produttori di abbigliamento ogni settimana sono sui giornali per l'ennesima violazione dell'etica, delle relazioni di lavoro o della sicurezza, MAS Holdings balza agli onori della cronaca per la convinzione del suo titolare che le aziende hanno il potere di fare la differenza, in senso positivo, nella vita dei dipendenti e della comunità. MAS, maggiore fornitore di Victoria's Secret, mette a disposizione passaggi gratis da e verso il posto di lavoro, pasti gratuiti e assistenza medica a tutti i 45.000 dipendenti di 28 stabilimenti. Poiché oltre il 90 per cento dei dipendenti sono donne, MAS costruisce le fabbriche in aree rurali di facile accesso, in modo tale che le donne possano lavorare a poca distanza dalle loro famiglie e abitazioni.[63]

Segnalibro

Conscious Capitalism: Liberating the Heroic Spirit of Business
di John Mackey e Raj Sisodia

In *Consciuos Capitalism*, gli autori John Mackey, fondatore e co-amministratore delegato di Whole Foods, e Raj Sisodia, docente di marketing, partono dalla premessa che il business è "fondamentalmente buono ed etico" in quanto consente alla gente di vivere vite più entusiasmanti e appaganti. In soli 200 anni – affermano – la popolazione mondiale in condizioni di estrema povertà è passata dall'85 per cento ad appena il 16 per cento. Eppure invitano i leader delle aziende ad aprire gli occhi, la mente e il cuore, e a capire le prospettive dei loro stakeholder in modo tale che "la verità, la bellezza, la bontà e l'eroismo del capitalismo delle libere imprese" possano realizzarsi.

I quattro cardini del capitalismo consapevole

Per praticare un capitalismo consapevole, i manager devono abbracciare le giuste convinzioni. Qui di seguito sono riportati i quattro cardini del capitalismo consapevole:

- *Avere un fine più alto.* Nessuna impresa può praticare il capitalismo consapevole senza un fine più elevato della mera attenzione al profitto, capace di infondere nell'organizzazione energia e pertinenza, e creare partecipazione attiva da parte di dipendenti e altri stakeholder.
- *Riconoscere a ciascun gruppo di stakeholder importanza e indipendenza.* Gli autori la definiscono *integrazione degli stakeholder.* Le imprese consapevoli si danno da fare per soddisfare le necessità di tutti gli stakeholder, ivi inclusi gli investitori alla ricerca di profitti. Non è necessario scendere a compromessi, sostengono gli autori: "Insieme possiamo creare la nostra realtà futura, per cui dovremmo farlo con coscienza, collaborazione e responsabilità."
- *Le imprese consapevoli necessitano di leader consapevoli.* I leader delle imprese a capitalismo consapevole abbracciano "decentralizzazione, autonomia, innovazione e collaborazione." I leader sono motivati dal servire il fine più alto e l'obiettivo di allineare gli interessi di tutti gli stakeholder. Gli autori offrono dei consigli pratici su come diventare un leader più consapevole.
- *Abbracciare i valori del business consapevole.* La cultura del capitalismo consapevole incarna fiducia, responsabilità, equità, amore, trasparenza, integrità, premura, lealtà, crescita personale e egualitarismo.

Fare del bene ripaga

Il denaro è una misura del valore, ma non è affatto l'unica. Mackey e Sisodia ritengono che alla fine il modello di business più diffuso sarà ispirato al capitalismo consapevole, piuttosto che al profitto. Sostengono che i dati empirici dimostrano che, nel lungo termine, le imprese consapevoli registrano performance di gran lunga superiori rispetto a quelle gestiste in modo tradizionale. Fra le aziende che abbracciano una filosofia del capitalismo consapevole vi sono Google, The Container Store, Costco, Pedigree, Medtronic, Trader Joe's, Panera Bread e Harley-Davidson.

Conscious Capitalism: Liberating the Heroic Spirit of Business, di John Mackey e Raj Sisodia, è pubblicato da Harvard Business Review Press.

Un tempo la responsabilità sociale era considerata appannaggio di piccole aziende anticonvenzionali, come Patagonia o The Body Shop, ma ora è stata protagonista di una decisa rivalutazione, guadagnando un posto nel pensiero e nel comportamento organizzativo prevalenti. Il Corporate Service Corps della IBM invia squadre di dipendenti volontari in missioni di mesi e mesi per lavorare a progetti quali l'ammodernamento del sistema postale in Kenya oppure la creazione di un programma di apprendimento online in India. Campbell Soup ha fornito a una banca del cibo di Camden, in New Jersey, l'accesso alle sue linee di produzione per trasformare le donazioni di cibo avvizzito in vasetti di condimento che hanno fruttato 100.000 dollari.[64] Whirlpool offre un frigorifero e una cucina per tutte le case costruite dall'organizzazione non profit Habitat for Humanity in Nord America. La PepsiCo si è impegnata a eliminare le bevande ricche di zuccheri e calorie dalle scuole in oltre 200 paesi entro il 2012. Giganti del mondo delle imprese, da Walmart a General Electric, hanno annunciato obiettivi ambiziosi di responsabilità ambientale. Oltre 1.000 aziende in tutto il mondo hanno pubblicato rapporti che illustrano il loro interesse per i dipendenti, l'ambiente e le comunità locali.[65] Inoltre, numerose aziende, tra cui GE, Nestlé, IBM, PepsiCo e Johnson & Johnson, stanno perseguendo strategie e opportunità di business ispirate a un modello di capitalismo consapevole. Per **capitalismo consapevole**, anche detto approccio del *valore condiviso*, si intendono politiche e prassi organizzative che contribuiscono al successo commerciale di un'azienda e al tempo stesso determinano un miglioramento delle condizioni economiche e sociali delle comunità locali in cui la stessa opera.[66] In alcune regioni del subcontinente indiano, Hindustan Unilever distribuisce i suoi prodotti per l'igiene mediante un sistema a domicilio offrendo microcredito e formazione a donne di nuclei famigliari a basso reddito che vivono in villaggi con meno di 2000 abitanti. Il sistema giova alle comunità locali, perché dà un'opportunità a donne che in questo modo riescono anche a raddoppiare il reddito familiare e contrasta la diffusione di infezioni e malattie grazie alla distribuzione di prodotti per l'igiene in aree altrimenti isolate. Anche l'azienda trae vantaggio dall'espansione del mercato e dal consolidamento del brand in aree difficili da raggiungere. Attualmente il 5 per cento dei profitti di Hindustan Unilever in India è generato proprio da questo progetto.[67] Nel Segnalibro seguente viene discussa in modo più approfondito la filosofia del capitalismo consapevole.

confrontate la vostra opinione

2 **Adottare standard etici e un atteggiamento socialmente responsabile non è solo la cosa giusta da fare per un'azienda: è un fattore cruciale per il successo del business.**

Risposta esatta: *D'accordo.* Dopo ripetuti scandali, dipendenti e opinione pubblica esigono un approccio al business caratterizzato da un livello maggiore di etica e responsabilità sociale. Imprese, organizzazioni non profit ed enti governativi sono alla ricerca di strategie per ripristinare un clima di fiducia. Una nuova generazione di lavoratori in cerca di impiego valuta la responsabilità sociale dell'azienda al momento di vagliare offerte di lavoro e le aziende desiderose di assumere i migliori non possono che tenerne conto.

L'essere buoni ripaga?

La relazione tra valori etici e CSR da una parte e performance finanziaria di un'organizzazione dall'altra è un tema di grande interesse sia per i manager che per gli studiosi di organizzazione e ha generato un acceso dibattito.[68] Sono stati effettuati centinaia di studi per verificare se una maggiore etica e reattività sociale migliorano o peggiorano la performance finanziaria di un'azienda.[69] Le ricerche in merito hanno prodotto risultati non univoci, ma in genere hanno riscontrato una debole relazione positiva tra comportamenti etici e socialmente responsabili e buoni risultati finanziari. Per esempio, da un recente studio sui risultati finanziari delle 100 maggiori aziende globali che si sono impegnate nella **sostenibilità**, ossia nel tener conto di fattori ambientali e sociali in tutte le loro decisioni al fine di preservare le risorse naturali, è emerso che avevano crescita del fatturato, rendimento delle attività, profitti e flussi di cassa operativi molto superiori, almeno in alcune aree.[70] Da un altro studio sulla performance finanziaria delle grandi aziende statunitensi considerate "migliori cittadini del mondo delle imprese" è risultato che esse hanno sia una reputazione migliore sia prestazioni finanziarie superiori alla media.[71] Sebbene i risultati di questi studi non siano delle prove, forniscono un'indicazione del fatto che l'utilizzo delle risorse ai fini dell'etica e della responsabilità sociale quantomeno non arreca danno alle aziende.[72]

Le aziende si sforzano anche di misurare i fattori non finanziari che creano valore. Dalle ricerche è emerso, per esempio, che le persone preferiscono lavorare per imprese che dimostrano un alto livello di etica e responsabilità sociale, così queste organizzazioni possono attirare e trattenere dipendenti di più alta qualità.[73] Sarah Antonette ha dichiarato di aver preferito la PNC Financial Services ad altre due aziende che le avevano proposto un lavoro per via del solido programma di volontariato per dipendenti offerto dalla PNC.[74] Una vicepresidente della Timberland ha affermato di aver rinunciato a molte offerte vantaggiose da parte di altre aziende perché preferisce lavorare per una società che mette al primo posto etica e responsabilità sociale piuttosto che il semplice ottenimento del profitto.[75] Secondo i risultati di un sondaggio condotto su giovani di età compresa tra i tredici e i venticinque anni, il 79 per cento dichiara di voler lavorare per un'azienda che ha a cuore la propria influenza e il proprio contributo alla società.[76] Anche i clienti fanno attenzione: uno studio della Walker Research indica che, a parità di prezzo e qualità, due terzi delle persone intervistate cambierebbero marca per rivolgersi ad aziende etiche e socialmente responsabili.[77] Come discusso precedentemente nel capitolo, il successo organizzativo a lungo termine si basa in gran parte sul capitale sociale; ciò significa che le aziende devono costruire una reputazione di onestà, correttezza e propensione a "fare la cosa giusta". Le aziende che mettono l'etica in secondo piano a favore di una rapida crescita e profitti a breve termine alla fine vengono danneggiate. Per ottenere e mantenere la fiducia dei dipendenti, dei clienti, degli investitori e del pubblico in generale le organizzazioni devono mettere l'etica e la responsabilità sociale al primo posto.

Come i manager formano la cultura e l'etica

Dave Thomas è passato alla storia come quello che, nei primi giorni dopo aver aperto un nuovo ristorante Wendy's, vi si recava personalmente e gettava via vassoi interi di cibo che non era stato preparato nel modo giusto.[78] Michael Bloomberg, durante il suo primo mandato come sindaco di New York, si recava sul posto di lavoro esattamente nello stesso modo in cui fanno milioni di altri abitanti della città, a piedi e in metropolitana. Condividendo gli sforzi e le fatiche dei concittadini – le temperature sgradevoli, la calca, i ritardi dei treni – Bloomberg voleva dare il segnale che i suoi discorsi relativi agli obiettivi di cambiamento della congestione del traffico nella città e di abbassamento delle emissioni di anidride carbonica non erano soltanto parole.[79] Il comportamento dei top manager viene osservato e fa la differenza nel modo in cui tutto il personale dell'organizzazione si comporta.

In uno studio sulla politica e le prassi etiche in aziende di successo che seguono principi etici, il fattore emerso con maggior chiarezza è il ruolo del top management nel fornire l'impegno, la leadership e l'esempio in relazione ai comportamenti etici.[80] L'amministratore delegato e gli altri top manager devono essere impegnati nei confronti di specifici valori etici e devono esercitare una leadership costante nella cura e il rinnovamento dei valori. I valori possono essere comunicati in molti modi – discorsi, pubblicazioni aziendali, documenti di linee guida e, soprattutto, azioni personali. I dipendenti osservano con attenzione il comportamento dei manager e vi si adeguano: se i vertici aziendali mentono e ignorano le regole, lo faranno anche i collaboratori. I leader di vertice hanno la responsabilità di creare e sostenere una cultura che enfatizzi l'importanza di un comportamento etico per tutti i dipendenti. Quando Vic Sarni era amministratore delegato della PPG Industries, si definiva spesso *chief ethics officer*. Sarni non credeva nell'utilizzo di appositi uffici di staff per indagare sulle lamentele riguardanti le questioni etiche, ma gestiva personalmente il comitato etico dell'azienda. Tale atteggiamento costituiva un potente messaggio, emblematico dell'importanza dell'etica all'interno dell'organizzazione.[81] È comunque importante che i manager operanti a tutti i livelli organizzativi sposino i valori etici e li mettano in pratica; i dipendenti spesso sono più influenzati da manager e supervisori con i quali lavorano gomito a gomito che da top manager distanti. I manager a tutti i livelli dell'organizzazione devono plasmare i valori etici e adottarli. Codici etici formali sono senza valore se i manager non stabiliscono e tengono fede ad alti standard etici di condotta.[82]

I paragrafi seguenti esaminano il modo in cui i manager sviluppano valori attraverso la leadership, come pure attraverso i sistemi formali dell'organizzazione.

Leadership basata sui valori

Il personale apprende quali sono i valori importanti nell'organizzazione osservando i manager. Questi ultimi devono scoprire quali sono i loro valori personali, stabilire quali valori vorrebbero che guidassero il team o l'organizzazione intera, e comunicarli attivamente agli altri attraverso parole e azioni.[83] Quando si capiscono i propri valori, si capisce ciò che è importante, e questo è essenziale per una gestione efficace, in quanto gli individui hanno diverse priorità e i valori possono cambiare nel corso del tempo. In Figura 10.7 sono riportati alcuni dati interessanti relativi alla diversa priorità assegnata, in occasione di uno studio, ad alcuni valori da parte di manager di diverse generazioni; nella tabella figurano soltanto i valori che sono stati classificati diversamente da ciascun gruppo e soltanto le classificazioni risultate statisticamente significative.

Figura 10.7
Importanza attribuita dai manager di diverse generazioni ai valori etici
Fonte: basata sulla Tabella 3, Generation Differences in Managers' Terminal and Instrumental Value Rankings, in Edward F. Murphy, Jr., Jane Whitney Gibson e Regina A. Greenwood, "Analyzing Generational Values Among Managers and Non-Managers for Sustainable Organizational Effectiveness," *SAM Advanced Management Journal* (inverno 2010), 33-55.

Valore	Classifica manager Generazione Baby Boom	Classifica manager Generazione X	Classifica manager Generazione Y
Ambizione	5	12	6
Apertura mentale	15	10	7
Coraggio	9	6	13
Uguaglianza	15	13	10
Indipendenza	6	15	2

Il sistema di valori di un'organizzazione non può essere gestito in modo tradizionale. Emettere una direttiva autoritaria, per esempio, ha un impatto scarso o nullo sul sistema di valori di un'organizzazione. I valori organizzativi vengono sviluppati e rinforzati principalmente attraverso una **leadership basata sui valori**, un rapporto tra il leader e gli altri membri del gruppo fondato su ideali condivisi e fortemente interiorizzati che sono difesi e applicati dal leader.[84] Craig Jelinek, nuovo amministratore delegato di Costco, ha giurato di voler dar seguito alla forte leadership basata sui valori del co-fondatore ed ex amministratore delegato Jim Sinegal.

IN PRATICA

Costco

Nel 2009, mentre la recessione si faceva sempre più grave e molti datori di lavoro tagliavano posti di lavoro e stipendi, l'amministratore delegato della Costco, Jim Sinegal, distribuiva aumenti. Costco è il secondo più grande retailer negli Stati Uniti, dopo Walmart; mentre però i leader di Walmart stanno avendo sempre più problemi, quelli di Costco sembrano registrare soltanto aumenti di fatturato e profitti.

Lo stipendio minimo negli Stati Uniti rimane ancora fisso a miseri 7,25 dollari all'ora; lo stipendio orario di partenza di Costco, invece, è di circa 12 dollari. Poiché i dipendenti continuano a lavorare per l'impresa a lungo, la paga oraria media è di 20,89 dollari e l'azienda offre cospicui sussidi per l'assistenza medica anche ai dipendenti part-time. Il nuovo amministratore delegato Craig Jelinek di recente ha scritto una lettera pubblica esortando il Congresso a innalzare lo stipendio minimo, lettera che ha scatenato un interesse nella cultura e nella filosofia aziendale di Costco. Wall Street ha più volte criticato i leader di Costco, chiedendo loro di ridurre stipendi e i sussidi sanitari. I leader, invece, li hanno aumentati ogni tre anni dalla creazione dell'azienda. Nel 2009, stando a quanto riportato dal direttore finanziario e amministrativo Richard Galanti, "la prima cosa che è uscita dalla bocca di Jim [Sinegal] è stata 'Questa economia non va bene. Dobbiamo trovare il modo di dare loro di più, non di meno'." Galanti ammette che Costco guadagnerebbe di più se lo stipendio medio fosse di due o tre dollari inferiore, "ma non lo abbasseremo."

Jelinek, che ha assunto la carica di amministratore delegato nel 2012, ha giurato di voler mantenere l'eredità basata sui valori del suo predecessore Sinegal. Per esempio, certo Jelinek è ben pagato, ma egli guadagna soltanto circa 28 volte in più rispetto all'impiegato medio, mentre gli amministratori delegati delle altre aziende guadagnano niente meno che 380 volte in più. Costco non assume laureati delle business school come manager; piuttosto, coltiva i dipendenti che si danno da fare e li sponsorizzano presso le facoltà universitarie che concedono i titoli di specializzazione. Il turnover è del 5 per cento circa, estremamente basso per il settore del retail. "Se tratti i consumatori con rispetto e lo stesso fai con i dipendenti, ti aspettano buone cose," afferma Jelinek.[85]

I leader della Costco sono convinti che i valori di avere una prospettiva di lungo termine e di trattare la gente in modo umano rappresentino il modo corretto di fare business.

Come ha affermato il generale Norman Schwarzkopf, "la leadership è una combinazione di strategia e carattere; se si deve rinunciare a una di queste componenti, meglio rinunciare alla strategia."[86] I leader di valore sanno bene di determinare un impatto sulla cultura e sui valori con ogni dichiarazione e gesto. I dipendenti apprendono riguardo a valori, opinioni e obiettivi attraverso l'osservazione dei manager, non diversamente da come gli studenti apprendono quali sono gli argomenti più importanti per un esame, cosa i professori apprezzano e come ottenere un buon voto. Le azioni sono più efficaci delle parole, così i leader che si basano sui valori "alle parole fanno seguire i fatti".[87] "Limitarsi a dire di avere principi etici non è molto utile" commenta Charles O. Holliday, Jr., ex presidente e CEO della DuPont Co, "devi guadagnarti la fiducia con ciò che fai ogni giorno."[88]

In Figura 10.8 sono delineate alcune delle caratteristiche della leadership basata sui valori.[89] I leader che adottano questo modello si preoccupano di trattare bene gli altri, sono disponibili a offrire aiuto e incoraggiamento e si sforzano di mantenere relazioni interpersonali positive. Trattano tutti con equità e rispetto e accettano gli errori e i fallimenti altrui senza mai essere altezzosi. Questi leader si attengono a elevati standard etici e si sforzano continuamente di essere onesti, umili e affidabili, oltre che di mantenere un profilo etico coerente nelle attività pubbliche e nella vita privata. Sono comunque pronti ad assumersi le responsabilità dei propri errori etici.

Inoltre, coloro che adottano questo stile di leadership articolano e comunicano una ferma visione ispirata a elevati standard etici all'interno dell'organizzazione e la istituzionalizzano ritenendo responsabili se stessi e gli altri e ponendo l'etica al di sopra degli interessi personali o aziendali a breve termine.

Consolidano continuamente i valori etici mediante il comportamento quotidiano, i riti, le cerimonie e i simboli, oltre che mediante sistemi e politiche organizzative.

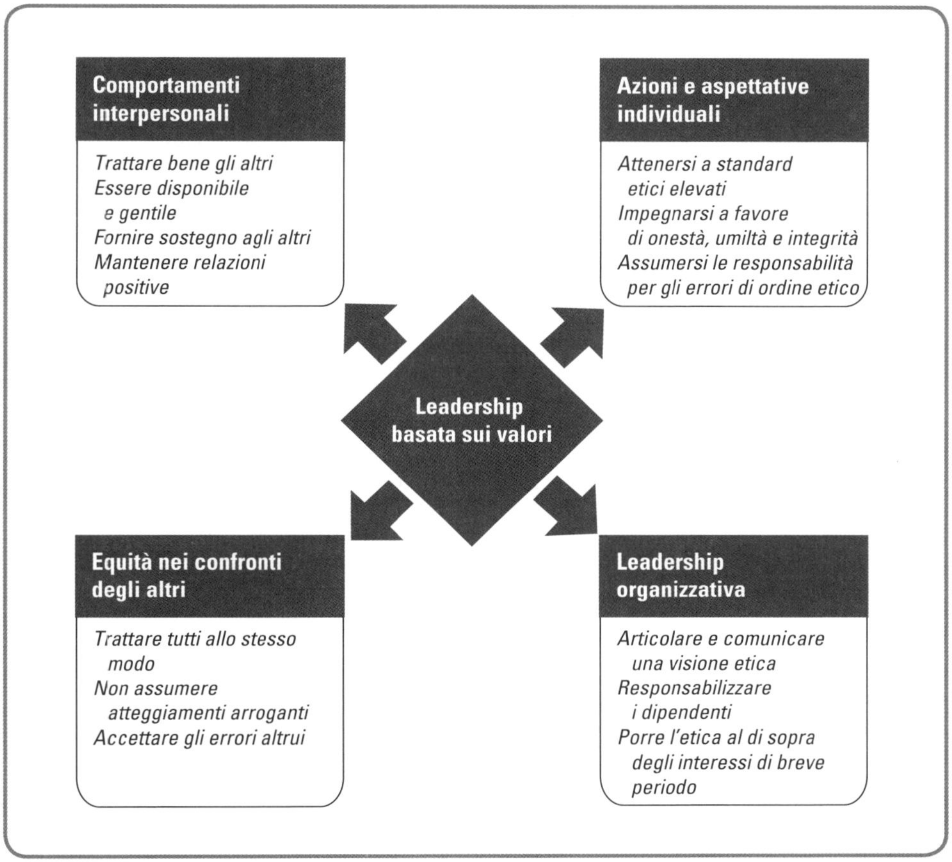

Figura 10.8
Caratteristiche della leadership basata sui valori

Struttura e sistemi formali

Un altro insieme di strumenti che i manager possono utilizzare per formare i valori culturali ed etici è rappresentato dalla struttura e dai sistemi formali dell'organizzazione, che possono risultare particolarmente efficaci nell'influenzare l'etica manageriale.

Strutture. La maggior parte degli esperti concordano sul fatto che un programma formale di etica è necessario per assicurare una cultura etica, specialmente per le grandi organizzazioni.[90] Ciò ha il significato non soltanto di allocare esplicitamente risorse organizzative in termini di tempo ed energia al problema in questione, ma anche di un simbolo, visibile a tutti, dell'importanza rivestita dall'etica per l'organizzazione stessa. I top manager possono assegnare la responsabilità relativa ai valori etici a una posizione specifica nell'organizzazione. Un esempio di questo è il **comitato etico**, che consiste in un gruppo interfunzionale di dirigenti incaricati di occuparsi dell'etica aziendale. Il comitato prende decisioni su argomenti etici controversi e si assume la responsabilità di prendere provvedimenti nei riguardi di chi non rispetta gli standard etici stabiliti. Nominando a tale carica i dirigenti dei livelli superiori, l'organizzazione segnala l'importanza dell'etica nella cultura aziendale.

Oggi molte organizzazioni stanno istituendo unità etiche che gestiscono e coordinano tutte le attività etiche a livello aziendale. Tali unità sono poste sotto la guida di un *chief ethics officer* o **responsabile della conformità**, un alto dirigente aziendale che supervisiona tutti gli aspetti etici, tra cui la definizione e l'ampia diffusione degli standard etici, l'istituzione di programmi di formazione etica, la supervisione delle indagini sui problemi di ordine etico e la consulenza ai manager relativamente agli aspetti etici delle decisioni aziendali. Perché tale funzione sia efficace, il responsabile della conformità deve avere accesso al consiglio di amministrazione e non essere passibile di licenziamento da parte dell'amministratore delegato.[91]

Gli uffici per l'etica aziendale fungono anche da centri di consulenza per aiutare i dipendenti a risolvere dilemmi etici impegnativi. Il focus è concentrato sia sull'aiuto ai dipendenti che devono prendere la decisione giusta sia sui provvedimenti contro chi si comporta in maniera scorretta. La maggior parte degli uffici per l'etica dispone di **numeri verdi etici** che offrono ai dipendenti un modo confidenziale per ottenere un consiglio ma anche per denunciare comportamenti di dubbia moralità. In un'organizzazione tale numero verde è chiamato "Linea guida", per enfatizzare che viene offerta assistenza al processo decisionale etico oltre ad accogliere le denunce di comportamenti sbagliati.[92] Secondo Gary Edwards, presidente dell'Ethics Resource Center, tra il 65 e l'85 per cento circa delle chiamate ai numeri verdi delle organizzazioni per le quali lavora come consulente sono richieste di consigli su questioni etiche.[93]

Meccanismi di denuncia. I numeri verdi etici offrono inoltre ai dipendenti un mezzo importante per dar voce alle proprie preoccupazioni riguardo a problemi di tipo etico. La responsabilità delle organizzazioni dipende in parte dalla disponibilità dei dipendenti a comunicare i loro sospetti in merito ad attività illegali, immorali o illegittime. Nell'accezione qui adottata, la **denuncia** consiste nella dichiarazione esplicita da parte di un dipendente dell'esistenza di pratiche illegali, immorali o illegittime nell'organizzazione.[94] Con l'aumentare dei problemi etici nel mondo aziendale, molte aziende sono alla ricerca di modi per proteggere i denunzianti. Inoltre, si assiste a una crescente richiesta di misure di tutela legale per coloro che riferiscono attività di business illegali o immorali.[95] Un nuovo programma, creato nell'ambito della legge di riforma del sistema finanziario cosiddetta Dodd-Frank, mira a ricompensare i denunzianti e a evitare quanto è accaduto a Matthew Lee, ex vicepresidente senior della divisione contabilità della Lehman Brothers, che ha perso il lavoro poche settimane dopo essersi detto preoccupato perché l'azienda stava occultando i rischi "parcheggiando" temporaneamente 50 miliardi di dollari in mutui a rischio al di fuori del bilancio. Nel suo libro sul crollo della Lehman, l'ex trader Lawrence McDonald scrive che l'azienda licenziava o tagliava fuori coloro che denunciavano comportamenti rischiosi e scorretti per continuare impunemente a perseguirli.[96] Diversamente da Lee, un denunziante che ha contribuito a bloccare una frode da diversi milioni di dollari presso un'altra azienda ad agosto 2012 ha ricevuto 50.000 dollari, parte della somma raccolta nel caso giudiziario.[97]

Numerosi governi, compresi quelli di Stati Uniti e Giappone, hanno approvato leggi mirate a proteggere coloro che denunciano condotte aziendali illecite, ma questo non è sufficiente. I manager illuminati si sforzano di creare un clima e una cultura organizzativi in cui i dipendenti si sentano liberi di segnalare i problemi e i manager intervengano prontamente per risolvere le questioni relative ad attività non etiche o illegali. Le organizzazioni possono considerare la denuncia come un vantaggio per l'azienda, che aiuta a prevenire disastri come quelli che hanno colpito Enron, Bear Stearns, Countrywide, News Corporation e Lehman Brothers.

Codici etici. Come minimo, ogni azienda necessita di codice etico di facile comprensione, provvisto di esempi e che spieghi quali sono i comportamenti attesi e le sanzioni.[98] Un **codice etico** è una dichiarazione formale dei valori aziendali che riguardano l'etica e la responsabilità sociale; esso specifica ai dipendenti i valori sostenuti dall'azienda e le aspettative nei confronti della condotta dei lavoratori. Il codice etico della Lockheed Martin, per esempio, afferma che l'organizzazione "mira a definire uno standard di condotta etica" basato sull'adesione a valori quali onestà, integrità, rispetto, fiducia, responsabilità e civiltà. Il codice specifica i tipi di comportamento volti a onorare tali valori e incoraggia i dipendenti a utilizzare le risorse aziendali disponibili per prendere decisioni e fare scelte etiche.[99] I codici etici possono comprendere un'ampia gamma di elementi, come dichiarazioni dei valori portanti dell'azienda, linee guida relative a questioni quali la sicurezza sul lavoro, la sicurezza delle informazioni proprietarie o la privacy dei dipendenti, e dichiarazioni di impegno rispetto alla responsabilità sociale, alla sicurezza dei prodotti e ad altre questioni importanti per i vari stakeholder. La banca svizzera UBS AG ha elaborato un solido codice etico con norme precise riguardanti i reati finanziari, la concorrenza e la riservatezza, stabilendo sanzioni da applicare in caso di violazione. A seguito di un'indagine sul ricorso a conti offshore che ha danneggiato la reputazione dell'istituto bancario, il codice vieta esplicitamente al personale di collaborare con clienti che cercano di evadere il fisco. Il fisco statunitense ha assegnato la più grande ricompensa di tutti i tempi per denuncia, 104 milioni di dollari, a un ex banchiere della USB che ha contribuito a far scoprire la frode.[100] Aspetto molto importante, il nuovo codice vieta ai manager qualsiasi tipo di rappresaglia nei confronti dei dipendenti che denunciano comportamenti non etici.[101]

Alcune aziende utilizzano dichiarazioni di valori più ampie all'interno delle quali viene dedicata una parte all'etica. Tali dichiarazioni definiscono i valori etici e la cultura aziendale, e contengono termini di riferimento relativi alla responsabilità sociale, alla qualità dei prodotti e al trattamento dei dipendenti. Una dichiarazione formale dei valori può rappresentare un documento organizzativo fondamentale che definisce cosa l'organizzazione si propone e chiarisce i comportamenti e le scelte etiche attesi.[102]

Nonostante l'importanza di codici etici e dichiarazioni di valori scritte, è essenziale che i top manager supportino e rinforzino il codice con il loro comportamento, offendo ricompense per le denunce e prendendo provvedimenti per le violazioni. Se così non è, il codice etico non è che un pezzo di carta. In effetti, da uno studio è emerso che le aziende con un codice etico scritto hanno la stessa probabilità di macchiarsi di attività illegali rispetto a quelle senza codice.[103]

confrontate la vostra opinione

3 **L'unica strategia realmente efficace per assicurarsi che un'organizzazione disponga di una forte base etica è adottare un codice etico valido e assicurarsi che tutti i dipendenti ne conoscano il contenuto.**

Risposta esatta: *In disaccordo.* Disporre di un valido codice etico può essere un fattore importante per la creazione di un'organizzazione etica, ma le azioni dei leader sono più influenti nel far sì che le persone si attengano a standard etici elevati o meno. Se i leader sono disonesti, privi di principi o privi di rispetto per il prossimo e creano una cultura che incoraggia o tollera questi comportamenti negli altri, i dipendenti non daranno grande importanza al codice etico formale.

La cultura aziendale e l'etica in un ambiente globale

Le organizzazioni che operano a livello mondiale spesso affrontano sfide etiche piuttosto complicate a causa dei fattori culturali e di mercato con i quali devono confrontarsi. La maggiore complessità dell'ambiente e del settore di un'organizzazione crea un maggiore potenziale per problemi etici e incomprensioni.[104]

La catena di fornitura globale, per esempio, rappresenta attualmente una fonte di sfide per i manager. Essa, infatti, è talmente ampia ed estesa che i manager spesso incontrano molte difficoltà persino a sapere con quali aziende si stanno interfacciando; ancor meno sanno che cosa avviene presso i vari appaltatori e subappaltatori. Amazon possiede dei centri di distribuzione in Germania e, a causa dei costi elevati in quella zona, spesso lavora con terze parti per assumere e gestire migliaia di operai temporanei immigrati da Polonia, Spagna, Romania e altri paesi europei; questo consente all'azienda di adattarsi alle necessità stagionali. L'azienda si è impegolata in un groviglio di etica dopo che la televisione pubblica tedesca ha mandato in onda un documentario nel quale gli operai affermavano che le guardie giurate della HESS (abbreviazione di Hensel European Security Services) li minacciavano, li ispezionavano alla ricerca di cibo rubacchiato e facevano controlli a sorpresa negli angusti alloggi nei quali vivevano. Il programma mostrava delle guardie che indossavano divise di Thor Steinar, marchio tedesco molto diffuso presso la comunità neo-nazista del Paese. Amazon ha posto immediatamente fine alla collaborazione con la HESS, i cui dirigenti hanno negato le accuse dicendo: "Prendiamo nettamente le distanze da qualsiasi forma di radicalismo politico." Anche il ministero del lavoro tedesco sta indagando.[105]

Molte aziende ritirano gli ordini e pongono fine alla collaborazione con le organizzazioni ritenute colpevoli di utilizzare pratiche contrarie alla sicurezza o all'etica. Un approccio più recente che alcune stanno utilizzando consiste nel lavorare a stretto contatto con le fabbriche all'estero per migliorarne le condizioni il che, a detta dei manager, arrecherebbe vantaggio a entrambe le parti.[106]

Un altro problema nel fare business a livello globale è che dipendenti che provengono da paesi diversi possono avere valori e opinioni differenti, che rendono difficile stabilire un senso di comunità e di coesione fondato sulla cultura aziendale. In effetti, la ricerca ha indicato che la cultura nazionale ha sui dipendenti un impatto maggiore di quello esercitato della cultura aziendale e le differenze nelle culture nazionali contribuiscono a creare una variabilità significativa negli atteggiamenti etici.[107] I manager spesso lottano per proiettare le idee per lo sviluppo di culture aziendali solide ed etiche in un ambiente globale complesso. Accenture, impresa che offre servizi di consulenza, tecnologie e outsourcing con 140.000 dipendenti in 48 paesi, ha assegnato a un dipendente di ciascuna regione l'incarico di "Geographic Ethics Lead" per accertarsi che il codice etico fosse chiaro e soddisfacesse le esigenze dei lavoratori operanti in regioni diverse. I dipendenti incaricati ricevevano l'input dei colleghi durante focus group tenuti in ciascun paese. Nonostante alcuni valori etici fondamentali siano comuni a tutti, il codice etico è personalizzato per ciascun paese in cui Accenture opera.[108]

Uno sguardo sull'Europa

La cultura svedese nel mondo: IKEA e Ingvar Kamprad

La cultura aziendale per il colosso svedese dell'arredamento IKEA è una questione di vitale importanza. Nel caso in cui si voglia inviare una candidatura per un'eventuale assunzione, sul sito dell'azienda è possibile compilare un questionario a risposta multipla per verificare se si è compatibili con la filosofia e la cultura IKEA. Mentre si compila il questionario, accanto alle domande compare una stanza che viene progressivamente arredata all'avanzare delle risposte. Al termine della compilazione, se la stanza sarà arredata in modo ordinato e completo vorrà dire che il profilo del candidato ben si adatta alla cultura IKEA; se invece resterà vuota e disordinata, probabilmente sarà meglio desistere dall'inviare la propria candidatura. Sui valori, infatti, sono fondati sia il modello di selezione che tutti i sistemi di gestione delle risorse umane. Alla base dell'ingresso in IKEA c'è un'adesione culturale, un modo di intendere il metodo di lavoro che è tipico di IKEA.

I valori IKEA

Nell'elenco dei valori IKEA, al primo posto appare l'umiltà e la forza di volontà. Un lavoratore IKEA deve mostrare rispetto verso colleghi, clienti e fornitori, e deve essere proattivo nel raggiungere gli obiettivi. La leadership, poi, passa attraverso il buon esempio da parte dei manager, che deve tradursi in comportamenti coerenti anche da parte dei collaboratori. In IKEA è necessario avere il coraggio di essere differenti, mettendo in discussione le vecchie soluzioni e implementandone di nuove. La collaborazione e l'entusiasmo sono le chiavi per risolvere anche i problemi che sembrano insormontabili. Ma ciò che in IKEA costituisce una vera e propria ossessione è la riduzione dei costi, in un'ottica di efficienza ed eliminazione degli sprechi, per poter offrire ai consumatori dei prezzi bassi.

L'innovazione e il continuo rinnovamento sono due elementi molto positivi, perché solo se si riuscirà a rispondere alle esigenze dei clienti con soluzioni innovative e a basso costo l'azienda potrà raggiungere il proprio obiettivo, che è "creare una vita quotidiana migliore per la maggioranza delle persone" attraverso l'offerta di un vasto assortimento di articoli d'arredamento belli e funzionali a prezzi vantaggiosi. Infine, in IKEA i collaboratori vengono incoraggiati a sfruttare il proprio potenziale assumendo e delegando responsabilità.

È da tutto questo che nasce la "IKEA way" di fare le cose, dalla fusione di tutti i valori e dalla piena adesione a quello in cui si crede. Nella sua autobiografia "Il testamento di un mobiliere" il fondatore di IKEA, Ingvar Kamprad, afferma che sprecare le risorse è un peccato mortale per IKEA, e che le soluzioni complesse e dispendiose ai problemi sono di solito il frutto della mediocrità. I valori, le norme e le regole informali sono elementi molto forti e concorrono a creare senso di identità e appartenenza tra i collaboratori IKEA in tutto il mondo. Nel 1976 Ingvar Kamprad ha descritto questi elementi in quello che è divenuto famoso come "Il testamento di un mobiliere" e che, assieme a "A Little IKEA Dictionary", che contiene le parole chiave nel mondo IKEA, rappresenta un documento che ogni collaboratore IKEA dovrebbe conoscere e interiorizzare.

La Svezia e il mito di Ingvar Kamprad

La cultura IKEA è strettamente collegata alla storia dell'uomo che l'ha fondata e al mito che lo circonda. Ingvar Kamprad, classe 1926, è originario dello Småland, nel sud della Svezia. Dimostrando capacità imprenditoriali sin da giovanissimo, nel 1943, a soli 17 anni, riceve un premio dal padre per il suo impegno nello studio e lo usa per fondare la sua società. Il nome IKEA è l'acronimo delle sue iniziali (I.K.) e delle iniziali della fattoria e del villaggio dove era cresciuto. Inizialmente l'azienda vende una vasta gamma di oggetti di uso comune (ad esempio penne, portafogli, cornici, orologi, gioielli, calze di nylon), e nel 1948 i mobili, prodotti da fornitori locali con la legna dei boschi vicino alla casa di Ingvar Kamprad, vengono introdotti nell'assortimento IKEA. Con la pubblicazione del primo catalogo nel 1951 il business comincia a decollare su vasta scala. L'idea innovativa di Kamprad è stata quella di offrire prodotti di arredamento di buona qualità e design a prezzi più bassi dei *competitor*, cercando in tutti i modi di tagliare i costi senza intaccare la qualità. Orientati a questo fine sono il magazzino self-service e l'idea di chiedere ai clienti di montarsi i mobili da soli, permettendo in questo modo un'ulteriore diminuzione dei prezzi e una partecipazione dei clienti alla filosofia IKEA, così come l'idea delle confezioni di cartone piatte, che rendono più efficiente la distribuzione. Nello sviluppo di questo *concept* un ruolo importante spetta alla stessa cultura svedese, e in particolare allo stile di vita dello Småland. Questa regione, infatti, è nota per avere risorse limitate; dunque i suoi abitanti sono abituati a lavorare duramente, vivere con poco e usare l'ingegno per sfruttare al meglio le poche risorse che hanno a disposizione. Questo è lo stesso criterio che segue IKEA per tenere bassi i prezzi, senza tuttavia sacrificare la qualità. Distintiva è poi la passione per la semplicità e la sobrietà. L'informalità, anche nell'abbigliamento, è la regola, e al vertice della scala gerarchica ci sono i consumatori. Oggi il Gruppo IKEA è un marchio mondiale, presente in 44 paesi con 139.000 collaboratori e vendite annuali per oltre 27 miliardi di euro.

Domande

1. Quali sono gli elementi che permettono di leggere e interpretare la cultura di un'organizzazione?
2. Una cultura così profondamente legata ai valori e agli ideali del suo fondatore come quella IKEA può sopravvivere e funzionare anche in futuro? In quali casi è necessario un cambiamento culturale?
3. Esistono, e se sì quali sono, le criticità legate a una cultura aziendale così pervasiva?

Riepilogo e interpretazioni

- Questo capitolo ha affrontato una serie di concetti relativi alla cultura aziendale, all'importanza di valori culturali ed etici e alle tecniche che i manager possono utilizzare per influenzare questi valori. La cultura e i valori etici aiutano a determinare il capitale sociale dell'organizzazione, e i valori giusti possono contribuire al successo organizzativo.
- La cultura è l'insieme di valori chiave, opinioni e norme condivise dai membri di un'organizzazione. Le culture organizzative assolvono due funzioni: integrare i membri in modo che sappiano come relazionarsi l'uno all'altro e aiutare l'organizzazione ad adattarsi all'ambiente esterno. La cultura può essere interpretata osservando riti e cerimonie, storie e slogan, simboli, strutture, sistemi di controllo e rapporti di potere dell'organizzazione. I manager possono anche fare leva su questi elementi per influenzare la cultura.
- La cultura organizzativa aiuta a rinforzare la strategia e la struttura di cui l'organizzazione necessita per avere successo nel suo ambiente. Quattro tipi di cultura che possono esistere all'interno delle organizzazioni sono la cultura adattiva, la cultura della missione, la cultura di clan e la cultura burocratica. Quando esiste un ampio consenso sull'importanza di specifici valori, la cultura organizzativa è forte e coesa; tuttavia, anche in organizzazioni con culture forti possono emergere numerose sottoculture, in particolare in quelle di grandi dimensioni.
- Le culture forti possono essere costruttive o non costruttive. Le culture costruttive sono caratterizzate da valori e modelli di comportamento diversi da quelli delle culture non costruttive . Le culture forti ma non sane possono essere nocive per le possibilità di successo di un'impresa. D'altronde forti culture di tipo costruttivo possono giocare un ruolo importante nella creazione di un'elevata performance e di risposte innovative alle sfide, alle minacce della concorrenza o alle nuove opportunità.
- Un aspetto importante dei valori organizzativi è l'etica manageriale, che è l'insieme di valori che governano il comportamento in riferimento a ciò che è giusto o sbagliato. La responsabilità sociale d'impresa (*corporate social responsibility*, *CSR*) è un'estensione dell'etica manageriale e si riferisce al dovere da parte del management di effettuare scelte e intraprendere iniziative che contribuiscano al benessere della società e dell'organizzazione. Numerose aziende stanno sposando il concetto del capitalismo consapevole, con l'adozione di politiche e prassi che ne accrescono la competitività contribuendo nel contempo al miglioramento delle condizioni sociali ed economiche delle comunità in cui operano.
- Il capitolo ha trattato il tema di come i manager possano influenzare la cultura e l'etica. Un concetto importante è quello della leadership basata sui valori, che significa che i leader definiscono una visione relativa a valori appropriati, li comunicano a tutta l'organizzazione e li istituzionalizzano attraverso il comportamento quotidiano, i rituali, le cerimonie e i simboli. Anche i sistemi formali sono importanti per la formazione dei valori etici; tali sistemi comprendono comitati etici, dipartimenti etici, meccanismi per la denuncia, programmi di formazione su temi etici e codici etici o dichiarazioni di valori che specificano i valori etici e i comportamenti attesi dall'azienda.
- Man mano che le attività di business attraversano in misura sempre maggiore i confini geografici e culturali, i leader si trovano di fronte a una difficile sfida nel cercare di costruire valori culturali ed etici forti con i quali tutti i dipendenti possano identificarsi e sui quali possano concordare. La catena di fornitura globale è un'area che preoccupa sempre più dal punto di vista etico.

Punti chiave

Tieni a mente questi suggerimenti

1. Dedica attenzione alla cultura aziendale. Cerca di comprendere i valori sottostanti, le assunzioni e le opinioni su cui è basata la cultura, così come le sue manifestazioni osservabili. Valuta la cultura aziendale in base a riti e cerimonie, storie e slogan, simboli, strutture, sistemi di controllo e rapporti di potere che osservi nell'organizzazione.
2. Assicurati che la cultura aziendale sia coerente con la strategia e l'ambiente: plasmala in modo che si adatti alle necessità di entrambi. Quattro tipi di cultura sono la cultura adattiva, la cultura della missione, la cultura di clan e la cultura burocratica.
3. Gestisci consapevolmente la cultura in modo da spostare i valori verso performance elevate e il raggiungimento degli obiettivi.
4. Per supportare una learning organization, enfatizza i valori culturali dell'apertura e della collaborazione, dell'uguaglianza e della fiducia, del miglioramento continuo e dell'assunzione di rischio. Sviluppa una forte cultura interna che incoraggi l'adattamento alle mutevoli condizioni ambientali.
5. Esercita un controllo sui valori etici dell'organizzazione e manifesta il tuo impegno in favore della responsabilità sociale d'impresa. Riconosci che l'etica non equivale al rispetto della legge e aiuta gli altri a imparare come prendere decisioni etiche.
6. Agisci da leader per la cultura interna e per i valori etici che sono importanti per l'organizzazione. Tratta gli altri con equità, attieniti a elevati standard etici e fai in modo che gli altri facciano altrettanto, comunica una visione che ponga l'etica al di sopra degli interessi di breve periodo. Ricorda che le azioni sono più eloquenti delle parole.
7. Utilizza i sistemi formali dell'organizzazione per implementare i valori culturali ed etici desiderati. Tali sistemi includono comitati etici, chief ethics officer, meccanismi per la denuncia, codici etici e programmi di formazione etica.

Glossario

adattamento esterno
capitale sociale
capitalismo consapevole
cerimonie
codice etico
coesione culturale
comitato etico
cultura
cultura adattiva
cultura burocratica
cultura della missione
cultura di clan
denuncia
dilemma etico
eroi
etica
etica manageriale
integrazione interna
leadership basata sui valori
leggende
norme di legge
numeri verdi etici
responsabile della conformità
responsabilità sociale d'impresa
riti
simboli
slogan
sostenibilità
sottoculture
storie

Domande per la discussione

1. In che misura un osservatore esterno può comprendere i valori culturali sottostanti di un'organizzazione analizzando simboli, cerimonie, abbigliamento e altri aspetti osservabili della cultura rispetto a un dipendente con molti anni di esperienza lavorativa? Esprimete il valore in percentuale e spiegate il ragionamento seguito.

2. Molte organizzazioni nella lista delle aziende più ammirate della rivista *Fortune* figurano anche nella lista delle più redditizie. Secondo alcuni, si tratta della prova che un elevato capitale sociale si traduce in profitti; secondo altri, invece, l'alta redditività è la ragione primaria per la quale le aziende sono ammirate e dispongono di una buona cultura. Che cosa pensate di queste due interpretazioni divergenti?
3. Una solida cultura burocratica può anche essere costruttiva, secondo la definizione fornita nel capitolo e in Figura 10.5?
4. Perché la leadership basata sui valori ha una così grande influenza sulla cultura? Un atto simbolico comunica più di un'affermazione esplicita?
5. Ricordate una situazione in cui voi o qualcuno che conoscete ha dovuto affrontare un dilemma etico, per esempio, decidere se gonfiare una nota spese o scambiare le risposte ai quiz con un amico durante un esame? Pensate che la decisione della persona sia stata influenzata in misura maggiore dai valori morali individuali o dai valori accettati all'interno del team o dell'azienda?
6. Secondo i risultati di un sondaggio condotto su un campione di 20.000 persone in sedici paesi europei più Russia, Turchia e Stati Uniti, il 55 per cento degli intervistati ha affermato che la disonestà nel campo degli affari è più diffusa rispetto a dieci anni fa. Siete d'accordo o pensate che siano semplicemente i nuovi mezzi di comunicazione a dare più visibilità a questo tipo di eventi?
7. Quale importanza attribuireste alle azioni e alle affermazioni della leadership aziendale nell'influenzare i valori etici e il processo decisionale?
8. Perché la globalizzazione ha contribuito a rendere più complesse le questioni etiche? Ritenete possibile che un'azienda operante in numerosi paesi abbia una cultura aziendale coesa e valori etici uniformi?
9. Spiegate il concetto di valore condiviso. Secondo voi, esistono maggiori probabilità che i manager di imprese operanti secondo l'approccio del capitalismo consapevole dimostrino un comportamento etico e una solida responsabilità sociale? Motivate la vostra risposta.
10. I codici etici sono stati criticati per aver trasferito la responsabilità del comportamento etico dall'organizzazione al singolo lavoratore. Siete d'accordo? Pensate che un codice etico sia una risorsa di valore per un'organizzazione?

Quaderno di lavoro

Il potere dell'etica[109]

Questo esercizio vi aiuterà a capire meglio i concetti dell'etica e quello che l'etica rappresenta per voi.

A. Dedicate cinque minuti circa a rispondere individualmente alle quattro domande qui sotto.
B. Dividetevi in gruppi di 4-6 membri.
C. In ciascun gruppo, cercate di raggiungere un accordo sulle risposte a ognuna delle quattro domande. Per la domanda 3, scegliete una situazione. Avrete 20-40 minuti a disposizione per questo esercizio, a discrezione del docente.

D. Fate in modo che ciascun gruppo condivida le proprie risposte con l'intera classe; successivamente il docente intavolerà una discussione sull'etica e sul potere dell'etica nel business.

Domande

1. Definite con parole vostre il concetto di etica in una o due frasi.
2. Se foste un manager, in che modo motivereste i vostri dipendenti ad avere un comportamento etico. Utilizzate non più di due frasi.
3. Descrivete una situazione in cui avete dovuto far fronte a un dilemma etico. Qual è stata la vostra decisione e il vostro comportamento? In che modo avete deciso di farlo? Siete in grado di collegare la vostra decisione a qualche concetto contenuto nel capitolo?
4. Quale pensate che sia un potente messaggio etico per coloro che relazionano a voi? Da dove lo avete preso? Come esso potrebbe influenzare il vostro comportamento in futuro?

Innovazione e cambiamento

11

ORGANIZZARE LE IMPRESE:
qual è la vostra opinione?

Prima di leggere il presente capitolo, indicate qual è la vostra opinione in merito a ciascuna delle seguenti affermazioni:

1 Per creare un'azienda innovativa, la prima cosa da fare è chiedere ai dipendenti di proporre nuove idee.

D'ACCORDO ☐ IN DISACCORDO ☐

2 Chiedere direttamente ai clienti che cosa desiderano è il modo migliore per creare prodotti nuovi che avranno successo sul mercato.

D'ACCORDO ☐ IN DISACCORDO ☐

3 Il cambiamento della cultura aziendale è forse uno dei compiti più difficili che un manager possa affrontare.

D'ACCORDO ☐ IN DISACCORDO ☐

Il negozio online Zappos sta costruendo un quartier generale di piccole dimensioni per favorire gli scontri fra dipendenti. Non si tratta di un tentativo per far nascere zuffe o per incrementare i viaggi al pronto soccorso: facendo in modo che i dipendenti si scontrino l'uno con l'altro e diano vita a conversazioni spontanee, i manager sperano di aumentare la collaborazione e il trasferimento di informazioni. I ricercatori che studiano i modelli di interazione fra i ricercatori della University of Michigan hanno scoperto che quando gli scienziati condividevano gli stessi edifici e facevano gli stessi percorsi durante la giornata, con maggiore probabilità collaboravano. Nel nuovo quartier generale, i manager di Zappos hanno deciso di assegnare a ciascun lavoratore 9 metri quadrati circa, piuttosto che 14 metri. Le stanze per la pausa saranno "davvero piccole, per cui le persone letteralmente si scontreranno," ha affermato Patrick Olson, senior manager dello sviluppo delle infrastrutture per Zappos.[1]

Zappos non è l'unica azienda a cercare di favorire la serendipità sul posto di lavoro. Anni fa, Steve Jobs progettò il quartier generale della Pixar con i servizi igienici al centro, in modo tale che i dipendenti si incontrassero.[2] AT&T, Plantronics, Twitter, Capgemini e molte altre aziende hanno mandato dei lavoratori negli spazi di co-working, dove lavorano a fianco dei dipendenti di altre aziende.[3] Molti pensano che il modo migliore per incoraggiare gli incontri fortuiti e stimolare l'innovazione consiste nel rendere le aziende più simili a città. Zappos sta trasformando il suo atrio di ingresso in uno spazio gratuito di co-working, in modo tale che i dipendenti possano mescolarsi con i lavoratori di altre aziende e con i visitatori, come nella hall di un albergo. "Quei punti di contatto al pian terreno rappresentano per noi qualcosa di magico," afferma Olson.[4]

Aziende e manager vanno alla ricerca di qualsiasi vantaggio possibile in termini di innovazione. Tutte le aziende devono affrontare la sfida posta dal rimanere al passo con i cambiamenti dell'ambiente esterno. Nuove scoperte e invenzioni e nuovi approcci sostituiscono rapidamente i metodi tradizionali di operare. Grandi innovazioni tecnologiche hanno rivoluzionato il nostro stile di vita: per milioni di persone nel mondo, le interazioni tramite SMS, tweet e contatti online sono di gran lunga più frequenti rispetto a quelle faccia a faccia. La velocità del cambiamento è evidenziata eloquentemente dal fatto che i genitori dei ventenni di oggi sono cresciuti senza iPad, social network, sistemi satellitari, video in streaming e persino senza Internet. Ai tempi della loro adolescenza, l'idea di comunicare istantaneamente con interlocutori di tutto il mondo, ascoltare le canzoni preferite ovunque o scaricare un intero libro su un dispositivo come un computer portatile era quasi fantascientifica. Il settore high-tech sembra cambiare ogni nanosecondo e aziende come Apple, Google, Cisco, Facebook, Intel e Twitter propongono costantemente nuove innovazioni per tenere il passo del cambiamento. In realtà, sono tutti i comparti a subire pressioni più forti all'innovazione. Bob Jordon, vicepresidente esecutivo e direttore commerciale alla Southwest Airlines, parlava per i manager di tutto il mondo quando ha detto: "Dobbiamo cambiare per sopravvivere."[5]

Obiettivi del capitolo

Questo capitolo studia come le organizzazioni cambiano e come i manager dirigano il processo di innovazione e di cambiamento. In primo luogo, viene spiegato quanto difficile può essere l'innovazione e viene discussa la sfida dell'innovazione radicale. Il paragrafo successivo descrive i quattro tipi di cambiamento – tecnologia, prodotto, struttura, persone – che hanno luogo nelle organizzazioni e come gestire il cambiamento con successo. Verrà discussa quindi la struttura organizzativa e l'approccio di gestione che possono facilitare tutti questi tipi di cambiamento. Saranno prese infine in esame anche le tecniche di gestione che possono essere utilizzate per influenzare sia la creazione sia la realizzazione del cambiamento. Il paragrafo conclusivo del capitolo esamina invece le tecniche di implementazione cui i manager possono fare ricorso per realizzare cambiamento e innovazione.

Il ruolo strategico del cambiamento

Se c'è un messaggio o un insegnamento che emerge dai capitoli precedenti, è che le organizzazioni devono correre velocemente per tenere il ritmo dei cambiamenti che si verificano intorno a loro. Le grandi organizzazioni devono trovare modi per agire da organizzazioni piccole e flessibili, quelle manifatturiere hanno bisogno di dotarsi delle nuove tecnologie manifatturiere intelligenti e le imprese di servizi devono abbracciare le nuove tecnologie informatiche (IT). Le organizzazioni attuali devono tenersi sempre pronte all'innovazione continua, non solo per prosperare ma anche solo per sopravvivere in un mondo caratterizzato da cambiamenti destabilizzanti e competizione sempre crescente.

Innovare o fallire

Potenti forze ambientali spingono la necessità di sostanziali cambiamenti organizzativi.[6] I progressi tecnologici, il mutare dei mercati, l'aumento della regolamentazione da parte dei governi, l'e-business e il mobile commerce, il cambiamento delle attitudini sociali, la turbolenza economica globale, i social media e la rivoluzione dell'informazione, l'influenza crescente dei paesi arabi e dei cosiddetti BRIC (Brasile, Russia, India e Cina) hanno portato a un'economia globalizzata pervasa da un'incertezza che incide su ogni attività di business, dalla più grande alla più piccola, creando maggiori minacce così come maggiori opportunità.

Le organizzazioni possono rispondere alle variazioni ambientali con tre tipi di cambiamento e innovazione.[7] Il *cambiamento occasionale* è quello cui molti manager navigati sono ormai abituati da tempo: si rende necessario di quando in quando, dopo fasi di relativa stabilità, e i manager possono gestirlo proponendo innovazioni tecniche, strutturali o di prodotto, a seconda delle circostanze. Attualmente, però, gran parte delle organizzazioni sono chiamate ad affrontare il *cambiamento continuo*, causato dai rapidi mutamenti dell'ambiente. Questo tipo di cambiamento si verifica con frequenza, accompagnandosi a fasi di stabilità meno numerose e di più breve durata. I manager considerano il cambiamento come un processo organizzativo continuo, che impone alle unità di ricerca e sviluppo di creare un flusso di nuovi prodotti e servizi per soddisfare bisogni mutevoli. In numerosi settori, l'ambiente è diventato così instabile da imporre l'esigenza di *cambiamento e innovazione radicali*.

Come mostra la Figura 11.1, l'espressione **innovazione radicale** fa riferimento alle innovazioni di prodotti e servizi che, inizialmente di piccola entità, finiscono con sostituire completamente una tecnologia esistente di prodotto o servizio per produttori e consumatori. Solitamente, la scelta da parte delle aziende di dar vita a innovazione radicale si dimostra un grande successo; al contrario, le aziende che sono colpite da un'innovazione radicale rischiano di essere estromesse dal mercato. Le aziende affermate di solito ignorano la piccola innovazione iniziale in quanto restie ad allontanarsi dai loro modelli di business consolidati. La maggior parte dei lettori sono forse troppo giovani per ricordare come le aziende automobilistiche americane prendevano in giro le prime automobile provenienti dal Giappone; eppure i manager di General Motors e Ford smisero di ridere quando i veicoli Toyota e Subaru cominciarono a conquistare quote di mercato. Un'altra innovazione radicale, il DVD, riuscì ad annientare l'industria delle videocassette e ora il video streaming minaccia di far fare la stessa fine al DVD. Sembra che le fotocamere digitali stiano praticamente eliminando l'industria delle pellicole fotografiche e gli smartphone stiano minacciando le fotocamere digitali compatte: la gente preferisce utilizzare gli smartphone per scattare istantanee perché può facilmente condividerle sui social network.[8] Le vendite delle macchine fotografiche punta e scatta continuano a calare.[8] I MOOC (*massive open online courses*, ossia corsi aperti online su larga scala) potrebbero diventare un'innovazione radicale rispetto ai costosi corsi in presenza tradizionali nell'ambito dell'istruzione superiore. Coursera, azienda di Mountain View, in California, conta 3,5 milioni di utenti registrati ai suoi 370 corsi di college online, la maggior parte dei quali gratuiti.[9] I college tradizionali stanno facendo lo stesso errore delle case automobilistiche statunitensi: molti offrono corsi online, senza tuttavia cambiare di molto il loro modello di business attuale per consentire agli studenti di risparmiare tempo e denaro.[10] Molte innovazioni radicali provengono da piccole iniziative imprenditoriali come Coursera.

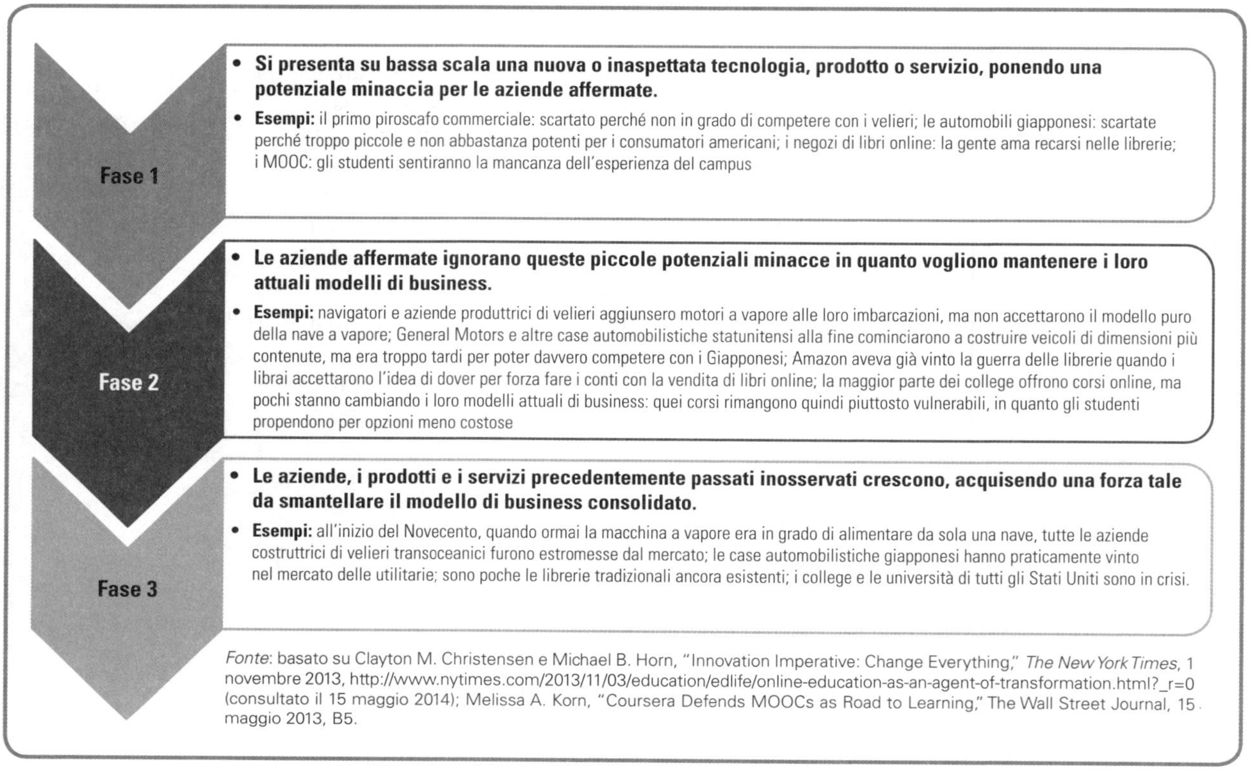

Figura 11.1
Fasi dell'innovazione radicale

Innovare, e in particolar modo far fronte all'innovazione radicale, non è cosa semplice. Microsoft, un tempo considerata leader della tecnologia, ha incontrato non poche difficoltà a competere con Facebook, Apple e Google in nuovi mercati come quelli degli e-book, della musica online, dei motori di ricerca e dei social network. Peraltro l'azienda non è riuscita a prendere piede nel nuovo mondo del *mobile computing*.[11] Un elemento chiave del successo di aziende come il produttore cinese di smartphone Xiaomi, Amazon, General Electric, Google, Twitter, Philips, Apple, Nike è stata la loro passione per la creatività e il cambiamento. Ogni anno, la rivista *Fast Company* elabora una classifica delle 50 aziende più innovative e quelle appena citate rientravano tutte nella classifica del 2014. Nello stesso anno la classifica era dominata dalle seguenti aziende, considerate le 10 più innovative al mondo:[12]

1. Google
2. Bloomberg Philantropies
3. Xiaomi
4. Dropbox
5. Netflix
6. Airbnb
7. Nike
8. ZipDial
9. DonorsChoose.org
10. Yelp

Tipologie strategiche di innovazione e cambiamento

I manager possono focalizzarsi su quattro tipi di innovazione e cambiamento, nell'ambito delle organizzazioni, per conseguire un vantaggio strategico. Queste quattro tipologie di innovazione e cambiamento sono indicate in Figura 11.2 come tecnologia, prodotti e servizi, strategia e struttura, e infine cultura.[13] Le tipologie di innovazione e cambiamento sono interdipendenti, per cui spesso le variazioni in un'area richiedono variazioni anche in altre. Potrebbe accadere che un nuovo prodotto necessiti di cambiamenti nella tecnologia di produzione, o che una variazione di struttura richieda nuove abilità da parte dei lavoratori. Per esempio, quando la Shenandoah Life Insurance Company ha acquisito una nuova tecnologia informatica per la gestione dei reclami, questa non è stata utilizzata appieno finché gli impiegati non sono stati riorganizzati in squadre di 5-7 membri compatibili con la tecnologia. Il cambiamento strutturale è stato una conseguenza del cambiamento tecnologico. Le organizzazioni sono sistemi interdipendenti e la modifica di una parte ha spesso delle implicazioni per le altre parti di essa.

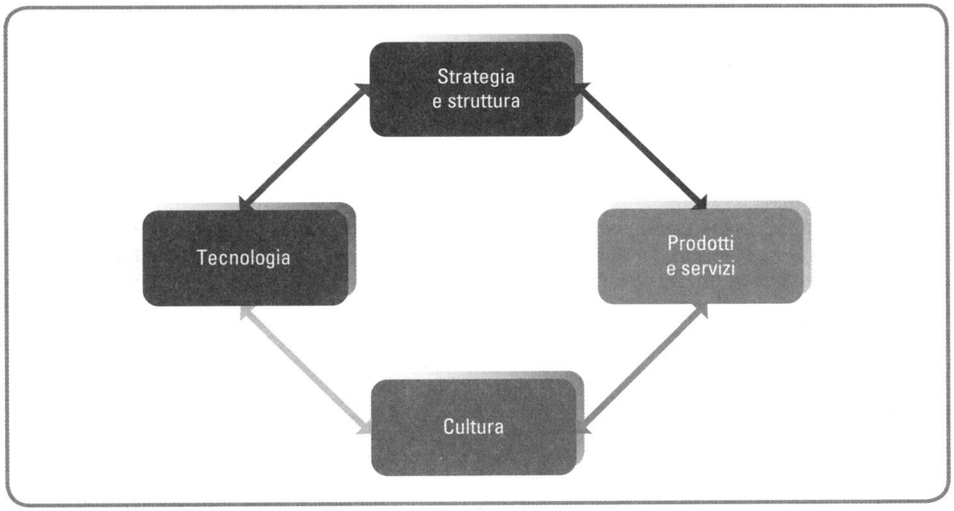

Figura 11.2
I quattro tipi di innovazione e cambiamento

Le **innovazioni tecnologiche** sono variazioni nel processo produttivo di un'organizzazione, compresa la sua base di conoscenze e capacità, che permettono di creare una competenza distintiva e sono progettati per rendere la produzione più efficiente o per riuscire a ottenere un volume di output maggiore. Le innovazioni tecnologiche riguardano le tecniche utilizzate per realizzare prodotti o servizi e comprendono metodi di lavoro, macchinari e flusso del lavoro. Per esempio, Hammond's Candies ha ridotto i costi annuali di centinaia di migliaia di dollari implementando alcuni cambiamenti tecnologici suggeriti dal personale. A titolo esemplificativo, i dipendenti addetti a una catena di montaggio sono stati ridotti da cinque a quattro modificando l'ingranaggio di un macchinario ed è stato realizzato un nuovo imballaggio per i bastoncini di zucchero candito per evitare danni durante il trasporto verso i punti vendita.[14]

Le innovazioni **di prodotto e di servizio** riguardano gli output di un'organizzazione in termini di prodotti o di servizi. I nuovi prodotti possono risultare da piccole modifiche di prodotti esistenti o, all'estremo opposto, derivare da linee di prodotto completamente nuove. I nuovi prodotti e servizi sono generalmente progettati per aumentare la quota di mercato o per raggiungere nuovi mercati, consumatori o clienti. Elkay Manufacturing ha introdotto un adattamento di un prodotto esistente con il suo distributore di acqua EZH2O.

IN PRATICA

Elkay Manufacturing

Negli Stati Uniti le fontane per la distribuzione di acqua posizionate nei luoghi pubblici, come per esempio nei corridoi delle scuole, sono rimaste pressoché immutate per decenni. Poi, pochi anni fa, i manager della Elkay Manufacturing hanno cominciato a notare quella che chiamano "la danza dell'aeroporto," ossia l'espediente che le persone hanno trovato per riempire le bottiglie presso le fontane senza spruzzarsi l'acqua addosso, piegandole alla giusta angolazione.
Elkay ha cominciato a riprogettare la fontana con l'obiettivo di creare, piuttosto, una "stazione per il riempimento delle bottiglie." La metà circa dell'acqua che oggi la gente consuma proviene da rubinetti, ivi incluse le fontanelle pubbliche. I manager della Elkay volevano una fontana presso la quale la gente potesse riempire le bottiglie senza venirne a contatto, per rispondere alle preoccupazioni di molti riguardo la contaminazione da germi; inoltre, desideravano che per riempire una bottiglietta da mezzo litro ci volessero meno di 10 secondi. All'inizio del progetto, un ingegnere aveva detto che questo non sarebbe stato possibile. Ma un altro, trasferitosi presso la Elkay da un'azienda produttrice di componenti per automobili, trovò il modo per accelerare il flusso. Il risultato fu una macchina in grado di riempire una bottiglia da mezzo litro in 5 secondi circa se l'acqua è a temperatura ambiente, oppure in qualche secondo in più se deve passare attraverso il sistema di raffreddamento. La fontana tradizionale necessitava di almeno 20 secondi. L'aggiunta di un contatore digitale sul primo modello EZH2O della Elkay finì col contribuire a "rendere la cosa virale," affermò un manager che all'inizio pensava che il contatore digitale sarebbe stata un'idea stupida: agli studenti piaceva l'idea di poter contare quante bottiglie di plastica sarebbero state risparmiate alle discariche. Alcuni dettero vita a delle gare all'interno del campus per vedere chi riusciva a riutilizzare il maggior numero di bottiglie. I nuovi iscritti al Muhlenberg College di Allentown, in Pennsylvania, che ha istallato 49 delle nuove stazioni EZH2O, ricevono una bottiglia di acqua in acciaio inossidabile in omaggio. Il college sostiene che le vendite di acqua in bottiglia sono scese del 90 per cento; secondo le stime degli studenti, si tratta di almeno 1,4 milioni di bottiglie di plastica in meno nelle discariche.[15]

Anche altre aziende hanno introdotto nuovi tipi di fontane di acqua progettate per riempire le bottiglie. La Elkay sostiene che le sue nuove fontane sono state istallate in centinaia di college e università e almeno 15 aeroporti, fra i quali l'O'Hare di Chicago e il LaGuardia di New York.

Le **innovazioni di strategia e struttura** sono relative alla sfera che riguarda la supervisione e la gestione dell'organizzazione. Tali cambiamenti riguardano la struttura organizzativa, la gestione strategica, le politiche, i sistemi di ricompensa, le relazioni sindacali, i meccanismi di coordinamento, i sistemi informativi, i sistemi di controllo e i sistemi di contabilità e budget. Solitamente i cambiamenti di strategia, di struttura e di sistemi avvengono dall'alto al basso, ovvero sono imposti dal top management, mentre i cambiamenti di prodotto e di tecnologia spesso emergono dalla base dell'organizzazione. Alla StockPot, una divisione della Campbell Soup Company che produce zuppe fresche da conservare in frigo per il settore dei servizi alimentari, l'ex direttore generale Ed Carolan e il suo team di management hanno cambiato la strategia aumentando il focus sulla grande distribuzione. Per garantire il successo della nuova strategia, hanno definito un nuovo insieme di indicatori chiave della performance volti a misurare l'efficacia nel raggiungimento degli obiettivi di competitività dei prezzi, alta qualità e servizio eccellente. I cambiamenti hanno determinato effetti molto positivi sui risultati finanziari della divisione.[16] Un altro esempio di cambiamento di struttura che avviene dall'alto al basso è quello dell'ICU Medical Inc., dove il dottor George Lopez, fondatore e amministratore delegato dell'azienda, ha deciso di creare team autogestiti, nonostante il disappunto inizialmente espresso da alcuni manager e dipendenti. La decisione si è rivelata vantaggiosa nel lungo periodo.[17]

Le **innovazioni culturali** si riferiscono a cambiamenti nei valori, nelle attitudini, nelle aspettative, nelle opinioni, nelle capacità e nel comportamento dei dipendenti. Essi consistono in modifiche nel modo di pensare dei dipendenti e sono quindi di approccio mentale piuttosto che di tecnologie, strutture o prodotti. Cathy Lanier, capo della Polizia metropolitana di Washington D.C., sta cercando di cambiare la cultura del dipartimento concentrandosi tanto sulla lotta al crimine, quanto sulla prevenzione di esso. "Siamo passati da pestare e ammanettare i delinquenti a domandarci come prevenire i reati" afferma Al Durham, assistente del capo della polizia di Washington D.C. "Anche i poliziotti di pattuglia, lavorando con impegno e perseguendo obiettivi precisi, possono fare la differenza per la comunità, giorno dopo giorno" sostiene la Lanier.[18]

I cambiamenti culturali possono risultare particolarmente complessi perché difficilmente le persone modificano atteggiamenti e modi di pensare. Dopo aver esaminato nel dettaglio la cultura nel Capitolo 10, nel prosieguo di questo capitolo ci soffermeremo sul cambiamento culturale.

Elementi per un cambiamento di successo

Indipendentemente dal tipo o dalla portata del cambiamento, possono essere identificati diversi stadi dell'innovazione, che generalmente si manifestano sotto forma di una sequenza di eventi, anche se si possono talvolta sovrapporre.[19] In letteratura, per **cambiamento organizzativo** si intende l'adozione da parte di un'organizzazione di un nuovo concetto o comportamento.[20] L'**innovazione organizzativa**, di contro, consiste nell'adozione di un concetto o di un comportamento che è nuovo per il settore, il mercato o l'ambiente generale relativi a un'organizzazione.[21] La prima organizzazione a introdurre un nuovo prodotto è considerata come l'innovatore, mentre le organizzazioni che lo copiano sono considerate come organizzazioni che *adottano* un cambiamento. Dal punto di vista della gestione del cambiamento, tuttavia, i termini *innovazione* e *cambiamento* saranno utilizzati indistintamente, poiché il **processo di cambiamento** che avviene all'interno di un'organizzazione tende a essere identico, sia che il cambiamento in questione avvenga in anticipo, sia che avvenga in ritardo rispetto ad altre organizzazioni presenti nell'ambiente. Le innovazioni sono tipicamente assimilate da un'organizzazione attraverso una serie di passi o elementi. I membri di un'organizzazione vengono anzitutto a conoscenza della possibile innovazione, ne valutano l'adeguatezza, quindi scelgono l'idea.[22] Gli elementi necessari per un cambiamento efficace sono riassunti in Figura 11.3. Perché un cambiamento venga realizzato con successo, i manager devono assicurarsi che nell'organizzazione si manifesti ognuno degli elementi indicati: in assenza di uno di essi il processo di cambiamento non riuscirà.

1. *Idea.* Il cambiamento è l'espressione esterna delle idee e nessuna azienda può rimanere competitiva senza nuove idee.[23] Un'idea consiste in un nuovo modo di fare le cose; può essere rappresentata da un nuovo prodotto o servizio, da un nuovo concetto di gestione o da una nuova procedura per il lavoro comune all'interno dell'organizzazione. Le idee possono provenire dall'interno o dall'esterno di quest'ultima. La creatività interna è un elemento cruciale del cambiamento organizzativo.

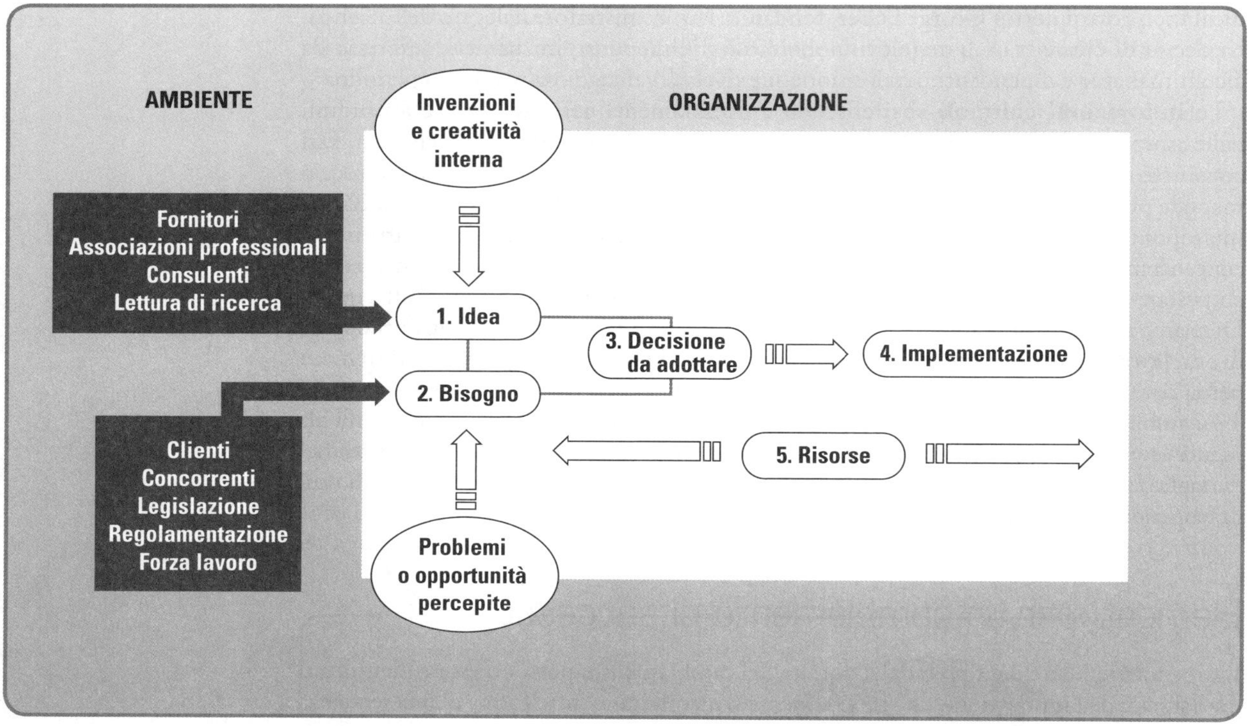

Figura 11.3
Sequenza di elementi per un cambiamento efficace

La **creatività** è definita come la generazione di idee nuove che possono soddisfare le esigenze percepite e rispondere a opportunità. Per esempio, a un dipendente della Boardroom Inc., un editore di libri e newsletter, venne l'idea di ridurre di mezzo centimetro le dimensioni dei libri pubblicati dall'azienda; i manager calcolarono che la misura più piccola avrebbe ridotto le spese di spedizione e l'implementazione di questa idea portò a un risparmio di più di 500.000 dollari all'anno.[24] Alcune tecniche per incentivare la creatività interna consistono nell'aumentare la diversità all'interno dell'organizzazione, assicurare che i dipendenti dispongano di molte opportunità per interagire con persone diverse da loro, offrire tempo e libertà per la sperimentazione e sostenere l'assunzione di rischio e la possibilità di commettere errori.[25] La casa farmaceutica Eli Lilly & Co., con sede a Indianapolis, organizza "feste per il fiasco" per celebrare ricerche scientifiche che, seppur brillanti e condotte in modo efficiente, non hanno avuto successo. I ricercatori sono incoraggiati a rischiare e a cercare utilizzi alternativi per i farmaci che si sono rivelati inefficaci. Evista, un medicinale per combattere l'osteoporosi, era nato come contraccettivo inefficace; Strattera, che cura deficit di attenzione e iperattività, non aveva avuto risultati come antidepressivo; il famoso Viagra, farmaco contro l'impotenza campione di vendite, era stato originariamente sviluppato per curare gravi malattie cardiache.[26]

2. *Bisogno.* Le idee non sono generalmente considerate seriamente a meno che non vi sia la percezione di un problema o di una crisi, che fornisca una necessità di cambiamento. Una necessità percepita di cambiamento si verifica quando i manager osservano nell'organizzazione un divario tra le prestazioni effettive e le prestazioni desiderate. Essi

provano così a creare un senso di urgenza in modo che gli altri capiscano la necessità di operare un cambiamento. Talvolta è una crisi a fornire un indubbio senso di urgenza. Sony, per esempio, una volta era l'emblema dell'*expertise* tecnologica giapponese, eppure adesso lotta per sopravvivere. A primavera 2012 il nuovo amministratore delegato Kazuo Hirai, con un discorso all'azienda delineò una strategia che a suo parere l'avrebbe fatta diventare nuovamente redditizia. "Per Sony è arrivato il tempo del cambiamento," affermò. "Sono convinto che Sony possa cambiare." Purtroppo, fino a ora, il suo appello al cambiamento non è stato accolto e la Sony continua ad annaspare.[27] In molti casi non vi è nessuna crisi, così sono i manager che devono riconoscere un bisogno e comunicarlo agli altri.[28] Uno studio sulla capacità innovativa nelle imprese industriali, per esempio, suggerisce che sono le organizzazioni che incoraggiano una forte attenzione ai clienti e alle condizioni del mercato e che offrono un sostegno all'attività imprenditoriale a produrre più idee e a essere più innovative.[29]

3. *Decisione da adottare.* La decisione da adottare si verifica quando i manager e coloro che detengono il potere decisionale scelgono di portare avanti un'idea che era stata proposta. I manager chiave e i dipendenti devono essere in accordo per poter sostenere il cambiamento. Per un cambiamento organizzativo importante la decisione potrebbe richiedere la sottoscrizione di un documento con valore legale da parte del consiglio di amministrazione; per uno meno rilevante, invece, l'adozione potrebbe aver luogo semplicemente tramite l'approvazione informale da parte di un membro del middle management o di un manager di grado più basso.
4. *Implementazione.* L'implementazione si verifica quando i membri dell'organizzazione utilizzano effettivamente una nuova idea, tecnica o comportamento. Può esservi la necessità di acquistare materiali e apparecchiature ed è possibile che i lavoratori debbano essere formati adeguatamente per sfruttare tale nuova idea. L' implementazione è un passo molto importante, perché senza di esso quelli precedenti non sono di alcuna utilità; spesso è la parte più difficile del processo di cambiamento. Fino a quando le persone non utilizzano la nuova idea, si può dire che in effetti nessun cambiamento ha avuto luogo.
5. *Risorse.* Per realizzare un cambiamento sono necessarie energie e attività umane. Il cambiamento non accade da solo: richiede tempo e risorse, sia per creare sia per realizzare una nuova idea. I dipendenti devono fornire energia per mettere a fuoco sia il bisogno sia l'idea per soddisfare tale bisogno. Qualcuno, infine, deve sviluppare una proposta e mettere a disposizione tempo e lavoro per realizzarla. La maggior parte delle innovazioni vanno oltre gli stanziamenti di budget ordinari e richiedono finanziamenti speciali. Alcune aziende utilizzano task force, come descritto nel Capitolo 3, per focalizzare le risorse su un determinato cambiamento, altre costituiscono *seed fund* o *venture fund* ai quali possano accedere i dipendenti con idee promettenti. Alla Eli Lilly, un "blue sky fund" ricompensa i ricercatori che lavorano su progetti che non sembrano essere di immediato fine commerciale.[30]

Un punto della Figura 11.3 è particolarmente importante: bisogni e idee sono elencati come due aspetti contemporanei, posizionati all'inizio della sequenza del cambiamento. Ciascuno di essi può in ogni caso verificarsi prima. Molte organizzazioni hanno adottato il computer, per esempio, perché sembrava un'idea promettente per migliorare l'efficienza. La ricerca di un vaccino contro il virus dell'AIDS, d'altra parte, è stata stimolata da un grave bisogno. Comunque sia, perché il cambiamento sia portato a compimento è necessario che venga completato ognuno dei passi presentati in Figura 11.3.

Cambiamento tecnologico

Nell'attuale mondo degli affari, qualsiasi azienda che non sviluppi, acquisti o modifichi costantemente nuove tecnologie si troverà con ogni probabilità fuori dal business nel giro di pochi anni. I manager possono creare le condizioni per incoraggiare le innovazioni tecnologiche. Tuttavia le organizzazioni, quando si parla di cambiamento tecnologico, si trovano di fronte a una contraddizione, perché le condizioni che promuovono nuove idee non sono generalmente le migliori per l'implementazione di quelle stesse idee nella normale produzione dell'azienda. Un'organizzazione innovativa è caratterizzata da flessibilità, responsabilizzazione dei dipendenti e assenza di regole di lavoro rigide.[31] Come esposto in precedenza in questo libro, il cambiamento è di solito associato a un'organizzazione organica e informale, che è considerata la forma di organizzazione migliore per l'adattamento a un ambiente caotico. Completate il test del box "Profilo personale" per scoprire se presentate caratteristiche solitamente associate all'innovatività.

Profilo personale

Siete degli innovatori?

Pensando al vostro stile di vita, scegliete la risposta "Più sì che no" o viceversa per ciascuna affermazione.

	Più sì che no	Più no che sì
1. Sono sempre alla ricerca di modi nuovi di fare le cose.	_____	_____
2. Trovo che il mio modo di pensare e il mio comportamento siano creativi e originali.	_____	_____
3. Raramente mi fido dei nuovi gadget tecnologici fino a quando non ne verifico il funzionamento osservando coloro che mi circondano.	_____	_____
4. Sono spesso scettico in merito alle nuove idee, sia quando sono in gruppo sia quando opero in un contesto lavorativo.	_____	_____
5. Generalmente sono sempre uno dei primi ad acquistare nuovi prodotti alimentari o di altro genere.	_____	_____
6. Mi piace dedicare parte del mio tempo a provare delle novità.	_____	_____
7. Il mio comportamento induce gli altri a provare cose nuove.	_____	_____
8. Tra i miei colleghi, sono sempre uno dei primi a testare una nuova idea o un nuovo metodo.	_____	_____

Punteggio: Per calcolare il vostro punteggio sulla scala di innovatività individuale, sommate il numero di risposte "Più sì che no" alle affermazioni 1, 2, 5, 6, 7, 8, e il numero di risposte "Più no che sì" alle affermazioni 3 e 4.

Interpretazione: L'*innovatività individuale* indica consapevolezza del bisogno di innovare e prontezza a provare qualcosa di nuovo; è anche considerata la misura in cui un individuo adotta delle innovazioni prima di altri membri in un gruppo di pari. L'innovatività è ritenuta una qualità positiva per coloro che lavorano in aziende o unità creative, per i membri di venture team o per chi si occupa di imprenditorialità aziendale. Un punteggio pari a 6-8 indica che siete degli innovatori e, con tutta probabilità, siete sempre i primi ad adottare cambiamenti; un punteggio pari a 4-5 testimonia invece che in materia di innovatività rientrate nella media o vi trovate lievemente al di sopra rispetto agli altri. Infine, se il vostro punteggio è pari a 0-3, potreste prediligere quanto è stato già provato e testato e non manifestate entusiasmo per idee nuove e innovazioni.

Fonte: basato su H. Thomas Hurt, Katherine Joseph e Chester D. Cook, "Scales for the Measurement of Innovativeness," *Human Communication Research* 4, no. 1 (1977), 58-65; John E. Ettlie e Robert d. O'Keefe, "Innovative Attitudes, Values, and Intentions in Organizations," *Journal of Management Studies* 19, no.2 (1982), 163-182.

La flessibilità di un'organizzazione organica è attribuita alla libertà delle persone di creare e introdurre nuove idee. Le organizzazioni organiche incoraggiano un processo di innovazione che va dal basso all'alto. Le idee scaturiscono dai dipendenti dei livelli intermedi e inferiori, perché a essi viene data la libertà di proporre idee e fare esperimenti. Una struttura meccanica, d'altra parte, soffoca l'innovazione con la sua enfasi su regole e regolamenti, ma è spesso la struttura migliore per realizzare efficientemente prodotti di routine. La sfida per i manager consiste nel creare condizioni di tipo sia organico sia meccanico dentro alle organizzazioni allo scopo di ottenere innovazione ed efficienza. Per raggiungere entrambi gli aspetti del cambiamento tecnologico, molte organizzazioni utilizzano un approccio ambidestro.

L'approccio ambidestro

Il pensiero più recente ha affinato il concetto di strutture organiche contrapposte a strutture meccaniche riferendosi alla contrapposizione tra creazione di innovazione e utilizzo di innovazione. Caratteristiche organiche come decentramento e libertà dei dipendenti sono eccellenti per la fase di avvio delle idee, ma queste stesse condizioni rendono spesso difficile utilizzare i risultati di un'innovazione perché è meno probabile che i dipendenti si trovino automaticamente coinvolti; essi possono infatti anche non tenere conto dell'innovazione in ragione del decentramento logistico o di una struttura "a legami deboli".

Come può un'organizzazione risolvere questo dilemma? Una possibile soluzione consiste nell'adottare un **approccio ambidestro**: incorporare cioè strutture e processi di gestione che siano appropriati sia per la creazione dell'innovazione, sia per la sua implementazione.[32] L'ambidestria è diventata un tema caldo nel campo degli studi di organizzazione aziendale negli ultimi anni.[33] Un altro modo di pensare l'approccio ambidestro è guardare agli elementi della progettazione organizzativa che sono importanti per l'*esplorazione* di nuove idee, in contrapposizione agli elementi di progettazione che sono maggiormente adatti allo *sfruttamento* delle possibilità attuali.[34] L'esplorazione incoraggia la creatività e lo sviluppo di nuove idee, mentre lo sfruttamento concerne l'implementazione di quelle idee per realizzare prodotti in modo routinario. L'organizzazione può essere progettata per comportarsi in maniera organica nell'esplorazione di nuove idee e in maniera meccanica nel loro sfruttamento. La Figura 11.4 illustra come una unità possa essere strutturata organicamente per esplorare e sviluppare nuove idee mentre un'altra è strutturata in maniera meccanica per una implementazione di routine delle innovazioni. La ricerca segnala che le organizzazioni che utilizzano un approccio ambidestro di progettazione organizzativa per l'esplorazione e lo sfruttamento ottengono prestazioni migliori e un maggiore successo nel lancio di prodotti e servizi innovativi.[35]

Per esempio, uno studio delle aziende giapponesi da tempo consolidate, come la Honda e la Canon, che hanno implementato con successo innovazioni importanti ha riscontrato che tali aziende adottano un approccio ambidestro.[36] Per sviluppare idee relative a una nuova tecnologia, esse assegnano il lavoro di progettazione a un team composto da persone giovani che non sono attaccate al "vecchio modo di fare le cose"; questi team vengono posti sotto la guida di una persona matura e stimata, e sono incaricati di fare qualunque cosa sia necessaria per sviluppare idee e prodotti nuovi, anche se ciò significa infrangere le regole che sono importanti nell'organizzazione complessiva per l'implementazione delle nuove idee.

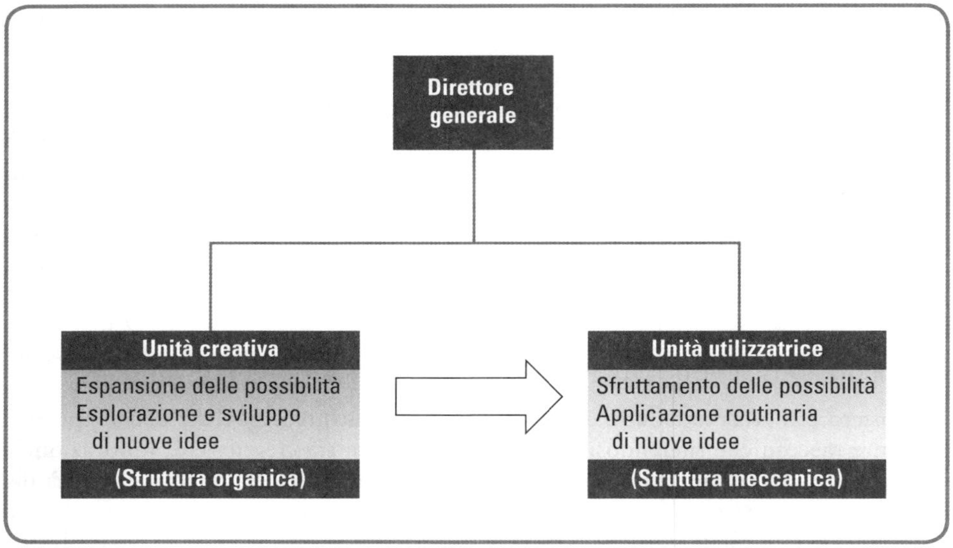

Figura 11.4
Divisione del lavoro nell'organizzazione ambidestra

In un recente studio della Booz & Company vengono messe in risalto le due parti del processo di innovazione osservando quelle che vengono definite *generazione dell'idea* e *conversione dell'idea*, che corrispondono grossomodo all'esplorazione e allo sfruttamento. Per generazione dell'idea si intende la creazione di nuove idee di prodotti e servizi; per conversione dell'idea si intende invece il tentativo di convertire queste idee in processi di sviluppo del prodotto. È interessante il fatto che il 46 per cento delle aziende menzionate nello studio della Booz ritengano di effettuare male entrambe le fasi, e che soltanto il 25 per cento ritengano di farlo bene.[37]

L'approccio dal basso verso l'alto

Le aziende innovative sanno bene che molte idee utili vengono proposte dai collaboratori in prima linea, impegnati ogni giorno a servire i clienti e battere la concorrenza svolgendo al meglio il proprio lavoro. Per promuovere l'innovazione le organizzazioni creano una molteplicità di meccanismi, sistemi e processi che favoriscono il flusso di idee dal basso verso l'alto e garantiscono che le proposte vengano vagliate e sviluppate adeguatamente dalla dirigenza.[38] Google porta avanti centinaia di piccoli esperimenti e lancia intenzionalmente prodotti imperfetti o incompiuti per sondare il terreno e ottenere idee su come perfezionarli.[39] Molte innovazioni di successo nascono da sperimentazioni apparentemente trascurabili piuttosto che da idee geniali. Mike Hall, amministratore delegato di Borrego Solar Systems, organizza "sfide per l'innovazione" interne sull'intranet dell'azienda per stimolare gli ingegneri più timidi a proporre idee per migliorare l'attività. I dipendenti votano la proposta preferita e il vincitore porta a casa un premio in denaro. Una delle idee emerse da questo concorso interno e realizzata rapidamente era un software per favorire la collaborazione tra i team vendite e i team di ingegneri.[40]

Anche altre aziende hanno scelto questo approccio, talvolta denominato "innovation community." I manager della Intuit sponsorizzano i forum Design for Delight (D4D), cui generalmente partecipano oltre 1000 dipendenti. Due neoassunti hanno proposto di creare un social network per l'iniziativa D4D e solo durante il primo anno sono emerse 32 idee successivamente lanciate sul mercato.[41]

A partire dal 2005, la casa farmaceutica giapponese Eisai Company, per esempio, ha organizzato oltre 400 forum di innovation community dedicati a specifiche tematiche sanitarie. Una delle idee emerse e lanciate sul mercato giapponese è una tecnologia per la somministrazione di farmaci in forma gelatinosa, più facile da deglutire per i malati di Alzheimer.[42] Il personale in servizio presso il quartier generale di Taco Bell si è riunito per una sessione di idee di un'intera giornata per prendere in considerazione nuove idee di prodotto: ne è scaturito il Doritos Locos Taco, prodotto che ha determinato un'impennata del fatturato del 13 per cento per l'azienda e che ha indotto la catena ad assumere 15.000 nuove persone.

IN PRATICA

Taco Bell e Frito-Lay

La storia del Doritos Locos Taco (DLT) di Taco Bell cominciò con una visita a un punto vendita del distributore di prodotti per la casa Home Depot: i dipendenti dell'azienda dovevano acquistare delle pistole per spruzzare le sostanze aromatizzanti dei Doritos sugli involucri di pasta dei taco. Ma, dopo lo sviluppo del prototipo, i test da parte dei consumatori risultarono deludenti. "È stato un vero e proprio sfacelo," affermò Steve Gomez, food innovation expert presso Taco Bell.

Le squadre di Taco Bell e Frito-Lay impiegarono mesi e mesi a cercare di raggiungere la giusta formula e tecnologia in modo tale che gli involucri dei taco non si rompessero, ma al contempo rimanessero croccanti. Dopo oltre due anni di lavoro giorno e notte e 40 ricette, la squadra del DLT era pronta per un test in un gruppetto di ristoranti. La pressione era forte. Una delle prime recensioni recitava: "È tutto quello che mi aspettavo e anche di più." Quando il DLT fu distribuito a livello nazionale fu un successo strepitoso: già nella prima settimana furono venduti milioni di taco. Dopo il Nacho Cheese e Cool Ranch, il successivo nell'elenco è lo speziato Doritos Flamas. "Non si tratta soltanto di un prodotto; ora è un'intera piattaforma," affermò Greg Creed, amministratore delegato della Taco Bell.[43]

Taco Bell sta anche meditando su altre possibilità di nuovi prodotti. Frito-Lay si è occupata di lanciare sul mercato i Doritos aromatizzati di Taco Bell. Attualmente, molti degli innovatori di successo si servono di persone estranee all'organizzazione, come Taco Bell ha fatto con Frito-Lay e sta attualmente valutando di fare il crowdsourcing.

Oltre a stimolarne la proposta, è importante mettere in pratica le nuove idee: "Nulla pesa di più sul morale dei dipendenti della sensazione che le proposte avanzate restino lettera morta" avverte il docente di imprenditorialità Larry Bennett. L'amministratore delegato della Borrego Solar System cerca uno sponsor esecutivo per ogni proposta che desidera attuare e i dipendenti possono monitorare il processo di implementazione sull'intranet aziendale.[44]

Tecniche per incoraggiare il cambiamento tecnologico

Alcune tecniche specifiche utilizzate dalle aziende per mantenere un approccio ambidestro e incoraggiare un flusso di idee dal basso verso l'alto sono strutture mutevoli, unità creative separate, *venture team*, imprenditorialità aziendale e team collaborativi.

Strutture mutevoli. Per **strutture mutevoli** (*switching structure*) si intende che un'organizzazione crea una struttura organica nel momento in cui una questa si rende necessaria per l'avviamento di nuove idee.[45] Alcuni dei modi in cui le organizzazioni si dotano di strutture mutevoli per perseguire l'approccio ambidestro sono i seguenti.

- Mike Lawrie, amministratore delegato della londinese Misys, operante nel settore del software, ha creato un'unità separata per Misys Open Source Solutions, un'impresa finalizzata alla creazione di innovazioni di rottura in ambito sanitario. Lawrie voleva che i dipendenti più creativi avessero il tempo e le risorse necessarie per realizzare nuovi software per la condivisione di dati senza soluzione di continuità tra ospedali, medici, compagnie assicurative e altri attori del settore sanitario. Dopo la creazione all'interno della nuova unità separata, l'implementazione delle nuove idee, per la quale routine e precisione sono importanti, avviene all'interno della più meccanica e tradizionale organizzazione.[46]
- I manager della Gardetto's, un'azienda a gestione familiare che produce snack acquisita da General Mills nel 1999, mandavano piccoli gruppi di dipendenti presso lo Eureka Ranch per due giorni e mezzo di "divertimento e libertà". Parte della giornata veniva dedicata ad attività di gioco, come battaglie con armi giocattolo e proiettili di gommapiuma, poi i team partecipavano a esercizi di brainstorming con l'obiettivo di generare quante più idee nuove possibili per la fine della giornata. Dopo due giorni e mezzo, il gruppo ritornava alla struttura organizzativa "regolare" per mettere in pratica le migliori idee emerse.[47]
- Lo stabilimento NUMMI, di proprietà di una joint ventre Toyota-GM e operativo a Fremont (California) dal 1984 al 2010, aveva creato una sotto-unità temporanea separata, organizzata in maniera organica e interfunzionale, chiamata Pilot Team, per progettare i processi di produzione dei nuovi modelli di automobili e veicoli commerciali. Quando un modello passava successivamente alla produzione, i dipendenti ritornavano ai rispettivi posti di lavoro all'interno dello stabilimento.[48]

Ognuna di queste organizzazioni ha trovato modi creativi per seguire un approccio ambidestro, realizzando condizioni organiche per lo sviluppo di nuove idee nell'ambito di condizioni a carattere più meccanico per la realizzazione e l'utilizzazione di tali idee.

Unità creative. In molte grandi organizzazioni l'avviamento di un'innovazione è affidato a **unità creative** separate.[49] Unità di staff, come la ricerca e sviluppo, l'engineering, la pianificazione organizzativa e l'analisi dei sistemi, creano cambiamenti che vengono adottati in altre unità. Le unità che si incaricano di avviare il cambiamento sono strutturate organicamente per agevolare la generazione di nuove idee e nuove tecniche, mentre quelle che utilizzano tali innovazioni tendono ad avere una struttura più meccanica, più adatta a una produzione efficiente.

Un esempio di unità creativa è il laboratorio di ricerca della Oksuka Pharmaceutical Company. Per ottener il tipo di spirito creativo che spinge a provare il nuovo e a cercare l'inaspettato il presidente della Oksuka, Tatsuo Higuchi, afferma che i suoi laboratori di ricerca "assegnano un alto valore ai tipi strani".[50] Tuttavia, nell'unità che produce i farmaci, dove la precisione e la routine sono importanti, una casa farmaceutica preferirebbe avere persone meno atipiche, che siano a proprio agio nel seguire le regole e le procedure standard.

Un altro tipo di unità creativa è l'**incubatore di idee**, un modo sempre più diffuso per facilitare lo sviluppo di nuove idee all'interno dell'organizzazione. Un incubatore di idee costituisce un luogo protetto ove le idee provenienti dai dipendenti di tutta l'organizzazione possono essere sviluppate senza interferenza da parte della burocrazia o delle politiche aziendali.[51] Aziende diverse tra loro come Boeing, Adobe Systems, Yahoo!, Ziff-Davis e UPS stanno utilizzando unità di questo tipo per sostenere lo sviluppo di idee creative.

Venture team. I **venture team** sono una tecnica utilizzata recentemente per dare libero sfogo alla creatività all'interno delle organizzazioni. Spesso ai venture team vengono assegnati luoghi di lavoro e strutture separati, in modo che non siano limitati da procedure organizzative. Un venture team somiglia a una piccola azienda all'interno di un'azienda più grande. Molte organizzazioni hanno utilizzato il concetto di venture team per liberare le energie creative delle persone dalla gabbia burocratica che caratterizza inevitabilmente una grande azienda.[52] A fine 2003, Amazon cominciò a istituire dei siti satellite in alcune aree geografiche, i cosiddetti *centri di sviluppo remoto*, nei quali dei team composti da tecnici di talento lavorassero su singoli progetti specifici. L'idea era di sfruttare l'energia e la flessibilità di una start-up, minimizzando al contempo la necessità di comunicare con la casa madre. Il primo centro di sviluppo si occupò del problema dell'indicizzazione e della ricerca all'interno del sempre più esteso catalogo di prodotti Amazon.[53]

Un particolare tipo di venture team è lo **skunkworks** (o "gruppo divergente"),[54] ossia un piccolo gruppo separato, informale, dotato di ampia autonomia e spesso caratterizzato da segretezza che si concentra sulle idee più innovative per il business. Il primo skunkworks venne creato dalla Lockheed Martin più di cinquant'anni fa ed è ancora attivo. L'essenza di uno skunkworks è costituita dal fatto che persone particolarmente ricche di talento sono dotate del tempo e della libertà necessari per far regnare la creatività. Il Google X Lab è un laboratorio top-secret dislocato in una posizione ignota, all'interno del quale alcuni ingegneri lavorano a idee futuristiche come automobili a pilota automatico, ascensori spaziali in grado di raccogliere informazioni dagli oggetti nello spazio o trasportarli e robot capaci di partecipare a una conferenza per conto di esseri umani, mentre questi rimangono nel loro ufficio. Questi skunkworks erano talmente segreti che, prima che il *The New York Times* non scrivesse a proposito, persino molti degli stessi dipendenti della Google ne ignoravano l'esistenza.[55]

Una variazione del concetto di venture team è il **new-venture fund**, che fornisce risorse finanziarie perché i dipendenti possano sviluppare nuove idee, prodotti o business. Royal Dutch Shell destina il 10 per cento del budget riservato alla ricerca e sviluppo al programma GameChanger, mirato a finanziare progetti innovativi molto ambiziosi, radicali o di lungo periodo che resterebbero sulla carta nel più ampio sistema di sviluppo dei prodotti.[56]

Imprenditorialità aziendale interna. L'imprenditorialità aziendale interna mira a sviluppare entro l'organizzazione uno spirito imprenditoriale, una filosofia e una struttura che producano un numero di innovazioni superiore alla media. L'imprenditorialità aziendale interna implica l'utilizzo delle unità creative e dei venture team descritti sopra, ma tenta anche di liberare l'energia creativa di tutti i dipendenti dell'organizzazione. Le aziende che riscuotono maggior successo nel lungo periodo sono quelle in cui l'innovazione rientra nella gestione quotidiana dell'attività e si configura come un processo continuo, anziché come un evento isolato. Nel Segnalibro di questo capitolo vengono descritte alcune lezioni apprese dalla Pixar in merito a come mantenere in vita la vena creativa. ING Direct (ora Capital One 360) ha fatto dello spirito di iniziativa un tratto distintivo della cultura aziendale. Nell'elenco dei principi guida dell'azienda figura "Non potremo mai dirci arrivati": i manager vogliono stimolare i dipendenti a inventare sempre qualcosa di nuovo.[57]

Un risultato importante consiste nell'agevolare i **champion intellettuali**, i quali vengono indicati con una varietà di termini, tra cui *imprenditore* o *agente di cambiamento*. I champion intellettuali mettono in ogni caso a disposizione il tempo e l'energia necessari per fare in modo che le cose accadano, e lottano per superare la naturale resistenza al cambiamento e per convincere gli altri della bontà della nuova idea.[58] Alcune aziende utilizzano i risultati delle analisi sui loro social network, come descritto nel Capitolo 8, per individuare le persone che potrebbero avere influenza sui colleghi e che possono contribuire a mettere in atto una nuova idea. HealthFitness Corporation, che fornisce servizi di promozione della salute sul posto di lavoro, per esempio, ha investito 30 milioni

Segnalibro

Creativity Inc.: Overcoming the Unseen Forces That Stand in the Way of True Inspiration *di Ed Catmull*

La Pixar Animation Studios, oltre a essere un'azienda estremamente affermata, ha prodotto alcuni film di straordinario successo. Inoltre, ai suoi leader è stato attribuito il merito di aver dato nuovo vigore ai Disney Animation Studios, che esalavano gli ultimi respiri quando la Pixar fu acquisita dalla Disney nel 2006. La filosofia del management presso la Pixar, e ora anche presso i Disney Animation Studios, è radicale: lascia che i creativi abbiano il controllo creativo e il successo finanziario verrà da sé. Ed Catmull, presidente e uno dei cofondatori di Pixar, ha scritto *Creativity Inc.* per spiegare non soltanto come Pixar sia riuscita a produrre 14 successi di botteghino di fila, ma anche come qualsiasi azienda possa rinvigorire la vena creativa dei suoi dipendenti.

Le fonti della magia di Pixar

Il libro fornisce numerosi suggerimenti su come gestire e motivare una forza lavoro creativa, sulla base di quanto Catmull ha appreso dalla sua esperienza presso la Pixar.

- *Accogliere nuove esperienze.* Quando Catmull fu inizialmente reclutato da George Lucas perché trasformasse delle immagini con effetti speciali in sequenze di azione dal vivo, i tecnici del montaggio della Lucas Film si rifiutavano di lavorare con un computer. Soltanto quando fu assunto John Lasseter e trasferì all'organizzazione il suo entusiastico interesse per la narrazione di storie, essi cominciarono a cambiare la loro *forma mentis*. Per esempio, per evitare che venga riproposto, in un'ottica di avversione al rischio, quanto ha funzionato in precedenza, le squadre fanno ricerca sul campo prima di ogni film. Per *Ratatouille*, il film che ha come protagonista un ratto parigino con l'ambizione di diventare un cuoco, una squadra si è recata a Parigi per mangiare, visitare le cucine, parlare con gli chef e addirittura calarsi nel sistema fognario della città.
- *Incoraggiare tutti a parlare con schiettezza.* "Una caratteristica distintiva di una cultura della creatività è il fatto che le persone si sentono libere di condividere idee, opinioni e critiche," scrive Catmull. Il meccanismo primario della Pixar per assicurare la schiettezza è il Braintrust, un gruppo di creativi che si riuniscono periodicamente e possono dire tutto quello che pensano. Nessuno ha autorità e il regista non è obbligato a seguire alcun suggerimento, ma il fatto di mettere insieme individui intelligenti e creativi, e di incoraggiarli a parlare con schiettezza può produrre risultati fenomenali. "La schiettezza non potrebbe essere più cruciale nel nostro processo creativo. Per quale motivo? Perché all'inizio tutti i nostri film erano pessimi," scrive Catmull. Pixar ha il coraggio di cimentarsi con film riguardanti giocattoli parlanti, ratti che preparano cibo e altri temi assurdi, ma quasi mai riesce al primo colpo.
- *Dare a ciascuno voce in capitolo.* La Pixar si concentra sulla protezione dei creativi e sull'attribuire loro l'autonomia di cui hanno bisogno per creare. Tuttavia, dopo l'uscita di *Toy Story*, Catmull è venuto a sapere che i direttori di produzione non avevano gradito affatto lavorare al film e che erano restii a impegnarsi per il prossimo, il che avrebbe potuto arrecare seri danni all'azienda. Egli scoprì che i membri della produzione si sentivano trattati come cittadini di seconda classe da parte degli artisti. Sorpreso per il fatto che nessuno aveva approfittato della "politica delle porte aperte" per lamentarsi durante la produzione del film, li riunì tutti e disse loro che ciascuno si doveva sentire libero di parlare a chiunque altro in qualsiasi momento, senza il timore di sentirsi in imbarazzo o di essere rimproverato. "Il fatto che le persone parlassero direttamente l'una con l'altra e che il manager lo venisse a sapere successivamente è stato più efficiente del cercare di assicurare che tutto accadesse nel 'giusto' ordine e attraverso i 'corretti' canali," scrive Catmull.

Che ruolo ha il leader?

Ai leader possono sfuggire un sacco di cose, dice Catmull, il che avviene in parte perché sono molto occupati, ma anche perché tutti hanno una cecità mentale che si aggrava nella misura in cui ricoprono posizioni sempre più alte in termini di potere e prestigio. I leader non possono sottrarsi completamente a questo fenomeno, dice, ma possono esserne consapevoli e ricordare che vi sono tante cose che non sanno. "L'approccio migliore," dice, "è accettare che non possiamo comprendere ogni aspetto di un ambiente complesso e concentrarci, invece, sulle tecniche per riuscire a mettere insieme diversi punti di vista."

Creativity Inc., di Ed Catmull, è pubblicato da Random House. (trad. it. *Verso la creatività e oltre. La lezione della fabbrica dei sogni*, Milano, Sperling & Kupfer, 2014).

di dollari in una nuova piattaforma tecnologica. Le aspettative dei clienti erano elevate, ma alcuni dipendenti non erano d'accordo con la nuova idea. I manager individuarono una trentina di persone molto influenti e dettero loro maggiori informazioni riguardo al progetto. Quando queste persone supportarono il progetto e innescarono un clima positivo, risultò di gran lunga più semplice attuare il progetto.[59] L'importanza dei champion intellettuali è illustrata dall'interessante caso della Texas Instruments: quando la TI ha riesaminato cinquanta progetti tecnici caratterizzati da successi e fallimenti, ha scoperto che ognuno dei fallimenti era legato all'assenza di una persona che si fosse posta volontariamente come champion del progetto. Non c'era nessuno che credesse appassionatamente nell'idea e che la difendesse attraverso tutti gli ostacoli che si dovevano superare per farla funzionare. La Texas Instruments ha valutato questa scoperta così seriamente che ora il suo primo criterio per l'approvazione di nuovi progetti tecnici è la presenza di un champion affidabile.[60] Analogamente, alla SRI International, che svolge attività di ricerca e sviluppo su commissione, i manager ripetono spesso "niente prodotto senza un champion e niente eccezioni".[61] La ricerca conferma che generalmente le idee di successo contano su un sostenitore persuaso della loro bontà e determinato a convincere anche gli altri. Numerosi studi sostengono l'importanza dei champion intellettuali come fattore che contribuisce al successo dei nuovi prodotti.[62]

Le aziende incoraggiano i champion intellettuali garantendo libertà e tempo alle persone creative. Imprese come IBM, Texas Instruments, General Electric e 3M permettono ai dipendenti di sviluppare nuove tecnologie senza un'approvazione preventiva. La ricerca non autorizzata, talvolta chiamata *bootlegging*, spesso si rivela molto profittevole. Il gioco educativo Speak & Spell è stato sviluppato "sottobanco" alla TI agli inizi degli anni Settanta. Oltre a rivelarsi un grande successo commerciale, questo prodotto conteneva il primo chip per l'elaborazione del segnale digitale della TI, che si è rivelato un business enorme ed estremamente redditizio con il successivo avvento di telefoni cellulari e altri dispositivi portatili.[63]

confrontate la vostra opinione

1 **Per creare un'azienda innovativa, la prima cosa da fare è chiedere ai dipendenti di proporre nuove idee.**

Risposta esatta: *In disaccordo.* Le nuove idee sono fondamentali per innovare, ma i manager non possono limitarsi a diramare direttive mediante le quali ordinano ai dipendenti di proporre idee nuove; il loro compito, piuttosto, è creare le condizioni propizie per la proposta e la realizzazione di idee innovative. Progettare l'organizzazione per stimolare la creatività è tanto importante quanto progettarla per sostenere l'innovazione.

Nuovi prodotti e servizi

Sebbene i concetti appena discussi siano importanti sia per le innovazioni di beni e servizi sia per quelle tecnologiche, devono essere considerati anche altri fattori. Per molti aspetti i nuovi prodotti e i nuovi servizi costituiscono un caso speciale di innovazione perché vengono utilizzati dai clienti all'esterno dell'organizzazione. Poiché i nuovi prodotti sono progettati per essere venduti nell'ambiente, l'incertezza sulla rispondenza alle necessità e sul successo di un'innovazione è molto alta.

Tasso di successo per i nuovi prodotti

I risultati di ricerca sottolineano l'enorme incertezza associata allo sviluppo e alla commercializzazione di nuovi prodotti.[64] Per comprendere cosa possa significare per le organizzazioni questa incertezza, basti considerare che la Microsoft ha investito due anni e centinaia di migliaia di dollari nella creazione di una nuova linea di smartphone, il Kin One e il Kin Two, e li ha ritirati dal mercato a soli due mesi dal lancio perché le vendite erano praticamente pari a zero. Persino Google ha incontrato delle difficoltà con lo sviluppo di nuovi prodotti: il lancio del Nexus Q, una sfera nera per la riproduzione in streaming di video e musica, fu posticipato e i clienti che lo avevano già ordinato lo ricevettero praticamente a costo zero in quanto fu considerato troppo costoso rispetto ai vantaggi che presentava. La CNN lo inserì nella top ten dei "fallimenti tecnologici" del 2012.[65] Anche Zune, il lettore multimediale creato per fare concorrenza all'iPod, si è rivelato un fallimento.[66] I prodotti di aziende che operano in altri settori possono avere lo stesso destino. La Coca-Cola ha investito 50 milioni di dollari in una campagna pubblicitaria per C2, una nuova bevanda che, pur contenendo la metà delle calorie e dei carboidrati, (a quanto pare) manteneva il gusto della Coca-Cola tradizionale ed era indirizzata a un mercato di uomini dai 20 ai 40 anni. I vantaggi non furono comunicati in modo abbastanza chiaro e il prodotto si dimostrò un flop. Procter & Gamble lanciò sul mercato un nuovo prodotto chiamato "Scentstories" che appariva come un lettore CD e che emetteva un profumo per ambienti ogni 30 minuti: i consumatori furono confusi dal prodotto e dai messaggi di marketing, pensando che il prodotto fornisse sia musica sia deodorante.[67] L'hamburger Arch Deluxe, ideato dalla McDonald's per soddisfare i "gusti degli adulti" si è rivelato un flop nonostante i milioni investiti nelle attività di ricerca e sviluppo e una campagna pubblicitaria costata 100 milioni di dollari.[68] Sviluppare e realizzare nuovi prodotti che si rivelano poi un fallimento fa parte del business in ogni settore. Le aziende produttrici di giocattoli immettono sul mercato migliaia di nuovi prodotti ogni anno, ma molti non riscuotono successo commerciale. Le aziende statunitensi di prodotti alimentari confezionati lanciano ogni anno circa 5.000 nuovi prodotti nei supermercati, ma il tasso di fallimento di nuovi prodotti alimentari è del 70-80 per cento.[69] Le organizzazioni corrono questo rischio perché l'innovazione di prodotto è uno dei modi più importanti con cui esse si adattano ai cambiamenti che si verificano nei mercati, nelle tecnologie e nel gioco competitivo.[70]

Nonostante la misurazione del successo di nuovi prodotti nasconda delle insidie, un sondaggio condotto dalla Product Development and Management Association (PDMA) ha fornito dati recenti sul tasso di successo commerciale dei nuovi prodotti in una serie di comparti,[71] intervistando oltre 400 membri. I dati relativi al tasso di successo vengono riportati in Figura 11.5. In media, solo il 28 per cento di tutti i progetti avviati nei laboratori di ricerca e sviluppo ha superato la fase del test, il che implicava che i problemi tecnici fossero stati risolti e che i progetti fossero passati alla fase di produzione. Meno di un quarto (il 24 per cento) ha completato del tutto le fasi del marketing e della commercializzazione e solo il 14 per cento ha ottenuto un successo economico.[72]

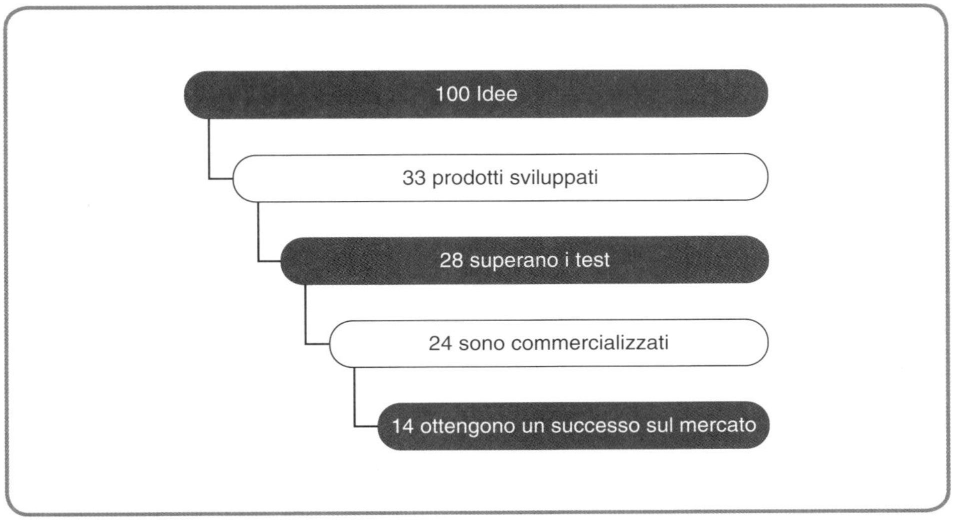

Figura 11.5
Tasso di successo di nuovi prodotti
Fonte: basato su M. Adams e Product Development and Management Association, "Comparative Performance Assessment Study 2004," disponibile a pagamento all'indirizzo http://www.pdma.org. Risultati riportati in Jeff Cope, "Lessons Learned—Commercialization Success Rates: A Brief Review," *RTI Tech Ventures newsletter*, 4, no. 4 (dicembre 2007).

Ragioni alla base del successo di un nuovo prodotto

La domanda ulteriore da considerare è: "Perché alcuni prodotti hanno più successo di altri?". Da recenti ricerche condotte presso il Massachusetts Institute of Technology (MIT) emerge che il fatto di mantenere assieme ricerca e produzione aiuta le aziende a essere più innovative e ad avere maggiore successo con le innovazioni. La General Electric ha costruito ad hoc un grande stabilimento di produzione a nord di New York per mantenerlo vicino al suo campus di ricerca, dove stava inventando una nuova tecnologia segreta. L'idea era tenere insieme progettazione, creazione del prototipo, costruzione, test e produzione per gli utilizzi della nuova tecnologia.[73] Altri studi indicano che il successo di un'innovazione è legato alla collaborazione tra le unità tecniche e di marketing. Secondo tali studi sembra infatti che i nuovi prodotti e servizi di successo siano tecnologicamente solidi e adattati altresì con attenzione alle necessità dei consumatori.[74] Uno studio denominato Progetto SAPPHO ha esaminato diciassette coppie di innovazioni relative a nuovi prodotti, ognuna delle quali univa un successo e un fallimento, e ha riportato le seguenti conclusioni.

1. Le aziende che avevano dato vita a innovazioni di successo avevano sviluppato una migliore comprensione delle necessità del cliente e prestato molta più attenzione agli aspetti di marketing.
2. Le aziende che avevano dato vita a innovazioni di successo avevano fatto un uso più efficace di tecnologie e aiuti esterni, anche se svolgevano una parte preponderante del lavoro all'interno.
3. Nelle aziende che avevano dato vita a innovazioni di successo il supporto da parte della direzione generale proveniva dai manager con maggiore competenza e autorevolezza.

Emerge quindi un preciso schema che prevede l'adattamento delle innovazioni alle necessità del cliente, un utilizzo efficace della tecnologia e un supporto al progetto da parte di top manager influenti. Queste concetti, presi nel loro insieme, indicano che la progettazione efficace di un'innovazione per un nuovo prodotto è associata al coordinamento orizzontale tra le unità organizzative.

Modello di coordinamento orizzontale

La progettazione organizzativa per l'ottenimento di un'innovazione di prodotto coinvolge tre aspetti – specializzazione a livello di unità organizzativa, ruoli di confine e coordinamento orizzontale – simili ai meccanismi di coordinamento discussi nel Capitolo 3 e ai concetti di differenziazione e di integrazione descritti nel Capitolo 4. Lo schema in Figura 11.6 illustra questi aspetti nell'ambito del **modello di coordinamento orizzontale**.

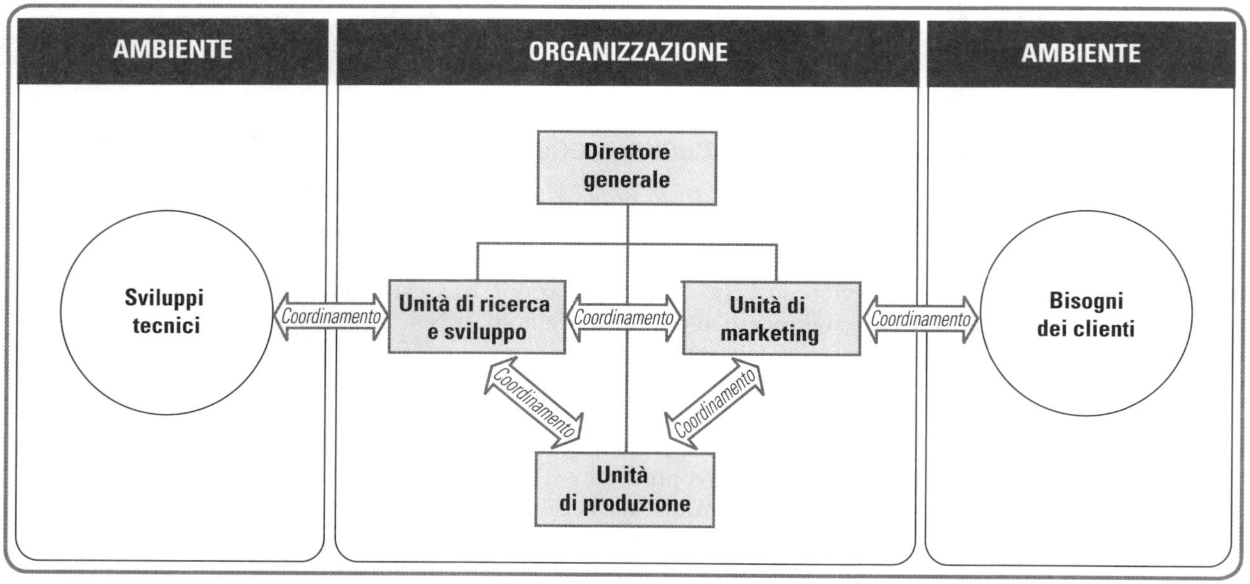

Figura 11.6
Modello di coordinamento orizzontale per le innovazioni di prodotto

Specializzazione. Le unità chiave nel processo di sviluppo di un nuovo prodotto sono la ricerca e sviluppo, il marketing e la produzione. L'aspetto relativo alla specializzazione si traduce nel fatto che il personale di tutte e tre queste unità deve essere estremamente competente circa i propri compiti. Le tre unità sono differenti le une dalle altre e hanno competenze, obiettivi e attitudini appropriati alle loro specifiche funzioni.

Ruoli di confine. Questo aspetto si traduce nel fatto che ogni unità coinvolta nei nuovi prodotti deve avere un ottimo collegamento con i settori rilevanti dell'ambiente esterno. Il personale della ricerca e sviluppo è collegato con associazioni professionali e con colleghi di altre unità di ricerca e sviluppo e i dipendenti che vi lavorano sono aggiornati sui recenti sviluppi scientifici. Il personale del marketing è strettamente collegato con i bisogni dei consumatori; i dipendenti di quest'unità ascoltano ciò che i clienti hanno da dire e analizzano i prodotti dei concorrenti e i suggerimenti dei distributori. Secondo uno studio di raffronto tra aziende con un comprovato successo nello sviluppo di nuovi prodotti e aziende dalle performance più scarse, le organizzazioni che ottengono risultati migliori comunicano costantemente con i clienti durante il processo di sviluppo e studiano attentamente i desideri e le esigenze dei consumatori.[75] Per esempio, la Kimberly-Clark ha avuto un successo sorprendente con gli Huggies Pull-Ups perché i ricercatori del marketing hanno lavorato a stretto contatto con i clienti nelle loro abitazioni e hanno individuato l'attrattività dei pannolini a mutanda per neonati (sistema *pull-on*). Nel momento in cui i concorrenti si sono adeguati, la Kimberly-Clark vendeva già Huggies per un valore di 400 milioni di dollari all'anno.[76] Il team di sviluppo dei prodotti della Procter & Gamble conduce "esperimenti di transazione finalizzati all'apprendimento", producendo e commercializzando piccole quantità di un nuovo prodotto online, in corner all'interno di centri commerciali o parchi divertimento per sondare l'interesse dei clienti e farli "votare con il portafogli" rispetto all'attrattiva di una novità.[77]

Coordinamento orizzontale. Questo aspetto si traduce nel fatto che il personale delle unità tecniche, di marketing e di produzione condivide idee e informazioni. Gli addetti alla ricerca informano i dipendenti del marketing su nuovi sviluppi tecnici per sapere se tali sviluppi sono applicabili ai consumatori. Il personale di marketing fornisce alla ricerca e sviluppo informazioni sui clienti e sulle lamentele provenienti dagli stessi perché le informazioni possano essere utilizzate nella progettazione di nuovi prodotti. I dipendenti della ricerca e sviluppo e del marketing si coordinano con quelli della produzione perché i nuovi prodotti devono essere compatibili con le possibilità tecniche di produzione, in modo che i costi non siano esorbitanti. La decisione di lanciare un nuovo prodotto è in definitiva una decisione congiunta di tutte e tre le unità. I manager della Avocent, un'azienda che opera nella gestione delle tecnologie dell'informazione, hanno ristrutturato il processo di sviluppo dei prodotti in modo che programmatori, sperimentatori e clienti lavorino in team e seguano un progetto dall'inizio alla fine. Dopo una serie di fallimenti legati a problemi qualitativi e di sicurezza e il ritiro di milioni di veicoli, la Toyota ha modificato il processo di sviluppo di nuove automobili favorendo la comunicazione tra unità diverse. Probabilmente General Motors farà la stessa cosa, nella misura in cui continuano a venir fuori problemi di sicurezza. Gli 800.000 veicoli circa richiamati a febbraio 2014 per un difetto ai blocchetti di accensione divennero 2 milioni a maggio e risulteranno probabilmente ancor di più in futuro. L'amministratore delegato Mary Barra annunciò la creazione di una squadra di sicurezza, con ogni probabilità incaricata di far aumentare la comunicazione e la collaborazione fra unità per prevenire falle di sicurezza e qualità.[78] Il coordinamento orizzontale, utilizzando meccanismi come i team interfunzionali, aumenta la quantità e la varietà di informazioni per lo sviluppo di nuovi prodotti, permettendo la progettazione di prodotti che rispondono alle necessità dei consumatori ed evitano possibili problemi di produzione, qualità e marketing.[79] La Corning ha usato il modello del coordinamento orizzontale per realizzare un nuovo prodotto per il settore della telefonia mobile.

IN PRATICA

Corning, Inc.

Se avete mai avuto un telefono cellulare con lo schermo in plastica, probabilmente sapete che si graffia e può rompersi con estrema facilità. Un piccolo team della divisione materiali speciali della Corning ha individuato l'opportunità di realizzare schermi per telefoni cellulari in un vetro molto resistente e flessibile, creato originariamente negli anni Sessanta come materiale per i parabrezza delle automobili, ma con scarso successo. La produzione di un lotto sperimentale per sondare l'interesse dei clienti costava circa 300.000 dollari, ma i manager hanno deciso di rischiare perché l'idea era sostenuta da un importante champion intellettuale.
Una volta conclusa la prova sperimentale e accertato l'interesse dei potenziali clienti, i manager dovevano agire rapidamente e sono riusciti a trasformare l'idea in un successo commerciale in un periodo di tempo brevissimo. Come? L'azienda può contare sulla cultura e sui sistemi giusti: le divisioni e le unità Corning sanno esattamente che i manager si aspettano collaborazione sui lanci dei nuovi prodotti, la favoriscono e la premiano. L'innovazione non è gestita da singoli o piccoli gruppi a compartimenti stagni, ma da gruppi multidisciplinari trasversali rispetto alle barriere organizzative. Per questo, i dipendenti delle unità ricerca e sviluppo, produzione e vendite si sono messi subito a disposizione del team che stava sviluppando il nuovo materiale.
Nel 2013, il Gorilla Glass prodotto dalla Corning per i telefoni cellulari veniva impiegato in più di un milione di smartphone e tablet: un giro di affari di un miliardo di dollari all'anno che ha fatto guadagnare alla Corning la posizione 36 nella classifica di *Fast Company* delle aziende più innovative. Il Gorilla Glass 2, lanciato nel 2012, è del 20 per cento più sottile, per cui consente di produrre dispositivi più sottili. La versione 3 promette di essere del 40 per cento più resistente ai graffi. Nella misura in cui sempre più schermi presentano funzionalità touch, l'azienda continua a innovare.[80]

Scegliendo un modello di coordinamento orizzontale per lo sviluppo di nuovi prodotti, la Corning ha conseguito un'elevata efficacia nel tradurre l'idea in un successo di mercato. Famosi casi di innovazioni che si sono rivelate fallimenti – come la New Coke, il lettore di musica Zune della Microsoft o il Susan B. Anthony Dollar, la moneta che ha forse riscosso minor successo nella storia statunitense – sono generalmente in contrasto con il modello di collegamento orizzontale. I dipendenti non riescono a stabilire un contatto con le necessità dei clienti e le forze che governano i mercati, oppure le unità interne non riescono a condividere adeguatamente i rispettivi bisogni e a coordinarsi le une con le altre. Una ricerca ha confermato l'esistenza di un collegamento tra ruoli di confine efficaci che tengono l'organizzazione in contatto con le forze di mercato, un buon coordinamento tra le unità e il successo dei processi di sviluppo di prodotto.[81]

Innovazione aperta e crowdsourcing

Molte delle aziende di maggior successo stanno coinvolgendo clienti, partner strategici, fornitori e altre terze parti nel processo di sviluppo di prodotti e servizi. Una delle tendenze più recenti è l'*innovazione aperta*.[82] In passato, gran parte delle idee veniva creata internamente e successivamente sviluppata, fabbricata, commercializzata e distribuita, seguendo un approccio all'innovazione chiuso. Oggi invece, le aziende che guardano al futuro stanno applicando un metodo diverso: l'innovazione aperta implica l'estensione della ricerca e commercializzazione di nuovi prodotti al di là dei confini dell'organizzazione, e addirittura al di là delle frontiere del comparto.[83] Per esempio, l'azienda Rovio, che si occupa dello sviluppo di videogiochi, ha esteso la commercializzazione del marchio Angry Birds a libri, film e giocattoli concedendo a esterni la licenza sulla popolare applicazione di videogiochi.[84] La collaborazione con altre aziende, con i clienti o con altri attori esterni all'organizzazione può apportare diversi vantaggi, tra cui una riduzione del time to market, costi di sviluppo più bassi, un livello qualitativo più alto e un maggiore allineamento del prodotto alle esigenze dei clienti. Può anche stimolare un maggiore coordinamento interno tra le diverse unità organizzative. Implicando il coinvolgimento di soggetti operanti in ambiti diversi dell'azienda, l'innovazione aperta impone ai manager di attuare meccanismi più forti per il coordinamento interno e la condivisione delle conoscenze.[85]

Secondo una ricerca condotta da Booz & Company, le aziende dotate di solide capacità di innovazione aperta conseguono un'efficacia sette volte maggiore rispetto a quelle dotate di capacità più scarse nel generare rendimenti dagli investimenti in ricerca e sviluppo.[86] Procter & Gamble, colosso del settore dei prodotti di consumo, è forse la paladina più nota dell'innovazione aperta: alcuni dei suoi prodotti più venduti, come la Scopa Swiffer, la linea di cosmetici Olaz Regenerist e il prodotto per la pulizia Gomma Magica Mastrolindo, sono stati sviluppati interamente o in parte all'esterno dell'organizzazione.[87] Persino la Apple, notoriamente "chiusa" per molti versi, ha trovato un modo per attingere al potenziale dell'innovazione aperta. Steve Jobs, ex amministratore delegato dell'azienda, operava un controllo stringente sulle fasi di progettazione e sviluppo dei prodotti; l'organizzazione non ha mai divulgato i principi guida della sua attività, che l'hanno trasformata da piccolo produttore di computer a principale azienda tecnologica su scala mondiale, con prodotti leader nei settori hardware, software, musica, video, comunicazione ed editoria digitale. I manager della Apple, tuttavia, sanno bene che in alcuni di questi settori il successo può essere il risultato di un approccio più aperto. Per esempio, sebbene esistano linee guida e vincoli tecnologici, la Apple consente a chiunque di creare e commercializzare applicazioni per l'iPhone, offrendo in cambio una quota dei ricavi della vendita.[88]

L'avvento di Internet ha consentito a organizzazioni come Eli Lilly, Procter & Gamble, IBM e General Electric di attingere a idee provenienti da tutto il mondo e coinvolgere nel processo di innovazione migliaia di persone. L'approccio all'innovazione aperta che sollecita volontariamente idee, servizi o informazioni da parte di utenti di Internet piuttosto che dai classici dipendenti viene denominato **crowdsourcing** (combinazione delle parole "folla" ed "esternalizzazione").[89] Il modo più semplice per effettuare un'azione di crowdsourcing consiste nell'indire un concorso.[90] Elastec/American Marine, con sede a Carmi, in Illinois, ha vinto un premio di 1 milione di dollari per un nuovo sistema in grado di recuperare petrolio dalla superficie dell'oceano a un tasso di 4600 galloni al minuto, più di 4 volte lo standard del settore.[91] Rob McEwen, presidente e amministratore delegato del gruppo minerario canadese Goldcorp, ha creato il Goldcorp Challenge, mettendo online i dati topografici del Red Lake, fino ad allora tenuti segreti, e offrendo un premio in denaro di 575.000 dollari a chiunque fosse riuscito a individuare dei ricchi siti per la trivellazione. Oltre 1400 esperti tecnici di 50 paesi offrirono alternative al problema e due squadre che lavoravano insieme in Australia individuarono le posizioni che hanno reso il Red Lake una delle miniere d'oro più ricche al mondo.[92] Negli ultimi anni è cresciuto in modo esponenziale l'interesse per i concorsi per innovazioni su Internet, il che ha dato alle aziende la possibilità di integrare gli input interni con quelli provenienti dall'esterno nelle fasi iniziali dello sviluppo di nuovi prodotti.[93]

confrontate la vostra opinione

2 Chiedere direttamente ai clienti che cosa desiderano è il modo migliore per creare nuovi prodotti che avranno successo sul mercato.

Risposta esatta: *D'accordo* o *in disaccordo*. Dipende dall'organizzazione: il coinvolgimento dei clienti nel processo di sviluppo del prodotto si è rivelato estremamente vantaggioso per numerose aziende. Ciononostante, molti prodotti sviluppati sulla base dei desideri dei consumatori non hanno sfondato; inoltre, secondo alcune aziende innovative, come la Apple, fare troppo affidamento sugli input dei consumatori limita il pensiero creativo necessario per proporre autentici prodotti d'avanguardia.

Ottenere un vantaggio competitivo: la necessità di essere rapidi

Secondo un sondaggio condotto da IBM e dalla rivista *Industry Week*, il 40 per cento degli intervistati considera la collaborazione con clienti e fornitori l'aspetto che più incide sul time-to-market dell'innovazione di prodotto.[94] La rapidità nello sviluppo di nuovi prodotti e servizi può rappresentare un'arma strategica nel mercato globale in continuo mutamento.[95]

In generale, a una maggiore velocità nello sviluppo di nuovi prodotti si associano minori costi di sviluppo e maggiore successo, in quanto le aziende possono guadagnare una posizione di mercato favorevole, adattarsi con maggiore prontezza agli ambienti mutevoli e rispondere rapidamente alle mutevoli richiese da parte dei consumatori.[96] Per esempio, l'azienda di distribuzione di abbigliamento Zara introduce nuovi modelli nei negozi due volte a settimana. L'azienda produce 450 milioni circa di articoli all'anno. L'attrezzatura high-tech consente agli stabilimenti della catena di adattarsi ai repentini cambiamenti della produzione. Callaway Golf introduce sette/otto nuovi prodotti all'anno per mantenere il suo vantaggio di essere uno dei produttori più innovativi del settore.[97] La rapidità è il fulcro della strategia dell'amministratore delegato della Fiat-Chrysler Sergio Marchionne per rimettere in piedi la Chrysler. Il piano di riduzione dei costi voluto dai manager aveva portato a una diminuzione dei nuovi modelli, ma Marchionne sa bene che l'azienda deve spingere il piede sull'acceleratore per rimanere competitiva. Di recente egli ha annunciato l'ambizioso obiettivo di aumentare il fatturato della Fiat Chrysler, portandolo dai 4,4 milioni di veicoli del 2013 a 7 milioni. L'azienda lancerà 8 nuovi modelli entro il 2018 e sta rinnovando diversi vecchi modelli per renderli più interessanti. Le nuove parole d'ordine in azienda sono urgenza e rapidità decisionale.[98] Dodge si è guadagnata l'undicesima posizione nella classifica 2014 di *Fast Company* delle aziende più innovative "per il fatto di far parte della conversazione, a prescindere da quale." Ron Burgundy, portavoce della Dodge a fine 2013, fece salire le vendite della Durango del 59 per cento a ottobre di quell'anno, salvo poi prendere l'azienda in contropiede quando comparve in un talk show televisivo e disse "La cosa straordinaria è che è un'automobile bruttissima. Semplicemente terribile artigianato." A Dodge piacque e a quanto pare anche a tutti gli altri.[99]

Cambiamenti tecnologici e strutturali

L'analisi precedente si è concentrata su nuovi processi produttivi e nuovi prodotti, che si basano sul saper fare di un'organizzazione. L'esperienza necessaria per tali innovazioni risiede nell'ambito del nucleo operativo e dei gruppi professionali di staff, come quelli della ricerca e dell'ingegnerizzazione. Con questo paragrafo passiamo ora a un esame dei cambiamenti strategici e strutturali.

Tutte le organizzazioni hanno bisogno di tanto in tanto di operare cambiamenti nelle loro strategie, strutture, processi gestionali e procedure amministrative. In passato, quando l'ambiente era relativamente stabile, la maggior parte delle organizzazioni si concentrava su cambiamenti piccoli e incrementali per risolvere problemi immediati o sfruttare nuove opportunità. Tuttavia, durante il decennio passato, le aziende di tutto il mondo si sono trovate di fronte alla necessità di operare cambiamenti radicali nella strategia, nella struttura e nei processi di gestione per adattarsi a nuove esigenze competitive.[100]

Molte organizzazioni stanno eliminando livelli di management e decentrando il processo decisionale. La serie di giocattoli della LEGO Ninjago Masters of Spinjitzu illustra come l'azienda abbia decentralizzato innovazione e processo decisionale. Nel 2004, LEGO era un'organizzazione gerarchica, dove "i pezzi grossi al vertice della piramide" prendevano tutte le decisioni. Ma era uno di quei periodi di lotta per la sopravvivenza, nel quale rimaneva un'unica chance per l'azienda: alcuni top manager ritennero che fosse necessario un nuovo approccio strutturale. Capovolsero l'approccio dall'alto verso il basso definendo gli esiti che desideravano e attribuendo alle squadre quasi totale libertà di stabilire i propri obiettivi e di prendere decisioni sull'innovazione. Quando la serie Ninjago Masters of Spinjitzu fu lanciata a gennaio 2011, stabilì dei nuovi record finanziari per la LEGO, decretando il successo del modello decentralizzato.[101] Il più recente successo di decentralizzazione dell'azienda è stato *The Lego Movie*, un film di animazione uscito nelle sale a inizio 2014, che ha raccolto recensioni quasi universalmente favorevoli e che è rimasto il maggiore successo di botteghino in Nord America per tre fine settimana consecutivi.

All'interno delle organizzazioni si assiste a un forte spostamento verso strutture più orizzontali, con team di personale di front-line dotato della responsabilità per prendere decisioni e risolvere problemi autonomamente. Alcune aziende rompono totalmente con le forme organizzative tradizionali e si muovono verso strategie e strutture a rete. Numerose aziende stanno riorganizzando e spostando le loro strategie per includervi l'e-business. Questi tipi di cambiamenti sono responsabilità dei manager del vertice organizzativo e il processo di cambiamento a livello generale è tipicamente diverso dal processo di innovazione relativo alla tecnologia o ai nuovi prodotti.

L'approccio duale

L'**approccio duale** al cambiamento organizzativo mette a confronto i cambiamenti di natura gestionale e le innovazioni tecniche. Per **innovazione gestionale** si intende l'adozione e l'implementazione di prassi, processi, strutture, strategie e tecniche manageriali nuovi mirati a promuovere il raggiungimento degli obiettivi organizzativi.[102] Questo tipo di cambiamento riguarda la progettazione e la struttura dell'organizzazione stessa, inclusi i processi di ristrutturazione, di *downsizing*, i gruppi di lavoro, i sistemi di controllo, i sistemi informativi e i criteri di raggruppamento delle unità organizzative. Alcuni esempi di innovazione gestionale sono l'adozione di un sistema di balanced scorecard, esaminato nel Capitolo 8, oppure la creazione di una joint venture per l'espansione su scala internazionale, come visto nel Capitolo 6, o ancora la transizione verso una struttura a rete, descritta nel Capitolo 3. Una recente innovazione gestionale che alcune organizzazioni stanno adottando è il *jugaad*, una prospettiva manageriale diffusamente adottata da imprese indiane come Tata Group e Infosys Technologies mirata a soddisfare i bisogni immediati dei clienti con rapidità ma contenendo i costi. Dato l'andamento fiacco dell'economia e i conseguenti tagli al budget per la ricerca e sviluppo, alcuni manager statunitensi stanno sposando l'approccio del *jugaad*.[103]

La ricerca riguardante il cambiamento gestionale suggerisce due cose: innanzitutto che tali cambiamenti si verificano meno frequentemente rispetto a quelli tecnici, e in secondo luogo che si verificano in risposta a vari settori ambientali e seguono un processo interno diverso da quello che caratterizza i cambiamenti basati sulla tecnologia.[104] L'approccio duale al cambiamento organizzativo identifica i processi caratteristici associati al cambiamento gestionale.[105]

Le organizzazioni – scuole, ospedali, governi cittadini, enti assistenziali, organi burocratici del governo e molte imprese – possono essere viste come dotate di due nuclei, uno *tecnico* e uno *gestionale*. Ogni nucleo ha i propri dipendenti, le proprie attività e la propria sfera di influenza ambientale e l'innovazione può avere origine nell'uno o nell'altro dei due nuclei.

Il nucleo gestionale è posto nella gerarchia in una posizione superiore rispetto al nucleo tecnico. La responsabilità del nucleo gestionale include la struttura, il controllo e il coordinamento dell'organizzazione nel suo complesso e riguarda le sfere ambientali del governo, delle risorse finanziarie, delle condizioni economiche generali, delle risorse umane e dei concorrenti dell'azienda. Il nucleo tecnico ha a che fare con la trasformazione delle materie prime in prodotti e servizi dell'organizzazione e coinvolge le sfere ambientali relative ai clienti e alla tecnologia.[106]

Il punto centrale dell'approccio duale è che molte organizzazioni – specialmente quelle non profit e governative – devono adottare frequenti cambiamenti gestionali e devono essere strutturate diversamente rispetto alle organizzazioni che si affidano a frequenti cambiamenti di ordine tecnico e di prodotto al fine di ottenere un vantaggio competitivo.

La progettazione organizzativa per la realizzazione di un cambiamento gestionale

I risultati della ricerca che confronta il cambiamento gestionale e quello tecnico suggeriscono che una struttura organizzativa meccanica è appropriata per cambiamenti gestionali frequenti, compresi cambiamenti negli obiettivi, nella strategia, nella struttura, nei sistemi di controllo e nelle risorse umane.[107] Le organizzazioni che adottano con successo numerosi cambiamenti di questo tipo sono spesso caratterizzate da un tasso di personale amministrativo (*administrative ratio*) maggiore, da più grandi dimensioni e sono centralizzate e formalizzate in confronto a organizzazioni che adottano molti cambiamenti di tipo tecnico.[108] La ragione sta nell'implementazione dall'alto verso il basso di cambiamenti in risposta ad analoghi cambiamenti nelle sfere ambientali governative, finanziarie o legali. Al contrario, se un'organizzazione ha una struttura organica, i dipendenti dei livelli inferiori hanno maggiore libertà e autonomia e, perciò, possono opporre resistenza a iniziative prese dall'alto e trasmesse agli altri livelli dell'organizzazione.

Gli approcci all'innovazione associati al confronto tra cambiamento gestionale e tecnico sono riassunti in Figura 11.7. I cambiamenti tecnici, come quelli che avvengono nelle tecniche di produzione e nelle tecnologie innovative per la creazione di nuovi prodotti, risultano facilitati da una struttura organica, che permette l'emergere di idee da parte dei dipendenti dei livelli inferiori e intermedi. Le organizzazioni che devono adottare cambiamenti gestionali frequenti tendono a utilizzare un processo dall'alto verso il basso e una struttura di tipo meccanico. Per esempio, i cambiamenti nell'implementazione di metodi Six Sigma e della balanced scorecard, la decentralizzazione del processo decisionale, il downsizing e la ristrutturazione sono agevolati da un approccio dall'alto verso il basso.

Figura 11.7
Approccio duale per il cambiamento organizzativo

Le ricerche sulla riforma della pubblica amministrazione hanno portato alla conclusione che la realizzazione di innovazioni gestionali era estremamente difficile in organizzazioni caratterizzate da un nucleo tecnico di tipo organico. I dipendenti che mettevano la loro professionalità a servizio di un'agenzia decentrata potevano opporre resistenza a cambiamenti nelle modalità di svolgimento del servizio civile. Di contro, organizzazioni considerate più burocratiche e meccanicistiche, nel senso di un più alto livello di formalizzazione e di centralizzazione, hanno adottato con prontezza i cambiamenti gestionali del caso.[109]

Cosa dire di organizzazioni che sono di regola tecnologicamente innovative secondo approcci dal basso verso l'alto, ma che si trovano improvvisamente di fronte a una crisi e hanno necessità di riorganizzarsi? Oppure possiamo considerare il caso di un'azienda high-tech innovativa dal punto di vista tecnico, che deve riorganizzarsi frequentemente per assecondare cambiamenti nella tecnologia produttiva o nell'ambiente. Le aziende innovative dal punto di vista tecnico possono trovarsi improvvisamente nella necessità di provvedere a una ristrutturazione, ridurre il numero di dipendenti, modificare i sistemi di ricompensa, sciogliere team o formare una nuova divisione.[110] La risposta a queste esigenze sta nell'utilizzare un processo di cambiamento di tipo top-down. L'autorità relativa a cambiamenti nella strategia e nella struttura risiede nella direzione generale, che dovrebbe avviare e implementare la nuova strategia e la nuova struttura per adattarsi alle circostanze ambientali. Possono essere cercati anche suggerimenti da parte dei dipendenti, ma sono i top manager che hanno la responsabilità di indirizzare il cambiamento. I top manager della GlaxoSmithKline, la grande casa farmaceutica con sede centrale nel Regno Unito, hanno adottato un cambiamento dall'alto verso il basso per migliorare il processo di ricerca di nuovi farmaci.

IN PRATICA

GlaxoSmithKline

Nell'arco dell'ultimo decennio, grandi case farmaceutiche come Pfizer, AstraZeneca e GlaxoSmithKline sono cresciute ulteriormente perseguendo una politica di fusioni e acquisizioni. Oltre ad attribuire maggiore importanza alle unità vendite e marketing, le maggiori dimensioni hanno determinato una crescita delle strutture burocratiche, ostacolando così il lavoro di ricerca e sviluppo. Nonostante negli ultimi 15 anni le grandi aziende del settore farmaceutico abbiano triplicato gli investimenti in ricerca e sviluppo, il numero di nuovi farmaci lanciati sul mercato è diminuito e gran parte delle novità sono state introdotte da piccole start-up operanti nel settore delle biotecnologie.
L'amministratore delegato di GlaxoSmithKline Andrew Witty ha deciso di attuare un approccio sperimentale per aiutare gli scienziati dell'unità ricerca e sviluppo a operare come in una piccola start-up, suddividendoli in piccoli gruppi, costituiti da 20-60 persone e chiamati Discovery Performance Units (DPU). Ciascun gruppo si compone di scienziati esperti in svariate discipline che lavorano insieme e sfruttano le rispettive capacità per realizzare nuovi farmaci per la cura di specifiche patologie, come per esempio il cancro o le malattie autoimmuni. Il chimico David Wilson racconta che mentre in passato poteva capitargli per giorni di non parlare con un biologo, oggi l'insieme di specializzazioni consente di prendere decisioni tempestive e condurre sessioni di brainstorming molto proficue.
Witty ha assegnato alle DPU un budget triennale e specifici obiettivi, istituendo un comitato incaricato di monitorare l'evolversi dei progetti e stabilire se continuare a finanziarli o meno; i team meno produttivi possono essere sciolti e i membri rischiano il licenziamento. Come afferma il responsabile della ricerca e sviluppo dell'azienda Moncef Slaoui, "devono esserci delle conseguenze in caso di fallimento, anche serie, come il licenziamento."[111]

Gran parte dei ricercatori della Glaxo ha accolto con favore l'istituzione delle DPU. Come racconta lo stesso Witty, al suo arrivo il morale nell'unità di ricerca e sviluppo "era sotto i piedi". L'attuazione del nuovo approccio ha infuso nuova linfa, offrendo alle persone la possibilità di dedicare tutte le proprie energie agli ambiti di ricerca più promettenti. Se le performance delle nuove unità non si riveleranno efficaci nella scoperta di nuovi farmaci, Witty e altri top manager potrebbero essere costretti a implementare difficili cambiamenti dall'alto verso il basso licenziando alcuni dipendenti e ricorrendo in misura maggiore all'outsourcing delle attività di ricerca e sviluppo.

Anche il passaggio a un sistema senza capi è diretto dall'alto, come illustra il seguente esempio.

IN PRATICA

Zappos

Come descritto nell'esempio di apertura del capitolo, i leader della Zappos non hanno paura di correre dei rischi e tentano nuovi approcci. A fine 2013, l'amministratore delegato Tony Hseih chiese ai suoi dipendenti di lanciarsi in un altro cambiamento radicale. Chiamò tutti a raccolta e annunciò che Zappos sarebbe stata trasformata in una "olocrazia": non vi sarebbero stati titoli né manager; tutto il lavoro sarebbe stato fatto in modo circolare, piuttosto che a livelli. Ai dipendenti di Zappos fu chiesto di modificare, praticamente da un giorno all'altro, ogni aspetto del loro modo di operare.
Fino a ora, Zappo è la più grande azienda ad adottare questo sistema di gestione che sta acquisendo popolarità nel mondo del business. Entro fine 2014, tutti i 1500 dipendenti di Zappos saranno organizzati in 400 cerchi. L'idea che sta dietro all'olocrazia è che ridistribuendo l'autorità in modo tale che tutti i lavoratori diventino leader nei loro ruoli, le organizzazioni possono risolvere i problemi e raggiungere gli obiettivi più rapidamente. Si tratterà di un'organizzazione fatta di leader imprenditoriali che ottemperano al proprio ruolo, ma che al contempo condividono un obiettivo comune e rispondono alla più ampia organizzazione.[112]

È ancora troppo presto per decretare il successo di questa modifica dall'alto presso Zappos. Si tratta, infatti, di un'azienda *sui generis*, e con molta probabilità i dipendenti accetteranno la nuova struttura. Tuttavia, in generale, i cambiamenti dall'alto verso il basso che riguardano la ristrutturazione e il downsizing possono essere dolorosi per i dipendenti, dunque l'alta direzione dovrebbe agire velocemente e con autorevolezza, in modo da renderli quanto più umani possibile.[113] Uno studio sulle trasformazioni aziendali di successo, trasformazioni che spesso comprendono cambiamenti dolorosi, ha trovato che i manager hanno seguito un approccio veloce e mirato. Quando i top manager diluiscono troppo nel tempo i cambiamenti difficili come il downsizing, il morale dei dipendenti ne soffre e il cambiamento ha meno probabilità di portare a risultati positivi.[114]

I top manager dovrebbero anche ricordare che il cambiamento dall'alto verso il basso significa che l'idea è avviata ad alto livello e implementata a livello più basso; non significa che i dipendenti di livello più basso non siano informati sul cambiamento o che non sia permesso loro parteciparvi.

Cambiamento culturale

Le organizzazioni sono formate dalle persone e dai rapporti che queste hanno le une con le altre. Cambiamenti nella strategia, nella struttura, nelle tecnologie e nei prodotti non accadono da soli, e cambiamenti in una qualunque di queste aree implicano anche cambiamenti nelle persone. I dipendenti devono imparare come utilizzare le nuove tecnologie, come commercializzare i nuovi prodotti o come lavorare efficacemente in un team interdisciplinare, come alla GlaxoSmithKline. Talvolta il conseguimento di un nuovo modo di pensare richiede un cambiamento focalizzato sui valori e sulle norme culturali aziendali che stanno alla base dell'organizzazione. Cambiare la cultura aziendale modifica sostanzialmente il modo in cui viene svolto il lavoro in un'organizzazione e può condurre a un impegno e una responsabilizzazione rinnovati da parte dei dipendenti, oltre che a un legame più forte tra l'azienda e i suoi clienti.[115]

Va tuttavia riconosciuto che il cambiamento culturale può rivelarsi particolarmente complesso perché mette in discussione i valori fondamentali dei dipendenti, oltre che i modi di pensare e di procedere già consolidati. Fusioni e acquisizioni spesso dimostrano quanto possa essere difficile il cambiamento culturale. Consideriamo il seguente caso verificatosi in Giappone. Secondo i dirigenti del Mizhuo Financial Group, nato nel 2002 dalla fusione di Dai-Ichi, Fuji Bank e Industrial Bank of Japan, il maggiore ostacolo per l'integrazione delle operazioni è stato determinato dalle differenze culturali tra le unità. La struttura, la cultura e i sistemi di management di Mizhuo sono finiti sotto accusa a seguito della lunga avaria del sistema informatico causata dal terremoto che ha colpito il Giappone l'11 marzo 2011. Per prevenire problemi di questo genere e migliorare le performance finanziarie della banca, che arranca alle spalle di altri grandi istituti bancari del paese, i funzionari di banca si sono impegnati a creare una cultura aziendale unitaria e velocizzare l'integrazione.[116] Nonostante possano risultare decisivi nel decretare il successo di un'operazione di fusione, per molti manager gli aspetti legati alla cultura non rientrano nei piani di fusione e acquisizione, segnala Chuck Moritt, senior partner dell'unità di consulenza Mercer per le operazioni di M&A.[117]

Le forze del cambiamento culturale

Oltre alle operazioni di fusione, una serie di altre tendenze recenti ha contribuito allo sviluppo di un'esigenza di trasformazione culturale in numerose aziende. Per esempio, il reengineering e lo spostamento verso forme organizzative di tipo orizzontale, illustrati nel Capitolo 3, richiedono una maggiore enfasi su responsabilizzazione dei dipendenti, collaborazione, condivisione delle informazioni e soddisfacimento delle esigenze dei clienti, il che significa che manager e dipendenti devono passare a un nuovo modo di pensare. Fiducia reciproca, rischi e tolleranza verso l'errore diventano valori culturali chiave in un'organizzazione orizzontale.

Un'altra forza per il cambiamento culturale è l'attuale diversità della forza lavoro. La diversità è un dato di fatto per le organizzazioni di oggi, molte delle quali stanno adottando nuovi metodi di assunzione, *mentoring* e promozione, programmi di formazione alla diversità, severe politiche contro le molestie sessuali e la discriminazione razziale e nuovi programmi di benefit in risposta a una forza lavoro più varia. Aziende come Pfizer, BAE, Dow Chemical e Google formano personale e manager a riconoscere le "trappole cognitive inconsce," ossia una celata preferenza per determinati gruppi o tipologie di persone in grado di influenzare le decisioni in merito ad assunzioni, valutazione del personale, promozioni e via dicendo. Dopo che la Dow ha mandato centinaia di manager a seguire i corsi sulle trappole cognitive inconsce, il numero di donne in posizioni di livello più elevato è aumentato. I dirigenti ritengono che la formazione abbia contribuito a far capire i vantaggi derivanti dalla diversità.[118] Tuttavia, anche la cultura che informa l'organizzazione deve cambiare, altrimenti tutti gli altri sforzi a supporto della diversità sono destinati a fallire.

Infine, la crescente enfasi su apprendimento e adattamento nelle organizzazioni richiede nuovi valori culturali. Come si è visto nel Capitolo 1, le organizzazioni flessibili e organiche, che promuovono l'apprendimento e l'adattamento, si caratterizzano generalmente per la presenza di strutture più orizzontali dotate di team responsabilizzati che lavorino direttamente con i clienti. Vi sono poche regole e procedure da seguire nello svolgimento dei compiti e la conoscenza e il controllo dei compiti sono affidati ai dipendenti anziché ai supervisori. Le informazioni vengono ampiamente condivise e i dipendenti, i clienti, i fornitori e i partner partecipano tutti alla determinazione della direzione strategica dell'organizzazione. I manager intenzionati a promuovere una transizione verso una progettazione organizzativa più organica non possono prescindere dal promuovere nuovi valori, nuovi atteggiamenti e nuovi modi di pensare e lavorare insieme.

confrontate la vostra opinione

3 **Il cambiamento della cultura aziendale è forse uno dei compiti più ardui che un manager possa affrontare.**

Risposta esatta: *D'accordo*. In genere, cambiare forza lavoro e cultura è molto più complesso che modificare qualsiasi altro aspetto dell'organizzazione. I manager spesso sottovalutano le difficoltà legate al cambiamento culturale, non rendendosi conto che esso richiede uno sforzo determinato e pianificato con consapevolezza nell'arco di un lungo periodo di tempo.

Interventi di sviluppo organizzativo per il cambiamento culturale

I manager adottano una varietà di approcci e tecniche per cambiare la cultura aziendale, alcuni dei quali sono stati discussi nel Capitolo 10. Un metodo per raggiungere rapidamente il cambiamento culturale è noto come **sviluppo organizzativo**, e si concentra sugli aspetti umani e sociali dell'organizzazione come strumenti per migliorare la capacità dell'organizzazione di adattarsi e risolvere i problemi. Lo sviluppo organizzativo (che indicheremo d'ora in poi con l'acronimo OD, che sta per l'espressione inglese *Organization Development*) enfatizza i valori dello sviluppo umano, dell'equità, dell'apertura, della libertà dalle costrizioni e dell'autonomia individuale, valori che permettono ai dipendenti di svolgere il proprio lavoro nel modo che a loro sembra più adeguato, nell'ambito di ragionevoli vincoli organizzativi.[119] Negli anni Settanta, l'OD si è sviluppato come una disciplina separata che ha applicato le scienze del comportamento a processi di cambiamento pianificati riguardanti l'organizzazione nella sua interezza, con l'obiettivo di aumentare l'efficacia organizzativa. Oggi il concetto è stato ampliato per comprendere l'esame di come gli individui e i gruppi possono passare a una cultura adattiva in un ambiente complesso e turbolento. Lo sviluppo organizzativo non è una procedura costituita da passi successivi per la risoluzione di un problema specifico, ma un processo di cambiamento fondamentale dei sistemi umani e sociali dell'organizzazione, compresa la cultura organizzativa.[120]

L'OD utilizza le conoscenze e le tecniche dalle scienze del comportamento per creare un ambiente di apprendimento attraverso il rafforzamento della fiducia, il confronto aperto sui problemi, la responsabilizzazione e la partecipazione dei dipendenti, la condivisione della conoscenza e delle informazioni, la progettazione di mansioni significative, la cooperazione e la collaborazione tra i gruppi e il pieno utilizzo del potenziale umano.

Gli interventi di OD comportano attività di formazione a beneficio di gruppi specifici o di ogni singola persona all'interno dell'organizzazione. Affinché gli interventi di OD abbiano successo, il senior management dell'organizzazione deve ravvisare la necessità dell'OD e fornire un supporto entusiastico al cambiamento. Tra le tecniche utilizzate da molte organizzazioni per il miglioramento delle competenze degli individui attraverso l'OD vi sono le seguenti.

Interventi su grandi gruppi. Le primissime attività di OD coinvolgevano gruppi di piccole dimensioni e si concentravano su cambiamenti di tipo incrementale. In anni recenti, tuttavia, c'è stato un crescente interesse per l'applicazione di tecniche OD a contesti di gruppi numerosi, più idonei a realizzare trasformazioni o cambiamenti radicali nelle organizzazioni che operano in ambienti complessi.[121] L'approccio dell'**intervento su grandi gruppi**, talvolta denominato "l'intero sistema in una stanza",[122] riunisce membri provenienti da ogni parte dell'organizzazione – inclusi spesso anche alcuni stakeholder chiave esterni all'organizzazione – in un contesto esterno all'organizzazione per discutere problemi od opportunità e pianificare il cambiamento. Un intervento su grandi gruppi può coinvolgere da cinquanta a cinquecento persone e durare diversi giorni. Per esempio, il rivenditore di arredamento su scala mondiale IKEA ha fatto ricorso all'approccio dell'intervento su grandi gruppi per ripensare totalmente le modalità operative dell'azienda. Durante riunioni della durata complessiva di diciotto ore, tenute nell'arco di diversi giorni, cinquantadue stakeholder hanno creato un nuovo sistema per la progettazione, la produzione e la distribuzione dei prodotti, con interventi di eliminazione dei livelli gerarchici e decentralizzazione dell'organizzazione.[123] Tutte le unità operative che avevano le informazioni, le risorse e un interesse nel risultato della progettazione hanno lavorato insieme per creare e implementare il nuovo sistema.

Utilizzare un contesto fisico, esterno all'organizzazione, limita le interferenze e le distrazioni, permettendo ai partecipanti di concentrarsi sulla ricerca di nuovi modi per fare le cose. Il programma "Work Out" della General Electric, un processo continuo per risolvere i problemi, apprendere e migliorare, ha avuto inizio con grandi meeting svolti all'esterno dell'azienda, che coinvolgevano tutte le persone dell'organizzazione a prescindere dai confini funzionali, gerarchici e organizzativi. Dipendenti di ogni grado e livello provenienti da molte diverse parti dell'organizzazione si uniscono così ai clienti e ai fornitori per discutere e risolvere specifici problemi.[124] Tale processo costringe tutti ad analizzare rapidamente le idee, creare soluzioni e sviluppare un piano per realizzarle. Nel tempo, il programma "Work Out" crea una cultura in cui le idee vengono trasformate rapidamente in azioni e risultati di business positivi.[125]

Team building. Il **team building** promuove l'idea che le persone che lavorano insieme possono operare come un gruppo. Un gruppo di lavoro può venire creato per occuparsi di aspetti relativi a conflitti emersi, a obiettivi, al processo decisionale, alla comunicazione, alla creatività e alla leadership. Il gruppo può quindi pianificare il modo per superare i problemi e migliorare i risultati. Le attività di team-building sono utilizzate in molte aziende anche per offrire la formazione necessaria a task force, comitati e gruppi che si occupano dello sviluppo di nuovi prodotti. Tali attività aumentano la comunicazione e la collaborazione e rafforzano la coesione dei gruppi organizzativi.

Attività trans-unità. Rappresentanti di varie unità vengono riuniti in un luogo neutrale per portare i conflitti in superficie, diagnosticarne le cause e studiare i necessari miglioramenti nella comunicazione e nel coordinamento. Questo tipo di intervento è stato applicato a conflitti tra sindacati e management, tra sede centrale e uffici locali, tra unità organizzative diverse e tra aziende in casi di fusione.[126] Un'azienda che conserva documentazione d'archivio per conto di altre organizzazioni ha compreso che le riunioni trans-attività erano una risorsa chiave per costruire una cultura basata sullo spirito di squadra e focalizzata sul cliente. Persone provenienti da differenti unità si incontrano ogni due settimane per sessioni di un'ora: condividono i loro problemi, raccontano dei loro successi e parlano di ciò che hanno osservato all'interno dell'impresa. Le riunioni permettono a ciascuno di comprendere i problemi affrontati da altre unità e di osservare come gli uni dipendevano dagli altri per svolgere con profitto le loro mansioni.[127]

UnitedHealth Group, il colosso statunitense dell'assicurazione sanitaria nonché una delle più potenti compagnie assicurative nel settore della sanità, ha utilizzato degli interventi di OD per costruire un ambiente più umano e collaborativo al suo interno.

IN PRATICA

UnitedHealth Group

"Eravamo troppo egocentrici e inutilmente aggressivi," ha affermato Stephen Helmsley, amministratore delegato dell'UnitedHealth Group. Helmsley sostiene che, al suo arrivo, l'atmosfera all'interno dell'azienda era avvelenata, con un elevato quoziente di intelligenza, ma un basso quoziente emotivo. Per incoraggiare un comportamento più civile, emotivamente intelligente e collaborativo, Helmsley mandò 8000 manager a corsi di tre giorni per acquisire maggiore consapevolezza delle loro trappole cognitive e delle conseguenze di esse, ed essere più sensibili agli altri. "Non vado fiero del fatto che avevamo bisogno di cambiare, ma così era," afferma.
È interessante il fatto che Helmsley, ex ragioniere con la reputazione di genio dei numeri, non fu assunto per le sue doti con le persone, ma è questo il contributo che ha apportato all'azienda. Oggi, coloro che lavorano presso UnitedHealth Group sono rispettosi del loro ruolo. Una delle linee guida alle quali essi si attengono è "Assumi un intento positivo." Un'importante esperienza di costruzione di squadra presso la UnitedHealth è il torneo annuale di broomball che si tiene nel quartier generale in Minnesota. Nato nel 2010, il torneo rappresenta ora una tradizione apprezzata che si ripete ogni inverno, con la partecipazione di 90 squadre che rappresentano ciascuna area dell'azienda. Questa e altre attività di OD hanno contribuito a un calo del turnover dal 20 per cento nel 2008 all'8 per cento nel 2012.[128]

Stephen Helmsley spera che l'OD possa essergli di aiuto nei suoi tentativi di dissipare "l'immagine di avaro colosso motivato dai numeri." Essere a capo di una rivoluzione nel settore sanitario è una sfida difficile e senza fine, in special modo "cercando di trovare il giusto equilibrio fra aspetti analitici ed emotivi," egli afferma.[129]

Strategie per la realizzazione del cambiamento

Manager e dipendenti possono pensare a modi innovativi per migliorare la tecnologia dell'azienda, a idee creative per offrire nuovi prodotti e servizi, ad approcci nuovi alle strategie e alle strutture, o a idee per promuovere valori culturali adattivi ma, finché le idee non vengono trasformate in azione, non hanno alcun valore per l'organizzazione. La fase della realizzazione è la parte più importante del processo di cambiamento, ma è anche la più difficile, in quanto spesso il cambiamento comporta trasformazioni impegnative e costituisce motivo di disagio sia per i manager sia per i dipendenti. Il cambiamento è un processo complesso e dinamico che comporta una certa confusione, pertanto la sua realizzazione richiede una leadership forte e tenace. In questo paragrafo conclusivo discuteremo brevemente il ruolo della leadership nel cambiamento, alcuni motivi della resistenza al cambiamento e alcune tecniche che i manager possono adottare per superare tale resistenza e realizzare il cambiamento con successo.

Leadership per il cambiamento

Secondo quanto rilevato da un sondaggio, l'80 per cento delle aziende che riescono a innovare con successo conta su leader che sono champion intellettuali, cioè periodicamente rafforzano il valore e l'importanza dell'innovazione. Si tratta di leader che pensano all'innovazione, ne dimostrano l'importanza con i fatti ed esercitano un controllo per assicurarsi che gli individui stiano investendo tempo e risorse in questioni ad essa legate.[130]

Lo stile di leadership degli alti dirigenti è essenziale per determinare il grado di efficacia dell'organizzazione nell'adattamento e nell'innovazione continua. Uno stile di leadership, definito *transformational leadership*, è particolarmente adatto a determinare il cambiamento. I leader che utilizzano lo stile della transformational leadership promuovono l'innovazione organizzativa sia direttamente, creando una visione coinvolgente, sia indirettamente, creando un ambiente che supporta l'esplorazione, la sperimentazione, l'assunzione di rischi e la condivisione delle idee.[131]

Un cambiamento può infatti essere coronato da successo solo quando i manager e i dipendenti sono disposti a dedicare il tempo e l'energia necessari per raggiungere nuovi obiettivi. Inoltre devono essere dotati delle capacità necessarie per sopportare possibili tensioni e difficoltà. Conoscere e comprendere la curva del cambiamento può aiutare i manager a guidare le persone aiutandole a superare con successo le difficoltà. La curva del cambiamento, illustrata in Figura 11.8, rappresenta il processo psicologico sperimentato dagli individui durante un cambiamento significativo.

Per esempio, consapevole della necessità di modificare le procedure operative della sua unità, una manager avvia il cambiamento aspettandosi un'attuazione rapida e un risultato positivo. Con il passare del tempo, le persone faticano ad adottare atteggiamenti e comportamenti diversi. I dipendenti potrebbero domandarsi perché sono tenuti ad agire in maniera diversa rispetto al passato, il supervisore potrebbe sentirsi oberato di lavoro e frustrato e tutti potrebbero disperare, dubitando che il cambiamento sia davvero realizzabile. Le difficoltà di applicazione delle nuove procedure e la resistenza al cambiamento potrebbero incidere molto negativamente sulle performance. I leader in grado di gestire il cambiamento guidano le persone in questa fase di disperazione, anziché lasciare che il tentativo vada a monte: con una leadership del cambiamento efficace si può fare in modo che le novità prendano piede e conducano a un miglioramento della performance. Alla Procter & Gamble, i manager si preparano ad affrontare "60 giorni di refrattarietà" da parte degli utenti di un nuovo processo lavorativo; in altre parole, prevedono che occorrano 60 giorni per vincere la resistenza al cambiamento, individuare ed eliminare i difetti del nuovo processo e vedere la luce alla fine del tunnel, cioè giungere a un diffuso apprezzamento dei risultati positivi del cambiamento.[132] Avere una visione comunicata con chiarezza, improntata alla flessibilità e all'apertura nei confronti di nuove idee, metodi e stili pone le basi per un'organizzazione orientata al cambiamento e aiuta i dipendenti ad affrontare il caos e la tensione associati a quest'ultimo.

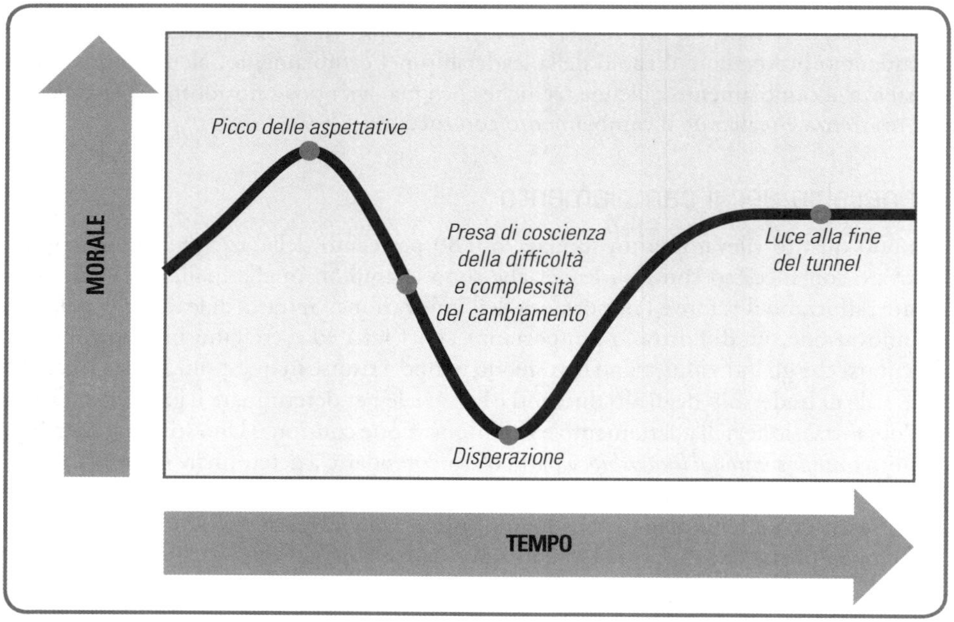

Figura 11.8
La curva del cambiamento
Fonte: basato su "Gartner Hype Cycle: Interpreting Technology Hype," Gartner Research, http://www.gartner.com/ technology/research/methodologies/hype-cycle.jsp (consultato il 20 maggio 2011); "The Change Equation and Curve," 1st Century Leader, http://www.21stcenturyleader.co.uk/change_equation (consultato il 20 maggio 2011); David M. Schneider e Charles Goldwasser, "Be a Model Leader of Change," *Management Review* (marzo 1998), 41–45; Daryl R. Conner, *Managing at the Speed of Change* (New York: Villard Books, 1992).

Tecniche per la realizzazione del cambiamento

I leader del vertice aziendale esprimono con chiarezza la visione e danno il *la* all'orchestra, ma in un processo di cambiamento gli esecutori sono i manager e i dipendenti dell'intera organizzazione. Esistono diverse tecniche che possono essere utilizzate per realizzare un cambiamento con successo.[133]

1. *Diffondere un senso di urgenza e necessità del cambiamento.* Quando i manager riscontrano una reale necessità di cambiamento, devono abbattere la resistenza

diffondendo un senso di urgenza negli altri per far comprendere che il cambiamento è veramente necessario. Le crisi organizzative possono aiutare a smuovere i dipendenti e renderli disposti a investire il tempo e l'energia necessari ad adottare le nuove tecniche o procedure. Quando non si verifica una crisi manifesta, i manager devono inventarsi un modo per rendere consapevoli le persone della necessità del cambiamento.

2. *Istituire una coalizione per guidare il processo di cambiamento.* I manager che implementano un cambiamento efficace formano una coalizione di persone provenienti da ogni parte dell'organizzazione che abbiano il potere e l'influenza sufficienti a guidare il processo di cambiamento. Affinché la fase di implementazione abbia esito positivo, deve esservi un senso di impegno condiviso rispetto alla necessità e alle possibilità del cambiamento. Il sostegno del top management è fondamentale per ogni progetto di cambiamento importante e la mancanza di tale sostegno è una delle cause più frequenti del fallimento dell'implementazione.[134] La coalizione dovrebbe inoltre coinvolgere i supervisori dei livelli inferiori e i manager dei livelli intermedi di tutta l'organizzazione. Per i cambiamenti minori è importante avere il sostegno dei manager influenti delle unità interessate dal processo.
3. *Creare una visione e una strategia per il cambiamento.* I leader che hanno condotto le loro aziende attraverso importanti trasformazioni riuscite spesso hanno qualcosa in comune: si concentrano sulla formulazione e l'articolazione di una visione convincente e di una strategia che guideranno il processo di cambiamento. Anche nel caso di un cambiamento minore, la visione di come il futuro può essere migliore e lo sviluppo di strategie per raggiungere la nuova situazione sono fattori importanti che contribuiscono alla buona riuscita del cambiamento.
4. *Trovare un'idea che risponda alla necessità.* Trovare l'idea giusta implica spesso procedure di ricerca – colloqui con altri manager, creazione di una task force con il compito di esaminare il problema, richiesta ai fornitori o alle persone creative all'interno dell'organizzazione di sviluppare una soluzione. Si tratta di una buona opportunità per incoraggiare la partecipazione dei dipendenti, dal momento che essi hanno bisogno della libertà di pensare a nuove opzioni e di sperimentarle.[135]
5. *Creare team di cambiamento.* In questo capitolo abbiamo discusso la necessità di disporre delle risorse e dell'energia necessarie per fare in modo che il cambiamento abbia luogo. Unità creative separate, venture team o gruppi costituiti *ad hoc* o task force sono tutti modi per concentrare l'energia sia sull'aspetto della creazione sia su quello della realizzazione. Un'unità separata dispone della libertà per creare una nuova tecnologia che risponda a una necessità reale. Una task force può essere invece costituita allo scopo di supervisionare il completamento della fase di realizzazione. La task force può essere responsabile della comunicazione, del coinvolgimento degli utenti, della formazione e di altre attività necessarie per il cambiamento.
6. *Incoraggiare i champion intellettuali.* Una delle armi più efficaci nella battaglia per il cambiamento è rappresentata dai champion intellettuali. Il champion più valido è una persona che volontariamente si fa promotore di una nuova idea nella quale è profondamente coinvolta. Il champion intellettuale si assicura che tutte le attività tecniche siano corrette e completate. Può anche rendersi necessario un champion "aggiuntivo", quale un manager che fa da sponsor all'iniziativa, per convincere le persone a procedere alla sua realizzazione.

Uno sguardo sull'Europa

Il cambiamento culturale di Philips attraverso il riposizionamento del brand

Philips ha una storia molto antica che comincia alla fine dell'Ottocento a Eindhoven, nei Paesi Bassi, dall'iniziativa dei due fratelli Gerard e Anton Philips, che avviano uno stabilimento di produzione di lampadine a incandescenza. Oggi l'azienda ha il suo *headquarter* ad Amsterdam ed è leader nei settori *Healthcare*, *Lighting* e *Consumer Lifestyle*, con oltre 118.000 dipendenti in più di 100 paesi nel mondo e vendite pari a 24.8 miliardi di euro nel 2012. È un'azienda ad alto tasso innovativo – circa 50.000 brevetti e 36.000 marchi registrati – ed è guidata dall'obiettivo di migliorare la salute e il benessere attraverso l'innovazione. Per questo motivo si è prefissata di migliorare la vita di 3 milioni di persone entro il 2025, rendendo in questo modo il mondo più sano e sostenibile.

Sense and Simplicity

Tra il 1990 e il 1991, a causa di un terreno competitivo sempre più aggressivo, una cultura burocratica e resistente al cambiamento e un mercato debole in generale, l'azienda affronta una situazione molto critica che la porta, sotto la guida dell'allora presidente Jan Timmer, ad affrontare una grande riorganizzazione che costituirà una fase embrionale della radicale trasformazione che avverrà nel decennio successivo. "*Sense and Simplicity*" non è solo la *brand promise* di Philips, ma rappresenta il motore di un cambiamento organizzativo e culturale radicale che ha coinvolto l'intera azienda e tutti i suoi dipendenti nel mondo. Seguendo questo approccio l'azienda si impegna costantemente e proattivamente nel conoscere le esigenze e i desideri dei clienti e dei consumatori, proponendo soluzioni innovative e tecnologicamente avanzate ma allo stesso tempo semplici da usare. Un modo di selezionare i prodotti da proporre al mercato che rifugge la complessità inutile e che si focalizza sul riconoscere sempre il valore della soluzione solo se tale valore ha "senso" per il cliente.

All'inizio degli anni Duemila, infatti, Philips comincia a interrogarsi su cosa rappresenti il suo marchio per le persone. Quello che emerge dalle indagini di mercato è che soprattutto i consumatori più anziani vedono nell'azienda un sinonimo di affidabilità, innovazione e tradizione, ma accanto a questa componente razionale manca quella legata ai valori e alla missione del *brand* che l'azienda intende esprimere per smuovere le corde emotive dei consumatori e dei dipendenti. Indagando sul ruolo che dovrebbe essere svolto dalla tecnologia secondo i consumatori, l'azienda scopre che quello che le persone si aspettano è semplificazione e miglioramento della qualità della vita. La ricetta "*sense and simplicity*" diventa dunque l'agente del cambiamento strategico che pervade tutta l'azienda, al fine di creare una cultura di marketing e collaborazione in cui al centro ci siano sia la tecnologia che le persone, e di costruire un'identità globale e un senso di appartenenza che valichi i confini regionali.

Il cambiamento esterno

La campagna "*Sense and Simplicity*" viene lanciata nel 2003 da Gerard Kleisterlee, all'epoca presidente e CEO di Philips, che affida ad Andrea Ragnetti il ruolo di Chief Marketing Officer, introducendo così una nuova figura manageriale che dovrà gestire l'intero progetto di riposizionamento dell'azienda e del *brand*.

Il punto di partenza è il *Brand book*, che nasce nel 2002 e raccoglie le caratteristiche e i valori della marca Philips costituendo un punto di partenza su cui far leva per agire il cambiamento di direzione. Nel 2004

Tecniche per superare la resistenza al cambiamento

Molte buone idee non sono mai state messe in pratica perché i manager non sono riusciti a prevenire o a prepararsi alla resistenza al cambiamento da parte di consumatori, dipendenti o altri manager. Non importa quanto possano essere sbalorditive le caratteristiche di performance di un'innovazione: la sua realizzazione entrerà in ogni caso in conflitto con alcuni interessi e metterà in pericolo alcune alleanze all'interno dell'organizzazione. Per aumentare le possibilità di una realizzazione efficace, i manager devono riconoscere l'esistenza dei conflitti, delle minacce e delle potenziali perdite percepite dai dipendenti. I manager possono utilizzare numerose strategie per superare la resistenza.

1. *Sostegno da parte del top management.* Il supporto visibile da parte del top management rende le persone consapevoli dell'importanza del cambiamento. Per esempio, uno dei principali correlati del successo di una nuova iniziativa commerciale è il forte sostegno da parte dei top manager, che conferisce legittimità al progetto.[136] Il sostegno da parte del top management risulta particolarmente importante quando un cambiamento interessa diverse unità o in presenza di una ridistribuzione di risorse fra le varie unità.

Ragnetti crea il *Simplicity Advisory Board*, il cui scopo è far radicare il nuovo approccio all'interno dell'azienda e applicare i nuovi principi guida ai prodotti che verranno sviluppati.
Nel settembre 2004 la campagna "*Sense and Simplicity*" viene lanciata ufficialmente all'esterno. Il target è costituito prevalentemente da *decision maker* in un *range* d'età fra 25 e 55 anni, non particolarmente evoluti tecnologicamente e che preferirebbero dei prodotti semplici da utilizzare. La prima *tranche* della campagna raggiunge consumatori in USA, Europa e Cina e cerca di promuovere alcuni dei più significativi prodotti Philips che già rispondono ai principi della semplicità, nello specifico costruiti sulla base dei desideri dei consumatori (*Design around you*), facili da utilizzare (*Easy to Experience*) e avanzati tecnologicamente (*Advanced*), per poi passare all'utilizzo di *testimonial* e all'organizzazione di iniziative di comunicazione esperienziale come i *Philips Simplicity Event* ospitati in alcune importanti città come Parigi, Londra, Hong Kong e Mosca.

Il cambiamento interno

Far conoscere, sostenere e vivere il *brand* ai propri dipendenti è un impegno costante in Philips per mantenere uno stile e una cultura unici che identifichino l'azienda e i suoi dipendenti e permettere al contempo la trasposizione di un'immagine coerente all'esterno. I quattro valori Philips (*delight customers, deliver great results, develop people, depend on each other*), sono stati i *driver* del cambiamento interno che, servendosi di strumenti di comunicazione e formazione, mirava a rendere i propri dipendenti dei veri *promoter* del *brand* fuori e dentro l'azienda. A questo riguardo è importante non soltanto il coinvolgimento del top management per raggiungere una condivisione partecipata e per rafforzare la credibilità del *brand* – a questa popolazione aziendale sono stati dedicati *top management meeting* ed altre iniziative specifiche – ma anche le iniziative di comunicazione interna e formazione rivolte a tutti i dipendenti, come il *booklet* con le indicazioni chiave sul nuovo posizionamento dell'azienda, l'allestimento di *Simplicity Corner* che forniscono esempi di applicazioni concrete del concetto di semplicità, uno specifico modulo *e-learning* e molto altro.
In Italia, nella sede di Monza, sono stati utilizzati il *brand* e i valori associati per fare formazione e diffondere i valori fondanti dell'organizzazione. Il progetto, denominato *We are Philips*, mirava a far interiorizzare e condividere fra i propri dipendenti quelli che sono i principi ispiratori dell'azienda facendosi guidare dalla filosofia *Sense and Simplicity* e dai valori fondanti della cultura aziendale. I moduli di formazione duravano un massimo di quattro ore e venivano svolti in più edizioni durante l'anno, coinvolgendo un *pool* di relatori costituito da manager e talenti interni.
Philips è oggi una delle grandi protagoniste nella classifica annuale dei 50 Best Global Green Brands stilata da Interbrand, ed è passata dal 31° posto dell'anno precedente al 23° nel 2013.

Domande

1. Qual è stato il ruolo della leadership nel processo di cambiamento organizzativo intrapreso da Philips?
2. Quale ruolo hanno la comunicazione e la formazione interna nel sostenere un processo di cambiamento organizzativo?
3. Quali sono i principali ostacoli a un processo di cambiamento organizzativo?

Senza il sostegno da parte del top management, i cambiamenti possono impantanarsi a causa delle controversie fra unità o di ordini contradditori da parte dei manager di livello inferiore.

2. *Partecipazione e coinvolgimento.* Parte della realizzazione di un cambiamento dovrebbe essere una partecipazione estesa e ottenuta fin dalle sue prime fasi. La partecipazione dà a coloro che sono coinvolti un senso di controllo sull'attività di cambiamento. Le persone possono in questo modo comprenderlo in maniera migliore e si impegnano di conseguenza per la sua efficace realizzazione.[137] Alcuni franchisee di Domino's Pizza hanno opposto resistenza al passaggio a un nuovo sistema di punto vendita imposto dai manager del quartier generale nell'ambito di un'iniziativa mirata a migliorare l'attenzione, accrescere l'efficienza e incrementare i profitti. I franchisee non erano stati coinvolti nel processo di progettazione e configurazione del nuovo sistema e molti volevano continuare ad adoperare quello già in uso. "Per molti di noi è stato difficile accettare il nuovo sistema" dichiara Tony Osani, proprietario di 16 ristoranti Domino's nell'area di Huntsville (Alabama).[138] Le attività di team building e di intervento su grandi gruppi descritte in precedenza possono essere modalità efficaci per coinvolgere i dipendenti in un processo di cambiamento.

3. *Allineamento con le necessità e gli obiettivi degli utenti.* La strategia migliore per superare la resistenza è di assicurarsi che il cambiamento risponda a una necessità reale. I dipendenti delle unità di ricerca e sviluppo elaborano spesso grandi idee che risolvono problemi inesistenti. Questo accade perché i promotori del cambiamento non si consultano con le persone che poi lo dovranno utilizzare. La resistenza al cambiamento può essere frustrante per i manager, ma un moderato livello di resistenza al cambiamento è un aspetto positivo, in quanto fornisce una barriera che ostacola la realizzazione di cambiamenti non strettamente necessari o addirittura immotivati. Il processo di superamento della resistenza al cambiamento richiede normalmente che quest'ultimo sia positivo per i suoi utenti. Quando David Zugheri manifestò l'obiettivo di passare a un sistema di gestione dati su base non più cartacea alla First Houston Mortgage, sottolineò ai dipendenti che l'archiviazione elettronica dei dati dei clienti implicava la possibilità di lavorare da casa qualora avessero necessità di prendersi cura di un figlio ammalato o di prendere delle ferie, senza dover rinunciare a tenere sotto controllo clienti importanti. "Mi è bastato osservando semplicemente i loro movimenti per capire che stavano cambiando opinione," afferma Zugheri.[139]
4. *Comunicazione e formazione.* La comunicazione ha il compito di informare gli utenti sulla necessità di un cambiamento e sulle conseguenze del cambiamento proposto, prevenendo malintesi, risentimenti e false illazioni. In uno studio condotto sui tentativi di cambiamento, il motivo di fallimento citato più comunemente era il fatto che i dipendenti erano venuti a sapere del cambiamento da persone esterne all'organizzazione. I top manager si erano concentrati in questi casi sulla comunicazione con gli azionisti e il pubblico in genere, ma non avevano comunicato con le persone che sarebbero state più intimamente coinvolte e più interessate dai cambiamenti, ovvero i propri dipendenti.[140] Una comunicazione aperta costituisce spesso per il management un'opportunità per spiegare quali passi verranno fatti per assicurarsi che il cambiamento non avrà conseguenze negative per i dipendenti. È altresì necessaria un'attività di formazione per aiutare i dipendenti a comprendere e gestire il loro ruolo nel processo di cambiamento.
5. *Un ambiente che fornisce sicurezza psicologica.* Si ha sicurezza psicologica quando le persone percepiscono che non saranno messe in imbarazzo o respinte dagli altri membri dell'organizzazione. Le persone devono sentirsi sicure e capaci di realizzare i cambiamenti che vengono loro chiesti.[141] Il cambiamento richiede la disponibilità ad assumersi rischi e a fare le cose in modo diverso, ma molti hanno paura di provare qualcosa di nuovo se pensano che potrebbero sentirsi a disagio per aver commesso errori o non essere riusciti nel compito. I manager sostengono la sicurezza psicologica creando un clima di fiducia e mutuo rispetto all'interno dell'organizzazione. "Non temere che qualcuno rida alle tue spalle ti incoraggia ad assumere rischi", afferma Andy Law, uno dei fondatori della St. Luke's, un'agenzia pubblicitaria con sede a Londra.[142]

È fondamentale imparare a gestire efficacemente il cambiamento, comprendendo la curva di cambiamento e conoscendo le modalità per superare le resistenze opposte dai dipendenti, specie quando si rendono necessari cambiamenti dall'alto verso il basso. La mancata capacità di riconoscere e superare le resistenze è una delle motivazioni principali per le quali i manager vanno incontro al fallimento quando cercano di implementare nuove strategie per far sì che le loro aziende restino competitive.[143] I manager più abili utilizzano un approccio al cambiamento ponderato e coerente, pianificandone l'implementazione e preparandosi ad affrontare le resistenze.

Riepilogo e interpretazioni

- Le organizzazioni si trovano di fronte a un dilemma. I manager preferiscono organizzare le attività quotidiane in modo prevedibile e routinario, tuttavia è il cambiamento – e non la stabilità – l'ordine naturale delle cose nell'ambiente globale odierno. Le organizzazioni hanno quindi bisogno di incorporare il cambiamento accanto alla stabilità e facilitare l'innovazione insieme all'efficienza. L'ambiente attuale impone tre tipi di cambiamento: occasionale, continuo e radicale.
- Quattro categorie di innovazione – tecnologica, di prodotti e servizi, strategica e strutturale, e infine culturale – possono fornire a un'organizzazione un vantaggio competitivo, e i manager hanno la possibilità di assicurarsi che siano presenti tutti gli elementi necessari per il cambiamento.
- Per un'innovazione di natura tecnologica, che riguarda la maggior parte delle organizzazioni, risulta più efficace una struttura organica che incoraggia l'autonomia dei dipendenti, perché promuove un flusso di idee all'interno dell'organizzazione. Altri approcci sono quelli di istituire un'unità separata incaricata dell'elaborazione di nuove soluzioni tecniche, impostare venture team o incubatrici di idee, applicare una molteplicità di meccanismi, sistemi e processi che favoriscono il flusso delle idee dal basso verso l'alto, garantendo che le proposte vengano esaminate ed eventualmente attuate dall'alta dirigenza, e incoraggiare i champion intellettuali. Nuovi prodotti e servizi richiedono generalmente una cooperazione tra numerose unità organizzative, rendendo quindi i collegamenti orizzontali una parte essenziale del processo di innovazione. L'ultima tendenza è l'innovazione aperta, che coinvolge direttamente clienti, fornitori e altre parti terze nella ricerca e nello sviluppo di nuovi prodotti. Il crowdsourcing rappresenta una parte sempre più importante della tendenza all'innovazione aperta.
- Per cambiamenti nella strategia e nella struttura dell'azienda, generalmente è migliore un approccio dall'alto verso il basso. Questo tipo di innovazioni rientra nella sfera di gestione del vertice dell'organizzazione, che si assume la responsabilità delle azioni riguardanti ristrutturazioni, tagli alla struttura e cambiamenti nelle politiche, negli obiettivi e nei sistemi di controllo.
- I cambiamenti culturali sono anch'essi generalmente responsabilità della direzione generale. Alcune recenti tendenze che possono sviluppare l'esigenza di cambiamenti di ampia portata nella cultura aziendale sono il reengineering, lo spostamento verso forme organizzative orizzontali e una maggiore diversità all'interno dell'organizzazione. Tutti questi elementi richiedono sostanziali cambiamenti negli atteggiamenti e nelle modalità di collaborazione dei dipendenti e dei manager. Un metodo per raggiungere un cambiamento culturale di questo livello è rappresentato dallo sviluppo organizzativo (*Organization Development*, OD), che si concentra sugli aspetti umani e sociali dell'organizzazione e sfrutta la conoscenza delle scienze comportamentali per apportare cambiamenti negli atteggiamenti individuali e nelle relazioni interpersonali.
- La realizzazione del cambiamento, infine, può essere difficile. È necessaria una forte leadership per guidare i dipendenti attraverso la turbolenza e l'incertezza e costruire un senso di dedizione verso il cambiamento a livello dell'intera organizzazione. La conoscenza della curva del cambiamento può aiutare i leader a guidare l'organizzazione durante le fasi di disperazione e frustrazione spesso associate a grandi trasformazioni.
- I manager possono aumentare le probabilità di successo pianificando attentamente il modo in cui occuparsi delle resistenze al cambiamento. Le tecniche di implemen-

tazione dovrebbero diffondere un senso di urgenza e necessità del cambiamento; creare una coalizione potente per guidare il processo di cambiamento; formulare una visione e una strategia per raggiungere il cambiamento, creare team di cambiamento e incoraggiare i champion intellettuali. Per superare la resistenza, i manager possono ottenere il supporto da parte del top management, includere gli utenti nel processo di cambiamento, allineare il cambiamento alle necessità e agli obiettivi degli utenti e fornire sicurezza psicologica.

Punti chiave

Tieni a mente questi suggerimenti

1. Sii consapevole del fatto che i cambiamenti nelle tecnologie, nei prodotti e servizi, nelle strategie e nelle strutture, e nella cultura sono interdipendenti e che i cambiamenti in un'area spesso richiedono cambiamenti anche in altre aree.
2. Assicurati che ogni cambiamento intrapreso sia ben definito per quanto riguarda necessità, idea, adozione, decisione, realizzazione, strategia e risorse. Evita inutili fallimenti non procedendo fino a quando ogni elemento è stato considerato.
3. Facilita cambiamenti frequenti nella tecnologia interna adottando una struttura organizzativa organica. Dai al personale tecnico la libertà necessaria per analizzare problemi e sviluppare soluzioni oppure crea un'unità separata strutturata organicamente o un venture team che concepisca e proponga nuove idee. Favorisci un flusso di idee dal basso verso l'alto e accertati che la dirigenza valuti e attui le proposte dei dipendenti.
4. Incoraggia le unità di marketing, ricerca e produzione a sviluppare collegamenti reciproci e con i rispettivi ambienti quando si manifesta la necessità di nuovi prodotti o servizi. Prendi in considerazione la possibilità di coinvolgere nel processo di sviluppo del prodotto clienti, fornitori e altri soggetti esterni ai confini dell'organizzazione.
5. Facilita i cambiamenti nella strategia e nella struttura dell'organizzazione adottando un approccio dall'alto verso il basso. Utilizza una struttura di tipo meccanico quando l'organizzazione ha bisogno di adottare cambiamenti amministrativi frequenti secondo una logica dall'alto verso il basso.
6. Collabora con consulenti di sviluppo organizzativo per cambiamenti su vasta scala che riguardino attitudini, valori o competenze dei dipendenti e per tentare di modificare la cultura complessiva della tua organizzazione verso un modello più aperto all'adattamento.
7. Studia la curva del cambiamento per evitare il rischio di cadere nell'angoscia e nella frustrazione in fase di attuazione di un cambiamento importante. Utilizza le tecniche appropriate per ottenere una realizzazione efficace, come l'ottenimento del sostegno da parte del top management, la realizzazione del cambiamento in una serie di passi successivi e l'istituzione di team di cambiamento o di champion intellettuali.
8. Supera le resistenze al cambiamento tramite un'attiva comunicazione con i dipendenti e l'incoraggiamento della loro partecipazione nel processo di cambiamento.

Glossario

approccio ambidestro
approccio duale
cambiamento organizzativo
champion intellettuale
creatività
crowdsourcing
incubatore di idee
innovazione aperta
innovazione gestionale
innovazione organizzativa
innovazione radicale
innovazioni culturali
innovazioni di prodotto e servizio
innovazioni di strategia e struttura
innovazioni tecnologiche
intervento su grandi gruppi
modello di coordinamento orizzontale
new-venture fund
processo di cambiamento
skunkworks
strutture mutevoli
sviluppo organizzativo
team building
unità creative
venture team

Domande per la discussione

1. Nella vostra opinione, perché il crowdsourcing è diventato così popolare negli ultimi anni? Quali potrebbero essere gli svantaggi dell'adozione di un approccio di crowdsourcing? In quali circostanze un'azienda farebbe meglio a utilizzare un approccio più limitato all'innovazione aperta?
2. Descrivete l'approccio duale. In quali aspetti differiscono il processo di innovazione gestionale e quello di cambiamento tecnologico?
3. Che cosa significa affermare che i manager dovrebbero essere pronti sia all'esplorazione sia allo sfruttamento?
4. Pensate che i dipendenti di uno stabilimento produttivo mostrerebbero più resistenza ai cambiamenti nei metodi di produzione, ai cambiamenti della struttura o ai cambiamenti culturali? Per quali motivi? Quali passi possono compiere i manager per superare queste resistenze?
5. "Il cambiamento richiede un coordinamento maggiore rispetto all'esecuzione dei normali compiti organizzativi. Ogniqualvolta si cambia qualcosa, si scoprono i suoi collegamenti con altre parti dell'organizzazione, che vanno a loro volta modificate." Siete d'accordo o no con il contenuto di questa citazione? Per quali motivi?
6. Un noto teorico dell'organizzazione affermò: "Le pressioni per il cambiamento hanno origine nell'ambiente; le pressioni per la stabilità provengono dall'interno dell'organizzazione". Siete d'accordo?
7. Dei cinque elementi in Figura 11.3 richiesti per avere successo nel cambiamento, quale pensate che i manager più probabilmente trascureranno?
8. In che modo i valori alla base delle tecniche di sviluppo organizzativo (OD) si differenziano da quelli sottostanti ad altre tecniche di cambiamento? Perché i valori dell'OD lo rendono particolarmente utile nello spostamento verso una cultura costruttiva, come descritta nel Capitolo 10 (Figura 10.5)?
9. Un dirigente della ricerca e sviluppo di un'azienda farmaceutica sostiene che solo il 5% dei nuovi prodotti aziendali ottiene successo di mercato. Afferma anche che la media del settore è del 10%, e si domanda come la sua organizzazione potrebbe aumentare il suo tasso di successo. Se foste dei consulenti, quali consigli forniereste su come progettare la struttura organizzativa per migliorare il successo di mercato?
10. Esaminate la curva del cambiamento illustrata in Figura 11.8 e le cinque tecniche per superare la resistenza al cambiamento discusse alla fine del capitolo. Descrivete in quale punto della curva i manager potrebbero utilizzare ciascuna di queste tecniche per attuare con successo un cambiamento importante.

Quaderno di lavoro

Orientamento all'innovazione[144]

Per esaminare le differenze nei livelli di incoraggiamento all'innovazione nelle organizzazioni, vi sarà richiesto di valutare due organizzazioni. Potrete sceglierne una in cui avete lavorato, oppure l'università. L'altra dovrebbe essere il posto di lavoro di qualcun altro, come un familiare, un amico o un conoscente. Dovrete intervistare la persona e porle le domande riportate qui di seguito; scrivete le vostre risposte nella colonna A, quelle dell'intervistato nella colonna B, e ciò che pensate sarebbe l'ideale nella colonna C.

Variabili di analisi	**A. La vostra organizzazione**	**B. L'altra organizzazione**	**C. Il vostro ideale**
Misurate le variabili 1-5 sulla seguente scala: da 1 = per niente d'accordo a 5 = completamente d'accordo			
1. Qui la creatività è incoraggiata. *			
2. Alle persone è permesso di risolvere lo stesso problema in maniere diverse. *			
3. Ho l'opportunità di seguire idee creative. #			
4. L'organizzazione riconosce e premia pubblicamente coloro che sono innovativi. #			
5. La nostra organizzazione è flessibile e aperta al cambiamento. *			
Le variabili 6-10 sono graduate su una scala inversa: da 1 = completamente d'accordo a 5 = per niente d'accordo			
6. Qui la responsabilità fondamentale delle persone è eseguire gli ordini che vengono dall'alto. *			
7. La maniera migliore per far andare bene le cose è pensare e agire come gli altri. *			
8. In questo posto sembra ci si preoccupi di più dello status quo che del cambiamento. *			
9. Le persone sono premiate se non smuovono le acque. #			
10. Le nuove idee sono grandiose, ma non abbiamo abbastanza persone o abbastanza denaro per portarle avanti. #			

Note:
* Gli aspetti contrassegnati da questo simbolo indicano l'orientamento organizzativo all'innovazione.

Gli aspetti contraddistinti da questo simbolo mostrano la disponibilità di risorse a supporto.

Domande

1. Quali confronti potete compiere per queste due organizzazioni con riguardo all'orientamento all'innovazione?
2. Quali potrebbero essere le differenze di produttività tra un clima che supporta l'innovazione e uno che non la supporta?
3. Dove lavorereste? Perché?

Processi decisionali

12

ORGANIZZARE LE IMPRESE: qual è la vostra opinione?

Prima di leggere il presente capitolo, indicate qual è la vostra opinione in merito a ciascuna delle seguenti affermazioni:

1 Il processo decisionale adottato dai manager dovrebbe essere il più razionale e obiettivo possibile.

D'ACCORDO ☐ IN DISACCORDO ☐

2 Quando un manager sa come risolvere nel migliore dei modi un problema organizzativo e dispone dell'autorità necessaria, è meglio che prenda una decisione e la implementi senza cercare di coinvolgere altri manager nel processo di decisione.

D'ACCORDO ☐ IN DISACCORDO ☐

3 I manager e le organizzazioni possono imparare molto e rafforzarsi anche grazie a una decisione sbagliata.

D'ACCORDO ☐ IN DISACCORDO ☐

Qual è l'attività che impegna quotidianamente tutti i manager, a prescindere da livello gerarchico, settore, dimensioni o tipologia dell'organizzazione? Il processo decisionale. Spesso si fa riferimento ai manager come *decisori* e ogni organizzazione cresce, prospera o fallisce a seguito delle decisioni manageriali. Le decisioni possono però essere rischiose e incerte, senza alcuna garanzia di successo. Ron Johnson, la mente pensante dei negozi per la vendita al dettaglio Apple e prima ancora dirigente di successo presso Target, pensava di possedere la formula vincente per salvare J.C. Penney dalla disfatta: decise, infatti, di trasformare la catena di department store in un rivenditore al dettaglio più esclusivo e orientato ai giovani. La decisione, tuttavia, non si dimostrò essere quella giusta e l'errore costò a Johnson il licenziamento a soli 16 mesi dalla sua assunzione e a Penney una perdita di 1 miliardo di dollari nell'anno in cui egli fu amministratore delegato.[1] Oppure, pensiamo all'enorme danno di immagine subito dalla General Motors (GM) quando dalle indagini su una serie di problemi di qualità e sicurezza è emerso che i manager avevano temporeggiato nel prendere decisioni che avrebbero potuto salvare delle vite. L'alta dirigenza della General Motors ha ammesso che alcuni manager erano a conoscenza del difetto negli interruttori di accensione oltre dieci anni prima che incidenti e vittime connessi al problema non costringessero l'azienda a richiamare 2,6 milioni di veicoli. A maggio 2014, il difetto nell'interruttore di accensione fu ritenuto la causa di 47 incidenti e 13 vittime, ma gli inquirenti ritengono che le cifre siano di gran lunga più elevate.[2] Oggi la decisione di imporre la restituzione dei veicoli sembra ovvia, ma è stata presa in un momento in cui la situazione non era altrettanto chiara. Il processo decisionale si colloca in un contesto caratterizzato da una serie di fattori in costante cambiamento, informazioni incerte e punti di vista contrastanti, e persino le decisioni dei migliori manager delle organizzazioni di successo possono rivelarsi completamente fallimentari.

Tuttavia i manager ogni giorno prendono anche molte decisioni efficaci. La Apple ha conquistato la vetta della classifica delle aziende più ammirate stilata dalla rivista *Fortune* per quattro anni consecutivi (2008-2011), eppure sembrava sul punto di scomparire a metà degli anni Novanta. Se il consiglio di amministrazione non avesse deciso di restituire al co-fondatore Steve Jobs la carica di amministratore delegato (alcuni anni prima era stato licenziato dall'azienda che lui stesso aveva creato), probabilmente oggi la Apple non esisterebbe nemmeno. Nel 1996, l'azienda perse 816 milioni di dollari su un fatturato di 9,8 miliardi di dollari. Tuttavia, grazie alle decisioni prese da Jobs (a capo dell'azienda dal 1997 fino alla sua scomparsa nel 2011) e da altri top manager, oggi la Apple gode di un eccezionale successo, tant'è vero che dal 2010 risulta la maggiore azienda statunitense in termini di valutazione di mercato. La decisione di restituire a Jobs la carica di amministratore delegato viene considerata una delle più azzeccate di tutti i tempi.[3] Vi sono, tuttavia, anche altri esempi relativi a settori molto diversi rispetto a quello della Apple: le decisioni prese dal gruppo dirigente della Delta Airlines guidato dall'amministratore delegato Richard Anderson hanno consentito alla compagnia aerea (collocatasi alla posizione 48 nella classifica del 2014 delle aziende più ammirate secondo la rivista *Fortune*) di guadagnare profitti pari a 2,7 miliardi di dollari nel 2013, un record mai registrato nell'industria aerea. Fra gli esempi di pensiero non ortodosso di Anderson vi sono la decisione di premiare i frequent-flyer sulla base del prezzo del biglietto, piuttosto che in rapporto alle miglia percorse: tale sistema va a ricompensare soprattutto i viaggiatori d'affari, che di solito pagano prezzi più elevati, per cui la Delta registra un aumento dell'attività da parte di questa tipologia di clienti. Un'altra decisione è stata quella di rinunciare ad acquistare jet di nuova generazione, a favore dell'acquisto e della rimessa a nuovo di aeromobili più datati.[4]

Obiettivi del capitolo

In qualsiasi momento, un'organizzazione può identificare problemi e immaginare alternative per centinaia di decisioni. I manager e le organizzazioni in qualche modo devono affrontare questi processi.[5] In questa sede ci si propone di verificare quale tipologia di processo decisionale sia attualmente preferita nello scenario organizzativo. I processi decisionali possono essere pensati come il cervello e il sistema nervoso di un'organizzazione. La decisione rappresenta l'uso finale delle informazioni e dei sistemi di controllo descritti nel Capitolo 8.

Nella prima parte del capitolo vengono definiti il processo decisionale e i vari tipi di decisioni che i manager possono adottare, mentre nella seconda parte viene descritto un modello ideale di processo decisionale e si esamina come i singoli manager prendono decisioni nella realtà dei fatti. Quindi sono descritti alcuni modelli di processo decisionale all'interno delle organizzazioni, ciascuno dei quali è appropriato in una situazione organizzativa diversa. La parte successiva di questo capitolo combina i modelli in un singolo quadro di riferimento che descrive quando e come i vari approcci dovrebbero essere utilizzati. Infine si affrontano alcuni argomenti specifici relativi al processo decisionale, come gli ambienti caratterizzati da elevata rapidità, gli errori nelle decisioni e l'apprendimento e le strategie per superare le trappole cognitive che inficiano l'efficacia del processo decisionale.

Tipi di decisioni

La **decisione organizzativa** è formalmente definita come il processo di identificazione e risoluzione dei problemi. Il processo è costituito da due stadi principali: nello stadio della **identificazione del problema**, le informazioni sulle condizioni ambientali e organizzative sono monitorate al fine di determinare se le prestazioni siano o meno soddisfacenti e diagnosticare la causa delle insufficienze; lo stadio della **soluzione del problema** corrisponde al momento in cui si prendono in considerazione i possibili percorsi di azione e si sceglie e si realizza un'alternativa.

Le decisioni organizzative hanno diversi gradi di complessità e possono essere suddivise in programmate e non-programmate.[6] Le **decisioni programmate** sono ripetitive e ben definite, ed esistono procedure per la risoluzione del problema. Sono strutturate perché i criteri di prestazione sono normalmente chiari, sono disponibili buone informazioni sulle prestazioni attuali, le alternative sono facilmente specificate e c'è la relativa certezza che l'alternativa scelta avrà successo. Esempi di decisioni programmate sono le regole di decisione, come la scelta di quando sostituire una fotocopiatrice in ufficio, quando rimborsare i manager per le spese di viaggio o la valutazione se un candidato abbia i requisiti sufficienti per un lavoro. Molte imprese adottano regole basate sull'esperienza per le decisioni programmate. Per esempio, una regola per lo staffing dei banchetti dei grandi alberghi è di fornire un cameriere ogni trenta persone, nel caso di ricevimenti con ospiti seduti, e un cameriere ogni quaranta persone per un buffet.[7]

Le **decisioni non programmate** sono nuove e poco definite, e non esiste alcuna procedura per la risoluzione del problema. Sono utilizzate quando un'organizzazione non ha una precedente esperienza del problema e non può sapere come affrontarlo. Non esistono criteri precisi di decisione, le alternative sono confuse e vi è incertezza sull'efficacia di ogni soluzione proposta. Tipicamente, per una decisione non programmata possono essere sviluppate poche alternative, quindi ogni singola soluzione è ritagliata su misura per il problema.

I manager della catena di fast-food McDonald's si trovano a dover prendere varie decisioni, alcune programmate, altre non programmate.

IN PRATICA

McDonald's

McDonald's apre centinaia di nuovi ristoranti all'anno. Quando i manager valutano la decisione di aprire un nuovo ristorante negli Stati Uniti, conoscono, o quanto meno sono in grado di reperire facilmente, le informazioni di cui hanno bisogno per poter effettuare una valida previsione del successo futuro di un ristorante in una determinata posizione. Hanno la possibilità di analizzare i dati demografici del posto, il flusso di traffico, i prezzi e la disponibilità di immobili, nonché la posizione dei concorrenti nella zona. Combinando questi dati con i modelli di ricavi e costi dei ristoranti, sono in grado di compiere una scelta ragionevolmente valida per una nuova apertura. Si tratta in questo caso di una *decisione programmata*.

Un'altra decisione che i manager di McDonald's si trovano a dover compiere con una certa regolarità non è altrettanto semplice: di frequente l'azienda introduce delle novità nei menu, ma molte di esse non riscuotono grande successo. Quando i manager vogliono introdurre un nuovo panino, pur essendo in possesso di una grande quantità di dati demografici e di altro tipo, non possono prevedere se un gran numero di persone gradiranno la nuova offerta. Si consideri il caso dell'hamburger Arch Deluxe, di cui si è parlato nel Capitolo 11, rivelatosi un flop nonostante i milioni investiti nelle attività di ricerca e sviluppo e una campagna pubblicitaria costata 100 milioni di dollari.[8] L'introduzione di un nuovo panino potrebbe essere considerata una *decisione non programmata*.

Una delle decisioni più difficili che McDonald's si trova a dover compiere è l'apertura di un ristorante per la prima volta in un mercato emergente. Certo, i manager possono analizzare tutti i fattori come nel caso delle aperture negli Stati Uniti, ma sono in possesso di un numero molto inferiore di informazioni e conoscono meno il mercato locale. I prodotti McDonald's risulteranno nuovi nella zona; il ristorante si troverà a far fronte a concorrenti poco familiari; avrà meno esperienza con i fornitori; le procedure di assunzione e formazione dovranno essere costruite *ex novo*. Si tratta in questo caso di una decisione realmente non programmata, potenzialmente in grado di trasformarsi anche in una decisione "stregata", qualora alcuni dei manager dissentano sul luogo e sulle modalità di entrata nel nuovo mercato.[9]

Molte decisioni non programmate, come l'entrata in un nuovo mercato da parte di McDonald's, implicano una pianificazione strategica, là dove l'incertezza è grande e le decisioni sono complesse. Le decisioni non programmate particolarmente complesse sono spesso considerate decisioni "stregate" perché la semplice definizione del problema può rivelarsi un compito arduo. I problemi stregati sono associati a conflitti manageriali su obiettivi decisionali e alternative praticabili, su circostanze che cambiano rapidamente e su interdipendenze poco chiare tra gli elementi di decisione. I manager che affrontano una decisione stregata possono arrivare a una soluzione che testimonia, spesso, soltanto la loro incapacità di definire il problema.[10] Una volta lo studioso di organizzazione industriale Russell Ackoff ha affermato: "I manager non risolvono problemi semplici e isolati. Gestiscono garbugli," là dove, a detta sua, per 'garbugli' intendeva problemi interconnessi e circostanze in continua evoluzione e interdipendenti.[11] In altre parole, un garbuglio è un problema stregato. In condizioni di incertezza estrema, anche una buona scelta può comportare un risultato negativo.[12] Un esempio di decisione stregata è rappresentata dai provvedimenti da prendere con Edward Snowden, l'ex dipendente a contratto della National Security Agency che ha rivelato alla stampa informazioni riguardanti i programmi di sicurezza statunitensi e che attualmente vive in Russia, dove ha chiesto asilo politico. Alcuni sostengono che, qualora tornasse negli Stati Uniti, gli si dovrebbe offrire uno sconto di pena o la clemenza; secondo altri, dovrebbe piuttosto andare in carcere. Anche dopo la sua intervista con Brian Williams per la NBC Television, in occasione della quale ha spiegato la sua decisione di rendere pubbliche le informazioni, sottolineando di averlo fatto per il bene del suo Paese, legislatori e pubblico in genere hanno continuato ad avere pareri discordanti sulla questione se egli abbia agito da traditore o da patriota.[13] Altri esempi di decisioni stregate sono come invertire il declino di J.C. Penney e ristabilire la reputazione dell'azienda, e come risolvere la crisi di Detroit, la più grande città degli Stati Uniti ad aver presentato istanza di fallimento.

I manager e le organizzazioni di oggi affrontano una percentuale più alta di decisioni non programmate e stregate a causa dell'ambiente complesso e in rapido cambiamento. Come descritto in Figura 12.1, la rapidità del cambiamento, la complessità e le incertezze che caratterizzano l'ambiente odierno determinano condizioni inedite per i decisori. In primo luogo, il processo decisionale deve essere più rapido che in condizioni di maggiore stabilità. Inoltre, nessun individuo può accedere a tutte le informazioni necessarie per prendere le decisioni importanti: ciò significa che la bontà delle decisioni prese è strettamente legata alla cooperazione e alla condivisione delle informazioni. Nel processo decisionale si fa meno affidamento su dati certi; di conseguenza, gli esiti delle decisioni diventano meno prevedibili e in molti casi il processo decisionale si evolve seguendo un meccanismo di sperimentazione ed errore. Per esempio, i manager della Walmart avevano deciso di eliminare il 9 per cento del merchandise con l'obiettivo di semplificare e snellire i punti vendita, oltre che incrementare le vendite dei prodotti di fascia più alta. È emerso però che questa decisione ha inciso negativamente sulle vendite, determinando la prima perdita di quota di mercato nell'arco di un decennio. I manager hanno di recente presentato la campagna "It's Back" per puntare i riflettori sulla rinnovata disponibilità di circa 8.500 articoli sugli scaffali dei punti vendita e adottato un nuovo motto, "Prezzi bassi, ogni giorno, su tutto."[14]

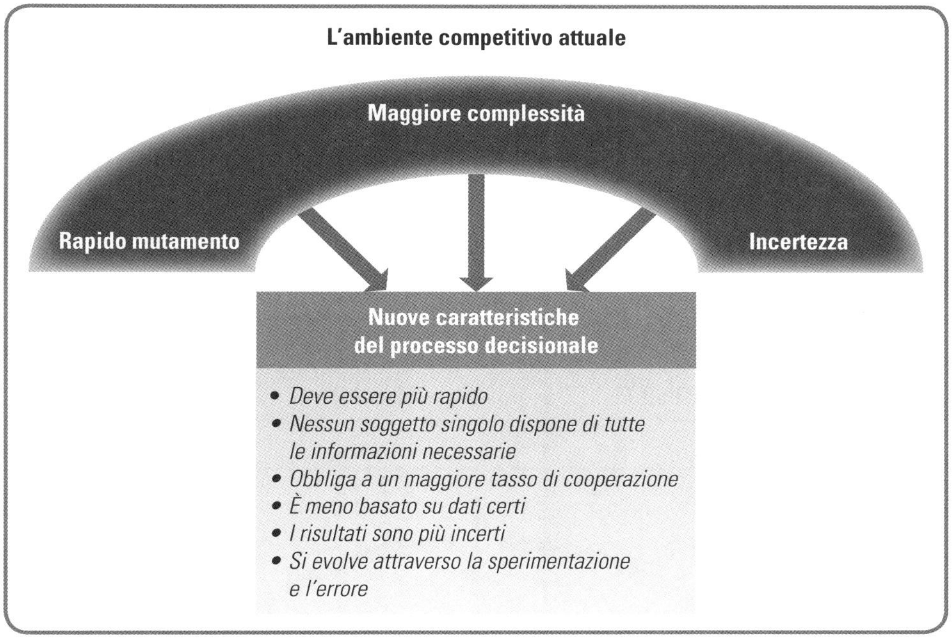

Figura 12.1
Il processo decisionale nell'ambiente attuale
Fonte: Basato su John P. Kotter, *Leading Change* (Boston, Ma: Harvard Business School Press, 1996), p. 56.

Decisione individuale

La decisione individuale dei manager può essere descritta in due modi. Il primo discende dall'**approccio razionale**, che suggerisce un metodo ideale secondo il quale i manager dovrebbero provare a prendere decisioni. Il secondo deriva dalla **prospettiva della razionalità limitata**, che descrive come le decisioni debbano in effetti essere prese sotto vincoli di tempo e di risorse. L'approccio razionale descrive un ideale al quale i manager possono tendere, ma che di rado può essere raggiunto.

L'approccio razionale

L'approccio razionale alla decisione individuale enfatizza la necessità di analisi sistematiche di un problema seguite dalla scelta e dalla realizzazione, lungo una sequenza logica precisa. Quando doveva risolvere un problema complesso, Benjamin Franklin, scienziato e politico tra i Padri Fondatori degli Stati Uniti vissuto nel Settecento, era solito tracciare due colonne su un foglio, "Pro" e "Contro", ed elencare le motivazioni a favore e a sfavore di una particolare decisione. Successivamente snelliva la lista soppesando il valore di tutti i pro e i contro fino a individuare la decisione migliore. Secondo Franklin, questo approccio razionale "riduceva le probabilità di fare un passo falso."[15] Anche nel mondo organizzativo l'approccio razionale è stato sviluppato per guidare la decisione individuale, in quanto in molti manager è stato rilevato un approccio non sistematico e arbitrario alla decisione organizzativa.

Benché il modello razionale sia un "ideale" non completamente raggiungibile nell'ambiente competitivo reale caratterizzato da incertezza, complessità e rapido cambiamento, come evidenziato in Figura 12.1, esso aiuta i manager a elaborare le decisioni in modo più chiaro e razionale. I manager, quando possibile, dovrebbero ricorrere a procedure sistematiche per prendere decisioni. Una profonda conoscenza del processo di decisione razionale può aiutare i manager a prendere decisioni migliori anche in mancanza di informazioni chiare. Gli autori di un noto libro sui processi decisionali usano l'esempio dei Marines statunitensi, la cui reputazione li dipinge abilissimi nel trattare velocemente ed efficacemente problemi complessi. I Marines sono addestrati a passare velocemente attraverso una serie di routine mentali che li aiutano ad analizzare la situazione e agire di conseguenza.[16]

In accordo con l'approccio razionale, il processo decisionale può essere articolato in otto fasi, come illustrato in Figura 12.2 e dimostrato dalla manager Linda Koslow nell'analisi che segue.[17] La Koslow è stata general manager del centro commerciale Oakbrook (Illinois) della grande catena Marshall Field's, acquisita da Macy's.[18]

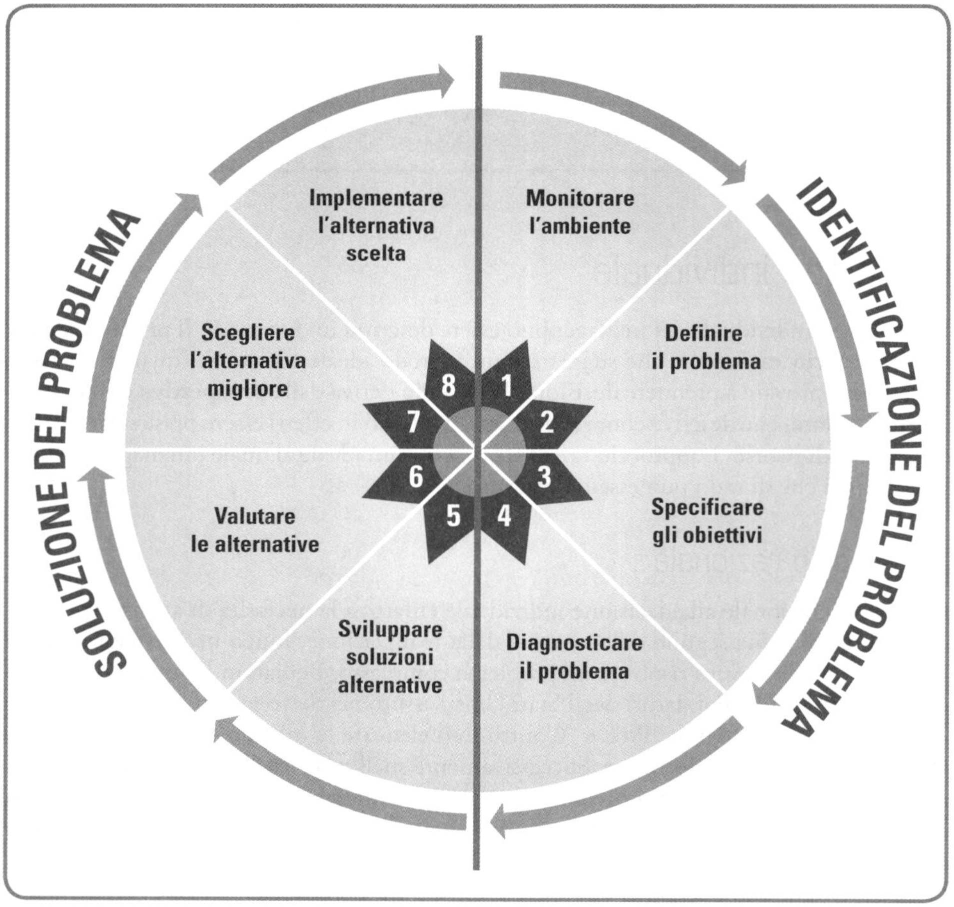

Figura 12.2
Fasi dell'approccio razionale alla decisione

1. *Monitorare l'ambiente.* Nella prima fase, un manager controlla le informazioni interne ed esterne che indicheranno deviazioni dal comportamento programmato o accettabile.

Parla ai colleghi e revisiona i rendiconti finanziari, le valutazioni di prestazioni, gli indici di settore, le attività dei concorrenti e così via. Per esempio, durante le cinque settimane che costituiscono la stagione natalizia, Linda Koslow effettua un controllo della concorrenza intorno al centro commerciale, osservando il livello di prezzi dei prodotti, e analizza il tabulato delle vendite effettuate nel suo negozio il giorno precedente per capire come si stanno muovendo i comportamenti di acquisto.

2. *Definire il problema.* Il manager reagisce agli scostamenti identificando i dettagli essenziali del problema: dove, quando, chi era coinvolto, chi era interessato e qual è l'impatto sulle attività attuali. Per Koslow, questo significa determinare se la redditività del negozio sia bassa perché le vendite complessive sono inferiori a quelle previste o perché certe linee di prodotto non si sono mosse nel modo atteso.
3. *Specificare gli obiettivi della decisione.* Il manager determina quali risultati di performance dovrebbero essere ottenuti come conseguenza di una decisione.
4. *Diagnosticare il problema.* In questa fase, il manager cerca di capire la causa del problema. Per agevolare la diagnosi possono essere raccolti dati aggiuntivi. La comprensione della causa permette di individuare la linea d'azione appropriata. Per Koslow la causa delle scarse vendite può essere la politica di ribasso attuata dai concorrenti o l'errore della Marshall Field's di non aver collocato gli articoli più promettenti in una posizione visibile.
5. *Sviluppare soluzioni alternative.* Prima che un manager possa realizzare un piano di azione, deve avere una visione chiara delle diverse opzioni disponibili per ottenere gli obiettivi desiderati. Il manager può andare alla ricerca di idee e di suggerimenti rivolgendosi ad altre persone. Le alternative di Koslow per incrementare gli utili potrebbero includere l'acquisto di nuovi prodotti o una riduzione del numero di dipendenti.
6. *Valutare le alternative.* Questa fase può implicare l'uso di tecniche statistiche, o dell'esperienza personale per valutare la probabilità di successo. Occorre considerare il valore di ogni alternativa così come la probabilità che essa avrà di raggiungere gli obiettivi desiderati.
7. *Scegliere l'alternativa migliore.* In questa fase, il manager utilizza la sua analisi del problema, degli obiettivi e delle alternative per selezionare il percorso di azione con le maggiori probabilità di successo. Alla Marshall Field's, Koslow, per raggiungere gli obiettivi di profitto, può scegliere di ridurre il personale piuttosto che investire in pubblicità o applicare ribassi.
8. *Realizzare l'alternativa scelta.* Infine, il manager utilizza le capacità manageriali, amministrative nonché la propria abilità di persuasione per assicurare che la decisione presa sia portata a termine, fase talvolta chiamata *attuazione* della decisione. Questo potrebbe essere considerato il nucleo del processo decisionale perché qualsiasi decisione non implementata con successo è una decisione sbagliata, a prescindere da quanto fosse valida l'alternativa scelta.[19] Per mettere in pratica la decisione, i manager devono mobilitare dipendenti e risorse e questa potrebbe rivelarsi la fase più difficile dell'intero processo. L'attività di monitoraggio (fase 1) ricomincia non appena la soluzione è realizzata. Per numerosi manager, il ciclo decisionale è un processo continuo, con nuove decisioni da prendere ogni giorno, sulla base del controllo dei problemi e delle opportunità che caratterizzano l'ambiente.

I primi quattro passi di questa sequenza appartengono allo stadio di identificazione del problema, mentre i quattro passi successivi rappresentano lo stadio di soluzione del problema del processo decisionale, come indicato in Figura 12.2. In una decisione manageriale si possono normalmente rilevare tutti gli otto passi, benché ogni fase possa non essere identificabile come elemento distinto. I manager possono sapere per esperienza che cosa sia meglio fare in una situazione, minimizzando in tal modo una o più fasi del processo. Il seguente caso illustra come possa essere utilizzato l'approccio razionale per prendere una decisione relativa a un problema di gestione del personale.

IN PRATICA

Saskatchewan Consulting

1. *Monitorare l'ambiente di decisione.* È lunedì mattina e Joe DeFoe, supervisore dei crediti verso i clienti della Saskatchewan Consulting, è assente di nuovo.
2. *Definire il problema oggetto della decisione.* Questo è il quarto lunedì consecutivo in cui DeFoe è stato assente. La politica aziendale proibisce l'assenteismo ingiustificato e DeFoe, nelle ultime due occasioni, ha ricevuto espliciti avvertimenti circa il suo assenteismo. È inoltre previsto un terzo e ultimo avvertimento, ma può essere rimandato se la presenza viene garantita.
3. *Specificare gli obiettivi della decisione.* DeFoe dovrebbe presentarsi regolarmente al lavoro e garantire i livelli di incasso delle fatture di vendita di cui è capace. Il tempo a disposizione per risolvere il problema è di due settimane.
4. *Diagnosticare il problema.* Da alcune discussioni riservate con i colleghi di DeFoe e dalle informazioni ricavate dallo stesso DeFoe è emerso un problema di alcolismo. A quanto pare, egli utilizza i lunedì per riprendersi dalle bevute del fine settimana. I confronti con altre fonti confermano che DeFoe ha un problema con l'alcol.
5. *Sviluppare soluzioni alternative.* (1) Licenziare DeFoe. (2) Emettere un ultimo avvertimento senza commento. (3) Dare un avvertimento e accusare DeFoe di essere un alcolizzato per fargli sapere che il suo problema è conosciuto. (4) Parlare con DeFoe per vedere se è disposto a discutere il suo problema. Se egli ammette di avere un problema di alcolismo, rimandare l'ultimo avvertimento e suggerirgli di partecipare al programma di assistenza aziendale, che fornisce un supporto per problemi personali, compreso l'alcolismo. (5) Parlare con DeFoe per vedere se è disposto a discutere il suo alcolismo. Se non ammette di avere un problema con l'alcol, fargli sapere che l'assenza successiva gli costerà il posto di lavoro.
6. *Valutare le alternative.* Il costo per l'addestramento di un sostituto è lo stesso per ogni alternativa. L'alternativa 1 non considera il costo o altri criteri. Le alternative 2 e 3 non sono coerenti con la politica aziendale, che propende per un atteggiamento di supporto e consiglio. L'alternativa 4 è progettata sia a vantaggio di DeFoe sia a vantaggio dell'azienda. Potrebbe salvare un buon dipendente se DeFoe fosse disposto ad accettare assistenza. L'alternativa 5 è principalmente orientata a vantaggio dell'azienda. Un ultimo avvertimento potrebbe fornire qualche stimolo per incentivare DeFoe ad ammettere il suo problema. Se così accadesse, il licenziamento potrebbe essere evitato, ma ulteriori assenze non sarebbero più tollerate.
7. *Scegliere l'alternativa migliore.* DeFoe non ammette il suo problema. In questo caso si sceglie l'alternativa 5.
8. *Realizzare l'alternativa scelta.* Fare un resoconto esaustivo del caso ed emettete l'ultimo avvertimento.[20]

Nel caso precedente, emettere l'avvertimento finale a Joe DeFoe era una decisione programmabile. Lo standard di comportamento atteso era chiaramente definito, le informazioni sulla frequenza e sulle cause dell'assenteismo di DeFoe erano disponibili e alternative e procedure erano ben descritte. La procedura razionale funziona meglio in tali casi, quando chi prende la decisione ha tempo sufficiente per un processo ordinato e attentamente ponderato. Inoltre, la Saskatchewan Consulting aveva a disposizione meccanismi che hanno consentito di dare corso con successo alla decisione, una volta presa. Alcuni manager arrivano persino ad applicare un approccio razionale per incoraggiare e gestire un pensiero creativo su problemi e soluzioni. La Lilly Foundation lavora con la Stop TB Partnership dell'Organizzazione Mondiale della Sanità per trovare nuove idee che aiutino le persone affette da tubercolosi a ottenere i farmaci di cui necessitano in modo più semplice e continuo. Durante le sessioni dedicate, si comincia con la definizione del problema e con la sua analisi prima di iniziare a cercare soluzioni alternative.[21]

Quando le decisioni non sono programmate, sono poco definite e sovrapposte l'una all'altra, il singolo manager dovrebbe ancora provare a utilizzare i passi dell'approccio razionale, ma dovrebbe anche considerare scorciatoie basate sulla propria intuizione e sulla propria esperienza. Gli scostamenti dall'approccio razionale sono spiegati dalla prospettiva della razionalità limitata.

La prospettiva della razionalità limitata

Il punto fondamentale dell'approccio razionale consiste nel fatto che i manager dovrebbero tentare di utilizzare procedure sistematiche per arrivare a buone decisioni. Quando i manager affrontano una competizione poco impegnativa e hanno che fare con argomenti chiari, fanno generalmente uso di procedure razionali per prendere decisioni.[19] Tuttavia, la ricerca relativa ai processi decisionali dei manager mostra che spesso essi non sono in grado di seguire una procedura ideale. Molte decisioni devono essere prese molto velocemente. Pressione del tempo, elevato numero di fattori interni ed esterni che influiscono sulle decisioni e natura poco strutturata di molti problemi rendono potenzialmente impossibile l'analisi sistematica. I manager dispongono soltanto di una certa dotazione di tempo e di capacità mentali e, di conseguenza, non possono valutare ogni obiettivo, problema o alternativa. Il tentativo di essere razionale è limitato dall'enorme complessità di molti problemi; c'è un limite a quanto un manager possa essere razionale. Jeff Bezos di Amazon parla di *fallacia narrativa*, espressione coniata da Nassim Nicholas Taleb nel suo libro *Il cigno nero*: a causa della limitata capacità del cervello umano di considerare tutti i fattori, la gente sarebbe biologicamente incline a convertire realtà complesse in storie di più facile comprensione. Bezos ha imposto a tutti gli alti dirigenti di Amazon di leggere *Il cigno nero*, per far sì che evitassero questa tendenza alla ipersemplificazione quando non trovava giustificazione alcuna.[23]

Non in tutti i casi va utilizzata la razionalità limitata, sebbene essa torni utile per determinate decisioni. *Razionalità limitata* è l'espressione coniata dallo studioso di organizzazione aziendale Herbert Simon, secondo il quale ogni problema potrebbe avere una soluzione perfetta, ma a causa della loro razionalità limitata, le persone non sarebbero in grado di effettuare i necessari passaggi cognitivi per raggiungerla.[24] Per comprendere la prospettiva della razionalità limitata, pensate a come gran parte dei manager neolaureati scelgono un lavoro subito dopo la conclusione del percorso universitario. Anche le decisioni apparentemente semplici come questa possono diventare velocemente così complesse da giustificare l'uso di un approccio a razionalità limitata. Gli studenti laureati generalmente cercano un lavoro fino a quando non ricevono due o tre offerte accettabili, e a quel punto la loro attività di ricerca diminuisce rapidamente. Centinaia di aziende possono essere disponibili a effettuare colloqui, e due o tre offerte di lavoro sono lontane dal numero massimo che sarebbe raggiungibile se gli studenti usassero un approccio perfettamente razionale.

Vincoli e trade-off. Le grandi decisioni organizzative non sono solo troppo complesse per essere trattate in modo completo, ma molti altri vincoli ostacolano l'azione del responsabile della decisione, come illustrato in Figura 12.3. Le circostanze in cui prendere le decisioni sono spesso ambigue, e richiedono sostegno sociale, una prospettiva condivisa, accettazione e accordo. Altri vincoli organizzativi al processo decisionale delineati in Figura 12.3 sono i valori etici e la cultura aziendale, come si è visto nel Capitolo 10, oltre che la struttura e la progettazione organizzative. Per esempio, la cultura aziendale della BP ha condizionato le decisioni manageriali che hanno contribuito a causare l'esplosione della piattaforma petrolifera Deepwater Horizon e il disastro ambientale nel Golfo del Messico. L'abitudine a imboccare rischiose scorciatoie era profondamente radicata nella cultura della BP. La società petrolifera stava scavando uno dei pozzi di petrolio più profondi mai realizzati nella storia, ma i manager hanno deciso di installare una tubazione di rivestimento in acciaio molto leggera, diversamente da come consigliato in casi analoghi. Anziché predisporre 21 "centratori", dispositivi che tengono saldo il pozzo all'aumentare della profondità, si è deciso di usarne solamente sei. Inoltre, i manager hanno scelto di non condurre un test molto importante mirato a verificare la solidità della struttura in cemento che ancorava il pozzo al fondale marino, decidendo di fare esclusivo affidamento sui dispositivi di *blowout prevention*. Mentre la maggior parte delle società del settore generalmente optano per l'installazione di sistemi di salvaguardia supplementari, che consentono di risolvere eventuali problemi prima che entrino in azione i dispositivi di *blowout prevention*, la cultura aggressiva e orientata al rischio della BP ha impedito di adottare un approccio più cauto.[25]

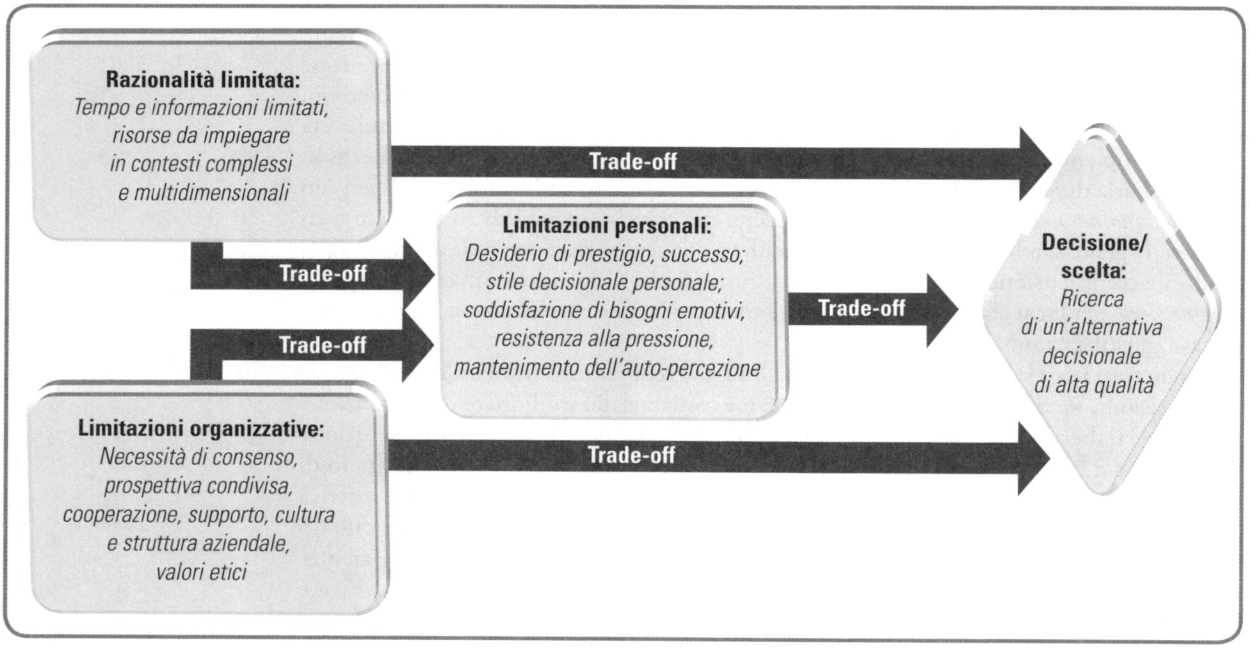

Figura 12.3
Limiti e trade-off nelle decisioni non programmate
Fonti: adattato da Irving L. Janis, *Crucial Decisions* (New York: Free Press, 1989); A. L. George, *Presidential Decision Making in Foreign Policy: The Effective Use of Information and Advice* (Boulder, Colo.: Westview Press, 1980).

Esistono vincoli anche sul piano personale: le variabili di tipo personale – come lo stile decisionale, la pressione del lavoro, il desiderio di prestigio, o semplicemente sentimenti di insicurezza – possono influenzare sia la ricerca di alternative sia l'accettabilità di un'alternativa. Tutti questi fattori limitano l'approccio perfettamente razionale che dovrebbe condurre a una scelta ideale.[26] In alcuni casi, per esempio, i manager prendono le decisioni con l'idea di compiacere i superiori, gli individui considerati più influenti nell'ambito dell'organizzazione oppure persone che rispettano e desiderano emulare.[27] Altri manager subiscono i vincoli di uno stile decisionale poco elastico. Stando alle informazioni che circolano sul suo conto, Michael Dell segue uno stile decisionale improntato alla massima cautela che lo ha portato a bocciare strategie mirate a risolvere i problemi dell'azienda. Dopo numerosi anni di successo, la Dell è rimasta legata alle attività tradizionale di produzione di personal computer e offerta di servizi di nicchia, mentre le concorrenti IBM e Apple entravano in nuovi settori. Il fondatore dell'azienda non ha compreso le trasformazioni che hanno investito il mercato né cercato nuovi approcci per esplorare linee di business diverse dalla produzione di hardware. Secondo alcuni insider, sin dal 2002 in varie occasioni ha ostacolato i tentativi dell'ex amministratore delegato Kevin Rollins di ampliare le attività dell'azienda. L'avversione al rischio e l'incertezza che lo caratterizzano hanno rappresentato un vincolo personale al processo decisionale.[28]

Inoltre, molti manager sono affetti da trappole cognitive (*bias*) che ne offuscano il giudizio e che pongono dei vincoli allorché assumono delle decisioni. Si invita il lettore a verificare nel "Quaderno di lavoro" a fine capitolo se nel prendere le decisioni si lascia condizionare da alcune trappole cognitive. Qui di seguito sono elencate alcune delle più comuni trappole cognitive che interessano singoli individui, mentre più avanti si parlerà di altre che influenzano le decisioni a livello organizzativo. La consapevolezza dell'esistenza delle seguenti quattro trappole cognitive può aiutare a prendere decisioni migliori in quanto individui.[29]

1. *Farsi influenzare dalle prime impressioni.* Nel valutare le decisioni, spesso la mente attribuisce un peso esagerato alle prime impressioni che riceve. Tali prime impressioni, dati statistici o stime fungono da ancora per i successivi pensieri e giudizi. Le ancore possono essere semplici, come nel caso di commenti casuali da parte di un collega o dati statistici letti in un giornale. Anche eventi passati e tendenze fungono da ancore: per esempio, in ambito commerciale, spesso i manager prendono in considerazione il fatturato dell'anno precedente per stimare quello dell'anno successivo. Attribuire un peso eccessivo al passato può comportare errori nelle previsioni e decisioni fuorviate.
2. *Vedere ciò che si vuole vedere.* Spesso le persone vanno alla ricerca di informazioni a supporto del loro istinto o punto di vista, evitando quelle che lo contraddicono. Questa trappola cognitiva influisce sulle fonti presso le quali i manager cercano le informazioni, nonché sul modo in cui interpretano le informazioni che trovano. Gli individui tendono ad attribuire un peso eccessivo alle informazioni a favore e uno troppo esiguo a quelle in conflitto con i loro punti di vista stabiliti.
3. *Farsi influenzare dalle emozioni.* Se vi è mai capitato di prendere una decisione quando eravate arrabbiati, agitati o anche molto felici, probabilmente sapete quale pericolo comporta lasciarsi influenzare dalle emozioni. Da un recente studio sui trader delle banche d'investimento londinesi è emerso che una delle caratteristiche dei trader con migliori performance era proprio un'efficace regolazione delle emozioni; i trader con performance inferiori, al contrario, erano quelli che non riuscivano altrettanto bene a gestire e a modulare le loro risposte emotive.[30] Dalle ricerche è emerso anche che i medici prendono delle decisioni meno efficaci quando provano delle emozioni di simpatia o antipatia per un paziente: se provano simpatia, saranno meno propensi a prescrivere una terapia dolorosa; se invece provano antipatia, è possibile che attribuiscano al paziente la colpa della sua condizione e che si spendano meno per curarlo.[31] I medici del Partners Health Care System, per evitare che le emozioni ne offuschino il giudizio, ricorrono a sistemi informatici di supporto alle decisioni in ambito clinico basati su grandi quantità di dati relativi a ciò che funziona e ciò che non funziona.[32]

Purtroppo, alcuni manager lasciano che le emozioni influenzino le loro decisioni in modo regolare. I manager prendono decisioni migliori quando, per quanto possibile, tengono le emozioni al di fuori del processo decisionale.

4. *Essere troppo sicuri di sé.* La maggior parte degli individui tendono a sovrastimare la propria capacità di prevedere esiti incerti. Un manager di una catena di fast-food era certo che il basso turnover dei dipendenti fosse un fattore determinante in termini di soddisfazione del cliente e redditività del punto vendita, per cui decise di investire in programmi per aumentare la soddisfazione dei dipendenti. Eppure, dalle analisi dei dati relativi ai vari punti vendita, emerse che alcuni di essi con elevati turnover risultavano altamente redditizi, mentre altri con bassi turnover stentavano a sopravvivere.[33] L'eccesso di fiducia in se stessi può risultare particolarmente pericoloso quando ci si trova a dover prendere decisioni rischiose.

Il ruolo dell'intuizione. La prospettiva della razionalità limitata è spesso associata a **processi decisionali intuitivi**. In tali processi, per prendere decisioni sono usati l'esperienza e il giudizio, piuttosto che la logica sequenziale o il ragionamento esplicito.[34] Secondo le conclusioni di numerose ricerche, i bravi manager fanno ricorso sia all'analisi razionale che all'intuizione quando sono chiamati a prendere decisioni complesse in poco tempo.[35] Completate il test del box "Profilo personale" di questo capitolo per scoprire se in fase decisionale tendete a utilizzare la razionalità o l'intuizione.

Profilo personale

Decisioni importanti

Come vi comportate al momento di prendere decisioni importanti? Per scoprirlo, pensate a un'occasione in cui avete dovuto prendere una decisione cruciale riguardante la vostra carriera o a quando avete effettuato un acquisto o un investimento importanti. In che misura ciascuna delle parole seguenti descrive il processo da voi seguito per giungere alla decisione finale? Segnalate le cinque parole più rispondenti alle caratteristiche del vostro processo decisionale.

1. Logica
2. Consapevolezza interiore
3. Dati
4. Sensazione percepita
5. Fatti
6. Istinto
7. Concetti
8. Presentimento
9. Ragione
10. Sentimenti

Punteggio: Assegnatevi un punto per ciascuna parola con numero dispari e sottraetene uno per ciascuna parola con numero pari; il punteggio più alto possibile è +5, mentre il più basso possibile è –5.

Interpretazione: Le parole contrassegnate da numero dispari sono legate a uno stile decisionale lineare, mentre quelle contrassegnate da numero pari rimandano a un approccio decisionale non lineare. Il primo implica il ricorso alla razionalità nel prendere decisioni ed è analogo al processo decisionale rappresentato in Figura 12.2; un processo decisionale non lineare è basato sull'uso dell'intuizione, come illustrato in questo paragrafo. Se il punteggio ottenuto varia tra +3 e –5, il vostro approccio dominante alle decisioni cruciali si basa sull'intuizione e su un modello ispirato a criteri per il raggiungimento di un risultato soddisfacente. Se invece il punteggio finale va da +3 a +5, il vostro approccio dominante corrisponde al modello razionale del processo decisionale, come descritto in precedenza. Nelle scuole di business si insegna l'approccio razionale, ma numerosi manager ricorrono alle intuizioni basate sull'esperienza, specie ai livelli più alti, laddove scarseggiano dati tangibili da vagliare.

Fonte: Adattato da Charles M. Vance, Kevin s. Groves, Yongsun Paik e Herb Kindler, "Understanding and Measuring Linear-Nonlinear Thinking Style for Enhanced Management Education and Professional Practice, *Academy of Management Learning & Education*, 6, no.2 (2007), 167-185.

L'intuizione non è arbitraria o irrazionale, perché è basata su un'esperienza pratica pluriennale, spesso conservata nel subconscio. Quando i manager usano la loro intuizione basata su una lunga esperienza nelle problematiche organizzative, sono in grado di percepire e capire i problemi in modo più rapido e sviluppano una sorta di presentimento circa l'alternativa che risolverà il problema, velocizzando il processo decisionale.[36] L'importanza dell'intuizione ai fini di un processo decisionale efficace è sostenuta da un crescente corpo di ricerca svolta in discipline quali la psicologia, la scienza dell'organizzazione e altre.[37]

In molti casi, gli individui con lunga esperienza e conoscenze approfondite in un particolare ambito sono in grado di prendere la decisione giusta in poco tempo e senza sforzo perché riconoscono dei modelli sulla scorta di informazioni in buona misura cancellate dalla mente conscia. Un esempio in proposito è quello dei soldati statunitensi impegnati in Iraq, che si sono dimostrati capaci di sventare numerosi attentati dinamitardi. I dispositivi all'avanguardia per l'individuazione di esplosivi od ordigni esplosivi improvvisati (IED) rappresentavano un ausilio, ma non sostituivano la capacità umana di percepire il pericolo e agire per contrastarlo. I soldati operativi in Iraq riuscivano a cogliere i segnali del pericolo, per esempio rilevando la presenza di un masso lungo la strada o di un blocco di cemento dai contorni troppo regolari, notando comportamenti diversi dal solito o semplicemente avvertendo una certa tensione nell'aria.[38] Analogamente, nel mondo degli affari i manager percepiscono ed elaborano di continuo informazioni di cui talvolta non hanno piena consapevolezza e sono dotati di una base di conoscenze ed esperienze che li aiuta a prendere decisioni anche in contesti caratterizzati da incertezza e ambiguità.

I manager attingono all'esperienza maturata in passato e al giudizio per incorporare elementi intangibili sia nella fase di identificazione del problema, sia in quella della soluzione.[39] Uno studio sul modo in cui i manager individuano i problemi ha mostrato che trenta problemi su trentatré sono ambigui e poco definiti.[40] Frammenti di informazioni intrecciate con fonti informali si compongono in un modello nella mente del manager, che non potrebbe "provare" l'esistenza di un problema, ma intuitivamente sa che occorre fare particolare attenzione a una certa area. Una visione troppo semplice di un problema complesso è spesso associata a un fallimento decisionale,[41] pertanto i manager imparano a dare il giusto peso alle proprie intuizioni, anziché convincersi che stia andando tutto bene.

I processi intuitivi sono anche utilizzati nella fase di soluzione del problema. I dirigenti decidono frequentemente senza espliciti riferimenti all'impatto sugli utili o ad altri risultati misurabili.[42] Come abbiamo visto in Figura 12.3, molti fattori intangibili – come la preoccupazione di una persona riguardo il sostegno degli altri dirigenti, la paura del fallimento, le abitudini sociali – influenzano la scelta delle alternative migliori. Questi fattori non possono essere quantificati in modo sistematico, ed è quindi l'intuizione a guidare la scelta di una soluzione. I manager possono prendere una decisione basata su quello che essi percepiscono come giusto piuttosto che su qualcosa che essi possono documentare con dati forti.

confrontate la vostra opinione

1 **Il processo decisionale adottato dai manager dovrebbe essere il più razionale e obiettivo possibile.**

Risposta esatta: *In disaccordo.* Sarebbe ideale sforzarsi di ottenere la razionalità perfetta nel processo decisionale, ma non è sempre realistico: molte decisioni complesse non si prestano ad un processo analitico razionale; inoltre, i decisori devono fare i conti con numerose costrizioni. In caso di decisioni non programmate, i manager potrebbero tentare di seguire le fasi del processo decisionale razionale, ma devono anche fare affidamento su esperienza e intuito.

Segnalibro

Blink: The Power of Thinking without Thinking
di Malcolm Gladwell

Le decisioni improvvise possono essere altrettanto buone – e talvolta migliori – di quelle prese in modo cauto e deliberato; a volte, d'altra parte, possono anche essere assai discutibili, o completamente sbagliate. Questa è la premessa del libro di Malcolm Gladwell *Blink: The Power of Thinking without Thinking*. Gladwell esplora i modi in cui il nostro "inconscio adattivo" giunge in un batter di ciglia a decisioni importanti e complesse, e ci spiega come possiamo educare e addestrare il nostro istinto per prendere decisioni corrette.

Aguzzare l'intuito

Anche quando crediamo che il nostro processo decisionale sia il risultato di un'attenta analisi e di considerazioni razionali, sostiene Gladwell, la maggior parte di esso avviene a livello subconscio, in una frazione di secondo. Questo processo, che l'autore denomina "cognizione rapida", può portare a sorprendenti intuizioni e a errori gravissimi. Ecco qualche suggerimento per migliorare la cognizione rapida:

- *Di più non è meglio.* Gladwell afferma che fornire troppe informazioni limita la capacità di prendere buone decisioni. In proposito egli cita uno studio dal quale risulta che nelle strutture di pronto soccorso i medici più bravi nel diagnosticare gli infarti raccolgono meno informazioni dai pazienti rispetto agli altri medici. Invece di sovraccaricarsi di informazioni bisogna cercare quelle più importanti.
- *Tagliare a fette sottili.* Il processo al quale Gladwell si riferisce come "tagliare a fette sottili" è quello che permette di sfruttare il potere dell'inconscio adattivo e prendere decisioni intelligenti in un tempo minimo e con poche informazioni. Tagliare a fette sottili significa concentrarsi su una piccola quantità di informazioni o di dati rilevanti e permettere così all'intuito di lavorare per noi. Gladwell porta l'esempio di un gioco di guerra del Pentagono, nel quale la squadra dei "nemici" (composta di operatori sui mercati delle materie prime) sconfisse l'Esercito degli Stati Uniti, che pure aveva "una mole impressionante di informazioni e di intelligence" e che "aveva analizzato rigorosamente e pienamente ogni informazione, pianificando ogni eventualità". Gli operatori di mercato erano abituati a prendere ogni giorno migliaia di decisioni rapidissime, basate su informazioni limitate. I manager possono abituarsi a prendere decisioni spontanee, finché per loro questa diventi una seconda natura.
- *Conoscere i propri limiti:* Non tutte le decisioni dovrebbero essere prese sulla base dell'intuito. Quando si ha una conoscenza approfondita di una determinata area ci si può affidare con maggiore sicurezza al proprio intuito. Gladwell avverte anche di stare attenti alle distorsioni che possono interferire con un corretto processo decisionale. *Blink* suggerisce che dovremmo imparare a distinguere tra le nostre prime impressioni e capire quali sono fondate e quali si basano solo su distorsioni, stereotipi o pregiudizi.

Conclusione

Blink è pieno di interessanti e vividi aneddoti; ad esempio la descrizione di come i vigili del fuoco possono "fermarsi un attimo" e creare un ambiente più adatto alle decisioni spontanee. Gladwell afferma che una migliore conoscenza dei processi sottostanti alle decisioni istantanee ci aiuterebbe, in tutti gli ambiti della nostra esistenza, a decidere meglio ed evitare errori.

Blink: The Power of Thinking without Thinking, di Malcolm Gladwell, è pubblicato dalla Little, Brown. (trad. it : *In un batter di ciglia. Il potere segreto del pensiero intuitivo*, Milano, Mondadori, 2006)

Il Segnalibro di questo capitolo fornisce esempi di come i manager possano utilizzare al meglio l'intuizione per prendere decisioni efficaci. Occorre ricordare che la prospettiva della razionalità limitata e l'uso dell'intuizione si adattano prevalentemente a decisioni non programmate. Gli aspetti nuovi, oscuri e complessi delle decisioni non programmate implicano la non disponibilità di dati forti e procedure logiche. Secondo studi sui processi decisionali dei dirigenti, i manager non potrebbero utilizzare l'approccio razionale per decisioni strategiche non programmate, come nel caso in cui si dovesse decidere se commercializzare un nuovo farmaco controverso acquistabile con ricetta medica o investire in un nuovo e complesso progetto, o se una città abbia bisogno e possa ragionevolmente adottare un sistema aziendale di pianificazione delle risorse.[43] In caso di decisioni di questo genere, i manager dispongono di tempo e risorse limitate, per cui sono costretti a trascurare la misura e l'analisi di alcuni fattori. Tentare una quantificazione di tali informazioni potrebbe causare errori, per via di una eccessiva semplificazione dei criteri decisionali. L'intuizione può inoltre controbilanciare e completare l'analisi razionale per aiutare i manager a prendere decisioni migliori. Una recente tendenza nel campo dei processi decisionali prende il nome di **quasi-razionalità**; si tratta sostanzialmente di una combinazione di pensiero intuitivo e analitico.[44] Vi sono, infatti, diverse situazioni in cui né l'analisi né l'intuizione sono sufficienti per prendere una buona decisione, per cui i manager ricorrono a una combinazione di esse.

I processi decisionali organizzativi

Le organizzazioni sono composte da manager che prendono decisioni utilizzando processi sia razionali sia intuitivi, ma le decisioni di livello organizzativo, di solito, non sono prese da un singolo manager: molte decisioni organizzative coinvolgono numerosi manager. L'identificazione del problema e la sua soluzione interessano molte aree aziendali, molteplici punti di vista e possono addirittura coinvolgere altre organizzazioni, superando in tal modo l'ambito decisionale di un singolo dirigente.

I processi attraverso i quali sono prese le decisioni organizzative sono influenzati da numerosi fattori, in particolare dalla struttura interna delle organizzazioni e dal grado di stabilità o instabilità dell'ambiente esterno.[45] La ricerca relativa alle decisioni in ambito organizzativo ha identificato quattro tipi di processi decisionali: l'approccio delle scienze manageriali, il modello Carnegie, il modello del processo decisionale incrementale e il modello del *contenitore dei rifiuti.*

L'approccio delle scienze manageriali

L'**approccio delle scienze manageriali** corrisponde all'approccio razionale utilizzato dai singoli manager. La scienza manageriale è nata durante la Seconda Guerra Mondiale.[46] In quel periodo le tecniche matematiche e statistiche venivano applicate a problemi militari urgenti e di larga scala, che andavano oltre le capacità dei singoli decisori.

Matematici, fisici e ricercatori operativi utilizzarono analisi di sistemi per sviluppare traiettorie di artiglieria, strategie anti-sottomarini e strategie di bombardamento come il *salvoing* (scarica simultanea di più bombe). Prendiamo in considerazione il problema di una nave da guerra che tenta di affondare una nave nemica distante numerose miglia. Il calcolo finalizzato a orientare i cannoni della nave dovrebbe considerare la distanza, la velocità del vento, la dimensione del proiettile, la velocità e la direzione di entrambe le navi, il rollio della nave che fa fuoco e la curvatura della Terra. I metodi per effettuare questi calcoli attraverso prove ed errori o usando l'intuizione non sono precisi, richiedono troppo tempo e non garantiscono in alcun modo il successo.

È qui che si è dimostrata utile la scienza manageriale. Gli analisti erano in grado di identificare le variabili rilevanti coinvolte nel problema dell'orientamento dei cannoni di una nave ed erano in grado di modellizzarle ricorrendo a equazioni matematiche. Distanza, velocità, rollio, dimensioni del proiettile e via dicendo potevano essere calcolati e immessi in un sistema di equazioni. La risposta era immediata e autorizzava i cannoni ad aprire il fuoco. Fattori come il rollio erano spesso misurati e automaticamente inseriti nel meccanismo di preparazione al fuoco. Oggi l'elemento umano è completamente eliminato dal processo di mira: il radar individua l'obiettivo e l'intera sequenza è calcolata automaticamente.

La scienza manageriale ha avuto un successo sorprendente nella soluzione di molti problemi militari. Questo approccio al processo decisionale si è diffuso nelle aziende e nelle scuole di business; le aree di ricerca operativa usano i modelli matematici per quantificare le variabili rilevanti e per sviluppare una rappresentazione quantitativa delle soluzioni alternative e delle probabilità di ciascuna di essere risolutiva. Queste aree impiegano inoltre strumenti come la programmazione lineare, la statistica Bayesiana, i diagrammi PERT e le simulazioni al computer.

La scienza manageriale è un eccellente strumento a supporto dei processi decisionali organizzativi quando i problemi sono analizzabili e quando le variabili possono essere identificate e misurate. I modelli matematici possono contenere mille o più variabili, ciascuna delle quali ha un impatto sul risultato finale. Le tecniche della scienza manageriale sono state usate per risolvere correttamente problemi molto diversi, come trovare il luogo giusto per un supermercato, per fare un primo test di mercato su una nuova famiglia di prodotti, trivellare in cerca di petrolio ecc.[47] Altri problemi trattabili con la scienza manageriale sono lo *scheduling* del personale delle ambulanze, degli operatori telefonici, dei bigliettai delle autostrade e dei membri dell'equipaggio di una compagnia aerea.[48]

La scienza manageriale, contando su software e tecnologie informatiche sempre più sofisticate, può risolvere in modo preciso e veloce problemi che hanno troppe variabili esplicite per poter essere adeguatamente trattati dall'uomo e copre una gamma di problemi sempre più ampia. Per esempio, Alaska Airlines fa uso di tecniche di scienza manageriale per le decisioni di volo sin dal 1980, quando il vulcano Mount St. Helens eruttò nelle vicinanze della base, ostacolandone per giorni l'operatività. Un team di esperti in materia di aviazione e meteorologia hanno sviluppato modelli computerizzati in grado di prevedere la traiettoria delle ceneri vulcaniche, che in molti casi consentono di elaborare le rotte giuste per aggirarle.[49] La dislocazione del Volo 370 della Malaysia Airlines, l'aereo scomparso nei cieli dell'Oceano Indiano a marzo 2014, rimane un mistero; gli inquirenti, tuttavia, stanno facendo ricorso alla scienza manageriale per individuare le migliori aree in cui effettuare le ricerche. Una squadra di esperti internazionali utilizza i dati radar e al contempo altri fattori come la posizione in cui si trovava un satellite Inmarsat PLC quando con l'aereo ha scambiato delle strette di mano digitali, nonché calcoli arcani relativi alle variazioni di temperatura del satellite ogni volta che l'aereo è entrato in contatto con esso, e i dati relativi a centinaia di altri voli nella stessa regione ottenuti dai sistemi di comunicazione a bordo dell'aereo. Senza le tecniche di scienza manageriale, quest'analisi richiederebbe quantità proibitive di tempo o risulterebbe pressoché impossibile.[50]

La scienza manageriale abbraccia una serie di tematiche sempre più ampia, in parte grazie all'emergere delle tecniche di analisi di grandi volumi di dati (*big data*), come si è descritto nel Capitolo 8. Pensiamo al baseball e alla storia narrata nel film *L'arte di vincere* (*Moneyball*) del 2011.[51] Brad Pitt interpreta il general manager dell'Oakland Athletics Billy Beane, che nel 2002, con un budget molto ridotto, creò una delle squadre più vincenti della Major League Baseball, il campionato di baseball più prestigioso al mondo. Anziché affidarsi esclusivamente all'intuizione degli scout, che talvolta bocciavano dei giocatori perché "non sembravano da Major League", Beane ricorreva ai dati e all'analisi statistica. Da allora, numerose altre squadre hanno adottato le tecniche della scienza manageriale nell'analisi di vari tipi di dati per prendere decisioni.[52]

Anche i manager operanti in altri tipi di organizzazioni si avvalgono in misura sempre maggiore della tecnologia come ausilio al processo decisionale. I manager del Walt Disney World di Orlando (Florida) si servono di complessi sistemi computerizzati per analizzare i dati e prendere decisioni mirate a minimizzare i tempi di attesa per i visitatori, sfruttare la capienza massima delle attrazioni, ottimizzare l'efficienza del personale e creare nuove opportunità di vendita di souvenir.[53] Anche gli studi medici stanno adoperando la scienza manageriale per gestire con più efficienza l'attività, per esempio con previsioni sulla richiesta di appuntamenti in base a dati come il numero di pazienti, il tasso di mancata presentazione alla visita e altri fattori.[54]

Un problema dell'approccio delle scienze manageriali è che i dati quantitativi non sono ricchi e non trasmettono la conoscenza tacita, come descritto nel Capitolo 8. I segnali informali che indicano l'esistenza di problemi devono essere percepiti dai manager su base più personale.[55] Le analisi matematiche più sofisticate non sono di alcun valore se i fattori più rilevanti non possono essere quantificati e inclusi nel modello. Variabili come le reazioni dei concorrenti, i "gusti" dei consumatori e la "attrattività" del prodotto sono dimensioni qualitative. In queste situazioni, quello della scienza manageriale è un ruolo di integrazione e supporto al processo decisionale. I risultati quantitativi possono essere presi in considerazione dai manager per la discussione e l'interpretazione insieme alle loro opinioni informali, al loro giudizio e alla loro intuizione, in linea con un approccio quasi-razionale. La decisione finale può racchiudere sia fattori qualitativi sia calcoli quantitativi.

Il modello Carnegie

Il **modello Carnegie** di processo decisionale organizzativo è basato sul lavoro di Richard Cyert, James March e Herbert Simon, alcuni studiosi della Carnegie-Mellon University.[56] La loro ricerca ha aiutato a formulare l'approccio della razionalità limitata alla decisione individuale e ha fornito nuove riflessioni riguardo alle decisioni organizzative.

Prima del loro lavoro, la ricerca economica assumeva che le aziende prendessero decisioni come singole entità, come se tutte le informazioni pertinenti fossero incanalate al massimo responsabile della decisione per una scelta. Le ricerche effettuate presso la Carnegie hanno indicato che le decisioni di livello organizzativo coinvolgevano molti manager e che la scelta finale si basava su una coalizione tra quei manager. Una **coalizione** è un'alleanza tra numerosi manager che concordano sugli obiettivi organizzativi e sulle priorità dei problemi.[57] Ciò potrebbe includere manager di linea, specialisti dello staff e perfino gruppi esterni, come clienti influenti, banchieri o rappresentanti sindacali.

Le coalizioni manageriali sono necessarie nei processi decisionali per due ragioni. Primo, gli obiettivi sono spesso ambigui, e gli obiettivi operativi dei vari settori sono spesso incompatibili. Quando gli obiettivi sono ambigui e contrastanti, i manager dissentono sulle priorità dei problemi: essi devono negoziare sui problemi e costruire una coalizione finalizzata a stabilire quali affrontare. Randy Komisar, partner della società di venture capital Kleiner Perkins Caufiled & Byers, consiglia di impiegare la cosiddetta tecnica del "bilancio" quando si deve prendere una decisione rispetto a nuove opportunità di investimento oppure occorre risolvere un problema. I manager di diverse unità si riuniscono e ciascuno elenca gli aspetti positivi e negativi di una determinata opportunità, un approccio simile a quello utilizzato da Benjamin Franklin per prendere decisioni individuali razionali. In questo caso, i manager condividono punti di vista e idee e generalmente individuano degli interessi comuni. Il processo "attenua le tensioni che di solito emergono quando ciascuno difende le argomentazioni a sostegno della propria idea ignorando quelle sfavorevoli" spiega Komisar.[58]

La seconda ragione è che i singoli manager si propongono di essere razionali, ma sono soggetti ai limiti cognitivi umani e ad altri vincoli, come descritto in precedenza. I manager non hanno il tempo, le risorse o la capacità mentale di identificare tutte le dimensioni e trattare tutte le informazioni attinenti a una decisione, e queste limitazioni conducono alla creazione di coalizioni. I manager si parlano e scambiano punti di vista per raccogliere informazioni e ridurre l'ambiguità, vengono consultate le persone in possesso di informazioni rilevanti o potenzialmente interessate alle conseguenze della decisione. Costruire una coalizione condurrà a una decisione condivisa dalle parti interessate. I manager del *New York Times* hanno deciso di avviare un piano di abbonamento per il sito web del quotidiano attraverso un processo di costruzione di coalizioni.

IN PRATICA

The New York Times

La decisione di lanciare una campagna di abbonamento per la consultazione online degli articoli del *The New York Times* non è stata presa alla leggera: dirigenti e senior editor ne avevano discusso per quasi tutto il 2009, analizzando varie opzioni fino a raggiungere un accordo su come attuare il piano.
Il presidente dell'azienda Arthur Sulzberger, Jr., e diversi alti dirigenti approvavano l'idea di un modello a pagamento, mentre altri si opponevano categoricamente sostenendo, dopo anni spesi per fare di *NYTimes.com* il quotidiano online più visitato al mondo, che l'abbonamento avrebbe inciso negativamente sulla portata globale del giornale e che fosse anacronistico nell'era digitale. Secondo alcuni manager responsabili della vendita degli spazi pubblicitari, il modello avrebbe potuto pesare sugli utili dalla pubblicità digitale, che iniziavano a mostrare una timida ripresa dalla recessione. Altri invece si dicevano convinti che non c'era scelta se si volevano evitare nuovi licenziamenti.
Discussioni e dibattiti sia formali sia informali proseguivano senza sosta. L'accordo è stato infine raggiunto su un servizio di abbonamento per categorie, che consente agli utenti di leggere 20 articoli al mese gratuitamente e poi di scegliere fra tre piani con tariffe diverse. Gli articoli consultati tramite social network come Facebook e Twitter o motori di ricerca come Google sono esclusi dal conteggio. La possibilità di "condividere, twittare e pubblicare nei blog" i contenuti ha attenuato i timori dei manager dell'edizione digitale, convincendoli a sostenere la decisione. Martin A. Nisenholtz, vicepresidente senior delle attività digitali, commenta così la decisione: "Per certi versi ritengo che l'abbonamento online sia [ancora] fonte di una certa preoccupazione, che però viene alleviata al 90 per cento dal modello che abbiamo scelto."[59]

La decisione di far pagare la consultazione degli articoli online non ha avuto ripercussioni negative sul *The Times*. Riuscendo a creare una coalizione per supportare la decisione all'interno dell'organizzazione, i manager hanno incrementato le possibilità di successo.

Il processo di formazione della coalizione ha numerose implicazioni per il comportamento decisionale nelle organizzazioni. Per prima cosa le decisioni sono prese per trovare una **soluzione soddisfacente** piuttosto che per ottimizzare le soluzioni del problema. Le organizzazioni accettano un livello "soddisfacente" di prestazioni piuttosto che uno massimo, il che consente loro di raggiungere numerosi obiettivi contemporaneamente. Nel processo decisionale, la coalizione accetterà una soluzione che è percepita come soddisfacente da tutti i membri della coalizione stessa, come nel caso del *New York Times*.

In secondo luogo, i manager sono interessati a problemi attuali e a soluzioni di efficacia immediata. Essi si impegnano in ciò che Cyert e March chiamano "**ricerca per problemi**",[61] espressione che significa che i manager esplorano l'ambiente circostante alla ricerca di una soluzione che risolva velocemente un problema. I manager del *New York Times* hanno vagliato i diversi modelli impiegati da altre testate, non ogni possibile approccio per l'offerta di un modello di abbonamento online. I manager non si aspettano una soluzione perfetta quando la situazione è scarsamente definita e caratterizzata da conflitto. Questo contrasta con l'approccio della scienza manageriale, secondo cui l'analisi è in grado di rivelare ogni alternativa ragionevole. Il modello Carnegie dice che il comportamento di ricerca è solo sufficiente a produrre una soluzione soddisfacente e che i manager, tipicamente, adottano la prima soluzione accettabile che emerge. Discussione e negoziazione sono particolarmente importanti nello stadio del processo decisionale di identificazione del problema: a meno che i membri della coalizione non percepiscano un problema, l'azione non sarà eseguita.

In terzo luogo, la discussione e la negoziazione assumono una particolare importanza nella fase del processo decisionale dedicata all'identificazione del problema: i membri della coalizione agiranno solo se percepiscono una situazione problematica. Una coalizione di manager chiave è essenziale anche per l'attuazione efficace di una decisione: quando i top manager individuano un problema o devono prendere una decisione importante, sono chiamati a raggiungere un accordo con altri manager per creare consenso e appoggio rispetto alla scelta operata.[62]

Il processo di decisione descritto nel modello Carnegie è riassunto in Figura 12.4. Il modello Carnegie sottolinea che la creazione di un'intesa attraverso una coalizione manageriale costituisce un passaggio fondamentale nel processo decisionale. Questo è vero, in particolare, per i livelli manageriali superiori. La discussione e la negoziazione richiedono molto tempo, quindi le procedure di ricerca sono di solito semplici e l'alternativa scelta soddisfa la soluzione del problema, piuttosto che ottimizzarla. Quando i problemi sono programmati – cioè sono chiari e sono già stati incontrati – l'organizzazione conterà su procedure e routine già sperimentate. Le regole e le procedure evitano la formazione di una nuova coalizione e un'ulteriore negoziazione politica. Le decisioni non programmate, tuttavia, necessitano di contrattazione e risoluzione dei conflitti.

Figura 12.4
Processi di scelta nel modello Carnegie

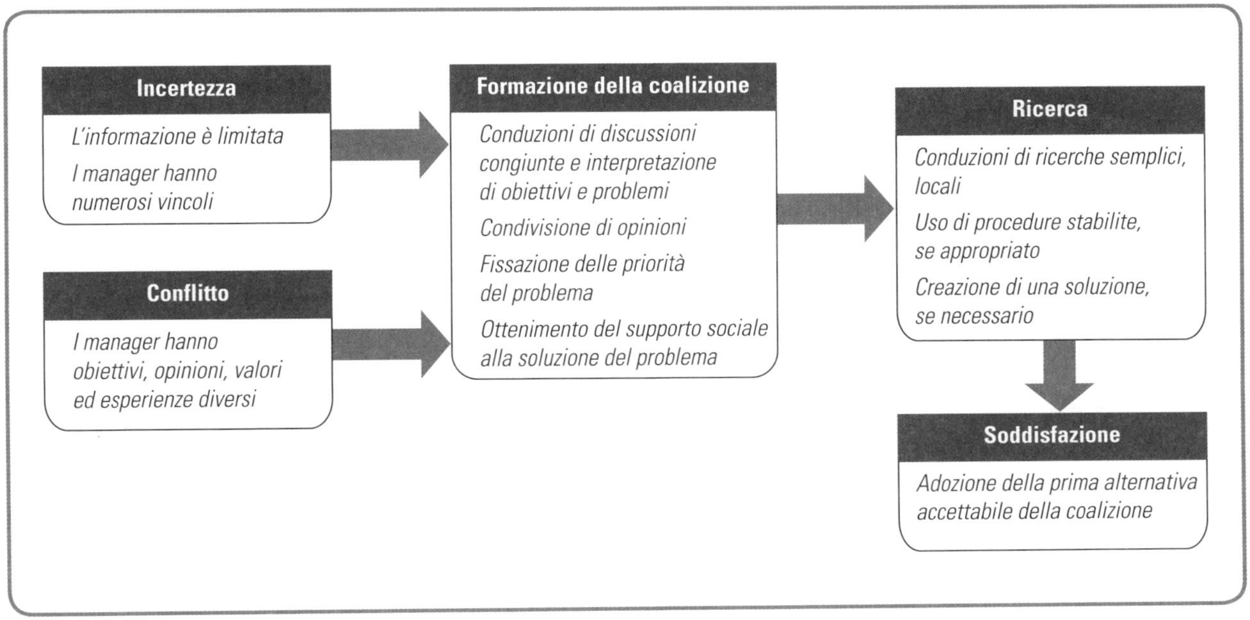

confrontate la vostra opinione

1 **Il processo decisionale adottato dai manager dovrebbe essere il più razionale e obiettivo possibile.**

Risposta esatta: *In disaccordo.* Sarebbe ideale sforzarsi di ottenere la razionalità perfetta nel processo decisionale, ma non è sempre realistico: molte decisioni complesse non si prestano ad un processo analitico razionale; inoltre, i decisori devono fare i conti con numerose costrizioni. In caso di decisioni non programmate, i manager potrebbero tentare di seguire le fasi del processo decisionale razionale, ma devono anche fare affidamento su esperienza e intuito.

Il modello del processo decisionale incrementale

Henry Mintzberg e i suoi collaboratori alla McGill University di Montreal si sono avvicinati al tema del processo decisionale partendo da una prospettiva diversa. Essi hanno identificato venticinque decisioni prese nelle organizzazioni e hanno approfondito gli eventi associati a queste decisioni.[63] La loro ricerca ha portato all'identificazione di ogni passo della sequenza di pensieri e azioni che porta alla decisione. Questo approccio al processo decisionale, chiamato **modello del processo decisionale incrementale**, pone minore enfasi sui fattori politici e sociali descritti nel modello della scuola di Carnegie, ma dice molto di più sulla sequenza strutturata delle attività intraprese dalla scoperta di un problema alla sua soluzione.[64]

Tra le decisioni prese in considerazione dalla ricerca di Mintzberg c'erano la scelta di un jet da acquistare da parte di una compagnia aerea regionale, la creazione di un nuovo circolo gastronomico, la progettazione di un nuovo terminale di container in un porto, l'identificazione di un nuovo mercato per un deodorante, l'insediamento di un nuovo e controverso trattamento medico in un ospedale e il licenziamento di un popolare annunciatore radiofonico.[65] La portata e l'importanza di queste decisioni sono rivelate dal periodo di tempo necessario a completarle. Per la maggior parte di esse è stato necessario più di un anno, e un terzo ha richiesto più di due anni. La maggior parte di queste decisioni era non programmata e ha richiesto soluzioni su misura.

Una scoperta scaturita da questa ricerca è che le più importanti scelte di un'organizzazione sono in effetti costituite da una serie di piccole scelte che si combinano per produrre la decisione principale. Così, molte decisioni organizzative sono assimilabili a una serie di piccoli morsi piuttosto che a un grande boccone. Si pensi, per esempio, alle molteplici decisioni che ha dovuto prendere Alan Mulally per salvare la Ford quando era sull'orlo del fallimento.

IN PRATICA

Ford Motor Company

"L'industria automobilistica americana dovrebbe fare una colletta per erigere una statua ad Alan," ha affermato l'amministratore delegato della AutoNation Inc., una grande catena di concessionarie con 40 punti vendita in franchising della Ford. Si riferiva ad Alan Mulally, giunto presso la Ford nel 2006 senza alcuna esperienza nel settore automobilistico. Nel 2014, quando ormai Mulally era prossimo alla pensione, è stato riconosciuto come uno dei migliori amministratori delegati nel settore.

Le decisioni che Mulally ha preso per far riprendere la Ford riflettono un modello decisionale incrementale. Appena assunta la carica di amministratore delegato, Ford perdeva miliardi di dollari e bruciava rapidamente fondi. Mulally ipotecò la maggior parte degli asset dell'azienda per prendere in prestito 23,5 miliardi di dollari da impiegare per preservarne la solvibilità. Un'altra delle sue prime decisioni fu cambiare le modalità operative della squadra manageriale, eliminando le rivalità regionali e chiedendo di render conto delle scelte effettuate in rapporto agli obbiettivi.

Mulally stabilì di tenere una riunione mensile nel corso della quale ciascun manager doveva relazionare sui propri ambiti di responsabilità, anche assegnando dei codici, in modo tale da mostrare ciò che rientrava negli obiettivi che si era posto e ciò che non rientrava. La prima volta che un manager confessò che un nuovo progetto di veicolo era "rosso" (fuori obiettivo), Mulally applaudì per dimostrare che denunciare i problemi è sempre meglio che nasconderli.
Non passò molto tempo prima che Mulally decidesse di mettere in atto una strategia "One Ford" che prevedeva di ridurre il numero di veicoli prodotti, progettare nuovi modelli da vendere nel mondo intero piuttosto che in singoli mercati, in modo da sfruttare le economie di scala, concentrarsi sul marchi Ford e rendere i veicoli più accattivanti migliorandone tecnologia, sicurezza e consumi. Quando a fine 2008 nel pieno della crisi finanziaria, Ford stava subendo ingenti perdite, Mulally si rivolse al Congresso, insieme agli amministratori delegati della General Motors e della Chrysler, per chiedere un piano di salvataggio statale salvo poi cambiare idea e decidere che l'azienda doveva fare il possibile per evitare di dover accettare aiuti dallo Stato.
La decisione di rifiutare gli aiuti statali migliorò la reputazione della Ford la quale, forte dell'aumento del fatturato e delle misure di riduzione dei costi messe in atto da Mulally, sorprese tutti risultando redditizia nel 2009.[66]

Il complesso di queste decisioni ha avuto un impatto positivo sulla Ford, tant'è vero che nel 2014 l'azienda ha registrato guadagni mai raggiunti prima e un aumento del valore di mercato di 8 miliardi di dollari dall'arrivo di Mulally.

I manager fanno anche ricorso al processo decisionale incrementale per prendere singole decisioni importanti. Le organizzazioni si spostano attraverso numerosi punti di una decisione e possono incontrare barriere lungo il cammino, che Mintzberg ha chiamato *arresti decisionali*. Un arresto può significare che un'organizzazione deve ritornare su una precedente decisione e provare qualcosa di nuovo. I *loop* o i cicli decisionali sono uno dei modi in cui l'organizzazione apprende quali alternative potranno funzionare. La soluzione finale può essere molto diversa da ciò che è stato preventivato inizialmente.

Il modello del processo decisionale scoperto da Mintzberg è mostrato in Figura 12.5. Ogni riquadro indica un possibile passo nella sequenza decisionale. I passi si svolgono nelle tre fasi principali della decisione: identificazione, sviluppo e selezione.

Fase della identificazione. La fase della identificazione inizia con il *riconoscimento*. Riconoscimento significa che uno o più manager diventano consapevoli di un problema e della necessità di prendere una decisione. Il riconoscimento è di solito stimolato da un problema o da un'opportunità: un problema esiste quando cambiano gli elementi dell'ambiente esterno o quando le prestazioni interne sono percepite come inferiori agli standard attesi. Nel caso del licenziamento di un annunciatore radiofonico, i commenti sull'annunciatore sono venuti da ascoltatori, da altri annunciatori e da inserzionisti. I manager hanno interpretato questi segnali fino a quando è emerso un disegno volto a segnalare la necessità di affrontare il problema.

Il secondo passo è la *diagnosi*, in cui vengono raccolte ulteriori informazioni, se necessarie per definire il problema. La diagnosi può essere sistematica o informale, a seconda della gravità del problema: i problemi gravi non hanno tempo per diagnosi estese, la risposta deve essere immediata; i problemi più leggeri sono di solito diagnosticati in modo più sistematico.

Fase dello sviluppo. La fase dello sviluppo si verifica quando viene modellata una soluzione per risolvere il problema definito nella fase di identificazione. Lo sviluppo di una soluzione prende una di due diverse direzioni.

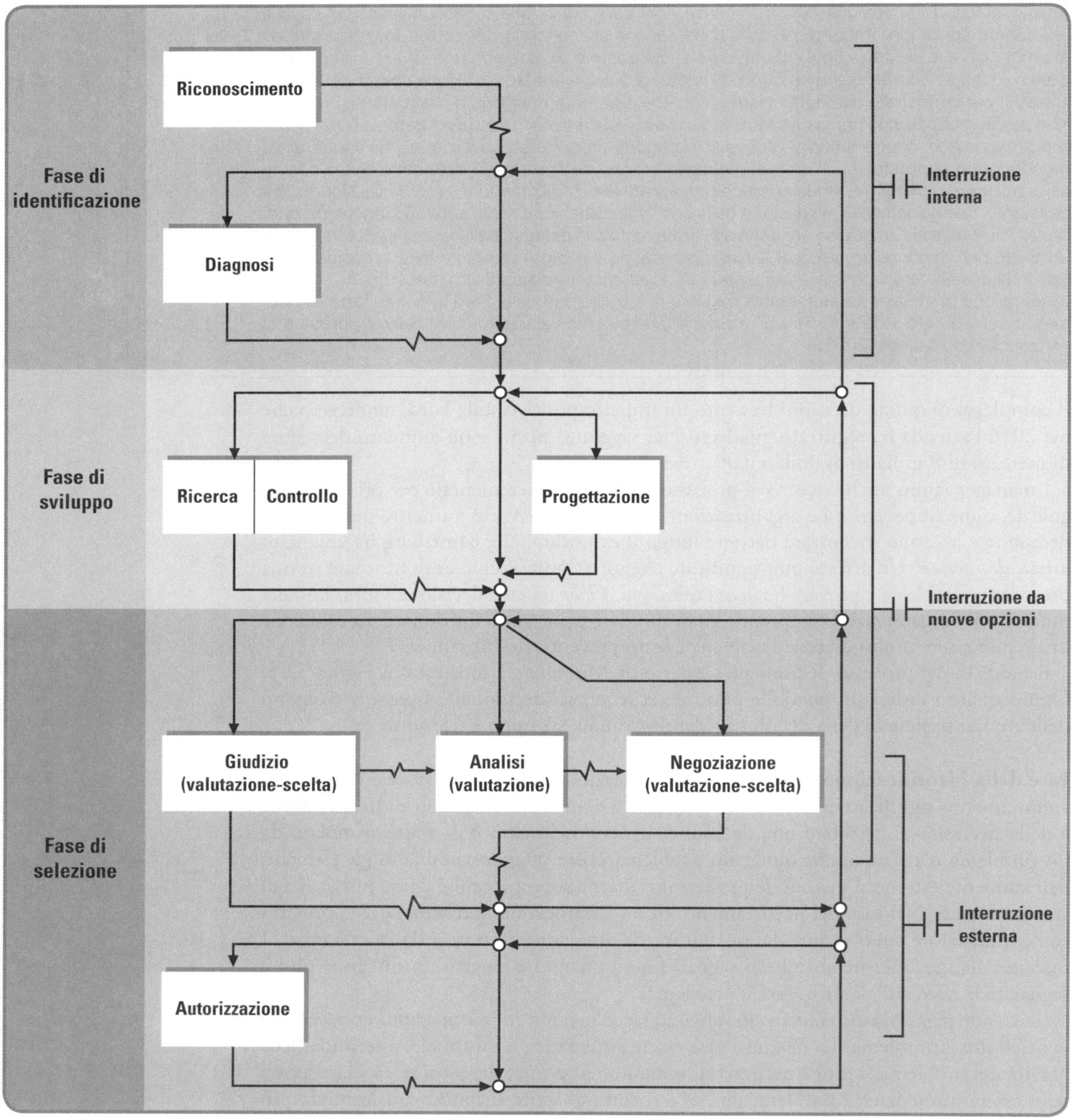

Figura 12.5
Il modello del processo decisionale incrementale
Fonte: basato su Henry Mintzberg, Duru Raisinghani e André Théorêt, "Structure of Unstructured Decision Processes," *Administrative Science Quarterly* vol. 21 (giugno 1976), 246-275. SAGE Publications.

Primo, le procedure di *ricerca* possono essere utilizzate per trovare un'alternativa nell'ambito del repertorio di soluzioni dell'organizzazione. Per esempio, nel caso del licenziamento del popolare annunciatore, i manager hanno chiesto quello che l'emittente radiofonica aveva fatto l'ultima volta che un annunciatore aveva dovuto essere licenziato. Per condurre la ricerca, i partecipanti dell'organizzazione possono rifarsi alla propria memoria, parlare ad altri manager o esaminare le procedure formali dell'organizzazione. La seconda direzione di sviluppo consiste nel *progettare* una soluzione ad hoc. Questo accade quando il problema è nuovo, per cui l'esperienza precedente non ha alcun valore. Mintzberg ha scoperto che, in questi casi, i responsabili chiave hanno solo un'idea vaga della soluzione ideale. Attraverso un processo per "prove ed errori", emergerà gradualmente un'alternativa disegnata su misura. Lo sviluppo della soluzione è un andare a tentoni, una procedura incrementale, che costruisce una soluzione mattone su mattone.

Fase della selezione. La fase della selezione si verifica con la scelta della soluzione. In questa fase non sempre si tratta di fare una scelta chiara tra alternative. Nel caso di soluzioni ad hoc, la selezione è più una valutazione della singola alternativa attuabile.

La valutazione e la scelta possono essere realizzate in tre modi. La forma di *giudizio* della selezione è utilizzata quando la scelta finale ricade su un singolo responsabile e richiede un giudizio basato sull'esperienza. Nell'analisi le alternative sono valutate su una base più sistematica, servendosi per esempio delle tecniche della scienza manageriale. Mintzberg ha scoperto che la maggior parte delle decisioni non implicava l'analisi sistematica e la valutazione di alternative. La *contrattazione* si verifica quando la selezione coinvolge un gruppo di responsabili; ogni responsabile può avere un interesse diverso nel risultato, e di conseguenza emerge il conflitto. Fino a quando non si è formata una coalizione, come è rilevato nel modello Carnegie, si verificano discussioni e negoziazioni.

Quando una decisione è accettata formalmente dall'organizzazione, ha luogo l'*autorizzazione*. La decisione può essere passata al vaglio della gerarchia al livello responsabile. L'autorizzazione è spesso di routine perché la competenza e la conoscenza appartengono ai responsabili inferiori che hanno identificato il problema e hanno sviluppato la soluzione. Alcune decisioni potrebbero essere rifiutate a causa di implicazioni non previste dai manager di livello inferiore.

Fattori dinamici. Si noti che la parte a destra del diagramma di Figura 12.5 mostra linee che conducono del processo decisionale e che rappresentano i loop o i cicli che hanno luogo nel processo. Le decisioni organizzative non seguono una progressione ordinata dal riconoscimento fino all'autorizzazione; si presentano problemi che costringono a tornare a una fase precedente. In questo caso si parla di arresti decisionali. Se una soluzione su misura è percepita come insoddisfacente, è possibile che l'organizzazione debba tornare all'origine per riflette nuovamente se effettivamente valga la pena di risolvere il problema. I circoli di feedback possono essere causati da problemi temporali, politici, di disaccordo fra i manager, dall'incapacità di individuare una soluzione attuabile, dal turnover dei manager, o dall'improvvisa apparizione di una nuova alternativa. Per esempio, quando una piccola linea aerea canadese prese la decisione di acquistare un jet, il Board autorizzò la decisione, ma, poco dopo, un nuovo amministratore delegato decise di cancellare il contratto, facendo tornare la decisione alla fase di identificazione. Egli accettò la diagnosi del problema ma insistette su una nuova ricerca di alternative. In seguito al fallimento di una linea aerea straniera, fu possibile acquistare due velivoli usati a un prezzo di occasione. Ciò ha rappresentato un'opzione inattesa e l'amministratore delegato ha utilizzato il proprio giudizio per autorizzare l'acquisto.[67]

Siccome la maggior parte delle decisioni ha luogo in un lungo periodo di tempo, le circostanze cambiano. La decisione è un processo dinamico che può richiedere molti cicli prima che un problema venga risolto. Un esempio del processo incrementale è illustrato dalla decisione di Gillette di creare un nuovo rasoio.

Le decisioni organizzative e il cambiamento

All'inizio di questo capitolo abbiamo visto il modo in cui il rapido cambiamento dell'ambiente competitivo incrementa l'incertezza per chi deve prendere decisioni. Le organizzazioni contemporanee sono caratterizzate da una spaventosa quantità di incertezza con riferimento sia alla fase di identificazione sia allo stadio di soluzione del problema. Per aiutare i manager a fronteggiare questa incertezza e questa complessità sono stati sviluppati due approcci al processo decisionale. Il primo approccio combina il modello Carnegie e i modelli del processo decisionale incrementale appena descritti. Il secondo approccio è chiamato modello del contenitore dei rifiuti (*garbage can*).

Combinare il modello Carnegie e il modello del processo incrementale

La descrizione della formazione di coalizioni fornita dal modello Carnegie è particolarmente importante per lo stadio di identificazione del problema. Quando gli argomenti sono ambigui o quando i manager dissentono sulla gravità di problema, si rendono necessari discussione, negoziato e coalizioni. Il modello del processo incrementale tende a sottolineare i vari passi da compiere per giungere a una soluzione. Dopo che i manager hanno concordato su un problema, il processo *step-by-step* è un modo di provare diverse soluzioni per verificarne l'efficacia. Quando la soluzione non è chiara, può essere impostata una procedura di ricerca per prove ed errori.

L'applicazione del modello Carnegie e del modello del processo incrementale agli stadi del processo decisionale è illustrata in Figura 12.6. I due modelli non sono tra loro contrastanti. Essi descrivono come le organizzazioni prendono le decisioni quando l'identificazione o la soluzione di un problema sono incerte. Quando entrambi gli elementi del processo sono

Figura 12.6
Il processo decisionale quando l'identificazione e la soluzione del problema sono incerte

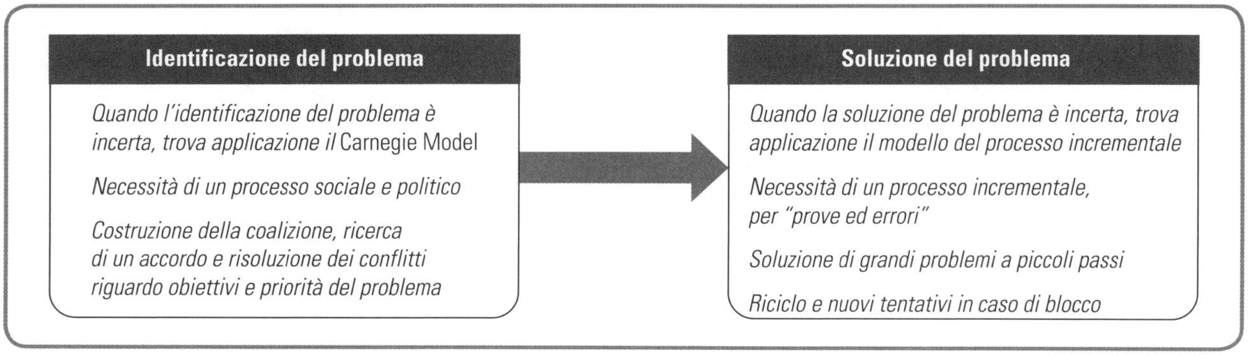

estremamente incerti, l'organizzazione viene a trovarsi in una posizione molto difficile. I processi di decisione in quella situazione possono essere rappresentati da una combinazione del modello Carnegie e del modello del processo incrementale, e questa integrazione può successivamente evolvere nella situazione descritta dal modello del contenitore dei rifiuti.

Il modello del contenitore dei rifiuti

Il **modello del contenitore dei rifiuti** è una delle descrizioni più recenti e interessanti dei processi decisionali organizzativi. Non è direttamente paragonabile ai modelli precedenti, perché si occupa della struttura o del flusso di decisioni multiple all'interno delle organizzazioni, mentre il modello incrementale e quello Carnegie si focalizzano sul modo in cui viene presa una singola decisione. Il modello del contenitore dei rifiuti aiuta a pensare all'organizzazione nel suo complesso e alle frequenti decisioni che i manager prendono in ogni parte di essa. In qualsiasi momento, i manager di un'organizzazione prendono in considerazione varie decisioni e azioni, come assumere nuovo personale, sviluppare un nuovo prodotto o investire in una joint venture. Spesso i singoli manager valutano le alternative e in seguito gli alti dirigenti contribuiscono con le loro opinioni e i loro suggerimenti per raggiungere una decisione finale.[68] Talvolta, tuttavia, il processo decisionale è molto meno lineare.

Anarchie organizzate. Il modello del contenitore dei rifiuti è stato sviluppato per descrivere la struttura del processo decisionale in quelle organizzazioni che convivono con un elevato grado di incertezza. Michael Cohen, James March e Johan Olsen, gli autori del modello, hanno chiamato le situazioni caratterizzate da elevata incertezza **anarchie organizzate**, una forma estremamente organica di organizzazione.[69] Le anarchie organizzate non si affidano alla tradizionale gerarchia verticale di autorità e alle procedure decisionali burocratiche e sono determinate da tre caratteristiche.

1. *Preferenze problematiche.* Obiettivi, problemi, alternative e soluzioni sono scarsamente definiti. L'ambiguità caratterizza ogni fase dei processi di decisione.
2. *Tecnologia non chiara e poco interiorizzata.* È difficile identificare i rapporti causa-effetto all'interno dell'organizzazione. Non è disponibile un database esplicito da applicare alle decisioni.
3. *Turnover.* Le posizioni organizzative sperimentano un elevato turnover dei titolari. Inoltre, i dipendenti sono molto occupati e hanno poco tempo da dedicare a ciascun problema o decisione. La partecipazione a qualsiasi decisione sarà incostante e limitata.

L'anarchia organizzata descrive organizzazioni caratterizzate da rapido cambiamento e da un ambiente collegiale e non burocratico. Nessuna organizzazione è chiamata ad affrontare queste circostanze in modo costante, le società Internet based di oggi e le organizzazioni operanti in settori in rapido mutamento possano trovarsi a sperimentarle per gran parte del tempo. Molte organizzazioni si troveranno occasionalmente nella posizione di dover prendere decisioni in circostanze poco chiare e problematiche. Il modello del contenitore dei rifiuti è utile per la comprensione della struttura di questo tipo di decisioni.

Flussi di eventi. La caratteristica peculiare del modello del contenitore dei rifiuti consiste nel fatto che il processo decisionale non è visto come una sequenza di passi che inizia con un problema e termina con una soluzione. Infatti, l'identificazione del problema e la sua soluzione potrebbero non essere direttamente collegate l'una all'altra. Un'idea può essere proposta come soluzione quando non è stato esplicitato alcun problema, e un problema può esistere e non generare mai una soluzione. Le decisioni sono il risultato di flussi indipendenti di eventi all'interno dell'organizzazione. I quattro flussi rilevanti ai fini del processo decisionale organizzativo sono i seguenti.

1. *Problemi.* I problemi sono punti di insoddisfazione verso le attività e le prestazioni correnti. Essi rappresentano un divario tra prestazioni desiderate e attività attuali. I problemi sono percepiti per richiamare l'attenzione, tuttavia sono distinti da soluzioni e scelte. Un problema può condurre alla proposta di una soluzione o può non farlo. I problemi potrebbero non essere risolti dalle soluzioni adottate.
2. *Soluzioni potenziali.* Una soluzione è un'idea che qualcuno propone affinché sia adottata. Tali idee formano un flusso di soluzioni alternative che attraversa l'organizzazione. Le idee possono essere portate nell'organizzazione da nuovo personale o possono essere elaborate dal personale esistente. I partecipanti possono semplicemente essere attratti da certe idee e sostenerne l'adozione indipendentemente dai problemi. L'attrazione verso un'idea può fare in modo che un dipendente cerchi un problema cui associare l'idea di cui si è invaghito, al fine di giustificarne la realizzazione. Il punto è che le soluzioni esistono indipendentemente dai problemi.
3. *Partecipanti.* I partecipanti sono dipendenti che circolano per tutta l'organizzazione. Le persone sono assunte, trasferite e licenziate. I partecipanti si differenziano ampiamente per le loro idee, la loro percezione dei problemi, la loro esperienza, i loro valori e la loro formazione. I problemi e le soluzioni riconosciuti da un manager saranno diversi da quelli riconosciuti da un altro manager.
4. *Opportunità di scelta.* Le opportunità di scelta sono le circostanze in cui di solito un'organizzazione prende una decisione. Esse si presentano quando i contratti sono firmati, le persone sono assunte o un nuovo prodotto è autorizzato, e si verificano anche quando si realizza la giusta combinazione di partecipanti, soluzioni e problemi. Così, un manager cui è capitato di venire a conoscenza di una buona idea può velocemente crearsi una consapevolezza dei problemi ai quali tale idea potrebbe applicarsi, fornendo in tal modo un'opportunità di scelta all'organizzazione. L'incontro di problemi e soluzioni spesso conduce a decisioni.

Con i quattro flussi, la struttura generale del processo decisionale organizzativo assume una natura legata alla casualità. Problemi, soluzioni, partecipanti e scelte fluiscono tutti attraverso l'organizzazione. In un certo senso, l'organizzazione è un grande "contenitore dei rifiuti" nel quale questi flussi si rimescolano, come illustrato in Figura 12.7. Quando un problema, una soluzione e un partecipante si incontrano casualmente in un punto, può essere presa una decisione e può essere risolto il problema, ma se la soluzione non si adatta al problema, quest'ultimo potrebbe non essere affatto risolto.

Di conseguenza, esaminando l'organizzazione nel suo complesso e tenendo conto del suo elevato livello di incertezza, è facile incontrare problemi irrisolti e tentativi di soluzione che non funzionano. Le decisioni organizzative sono disordinate, non sono il risultato di una sequenza logica e preordinata nelle sue fasi. Gli eventi possono essere così poco definiti e così complessi che decisioni, problemi e soluzioni potrebbero comportarsi come eventi tra loro indipendenti. Quando essi sono in contatto, alcuni problemi sono risolti, ma molti altri non lo sono affatto.[70]

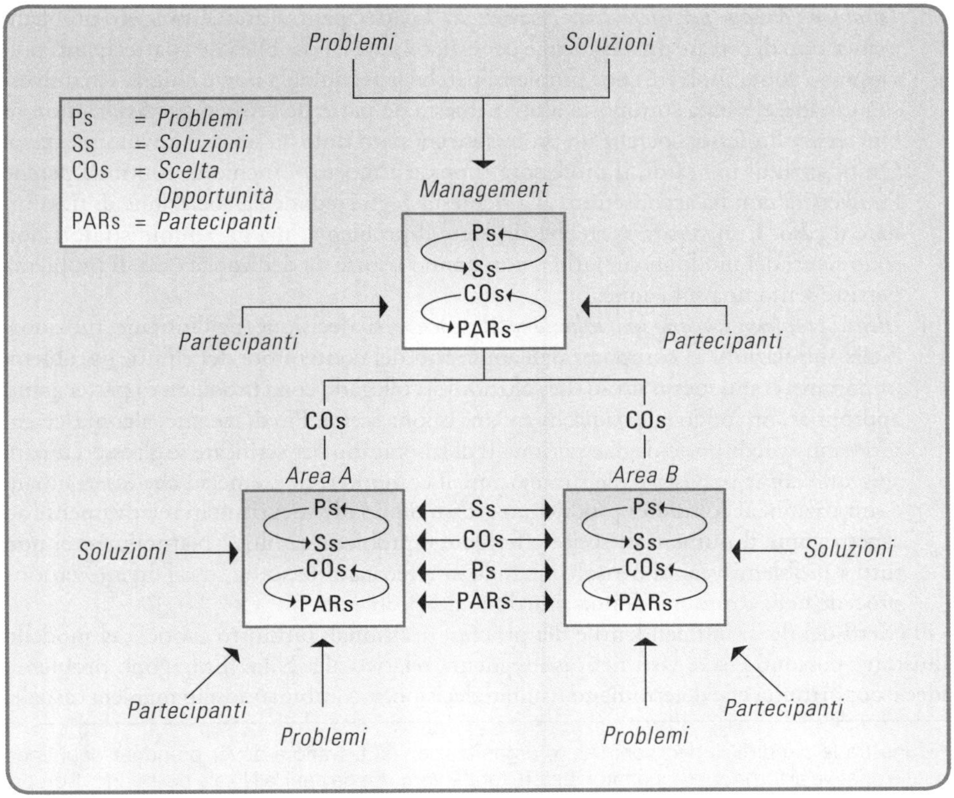

Figura 12.7
Descrizione dei flussi indipendenti di eventi nel modello decisionale del contenitore dei rifiuti

Conseguenze. Le quattro conseguenze del processo decisionale organizzativo descritto dal modello del contenitore dei rifiuti sono le seguenti.

1. *Le soluzioni possono essere proposte anche quando i problemi non esistono.* Un dipendente può essere in grado di offrire un'idea e può provare a venderla al resto dell'organizzazione. Un esempio è costituito dall'adozione di computer da parte di molte organizzazioni durante gli anni Settanta. Il computer era una soluzione attraente e il suo impiego è stato incentivato sia dai produttori di computer sia dagli analisti di sistemi all'interno delle organizzazioni. Il computer non ha risolto nessun problema nelle sue applicazioni iniziali. In effetti, in alcuni casi ha causato più problemi di quanti fosse in grado di risolvere.
2. *Le scelte sono fatte senza risolvere i problemi.* Una scelta, come per esempio la creazione di un nuovo ufficio o reparto o la revisione delle procedure di lavoro, può essere fatta con l'intenzione di risolvere un problema, ma, sotto condizioni di elevata incertezza, la scelta può essere errata. Inoltre, molte scelte sembrano semplicemente accadere. Le persone decidono di abbandonare le organizzazioni, il budget dell'organizzazione può essere tagliato così come possono venire cambiate le politiche aziendali. Queste scelte possono essere orientate verso i problemi ma non necessariamente sono in grado di risolverli.

3. *I problemi possono persistere senza essere risolti.* I partecipanti si abituano a certi problemi e smettono di cercare una soluzione per essi; oppure è possibile che i partecipanti non sappiano come risolvere certi problemi perché la tecnologia non è chiara. Un'università canadese è stata sottoposta a un'inchiesta da parte dell'American Association of University Professors perché un professore era stato rimosso senza il dovuto processo. Quindici anni più tardi, il professore rimosso è morto. L'inchiesta continua perché l'università non ha acconsentito alla richiesta degli eredi dell'associazione di riesaminare il caso. L'università vorrebbe risolvere il problema, ma gli amministratori non sono sicuri del modo in cui farlo e non hanno risorse da dedicare a esso. Il problema persiste senza una soluzione.
4. *Alcuni problemi trovano una soluzione.* Il processo di decisione, nell'insieme, funziona. Nelle simulazioni al computer dell'approccio del contenitore dei rifiuti, i problemi importanti erano spesso risolti. Le soluzioni si collegano con i problemi e i partecipanti appropriati, in modo tale da produrre una buona scelta. Più di recente, alcuni ricercatori hanno predisposto degli esperimenti di laboratorio per verificare se gli esseri umani agiscono come previsto dalle simulazioni al computer; ne è emerso che esseri umani e simulazioni al computer producono grosso modo identici risultati relativamente ad aspetti come il numero di scelte effettuate e problemi risolti.[71] Naturalmente, non tutti i problemi vengono risolti quando si effettuano le scelte, ma l'organizzazione procede nella direzione di una riduzione del problema.

Gli effetti dei flussi indipendenti e dei processi decisionali piuttosto caotici del modello illustrato possono essere visti nel caso seguente relativo alla Nike. Emergono problemi, idee e opportunità che determinano risultati decisionali combinandosi in maniera casuale.

IN PRATICA

Nike

Alcune fra le più difficili decisioni che le organizzazioni si trovano a dover prendere oggi sono quelle relative ai fornitori e appaltatori esteri, tant'è vero che da anni la Nike è nel mirino di gruppi di attivisti. L'azienda è stata fondata nel 1964 con l'idea di produrre scarpe di elevata qualità a prezzi inferiori, utilizzando manodopera a basso costo in stabilimenti all'estero (scelta). All'epoca, soltanto il 4 per cento delle calzature negli Stati Uniti erano importate; oggi la percentuale arriva al 98 per cento.

I problemi per la Nike hanno cominciato a manifestarsi all'inizio degli anni Novanta, quando l'attivista Jeff Ballinger scrisse un articolo che documentava i bassi salari e le cattive condizioni lavorative in Indonesia (problema). Da allora, la Nike ha apportato numerose modifiche, come per esempio la redazione di un codice di condotta all'interno degli stabilimenti, la creazione di un gruppo senza fini di lucro finalizzato a stabilire un monitoraggio indipendente e la pubblicazione di un elenco completo degli stabilimenti con i quali stipula contratti di appalto (scelta). Eppure il problema persiste: oggi le difficoltà si concentrano soprattutto in Bangladesh e il conflitto interno alla Nike continua.

Hannah Jones (partecipante), a capo del business sostenibile della Nike, da anni mette in guardia sui pericoli di lavorare con i fornitori del Bangladesh, sostenendo che i bassi costi offerti non giustificano il rischio di vite umane o la reputazione della Nike (soluzione). Un'altra fazione all'interno dell'azienda, capeggiata dal responsabile delle operazioni Eric Sprunk (partecipanti), sostiene che la Nike ha il potere e la capacità di mettere in atto dei controlli che garantiscano la sicurezza dei lavoratori (soluzione), per cui l'azienda sarebbe in grado di eguagliare i vantaggi di costo dei suoi rivali (problema) producendo in Bangladesh.

I due obiettivi paralleli di mantenere da una parte costi bassi e dall'altra condizioni lavorative sicure e umane (scelte) hanno diviso l'azienda. Un gruppo di dirigenti ha sempre insistito perché la Nike riconoscesse pubblicamente i problemi relativi alla manodopera (soluzione), mentre un'altra sostiene che, trattandosi di un problema comune nel settore dell'abbigliamento, non vi è motivo per cui la Nike debba esporsi maggiormente (soluzione). Alla fine, l'amministratore delegato Phil Knight durante un discorso promise l'eliminazione del lavoro minorile e una maggiore trasparenza riguardo la catena di fornitura dell'azienda (scelta). La Nike ha lavorato con il

suo principale partner produttore di palloni da calcio, Saga Sports, per metter fine alla pratica di effettuare una parte della produzione a domicilio (scelta), pratica collegata allo sfruttamento del lavoro minorile. Tuttavia, alla morte del titolare della fabbrica, quest'ultima è stata rilevata dai suoi famigliari, i quali hanno reintrodotto la pratica (problema). Che fare? Secondo alcuni dirigenti, andavano ritirati palloni da calcio per un valore di 100 milioni di dollari (soluzione): ci sarebbero voluti 18 mesi per ripristinare i livelli di produzione. Alla fine, l'azienda ha ritirato i palloni da calcio (scelta), mandando un messaggio forte alla base dei fornitori.
Il problema in Bangladesh si presenta pressoché analogo. Alcuni manager di produzione sono a favore di un ingresso più aggressivo nel Paese in ragione dei minori costi della manodopera (soluzione). Altri sostengono che questo non giustifica la sofferenza umana e il potenziale danno alla reputazione della Nike (soluzione). Alla fine, i membri delle unità di responsabilità aziendale e di produzione (partecipanti) hanno fatto insieme un viaggio in Bangladesh per verificare quanto accadeva nelle fabbriche (scelta). In uno stabilimento hanno rinvenuto rischi di incendio e di sicurezza, il che ha spinto la Nike a prendere la decisione di tagliare i ponti con quella specifica azienda (scelta). La Nike ha deciso di continuare a lavorare con altre quattro fabbriche che non presentavano problemi di sicurezza di questo tipo.[72]

Le vicende dei problemi della Nike con i fornitori esemplificano il modello decisionale del contenitore dei rifiuti e l'apparentemente casuale flusso di persone, problemi, potenziali soluzioni e opportunità di scelta all'interno di un'organizzazione. I problemi non vengono risolti in una sequenza semplice, logica e graduale. Presso la Nike, alcuni problemi sono stati risolti, o quanto meno ridotti, mentre altri persistono nonostante le soluzioni proposte e le scelte decisionali che sono state fatte. Alcuni eventi si sono verificati per caso, come la morte del proprietario dello stabilimento, che ne ha comportato la rilevazione da parte dei famigliari e il ripristino dello sfruttamento del lavoro minorile. I manager stanno adottando svariate soluzioni per risolvere i problemi con i fornitori e alcuni saranno superati, mentre altri potrebbero restare irrisolti per anni. Si prenderanno nuove decisioni e si coglieranno o si rifiuteranno altre opportunità di scelta con l'avvicendarsi di persone con idee diverse e il continuo mutare delle forze esterne.

Modello contingente per il processo decisionale

In questo capitolo sono stati descritti numerosi approcci al processo decisionale organizzativo: il modello delle scienze manageriali, il modello Carnegie, il modello decisionale incrementale e il modello del contenitore dei rifiuti. Sono anche stati presentati i processi di decisione razionali e intuitivi utilizzati dai singoli manager, e sono state prese in considerazione le trappole cognitive individuali e altri vincoli che influiscono sui processi decisionali. Ogni approccio alla decisione costituisce una descrizione relativamente precisa del processo decisionale effettivo, eppure tutti differiscono tra loro. Le scienze manageriali, per esempio, considerano un set di assunzioni e di procedure decisionali diverso da quello preso a riferimento dal modello del contenitore dei rifiuti.

Una ragione dell'esistenza di diversi approcci è che essi si presentano in diverse situazioni organizzative. L'uso di un approccio è condizionato dalle caratteristiche dell'organizzazione. Due variabili organizzative che determinano l'utilizzo dei vari approcci decisionali sono (1) il consenso sui problemi e (2) la conoscenza tecnica dei mezzi per risolvere i problemi stessi.[73] Analizzare le organizzazioni secondo queste due dimensioni suggerisce quale approccio risulterà il più appropriato per prendere le decisioni.

Consenso sui problemi

Il **consenso sui problemi** si riferisce all'accordo tra i manager sulla natura di un problema o di un'opportunità e su quali obiettivi e risultati perseguire, ed è una variabile che oscilla tra l'accordo completo e il totale disaccordo. Quando i manager concordano, c'è poca incertezza – i problemi e gli obiettivi dell'organizzazione sono chiari, e altrettanto chiari risultano gli standard di prestazione. Quando i manager dissentono, la direzione dell'organizzazione e le aspettative di prestazione sono in discussione e si crea una situazione di elevata incertezza. Un esempio di incertezza sul problema si è verificato al Rockford Health System. I manager della funzione risorse umane intendevano implementare un nuovo sistema di gestione dei benefit regolato attraverso una piattaforma alimentata da parte dei dipendenti: questo per consentire alla funzione risorse umane di dedicarsi ad attività più strategiche. I manager della funzione amministrazione, però, giudicavano troppo elevato il costo delle licenze per i software e ritenevano che l'investimento avrebbe pesato eccessivamente sul bilancio aziendale. Anche i dirigenti di altre unità avevano manifestato un deciso dissenso, temendo che l'adozione di un nuovo e costoso sistema di gestione delle risorse umane avrebbe ostacolato l'approvazione dei progetti proposti per le proprie unità.[74]

Il consenso sul problema tende a essere basso quando le organizzazioni sono differenziate, come descritto nel Capitolo 4. Ricordiamo che gli ambienti incerti spingono le unità organizzative a differenziarsi riguardo obiettivi e atteggiamenti e a specializzarsi in specifiche aree di attività. Questa differenziazione conduce a disaccordo e conflitto, come nel caso delle unità di produzione e di responsabilità aziendale della Nike, per cui i manager devono fare uno sforzo ulteriore per costruire coalizioni nel corso del processo decisionale. Per esempio, la NASA è stata criticata per non aver individuato alcuni problemi dello space shuttle Columbia che, se identificati per tempo, avrebbero permesso di evitare il disastro del febbraio 2003. In parte ciò fu dovuto all'elevata differenziazione e al contrasto di opinioni tra i manager della sicurezza e quelli addetti alla tempistica, per i quali la puntualità del lancio era la preoccupazione principale. Inoltre, dopo il lancio gli ingegneri chiesero per tre volte, senza ottenerle, foto di migliore qualità per valutare i danni provocati da un frammento che pochi secondi dopo il lancio aveva colpito l'ala sinistra dello shuttle. Secondo l'inchiesta successiva all'incidente, il danno causato da questo frammento potrebbe essere stato la causa principale dell'esplosione. Meccanismi per incoraggiare opinioni dissenzienti e costruire coalizioni potrebbero migliorare i processi decisionali alla NASA e in altre organizzazioni che devono affrontare problemi complessi.[75]

Il consenso è particolarmente importante nello stadio del processo decisionale relativo all'identificazione del problema. Quando i problemi sono chiari e condivisi, essi forniscono standard e aspettative di performance altrettanto chiari. Quando i problemi non sono condivisi, al contrario, l'identificazione del problema è incerta e l'attenzione del management deve essere focalizzata sul conseguimento di un accordo relativo a obiettivi e priorità.

Conoscenza tecnica relativa alle soluzioni

La **conoscenza tecnica** fa riferimento alla comprensione e all'accordo sul modo in cui risolvere i problemi e ottenere gli obiettivi organizzativi. Questa variabile può oscillare da un accordo e una certezza completi fino a un disaccordo e una incertezza totali relativamente alle relazioni causa-effetto che conducono alla soluzione del problema. Un esempio di scarsa conoscenza tecnica è accaduto alla Dr. Pepper/Seven-Up Inc. I manager concordavano sul problema da risolvere – intendevano incrementare la quota di mercato dal 6 al 7 per cento. Tuttavia, i mezzi da utilizzare per ottenere tale aumento della quota di mercato non erano noti o condivisi. Alcuni manager volevano optare per una politica di ribasso dei prezzi nei supermercati. Altri manager credevano che fosse preferibile aumentare il numero di banchi vendita nelle catene di ristoranti e di fast food. Altri manager ancora sostenevano che l'approccio migliore consistesse nell'aumentare gli investimenti pubblicitari. I manager non sapevano che cosa avrebbe potuto determinare un aumento nella quota di mercato. Alla fine, prevalse il parere favorevole alla pubblicità, ma non funzionò molto bene. Il fallimento della decisione testimonia la scarsa conoscenza tecnica dei manager riguardo alle possibili soluzioni del problema.

Quando i mezzi sono ben conosciuti e compresi, le alternative appropriate possono essere identificate e calcolate con qualche grado di certezza. Quando i mezzi sono invece mal conosciuti e compresi, le soluzioni potenziali sono scarsamente definite e incerte. Intuizione, giudizio e processi di tentativi ed errori diventano allora la base per le decisioni.

Il modello contingente

La Figura 12.8 descrive il **modello contingente per il processo decisionale**, che riunisce le due dimensioni del consenso sul problema e della conoscenza tecnica delle soluzioni. Ogni casella rappresenta una situazione organizzativa associabile agli approcci al processo decisionale descritti in questo capitolo.

Casella 1. Nella casella 1 di Figura 12.8 vengono utilizzate procedure razionali di decisione perché i problemi sono condivisi, i rapporti causa-effetto sono chiari e quindi c'è poca incertezza. Le decisioni possono essere prese con il metodo del computo. È possibile identificare le alternative e adottare la soluzione migliore attraverso analisi e calcoli. I modelli razionali descritti in precedenza, sia per gli individui sia per l'organizzazione, sono quindi appropriati quando i problemi e i mezzi per risolverli sono ben definiti.

Casella 2. Nella casella 2 siamo in presenza di elevata incertezza sui problemi e sulle priorità e vengono utilizzati quindi la contrattazione e il compromesso per ottenere il consenso. Per l'organizzazione affrontare un problema può significare dover rimandare azioni relative ad altre questioni. Le priorità date ai relativi problemi vengono decise attraverso discussioni, dibattiti e formazione di coalizioni.

I manager, in questa situazione, dovrebbero perseguire un'ampia partecipazione per ottenere consenso nel processo decisionale. Le opinioni dovrebbero essere discusse fino a quando non si raggiunge un compromesso. Diversamente, l'organizzazione non procederà come un'unità integrata. Il modello Carnegie si applica quando non c'è consenso sui problemi organizzativi. Quando i gruppi all'interno dell'organizzazione dissentono o quando l'organizzazione è in conflitto con gli interlocutori esterni (governo, fornitori, sindacati), si rendono necessari la contrattazione e il negoziato. La strategia di contrattazione è particolarmente attinente allo stadio del processo decisionale di identificazione del problema. Una volta conclusi la contrattazione e il negoziato, l'organizzazione avrà il supporto necessario per procedere in un'unica direzione.

Casella 3. In una situazione classificabile nella casella 3 i problemi e gli standard di prestazione sono certi, ma le soluzioni tecniche alternative sono vaghe e incerte. Le tecniche per risolvere un problema sono scarsamente definite e poco interiorizzate.

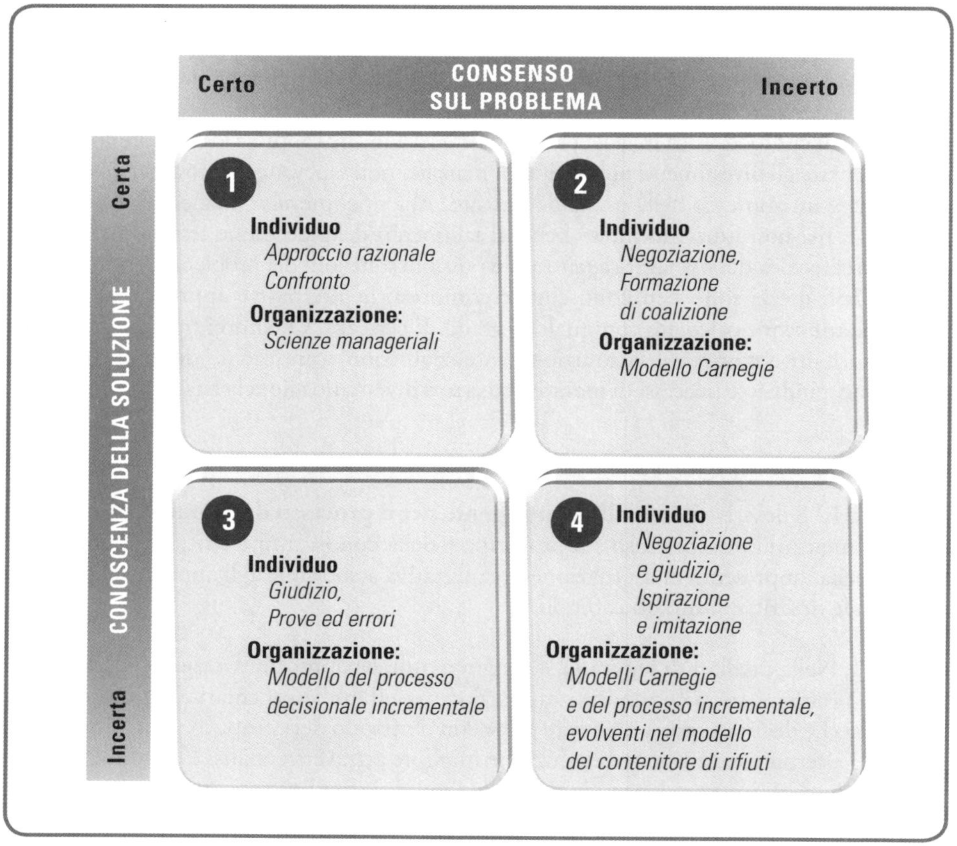

Figura 12.8
Modello contingente per l'utilizzo dei modelli decisionali

Quando un singolo manager affronta questa situazione, l'intuizione costituirà la sua linea di condotta. Il manager, nel prendere una decisione, farà affidamento sull'esperienza passata e sul giudizio; gli approcci razionali e analitici non sono efficaci in questo caso, perché le alternative non possono essere né identificate né calcolate. Non sono disponibili dati concreti e informazioni precise.

Il modello decisionale incrementale corrisponde all'approccio per tentativi ed errori da parte dell'organizzazione. Una volta identificato un problema, una sequenza di piccoli passi permette all'organizzazione di apprendere una soluzione. Nel momento in cui si presentano nuovi problemi, l'organizzazione può tornare indietro nel ciclo e ricominciare nuovamente. Alla fine, in un periodo di mesi o anni, l'organizzazione acquisterà l'esperienza sufficiente per risolvere il problema in modo soddisfacente.

La situazione descritta dalla casella 3, in cui i senior manager concordano sui problemi ma non sanno come risolverli, si verifica frequentemente nelle organizzazioni. Se in tali situazioni i manager utilizzano decisioni incrementali, alla fine acquisiranno la conoscenza tecnica sufficiente per realizzare gli obiettivi e risolvere i problemi.

Casella 4. La situazione della casella 4, caratterizzata da elevata incertezza riguardo a problemi e soluzioni, è ostica ai fini del processo decisionale. Un singolo manager che prende una decisione in un contesto così incerto può impiegare tecniche tipiche sia della casella 2 sia della casella 3. Il manager, per risolvere i problemi, può tentare di costruire una coalizione per stabilire gli obiettivi e le priorità e quindi utilizzare il giudizio, l'intuizione o il procedimento per prove ed errori. Possono anche essere richieste tecniche aggiuntive, come l'ispirazione e l'imitazione. L'**ispirazione** si riferisce a una soluzione innovativa e creativa non scaturita da procedure logiche. L'ispirazione a volte appare come un "lampo di genio", ma, analogamente all'intuizione, è spesso basata sulla profonda conoscenza e comprensione di un problema su cui l'inconscio ha avuto tempo di riflettere.[76] L'**imitazione** consiste invece nell'adottare una decisione presa altrove nella speranza che funzioni anche nella situazione presente.

In un'università, per esempio, il corpo insegnante del dipartimento di contabilità era scontento delle proprie condizioni ma non era in grado di decidere quale direzione il dipartimento dovesse seguire. Alcuni docenti auspicavano un deciso orientamento verso la ricerca, mentre altri volevano che l'orientamento si indirizzasse prioritariamente verso le imprese e verso le applicazioni contabili. Il disaccordo sugli obiettivi si è manifestato perché nessun gruppo era sicuro della tecnica migliore per l'ottenimento dei propri obiettivi. La soluzione ultima fu ispirata dal preside: fu fondato un centro di ricerca sulla contabilità usufruendo dei finanziamenti delle maggiori aziende di auditing; il finanziamento è quindi stato utilizzato per sovvenzionare le attività di ricerca di quei docenti interessati alla ricerca di base, ma anche per fornire contatti con le imprese agli altri componenti del corpo docente. La soluzione ha fornito un obiettivo comune e ha allineato gli sforzi dei componenti del dipartimento verso quell'obiettivo.

Quando un'intera organizzazione è caratterizzata da elevata incertezza riguardante sia i problemi sia le soluzioni si presentano gli elementi del modello del contenitore dei rifiuti. I manager possono provare in prima battuta le tecniche descritte nelle caselle 2 e 3, ma le sequenze logiche di decisione che iniziano con l'identificazione e finiscono con la soluzione del problema non troveranno applicazione. Le potenziali soluzioni precederanno i problemi almeno quanto i problemi precederanno le soluzioni. In questa situazione, i manager dovrebbero incoraggiare una diffusa discussione dei problemi, nonché la formulazione di proposte, per agevolare le opportunità di scelta. Alla fine, attraverso prove ed errori, l'organizzazione risolverà almeno alcuni dei problemi.

Da una ricerca è emerso che le decisioni prese in conformità alle indicazioni offerte dal modello contingente del processo decisionale tendono ad avere maggior successo. Si è tuttavia riscontrato che quasi sei decisioni manageriali strategiche su dieci non seguivano il modello, con la conseguenza che le informazioni fuorvianti o mancanti riducevano la probabilità di effettuare una scelta decisionale efficace.[77] I manager possono utilizzare il modello contingente esposto in Figura 12.8 per aumentare le probabilità di efficacia delle decisioni organizzative.

Circostanze di decisione particolari

In un mondo altamente competitivo, basato su una concorrenza a livello globale e sul rapido cambiamento, le decisioni vengono prese raramente secondo il modello tradizionale, razionale e analitico. Oggi i manager devono prendere decisioni molto rischiose più spesso e più velocemente di quanto non sia mai accaduto prima, in un ambiente che è sempre meno prevedibile. Per esempio, interviste con alcuni amministratori delegati di imprese high-tech hanno rilevato che essi cercano di utilizzare un processo razionale, ma l'incertezza e il cambiamento nel settore rendono spesso infruttuoso tale approccio. Questi manager in realtà pervengono alle decisioni attraverso una complessa interazione con altri manager, dipendenti, fattori ambientali ed eventi organizzativi.[78] Questioni di particolare interesse per i decisori di oggi sono gli ambienti ad alta velocità, l'apprendimento dagli errori decisionali e la comprensione e il superamento delle trappole cognitive nel processo decisionale.

Ambienti ad alta velocità

In alcuni settori i tassi di competitività e di cambiamento tecnologico sono così estremi che i dati di mercato sono indisponibili oppure obsoleti, le finestre strategiche si aprono e subito si richiudono, anche nel giro di pochi mesi, e il costo di una decisione sbagliata potrebbe coincidere con il fallimento dell'organizzazione. Studi hanno esaminato in che modo le aziende di successo prendono decisioni in **ambienti ad alta velocità**, soprattutto per capire se esse tendono ad abbandonare gli approcci razionali o se abbiano tempo sufficiente per un'implementazione di tipo incrementale.[79]

Un confronto tra decisioni di successo e decisioni fallimentari suggerisce le seguenti considerazioni.

- I decisori efficaci raccolgono informazioni in tempo reale per sviluppare una profonda e intuitiva conoscenza del business. La norma consiste nel fare due o tre riunioni intense alla settimana con tutti gli attori critici. I decisori monitorano con attenzione dati statistici per avere costantemente il polso di che cosa stia avvenendo. Le aziende inefficaci tendono invece, secondo le ricerche effettuate, a occuparsi della pianificazione del futuro e delle informazioni previsionali, con una presa di decisioni troppo debole sugli avvenimenti del presente.
- Le imprese di successo, durante un processo decisionale importante, cominciano immediatamente a considerare diverse alternative. Possono essere impiegate in parallelo varie tecniche prima che i manager giungano a una scelta definitiva. Le aziende a decisione lenta tendono invece a sviluppare solo una singola alternativa, orientandosi su un'altra solo dopo aver constatato il fallimento della prima.
- I decisori veloci e di successo cercano suggerimenti da tutti e si avvalgono in larga misura, come consiglieri, di uno o due colleghi saggi e fidati. Le aziende lente non sono invece in grado di costruire la fiducia e l'accordo necessari tra le persone più capaci.
- Le aziende veloci coinvolgono ogni persona interessata nella decisione e cercano costantemente il consenso; ma se il consenso non emerge, un manager di vertice prende la decisione e procede oltre. Aspettare che tutti salgano "a bordo" crea più ritardi che garanzie. Le imprese lente accumulano ritardo perché attendono di ottenere un consenso unanime.
- Le decisioni veloci e di successo si integrano bene con le altre decisioni e con l'orientamento strategico complessivo. Le scelte di minor successo considerano la decisione come isolata dalle altre; la decisione viene presa in astratto.[80]

Quando conta la velocità, una decisione lenta può risultare inefficace quanto una decisione sbagliata. I manager possono imparare a prendere decisioni in modo rapido. Per aumentare le probabilità di prendere una buona decisione in condizioni di alta velocità, alcune organizzazioni stimolano un conflitto costruttivo attraverso una tecnica chiamata **punto-contrappunto**, in base alla quale i decisori vengono divisi in due gruppi e incaricati di responsabilità diverse e spesso contrastanti.[81] I gruppi sviluppano e si scambiano proposte, discutendo le varie opzioni finché non arrivano a un insieme condiviso di idee e raccomandazioni. I gruppi possono spesso prendere decisioni migliori perché considerano molteplici e differenti opinioni. Per far fronte a complessità e incertezza la cosa migliore è che molte persone partecipino alle decisioni. È possibile che non si raggiunga il consenso, ma tale esercizio offre a ciascuno la possibilità di considerare diverse opzioni e proporre le proprie opinioni, fornendo ai manager una visione più ampia. In genere le persone coinvolte supportano la scelta finale. Tuttavia, se è necessaria una decisione molto rapida, i top manager sono disposti a prenderla e procedere oltre.

Errori decisionali e apprendimento

Le decisioni organizzative producono molti errori, specialmente quando prese in condizioni di alta incertezza. Il problema è semplicemente che i manager non possono determinare o predire quale delle alternative risolverà un determinato problema. In questi casi l'organizzazione deve prendere la decisione – e il rischio – spesso adottando un'ottica di tentativi ed errori. Se l'adozione di un'alternativa non ha successo, l'organizzazione può apprendere da essa e provarne un'altra che si adatti meglio alla situazione. Ogni fallimento fornisce nuove informazioni e nuovo apprendimento. Ciò che i manager devono fare è quindi procedere nel processo decisionale nonostante la possibilità di errori. "Un'azione caotica è preferibile a un'inattività ordinata".[82]

In molte organizzazioni i manager sono stati incoraggiati a infondere un clima di sperimentazione allo scopo di facilitare un processo decisionale creativo. Se un'idea non produce risultati, si dovrebbe tentare con un'altra idea. Il fallimento pone spesso le basi per il successo, come avvenuto nel caso della 3M, i cui tecnici svilupparono i celebri Post-it sulla base di un prodotto fallito – una colla "poco adesiva". I manager delle aziende più innovative sono convinti che se tutti i loro nuovi prodotti hanno successo, allora vuol dire che qualcosa non sta andando per il verso giusto, ovvero che non stanno assumendo i rischi necessari per sviluppare nuovi mercati; in altre parole, si rendono conto che i fallimenti insegnano qualcosa di nuovo all'azienda e pongono le basi per il futuro successo.

Solo commettendo errori manager e organizzazioni possono attraversare il processo di **apprendimento decisionale** e acquisire sufficiente esperienza e conoscenze per essere più efficaci in futuro. Alcune aziende arrivano a premiare i fallimenti sfociati nell'apprendimento, come la Grey Advertising che assegna un trofeo "Heroic Failure" per premiare i "fallimenti talmente gloriosi da far sembrare il successo stesso piccola cosa."[83] Presso la Inuit, si è aggiudicato il premio per il fallimento un team che aveva sviluppato una campagna di marketing molto aggressiva destinata ai giovani contribuenti. Mediante un sito web chiamato RockYourRefund.com, la Intuit offriva sconti per Best Buy e altre aziende insieme alla possibilità di depositare i rimborsi fiscali direttamente su carte di credito Visa prepagate create dall'imprenditore e star dell'hip hop Russel Simmons. La campagna si è rivelata un fiasco e la Intuit ha depositato scarsissimi rimborsi mediante il sito, con ricavi ancor più scarsi. Dopo un'analisi a posteriori del progetto, il team ha imparato che i giovani evitano i siti web troppo pieni di pubblicità. "Non è solo un fallimento, se fallendo impariamo qualcosa" ha affermato l'ex presidente della Intuit Scott Cook.[84]

Sulla base di ciò che è stato detto in questo capitolo a proposito dei processi decisionali, è quindi lecito aspettarsi che le aziende sviluppino alla fine processi decisionali efficaci adottando un approccio di apprendimento nei confronti delle soluzioni. Esse commetteranno errori lungo il cammino, ma affronteranno l'incertezza attraverso il processo per prove ed errori.

confrontate la vostra opinione

3 **I manager e le organizzazioni possono imparare molto e rafforzarsi anche grazie a una decisione sbagliata.**

Risposta esatta: *D'accordo.* Come è ovvio, i manager non vogliono che i dipendenti prendano intenzionalmente decisioni sbagliate, ma i più abili li incoraggiano ad assumere rischi e sperimentare, un atteggiamento che può portare a decisioni fallimentari. Imparare dai fallimenti è fondamentale per crescere e migliorare; inoltre, nonostante i manager si sforzino di prendere le decisioni giuste, sanno bene che talvolta il processo decisionale deve essere breve e basarsi su informazioni limitate e che tentativi ed errori sono importanti per l'apprendimento e la crescita organizzativi.

Trappole cognitive

Pur incoraggiando l'assunzione di rischi e accettando gli errori che possono sfociare nell'apprendimento, i manager più abili cercano costantemente di evitare che le trappole cognitive offuschino il loro processo decisionale. Le **trappole cognitive** sono gravi errori di giudizio che tutti gli esseri umani tendono a commettere e che di norma conducono a scelte sbagliate.[85] Tre trappole molto comuni sono la persistenza nell'errore, l'avversione alle perdite e il pensiero di gruppo.

Persistenza nell'errore. Una trappola cognitiva molto conosciuta è denominata **persistenza nell'errore**. La ricerca suggerisce che le organizzazioni spesso continuano a investire tempo e denaro in una determinata soluzione, malgrado ci siano prove evidenti del fatto che essa non funziona. Esistono diverse spiegazioni in relazione alla ragione per la quale i manager continuano a persistere nell'errore nel caso di una decisione sbagliata.[86] Spesso i manager continuano semplicemente a sperare di poter recuperare le perdite. Per esempio, dopo i danni provocati alla centrale nucleare di Fukushima Dai-ichi dal terremoto del 2011, i manager della Tokyo Electric Power Company hanno ritardato la decisione di raffreddare i reattori danneggiati con acqua di mare perché volevano proteggere gli investimenti effettuati e sapevano che l'uso di acqua salata avrebbe reso inutilizzabili i reattori. La dirigenza è tornata sui suoi passi e ha disposto le misure necessarie su richiesta del Primo ministro giapponese a seguito di un'esplosione all'interno dell'impianto.[87]

Inoltre bloccano o distorcono le informazioni negative quando essi sono personalmente responsabili di una decisione sbagliata. Un'altra spiegazione riguardo alla persistenza nell'errore rispetto a una decisione sbagliata è data dal fatto che la coerenza e la persistenza sono valutate positivamente nella società attuale: la coerenza è infatti considerata un'ottima qualità per un leader, rispetto al passaggio da un approccio all'altro. I manager semplicemente non sono in grado di capire quando staccare la spina anche se vengono messi di fronte alle prove che una decisione era sbagliata.

Avversione alle perdite. Gran parte degli individui nutre un'innata avversione alle perdite, per cui la paura del fallimento risulta più potente dell'opportunità di successo nel prendere una decisione:[88] il fastidio che si prova quando si perde una banconota da dieci euro è di norma molto più intenso rispetto alla contentezza di trovarne per strada una da venti. Secondo la **teoria del prospetto**, elaborata dagli psicologi Daniel Kahneman e Amos Tversky, la minaccia di una perdita esercita un impatto maggiore su una decisione rispetto alla possibilità di un pari guadagno.[89] Molti manager mostrano quindi una tendenza ad analizzare i problemi pensando a ciò che temono di perdere, e non a ciò che potrebbero guadagnare; alle prese con una particolare decisione, danno troppo peso al valore delle potenziali perdite e sottovalutano il valore dei possibili guadagni. Inoltre, secondo alcune ricerche il rimpianto per una decisione che determina una perdita è più forte di quello per una opportunità persa. I manager potrebbero quindi lasciarsi sfuggire opportunità potenzialmente rilevanti ma caratterizzate anche da esiti probabilmente negativi. Tale tendenza può determinare un modello decisionale improntato a un'eccessiva cautela che mette l'organizzazione in condizioni di operare sempre al di sotto delle potenzialità.[90] La teoria del prospetto contribuisce anche a spiegare il fenomeno della persistenza nell'errore, illustrato nel paragrafo precedente: i manager non vogliono perdere né vedere il proprio nome accostato a un progetto fallimentare e continuano a sprecare ulteriori risorse.

Pensiero di gruppo. Nell'ambiente organizzativo numerose decisioni vengono prese da gruppi, motivo per cui il desiderio di conformarsi agli altri può determinare distorsioni nel giudizio. Quasi tutti i gruppi sono caratterizzati da sottili pressioni all'accordo e gli individui tendono a evitare qualsiasi elemento che possa creare disarmonia, specie quando nutrono ammirazione reciproca. Il **pensiero di gruppo** si riferisce alla tendenza dei membri di un gruppo a reprimere opinioni divergenti.[91] Quando gli individui scivolano nel pensiero di gruppo, il desiderio di armonia assume un peso maggiore rispetto all'interesse per la qualità delle decisioni. Si pone l'accento sull'unità, anziché sul confronto realistico con problemi e alternative complessi, gli individui tendono a censurare le proprie opinioni personali e sono riluttanti a criticare le opinioni altrui.

Superare le trappole cognitive

In che modo i manager possono evitare di cadere nel pensiero di gruppo, nella persistenza nell'errore e nell'avversione alle perdite? Sono state proposte molte tattiche che aiutano i manager a essere più realistici e obiettivi durante il processo decisionale: due delle più efficaci sono il management basato sull'evidenza e l'incoraggiamento del dissenso e della diversità.

Management basato sull'evidenza. Il **management basato sull'evidenza** (*evidence-based management*) implica un impegno a prendere decisioni più informate e intelligenti sulla base dei migliori dati disponibili;[92] significa essere consapevoli dei propri limiti e dedicarsi alla ricerca e all'esame rigorosi dei fatti. I manager applicano un processo decisionale basato sull'evidenza quando sono attenti e cauti, anziché fare affidamento su ipotesi, esperienze passate, regole empiriche o intuizioni. Per esempio, Dawn Zier fu assunta come amministratrice delegata della Nutrisystem per cambiare la situazione ma, stando alle sue parole, quando poneva delle domande gli interlocutori "rispondevano troppo velocemente, senza nemmeno prendersi il tempo di pensarci su," salvo poi scoprire, dopo ulteriori indagini, che di solito "i fatti non corrispondevano a quelli presentati." Per questo motivo, si impegnò in un'iniziativa di cambiamento culturale finalizzata alla costruzione di una mentalità per cui ci si concentrasse sulle prove concrete piuttosto che "sulla fantasia o sull'auspicio che qualcosa si verificasse." Attualmente il motto dell'azienda è "Solo fatti", là dove la parola *fatti* fa riferimento non soltanto alle prove concrete, ma anche ai valori di concentrazione, responsabilità, centralità del cliente, squadra e successo.[93]

Secondo i risultati di un'indagine globale condotta da McKinsey & Company, i manager ottengono risultati migliori quando realizzano analisi accurate in fase decisionale.

Uno sguardo sull'Europa

L'utilizzo dei Big Data nel processi decisionali: il caso Reale Mutua

Volume, velocità e varietà sono le tre "V"[1] che caratterizzano i *Big Data*, termine molto diffuso per descrivere la raccolta, l'elaborazione e la disponibilità di enormi volumi di dati. Il volume indica la grande crescita quantitativa dei dati disponibili; l'informazione viene poi generata ad una velocità che supera quella dei sistemi tradizionali ed avviene molto spesso in *real-time*; la varietà, infine, è indicativa dell'esistenza di molteplici forme emergenti di dati di interesse per le imprese, spesso in formato multimediale e non strutturato. A questi tre fattori sono poi stati aggiunti due ulteriori etichette relative ai concetti di veridicità e valore[2]. Il primo si riferisce alla correttezza e all'affidabilità dei dati: fattori questi altamente auspicabili ma difficili da garantire soprattutto se si tratta di dati provenienti da più fonti. Il valore, invece, si riferisce alla capacità dei dati accumulati di garantire benefici per l'impresa.

Big Data e processi decisionali

L'obiettivo principale della gestione dell'enorme flusso di informazioni reso disponibile dalle nuove tecnologie digitali è quello di basare i processi decisionali relativi al *business* sui dati e non sulle intuizioni o sull'esperienza dei singoli e prendere di conseguenza decisioni più accurate. I *Big Data* offrono oggi la possibilità di differenziare il processo decisionale, ma allo stesso tempo la bravura e la difficoltà delle aziende consiste nella capacità di raccogliere le informazioni giuste e utilizzarle appropriatamente mediante specifici strumenti analitici. Utilizzando per esempio simulazioni ed esperimenti le aziende possono testare diverse ipotesi e analizzarne i risultati per prendere decisioni relative ad investimenti o modifiche dei processi. Dati relativi a vendite, clienti, marketing, transazioni, scambi comunicativi sui social media e molto altro ancora possono servire non solo a individuare correlazioni tra fenomeni, ma anche a spingersi oltre ed elaborare modelli causali e predittivi riducendo la variabilità dei risultati e migliorando le prestazioni finanziarie e di prodotto. In alcuni ristoranti, per esempio, sono stati implementati dei *device* che raccolgono dati sulle interazioni dei clienti, il traffico e le ordinazioni, in modo tale da poter testare come alcune variazioni nei menu o nel *design* possa influenzare le vendite. In altri casi la gestione di aziende virtuali permette di fare continui test su quali fattori generano un maggiore coinvolgimento dei clienti o un maggior numero di vendite.

I Big Data nel settore assicurativo

Quello dei *Big Data* sembra essere un *trend* inarrestabile e molte aziende hanno già avviato progetti dedicati con l'obiettivo di massimizzare le opportunità e minimizzare il rischio aumentando la produttività e la qualità di prodotti e servizi. Tra i vari settori coinvolti dalla rapida progressione della digitalizzazione e la relativa espansione della quantità di dati disponibile, il settore assicurativo è certamente tra i più impattati. I *Big Data* nel settore assicurativo permetterebbero il miglioramento di alcuni processi chiave come la relazione con il cliente e la personalizzazione dell'offerta; l'ottimizzazione dei processi di valutazione del rischio; l'utilizzo di tecniche di *telematics* per acquisire vantaggio competitivo attraverso l'offerta di prodotti a *pricing* flessibile e nuovi servizi e prodotti. Alla base c'è la combinazione di dati strutturati e non strutturati

1 Zikopoulos, P.C., Eaton, C., deRoos, D., Deutsch, T., and G. Lapis. *Understanding Big Data— Analytics for Enterprise Class Hadoop and Streaming Data*. New York: McGraw-Hill, 2012.

2 Zikopoulos, P.C., deRoos, D., Parasuraman, K., Deutsch, T., Corrigan, D., and J. Giles. *Harness the Power of Big Data—The IBM Big Data Platform*. New York: McGrawHill, 2013.

Studiando le risposte fornite da oltre 2.000 dirigenti rispetto all'approccio decisionale seguito dall'azienda, si è riscontrato che tecniche come l'analisi dettagliata, la valutazione del rischio, i modelli finanziari e il vaglio di situazioni analoghe generalmente si traducono in risultati migliori sui piani finanziario e operativo.[94] Tuttavia, da una recente rassegna delle decisioni di 39 senior general manager è emerso che fanno uso limitato delle prove empiriche per prendere la maggior parte delle decisioni. Possono migliorare l'efficacia delle loro decisioni facendone un uso maggiore.[95] L'evidence-based management può rivelarsi particolarmente utile per superare la paura di perdere e il problema della persistenza nell'errore. Per mettere in pratica questo approccio, i manager utilizzano dati e fatti nella maggior misura possibile per prendere decisioni. Molti dei problemi posti ai manager sono incerti, pertanto dati e fatti non sempre sono disponibili; tuttavia, ricercando sempre l'evidenza, si può evitare di basarsi su ipotesi ingannevoli. I decisori possono anche condurre un'analisi a posteriori delle decisioni per valutare che cosa abbia funzionato e che cosa no e come migliorare le cose. I decisori più attenti hanno un salutare interesse per ciò che ignorano, cercano continuamente di mettere in discussione gli altri incoraggiandoli a mettere in dubbio le proprie conoscenze e ipotesi, promuovono una cultura basata su ricerca, osservazione e sperimentazione.

(ad es. informazioni demografiche, preferenze, email, acquisti, ecc.) per costruire una vista integrata del cliente e guidare attività di *marketing* e vendita. In ambito *telematics* poi, secondo le stime ufficiali ANIA (Associazione Nazionale fra le Imprese Assicuratrici), l'Italia è leader mondiale per numero di dispositivi elettronici installati sulle vetture (cosiddette *black-box* o scatole nere), che consentono un monitoraggio delle abitudini e degli stili di guida e che forniscono puntuali informazioni in caso di incidente e/o sinistro assicurativo.

L'esperienza di Reale Mutua nell'utilizzo della telematica
Molto attiva e con un'esperienza oramai matura sul fronte della telematica nel ramo auto è Reale Mutua, la più grande Compagnia assicurativa italiana costituita in forma di mutua. Reale Mutua ha avviato ormai dal 2007 un portfolio telematico *motor* che ad oggi vede circa 76.000 scatole nere installate su altrettante autovetture dei propri clienti. La presenza della scatola nera nelle automobili consente la trasmissione di informazioni circa il comportamento di guida del cliente e la possibilità di offrire prodotti assicurativi personalizzati sulla base delle reali esigenze dei consumatori. La motivazione che spinge i clienti Reale Mutua a condividere informazioni di carattere personale sono legate da un lato ai benefici che questo comporta in termini di controllo dei furti e relativo sistema di geolocalizzazione, ma anche perché il monitoraggio di quanto e come si guida permette l'accesso a una serie di benefit. Sono un esempio le opzioni *pay-as-you-drive*, l'assicurazione auto chilometrica il cui premio è calibrato su una quota variabile che dipende dai chilometri che il contraente percorrerà, o la clausola "Guida bene e risparmi" che fornisce sconti in caso di guida sicura e premia la fedeltà del cliente. L'utilizzo dei *Big Data* in questo ambito, dunque, consente alle assicurazioni di fotografare il profilo di rischio di un individuo applicando modelli analitici avanzati ad un flusso continuo di dati legati al comportamento di guida (per esempio, rispetto dei limiti, velocità, frenate, ecc.). Piuttosto che basarsi dunque su dati statistici storici di tipo aggregato come cilindrata dell'auto, luogo di residenza o numero di sinistri, le politiche di *pricing* di Reale Mutua vengono oggi personalizzate sulla base delle reali abitudini di guida. Inoltre, da un lato si riscontra tra i clienti del portfolio telematico una minore incidenza di sinistri, segno questo che l'installazione della scatola nera può avere un impatto preventivo sul comportamento alla guida. Dall'altro sono diminuiti i sinistri fraudolenti e la quantificazione del danno da parte dell'azienda in una situazione di *crash management* avviene in maniera più corretta ed affidabile. Non da ultimo, si riscontra una maggiore fidelizzazione e soddisfazione da parte dei clienti Reale Mutua che aderiscono al portfolio telematico.

Domande:
1. In che modo le aziende possono beneficiare dell'utilizzo dei *Big Data* nei processi decisionali?
2. Quali sono i processi chiave del settore assicurativo maggiormente influenzati dall'utilizzo dei *Big Data*?
3. Quali sono i vantaggi che Reale Mutua ha tratto dall'utilizzo dei *Big Data* nel ramo auto?

Incoraggiamento del dissenso e della diversità. Il dissenso e la diversità possono rivelarsi particolarmente utili in circostanze complesse perché aprono il processo decisionale a un ampio ventaglio di idee e opinioni, anziché relegarlo alle costrizioni delle trappole personali e del pensiero di gruppo.[96] Una maniera per incoraggiare il dissenso consiste nell'assicurarsi che il gruppo sia eterogeneo in termini di età e genere, area funzionale di competenza, livello gerarchico ed esperienza. Alcuni gruppi designano un **avvocato del diavolo**, incaricandolo di mettere in discussione le ipotesi e le affermazioni avanzate dal gruppo.[97] L'avvocato del diavolo potrebbe indurre il gruppo a ripensare il proprio approccio al problema, evitando di prendere decisioni premature. Consideriamo il caso dei militari impegnati in complesse operazioni in Iraq e Afghanistan, contesti nei quali le decisioni sbagliate possono avere esiti tragici. Presso la University of Foreign Military and Cultural Studies di Fort Leavenworth, l'Esercito statunitense ha formato un gruppo di soldati incaricati di fungere da avvocati del diavolo. I membri del Red Team, come è stato denominato il gruppo, venivano assegnati a diverse brigate con il compito di mettere in discussione le idee prevalenti e accertarsi che le decisioni fossero prese in esame da punti di vista diversi. "È come avere qualcuno nel gruppo che dice: 'un momento, andiamoci piano'," ha spiegato il direttore del programma Greg Fontenot. L'obiettivo era evitare di "restare impantanati nel pensiero di gruppo."[98]

Sulla base di un altro approccio, denominato *dissenso rituale*, team paralleli lavorano allo stesso problema durante una riunione con numerosi partecipanti. Ciascun team nomina un portavoce incaricato di presentare le scoperte e le idee collettive ai membri dell'altro, che sono tenuti ad ascoltare attentamente. Alla conclusione, il portavoce si discosta dai membri del team e li ascolta senza interromperli mentre smontano la sua presentazione senza esclusione di colpi. Tutti i portavoce effettuano la presentazione per ciascun team, quindi alla fine della riunione tutte le idee sono state ben analizzate e discusse.[99] Anche il metodo del punto-contrappunto descritto sopra incoraggia efficacemente il dissenso. Quale che sia la tecnica preferita, i buoni manager trovano sempre la strategia per avere a disposizione una molteplicità di idee e opinioni al momento di prendere decisioni complesse.

Riepilogo e interpretazioni

- Il concetto di per sé più importante di questo capitolo è che la maggior parte delle decisioni organizzative non vengono prese in modo logico e razionale; perlopiù, infatti, esse non iniziano con l'analisi attenta di un problema, seguita da un esame sistematico delle alternative e infine dall'implementazione di una soluzione. Al contrario, i processi di decisione sono caratterizzati da conflitto, formazione di coalizioni, tentativi ed errori, rapidità e sbagli. I manager operano in presenza di molti vincoli che limitano la razionalità e quindi ricorrono a soluzioni soddisfacenti e intuizioni oltre che all'analisi razionale durante il processo decisionale. Le trappole cognitive individuali rappresentano un vincolo notevole di cui i manager dovrebbero essere consapevoli.
- Un altro concetto importante sottolinea che sono gli individui a prendere le decisioni, ma gran parte delle decisioni organizzative non sono prese da un singolo individuo. Alcuni degli approcci al processo decisionale organizzativo sono l'approccio della scienza manageriale, il modello Carnegie, il modello del processo decisionale incrementale e il modello del contenitore dei rifiuti.
- Solo in rare circostanze i manager analizzano i problemi e trovano le soluzioni in maniera indipendente. Molti problemi non sono chiari e quindi si attivano discussioni ad ampio raggio e iniziative di formazione di coalizioni. Una volta stabiliti obiettivi e priorità, si può cominciare a provare le diverse alternative per raggiungere tali obiettivi. Anche quando un manager prende una decisione a livello individuale, ciò avviene spesso come una piccola parte di un processo decisionale più grande. Le organizzazioni risolvono grandi problemi attraverso una serie di piccoli passi. Un singolo manager può dare avvio a uno di essi, ma dovrebbe essere consapevole del più generale processo decisionale in cui questo passo è inserito.
- La maggiore intensità di conflitto e di formazione di coalizioni si verifica quando non c'è accordo sui problemi. È necessario stabilire priorità che indichino quali obiettivi sono importanti e quali problemi dovrebbero essere risolti per primi. Se un manager comincia ad affrontare un problema sull'importanza del quale altre persone non concordano, il manager in questione perderà il supporto necessario perché la soluzione venga realizzata. Dovrebbero essere quindi investiti tempo e attività per la formazione di una coalizione nello stadio del processo decisionale di identificazione del problema, dopodiché l'organizzazione può passare ad affrontare le soluzioni. Sotto condizioni di

scarsa conoscenza tecnica, la soluzione si presenta come una serie di tentativi incrementali che condurranno gradualmente a una soluzione complessiva.

- La descrizione più attuale del processo decisionale è rappresentata dal modello del contenitore dei rifiuti, che descrive come i processi decisionali possano sembrare quasi casuali in organizzazioni estremamente organiche. Decisioni, problemi, idee e persone fluiscono attraverso le organizzazioni e si uniscono in diverse combinazioni. Tramite questo processo, l'organizzazione è in grado gradualmente di apprendere. Alcuni problemi potranno non essere mai risolti, ma molti lo saranno, e l'organizzazione si muoverà in direzione del mantenimento e del miglioramento del proprio livello di prestazioni.
- Molte organizzazioni operanti in ambienti assai dinamici si trovano a dover prendere decisioni rapidamente, il che significa stare in contatto immediato con le attività e con l'ambiente. Inoltre, in un mondo caratterizzato da incertezza, le organizzazioni commetteranno errori e gli errori commessi attraverso processi di tentativi ed errori dovrebbero essere apprezzati. Incoraggiare il progresso attraverso tentativi ed errori facilita infatti l'apprendimento organizzativo.
- D'altra parte, lasciare che le trappole cognitive offuschino il processo decisionale può avere gravi conseguenze negative per un'organizzazione. I manager possono evitare i problemi legati alla persistenza nell'errore, all'avversione alla perdita e al pensiero di gruppo utilizzando il management basato sull'evidenza e incoraggiando la diversità e il dissenso durante il processo decisionale.

Punti chiave

Tieni a mente questi suggerimenti

1. Adotta processi decisionali che si adattino alla situazione organizzativa. Differenzia i processi per le decisioni programmate rispetto a quelli per le decisioni non programmate.
2. Utilizza un approccio decisionale razionale quando possibile, ma tieni presente che molti vincoli possono ostacolare i decisori e impedire una decisione perfettamente razionale. Adotta la prospettiva della razionalità limitata e usa l'intuizione e l'esperienza quando affronti decisioni poco definite e non programmate.
3. Utilizza un approccio decisionale razionale quando la situazione relativa a un problema è ben compresa e può essere suddivisa in variabili che si possono misurare e analizzare.
4. Utilizza un approccio di formazione di coalizioni quando gli obiettivi organizzativi e le priorità dei problemi sono in conflitto. Quando i manager sono in disaccordo sulle priorità o sulla vera natura di un problema, dovrebbero discutere e cercare un accordo sulle priorità.
5. Quando un problema è definito, ma le soluzioni sono incerte, utilizza il modello del processo incrementale. Sperimenta le soluzioni un passo alla volta per constatare se esse funzionano oppure no.
6. Applica sia il modello Carnegie sia il modello del processo incrementale in una situazione che presenta alta incertezza relativamente tanto ai problemi quanto alle soluzioni. Il processo decisionale può anche utilizzare procedure proprie del modello del contenitore dei rifiuti. Conduci l'organizzazione verso prestazioni migliori proponendo nuove idee, investendo tempo per lavorare su aree importanti e persistendo nelle soluzio-ni potenziali.
7. Segui le informazioni in tempo reale, crea più alternative contemporaneamente e cerca di coinvolgere ogni persona interessata – ma procedi in ogni caso quando devi prendere decisioni in un ambiente ad alta velocità.
8. Non lasciare che le trappole cognitive offuschino il tuo processo decisionale. Per evitare i problemi legati al pensiero di gruppo, alla persistenza nell'errore e all'avversione alla perdita, applica il management basato sull'evidenza e le tecniche per incoraggiare la diversità e il dissenso.

Glossario

ambienti ad alta velocità
anarchia organizzata
apprendimento decisionale
approccio delle scienze manageriali
approccio razionale
avvocato del diavolo
coalizione
conoscenza tecnica
consenso sui problemi
decisione organizzativa
decisioni non programmate
decisioni programmate
identificazione del problema
imitazione
ispirazione
management basato sull'evidenza
modello Carnegie
modello contingente del processo decisionale
modello del contenitore dei rifiuti
modello del processo decisionale incrementale
pensiero di gruppo
persistenza nell'errore
processo decisionale intuitivo
prospettiva della razionalità limitata
punto-contrappunto
quasi-razionalità
ricerca per problemi
soluzione del problema
soluzione soddisfacente
teoria del prospetto
trappole cognitive

Domande per la discussione

1. Un economista una volta affermò: "Una persona che assume una decisione dovrebbe prendere in considerazione tutte le informazioni rilevanti e selezionare l'alternativa economicamente razionale". Siete d'accordo? Motivate la vostra risposta.
2. Perché l'intuizione è utilizzata nel processo decisionale? Ricordate un'occasione in cui avete utilizzato l'intuizione per prendere una decisione?
3. Se i manager ricorrono spesso all'esperienza e alle intuizioni per prendere decisioni non programmate e complesse, in che modo applicano il management basato sull'evidenza, secondo il quale si dovrebbe fare affidamento su fatti concreti e dati?
4. Il modello Carnegie enfatizza il bisogno di formazione di una coalizione nel processo decisionale. Quando e per quali ragioni sono necessarie le coalizioni?
5. Quali sono le tre fasi principali nel modello del processo decisionale incrementale di Mintzberg? Perché un'organizzazione dovrebbe riutilizzare una o più fasi del modello?
6. Una volta, uno studioso di organizzazione disse ai suoi allievi: "Le organizzazioni non prendono mai grandi decisioni. Esse prendono decisioni ridotte che, alle fine, si sommano in una decisione più grande". Spiegate la logica sottostante a questa affermazione.
7. In che maniera i problemi di consenso affliggono i processi decisionali nelle organizzazioni?
8. Perché negli ambienti turbolenti i manager sono più preoccupati dal presente che dal futuro? Immaginate un singolo manager che opera in questo tipo di ambiente: avrebbe più probabilità di successo adottando un approccio razionale oppure un approccio intuitivo?
9. Ricordate di aver preso una decisione riguardante la vostra vita privata, la vostra carriera scolastica o lavorativa che riflette il desiderio di evitare una perdita piuttosto che di ricavare un vantaggio? Ricordate un'occasione in cui avete perseverato nel seguire un'idea o un progetto troppo a lungo, magari mostrando una certa persistenza nell'errore, per evitare un fallimento?
10. Perché gli errori decisionali sono usualmente accettati nelle decisioni organizzative ma sono penalizzati nei corsi progettati per formare manager?

Quaderno di lavoro

Le trappole cognitive influenzano il processo decisionale?[100]

Incorriamo tutti in trappole cognitive, sebbene la maggior parte di noi faccia fatica a riconoscerle. Quali trappole cognitive influenzano le tue decisioni e le tue soluzioni ai problemi? Rispondi alle seguenti domande per farti un'idea delle difficoltà e degli errori nei quali probabilmente incorrerai da manager.

1. Un pezzo di carta viene piegato a metà, poi ancora a metà e così via. Dopo 100 piegature, che spessore avrà? La tua migliore ipotesi: ______ . Sono al 90 per cento sicuro che la risposta corretta è compresa fra ______ e ______ .
2. Quale delle seguenti figure si differenzia maggiormente dalle altre?

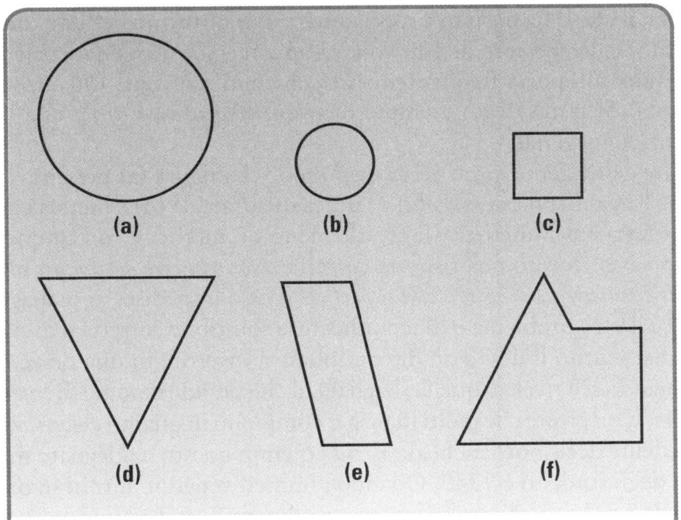

Dallo Shoptalk a pag. 289 di Management/11ª ed.

3. In qualità di proprietario e amministratore delegato della tua azienda, hai deciso di investire 100 milioni di dollari per costruire dei droni senza pilota che sfuggono ai radar del nemico. Quando il progetto è completo al 90 per cento, un'azienda concorrente comincia a commercializzare un drone completo in grado di sfuggire ai radar; esso, inoltre, è molto più veloce, piccolo, economico e sofisticato rispetto al drone che sta sviluppando la tua azienda. Vale la pena investire il restante 10 per cento dei fondi della ricerca per finire il tuo drone? Scegli una delle risposte seguenti:
   ______ No, non vi è motivo per continuare a spendere soldi per il progetto.
   ______ Sì, avendo già investito 90 milioni di dollari, tanto vale portare a termine il progetto.
4. Dai una rapida stima (in cinque secondi) del seguente prodotto, senza fare effettivamente il calcolo:
   8 × 7 × 6 × 5 × 4 × 3 × 2 × 1 = ______ .
5. Roberto è invidioso, ostinato, critico, impulsivo, attivo e intelligente. In generale, quanto emotivo ritieni che egli sia? (cerchia uno dei numeri)
   Affatto emotivo 1 2 3 4 5 6 7 8 9 10 Estremamente emotivo

6. Quale sceglieresti fra le due alternative seguenti?
   ______ Alternativa A: una probabilità del 50% di vincere € 1000
   ______ Alternativa B: una vincita sicura di € 500
   Quale sceglieresti fra le due alternative seguenti?
   ______ Alternativa C: una probabilità del 50% di perdere € 1000
   ______ Alternativa D: una perdita sicura di € 500
   Dopo aver risposto a ciascuno dei quesiti, troverai qui di seguito le risposte corrette e una descrizione della potenziale trappola cognitiva collegata.

Risposte

1. La risposta è straordinariamente elevata: approssimativamente 800.000.000.000.000 volte la distanza fra la Terra e il Sole. Probabilmente sei rimasto ancorato alla sottigliezza di un foglio di carta, il che ti ha portato a sottostimare di moltissimo l'effetto indotto dal raddoppiamento dello spessore di 100 volte. L'ancoraggio mentale iniziale a un punto basso o elevato comporta frequentemente soluzioni scorrette. Quanto certo eri della tua risposta? Si tratta di un esempio di *eccessiva sicurezza di sé*, una causa importante di errori manageriali.
2. Ognuna delle figure è differente in un certo qual modo. La figura (a) presenta l'area più estesa, la (b) ha l'area meno estesa, la (c) è l'unica quadrata, la (d) è l'unica con tre lati, la (e) è la più stretta e asimmetrica e la (f) è la meno simmetrica e con cinque lati. Ti sei fermato dopo aver trovato una risposta corretta? *Non riuscire ad andare oltre le impressioni iniziali e scavare al di sotto della superficie* spesso impedisce ai manager di comprendere qual è il vero problema o di identificare la soluzione corretta o migliore.
3. Se hai scelto "sì", hai sentito il desiderio di continuare a investire in una precedente decisione anche quando si è rivelata quella sbagliata, il che prende il nome di *intensificazione dell'impegno*. È un errore che molti manager compiono in quanto *emotivamente attaccati* alla precedente decisione, anche disastrosa quanto questo inadeguato drone.
4. La stima mediana degli studenti è 2250. Quando i numeri vengono forniti in ordine inverso, partendo da 1 × 2 e via dicendo, la stima mediana è 512. La risposta corretta è 40.320. *L'ordine di presentazione delle informazioni* fa la differenza nella soluzione fornita e la rapidità nella risposta contribuisce a produrre una risposta di gran lunga lontana da quella corretta.
5. Nel giudicare le persone, le informazioni iniziali hanno un impatto maggiore rispetto a quelle successive; questo fenomeno prende il nome di *effetto priorità*. Un'inversione dell'ordine degli aggettivi in modo tale "intelligente" e "attivo" siano i primi nell'elenco creerebbe un'impressione più favorevole. Gli intervistati rispondono che Roberto è più o meno emotivo a seconda dell'ordine degli aggettivi che lo descrivono. Hai giudicato Roberto più emotivo perché *ti sei fatto influenzare dalle impressioni iniziali*?
6. Sebbene le opzioni siano numericamente equivalenti, la maggior parte della gente sceglie le alternative B e C. Le persone odiano perdere più di quanto apprezzino vincere; ecco perché l'80% circa sceglie un piccolo guadagno sicuro (B) e il 70% sarà disposto ad assumersi un rischio maggiore nella speranza di evitare una perdita (C). *Tenere le emozioni fuori dal processo* di solito comporta decisioni migliori.

Conflitto, potere e politica

13

ORGANIZZARE LE IMPRESE:
qual è la vostra opinione?

Prima di leggere il presente capitolo, indicate qual è la vostra opinione in merito a ciascuna delle seguenti affermazioni:

1 In una certa misura, il conflitto è un fatto positivo per le organizzazioni.

D'ACCORDO ☐ IN DISACCORDO ☐

2 L'operaio di uno stabilimento produttivo addetto alla catena di montaggio è in una posizione caratterizzata da un basso livello di potere e dovrebbe accettare che la sua influenza sugli eventi sarà poco significativa.

D'ACCORDO ☐ IN DISACCORDO ☐

3 L'uso della politica da parte dei manager generalmente sfocia in conflitti e disarmonia e, con tutta probabilità, si ripercuote negativamente sul regolare funzionamento dell'organizzazione.

D'ACCORDO ☐ IN DISACCORDO ☐

Nell'estate 2013, i dirigenti della Omnicom Group Inc. e della Publicis Groupe SA annunciarono con grande clamore a Parigi che le due aziende si stavano fondendo per creare la più grande agenzia pubblicitaria al mondo. Con l'approssimarsi dell'estate 2014, tuttavia, l'accordo non era ancora stato finalizzato, per lo più a causa dei conflitti in merito a posizioni e potere. Tanto per cominciare, le due parti non riuscivano ad accordarsi su quale sarebbe stata l'acquirente dal punto di vista giuridico, il che ritardava la consegna della necessaria documentazione. Oltre a questo, ciascuna desiderava che i propri alti dirigenti ricoprissero le posizioni apicali nella nuova azienda. L'accordo era stato promosso come una "fusione fra pari," e John Wren della Omnicom e Maurice Lévy della Publicis concordarono di essere co-amministratori delegati per i primi trenta mesi. Ma già dall'inizio le loro forti personalità entrarono in collisione. La comunicazione relativa ai dettagli della fusione divenne sempre più complicata. Martin Sorrell, amministratore delegato di una delle più grandi aziende rivali, disse: "Uno parla cinese e l'altro giapponese," per illustrare i messaggi conflittuali che la Omnicom e la Publicis inviavano sullo status della fusione proposta. La battaglia per il controllo andò avanti per quasi un anno quando a maggio 2014 Wren e Lévy, con un comunicato congiunto, dichiararono che l'accordo era saltato. "È difficile a credersi che questa fusione sia saltata per il mancato accordo su ruoli e responsabilità," disse Brian Wieser, analista presso il Pivotal Research Group.[1]

Ovviamente non si trattava soltanto di ruoli e responsabilità: quello che era davvero in gioco era il controllo dell'azienda e ciascuna delle parti voleva avere il potere maggiore. Non si tratta, comunque, del primo progetto organizzativo saltato a causa degli scontri di potere fra leader: i manager della Research in Motion (ora BlackBerry Enterprise Mobility) per anni hanno discusso se l'azienda dovesse mantenere le sue caratteristiche societarie e professionali che un tempo hanno reso il BlackBerry lo smartphone preferito da società, agenzie di Stato ed eserciti, o se dovesse cominciare a soddisfare i bisogni e gli interessi dei comuni consumatori con apparecchi che consentissero un agevole accesso a contenuti come giochi, film e musica.[2] Lo scontro di potere ha reso difficile per l'azienda reinventarsi per aprirsi a una nuova era, tant'è vero che il BlackBerry non è più in gara per il podio di migliore smartphone.

Come nel caso della BlackBerry e della fusione Omnicom-Publicis, il conflitto è un risultato naturale della stretta interazione di persone che possono avere opinioni e valori diversi, che mirano a diversi obiettivi e godono, nell'organizzazione, di un differente accesso a risorse e informazioni. Gli individui e i gruppi utilizzeranno il proprio potere e l'attività politica per gestire le differenze e gli inevitabili conflitti.[3] Il conflitto può nuocere a un'organizzazione se è eccessivo, ma può anche essere una forza positiva, perché mette in discussione lo status quo, incoraggia nuove idee e prospettive e conduce al cambiamento ove necessario.[4] Un certo grado di conflitto si riscontra in tutte le relazioni umane, tra amici, coniugi, compagni di squadra, come pure tra genitori e figli, insegnanti e studenti, capi e dipendenti. Esso non è necessariamente una forza negativa: deriva dall'interazione normale di interessi umani diversi. All'interno delle organizzazioni, gli individui e i gruppi hanno spesso interessi e obiettivi diversi, che essi desiderano ottenere per il tramite dell'organizzazione. I responsabili possono usare efficacemente il potere e la politica per gestire i conflitti, ottenere il massimo dai dipendenti, aumentare la loro soddisfazione sul lavoro e il loro senso di squadra, cogliere obiettivi importanti e raggiungere le massime prestazioni con la propria organizzazione.

Obiettivi del capitolo

In questo capitolo saranno discussi la natura del conflitto e l'uso del potere e delle tattiche politiche per gestire e ridurre il conflitto tra gli individui e i gruppi. I concetti di "conflitto", "potere" e "politica" sono già stati trattati nei capitoli precedenti. Nel Capitolo 3 abbiamo parlato di collegamenti orizzontali come task force e gruppi di lavoro che incoraggiano la collaborazione tra unità con diverse funzioni. Il Capitolo 4 ha introdotto il concetto di differenziazione, che significa che unità diverse perseguono obiettivi diversi e possono avere differenti attitudini e valori. Il Capitolo 5 ha toccato i temi del conflitto e dei rapporti di potere tra le organizzazioni; il Capitolo 10 ha discusso l'emergere di sottoculture, e nel Capitolo 12 la costruzione di coalizioni è stata proposta come un modo per risolvere disaccordi tra manager e unità.

I primi paragrafi di questo capitolo esplorano la natura del conflitto tra gruppi, le caratteristiche di un'organizzazione che contribuiscono al sorgere del conflitto, l'uso di un modello politico di organizzazione contrapposto a uno razionale per gestire interessi in contrasto e alcune tattiche per attenuare i conflitti e aumentare la collaborazione. I paragrafi successivi esaminano il potere individuale e organizzativo, le fonti di potere verticali e orizzontali per i manager e per gli altri dipendenti e i modi in cui il potere è utilizzato per raggiungere obiettivi organizzativi; verrà inoltre analizzata la tendenza a responsabilizzare i dipendenti di livello inferiore e condividere il potere con loro. L'ultima parte del capitolo considera invece la politica, che è l'applicazione del potere e dell'autorità per ottenere risultati desiderati. Verranno discussi anche i modi in cui i manager possono incrementare il proprio potere e le diverse tattiche politiche per l'utilizzo del potere al fine di influenzare gli altri e raggiungere gli obiettivi auspicati.

Il conflitto intergruppo nelle organizzazioni

Il conflitto tra unità e gruppi all'interno delle organizzazioni è caratterizzato da tre elementi: identificazione di gruppo, differenze osservabili tra i gruppi e frustrazione. Per prima cosa i dipendenti devono percepire se stessi come parte di un gruppo o di un'unità.[5] Secondo, ci deve essere qualche forma osservabile di differenza di gruppo: i gruppi possono essere situati a piani diversi dell'edificio, i membri possono provenire da diversi contesti sociali, aver ricevuto diversi tipi di formazione oppure possono lavorare in unità differenti. La capacità di identificarsi come una parte di un gruppo e osservare differenze rispetto ad altri gruppi è necessaria per il conflitto.[6]

Il terzo elemento è la frustrazione, che significa che se un gruppo raggiunge il proprio obiettivo, l'altro non lo farà: sarà bloccato. Non è necessario che la frustrazione sia grave, e basta che sia prevista per accendere il conflitto intergruppo. Quest'ultimo comparirà ogni volta che un gruppo tenterà di migliorare la sua posizione rispetto agli altri. Il **conflitto intergruppo** può essere definito come il comportamento che si verifica tra gruppi di un'organizzazione quando i partecipanti si identificano con un gruppo e hanno la percezione che un altro gruppo possa bloccare il raggiungimento (o le attese di raggiungimento) dei loro obiettivi.[7] Conflitto vuol dire che i gruppi si scontrano direttamente, che sono in fondamentale contrapposizione; è un concetto simile alla competizione, ma è più forte. La **competizione** è la rivalità tra gruppi nel contendersi un premio comune, mentre il conflitto presume interferenze dirette con il raggiungimento degli obiettivi.

Il conflitto intergruppo all'interno di organizzazioni può verificarsi orizzontalmente – tra unità – o verticalmente – tra diversi livelli dell'organizzazione.[8] L'unità di produzione di una società manifatturiera potrebbe avere una controversia con il controllo qualità perché nuove procedure di qualità riducono l'efficienza di produzione. I manager dell'unità di ricerca e sviluppo spesso entrano in conflitto con i manager dell'unità finanza, che cercano di contenere i costi tagliando i finanziamenti per nuovi progetti di ricerca.

Quando i dipendenti si scontrano con i capi riguardo a nuovi metodi di lavoro, ai sistemi di ricompensa o ai nuovi lavori assegnati si verificano casi di conflitto verticale. Un'altra fonte tipica di conflitto si verifica fra gruppi quali sindacati e management, o *franchisee* e *franchisor*. Per esempio, franchisee per McDonald's, Taco Bell, Burger King e KFC sono stati in contrasto con il franchisor a causa dell'aumento di negozi dello stesso marchio in quartieri in cui erano in competizione diretta.[9]

Il conflitto può sorgere anche tra divisioni o unità commerciali diverse all'interno di una stessa organizzazione, come per esempio tra la divisione trading e banca d'investimento e la divisione retail della Morgan Stanley. Da sempre trader e impiegati delle banche di investimento guardano dall'alto in basso i colleghi del retail, considerandosi un po' l'"élite" di Wall Street. Oggi, tuttavia, le banche ricevono pressioni da parte degli azionisti ad aumentare i profitti trovando delle modalità per favorire la cooperazione fra i settori retail e trading. Di recente Morgan Stanley ha apportato una serie di modifiche tese a migliorare la comunicazione fra le due divisioni. Tuttavia, come ha detto un analista, "Morgan Stanley vanta pessimi trascorsi quando si tratta di far lavorare insieme i due gruppi."[10] Nelle organizzazioni globali, i conflitti tra i manager regionali e i manager delle divisioni commerciali, tra le diverse divisioni o tra le divisioni e la sede centrale sono piuttosto comuni a causa delle complessità del business internazionale, come descritto nel Capitolo 6. Problemi analoghi sorgono anche tra organizzazioni diverse: come accennato nel Capitolo 5; infatti il coinvolgimento di molteplici aziende nella collaborazione interorganizzativa rende inevitabili conflitti e alterazioni dei rapporti di potere.

Le fonti del conflitto

Alcune specifiche caratteristiche organizzative possono generare conflitto. Queste **fonti di conflitto intergruppo** sono incompatibilità degli obiettivi, differenziazione, interdipendenza dei compiti e risorse limitate. Le caratteristiche dei rapporti organizzativi sono determinate dalla struttura organizzativa e dai fattori contingenti dell'ambiente, della dimensione, della tecnologia, di strategia e obiettivi, ossia di un complesso di fattori già trattati nei capitoli precedenti. Queste caratteristiche, a loro volta, aiutano a determinare il grado in cui un modello razionale di comportamento, piuttosto che un modello politico di comportamento, è utilizzato per conseguire gli obiettivi.

Incompatibilità di obiettivi. Gli obiettivi di ogni unità riflettono gli obiettivi specifi ci che i membri provano a raggiungere; il raggiungimento degli obiettivi di un'unità interferisce spesso con gli obiettivi di un'altra unità, determinando l'insorgere di conflitti. Il servizio d'ordine interno dell'università, per esempio, ha l'obiettivo di garantire un campus sempre più sicuro. L'università può ottenere il proprio obiettivo chiudendo tutti gli edifici la sera e i fine settimana senza distribuire le chiavi. Senza un accesso facile agli edifici, tuttavia, il lavoro scientifico dei diversi dipartimenti finirà per procedere più faticosamente e lentamente verso gli obiettivi di ricerca prefissati. D'altra parte, se gli scienziati andassero al laboratorio a tutte le ore e fosse ignorata la sicurezza, gli obiettivi del servizio d'ordine non sarebbero conseguiti. L'incompatibilità degli obiettivi pone le unità in conflitto fra loro.

confrontate la vostra opinione

1 In una certa misura, il conflitto è un fatto positivo per le organizzazioni.

Risposta esatta: *D'accordo.* Il conflitto è inevitabile nei rapporti umani di qualsiasi natura, compresi quelli esistenti all'interno delle organizzazioni, ed è spesso un fatto positivo. In una certa misura, può essere salutare perché contribuisce alla creazione di un pensiero eterogeneo e conduce al cambiamento. In assenza di conflitti di qualsiasi genere, molto probabilmente l'organizzazione non conseguirà né la crescita né lo sviluppo.

Nelle imprese il settore informatico è spesso in conflitto con i manager dei settori commerciali per l'incompatibilità in termini di obiettivi. I manager commerciali spesso richiedono nuovi dispositivi o sistemi, e non riescono a capire il motivo del diniego da parte del direttore informatico il quale, tuttavia, deve assicurare che qualsiasi innovazione non metta a repentaglio la sicurezza dei sistemi e processi informatici dell'azienda nel loro complesso.[11] Il potenziale di conflitto è forse maggiore tra marketing e produzione che tra altre funzioni perché gli obiettivi di queste due unità sono frequentemente in contrasto. In Figura 13.1 vengono mostrati esempi di conflitti di obiettivo tra una tipica unità di marketing e una di produzione. Il marketing cerca di aumentare l'ampiezza della linea di prodotto per andare incontro alle preferenze dei clienti con la varietà. Tuttavia una linea di prodotto ampia significa cicli di produzione più brevi, così l'unità di produzione deve sopportare costi maggiori.[12] Tipiche aree in conflitto di obiettivi sono la qualità, il controllo dei costi e i nuovi prodotti o servizi. Probabilmente l'incompatibilità degli obiettivi è la maggiore causa di conflitto intergruppo nelle organizzazioni.[13]

Conflitto di obiettivi	Marketing L'obiettivo operativo è la soddisfazione dei clienti	Produzione L'obiettivo operativo è l'efficienza di produzione
Area di conflitto	**Commento tipico**	**Commento tipico**
Ampiezza della linea di prodotto	"I nostri clienti ci chiedono varietà"	"La linea di prodotto è troppo ampia, si ottengono solo cicli brevi, non economici"
Introduzione di nuovi prodotti	"I nuovi prodotto sono la nostra linfa"	"Cambiamenti di design non necessari sono eccessivamente costosi"
Programmazione della produzione	"Abbiamo bisogno di risposte più rapide, i lead time sono troppo lunghi"	"Abbiamo bisogno da parte dei clienti di impegni realistici che non cambino come il vento"
Distribuzione fisica	"Perché non abbiamo mai il giusto merchandise in magazzino?"	"Non ci possiamo permettere di mantenere scorte enormi"
Qualità	"Perché non possiamo avere una qualità ragionevole a prezzi bassi?"	"Perché dobbiamo sempre offrire opzioni troppo costose e poche opzioni economiche?"

Figura 13.1
Marketing-produzione - Aree di potenziale conflitto di obiettivi
Fonti: basato su Benson S. Shapiro, "Can Marketing and Manufacturing Coexist?", *Harvard Business Review* 55 (settembre-ottobre 1977), 104-14; Victoria L. Crittenden, Lorraine R. Gardiner, Antonie Stam, "Reducing Conflict Between Marketing and Manufacturing," *Industrial Marketing Management* 22 (1993): 299-309.

Differenziazione. La differenziazione è stata definita nel Capitolo 4 come "differenza negli orientamenti cognitivi ed emotivi tra i manager di vari unità funzionali". La specializzazione funzionale richiede personale con formazione, capacità, attitudini e orizzonti di tempo tutti quanti specifici. Per esempio, un dipendente può entrare in un ufficio vendite perché ha capacità e attitudini coerenti con il lavoro di vendita. Una volta membro dell'ufficio vendite, egli è influenzato dalle norme e dai valori dell'unità.

Le unità o le divisioni all'interno di un'organizzazione spesso differiscono per valori, attitudini e standard di comportamento e queste differenze sottoculturali conducono al conflitto.[14] Consideriamo un incontro tra un direttore commerciale e un ricercatore della ricerca e sviluppo su un nuovo prodotto:

> Il direttore commerciale può essere cordiale e interessato a mantenere un rapporto amichevole con il ricercatore. Egli può però essere scoraggiato nel perseguire questo intento dal fatto che il ricercatore sembra schivo e riluttante a parlare di qualsiasi cosa che non riguardi i problemi in cui è coinvolto, e può anche essere infastidito dal fatto che il ricercatore sembri godere di tanta libertà nella scelta di ciò su cui lavorare. Inoltre, il ricercatore, magari, arriva spesso in ritardo

agli appuntamenti il che, dal punto di vista del venditore, non è il modo corretto di gestire gli affari. Il nostro ricercatore, da parte sua, può non essere a proprio agio, perché gli sembra che il venditore prema per risposte immediate a domande tecniche che richiederanno una lunga ricerca. Tutti i disagi sono manifestazioni concrete delle relativamente grandi differenze fra queste due figure rispetto ai loro stili di lavoro e di pensiero.[15]

Interdipendenza dei compiti. L'interdipendenza dei compiti si riferisce alla dipendenza di un'unità da un'altra per materiali, risorse o informazioni. Come si è visto nel Capitolo 7, interdipendenza generica vuol dire che c'è poca interazione; interdipendenza sequenziale significa che il prodotto di un'unità va all'unità successiva; interdipendenza reciproca, infine, significa che le unità si scambiano reciprocamente materiali e informazioni.[16]

Generalmente, all'aumentare dell'interdipendenza, aumenta il conflitto.[16] Nel caso dell'interdipendenza generica, le unità hanno poca necessità di interagire: il conflitto è al minimo. Nell'interdipendenza sequenziale e reciproca i dipendenti necessitano di tempo per coordinarsi e per condividere le informazioni; devono comunicare frequentemente, e le differenze di obiettivi e di attitudini emergono. È probabile, in particolare, che si verifichi il conflitto quando non esiste una consistente base di accordo sul coordinamento dei servizi dall'uno all'altro. Maggiore interdipendenza significa che le unità premono per avere una risposta veloce in quanto il loro lavoro non può assolutamente procedere se non arriva il contributo dell'altra unità.[18]

Risorse limitate. Un'altra importante fonte di conflitto riguarda la competizione fra gruppi per quelle che i membri percepiscono come risorse limitate.[19] Le organizzazioni hanno denaro limitato, strutture fisiche, risorse di personale e risorse umane da condividere tra tutte le unità. Per centrare i propri obiettivi, i gruppi vogliono aumentare le risorse di cui possono disporre, e ciò li porta al conflitto. I manager possono sviluppare strategie, come aumentare le richieste di budget o lavorare dietro le quinte, per ottenere il livello auspicato di risorse.

Le risorse sono anche degli indicatori del potere e dell'influenza all'interno di un'organizzazione: la capacità di ottenere risorse, infatti, aumenta il prestigio. Di solito le unità pensano di avere un diritto legittimo a ottenere risorse aggiuntive, tuttavia esercitare quel diritto porta a un conflitto. Il conflitto per la gestione di risorse limitate spesso si verifica anche nelle organizzazioni governative, in quelle non profit e in quelle associative. Pensiamo ai sindacati statunitensi, che recentemente sembrano più impegnati a darsi battaglia tra loro per accaparrarsi iscritti e spettanze che a tutelare i diritti dei lavoratori nelle aziende. I vari corpi dell'esercito statunitense sono in conflitto per difendere ciascuno la propria quota di un budget per la difesa sempre più esiguo.

IN PRATICA

Esercito statunitense

L'ex Segretario della Difesa statunitense Chuck Hagel propose di effettuare tagli all'Esercito statunitense di tale entità da riportarlo a livelli inferiori a quelli della Seconda Guerra Mondiale. Questa e altre proposte di riduzione delle forze armate hanno innescato il più intenso conflitto fra i corpi dell'Esercito statunitense nel corso di un ventennio.

La formula per la spesa militare è stata sempre approssimativamente del 30 per cento per il corpo aeronautico, 30-35 per cento per marina e Marines e 25 per cento circa per l'esercito di terra. Quando il Pentagono rivede l'allocazione delle missioni ai vari corpi, la quota di spesa militare a essi spettante può aumentare o diminuire. Gli ufficiali dei Marines propongono di concentrarsi sulle forze in grado di rispondere rapidamente a livello mondiale, che secondo loro saranno più adatte alla tipologia di operazioni militari di cui necessiteranno gli Stati Uniti nei prossimi anni. Il problema è che anche l'esercito sta costruendo piccole squadre di soldati in grado di spostarsi rapidamente nelle diverse parti del mondo, il che comporta delle necessità di rinnovo delle attrezzature, come l'assegnazione di elicotteri dell'Esercito a bordo delle navi da guerra della Marina per offrire supporto alle piccole squadre di terra. Questo mette l'Esercito in diretto conflitto con il corpo dei Marines, che attualmente tiene gli elicotteri sulle navi della Marina. Il capo del personale dell'Esercito ha detto che le sue truppe devono potersi schierare rapidamente nei primi giorni di un conflitto militare. "I Marines lo sanno. Loro non sono fatti per questo," ha detto. Il comandante dei Marines ha risposto: "Per lo stesso motivo per cui l'America non ha bisogno di un secondo esercito di terra, non ha neanche bisogno di un secondo corpo di Marines."[20]

Modello razionale e modello politico

In Figura 13.2 sono elencate le fonti di conflitto intergruppo. Il grado di incompatibilità degli obiettivi, la differenziazione, l'interdipendenza e la competizione per la divisione di risorse limitate determinano se all'interno dell'organizzazione è utilizzato un modello di comportamento razionale oppure uno politico per raggiungere gli obiettivi prefissati.

Fonti di potenziale conflitto intergruppo

- *Incompatibilità di obiettivi*
- *Differenziazione*
- *Interdipendenza dei compiti*
- *Risorse limitate*

Se il conflitto è basso, il modello razionale descrive l'organizzazione	Variabili organizzative	Se il conflitto è alto, il modello politico descrive l'organizzazione
Coerenti tra i partecipanti	*Obiettivi*	*Incoerenti, pluralistici all'interno dell'organizzazione*
Centralizzato	*Potere e controllo*	*Decentralizzato, coalizioni mobili e gruppi di interesse*
Ordinato, logico, razionale	*Processo decisionale*	*Disordinato, risultato della contrattazione e dell'interazione tra i giocatori*
Norme di efficienza	*Regole e norme*	*Libero gioco delle forze di mercato, il conflitto è legittimo e atteso*
Estese, sistematiche, accurate	*Informazioni*	*Ambigue, informazioni usate e trattenute strategicamente*

Figura 13.2
Fonti di conflitto e utilizzo del modello razionale o del modello politico

Quando gli obiettivi sono allineati, c'è una differenziazione minima, le unità sono caratterizzate da interdipendenza generica e le risorse sembrano abbondanti: i manager possono utilizzare un **modello razionale** di organizzazione, come illustrato in Figura 13.2. Analogamente all'approccio razionale al processo decisionale (*decision making*), descritto nel Capitolo 12, il modello razionale di organizzazione è un "ideale" che non è completamente ottenibile nel mondo reale, sebbene i manager cerchino, quando possibile, di utilizzare processi razionali. Nell'organizzazione razionale, i comportamenti non sono casuali o accidentali; gli obiettivi sono chiari e le scelte sono fatte in modo logico. Quando una decisione è necessaria, si definisce l'obiettivo, vengono identificate le alternative ed è scelta quella con la più alta probabilità di successo. Il modello razionale è caratterizzato anche da potere e controllo centralizzati, vasti sistemi informativi e un orientamento all'efficienza.[21]

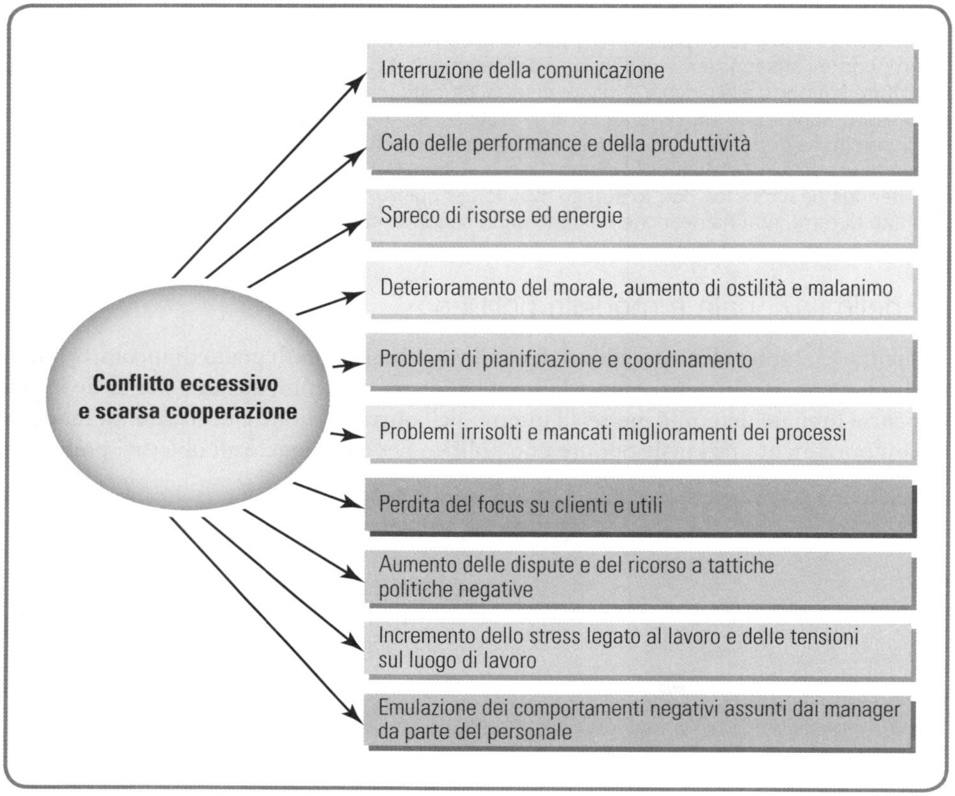

Figura 13.3
I principali dieci problemi legati a un conflitto eccessivo
Fonte: basato sui risultati di un sondaggio presentati in Clinton O. Longenecker e Mitchel Neubert, "Barriers and Gateways to Management Cooperation and Teamwork," *Business Horizons* (novembre–dicembre 2000), 37–44.

La visione opposta dei processi organizzativi è il **modello politico**, anch'esso illustrato in Figura 13.2. In questo caso le differenze sono grandi, e i gruppi dell'organizzazione hanno interessi, obiettivi e valori separati. Il disaccordo e il conflitto sono normali, per cui il potere e l'influenza sono necessari per prendere delle decisioni, e i gruppi entreranno in discussione per decidere obiettivi e raggiungere decisioni. Le informazioni sono ambigue e incomplete. Il modello politico descrive il modo in cui le organizzazioni operano normalmente. Nonostante i manager si sforzino di utilizzare un approccio razionale, il modello politico finisce per prevalere perché ciascuna unità è guidata da interessi e obiettivi diversi. In molte circostanze, le procedure puramente razionali non funzionano.

Nelle organizzazioni sono normalmente usati entrambi i processi, ma né il modello razionale né il modello politico caratterizzano completamente le situazioni: alcune volte sarà utilizzato il primo, altre il secondo. I manager possono cercare di adottare procedure razionali, per poi scoprire che per raggiungere gli obiettivi sono necessarie quelle politiche. In alcuni casi, se i manager non adottano efficacemente il modello politico, il conflitto può intensificarsi impedendo all'organizzazione di raggiungere obiettivi importanti.

Si pensi per esempio a quanto è accaduto alla Premio Foods, quando l'amministratore delegato Marc Cinque e la vicepresidente dell'area operativa Charlean Gmunder hanno tentato di usare il modello razionale per poi rendersi conto che occorreva adottare il modello politico. Gmunder aveva proposto di sostituire il metodo ormai obsoleto di previsione e ordinazione con un nuovo sistema computerizzato che avrebbe determinato una serie di cambiamenti in tutte le unità dell'azienda. Ha sottoposto a Cinque dati e statistiche dai quali emergeva che il sistema avrebbe incrementato il flusso di cassa annuo di 500.000 dollari e determinato un risparmio di 150.000 dollari grazie alla riduzione degli sprechi. "I numeri parlavano chiaro", ma Cinque ha esitato per via delle pesanti obiezioni manifestate da numerosi senior manager. Quando l'amministratore delegato ha deciso di approvare la proposta, il conflitto si è intensificato: Gmunder non riusciva a ottenere informazioni importanti da alcuni manager, mentre altri arrivavano in ritardo alle riunioni o preferivano non presentarsi. La vicepresidente dell'area operativa non era riuscita a costruire una coalizione a sostegno del nuovo sistema; per salvare il progetto, l'amministratore delegato ha istituito un team composto da senior manager di tutte le unità per vagliarne le perplessità e coinvolgerli nella messa a punto delle modalità di funzionamento del nuovo sistema.[22]

La maggior parte delle organizzazioni oggi affronta un conflitto tra unità e altri gruppi organizzativi almeno moderato. Quando il conflitto diventa troppo intenso e i manager non lavorano insieme, possono nascere problemi di difficile risoluzione. In Figura 13.3 sono elencati i dieci principali problemi generati da una mancanza di cooperazione individuati in un sondaggio condotto tra manager.[23]

Tattiche per l'aumento della collaborazione

I bravi manager cercano di minimizzare i conflitti e impedire che si ripercuotano sulle performance e il raggiungimento degli obiettivi organizzativi. La gestione efficace dei conflitti può determinare un effetto positivo diretto sulle prestazioni dei team e dell'organizzazione.[24] Per questo i manager applicano deliberatamente una molteplicità di tattiche mirate a ridurre il conflitto stimolando la cooperazione e la collaborazione tra unità per sostenere il conseguimento degli obiettivi organizzativi. Le **tattiche per l'aumento della collaborazione** includono quanto segue.

1. *Creare strumenti di integrazione.* Come descritto nel Capitolo 3, i gruppi, le task force e i project manager a cavallo tra le unità possono essere impiegati come strumenti di integrazione. Coinvolgere rappresentanti di unità in conflitto in gruppi congiunti di risoluzione dei problemi è un modo efficace per aumentare la collaborazione, affinché imparino a capire l'uno il punto di vista dell'altro.[25] A volte a uno strumento di integrazione a tempo pieno è assegnato il compito di assicurare la cooperazione la collaborazione attraverso l'incontro dei membri delle relative unità e lo scambio di informazioni. Lo strumento d'integrazione deve capire i problemi del gruppo e deve essere in grado di muovere entrambi i gruppi verso una soluzione che sia reciprocamente accettabile.[26]
   Gruppi e task-force riducono il conflitto e aumentano la cooperazione perché integrano il personale di varie unità. Gli strumenti di integrazione possono essere utilizzati anche per aumentare la cooperazione tra lavoratori e management. I **gruppi lavoratori-management**, progettati per aumentare la partecipazione dei lavoratori e fornire un modello cooperativo per la risoluzione dei problemi sindacato-management, vengono utilizzati da società come la Goodyear, la Ford Motor Company e la Alcoa. Nello stabilimento produttivo International Specialty Products Corporation di Calvert City (Kansas), una partnership sindacato-management ha contribuito a migliorare la qualità e la redditività, oltre che a ridurre i costi. Il team di direzione dello stabilimento è composto da due manager e due rappresentanti sindacali e ciascuna delle sette aree

operative è guidata da un rappresentante del management e un rappresentante del sindacato.[27] Anche se i sindacati continuano a dare battaglia su temi come il salario, questi strumenti di integrazione favoriscono un livello di cooperazione che molti manager non avrebbero creduto possibile solo alcuni anni fa. Bob King, presidente del sindacato dei lavoratori del settore automobilistico United Auto Workers (UAW), ha dichiarato che la sua organizzazione ha imparato a caro prezzo l'importanza della cooperazione per garantire la redditività della case automobilistiche: "la vecchia mentalità 'noi contro loro' appartiene ormai al passato" sostiene King.[28]

2. *Utilizzare il confronto e il negoziato.* Il **confronto** si verifica quando le parti in conflitto si confrontano direttamente le une con le altre e provano a considerare le differenze reciproche. La **negoziazione** è il processo di contrattazione che si verifica spesso durante il confronto e che permette alle parti di raggiungere sistematicamente una soluzione. Queste tecniche coinvolgono rappresentanti scelti dalle unità per risolvere questioni controverse. Il confronto e la negoziazione implicano qualche rischio. Non c'è alcuna garanzia che le discussioni si concentreranno su un solo oggetto di contesa o che le emozioni saranno controllate. Tuttavia, se i membri sono in grado di risolvere il conflitto sulla base di discussioni faccia a faccia, troveranno nuovo rispetto l'uno per l'altro e la collaborazione futura diventerà più facile. L'inizio di un cambiamento di atteggiamenti relativamente permanente è possibile attraverso la negoziazione diretta.
   Il confronto e la negoziazione hanno successo quando i manager si impegnano su una *strategia vincere-vincere*, la quale vuol dire che entrambe le parti adottano un atteggiamento positivo, si sforzano di risolvere i conflitti in modo da trarne entrambe beneficio.[29] Se le negoziazioni si deteriorano a una mera strategia vincere-perdere (ogni gruppo vuole sconfiggere l'altro), il confronto sarà inefficace. Le differenze tra una strategia di negoziazione vincere-vincere e una vincere-perdere sono mostrate in Figura 13.4. Con una strategia vincere-vincere, che comporta una definizione comune del problema, una comunicazione aperta e la rinuncia alle minacce, si possono modificare le proprie idee e risolvere la questione.
   Un tipo di negoziato utilizzato per risolvere divergenze tra lavoratori e management è la **contrattazione collettiva**. Il processo di contrattazione di solito si svolge per il tramite di un sindacato e porta a un accordo che specifica le responsabilità di ogni parte per i successivi due o tre anni.

Figura 13.4
Strategie di negoziazione
Fonte: adattato da David W. Johnson, Frank P. Johnson, *Joining Together: Group Theory and Group Skills* (Englewood Cliffs, N.J.: Prentice-Hall, 1975), 182-83.

Strategia vincere-perdere	Strategia vincere-vincere
Definire il conflitto una situazione vincere-perdere	Definire il conflitto come problema comune
Perseguire risultati individuali	Perseguire risultati congiunti
Costringere l'altro gruppo alla subordinazione	Trovare accordi creativi che soddisfino entrambi i gruppi
Usare una comunicazione lacunosa e inaccurata	Usare una comunicazione aperta, onesta e accurata
Usare le minacce	Evitare le minacce
Comunicare rigidità	Comunicare flessibilità

3. *Programmare una consultazione intergruppo.* Quando il conflitto è intenso e durevole e i membri delle unità sono diffidenti e non cooperativi, i top manager possono intervenire come terza parte per aiutare a risolvere il conflitto oppure rivolgersi a un consulente esterno all'organizzazione.[30] Questo processo, talvolta chiamato mediazione sul posto di lavoro *(workplace mediation)*, è un intervento forte per ridurre il conflitto, perché implica il coinvolgere le parti in contrasto, dando modo a ognuna di presentare la sua versione della "realtà". La tecnica è stata sviluppata da psicologi come Robert Blake, Jane Mouton e Richard Walton.[31]
   I membri delle unità assistono a un workshop, che può durare per alcuni giorni, lontani dai problemi giornalieri di lavoro. Questo approccio è simile all'approccio OD descritto nel Capitolo 11 su innovazione e cambiamento. I gruppi in contrasto vengono separati e ognuno è invitato a discutere e fare una lista delle proprie percezioni di sé stesso e dell'altro gruppo; i rappresentanti di gruppo condividono pubblicamente tali percezioni e successivamente i gruppi discutono insieme i risultati. La consulenza intergruppo può essere abbastanza esigente per ciascuno dei partecipanti ma, se gestite correttamente, queste sessioni possono aiutare i dipendenti delle unità a capirsi molto meglio l'un l'altro e possono condurre ad atteggiamenti più aperti e migliori rapporti di lavoro per gli anni a venire.
4. *Praticare la rotazione delle persone.* Rotazione significa che può esser chiesto a individui di un'unità di lavorare in un'altra unità in maniera provvisoria o permanente. Il vantaggio è che questi individui sono immersi in prima persona nei valori, nelle attitudini, nei problemi e negli obiettivi dell'altra unità. Inoltre, essi possono spiegare i problemi e gli obiettivi delle loro unità di origine ai loro nuovi colleghi, il che permette uno scambio franco e accurato dei punti di vista e delle informazioni. La rotazione opera lentamente per ridurre il conflitto ma è molto efficace per la modifica delle attitudini e percezioni sottostanti che favoriscono i conflitti.[32] Alcuni anni fa, Ben Horowitz, co-fondatore del fondo di venture capital Andreessen Horowitz, ha utilizzato quella che chiama la tecnica di management *Freaky Friday* per risolvere un difficile conflitto fra le unità organizzative.

IN PRATICA

Tecnica di management *Freaky Friday*

Quando le squadre di supporto alla clientela e di sales engineering cominciarono a farsi la guerra l'una con l'altra, Ben Horowitz non sapeva cosa fare. Entrambe erano formate da persone straordinarie e guidate da eccellenti manager. Da una parte i sales engineer lamentavano il fatto che il supporto alla clientela rifiutasse di risolvere i problemi, non rispondesse in modo celere e in generale non riuscisse a fornire un servizio tale da generare la soddisfazione del cliente. Dall'altra parte il supporto alla clientela sosteneva che i sales engineer non prestavano ascolto ai loro suggerimenti per la soluzione dei problemi e complicavano il loro lavoro assegnando a ogni caso la massima priorità. In queste condizioni, le due squadre non potevano certo andare avanti; tuttavia, perché l'azienda funzionasse, dovevano lavorare insieme in modo tranquillo e costante. Accadde per caso che Horowitz, in quel periodo, vedendo il film *Freaky Friday* (in Italia, *Quel pazzo venerdì*), ebbe un'idea. Nel film una madre e una figlia, stanche della reciproca mancanza di comprensione e apprezzamento, esprimono il desiderio di scambiarsi i ruoli e, trattandosi di un film, miracolosamente ciò avviene. Nel resto del film, "ciascuna delle due protagoniste, trovandosi nel corpo dell'altra, capisce le difficoltà che l'altra si trova a dover affrontare," scrive Horowitz, chiedendosi se lo stesso espediente potesse funzionare con i manager delle sue due squadre. Così, il giorno successivo annunciò loro che si sarebbero scambiati i ruoli: come in*Quel pazzo venerdì*, avrebbero conservato la loro testa ma avrebbero avuto nuovi corpi.

La reazione che ne scaturì fu la stessa di Jamie Lee Curtis e Lindsay Lohan, che nel film gridano terrorizzate. Eppure, dopo una settimana di sperimentazione delle difficoltà l'uno dell'altro, i due manager scoprirono le questioni di fondo che risultavano fonte di conflitto fra le due unità. Inoltre, misero rapidamente a punto delle semplici soluzioni per risolvere i conflitti e far sì che i dipendenti lavorassero insieme in armonia. "Da allora fino al giorno in cui vendemmo l'azienda," quelle due squadre "lavorarono insieme meglio di qualsiasi altro grande gruppo all'interno dell'impresa, tutto grazie a *Quel pazzo venerdì*, probabilmente il più illuminante film per la formazione dei manager mai realizzato."[33]

5. *Creare una missione condivisa e degli obiettivi sovraordinati.* Un'altra strategia per il top management consiste nel creare una missione condivisa e stabilire obiettivi superiori che richiedono una cooperazione tra unità.[34] Come discusso nel Capitolo 10, le organizzazioni con una cultura forte e costruttiva, dove i dipendenti condividono *una visione di sviluppo della loro impresa*, è più probabile che abbiano un personale unito e cooperativo. Studi hanno mostrato che quando i dipendenti di diverse unità vedono che i loro obiettivi sono legati, spontaneamente condividono risorse e informazioni.[35] Per essere efficaci, gli obiettivi sovraordinati devono essere sostanziali e ai dipendenti deve essere concesso il tempo di lavorare in cooperazione verso tali obiettivi.

Il potere e le organizzazioni

Il potere è una forza intangibile nelle organizzazioni: non può essere visto, ma il suo effetto può essere sentito. Esso è sovente definito come la capacità potenziale di una persona (o di un'unità) di influenzare altre persone (o unità) a eseguire un ordine[36] o a fare qualcosa che altrimenti non farebbero.[37] Altre definizioni sottolineano che il potere è la capacità di conseguire i risultati che si desiderano.[38] Il raggiungimento dei risultati è la base della definizione che useremo noi: il **potere** è la capacità di una persona o di un'unità in un'organizzazione di influenzare altre persone per conseguire i risultati desiderati; esso consiste nella possibilità di influire sugli altri all'interno dell'organizzazione, ma con l'obiettivo di ottenere i risultati desiderati da chi detiene il potere. Le persone potenti sono spesso in grado di ottenere stanziamenti più consistenti per le loro unità, programmi di produzione più favorevoli e maggior influenza sulle questioni organizzative.[39]

Il potere esiste solo nella relazione tra due o più persone e può essere esercitato in direzione verticale od orizzontale. La fonte del potere deriva spesso da un rapporto di scambio in cui un individuo, un'unità o un'organizzazione fornisce risorse scarse o di valore ad altri individui, altre unità o altre organizzazioni. Quando una persona dipende da un'altra, emerge un rapporto di potere nel quale la persona con le risorse maggiori detiene più potere dell'altra.[40] Chi detiene il potere può ottenere che le proprie richieste vengano soddisfatte.

A titolo di esempio, si pensi a "Mad Men", serie di grande successo lanciata dalla AMC.. Matthew Weiner, creatore della serie, ha goduto di un enorme potere nel rapporto con la AMC e ha potuto praticamente dettare i termini del suo contratto. Fino a tempi recenti, la programmazione del canale televisivo vantava ben pochi contenuti originali e dipendeva da "Mad Men" per la vendita degli spazi pubblicitari e la notorietà. Durante le ultime negoziazioni, quando Weiner ha rifiutato un accordo triennale del valore di 30 milioni di dollari, uno dei più redditizi del genere nel settore della televisione via cavo, la AMC ha rinunciato ad alcune richieste rispetto alla riduzione del budget per il casting e gli spazi pubblicitari. Weiner era considerato la mente e l'anima di "Mad Men" e la AMC ha dovuto accettare tutte le sue richieste pur di non interrompere la messa in onda della serie.[41] L'ultima stagione è stata suddivisa in due stagioni, una delle poche decisioni non imposte da Weiner. "Si è trattato di un editto che mi è stato imposto e che si è dimostrato positivo per la AMC. Con quest'ultima ho combattuto molte battaglie in passato, ma ho capito da dove è scaturita questa idea e non ho avuto voce in capitolo nella faccenda," ha detto Weiner.[42]

Potere individuale e potere organizzativo

Nella letteratura popolare, il potere è spesso descritto come una caratteristica personale, e un tema frequente è come una persona possa influenzare o dominare un'altra persona.[43] I manager hanno cinque fonti di potere personale.[44] Il *potere legittimo* è l'autorità garantita dall'organizzazione alla posizione formale che il manager ricopre. Il *potere di ricompensa* deriva dalla capacità di conferire ricompense – promozioni, aumenti, congratulazioni – ad altre persone. L'autorità di punire o raccomandare una punizione è chiamato *potere coercitivo*. Il *potere della competenza* deriva dalle maggiori capacità o conoscenze sui compiti da svolgere. L'ultimo, il *potere di riferimento*, deriva da caratteristiche personali tali che spingono ad ammirare i manager ed emularli o identificarsi con loro. Tutte queste fonti possono essere utilizzate dagli individui all'interno di un'organizzazione.

Il potere nelle organizzazioni, tuttavia, è spesso il risultato di caratteristiche strutturali.[45] Le organizzazioni sono sistemi grandi e complessi, con centinaia o migliaia di persone; hanno una gerarchia formale, in cui alcuni compiti sono più importanti di altri indipendentemente da chi li esegue. Inoltre, alcune posizioni hanno accesso a più informazioni e maggiori risorse o il loro contributo all'organizzazione è più critico. Per esempio, gli assistenti di direzione degli amministratori delegati hanno enorme potere in quanto hanno accesso diretto all'alta dirigenza, possiedono informazioni che gli altri non hanno e possono decidere chi far parlare con il capo e chi no. John Mannuck, amministratore delegato della Techmer PM LLC, dichiara di dipendere dalla sua assistente Nicole Brannick quando si tratta di sapere con chi deve parlare urgentemente e chi può aspettare. Anikka Fragodt, che per sette anni è stata assistente di Mark Zuckerberg, cominciando insieme a lui quando l'azienda contava soltanto un centinaio di dipendenti, era una delle quattro persone a conoscenza delle nozze segrete di Zuckerberg con Priscilla Chan prima dell'avvenimento.[46]

Potere e autorità

Chiunque in un'organizzazione può esercitare potere per ottenere i risultati desiderati. Per esempio, quando il Discovery Channel volle estendere il proprio marchio oltre la televisione via cavo, Tom Hicks iniziò a insistere perché si prestasse attenzione al fenomeno di Internet. Sebbene l'amministratore delegato del Discovery Channel preferisse concentrarsi sulla televisione interattiva, Hicks organizzò una campagna che alla fine portò l'organizzazione a concentrarsi sul Web, rivelando che Hicks deteneva del potere all'interno dell'organizzazione stessa. Hicks finì per diventare responsabile della direzione di Discovery Channel Online.[47] Il concetto di autorità formale è collegato a quello di potere, ma ha un ambito più ristretto. Anche l'**autorità** è una forza con cui ottenere i risultati desiderati, ma solo quando previsto dalle relazioni di gerarchia formale e di controllo. Tre proprietà identificano l'autorità.

1. *L'autorità è conferita a posizioni organizzative.* Le persone hanno autorità per la posizione che ricoprono, non per le loro caratteristiche o risorse personali.

2. *L'autorità è accettata dai subordinati.* I subordinati eseguono gli ordini perché credono che i titolari della posizione abbiano un diritto legittimo di esercitare l'autorità.[48] Nella maggior parte delle organizzazioni nordamericane, i dipendenti accettano il fatto che i supervisori siano legittimati a indicare l'orario di lavoro e i compiti da svolgere.
3. *L'autorità fluisce lungo la gerarchia verticale.*[49] L'autorità si esplica lungo la catena formale di comando e le posizioni al vertice della gerarchia sono investite di più autorità formale di quelle alla base.

Nelle organizzazioni, l'autorità formale è esercitata verso il basso lungo la catena gerarchica. Il potere organizzativo, invece, può essere esercitato verso l'alto, verso il basso e orizzontalmente. Inoltre, i manager possono essere dotati di autorità formale, ma di scarso potere effettivo. Kevin Sharer, ripensando ai suoi tre anni da vice presidente esecutivo dell'impresa di marketing e telecomunicazioni MCI, è ora in grado di capire perché quegli anni sono stati così frustranti. Sharer, che in seguito ha ricoperto il ruolo di amministratore delegato e presidente della Amgen Inc., aveva idee meravigliose di cambiamento ma non riusciva a costruirsi una credibilità agli occhi dei suoi nuovi colleghi, per cui le sue idee e i suoi suggerimenti passavano inosservati nonostante il ruolo che ricopriva.[50] Nei prossimi paragrafi esamineremo in che modo i dipendenti a qualsiasi livello dell'organizzazione possano avere accesso a fonti verticali e orizzontali di potere.

Fonti verticali di potere

Tutti i dipendenti lungo la catena gerarchica hanno accesso a qualche fonte di potere. Benché il potere maggiore sia di solito attribuito al top management dalla struttura dell'organizzazione, i dipendenti di tutta l'organizzazione ottengono spesso un potere sproporzionato rispetto alle loro posizioni formali e possono esercitare la propria influenza anche verso l'alto, come ha fatto Tom Hicks al Discovery Channel. Ci sono quattro fonti principali di potere verticale: la posizione formale, le risorse, il controllo delle informazioni e la centralità nella rete.[51]

Posizione formale. Certi diritti, responsabilità e prerogative competono alle posizioni superiori. I dipendenti di tutta l'organizzazione accettano il diritto legittimo del top management di stabilire obiettivi, prendere decisioni e dirigere le attività. Questo è il potere legittimo, come definito sopra. I senior manager spesso utilizzano dei simboli e un linguaggio specifico per perpetuare il proprio potere legittimo; per esempio, il nuovo amministratore di un grande ospedale della zona di San Francisco come simbolo del suo potere legittimo ha emesso un notiziario con la sua fotografia in copertina e ha diffuso ventiquattr'ore al giorno nelle stanze un video per accogliere personalmente i pazienti.[52]

La quantità di potere detenuta dai quadri intermedi e dai dipendenti dei livelli più bassi può essere definita dal modello prescelto di struttura dell'organizzazione. L'assegnazione di potere ai quadri intermedi e al personale è importante perché il potere permette alle persone di essere produttive: allorché i dipendenti svolgono lavori non di routine e partecipano a gruppi e task force autonomi per risolvere i problemi, sono incoraggiati a essere flessibili e creativi e a utilizzare la propria capacità di discernimento. Lasciare che le persone prendano le proprie decisioni aumenta il loro potere.

Il potere aumenta anche quando una posizione favorisce il contatto con personale di alto livello, che assieme allo sviluppo di un rapporto con quest'ultimo fornisce una forte base di influenza.[53] Per esempio, D'Andra Galarza, assistente di direzione di un presidente della NBCUniversal, afferma che la gente la tratta con i guanti e che è sempre pronta a estorcerle informazioni. "La gente sa che io so tutto," dice. "Se lavorassi per un vice presidente, non sarebbe la stessa cosa."[54]

La logica di progettare posizioni in modo da aumentare il potere complessivo presume che un'organizzazione non abbia una quantità limitata di potere da assegnare tra dipendenti di alto livello e di basso livello. La quantità totale di potere in un'organizzazione può essere aumentata progettando i compiti e le interazioni lungo la scala gerarchica in modo che ognuno abbia più influenza. Quando la distribuzione del potere è troppo sbilanciata verso l'alto, i risultati della ricerca suggeriscono che l'organizzazione sarà meno efficace.[55]

Risorse. Le organizzazioni distribuiscono quantità consistenti di risorse: si costruiscono edifici, si pagano stipendi e si acquistano apparecchiature e rifornimenti; ogni anno, nuove risorse sono assegnate dal top management sotto forma di budget. Il top management possiede spesso delle azioni dell'azienda, che danno loro dei diritti di proprietà sull'assegnazione delle risorse. Tuttavia, in molte delle organizzazioni di oggi, i dipendenti di tutta l'organizzazione partecipano alla proprietà, il che aumenta il loro potere.

Nella maggior parte dei casi, l'alta direzione controlla le risorse e, perciò, può determinare la loro distribuzione. Le risorse possono essere impiegate come ricompense e punizioni, che sono esse stesse fonti di potere. L'assegnazione delle risorse crea anche rapporti di dipendenza: gli impiegati di più basso livello dipendono dai top manager per le risorse finanziarie e fisiche necessarie a eseguire i loro compiti. Il general management può scambiare le risorse – nella forma di stipendi e bonus, personale, promozioni e strutture fisiche – in cambio di risultati conformi alle aspettative.

Controllo delle informazioni. Il controllo delle informazioni costituisce un'importante fonte di potere. I manager sanno che le informazioni sono una risorsa primaria, e controllando quali informazioni sono raccolte, come sono interpretate e come sono condivise possono influenzare il modo in cui vengono prese le decisioni.[56] In molte delle aziende di oggi le informazioni sono condivise apertamente e ampiamente, e questo aumenta il potere detenuto dai dipendenti di tutta l'organizzazione.

Tuttavia, l'alta direzione ha generalmente accesso a maggiori informazioni rispetto agli altri dipendenti, le quali possono essere diffuse quando necessario per influenzare le decisioni di altre persone. Alla Clark Ltd., organizzazione del settore sanitario, il capo servizio ha tenuto sotto stretto controllo le informazioni che venivano date al consiglio di amministrazione e ha così influito radicalmente sulla decisione di quest'ultimo di eliminare gli attuali sistemi informatici delle unità commerciali e di spostare tutti i software su una nuova piattaforma informatica. La manager sapeva che era questo l'unico modo per rimettere in ordine i costi, ma che nel breve termine avrebbe comportato dei problemi per i manager delle unità commerciali, i quali con ogni probabilità avrebbero opposto resistenza.[57] Il consiglio aveva l'autorità formale per decidere se adottare il piano di unificazione dei sistemi informatici e da quale società il nuovo sistema sarebbe stato acquistato; è stato chiesto alla funzione sistemi informativi di dare un consiglio su quale delle sei aziende si sarebbe dovuto scegliere. Kate Kenny era a capo del gruppo e dissentiva dagli altri manager sulla decisione da prendere. Come mostrato in Figura 13.5, gli altri manager sono dovuti passare attraverso Kenny per presentare i loro punti di vista al consiglio. Kenny ha "modellato" l'opinione del consiglio in modo che scegliesse il sistema che lei preferiva controllando strettamente le informazioni che venivano loro sottoposte.

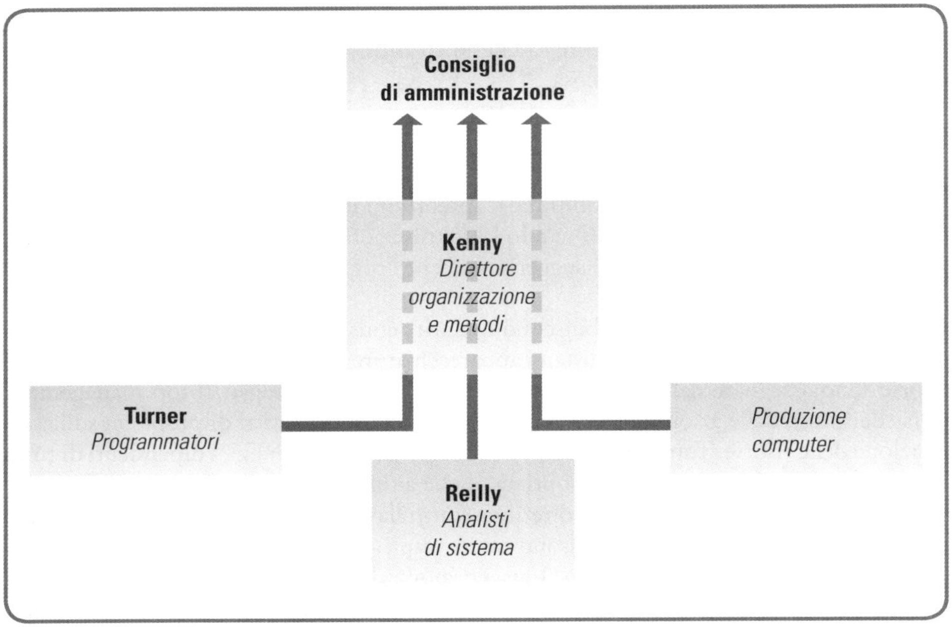

Figura 13.5
Flusso informativo per la decisione sui computer alla Clark Ltd.
Fonte: Andrew M. Pettigrew, *The Politics of Organizational Decision-Making* (London: Tavistock, 1973), 235, riprodotto su autorizzazione dell'autore.

Anche il middle management e i dipendenti di livello più basso possono avere accesso a informazioni in grado di aumentare il loro potere. L'assistente di un senior manager può spesso avere controllo su informazioni che altre persone vogliono, e risulta così in grado di influire su quelle persone. I dirigenti di alto livello dipendono inoltre da persone in tutta l'organizzazione per avere informazioni sui problemi o sulle opportunità. I manager di medio livello e i dipendenti di livello più basso possono perciò manipolare le informazioni che forniscono al top management per influire sulle loro decisioni.

Centralità nella rete. La **centralità nella rete** indica che si è collocati in un nodo centrale dell'organizzazione e si ha accesso a informazioni critiche per il successo dell'azienda. I manager, così come i dipendenti di livello più basso, potenziano la propria efficacia e influenza quando si pongono al centro di un network comunicativo, creando molti contatti all'interno dell'impresa. Per esempio, in Figura 13.6, Radha dispone di un network comunicativo ben sviluppato e condivide informazioni e supporto con numerosi colleghi delle divisioni marketing, produzione e ingegnerizzazione. Confrontando i contatti di Radha con quelli di Jasmine o Kirill, chi pensate possa avere maggiore accesso alle risorse e più influenza nell'organizzazione?

Si pensi all'importanza che rivestono le reti di relazioni nell'arena politica. Abraham Lincoln viene considerato dagli storici come uno dei più grandi presidenti anche perché ha costruito delle relazioni e ha prestato ascolto a molti individui sia all'interno sia all'esterno del suo entourage quando la nazione era estremamente divisa in merito alla Guerra Civile. Nella sua rete di relazioni, egli incluse anche persone che non erano d'accordo con lui e che ne criticavano obiettivi e progetti.[58] Per quanto attiene il presidente Barack Obama, resta ancora da vedere come sarà valutata la sua presidenza. Tuttavia, egli è stato criticato per il fatto di non essere riuscito a sviluppare delle relazioni anche con i suoi più grandi

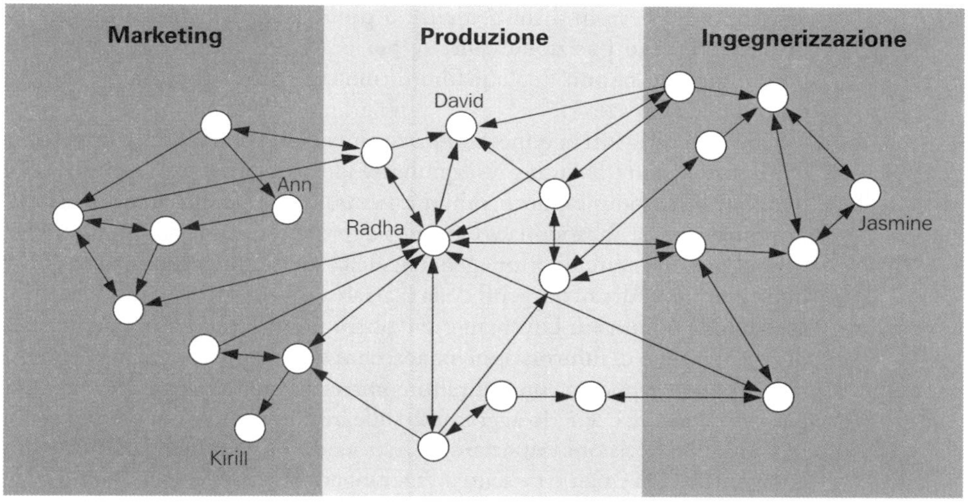

Figura 13.6
Un esempio di centralità nella rete

finanziatori, lasciando la cura delle relazioni con i Democratici a Capitol Hill al vice presidente Joe Biden. Obama viene considerato dai più un tipo solitario che preferisce le politiche alle persone e si consulta principalmente con uno stretto gruppo di consiglieri.[59]

Gli individui appartenenti a qualsiasi livello gerarchico possono fare leva sul concetto di centralità nella rete per raggiungere gli obiettivi e ottenere maggior successo. Gli individui possono aumentare la loro centralità nella rete diventando conoscitori ed esperti di particolari attività o facendosi carico di compiti difficili e acquisendo conoscenze specifiche che li rendano indispensabili ai superiori. Le persone che mostrano iniziativa, lavorano più di quanto si attende da loro, si incaricano di progetti sgraditi ma importanti e mostrano interesse a saperne di più riguardo alla società o all'industria, spesso si trovano ad avere una maggiore influenza. Anche la localizzazione fisica può aiutare, perché alcuni luoghi sono al centro degli avvenimenti. La localizzazione centrale permette a una persona di essere visibile alle persone che contano, e divenire parte di importanti reti di interazione.

confrontate la vostra opinione

2 L'operaio di uno stabilimento produttivo addetto alla catena di montaggio è in una posizione caratterizzata da un basso livello di potere e dovrebbe accettare che la sua influenza sugli eventi sarà poco significativa.

Risposta esatta: *In disaccordo.* Nonostante di norma un operaio addetto alla catena di montaggio detenga scarso potere formale e scarsa autorità, tutti i dipendenti hanno accesso a delle fonti di potere. Sta al singolo creare una rete o raccogliere informazioni per incrementare il proprio potere all'interno dell'organizzazione; inoltre, quando i lavoratori fanno fronte comune, possono conseguire un potere estremamente forte. I manager non raggiungeranno alcun risultato se i dipendenti non cooperano e non svolgono il lavoro loro assegnato.

Persone. I leader spesso aumentano il loro potere circondandosi di un gruppo di dirigenti fedeli che li tengono informati su quanto accade nell'organizzazione e riferiscono di possibili disobbedienze o problemi.[60] I dirigenti di alto livello possono utilizzare la loro posizione centrale per costruire alleanze ed esercitare un notevole potere quando hanno una squadra di manager che supporta pienamente le loro decisioni e le loro azioni.

Molti alti dirigenti si impegnano attivamente a costruire un gruppo di manager fedeli che li sostengano e li aiutino a raggiungere i loro obiettivi per l'organizzazione. I manager più abili instaurano rapporti mirati a neutralizzare potenziali avversari. Il caso di Gary Loveman, che ha abbandonato l'incarico di professore associato presso la Harvard Business School per diventare direttore generale della società di gestione di casinò Harrah's, è un buon esempio. Alcuni dirigenti della Harrah's, tra cui il direttore finanziario, non avevano accettato la nomina di Loveman e avrebbero potuto ostacolare i suoi piani. Consapevole di avere bisogno di informazioni, conoscenze e sostegno, Loveman si è prefissato di instaurare un buon rapporto con il direttore finanziario: andava spesso a fargli visita in ufficio per chiacchierare e tenerlo aggiornato sulle iniziative prese e si premurava di coinvolgerlo in riunioni e decisioni importanti. Costruendo un rapporto positivo con un potenziale antagonista, Loveman è riuscito a raggiungere obiettivi che gli hanno spianato la strada verso l'incarico di amministratore delegato.[61]

Lo stesso concetto si applica anche al contrario: gli individui ai livelli gerarchici più bassi hanno più potere quando instaurano relazioni positive e legami con coloro che si trovano ai livelli più alti. Dimostrandosi leali e offrendo appoggio ai capi, i dipendenti talvolta acquisiscono uno status favorevole ed esercitano una maggiore influenza.

Il potere dell'empowerment

Nelle organizzazioni più progressiste, gli alti dirigenti auspicano che i dipendenti di livello inferiore abbiano maggior potere, di modo che possano svolgere il proprio lavoro con più efficacia, e intenzionalmente spingono il potere verso il basso lungo la scala gerarchica, condividendolo con i dipendenti e mettendoli così nelle condizioni di centrare gli obiettivi. **Empowerment** (*responsabilizzazione*) significa condivisione e delega di potere o autorità ai subordinati all'interno di un'organizzazione.[62] Aumentare il potere dei dipendenti significa innalzare il morale, motivarli molto di più a svolgere bene i propri compiti ed evitare che si producano grette rivalità interpersonali. "Quando le persone si sentono impotenti, si comportano in modo gretto," afferma l'esperta di management Rosabeth Moss-Kanter. "Diventano ossessionati dalle regole e dal controllo in quanto cercano di tenersi stretta quella piccola parte di mondo che riescono a controllare..."[63] Gli individui responsabilizzati, invece, possono migliorare la propria efficacia, scegliendo come eseguire un lavoro e dando sfogo alla creatività.[65]

Per responsabilizzare i dipendenti è necessario dotarli di tre elementi che consentono loro di agire più liberamente nello svolgimento delle proprie funzioni: informazioni, conoscenza e potere.[58]

1. *I dipendenti sono informati sulle performance dell'azienda.* Nelle organizzazioni dotate di lavoratori totalmente responsabilizzati, tutti possono accedere a qualsiasi informazione finanziaria e operativa.

2. *I dipendenti sono in possesso delle conoscenze e delle competenze richieste per contribuire al raggiungimento degli obiettivi aziendali.* Le organizzazioni ricorrono a programmi di formazione e altri strumenti di sviluppo che agevolano gli individui nell'acquisire le conoscenze e le abilità necessarie per apportare il proprio contributo alla performance organizzativa.
3. *I dipendenti hanno il potere di prendere decisioni significative.* I dipendenti responsabilizzati hanno l'autorità di influenzare direttamente le procedure di lavoro e la performance organizzativa, per esempio attraverso circoli di qualità o team di lavoro autogestiti.

Molte organizzazioni oggi stanno attivando appositi programmi per i dipendenti, ma il livello di responsabilizzazione desiderato varia di caso in caso. In alcune aziende, la responsabilizzazione consiste nell'incoraggiare le idee dei dipendenti, mentre i manager detengono l'autorità finale sulle decisioni; in altre, consiste nel concedere ai dipendenti quasi totale libertà e potere per prendere decisioni ed esercitare spirito di iniziativa e immaginazione.[66] Il continuum della responsabilizzazione può passare da una situazione in cui i dipendenti front-line non hanno quasi alcuna discrezionalità, come nella tradizionale catena di montaggio, a una situazione di totale responsabilizzazione, in cui i lavoratori partecipano anche alla formulazione della strategia organizzativa. Vi sono numerosi esempi di organizzazioni che spingono la responsabilizzazione ai massimi livelli. Uno dei più interessanti è quello dell'azienda di lavorazione dei pomodori Morning Star, di cui si è già parlato nel corso del Capitolo 1.

IN PRATICA

Morning Star

Morning Star è la più grande azienda al mondo specializzata nella lavorazione dei pomodori: i suoi tre stabilimenti con 400 dipendenti circa producono pasta di pomodori, pomodori in scatola e altri prodotti per aziende come Heinz e Campbell Soup Company, con ricavi annui per oltre 700 milioni di dollari.

Chris Rufer ha fondato l'azienda oltre 40 anni fa con l'idea di spingere la responsabilizzazione ai massimi livelli, lasciando che i dipendenti si gestissero da soli. Presso la Morning Star, infatti, nessuno dà ordini e nessuno ne prende. Qui di seguito sono elencati i principi sulla base dei quali l'azienda opera:

- nessuno ha un capo
- l'accountability è prerogativa del cliente e della squadra piuttosto che del manager
- non esistono titoli o promozioni
- tutti possono spendere il denaro dell'azienda
- i compensi vengono decisi dai pari grado.

Rufer ritiene che se le persone sono in grado di gestire le complessità della vita senza un capo, non vi è motivo per cui non possano gestirsi autonomamente sul posto di lavoro. Tuttavia, nella misura in cui l'azienda cresceva, passando dalle 24 persone iniziali a circa 400 (il personale raggiunge le 2400 unità durante la stagione dei pomodori), alcuni incontravano delle difficoltà nel lavorare in un ambiente privo di capi e gerarchia, per cui Rufer ha creato il Morning Star Self-Management Institute per formare i dipendenti ai principi e sistemi dell'autogestione. Attualmente ogni persona scrive la sua missione ed è responsabile in tutto e per tutto del compimento di essa, ivi incluso l'approvvigionamento di strumenti e risorse necessari. Ciò significa che tutti possono ordinare forniture e attrezzature e sono responsabili dell'avvio del processo di assunzione quando c'è bisogno di aiuto.

Ogni anno ciascuna persona negozia una Colleague Letter of Understanding (CLOU) con i colleghi maggiormente interessati dal suo lavoro. Ogni CLOU presenta delle misure ben definite che consentono di monitorare i progressi in termini di raggiungimento degli obiettivi e soddisfacimento dei bisogni dei colleghi. "Da queste parti," ha detto un dipendente, "nessuno è tuo capo e tutti lo sono."[67]

Fonti orizzontali di potere

Il potere orizzontale fa riferimento al rapporto tra unità, divisioni o altre componenti dell'organizzazione. Di solito tutti i direttori di unità sono allo stesso livello sull'organigramma; questo vuol dire che ogni unità ha la stessa quantità di potere? Non è detto. Il potere orizzontale, infatti, non è definito in base alla gerarchia formale o all'organigramma: ogni unità dà un contributo unico al successo organizzativo. Alcune unità esprimeranno la loro posizione e otterranno i risultati desiderati, altre non lo faranno. Sottolinea questo fatto l'indagine svolta dal ricercatore e studioso Charles Perrow, sulla base di dati raccolti presso manager di diverse imprese industriali.[68] La domanda posta, in questo caso, era diretta, ossia: "Quale unità ha più potere tra le seguenti quattro: produzione, marketing e vendite, ricerca e sviluppo, finanza e contabilità?"

Nella maggior parte delle aziende, il settore vendite aveva il potere maggiore; in alcune, anche la produzione era abbastanza potente. In media, le unità delle tipologie vendita e produzione erano più "potenti" di ricerca e sviluppo e risorse umane, benché ci fossero eccezioni rilevanti. Insomma, relativamente alle imprese industriali appaiono chiare differenze nella quantità di potere orizzontale. La Figura 13.7 illustra la differenza di potere fra le varie unità di un'impresa del settore tecnologico. In un altro studio recente condotto su 55 decisioni importanti prese in quattrodici organizzazioni nel Regno Unito, è stato rilevato che le unità di produzione, finanza e marketing esercitavano un'influenza maggiore sulle decisioni strategiche rispetto alle unità di ricerca e sviluppo, risorse umane e acquisti.[69] Il potere passa da un'unità all'altra a seconda delle circostanze. Oggi le unità di finanza hanno acquistato potere crescente in molte organizzazioni, per via della necessità di controllare i costi in una congiuntura economica difficile. Anche le unità di etica aziendale e compliance hanno acquisito maggior potere perché contribuiscono ad alleviare le incertezza derivanti da scandali etici e cattiva gestione finanziaria. All'interno del governo federale degli Stati Uniti, le autorità di sorveglianza e le agenzie di regolamentazione delle attività di Wall Street hanno assunto un potere crescente a seguito della crisi finanziaria del 2008. Sotto la guida della ex presidente Sheila Bair, per esempio, la Federal Deposit Insurance Corporation (FDIC) ha assunto nuovi poteri di sorveglianza sui grandi istituti finanziari, compreso quello di inviare ispettori incaricati di monitorare le attività dei manager.[70]

Dunque le differenze di potere orizzontale non appaiono "oggettivamente" sull'organigramma. Tuttavia si può disporre di alcuni indicatori che forniscono delle spiegazioni iniziali circa le differenze di potere riportate in Figura 13.7. Il concetto teorico che spiega il potere relativo è chiamato "contingenze strategiche".[71]

Contingenze strategiche. Le **contingenze strategiche** sono attività ed eventi sia interni sia esterni a un'organizzazione, essenziali per l'ottenimento degli obiettivi organizzativi. Le unità implicate nel presidio delle contingenze strategiche per l'organizzazione tendono ad avere più potere. Le loro attività sono importanti, in quanto forniscono valore strategico, risolvendo i problemi o le crisi dell'organizzazione. Per esempio, se un'organizzazione affronta una pesante minaccia di azioni legali o leggi/regolamenti, l'ufficio legale guadagnerà potere e influenza sulle decisioni dell'organizzazione perché fa fronte a tale minaccia; se l'innovazione del prodotto è un fattore strategico chiave, ci si può aspettare che il potere dell'unità ricerca e sviluppo sia alto.

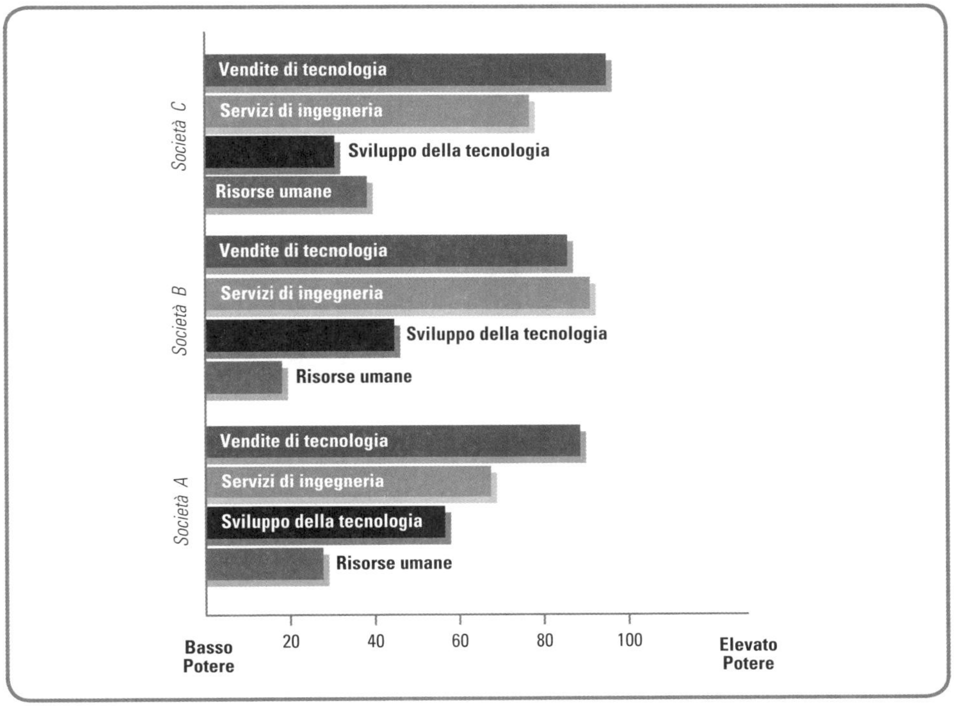

Figura 13.7
Graduatoria di potere tra unità in un'impresa del settore tecnologico

L'approccio delle contingenze strategiche al potere è simile al modello di dipendenza dalle risorse, descritto nei Capitoli 4 e 5; esso suggerisce che le unità o le organizzazioni direttamente responsabili delle questioni chiave riguardanti le risorse o le dipendenze dall'ambiente esterno tenderanno ad acquisire maggiore potere. La National Football League statunitense, per esempio, ha dovuto piegarsi al potere delle aziende operanti nel settore della televisione via cavo e consentire che la CBS e la NBC, i canali televisivi suoi partner, trasmettessero in contemporanea con la NFL Network il tanto atteso match tra gli invincibili Patriots e i Giants nel dicembre del 2007. La NFL ha cercato per anni di fare in modo che i canali televisivi via cavo aggiungessero la rete di sua proprietà ai pacchetti base assieme alle emittenti ESPN e ESPN2, ma ha visto rifiutate le sue proposte perché richiedeva un prezzo troppo alto. Il prodotto della NFL è estremamente popolare, ma per via di opzioni di distribuzione limitate, l'organizzazione si trova in una posizione di potere debole rispetto agli operatori via cavo.[72]

Fonti di potere. Jeffrey Pfeffer e Gerald Salancik, tra gli altri, hanno avuto un ruolo chiave nello sviluppo della teoria delle contingenze strategiche.[73] Le loro indagini indicano che un'unità considerata potente possiede una o più delle caratteristiche illustrate in Figura 13.8.[74] In alcune organizzazioni, le cinque **fonti di potere** indicate si sovrappongono, ma ognuna ci fornisce un modo utile per misurare il potere orizzontale.

1. *Dipendenza.* La **dipendenza** intraorganizzativa è un elemento chiave alla base del potere relativo. Il potere deriva dall'avere qualcosa che qualcun altro vuole. Il caso dei macchinisti di teatro fornisce un eccellente esempio di come la dipendenza aumenti il potere.

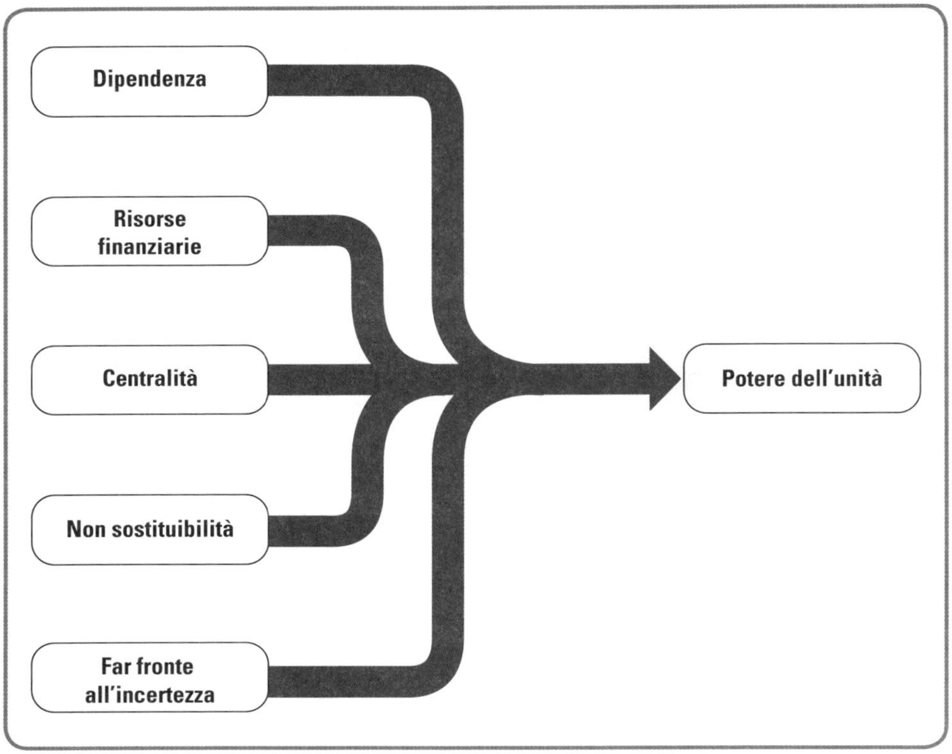

Figura 13.8
Contingenze strategiche che influenzano il potere orizzontale fra unità

IN PRATICA

International Alliance of Theatrical Stage Employees

Il potere dei sindacati dei lavoratori negli Stati Uniti è andato deteriorandosi sensibilmente nel corso degli ultimi anni, ma non nel caso dell'International Alliance of Theatrical Stage Employees, che ha mantenuto il proprio potere e si è addirittura rafforzato. Per esempio, i 2600 membri attivi del Local 1 sono il talento che sta dietro ad alcuni dei più opulenti allestimenti di New York, dal Carnegie Hall alla Metropolitan Opera, al Lincoln Center, al New York City Ballet. In alcune rappresentazioni, i macchinisti guadagnano più dei più importanti membri del cast.

Il motivo principale è che essi possiedono competenze specializzate e difficili da rimpiazzare. Non è facile reperire bravi macchinisti. Sono loro che creano gli stravaganti effetti dietro alle Rockettes in "Radio City Christmas Spectacular", che innalzano l'albero di Natale di 14 metri per "Lo schiaccianoci di George Balanchine" e che hanno il compito di far ruotare l'enorme sala da ballo ne "Il Pipistrello" della Metropolitan Opera. La realizzazione di questi straordinari trucchi scenici richiede talento, esperienza e duro lavoro. Diversamente da molti altri, i lavori di queste persone estremamente specializzate non possono essere esternalizzati facilmente. "I loro compiti sono estremamente complessi, a elevato contenuto tecnologico e forse anche molto pericolosi," afferma Martha S. LoMonaco, professoressa di teatro alla Fairfield University.

Senza i macchinisti, la rappresentazione non può andare avanti. Sono loro che montano e smontano complicati allestimenti scenici, fanno funzionare gli impianti luce e suono, e gestiscono gli effetti speciali. Anche la minaccia di uno sciopero può bastare al Local 1 per strappare termini di contratto favorevoli. Nel corso dei 127 anni di storia del sindacato, vi sono stati soltanto una manciata di scioperi. Come i proprietari e i manager dei teatri, anche i macchinisti sanno che loro lavorano soltanto se c'è uno spettacolo.[75]

Le stesse caratteristiche di dipendenza e potere sono riscontrabili in altre organizzazioni. Il potere dell'unità A sull'unità B è più grande quando l'unità B dipende da

A.[76] Materiali, informazioni e risorse possono fluire fra unità in una sola direzione, come nel caso di interdipendenza di compiti sequenziali (vedi Capitolo 7). In tali casi, l'unità che riceve risorse è in una posizione di potere inferiore rispetto all'unità che le fornisce. Importanti sono anche il numero e la forza delle dipendenze: quando sette od otto unità fanno tutte capo ai servizi della stessa unità di progettazione, quest'ultima finisce per essere in una posizione di forte potere. Al contrario, un'unità il cui output dipende da molte altre unità risulta in una posizione di basso potere. Analogamente, un'unità che si trovi in una posizione di scarso potere può guadagnare potere attraverso le dipendenze. Se una fabbrica non può produrre senza l'intervento degli addetti alla manutenzione che fanno funzionare i macchinari, l'unità manutenzione si trova in una posizione di potere maggiore perché ha il controllo su una contingenza strategica.

2. *Risorse finanziarie.* Il controllo di diversi tipi di risorse è una fonte importante di potere in un'organizzazione. Il denaro può essere convertito in altri tipi di risorse che sono necessarie ad altre unità. Il denaro genera dipendenza; unità che forniscono le risorse finanziarie hanno qualcosa che le altre unità vogliono. Le unità che producono reddito per un'organizzazione hanno un potere maggiore. L'indagine sulle imprese del settore tecnologico i cui risultati sono riportati in Figura 13.7 ha mostrato che le vendite di tecnologia sono l'unità più potente nella maggior parte delle aziende prese in esame. L'unità vendite detiene potere perché i suoi addetti trovano clienti e apportano denaro, risolvendo un problema importante per l'organizzazione. La capacità di fornire risorse finanziarie spiega anche perché alcune unità dispongono di potere in altre organizzazioni, come le università.

   L'allocazione del budget in un'università statale non è un processo semplice e diretto, determinato da fattori come il numero degli studenti universitari, quello degli studenti dei master e quello dei docenti di ogni dipartimento. Nella maggior parte delle università, le risorse rilevanti provengono da sovvenzioni alla ricerca e dalla qualità degli studenti e dei docenti. I dipartimenti universitari che forniscono la maggior parte delle risorse all'università sono considerati più potenti. Alcune unità hanno più potere a causa del loro contributo di risorse all'università: le unità che ottengono consistenti sovvenzioni per la ricerca, per esempio, sono più potenti perché tali sovvenzioni contribuiscono in maniera considerevole a coprire le spese generali dell'università. Il numero degli studenti afferenti a un dipartimento e il suo prestigio nazionale sono anch'essi delle basi di potere. In altre parole, sono le risorse non finanziarie che aumentano la reputazione di efficacia dell'università. Come impiegano il proprio potere i dipartimenti dell'università? Generalmente, lo utilizzano per ottenere ancora più risorse dalla restante parte dell'università. Le unità più potenti ricevono più risorse dell'università, quali borse di studio per gli studenti, fondi di ricerca e fondi stipendiali per lo svolgimento dei corsi estivi.[77]

   Come mostrato in questo esempio, godono di maggiore potere le unità che procurano o forniscono risorse che risultano di alto valore per un'organizzazione. Il potere permette a tali unità di ottenere una fetta maggiore delle risorse scarse assegnate all'interno dell'organizzazione. "Il potere che deriva dall'acquisto di risorse è utilizzato per ottenere più risorse, le quali, a loro volta, possono essere impiegate per produrre più potere; il ricco diviene ancora più ricco."[78]

3. *Centralità.* La **centralità** riflette il ruolo di un'unità nell'attività principale di un'organizzazione.[79] Una sua misura consiste nel grado in cui il lavoro dell'unità influisce sul prodotto finale dell'organizzazione. Per esempio, l'unità di produzione è più centrale e

di solito ha più potere dei gruppi di staff (assumendo che non vi siano altre eventualità critiche). La centralità è associata al potere perché riflette il contributo dato all'organizzazione. Quando l'unità di finanza ha il compito limitato di contabilizzare entrate e uscite, si solito ha poco potere in quanto non è responsabile dell'ottenimento delle risorse critiche o della generazione di servizi commercializzabili dall'organizzazione. Oggi, tuttavia, la funzione finanza ha un maggior potere in molte organizzazioni a causa del crescente bisogno di controllare i costi.

4. *Non sostituibilità.* Il potere è determinato anche dalla **non sostituibilità**, che significa che le funzioni di un'unità non possono essere svolte da altre risorse disponibili facilmente, come nel caso dei macchinisti di scena descritto precedentemente. Se un'organizzazione non ha alcuna fonte alternativa di conoscenza e informazioni, il potere di un'unità sarà maggiore. Questa può essere una delle motivazioni per le quali i top manager si affidano a consulenti esterni: i consulenti potrebbero essere impiegati come sostituti del personale al fine di ridurre il potere dei gruppi di staff.
L'impatto della sostituibilità sul potere è stato osservato nel caso dei programmatori di un centro di elaborazione dati.[80] All'inizio, quando i calcolatori sono stati introdotti, programmare era una capacità rara e specialistica. I programmatori controllavano l'uso di computer nell'organizzazione perché solo essi possedevano le conoscenze per programmarli. In circa dieci anni, la programmazione di computer è però diventata un'attività molto prevedibile e perfettamente conosciuta, e conseguentemente il personale ha potuto facilmente essere sostituito e il potere dell'unità di programmazione è sceso in misura sensibile. La sostituibilità incide anche sul potere delle organizzazioni. Un tempo le grandi case discografiche avevano un enorme potere sugli artisti nell'industria musicale perché esercitavano un controllo quasi totale su cantanti e band da promuovere e sui consumatori. Oggi invece band emergenti o già note possono lanciare i propri album direttamente su Internet, senza dover passare attraverso un'etichetta discografica. Inoltre, la Walmart, che è anche il più grande distributore al dettaglio di musica negli Stati Uniti, è entrata nel business della produzione e del marketing musicali, acquistando gli album direttamente da artisti come gli Eagles e i Journey. Una forte azione di marketing ha giocato un ruolo importante nel successo di vendite di "Long Road Out of Eden" degli Eagles – ben 711.000 copie vendute attraverso Walmart durante la prima settimana – senza alcun coinvolgimento di una casa discografica tradizionale.[81]

5. *Fronteggiare l'incertezza.* Gli elementi dell'ambiente possono cambiare repentinamente e risultare complessi e imprevedibili. Di fronte all'incertezza, i manager dispongono solo di poche informazioni sulle base delle quali intraprendere azioni appropriate. In questa situazione, le unità che fanno fronte a questa incertezza aumenteranno il loro potere.[82] Quando il personale delle ricerche di mercato prevede con precisione dei cambiamenti nella domanda di nuovi prodotti, guadagna potere e prestigio perché riduce un'incertezza critica. L'attività previsionale è solo una delle tecniche per fronteggiare l'incertezza; quest'ultima può essere talvolta ridotta effettuando azioni rapide e appropriate dopo che si è verificato un evento non previsto.
Per fare fronte alle incertezze critiche le unità possono (1) ottenere informazioni in anticipo, (2) prevenire e (3) assorbire.[83] *Ottenere le informazioni in anticipo* significa che un'unità può ridurre l'incertezza di un'organizzazione prevedendo un evento. Le unità aumentano il loro potere attraverso la *prevenzione*, predicendo e prevenendo eventi negativi. L'*assorbimento* si verifica quando un'unità, dopo un evento negativo,

esegue delle azioni per ridurne le conseguenze. A fronte delle sempre maggiori difficoltà giuridiche e regolamentative cui le organizzazioni si trovano sottoposte, è aumentato il potere degli uffici legali all'interno di esse. "Talvolta il [responsabile dell'ufficio legale] viene pagato più di quello dell'ufficio commerciale," afferma Cynthia Dow, consulente di executive search per la Russell Reynolds Associates Inc.[84] Consideriamo il caso seguente relativo al sistema sanitario.

IN PRATICA

Carilion Health System

Poiché gli ospedali e altri operatori del settore sanitario devono affrontare numerose e complesse questioni normative e di regolamentazione, l'ufficio legale in organizzazioni di questo tipo è generalmente in una posizione di grande potere. Questo è certamente il caso del Carilion Health System, con sede a Roanoke, in Virginia: alcuni anni fa, l'ufficio legale del Carilion è uscito vincitore da una causa antitrust intentata dal Dipartimento della Giustizia degli Stati Uniti e ha svolto un ruolo fondamentale nella fusione tra il Carilion e l'unico altro ospedale di Roanoke.

Da quel momento in poi, l'ufficio legale è stato impegnato non solo nell'affrontare questioni relative alla regolamentazione, ma anche nei tentativi di ottenere quanto dovuto da pazienti che si dichiarano impossibilitati ad assolvere alle proprie spese mediche. Dato che Roanoke è diventata una città "con un unico mercato" nel settore sanitario, secondo alcuni critici il Carilion sta approfittando della situazione richiedendo tariffe eccessivamente elevate e danneggiando così pazienti, imprese, compagnie assicurative e la comunità nel suo insieme. Ogni settimana il tribunale federale di prima istanza di Roanoke dedica una mattinata a esaminare procedimenti legali presentati dal Carilion, che nel corso di un recente anno fiscale ha intentato causa contro circa 10.000 pazienti, pignorato lo stipendio di oltre 5000 persone e ottenuto diritto di pegno su circa 4000 abitazioni.

Le notizie negative diffuse dai media in merito a tali azioni e la reazione di medici indipendenti, secondo i quali il Carilion starebbe intenzionalmente mettendo la concorrenza con le spalle al muro, fanno sì che anche l'ufficio relazioni pubbliche abbia la possibilità di aumentare il proprio potere. L'ufficio è intensamente impegnato in attività volte a rafforzare l'immagine del Carilion come un buon membro della comunità, sottolineando che l'ospedale fa causa solo ai pazienti in grado di pagare e ogni anno devolve milioni di dollari in beneficenza.[85]

L'ufficio legale del Carilion ha neutralizzato un'incertezza critica uscendo vincitore dall'azione legale antitrust e consentendo in questo modo all'ospedale di accrescere dimensioni e potere; prosegue nel proprio operato affrontando sul nascere le nuove incertezze (per esempio, i mancati pagamenti da parte dei pazienti).

I rapporti di potere orizzontali nelle organizzazioni cambiano al mutare delle contingenze strategiche. Se l'ufficio legale molto probabilmente manterrà una posizione di forte potere al Carilion, la necessità di migliorare la reputazione dell'ospedale e controbattere alle crescenti critiche potrebbe creare le condizioni per un incremento del potere dell'ufficio pubbliche relazioni. Quest'ultimo in casi analoghi può accrescere il suo potere partecipando ad attività mirate alla prevenzione e alla risoluzione di conflitti. Le unità che aiuteranno le organizzazioni a gestire nuovi problemi strategici acquisiranno maggior potere.

I processi politici nelle organizzazioni

La politica, come il potere, è intangibile e difficile da misurare; è nascosta alla vista ed è difficile da osservare in modo sistematico. Due indagini recenti hanno rilevato alcune caratteristiche reazioni dei manager rispetto al comportamento politico.[86]

1. La maggior parte dei manager ha un'opinione negativa della politica e crede che sarà più spesso dannosa piuttosto che di sostegno all'ottenimento degli obiettivi di un'organizzazione.
2. I manager credono che il comportamento politico sia una pratica comune in tutte le organizzazioni.
3. La maggior parte dei manager pensa che il comportamento politico si verifichi più frequentemente ai livelli superiori piuttosto che a quelli inferiori delle organizzazioni.
4. Secondo i manager, il comportamento politico si presenta in alcuni ambiti decisionali, come nel cambiamento di struttura organizzativa, ma risulta trascurabile in altri tipi di decisioni, come nella risoluzione delle vertenze individuali con i dipendenti.

In base a questi risultati, la politica sembra riguardare di più gli alti livelli di un'organizzazione e certi argomenti e decisioni. Inoltre, i manager non approvano il comportamento politico. Nel prosieguo del capitolo viene studiato più dettagliatamente che cosa è il comportamento politico, quando dovrebbe essere utilizzato, il tipo di argomenti e decisioni più probabilmente associati alla politica, e alcune tattiche politiche che possono rivelarsi efficaci.

Definizione

Il potere è stato descritto come la forza disponibile o il potenziale per il conseguimento dei risultati desiderati. La *politica* è l'uso del potere per influire sulle decisioni al fine di ottenere quei risultati. L'esercizio del potere e l'influenza hanno condotto a due modi di definire la politica – come un comportamento volto all'interesse personale, o come un processo di decisione naturale nelle organizzazioni. La prima definizione sottolinea che la politica è finalizzata alla realizzazione dell'interesse personale e implica attività che non sono legittimate entro l'organizzazione.[87]

In questa prospettiva, la politica implica l'inganno e la disonestà per scopi di interesse personale e conduce al conflitto e alla disarmonia all'interno dell'ambiente di lavoro. Tale visione oscura della politica è sostenuta ampiamente dai profani e la politica può sicuramente essere usata in questo modo. Alcuni studi hanno mostrato che i lavoratori che percepiscono questo genere di attività politica all'interno delle loro aziende riferiscono spesso sensazioni di ansietà e di insoddisfazione sul lavoro. Le ricerche sostengono anche che l'uso non appropriato della politica si colleghi a un basso morale dei dipendenti, a prestazioni organizzative inferiori e a un processo decisionale inefficiente.[88] Questa interpretazione della politica spiega perché dalle indagini citate risulta che i manager non approvano il comportamento politico.

Benché la politica possa essere utilizzata in modo negativo, volto al proprio interesse, l'uso appropriato del comportamento politico può servire gli obiettivi dell'organizzazione.[89] Il secondo punto di vista presenta la politica come un processo organizzativo naturale finalizzato a risolvere le differenze tra i gruppi di interesse nell'organizzazione.[90] La politica è dunque il processo di contrattazione e di negoziazione utilizzato per superare i conflitti e le differenze di opinione. In quest'ottica, essa è molto simile ai processi di decisione che implicano la formazione di coalizioni descritta nel Capitolo 12.

La prospettiva della teoria dell'organizzazione interpreta la politica in base alla seconda definizione qui data. La politica è semplicemente l'attività attraverso cui il potere è esercitato nella risoluzione dei conflitti e dell'incertezza. La politica in quanto tale è neutra, ossia non è necessariamente nociva all'organizzazione. La definizione formale di **politica organizzativa** è la seguente: l'esercizio dell'attività politica entro l'organizzazione implica l'acquistare, sviluppare e utilizzare potere e altre risorse per influenzare gli altri e ottenere il risultato desiderato quando c'è incertezza o disaccordo sulle scelte.[91]

Il comportamento politico può essere una forza sia positiva sia negativa. Politica è l'uso del potere per scopi sia positivi sia negativi. L'incertezza e il conflitto sono "naturali" e inevitabili, e la politica è il meccanismo per raggiungere un accordo. Essa comprende discussioni informali che permettono agli individui di arrivare al consenso e di prendere decisioni che altrimenti potrebbero arrivare a un punto morto e finire per essere irrisolvibili.

confrontate la vostra opinione

3 **L'uso della politica da parte dei manager generalmente sfocia in conflitti e disarmonia e con tutta probabilità si ripercuote negativamente sul regolare funzionamento dell'organizzazione.**

Risposta esatta: *In disaccordo.* L'uso della politica è un processo organizzativo naturale per risolvere le differenze e portare a termine i compiti. Benché possa essere impiegata per scopi personali negativi, l'attività politica è anche il mezzo primario per unire i manager nel conseguimento di risultati positivi. L'uso della politica fa parte del lavoro di un manager, ma solo nella misura in cui è finalizzato a servire gli interessi dell'organizzazione, e non del singolo individuo.

Quando utilizzare l'attività politica

La politica è un meccanismo per giungere al consenso quando l'incertezza è alta e c'è disaccordo sugli obiettivi o le priorità dei problemi. Si ricordi il modello razionale e il modello politico descritti in Figura 13.2. Il modello politico è associato al conflitto sugli obiettivi, coalizioni mobili e gruppi di interesse, informazioni ambigue e incertezza. L'attività politica tende a essere molto visibile quando i manager debbono confrontarsi con decisioni non programmate, come discusso nel Capitolo 12, sulla base delle spiegazioni del modello Carnegie del processo decisionale. Dato che, generalmente, l'alta direzione di un'organizzazione deve far fronte a più decisioni non programmate di quanto non facciano i manager ai livelli inferiori, essa dovrà svolgere più attività politica ad alti livelli. Inoltre, alcune istanze implicano intrinsecamente un disaccordo. Le risorse, per esempio, sono critiche per la sopravvivenza e l'efficacia delle unità, cosicché la loro assegnazione diviene spesso oggetto di una vertenza politica. I metodi "razionali" di assegnazione, insomma, non possono rispondere adeguatamente alle esigenze dei partecipanti. I tre **ambiti dell'attività politica** (le aree in cui la politica gioca un ruolo) nella maggior parte delle organizzazioni sono il cambiamento delle strutture, la successione del management e l'assegnazione delle risorse.

Le riorganizzazioni strutturali colpiscono il cuore dei rapporti di potere e di autorità. Le riorganizzazioni come quelle discusse nel Capitolo 3 cambiano le responsabilità e i compiti, che influiscono anche sulla sottostante base di potere che nasce da contingenze strategiche. Per queste ragioni, una massiccia riorganizzazione può condurre a un fiorire di attività politiche.[92] I manager possono attivamente contrattare e negoziare per mantenere le responsabilità e le basi di potere che essi possiedono. Anche le fusioni e le acquisizioni generano spesso un'intensa attività politica.

I cambiamenti organizzativi come l'assunzione di nuovi dirigenti, le promozioni e i trasferimenti hanno un grande significato politico, in particolare ai livelli organizzativi superiori, dove l'incertezza è alta e le reti di fiducia, cooperazione e comunicazione tra dirigenti sono importanti.[93] Le decisioni riguardanti assunzioni possono generare incertezza, discussione e disaccordo. I direttori possono utilizzare le assunzioni e le promozioni per rafforzare le reti di alleanze e le coalizioni, mettendo propri uomini nelle posizioni chiave.

La terza area di attività politica è l'assegnazione delle risorse. Le decisioni di assegnazione di queste ultime riguardano tutte le risorse necessarie alle attività organizzative, tra cui stipendi, bilanci operativi, dipendenti, apparecchiature, uso dei mezzi aziendali. Le risorse sono così cruciali che il disaccordo sulle priorità appare normale e i processi politici risultano necessari, poiché consentono la risoluzione dei problemi.

L'utilizzo del soft power e della politica

In questo capitolo abbiamo sottolineato che il potere nelle organizzazioni non è principalmente collegato alle persone. Esso è connesso alla struttura organizzativa, ossia alle risorse che le unità hanno a disposizione, al ruolo che le unità giocano nel sistema organizzativo e alle contingenze ambientali che esse devono fronteggiare. In altri termini, spesso sono la posizione e la responsabilità più che la personalità e lo stile a poter determinare la capacità di un manager di influenzare i risultati dell'organizzazione.

L'impiego del potere passa tuttavia attraverso il comportamento politico individuale. Per capire appieno l'uso del potere all'interno delle organizzazioni, è importante prestare attenzione sia alle componenti strutturali sia al comportamento individuale.[94] Sebbene il potere spesso provenga dalle forme e dai processi organizzativi più svariati, il suo uso politico implica un'attività a livello individuale e determinate competenze. Per approfondire la conoscenza delle vostre capacità politiche, completate il test contenuto nel box "Profilo personale". I manager dotati di capacità politiche riescono a influenzare gli altri e quindi a ottenere quanto desiderano con maggiore efficacia, sia per l'organizzazione che per la propria carriera.[95] Hanno affinato le proprie capacità di osservare e comprendere mode li di interazione e influenza in ambito organizzativo; sono dotati di buone capacità di sviluppare relazioni con una vasta rete di persone e possono adattare il proprio comportamento e approccio a individui e situazioni diversi. I manager che usano la politica efficacemente sanno bene che l'influenza dipende dai rapporti umani.[86]

I manager possono sviluppare una certa competenza politica e possono apprendere come usare una vasta gamma di tattiche di influenza, a seconda della loro posizione e della specifica situazione in cui si trovano. Alcune tattiche si basano sull'impego del cosiddetto "hard power", cioè il potere generato in larga misura dalla posizione di autorità detenuta dall'individuo. È grazie a questo tipo di potere che un supervisore riesce a influenzare i sottoposti ricorrendo a premi e punizioni, un manager impartisce ordini e si aspetta che vengano rispettati, oppure un amministratore delegato autoritario impone le proprie decisioni senza curarsi dell'opinione altrui. Più spesso, in realtà, i manager abili fanno ricorso al cosiddetto "soft power", basato sulle caratteristiche individuali e la costruzione di rapporti umani.[97] L'amministratore delegato di General Electric Jeff Immelt ritiene di fallire se esercita la sua autorità formale più di sette-otto volte all'anno. Per il resto del tempo spesso ricorre a mezzi più morbidi per persuadere e influenzare gli altri e conciliare idee e opinioni divergenti.[98]

Profilo personale

Le capacità politiche

Quanto siete capaci di influenzare gli individui all'interno di un'organizzazione? Per saperne di più sulle vostre capacità politiche, sceglierete l'opzione "Più sì che no" o viceversa per ciascuna affermazione.

	Più sì che no	Più no che sì
1. Sono in grado di comunicare facilmente ed efficacemente con gli altri.	_____	_____
2. Nello svolgimento del mio lavoro dedico molto tempo a sviluppare legami con persone al di fuori della mia area.	_____	_____
3. Seguendo l'istinto, so perfettamente che cosa dire o fare per influenzare gli altri.	_____	_____
4. Sono abile nello sfruttare i rapporti con individui al di fuori della mia area per ottenere risultati nel mio lavoro.	_____	_____
5. Nel rapportarmi agli altri, sono completamente trasparente in tutto ciò che dico e faccio.	_____	_____
6. È facile per me instaurare rapporti con persone che non conosco.	_____	_____
7. Riesco a mettere a proprio agio gli sconosciuti.	_____	_____
8. Riesco molto bene a percepire le motivazioni e i piani segreti degli altri.	_____	_____

Punteggio: Assegnatevi un punto per ciascuna risposta "Più sì che no".

Interpretazione: Essere dotato di capacità politiche basilari può aiutare un manager a conseguire ampio appoggio e influenza. Le capacità politiche si rivelano utili per instaurare rapporti personali e organizzativi che migliorano i risultati del vostro team. Se avete ottenuto un punteggio pari o superiore a sei, siete in possesso di buone capacità politiche che potrebbero consentirvi di iniziare brillantemente la vostra carriera, specie in un'organizzazione gestita facendo significativo ricorso alla politica. Se invece avete ottenuto un punteggio pari o inferiore a tre, probabilmente vi converrebbe focalizzare maggiormente l'attenzione sulla costruzione di rapporti sociali e collaborativi man mano che la vostra carriera avanza. In alternativa, il contesto lavorativo ideale per voi sarebbe un'organizzazione al cui interno si adottano decisioni e provvedimenti seguendo procedure razionali, piuttosto che basandosi sul confronto fra coalizioni chiave.

Fonte: Adattato da Gerald R. Ferris, Darren C. Treadway, Robert W. Kolodinsky, Wayne A. Hochwarter, Charles J. Kacmer, Ceasar Douglas e Dwight D. Frink, "Development and Validation of the Political Skill Inventory," *Journal of Management* 31 (febbraio 2005), 126-152.

Anche nell'Esercito statunitense si parla sempre più spesso dell'importanza di instaurare rapporti, anziché usare la forza. L'ex Segretario della Difesa degli Stati Uniti Robert Gates, per esempio, sostiene che nella battaglia per conquistare le menti e i cuori dei cittadini di altri paesi, l'America deve "saper ascoltare gli altri" più che imporsi con la forza, e il nuovo manuale da campo per le operazioni di supporto alle forze locali cita chiaramente l'importanza del soft power.[99] Secondo Wesley Clark, comandante NATO a capo della missione nella Serbia di Slobodan Milosevic, i leader delle aziende così come i leader dei paesi dovrebbero tentare di costruire una comunità fondata su interessi condivisi, piuttosto che ricorrere a minacce, intimidazioni e alla forza bruta.[100] L'efficacia del soft power è stata corroborata da uno studio che ha seguito 49 negoziatori professionisti durante un periodo di nove anni. Secondo i risultati, i negoziatori migliori dedicavano il 400 per cento del tempo in più rispetto ai colleghi meno bravi alla ricerca di aree di vantaggio reciproco e interesse condiviso, anziché cercare di imporre il proprio programma.[101]

Questo paragrafo riassume in breve le tattiche che i manager possono usare per incrementare la base di potere personale e delle loro unità, le strategie politiche che possono utilizzare per ottenere i risultati ambìti e quelle per aumentare la cooperazione e la collaborazione, minimizzando conflitti dannosi. Gran parte di queste tattiche, riassunte in Figura 13.9, si basa sul ricorso al soft power.

Figura 13.9
Tattiche politiche e di potere nelle organizzazioni

Tattiche per far aumentare la base di potere	Tattiche politiche per l'uso del potere
1. Occupati di aree ad alta incertezza	1. Crea coalizioni ed espandi il tuo network
2. Crea dipendenza	2. Assegna persone leali alle posizioni chiave
3. Fornisci risorse scarse	3. Usa la reciprocità
4. Soddisfa contingenze strategiche	4. Aumenta la tua legittimazione e le tue competenze
	5. Rivolgi un appello diretto

Tattiche per aumentare il potere

Quattro **tattiche per aumentare il potere** sono le seguenti:

1. *Entrare in aree ad alta incertezza.* Una fonte di potere per un individuo o un'unità deriva dalla capacità di far fronte a delle incertezze critiche.[102] Le incertezze possono sorgere da arresti sulla linea di assemblaggio, dalla qualità necessaria a un nuovo prodotto o dall'incapacità di prevedere la domanda per nuovi servizi. Una volta che si è identificata un'incertezza, l'unità può compiere delle azioni per farvi fronte. Per loro la natura, i compiti incerti non saranno risolti immediatamente; sarà necessario procedere per prove ed errori, e questo andrà a vantaggio delle unità: il percorso per tentativi ed errori fornisce un'esperienza e delle competenze che non possono essere duplicate facilmente da altre unità.
2. *Creare dipendenze.* Le dipendenze sono un'altra fonte di potere.[103] Quando l'organizzazione dipende da un'unità oppure da un individuo per informazioni, materiali, conoscenza o esperienza, quell'unità o quella persona deterrà potere sugli altri. Un esempio divertente viene dall'azienda di prodotti di consumo di Evan Steingart. Un impiegato di basso livello che si occupava delle scorte e dei trasferimenti all'interno dell'unità spedizioni aveva il compito di siglare le spedizioni di tutti i prodotti. La sua firma era indispensabile e gli addetti alle vendite che volevano far partire subito gli ordini hanno presto imparato a meritare la sua simpatia. Chi si comportava in maniera arrogante si ritrovava in svantaggio, perché l'impiegato ritardava la firma degli ordini, non lasciando altra scelta che aspettare.[104] Una strategia ugualmente efficace e collegata alla precedente è di ridurre la dipendenza da altre unità acquisendo informazioni o l'esperienza necessaria quando possibile, per consolidare la propria indipendenza. Per esempio, nel caso appena esaminato, un manager vendite avrebbe potuto assumere il compito di siglare le spedizioni al posto dell'impiegato per ridurre la dipendenza dei venditori.

3. *Fornire risorse scarse.* Le risorse sono sempre importanti per la sopravvivenza dell'organizzazione. Le unità che accumulano risorse e le forniscono a un'organizzazione sotto forma di denaro, informazioni o strutture saranno potenti. Per esempio, in precedenza è stato descritto come le unità dell'università con maggior potere sono quelle che ottengono fondi di ricerca esterni con i quali contribuiscono a coprire i costi gestionali dell'università. Similmente, gli uffici vendite sono potenti nella maggior parte delle imprese perché immettono risorse finanziarie.
4. *Soddisfare le contingenze strategiche.* La teoria delle contingenze strategiche afferma che alcuni elementi nell'ambiente esterno e all'interno dell'organizzazione sono particolarmente importanti per il successo organizzativo. Un caso potrebbe essere un evento critico, un compito per il quale non c'è alcun sostituto o un compito centrale che è interdipendente con molti altri nell'organizzazione. Un'analisi dell'organizzazione e del suo ambiente in cambiamento rivelerà le contingenze strategiche. Nella misura in cui una contingenza è nuova o non viene soddisfatta, c'è spazio perché un'unità si muova in quell'area critica e aumenti la sua importanza e il suo potere.

In sintesi, l'allocazione del potere in un'organizzazione non è casuale. Il potere è il risultato di processi organizzativi che possono essere capiti e previsti. Le capacità di ridurre l'incertezza, aumentare la dipendenza dalla propria unità, ottenere le risorse e fare fronte alle contingenze strategiche aumenterà il potere di un'unità. Una volta che il potere è disponibile, la sfida successiva è di utilizzarlo per ottenere risultati utili.

Tattiche politiche per l'utilizzo del potere

L'uso del potere nelle organizzazioni richiede sia esperienza sia volontà. Molte decisioni sono prese attraverso processi politici perché i processi di decisione razionali non vanno bene, l'incertezza o il disaccordo sono troppo alti. Le **tattiche politiche per l'utilizzo del potere** per influire sui risultati delle decisioni includono quanto segue.

1. *Creare coalizioni ed espandere la rete.* I manager efficaci sviluppano relazioni positive all'interno dell'organizzazione e investono tempo nel dialogare con gli altri per conoscere i loro punti di vista e costruire alleanze e coalizioni reciprocamente vantaggiose.[105] La maggior parte delle decisioni importanti sono prese al di fuori dalle riunioni formali. I manager discutono degli argomenti rilevanti tra loro e raggiungono l'accordo. I manager efficaci sono quelli che si incontrano, riunendosi in gruppi di due e tre per risolvere gli aspetti chiave delle discussioni.[106] Si assicurano anche che le loro reti superino i confini gerarchici, tra funzioni e tra organizzazioni. Un progetto di ricerca ha rilevato che l'abilità di costruire reti ha un impatto positivo sulla percezione dei dipendenti riguardo l'efficacia del manager e sulla sua capacità di influenzare la performance.[107] Le reti possono essere estese: (1) arrivando a stabilire un contatto con ulteriori manager, (2) cooptando dei dissidenti. Stabilire un contatto con altri manager significa costruire buone relazioni interpersonali basate su stima, fiducia e rispetto. Affidabilità e volontà di lavorare con gli altri piuttosto che sfruttarli sono elementi essenziali nella creazione di reti e coalizioni.[108] Il secondo approccio per espandere la rete, la cooptazione, è l'atto di includere un dissidente nella propria rete. Un esempio di cooptazione riguarda un comitato di gestione dei fondi di ricerca universitaria di cui potevano far parte solo i professori di ruolo. Alcuni professori precari, un tempo molto

critici verso il modo di funzionare e l'operato di tale comitato, finirono per divenire i custodi più ortodossi delle regole una volta entrati a farne parte: la cooptazione li ha portati efficacemente a far parte della rete amministrativa.[109]

2. *Assegnare persone fedeli a posizioni chiave.* Un'altra tattica politica consiste nell'assegnare persone fedeli e di fiducia a posizioni chiave nell'organizzazione o in una determinata unità. I top manager e i capi delle singole unità utilizzano spesso le assunzioni, i trasferimenti e le promozioni per collocare in posizioni chiave persone ben disposte verso i risultati dell'unità, che saranno quindi in grado di aiutarli a raggiungere gli obiettivi.[110] I leader usano questa tattica frequentemente, come abbiamo visto in precedenza. Guardiamo cosa sta accadendo con Papa Francesco nel Vaticano.

IN PRATICA

Vaticano

A meno di un anno dall'inizio del suo pontificato, Papa Francesco aveva già cambiato sensibilmente le modalità di gestione della Chiesa Cattolica, sostituendo coloro che la gestiscono assegnando posizioni di potere a persone a lui vicine, perché lo aiutassero a raggiungere il suo obiettivo di creare una Chiesa più inclusiva e adatta al nostro secolo.

Cardinali conservatori del calibro di Raymond L. Burke, uno degli americani di più alto rango al Vaticano, che ha esercitato enorme influenza nella selezione di nuovi vescovi negli Stati Uniti, e Mauro Piacenza, che ha gestito la potente Congregazione per il Clero, sono stati declassati o si sono visti ridurre il potere. Francesco sta sostituendo questi tradizionalisti scelti dal suo predecessore con leader più moderati e in sintonia con la sua missione di trasformazione della Chiesa. Anche Guido Pozzo, un altro conservatore che Papa Benedetto aveva elevato alla carica di arcivescovo e di elemosiniere di Sua Santità, è stato riportato alla sua carica precedente.

Simili cambiamenti sono in corso anche in altri settori. Poco prima delle sue dimissioni, Papa Benedetto aveva approvato nuovi incarichi quinquennali per i cinque cardinali che componevano la commissione dell'Istituto per le Opere di Religione (IOR, comunemente conosciuto come Banca Vaticana); il suo successore li ha sostituiti tutti, tranne uno, con altri scelti da lui. Ha anche assegnato a una commissione speciale distinta il compito di esaminare le attività della banca e di migliorare controllo e supervisione. "Si tratta di un forte segnale di cambiamento nella gestione delle finanze pontificie," afferma il giornalista Carlo Marroni, esperto delle questioni finanziarie del Vaticano.

Molti dei cambiamenti apportati da Papa Francesco sono stati criticati per "aver capovolto la scala della carriera che molti prelati hanno cercato di salire per una vita intera." Inoltre, molti funzionari un tempo potenti si sentono ora fuori dal giro. Francesco ritiene che troppi all'interno della Chiesa "hanno ceduto a tentazioni mondane" e che la rottura dei cerchi di potere sia un modo per invertire questa tendenza.[111]

Come altri top leader, Papa Francesco utilizza i processi di selezione, promozione e trasferimento per assegnare persone fedeli e fidate a posizioni tali per cui possano aiutarlo a compiere la sua missione e raggiungere gli obiettivi dell'organizzazione.

3. *Usare la reciprocità.* Secondo numerose ricerche, gran parte delle persone si sente obbligata a sdebitarsi per favori ricevuti da altri dando qualcosa in cambio.[112] Il principio di reciprocità è uno dei fattori che più incidono sulle relazioni di influenza nelle organizzazioni: quando un manager si spende per fare un favore a un collega, questi si sente obbligato a ricambiare la gentilezza in futuro; analogamente, fare del lavoro aggiuntivo che supporta altre unità obbliga tali unità a ricambiare in futuro. [113] La "regola non scritta della reciprocità" è uno dei motivi per cui organizzazioni come Northrup Grumman, Kraft Foods e Pfizer elargiscono donazioni alle organizzazioni di beneficenza guidate dai membri della Camera e del Senato statunitensi: i leader delle aziende cercano di ingraziarsi i legislatori incaricati di prendere decisioni che possono incidere in misura significativa sugli affari.[114] Come nel caso delle altre tatti-

Segnalibro

Influence: Science and Practice
di Robert B. Cialdini

I manager adottano una varietà di tattiche politiche per influenzare gli altri e ottenere i risultati desiderati. Nel suo libro *Influence: Science and Practice*, Robert Cialdini esamina le pressioni sociali e psicologiche che portano le persone a rispondere in modo favorevole a queste diverse tattiche. In uno studio durato diversi anni, Cialdini, Regents' Professor di Psicologia presso l'Arizona State University, ha individuato alcuni principi fondamentali dell'influenza, "quelli che funzionano in svariate situazioni, per una varietà di attori, su argomenti differenti, per varie finalità".

I principi dell'influenza

Una buona conoscenza degli strumenti fondamentali della persuasione aiuta i manager a prevedere e influenzare il comportamento umano, abilità preziose nell'interazione con i colleghi, i dipendenti, i clienti, i partner e persino gli amici. Alcuni principi psicologici fondamentali che governano le tattiche vincenti dell'influenza sono le seguenti.

- *Reciprocità.* Il principio della reciprocità si riferisce al fatto che le persone si sentono in obbligo di contraccambiare ciò che hanno ricevuto. Ad esempio, un manager che fa un favore ad altri fa scaturire in loro un senso di obbligo a restituire il favore in futuro. I manager abili trovano dei modi per essere utili agli altri, come aiutare un collega a svolgere un lavoro sgradito od offrire ascolto e interesse ai problemi personali di un sottoposto.
- *Simpatia.* Le persone dicono più spesso di sì a coloro per i quali provano simpatia. Le aziende come la Tupperware Corp. hanno capito da tempo che sono i volti familiari e le caratteristiche congeniali a far vendere i prodotti. Le "feste Tupperware" consentono ai clienti di acquistare da un amico in casa sua anziché da un agente di vendita sconosciuto. Gli addetti alle vendite di ogni tipo di azienda cercano spesso di sfruttare tale principio trovando interessi in comune con i clienti in modo tale da instaurare un rapporto con loro. In generale, i manager che sono piacevoli, generosi con gli apprezzamenti, cooperativi e attenti ai sentimenti altrui si accorgono di avere una maggiore influenza.
- *Autorità credibile.* Le autorità legittime costituiscono particolari fonti di influenza. La ricerca ha tuttavia scoperto che il segreto per l'uso vincente dell'autorità consiste nell'essere aggiornati, credibili e affidabili. I manager che sono noti per le loro capacità, che sono onesti e diretti con gli altri e che ispirano fiducia possono esercitare una maggiore influenza di coloro che si affidano esclusivamente all'autorità conferita dalla loro posizione.
- *Conferma sociale.* Uno dei modi principali in cui le persone decidono che cosa fare in una determinata situazione consiste nell'osservare il comportamento altrui. Le persone infatti esaminano le azioni degli altri per convalidare le scelte corrette. Ad esempio, durante una manifestazione in occasione della raccolta di fondi per beneficenza, a un certo punto si iniziò a mostrare alle persone l'elenco dei vicini che avevano fatto una donazione a un istituto caritatevole e la frequenza delle donazioni incrementò notevolmente. Dimostrando, o anche solo implicando, che altri hanno già soddisfatto una richiesta, i manager ottengono maggior cooperazione.

Il processo dell'influenza sociale

Poiché un manager deve occuparsi principalmente di influenzare gli altri, è importante che apprenda dei metodi per sviluppare una buona capacità di persuasione. Il libro di Cialdini aiuta i manager a comprendere le regole psicologiche fondamentali della persuasione, ossia come e perché le persone sono motivate a cambiare i loro atteggiamenti e i loro comportamenti. Quando i manager applicano tali principi in modo onesto ed etico, migliorano la loro efficacia e il successo della loro organizzazione.

Influence: Science and Practice (4th edition), di Robert B. Cialdini, è pubblicato dalla Allyn & Bacon.

che politiche, i manager talvolta ricorrono alla reciprocità a fini personali e a danno dell'organizzazione e degli stakeholder. Per esempio, gli inquirenti si sono domandati se una "cultura della complicità" che ha comportato lo scambio di favori reciproci fra funzionari dell'industria nucleare, manager delle società elettriche, politici e responsabili della regolamentazione sia stata una delle cause del disastro nucleare della centrale elettrica di Fukushima Dai-ichi.[115]

Lo scambio di favori svelato dalle indagini nel settore del nucleare in Giappone è indice dell'importanza della reciprocità nei rapporti di potere. Secondo alcuni ricercatori, la base di tutte le altre tattiche di influenza è il concetto di scambio, cioè l'offerta

Uno sguardo sull'Europa

Dal conflitto alla collaborazione: l'approccio cooperativo di Volkswagen

Il settore automobilistico svolge un ruolo chiave all'interno dell'economia tedesca. La Germania, infatti, è una delle nazioni più evolute nella produzione automobilistica grazie alla capacità di questo settore di sviluppare prodotti distintivi sul piano dell'innovazione e al numero di dipendenti impiegati. Questi successi sono anche basati sulla *mitbestimmung* (cogestione) che caratterizza il "modello tedesco" di partecipazione dei lavoratori.
Secondo il Rapporto Annuale 2012 del VDA (Verband der Automobilindustrie), l'associazione di categoria tedesca per il settore automobilistico, nel 2011 sono stati costruiti in Germania 6 milioni di veicoli e più di 7 milioni sono stati prodotti da marchi tedeschi in altri paesi, con il risultato che un'automobile su cinque nel mondo è prodotta da un *brand* tedesco, e ben quattro su cinque nel segmento *premium*. L'industria automobilistica è pertanto uno dei maggiori datori di lavoro – occupava circa 712.500 unità nel 2011 – e rappresenta anche una solida base per il più importante sindacato tedesco, IG Metall, nonché un laboratorio di confronto fondamentale per l'ulteriore sviluppo del sistema di cogestione della Germania. Il modello tedesco di democrazia industriale, infatti, prevede che i rappresentanti dei lavoratori – eletti da tutti i lavoratori, anche quelli non iscritti al sindacato – partecipino con poteri decisionali effettivi al *board* di tutte le medie e grandi imprese, nazionali e multinazionali. I lavoratori esercitano così un doppio diritto di voto: da una parte eleggono la rappresentanza sindacale di fabbrica, dall'altra nominano i loro rappresentanti nei consigli d'amministrazione delle imprese.

Volkswagen

Nato per creare "vetture per il popolo" negli anni Trenta, il Gruppo Volkswagen ha il suo *headquarter* a Wolfsburg ed è tra i primi costruttori di auto al mondo per numero di unità vendute. Con quasi 9.345.000 vetture vendute nel 2012, un incremento dell'11,8 per cento rispetto al 2011, Volkswagen si fa sempre più aggressiva nel mercato e occupa oggi circa 550.000 dipendenti.
A partire dagli anni Ottanta il gruppo ha avviato una fase di crescita per acquisizioni durante la quale ha acquistato alcune case automobilistiche straniere, come la spagnola SEAT o la ceca Škoda. Il gruppo include oggi dodici *brand* di sette differenti paesi europei, ognuno con le proprie caratteristiche e la propria autonomia: Volkswagen Passenger Cars, Audi, SEAT, Škoda, Bentley, Bugatti, Lamborghini, Porsche, Ducati, Volkswagen Commercial Vehicles, Scania e MAN.
L'azienda ha da sempre avuto una stretta *partnership* con i sindacati, che le ha permesso, anche durante alcune fasi di crisi economica e finanziaria, di non ricorrere a soluzioni drastiche come i licenziamenti collettivi, ma adottare delle misure più *soft*. In particolare, fruttuosa è la cooperazione con il sindacato che rappresenta la maggior parte della forza lavoro di Volkswagen, IG Metall, collaborazione che le ha permesso di continuare a crescere nonostante le difficoltà economiche e di gestire al meglio anche le varie acquisizioni che si sono susseguite.

Una storia di cooperazione

Il rapporto tra Volkswagen e IG Metall è di lunga data. Tradizionalmente il presidente di IG Metall, così come i presidenti dei consigli di fabbrica della maggior parte degli stabilimenti tedeschi Volkswagen, sono sempre stati membri del consiglio di sorveglianza, tant'è che il sindacato ha sempre avuto una forte influenza nella scelta dei dirigenti che avrebbero guidato l'azienda.

di qualcosa di prezioso per ottenere ciò che si desidera. Per esempio, la persuasione razionale è efficace perché l'interlocutore si rende conto di poter trarre un vantaggio sostenendo un determinato piano e accattivarsi le simpatie dell'interlocutore funziona perché lo fa sentire apprezzato e considerato.[116] Il Segnalibro di questo capitolo approfondisce la reciprocità e altri principi di influenza fondamentali.

4. *Aumentare la legittimità e la competenza.* I manager possono esercitare la massima influenza in aree in cui è riconosciuta la loro legittimità e competenza. Questa tattica è particolarmente efficace con i manager e i dipendenti più giovani: le generazioni più recenti definiscono il potere sulla base delle conoscenze e delle capacità di una persona, anziché sulla sua posizione di autorità. Molti, infatti, non apprezzano le tattiche politiche dure e si aspettano che l'influenza sugli altri si basi sulla conoscenza e credibilità.[117] Se una richiesta è fatta all'interno dell'ambito di competenza di un'unità ed è coerente con l'interesse riconosciuto dell'unità, le altre tenderanno a soddisfarla. I membri possono anche trovare consulenti esterni o altri esperti all'interno dell'organizzazione che sostengano la loro causa.[118]

La crisi finanziaria che ha colpito il settore automobilistico tedesco nei primi anni Novanta ha avuto delle gravi ripercussioni anche su Volkswagen, che tra il 1993 e il 1994 ha rischiato la bancarotta. Tuttavia l'azienda, che ha sempre avuto a cuore la sicurezza dei propri dipendenti, piuttosto che perseguire una politica di *downsizing* e di chiusura degli impianti ha preferito adottare meccanismi di flessibilità alternativi grazie all'accordo con IG Metall. Di fronte al rischio di licenziamento per 30.000 dipendenti, l'azienda ha preferito puntare sui contratti di solidarietà basati sulla riduzione dell'orario di lavoro del 20 per cento (da 36 a 28,2 ore settimanali) per distribuire il lavoro fra i dipendenti. È stata poi necessaria una riduzione del salario annuale (tra il 10 e l'11 per cento) e dei giorni di vacanze, che ha riguardato tutta la popolazione organizzativa, anche il management e l'*executive board*, fondata sulla rinuncia a indennità calcolate, e pagate, su base annua e il congelamento di aumenti già contrattati ma non ancora entrati in busta paga.
La lunga tradizione di consensi ha prevalso anche nel 2004 quando, dopo aver subito il primo sciopero su larga scala della sua storia con il coinvolgimento di circa 100.000 dipendenti e una serie di cicli di negoziati, Volkswagen ha firmato con IG Metall un nuovo accordo in materia di retribuzione e di sicurezza del lavoro. L'accordo, che dava agli operai una garanzia di sette anni di impiego in cambio di un congelamento per 28 mesi dei salari, permetteva a Volkswagen di raggiungere due obiettivi molto importanti: ridurre il costo del lavoro di quasi un terzo entro il 2011 e preservare il clima organizzativo, deterioratosi a causa dei timori dei dipendenti che la produzione si sarebbe spostata negli impianti a basso costo nella Repubblica Ceca, in Slovacchia e in altri paesi dell'Europa centrale.

Volkswagen e IG Metall oggi

Le previsioni erano che entro il 2018 l'azienda avrebbe assunto 50.000 nuovi dipendenti soprattutto in Cina, in cui sono già attivi una decina di impianti e ne saranno a breve realizzati altri due, e sul cui mercato Volkswagen punta per contrastare il calo delle vendite e la crisi in Europa e raggiungere la leadership mondiale. Nonostante i problemi di immagine emersi per il recente scandalo sull'alterazione dei dati sulle emissioni dei gas di scarico durante i test anti inquinamento negli Stati Uniti da parte di Volkswagen, la performance finanziaria della società è cresciuta a livello tale da aver guadagnato la vetta per numero di vendite al mondo nel settore automobilistico due anni prima dei pronostici. In tutto ciò, Ig Metall non si è mai espressa rispetto al comportamento poco etico dell'azienda, mettendo così in discussione agli occhi dell'opinione pubblica proprio il modello di co-gestione delle relazioni industriali tedesche, il cosiddetto *Mitbestimmung*, considerato da sempre un caso esemplare di collaborazione e flessibilità. Possibile che il sindacato, che occupa metà del consiglio di sorveglianza di Volkswagen, fosse all'oscuro di tutto?

Domande

1. Quali motivazioni hanno spinto Volkswagen a collaborare con IG Metall?
2. Quale strategia di negoziazione descrive meglio la collaborazione tra Volkswagen e IG Metall?
3. In quali casi il conflitto è distruttivo e in quali, invece, può diventare costruttivo?

5. *Rivolgere un appello diretto.* Se i manager non domandano, raramente riceveranno. Un esempio di appello diretto è dato da un episodio avvenuto alla Drugstore.com, quando Jessica Morrison ha fatto ricorso a questa tattica per ottenere una promozione e un aumento di stipendio. Morrison ha svolto una ricerca sui livelli retributivi mediante PayScale.com e ha affrontato il suo superiore armata dei risultati trovati e di altre informazioni rilevanti. Il suo appello diretto, supportato dalle ricerche, le ha fatto guadagnare la promozione.[119] L'attività politica è efficace solo quando gli obiettivi e le necessità sono resi espliciti cosicché l'organizzazione possa rispondere. Una proposta assertiva e diretta può essere accettata perché gli altri manager non hanno alcuna alternativa migliore. Inoltre, una proposta esplicita spesso riceverà trattamento positivo perché le altre alternative sono più ambigue e meno definite. Un comportamento politico efficace richiede una dose di energia e di rischio almeno sufficienti a chiedere ciò che è necessario per ottenere i risultati desiderati.

I manager possono fare leva sulla conoscenza di queste tattiche per esercitare la propria influenza e assicurarsi che i compiti vengano eseguiti all'interno dell'organizzazione. Se i manager ignorano le tattiche politiche, potrebbero andare incontro a fallimenti senza capire perché. Alla Banca Mondiale, per esempio, Paul Wolfowitz ha cercato di far valere il suo potere senza instaurare i rapporti necessari ad affermare la sua influenza.

IN PRATICA

Banca mondiale

Dopo aver perso ogni chance di diventare segretario della difesa o consigliere per la sicurezza nazionale per l'amministrazione Bush, l'ex vice segretario della difesa Paul Wolfowitz ha colto al volo l'occasione di diventare il nuovo presidente della Banca Mondiale. Ha tuttavia condannato all'insuccesso il proprio mandato presso questa istituzione sin dall'inizio, non riuscendo a sviluppare relazioni e costruire alleanze.
Gran parte dei leader della Banca Mondiale ricoprivano il proprio incarico già da anni all'arrivo di Wolfowitz ed erano abituati a "difendere i reciproci interessi e aiutarsi a vicenda," come affermato da uno dei membri del consiglio. Una volta assunto l'incarico, Wolfowitz ha cercato di imporre le proprie idee, i propri obiettivi e la propria autorità formale senza tenere in alcuna considerazione gli interessi, le idee e gli obiettivi degli altri. Adottando una posizione univoca su questioni fondamentali e rifiutando di considerare opinioni alternative, ha fatto sì che gran parte del team di dirigenti e del consiglio della Banca Mondiale prendesse le distanze. Anziché tentare di indurre gli altri ad adottare il suo punto di vista, Wolfowitz ha mandato ordini di servizio ai funzionari senior della banca, sia portandoli personalmente sia attraverso manager da lui selezionati; numerosi funzionari di alto livello hanno rassegnato le dimissioni per via di divergenze con il nuovo presidente.
Il consiglio ha finito per chiedere le dimissioni di Wolfowitz: "Ciò che Paul non ha compreso è che la presidenza della Banca Mondiale non è di per sé un incarico di potere" ha affermato un ex collega. "Il presidente di una banca ha successo solo se riesce a costituire alleanze con i vari feudi interni. Wolfowitz non si è alleato con questi feudi, ne ha preso le distanze."[120]

Wolfowitz si è accorto troppo tardi che doveva utilizzare un approccio politico, centrato sul soft power, anziché tentare di imporre il proprio programma. Anche quando un manager gode di molto potere, l'uso che ne fa non dovrebbe essere ovvio.[121] Se un manager avanza richieste formali sulla sua base di potere in una riunione dicendo "La mia unità ha più potere, quindi voi dovete fare a modo mio", il suo potere ne sarà diminuito. Il potere funziona al meglio quando è silenzioso, richiamare l'attenzione su di esso equivale a perderlo. Il personale sa chi ha il potere. Affermazioni esplicite di potere non sono perciò necessarie e possono anche danneggiare la causa del manager o dell'unità.

Inoltre, nel ricorso a una qualunque delle tattiche precedenti, ricordate che la maggior parte della gente ritiene che il comportamento volto al proprio interesse personale sia dannoso piuttosto che di aiuto a un'organizzazione. Se dovesse sembrare che i manager impongono il loro peso o perseguono i propri interessi piuttosto che quelli dell'organizzazione, essi perderanno la faccia. D'altra parte, i manager devono riconoscere l'aspetto relazionale e politico del loro lavoro. Non è sufficiente essere razionale e tecnicamente competente: lo sviluppo e l'utilizzo di capacità politiche sono componenti fondamentali del profilo di un buon manager.

Riepilogo e interpretazioni

Il punto centrale affrontato in questo capitolo è che conflitto, potere e politica sono i risultati naturali dell'organizzazione. Le differenze negli obiettivi, nel background e nei compiti sono necessarie per l'eccellenza dell'organizzazione, ma queste differenze possono condurre i gruppi al conflitto. I manager devono utilizzare il potere e la politica per gestire e risolvere i conflitti.

Sono state presentate due prospettive di organizzazione. Il modello razionale di organizzazione considera che le organizzazioni abbiano obiettivi specifici e che i problemi possano essere risolti logicamente. L'altra prospettiva, il modello politico di organizzazione, è la base di gran parte del capitolo. Essa ipotizza che gli obiettivi di un'organizzazione non siano specifici o quanto meno non concordati; le unità hanno valori e interessi diversi, e per questo i manager entrano in conflitto. Le decisioni sono prese sulla base del potere e dell'influenza politica. La contrattazione, la negoziazione, la persuasione e la creazione di coalizioni decidono i risultati.

Benché conflitto e comportamento politico siano naturali e possano essere utilizzati per scopi vantaggiosi, i manager devono anche cercare di aumentare la collaborazione in modo che il conflitto tra gruppi non diventi troppo forte. Le tattiche per l'aumento della collaborazione comprendono strumenti di integrazione, confronto e negoziazione, consulenza intergruppo, rotazione delle persone e, infine, missione condivisa e obiettivi sovraordinati.

Il capitolo ha anche discusso le fonti verticali e orizzontali di potere. Le fonti verticali di potere includono le posizioni formali, le risorse, il controllo delle informazioni e la centralità nella rete. Di solito, il vertice della gerarchia organizzativa ha più potere dei dipendenti a livelli inferiori. Tuttavia, le posizioni lungo tutto l'arco della scala gerarchica possono essere progettate per aumentare il potere dei dipendenti. Dal momento che le organizzazioni affrontano maggiore competizione e un'incertezza ambientale, il top management sta scoprendo che aumentare il potere dei manager di medio livello e dei dipendenti di livello più basso può aiutare l'organizzazione a essere più competitiva. La responsabilizzazione è una tendenza molto diffusa nelle organizzazioni odierne; responsabilizzare i dipendenti significa fornire loro tre elementi essenziali: informazione e risorse, conoscenze e competenze necessarie e il potere di prendere decisioni significative.

La ricerca sui processi di potere orizzontali ha rivelato che determinate caratteristiche rendono alcune unità più potenti delle altre. Le disparità di potere possono essere comprese alla luce del concetto di contingenze strategiche: le unità responsabili di gestire le questioni chiave riguardanti le risorse o le dipendenze dall'ambiente esterno tendono ad acquisire maggiore potere. Fattori come dipendenza, risorse e non sostituibilità e gestione delle incertezze determinano il potere di influenza delle unità.

I manager devono essere dotati delle capacità politiche necessarie per esercitare il cosiddetto soft power. Molti diffidano del comportamento politico, temendo che sia utilizzato per fini personali che giovano all'individuo ma non all'organizzazione, tuttavia, la politica è spesso necessaria per raggiungere gli obiettivi legittimi di un'unità o di un'organizzazione. Tre aree in cui il comportamento politico gioca spesso un ruolo sono: cambiamento della struttura, successione del management e assegnazione di risorse, che sono aree ad alta incertezza. I manager possono utilizzare tattiche politiche, quali creazione di coalizioni, estensione delle reti e ricorso alla reciprocità, per aiutare le proprie unità a ottenere i risultati ambìti.

Punti chiave

Tieni a mente questi suggerimenti

1. Riconosci che qualche conflitto tra le unità è naturale e può giovare all'organizzazione. Associa i conflitti più gravi tra i gruppi a caratteristiche di progettazione dell'organizzazione come incompatibilità di obiettivo, differenziazione, interdipendenza dei compiti e scarsità delle risorse. Aspettati di dedicare più tempo ed energia a risolvere un conflitto nelle situazioni su elencate.
2. Ricorri a un modello politico dell'organizzazione quando i gruppi sono molto eterogenei, gli obiettivi non sono ben definiti o si compete per aggiudicarsi risorse limitate. Utilizza il modello razionale di organizzazione quando le alternative sono chiare, quando gli obiettivi sono definiti e quando i manager possono stimare i risultati con precisione. In queste circostanze

la creazione di coalizioni, la cooptazione e le altre tattiche politiche non sono necessarie e non condurranno a decisioni migliori.

3. Se il conflitto diventa troppo forte, utilizza le tattiche per l'aumento della collaborazione, compresi gli strumenti di integrazione, il confronto, la consulenza intergruppo, la rotazione delle persone e gli obiettivi sovraordinati. Scegli le tecniche che si adattano meglio all'organizzazione e al tipo di conflitto.
4. Comprendi e utilizza le fonti verticali di potere nelle organizzazioni, che includono posizione formale, risorse disponibili, controllo delle informazioni e centralità nella rete.
5. Non lasciare privi di potere i livelli più bassi dell'organizzazione. Se il potere è troppo accentrato nelle mani dei top manager, responsabilizza i livelli più bassi dotando gli individui degli strumenti necessari per migliorare le prestazioni: informazioni, conoscenza e competenze e potere di prendere decisioni significative.
6. Sii consapevole dei rapporti di potere orizzontali, originati dalla capacità di un'unità di far fronte a contingenze strategiche che l'organizzazione sta affrontando. Incrementa il potere orizzontale di un'unità aumentando il suo coinvolgimento nelle contingenze strategiche.
7. Aspettati e consenti il comportamento politico nelle organizzazioni. La politica genera la dialettica e lo scontro degli interessi necessari per chiarire i punti di vista e raggiungere una decisione. Crea coalizioni, estendi la tua rete, usa la reciprocità, aumenta la legittimità e rivolgi un appello diretto al fine di ottenere i risultati desiderati.

Glossario

ambiti dell'attività politica
autorità
centralità
centralità nella rete
competizione
conflitto intergruppo
confronto
contingenze strategiche
contrattazione collettiva
dipendenza
fonti di conflitto intergruppo
fonti di potere
gruppo lavoratori-management
modello politico
modello razionale
negoziazione
non sostituibilità
politica organizzativa
potere
responsabilizzazione
tattiche per aumentare il potere
tattiche per l'aumento della collaborazione
tattiche politiche per l'utilizzo del potere

Domande per la discussione

1. Descrivete brevemente come le differenze nei compiti, nella cultura personale e nella formazione portano al conflitto intergruppo. In che modo l'interdipendenza tra i gruppi conduce al conflitto intergruppo?
2. Il colosso aziendale del settore dei prodotti di consumo Procter & Gamble e l'impresa leader di Internet Google hanno avviato una partnership di marketing. Quali fattori organizzativi e ambientali potrebbero assegnare più potere a una delle due organizzazioni entro questa relazione?
3. In una organizzazione in rapido mutamento, è più probabile che le decisioni siano prese utilizzando il modello razionale di organizzazione o quello politico?
4. Qual è la differenza tra potere e autorità? È possibile che una persona abbia autorità formale ma non potere reale?
5. Spiegate come una unità di una compagnia di assicurazione sanitaria possa aiutare l'organizzazione a far fronte all'aumento di potere in grandi sistemi ospedalieri come il Carilion.
6. L'Università Statale X riceve il 90% delle proprie risorse finanziare dallo Stato e, dal momento che le tasse universitarie sono basse, è sovraffollata di studenti. L'uf-

ficio iscrizioni è sommerso di richieste e l'università sta cercando di far passare un regolamento per limitare le iscrizioni. L'Università Privata Y riceve il 90% delle sue entrate dalle tasse pagate dagli studenti e ha appena il numero di studenti sufficienti per raggiungere i propri fini. L'ufficio iscrizioni sta attivamente cercando iscritti per il successivo anno. Utilizzando il concetto delle contingenze strategiche, in quale università l'ufficio iscrizioni avrà un maggiore potere? Quali implicazioni avrà tale potere per i docenti e gli amministratori?

7. Credete che in un'organizzazione sia possibile incrementare l'ammontare totale del potere delegandolo ai lavoratori?
8. La facoltà di Ingegneria di una delle più importanti università ottiene il triplo dei finanziamenti di ricerca governativi di tutto il resto dell'università messo insieme, ed ha parecchi docenti impegnati a tempo pieno solamente in attività di ricerca. Ancora, quando i fondi di ricerca interni sono allocati, la facoltà ottiene una quota maggiore di denaro, benché abbia già sostanziosi stanziamenti esterni. Perché?
9. Secondo alcune ricerche, il concetto di scambio sottostante al principio di reciprocità (offrire qualcosa di valore ad un altro individuo per ottenere ciò che si desidera) è alla base di *qualsiasi forma* di influenza. Siete d'accordo? In che misura vi sentite obbligati a ricambiare un favore?

Quaderno di lavoro

Come gestite il conflitto?

Pensate a come generalmente gestite il conflitto con un membro del vostro team, un amico o un collega e indicate se le seguenti affermazioni sono prevalentemente vere o false. Non ci sono risposte giuste o sbagliate, ma è importante rispondere con onestà.

	Prevalentemente vero	Prevalentemente falso
1. Penso che non valga la pena discutere per le differenze.	_____	_____
2. Evito le altre persone quando sospetto che vogliano discutere una controversia.	_____	_____
3. Preferisco non esprimere le mie opinioni anziché affrontare una discussione.	_____	_____
4. Generalmente evito di assumere posizioni che possono dare adito a dispute	_____	_____
5. Mi sforzo di far prevalere la mia opinione.	_____	_____
6. In caso di disaccordo, difendo vigorosamente la mia opinione.	_____	_____
7. Alzo la voce quando provo a far accettare alle altre persone la mia posizione.	_____	_____
8. Sostengo risolutamente la mia presa di posizione.	_____	_____
9. Cedo se l'altra persona mi viene incontro.	_____	_____
10. Sono disposto a un compromesso per raggiungere un accordo.	_____	_____
11. Offro delle compensazioni per risolvere le divergenze.	_____	_____
12. Cedo su alcuni fronti se l'interlocutore fa lo stesso su altri.	_____	_____
13. Mi propongo di non urtare la sensibilità degli altri.	_____	_____

continua

	Prevalentemente vero	Prevalentemente falso
14. Sono pronto a riconoscere subito la validità delle argomentazioni della persona con cui discuto.	_____	_____
15. Cerco di appianare le differenze di opinione minimizzandone l'entità.	_____	_____
16. Mi propongo di rispettare i sentimenti degli altri.	_____	_____
17. Suggerisco soluzioni che tengono conto dei punti di vista altrui.	_____	_____
18. Analizzando le idee emerse durante il confronto, propongo una nuova soluzione che tenga conto delle diverse posizioni.	_____	_____
19. Tengo conto delle idee dell'altra persona per proporre una soluzione accettabile.	_____	_____
20. Attribuisco ai punti di vista altrui la stessa importanza che attribuisco ai miei.	_____	_____

Assegnazione del punteggio e interpretazione. Le 20 domande servono per misurare cinque strategie di gestione del conflitto: scantonamento, predominio, negoziazione, conciliazione e collaborazione. Queste strategie sono indice di livelli diversi della tendenza individuale all'*aggressività* o alla *cooperazione.* Maggiore è il punteggio riportato per una particolare strategia, maggiori sono le probabilità che essa rappresenti il vostro approccio preferenziale alla gestione del confitto. Un punteggio basso indica che probabilmente non fate ricorso a quella strategia.

Predominio (a modo mio): è indice di un elevato grado di aggressività allo scopo di imporre la propria visione e soddisfare interessi personali. Assegnatevi un punto per tutte le risposte Prevalentemente vero alle domande dalla 5 alla 8. ____

Conciliazione (a modo tuo): riflette un elevato grado di cooperazione e un desiderio prevalente di accontentare o aiutare gli altri. Assegnatevi un punto per tutte le risposte Prevalentemente vero alle domande dalla 13 alla 16. ____

Scantonamento (in nessun modo): non è indice di assertività né di cooperazione e implica semplicemente il desiderio di evitare il conflitto ogniqualvolta sia possibile. Assegnatevi un punto per tutte le risposte Prevalentemente vero alle domande dalla 1 alla 4. ____

Negoziazione (a metà strada): segnala una tendenza a venire incontro agli altri facendo leva in misura moderata sia sull'aggressività sia sulla cooperazione. Assegnatevi un punto per tutte le risposte Prevalentemente vero alle domande dalla 9 alla 12. ____

Collaborazione (a modo nostro): è indice di un grado elevato di aggressività e cooperazione per soddisfare le richieste delle parti in causa. Assegnatevi un punto per tutte le risposte Prevalentemente vero alle domande dalla 17 alla 20. ____

Domande

1. Quale strategia trovate più semplice utilizzare? Quale più difficile?
2. In che modo le vostre risposte sarebbero state diverse se l'altra persona fosse stata un amico, un familiare o un collega?
3. Che cosa pensate del vostro approccio alla gestione dei conflitti? Che cosa cambiereste?

Note al volume

Capitolo 1

1. Questo caso è basato su: Anthony Bianco e Pamela L. Moore, "Downfall: The Inside Story of the Management Fiasco at Xerox," *BusinessWeek*, 5 marzo 2001, 82-92; Robert J. Grossman, "HR Woes at Xerox," *HR Magazine*, maggio 2001, 34-45; Jeremy Kahn, "The Paper Jam from Hell," *Fortune*, 13 novembre 2000, 141-146; Pamela L. Moore, "She's Here to Fix the Xerox," *BusinessWeek*, 6 agosto 2001, 47-48; Claudia H. Deutsch, "At Xerox, the Chief Earns (Grudging) Respect," *The New York Times*, 2 giugno 2002, Section 3, 1, 12; Olga Kharif, "Anne Mulcahy Has Xerox by the Horns," *Business Week Online*, 29 maggio 2003;Amy Yee, "Xerox Comeback Continues to Thrive," *Financial Times*, 26 gennaio 2005, 30; George Anders, "Corporate News; Business: At Xerox, Jettisoning Dividend Helped Company Out of a Crisis," *The Asian Wall Street Journal*, 28 novembre 2007, 6; Andrew Davidson, "Xerox Saviour in the Spotlight," *Sunday Times*, 1 giugno 2008, 6; Betsy Morris, "The Accidental CEO," *Fortune*, 23 giugno 2003, 58-67; Matt Hartley, "Copy That: Xerox Tries Again to Rebound," *The Globe and Mail*, 7 gennaio 2008, B1; Nanette Byrnes e Roger O. Crockett, "An Historic Succession at Xerox," *BusinessWeek*, 8 giugno 2009, 18-22; William M. Bulkeley, "Xerox Names Burns Chief as Mulcahy Retires Early," *The Wall Street Journal*, 22 maggio 2009, B1; Geoff Colvin, "C-Suite Strategies: Ursula Burns Launches Xerox Into the Future," *Fortune*, 22 aprile 2010, http://money.cnn.com/2010/04/22/news/companies/xerox_ursula_burns.-fortune/ (consultato l'1 luglio 2011); Brian Bergstein, "Q+A Ursula Burns," *MIT Technology Review*, 20 febbraio 2013, http://www.technologyreview.com /featuredstory/511281/xeroxs-ceo-wants-tp-shake-up-the-services-market/ (consultato il 10 febbraio 2014); David Zax, "How Xerox Evolved From Copier Company to Creative Powerhouse," *Fast Company*, 11 dicembre 2013, http://www.fastcompany.com/3023240/most-creative-people/dreaming-together-how-xerox-keeps-big-ideas-flowing (consultato il 10 febbraio 2014); "Xerox Positioned in the Visionaries Quadrant of Gartner's 2013 Magic Quadrant for Enterprise Content Management," Press Release, Xerox, 17 ottobre 2013, http://news.xerox.com/news /Xerox-positioned-in-the-Visionaries-Quadrant-of-Gartners-2013-Magic-Quadrant-for-ECM (consultato il 10 febbraio 2014).
2. Dana Mattioli, Joann S. Lublin ed Ellen Byron, "Kodak Struggles to Find Its Moment," *The Wall Street Journal*, 11 agosto 2011, http://online.wsj.com/news/articles/SB10001424053111903454504576488033424421882 (consultato il 24 settembre 2014).
3. Ed O'Keefe, "Lieberman Calls for Wider Inquiry into Secret Service Scandal," *The Washington Post*, 23 aprile 2012, A3; Laurie Kellman e Alicia A. Caldwell, "Inquiry Hears of Wider Secret Service Misbehavior," *The Salt Lake Tribune*, 25 maggio 2012; Evan Perez, "Secret Service Agents Sent Home after One Found Passed Out in Amsterdam," *CNN.com*, 26 marzo 2014, http://www.cnn.com/2014/03/25/us/secret-service-amsterdam/ (consultato il 26 marzo 2014).
4. Damian Paletta e Dionne Searcey, "Inside IRS Unit Under Fire," *The Wall Street Journal*, 25 maggio 2013, A1; Nicholas Confessore, David Kocieniewski e Michael Luo, "Confusion and Staff Troubles Rife at I.R.S. Office in Ohio," *The New York Times*, 18 maggio 2013, http://www.nytimes.com/2013/05/19/us/politics/at-irs-unprepared-office-seemed-unclear-about-the-rules.html?pagewanted=all&_r=0 (consultato il 15 agosto 2013).
5. Mike Ramsey e Evan Ramstad, "Once a Global Also-Ran, Hyundai Zooms Forward," *The Wall Street Journal*, 30 luglio 2011, A1; Richard Siklos, "Bob Iger Rocks Disney," *Fortune*, 19 gennaio 2009, 80-86; Ellen Byron, "Lauder Touts Beauty Bargains," *The Wall Street Journal*, 5 maggio 2009.
6. Harry G. Berkema, Joel A.C. Baum ed Elizabeth A. Mannix, "Management Challenges in a New Time," *Academy of Management Journal* 45, no.5 (2002), 916-930.
7. Gregory C. Unruh e Ángel Cabrera, "Join the Global Elite," *Harvard Business Review*, maggio 2013, 135-139.
8. Mike Ramsey, "Ford's CEO Revs up Auto Maker's China Role," *The Wall Street Journal*, 16 aprile 2013, B7.
9. Steven Greenhouse e Stephanie Clifford, "U.S. Retailers Offer Safety Plan for Bangladeshi Factories" *The New York Times*, 10 luglio 2013, http://www.nytimes.com/2013/07/11/business/global/us-retailers-offer-safety-plan-for-bangladeshi-factories.html?pagewanted=all&_r=0 (consultato il 21 agosto 2013); Kate O'Keeffe e Sun Narin, "H&M Clothes Made in Collapsed Cambodian Factory," *The Wall Street Journal*, 21 maggio 2013, http://online.wsj.com/article/SB10001424127887324787004578497091806922254.html (consultato il 21 agosto 2013).
10. Vanessa Fuhrmans, "Amazon Acts on German Controversy; Online Retailer Cuts Ties with Security Firm after a Television Documentary on Working Conditions," *The Wall Street Journal*, 19 febbraio 2013, B3; Eva Dou e Paul Mozur, "IPhone-Factory Deaths Dog Apple and Supplier," *The Wall Street Journal Online*, 11 dicembre 2013, http://online.wsj.com/news/articles/SB10001424052702304202204579251913898555706 (consultato il 10 febbraio 2014).
11. Keith H. Hammonds, "The New Face of Global Competition," *Fast Company*, febbraio 2003, 90-97; Pete Engardio, Aaron Bernstein e Manjeet Kripalani, "Is Your Job Next?" *Business Week*, 3 febbraio 2003, 50-60.
12. Pete Engardio, "Can the U.S. Bring Jobs Back from China?" *BusinessWeek*, 30 giugno 2008, 38ff.

13. Anna Prior e Don Clark, "Corporate News: Texas Instruments to Cut Jobs," *The Wall Street Journal*, 22 gennaio 2014, B2.
14. Janet Adamy, "McDonald's Tests Changes in $1 Burger As Costs Rise", *The Wall Street Journal*, 4 agosto 2008, B1.
15. Lavonne Kuykendall, "Auto Insurers Paying Up to Compete for Drivers," *The Wall Street Journal*, 9 aprile 2008, B5.
16. Riportato in Dan Kadlec, "Gordon Gekko Lives: New Evidence That Greed Is Rampant on Wall Street," *Time*, 17 luglio 2013, http://business.time.com/2013/07/17/gordon-gekko-lives-new-evidence-that-greed-is-rampant-on-wall-street/ (consultato il 19 luglio 2013).
17. Monica Langley e Dan Fitzpatrick, "Embattled J.P. Morgan Bulks Up Overnight," *The Wall Street Journal Online*, 12 settembre 2013, http://online.wsj.com/news/articles/SB10001424127887324755104579071304170686532 (consultato l'11 febbraio 2014).
18. Definizione basata su Marc J. Epstein e Marie-Josée Roy, "Improving Sustainability Performance: Specifying, Implementing and Measuring Key Principles," *Journal of General Management* 29, no. 1 (autunno 2003), 15-31; World Commission on Economic Development, *Our Common Future* (Oxford: Oxford University Press, 1987); Marc Gunther, "Tree Huggers, Soy Lovers, and Profits," *Fortune*, 23 giugno 2003, 98-104.
19. Steve Minter, "A Net Gain for Sustainable Manufacturing," *Industry Week*, agosto 2013, 48.
20. Pinar Cankurtaran, Fred Langerak e Abbie Giffin, "Consequences of New Product Development Speed: A Meta-Analysis," *Journal of Product Innovation Management* 30, no. 3, (2013), 465-486.
21. Brad Kenney, "Callaway Improves Long Game with Collaborative Tech," *Industry Week*, giugno 2008, 72.
22. Robert Safian, "Secrets of the Flux Leader," *Fast Company*, novembre 2012, 96-136.
23. Citato in Safian, "Secrets of the Flux Leader."
24. Paragrafo in parte basato su Fahri Karakas, "Welcome to World 2.0: The New Digital Ecosystem," *Journal of Business Strategy* 30, no. 4 (2009), 23-30.
25. Jacques Bughin, Michael Chui e James Manyika, "Capturing Business Value with Social Technologies," *McKinsey Quarterly*, novembre 2012, http://www.mckinsey.com/insights/high_tech_telecoms_internet/capturing_business_value_with_social_technologies (consultato il 27 settembre 2013).
26. Roland Deiser e Sylvain Newton, "Six Social-Media Skills Every Leader Needs," *McKinsey Quarterly*, Issue 1, febbraio 2013, http://www.mckinsey.com/insights/high_tech_telecoms_internet/six_social-media_skills_every_leader_needs (consultato il 21 agosto 2013).
27. *Ibidem.*
28. Leslie Gaines-Ross, "Get Social: A Mandate for New CEOs," *MIT Sloan Management Review*, 7 marzo 2013, http://sloanreview.mit.edu/article/get-social-a-mandate-for-new-ceos/ (consultato il 21 agosto 2013).
29. Deiser e Newton, "Six Social Media Skills Every Leader Needs."
30. Darrell K. Rigby, *Management Tools 2013: An Executive's Guide* (Bain & Company 2013), http://www.bain.com/Images /MANAGEMENT_TOOLS_2013_An_Executives_guide.pdf (consultato il 27 agosto 2013); Margaret Rouse, "Big Data Analytics," *TechTarget.com*, 10 gennaio 2012, http://searchbusinessanalytics.techtarget.com/definition/big-data-analytics (consultato il 27 agosto 2013); David Kiron, Renee Boucher Ferguson e Pamela Kirk Prentice, "From Value to Vision: Reimagining the Possible with Data Analytics," *MIT Sloan Management Review Special Report*, 5 marzo 2013, http://sloanreview.mit.edu/reports/analytics-innovation/ (consultato il 27 agosto 2013).
31. Steve Lohr, "Sure, Big Data Is Great. But So Is Intuition," *The New York Times*, 29 dicembre 2012.
32. Andrew McAfee ed Erik Brynjolfsson, "Big Data: The Management Revolution," *Harvard Business Review*, ottobre 2012, 61-68.
33. Lohr, "Sure, Big Data Is Great. But So Is Intuition."
34. McAfee e Brynjolfsson, "Big Data: The Management Revolution."
35. Howard Aldrich, *Organizations and Environments* (Englewood Cliffs, NJ: Prentice-Hall, 1979), 3.
36. Royston Greenwood e Danny Miller, "Tackling Design Anew: Getting Back to the Heart of Organizational Theory," *Academy of Management Perspectives*, novembre 2010, 78-88.
37. La presente sezione si basa in buona parte su Peter F. Drucker, *Managing the Non-Profit Organization: Principles and Practices* (New York: HarperBusiness, 1992); Thomas Wolf, *Managing a Nonprofit Organization* (New York: Fireside/ Simon & Schuster, 1990); Jean Crawford, "Profiling the Non-Profit Leader of Tomorrow," *Ivey Business Journal*, maggio-giugno 2010).
38. Christine W. Letts, William P. Ryan, e Allen Grossman, *High Performance Nonprofit Organizations* (New York: John Wiley & Sons, Inc., 1999), 30-35; Crawford, "Profiling the Non-Profit Leader of Tomorrow."
39. Lisa Bannon, "Dream Works: As Make-a-Wish Expands Its Turf, Local Groups Fume," *The Wall Street Journal*, 8 luglio 2002, A1, A8.
40. Robert N. Stern e Stephen R. Barley, "Organizations and Social Systems: Organization Theory's Neglected Mandate," *Administrative Science Quarterly* 41, (1996), 146-162.
41. Philip Siekman, "Build to Order: One Aircraft Carrier," *Fortune*, 22 luglio 2002, 180[B]-180[J].
42. Adam Davidson, "Building a Harley Faster," *New York Times Magazine*, 28 gennaio 2014, http://www.nytimes.com/2014/02/02/magazine/building-a-harley-faster.html?_r=0 (consultato il 12 febbraio 2014).
43. Lindsey Kratochwill, "02: Amazon: For Speeding Up the Delivery of Change," *Fast Company* (part of the section "The Most Innovative Companies 2013") http://www.fastcompany.com/most-innovative-companies/2013/amazon (consultato il 12 febbraio 2014).
44. La discussione su dimensioni strutturali e fattori contingenti è stata fortemente influenzata da Richard H. Hall, *Organizations: Structures, Processes, and Outcomes* (Englewood Cliffs, NJ: Prentice-Hall, 1991); D. S. Pugh, "The Measurement of Organization Structures: Does Context Determine Form?" *Organizational Dynamics* 1 (primavera 1973), 19-34; D. S. Pugh, D. J. Hickson, C. R. Hinings, e C. Turner, "Dimensions of Organization Structure," *Administrative Science Quarterly* 13 (1968), 65-91.
45. Questa discussion si basa in parte su Virpi Turkulainen e Mikko Kitokivi, "The Contingent Value of Organizational Integration," *Journal of Organization Design* 2, no. 2, (2013), 31-43.
46. Daisuke Wakabayashi e Toko Sekiguchi, "Disaster in Japan: Evacuees Set Rules to Create Sense of Normalcy," *The Wall Street Journal*, 26 marzo 2011, A8; Ian Urbina, "In Gulf, It Was Unclear Who Was in Charge of Oil Rig," *The New York Times*, 5 giugno 2010; Douglas A. Blackmon, Vanessa O'Connell, Alexandra Berzon e Ana Campoy, "There Was 'Nobody in Charge'," *The Wall Street Journal*, 27 maggio 2010, http://online.wsj.com/articles/SB10001424052748704113504575264721101985024 (cosnultato il 29 settembre 2014);

Campbell Robertson, "Efforts to Repel Gulf Oil Spill Are Described as Chaotic," *The New York Times*, 14 giugno 2010, http://www.nytimes.com/2010/06/15/science/earth/15cleanup.html?pagewanted=all (consultato il 29 settembre 2014).
47. "5 Richest Tech Billionaires Who Dropped Out of University," *WhatCulture!*, 30 settembre 2013, http://whatculture.com/technology/5-richest-tech-billionaires-who-dropped-out-of-university.php (consultato il 30 settembre 2013); "Our People," Valve Website, http://www.valvesoftware.com/company/people.html (consultato il 30 settembre 2013); Claire Suddath, "Why There Are No Bosses at Valve," *Bloomberg Businessweek*, 27 aprile 2012, www.businessweek.com /articles/2012-04-27/why-there-are-no-bosses-at-valve (consultato il 10 agosto 2012); Rachel Emma Silverman, "Who's the Boss? There Isn't One," *The Wall Street Journal*, 20 giugno 2012, B1; Alex Hern, "Valve Software: Free Marketer's Dream, or Nightmare?" *New Statesman*, 3 agosto 2012, www.newstatesman.com/blogs/economics/2012/08/valve-software-free-marketeers-dream-or-nightmare (consultato il 10 agosto 2012); John Huey, "Wal-Mart: Will It Take Over the World?" *Fortune*, 30 gennaio 1989, 52-61.
48. Steve Lohr, "Who Pays for Efficiency?" *The New York Times*, 11 giugno 2007, H1.
49. T. Donaldson e L. E. Preston, "The Stakeholder Theory of the Corporation: Concepts, Evidence, and Implications," *Academy of Management Review* 20 (1995), 65-91; Anne S. Tusi, "A Multiple-Constituency Model of Effectiveness: An Empirical Examination at the Human Resource Subunit Level," *Administrative Science Quarterly* 35 (1990), 458-483; Charles Fombrun e Mark Shanley, "What's in a Name? Reputation Building and Corporate Strategy," *Academy of Management Journal* 33 (1990), 233-258; Terry Connolly, Edward J. Conlon e Stuart Jay Deutsch, "Organizational Effectiveness: A Multiple-Constituency Approach," *Academy of Management Review* 5 (1980), 211-217.
50. Ray Fisman e Tim Sullivan, "The Most Efficient Office in the World," *Slate*, 31 luglio 2013, http://www.slate.com/articles/business/the_dismal_science/2013/07/renewing_your_passport_visit_the_incredibly_efficient_new_york_city_passport.html (consultato il 14 febbraio 2014).
51. Charles Fishman, "The Wal-Mart You Don't Know. Why Low Prices Have a High Cost," *Fast Company*, dicembre 2003, 68-80.
52. Greenwood e Miller, "Tackling Design Anew."
53. Greenwood e Miller, "Tackling Design Anew"; Roger L. M. Dunbar e William H. Starbuck, "Learning to Design Organizations and Learning from Designing Them," *Organization Science* 17, no.2 (marzo-aprile 2006), 171-178.
54. Citato in Cynthia Crossen, "Early Industry Expert Soon Realized a Staff Has Its Own Efficiency," *The Wall Street Journal*, 6 novembre 2006, B1.
55. Robert Kanigel, *The One Best Way: Frederick Winslow Taylor and the Enigma of Efficiency* (New York: Viking, 1997); Alan Farnham, "The Man Who Changed Work Forever," *Fortune*, 21 luglio 1997, 114; Charles D. Wrege e Ann Marie Stoka, "Cooke Creates a Classic Story Behind F.W. Taylor's Principles of Scientific Management," *Academy of Management Review*, ottobre 1978, 736-749. Per una discussione sull'impatto dello scientific management nel settore industriale, nell'amministrazione e nelle organizzazioni non profit in USA si veda anche Mauro F. Guillén, "Scientific Management's Lost Aesthetic: Architecture, Organization, and the Taylorized Beauty of the Mechanical," *Administrative Science Quarterly* 42 (1997), 682-715.
56. Gary Hamel, "The Why, What and How of Management Innovation," *Harvard Business Review*, febbraio 2006, 72-84.
57. Amanda Bennett, *The Death of the Organization Man* (New York: William Morrow, 1990).
58. Ralph Sink, "My Unfashionable Legacy," *Strategy + Business*, autunno 2007, http://www.strategy-business.com/press/enewsarticle/enews122007?pg=0 (consultato il 7 agosto 2008).
59. Dunbar e William H. Starbuck, "Learning to Design Organizations".
60. Johannes M. Pennings, "Structural Contingency Theory: A Reappraisal," *Research in Organizational Behavior* 14 (1992), 267-309; Turkulainen e Kitokivi, "The Contingent Value of Organizational Integration".
61. Tom Burns e G. M. Stalker, *The Management of Innovation* (London: Tavistock, 1961).
62. Li-Yun Sun e Wen Pan, "Market Orientation, Intrapreneurship Behavior, and Organizational Performance: Test of a Structural Contingency Model," *Journal of Leadership and Organizational Studies* 18, no. 2, (2011), 274-285.
63. Roxane Divol e Thomas Fleming, "The Evolution of Work: One Company's Story," *McKinsey Quarterly*, Issue 4, (2012), 111-115.
64. Tom Ashbrook, "The Bossless Office," *On Point with Tom Ashbrook* (20 giugno 2013 alle 11:00), http://onpoint.wbur.org.
65. Doug Kirkpatrick, "Self-Management's Success at Morning Star," *T + D*, ottobre 2012, 25-27; Gary Hamel, "First, Let's Fire All the Managers," *Harvard Business Review*, dicembre 2011, 48-60.
66. Hamel, "First, Let's Fire All the Managers."

Capitolo 2

1. Evelyn M. Rusli, "Instagram Pictures Itself Making Money," *The Wall Street Journal Online*, 8 settembre 2013, http://online.wsj.com/news/articles/SB10001424127887324577304579059230069305894 (consultato il 17 febbraio 2014).
2. Christopher Weaver e Louise Radnofsky, "Federal Health Site Stymied by Lack of Direction," *The Wall Street Journal Online*, 28 ottobre 2013, http://online.wsj.com/news/articles/SB10001424052702304682504579158043537719338 (consultato il 18 febbraio 2014).
3. Amitai Etzioni, *Modern Organizations* (Englewood Cliffs, NJ: Prentice Hall, 1964), 6.
4. John P. Kotter, "What Effective General Managers Really Do," *Harvard Business Review*, novembre-dicembre 1982, 156-167; Henry Mintzberg, *The Nature of Managerial Work* (New York: Harper & Row, 1973); Henry Mintzberg, *Managing* (San Francisco: Berrett-Kohler Publishers, 2009).
5. Charles C. Snow e Lawrence G. Hrebiniak, "Strategy, Distinctive Competence, and Organizational Performance," *Administrative Science Quarterly* 25 (1980), 317-335; Robert J. Allio, "Strategic Thinking: The Ten Big Ideas," *Strategy & Leadership* 34, no. 4 (2006), 4-13.
6. Basato su A. G. Lafley e Roger Martin, "Instituting a Company-Wide Strategic Conversation at Procter & Gamble," *Strategy & Leadership* 41, no. 4 (2013), 4-9.
7. Miguel Bustillo, "Corporate News–Boss Talk: Wal-Mart's U.S. Chief

Aims for Turnaround," *The Asian Wall Street Journal*, 22 marzo 2011; Miguel Bustillo, "Wal-Mart Tries to Recapture Mr. Sam's Winning Formula," *The Wall Street Journal Online*, 22 febbraio 2011, http://online.wsj.com/article/SB10001424052748703803904576152753111788930.html (consultato il 17 luglio 2012).

8. Gary Hamel e C.K. Prahalad, "Strategic Intent," *Harvard Business Review*, luglio-agosto 2005, 148-161.
9. *Ibidem.*
10. Barbara Bartkus, Myron Glassman e R. Bruce McAfee, "Mission Statements: Are They Smoke and Mirrors?" *Business Horizons*, novembre-dicembre 2000, 23-28; Mark C. Suchman, "Managing Legitimacy: Strategic and Institutional Approaches," *Academy of Management Review* 20, n. 3 (1995), 571-610.
11. CVS Health, "Our New Name," http://www.cvshealth.com/research-insights/health-topics/our-new-name (consultato il 12 dicembre 2014).
12. Bill George, "The Company's Mission Is the Message," *Strategy + Business*, Issue 33 (inverno 2003), 13-14; Jim Collins e Jerry Porras, *Built to Last: Successful Habits of Visionary Companies* (New York: Harper Business, 1994).
13. Hamel e Prahalad, "Strategic Intent."

wArthur A. Thompson, Jr. e A. J. Srickland III, *Strategic Management: Concepts and Cases*, 6th ed. (Homewood, IL: Irwin, 1992); Briance Mascarenhas, Alok Baveja e Mamnoon Jamil, "Dynamics of Core Competencies in Leading Multinational Companies," *California Management Review* 40, no. 4 (estate 1998), 117-132.

15. Issie Lapowsky, "Logistics; No Time to Spare; Tackling Last-Minute Jobs," *Inc.*, luglio-agosto 2011, 106, 108.
16. Brad Stone, "What's in the Box? Instant Gratification," *Bloomberg Businessweek*, 29 novembre-5 dicembre 2010, 39-40; Stephanie Clifford, "Same-Day Delivery Test at Wal-Mart," *The New York Times*, 10 ottobre 2012, B1; S. Levy, "CEO of the Internet: Jeff Bezos Owns the Web in More Ways than You Think," *Wired*, dicembre 2011, www.wired.com/magazine/2011/11/ff_bezos/ (consultato il 24 luglio 2012).
17. Charles Perrow, "The Analysis of Goals in Complex Organizations," *American Sociological Review* 26 (1961), 854-866.
18. Johannes U. Stoelwinde e Martin P. Charns, "The Task Field Model of Organization Analysis and Design," *Human Relations* 34 (1981), 743-762; Anthony Raia, *Managing by Objectives* (Glenview, IL: Scott Foresman, 1974).
19. Henrich Greve, "UPS's Christmas Failure Delivers a Powerful Lesson About Alliances," *Strategy + Business Blog*, 16 gennaio 2014, http://www.strategy-business.com/blog/UPSs-Christmas-Failure-Delivers-a-Powerful-Lesson-about-Alliances?gko=e33d3 (consultato il 19 febbraio 2014).
20. Paul Beckett, Vibhuti Agarwal e Julie Jargon, "Starbucks Brews Plan to Enter India," *The Wall Street Journal Online*, 14 gennaio 2011, http://online.wsj.com/article/SB10001424052748703583404576079593558838756.html (consultato il 16 luglio 2011).
21. James Dao, "Wal-Mart Plans to Hire Any Veteran Who Wants a Job," *The New York Times*, 14 gennaio 2013, http://www.nytimes.com/2013/01/15/us/wal-mart-to-announce-extensive-plan-to-hire-veterans.html?_r=0 (consultato il 19 febbraio 2014).
22. Christina Passariello, "To L'Oreal, Brazil's Women Need Fresh Style of Shopping," *The Wall Street Journal*, 21 gennaio 2011, B1.
23. Reed Abelson, "Managing Outcomes Helps a Children's Hospital Climb in Renown," *The New York Times*, 15 settembre 2007, C1.
24. Robert L. Porter e Gary P. Latham, "The Effect of Employee Learning Goals and Goal Commitment on Departmental Performance," *Journal of Leadership & Organizational Studies* 20, no. 1 (2013), 62-68.
25. William Alden e Sydney Ember, "Wall St. Shock: Take a Day Off, Even a Sunday," *The New York Times*, 11 gennaio 2014, A1.
26. Brooks Barnes, "Animation Meets Economic Reality," *The New York Times*, 4 aprile 2011, B1.
27. A.G. Lafley e Ram Charan, *The Game Changer: How You Can Drive Revenue and Profit Growth with Innovation* (New York: Crown Business, 2008); Larry Huston e Nabil Sakkab, "Connect and Develop; Inside Procter & Gamble's New Model for Innovation," *Harvard Business Review*, marzo 2006, 58-66; G. Gil Cloyd, "P&G's Secret: Innovating Innovation," *Industry Week*, dicembre 2004, 26-34; "P&G Sets Two New Goals for Open Innovation Partnerships," Press Release (28 ottobre 2010), sito web Procter & Gamble, http://www.pginvestor.com/phoenix.zhtml?c=104574&p=irol-newsArticle&ID=1488508 (consultato il 15 luglio 2011).
28. Amy Chozick, Nathaniel Popper, Edward Wong e David Carr, "At Bloomberg, Signs of Change in News Mission," *The New York Times*, 25 novembre 2013, A1.
29. Questa discussione si basa su Anne-Claire Pache e Filipe Santos, "Inside the Hybrid Organization: Selective Coupling as a Response to Competing Institutional Logics," *Academy of Management Journal* 56, no. 4 (2013), 972-1011.
30. Stephen Friedman e James K. Sebenius, "Organization Transformation: The Quiet Role of Coalitional Leadership," *Ivey Business Journal*, gennaio-febbraio 2009, www.iveybusinessjournal.com/topics/leadership/organizational-transformation-the-quiet-role-of-coalitional-leadership (consultato il 27 gennaio 2012); Gerald R. Ferris *et al.*, "Political Skill in Organizations," *Journal of Management* (giugno 2007), 290-320.
31. Si vedano gli studi riportati in Gary P. Latham e Edwin A. Locke, "Enhancing the Benefits and Overcoming the Pitfalls of Goal Setting," *Organizational Dynamics* 35, no.4 (2006), 332-340.
32. Porter e Latham, "The Effect of Employee Learning Goals and Goal Commitment on Departmental Performance."
33. Adam Bryant, "Tell Me the Problem and 3 Ways to Solve It" (intervista a Jennifer Dulski, rubrica Corner Office), *The New York Times*, 1 dicembre 2013, BU2.
34. James D. Thompson, *Organizations in Action*, (New York: McGraw-Hill, 1967), 83-98.
35. Michael E. Porter, "What Is Strategy?," *Harvard Business Review*, novembre-dicembre 1996, 61-78.
36. Questa discussione si basa su Michael E. Porter, *Competitive Strategy: Techniques for Analyzing Industries and Competitors* (New York: Free Press, 1980).
37. Scott Sloan, "Lexington's Trader Joe's Opens Friday," *Kentucky.com* (28 giugno 2012), http://www.kentucky.com/2012/06/28/2241801/lexingtons-trader-joes-opens-friday.html (consultato il 17 luglio 2012); Mark Mallinger, "The Trader Joe's Experience: The Impact of Corporate Culture on Business Strategy," *Graziadio Business Review*, Graziadio School of Business and Management, Pepperdine University, 10, no. 2 (2007), http://www.gbr.pepperdine.edu/2010/08/the-trader-joes-experienc/ (consultato il 17 luglio 2012); Shan Li,

"Can Trader Joe's Stay 'Homey' as It Grows?"; Beth Kowitt, "Inside Trader Joe's," *Fortune*, 6 settembre 2010, 86ff.

38. Alan Ruddock, "Keeping Up with O'Leary," *Management Today*, settembre 2003, 48-55; Jane Engle, "Flying High for Pocket Change; Regional Carriers Offer Inexpensive Travel Alternative," *South Florida Sun Sentinel*, 13 febbraio 2005, 5.
39. Michael E. Porter, "Strategy and the Internet," *Harvard Business Review*, marzo 2001, 63-78; John Magretta, "Why Business Models Matter," *Harvard Business Review*, maggio 2002, 86.
40. Jack Nicas, "Allegiant Air: The Tardy, Gas-Guzzling, Most Profitable Airline in America," The *Wall Street Journal*, 4 giugno 2013, http://online.wsj.com/article/SB10001424127887324423904578525310460541592.html (consultato il 16 settembre 2013).
41. Richard Teitelbaum, "The Wal-Mart of Wall Street," *Fortune*, 13 ottobre 1997, 128-130.
42. Raymond E. Miles e Charles C. Snow, *Organizational Strategy, Structure, and Process* (New York: McGraw-Hill, 1978).
43. Nicholas Casey, "New Nike Sneaker Target Jocks, Greens, Wall Street," *The Wall Street Journal*, 15 febbraio 2008, B1.
44. Norihiko Shirouzu, "Chinese Begin Volvo Overhaul," *The Wall Street Journal*, 7 giugno 2011, B1.
45. Geraldine Fabrikant, "The Paramount Team Puts Profit Over Splash," *The New York Times*, 30 giugno 2002, Section 3, 1, 15.
46. Greg Bensinger, "Amazon Revenue, Spending Grow Apace," *The Wall Street Journal*, 26 aprile 2013, B4; Mylene Mangalindan, "Slow Slog for Amazon's Digital Media—Earnings Today May Provide Data on What Works," *The Wall Street Journal*, 23 aprile 2008, B1.
47. Susan Berfield, "The End: Barnes & Noble in Silicon Valley," *Bloomberg Businessweek*, 25 luglio 2013, http://www.businessweek.com/articles/2013-07-25/the-end-barnes-and-noble-in-silicon-valley (consultato il 20 febbraio 2014).
48. "On the Staying Power of Defenders, Analyzers, and Prospectors: Academic Commentary by Donald C. Hambrick," *Academy of Management Executive* 17, no.4 (2003), 115-118.
49. Etzioni, *Modern Organizations*, 8; Gary D. Sandefur, "Efficiency in Social Service Organizations," *Administration and Society* 14 (1983), 449-468.
50. Richard M. Steers, *Organizational Effectiveness: A Behavioral View* (Santa Monica, California: Goodyear, 1977), 51.
51. Michael Hammer, "The 7 Deadly Sins of Performance Measurement (And How to Avoid Them)," *MIT Sloan Management Review* 48, no. 3, (primavera 2007), 19-28.
52. Karl E. Weick e Richard L. Daft, "The Effectiveness of Interpretation Systems," in Kim S. Cameron e David A. Whetten, a cura di, *Organizational Effectiveness: A Comparison of Multiple Models* (New York: Academic Press, 1982).
53. Questa discussione si basa su Robert D. Herman e David O. Renz, "Advancing Nonprofit Organizational Effectiveness Research and Theory," *Nonprofit Management and Leadership* 18, no. 4 (estate 2008), 399-415; Eric J. Walton e Sarah Dawson, "Managers' Perceptions of Criteria of Organizational Effectiveness," *Journal of Management Studies* 38, no. 2 (marzo 2001), 173-199; K. S. Cameron e D. A. Whetton, "Organizational Effectiveness: One Model or Several?" in *Organizational Effectiveness: A Comparison of Multiple Models*, K. S. Cameron e D. A. Whetton, a cura di, (New York: Academic Press, 1983), 1-24.
54. Storia citata in Herman e Renz, "Advancing Nonprofit Organizational Effectiveness Research and Theory."
55. Graham Kenny, "From the Stakeholder Viewpoint: Designing Measurable Objectives," *Journal of Business Strategy* 33, no. 6 (2012), 40-46.
56. Gran parte di questi indicatori sono tratti da Cristina B. Gibson, Mary E. Zellmer-Bruhn e Donald P. Schwab, "Team Effectiveness in Multinational Organizations: Evaluation Across Contexts," *Group & Organizational Management* 28, no. 4 (dicembre 2003), 444-474.
57. Herman e Renz, "Advancing Nonprofit Organizational Effectiveness Research and Theory;" Y. Baruch e N. Ramalho, "Communalities and Distinctions in the Measurement of Organizational Performance and Effectiveness Across For-Profit and Nonprofit Sectors," *Nonprofit and Voluntary Sector Quarterly* 35, no. 1 (2006), 39-65; A. M. Parhizgari e G. Ronald Gilbert, "Measures of Organizational Effectiveness: Private and Public Sector Performance," *Omega; The International Journal of Management Science* 32 (2004), 221-229; David L. Blenkhorn e Brian Gaber, "The Use of 'Warm Fuzzies' to Assess Organizational Effectiveness," *Journal of General Management*, 21, n. 2 (inverno 1995), 40-51; Scott Leibs, "Measuring Up," *CFO* (giugno 2007), 63-66.
58. Citato in David H. Freedman, "What's Next: The Dashboard Dilemma," *Inc.*, 1 novembre 2006, http://www.inc.com/magazine/20061101/column-freedman.html (consultato il 14 luglio 2011).
59. Kim S. Cameron, "A Study of Organizational Effectiveness and Its Predictors," *Management Science* 32 (1986), 87-112; Joseph R. Matthews, "Assessing Organizational Effectiveness: The Role of Performance Measures," *The Library Quarterly* 81, no. 1 (2011), 83-110.
60. James L. Price, "The Study of Organizational Effectiveness," *Sociological Quarterly* 13 (1972), 3-15; Steven Strasser, J. D. Eveland, Gaylord Cummins, O. Lynn Deniston, e John H. Romani, "Conceptualizing the Goal and Systems Models of Organizational Effectiveness. Implications for Comparative Evaluation Research," *Journal of Management Studies* 18 (1981), 321-340.
61. Richard H. Hall e John P. Clark, "An Ineffective Effectiveness Studt and Some Suggestions for Future Research," Sociological Qaurterly 21 (1980), 119-134; Price, "The Study of Organizational Effectiveness"; Perrow, "The Analysis of Goals in Complex Organizations."
62. Gautam Naik, "Poverty: The New Search for Solutions; Baby Steps: Cincinnati Applies a Corporate Model to Saving Infants," (Third in a Series), *The Wall Street Journal*, 20 giugno 2006, A1.
63. David J. Collis e Cynthia A. Montgomery, "Competing on Resources," *Harvard Business Review*, luglio-agosto 2008, 140-150.
64. La discussione sull'approccio basato sulle risorse è in parte basata su Michael V. Russo e Paul A. Fouts, "A Resource-Based Perspective on Corporate Environmental Performance and Profitability," *Academy of Management Journal* 40, n. 3 (giugno 1997), 534-559; Jay B. Barney, J. L. "Larry" Stempert, Loren T. Gustafson e Yolanda Sarason, "Organizational Identity within the Strategic Management Conversation: Contributions and Assumptions," in *Identity in Organizations: Building Theory through Conversations*, David A. Whetten e Paul C. Godfrey, a cura di (Thousand Oaks, CA: Sage Publications, 1998), 83-98.
65. Basati su David J. Collis e Cynthia A. Montgomery, "Competing on Resources," *Harvard Business Review*, luglio-agosto 2008, 140-150; J. Barton Cunningham, "A Systems-Resource Approach for Evaluating

Organizational Effectiveness," *Human Relations* 31 (1978), 631-656; Ephraim Yuchtman e Stanley E. Seashore, "A System Resource Approach to Organizational Effectiveness," *Administrative Science Quarterly* 12 (1967), 377-395.
66. Roger Noble, "How Shriners Hospitals for Children Found the Formula for Performance Excellence," *Global Business and Organizational Excellence*, luglio-agosto 2009, 7-15.
67. Basato su Collis e Montgomery, "Competing on Resources."
68. Richard I. Priem, "Is the Resource-Based 'View' a Useful Perspective for Strategic Management Research?" *Academy of Management Review* 26, no. 1 (2001), 22-40.
69. Chris Argyris, *Integrating the Individual and the Organization* (New York: Wiley, 1964); Warren G. Bennis, *Changing Organizations* (New York: McGraw-Hill, 1966); Rensis Likert, *The Human Organization* (New York: McGraw-Hill, 1967); Richard Beckhard, *Organization development Strategies and Models* (Reading, MA: Addison-Wesley, 1969).
70. Cheri Ostroff e Neil Schmitt, "Configurations of Organizational Effectiveness and Efficiency", *Academy of Management Journal* 36 (1993), 1345-1361.
71. J. Barton Cunningham, "Approaches to the Evaluation of Organizational Effectiveness," *Academy of Review Management* 2 (1977) 463-474; Backhard, *Organization Development.*
72. Craig Torres e Anthony Feld, "Campbell's Quest for Productivity," *BusinessWeek* (24 novembre 2010), 15-16.
73. Jeanne Michalski, "BNSF's Leadership Engine," *Organizational Dynamics* 42 (2013), 35-45.
74. Anne S. Tusi, "A Multiple Constituency Model of Effectiveness: An Empirical Examination at the Human Resource Subunit Level," *Administrative Science Quarterly* 35 (1990), 458-483; Charles Fombrun e Mark Shanley, "What's In a Name? Reputation Building and Corporate Strategy," *Academy of Management Journal* 33(1990), 233-258; Terry Connolly, Edward J. Conlon e Stuart Jay Deutsch, "Organizational Effectiveness: A Multiple Constituency Approach," *Academy of Management Review* 5 (1980), 211-217.
75. Frank Friedlander e Hal Pickle, "Components of Effectiveness in Small Organizations," *Administrative Science Quarterly* 13 (1968), 289-304.
76. Jessica E. Vascellaro, "Facebook Taps Consumer Card—Social Networking Site Wants to Know More Than Just Who Your Friends Are," *The Wall Street Journal*, 22 aprile 2010, B2.
77. Tusi, "A Multiple Constituency Model of Effectiveness."
78. Fombrun e Shanley, "What's In a Name?"
79. Kim S. Cameron, "The Effectiveness of Ineffectiveness," in Barry M. Staw e L. L. Cummings, a cura di, *Research in Organizational Behavior* (Greenwich, CT: JAI Press, 1984), 235-286; Rosabeth Moss Kanter e Derick Brinkerhoff, "Organizational Performance: Recent Developments in Measurement," *Annual Review of Sociology* 7 (1981), 321-349.
80. Eric J. Walton e Sarah Dawson, "Managers' Perceptions of Criteria of Organizational Effectiveness," *Journal of Management Studies* 38, no. 2 (2001), 173-199.
81. Beth Dickey, "NASA's Next Step," *Government Executive*, 15 aprile 2004, http://www.govexec.com/features/ 0404-15/0404-15s1.htm 34 (consultato il 19 luglio 2011).
82. Neil King Jr. e Russell Gold, "BP Crew Focused on Costs: Congress," *The Wall Street Journal Online*, 15 giugno 2010, http://online.wsj.com/article/SB10001424052748704324304575306800201158346.html (consultato il 19 luglio 2011).
83. Robert E. Quinn e John Rohrbaugh, "A Spatial Model of Effectiveness Criteria: Towards a Competing Values Approach to Organizational Analysis," *Management Science* 29, no. 3 (1983), 363-377; Walton e Dawson, "Managers' Perceptions of Criteria of Organizational Effectiveness."
84. Regina M. O'Neill e Robert E. Quinn, "Editor's Note: Applications of the Competing Values Framework," *Human Resource Management* 32 (primavera 1993), 1-7.
85. Robert E. Quinn e Kim Cameron, "Organizational Life Cycles and Shifting Criteria of Effectiveness: Some Preliminary Evidence," *Management Science* 29 (1983), 33-51.
86. Dongwook Chung, "A Management 180," *T + D,* luglio 2013, 56-59.

Capitolo 3

1. Phred Dvorak e Yoshio Takahashi, "Nissan Pins Revival on Leadership Trio," *The Wall Street Journal Online*, 21 novembre 2013, http://online.wsj.com/news/articles/SB10001424052702304607104579211641207439728 (consultato il 24 febbraio 2014).
2. Annie Lowrey, "World Bank, Rooted in Bureaucracy, Proposes a Sweeping Reorganization," *The New York Times*, 7 ottobre 2013, B2.
3. Dan Carrison, "Borrowing Expertise from the FBI," *Industrial Management*, maggio-giugno 2009, 23-26.
4. Riportato in Brad Stone, *The Everything Store: Jeff Bezos and the Age of Amazon* (New York: Little, Brown, 2013), 168-169.
5. Pete Engardio con Michael Arndt e Dean Foust, "The Future of Outsourcing," *Business Week*, 30 gennaio 2006, 50-58; "Working with Wyeth to Establish a High-Performance Drug Discovery Capability," sito web Accenture, http://www.accenture.com/SiteCollectionDocuments/PDF/wyeth (consultato il 18 luglio 2011); Ira Spector, "Industry Partnerships: Changing the Way R&D Is Conducted," *Applied Clinical Trials Online*, 1 marzo 2006, http://appliedclinicaltrialsonline.findpharma.com/appliedclinicaltrials/article/articleDetail.jsp?id=310807 (consultato il 18 luglio 2011).
6. Carol Hymowitz, "Have Advice, Will Travel; Lacking Permanent Offices, Accenture's Executives Run 'Virtual' Company on the Fly," *The Wall Street Journal*, 5 giugno 2006, B1.
7. John Child, *Organization* (New York: Harper & Row, 1984).
8. Stuart Ranson, Bob Hinings e Royston Greenwood, "The Structuring of Organizational Structures," *Administrative Science Quarterly* 25 (1980), 1-17; Hugh Willmott, "The Structuring of Organizational Structures: A Note," *Administrative Science Quarterly* 26 (1981), 470-474.
9. Questa sezione è basata su Frank Ostroff, *The Horizontal Organization: What the Organization of the Future Looks Like and How It Delivers Value to Customers* (New York: Oxford University Press, 1999).
10. Stephen Salsbury, *The State, the Investor, and the Railroad: The Boston & Albany, 1825-1867* (Cambridge: Harvard University Press, 1967), 186-187.
11. "The Cases of Daniel McCallum and Gustavus Swift," Willamette University, http://www.willamette.edu/~fthompso/MgmtCon/McCallum.htm (consultato il 29 luglio 2011); "The Rise of the Professional Manager in America," *ManagementGuru.com,* http://www.

mgmtguru.com/mgt301/301_Lecture1Page7.htm (consultato il 29 luglio 2011); Alfred D. Chandler, *Strategy and Structure: Chapters in the History of the American Industrial Enterprise* (Cambridge, MA: Massachusetts Institute of Technology Press, 1962).
12. David Nadler e Michael Tushman, *Strategic Organization Design* (Glenview, IL: Scott Foresman, 1988).
13. William C. Ouchi, "Power to the Principals: Decentralization in Three Large School Districts," *Organization Science* 17, no.2 (marzo-aprile 2006), 298-307.
14. Sarah Lyall, "Britain Plans to Decentralize Health Care," *The New York Times*, 24 luglio 2010, www.nytimes.com/2010/07/25/world/europe/25britain.html?pagewanted=all (consultato il 14 agosto 2012).
15. Hiroko Tabuchi e Bill Vlasic, "Battered by Expensive Crises, Toyota Declares a Rebirth," *The New York Times*, 3 gennaio 2013, B1.
16. *Ibidem*.
17. Andrew Campbell, Sven Kunisch e Günter Müller-Stewens, "To Centralize or Not to Centralize?" *McKinsey Quarterly*, giugno 2011, www.mckinseyquarterly.com/To_centralize_or_not_to_centralize_2815 (consultato il 14 agosto 2012).
18. *Ibidem*; "Country Managers: From Baron to Hotelier," *The Economist*, 11 maggio 2002, 55-56.
19. Basato su Jay R. Galbraith, *Designing Complex Organizations* (Reading, MA: Addison-Wesley, 1973), e *Organization Design* (Reading, MA: Addison-Wesley, 1977), 81-127.
20. George Anders, "Overseeing More Employees—With Fewer Managers," *The Wall Street Journal*, 24 marzo 2008, B6.
21. Thomas Kayser, "Six Ingredients for Collaborative Partnerships," *Leader to Leader*, estate 2011, 48-54.
22. Siobhan Gorman e Julian E. Barnes, "Spy, Military Ties Aided bin Laden Raid," *The Wall Street Journal*, 23 maggio 2011, http://online.wsj.com/article/SB10001424052748704083904576334160172068344.html (consultato il 23 maggio 2011).
23. Lee Iacocca con William Novak, *Iacocca: An Autobiography* (New York: Phantom Books, 1984), 152-153.
24. Ronald J. Recardo e Kleigh Heather, "Ten Best Practices for Restructuring the Organization," *Global Business and Organizational Excellence*, gennaio-febbraio 2013, 23-37; Kirsten Foss e Waymond Rodgers, "Enhancing Information Usefulness by Line Managers' Involvement in Cross-Unit Activities," *Organization Studies* 32, no. 5 (2011), 683-703; M. Casson, *Information and Organization*, (Oxford: Oxford University Press, 1997); Justin J. P. Jansen, Michiel P. Tempelaar, Frans A. J. van den Bosch e Henk W. Volberda, "Structural Differentiation and Ambidexterity: The Mediating Role of Integration Mechanisms," *Organization Science* 20, no. 4 (luglio-agosto 2009), 797-811; Galbraith, *Designing Complex Organizations*.
25. "Panel Says Toyota Failed to Listen to Outsiders," *USA Today*, 23 maggio 2011, http://content.usatoday.com/communities /driveon/post/2011/05/toyota-panel-calls-for-single-us-chief-paying-heed-to-criticism/1#.VDU5Q7N0x1s (consultato il 7 ottobre 2014).
26. Basato in parte su Galbraith, *Designing Complex Organizations*; Recardo e Heather, "Ten Best Practices for Restructuring the Organization."
27. David Stires, "How the VA Healed Itself," *Fortune*, 15 maggio 2006, 130-136.
28. Jay Galbraith, Diane Downey e Amy Kates, "How Networks Undergird the Lateral Capability of an Organization. Where the Work Gets Done," *Journal of Organizational Excellence* (primavera 2002), 67-78.
29. Walter Kiechel III, "The Art of the Corporate Task Force," *Fortune*, 28 gennaio 1991, 104-105; William J. Altier, "Task Forces: An Effective Management Tool," *Management Review*, febbraio 1987, 52-57.
30. Margaret Frazier, "Flu Prep," *The Wall Street Journal*, 25-26 marzo 2006, A8.
31. Paul R. Lawrence e Jay W. Lorsch, "New Managerial Job: The Integrator," *Harvard Business Review*, novembre-dicembre 1967, 142-151.
32. Dan Heath e Chip Heath, "Blowing the Baton Pass," *Fast Company*, luglio-agosto 2010), 46-48.
33. Anthony M. Townsend, Samuel M. DeMarie e Anthony R. Hendrickson, "Virtual Teams: Technology and the Workplace of the Future," *Academy of Management Executive* 12, n. 3 (agosto 1998), 17-29.
34. Erin White, "How a Company Made Everyone a Team Player," *The Wall Street Journal*, 13 agosto 2007, B1.
35. Pete Engardio, "A Guide for Multinationals: One of the Greatest Challenges for a Multinational Is Learning How to Build a Productive Global Team," *BusinessWeek*, 20 agosto 2007, 48-51; Lynda Gratton, "Working Together... When Apart," *The Wall Street Journal*, 18 giugno 2007.
36. Jody Hoffer Gittell, *The Southwest Airlines Way: Using the Power of Relationships to Achieve High Performance* (New York: McGraw-Hill, 2003).
37. Discussione basata su Jody Hoffer Gittell, "Coordinating Mechanisms in Care Provider Groups: Relational Coordination as a Mediator and Input Uncertainty as a Moderator of Performance Effects," *Management Science* 48, no. 11 (novembre 2002), 1408-1426; J. H. Gittell, "The Power of Relationships," *Sloan Management Review* (inverno 2004),16-17; J. H. Gittell, *The Southwest Airlines Way*.
38. Basato sulla storia in Jody Hoffer Gittell, "Paradox of Coordination and Control," *California Management Review* 42, no. 3 (primavera 2000), 101-117.
39. "Transcript of Stripes Interview with Lt. Gen. David M. Rodriguez," *Stars and Stripes*, 31 dicembre 2009, http://www.stripes.com/news/transcript-of-stripes-interview-with-lt-gen-david-m-rodriguez-1.97669# (consultato il 21 luglio 2011); Robert D. Kaplan, "Man Versus Afghanistan," *The Atlantic*, aprile 2010, 60-71. Nota: secondo i piani Rodriguez doveva lasciare l'Afghanistan alla fine di luglio 2011.
40. Henry Mintzberg, *The Structuring of Organizations* (Englewood Cliffs, NJ: Prentice-Hall, 1979).
41. Frank Ostroff, "Stovepipe Stomper," *Government Executive*, aprile 1999, 70.
42. Raymond E. Miles, Charles C. Snow, Øystein D. Fjeldstad, Grant Miles e Christopher Lettl, "Designing Organizations to Meet 21st-Century Opportunities and Challenges," *Organizational Dynamics* 39, no. 2 (2010), 93-103.
43. Basato su Robert Duncan, "What Is the Right Organization Structure?" *Organizational Dynamics*, inverno 1979, 59-80; W. Alan Randolph e Gregory G. Dess, "The Congruence Perspective of Organization Design: A Conceptual Model and Multivariate Research Approach," *Academy of Management Review* 9 (1984), 114-127.

44. Geeta Anand, "The Henry Ford of Heart Surgery," *The Wall Street Journal*, 25 novembre 25 2009, A16.
45. Riportato in Timothy Galpin, Rod Hilpirt e Bruce Evans, "The Connected Enterprise: Beyond Division of Labor," *Journal of Business Strategy* 28, no. 2 (2007), 38-47.
46. Adam Bryant, "An Office? She'll Pass on That," (intervista a Meridee A. Moore, rubrica Corner Office), *The Wall Street Journal*, 7 marzo 2010, BU2.
47. Rahul Jacob, "The Struggle to Create an Organization for the 21st Century," *Fortune*, 3 aprile 1995, 90-99.
48. R. E. Miles *et al.*, "Designing Organizations to Meet 21st Century Opportunities and Challenges."
49. David C. Robertson con Bill Breen, *Brick by Brick: How LEGO Rewrote the Rules of Innovation and Conquered the Global Toy Industry* (New York: Crown Business, 2013), 32.
50. N. Anand e Richard L. Daft, "What Is the Right Organization Design?" *Organizational Dynamics* 36, no.4 (2007), 329-344.
45. Loretta Chao, "Alibaba Breaks Up E-Commerce Unit," *The Wall Street Journal*, 17 giugno 2011, B2.
52.Yue Maggie Zhou, "Designing for Complexity: Using Divisions and Hierarchy to Manage Complex Tasks," *Organization Science* 24, no. 2 (marzo-aprile 2013), 339-355.
53. Geoff Colvin e Jessica Shambora, "J&J: Secrets of Success," *Fortune*, 4 maggio 2009, 117-121.
54. Eliza Newlin Carney, "Calm in the Storm," *Government Executive*, ottobre 2003, 57-63; Brian Friel, "Hierarchies and Networks," *Government Executive*, aprile 2002, 31-39.
55. Basato su Duncan, "What Is the Right Organization Structure?"
56. Joseph Weber, "A Big Company That Works," *BusinessWeek*, 4 maggio 1992, 124.
57. Phred Dvorak e Merissa Marr, "Stung by iPod, Sony Addresses a Digital Lag," *The Wall Street Journal*, 30 dicembre 2004, B1.
58. Nick Wingfield, "Microsoft Overhauls, the Apple Way," http://www.nytimes.com/2013/07/12/technology/microsoft-revamps-structure-and-management.html?pagewanted=all (consultato il 7 ottobre 2014); Brian R. Fitzgerald, "Microsoft Memo: The Highlights," *The Wall Street Journal*, 13 luglio 2013, http://blogs.wsj.com/digits/2013/07/11/microsoft-memo-the-highlights/ (consultato il 25 febbraio 2014); citazione da Kurt Eichenwald, "Microsoft's Lost Decade," *Vanity Fair*, agosto 2012, 108-135.
59. Susanna Kim, "Major Microsoft Investors Want Bill Gates Out as Chairman," *ABC News*, 2 ottobre 2013, http://abcnews.go.com/Business/microsoft-shareholders-call-bill-gates-step-chairman/story?id=20443636 (consultato il 2 ottobre 2013).
60. Maisie O'Flanagan e Lynn K. Taliento, "Nonprofits: Ensuring That Bigger Is Better," *McKinsey Quarterly*, Issue 2 (2004), 112ff.
61. Lowrey, "World Bank, Rooted in Bureaucracy, Proposes a Sweeping Reorganization."
62. Mae Anderson, "Wal-Mart Reorganizes U.S. Operations to Help Spur Growth," *USA Today*, 28 gennaio 2010, http://www.usatoday.com/money/industries/retail/2010-01-28-walmart-reorganization_N.htm (consultato il 21 luglio 2011); "Organizational Chart of Wal-Mart Stores," The Official Board.com, http://www.theofficialboard.com/org-chart/wal-mart-stores (consultato il 21 luglio 2011).
63. Jay R. Galbraith, "The Multi-Dimensional and Reconfigurable Organization," *Organizational Dynamics* 39, no. 2 (2010), 115-125; Thomas Sy e Laura Sue D'Annunzio, "Challenges and Strategies of Matrix Organizations: Top-Level and Mid-Level Managers' Perspectives," *Human Resource Planning* 28, no. 1 (2005), 39-48; Stanley M. Davis e Paul R. Lawrence, *Matrix* (Reading, MA: Addison-Wesley, 1977), 11-24. Per una prospettiva attuale sulla gestione della matrice, si veda Kevan Hall, *Making the Matrix Work: How Matrix Managers Engage People and Cut Through Complexity* (London: Nicholas Brealey Publishing, 2013).
64. Davis e Lawrence, *Matrix*.
65. Steven H. Appelbaum, David Nadeau e Michael Cyr, "Performance Evaluation in a Matrix Organization: A Case Study (Part One)," *Industrial and Commercial Training* 40, no. 5 (2008), 236-241; Erik W. Larson e David H. Gobeli, "Matrix Management: Contradictions and Insight," *California Management Review* 29 (estate 1987), 126-138; Sy e D'Annunzio, "Challenges and Strategies of Matrix Organizations" .
66. Davis e Lawrence, *Matrix,* 155-180.
67. Robert C. Ford e W. Alan Randolph, "Cross-Functional Structures: A Review and Integration of Matrix Organizations and Project Management," *Journal of Management* 18, giugno 1992, 267-294; Duncan, "What Is the Right Organization Structure?"
68. Lawton R. Burns, "Matrix Management in Hospitals: Testing Theories of Matrix Structure and Development," *Administrative Science Quarterly* 34 (1989), 349-368; Sy e D'Annunzio, "Challenges and Strategies of Matrix Organizations".
69. Carol Hymowitz, "Managers Suddenly Have to Answer to a Crowd of Bosses", *The Wall Street Journal*, 12 agosto 2003, B1; Michael Goold e Andrew Campbell, "Making Matrix Structures Work: Creating Clarity on Unit Roles and Responsibilities," *European Management Journal* 21, n. 3, (giugno 2003), 351-363.
70. Christopher A. Bartlett e Sumantra Ghoshal, "Matrix Management: Not a Structure, a Frame of Mind," *Harvard Business Review*, luglio-agosto 1990, 138-145.
71. Kevan Hall, "Revisiting Matrix Management," *People & Strategy* 36, no. 1 (2013), 4-5.
72. Questo caso è stato ispirato da John E. Fogerty, "Integrative Management at Standard Steel" (manoscritto non pubblicato, Latrobe, Pennsylvania, 1980); Stanley Reed con Adam Aston, "Steel: The Mergers Aren't Over Yet," *BusinessWeek*, 21 febbraio, 2005, 6; Michael Arndt, "Melting Away Steel's Costs," *BusinessWeek*, 8 novembre 2004, 48; "Steeling for a Fight," *The Economist*, 4 giugno 1994, 63.
73. Michael Hammer, "Process Management and the Future of Six Sigma," *Sloan Management Review*, inverno 2002, 26-32; Michael Hammer e Steve Stanton, "How Process Enterprises *Really* Work," *Harvard Business Review* 77 (novembre-dicembre 1999), 108-118.
74. Hammer, "Process Management and the Future of Six Sigma."
75. Basato su Ostroff, *The Horizontal Organization*, e Anand e Daft, "What is the Right Organization Design?".
76. Julia Moskin, "Your Wiater Tonight… Will Be the Chef," *The New York Times,* 12 marzo 2008, F1
77. Frank Ostroff, *The Horizontal Organization*, 102-114.
78. Jill Jusko, "Engaged Teams Keep Lockheed Martin Delivering on Time, Every Time," *IndustryWeek*, gennaio 2013, 26.
79. Si vedano Anand e Daft, "What is the Right Organization Design?"; Pete Engardio, "The Future of Outsourcing," *BusinessWeek*, 30 gennaio 2006, 50-58; Jane C. Linder, "Transformational Outsourcing," *MIT Sloan Management Review*, inverno 2004, 52-58; Denis

Chamberland, "Is It Core or Strategic? Oustourcing as a Strategic Management Tool," *Ivey Business Journal*, luglio-agosto 2003, 1-5.
80. Bob Sechler, "Colleges Shedding Non-Core Operations," *The Wall Street Journal*, 2 aprile 2012, A6; David Streitfeld, "A City Outsources Everything. California's Sky Doesn't Fall," *The New York Times*, 20 luglio 2010, A1.
81. Anand e Daft, "What Is the Right Organization Design?"; Yuzo Yamaguchi e Daisuke Wakabayashi, "Hitachi to Outsource TV Manufacture," *The Wall Street Journal Online*, 10 luglio 2009, http://online.wsj.com/article/SB124714255400717925.html (consultato il 17 luglio 2009); Engardio, "The Future of Outsourcing"; Chamberland, "Is It Core or Strategic?"; Keith H. Hammonds, "Smart, Determined, Ambitious, Cheap: The New Face of Global Competition," *Fast Company*, febbraio 2003, 91-97.
82. Jena McGregor, "The Chore Goes Offshore," *BusinessWeek*, 23 e 30 marzo 2009, 50-51.
83. David Nadler, citato in "Partners in Wealth: The Ins and Outs of Collaboration," *The Economist*, 21-27 gennaio 2006, 16-17.
84. Ranjay Gulati, "Silo Busting: How to Execute on the Promise of Customer Focus," *Harvard Business Review*, maggio 2007, 98-108.
85. L'esame delle reti virtuali si basa su Anand e Daft, "What Is the Right Organization Design?"; Melissa A. Schilling e H. Kevin Steensma, "The Use of Modular Organizational Forms: An Industry-Level Analysis," *Academy of Management Journal* 44, no. 6 (2001), 1149-1168; Raymond E. Miles e Charles C. Snow, "The New Network Firm: A Spherical Structure Built on a Human Investment Philosophy," *Organizational Dynamics*, primavera 1995, 5-18; R. E. Miles, C. C. Snow, J. A. Matthews, G. Miles e H. J. Coleman Jr., "Organizing in the Knowledge Age: Anticipating the Cellular Form," *Academy of Management Executive* 11, no. 4 (1997), 7-24.
86. Darren Dahl, "Want a Job? Let the Bidding Begin; A Radical Take on the Virtual Company," *Inc.*, marzo 2011, 93-96.
87. David Segal, "A Georgia Town Takes the People's Business Private," *The New York Times*, 24 giugno 2012, BU1.
88. Paul Engle, "You *Can* Outsource Strategic Processes," *Industrial Management*, gennaio-febbraio 2002, 13-18.
89. Dan Tapscott, "Rethinking Strategy in a Networked World," *Strategy + Business* 24 (terzo trimestre 2001), 34-41.
90. Joann S. Lublin, "Smart Balance Keeps Tight Focus on Creativity" (rubrica Theory & Practice), *The Wall Street Journal*, 8 giugno 2009; Rebecca Reisner, "A Smart Balance of Staff and Contractors," *BusinessWeek Online*, 16 giugno 2009, http://www.businessweek.com/managing/content/jun2009/ca20090616_217232.htm (consultato il 30 aprile 2010).
91. Gregory G. Dess, Abdul M. A. Rasheed, Kevin J. McLaughlin e Richard L. Priem, "The New Corporate Architecture," *Academy of Management Executive* 9, no. 2 (1995), 7-20.
92. La discussione dei punti di forza e di debolezza si basa su Miles e Snow, "The New Network Firm"; Dess, *et al.*, "The New Corporate Architecture"; Anand e Daft, "What Is the Right Organization Structure?"; Henry W. Chesbrough e David J. Teece, "Organizing for Innovation: When Is Virtual Virtuous?" *Harvard Business Review*, agosto 2002, 127-134; Cecily A. Raiborn, Janet B. Butler e Marc F. Massoud, "Outsourcing Support Functions: Identifying and Managing the Good, the Bad, and the Ugly," *Business Horizons* 52 (2009), 347-356; M. Lynne Markus, Brook Manville e Carole E. Agres, "What Makes a Virtual Organization Work?" *Sloan Management Review*, autunno 2000, 13-26.
93. James R. Hagerty, "A Toy Maker Comes Home to the U.S.A.," *The Wall Street Journal*, 11 marzo 2013, B1.
94. "Organization Chart for Starbucks," The Official Board.com, http://www.theofficialboard.com/org-chart/starbucks (consultato il 21 luglio 2011).
95. Linda S. Ackerman, "Transition Management: An In-Depth Look at Managing Comlex Change," *Organizational Dynamics*, estate 1982, 46-66.
96. Basato su Ostroff, *The Horizontal Organization*, 29-44.
97. Basato su Child, *Organization*, cap. 1; Jonathan D. Day, Emily Lawson e Keith Leslie, "When Reorganization Works," *The McKinsey Quarterly*, 2003 Special Edition: The Value in Organization, 21-29.
98. Adattamento di Dorothy Marcic da "Organizing," in Donald D. White e H. William Vroman, *Action in Organizations*, 2nd ed. (Boston: Allyn & Bacon, 1982), 154, e da Cheryl Harvey e Kim Morouney, "Organization Structure and Design: The Club Ed Exercise," *Journal of Management Education* (giugno 1985), 425-429.

Capitolo 4

1. Paul Ziobro e Joann S. Lublin, "Target's Data Breach Adds to CEO's Sack of Woe," *The Wall Street Journal Online*, 23 gennaio 2014, http://online.wsj.com/news/articles/SB10001424052702304856504579339194050181258 (consultato il 23 gennaio 2014).
2. Evan Ramstad, "A New Look for South Korean Retail," *The Wall Street Journal*, 16 aprile 2013, B8.
3. David Kesmodel, "Inside China's Supersanitary Chicken Farms; Looking to Capitalize on Food-Safety Concerns, Tyson Shifts from Using Independent Breeders," *The Wall Street Journal Online*, 9 dicembre 2013, http://online.wsj.com/news/articles/SB10001424052702303559504579197662165181956 (consultato il 3 marzo 2014).
4. Stephanie Strom, "Social Media as a Megaphone to Push Food Makers to Change," *The New York Times*, 31 dicembre 2013, B1.
5. Dexter Roberts, "A New Labor Movement Is Born in China," *BusinessWeek*, 14-20 giugno 2010), 7-8.
6. Stephanie Strom, "Chinese Chicken Processors Are Cleared to Ship to U.S.," *The New York Times*, 31 agosto, 2013, B3; Kesmodel, "Inside China's Supersanitary Chicken Farms."
7. "What's In Health Care Bill? Take a Dose," *CBS News.com*, 19 marzo 2010, http://www.cbsnews.com/-stories/2010/03/19/politics/main6314410.shtml (consultato l'1 giugno 2010); "Another View: Full Speed Ahead on Banking Reforms," *San Gabriel Valley Tribune*, 25 febbraio 2010; "Government and Regulatory Reform," National Federation of Independent Business, http://www.nfib.com/issues-elections/government-and-regulatory-reform?gclid=CIf_5oWLpKoCFcjAKgodhh2GYA& (consultato il 28 luglio 2011).
8. Bruce Posner e David Kiron, "How Caesars Entertainment Is Betting on Sustainability," *MIT Sloan Management Review*, estate 2013, 63-73.
9. Steven Greenhouse, "Wal-Mart Suspends Supplier of Seafood," *The New York Times*, 30 giugno 2012, B1.
10. Simona Covel, "Briggs Retains Clients by Helping Them Cut Costs," *The Wall Street Journal Online*, 2 maggio 2008, http://online.wsj.

com/article/SB120943805522951855.html (consultato il 2 maggio 2008).
11. "AP IMPACT: Middle-Class Jobs Cut In Recession Feared Gone for Good, Lost to Technology," *The Washington Post*, 23 gennaio 2013.
12. Jane J. Kim, "Where Either a Borrower or a Lender Can Be," *The Wall Street Journal*, 12 marzo 2008, D1, D3
13. Norihiko Shirouzu, "Chinese Inspire Car Makers' Designs," *The Wall Street Journal*, 28 ottobre 2009.
14. Alex Salkever, "Anatomy of a Business Decision; Case Study: A Chocolate Maker is Buffeted by Global Forces Beyond His Control," *Inc.*, aprile 2008, 59-63.
15. Scott Kilman, "Consumers Feel Impact of Rising Grain Costs," *The Wall Street Journal*, 8 agosto 2008), A1, A11.
16. Elisabetta Povoledo, " 'Ferrari of Porcelain' Struggles to Find Buyer, Reflecting Hard Times in Italy," *The New York Times*, 9 febbraio 2013, B1.
17. Per un approfondimento sul cambiamento e sull'incertezza ambientali, vedi Randall D. Harris, "Organizational Task Environments: An Evaluation of Convergent and Discriminant Validity," *Journal of Management Studies* 41, n. 5 (luglio 2004), 857-882; Allen C. Bluedorn, "Pilgrim's Progress: Trends and Convergence in Research on Organizational Size and Environment," *Journal of Management* 19 (1993), 163-191; Howard E. Aldrich, *Organizations and Environments* (Englewood Cliffs, NJ: Prentice-Hall, 1979); Fred E. Emery e Eric L. Trist, "The Casual Texture of Organizational Environments, " *Human Relations* 18 (1965), 21-32.
18. Gregory G. Dess e Donald W. Beard, "Dimensions of Organizational Task Environments," *Administrative Science Quarterly* 29 (1984), 52-73; Ray Jurkovich, "A Core Typology of Organizational Environments," *Administrative Science Quarterly* 19 (1974), 380-394; Robert B. Duncan, "Characteristics of Organizational Environments and Perceived Environmental Uncertainty," *Administrative Science Quarterly* 17 (1972), 313-327.
19. Christine S. Koberg e Gerardo R. Ungson, "The Effects of Environmental Uncertainty and Dependence on Organizational Structure and Performance: A Comparative Study," *Journal of Management* 13 (1987), 725-737; Frances J. Milliken, "Three Types of Perceived Uncertainty About the Environment: State, Effect, and Response Uncertainty," *Academy of Management Review* 12 (1987), 133-143.
20. Jonathan D. Rockoff, "Abbott to Split Into Two Companies," *The Wall Street Journal Online*, 20 ottobre 2011, http://online.wsj.com/news/articles/SB10001424052970204485304576640740820288766 (consultato il 20 ottobre 2011).
21. Daisuke Wakabayashi, "The Point-and-Shoot Camera Faces Its Existential Moment," *The Wall Street Journal*, 30 luglio 2013, http://online.wsj.com/article/SB10001424127887324251504578580263719432252.html (consultato il 26 agosto 2013).
22. Riportato in Pekka Aula, "Social Media, Reputation Risk and Ambient Publicity Management," *Strategy & Leadership* 38, no. 6 (2010), 43-49.
23. Jay Stuller, "The Need for Speed," The Conference Board Review, autunno 2009, 34-41; Richard S. Levick, "Domino's Discovers Social Media," *BusinessWeek*, 21 aprile 2009, http://www.businessweek.com /stories/2009-04-21/dominos-discovers-social-mediabusinessweek-business-news-stock-market-and-financial-advice (consultato l'8 ottobre 2014).
24. Vedi Ian P. McCarthy, Thomas B. Lawrence, Brian Wixted e Brian R. Gordon, "A Multidimensional Conceptualization of Environmental Velocity," *Academy of Management Review* 35, no. 4 (2010), 604-626, per una rassegna dei numerosi fattori che contribuiscono a determinare un ambiente instabile per le organizzazioni.
25. J.A. Litterer, *The Analysis of Organizations*, 2nd ed. (New York: Wiley, 1973), 335.
26. Constance L. Hays, "More Gloom on the Island of Lost Toy Makers," *The New York Times*, 23 febbraio 2005, C1; Nicholas Casey, "Fisher-Price Game Plan: Pursue Toy Sales in Developing Markets," *The Wall Street Journal*, 29 maggio 2008, B1, B2.
27. Rosalie L. Tung, "Dimensions of Organizational Environments: An Exploratory Study of Their Impact on Organizational Structure," *Academy of Management Journal* 22 (1979), 672-693.
28. Joseph E. McCann e John Selsky, "Hyper-Turbulence and the Emergence of Type 5 Environments," *Academy of Management Review* 9 (1984), 460-470.
29. McCarthy *et al.*, "A Multidimensional Conceptualization of Environmental Velocity."
30. Terry Maxon, "Judge OKs American Airlines-US Airways Merger, American's Exit from Bankruptcy," *DallasNews.com*, 27 novembre 2013, http://aviationblog.dallasnews.com/2013/11/judge-oks-american-airlines-us-airways-merger-americans-exit-from-bankruptcy.html/ (consultato il 4 marzo 2014); Susan Carey e Melanie Trottman, "Airlines Face New Reckoning as Fuel Costs Take Big Bite," *The Wall Street Journal*, 20 marzo 2008, A1, A15.
31. Julia Werdigier, "BP Appoints New Chief of Production," *The New York Times*, 24 novembre 2012, B3.
32. James D. Thompson, *Organizations in Action* (New York: McGraw-Hill, 1967), 20-21.
33. Jennifer A. Marrone, "Team Boundary Spanning: A Multilevel Review of Past Research and Proposals for the Future," *Journal of Management* 36, no. 4 (luglio 2010), 911-940.
34. Darren Dahl, "Strategy: Managing Fast, Flexible, and Full of Team Spirit," *Inc.*, maggio 2009, 95-97.
35. David B. Jemison, "The Importance of Boundary Spanning Roles in Strategic Decision-Making," *Journal of Management Studies* 21 (1984), 131-152; Mohamed Ibrahim Ahmad At-Twaijri e John R. Montanari, "The Impact of Context and Choice on the Boundary-Spanning Process: An Empirical Extension," *Human Relations* 40 (1987), 783-798.
36. Riportato in Michelle Cook, "The Intelligentsia," *Business 2.0*, luglio 1999, 135-136.
37. Robert C. Schwab, Gerardo R. Ungson e Warren B. Brown, "Redefining the Boundary-Spanning Environment Relationship," *Journal of Management* 11 (1985), 75-86.
38. Patricia Buhler, "Business Intelligence: An Opportunity for a Competitive Advantage," *Supervision*, marzo 2013, 8-11; Tom Duffy, "Spying the Holy Grail," *Microsoft Executive Circle* (inverno 2004), 38-39.
39. In Julie Schlosser, "Looking for Intelligence in Ice Cream," *Fortune*, 17 marzo 2003, 114-120.
40. Ken Western, "Ethical Spying," *Business Ethics*, settembre/ottobre 1995), 22-23; Stan Crock, Geoffrey Smith, Joseph Weber, Richard A. Melcher e Linda Himelstein, "They Snoop to Conquer," *BusinessWeek*, 28 ottobre 1996), 172-176; Kenneth A. Sawka, "Demystifying Business Intelligence," *Management Review* 85, no. 10 (ottobre 1996), 47-51.

41. Liam Fahey e Jan Herring, "Intelligence Teams," *Strategy & Leadership* 35, no.1 (2007), 13-20.
42. Jay W. Lorsch, "Introduction to the Structural Design of Organizations," in Gene W. Dalton, Paul R. Lawrence e Jay W. Lorsch, a cura di, *Organizational Structure and Design* (Homewood, IL: Irwin e Dorsey, 1970), 5.
43. Paul R. Lawrence e Jay W. Lorsch, *Organization and Environment* (Homewood, IL: Irwin, 1969).
44. Lorsch, "Introduction to the Structural Design of Organizations", 7.
45. Jay W. Lorsch e Paul R. Lawrence, "Environmental Factors and Organizational Integration," in J. W. Lorsch e Paul R. Lawrence, a cura di, *Organizational Planning: Cases and Concepts* (Homewood, IL: Irwin e Dorsey, 1972), 45.
46. Virpi Turkulainen e Mikko Ketokivi, "The Contingent Value of Organizational Integration," *Journal of Organization Design* 2, no. 2 (2013), 31-43.
47. Tom Burns e G. M. Stalker, *The Management of Innovation* (London: Tavistock, 1961).
48. John A. Courtright, Gail T. Fairhurst e L. Edna Rogers, "Interaction Patterns in Organic and Mechanistic Systems," *Academy of Management Journal* 32 (1989), 773-802.
49. Dennis K. Berman, "Crunch Time," *BusinessWeek Frontier*, 24 aprile 2000, F28-F38.
50. Thomas C. Powell, "Organizational Alignment as Competitive Advantage," *Strategic Management Journal* 13 (1992), 119-134; Mansour Javidan, "The Impact of Environmental Uncertainty on Long-Range Planning Practices of the U.S. Savings and Loan Industry," *Strategic Management Journal* 5 (1984), 381-392; Tung, "Dimensions of Organizational Environments,"; Thompson, *Organizations in Action.*
51. Peter Brews e Devavrat Purhoit, "Strategic Planning in Unstable Environments," *Long Range Planning* 40 (2007), 64-83; Darrell Rigby e Barbara Bilodeau, "A Growing Focus on Preparedness," *Harvard Business Review*, luglio-agosto 2007, 21-22.
52. Hiroko Tabuchi, "Japan's Electronics Behemoths Speak of Dire Times Ahead," *The New York Times*, 2 novembre 2012, B6.
53. Ian Wylie, "There Is No Alternative To...," *Fast Company*, luglio 2002, 106-110.
54. Generale Colin Powell citato in Oren Harari, "Good/Bad News About Strategy," *Management Review* 84, no. 7, luglio 1995, 29-31.
55. Kate Linebaugh e Siobhan Hughes, "Companies Warn About Cutbacks," *The Wall Street Journal*, 14 novembre 2012, A6.
56. Jeffrey Pfeffer e Gerald Salancik, *The External Control of Organizations: A Resource Dependent Perspective* (New York: Harper & Row, 1978); David Ulrich e Jay B. Barney, "Perspectives in Organizations: Resource Dependence, Efficiency, and Population," *Academy of Management Review* 9 (1984), 471-481; Amy J. Hillman, Michael C. Withers e Brian J. Collins, "Resource Dependence Theory: A Review," *Journal of Management* 35, no. 6 (2009), 1404-1427.
57. Andrew H. Van de Ven e Gordon Walker, "The Dynamics of Interorganizational Coordination," *Administrative Science Quarterly* (1984), 598-621; Huseyin Leblebici e Gerald R. Salancik, "Stability in Interorganizational Exchanges: Rulemaking Processes of the Chicago Board of Trade," *Administrative Science Quarterly* 27 (1982), 227-242.
58. Mike Esterl e Corey Dade, "DHL Sends an SOS to UPS in $1 Billion Parcel Deal," *The Wall Street Journal*, 29 maggio 2008, B1.
59. Judith A. Babcock, *Organizational Responses to Resource Scarcity and Munificence: Adaptation and Modification in Colleges Within a University* (Ph.D. diss., Pennsylvania State University, 1981).
60. Peter Smith Ring e Andrew H. Van de Ven, "Developmental Processes of Corporative Interorganizational Relationships," *Academy of Management Review* 19 (1994), 90-118; Jeffrey Pfeffer, "Beyond Management and the Worker: The Institutional Function of Management," *Academy of Management Review* 1, (aprile 1976), 36-46; John P. Kotter, "Managing External Dependence," *Academy of Management Review* 4 (1979), 87-92.
61. Bryan Borys e David B. Jemison, "Hybrid Arrangements as Strategic Alliances: Theoretical Issues in Organizational Combinations," *Academy of Management Review* 14 (1989), 234-249.
62. Tanzina Vega, "Two Ad Giants Chasing Google in Merger Deal," *The New York Times*, 29 luglio 2013, A1.
63. Julie Cohen Mason, "Strategic Alliances: Partnering for Success," *Management Review* 82, no. 5 (maggio 1993), 10-15.
64. Teri Agins e Alessandra Galloni, "After Gianni; Facing a Squeeze, Versace Struggles to Trim the Fat," *The Wall Street Journal*, 30 settembre 2003, A1, A10.
65. Borys e Jemison, "Hybrid Arrangements as Strategic Alliances."
66. Donald Palmer, "Broken Ties: Interlocking Directorates and Intercorporate Coordination," *Administrative Science Quarterly* 28 (1983), 40-55; F. David Shoorman, Max H. Bazerman e Robert S. Atkin, "Interlocking Directorates: A Strategy for Reducing Environmental Uncertainty," *Academy of Management Review* 6 (1981), 243-251; Ronald S. Burt, *Toward a Structural Theory of Action* (New York: Academic Press, 1982).
67. James R. Lang e Daniel E. Lockhart, "Increased Environmental Uncertainty and Changes in Board Linkage Patterns," *Academy of Management Journal* 33 (1990), 106-128; Mark S. Mizruchi e Linda Brewster Stearns, "A Longitudinal Study of the Formation of Interlocking Directorates," *Administrative Science Quarterly* 33 (1988), 194-210.
68. Miguel Bustillo e Joann S. Lublin, "Board Ties Begin to Trip Up Companies," *The Wall Street Journal*, 8 aprile 2010, B1.
69. Claudia H Deutsch, "Companies and Critics Try Collaboration," *The New York Times*, 17 maggio 2006, G1.
70. Tom McGinty, "SEC 'Revolving Door' Under Review; Staffers Who Join Companies They Once Regulated Draw Lawmakers' Ire," *The Wall Street Journal*, 16 giugno 2010, C1.
71. Keith J. Winstein e Suzanne Vranica, "Durg Ads' Impact Questioned," *The Wall Street Journal*, 3 settembre 2008, B7.
72. Rob Levine, "Google's Spreading Tentacles of Influence," *Bloomberg Businessweek*, 31 ottobre-6 novembre 2011, 43-44.
73. Aula, "Social Media, Reputation Risk and Ambient Publicity Management."
74. Kotter, "Managing External Dependence."
75. Claire Cain Miller e Stephanie Clifford, "To Catch Up, Walmart Moves to Amazon Turf," *The New York Times*, 20 ottobre 2013, A1.
76. Matt Rosoff, "Google's 15 Biggest Acquisitions and What Happened to Them," *Business Insider*, 14 marzo 2011, http://www.businessinsider.com/googles-15-biggest-acquisitions-and-what-happened-to-them-2011-3 (consultato il 28 luglio 2011); Kathy Bergen e Ameet Sachdev, "Lenovo Takes On a Fixer-Upper with Motorola

Acquisition," *Seattle Times*, 9 febbraio 2014, http://seattletimes.com/html/businesstechnology/2022861882_motorolalenovoxml.html (consultato il 6 marzo 2014).

77. Robert Pear, "Health Insurance Companies Try to Shape Rules," *The New York Times*, 15 maggio 2010, http://www.nytimes.com/2010/05/16/health/policy/16health.html (consultato il 15 mggio 2010); Miguel Bustillo e Stu Woo, "Retailers Push Amazon on Taxes; Wal-Mart, Target and Others Look to Close Loophole for Online Sellers," *The Wall Street Journal*, 17 marzo 2011, B1; Sara Forden, "Facebook Seeks Friends in Washington amid Privacy Talk," *BusinessWeek*, 2 dicembre 2010, http://www.businessweek.com/news/2010-12-02/facebook-seeks-friends-in-washington-amid-privacy-talk.html (consultato il 28 luglio 2011).
78. David B. Yoffie, "How an Industry Builds Political Advantage," *Harvard Business Review* (maggio-giugno 1988), 82-89; Jeffrey H. Birnbaum, "Chief Executives Head to Washington to Ply the Lobbyist's Trade," *The Wall Street Journal*, 19 marzo 1990, A1, A16.
79. Adam Entous, "U.S.-South Korea Communications Won't Use Huawei Gear," *The Wall Street Journal Online*, 13 febbraio 2014, http://online.wsj.com/news/articles/SB10001424052702303704304579381742601220138 (consultato il 6 marzo 2014); Emily Rauhala, "Huawei: The Chinese Company That Scares Washington," *Time*, 4 aprile 2013, http://world.time.com/2013/04/04/huawei-the-chinese-company-that-scares-washington/ (consultato il 6 marzo 2014); Spencer E. Ante e Shayndi Raice, "Dignitaries Come on Board to Ease Huawei into U.S.," *The Wall Street Journal Online*, 21 settembre 2010, http://online.wsj.com/article/SB10001424052748704416904575501892440266992.html (consultato il 23 settembre 2010); P. Goldstein, "Former Defense Official Joins Amerilink in Huawei Lobbying Bid," *FierceWireless.com*, 22 ottobre 2010, http://www. fiercewireless.com/story/former-defense-official-joins-amerilink-huawei-lobbing-bid/2010-10-22 (consultato il 26 luglio 2011); Joann S. Lublin e Shayndi Raice, "U.S. Security Fears Kill Huawei, ZTE Bids," *The Asian Wall Street Journal*, 8 novembre 2010, 17; Shayndi Raice, "Huawei and U.S. Partner Scale Back Business Tie-Up," *The Wall Street Journal*, 10 febbraio 2011, B5.
80. Leslie Scism, "Insurer Pushes to Weaken License Test," *The Wall Street Journal*, 25 aprile 2011, A1.
81. Anthony J. Daboub, Abdul M. A. Rasheed, Richard L. Priem e David A. Gray, "Top Management Team Characteristics and Corporate Illegal Activity," *Academy of Management Review* 20, n. 1 (1995), 138-170.
82. Barry M. Staw e Eugene Szwajkowski, "The Scarcity-Munificence Component of Organizational Environments and the Commission of Illegal Acts," *Administrative Science Quarterly* 20 (1975), 345-354; Kimberly D. Elsbach e Robert I. Sutton, "Acquiring Organizational Legitimacy Through Illegitimate Actions: A Marriage of Institutional and Impression Management Theories," *Academy of Management Journal* 35 (1992), 699-738.
83. Russell Gold, "Halliburton Ex-Official Pleads Guilty in Bribe Case," *The Wall Street Journal*, 4 settembre 2005, A1, A15.
84. Max Colchester e Christina Passariello, "Dirty Secrets in Soap Prices," *The Wall Street Journal*, 9 dicembre 2011, http://online.wsj.com/news/articles/SB10001424052970203413304577086251676539124 (consultato il 19 dicembre 2011).
85. Adattamento di Dorothy Marcic da "Organizational Dependencies", in Ricky W. Griffin e Thomas C. Head, *Practicing Management*, 2nd ed. (Dallas: Houghton Mifflin), 2-3.

Capitolo 5

1. Basato su Shelly Banjo e Suzanne Kapner, "Retailers to Implement Bangladesh Factory Plan," *The Wall Street Journal*, 20 agosto 2013, B3.
2. Fernando Napolitano, "The Megacommunity Approach to Tackling the World's Toughest Problems," *Strategy + Business*, 24 agosto 2010, http://www.strategy-business. com/article/10305?gko=73c6d (consultato l'1 agosto 2011).
3. Christine Oliver, "Determinants of Interorganizational Relationships: Integration and Future Directions," *Academy of Management Review* 15 (1990), 241-265.
4. James Moore, *The Death of Competition: Leadership and Strategy in the Age of Business Ecosystems* (New York: HarperCollins, 1996).
5. Mark Gerencser, Reginald Van Lee, Fernando Napolitano e Christopher Kelly, *Megacommunities: How Leaders of Government, Business, and Non-Profits Can Tackle Today's Global Challenges Together* (New York: Palgrave Macmillan, 2008).
6. Jonathan Hughes e Jeff Weiss, "Simple Rules for Making Alliances Work," *Harvard Business Review*, novembre 2007, 122-131; Howard Muson, "Friend? Foe? Both? The Confusing World of Corporate Alliances," *Across the Board*, marzo-aprile 2002, 19-25; Devi R. Gnyawali e Ravindranath Madhavan, "Cooperative Networks and Competitive Dynamics: A Structural Embeddedness Perspective," *Academy of Management Review* 26, n. 3 (2001), 431-445.
7. Katie Merx, "Automakers Interconnected Around World," *Edmonton Journal*, 6 aprile 2007, H14; Keith Bradsher, "Ford Agrees to Sell Volvo to a Fast-Rising Chinese Company," *The New York Times Online*, 28 marzo 2010, http://www.nytimes.com/2010/03/29/business/global/29auto.html (consultato l'1 agosto 2011).
8. Thomas Petzinger, Jr., *The New Pioneers: The Men and Women Who Are Transforming the Workplace and Marketplace* (New York: Simon & Schuster, 1999), 53-54.
9. James Moore, "The Death of Competition," *Fortune*, 15 aprile 1996, 142-144.
10. Brian Goodwin, *How the Leopard Changed Its Spots: The Evolution of Complexity* (New York: Touchstone, 1994), 181, citato in Petzinger, *The New Pioneers*, 53.
11. Jessica E. Lessin, Lorraine Luk e Na Juro Osawa, "Apple Finds It Difficult to Divorce Samsung," *The Wall Street Journal*, 29 giugno 2013, A1.
12. Shira Ovide e Anupreeta Das, "Microsoft Takes a Side in PC War," *The Wall Street Journal*, 6 febbraio 2013, B1.
13. Greg Ferenstein, "In a Cutthroat World, Some Web Giants Thrive by Cooperating," *The Washington Post*, 19 febbraio 2011, http://www.washingtonpost.com/business/in-a-cutthroat-world-some-web-giants-thrive-by-cooperating/2011/02/19/ABmYSYQ_story.html (consultato il 19 febbraio 2011); Jessica E. Vascellaro e Yukari Iwatani Kane, "Apple, Google Rivalry Heats Up," *The Wall Street Journal*, 11 dicembre 2009, B1.
14. Sumantra Ghoshal e Christopher A. Bartlett, "Changing the Role of Top Management: Beyond Structure and Process," *Harvard Business Review*, gennaio-febbraio 1995, 86-96.

15. Ann Zimmerman e Dana Mattioli, "Retail's New Odd Couple," *The Wall Street Journal*, 11 luglio 2012, B1.
16. Ian Urbina, "In Gulf, It Was Unclear Who Was in Charge of Oil Rig," *The New York Times*, 5 giugno 2010, http://www.nytimes.com/2010/06/06/us/06rig.html (consultato il 5 agosto 2011).
17. "Toward a More Perfect Match: Building Successful Leaders by Effectively Aligning People and Roles," Hay Group Working Paper (2004); "Making Sure the Suit Fits," *Hay Group Research Brief* (2004). Disponibili presso Hay Group, The McClelland Center, 116 Huntington Avenue, Boston, MA 02116, oppure alla pagina http://www.haygroup.com.
18. Hughes e Weiss, "Simple Rules for Making Alliances Work".
19. Dana Priest e William M. Arkin, "Top Secret America, A *Washington Post* Investigation; Part II: National Security Inc.," 20 luglio 2010, http://projects.washingtonpost.com/top-secret-america/articles/national-security-inc/1/ (consultato il 28 novembre 2011)
20. J. Pfeffer e G. R. Salancik, *The External Control of Organizations: A Resource Dependence Perspective* (New York: Harper & Row, 1978); Amy J. Hillman, Michael C. Withers e Brian J. Collins, "Resource Dependence Theory: A Review," *Journal of Management* 35, no. 6 (2009), 1404-1427.
21. Paul Ziobro, "Mattel Puts a Target on Lego," *The Wall Street Journal*, 28 febbraio 2014, http://online.wsj.com/news /articles/SB1000142405270230380130457941067159794 5030 (consultato il 10 marzo 2014).
22. Peter Drucker, citato in Rajesh Kumar e Anoop Nathwani, "Business Alliances: Why Managerial Thinking and Biases Determine Success," *Journal of Business Strategy* 33, no 5 (2012), 44-50.
23. Patrick Hull, "Joint Ventures Provide Opportunities for Entrepreneurs," *Forbes*, 21 luglio 2013, http://www.forbes.com/sites/patrickhull/2013/06/21/joint-ventures-provide-opportunities-for-entrepreneurs/ (consultato il 10 marzo 2014).
24. James R. Hagerty, "Whirlpool Expands in China," *The Wall Street Journal*, 19 marzo 2012, http://online.wsj.com/news /articles/SB10001424052702303812904577291793985890430 (consultato il 12 marzo 2014).
25. Leslie Kaufman, "NBC's News Unit Teams with Video Clip Start-Up," *The New York Times*, 13 gennaio 2014, B3.
26. Ellen Byron, "Theory & Practice: Tight Supplies, Tight Partners," *The Wall Street Journal*, 10 gennaio 2011, B5.
27. Eva Dou, "Apple Shifts from Foxconn to Pegatron," *The Wall Street Journal*, 30 maggio 2013, B5.
28. Ashleigh Barry e Marcey Goulder, "As 'Vaping Bars' Thrive, Jury Remains Out on E-Cigarettes," *The Columbus Dispatch*, 9 marzo 2014, http://www.dispatch.com/content/stories/business/2014/03/09 / as-vaping-bars-thrive-jury-remains-out-on-e-cigarettes.html?utm_source=rss&utm_medium=rss&utm_campaign=as-vaping-bars-thrive-jury-remains-out-on-e-cigarettes (consultato l'11 marzo 2014)
29. "About SFATA," Smoke Free Alternatives Trade Association Website, http://www.sfata.org/about-sfata/ (consultato l'11 marzo 2014).
30. Brian L. Connelly ed Erik J. Van Slyke, "The Power and Peril of Board Interlocks," *Business Horizons* 55 (2012), 403-408.
31. Greg Bensinger e David Benoit, "Ichan Targets Silicon Valley Directors' Club," *The Wall Street Journal Online*, 24 febbraio 2014, http://online.wsj.com/news/articles/SB10001424052702304610404579402831365897274 (consultato il 10 marzo 2014).
32. Brad Stone, *The Everything Store: Jeff Bezos and the Age of Amazon* (New York: Little Brown and Company, 2013), 245.
33. Evelyn M. Rusli, "Facebook Takes Aim at Apps Makers," *The Wall Street Journal*, 18 marzo 2013, B1.
34. Mike Ramsey, "Toyota Tries to Break Reliance on China," *The Wall Street Journal*, 14 gennaio 2011, B1.
35. Mitchell P. Koza e Arie Y. Lewin, "The Co-Evolution of Network Alliances: A Longitudinal Analysis of an International Professional Service Network," Center for Research on New Organizational Forms, Working Paper 98-09-02; Kathy Rebello con Richard Brandt, Peter Coy, e Mark Lewyn, "Your Digital Future," *BusinessWeek*, 7 settembre 1992, 56-64.
36. Steve Lohr, "Big Medical Groups Begin Patient Data-Sharing Project," *The New York Times*, 6 aprile 2011, http://bits.blogs.nytimes.com/2011/04/06/big-medical-groups-begin-patient-data-sharing-project/ (consultato il 6 aprile 2011).
37. Eugene Geh, "Understanding Strategic Alliances from the Effectual Entrepreneurial Firm's Perspective–An Organization Theory Perspective," *SAM Advanced Management Journal* (autunno 2011), 27-36.
38. Saul Berman e Peter Korsten, "Embracing Connectedness: Insights from the IBM 2012 CEO Study," *Strategy & Leadership* 41, no. 2 (2013), 46-57; Christine Oliver, "Determinants of Interorganizational Relationships: Integration and Future Directions," *Academy of Management Review*, 15 (1990), 241-265; Ken G. Smith, Stephen J. Carroll e Susan Ashford, "Intra- and Interorganizational Cooperation: Toward a Research Agenda," *Academy of Management Journal* 38 (1995), 7-23.
39. Paul W. Beamish e Nathaniel C. Lupton, "Managing Joint Ventures," *Academy of Management Perspectives*, maggio 2009, 75-94.
40. Timothy M. Stearns, Alan N. Hoffman e Jan B. Heide, "Performance of Commercial Television Stations as an Outcome of Interorganizational Linkages and Environmental Conditions," *Academy of Management Journal* 30 (1987), 71-90; David A. Whetten e Thomas K. Kueng, "The Instrumental Value of Interorganizational Relations: Antecedents and Consequences of Linkage Formation," *Academy of Management Journal* 22 (1979), 325-344; G. Ahuja, "Collaboration Networks, Structural Holes, and Innovation: A Longitudinal Study," *Administrative Science Quarterly* 45 (2000), 425-455; Corey C. Phelps, "A Longitudinal Study of the Influence of Alliance Network Structure and Composition on Firm Exploratory Innovation," *Academy of Management Journal* 53, no. 4 (2010), 890-913.
41. Lindsay Brooke, "Ford-G.M. Teamwork on Transmissions," *The New York Times*, 21 aprile 2013, AU4.
42. Shira Ovide e Don Clark, "Oracle, Microsoft Strike Deal to Make Core Software Work Easily Together," *The Wall Street Journal*, 25 giugno 2013, B4.
43. Jeanne Whalen, "Roche, AstraZeneca Agree to Share Drug Research Data," *The Wall Street Journal*, 26 giugno 2013, B3.
44. Monica Langley e Jonathan D. Rockoff, "Drug Companies Join NIH in Study of Alzheimer's, Diabetes, Rheumatoid Arthritis, Lupus," *The Wall Street Journal*, 3 febbraio 2014, http://online.wsj.com/news/articles/SB10001424052702303519404579353442155924498 (consultato il 12 marzo 2014).
45. Keith G. Provan e H. Brinton Milward, "A Preliminary Theory of Interorganizational Network Effectiveness: A Comparative of Four Community Mental Health Systems," *Administrative Science Quarterly* 40 (1995), 1-33.

46. Peter Smith Ring e Andrew H. Van de Ven, "Developmental Processes of Corporate Interorganizational Relationships," *Academy of Management Review* 19 (1994), 90-118; Jeffrey H. Dyer, "How Chrysler Created an American *Keiretsu*," *Harvard Business Review*, luglio-agosto 1996, 42-56; Peter Grittner, "Four Elements of Successful Sourcing Strategies" *Management Review*, ottobre 1995, 41-45; Myron Magnet, "The New Golden Rule of Business" *Fortune*, 21 febbraio 1994, 60-64; Mick Marchington e Steven Vincent, "Analysing the Influence of Institutional, Organizational and Interpersonal Forces in Shaping Inter-Organizational Relationships," *Journal of Management Studies* 41, n. 6 (settembre 2004), 1029-1056.
47. Travis Hessman, "Collaborating with the Competition," *Industry Week*, giugno 2013, 52, 54.
48. Anna Wilde Mathews, "Cleveland Clinic, Hospital Operator Forge Alliance," *The Wall Street Journal*, 21 marzo 2013, B8.
49. Philip Siekman, "The Snap-Together Business Jet," *Fortune*, 21 gennaio 2002, 104[A]-104[H].
50. Questa sezione prende spunto da Joel A.C. Baum, "Organizational Ecology," in Stewart R. Clegg, Cynthia Hardy e Walter R. Nord, a cura di, *Handbook of Organization Studies* (Thousand Oaks, California: Sage, 1996); Jitendra V. Singh, *Organizational Evolution: New Directions* (Newbury Park, California: Sage, 1990); Howard Aldrich, Bill McKelvey e Dave Ulrich, "Design Strategy from the Population Perspective," *Journal of Management* 10 (1984), 67-86; Howard E. Aldrich, *Organizations and Environments* (Englewood Cliffs, NJ: Prentice Hall, 1979); Michael Hannan e John Freeman, "The Population Ecology of Organizations," *American Journal of Sociology* 82 (1977), 929-964; Dave Ulrich, "The Population Perspective: Review, Critique, and Relevance," *Human Relations* 40 (1987), 137-152; Jitendra V. Singh e Charles J. Lumsden, "Theory and Research in Organizational Ecology," *Annual Review of Sociology* 16 (1990), 161-195; Howard E. Aldrich, "Understanding, Not Integration: Vital Signs from Three Perspectives on Organizations," in Michael Reed e Michael D. Hughes, a cura di, *Rethinking Organizations: New Directions in Organizational Theory and Analysis* (London: Sage, 1992); Jitendra V. Singh, David J. Tucker, e Robert J. House, "Organizational Legitimacy and the Liability of Newness," *Administrative Science Quarterly* 31 (1986), 171-193; Douglas R. Wholey e Jack W. Brittain, "Organizational Ecology: Findings and Implications," *Academy of Management Review* 11 (1986), 513-533.
51. Derek S. Pugh e David J. Hickson, *Writers on Organizations* (Thousand Oaks, CA: Sage, 1996); Lex Donaldson, *American Anti-Management Theories of Organization* (New York: Cambridge University Press, 1995).
52. Jim Collins, "The Secret of Enduring Greatness," *Fortune*, 5 maggio 2008, 72-76; Julie Schlosser e Ellen Florian, "In the Beginning; Fifty Years of Amazing Facts," *Fortune*, 5 aprile 2004, 152-159; "The Fortune 500; 500 Largest U. S. Corporations," *Fortune*, 23 maggio 2011, F1-F26.
53. Hannan e Freeman, "The Population Ecology of Organizations."
54. Citato in Brad Stone, *The Everything Store*, p. 65.
55. Brad Stone, *The Everything Store*; Julie Bosman, "The Bookstore's Last Stand," *The New York Times*, 29 gennaio 2012, BU1; Jeffrey A. Trachtenberg e Martin Peers, "Barnes & Noble Seeks Next Chapter," *The Wall Street Journal Online*, 6 gennaio 2012, http://online.wsj.com/news /articles/SB10001424052970203513604577142481239801336 (consultato il 6 gennaio 2012).
56. Damon Darlin, "Always Pushing Beyond the Envelope," *The New York Times*, 8 agosto 2010, BU5.
57. Miguel Bustillo, "As Big Boxes Shrink, They Also Rethink," *The Wall Street Journal*, 3 marzo 2011, B1.
58. David J. Tucker, Jitendra V. Singh e Agnes G. Meinhard, "Organizational Form, Population Dynamics, and Institutional Change: The Founding Patterns of Voluntary Organizations," *Academy of Management Journal* 33 (1990), 151-178; Glenn R. Carroll e Michael T. Hannan, "Density Delay in the Evolution of Organizational Populations: A Model and Five Empirical Tests," *Administrative Science Quarterly* 34 (1989), 411-430; Jacques Delacroix e Glenn R. Carroll, "Organizational Foundings: An Ecological Study of the Newspaper Industries of Argentina and Ireland," *Administrative Science Quarterly* 28 (1983), 274-291; Johannes M. Pennings, "Organizational Birth Frequencies: An Empirical Investigation," *Administrative Science Quarterly* 27 (1982), 120-144; David Marple, "Technological Innovation and Organizational Survival: A Population Ecology Study of Nineteenth-Century American Railroads," *Sociological Quarterly* 23 (1982), 107-116; Thomas G. Rundall e John O. McClain, "Environmental Selection and Physician Supply," *American Journal of Sociology* 87 (1982), 1090-1112.
59. "Amazon.com Inc.; Amazon Announces Digital Video License Agreement with NBCUniversal Domestic TV Distribution," *Computers, Networks & Communication*, 11 agosto 2011, 93; Maria Mallory con Stephanie Anderson Forest, "Waking Up to a Major Market," *BusinessWeek*, 23 marzo 1992, 70-73.
60. Jessica E. Vascellaro e Evan Ramstad, "The Two-Horse Smartphone Race," *The Wall Street Journal*, 24 aprile 2012, B1.
61. Arthur G. Bedeian e Raymond F. Zammuto, *Organizations: Theory and Design* (Orlando, Fla.: Dryden Press, 1991) e Richard L. Hall, *Organizations: Structure, Process and Outcomes* (Englewood Cliffs, NJ: Prentice-Hall, 1991).
62. M. Tina Dacin, Jerry Goodstein e W. Richard Scott, "Institutional Theory and Institutional Change: Introduction to the Special Research Forum," *Academy of Management Journal* 45, n. 1 (2002), 45-47. Si ringrazia Tina Dacin per il suo materiale e per i suggerimenti per questa sezione.
63. J. Meyer e B. Rowan, "Institutionalized Organizations: Formal Structure as Myth and Ceremony," *American Journal of Sociology* 83 (1990), 340-363; Royston Greenwood e Danny Miller, "Tackling Design Anew: Getting Back to the Heart of Organizational Theory," *Academy of Management Perspectives*, novembre 2010, 78-88.
64. Mark C. Suchman, "Managing Legitimacy: Strategic and Institutional Approaches," *Academy of Management Review* 20 (1995), 571-610.
65. Richard J. Martinez e Patricia M. Norman, "Whither Reputation? The Effects of Different Stakeholders," *Business Horizons* 47, n. 5 (settembre-ottobre 2004), 25-32.
66. Guy Chazan e Monica Langley, "Dudley Faces Daunting To-Do List," *The Wall Street Journal Europe*, 27 luglio 2010, 17.
67. Pamela S. Tolbert e Lynne G. Zucker, "The Institutionalization of Institutional Theory," in Stewart R. Clegg, Cynthia Hardy e Walter R. Nord, a cura di, *Handbook of Organization Studies* (Thousand Oaks, CA: Sage, 1996).
68. Pugh e Hickson, *Writers on Organizations*; Paul J. DiMaggio e Walter W. Powell, "The Iron Cage Revisited: Institutional Isomorphism

and Collective Rationality in Organizational Fields," *American Sociological Review* 48 (1983), 147-160.

69. Questa sezione si basa in gran parte su DiMaggio e Powell, "The Iron Cage Revisited"; Pugh e Hickson, *Writers on Organizations*; W. Richard Scott, *Institutions and Organizations* (Thousand Oaks, CA: Sage, 1995).
70. Janet Adamy, "Yum Uses McDonald's as Guide in Bid to Heat Up Sales," *The Wall Street Journal,* 13 dicembre 2007, A21; Nick Wingfield e Robert A. Guth, "IPod, TheyPod: Rivals Imitate Apple's Success," *The Wall Street Journal,* 18 settembre 2006, B1.
71. Kai-Yu Hsieh e Freek Vermeulen, "Me Too or Not Me? The Influence of the Structure of Competition on Mimetic Market Entry," *Academy of Management Annual Meeting Proceedings* (2008), 1-6.
72. Ellen R. Auster e Mark L. Sirower, "The Dynamics of Merger and Acquisition Waves," *The Journal of Applied Behavioral Science* 38, n. 2 (giugno 2002), 216-244; Monica Yang e Mary Anne Hyland, "Who Do Firms Imitate? A Multilevel Approach to Examining Sources of Imitation in Choice of Mergers and Acquisitions," *Journal of Management* 32, no. 3 (giugno 2006), 381-399.
73. Barry M. Staw e Lisa D. Epstein, "What Bandwagons Bring: Effects of Popular Management Techniques on Corporate Performance, Reputation, and CEO Pay," *Administrative Science Quarterly* 45, n. 3 (settembre 2000), 523-560.
74. Jeffrey Pfeffer e Robert I. Sutton, "The Trouble with Benchmarking," *Across the Board* 43, no. 4 (luglio-agosto 2006), 7-9.
75. Karen Donovan, "Pushed by Clients, Law Firms Step Up Diversity Efforts," *The New York Times*, 21 luglio 2006, C6.
76. Miguel Bustillo, "Wal-Mart to Assign New 'Green' Ratings," *The Wall Street Journal,* 16 luglio 2009, B1.
77. Basato su Donald D. Bowen, Roy J. Lewicki, Francine S. Hall e Douglas T. Hall, "The Ugli Orange Case," *Experiences in Management and Organizational Behavior*, 4th ed. (Chicago, IL: Wiley, 1997), 134-136; "Amazon Rainforest," BluePlanetBiomes.org, http://www.blueplanetbiomes.org /amazon.htm (consultato il 24 agosto 2011); "Rainforest Plants," BluePlanetBiomes.org, http://www.blueplanetbiomes.org/rnfrst_plant_page.htm (consultato il 24 agosto 2011).

Capitolo 6

1. Paul Sonne e Peter Evans, "The $1.6 Billion Grocery Flop: Tesco Poised to Quit U.S.," *The Wall Street Journal*, 5 dicembre 2012, http://online.wsj.com/news/articles/SB10001424127887324640104578160514192695162 (consultato il 6 dicembre 2012); Shan Li, "Tesco May Sell All Fresh & Easy Stores," *Los Angeles Times*, 6 dicembre 2012, http://articles.latimes.com/2012/dec/06/business/la-fi-tesco-fresh-easy-20121206 (consultato il 6 dicembre 2012).
2. Stuart Pfeifer, "Ron Burkle's Yucaipa Buying Fresh & Easy Stores from Tesco," *Los Angeles Times*, 10 settembre 2013, http://articles.latimes.com/2013/sep/10/business/la-fi-burkle-fresh-easy-20130911 (consultato il 14 marzo 2014).
3. Bob Tita, "Deere Enhances Focus on Russia," *The Wall Street Journal*, 24 marzo 2011, http://online.wsj.com/article/ SB1000142405274870460470457622068400380807 2.html (consultato il 9 agosto 2011); Choe Sang-Hun, "Wal-Mart Selling Stores and Leaving South Korea," *The New York Times*, 23 maggio 2006, C5; Miguel Bustillo, Robb Stewart e Paul Sonne, "Wal-Mart Bids $4.6 Billion for South Africa's Massmart," *The Wall Street Journal,* 28 settembre 2010, http://online.wsj.com/article/SB10001424052748704654004575517300108186976.html (consultato il 28 settembre 2010).
4. Michael A. Hitt e Xiaoming He, "Firm Strategies in a Changing Global Competitive Landscape," *Business Horizons* 51 (2008), 363-369.
5. George Stalk e David Michael, "What the West Doesn't Get About China," *Harvard Business Review*, giugno 2011, 25-27; Zoe McKay, "Consumer Spending in China: To Buy or Not To Buy," *Forbes.com*, 15 giugno 2012, www.forbes.com/sites/insead/2012/06/15/consumer-spending-in-china-to-buy-or-not-to-buy/ (consultato il 29 giugno 2012); Adam Davidson, "Come On, China, Buy Our Stuff!" *The New York Times*, 25 gennaio 2012, www.nytimes.com/2012/01/29 /magazine/come-on-china-buy-our-stuff.html?pagewanted=all (consultato il 29 giugno 2012).
6. Mike Ramsey, "Ford's CEO Revs up Auto Maker's China Role," *The Wall Street Journal*, 16 aprile 16 2013, B7.
7. Ian DeMartino, "Xiaomi Soars Past Apple and Samsung, Best Selling Smartphone in China in December," *GizChina.com*, http://www.gizchina.com/2014/02/08/xiaomi-soars-past-apple-samsung-best-selling-smartphone-china-december/ (consultato il 14 marzo 2014); Bruce Einhorn, "Lenovo Takes on Apple and Samsung in Smartphone Market," *Bloomberg BusinessWeek*, 30 gennaio 2014, http://www.businessweek.com/articles/2014-01-30 /lenovo-takes-on-apple-and-samsung-in-smartphone-market (consultato il 14 marzo 2014).
8. Qamar Rizvi, "Going International: A Practical, Comprehensive Template for Establishing a Footprint in Foreign Markets," *Ivey Business Journal,* maggio-giugno 2010, http://www.iveybusinessjournal.com/topics/global-business/going--international-a-practical-comprehensive-template-for-establishing-a-footprint-in-foreign-markets (consultato il 9 agosto 2011).
9. Michael A. Hitt e Xiaoming He, "Firm Strategies in a Changing Global Competitive Landscape," *Business Horizons* 51 (2008), 363-369.
10. D. Barboza, "China Passes Japan as Second-Largest Economy," *The New York Times,* 14 agosto 2010, http://www.nytimes.com/2010/08/16/business/global/16yuan.html (consultato il 12 agosto 2011).
11. Jenny Mero, "Power Shift," *Fortune*, 21 luglio 2008, 16; "The Fortune Global 500," *Fortune*, http://money.cnn.com /magazines/fortune/global500/2013/ (consultato il 14 marzo 2014).
12. Questa discussione è in gran parte basata su Christopher A. Bartlett e Sumantra Ghoshal, *Transnational Management: Text, Cases, and Readings in Cross-Border Management*, 3rd ed. (Boston: Irwin McGraw-Hill, 2000), 94-96; Anil K. Gupta e Vijay Govindarajan, "Converting Global Presence into Global Competitive Advantage," *Academy of Management Executive* 15, n. 2 (2001), 45-56.
13. Shruti Date Singh with Ganesh Nagarajan, "Small Is Beautiful," *Bloomberg Businessweek* (26 settembre-2 ottobre 2011), 33-34.
14. Lauren A. E. Schuker, "Plot Change: Foreign Forces Transform Hollywood Films," *The Wall Street Journal,* 31 luglio 2010, A1.
15. Brooks Barnes, "Paramount Hopes New 'Star Trek' Is a Global Crowd-Pleaser," *The New York Times*, 3 maggio 2013, B1.
16. Mariko Sanchanta, "Starbucks Plans Major China Expansion," *The Wall Street Journal,* 13 aprile 2010, http://online.wsj.com/article/SB10001424052702304604204575181490891231672.html (consultato il 16 aprile 2010); Paul Beckett, Vibhuti Agarwal e Julie Jargon, "Starbucks Brews Plan to Enter India," *The Wall Street Journal*, 14

gennaio 2011, http://online.wsj.com/article/SB1000142405274870 3583404576079593558838756.html (consultato il 16 luglio 2011).
17. James Hookway, "Starbucks Brings Its Culture to Vietnam," *The Wall Street Journal*, 18 maggio 2013, B3.
18. Eric Bellman, "Indian Firm Takes a Hollywood Cue, Using DreamWorks to Expand Empire," *The Wall Street Journal*, 22 settembre 2009, B1.
19. Doug DeVos, "How I Did It... Amway's President on Reinventing the Business to Succeed in China," *Harvard Business Review*, aprile 2013, 41-44.
20. Jim Carlton, "Branching Out; New Zealanders Now Shear Trees Instead of Sheep," *The Wall Street Journal*, 29 maggio 2003, A1, A10.
21. Charles Duhigg e Keith Bradsher, "How U.S. Lost Out on iPhone Work," *The New York Times*, 22 gennaio 2012, A1; David Barboza e Charles Duhigg, "China Plant Again Faces Labor Issue on iPhones," *The New York Times*, 11 settembre 2012, B1.
22. Dan Morse, "Cabinet Decisions; In North Carolina, Furniture Makers Try to Stay Alive," *The Wall Street Journal*, 20 febbraio 2004, A1.
23. Nicholas Casey, "In Mexico, Auto Plants Hit the Gas," *The Wall Street Journal*, 20 novembre 2012, A1.
24. Keith H. Hammonds, "Smart, Determined, Ambitious, Cheap: The New Face of Global Competition," *Fast Company*, febbraio 2003, 91-97; W. Michael Cox e Richard Alm, "China and India: Two Paths to Economic Power," *Economic Letter*, Federal Reserve Bank of Dallas (agosto 2008), http://dallasfed.org/assets/documents/research/eclett/2008/el0808.pdf (consultato il 14 ottobre 2014).
25. Basato su Nancy J. Adler, *International Dimensions of Organizational Behavior*, 4th ed. (Cincinnati, OH: South-Western, 2002); Theodore T. Herbert, "Strategy and Multinational Organizational Structure: An Interorganizational Relationships Perspective," *Academy of Management Review* 9 (1984), 259-271; Laura K. Rickey, "International Expansion. U.S. Corporations: Strategy, Stages of Development, and Structure" (manoscritto non pubblicato, Vanderbilt University, 1991).
26. Colum Murphy e Laurie Burkitt, "Hershey Launches New Brand in China," *The Wall Street Journal*, 21 maggio 2013, B1.
27. Julia Boorstin, "Exporting Cleaner Air," segmento di "Small and Global," *Fortune Small Business*, giugno 2004, 36-48; sito web Purafil, http://www.purafil.com/company/facts.aspx (consultato l'8 agosto 2011).
28. Emily Maltby, "Expanding Abroad? Avoid Cultural Gaffes," *The Wall Street Journal*, 19 gennaio 2010.
29. Vikas Sehgal, Ganesh Panneer e Ann Graham, "A Family-Owned Business Goes Global," *Strategy + Business*, 13 settembre 2010, http://www.strategy-business.com/article/00045?gko=aba49 (consultato il 9 agosto 2011).
30. Michael E. Porter, "Changing Patterns of International Competition," *California Management Review* 28 (inverno 1986), 9-40.
31. William J. Holstein, Stanley Reed, Jonathan Kapstein, Todd Vogel e Joseph Weber, "The Stateless Corporation," *BusinessWeek*, 14 maggio 1990, 98-105.
32. Nancy J. Adler, *International Dimensions of Organizational Behavior*, 4th ed. (Cincinnati, OH: South-Western, 2002), 8-9; Holstein *et al.*, "The Stateless Corporation."
33. Deborah Ball, "Boss Talk: Nestlé Focuses on Long Term," *The Wall Street Journal*, 2 novembre 2009; sito web Transnationale, http://www.transnationale.org/companies/nestle.php (consultato il 17 marzo 2010); sito web Company-Analytics, http://www.company-analytics.org/company/nestle.php (consultato il 17 marzo 2010); sito web Nestle, http://www.nestle.com (consultato il 17 marzo 2010).
34. Debra Sparks, "Partners," *BusinessWeek*, Special Report: Corporate Finance, 25 ottobre 1999, 106-112.
35. David Lei e John W. Slocum, Jr., "Global Strategic Alliances: Payoffs and Pitfalls," *Organizational Dynamics* (inverno 1991), 17-29.
36. Vanessa O'Connell, "Department Stores: Tough Sell Abroad," *The Wall Street Journal*, 22 maggio 2008, B1
37. Paul W. Beamish e Nathaniel C. Lupton, "Managing Joint Ventures," *Academy of Management Perspectives* 23, no. 2 (maggio 2009), 75-94; Stratford Sherman, "Are Strategic Alliances Working?" *Fortune*, 21 settembre 1992, 77-78; David Lei, "Strategies for Global Competition," *Long-Range Planning* 22 (1989), 102-109.
38. Cyrus F. Freidheim, Jr., *The Trillion-Dollar Enterprise: How the Alliance Revolution Will Transform Global Business* (New York: Perseus Books, 1998).
39. Pete Engardio, "Emerging Giants," *BusinessWeek*, 31 luglio 2006, 40-49.
40. Eric Bellman e Kris Hudson, "Wal-Mart to Enter India in Venture," *The Wall Street Journal*, 28 novembre 2006, A3.
41. Neha Thirani Bagri, "Wal-Mart Drops Ambitious Expansion Plan for India," *The Wall Street Journal*, 20 ottobre 2013, B3.
42. Shelly Banjo, "Japan Ready for Wal-Mart, *The The Wall Street Journal*, 28 settembre 2012, B6.
43. Laurie Burkitt, "USA Inc., a Division of China Corp.," *The Wall Street Journal*, 31 maggio 2013, B1; Joel Backaler, "What the Shuanghui-Smithfield Acquisition Means for Chinese Overseas Investment," *Forbes*, 5 novembre 2013, http://www.forbes.com/sites/joelbackaler/2013/11/05/what-the-shuanghui-smithfield-acquisition-means-for-chinese-overseas-investment/ (consultato il 18 marzo 2014).
44. Burkitt, "USA Inc., A Division of China Corp."
45. C. K. Prahalad e Hrishi Bhattacharyya, "Twenty Hubs and No HQ," *Strategy + Business*, 26 febbraio 2008, http://www.strategy-business.com/article/08102?gko=8c379 (consultato il 25 luglio 2009).
46. La discussione su queste sfide è basata su Bartlett e Ghoshal, *Transnational Management*.
47. Phred Dvorak, "Why Multiple Headquarters Multiply," *The Wall Street Journal*, 19 novembre 2007, B1.
48. Amol Sharma e Jessica E. Vascellaro, "Google and India Test the Limits of Liberty," *The Wall Street Journal*, 4 gennaio 2010, A16.
49. Peter Koudal e Gary C. Coleman, "Coordinating Operations to Enhance Innovation in the Global Corporation," *Strategy & Leadership* 33, no. 4 (2005), 20-32; Steven D. Eppinger e Anil R. Chitkara, " The New Pratice of Global Product Development," *MIT Sloan Management Review* 47, no. 4 (estate 2006), 22-30.
50. Yves Doz e Keeley Wilson, "Leading Ideas: Overcoming the Global Innovation Trade-Off," *Strategy + Business* 69 (inverno 2012), http://www.strategy-business.com/article/00145?pg=all (consultato il 18 marzo 2014).
51. David W. Norton e B. Joseph Pine II, "Unique Experiences: Disruptive Innovations Offer Customers More 'Time Well Spent'," *Strategy & Leadership* 37, no. 6 (2009), 4; "The Power to Disrupt," *The Economist*, 17 aprile 2010, 16.
52. Jeffrey R. Immelt, Vijay Govindarajan e Chris Trimble, "How GE Is Disrupting Itself," *Harvard Business Review*, ottobre 2009, 3-11;

C.K. Prahalad e Hrishi Bhattacharyya, "How to Be a Truly Global Company," *Strategy + Business* 64 (autunno 2011), http://www.strategy-business.com/article/11308?pg=all (consultato il 19 marzo 2014); Daniel McGinn, "Cheap, Cheap, Cheap," *Newsweek.com*, 21 gennaio 2010, http://www.newsweek.com/2010/01/20/cheap-cheap-cheap.html (consultato il 3 settembre 2010); Reena Jana, "Inspiration from Emerging Economies," *BusinessWeek*, 23 e 30 marzo 2009, 38-41.

53. Jeffrey Immelt, citato in Vijay Govindarajan e Chris Trimble, "Reverse Innovation: Is It in Your Strategic Plan?" *Leadership Excellence*, maggio 2012, 7.
54. P. Ingrassia, "Industry Is Shopping Abroad for Good Ideas to Apply to Products," *The Wall Street Journal*, 29 aprile 1985, A1.
55. John W. Miller, "Indiana Steel Mill Revived with Lessons from Abroad," *The Wall Street Journal*, 21 maggio 2012, A1.
56. Basato su Gupta e Govindarajan, "Converting Global Presence into Global Competitive Advantage" ; Yves Doz e Keeley Wilson, "Leading Ideas: Overcoming the Global Innovation Trade-Off," *Strategy + Business* 69 (inverno 2012), http://www.strategy-business.com/article/00145?pg=all (consultato il 18 marzo 2014); Giancarlo Ghislanzoni, Risto Penttinen e David Turnbull, "The Multilocal Challenge: Managing Cross-Border Functions," *The McKinsey Quarterly*, marzo 2008; http://www.-mckinseyquarterly.com/The_multilocal_challenge_Managing_cross-border_functions_2116 (consultato l'11 agosto 2011); Bert Spector, Henry W. Lane e Dennis Shaughnessy, "Developing Innovation Transfer Capacity in a Cross-National Firm," *The Journal of Applied Behavioral Science* 45, no. 2 (giugno 2009), 261-279.
57. Kenichi Ohmae, "Managing in a Borderless World," *Harvard Business Review*, maggio-giugno 1989, 152-161.
58. Paloma Almodóvar Martínez e José Emilio Navas López, "Making Foreign Market Entry Decisions," *Global Business and Organizational Excellence*, gennaio-febbraio 2009, 52-59.
59. Choe Sang-Hun, "Wal-Mart Selling Stores and Leaving South Korea"; Constance L. Hays, "From Bentonville to Beijing and Beyond," *The New York Times*, 6 dicembre 2004, C6.
60. Conrad de Aenlle, "Famous Brands Can Bring Benefit, or a Backlash," *The New York Times*, 19 ottobre 2003, Section 3, 7.
61. Cesare R. Mainardi, Martin Salva e Muir Sanderson, "Label of Origin: Made on Earth," *Strategy + Business* 15 (secondo trimestre 1999), 42-53; Joann S. Lublin, "Place vs. Product: It's Tough to Choose a Management Model," *The Wall Street Journal*, 27 giugno 2001, A1, A4.
62. Mainardi, Salva e Sanderson, "Label of Origin."
63. Prahalad e Bhattacharyya, "How to Be a Truly Global Company."
64. William Mellor, "Local Menu, Managers Are KFC's Secret in China," *The Washington Post*, 12 febbraio 2011, http://www.washingtonpost.com/wp-dyn/content /article/2011/02/12/AR2011021202412.html (consultato il 13 febbraio 2011); Julie Jargon e Laurie Burkitt, "KFC's Crisis in China Tests Ingenuity of Man Who Built Brand," *The Wall Street Journal*, 12 gennaio 2014, http://online.wsj.com/news/articles/SB10001424052702303754404579312681624114274 (consultato il 19 marzo 2014).
65. José Pla-Barber, "From Stopford and Wells's Model to Bartlett and Ghoshal's Typology: New Empirical Evidence," *Management International Review* 42, no. 2 (2002), 141-156.
66. Sumantra Ghoshal e Nitin Nohria, "Horses for Courses: Organizational Forms for Multinational Corporations," *Sloan Management Review* 34, no. 2 (inverno 1993), 23-35; Roderick E. White e Thomas A. Poynter, "Organizing for Worldwide Advantage," *Business Quarterly*, estate 1989, 84-89.
67. Robert J. Kramer, *Organizing for Global Competitiveness: The Country Subsidiary Design* (New York: The Conference Board, 1997), 12.
68. Laura B. Pincus e James A. Belohlav, "Legal Issues in Multinational Business: To Play the Game, You Have to Know the Rules," *Academy of Management Executive* 10, no. 3, 1996, 52-61.
69. Toshiro Wakayama, Junjiro Shintaku e Tomofumi Amano, "What Panasonic Learned in China," *Harvard Business Review*, dicembre 2012, 109-113.
70. John D. Daniels, Robert A. Pitts e Marietta J. Tretter, "Strategy and Structure of U.S. Multinationals: An Exploratory Study," *Academy of Management Journal* 27 (1984), 292-307.
71. Hay Group Study, riportato in Mark A. Royal e Melvyn J. Stark, "Why Some Companies Excel at Conducting Business Globally," *Journal of Organizational Excellence*, autunno 2006, 3-10.
72. Robert J. Kramer, *Organizing for Global Competitiveness: The Product Design* (New York: The Conference Board, 1994).
73. Robert J. Kramer, *Organizing for Global Competitiveness: The Business Unit Design* (New York: The Conference Board, 1995), 18-19.
74. Tina C. Ambos, Bodo B. Schlegelmilch, Björn Ambos e Barbara Brenner, "Evolution of Organisational Structure and Capabilities in Internationalising Banks," *Long Range Planning* 42 (2009), 633-653; "Divisions," UniCredit website, http://www.unicreditgroup.eu/en/Business/Strategic_Business_Areas.htm (consultato il 10 agosto 2011); "Organizational Model," UniCredit website, http://www.unicreditgroup.eu/en /Business/Organizational_structure.htm (consultato il 10 agosto 2011).
75. John Jullens, "How Emerging Giants Can Take on the World," *Harvard Business Review*, dicembre 2013, 121-125.
76. Carol Matlack, "Nestlé Is Starting to Slim Down at Last; But Can the World's No. 1 Food Colossus Fatten Up Its Profits As It Slashes Costs?" *BusinessWeek*, 27 ottobre 2003, 56.
77. Robert J. Kramer, *Organizing for Global Competitiveness: The Geographic Design* (New York: The Conference Board, 1993).
78. Starbucks Corporation 2012 Annual Report, http://www.google.com/url?sa=t&rct=j&q=starbucks%20company%20structure%202012&source=web&cd=7&ved=0CDUQFjAG&url=http%3A%2F%2Fphx.corporate-ir.net%2FExternal.File%3Fitem%3DUGFyZW50SUQ9NDkxNTE3fENoaWxkSUQ9NTI4OTE2fFR5cGU9MQ%3D%3D%26t%3D1&ei=zvYpU9GmLeWwygH3nYGACg&usg=AFQjCNE7nmyBSaYAZPruBGBP-Gn6u797Lw (consultato il 19 marzo 2013).
79. Rakesh Sharma e Jyotsna Bhatnagar, "Talent Management–Competency Development: Key to Global Leadership," *Industrial and Commercial Training* 41, no. 3 (2009), 118-132.
80. Kramer, *Organizing for Global Competitiveness: The Geographic Design*, 29-31.
81. Jane XJ. Qiu e Lex Donaldson, "Stopford and Wells Were Right! MNC Matrix Structures *Do* Fit a 'High-High' Strategy," *Management International Review* 52 (2012), 671-689.
82. "Group Structure," ABB website, http://new.abb.com/about /abb-in-brief/group-structure (consultato il 10 marzo 2014); William Taylor, "The Logic of Global Business: An Interview with ABB's Percy Barnevik," *Harvard Business Review*, marzo-aprile 1991, 91-105; Carla

Rappaport, "A Tough Swede Invades the U.S.," *Fortune*, 29 gennaio 1992, 76-79; Raymond E. Miles e Charles C. Snow, "The New Network Firm: A Spherical Structure Built on a Human Investment Philosophy," *Organizational Dynamics* 23, no. 4 (primavera 1995), 5-18; Manfred F.R. Kets de Vries, "Making a Giant Dance," *Across the Board*, ottobre 1994, 27-32.

83. Ambos *et al.*, "Evolution of Organisational Structure and Capabilities in Internationalising Banks"; "Organizational Structure Map," sito web UniCredit, http://www.-nicreditgroup.eu/ucg-static/downloads/-Organizational_structure_map.pdf (consultato il 10 agosto 2011).
84. Hae-Jung Hong e Yves Doz, "L'Oréal Masters Multiculturalism," *Harvard Business Review*, giugno 2013, 114-199; Prahalad e Bhattacharyya, "How to Be a Truly Global Company."
85. Vijay Govindarajan e Anil K. Gupta, "Building an Effective Global Business Team," *MIT Sloan Management Review* 42, n. 4 (estate 2001), 63-71.
86. Charlene Marmer Solomon, "Building Teams across Borders," *Global Workforce*, novembre 1998, 12-17.
87. Charles C. Snow, Scott A. Snell, Sue Canney Davison, e Donald C. Hambrick, "Use Transnational Teams to Globalize Your Company," *Organizational Dynamics* 24, n. 4 (primavera 1996), 50-67.
88. Robert Guy Matthews, "Business Technology: Thyssen's High-Tech Relay—Steelmaker Uses Computer Networks to Coordinate Operations on Three Continents," *The Wall Street Journal*, 14 dicembre 2010, B9.
89. Benson Rosen, Stacie Furst e Richard Blackburn, "Overcoming Barriers to Knowledge Sharing in Virtual Teams," *Organizational Dynamics* 36, no. 3 (2007), 259-273.
90. Gupta e Govindarajan, "Converting Global Presence into Global Competitive Advantage"; Nadine Heintz, "In Spanish, It's *Un Equipo*; In English It's a Team; Either Way, It's Tough to Build," *Inc.*, aprile 2008, 41-42.
91. Richard Pastore, "Global Team Management: It's a Small World After All," *CIO*, 23 gennaio 2008; http://www.cio.com/article/174750/Global_Team_Management_It_s_a_Small_World_After_All, (consultato il 20 maggio 2008).
92. Hong e Doz, "L'Oréal Masters Multiculturalism."
93. Robert J. Kramer, *Organizing for Global Competitiveness: The Corporate Headquarters Design* (New York: The Conference Board, 1999).
94. Wakayama, Shintaku e Amano, "What Panasonic Learned in China."
95. Ghislanzoni *et al.*, "The Multilocal Challenge."
96. Basato su Christopher A. Bartlett e Sumantra Ghoshal, *Managing across Borders: The Transnational Solution*, 2nd ed. (Boston: Harvard Business School Press, 1998), Capitolo 11, 231-249.
97. Si veda Jay Galbraith, "Building Organizations Around the Global Customer," *Ivey Business Journal*, settembre-ottobre 2001, 17-24, per una discussione sui network formali e informali utilizzati dalle imprese multinazionali.
98. Questa sezione e gli esempi sulla BP sono basati su Morten T. Hansen e Nitin Nohria, "How to Build Collaborative Advantage," *MIT Sloan Management Review* 46, no. 1 (autunno 2004), 22ff.
99. Peter Gumbel, "Big Mac's Local Flavor," *Fortune*, 5 maggio 2008, 114-121.
100. Sumantra Ghoshal e Christopher Bartlett, "The Multinational Corporation as an Inter-organizational Network," *Academy of Management Review* 15 (1990), 603-625.
101. Royston Greenwood, Samantha Fairclough, Tim Morris e Mehdi Boussebaa, "The Organizational Design of Transnational Professional Service Firms," *Organizational Dynamics* 39, no. 2 (2010), 173-183.
102. La descrizione dell'organizzazione transnazionale è basata su Bartlett e Ghoshal, *Transnational Management* e *Managing across Borders*.
103. Bettina Wassener, "Living in Asia Appeals to More Company Leaders," *The New York Times*, 21 giugno 2012, B3; Nirmalya Kumar e Phanish Puranam, "Have You Restructured for Global Success?" *Harvard Business Review*, ottobre 2011, 123-128; Dvorak, "Why Multiple Headquarters Multiply."
104. Royal e Stark, "Why Some Companies Excel at conducting Business Globally."

Capitolo 7

1. Riportato in Stephanie Clifford, "Textile Plants Humming, but Not with Workers," *The New York Times*, 20 settembre 2013, A22.
2. Clifford, "Textile Plants Humming, but Not with Workers."
3. Saul Berman e Peter Korsten, "Embracing Connectedness: Insights from the IBM 2012 CEO Study," *Strategy & Leadership* 41, no. 2 (2013), 46-57.
4. Charles Perrow, "A Framework for the Comparative Analysis of Organizations," *American Sociological Review* 32 (1967), 194-208; R. J. Schonberger, *World Class Manufacturing: The Next Decade* (New York: The Free Press, 1996).
5. Wanda Jr. Orlikowski, "The Duality of Technology: Rethinking the Concept of Technology in Organizations," *Organization Science* 3 (1992), 398-427.
6. Linda Argote, "Input Uncertainty and Organizational Coordination in Hospital Emergency Units," *Administrative Science Quarterly* 27 (1982), 420-434; Charles Perrow, *Organizational Analysis: A Sociological Approach* (Belmont, CA: Wadsworth, 1970); William Rushing, "Hardness of Material as Related to the Division of Labor in Manufacturing Industries," *Administrative Science Quarterly* 13 (1968), 229-245.
7. Lawrence B. Mohr, "Organizational Technology and Organization Structure," *Administrative Science Quarterly* 16 (1971), 444-459; David Hickson, Derek Pugh, e Diana Pheysey, "Operations Technology and Organization Structure: An Empirical Reappraisal," *Administrative Science Quarterly* 14 (1969), 378-397.
8. Joan Woodward, *Industrial Organization: Theory and Practice* (London: Oxford University Press, 1965); Joan Woodward, *Management and Technology* (London: Her Majesty's Stationery Office, 1958).
9. Hickson, Pugh, e Pheysey, "Operations Technology and Organization Structure"; James D. Thompson, *Organizations in Action* (New York: McGraw-Hill, 1967).
10. Edward Harvey, "Technology and the Structure of Organizations," *American Sociological Review* 33 (1968), 241-259.
11. Basato su Woodward, *Industrial Organization and Management and Technology*.
12. Christina Passariello, "Brand-New Bag: Louis Vuitton Tried Modern Methods on Factory Lines–For Craftsmen, Multitasking Replaces Specialization," *The Wall Street Journal*, 9 ottobre 2006, A1.
13. John Letzing, "Amazon Adds That Robotic Touch," *The Wall Street Journal*, 20 marzo 2012, B1.
14. Guy Chazan, "Clean-Fuels Refinery Rises in Desert," *The Wall Street*

Journal, 16 aprile 2010, B8; "Renewed Optimism for the Future of GTL, CTL, and BTL," *Oil and Gas News,* 11 luglio 2011.
15. Woodward, *Industrial Organization*, vi.
16. William L. Zwerman, *New Perspectives on Organizational Theory* (Westport, CT: Greenwood, 1970); Harvey, "Technology and the Structure of Organizations".
17. Dean M. Schroeder, Steven W. Congden e C. Gopinath, "Linking Competitive Strategy and Manufacturing Process Technology," *Journal of Management Studies* 32, n. 2 (marzo 1995), 163-189.
18. Daniel Roberts, "Going to the Mattresses," *Fortune*, 24 settembre 2012, 28-29; Jake Stiles, "Lean Initiatives Help Sealy Prepare for Market Rebound," *IndustryWeek*, 6 maggio 2009, http://www.industryweek.com/articles /lean_initiatives_help_sealy_-prepare_for_market_rebound_19073.aspx?ShowAll=1 (consultato il 17 agosto 2011).
19. Fernando F. Suarez, Michael A. Cusumano e Charles H. Fine, "An Empirical Study of Flexibility in Manufacturing," *Sloan Management Review*, autunno 1995, 25-32.
20. Raymond F. Zammuto e Edward J. O'Connor, "Gaining Advanced Manufacturing Technologies' Benefits: The Roles of Organization Design and Culture," *Academy of Management Review* 17, n. 4 (1992), 701-728; Schroeder, Congden e Gopinath, "Linking Competitive Strategy and Manufacturing Process Technology."
21. John S. McClenahen, "Bearing Necessitites," *Industry Week*, ottobre 2004, 63ff.
22. James Surowiecki, "Requiem for a Dreamliner?" *The New Yorker*, 4 febbraio 2013, 2; Nancy Trejos, "Boeing Faces More Dreamliner Problems," *USA Today*, 26 settembre 2013, http://www.usatoday.com/story/todayinthesky/2013/09/26 /norwegian-air-polish-lot-boeing-dreamliner/2878019/ (consultato il 13 novembre 2013); "Boeing 787 Dreamliner: A Timeline of Problems," *The Telegraph*, 28 luglio 2013, http://www.telegraph.co.uk/travel/travelnews/10207415/ (consultato il 13 novembre 2013).
23. Dov Gardin, "Carnival Cruise Lines: What They Should Have Done," *Risk Management Monitor*, 22 febbraio 2013, http://www.riskmanagementmonitor.com/carnival-cruise-lines-what-they-should-have-done/ (consultato il 25 ottobre 2013); Lateef Mungin e Mark Morgenstein, "Carnival Cruise Line in More Troubled Waters," *CNN*, 16 marzo 2013, http://www.cnn.com/2013/03/15/travel/carnival-problems (consultato il 25 ottobre 2013); Jad Mouawad, "Too Big to Sail?" *The New York Times*, 28 ottobre 2013, B1.
24. Citato in Mouawad, "Too Big to Sail?"
25. John Markoff, "Skilled Work, Without the Worker," *The New York Times*, 19 agosto 2012, A1.
26. Citato in Sam Grobart, "What Machines Can't Do," *Bloomberg BusinessWeek*, 17dicembre-30 dicembre 2012, 4-5.
27. Statistica Heritage Foundation, basata sui dati dello U.S. Department of Labor, Bureau of Labor Statistics, "Multifactor Productivity, 1987-2007," e riportata in James Sherk, "Technology Explains Drop in Manufacturing Jobs," *Backgrounder,* 12 ottobre 2010, 1-8.
28. John Teresko, "Winning with Digital Manufacturing," *Industry Week,* luglio 2008, 45-47.
29. Travis Hessman, "The Dawn of the Smart Factory," *Industry Week*, febbraio 2013, 14-19.
30. Hessman, "The Dawn of the Smart Factory"; Jim Brown, "Leveraging the Digital Factory," *Industrial Management,* luglio-agosto 2009, 26-30; Teresko, "Winning with Digital Manufacturing"; Jack R. Meredith, "The Strategic Advantages of the Factory of the Future," *California Management Review* 29 (primavera 1987), 27-41; Althea Jones e Terry Webb, "Introducing Computer Integrated Manufacturing," *Journal of General Management* 12 (estate 1987), 60-74.
31. Paul S. Adler, "Managing Flexible Automation," *California Management Review* (primavera 1988), 34-56..
32. Bela Gold, "Computerization in Domestic and International Manufacturing," *California Management Review* (inverno 1989), 129-143.
33. Travis Hessman, "The New Age of Robotics," *Industry Week*, agosto 2013, 22-25.
34. Brown, "Leveraging the Digital Factory."
35. Clint Boulton, "Barbies, Auto Parts Hot Off the Press," *The Wall Street Journal*, 6 giugno 2013, B1.
36. Graham Dudley e John Hassard, "Design Issues in the Development of Computer Integrated Manufacturing (CIM)," *Journal of General Management* 16 (1990), 43-53.
37. Hessman, "The Dawn of the Smart Factory."
38. Kate Linebaugh, "Honda's Flexible Plants Provide Edge; Company Can Rejigger Vehicle Output to Match Consumer Demand Faster Than Its Rivals," *The Wall Street Journal*, 23 settembre 2008, B1.
39. Tracy Mayor, "Six Sigma Comes to IT: Targeting Perfection," *CIO*, 1 dicembre 2003, 62-70; Hal Plotkin, "Six Sigma: What It Is and How to Use It," *Harvard Management Update*, giugno 1999, 3-4; Tom Rancour e Mike McCracken, "Applying Six Sigma Methods for Breakthrough Safety Performance," *Professional Safety* 45, no. 10 (ottobre 2000), 29-32; G. Hasek, "Merger Marries Quality Efforts," *Industry Week*, 21 agosto 2000, 89-92; Lee Clifford, "Why You Can Safely Ignore Six Sigma," *Fortune*, 22 gennaio 2001, 140.
40. 2006 Census of Manufacturers, riportato in "Lean Choices," approfondimento in Jonathan Katz, "Back to School," *Industry Week*, maggio 2007, 14.
41. Chris Liebtag, "Making Change with Lean Six Sigma Generates Many Happy Returns for CPA Firm Rea & Associates," *Global Business and Organizational Excellence*, maggio/giugno 2013,16-27.
42. Jeffrey K. Licker e James M. Morgan, "The Toyota Way in Services: The Case of Lean Product Development," *Academy of Management Perspectives*, maggio 2006, 5-20; Brian Heymans, "Leading the Lean Enterprise," *Industrial Management*, settembre-ottobre 2002, 28-33.
43. Steve Minter, "La-Z-Boy Never Rests on Continuous Improvement," *Industry Week*, gennaio 2013, 25.
44. Chester Dawson, "For Toyota, Patriotism and Profits May Not Mix," *The Wall Street Journal*, 29 novembre 2011, http://online.wsj.com/news/articles/SB100014240529702037335045770255236181977 32 (consultato il 27 marzo 2014).
45. B. Joseph Pine II, *Mass Customization: The New Frontier in Business Competition* (Boston: Harvard Business School Press, 1999); Fabrizio Salvador, Pablo Martin De Holan e Frank Piller, "Cracking the Code of Mass Customization," *Sloan Management Review,* primavera 2009, 71-78.
46. Barry Berman, "Should Your Firm Adopt a Mass Customization Strategy?" *Business Horizons*, luglio-agosto 2002, 51-60.
47. Erick Schonfeld, "The Customized, Digitized, Have-It-Your-Way Economy," *Fortune*, 28 settembre 1998, 115-124.
48. Mark Tatge, "Red Bodies, Black Ink," *Forbes*, 18 settembre 2000, 114-115.
49. Zammuto e O'Connor, "Gaining Advanced Manufacturing Technologies' Benefits."

50. Joel D. Goldhar e David Lei, "Variety Is Free: Manufacturing in the Twenty-First Century," *Academy of Management Executive* n. 4 (1995), 73-86.
51. Meredith, "The Strategic Advantages of the Factory of the Future."
52. Patricia L. Nemetz e Louis W. Fry, "Flexible Manufacturing Organizations: Implementations for Strategy Formulation and Organization Design," *Academy of Management Review* 13 (1988), 627-638; Paul S. Adler, "Managing Flexible Automation," *California Management Review* (primavera 1988), 34-56; Jeremy Main, "Manufacturing the Right Way," *Fortune* (21 maggio 1990), 54-64; Frank M. Hull e Paul D. Collins, "High-Technology Batch Production Systems: Woodward's Missing Type," *Academy of Management Journal* 30 (1987), 786-797.
53. Goldhar e Lei, "Variety Is Free: Manufacturing in the Twenty-First Century"; P. Robert Duimering, Frank Safayeni, e Lyn Purdy, "Integrated Manufacturing: Redesign the Organization before Implementing Flexible Technology," *Sloan Management Review* (estate 1993), 47-56; Zammuto e O'Connor, "Gaining Advanced Manufacturing Technologies' Benefits."
54. Goldhar e Lei, "Variety Is Free: Manufacturing in the Twenty-First Century."
55. Stima riportata in "Services Firms Expand at Slowest Pace in 17 Months," *MoneyNews.com,* 3 agosto 2011, http://www.moneynews.com/Economy/ism-economy-Service--Sector/2011/08/03/id/405915 (consultato il 15 agosto 2011).
56. Byron J. Finch e Richard L. Luebbe, *Operations Management: Competing in a Changing Environment* (Fort Worth, TX: The Dryden Press, 1995), 51.
57. Discussione basata su David E. Bowen, Caren Siehl, e Benjamin Schneider, "A Framework for Analyzing Customer Service Orientations in Manufacturing," *Academy of Management Review* 14 (1989), 79-95; Peter K. Mills e Newton Margulies, "Toward a Core Typology of Service Organizations," *Academy of Management Review* 5 (1980), 255-265; Peter K. Mills e Dennis J. Moberg, "Perspectives on the Technology of Service Operations," *Academy of Management Review* 7 (1982), 467-478.
58. "Pandora Announces Listener Milestone," Pandora Press Release (12 luglio 2011), http://blog.pandora.com/archives/press/2011/07/pandora_announc_1.html (consultato il 17 agosto 2011).
59. Jena McGregor, "When Service Means Survival," *BusinessWeek* (2 marzo 2009), 26-30; Heather Green, "How Amazon Aims to Keep You Clicking," *BusinessWeek* (2 marzo 2009), 37-40.
60. Melinda Beck, "Critical (Re)thinking: How ICUs Are Getting a Much-Needed Makeover," *The Wall Street Journal*, 28 marzo 2011, http://online.wsj.com/article/ SB10001424052748704132204576190632996146752.html (consultato il 5 ottobre 2012).
61. Licker e Morgan, "The Toyota Way in Services."
62. Paul Migliorato, "Toyota Retools Japan," *Business 2.0*, agosto 2004, 39-41.
63. Julie Jargon, "Latest Starbucks Buzzword: 'Lean' Japanese Techniques," *The Wall Street Journal,* 4 agosto 2009; Julie Jargon, "Panera Says It Can't Handle Crush," *The Wall Street Journal*, 23 ottobre 2013, http://online.wsj.com/news /articles/SB10001424052702303615304579153450909661702 (consultato il 28 marzo 2014).
64. Julie Weed, "Factory Efficiency Comes to the Hospital," *The New York Times,* 9 luglio 2010.
65. Geeta Anand, "The Henry Ford of Heart Surgery," *The Wall Street Journal,* 25 novembre 2009, A16.
66. Richard B. Chase e David A. Tansik, "The Customer Contact Model for Organization Design," *Management Science* 29 (1983), 1037-1050.
67. *Ibidem.*
68. David E. Bowen e Edward E. Lawler III, "The Empowerment of Service Workers: What, Why, How, and When," *Sloan Management Review* (primavera 1992), 31-39: Gregory B. Northcraft e Richard B. Chase, "Managing Service Demand at the Point of Delivery," *Academy of Management Review* 10 (1985), 66-75; Roger W. Schmenner, "How Can Service Businesses Survive and Prosper?" *Sloan Management Review* 27 (primavera 1986), 21-32.
69. Ann Zimmermann, "Home Depot Tries to Make Nice to Customers," *The Wall Street Journal*, 20 febbraio 2007, D1.
70. Richard Metters e Vincente Vargas, "Organizing Work in Service Firms," *Business Horizons*, luglio-agosto 2000, 23-32.
71. Perrow, "A Framework for Comparative Analysis of Organizations" e *Organizational Analysis.*
72. Brian T. Pentland, "Sequential Variety in Work Processes," *Organization Science* 14, n. 5 (settembre-ottobre 2003), 528-540.
73. Jim Morrison, "Grand Tour. Making Music: The Craft of the Steinway Piano," *Spirit*, febbraio 1997, 42-49, 100.
74. Stuart F. Brown, "Biotech Gets Productive," *Fortune*, speciale, "Industrial Management and Technology," 20 gennaio 2003, 170[A]-170[H].
75. Michael Withey, Richard L. Daft, e William C. Cooper, "Measures of Perrow's Work Unit Technology: An Empirical Assessment and a New Scale," *Academy of Management Journal* 25 (1983), 45-63.
76. Christopher Gresov, "Exploring Fit and Misfit with Multiple Contingencies," *Administrative Science Quarterly* 34 (1989), 431-453; Dale L. Goodhue e Ronald L. Thompson, "Task-Technology Fit and Individual Performance," *MIS Quarterly* (giugno 1995), 213-236.
77. Dawn Fallik, "New Hospital Cuisine: Dishes Made to Order," *The Wall Street Journal*, 21 febbraio 2012, http://online.wsj.com/news/articles/SB10001424052970204642604577213390021632180 (consultato il 24 febbraio 2012).
78. Gresov, "Exploring Fit and Misfit with Multiple Contingencies"; Charles A. Glisson, "Dependence of Technological Routinization on Structural Variables in Human Service Organizations," *Administrative Science Quarterly* 23 (1978), 383-395; Jerald Hage e Michael Aiken, "Routine Technology, Social Structure and Organizational Goals," *Administrative Science Quarterly* 14 (1969), 368-379.
79. Gresov, "Exploring Fit and Misfit with Multiple Contingencies"; A. J. Grimes e S. M. Kline, "The Technological Imperative: The Relative Impact of Task Unit, Modal Technology, and Hierarchy on Structure," *Academy of Management Journal* 16 (1973), 583-597; Lawrence G. Hrebiniak, "Job Technologies, Supervision and Work Group Structure," *Administrative Science Quarterly* 19 (1974), 395-410; Jeffrey Pfeffer, *Organizational Design* (Arlington Heights, IL: AHM, 1978), Capitolo 1.
80. Patrick E. Connor, *Organizations: Theory and Design* (Chicago: Science Research Associates, 1980); Richard L. Daft e Norman B. Macintosh, "A Tentative Exploration into Amount and Equivocality of Information Processing in Organizational Work Units," *Administrative Science Quarterly* 26 (1981), 207-224.
81. Paul D. Collins e Frank Hull, "Technology and Span of Control:

Woodward Revisited," *Journal of Management Studies* 23 (1986), 143-164; Gerald D. Bell, "The Influence of Technological Components of Work upon Management Control," *Academy of Management Journal* 8 (1965), 127-132; Peter M. Blau e Richard A. Schoenherr, *The Structure of Organizations* (New York: Basic Books, 1971).

82. W. Alan Randolph, "Matching Technology and the Design of Organization Units," *California Management Review* 22-23 (1980-81), 39-48; Daft e Macintosh, "Tentative Exploration into Amount and Equivocality of Information Processing"; Michael L. Tushman, "Work Characteristics and Subunit Communication Structure: A Contingency Analysis," *Administrative Science Quarterly* 24 (1979), 82-98.
83. Andrew H. Van de Ven e Diane L. Ferry, *Measuring and Assessing Organizations* (New York: Wiley, 1980); Randolph, "Matching Technology and the Design of Organization Units."
84. Richard L. Daft e Robert H. Lengel, "Information Richness: A New Approach to Managerial Behavior and Organization Design," in Barry Staw e Larry L. Cummings, a cura di, *Research in Organizational Behavior*, 6 (Greenwich, CT: JAI Press, 1984), 191-233; Richard L. Daft e Norman B. Macintosh, "A New Approach into Design and Use of Management Information," *California Management Review* 21 (1978), 82-92; Daft e Macintosh, "A Tentative Exploration into Amount and Equivocality of Information Processing"; W. Alan Randolph, "Organizational Technology and the Media and Purpose Dimensions of Organizational Communication," *Journal of Business Research* 6 (1978), 237-259; Linda Argote, "Input Uncertainty and Organizational Coordination in Hospital Emergency Units," *Administrative Science Quarterly* 27 (1982), 420-434; Andrew H. Van de Ven e Andre Delbecq, "A Task Contingent Model of Work Unit Structure," *Administrative Science Quarterly* 19 (1974), 183-197.
85. Peggy Leatt e Rodney Schneck, "Criteria for Grouping Nursing Subunits in Hospitals," *Academy of Management Journal* 27 (1984), 150-165; Robert T. Keller, "Technology-Information Processing," *Academy of Management Journal* 37, n. 1 (1994), 167-179.
86. Gresov, "Exploring Fit and Misfit with Multiple Contingencies"; Michael L. Tushman, "Technological Communication in R&D Laboratories: The Impact of Project Work Characteristics," *Academy of Management Journal* 21 (1978), 624-645; Robert T. Keller, "Technology-Information Processing Fit and the Performance of R&D Project Groups: A Test of Contingency Theory," *Academy of Management Journal* 37, n. 1 (1994), 167-179.
87. James Thompson, *Organizations in Action* (New York: McGraw-Hill, 1967).
88. *Ibidem*, 40.
89. Gene Bylinsky, "Shipmaking Gets Modern," *Fortune*, speciale, "Industrial Management and Technology," 20 gennaio 2003, 170[K]-170[L].
90. Brad Kenney, "Callaway Improves Long Game with Collaborative Tech," *Industry Week*, giugno 2008, 72.
91. Murray R. Barrick, Bret H. Bradley, Amy L. Kristof-Brown e Amy E. Colbert, "The Moderating Role of Top Management Team Interdependece: Implications for Real Teams and Working Groups," *Academy of Management Journal* 50, no.3 (2007), 544-557.
92. Jody Hoffer Gittell, "Organizing Work to Support Relational Coordination," *The International Journal of Human Resource Management* 11, no. 3 (giugno 2000), 517-539.
93. Jody Hoffer Gittell, "Paradox of Coordination and Control," *California Management Review* 42, no. 3 (primavera 2000), 101-117.
94. Discussione basata su Christopher Gresov, "Effects of Dependence and Tasks on Unit Design and Efficiency," *Organization Studies* 11 (1990), 503-529; Andrew H. Van de Ven, Andre Delbecq, and Richard Koenig, "Determinants of Coordination Modes within Organizations," *American Sociological Review* 41 (1976), 322-338; Argote, "Input Uncertainty and Organizational Coordination in Hospital Emergency Units"; Jack K. Ito e Richard B. Peterson, "Effects of Task Difficulty and Interdependence on Information Processing Systems," *Academy of Management Journal* 29 (1986), 139-149; Joseph L. C. Cheng, "Interdependence and Coordination in Organizations: A Role-System Analysis," *Academy of Management Journal* 26 (1983), 156-162.
95. Robert W. Keidel, "Team Sports Models as a Generic Organizational Framework," *Human Relations* 40 (1987), 591-612; Robert W. Keidel, "Baseball, Football, and Basketball: Models for Business," *Organizational Dynamics* (inverno 1984), 5-18; Nancy Katz, "Sports Teams as a Model for Workplace Teams: Lessons and Liabilities," *Academy of Management Executive* 15, n. 3 (2001), 56-67.
96. Basato su Don Hellriegel, John W. Slocum, Jr., e Richard W. Woodman, *Organizational Behavior*, 8th ed. (Cincinnati, OH: South-Western, 1998), 491-495; Gregory B. Northcraft e Margaret A. Neale, *Organizational Behavior: A Management Challenge*, 2nd ed. (Fort Worth, TX: The Dryden Press, 1994), 550-553.
97. William H. Bishop, "The Elements of Leadership in a Global Environment," *Global Business and Organizational Excellence* 32, no. 5 (luglio-agosto 2013), 78-85.
98. Drake Bennett, "The Dunbar Number," *Bloomberg BusinessWeek*, 10 gennaio 2013, 52-56.
99. F. Emery, "Characteristics of Sociotechnical Systems," Tavistock Institute of Human Relations, document 527, 1959; William Pasmore, Carol Francis e Jeffrey Haldeman, "Sociotechnical Systems: A North American Reflection on Empirical Studies of the 70s," *Human Relations* 35 (1982), 1179-1204; William M. Fox, "Sociotechnical System Principles and Guidelines: Past and Present," *Journal of Applied Behavioral Science* 31, n. 1 (marzo 1995), 91-105.
100. W. S. Cascio, *Managing Human Resources* (New York: McGraw-Hill, 1986), 19.
101. Eric Trist e Hugh Murray, a cura di, *The Social Engagement of Social Science: A Tavistock Anthology*, vol. II (Philadelphia: University of Pennsylvania Press, 1993); William A. Pasmore, "Social Science Transformed: The Socio-Technical Perspective," *Human Relations* 48, n. 1 (1995), 1-21.
102. R. E. Walton, "From Control to Commitment in the Workplace," *Harvard Business Review* 63, n. 2 (1985), 76-84; E. W. Lawler, III, *High Involvement Management* (London: Jossey-Bass, 1986), 84; Hellriegel, Slocum e Woodman, *Organizational Behavior*, 491.
103. William A. Pasmore, "Social Science Transformed: The Socio-Technical Perspective," *Human Relations* 48, n. 1 (1995), 1-21.
104. David M. Upton, "What Really Makes Factories Flexible?" *Harvard Business Review* (luglio-agosto 1995), 74-84.
105. Libero adattamento di Dorothy Marcic da "Hamburger Technology", in Douglas T. Hall *et al.*, *Experiences in Management and Organizational Behavior*, 2nd ed. (New York: Wiley, 1982) 244-247, e da "Behaviour, Technology, and Work Design" in A. B. Shani e James

B. Lau, *Behavior in Organizations* (Chicago: Irwin, 1996), M16-23/ M16-26.

Capitolo 8

1. Basato su Viktor Mayer-Schönberger e Kenneth Cukier, *Big Data: A Revolution That Will Transform How We Live, Work, and Think* (Boston: Houghton Mifflin Harcourt, 2013), 1-2.
2. Andrew McAfee ed Erik Brynjolfsson, "Big Data: The Management Revolution," *Harvard Business Review*, ottobre 2012, 61-68.
3. Raymond F. Zammuto, Terri L. Griffith, Ann Majchrzak, Deborah J. Dougherty e Samer Faraj, "Information Technology and the Changing Fabric of Organization," *Organization Science* 18, no. 5 (settembre-ottobre 2007), 749-762.
4. Erik Berkman, "How to Stay Ahead of the Curve," *CIO* (1 febbraio 2002), 72-80; Heather Harreld, "Pick-Up Artists," *CIO*, 1 novembre 2000, 148-154.
5. Laura Landro, "An Affordable Fix for Modernizing Medical Records," *The Wall Street Journal*, 30 aprile 2009, A11.
6. "Business Intelligence," special advertising section, *Business 2.0*, febbraio 2003, S1-S4; Alice Dragoon, "Business Intelligence Gets Smart," *CIO*, 15 settembre 2003, 84-91; Steve Lohr, "A Data Explosion Remakes Retailing," *The New York Times*, 3 gennaio 2010, BU3.
7. Lohr, "A Data Explosion Remakes Retailing."
8. *Ibidem.*
9. Geoffrey A. Fowler, "Leadership: Information Technology (A Special Report)—Are You Talking to Me?" *The Wall Street Journal*, 25 aprile 2011, R5.
10. Jacques Bughin, Michael Chui e James Manyika, "Capturing Business Value with Social Technologies," *McKinsey Quarterly*, novembre 2012, http://www.mckinsey.com/insights/high_tech_telecoms_internet/capturing_business_value_with_social_technologies (consultato il 27 settembre 2013); Roland Deiser e Sylvain Newton, "Six Social-Media Skills Every Leader Needs," *McKinsey Quarterly*, Issue 1, febbraio 2013, http://www.mckinsey.com /insights/high_tech_telecoms_internet/six_social-media_skills_every_leader_needs (consultato il 21 agosto 2013).
11. Darrell K. Rigby, *Management Tools 2013: An Executive's Guide* (Boston, MA: Bain & Company, 2013), http://www.bain.com/Images/MANAGEMENT_TOOLS_2013_An_Executives_guide.pdf (consultato il 27 agosto 2013); Margaret Rouse, "Big Data Analytics," *TechTarget.com*, 10 gennaio 2012, http://searchbusinessanalytics.techtarget.com/definition /big-data-analytics (consultato il 27 agosto 2013); David Kiron, Renee Boucher Ferguson e Pamela Kirk Prentice, "From Value to Vision: Reimagining the Possible with Data Analytics," *MIT Sloan Management Review Special Report*, 5 marzo 2013, http://sloanreview.mit.edu/reports/analytics-innovation/ (consultato il 27 agosto 2013).
12. McAfee e Brynjolfsson, "Big Data: The Management Revolution."
13. Esempi riportati in Steve Lohr, "Sure, Big Data Is Great. But So Is Intuition," *The New York Times*, 29 dicembre 2012; Thomas H. Davenport e Jeanne G. Harris, *Competing on Analytics: The New Science of Winning* (Boston, MA: Harvard Business School Press, 2007); McAfee e Brynjolfsson, "Big Data: The Management Revolution."
14. William G. Ouchi, "Markets, Bureaucracies, and Clans," *Administrative Science Quarterly* 25 (1980), 129-141; B. R. Baligia e Alfred M. Jaeger, "Multinational Corporations: Control Systems and Delegation Issues," *Journal of International Business Studies* (autunno 1984), 25-40.
15. Daisuke Wakabayashi e Toko Sekiguchi, "Disaster in Japan: Evacuees Set Rules to Create Sense of Normalcy," The Wall Street Journal, http://online.wsj.com/article/SB10001424052748703784004576220382991112672.html (consultato il 3 ottobre 2012).
16. Ian Mount, "A Pizzeria Owner Learns the Value of Watching the Books," *The New York Times*, 25 ottobre 2012, B8.
17. Craig Torres e Anthony Feld, "Campbell's Quest for Productivity," *Bloomberg BusinessWeek*, 29 novembre-5 dicembre 2010, 15-16.
18. Cynthia Karen Swank, 'The Lean Service Machine," *Harvard Business Review*, ottobre 2003, 123-129.
19. Shayndi Raice, "Sprint Tackles Subscriber Losses; Carrier Stems Defections as Customer-Service Gains Take Root," *The Wall Street Journal Online*, 17 dicembre 2010, http://online.wsj.com/article/SB10001424052748704073804576023572789952028.html (consultato il 17 dicembre 2010).
20. Robert Kaplan e David Norton, "The Balanced Scorecard: Measures That Drive Performance," *Harvard Business Review*, gennaio-febbraio 1992, 71-79; "On Balance," un'intervista con Robert Kaplan e David Norton, *CFO*, febbraio 2001, 73-78; Chee W. Chow, Kamal M. Haddad, e James E. Williamson, "Applying the Balanced Scorecard to Small Companies," *Management Accounting* 79, No. 2 (agosto 1997), 21-27; Meena Chavan, "The Balanced Scorecard: A New Challenge," *Journal of Management Development* 28, no. 5 (2009), 393-406.
21. Basato su Kaplan e Norton, "The Balanced Scorecard"; Chow, Haddad, e Williamson, "Applying the Balanced Scorecard"; C.A. Latshaw e Y. Choi, "The Balanced Scorecard and the Accountant as a Valued Strategic Partner," *Review of Business* 23, no, 1 (2002), 27-29.
22. Rajesh Tyagi e Praveen Gupta, "Gauging Performance in the Service Industry," *Journal of Business Strategy* 34, no. 3 (2013), 4-15.
23. Nils-Göran Olve, Carl-Johan Petri, Jan Roy e Sofie Roy, "Twelve Years Later: Understanding and Realizing the Value of Balanced Scorecards," *Ivey Business Journal*, maggio-giugno 2004, 1-7.
24. Geary A. Rummler e Kimberly Morrill, "The Results Chain," *TD*, febbraio 2005, 27-35; Chavan, "The Balanced Scorecard: A New Challenge"; John C. Crotts, Duncan R. Dickson e Robert C. Ford, "Aligning Organizational Processes with Mission: The Case of Service Excellence," *Academy of Management Executive* 19, no. 3 (agosto 2005), 54-68.
25. Questa discussione è basata su Robert S. Kaplan e David P. Norman, "Mastering the Management System, " *Harvard Business Review*, gennaio 2008, 63-77; Robert S. Kaplan e David P. Norton, "Having Trouble with Your Strategy? Then Map It," *Harvard Business Review*, settembre-ottobre 2000, 167-176.
26. La discussione su controllo del comportamento e controllo dei risultati si basa in parte su Erin Anderson e Vincent Onyemah, "How Right Should the Customer Be?" *Harvard Business Review* luglio-agosto 2006, 59-67; Bruno S. Frey, Fabian Homberg e Margit Osterloh, "Organizational Control Systems and Pay-for-Performance in the Public Service," *Organization Studies* 34, no. 7 (2013), 949-972.
27. Spencer E. Ante e Lauren Weber, "Memo to Workers: The Boss Is Watching; Tracking Technology Shakes Up the Workplace," *The Wall Street Journal*, 22 ottobre 2013, http://online.wsj.com/news/articles/

SB10001424052702303672404579151440488919138 (consultato il 22 aprile 2014).
28. Pui-Wing Tam, Erin White, Nick Wingfield e Kris Maher, "Snooping E-Mail by Software Is Now a Workplace Norm," *The Wall Street Journal*, 9 marzo 2005, B1; Ante e Weber, "Memo to Workers."
29. Laura Landro, "Hospitals Address a Drug Problem: Software and Robots Help Secure and Monitor Medications," *The Wall Street Journal*, 23 febbraio 2014, http://online.wsj.com /news/articles/SB10001424052702304104504579377283066012564 (consultato il 22 aprile 2014).
30. Bill Ward, "Power to the People: Thanks to a Revolutionary Program Called ROWE, Best Buy Employess Can Lead Lives – Professional and Personal – On Their Own Terms," *Star Tribune*, 1 giugno 2008, E1; Michelle Conlin, "Smashing the Clock," *BusinessWeek*, 11 dicembre 2006, 60ff; Jyoti Thottam, "Reworking Work," *Time*, 25 luglio 2005, 50-55.
31. Conlin, "Smashing the Clock."
32. Basato su Andrew Mayo, "Memory Bankers," *People Management*, 22 gennaio 1998, 34-38; William Miller, "Building the Ultimate Resource," *Management Review*, gennaio 1999, 42-45; Todd Datz, "How to Speak Geek," *CIO Enterprise*, Section 2, 15 aprile 1999, 46-52.
33. La discussione si basa in parte su Gustavo Guzman e Luiz F. Trivelato, "Transferring Codified Knowledge: Socio-technical Versus Top-Down Approaches," *The Learning Organization* 15, no. 3 (2008), 251-276; Ikujiro Nonaka e Hirotaka Takeuchi, *The Knowledge-Creating Company: How Japanese Companies Create the Dynamics of Innovation* (New York: Oxford University Press, 1995), 8-9; Robert M. Grant, "Toward a Knowledge-Based Theory of the Firm," *Strategic Management Journal* 17 (inverno 1996), 109-122; Martin Schulz, "The Uncertain Relevance of Newness: Organizational Learning and Knowledge Flows," *Academy of Management Journal* 44, n. 4 (2001), 661-681.
34. La descrizione della conoscenza tacita si basa su Matt Palmquist, "(Tacit) Knowledge Is Power," *Strategy + Business*, 9 aprile 2014, http://www.strategy-business.com/blog /Tacit-Knowledge-Is-Power (consultato il 22 aprile, 2014); C. Jackson Grayson, Jr., e Carla S. O'Dell, "Mining Your Hidden Resources," *Across the Board*, aprile 1998, 23-28.
35. Dorit Nevo, Izak Benbasat e Yair Wand, "Knowledge Management; Who Knows What?" *The Wall Street Journal*, 26 ottobre 2009.
36. Basato su Morten T. Hansen, Nitin Nohria e Thomas Tierney, "What's Your Strategy for Managing Knowledge?" *Harvard Business Review*, marzo-aprile 1999, 106-116.
37. Mark Easterby-Smith e Irina Mikhailava, "Knowledge Management: In Perspective," *People Management*, giugno 2011, 34-37.
38. David Gilmore, "How to Fix Knowledge Management," *Harvard Business Review*, ottobre 2003, 16-17.
39. Palmquist, "(Tacit) Knowledge Is Power."
40. Phyllis Korkki, "The Leaders Who Aren't Always Followed," *The New York Times*, 13 aprile 2014, BU3.
41. Karen Stephenson, citato in Ethan Watters, "The Organization Woman," *Business 2.0*, aprile 2006, 106-110.
42. Korkki, "The Leaders Who Aren't Always Followed."
43. Esempio tratto da Rob Cross e Robert J. Thomas, "How Top Talent Uses Networks and Where Rising Stars Get Trapped," *Organizational Dynamics* 37, no. 2 (2008), 165-180.
44. Jennifer Reingold e Jia Lynn Yang, "The Hidden Workplace: There's the Organization Chart—and Then There's the Way Things Really Work," *Fortune*, 23 luglio 2007, 98-106.
45. Ethan Watters, "The Organization Woman."
46. Susannah Patton, "Who Knows Whom and Who Knows What?" *CIO Magazine*, 15 giugno 2005, 51-56.
47. *Ibidem.*
48. Rob Cross, Stephen P. Borgatti e Andrew Parker, "Making Invisible Work Visible: Using Social Network Analysis to Support Strategic Collaboration," *California Management Review* 44, no. 2 (inverno 2002), 25-46.
49. Lowell L. Bryan, Eric Matson e Leigh M. Weiss, "Harnessing the Power of Informal Employee Networks," *McKinsey Quarterly*, novembre 2007, http://www.mckinsey.com/insights/organization/harnessing_the_power_of_informal_employee_networks (consultato il 23 aprile 2014).
50. Discussione basata su Verne G. Kopytoff, "Companies Stay in the Loop by Using In-House Social Networks," *The New York Times*, 27 giugno 2011, B3; Daniel Burrus, "Social Networks in the Workplace: The Risk and Opportunity of Business 2.0," *Strategy & Leadership* 38, no. 4 (2010), 50-53; Evelyn Nussenbaum, "Tech to Boost Teamwork," *Fortune Small Business*, febbraio 2008, 51-54; Nevo *et al.*, "Knowledge Management"; "Building the Web 2.0 Enterprise: McKinsey Global Survey Results," *The McKinsey Quarterly*, luglio 2008, http://www.mckinseyquarterly.com/Building_the_Web_20_Enterprise_McKinsey_Global_-Survey_2174 (consultato il 18 ottobre 2011).
51. Kopytoff, "Companies Stay in the Loop."
52. Nevo *et al.*
53. Roland Deiser e Sylvain Newton, "Six Social-Media Skills Every Leader Needs," *McKinsey Quarterly*, Issue 1, febraio 2013, http://www.mckinsey.com/insights/high_tech_telecoms_internet/six_social-media_skills_every_leader_needs (consultato il 21 agosto 2013).
54. David Kiron, Douglas Palmer e Robert Berkman, "The Executive's Role in Social Business," *MIT Sloan Management Review*, estate 2013, 83-89.
55. *Ibidem.*
56. *Ibidem.*
57. Deiser e Newton, "Six Social-Media Skills Every Leader Needs."
58. Anna Granholm-Brun, intervistata da Robert Berkman, "Turning a 'No Comment' Company into a Social Media Leader," *MIT Sloan Management Review*, agosto 2013, 1-4.
59. Felix Gillette, "Twitter, Twitter, Little Stars," *Bloomberg Businessweek*, 19-25 luglio 2010, 64-67.
60. Nora Ganim Barnes, Ava M. Lescault e Stephanie Wright, "2013 *Fortune* 500 Are Bullish on Social Media: Big Companies Get Excited About Google+, Instagram, Foursquare and Pinterest," University of Massachusetts, Dartmouth Center for Marketing Research, http://www.umassd.edu/media /umassdartmouth/cmr/studiesandresearch/2013_Fortune_500.pdf (consultato il 5 maggio 2014).
61. Discussione basata su Brian Solis e Charlene Li, "The State of Social Business 2013: The Maturing of Social Media into Social Business," Altimeter Group, http://www.altimetergroup.com/research/reports/the_state_of_social_business_2013 (consutlato il 5 maggio 2014).
62. La discussion sui centri di commando si basa su Amanda Nelson, "Everything You Need to Know About Social Media Command Centers," *Salesforce.com*, 30 maggio 2013, http://blogs.salesforce.com/

company/2013/05/social-media-command-centers.html (consultato il 5 maggio 2014); Joel Windels, "Social Media Command Centers Are Coming of Age," *Brandwatch.com*, 12 febbraio 2014, http://www.brandwatch.com/2014/02/social-media-command-centers-come-of-age/ (consultato il 5 maggio, 2014).
63. Stuart Elliott, "Mocked on Internet, Diet Coke Alters Ads," *The New York Times*, 7 maggio 2014, B6.
64. Nelson, "Everything You Need to Know About Social Media Command Centers."
65. Susan Etlinger, Andrew Jones e Charlene Li, *Shiny Object or Digital Intelligence Hub? Evolution of the Enterprise Social Media Command Center*, Altimeter, 18 marzo 2014, http://www.slideshare.net/Altimeter/report-evolution-of-the-enterprise-social-media-command-center-susan-etlinger (consultato il 5 maggio 2014).
66. Travis Hessman, "Putting Big Data to Work," *Industry Week*, aprile 2013, 14-18.
67. Alden M. Hayashi, "Thriving in a Big Data World," *MIT Sloan Management Review*, inverno 2014, 35-39; Mayer-Schönberger e Cukier, *Big Data*.
68. Mayer-Schönberger e Cukier, *Big Data*.
69. Hessman, "Putting Big Data to Work."
70. Citato in Hessman, "Putting Big Data to Work."
71. Riportato in Hayashi, "Thriving in a Big Data World"; Mayer-Schönberger e Cukier, *Big Data*.
72. Riportato in Hayashi, "Thriving in a Big Data World."
73. Mayer-Schönberger e Cukier, *Big Data*, 51-52.
74. Citato in Mayer-Schönberger e Cukier, *Big Data*, 52.
75. Matthew Futterman, "Friday Journal–Baseball After Moneyball," *The Wall Street Journal*, 23 settembre 2011, D1.
76. Mayer-Schönberger e Cukier, *Big Data*, 129-130.
77. Discussione basata su David Fogarty e Peter C. Bell, "Should You Outsource Analytics?" *MIT Sloan Management Review*, inverno 2014, 41-45.
78. Mayer-Schönberger e Cukier, *Big Data*, 134-135.
79. Mayer-Schönberger e Cukier, *Big Data*, 127.
80. Discussione basata su Robert L. Grossman e Kevin P. Siegel, "Organization Models for Big Data and Analytics," *Journal of Organization Design* 3, no. 1 (2014), 20-25; Jay R. Galbraith, "Organization Design Challenges Resulting from Big Data," *Journal of Organization Design* 3, no. 1 (2014), 2-13.
81. Thomas H. Davenport, "Five Ways to Organize Your Data Scientists," *The Wall Street Journal*, 22 agosto 2013, http://blogs.wsj.com/cio/2013/08/22/five-ways-to-organize-your-data-scientists/ (consultato il 25 aprile 2014).
82. Galbraith, "Organization Design Challenges Resulting from Big Data."
83. Davenport, "Five Ways to Organize Your Data Scientists"; Grossman e Siegel, "Organization Models for Big Data and Analytics."
84. Basato su Brad Brown, David Court e Paul Wilmott, "Mobilizing Your C-Suite for Big-Data Analytics," *McKinsey Quarterly*, novembre 2013, 14-21.
85. Davenport, "Five Ways to Organize Your Data Scientists"; Grossman e Siegel, "Organization Models for Big Data and Analytics."
86. Ruben Sigala, intervistato da Renee Boucher Ferguson, "A Process of Continuous Innovation: Centralizing Analytics at Caesars," *MIT Sloan Management Review*, autunno 2013, 1-6.
87. Saul Berman e Peter Korsten, "Embracing Connectedness: Insights from the IBM 2012 CEO Study," *Strategy & Leadership* 41, no. 2 (2013), 46-57.
88. Zammuto *et al.*, "Information Technology and the Changing Fabric of Organization."
89. Stephanie Overby, "Paving over Paperwork," *CIO*, 1 febbraio 2002, 82-86.
90. Siobhan O'Mahony e Stephen R. Barley, "Do Digital Telecommunications Affect Work and Organization? The State of Our Knowledge," *Research in Organizational Behavior* 21 (1999), 125-161.
91. Berman e Korsten, "Embracing Connectedness."
92. "Big and No Longer Blue," *The Economist*, 21-27 gennaio 2006, http://www.economist.com/node/5380442 *(consultato il 18 ottobre 2011)*.
93. "Mandate 2003: Be Agile and Efficient," *Microsoft Executive Circle*, primavera 2003, 46-48.
94. Salvatore Parise, Bala Iyer, Donna Cuomo e Bill Donaldson, "MITRE Corporation: Using Social Technologies to Get Connected," *Ivey Business Journal*, gennaio-febbraio 2011, http://www.iveybusinessjournal.com/topics/strategy/mitre-corporation-using-social-technologies-to-get-connected (consultato il 25 agosto 2011).
95. Joanne Lee-Young e Megan Barnett, "Furiously Fast Fashions," *The Industry Standard*, 11 giugno 2001, 72-79.

Capitolo 9

1. Jack Nicas e Susan Carey, "Southwest Airlines, Once a Brassy Upstart, Is Showing Its Age," *The Wall Street Journal Online*, 1 aprile 2014, http://online.wsj.com/news/articles/SB10001424052702303949704579459643375588678 (consultato il 14 aprile 2014).
2. *Ibidem*.
3. James Q. Wilson, *Bureaucracy* (New York: Basic Books, 1989); Charles Perrow, *Complex Organizations: A Critical Essay* (Glenview, IL: Scott, Foresman, 1979), 4.
4. Tom Peters, "Rethinking Scale," *California Management Review* (autunno 1992), 7-29.
5. Dati statistici riportati in Claudio Feser, "Long Live Bureaucracy!" *Leader to Leader* (estate 2012), 57-62.
6. Donald V. Potter, "Scale Matters," *Across the Board*, luglio-agosto 2000, 36-39.
7. Juhana Rossi, "Angry Birds Maker at Pivot Point," *The Wall Street Journal Online*, 3 aprile 2013, http://online.wsj.com /news/articles/SB10001424127887323646604578400201763339218 (consultato il 3 aprile 2013).
8. Kris Hudson, "Wal-Mart Sticks with Fast Pace of Expansion Despite Toll on Sales," *The Wall Street Journal*, 13 aprile 2006, A1.
9. Christopher Weaver, "Managed Care Enters the Exam Room as Insurers Buy Doctors Groups," *The Washington Post*, 1 luglio 2011, http://www.washingtonpost.com/insurers-quietly-gaining-control-of-doctors-covered-by-companies-plans/2011/06/29/AG5DNftH_story.html (consultato il 6 settembre 2011).
10. James B. Treece, "Sometimes, You Still Gotta Have Size," *Businessweek*, 22 ottobre 1993, 200-201.
11. Nelson D. Schwartz, "Is G.E. Too Big for Its Own Good?" *The New York Times* (22 luglio 2007), sezione 3, 1.
12. Scott Thurm, "For Big Companies, Life Is Good," *The Wall Street Journal*, 9 aprile 2012, B1.

13. James Surowiecki, "Big Is Beautiful," *The New Yorker*, 31 ottobre 2011, 38.
14. Ken Belson, "After the Disasters in Japan, a Stoic Response from Aflac," *The New York Times* (16 aprile 2011), B4.
15. Frits K. Pil e Matthias Holweg, "Exploring Scale: The Advantages of Thinking Small," *MIT Sloan Management Review* (inverno 2003), 33-39; e David Sadtler, "The Problem with Size," *Management Today* (novembre 2007), 52-55.
16. Per un approfondimento, vedi Keith H. Hammonds, "Size Is Not a Strategy," *Fast Company*, settembre 2002, 78-86; David Henry, "Mergers: Why Most Big Deals Don't Pay Off," *Businessweek*, 14 ottobre 2002, 60-70; Tom Brown, "How Big Is Too Big?" *Across the Board*, luglio-agosto 1999, 15-20.
17. Chip Jarnagan e John W. Slocum, Jr., "Creating Corporate Cultures Through Mythopoetic Leadership," *Organizational Dynamics* 36, no. 3 (2007), 288-302; Robbie Whelan e Dawn Wotapka, "Corporate News: Home Builder Pulte to Lay Off Executives," *The Wall Street Journal*, 13 maggio 2011, B2.
18. Winslow Sargeant, "Small Business Economy 2012," SBA Office of Advocacy, http://www.sba.gov/sites/default/files /files/Small_Business_Economy_2012(2).pdf (consultato il 6 settembre 2013); "Small Business Trends," Small Business Administration, http://www.sba.gov/content/small-business-trends (consultato il 6 settembre 2013).
19. Dati del Bureau of Labor Statistics, riportati dall'U.S. Small Business Administration Office of Advocacy, settembre 2012, http://www.sba.gov/sites/default/files/FAQ_Sept_2012.pdf (consultato il 6 settembre 2013).
20. "The Hot 100," *Fortune*, 5 settembre 2005, 75-80.
21. Citato in Sadtler, "The Problem with Size."
22. Gary Hamel, citato in Hammonds, "Size Is Not a Strategy."
23. Per ulteriori informazioni sull'approccio ambidestro, vedi Charles A. O'Reilly III e Michael L. Tushman, "Organizational Ambidexterity in Action: How Managers Explore and Exploit," *California Management Review* 53, no. 4 (estate 2011), 5-22; S. Raisch *et al.*, "Organizational Ambidexterity: Balancing Exploitation and Exploration for Sustained Performance," *Organization Science* 20, no. 4 (luglio-agosto 2009), 685-695.
24. Michael L. Tushman, Wendy K. Smith e Andy Binns, "The Ambidextrous CEO," *Harvard Business Review*, giugno 2011, 74-80.
25. "Our Company," Johnson & Johnson website, http://www.jnj.com/connect/about-jnj/ (consultato il 31 agosto 2011).
26. Anne VanderMey, "Dell Gets in Touch with Its Inner Entrepreneur," *Fortune*, 12 dicembre 2011, 58.
27. Citato in Jerry Useem, "The Big… Get Bigger," *Fortune*, 30 aprile 2007, 81-84.
28. John R. Kimberly, Robert H. Miles e associati, *The Organizational Life Cycle* (San Francisco: Jossey-Bass, 1980); Ichak Adices, "Organizational Passages—Diagnosing and Treating Lifecycle Problems of Organizations," *Organizational Dynamics*, estate 1979, 3-25; Danny Miller e Peter H. Friesen, "A Longitudinal Study of the Corporate Life Cycle," *Management Science* 30, ottobre 1984, 1161-1183; Neil C. Churchill e Virginia L. Lewis, "The Five Stages of Small Business Growth," *Harvard Business Review* 61, maggio-giugno 1983, 30-50.
29. Larry E. Greiner, "Evolution and Revolution as Organizations Grow," *Harvard Business Review* 50 (luglio-agosto 1972), 37-46; Robert E. Quinn e Kim Cameron, "Organizational Life Cycles and Shifting Criteria of Effectiveness: Some Preliminary Evidence," *Management Science* 29 (1983), 33-51.
30. George Land e Beth Jarman, "Moving Beyond Breakpoint," in Michael Ray e Alan Rinzler, a cura di, *The New Paradigm* (New York: Jeremy P. Tarcher/Perigee Books, 1993), 250-266; Michael L. Tushman, William H. Newman e Elaine Romanelli, "Convergence and Upheaval: Managing the Unsteady Pace of Organizational Evolution," *California Management Review* 29 (1987), 1-16.
31. Sam Gustin, "The Next Tech Titan? 10 Hottest Technology Start-Ups of 2010," DailyFinance.com, 12 agosto 2010, http://www.dailyfinance.com/2010/08/12/the-next-tech-tian-10-hottest-technology-start-ups-of-2010/ (consultato l'1 settembre 2011); "About Foursquare," https://foursquare.com/about (consultato il 16 aprile 2014).
32. Claire Cain Miller, "Yes, Silicon Valley, Sometimes You Need More Bureaucracy," *The New York Times*, 1 maggio 2014, B3; David Streitfeld, "Groupon Dismisses Chief After a Dismal Quarter," *The New York Times*, 28 febbraio 2013, http://www.nytimes.com/2013/03/01/technology/groupon-dismisses-its-chief-andrew-mason.html?_r=0 (consultato il 17 aprile 2014).
33. Eve Yen, "Delegate Smart," *Fortune Small Business*, aprile 2009, 33-34.
34. Jeffrey Sonnenfeld, "Analysis: Facebook Board Must Learn to Deal with Genius CEO," *The Washington Post*, 19 maggio 2012, http://www.washingtonpost.com/analysis-facebook-board-must-learn-to-deal-with-genius-ceo/2012/05/18 /gIQADEFtYU_story.html (consultato il 17 aprile 2014); Shayndi Raice, "Is Facebook Ready for the Big Time?" *The Wall Street Journal Online*, 14 gennaio 2012, http://online.wsj.com/news/articles/SB10001424052970204542404577157113178985408 (consultato il 20 gennaio 2012).
35. David A. Whetten, "Sources, Responses, and Effects of Organizational Decline," in Kimberly, Miles e associati, *The Organizational Life Cycle*, 342-374.
36. Peter Burrows, "Opening Remarks; The Essence of Apple," *Bloomberg Businessweek*, 24-30 gennaio 2011, 6-8; Brent Schlender, "How Big Can Apple Get?" *Fortune*, 21 febbraio 2005, 67-76; Josh Quittner con Rebecca Winters, "Apple's New Core–Exclusive: How Steve Jobs Made a Sleek Machine That Could Be the Home-Digital Hub of the Future," *Time*, 14 gennaio 2002, 46.
37. Nick Wingfield, "Apple's No. 2 Has Low Profile, High Impact," *The Wall Street Journal*, 16 ottobre 2006, B1, B9; Garrett Sloane, "Apple Gets Cored; End of an Era as Legend Steve Jobs Resigns," *The New York Post*, 25 agosto 2011, 27.
38. Land e Jarman, "Moving Beyond Breakpoint."
39. Brad Stone, "The Education of Larry Page," *Bloomberg Businessweek*, 9 aprile-15 aprile 2012, 12-14; Claire Cain Miller, "Google's Chief Works to Trim a Bloated Ship," *The New York Times*, 10 novembre 2011, A1.
40. Max Weber, *The Theory of Social and Economic Organizations*, tradotto in inglese da A. M. Henderson e T. Parsons (New York: Free Press, 1947).
41. Rahim Faiez, "Review: Kabul Bank Sent Millions of Dollars Abroad," storia riportata dalla Associated Press in *HeartlandConnection.com*, 28 novembre 2012, http://www.heartlandconnection.com/news/story.aspx?id=830523#.U0_n5ZhOV1s (consultato il 28 novembre 2012).
42. Barry Kramer, "Chinese Officials Still Give Preference to Kin, Despite Peking Policies," *The Wall Street Journal*, 29 ottobre 1985, 1, 21.

43. John Chase, "Delay Requested for Indictment; 3 More Months Sought in Case Against Governor," *The Chicago Tribune*, 1 gennaio 2009, 4.
44. Eric J. Walton, "The Persistence of Bureaucracy: A Meta-Analysis of Weber's Model of Bureaucratic Control," *Organization Studies* 26, no. 4 (2005), 569-600.
45. Nadira A. Hira, "The Making of a UPS Driver," *Fortune*, 12 novembre 2007, 118-129; Devin Leonard, "UPS's Holiday Shipping Master: They Call Him Mr. Peak," *Bloomberg Businessweek*, 19 dicembre 2013, http://www.businessweek.com/articles/2013-12-18/upss-holiday-shipping-master-scott-abell-they-call-him-mr-dot-peak#p4 (consultato il 17 aprile 2014); "Logistics: Squeezing More Green Out of Brown," *Bloomberg Businessweek*, 20-26 settembre 2010, 43; David J. Lynch, "Thanks to Its CEO, UPS Doesn't Just Deliver," *USA Today*, 24 luglio 2006, http://www.usatoday.com/money/companies/ management/2006-07-23-ups_x.htm?tab1=t2 (consultato il 24 luglio 2006); Kelly Barron, "Logistics in Brown," *Forbes*, 10 gennaio 2000, 78-83; Scott Kirsner, "Venture Vérité: United Parcel Service," *Wired*, settembre 1999, 83-96; Kathy Goode, Betty Hahn e Cindy Seibert, *United Parcel Service: The Brown Giant* (manoscritto non pubblicato, Texas A&M University, 1981); "About UPS," sito web UPS, http://www.ups.com/content/ corp/about/index.html?WT.svl=SubNav (consultato il 27 ottobre 2008).
46. Allen C. Bluedorn, "Pilgrim's Progress: Trends and Convergence in Research on Organizational Size and Environment," *Journal of Management Studies* 19 (estate 1993), 163-191; John R. Kimberly, "Organizational Size and the Structuralist Perspective: A Review, Critique, and Proposal," *Administrative Science Quarterly* (1976), 571-597; Richard L. Daft e Selwyn W. Becker, "Managerial, Institutional, and Technical Influences on Administration: A Longitudinal Analysis," *Social Forces* 59 (1980), 392-413.
47. James P. Walsh e Robert D. Dewar, "Formalization and the Organizational Life Cycle," *Journal of Management Studies* 24 (maggio 1987), 215-231.
48. Nancy M. Carter e Thomas L. Keon, "Specialization as a Multidimensional Construct," *Journal of Management Studies* 26 (1989), 11-28; Cheng-Kuang Hsu, Robert M. March e Hiroshi Mannari, "An Examination of the Determinants of Organizational Structure," *American Journal of Sociology* 88 (1983), 975-996; Guy Geeraerts, "The Effect of Ownership on the Organization Structure in Small Firms," *Administrative Science Quarterly* 29 (1984), 232-237; Bernard Reimann, "On the Dimensions of Bureaucratic Structure: An Empirical Reappraisal," *Administrative Science Quarterly* 18 (1973), 462-476; Richard H. Hall, "The Concept of Bureaucracy: An Empirical Assessment," *American Journal of Sociology* 69 (1963), 32-40; William A. Rushing, "Organizational Rules and Surveillance: A Proposition in Comparative Organizational Analysis," *Administrative Science Quarterly* 10 (1966), 423-443.
49. Jerald Hage e Michael Aiken, "Relationship of Centralization to Other Structural Properties," *Administrative Science Quarterly* 12 (1967), 72-91.
50. Peter Brimelow, "How Do You Cure Injelitance?" *Forbes*, 7 agosto 1989, 42-44; Jeffrey D. Ford e John W. Slocum, Jr., "Size, Technology, Environment and the Structure of Organizations," *Academy of Management Review* 2 (1977), 561-575; John D. Kasarda, "The Structural Implications of Social System Size: A Three-Level Analysis," *American Sociological Review* 39 (1974), 19-28.
51. Graham Astley, "Organizational Size and Bureaucratic Structure," *Organization Studies* 6 (1985), 201-228; Spyros K. Lioukas e Demitris A. Xerokostas, "Size and Administrative Intensity in Organizational Divisions," *Management Science* 28 (1982), 854-868; Peter M. Blau, "Interdependence and Hierarchy in Organizations," *Social Science Research* 1 (1972), 1-24; Peter M. Blau e R. A. Schoenherr, *The Structure of Organizations* (New York: Basic Books, 1971); A. Hawley, W. Boland e M. Boland, "Population Size and Administration in Institutions of Higher Education," *American Sociological Review* 30 (1965), 252-255; Richard L. Daft, "System Influence on Organization Decision-Making: The Case of Resource Allocation," *Academy of Management Journal* 21 (1978), 6-22; B. P. Indik, "The Relationship Between Organization Size and the Supervisory Ratio," *Administrative Science Quarterly* 9 (1964), 301-312.
52. John Hechinger, "The Troubling Dean-to-Professor Ratio," *Bloomberg Businessweek*, 26 novembre-2 dicembre 2012, 40-42; Douglas Belkin e Scott Thurm, "Deans List: Hiring Spree Fattens College Bureaucracy—And Tuition," *The Wall Street Journal*, 29 dicembre 2012, A1.
53. T. F. James, "The Administrative Component in Complex Organizations," *Sociological Quarterly* 13 (1972), 533-539; Daft, "System Influence on Organization Decision-Making: The Case of Resource Allocation"; E. A. Holdaway e E. A. Blowers, "Administrative Ratios and Organization Size: A Longitudinal Examination," *American Sociological Review* 36 (1971), 278-286; John Child, "Parkinson's Progress: Accounting for the Number of Specialists in Organizations," *Administrative Science Quarterly* 18 (1973), 328-348.
54. Richard L. Daft e Selwyn Becker, "School District Size and the Development of Personnel Resources," *Alberta Journal of Educational Research* 24 (1978), 173-187.
55. Rukmini Callimachi, "0.60 for Cake: Al-Qaida Records Every Expense," Associated Press, 20 dicembre 2013, http://bigstory.ap.org/article/060-cake-al-qaida-records-every-expense (consultato il 17 aprile 2014).
56. Basato su Gifford e Elizabeth Pinchot, *The End of Bureaucracy and the Rise of the Intelligent Organization* (San Francisco: Berrett-Koehler Publishers, 1993), 21-29.
57. Rachel Donadio e Jim Yardley, "Vatican's Bureaucracy Tests Even the Infallible," *The New York Times*, 19 marzo 2013, A1.
58. Victoria Murphy, "Microsoft's Midlife Crisis," *Forbes*, 3 ottobre 2005, 88.
59. Jonathan Weisman, "In a Savings Shocker, the Government Discovers that Paper Has Two Sides," *The Wall Street Journal*, 29 luglio 2009, A1.
60. Studio di Paul C. Light, citato in Paul C. Light, "The Easy Way Washington Could Save $1 Trillion; How an Independent Agency Could Squeeze $1 Trillion in Savings from the Bureaucracy," *The Wall Street Journal*, 7 luglio 2011, http://online.wsj.com/article/SB10001424052702304760604576428262419935394.html (consultato il 6 settembre 2011).
61. Jack Rosenthal, "Entitled: A Chief for Every Occasion, and Even a Chief Chief," *New York Times Magazine*, 26 agosto 2001, 16.
62. Scott Shane, "The Beast That Feeds on Boxes: Bureaucracy," *The New York Times*, 10 aprile 2005, sezione 4, 3.
63. Gregory A. Bigley e Karlene H. Roberts, "The Incident Command System: High-Reliability Organizing for Complex and Volatile Task

Environments," *Academy of Management Journal* 44, no. 6 (2001), 1281-1299.
64. Robert A. Watson e Ben Brown, *The Most Effective Organization in the U.S.: Leadership Secrets of the Salvation Army* (New York: Crown Business, 2001), 159-181.
65. Julian Birkinshaw e Suzanne Heywood, "Putting Organizational Complexity in Its Place," *McKinsey Quarterly*, Issue 3 (2010), 122-127.
66. Amir Efrati, "At Google, Page Aims to Clear Red Tape," *The Wall Street Journal*, 26 marzo 2011, B1; Jessica Guynn, "New CEO Stirs Up Google Ranks; Larry Page Promotes Seven Execs to Run the Company's Most Important Divisions," *Los Angeles Times*, 9 aprile 2011, B1.
67. Birkinshaw e Heywood, "Putting Organizational Complexity in Its Place."
68. Jeanne Whalen, "Bureaucracy Buster? Glaxo Lets Scientists Choose Its New Drugs," *The Wall Street Journal*, 27 marzo 2006, B1.
69. Philip M. Padsakoff, Larry J. Williams e William D. Todor, "Effects of Organizational Formalization on Alienation among Professionals and Nonprofessionals," *Academy of Management Journal* 29 (1986), 820-831.
70. Royston Greenwood, C. R. Hinings e John Brown, "'P2-Form' Strategic Management: Corporate Practices in Professional Partnerships," *Academy of Management Journal* 33 (1990), 725-755; Royston Greenwood e C. R. Hinings, "Understanding Strategic Change: The Contribution of Archetypes," *Academy of Management Journal* 36 (1993), 1052-1081.
71. William G. Ouchi, "Markets, Bureaucracies, and Clans," *Administrative Science Quarterly* 25 (1980), 129-141; idem, "A Conceptual Framework for the Design of Organizational Control Mechanisms," *Management Science* 25 (1979), 833-848; Jay B. Barney, "An Interview with William Ouchi," *Academy of Management Executive* 18, no. 4 (novembre 2004), 108-116.
72. Weber, *The Theory of Social and Economic Organizations*, 328-340.
73. Raymond Fisman e Tim Sullivan, "The Unsung Beauty of Bureaucracy," *The Wall Street Journal*, 15 marzo 2013, http://online.wsj.com/news/articles/SB10001424127887324077704578360243017096714 (consultato il 17 aprile 2014).
74. Daniel Gilbert e Russell Gold, "As Big Drillers Move In, Safety Goes Up," *The Wall Street Journal*, 2 aprile, 2013, A1.
75. Joel Spolsky, "Good System, Bad System; Starbucks' Meticulous Policy Manual Shows Employees How to Optimize Profits. Too Bad It Undercuts Basic Customer Service," *Inc.*, agosto 2008, 67.
76. Oliver A. Williamson, *Markets and Hierarchies: Analyses and Antitrust Implications* (New York: Free Press, 1975).
77. David Wessel e John Harwood, "Capitalism Is Giddy with Triumph: Is It Possible to Overdo It?" *The Wall Street Journal*, 14 maggio 1998, A1, A10.
78. Anita Micossi, "Creating Internal Markets," *Enterprise*, aprile 1994, 43-44.
79. Raymond E. Miles, Henry J. Coleman, Jr., e W. E. Douglas Creed, "Keys to Success in Corporate Redesign," *California Management Review* 37, no. 3 (primavera 1995), 128-145.
80. Ouchi, "Markets, Bureaucracies, and Clans."
81. Jeffrey Kerr e John W. Slocum, Jr., "Managing Corporate Culture Through Reward Systems," *Academy of Management Executive* 19, no. 4 (2005), 130-138.
82. Richard Leifer e Peter K. Mills, "An Information Processing Approach for Deciding upon Control Strategies and Reducing Control Loss in Emerging Organizations," *Journal of Management* 22, no. 1 (1996), 113-137.
83. Stratford Sherman, "The New Computer Revolution," *Fortune*, 14 giugno 1993, 56-80.
84. Leifer e Mills, "An Information Processing Approach for Deciding upon Control Strategies"; Laurie J. Kirsch, "The Management of Complex Tasks in Organizations: Controlling the Systems Development Process," *Organization Science* 7, no. 1 (gennaio-febbraio 1996), 1-21.
85. James R. Barker, "Tightening the Iron Cage: Concertive Control in Self-Managing Teams," *Administrative Science Quarterly* 38 (1993), 408-437.
86. "Core Value: Teamwork," segmento in Leigh Buchanan, "2011 Top Small Company Workplaces: Core Values," *Inc.* (giugno 2011): 60-74; Matthew Shaer, "The Boss Stops Here," *New York Magazine*, 24giugno-1luglio 2013, 26-34; Leigh Buchanan, "Taking Teamwork to the Extreme" nel segmento Cultura di "The Audacious 25: Meet the Scappiest, Smartest, Most Disruptive Companies of the Year," *Inc.*, maggio 2013, 54-76 (il profilo della Menlo è a pagina 76); Matthew E. May, "Mastering the Art of Bosslessness," *Fast Company*, 26 settembre 2012, http://www.fastcompany.com/3001574/mastering-art-bosslessness (consultato il 20 agosto 2013).
87. Steven Greenhouse e Michael J. De La Merced, "Court Allows Liquidation of Hostess," *The New York Times*, 21 novembre 2012, http://dealbook.nytimes.com/2012/11/21/judge-approves-hostess-brands-plan-to-close-down/?_php=true&_type=blogs&_r=0 (consultato il 22 novembre 2012).
88. Lee Hawkins Jr., "Lost in Transmission—Behind GM's Slide: Bosses Misjudged New Urban Tastes; Local Dealers, Managers Tried Alerting Staid Bureaucracy," *The Wall Street Journal*, 8 marzo 2006, A1.
89. Deepak K. Datta, James P. Guthrie, Dynah Basuil e Alankrita Pandey, "Causes and Effects of Employee Downsizing: A Review and Synthesis," *Journal of Management* 36, no. 1 (gennaio 2010), 281-348; Jack Healy, "Big Companies Around Globe Lay Off Tens of Thousands," *The New York Times*, 27 gennaio 2009; Kevin Sack, "A City's Wrenching Budget Choices," *The New York Times*, 4 luglio 2011; Tamar Lewin, "For Colleges, Small Cutbacks Are Adding Up to Big Savings," *The New York Times*, 19 giugno 2009, A19.
90. Kim S. Cameron, Myung Kim e David A. Whetten, "Organizational Effects of Decline and Turbulence," *Administrative Science Quarterly* 32 (1987), 222-240.
91. Danny Miller, "What Happens after Success: The Perils of Excellence," *Journal of Management Studies* 31, no. 3 (maggio 1994), 325-358.
92. Leonard Greenhalgh, "Organizational Decline," in Samuel B. Bacharach, a cura di, *Research in the Sociology of Organizations* 2 (Greenwich, CT: JAI Press, 1983), 231-276; Peter Lorange e Robert T. Nelson, "How to Recognize—and Avoid—Organizational Decline," *Sloan Management Review* (primavera 1987), 41-48.
93. Kim S. Cameron e Raymond Zammuto, "Matching Managerial Strategies to Conditions of Decline," *Human Resources Management* 22 (1983), 359-375; Leonard Greenhalgh, Anne T. Lawrence e Robert I. Sutton, "Determinants of Workforce Reduction Strategies in Organizations," *Academy of Management Review* 13 (1988), 241-254.
94. Stephanie Strom, "Short on Fund-Raising, Red Cross Will Cut Jobs," *The New York Times*, 16 gennaio 2008, A15.

95. Quentin Hardy, "As Computing Changes, Hewlett-Packard Struggles to Follow," *The New York Times*, 24 maggio 2012, B1.
96. Dana Mattioli, Joann S. Lublin e Ellen Byron, "Kodak Struggles to Find Its Moment," *The Wall Street Journal*, 11 agosto 2011; Michael J. De La Merced, "Eastman Kodak Files for Bankruptcy," *The New York Times*, 19 gennaio 2012, http://dealbook.nytimes.com/2012/01/19/eastman-kodak-files-for-bankruptcy/?_php=true&_type=blogs&_r=0 (consultato il 19 gennaio 2012); Mike Spector, Dana Mattioli Katy Stech, "Kodak Files for Bankruptcy Protection," *The Wall Street Journal*, 19 gennaio 2012, http://online.wsj.com/news/articles/SB30001424052970204555904577169920031456052 (consultato il 19 gennaio 2012).
97. William Weitzel e Ellen Jonsson, "Reversing the Downward Spiral: Lessons from W. T. Grant and Sears Roebuck," *Academy of Management Executive* 5 (1991), 7-21; William Weitzel e Ellen Jonsson, "Decline in Organizations: A Literature Integration and Extension," *Administrative Science Quarterly* 34 (1989), 91-109.
98. Datta *et al.*, "Causes and Effects of Employee Downsizing"; William McKinley, Carol M. Sanchez e Allen G. Schick, "Organizational Downsizing: Constraining, Cloning, Learning," *Academy of Management Executive* 9, no. 3 (1995), 32-42.
99. Datta *et al.*, "Causes and Effects of Employee Downsizing"; Gregory B. Northcraft e Margaret A. Neale, *Organizational Behavior: A Management Challenge*, 2nd ed. (Fort Worth, TX: The Dryden Press, 1994), 626; A. Catherine Higgs, "Executive Commentary" su McKinley, Sanchez e Schick, "Organizational Downsizing: Constraining, Cloning, Learning," *Academy of Management Executive* 9, no. 3 (1995), 43-44.
100. Wayne Cascio, "Use and Management of Downsizing as a Corporate Strategy," Society for Human Resource Management Foundation (2009), http://www.shrm.org/about/foundation/products/Documents/609%20Exec%20Briefing-%20Downsizing%20FINAL.pdf (consultato l'8 settembrev2011); Wayne Cascio, "Strategies for Responsible Restructuring," *Academy of Management Executive* 16, no. 3 (2002), 80-91; James R. Morris, Wayne F. Cascio e Clifford E. Young, "Downsizing after All These Years: Questions and Answers about Who Did It, How Many Did It, and Who Benefited from It," *Organizational Dynamics* (inverno 1999), 78-86; Brett C. Luthans e Steven M. Sommer, "The Impact of Downsizing on Workplace Attitudes," *Group and Organization Management* 2, no. 1 (1999), 46-70; Pat Galagan, "The Biggest Losers: The Perils of Extreme Downsizing," *T+D*, novembre 2010, 27-29.
101. David Cote, "Honeywell's CEO on How He Avoided Layoffs," *Harvard Business Review*, luglio 2013, 43-46.
102. Queste tecniche si basano su Cascio, "Use and Management of Downsizing as a Corporate Strategy"; Mitchell Lee Marks e Kenneth P. De Meuse, "Resizing the Organization: Maximizing the Gain While Minimizing the Pain of Layoffs, Divestitures, and Closings," *Organizational Dynamics* 34, no. 2 (2005), 19-35; Bob Nelson, "The Care of the Un-Downsized," *Training and Development*, aprile 1997, 40-43; Joel Brockner, "Managing the Effects of Layoffs on Survivors," *California Management Review* (inverno 1992), 9-28; Kim S. Cameron, "Strategies for Successful Organizational Downsizing," *Human Resource Management* 33, no. 2 (estate 1994), 189-211; Stephen Doerflein e James Atsaides, "Corporate Psychology: Making Downsizing Work," *Electrical World*, settembre-ottobre 1999, 41-43.
103. Michael A. Campion, Laura Guerrero e Richard Posthuma, "Reasonable Human Resource Practices for Making Employee Downsizing Decisions," *Organizational Dynamics* 40 (2011), 174-180.
104. Cote, "Honeywell's CEO on How He Avoided Layoffs"; Steven Greenhouse, "To Avoid Layoffs, Some Companies Turn to Work-Sharing," http://www.nytimes.com/2009/06/16/business/economy/16workshare.html?pagewanted=all (consultato l'8 settembre 2011); Kathleen Madigan, "More Firms Cut Pay to Save Jobs," *The Wall Street Journal*, 9 giugno 2009, A4; Cascio, "Use and Management of Downsizing as a Corporate Strategy."
105. Matt Murray, "Stress Mounts as More Firms Announce Large Layoffs, But Don't Say Who or When" (rubrica Your Career Matters), *The Wall Street Journal*, 13 marzo 2001, B1, B12.
106. Caso Ebay riportato in Cascio, "Use and Management of Downsizing as a Corporate Strategy."
107. Joann S. Lublin, "Theory & Practice: Employers See Value in Helping Those Laid Off; Some Firms Continue Access to Programs That Assist Workers," *The Wall Street Journal*, 24 settembre 2007, B3.
108. Marks e De Meuse, "Resizing the Organization"; Jeanenne LaMarch, "How Companies Reduce the Downside of Downsizing," *Global Business and Organizational Excellence* 29, no. 1 (novembre-dicembre 2009), 7-16; Cascio, "Use and Management of Downsizing as a Corporate Strategy."
109. Matt Villano, "Career Couch: Dealing with Low Morale After Others Are Laid Off," *The New York Times*, 29 luglio 2007, BU17.

Capitolo 10

1. Brad Stone, *The Everything Store: Jeff Bezos and the Age of Amazon* (New York: Little, Brown and Company 2013), 327-328.
2. Julia Boorstin, "Secret Recipe: J. M. Smucker," *Fortune*, 12 gennaio 2004, 58-59.
3. Mark Scott, "Report Faults 'at All Costs' Attitude at Barclay's That Encouraged Risk," *The New York Times*, 4 aprile 2013, B2.
4. Mark C. Bolino, William H. Turnley e James M. Bloodgood, "Citizenship Behavior and the Creation of Social Capital in Organizations," *Academy of Management Review* 27, n. 4 (2002), 505-522; Don Cohen e Laurence Prusak, *In Good Company: How Social Capital Makes Organizations Work* (Boston, Harvard Business School Press, 2001), 3-4.
5. W. Jack Duncan, "Organizational Culture: 'Getting a Fix' on an Elusive Concept," *Academy of Management Executive* 3 (1989), 229-236; Linda Smircich, "Concepts of Culture and Organizational Analysis," *Administrative Science Quarterly* 28 (1983), 339-358; Andrew D. Brown e Ken Starkey, "The Effect of Organizational Culture on Communication and Information," *Journal of Management Studies* 31, n. 6 (novembre 1994), 807-828.
6. Vedi Jon Katzenbach e Zia Khan, "Leading Outside the Lines," *Strategy + Business*, 26 aprile 2010, http://www.strategy-business.com/article/10204?gko=788c9 (consultato il 9 settembre 2010) per il concetto di organizzaizone formale/informale.
7. Edgar H. Schein, "Organizational Culture," *American Psychologist* 45, febbraio 1990, 109-119.
8. Doug Kirkpatrick, "Self-Management's Success at Morning Star," *T+D*, ottobre 2012, 25-27; Christoph H. Loch, Fabian J. Sting, Arnd Huchzermeier e Christiane Decker, "Finding the Profit in Fairness," *Harvard Business Review*, settembre 2012, 111-115.
9. Harrison M. Trice e Janice M. Beyer, "Studying Organizational

Cultures Through Rites and Ceremonials," *Academy of Management Review* 9 (1984), 653-669; Janice M. Beyer e Harrison M. Trice, "How an Organization's Rites Reveal Its Culture," *Organizational Dynamics* 15 (primavera 1987), 5-24; Steven P. Feldman, "Management in Context: An Essay on the Relevance of Culture to the Understanding of Organizational Change," *Journal of Management Studies* 23 (1986), 589-607; Mary Jo Hatch, "The Dynamics of Organizational Culture," *Academy of Management Review* 18 (1993), 657-693.

10. Questa discussione è basata su Edgar H. Schein, *Organizational Culture and Leadership*, 2nd ed. (Homewood, IL: Richard D. Irwin, 1992); John P. Kotter e James L. Heskett, *Corporate Culture and Performance* (New York: Free Press, 1992).
11. Stone, *The Everything Store*, 328 e 88-90.
12. Jim Kanir, "Culture Champions," *T+D*, gennaio 2013, 80.
13. Larry Mallak, "Understanding and Changing Your Organization's Culture," *Industrial Management*, marzo-aprile 2001, 18-24.
14. Basato su Gerry Johnson, "Managing Strategic Change—Strategy, Culture, and Action," *Long Range Planning* 25, no. 1 (1992), 28-36.
15. Per una lista più completa dei diversi elementi che possono essere utilizzati per valutare o interpretare la cultura aziendale si veda "10 Key Cultural Elements," approfondimento in Micah R. Kee, "Corporate Culture Makes a Fiscal Difference," *Industrial Management* (novembre-dicembre 2003), 16-20.
16. Gazi Islam e Michael J. Zyphur, "Rituals in Organizations: A Review and Expansion of Current Theory," *Group & Organization Management* 34, no. 1 (2009), 114-139; Trice e Beyer, "Studying Organizational Cultures through Rites and Ceremonials"; Terrence E. Deal e Allan A. Kennedy, "Culture: A New Look through Old Lenses," *Journal of Applied Behavioral Science* 19 (1983), 498-505.
17. Leigh Buchanan, "Managing: Welcome Aboard. Now, Run!" *Inc.*, marzo 2010, 95-96.
18. Susan Cramm, "Leadership Gone Viral," *Strategy + Business*, 17 gennaio 2014, http://www.strategy-business.com/blog /Leadership-Gone-Viral (consultato il 6 maggio 2014); Claudio Lavanga, "Pope Washes Feet of Young Detainees in Holy Thursday Ritual," NBCNews.com, 28 marzo 2013, http://worldnews.nbcnews.com/_news/2013/03/28/17502522-pope-washes-feet-of-young-detainees-in-holy-thursday-ritual?lite (consultato il 6 maggio 2014).
19. Trice e Beyer, "Studying Organizational Cultures through Rites and Ceremonials."
20. Adam Bryant, "Noreen Beaman of Brinker Capital, on Accountability" (rubrica Corner Office), *The New York Times*, 25 gennaio 2014, http://www.nytimes.com/2014/01/26 /business/noreen-beaman-of-brinker-capital-on-accountability.html?_r=0 (consultato il 6 maggio 2014); Lucas Conley, "Rinse and Repeat," *Fast Company*, luglio 2005, 76-77; Robert Bruce Shaw e Mark Ronald, "Changing Culture–Patience Is Not a Virtue," *Leader to Leader*, autunno 2012, 50-55.
21. David C. Robertson con Bill Breen, *Brick by Brick: How LEGO Rewrote the Rules of Innovation and Conquered the Global Toy Industry* (New York: Crown Business, 2013), 17.
22. Citato in Stone, *The Everything Store*, 300 e 174.
23. Buchanan, "Managing: Welcome Aboard. Now, Run!"
24. "FYI: Organization Chart of the Month," *Inc.*, aprile 1991, 14.
25. Neal E. Boudette, "Fiat CEO Sets New Tone at Chrysler," *The Wall Street Journal Online*, 19 giugno 2009, http://online.wsj.com/article/SB124537403628329989.html?utm_source=feedburner&utm_medium=feed&utm_campaign=Feed%3A+wsj%2Fxml%2Frss%2F3_7011+%28WSJ.com%3A+What%27s+News+US%29#mod=rss_whats_news_us (consultato il 12 settembre 2011).
26. Gary Hamel con Bill Breen, *The Future of Management* (Boston: Harvard Business School Press, 2007).
27. Matt Moffett, "At InBev, A Gung-Ho Culture Rules; American Icon Anheuser, A Potential Target, Faces Prospect of Big Changes," *The Wall Street Journal*, 28 maggio 2008, B1; Matt Moffett, "InBev's Chief Built Competitive Culture," *The Wall Street Journal*, 13 giugno 2008, B6.
28. Monica Langley e Dan Fitzpatrick, "Embattled J.P. Morgan Bulks Up Overnight," *The Wall Street Journal*, 12 settembre 2013, http://online.wsj.com/news/articles/SB10001424127887324755104579071304170686532 (consultato il 7 maggio 2014).
29. Johnson, "Managing Strategic Change – Strategy, Culture, and Action."
30. Jennifer A. Chatman e Sandra Eunyoung Cha, "Leading by Leveraging Culture," *California Management Review* 45, n. 4 (estate 2003), 20-34; Abby Ghobadian e Nicholas O'Regan, "The Link between Culture, Strategy, and Performance in Manufacturing SMEs," *Journal of General Management* 28, n. 1 (autunno 2002), 16-34.
31. James R. Detert, Roger G. Schroeder e John J. Mauriel, "A Framework for Linking Culture and Improvement Initiatives in Organizations," *Academy of Management Review* 25, n. 4 (2000), 850-863.
32. Basato su Daniel R. Denison, *Corporate Culture and Organizational Effectiveness* (New York: Wiley, 1990), 11-15; Daniel R. Denison e Aneil K. Mishra, "Toward a Theory of Organizational Culture and Effectiveness," *Organization Science* 6, n. 2 (marzo-aprile 1995), 204-223; R. Hooijberg e F. Petrock, "On Cultural Change: Using the Competing Values Framework to Help Leaders Execute a Transformational Strategy," *Human Resource Management* 32 (1993), 29-50; R. E. Quinn, *Beyond Rational Management: Mastering the Paradoxes and Competing Demands of High Performance* (San Francisco: Jossey-Bass, 1988).
33. Carlin Flora, "Paid to Smile," *Psychology Today*, settembre-ottobre 2009, 59; Tony Hsieh, *Delivering Happiness: A Path to Profits, Passion, and Purpose* (New York: Business Plus, 2010).
34. Moffett, "InBev's Chief Built Competitive Culture."
35. William Rogers, "Sound Advice," *People Management*, agosto 2012, 40-43.
36. Gerald D. Klein, "Creating Cultures That Lead to Success: Lincoln Electric, Southwest Airlines, and SAS Institute," *Organizational Dynamics* 41 (2012), 32-43; Rekha Balu, "Pacific Edge Projects Itself," *Fast Company*, ottobre 2000, 371-381.
37. Bernard Arogyaswamy e Charles M. Byles, "Organizational Culture: Internal and External Fits," *Journal of Management* 13 (1987), 647-659.
38. Basato sulla Table 1, Tightness-Looseness of Cultures, in Michael Harvey *et al.*, "Corralling the 'Horses' to Staff the Global Organization of 21st Century," *Organizational Dynamics* 39, no. 3 (2010), 258-268.
39. Paul R. Lawrence e Jay W. Lorsch, *Organization and Environment* (Homewood, IL: Irwin, 1969).
40. Scott Kirsner, "Designed for Innovation," *Fast Company*, novembre 1998, 54, 56.
41. Chatman e Cha, "Leading by Leveraging Culture"; Jeff Rosenthal

e Mary Ann Masarech, "High-Performance Cultures: How Values Can Drive Business Results," *Journal of Organizational Excellence*, primavera 2003, 3-18.

42. Aaron Levie, raccontato a Memon Yaqub, "I'm Obsessed with Speed," *Inc.*, novembre 2012, 100-103.
43. Ghobadian e O'Regan, "The Link between Culture, Strategy and Performance"; G. G. Gordon e N. DiTomaso, "Predicting Corporate Performance from Organisational Culture," *Journal of Management Studies* 29, n. 6 (1992), 783-798; G. A. Marcoulides e R. H. Heck, "Organizational Culture and Performance: Proposing and Testing a Model," *Organization Science* 4 (1993), 209-225.
44. John P. Kotter e James L. Heskett, *Corporate Culture and Performance* (New York: The Free Press, 1992); Kee, "Corporate Culture Makes a Fiscal Difference."
45. Tressie Wright Muldrow, Timothy Buckley e Brigitte W. Schay, "Creating High-Performance Organizations in the Public Sector," *Human Resource Management* 41, n. 3 (autunno 2002), 341-354.
46. David Carr, "Troubles That Money Can't Dispel," *The New York Times Online*, 18 luglio 2011, B1.
47. John F. Burns e Jeremy W. Peters, "Two Top Deputies Resign as Crisis Isolates Murdoch," *The New York Times Online*, 16 luglio 2011, www.hongkong-mart.com/forum /viewtopic.php?f=2&t=367 (consultato il 13 giugno 2012).
48. Carr, "Troubles That Money Can't Dispel."
49. Kotter e Heskett, *Corporate Culture and Performance*.
50. Jena McGregor, "Ethical Misconduct, by the Numbers," *The Washington Post*, 4 febbraio 2014, http://www.washingtonpost.com/blogs/on-leadership/wp/2014/02/04 /ethical-misconduct-by-the-numbers/ (consultato l'8 maggio 2014).
51. Mike Esterl, "Executive Decision: In Germany, Scandal Tarnish Business Elite," *The Wall Streeet Journal*, 4 marzo 2008, A1; Martin Fackler, "The Salaryman Accuses," *The New York Times*, 7 giugno 2008, C1.
52. Gordon F. Shea, *Practical Ethics* (New York: American Management Association, 1988); Linda K. Treviño, "Ethical Decision Making in Organizations: A Person-Situation Interactionist Model," *Academy of Management Review* 11 (1986), 601-617; Linda Klebe Treviño e Katherine A. Nelson, *Managing Business Ethics: Straight Talk about How to Do It Right*, 2nd ed. (New York: John Wiley & Sons, Inc., 1999).
53. La discussione sulle fonti dei principi etici individuali si basa su Susan H. Taft e Judith White, "Ethics Education: Using Inductive Reasoning to Develop Individual, Group, Organizational, and Global Perspectives," *Journal of Management Education* 31, no.5 (ottobre 2007), 614-646.
54. Natasha Singer, "Web Sites Accused of Collecting Data on Children," *The New York Times*, 22 agosto 2012, B1.
55. Samuel Rubenfeld, "Survey Finds 25% of People Paid Bribes in Last Year," *The Wall Street Journal*, 9 luglio 2013, http://blogs.wsj.com/riskandcompliance/2013/07/09/survey-finds-one-fourth-of-people-paid-bribes-in-last-year/ (consultato il 9 maggio 2014); James B. Stewart, "Bribery, But Nobody Was Charged," *The New York Times*, 25 giugno 2011, B1.
56. Dawn-Marie Driscoll, "Don't Confuse Legal e Ethical Standards," *Business Ethics*, luglio-agosto 1996, 44.
57. LaRue Tone Hosmer, *The Ethics of Management*, 2nd ed. (Homewood, IL: Irwin, 1991).
58. Motoko Rich, "2 More Educators in the South Are Charged in Test Cheating," *The New York Times*, 21 giugno 2013, http://www.nytimes.com/2013/06/22/us/2-more-educators-in-the-south-are-charged-in-test-cheating.html?_r=0 (consultato il 29 giugno 2013).
59. Julian E. Barnes, "Navy Probes Allegation of Instructors' Cheating," *The Wall Street Journal*, 4 febbraio 2014, http://online.wsj.com/news/articles/SB10001424052702304851104579363402001370472 (consultato il 9 maggio 2014).
60. Alcuni di questi incidenti sono desunti da Hosmer, *The Ethics of Management*.
61. Linda K. Treviño e Katherine A. Nelson, *Managing Business Ethics: Straight Talk About How to Do It Right* (New York: John Wiley & Sons, Inc., 1995), 4.
62. N. Craig Smith, "Corporate Social Responsibility: Whether or How?" *California Management Review* 45, n. 4 (estate 2003), 52-76; Eugene W. Szwajkowski, "The Myths and Realities of Research on Organizational Misconduct," in James E. Post, a cura di, *Research in Corporate Social Performance and Policy*, vol. 9 (Greenwich, CT: JAI Press, 1986), 103-122.
63. D. Bright, K. Cameron e A. Caza, "The Amplifying and Buffering Effects of Virtuousness in Downsized Organizations," *Journal of Business Ethics* 64 (2006), 249-269; come descritto in Mario Fernando e Shamika Almeida, "The Organizational Virtuousness of Strategic Corporate Social Responsibility: A Case Study of the Sri Lankan Family-Owned Enterprise MAS Holdings," *European Management Journal* 30 (2012), 564-576.
64. "Volunteerism as a Core Competency," *Bloomberg BusinessWeek*, 12 novembre 12-18 novembre 2012, 53-54.
65. Sarah E. Needleman, "The Latest Office Perk: Getting Paid to Volunteer," *The Wall Street Journal*, 29 aprile 2008, D1; "Habitat for Humanity," Whirlpool Corporation website, http://www.whirlpoolcorp.com/responsibility/building_communities/habitat_for_humanity.aspx (consultato il 13 settembre 2011); Bruce Horovitz, "Pepsi Is Dropping Out of Schools Worldwide by 2012," *USA Today*, 16 marzo 2011, http://www.usatoday.com/money/industries/food/2010-03-16-pepsicutsschoolsoda_N.htm (consultato il 13 settembre 2011); Kate O'Sullivan, "Virtue Rewarded," *CFO*, ottobre 2006, 46-52.
66. Definizione basata su John Mackey e Raj Sisodia, *Conscious Capitalism: Liberating the Heroic Spirit of Business* (Boston: Harvard Business Review Press, 2013); Michael E. Porter e Mark R. Kramer, "Creating Shared Value: How to Reinvent Capitalism—and Unleash a Wave of Innovation and Growth," *Harvard Business Review*, gennaio-febbraio 2011, 62-77.
67. Porter e Kramer, "Creating Shared Value."
68. Homer H. Johnson, "Does It Pay to Be Good? Social Responsibility and Financial Performance," *Business Horizons*, novembre-dicembre 2003, 34-40; Jennifer J. Griffin e John F. Mahon, "The Corporate Social Performance and Corporate Financial Performance Debate: Twenty-Five Years of Incomparable Research," *Business and Society* 36, no. 1 (marzo 1997), 5-31; Beckey Bright, "How More Companies Are Embracing Social Responsibility as Good Business," *The Wall Street Journal*, 10marzo 2008, R3; Bernadette M. Ruf *et al.*, "An Empirical Investigation of the Relationship Between Change in Corporate Social Performance and Financial Performance: A Stakeholder Theory Perspective," *Journal of Business Ethics* 32, no. 2 (luglio 2001), 143ff; Philip L. Cochran e Robert A. Wood, "Cor-

porate Social Responsibility and Financial Performance," *Academy of Management Journal* 27 (1984), 42-56.

69. Heli Wang, Jaepil Choi e Jiatao Li, "Too Little or Too Much? Untangling the Relationship Between Corporate Philanthropy and Firm Financial Performance," *Organization Science* 19, no. 1 (gennaio-febbraio 2008), 143-159; Philip L. Cochran, "The Evolution of Corporate Social Responsibility," *Business Horizons* 50 (2007), 449-454; Paul C. Godfrey, "The Relationship Between Corporate Philanthropy and Shareholder Wealth: A Risk Management Perspective," *Academy of Management Review* 30, no. 4 (2005), 777-798; Oliver Falck e Stephan Heblich, "Corporate Social Responsibility: Doing Well By Doing Good," *Business Horizons* 50 (2007): 247-254; J. A. Pearce II e J. P. Doh, "The High Impact of Collaborative Social Initiatives," *MIT Sloan Management Review*, primavera 2005, 31-39; Curtis C. Verschoor ed Elizabeth A. Murphy, "The Financial Performance of Large U.S. Firms and Those with Global Prominence: How Do the Best Corporate Citizens Rate?" *Business and Society Review* 107, no. 3 (autunno 2002), 371-381; Johnson, "Does It Pay to Be Good?"; Dale Kurschner, "5 Ways Ethical Business Creates Fatter Profits," *Business Ethics*, marzo-aprile 1996, 20-23.
70. Rashid Ameer e Radiah Othman, "Sustainability Practices and Corporate Financial Performance: A Study Based on the Top Global Corporations," *Journal of Business Ethics* 108, no. 1 (giugno 2012), 61-79.
71. Verschoor e Murphy, "The Financial Performance of Large U.S. Firms."
72. Richard McGill Murphy, "Why Doing Good Is Good For Business," *Fortune*, 8 febbraio 2010, 90-95; Jean B. McGuire, Alison Sundgren e Thomas Schneeweis, "Corporate Social Responsibility and Firm Financial Performance," *Academy of Management Journal* 31 (1988), 854-872; Falck e Heblich, "Corporate Social Responsibility: Doing Well by Doing Good"; Geoffrey B. Sprinkle e Laureen A. Maines, "The Benefits and Costs of Corporate Social Responsibility," *Business Horizons* 53 (2010), 445-453.
73. Daniel W. Greening e Daniel B. Turban, "Corporate Social Performance as a Competitive Advantage in Attracting a Quality Workforce," *Business and Society* 39, no. 3 (settembre 2000), 254; Kate O'Sullivan, "Virtue Rewarded," *CFO*, ottobre 2006, 47-52.
74. Sarah E. Needleman, "The Latest Office Perk: Getting Paid to Volunteer," *The Wall Street Journal*, 29 aprile 2008, D1.
75. Christopher Marquis, "Doing Well and Doing Good," *The New York Times*, 13 luglio 2003, Section 3, 2; Joseph Pereira, "Career Journal: Doing Good and Doing Well at Timberland," *The Wall Street Journal*, 9 settembre 2003, B1.
76. Riportato in Needleman, "The Latest Office Perk."
77. "The Socially Correct Corporate Business," in Leslie Holstrom e Simon Brady, "The Changing Face of Global Business," *Fortune*, inserto pubblicitario, 24 luglio 2000, S1-S38.
78. Caso raccontato in Shaw e Ronald, "Changing Culture—Patience Is Not a Virtue."
79. Alan Deutschman, *Walk the Walk; The #1 Rule for Leaders* (New York: Portfolio/Penguin, 2010), 93-94.
80. *Corporate Ethics: A Prime Business Asset* (New York: The Business Round Table, febbraio 1988).
81. Treviño e Nelson, *Managing Business Ethics*, 201.
82. Gary R. Weaver, Linda Klebe Treviño e Bradley Agle, "'Somebody I Look Up To': Ethical Role Models in Organizations," *Organizational Dynamics* 34, no.4 (2005), 313-330; Andrew W. Singer, "The Ultimate Ethics Test," *Across the Board*, marzo 1992, 19-22; Ronald B. Morgan, "Self and Co-Worker Perceptions of Ethics and Their Relationships to Leadership and Salary," *Academy of Management Journal* 36, n. 1 (febbraio 1993), 200-214; Joseph L. Badaracco, Jr., e Allen P. Webb, "Business Ethics: A View from the Trenches," *California Management Review* 37, n. 2 (inverno 1995), 8-28.
83. Alan Lewis, "Values Compass: Align Around True North Values," *Leadership Excellence*, febbraio 2012, 13; Krista Jaakson, "Management by Values: Are Some Values Better than Others?" *Journal of Management Development* 29, no. 9 (2010), 795-806; Kathy Whitmire, "Leading Through Shared Values," *Leader to Leader*, estate 2005, 48-54.
84. Questa definizione è basata su Robert J. House, Andre Delbecq e Toon W. Taris, "Value Based Leadership: An Integrated Theory and an Empirical Test" (working paper).
85. Brad Stone, "Costco CEO Craig Jelinek Leads the Cheapest, Happiest Company in the World," *Bloomberg Businessweek*, 6 giugno 2013, http://www.businessweek.com/articles/2013-06-06 /costco-ceo-craig-jelinek-leads-the-cheapest-happiest-company-in-the-world (consultato il 7 giugno 2013); "Costco's Profit Soars to $537 Million Just Days After CEO Endorses Minimum Wage Increase," *The Huffington Post*, 13 marzo 2013, http://www.huffingtonpost.com/2013/03/12/costco-profit_n_2859250.html (consultato il 7 giugno 2013); Bud Meyers, "Hail to the Chief (Executive Officer) Craig Jelinek of Costco!," *The Daily Kos*, 8 marzo 2013, http://www.dailykos.com/story /2013/03/08/1192632/-Hail-to-the-Chief-Executive-Officer-Craig-Jelinek-of-Costco (consultato l'8 giugno 2013); Satinder Dhiman e Joan Marques, "The Role and Need of Offering Workshops and Courses on Workplace Spirituality," *Journal of Management Development* 30, no. 9 (2011), 816-835.
86. Citato in Arkadi Kuhlmann, "Culture-Driven Leadership," *Ivey Business Journal*, marzo-aprile 2010, http://www.iveybusinessjournal.com/topics/leadership/culture-driven-leadership (consultato il 13 settembre 2011).
87. Thomas J. Peters e Robert H. Waterman, Jr., *In Search of Excellence* (New York: Harper & Row, 1982); Kuhlmann, "Culture-Driven Leadership."
88. Carol Hymowitz, "CEOs Must Work Hard to Maintain Faith in the Corner Office" (rubrica In the Lead), *The Wall Street Journal*, 9 luglio 2002, B1.
89. Basato su Weaver *et al.*, "Somebody I Look Up To."
90. Mark S. Schwartz, "Developing and Sustaining an Ethical Corporate Culture: The Core Elements," *Business Horizons* 56 (2013), 39-50.
91. *Ibidem*; Gregory J. Millman e Ben DiPietro, "More Compliance Chiefs Get Direct Line to Boss," *The Wall Street Journal*, 15 gennaio 2014, http://online.wsj.com/news /articles/SB1000142405270230 3330204579250723925965180 (consultato il 9 maggio 2014).
92. Treviño e Nelson, *Managing Business Ethics*, 212.
93. Beverly Geber, "The Right and Wrong of Ethics Offices," *Training*, ottobre 1995, 102-118.
94. Janet P. Near e Marcia P. Miceli, "Effective Whistle-Blowing," *Academy of Management Review* 20, n. 3 (1995), 679-708.
95. Jene G. James, "Whistle-Blowing: Its Moral Justification," in Peter Madsen e Jay M. Shafritz, a cura di, *Essentials of Business Ethics* (New York: Meridian Books, 1990), 160-190; Janet P. Near, Terry Morehead Dworkin e Marcia P. Miceli, "Explaining the Whistle-Blowing

Process: Suggestions from Power Theory and Justice Theory," *Organization Science* 4 (1993), 393-411.
96. Christine Seib e Alexandra Frean, "Lehman Whistleblower Lost Job Month After Speaking Out," *The Times*, 17 marzo 2010.
97. Christian Berthelsen, "Whistleblower to Get Big Payment in Bank of New York–Virginia Deal," *The Wall Street Journal*, 9 novembre 2012, C1.
98. Schwartz, "Developing and Sustaining an Ethical Corporate Culture."
99. "Setting the Standard," Lockheed Martin's Web site, http://www.lockheedmartin.com/exeth/html/code/code.html (consultato il 7 agosto 2001).
100. Schwartz, "Developing and Sustaining an Ethical Corporate Culture."
101. Katharina Bart, "UBS Lays Out Employee Ethics Code," *The Wall Street Journal*, 12 gennaio 2010, http://online.wsj.com/article/SB10001424052748704586504574653901865050062.html?KEYWORDS=%22Ubs+lays+out+employee+ethics+code%22 (consultato il 15 gennaio 2010).
102. Carl Anderson, "Values-Based Management," *Academy of Management Executive* 11, n. 4 (1997), 25-46.
103. Ronald E. Berenbeim, *Corporate Ethics Practices* (New York: The Conference Board, 1992).
104. Jerry G. Kreuze, Zahida Luqmani e Mushtaq Luqmani, "Shades of Gray," *Internal Auditor* (aprile 2001), 48.
105. Vanessa Fuhrmans, "Amazon Acts on German Controversy; Online Retailer Cuts Ties with Security Firm After a Television Documentary on Working Conditions," *The Wall Street Journal*, 19 febbraio 2013, B3.
106. Jens Hansegard, Tripti Lahiri e Chritina Passariello, "Retailers' Dilemma: To Ax or Help Fix Bad Factories," *The Wall Street Journal*, 28 maggio 2011, http://online.wsj.com /article/SB10001424127887323336104578501143973731324.html (consultato il 5 settembre 2013).
107. S. C. Schneider, "National vs. Corporate Culture: Implications for Human Resource Management," *Human Resource Management*, estate 1988, 239; Terence Jackson, "Cultural Values and Management Ethics: A 10-Nation Study," *Human Relations* 54, n. 10 (2001), 1267-1302.
108. K. Matthew Gilley, Christopher J. Robertson e Tim C. Mazur, "The Bottom-Line Benefits of Ethics Code Commitment," *Business Horizons* 53 (2010), 31-37.
109. Adattamento di Dorothy Marcic da Allayne Barrilleaux Pizzolatto, "Ethical Management: An Exercise in Understanding Its Power," *Journal of Management Education* 17, no. 1 (febbraio 1993), 107-109.

Capitolo 11

1. Rachel Emma Silverman, "The Science of Serendipity in the Workplace," *The Wall Street Journal*, 1 maggio 2013, B1.
2. *Ibidem.*
3. Greg Lindsay, "Looking Beyond the Cube," *Fast Company*, marzo 2013, 34-38.
4. Silverman, "The Science of Serendipity in the Workplace."
5. Citato in Anne Fisher, "America's Most Admired Companies," *Fortune*, 17 marzo 2008, 65-67.
6. Basato su John P. Kotter, *The New Rules: How to Succeed in Today's Post-Corporate World* (New York: The Free Press, 1995); Steve Lohr, "How Crisis Shapes the Corporate Model," *The New York Times*, 29 marzo 2009, BU4; David K. Carr, Kelvin J. Hard e William J. Trahant, *Managing the Change Process: A Field Book for Change Agents, Consultants, Team Leaders, and Reengineering Managers* (New York: McGraw-Hill, 1996); Joseph McCann, "Organizational Effectiveness: Changing Concepts for Changing Environments," *Human Resource Planning* 27, no. 1 (2004), 42-50.
7. L'analisi dei tre tipi di cambiamento si basa in parte su Joseph McCann, "Organizational Effectiveness: Changing Concepts for Changing Environments."
8. Daisuke Wakabayashi, "The Point-and-Shoot Camera Faces Its Existential Moment," *The Wall Street Journal*, 30 luglio 2013, http://online.wsj.com/article/SB10001424127887324251504578580263719432252.html (consultato il 26 agosto 2013).
9. Melissa A. Korn, "Coursera Defends MOOCs as Road to Learning," *The Wall Street Journal*, 15 maggio 2013, B5.
10. Clayton M. Christensen e Michael B. Horn, "Innovation Imperative: Change Everything," *The New York Times*, 1 novembre 2013, http://www.nytimes.com/2013/11/03 /education/edlife/online-education-as-an-agent-of-transformation.html?_r=0 (consultato il 15 maggio 2014).
11. Kurt Eichenwald, "Microsoft's Lost Decade," *Vanity Fair*, agosto 2012, 108-135; Don Clark, "Microsoft, Intel Brave a Mobile World," *The Wall Street Journal*, 15 aprile 2013, B2.
12. "The World's 50 Most Innovative Companies," *Fast Company*, marzo 2014, 74-148.
13. Joseph E. McCann, "Design Principles for an Innovating Company," *Academy of Management Executive* 5 (maggio 1991), 76-93.
14. Teri Evans, "Entrepreneurs Seek to Elicit Workers' Ideas—Contests with Cash Prizes and Other Rewards Stimulate Innovation in Hard Times," *The Wall Street Journal*, 22 dicembre 2009, B7.
15. James R. Hagerty, "With Bottle-Fillers in Mind, the Water Fountain Evolves," *The Wall Street Journal*, 24 marzo 2013, B1.
16. Jon Katzenbach e Zia Khan, "Leading Outside the Lines," *Strategy + Business*, 26 aprile 2010, http://www.strategy-business.com/article/10204?gko=788c9 (consultato il 9 settembre 2010).
17. Erin White, "How a Company Made Everyone a Team Player," *The Wall Street Journal*, 13 agosto 2007, B1, B7.
18. Judy Oppenheimer, "A Top Cop Who Gets It," *More*, giugno 2009, 86-91, 144.
19. Richard A. Wolfe, "Organizational Innovation: Review, Critique and Suggested Research Directions," *Journal of Management Studies* 31, n. 3 (maggio 1994), 405-431.
20. John L. Pierce e Andre L. Delbecq, "Organization Structure, Individual Attitudes and Innovation," *Academy of Management Review* 2 (1977), 27-37; Michael Aiken e Jerald Hage, "The Organic Organization and Innovation," *Sociology* 5 (1971), 63-82.
21. Richard L. Daft, "Bureaucratic versus Non-bureaucratic Structure in the Process of Innovation and Change," in Samuel B. Bacharach, a cura di, *Perspectives in Organizational Sociology: Theory and Research* (Greenwich, CT: JAI Press, 1982), 129-166.
22. Alan D. Meyer e James B. Goes, "Organizational Assimilation of Innovations: A Multilevel Contextual Analysis," *Academy of Management Journal* 31 (1988), 897-923.
23. Richard W. Woodman, John E. Sawyer, e Ricky W. Griffi , "Toward a Theory of Organizational Creativity," *Academy of Management Re-*

view 18 (1993), 293-321; Alan Farnham, "How to Nurture Creative Sparks," *Fortune*, 10 gennaio 1994, 94-100.

24. John Grossman, "Strategies: Thinking Small," *Inc.*, agosto 2004, 34-36.
25. Robert I. Sutton, "Weird Ideas That Spark Innovation," *MIT Sloan Management Review* (inverno 2002), 83-87; Robert Barker, "The Art of Brainstorming," *BusinessWeek*, 26 agosto 2002, 168-169; Gary A. Steiner, a cura di, *The Creative Organization* (Chicago: University of Chicago Press, 1965), 16-18; James Brian Quinn, "Managing Innovation: Controlled Chaos," *Harvard Business Review*, maggio-giugno 1985, 73-84.
26. Thomas M. Burton, "Flop Factor: By Learning from Failures, Lilly Keeps Drug Pipeline Full," *The Wall Street Journal*, 21 aprile 2004, A1, A12.
27. Hiroko Tabuchi, "How the Parade Passed Sony By," *The New York Times*, 15 aprile 2012, BU1.
28. John P. Kotter, *Leading Change* (Boston: Harvard Business School Press, 1996), 20-25; John P. Kotter, "Leading Change," *Harvard Business Review*, marzo-aprile 1995, 59-67.
29. G. Tomas M. Hult, Robert F. Hurley e Gary A. Knight, "Innovativeness: Its Antecedents and Impact on Business Performance," *Industrial Marketing Management* 33 (2004), 429-438.
30. Burton, "Flop Factor."
31. D. Bruce Merrifield, "Intrapreneurial Corporate Renewal," *Journal of Business Venturing* 8 (settembre 1993), 383-389; Linsu Kim, "Organizational Innovation and Structure," *Journal of Business Research* 8 (1980), 225-245; Tom Burns e G.M. Stalker, *The Management of Innovation* (London: Tavistock Publications, 1961).
32. Robert B. Duncan, "The Ambidextrous Organization: Designing Dual Structures for Innovation," in Ralph H. Killman, Louis R. Pondy e Dennis Slevin, a cura di, *The Management of Organization* 1 (New York: North-Holland, 1976), 167-188; M. L. Tushman e C. A. O'Reilly III, "Building an Ambidextrous Organization: Forming Your Own 'Skunk Works,'" *Health Forum Journal* 42, no. 2 (marzo-aprile 1999), 20-23; J. C. Spender ed Eric H. Kessler, "Managing the Uncertainties of Innovation: Extending Thompson (1967)," *Human Relations* 48, no. 1 (1995), 35-56.
33. Julian Birkinshaw e Kamini Gupta, "Clarifying the Distinctive Contribution of Ambidexterity to the Field of Organization Studies," *The Academy of Management Perspectives* 27, no. 4 (2013), 287-298; Constantine Andriopoulos e Marianne W. Lewis, "Managing Innovation Paradoxes: Ambidexterity Lessons from Leading Product Design Companies," *Long Range Planning* 43 (2010), 104-122; Charles A. O'Reilly III e Michael L. Tushman, "The Ambidextrous Organization," *Harvard Business Review*, aprile 2004, 74-81; Sebastian Raisch e Julian Birkinshaw, "Organizational Ambidexterity: Antecedents, Outcomes, and Moderators," *Journal of Management* 34, no 3 (giugno 2008), 375-409.
34. J. G. March, "Exploration and Exploitation in Orgniazational Learning," *Organization Science* 2 (1991), 71-87; R. Duane Ireland e Justin W. Webb, "Crossing the Great Divide of Strategic Entrepreneurship: Transitioning Between Exploration and Exploitation," *Business Horizons* 52 (2009), 469-479. Per una panoramica della ricerca su esplorazione e sfruttamento, si vedano A.K. Gupta, K.G. Smith e C.E. Shalley, "The Interplay Between Exploration and Exploitation," *Academy of Management Journal* 49. no.4 (2006), 693-706.
35. M. H. Lubatkin, Z. Simsek, Y. Ling e J. F. Veiga, "Ambidexterity and Performance in Small-to Medium-Sized Firms: The Pivotal Role of Top Management Team Behavioral Integration," *Journal of Management* 32, no. 5 (ottobre 2006), 646-672; O'Reilly III e Tushman, "The Ambidextrous Organization."
36. Tushman e O'Reilly, "Building an Ambidextrous Organization."
37. Barry Jaruzelski, John Loehr e Holman, "Making Ideas Work," *Strategy + Business* (inverno 2012), 2-14.
38. J. C. Spender e Bruce Strong, "Who Has Innovative Ideas? Employees." *The Wall Street Journal,* 23 agosto 2010, R5; Rachel Emma Silverman, "How to Be Like Apple," *The Wall Street Journal,* 29 agosto 2011, http://online.wsj.com /article/SB100014240531119 04009304576532842667854706.html (consultato il 16 settembre 2011).
39. Erik Brynjolfsson e Michael Schrage, "The New, Faster Face of Innovation; Thanks to Technology, Change Has Never Been So Easy or So Cheap," *The Wall Street Journal,* 17 agosto 2009; Vindu Goel, "Why Google Pulls the Plug," *The New York Times,* 15 febbraio 2009.
40. Darren Dahl, "Technology: Pipe Up, People! Rounding Up Staff Ideas," *Inc.*, febbraio 2010, 80-81.
41. Roger L. Martin, "The Innovation Catalysts," *Harvard Business Review,* giugno 2011, 82-87.
42. Spender e Strong, "Who Has Innovative Ideas?"
43. Austin Carr, "The Hard Sell at Taco Bell," *Fast Company*, luglio-agosto 2013, 36-38.
44. Dahl, "Technology: Pipe Up, People!"
45. Edward F. McDonough III e Richard Leifer, "Using Simultaneous Structures to Cope with Uncertainty," *Academy of Management Journal* 26 (1983), 727-735.
46. Michael L. Tushman, Wendy K. Smith e Andy Binns, "The Ambidextrous CEO," *Harvard Business Review,* giugno 2011, 74-80.
47. Todd Datz, "Romper Ranch," *CIO Enterprise* Section 2 (15 maggio 1999), 39-52.
48. Paul S. Adler, Barbara Goldoftas e David I. Levine, "Ergonomics, Employee Involvement, and the Toyota Production System: A Case Study of NUMMI's 1993 Model Introduction," *Industrial and Labor Relations Review* 50, n. 3 (aprile 1997), 416-437.
49. Judith R. Blau e William McKinley, "Ideas, Complexity, and Innovation," *Administrative Science Quarterly* 24 (1979), 200-219.
50. Peter Landers, "Back to Basics; With Dry Pipelines, Big Drug Makers Stock Up in Japan," *The Wall Street Journal*, 24 novembre 2003, A1, A7.
51. Sherri Eng, "Hatching Schemes," *The Industry Standard*, 27 novembre-4 dicembre 2000, 174-175.
52. Donald F. Kuratko, Jeffrey G. Covin e Robert P. Garrett, "Corporate Venturing: Insights from Actual Performance," *Business Horizons* 52 (2009), 459-467.
53. Brad Stone, *The Everything Store: Jeff Bezos and the Age of Amazon* (New York: Little Brown), 199.
54. Christopher Hoenig, "Skunk Works Secrets," *CIO*, 1 luglio 2000, 74-76.
55. Claire Cain Miller e Nick Bilton, "Google's Lab of Wildest Dreams," *The New York Times*, 13 novembre 2011, www.nytimes.com/2011/11/14/technology/ at-google-x-a-top-secret-lab-dreaming-up-the-future.html?pagewanted=all (consultato il 14 novembre 2011).
56. David Dobson, "Integrated Innovation at Pitney Bowes," *Strategy*

+ *Business Online*, 26 ottobre 2009, http://www.strategy-business.com/article/09404b?gko=f9661 (consultato il 30 dicembre 2009); James I. Cash, Jr., Michael J. Earl e Robert Morison, "Teaming Up to Crack Innovation and Enterprise Integration," *Harvard Business Review*, novembre 2008, 90-100.

57. Arkadi Kuhlmann, "Reinventing Innovation," *Ivey Business Journal*, maggio-giugno 2010, 6.
58. Jane M. Howell e Christopher A. Higgins, "Champions of Technology Innovation," *Administrative Science Quarterly* 35 (1990), 317-341; Jane M. Howell and Christopher A. Higgins, "Champions of Change: Identifying, Understanding, and Supporting Champions of Technology Innovations," *Organizational Dynamics* (estate 1990), 40-55.
59. Rachel Feintzeig, "Office 'Influencers' Are In High Demand," *The Wall Street Journal*, 12 febbraio 2014, http://online.wsj.com/news/articles/SB10001424052702303874504579375313680290816 (consultato il 20 maggio 2014).
60. Thomas J. Peters e Robert H. Waterman, Jr., *In Search of Excellence* (New York: Harper & Row, 1982).
61. Curtis R. Carlson e William W. Wilmot, *Innovation: The Five Disciplines for Creating What Customers Want* (New York: Crown Business, 2006).
62. Robert I. Sutton, "The Weird Rules of Creativity," *Harvard Business Review*, settembre 2001, 94-103; Julian Birkinshaw e Michael Mol, "How Management Innovation Happens," *MIT Sloan Management Review* (estate 2006), 81-88; vedi Lionel Roure, "Product Champion Characteristics in France and Germany," *Human Relations* 54, n. 5 (2001), 663-682 per una rassegna della letteratura sui champion di prodotto.
63. Peter Lewis, "Texas Instruments' Lunatic Fringe," *Fortune,* 4 settembre 2006, 120-128.
64. Joan Schneider e Julie Hall, "Why Most Product Launches Fail," *Harvard Business Review*, aprile 2011, 21-23; G.A. Stevens e J. Burley, "3,000 Raw Ideas = 1 Commercial Success!" *Research Technology Management* 40, no. 3 (maggio-giugno 1997), 16-27; R. P. Morgan, C. Kruytbosch e N. Kannankutty, "Patenting and Invention Activity of U.S. Scientists and Engineers in the Academic Sector: Comparisons with Industry," *Journal of Technology Transfer* 26 (2001), 173-183; Edwin Mansfiled, J. Rapaport, J. Schnee, S. Wagner e M. Hamburger, *Research and Innovation in Modern Corporations* (Nerw York: Norton, 1971); Christopher Power con Kathleen Kerwin, Ronald Grover, Keith Alexander e Robert D. Hof, "Flops," *BusinessWeek* (16 agosto 1993), 76-82; Modesto A. Maidique e Billie Jo Zirger, "A Study of Success and Failure in Product Innovation: The Case of the U.S. Electronics Industry," *IEEE Transactions in Engineering Management* 31 (novembre 1984), 192-203.
65. Claire Cain Miller, "Back to the Drawing Board for Nexus Q," *The New York Times*, 9 agosto 2012, B1; Doug Gross, "The Top 10 Tech Fails of 2012," CNN Tech Website, 28 dicembre 2012, http://www.cnn.com/2012/12/28/tech /web/tech-fails-2012/index.html?hpt=hp_bn5 (consultato il 20 maggio 2014).
66. Holman W. Jenkins, Jr., "The Microsoft Solution," *The Wall Street Journal Europe,* 29 luglio 2010, 13.
67. Schneider e Hall, "Why Most Product Launches Fail."
68. Andrew Bordeaux, "10 Famous Product Failures and the Advertisements That Did Not Sell Them," *Growthink.com,* 17 dicembre 2007, http://www.growthink.com/content/10-famous-product-failures-and-advertisements-did-not-sell-them (consultato il 16 settembre 2011); Jane McGrath, "Five Failed McDonald's Menu Items," HowStuffWorks.com, http://money.howstuffworks.com/5-failed-mcdonalds-menu-items3.htm (consultato il 16 settembre 2011).
69. Linton, Matysiak & Wilkes Inc., risultati dello studio riportati in "Market Study Results Realeased: New Product Introduction Success, Failure Rates Analyzed," *Frozen Food Digest*, 1 luglio 1007.
70. Deborah Dougherty e Cynthia Hardy, "Sustained Product Innovation in Large, Mature Organizations: Overcoming Innovation-to-Organization Problems," *Academy of Management Journal* 39, n. 5 (1996), 1120-1153.
71. M. Adams e la Product Development and Management Association, "Comparative Performance Assessment Study 2004," acquistabile sul sito http://www.pdma.prg. Risultati riportati in Jeff Cope, "Lessons Learned – Commercialization Success Rates: A Brief Review," newsletter *RTI Tech Ventures*, 4, no. 4 (dicembre 2007).
76. *Ibidem*.
73. Annie Lowrey, "Ideas on an Assembly Line," *The New York Times*, 14 dicembre 2012, B1.
74. Shona L. Brown e Kathleen M. Eisenhardt, "Product Development: Past Research, Present Findings, and Future Directions," *Academy of Management Review* 20, n. 2 (1995), 343-378; F. Axel Johne e Patricia A. Snelson, "Success Factors in Product Innovation: A Selective Review of the Literature," *Journal of Product Innovation Management* 5 (1988), 114-128; Antonio Bailetti e Paul F. Litva, "Integrating Customer Requirements into Product Designs," *Journal of Product Innovation Management* 12 (1995), 3-15; Jay W. Lorsch e Paul R. Lawrence, "Organizing for Product Innovation," *Harvard Business Review* (gennaio-febbraio 1965), 109-122; Science Policy Research Unit, University of Sussex, *Success and Failure in Industrial Innovation* (London: Centre for the Study of Industrial Innovation, 1972).
75. Studio citato in Mike Gordon, Chris Musso, Eric Rebentisch e Nisheeth Gupta, "Business Insight (A Special Report): Innovation—The Path to Developing Successful New Products," *The Wall Street Journal,* 30 novembre 2009, R5.
76. Dorothy Leonard e Jeffrey F. Rayport, "Spark Innovation through Empathic Design," *Harvard Business Review*, novembre-dicembre 1997, 102-113.
77. Bruce Brown e Scott D. Anthony, "How P&G Tripled Its Innovation Success Rate," *Harvard Business Review,* giugno 2011, 64-72.
78. Janet Rae-Dupree, "Even the Giants Can Learn to Think Small," *The New York Times*, 3 agosto 2008, BU4; Mike Ramsey e Norihiko Shirouzu, "Toyota Is Changing How It Develops Cars," *The Wall Street Journal,* 5 luglio 2010, http://www.in.com/news/business/fullstory-toyota-is-changing-how-it-develops-cars-14559691-in-1.html (consultato il 16 settembre 2011); Tim Higgins, "GM Adds Team to Focus on Safety During Car Development," *Bloomberg*, 16 aprile 2014, http://www.bloomberg.com /news/2014-04-15/barra-adds-team-to-focus-on-safety-of-gm-vehicles-in-development.html (consultato il 24 maggio 2014).
79. Brown e Eisenhardt, "Product Development"; Dan Dimancescu e Kemp Dwenger, "Smoothing the Product Development Path," *Management Review*, gennaio 1996, 36-41.
80. William J. Holstein, "Five Gates to Innovation," *Strategy + Business,* 1 marzo 2010, www.strategy-business.com/article/00021?gko=0bd39 (consultato il 16 settembre 2011); "Corning: For Becoming the

800-Pound Gorilla of the Touch Screen Business," segmento di "The World's 50 Most Innovative Companies," *Fast Company*, marzo 2013, 86-156.

81. Kenneth B. Kahn, "Market Orientation, Interdepartmental Integration, and Product Development Performance," *The Journal of Product Innovation Management* 18 (2001), 314-323; Ali E. Akgün, Gary S. Lynn, e John C. Byrne, "Taking the Guesswork Out of New Product Development: How Successful High-Tech Companies et That Way," *Journal of Business Strategy* 25, n. 4 (2004), 41-46.
82. La discussione sull'innovazione aperta si basa su Henry Chesbrough, *Open Innovation* (Boston, MA: Harvard Business School Press, 2003); Henry Chesbrough,"The Era of Open Innovation," *MIT Sloan Management Review* (primavera 2003), 35-41; Julian Birkinshaw e Susan A. Hill, "Coporate Venturing Units: Vehicles for Strategic Success in the New Europe," *Organizational Dynamics* 34, no. 3 (2005), 247-257; Amy Muller e Liisa Valikangas, "Extending the Boundary of Coporate Innovation," *Strategy & Leadership* 30, no.3 (2002), 4-9; Navi Radjou, "Networked Innovation Drives Profits," *Industrial Management*, gennaio-febbraio 2005, 14-21.
83. Chesbrough, *Open Innovation*.
84. Amy Muller, Nate Hutchins e Miguel Cardoso Pinto, "Applying Open Innovation Where Your Company Needs It Most," *Strategy & Leadership* 40, no. 2 (2012), 35-42.
85. Martin W. Wallin e Georg Von Krogh, "Organizing for Open Innovation: Focus on the Integration of Knowledge," *Organizational Dynamics* 39, no. 2 (2010), 145-154. Bettina von Stamm, "Collaboration with Other Firms and Customers: Innovation's Secret Weapon," *Strategy & Leadership* 32, no. 3 (2004), 16-20; Bas Hillebrand e Wim G. Biemans, "Links between Internal and External Cooperation in Product Development: An Exploratory Study," *The Journal of Product Innovation Management* 21 (2004) 110-122.
86. Barry Jaruzelski e Richard Holman, "Casting a Wide Net: Building the Capabilities for Open Innovation," *Ivey Business Journal*, marzo-aprile 2011, http://www.iveybusinessjournal.com/topics/innovation/casting-a-wide-net-building-the-capabilities-for-open-innovation (consultato il 19 settembre 2011).
87. A. G. Lafley e Ram Charan, *The Game Changer: How You Can Drive Revenue and Profit Growth with Innovation* (New York: Crown Business, 2008); Larry Huston e Nabil Sakkab, "Connect and Develop; Inside Procter & Gamble's New Model for Innovation," *Harvard Business Review*, marzo 2006,58-66; G. Gil Cloyd, "P&G's Secret: Innovating Innovation," *Industry Week*, dicembre 2004, 26-34.
88. Farhad Manjoo, "Apple Nation," *Fortune*, luglio-agosto 2010, 68-112; Jorge Rufat-Latre, Amy Muller e Dave Jones, "Delivering on the Promise of Open Innovation," *Strategy & Leadership* 38, no. 6 (2010), 23-28.
89. David Lerman e Liz Smith, "Wanted: Big Ideas from Small Fry," *Bloomberg BusinessWeek*, 30 agosto-5 settembre 2010, 49-51; Steve Lohr, "The Crowd Is Wise (When It's Focused)," *The New York Times*, 19 luglio 2009, BU4; S. Lohr, "The Corporate Lab As Ringmaster," *The New York Times*, 16 agosto 2009, BU3.
90. Kevin J. Boudreau e Karim R. Lakhani, "Using the Crowd as an Innovation Partner," *Harvard Business Review*, aprile 2013, 61-67; Andy Meek "May the Best Business Win; Innovation Contests Can Spur New Products—and Boost Worker Morale," *Inc.*, febbraio 2012, 86-87.
91. Meek "May the Best Business Win."
92. Olivier Leclerc e Mihnea Moldoveanu, "Five Routes to More Innovative Problem Solving," *McKinsey Quarterly*, aprile 2013, http://www.mckinsey.com/insights/strategy/five_routes_to_more_innovative_problem_solving (consultato il 14 maggio 2013).
93. Sabrina Adamczyk, Angelika C. Bullinger e Kathrin M. Möslein, "Innovation Contests: A Review, Classification and Outlook," *Creativity and Innovation Management* 21, no. 4 (2012), 335-355.
94. Riportato in Jill Jusko, "A Team Effort," *Industry Week*, gennaio 2007, 42, 45.
95. John A. Pearce II, "Speed Merchants," *Organizational Dynamics* 30, n. 3 (2002), 191-205; Kathleen M. Eisenhardt e Behnam N. Tabrizi, "Accelerating Adaptive Processes: Product Innovation in the Global Computer Industry," *Administrative Science Quarterly* 40 (1995), 84-110; Dougherty e Hardy, "Sustained Product Innovation in Large, Mature Organizations"; Karne Bronikowski, "Speeding New Products to Market," *Journal of Business Strategy*, settembre-ottobre 1990, 34-37.
96. Pinar Cankurtaran, Fred Langerak e Abbie Griffin, "Consequences of New Product Development Speed: A Meta-Analysis," *Journal of Product Innovation Management* 30, no. 3 (2013), 465-486.
97. Susan Berfield e Manuel Baigorri, "Zara's Fast Fashion Edge," *Bloomberg BusinessWeek*, 13 novembre 2013, http://www.businessweek.com/articles/2013-11-14/2014-outlook-zaras-fashion-supply-chain-edge (consultato il 20 maggio 2014); Brad Kenney, "Callaway Improves Long Game with Collaborative Tech," *Industry Week*, giugno 2008, 72.
98. Paul A. Eisenstein, "Not Your Dad's Chrysler: Fiat Merger Brings Exotic Cars, Style," *NBC News*, 12 maggio 2014, http://www.nbcnews.com/business/autos/not-your-dads-chrysler-fiat-merger-brings-exotic-cars-style-n103006 (consultato il 20 maggio 2014); Bernie Woodall, "Fiat Chrysler Will Be OK If It Misses Lofty Targets: Marchionne," *Reuters*, 13 maggio 2014, http://www.reuters.com/article/2014/05/13 /us-fiat-chrysler-markets-idUSBREA4C0XI20140513 (consultato il 20 maggio 2014); Alex Taylor III, "Chrysler's Speed Merchant," *Fortune*, 6 settembre 2010, 77-82.
99. "The World's 50 Most Innovative Companies," *Fast Company*, marzo 2014, 74-148 (Dodge è a pagina 86).
100. Raymond E. Miles, Henry J. Coleman, Jr., e W. E. Douglas Creed, "Keys to Success in Corporate Redesign," *California Management Review* 37, n. 3 (primavera 1995), 128-145.
101. David C. Robertson con Bill Breen, *Brick by Brick: How LEGO Rewrote the Rules of Innovation and Conquered the Global Toy Industry* (New York: Crown Business, 2013), 265-266.
102. Julian Birkinshaw, Gary Hamel e Michael J. Mol, "Management Innovation," *Academy of Management Review* 33, no. 4 (2008), 825-845.
103. Reena Jana, "From India, The Latest Management Fad," *BusinessWeek*, 14 dicembre 2009, 57; *Navi Radjou*, "Jugaad: The Art of Converting Adversity Into Opportunity," *Forbes* (23 marzo 2014), http://www.forbes.com/sites/ashoka/2014/03/23/jugaad-the-art-of-converting-adversity-into-opportunity/ (consultato il 24 maggio 2014); Rebecca Bundhun, "Home and Away: Indians Successful All Around the World, *The National*, 24 maggio 2014, http://www.thenational.ae/business/industry-insights/economics /home-and-away-indians-successful-all-around-the-world (consultato il 24 maggio 2014).
104. Fariborz Damanpour e William M. Evan, "Organizational Innovation

and Performance: The Problem of 'Organizational Lag'," *Administrative Science Quarterly* 29 (1984), 392-409; David J. Teece, "The Diffusion of an Administrative Innovation," *Management Science* 26 (1980), 464-470; John R. Kimberly e Michael J. Evaniski, "Organizational Innovation: The Influence of Individual, Organizational and Contextual Factors on Hospital Adoption of Technological and Administrative Innovation," *Academy of Management Journal* 24 (1981), 689-713; Michael K. Moch e Edward V. Morse, "Size, Centralization, and Organizational Adoption of Innovations," *American Sociological Review* 42 (1977), 716-725; Mary L. Fennell, "Synergy, Influence, and Information in the Adoption of Administrative Innovation," *Academy of Management Journal* 27 (1984), 113-129.

105. Richard L. Daft, "A Dual-Core Model of Organizational Innovation," *Academy of Management Journal* 21 (1978), 193-210.
106. Daft, "Bureaucratic versus Nonbureaucratic Structure"; Robert W. Zmud, "Diffusion of Modern Software Practices: Influence of Centralization and Formalization," *Management Science* 28 (1982), 1421-1431.
107.Daft, "A Dual-Core Model of Organizational Innovation"; Zmud, "Diffusion of Modern Software Practices."
108. Fariborz Damanpour, "The Adoption of Technological, Administrative, and Ancillary Innovations: Impact of Organizational Factors," *Journal of Management* 13 (1987), 675-688.
109. Gregory H. Gaertner, Karen N. Gaertner, e David M. Akinnusi, "Environment, Strategy, and the Implementation of Administrative Change: The Case of Civil Service Reform," *Academy of Management Journal* 27 (1984), 525-543.
110. Claudia Bird Schoonhoven e Mariann Jelinek, "Dynamic Tension in Innovative, High Technology Firms: Managing Rapid Technology Change through Organization Structure," in Mary Ann Von Glinow e Susan Albers Mohrman, a cura di, *Managing Complexity in High Technology Organizations* (New York: Oxford University Press, 1990), 90-118.
111. Jeanne Whalen, "Glaxo Tries Biotech Model to Spur Drug Innovations," *The Wall Street Journal,* 1 luglio 2010, A1.
112. Sally Helgesen, "An Extreme Take on Restructuring: No Job Titles, No Managers, No Politics," *Strategy + Business*, 11 febbraio 2014, http://www.strategy-business.com/blog/An-Extreme-Take-on-Restructuring-No-Job-Titles?gko=9b214 (consultato il 21 maggio 2014); Camille Sweeney e Josh Gosfield, "No Managers Required: How Zappos Ditched the Old Corporate Structure for Something New," *Fast Company*, 6 gennaio 2014, http://www.fastcompany.com/3024358/bottom-line/no-managers-required-how-zappos-ditched-the-old-corporate-structure-for-somethin (consultato il 16 giugno 2014).
113. David Ulm e James K. Hickel, "What Happens after Restructuring?" *Journal of Business Strategy*, luglio-agosto 1990, 37-41; John L. Sprague, "Restructuring and Corporate Renewal: A Manager's Guide," *Management Review*, marzo 1989, 34-36.
114. Stan Pace, "Rip the Band-Aid Off Quickly," *Strategy & Leadership* 30, n. 1 (2002), 4-9.
115. Benson L. Porter e Warrington S. Parker, Jr., "Culture Change," *Human Resource Management* 31 (primavera-estate 1992), 45-67.
116. Atsuko Fukase, "New CEO, New Mizuho Culture," *The Asian Wall Street Journal,* 23 giugno 2011, 22.
117. Riportato in "Mergers Don't Consider Cultures," *ISHN,* settembre 2011, 14.
118. Joann S. Lublin, "Bringing Hidden Biases Into the Light," *The Wall Street Journal Online*, 9 gennaio 2014, http://online.wsj.com/news/articles/SB10001424052702303754404579308562690896896 (consultato il 30 maggio 2014).
119. W. Warner Burke, "The New Agenda for Organization Development," in Wendell L. French, Cecil H. Bell, Jr., e Robert A. Zawacki, *Organization Development and Transformation: Managing Effective Change* (Burr Ridge, IL: Irwin McGraw-Hill, 2000), 523-535.
120. W. Warner Burke, *Organization Development: A Process of Learning and Changing*, 2nd ed. (Reading, MA: Addison-Wesley, 1994); Wendell L. French e Cecil H. Bell, Jr., "A History of Organization Development," in French, Bell e Zawacki, *Organization Development and Transformation*, 20-42.
121. French e Bell, "A History of Organization Development."
122. Le informazioni sull'intervento su grandi gruppi sono basate su Kathleen D. Dannemiller e Robert W. Jacobs, "Changing the Way Organizations Change: A Revolution of Common Sense," *The Journal of Applied Behavioral Science* 28, n. 4 (dicembre 1992), 480-498; Barbara B. Bunker e Billie T. Alban, "Conclusion: What Makes Large Group Interventions Effective?" *The Journal of Applied Behavioral Science* 28, n. 4 (dicembre 1992), 570-591; Marvin R. Weisbord, "Inventing the Future: Search Strategies for Whole System Improvements," in French, Bell e Zawacki, *Organization Development and Transformation*, 242-250.
123. Marvin Weisbord e Sandra Janoff, "Faster, Shorter, Cheaper May Be Simple; It's Never Easy," *The Journal of Applied Behavioral Science* 41, no.1 (marzo 2005), 70-82.
124. J. Quinn, "What a Workout!" *Performance*, novembre 1994, 58-63; Bunker e Alban, "Conclusion: What Makes Large Group Interventions Effective?"
125. Dave Ulrich, Steve Kerr e Ron Ashkenas, con Debbie Burke e Patrice Murphy, *The GE Work Out: How to Implement GÈs Revolutionary Method for Busting Bureaucracy and Attacking Organizational Problems. Fast!* (New York: McGraw-Hill, 2002).
126. Paul F. Buller, "For Successful Strategic Change: Blend OD Practices with Strategic Management," *Organizational Dynamics* (inverno 1988), 42-55.
127. Norm Brodsky, "Everybody Sells," (rubrica Street Smarts), *Inc.*, giugno 2004, 53-54.
128. Shawn Tully, "Can UnitedHealth Really Fix the System?" *Fortune*, 29 maggio 2013, 187-194.
129. *Ibidem.*
130. Pierre Loewe e Jennifer Dominiquini, "Overcome the Barriers to Effective Innovation," *Strategy & Leadership* 34, no. 1 (2006), 24-31
131. Bernard M. Bass, "Theory of Transformational Leadership Redux," *Leadership Quarterly* 6, n. 4 (1995), 463-478; Dong I. Jung, Chee Chow e Anne Wu, "The Role of Transformational Leadership in Enhancing Organizational Innovation: Hypotheses and Some Preliminary Findings," *The Leadership Quarterly* 14 (2003), 525-544.
132. Todd Datz, "No Small Change," *CIO,* 15 febbraio 2004, 66-72.
133. Queste tecniche sono basate parzialmente sul modello a otto fasi del cambiamento organizzativo programmato proposto da John P. Kotter: Kotter, *Leading Change*, 20-25.
134. Everett M. Rogers e Floyd Shoemaker, *Communication of Innovations: A Cross Cultural Approach*, 2nd ed. (New York: Free Press, 1971);

Stratford P. Sherman, "Eight Big Masters of Innovation," *Fortune* (15 ottobre 1984), 66-84.

135. Richard L. Daft e Selwyn W. Becker, *Innovation in Organizations* (New York: Elsevier, 1978); John P. Kotter e Leonard A. Schlesinger, "Choosing Strategies for Change," *Harvard Business Review* 57 (1979), 106-114.
136. Donald F. Kuratko, Jeffrey G. Covin e Robert P. Garrett, "Corporate Venturing: Insights from Actual Performance," *Business Horizons* 52 (2009), 459-467.
137. Philip H. Mirvis, Amy L. Sales e Edward J. Hackett, "The Implementation and Adoption of New Technology in Organizations: The Impact on Work, People, and Culture," *Human Resource Management* 30 (primavera 1991), 113-139; Arthur E. Wallach, "System Changes Begin in the Training Department," *Personnel Journal* 58 (1979), 846-848, 872; Paul R. Lawrence, "How to Deal with Resistance to Change," *Harvard Business Review* 47 (gennaio-febbraio 1969), 4-12, 166-176.
138. Julie Jargon, "Business Technology: Domino's IT Staff Delivers Slick Site, Ordering System," *The Wall Street Journal,* 24 novembre 2009, B5.
139. Darren Dahl, "Trust Me: You're Gonna Love This; Getting Employees to Embrace New Technology," *Inc.,* novembre 2008, 41.
140. Peter Richardson e D. Keith Denton, "Communicating Change," *Human Resource Management* 35, no. 2 (estate 1996), 203-216.
141. Edgar H. Schein e Warren Bennis, *Personal and Organizational Change via Group Methods* (New York: Wiley, 1965); Amy Edmondson, "Psychological Safety and Learning Behavior in Work Teams," *Administrative Science Quarterly* 44 (1999), 350-383.
142. Diane L. Coutu, "Creating the Most Frightening Company on Earth; An Interview with Andy Law of St. Luke's," *Harvard Business Review,* settembre-ottobre 2000, 143-150.
143. Lawrence G. Hrebiniak, "Obstacles to Effective Strategy Implementation," *Organizational Dynamics* 35, no. 1 (2006), 12-31.
144. Adattamento di Dorothy Marcic da Susanne G. Scott e Reginald A. Bruce, "Determinants of Innovative Behavior: A Path Model of Individual Innovation in the Workplace," *Academy of Management Journal* 37, no. 3 (1994), 580-607.

Capitolo 12

1. Jennifer Reingold, "How to Fail in Business While Really, Really Trying," *Fortune*, 7 aprile 2014, 80-90.
2. "GM Faulty Ignition Crashes Now 47," *CNN*, 25 maggio 2014, http://money.cnn.com/2014/05/24/autos/gm-faulty-ignition-crashes/ (consultato il 27 maggio 2014); Jeff Bennett, "GM Now Says It Detected Ignition Switch Problem Back in 2001," 12 marzo 2014, http://online.wsj.com/news/articles /SB10001424052702303403604579585891316612268?mod=Business_newsreel_1 (consultato il 27 maggio 2014).
3. Adam Lashinsky, "Apple Brings Back Steve Jobs," *Fortune*, 8 ottobre 2012, 178-184 (adattamento da *The Greatest Business Decisions of All Time* di Verne Harnish e dei redattori di *Fortune*); Betsy Morris, "What Makes Apple Golden?" *Fortune*, 17 marzo 2008, 68-74; E. S. Browning, Steven Russolillo e Jessica Vascellaro, "Apple Now Biggest-Ever U.S. Company," *The Wall Street Journal Europe*, 22 agosto 2012, 24; "World's Most Admired Companies," *Fortune*, http://money.cnn.com/magazines/fortune/most-admired/2014/snapshots/670.html (consultato il 28 maggio 2014).
4. Shawn Tully, "Delta Takes Off," *Fortune*, 17 marzo 2014, 114-120.
5. Charles Lindblom, "The Science of 'Muddling Through'," *Public Administration Review* 29 (1954), 79-88.
6. Herbert A. Simon, *The New Science of Management Decision* (Englewood Cliffs, NJ: Prentice-Hall, 1960), 1-8.
7. Paul J. H. Schoemaker e J. Edward Russo, "A Pyramid of Decision Approaches," *California Management Review*, autunno 1993, 9-31.
8. Andrew Bordeaux, "10 Famous Product Failures and the Advertisements That Did Not Sell Them," *Growthink.com*, 17 dicembre 2007, http://www.growthink.com/content/10-famous-product-failures-and-advertisements-did-not-sell-them (consultato il 16 settembre 2011); Jane McGrath, "Five Failed McDonald's Menu Items," HowStuffWorks.com, http://money.howstuffworks.com/5-failed-mcdonalds-menu-items3.htm (consultato il 16 settembre 2011).
9. Hugh Courtney, Dan Lovallo e Carmini Clarke, "Deciding How to Decide," *Harvard Business Review*, novembre 2013, 62-70.
10. Michael Pacanowsky, "Team Tools for Wicked Problems," *Organizational Dynamics* 23, n. 3 (inverno 1995), 36-51.
11. Russell L. Ackoff, citato in Ian I. Mitroff, Can M. Alpaslan e Richard O. Mason, "The Messy Business of Management," *MIT Sloan Management Review*, autunno 2012, 96.
12. L'idea secondo la quale in determinate circostanze una buona decisione può potenzialmente produrre un cattivo risultato è attribuita a Robert Rubin, citato in David Leonhardt, "This Fed Chief May Get a Honeymoon," *The New York Times*, 23 agosto 2006, C1.
13. David Firestone, "What Should Happen to Edward Snowden?" *The New York Times*, 2 gennaio 2014, http://takingnote.blogs.nytimes.com/2014/01/02/what-should-happen-to-edward-snowden/ (consultato il 28 maggio 2014).
14. Ylan Q. Mui, "Wal-Mart to Reinstate Dropped Products, Emphasize Price," *The Washington Post*, 11 aprile 2011, http://www.washingtonpost.com/business/economy/wal-mart-to-reinstate-products-emphasize-price/2011/04/11/AFrwLWMD_story.html (consultato il 26 settembre 2011).
15. Come descritto in una lettera di Franklin del 1772 citata in J. Edward Russo e Paul J. H. Shoemaker, *Decision Traps: Ten Barriers to Brilliant Decision-Making and How to Overcome Them*, (New York: Fireside/Simon & Schuster, 1989).
16. Karen Dillon, "The Perfect Decision" (un'intervista con John S. Hammond e Ralph L. Keeney), *Inc.*, ottobre 1998, 74-78; John S. Hammond e Ralph L. Keeney, *Smart Choices: A Practical Guide to Making Better Decisions* (Boston: Harvard Business School Press, 1998).
17. Earnest R. Archer, "How to Make a Business Decision: An Analysis of Theory and Practice," *Management Review* 69 (febbraio 1980), 54-61; Boris Blai, "Eight Steps to Successful Problem Solving," *Supervisory Management*, gennaio 1986, 7-9; Thomas S. Bateman, "Leading with Competence: Problem-Solving by Leaders and Followers," *Leader to Leader*, estate 2010, 38-44.
18. Francine Schwadel, "Christmas Sales' Lack of Momentum Tests Store Manager's Mettle," *The Wall Street Journal*, 16 dicembre 1987, 1.
19. Noel M. Tichy e Warren G. Bennis, "Making Judgment Calls: The Ultimate Act of Leadership," *Harvard Businss Review*, ottobre 2007, 94-102.
20. Adattato da Archer, "How to Make a Business Decision," 59-61.

21. Joseph V. Sinfield, Tim Gustafson e Brian Hindo, "The Discipline of Creativity," *MIT Sloan Management Review*, inverno 2014, 24-26.
22. James W. Dean, Jr., e Mark P. Sharfman, "Procedural Rationality in the Strategic Decision-Making Process," *Journal of Management Studies* 30 (1993), 587-610.
23. Brad Stone, *The Everything Store: Jeff Bezos and the Age of Amazon* (New York: Little Brown, 2013), 12-13.
24. Jörn S. Basel e Rolf Brühl, "Rationality and Dual Process Models of Reasoning in Managerial Cognition and Decision Making," *European Management Journal* 31 (2013), 745-754.
25. Joe Nocera, "BP Ignored the Omens of Disaster," *The New York Times*, 19 giugno 2010, B1.
26. Irving L. Janis, *Crucial Decisions: Leadership in Policymaking and Crisis Management* (New York: The Free Press, 1989); Paul C. Nutt, "Flexible Decision Styles and the Choices of Top Executives," *Journal of Management Studies* 30 (1993), 695-721.
27. Art Kleiner, "Core Group Therapy," *Strategy + Business,* Issue 27 (secondo trimestre 2002), 26-31.
28. Katie Benner, "Michael Dell's Dilemma," *Fortune*, 13 giugno 2011, 41-44.
29. Questo paragrafo si basa su John S. Hammond, Ralph L. Keeney e Howard Raiffa, *Smart Choices: A Practical Guide to Making Better Decisions* (Boston: Harvard Business School Press, 1999); Max H. Bazerman e Dolly Chugh, "Decisions Without Blinders," *Harvard Business Review*, gennaio 2006, 88-97; J. S. Hammond, R. L. Keeney e H. Raiffa, "The Hidden Traps in Decision Making," *Harvard Business Review*, settembre-ottobre 1998, 47-58; Oren Harari, "The Thomas Lawson Syndrome," *Management Review*, febbraio 1994, 58-61; Dan Ariely, "Q&A: Why Good CIOs Make Bad Decisions," *CIO*, 1 maggio 2003, 83-87; Leigh Buchanan, "How to Take Risks in a Time of Anxiety," *Inc.*, maggio 2003, 76-81; Max H. Bazerman, *Judgment in Managerial Decision Making*, 5th ed. (New York: John Wiley & Sons, 2002).
30. Mark Fenton-O'Creevy *et al.*, "Thinking, Feeling, and Deciding: The Influence of Emotions on the Decision Making and Performance of Traders," *Journal of Organizational Behavior* 32 (2011), 1044-1061.
31. Esempio tratto da Jerome Groopman, *How Doctors Think* (New York: Houghton Mifflin, 2007).
32. Esempio tratto da Thomas H. Davenport e Brook Manville, "From the Judgment of Leadership to the Leadership of Judgment: The Fallacy of Heroic Decision Making," *Leader to Leader*, autunno 2012, 26-31.
33. Studio di David Larcker e Brian Tayan, riportato in Michael J. Mauboussin, "The True Measures of Success," *Harvard Business Review*, ottobre 2012, 46-56.
34. Herbert A. Simon, "Making Management Decisions: The Role of Intuition and Emotion," *Academy of Management Executive* 1 (febbraio 1987), 57-64; Daniel J. Eisenberg, "How Senior Managers Think," *Harvard Business Review* 62, novembre-dicembre 1984, 80-90.
35. Jaana Woiceshyn, "Lessons from 'Good Minds': How CEOs Use Intuition, Analysis, and Guiding Principles to Make Strategic Decisions," *Long Range Planning* 42 (2009), 298-319; Ann Hensman e Eugene Sadler-Smith, "Intuitive Decision Making in Banking and Finance," *European Management Journal* 29 (2011), 51-66.
36. Eduardo Salas, Michael A. Rosen e Deborah DiazGranados, "Expertise-Based Decision Making in Organizations," *Journal of Management* 36, no. 4 (luglio 2010), 941-973; Kurt Matzler, Franz Bailom e Todd A. Mooradian, "Intuitive Decision Making," *MIT Sloan Management Review* 49, no.1 (autunno 2007), 13-15; Sefan Wally e J. Robert Baum, "Personal and Structural Determinants of the Pace of Strategic Decision Making," *Academy of Management Journal* 37, n. 4 (1994), 932-956; Orlando Behling e Norman L. Eckel, "Making Sense Out of Intuition," *Academy of Management Executive* 5, n. 1 (1991), 46-54.
37. Per un'intervista recente sulle intuizioni basate sulle competenze, si veda Salas *et al.*, "Expertise-Based Decision Making in Organizations." Si veda anche Eric Dane e Michael G. Pratt, "Exploring Intuition and Its Role in Managerial Decision Making," *Academy of Management Review* 32, no. 1 (2007), 33-54; Gary Klein, *Intuition at Work: Why Developing Your Gut Instincts Will Make You Better at What You Do* (New York: Doubleday, 2002); Milorad M. Novicevic, Thomas J. Hench e Daniel A. Wren, "'Playing By Ear... In an Incessant Din of Reasons': Chester Barnard and the History of Intuition in Management Thought," *Management Decision* 40, n. 10 (2002), 992-1002; Alden M. Hayashi, "When to Trust Your Gut," *Harvard Business Review*, febbraio 2001, 59-65; Brian R. Reinwald, "Tactical Intuition," *Military Review* 80, n. 5 (settembre-ottobre 2000), 78-88; Thomas A. Stewart, "How to Think with Your Gut," *Business 2.0*, novembre 2002, http://www.business2.com/articles (consultato il 7 novembre 2002); Henry Mintzberg e Frances Westley, "Decision Making: It's Not What You Think," *MIT Sloan Management Review*, primavera 2001, 89-93; Carlin Flora, "Gut Almighty," *Psychology Today*, maggio-giugno 2007, 68-75.
38. Benedict Carey, "Hunches Prove to Be Valuable Assets in Battle," *The New York Times*, 28 luglio 2009, A1.
39. Thomas F. Issack, "Intuition: An Ignored Dimension of Management," *Academy of Management Review* 3 (1978), 917-922.
40. Marjorie A. Lyles, "Defining Strategic Problems: Subjective Criteria of Executives," *Organizational Studies* 8 (1987), 263-280; Marjorie A. Lyles e Ian I. Mitroff, "Organizational Problem Formulation: An Empirical Study," *Administrative Science Quarterly* 25 (1980), 102-119.
41. Marjorie A. Lyles e Howard Thomas, "Strategic Problem Formulation: Biases and Assumptions Embedded in Alternative Decision-Making Models," *Journal of Management Studies* 25 (1988), 131-145.
42. Ross Stagner, "Corporate Decision-Making: An Empirical Study," *Journal of Applied Psychology* 53 (1969), 1-13.
43. W.A. Agor, "The Logic of Intuition: How Top Executives Make Important Decisions," *Organizational Dynamics* 14, no. 3 (1986), 5-18; Paul C. Nutt, "Types of Organizational Decision Processes," *Administrative Science Quarterly* 29 (1984), 414-450.
44. Mandeep K. Dhami e Mary E. Thomson, "On the Relevance of Cognitive Continuum Theory and Quasirationality for Understanding Management Judgment and Decision Making," *European Management Journal* 30 (2012), 316-326.
45. Nandini Rajagopalan, Abdul M. A. Rasheed e Deepak K. Datta, "Strategic Decision Processes: Critical Review and Future Decisions," *Journal of Management* 19 (1993), 349-384; Paul J. H. Schoemaker, "Strategic Decisions in Organizations: Rational and Behavioral Views," *Journal of Management Studies* 30 (1993), 107-129; Charles J. McMillan, "Qualitative Models of Organizational Decision Making," *Journal of Management Studies* 5 (1980), 22-39; Paul C. Nutt, "Models for Decision Making in Organizations and Some

Contextual Variables Which Stimulate Optimal Use," *Academy of Management Review* 1 (1976), 84-98.

46. Hugh J. Miser, "Operations Analysis in the Army Air Forces in World War II: Some Reminiscences," *Interfaces* 23, (settembre-ottobre 1993), 47-49; Harold J. Leavitt, William R. Dill e Henry B. Eyring, *The Organizational World* (New York: Harcourt Brace Jovanovich, 1973), capitolo 6.
47. Stephen J. Huxley, "Finding the Right Spot for a Church Camp in Spain," *Interfaces* 12 (ottobre 1982), 108-114; James E. Hodder e Henry E. Riggs, "Pitfalls in Evaluating Risky Projects," *Harvard Business Review*, gennaio-febbraio 1985, 128-135.
48. Edward Baker e Michael Fisher, "Computational Results for Very Large Air Crew Scheduling Problems," *Omega* 9 (1981), 613-618; Jean Aubin, "Scheduling Ambulances," *Interfaces* 22 (marzo-aprile 1992), 1-10.
49. Scott McCartney, "The Middle Seat: How One Airline Skirts the Ash Cloud," *The Wall Street Journal*, 22 aprile 2010, D1.
50. Daniel Stacey, Andy Pasztor e Jon Ostrower, "New Data, Analysis, and Luck Help Narrow Flight 370 Search Zone," *The Wall Street Journal*, 16 aprile 2014, http://online.wsj.com/news/articles/SB10001424052702303887804579504142188688308 (consultato il 29 maggio 2014).
51. Il film si basa sul best-seller di Michael Lewis, *Moneyball: The Art of Winning an Unfair Game* (New York: W. W. Norton & Company, 2003).
52. Matthew Futterman, "Friday Journal—Baseball After Moneyball," *The Wall Street Journal*, 23 settembre 2011, D1.
53. Stephen Baker, "Math Will Rock Your World," *BusinessWeek*, 23 gennaio 2006, 54-60; Julie Schlosser, "Markdown Lowdown," *Fortune*, 12 gennaio 2004, 40; Brooks Barnes, "Disney Technology Tackles a Theme Park Headache: Lines," *The New York Times*, 28 dicembre 2010, B1.
54. Baker, "Math Will Rock Your World;" Laura Landro, "The Informed Patient: Cutting Waits at the Doctor's Office – New Programs Reorganize Practices to Be More Efficient," *The Wall Street Journal*, 19 aprile 2006, D1.
55. Richard L. Daft e John C. Wiginton, "Language and Organization," *Academy of Management Review* (1979), 179-191.
56. Basato su Richard M. Cyert e James G. March, *A Behavioral Theory of the Firm* (Englewood Cliffs, NJ: Prentice-Hall, 1963); James G. March e Herbert A. Simon, *Organizations* (New York: Wiley, 1958).
57. William B. Stevenson, Joan L. Pearce e Lyman W. Porter, "The Concept of 'Coalition' in Organization Theory and Research," *Academy of Management Review* 10 (1985), 256-268.
58. Anne Mulcahy, Randy Komisar e Martin Sorrell, "How We Do It: Three Executives Reflect on Strategic Decision Making," *McKinsey Quarterly*, marzo 2010, 46-57.
59. Jeremy W. Peters, "The Times's Online Pay Model Was Years in the Making," *The New York Times*, 20 marzo 2011, http://www.nytimes.com/2011/03/21/business/media/21times.html?pagewanted=all (consultato il 27 settembre 2011); J. W. Peters, "New York Times is Set to Begin Charging for Web Access; Chairman Concedes Plan is Risky But Says It's an 'Investment in Our Future'," *International Herald Tribune*, 18 marzo 2011, 15.
60. Jeremy W. Peters, "Optimism for Digital Plan; but Times Co. Posts Loss," *The New York Times*, 22 luglio 2011, B3.
61. Cyert e March, *A Behavioral Theory of the Firm*, 120-222.
62. Lawrence G. Hrebiniak, "Top-Management Agreement and Organizational Performance," *Human Relations* 35 (1982), 1139-1158; Richard P. Nielsen, "Toward a Method for Building Consensus During Strategic Planning," *Sloan Management Review*, estate 1981, 29-40.
63. Basato su Henry Mintzberg, Duru Raisinghani e André Théorêt, "The Structure of 'Unstructured' Decision Processes," *Administrative Science Quarterly* 21 (1976), 246-275.
64. Lawrence T. Pinfield, "A Field Evaluation of Perspectives on Organizational Decision Making," *Administrative Science Quarterly* 31 (1986), 365-388.
65. Mintzberg *et al.*, "The Structure of 'Unstructured' Decision Processes."
66. Neal E. Boudette, Christina Rogers e Joann S. Lublin, "Mulally's Legacy: Setting Ford on a Stronger Course," *The Wall Street Journal*, 21 aprile 2014, http://online.wsj.com /news/articles/SB10001424052702304049904579515852823291232 (consultato il 29 maggio 2014).
67. Mintzberg *et al.*, "The Structure of 'Unstructured' Decision Processes," 270.
68. Michael Christensen e Thorbjörn Knudsen, "How Decisions Can Be Organized—and Why It Matters," *Journal of Organization Design* 2, no. 3 (2013), 41-50.
69. Michael D. Cohen, James G. March e Johan P. Olsen, "A Garbage Can Model of Organizational Choice," *Administrative Science Quarterly* 17, marzo 1972, 1-25; Michael D. Cohen e James G. March, *Leadership and Ambiguity: The American College President* (New York: McGraw-Hill, 1974); Alessandro Lomi e J. Richard Harrison, a cura di, *Research in the Sociology of Organizations, vol. 36: The Garbage Can Model of Organizational Choice: Looking Forward at Forty* (Bingley, UK: Emerald Books, 2012).
70. Michael Masuch e Perry LaPotin, "Beyond Garbage Cans: An AI Model of Organizational Choice," *Administrative Science Quarterly* 34 (1989), 38-67.
71. Per una panoramica sulla teoria del contenitore dei rifiuti e vari studi empirici e simulazioni al computer, vedi John F. Padgett, "Book Review Essay: Recycling Garbage Can Theory," *Administrative Science Quarterly* 58, no. 3 (2013), 472-482. Si tratta di una recensione di Lomi e Harrison, a cura di, *Research in the Sociology of Organizations, vol. 36: The Garbage Can Model.*
72. Shelly Banjo, "Inside Nike's Struggle to Balance Cost and Worker Safety in Bangladesh," *The Wall Street Journal*, 21 aprile 2014, http://online.wsj.com/news/articles/SB 10001424052702303873604579493502231397942 (consultato il 30 maggio 2014); Max Nisen, "How Nike Solved Its Sweatshop Problem," *Business Insider*, 9 maggio 2013, http://www.businessinsider.com/how-nike-solved-its-sweatshop-problem-2013-5 (consultato il 30 maggio 2014); Miguel Bustillo, "Nike Tries to Avoid Bangladesh, Risky Cities," *The Wall Street Journal Online*, 29 novembre 2012, http://online.wsj.com/news/articles/SB10001424127887324020804578149591783958054 (consultato il 30 maggio 2014).
73. Adattato da James D. Thompson, *Organizations in Action* (New York: McGraw-Hill, 1967), capitolo 10; McMillan, "Qualitative Models of Organizational Decision Making," 25; Clayton M. Christensen, Matt Marx e Howard H. Stevenson, "The Tools of Cooperation and Change," *Harvard Business Review*, ottobre 2006, 73-80.

74. Ben Worthen, "Cost Cutting Versus Innovation: Reconcilable Difference," *CIO*, 1 ottobre 2004, 89-94.
75. Beth Dickey, "NASA's Next Step," *Government Executive*, 15 aprile 2004, 34-42; Jena McGregor, "Gospels of Failure," *Fast Company*, febbraio 2005, 61-67.
76. Mintzberg e Westley, "Decision Making: It's Not What You Think."
77. Paul C. Nutt, "Selecting Decision Rules for Crucial Choices: An Investigation of the Thompson Framework," *The Journal of Applied Behavioral Science* 38, n. 1 (marzo 2002), 99-131; Paul C. Nutt, "Making Strategic Choices," *Journal of Management Studies* 39, n. 1 (gennaio 2002), 67-95.
78. George T. Doran e Jack Gunn, "Decision Making in High-Tech Firms: Perspectives of Three Executives," *Business Horizons*, novembre-dicembre 2002, 7-16.
79. L. J. Bourgeois III e Kathleen M. Eisenhardt, "Strategic Decision Processes in High Velocity Environments: Four Cases in the Microcomputer Industry," *Management Science* 34 (1988), 816-835.
80. Kathleen M. Eisenhardt, "Speed and Strategic Course: How Managers Accelerate Decision Making," *California Management Review*, primavera 1990, 39-54.
81. David A. Garvin e Michael A. Roberto, "What You Don't Know about Making Decisions," *Harvard Business Review*, settembre 2001, 108-116.
82. Karl Weick, *The Social Psychology of Organizing*, 2nd ed. (Reading, MA: Addison-Wesley, 1979), 243.
83. Sue Shellenbarger, "Better Ideas Through Failure," *The Wall Street Journal*, 27 settembre 2011, D1; "Culture of Creativity," Grey Advertising Website, http://grey.com/us/culture (consultato il 19 maggio 2014).
84. Jena McGregor, "How Failure Breeds Success," *BusinessWeek* (10 luglio 2006), 42-52.
85. Per un esame delle varie trappole cognitive, si veda Daniel Kahneman, Dan Lovallo e Olivier Sibony, "Before You Make That Big Decision…," *Harvard Business Review*, giugno 2011, 50-60; John S. Hammond, Ralph L. Keeney e Howard Raiffa, *Smart Choices: A Practical Guide to Making Better Decisions* (Boston: Harvard Business School Press, 1999); Max H. Bazerman e Dolly Chugh, "Decisions Without Blinders," *Harvard Business Review*, gennaio 2006, 88-97; J. S. Hammond, R. L. Keeney e H. Raiffa, "The Hidden Traps in Decision Making," *Harvard Business Review*, settembre-ottobre 1998, 47-58; Oren Harari, "The Thomas Lawson Syndrome," *Management Review*, febbraio 1994, 58-61; Max H. Bazerman, *Judgement in Managerial Decision Making*, 5th ed. (New York: John Wiley & Sons, 2002).
86. Helga Drummond, "Too Little Too Late: A Case Study of Escalation in Decision Making," *Organization Studies* 15, n. 4 (1994), 591-607; Joel Brockner, "The Escalation of Commitment to a Failing Course of Action: Toward Theoretical Progress," *Academy of Management Review* 17 (1992), 39-61; Barry M. Staw e Jerry Ross, "Knowing When to Pull the Plug," *Harvard Business Review* 65, marzo-aprile 1987, 68-74; Barry M. Staw, "The Escalation of Commitment to a Course of Action," *Academy of Management Review* 6 (1981), 577-587.
87. Norihiko Shirouzu, Phred Dvorak, Yuka Hayashi e Andrew Morse, "Bid to 'Protect Assets' Slowed Reactor Fight," *The Wall Street Journal*, 19 marzo 2011, A1.
88. Alastair Dryburgh, "Everything You Know About Business Is Right; Is Failure More Powerful Than Success?" *Management Today*, 1 febbraio 2013, 16.
89. Daniel Kahneman e Amos Tversky, "Prospect Theory: An Analysis of Decision Under Risk," *Econometrica* 47 (1979), 263-292.
90. Kahneman *et al.*, "Before You Make That Big Decision..."
91. Irving L. Janis, *Groupthink: Psychological Studies of Policy Decisions and Fiascoes*, 2nd ed. (Boston: Houghton Mifflin, 1982).
92. La presente sezione è basata su Jeffrey Pfeffer e Robert I. Sutton, "Evidence-Based Management," *Harvard Business Review*, gennaio 2006, 62-74; Rosemary Stewart, *Evidence-Based Management: A Practical Guide for Health Professionals* (*Oxford:* Radcliffe Publishing, 2002); Joshua Klayman, Richard P. Larrick e Chip Heath, "Organizational Repairs," *Across the Board*, febbraio 2000, 26-31.
93. Adam Bryant, "When Your Company Is Adrift, Raise Your Sails" (intervista a Dawn Zier), *The New York Times*, 31 gennaio 2014, B2.
94. "How Companies Make Good Decisions: McKinsey Global Survey Results," *The McKinsey Quarterly*, gennaio 2009, http://www.mckinseyquarterly.com/How_companies_make_good_decisions_McKinsey_Global_Survey_Results_2282 (consultato il 3 febbraio 2009).
95. Jan Francis-Smythe, Laurie Robinson e Catharine Ross, "The Role of Evidence in General Managers' Decision-Making," *Journal of General Management* 38, no. 4 (estate 2013), 3-21.
96. Michael A. Roberto, "Making Difficult Decisions in Turbolent Times," *Ivey Business Journal*, maggio-giugno 2003, 1-7; Kathleen M. Eisenhardt, "Strategy as Strategic Decision-Making," *Sloan Management Review*, primavera 1999, 65-72; Garvin e Roberto, "What You Don't Know About Making Decisions."
97. David M. Schweiger e William R. Sandberg, "The Utilization of Individual Capabilities in Group Approaches to Strategic Decision-Making," *Strategic Management Journal* 10 (1989), 31-43; "The Devil's Advocate," *Small Business Report*, dicembre 1987, 38-41.
98. Anna Mulrine, "To Battle Groupthink, the Army Trains a Skeptics Corps," *U.S. News & World Report*, 26 maggio-2 giugno 2008, 30-32.
99. "Tools for Managing in a Complex Context," approfondimento in David J. Snowden e Mary E. Boone, "A Leader's Framework for Decision-Making," *Harvard Business Review*, novembre 2007, 69-76.
100. Le domande 1 e 3-6 sono tratte da studi riportati in Scott Plous, *The Psychology of Judgment and Decision Making* (Philadelphia: Temple University Press, 1993); la domnanda 2 è basata su un item nella *Creativity in Action Newsletter*, come riportato in Arthur B. VanGundy, *Idea Power: Techniques & Resources to Unleash the Creativity in Your Organization* (New York: AMACOM, 1992).

Capitolo 13

1. David Gelles, "At Odds, Omnicom and Publicis End Merger," rubrica Dealbook, *The New York Times*, 8 maggio 2014, http://dealbook.nytimes.com/2014/05/08/ad-agency-giants-said-to-call-off-35-billion-merger/?_php=true&_type=blogs&_r=0 (consultato il 5 giugno 2014); Suzanne Vranica e Ruth Bender, "Clashes over Power Threaten $35 Billion Ad Agency Merger," *The Wall Street Journal Online*, 25 aprile 2014, http://online.wsj.com/news/articles/SB10001424052702304788404579524030560224554 (consultato il 5 giugno 2014).
2. Phred Dvorak, Suzanne Vranica e Spencer E. Ante, "BlackBerry Maker's Issue: Gadgets for Work or Play?" *The Wall Street Journal Online*, 30 settembre 2011, http://online.wsj.com/article/SB10001

424052970204422404576597061591715344.html (consultato il 30 settembre 2011).
3. Lee G. Bolman e Terrence E. Deal, *Reframing Organizations: Artistry, Choice, and Leadership* (San Francisco: Jossey-Bass, 1991).
4. Paul M. Terry, "Conflict Management," *The Journal of Leadership Studies* 3, n. 2 (1996), 3-21; Kathleen M. Eisenhardt, Jean L. Kahwajy e L. J. Bourgeois III, "How Management Teams Can Have a Good Fight," *Harvard Business Review*, luglio-agosto 1997, 77-85; Patrick Lencioni, "How to Foster Good Conflict," *The Wall Street Journal Online,* 13 novembre 2008, http://online.wsj.com/article/SB122661642852326187.html (consultato il 18 novembre 2008).
5. Clayton T. Alderfer e Ken K. Smith, "Studying Intergroup Relations Imbedded in Organizations," *Administrative Science Quarterly* 27 (1982), 35-65.
6. Muzafer Sherif, "Experiments in Group Conflict," *Scientific American* 195 (1956), 54-58; Edgar H. Schein, *Organizational Psychology*, 3rd ed. (Englewood Cliffs, NJ: Prentice-Hall, 1980).
7. M. Afzalur Rahim, "A Strategy for Managing Conflict in Complex Organizations," *Human Relations* 38 (1985), 81-89; Kenneth Thomas, "Conflict and Conflict Management," in M.D. Dunnette, a cura di, *Handbook of Industrial and Organizational Psychology* (Chicago: Rand McNally, 1976); Stuart M. Schmidt e Thomas A. Kochan, "Conflict: Toward Conceptual Clarity," *Administrative Science Quarterly* 13 (1972), 359-370.
8. L. David Brown, "Managing Conflict Among Groups," in David A. Kolb, Irwin M. Rubin e James M. McIntyre, a cura di, *Organizational Psychology: A Book of Readings* (Englewood Cliffs, NJ: Prentice-Hall, 1979), 377-389; Robert W. Ruekert e Orville C. Walker, Jr., "Interactions Between Marketing and R&D Departments in Implementing Different Business Strategies," *Strategic Management Journal* 8 (1987), 233-248.
9. Amy Barrett, "Indigestion at Taco Bell," *BusinessWeek*, 14 dicembre 1994, 66-67; Greg Burns, "Fast-Food Fight," *BusinessWeek*, 2 giugno 1997, 34-36.
10. Susanne Craig, "Morgan Stanley Strives to Coordinate 2 Departments Often at Odds," *The New York Times*, 19 febbraio 2013, B1.
11. George Westerman, "IT Is from Venus, Non-IT Is from Mars," *The Wall Street Journal*, 2 aprile 2012, R2.
12. Victoria L. Crittenden, Lorraine R. Gardiner e Antonie Stam, "Reducing Conflict Between Marketing and Manufacturing," *Industrial Marketing Management* 22 (1993), 299-309; Benson S. Shapiro, "Can Marketing and Manufacturing Coexist?" *Harvard Business Review* 55, settembre-ottobre 1977, 104-114.
13. Thomas A. Kochan, George P. Huber e L. L. Cummings, "Determinants of Intraorganizational Conflict in Collective Bargaining in the Public Sector," *Administrative Science Quarterly* 20 (1975), 10-23.
14. Eric H. Neilsen, "Understanding and Managing Intergroup Conflict," in Jay W. Lorsch e Paul R. Lawrence, a cura di, *Managing Group and Intergroup Relations* (Homewood, IL: Irwin e Dorsey, 1972), 329-343; Richard E. Walton e John M. Dutton, "The Management of Interdepartmental Conflict: A Model and Review," *Administrative Science Quarterly* 14 (1969), 73-84.
15. Jay W. Lorsch, "Introduction to the Structural Design of Organizations," in Gene W. Dalton, Paul R. Lawrence e Jay W. Lorsch, a cura di, *Organization Structure and Design* (Homewood, IL: Irwin and Dorsey, 1970), 5.
16. James D. Thompson, *Organizations in Action* (New York: McGraw-Hill, 1967), 54-56.
17. Walton e Dutton, "The Management of Interdepartmental Conflict."
18. Joseph McCann e Jay R. Galbraith, "Interdepartmental Relations," in Paul C. Nystrom e William H. Starbuck, a cura di, *Handbook of Organizational Design*, vol. 2 (New York: Oxford University Press, 1981), 60-84.
19. Roderick M. Cramer, "Intergroup Relations and Organizational Dilemmas: The Role of Categorization Processes," in L. L. Cummings e Barry M. Staw, a cura di, *Research in Organizational Behavior*, vol. 13 (New York: JAI Press, 1991), 191-228; Neilsen, "Understanding and Managing Intergroup Conflict"; Louis R. Pondy, "Organizational Conflict: Concepts and Models," *Administrative Science Quarterly* 12 (1968), 296-320.
20. Julian E. Barnes, "Branches of Military Battle over Shrinking War Chest," *The Wall Street Journal*, 31 luglio 2013, http://online.wsj.com/news/articles/SB10001424127887324260204578583513940889092 (consultato il 5 giugno 2014).
21. Jeffrey Pfeffer, *Power in Organizations* (Marshfield, MA: Pitman, 1981).
22. Amy Barrett, "Marc Cinque Hired a Corporate Pro to Upgrade His Sausage Company. Will the Move Pay Off?" *Inc.*, dicembre 2010-gennaio 2011, 74-77.
23. Clinton O. Longenecker e Mitchell Neubert, "Barriers and Gateways to Management Cooperation and Teamwork," *Business Horizons*, novembre-dicembre 2000, 37-44.
24. Amanuel G. Tekleab, Narda R. Quigley e Paul E. Tesluk, "A Longitudinal Study of Team Conflict, Conflict Management, Cohesion, and Team Effectiveness," *Group and Organization Management* 34, no. 2, aprile 2009, 170-205.
25. Robert R. Blake e Jane S. Mouton, "Overcoming Group Warfare," *Harvard Business Review*, novembre-dicembre 1984, 98-108.
26. Blake e Mouton, "Overcoming Group Warfare"; Paul R. Lawrence e Jay W. Lorsch, "New Management Job: The Integrator," *Harvard Business Review* 45, novembre-dicembre 1967, 142-151.
27. Jill Jusko, "Nature vs. Nurture," *Industry Week,* luglio 2003, 40-46.
28. Neal E. Boudette e Jeff Bennett, "UAW Boss Makes Nice, Touts End of Us vs. Them," *The Wall Street Journal,* 4 agosto 2011, B1.
29. Robert R. Blake, Herbert A. Shepard e Jane S. Mouton, *Managing Intergroup Conflict in Industry* (Houston: Gulf Publishing, 1964); Doug Stewart, "Expand the Pie Before You Divvy It Up," *Smithsonian*, novembre 1997, 78-90.
30. Patrick S. Nugent, "Managing Conflict: Third-Party Interventions for Managers," *Academy of Management Executive* 16, n. 1 (2002), 139-155.
31. Blake e Mouton, "Overcoming Group Warfare"; Schein, *Organizational Psychology*; Blake, Shepard e Mouton, *Managing Intergroup Conflict in Industry*; Richard E. Walton, *Interpersonal Peacemaking: Confrontation and Third-Party Consultations* (Reading, MA: Addison-Wesley, 1969).
32. Neilsen, "Understanding and Managing Intergroup Conflict"; McCann e Galbraith, "Interdepartmental Relations."
33. Ben Horowitz, "The *Freaky Friday* Management Technique," Ben's Blog, Andreessen Horowitz Website, 19 gennaio 2012, http://www.bhorowitz.com/the_freaky_friday_management_technique (consultato il 5 giugno 2014). Questo racconto è anche riportato in

Horowitz, *The Hard Thing About Hard Things: Building a Business When There Are No Easy Answers* (New York: HarperBusiness, 2014).
34. Neilsen, "Understanding and Managing Intergroup Conflict"; McCann e Galbraith, "Interdepartmental Relations."
35. Dean Tjosvold, Valerie Dann e Choy Wong, "Managing Conflict Between Departments to Serve Customers," *Human Relations* 45 (1992), 1035-1054.
36. Robert A. Dahl, "The Concept of Power," *Behavioral Science* 2 (1957), 201-215.
37. W. Graham Astley e Paramijit S. Sachdeva, "Structural Sources of Intraorganizational Power: A Theoretical Synthesis," *Academy of Management Review* 9 (1984), 104-113; Abraham Kaplan, "Power in Perspective," in Robert L. Kahn e Elise Boulding, a cura di, *Power and Conflict in Organizations* (London: Tavistock, 1964), 11-32.
38. Gerald R. Salancik e Jeffrey Pfeffer, "The Bases and Use of Power in Organizational Decision-Making: The Case of the University," *Administrative Science Quarterly* 19 (1974), 453-473.
39. Rosabeth Moss Kanter, "Power Failure in Management Circuits," *Harvard Business Review*, luglio-agosto 1979, 65-75.
40. Richard M. Emerson, "Power-Dependence Relations," *American Sociological Review* 27 (1962), 31-41.
41. Brian Stelter, "Creator of 'Mad Men' Agrees to Deliver Multiple Seasons," *The New York Times,* 1 aprile 2011, B2; Lauren A.E. Schuker, "'Mad Men' Put on Ice; AMC's Hit Drama Postponed to 2012 Amid Contract Talks," *The Wall Street Journal,* 30 marzo 2011, B8; "Count on AMC to Make it a 'Mad,' 'Mad,' 'Mad,' 'Mad,' 'Mad' World," *The Washington Post,* 30 marzo 2011, C1.
42. Anthony D'Alessandro, "'Mad Men' Cast and Matthew Weiner Reflect on Half Season and Bert Cooper's Final Dance Number," *Deadline Hollywood*, 4 giugno 2014, http://www.deadline.com/2014/06/mad-men-cast-season-finale-deadline-screening/#more-740191 (consultato il 6 giugno 2014).
43. Tra gli esempi troviamo Robert Greene e Joost Elffers, *The 48 Laws of Power* (New York: Viking, 1999); Jeffrey J. Fox, *How to Become CEO* (New York: Hyperion, 1999).
44. John R. P. French, Jr., e Bertram Raven, "The Bases of Social Power," in *Group Dynamics*, D. Cartwright e A. F. Zander, a cura di, *Group Dynamics* (Evanston, IL: Row Peterson, 1960), 607-623.
45. Ran Lachman, "Power from What? A Reexamination of Its Relationships with Structural Conditions," *Administrative Science Quarterly* 34 (1989), 231-251; Daniel J. Brass, "Being in the Right Place: A Structural Analysis of Individual Influence in an Organization," *Administrative Science Quarterly* 29 (1984), 518-539.
46. Rachel Feintzeig, "The Most Powerful Person in the Office: Executive Assistant Jobs May Be Thankless, but They Also Offer Big Impact," *The Wall Street Journal*, 29 ottobre 2013, http://online.wsj.com/news/articles/SB10001424052702304470504579164142663425498 (consultato il 6 giugno 2014).
47. Michael Warshaw, "The Good Guy's Guide to Office Politics," *Fast Company*, aprile-maggio 1998, 157-178.
48. A. J. Grimes, "Authority, Power, Influence, and Social Control: A Theoretical Synthesis," *Academy of Management Review* 3 (1978), 724-735.
49. Astley e Sachdeva, "Structural Sources of Intraorganizational Power."
50. Jean-Louis Barsoux e Cyril Bouquet, "How to Overcome a Power Deficit," *MIT Sloan Management Review*, estate 2013, 45-53.
51. Jeffrey Pfeffer, *Managing with Power: Politics and Influence in Organizations* (Boston: Harvard Business School Press, 1992).
52. Monica Langley, "Columbia Tells Doctors at Hospital to End Their Outside Practice," *The Wall Street Journal*, 2 maggio 1997, A1, A6.
53. Richard S. Blackburn, "Lower Participant Power: Toward a Conceptual Integration," *Academy of Management Review* 6 (1981), 127-131.
54. Feintzeig, "The Most Powerful Person in the Office."
55. Kanter, "Power Failure in Management Circuits," 70.
56. Erik W. Larson e Jonathan B. King, "The Systemic Distortion of Information: An Ongoing Challenge to Management," *Organizational Dynamics* 24, n. 3 (inverno 1996), 49-61; Thomas H. Davenport, Robert G. Eccles e Laurence Prusak, "Information Politics," *Sloan Management Review*, autunno 1992, 53-65.
57. Basato su Perry Buffett, "Using Influence to Get Things Done," *Strategy + Business*, primavera 2011, http://www.strategy-business.com/article/11104?pg=all (consultato il 9 giugno 2014); Andrew M. Pettigrew, *The Politics of Organizational Decision-Making* (London: Tavistock, 1973).
58. Nancy F. Koehn, "Lincoln's School of Management," *The New York Times*, 26 gennaio 2013; Hitendra Wadhwa, "Lessons in Leadership: How Lincoln Became America's Greatest President," *Inc.com*, 12 febbraio 2012, http://www.inc.com/hitendra-wadhwa/lessons-in-leadership-how-abraham-lincoln-became-americas-greatest-president.html (consultato il 4 marzo 2013); Gil Troy e Karl Moore, "Leading from the Centre: What CEOs Can Learn from U.S. Presidents," *Ivey Business Journal*, settembre-ottobre 2010, http://www.iveybusinessjournal.com /topics/leadership/leading-from-the-centre-what-ceos-can-learn-from-u-s-presidents (consultato il 21 maggio 2013).
59. Scott Wilson, "Obama, the Loner President," *Washington Post*, 7 ottobre 2011, http://articles.washingtonpost.com/2011-10-07/opinions/35280751_1_president-obama-politics-obama-administration (consultato l'8 ottobre 2011); Peter Nicholas, "Obama's Insular White House Worries His Allies," *Los Angeles Times*, 24 dicembre 2010, http://articles.latimes.com/2010/dec/24/nation/la-na-obama-insular-presidency-20101225 (consultato il 25 dicembre 2010).
60. Astley e Sachdeva, "Structural Sources of Intraorganizational Power"; Noel M. Tichy e Charles Fombrun, "Network Analysis in Organizational Settings," *Human Relations* 32 (1979), 923-965.
61. Jeffrey Pfeffer, "Power Play," *Harvard Business Review,* luglio-agosto 2010, 84-92.
62. Edwin P. Hollander e Lynn R. Offermann, "Power and Leadership in Organizations," *American Psychologist* 45, febbraio 1990, 179-189.
63. Citato in D. Keith Denton, "Enhancing Power," *Industrial Management*, luglio-agosto 2011, 12-17.
64. Jay A. Conger e Rabindra N. Kanungo, "The Empowerment Process: Integrating Theory and Practice," *Academy of Management Review* 13 (1988), 471-482.
65. David E. Bowen e Edward E. Lawler III, "The Empowerment of Service Workers: What, Why, How, and When," *Sloan Management Review*, primavera 1992, 31-39; Ray W. Coye e James A. Belohav, "An Exploratory Analysis of Employee Participation," *Group and Organizazion Management* 20, no. 1, (marzo 1995), 4-17.
66. Robert C. Ford e Myron D. Fottler, "Empowerment: A Matter of Degree," *Academy of Management Executive* 9, no. 3 (1995), 21-31.
67. Doug Kirkpatrick, "Self-Management's Success at Morning Star," *T+D*, ottobre 2012, 25-27; Gary Hamel, "First, Let's Fire All the Managers," *Harvard Business Review*, dicembre 2011, 48-60.

68. Charles Perrow, "Departmental Power and Perspective in Industrial Firms," in Mayer N. Zald, a cura di, *Power in Organizations* (Nashville, TN: Vanderbilt University Press, 1970), 59-89.
69. Susan Miller, David Hickson e David Wilson, "From Strategy to Action: Involvement and Influence in Top Level Decisions," *Long Range Planning* 41 (2008), 606-628.
70. Deborah Solomon, "Bair's Legacy: An FDIC with Teeth," *The Wall Street Journal,* 7 luglio 2011, C1.
71. D. J. Hickson, C. R. Hinings, C. A. Lee, R. E. Schneck e J. M. Pennings, "A Strategic Contingencies Theory of Intraorganizational Power," *Administrative Science Quarterly* 16 (1971), 216-229; Gerald R. Salancik e Jeffrey Pfeffer, "Who Gets Power. and How They Hold onto It: A Strategic-Contingency Model of Power," *Organizational Dynamics*, inverno 1977, 3-21.
72. William C. Rhoden, "The N.F.L. Backed Down for All the World to See," *The New York Times*, 30 dicembre 2007, sezione Sunday Sports, 1, 3.
73. Pfeffer, *Managing with Power*; Salancik e Pfeffer, "Who Gets Power"; C. R. Hinings, D. J. Hickson, J. M. Pennings e R. E. Schneck, "Structural Conditions of Intraorganizational Power," *Administrative Science Quarterly* 19 (1974), 22-44.
74. Si veda anche Carol Stoak Saunders, "The Strategic Contingencies Theory of Power: Multiple Perspectives," *Journal of Management Studies* 27 (1990), 1-18; Warren Boeker, "The Development and Institutionalization of Sub-Unit Power in Organizations," *Administrative Science Quarterly* 34 (1989), 388-510; Irit Cohen e Ran Lachman, "The Generality of the Strategic Contingencies Approach to Sub-Unit Power," *Organizational Studies* 9 (1988), 371-391.
75. Lorne Manly e Michael Cooper, "Hey Stars, Be Nice to the Stagehands. You Might Need a Loan," *The New York Times*, 27 dicembre 2013, http://www.nytimes.com/2013/12/28 /arts/hey-stars-be-nice-to-the-stagehands-you-might-need-a-loan.html?_r=0 (consultato il 5 giugno 2014).
76. Emerson, "Power-Dependence Relations."
77. Jeffrey Pfeffer e Gerald Salancik, "Organizational Decision-Making as a Political Process: The Case of a University Budget," *Administrative Science Quarterly* (1974), 135-151.
78. Salancik e Pfeffer, "Bases and Use of Power in Organizational Decision-Making," 470.
79. Hickson *et al.*, "A Strategic Contingencies Theory."
80. Pettigrew, *The Politics of Organizational Decision-Making.*
81. Robert Levine, "For Some Music, It Has to Be Wal-Mart and Nowhere Else," *The New York Times*, 9 giugno 2008, C1.
82. Hickson *et al.*, "A Strategic Contingencies Theory."
83. *Ibidem.*
84. Jennifer Smith, "Lawyers' In-House Roles Grow with New Regulation," *The Wall Street Journal*, 5 novembre 2012, http://online.wsj.com/news/articles/SB10001424052970204755404578099100023566338 (consultato il 6 giugno 2014).
85. John Carreyrou, "Nonprofit Hospitals Flex Pricing Power – In Roanake, Va., Carilion's Fees Exceed Those of Competitors," *The Wall Street Journal*, 28 agosto 2008, A1.
86. Jeffrey Gantz e Victor V. Murray, "Experience of Workplace Politics," *Academy of Management Journal* 23 (1980), 237-251; Dan L. Madison, Robert W. Allen, Lyman W. Porter, Patricia A. Renwick e Bronston T. Mayes, "Organizational Politics: An Exploration of Managers' Perceptions," *Human Relations* 33 (1980), 79-100.
87. Gerald R. Ferris e K. Michele Kacmar, "Perceptions of Organizational Politics," *Journal of Management* 18 (1992), 93-116; Parmod Kumar e Rehana Ghadially, "Organizational Politics and Its Effects on Members of Organizations," *Human Relations* 42 (1989), 305-314; Donald J. Vredenburgh e John G. Maurer, "A Process Framework of Organizational Politics," *Human Relations* 37 (1984), 47-66; Gerald R. Ferris, Dwight D. Frink, Maria Carmen Galang, Jing Zhou, Michele Kacmar e Jack L. Howard, "Perceptions of Organizational Politics: Prediction, Stress-Related Implications, and Outcomes," *Human Relations* 49, n. 2 (1996), 233-266.
88. Ferris *et al.*, "Perceptions of Organizational Politics: Prediction, Stress-Related Implications, and Outcomes"; John J. Voyer, "Coercive Organizational Politics and Organizational Outcomes: An Interpretive Study," *Organization Science* 5, n. 1 (febbraio 1994), 72-85; James W. Dean, Jr., e Mark P. Sharfman, "Does Decision Process Matter? A Study of Strategic Decision-Making Effectiveness," *Academy of Management Journal* 39, n. 2 (1996), 368-396.
89. Pfeffer, *Managing with Power*; Pfeffer, "Power Play."
90. Amos Drory e Tsilia Romm, "The Definition of Organizational Politics: A Review," *Human Relations* 43 (1990), 1133-1154; Vredenburgh e Maurer, "A Process Framework of Organizational Politics"; Lafe Low, "It's Politics, As Usual," *CIO*, 1 aprile 2004, 87-90.
91. Pfeffer, *Power in Organizations*, 70.
92. Madison *et al.*, "Organizational Politics"; Jay R. Galbraith, *Organizational Design* (Reading, MA: Addison-Wesley, 1977).
93. Gantz e Murray, "Experience of Workplace Politics"; Pfeffer, *Power in Organizations.*
94. Daniel J. Brass e Marlene E. Burkhardt, "Potential Power and Power Use: An Investigation of Structure and Behavior," *Academy of Management Journal* 38 (1993), 441-470.
95. Pfeffer, "Power Play."
96. Robyn L. Brouer *et al.*, "Leader Political Skill, Relationship Quality, and Leadership Effectiveness: A Two-Study Model Test and Constructive Replication," *Journal of Leadership and Organizational Studies* 20, no. 2 (2013), 185-198; Gerald R. Ferris *et al.*, "Political Skill in Organizations," *Journal of Management* (giugno 2007), 290-320; "Questioning Authority; Mario Moussa Wants You to Win Your Next Argument", (Mario Moussa intervistato da Vadim Liberman), *The Conference Board Review,* novembre-dicembre 2007, 25-26; Samuel B. Bacharach, "Politically Proactive," *Fast Company*, maggio 2005, 93.
97. Joseph S. Nye, Jr. *Bound to Lead: The Changing Nature of American Power* (New York: Basic Books, 1990); Diane Coutu, "Smart Power: A Conversation with Leadership Expert Joseph S. Nye, Jr.," *Harvard Business Review*, novembre 2008, 55-59.
98. Riportato in Liberman, "Questioning Authority; Mario Moussa Wants You to Win Your Next Argument."
99. Anna Mulrine, "Harnessing the Brute Force of Soft Power," *US News & World Report*, 1-8 dicembre 2008, 47.
100. Wesley Clark, "The Potency of Persuasion," *Fortune*, 12 novembre 2007, 48.
101. Studio citato in Robert Cialdini, "The Language of Persuasion," *Harvard Management Update*, settembre 2004, 10-11.
102. Hickson *et al.*, "A Strategic Contingencies Theory."
103. Pfeffer, *Power in Organizations.*

104. Jared Sandberg, "How Office Tyrants in Critical Positions Get Others to Grovel," *The Wall Street Journal*, 21 agosto 2007, B1.
105. Ferris *et al.*, "Political Skill in Organizations", e Pfeffer, *Power in Organizations*.
106. V. Dallas Merrell, *Huddling: The Informal Way to Management Success* (New York: AMACON, 1979).
107. Ceasar Douglas e Anthony P. Ammeter, "An Examination of Leader Political Skill and Its Effect on Ratings of Leader Effectiveness," *The Leadership Quarterly* 15 (2004), 537-550.
108. Vredenburgh e Maurer, "A Process Framework of Organizational Politics."
109. Pfeffer, *Power in Organizations*.
110. *Ibidem*.
111. Jason Horowitz e Jim Yardley, "Pope with the Humble Touch Is Firm in Reshaping the Vatican," *The New York Times*, 14 gennaio 2014, A1; Jim Yardley e Gaia Pianigiani, "Pope Names Cardinals to Oversee Troubled Vatican Bank," *The New York Times*, 16 gennaio 2014, A7.
112. Robert B. Cialdini, *Influence: Science and Practice*, 4th ed. (Boston: Allyn & Bacon, 2001); R. B. Cialdini, "Harnessing the Science of Persuasion," *Harvard Business Review*, ottobre 2001, 72-79; Allan R. Cohen e David L. Bradford, "The Influence Model: Using Reciprocity and Exchange to Get What You Need," *Journal of Organizational Excellence*, inverno 2005, 57-80; Jared Sandberg, "People Can't Resist Doing a Big Favor—Or Asking for One," (rubrica Cubicle Culture), *The Wall Street Journal*, 18 dicembre 2007, B1.
113. "The Uses (and Abuses) of Influence" (intervista a Robert Cialdini), *Harvard Business Review*, luglio-agosto 2013, 76-81.
114. Raymond Hernandez e David W. Chen, "Keeping Lawmakers Happy Through Gifts to Pet Charities," *The New York Times*, 19 ottobre 2008, A1.
115. Norimitsu Onishi e Ken Belson, "Culture of Complicity Tied to Stricken Nuclear Plant," *The New York Times*, 27 aprile 2011, A1.
116. Cohen e Bradford, "The Influence Model."
117. Marilyn Moats Kennedy, "The Death of Office Politics," *The Conference Board Review*, settembre-ottobre 2008, 18-23.
118. Pfeffer, *Power in Organizations*.
119. Damon Darlin, "Using the Web to Get the Boss to Pay More," *The New York Times*, 3 marzo 2007, C1.
120. Steven R. Weisman, "How Battles at Bank Ended 'Second Chance' at a Career," *The New York Times*, 18 maggio 2007, A14.
121. Kanter, "Power Failure in Management Circuits"; Pfeffer, *Power in Organizations*.

Glossario

A

Adattamento esterno (*external adaptation*)
Modo in cui un'organizzazione raggiunge gli obiettivi e gestisce gli outsider.

Alleanza strategica (*strategic alliance*)
Accordo di collaborazione meno formale e vincolante rispetto a una joint venture.

Ambiente di riferimento (*task environment*)
Insieme dei settori con i quali l'organizzazione interagisce direttamente e che hanno un'influenza diretta sulla capacità della stessa di raggiungere i propri obiettivi.

Ambiente generale (*general environment*)
Comprende quei settori che possono non influire direttamente sulle attività quotidiane di un'azienda, ma che le influenzeranno indirettamente.

Ambiente istituzionale (*institutional environment*)
Norme, valori e aspettative espressi dagli *stakeholder* (clienti, investitori, organi collegiali, governo, comunità ecc.).

Ambiente organizzativo (*organizational environment*)
Tutto ciò che esiste al di fuori dei confini dell'organizzazione e che è dotato del potenziale per influire sulla totalità dell'organizzazione o su una o più parti di essa.

Ambienti ad alta velocità (*high-velocity environments*)
Settori nei quali il cambiamento competitivo e tecnologico è talmente estremo che i dati di mercato sono indisponibili oppure obsoleti, le finestre strategiche si aprono e si chiudono repentinamente e il processo decisionale deve svolgersi rapidamente sulla base di informazioni limitate.

Ambiti dell'attività politica (*domains of political activity*)
Aree nelle quali gli aspetti politici giocano un ruolo significativo. Tre aree che caratterizzano le organizzazioni in questo senso sono il cambiamento strutturale, l'avvicendamento del management e l'allocazione delle risorse.

Analisi delle reti sociali (*social network analysis*)
Preziosa tecnica, resa possibile dall'information technology, in grado di aiutare i manager a capire le relazioni informali e le strutture di rete all'interno di un'organizzazione.

Analitica dei big data (*big data analytics*)
Il processo di esame delle grandi moli di dati alla ricerca di linee evolutive nascoste, correlazioni e altre informazioni utili, al fine di migliorare il processo decisionale.

Analizzabilità (*analyzability*)
Dimensione della tecnologia secondo la quale il lavoro può essere ridotto a passi di tipo meccanico e i partecipanti possono seguire una procedura obiettiva e computazionale per risolvere i problemi.

Anarchia organizzata (*organized anarchy*)
Organizzazioni estremamente organiche caratterizzate da condizioni altamente incerte.

Apprendimento decisionale (*decision learning*)
Processo di riconoscimento e ammissione degli errori commessi, che permette ai manager e alle organizzazioni di acquisire l'esperienza e la conoscenza sufficienti per ottenere risultati migliori in futuro.

Approccio ambidestro (*ambidextrous approach*)
Approccio alla progettazione che consiste nell'incorporare strutture e processi di gestione che siano appropriati sia per la creazione dell'innovazione, sia per la sua implementazione.

Approccio basato sulle risorse (*resource-based approach*)
Valutazione dell'efficacia organizzativa in base all'abilità dell'organizzazione di ottenere e gestire le risorse di valore.

Approccio degli obiettivi (*goal approach*)
Approccio all'efficacia organizzativa riguardante gli output dell'azienda e la misura in cui questa raggiunge i suoi obiettivi.

Approccio degli stakeholder (*stakeholder approach*)
Integra attività organizzative eterogenee sulla base dell'osservazione degli stakeholder dell'organizzazione e delle loro aspettative.

Approccio dei costituenti strategici (*strategic constituents approach*)
Approccio che misura l'efficacia prendendo in esame il livello di soddisfazione degli stakeholder chiave, che sono essenziali per consentire all'organizzazione di sopravvivere e crescere.

Approccio dei processi interni (*internal process approach*)
Approccio secondo il quale l'efficacia si misura come stato di salute ed efficienza interna dell'organizzazione.

Approccio dei sistemi socio-tecnici (*sociotechnical system approach*)
Approccio che riconosce l'interazione delle esigenze tecniche e di quelle umane che si verifica in un'efficace attività di job design, combinando le necessità delle persone con la necessità di efficienza tecnica da parte dell'organizzazione.

Approccio dei valori competitivi (*competing values model*)
Approccio che tenta di bilanciare l'attenzione a diverse parti dell'organizzazione anziché focalizzarsi su una di esse.

Approccio delle scienze manageriali (*management science approach*)
Processo decisionale organizzativo che ricorre a modelli matematici e a tecniche statistiche per analizzare numerose variabili e approdare alla soluzione migliore; costituisce l'analogo rispetto all'approccio razionale da parte dei manager a livello individuale.

Approccio duale (*dual-core approach*)
Approccio al cambiamento organizzativo che mette a confronto i cambiamenti di natura gestionale e le innovazioni tecniche.

Approccio razionale (*rational approach*)
Processo decisionale basato sulla necessità di un'analisi sistematica del problema seguita in una sequenza logica da una scelta e dalla sua implementazione.

Area di influenza (*domain*)
Campo di attività scelto da un'organizzazione all'interno dell'ambiente di riferimento; territorio che essa si ritaglia in termini di prodotti, servizi e mercati serviti.

Associazioni di categoria (*trade associations*)
Gruppi che consentono alle organizzazioni afferenti allo stesso settore di incontrarsi, condividere informazioni e monitorare le attività vicendevolmente.

Autorità (*authority*)
Forza che opera per il raggiungimento dei risultati desiderati, imposta dalla gerarchia formale e dalle relazioni di riporto.

Autorità carismatica (*charismatic authority*)
Autorità basata sulla devozione nei confronti del carattere esemplare o dell'eroismo di un individuo e sull'ordine stabilito da questa persona.

Autorità razionale-legale (*rational-legal authority*)
Autorità basata sul fatto che i dipendenti credono nel valore legale delle regole e nel diritto di impartire ordini da parte di chi detiene l'autorità.

Autorità tradizionale (*traditional authority*)
Autorità che si basa sulla forza delle tradizioni e sulla legittimità dello status delle persone che esercitano l'autorità coerentemente con tali tradizioni.

Avvocato del diavolo (*devil's advocate*)
Individuo incaricato di mettere in discussione le ipotesi e le affermazioni di un gruppo.

Aziende globali (*global companies*)
Aziende che non si considerano più come appartenenti a qualche paese di origine; talvolta indicate anche come *stateless corporations*, ovvero "aziende senza patria".

B

Balanced scorecard
Sistema di controllo gestionale di ampio respiro che opera un bilanciamento fra i tradizionali parametri di misurazione finanziari e i parametri di tipo operativo connessi ai fattori critici di successo di un'azienda.

Big data
Qualsiasi data set che superi i confini e le convenzionali capacità di elaborazione dell'information technology.

Burocrazia (*bureaucracy*)
Modello organizzativo caratterizzato da regole e procedure, specializzazione e divisione del lavoro, gerarchia, enfasi su personale tecnicamente qualificato e comunicazioni e archivi in forma scritta.

Business intelligence
Analisi mediante strumenti tecnologicamente avanzati di grandi quantità di dati interni ed esterni, con l'obiettivo di individuare schemi e relazioni potenzialmente significative.

C

Cambiamento organizzativo (*organizational change*)
Adozione di una nuova idea o di un nuovo comportamento da parte di un'organizzazione.

Capitale intellettuale (*intellectual capital*)
La somma della conoscenza, dell'esperienza, delle relazioni, dei processi, delle innovazioni e delle scoperte a livello organizzativo.

Capitale sociale (*social capital*)
Qualità delle interazioni tra le persone e condivisione di una prospettiva comune.

Capitalismo consapevole (*conscious capitalism*)
Politiche e prassi organizzative che contribuiscono al successo commerciale di un'azienda e al tempo stesso determinano un miglioramento delle condizioni economiche e sociali delle comunità locali in cui la stessa opera; anche detto "approccio del valore condiviso".

Centralità (*centrality*)
Ruolo di un'unità impegnata nell'attività principale di un'organizzazione e fonte di potere orizzontale.

Centralità nella rete (*network centrality*)
Fonte di potere basata su una posizione centrale all'interno

dell'organizzazione e sull'accesso a informazioni e individui cruciali per il successo dell'azienda.

Centralizzazione (*centralization*)
Si riferisce al livello gerarchico che ha l'autorità di prendere decisioni.

Champion intellettuale (*idea champion*)
Membro dell'organizzazione che mette a disposizione tempo ed energie per far sì che si verifichino cambiamenti; indicato talvolta come "agente di cambiamento".

Ciclo di vita (*life cycle*)
Concetto secondo il quale le organizzazioni attraversano le fasi di nascita, crescita e alla fine estinzione.

Coalizione (*coalition*)
Alleanza tra manager che trovano un accordo sugli obiettivi organizzativi e sulle priorità dei problemi.

Codice etico (*code of ethics*)
Dichiarazione formale dei valori di un'organizzazione riguardanti l'etica e la responsabilità sociale.

Coesione culturale (*culture strength*)
Grado di consenso tra i membri di un'organizzazione riguardo l'importanza di specifici valori.

Collaborazione (*collaboration*)
Sforzo congiunto da parte di personale afferente a due o più unità di produrre risultati in linea con un obiettivo comune o con una finalità condivisa, di solito superiori a quelli che raggiungerebbe un singolo individuo o una singola unità lavorando da soli.

Collegamento orizzontale (*horizontal linkage*)
Attività di comunicazione e di coordinamento che si verifica orizzontalmente tra unità organizzative.

Collegamento verticale (*vertical linkage*)
Vengono utilizzati per coordinare le attività tra il vertice e la base di un'organizzazione e sono progettati principalmente ai fini del controllo dell'organizzazione.

Comitato etico (*ethics commitee*)
Gruppo interfunzionale di dirigenti incaricato di sovrintendere agli aspetti etici di un'azienda.

Competenza distintiva (*core competence*)
Qualcosa che l'organizzazione fa particolarmente bene rispetto ai concorrenti.

Competizione (*competition*)
Rivalità tra gruppi allo scopo di aggiudicarsi un premio comune.

Compito (*task*)
Singola attività di lavoro definita con esattezza e assegnata a una persona.

Complessità (*complexity*)
Eterogeneità, o numero e dissomiglianza degli elementi esterni che incidono sull'attività dell'organizzazione.

Complessità tecnica (*technical complexity*)
Grado di meccanizzazione del processo manifatturiero.

Comportamento organizzativo (*organizational behavior*)
Approccio micro alle organizzazioni che si concentra sugli individui all'interno delle organizzazioni come unità rilevanti di analisi.

Concatenazione diretta (*direct interlock*)
Situazione che si verifica quando un individuo funge da legame tra due aziende, per esempio quando un membro del consiglio di amministrazione di un'azienda siede anche nel consiglio di amministrazione di un'altra.

Concatenazione indiretta (*indirect interlock*)
Situazione che si verifica quando un membro del consiglio di amministrazione dell'azienda A e un membro del consiglio di amministrazione dell'azienda B siedono entrambi nel consiglio di amministrazione dell'azienda C.

Conflitto intergruppo (*intergroup conflict*)
Comportamento che si verifica tra gruppi organizzativi quando i partecipanti si identificano con un determinato gruppo e hanno la percezione che altri gruppi possano impedire il raggiungimento degli obiettivi o le aspettative del proprio.

Confronto (*confrontation*)
Situazione nella quale le parti coinvolte in un conflitto si relazionano direttamente e cercano di superare le rispettive differenze.

Conoscenza codificata (*codified knowledge*)
Conoscenza formale e sistematica che può essere codificata, messa in forma scritta e trasmessa ad altre persone mediante documenti o prescrizioni generali.

Conoscenza tacita (*tacit knowledge*)
Conoscenza basata su esperienza personale, regole pratiche, intuito e giudizio personale; difficilmente codificabile in forma scritta.

Conoscenza tecnica (*technical knowledge*)
Comprensione e consenso sul modo in cui risolvere i problemi e raggiungere gli obiettivi organizzativi.

Consenso sui problemi (*problem consensus*)
Livello di accordo tra i manager riguardo alla natura dei problemi o delle opportunità e riguardo a quali obiettivi e risultati perseguire.

Consiglio d'amministrazione concatenato (*interlocking directorate*)
Collegamento formale che ha luogo quando un membro del consiglio di amministrazione di un'azienda siede nel consiglio di amministrazione di un'altra azienda.

Consolidamento (*retention*)
Preservazione e nell'istituzionalizzazione dei modelli organizzativi selezionati.

Contingenza (*contingency*)
Teoria che afferma la dipendenza di un elemento da altri.

Contingenze strategiche (*strategic contingencies*)
Eventi e attività che avvengono all'interno e all'esterno dell'organizzazione e che sono essenziali per il conseguimento degli obiettivi organizzativi.

Contrattazione collettiva (*collective bargaining*)
Negoziazione utilizzata per risolvere i conflitti fra dipendenti e management.

Controllo burocratico (*bureaucratic control*)
Utilizzo di regole, politiche, gerarchia, documentazione scritta e altri meccanismi burocratici al fine di standardizzare il comportamento e valutare le prestazioni.

Controllo decentralizzato (*decentralized control*)
L'utilizzo di regole e procedure soltanto quando necessario; il comportamento viene guidato da obiettivi e valori condivisi.

Controllo dei risultati (*outcome control*)
Controllo da parte del management basato sul monitoraggio e la ricompensa dei risultati, anziché sulle modalità di raggiungimento degli stessi.

Controllo del comportamento (*behavior control*)
Osservazione diretta da parte dei manager e supervisione delle azioni dei dipendenti al fine di accertare se l'individuo segue le regole e le politiche e svolge i compiti come richiesto.

Controllo di clan (*clan control*)
Utilizzo di caratteristiche sociali, quali i valori culturali condivisi, l'impegno, le tradizioni e le credenze allo scopo di controllare il comportamento.

Controllo gerarchico (*hierarchical control*)
Il monitoraggio e la modifica del comportamento dei dipendenti attraverso l'utilizzo considerevole di regole, politiche, gerarchia, documentazione scritta, sistemi di ricompensa e altri meccanismi formali.

Controllo di mercato (*market control*)
Uso della competizione sul prezzo per valutare l'output e la produttività di un'organizzazione o delle principali unità e divisioni che ne fanno parte.

Cooptazione (*cooptation*)
Si verifica quando figure eminenti di importanti settori dell'ambiente di riferimento vengono coinvolte in un'organizzazione.

Coordinamento relazionale (*relational coordination*)
Comunicazione frequente, tempestiva e orientata al problem solving ottenuta mediante rapporti umani basati su obiettivi e conoscenze condivise e rispetto reciproco.

Core technology
Il processo di lavoro che è direttamente correlato alla missione dell'organizzazione.

Costrutto sociale (*social construct*)
Entità creata e definita da un singolo oppure da un gruppo e inesistente di per sé nel mondo esterno

Creatività (*creativity*)
La generazione di idee nuove che possono soddisfare le esigenze percepite e rispondere a opportunità.

Crowdsourcing
Approccio all'innovazione aperta che sollecita idee, servizi o informazioni da parte di un gran numero volontari, solitamente attraverso i social media e Internet.

Cultura (*culture*)
Insieme di valori, norme, principi guida e interpretazioni che è condiviso dai membri di un'organizzazione e trasmesso ai nuovi membri come il modo corretto di pensare e comportarsi.

Cultura adattiva (*adaptability culture*)
Cultura caratterizzata da un focus strategico sull'ambiente esterno attraverso la flessibilità e il cambiamento volti a soddisfare i bisogni dei clienti.

Cultura burocratica (*bureaucratic culture*)
Cultura contrassegnata da un focus interno e da un orientamento coerente per un ambiente stabile.

Cultura della missione (*mission culture*)
Cultura caratterizzata dall'enfasi su una chiara visione dello scopo dell'organizzazione e sul raggiungimento di obiettivi specifici, come crescita del fatturato, redditività o quota di mercato, che aiutano a raggiungere lo scopo dell'organizzazione.

Cultura di clan (*clan culture*)
Cultura che si focalizza principalmente sul coinvolgimento e la partecipazione dei membri dell'organizzazione e sulle aspettative in rapido cambiamento provenienti dall'ambiente esterno.

D

Data warehousing
Utilizzo di grandi database che riuniscono tutti i dati di un'organizzazione e permettono agli utenti di accedere ai dati in maniera diretta, creare report e ottenere risposte a interrogazioni del tipo "what-if".

Decentralizzazione (*decentralization*)
L'autorità decisionale viene delegata ai livelli organizzativi più bassi.

Decisione organizzativa (*organizational decision making*)
Processo di identificazione e risoluzione di problemi.

Decisioni non programmate (*nonprogrammed decisions*)
In situazioni con problemi nuovi o scarsamente definiti, sono necessarie decisioni non programmate in mancanza di procedure conosciute per la soluzione dei problemi stessi.

Decisioni programmate (*programmed decisions*)
Ripetitive e ben definite, tali decisioni vengono utilizzate quando esistono delle procedure per risolvere i problemi.

Declino organizzativo (*organizational decline*)
Condizione nella quale si assiste in un determinato periodo a una diminuzione sostanziale e in termini assoluti della base di risorse di un'organizzazione.

Denuncia (*whistle-blowing*)
Segnalazione informale da parte dei dipendenti di pratiche illegali, immorali o illegittime intraprese dall'organizzazione.

Differenziazione (*differentiation*)
Differenze cognitive ed emotive tra i manager di diverse unità di un'organizzazione e differenze relative alle strutture formali tra tali unità.

Dilemma etico (*ethical dilemma*)
Situazione che si crea quando ogni scelta o comportamento possibile risulta indesiderabile a causa di potenziali conseguenze negative di tipo etico.

Dimensioni strutturali (*structural dimensions*)
Forniscono la nomenclatura per descrivere le caratteristiche interne di un'organizzazione e creano una base per la misurazione e il confronto tra organizzazioni.

Dinamismo (*dynamism*)
La stabilità o instabilità dell'ambiente in cui l'organizzazione opera.

Dipendenza (*dependency*)
Aspetto del potere orizzontale in base al quale un'unità dipende da un'altra, che si trova in una posizione di maggior potere.

Dipendenza dalle risorse (*resource dependence*)
Situazione nella quale le organizzazioni dipendono dall'ambiente, ma lottano per acquisire il controllo delle risorse proprio per minimizzare la loro dipendenza da queste.

Direzione amministrativa (*administrative principles*)
Prospettiva di management basata sul concetto di sistemi chiusi che si concentra sulla progettazione e il funzionamento dell'organizzazione nel suo complesso.

Divisione internazionale (*international division*)
Divisione organizzata per gestire le attività in altri paesi.

E

Ecologia delle popolazioni (*population-ecology perspective*)
Prospettiva che si concentra sulla diversità e l'adattamento organizzativi all'interno di una popolazione di organizzazioni.

Economie di scala (*economies of scale*)
Abbassamento dei costi tramite ampi volumi di produzione, speso reso possibile dall'espansione globale.

Economie di gamma (*economies of scope*)
Realizzazione di economie attraverso il numero e la varietà dei prodotti e servizi offerti dall'azienda, oppure attraverso il numero e la varietà delle regioni, dei paesi e dei mercati da essa serviti.

Ecosistema organizzativo (*organizational ecosystem*)
Sistema formato dall'interazione di una comunità di organizzazioni con il suo ambiente.

Efficacia (*effectiveness*)
Misura in cui un'organizzazione realizza i propri obiettivi.

Efficienza (*efficiency*)
Ammontare di risorse utilizzate per realizzare gli obiettivi di un'organizzazione; si basa sulla quantità di materie prime, denaro e dipendenti necessari per produrre un dato livello di output.

Enfasi sugli obiettivi razionali (*rational goal emphasis*)
Un aspetto del modello dei valori competitivi che riflette i valori di focus esterno e controllo strutturale.

Enfasi sui sistemi aperti (*open systems emphasis*)
Un aspetto del modello dei valori competitivi che riflette una combinazione di focus esterno e struttura flessibile.

Enfasi sul processo interno (*internal process emphasis*)
Un aspetto del modello dei valori competitivi che riflette i valori di focus interno e controllo strutturale.

Enfasi sulle relazioni umane (*human relations emphasis*)
Un aspetto del modello dei valori competitivi che riflette i valori di focus interno e di struttura flessibile.

Eroi (*heroes*)
Membri dell'organizzazione che fungono da modelli o ideali per sostenere le norme e i valori di tipo culturale.

Esperimenti di Hawthorne (*Hawthorne studies*)
Serie di esperimenti sulla produttività dei lavoratori avviati nel 1924 nello stabilimento di Hawthorne della Western Electric Company, in Illinois; attribuirono l'incremento di produttività dei dipendenti al migliore trattamento ricevuto dagli stessi da parte del management durante il periodo degli studi.

Esternalizzazione (*outsourcing*)
Utilizzo di fornitori esterni per determinate funzioni o compiti di un'organizzazione.

Etica (*ethics*)
Codice di principi morali e di valori che governa i comportamenti di una persona o di un gruppo relativamente a ciò che è considerato giusto e sbagliato.

Etica manageriale (*managerial ethics*)
Princìpi che guidano le decisioni e i comportamenti dei manager rispetto al fatto se tali comportamenti siano moralmente giusti o sbagliati.

Expert-locator system
Sistema per l'identificazione delle conoscenze mirato a identificare e catalogare gli esperti in un database mediante il quale si può rintracciare tempestivamente la persona adatta a fornire una consulenza specializzata.

F

Fabbriche intelligenti (*smart factories*)
Fabbriche che mettono in rete componenti della produzione manifatturiera che operavano precedentemente in maniera isolata. Anche dette "fabbriche digitali", "produzione integrata e automatizzata", "sistemi manifatturieri flessibili" *(FMS, flexible manufacturing systems)*, "tecnologia manifatturiera avanzata" o "produzione agile".

Fattori contingenti (*contingency factors*)
Elementi più ampi che influiscono sulle dimensioni strutturali, tra cui la dimensione dell'organizzazione, la tecnologia, l'ambiente, la cultura e gli obiettivi.

Fattori di produzione (*factors of production*)
Risorse necessarie per la produzione, come per esempio terreni, materie prime e manodopera.

Focus
Dimensione valoriale dell'organizzazione che indica se i valori dominanti riguardano temi interni o esterni all'azienda.

Fonti di conflitto intergruppo (*sources of intergroup conflict*)
Fattori che generano conflitto, compresi l'incompatibilità di obiettivi, la differenziazione, l'interdipendenza dei compiti e la limitatezza delle risorse.

Fonti di potere (*power sources*)
Esistono cinque fonti di potere orizzontale nell'ambito delle organizzazioni: dipendenza, risorse finanziarie, centralità, non sostituibilità e capacità di far fronte all'incertezza.

Formalizzazione (*formalization*)
Misura in cui un'organizzazione si avvale di regole, procedure e documentazione scritta.

Forze coercitive (*coercitive forces*)
Pressioni esterne esercitate su un'organizzazione perché questa adotti strutture, tecniche o comportamenti simili a quelli di altre organizzazioni.

Forze mimetiche (*mimetic forces*)
Pressioni a copiare o modellarsi sulla base di altre organizzazioni che sembrano avere successo.

Forze normative (*normative forces*)
Pressioni finalizzate al conseguimento di standard di professionalità e all'adozione di tecniche considerate all'avanguardia ed efficaci da parte della comunità professionale.

G

Generalista (*generalist*)
Organizzazione con una nicchia o un campo d'attività ampi.

Gruppi lavoratori-management (*labor-management teams*)
Approccio cooperativo disegnato per incrementare la partecipazione dei dipendenti e per fornire un modello cooperativo per la gestione dei problemi tra organizzazioni sindacali e management.

I

Identificazione del problema (*problem identification*)
Stadio del processo decisionale nel quale vengono monitorate le informazioni sulle condizioni ambientali e organizzative allo scopo di determinare se la performance è soddisfacente o meno e di diagnosticare eventualmente la causa delle carenze riscontrate.

Imitazione (*imitation*)
Adozione di una decisione sperimentata altrove nella speranza che funzioni nella situazione corrente.

Impresa analitica (*analyzer*)
Organizzazione che mira a mantenere attività stabili innovando al tempo stesso nelle aree periferiche.

Impresa difensiva (*defender*)
Organizzazione che ricerca la stabilità o la difesa della posizione.

Impresa esploratrice (*prospector*)
Organizzazione caratterizzata da innovazione, assunzione del rischio, ricerca di nuove opportunità e crescita.

Impresa reattiva (*reactor*)
Organizzazione che risponde alle minacce e alle opportunità ambientali seguendo un approccio *ad hoc*.

Incertezza (*uncertainty*)
Condizione che si verifica quando i decisori non hanno informazioni sufficienti sui fattori ambientali e incontrano difficoltà nel predire i cambiamenti esterni.

Incubatore di idee (*idea incubator*)
Un luogo protetto ove le idee provenienti dai dipendenti di

tutta l'organizzazione possono essere sviluppate senza interferenza da parte della burocrazia o delle politiche aziendali.

Indicatori del personale (*personnel ratios*)
Dimensioni relative del personale amministrativo, d'ufficio e di supporto professionale.

Innovazione aperta (*open innovation*)
Approccio che spinge la ricerca di nuovi prodotti e la loro commercializzazione oltre i confini dell'organizzazione.

Innovazione gestionale (*management innovation*)
Adozione e implementazione di prassi, processi, strutture, strategie e tecniche manageriali nuovi, mirati a promuovere il raggiungimento degli obiettivi organizzativi.

Innovazione organizzativa (*organizational innovation*)
Adozione di un'idea o comportamento nuovi per il settore, il mercato o l'ambiente generale di un'organizzazione.

Innovazione radicale (*disruptive innovation*)
Innovazioni che, inizialmente di piccola entità, finiscono con sostituire completamente una tecnologia esistente di prodotto o servizio per produttori e consumatori.

Innovazioni culturali (*culture innovations*)
Cambiamenti che intervengono su valori, attitudini, aspettative, opinioni, capacità e comportamenti dei dipendenti.

Innovazioni di prodotto e servizio (*product and service innovations*)
Cambiamenti riguardanti gli output di un'organizzazione in termini di prodotti o servizi.

Innovazioni di strategia e struttura (*strategy and structure innovations*)
Cambiamenti relativi alla sfera amministrativa di un'organizzazione.

Innovazioni tecnologiche (*technology innovations*)
Cambiamenti che avvengono nel processo produttivo di un'organizzazione, compresa la sua base di conoscenze e capacità, che permette la formazione di una competenza distintiva.

Integratore (*integrator*)
Posizione o unità organizzativa creata con l'unico scopo di coordinare diverse unità.

Integrazione (*integration*)
Qualità della collaborazione tra le unità di un'organizzazione.

Integrazione interna (*internal integration*)
Situazione nella quale i membri dell'organizzazione sviluppano un'identità collettiva e sanno come lavorare insieme in maniera efficace.

Interdipendenza (*interdependence*)
Grado in cui le unità organizzative dipendono le une dalle altre in relazione a risorse o materiali per svolgere i propri compiti.

Interdipendenza generica (*pooled interdependence*)
Forma più leggera di interdipendenza, nella quale il lavoro non viene trasmesso tra le diverse unità.

Interdipendenza reciproca (*reciprocal interdependence*)
Rappresenta il livello più alto di interdipendenza, nella quale l'output dell'operazione A costituisce l'input per l'operazione B e l'output dell'operazione B costituisce a sua volta l'input per l'operazione A.

Interdipendenza sequenziale (*sequential interdependence*)
Forma seriale di interdipendenza nella quale l'output di un'operazione diventa l'input per un'altra operazione.

Intermediari di dati (*data intermediaries*)
Imprese che raccolgono dati da diverse organizzazioni e li analizzano per conto di terzi.

Intervento su grandi gruppi (*large group intervention*)
Approccio che riunisce partecipanti provenienti da tutte le parti dell'organizzazione (e può anche prevedere la partecipazione di stakeholder esterni) in un luogo diverso dalla sede aziendale per discutere problemi od opportunità e pianificare azioni volte al cambiamento.

Intranet
Sistema di informazioni privato a livello aziendale che utilizza i protocolli di comunicazione e gli standard Internet ma è accessibile soltanto dalle persone che lavorano nell'ambito dell'azienda.

Ispirazione (*inspiration*)
Soluzione innovativa e creativa che non è maturata secondo procedimenti logici.

Istituzionalismo (*institutional perspective*)
Approccio secondo il quale le organizzazioni sopravvivono e hanno successo attraverso la ricerca della coerenza tra l'organizzazione stessa e le aspettative provenienti dall'ambiente nei suoi confronti.

J

Joint venture
Entità organizzativa nuova e separata creata da due o più organizzazioni per sviluppare in maniera congiunta un prodotto innovativo o una tecnologia condivisa.

K

Knowledge management
Capacità di ricercare, organizzare e mettere a disposizione in maniera sistematica il capitale intellettuale di un'azienda e di alimentare una cultura di apprendimento continuo e di condivisione della conoscenza.

L

Leadership basata sui valori (*values-based leadership*)
Relazione tra leader e membri dell'organizzazione basata su valori fortemente condivisi e interiorizzati che sono difesi e messi in pratica dal leader.

Leggende (*legends*)
Racconti di eventi con fondamenti storici che possono essere stati romanzati con l'aggiunta di dettagli fittizi.

Legittimità (*legitimacy*)
Percezione generale che le azioni di un'organizzazione sono desiderabili, appropriate e opportune nell'ambito del sistema di norme, valori e opinioni dell'ambiente.

Livello di analisi (*level of analysis*)
Nella teoria dei sistemi è il sottosistema sul quale viene posto il focus principale; le organizzazioni sono generalmente caratterizzate da quattro livelli di analisi principali.

Lotta per la sopravvivenza (*struggle for existence*)
Concetto secondo il quale le organizzazioni e le popolazioni di organizzazioni sono impegnate in una lotta competitiva per l'acquisizione di risorse e per la propria sopravvivenza.

M

Management basato sull'evidenza (*evidence-based management*)
Implica un impegno a prendere decisioni più informate e intelligenti sulla base dei migliori dati ed evidenze disponibili.

Mappa strategica (*strategy map*)
Rappresentazione visiva degli elementi determinanti del successo di un'organizzazione e dei legami tra i risultati specifici conseguiti in ciascuna area.

Matrice funzionale (*functional matrix*)
Tipo di struttura a matrice nel quale i capi funzionali hanno un'autorità prevalente e i product manager o i project manager coordinano semplicemente le attività relative ai prodotti.

Matrice per prodotto (*product matrix*)
Tipologia di struttura a matrice nella quale i project manager o i product manager hanno un'autorità prevalente e i manager funzionali hanno semplicemente il compito di allocare il personale tecnico ai diversi progetti e fornire consulenza specialistica, a seconda delle necessità.

Missione (*mission*)
Ragion d'essere di un'organizzazione; ne descrive i valori, le credenze condivise e i motivi per cui esiste.

Modello Carnegie (*Carnegie model*)
Processo decisionale organizzativo che implica il coinvolgimento di molti manager e una scelta finale basata su una coalizione tra tali manager.

Modello contingente per il processo decisionale (*contingency decision-making framework*)
Approccio che riunisce le due dimensioni organizzative del consenso sul problema e della conoscenza tecnica riguardo alle soluzioni.

Modello del contenitore dei rifiuti (*garbage can model*)
Modello del processo decisionale che descrive lo schema o il flusso di molteplici decisioni nell'ambito di un'organizzazione.

Modello del processo decisionale incrementale (*incremental decision model*)
Modello del processo decisionale che descrive la sequenza strutturata di attività che vengono intraprese, dalla scoperta di un problema fino alla sua soluzione.

Modello di controllo a feedback (*feedback control model*)
Ciclo di controllo che prevede la determinazione di obiettivi strategici per le varie unità o per l'organizzazione nella sua interezza, la definizione di misure e parametri di performance, il confronto delle misure della performance attuale con i parametri, e infine la correzione o la modifica delle attività in base alle necessità.

Modello di coordinamento orizzontale (*horizontal coordination model*)
Modello delle tre componenti di progettazione organizzative necessarie per realizzare innovazioni di prodotto: specializzazione a livello di unità organizzative, attività di confine e coordinamento orizzontale.

Modello meccanico (*mechanistic*)
Sistema organizzativo caratterizzato da regole, procedure, una chiara gerarchia e un processo decisionale accentrato.

Modello organico (*organic*)
Organizzazione contraddistinta da processi svincolati e adattivi, una gerarchia non chiara e un processo decisionale decentrato.

Modello organizzativo (*organizational form*)
Insieme di tecnologia, struttura, prodotti, obiettivi e personale specifici di un'organizzazione, che possono essere accettati o respinti dall'ambiente.

Modello politico (*political model*)
Propone la definizione di un'organizzazione come di un'entità composta da gruppi che hanno interessi, obiettivi e valori diversi e nella quale il potere e l'influenza sono necessari per giungere alle decisioni.

Modello razionale (*rational model*)
Modello organizzativo caratterizzato da un approccio razionale al processo decisionale, obiettivi e scelte chiari, potere e controllo centralizzati, orientamento all'efficacia e basso livello di conflitto tra gruppi.

Modello transnazionale (*transnational model*)
Forma di organizzazione orizzontale che presenta molteplici centri, manager di sussidiarie che avviano strategie e innovazioni per l'azienda nel suo insieme e ottenimento di unità e coordinamento attraverso la cultura aziendale e visione e valori condivisi.

Mutazione (*variation*)
Comparsa, in una popolazione di organizzazioni, di nuovi modelli organizzativi.

N

Negoziazione (*negotiation*)
Processo di contrattazione che spesso si verifica durante un confronto e che permette alle parti di raggiungere in maniera sistematica una soluzione.

Network collaborativi (*collaborative-network perspective*)
Approccio emergente secondo il quale le organizzazioni si associano per diventare più competitive e condividere le scarse risorse.

New-venture fund
Fondo che fornisce risorse finanziarie ai dipendenti per sviluppare nuove idee, prodotti o business.

Nicchia (*niche*)
Area caratterizzata da risorse e fabbisogni ambientali unici.

Non sostituibilità (*nonsubstitutability*)
Fonte di potere orizzontale per un'unità le cui funzioni non possono essere svolte da altre risorse facilmente disponibili.

Norma di legge (*rule of law*)
Regola che emerge da un insieme di princìpi e regolamenti codificati che descrivono il modo in cui le persone sono tenute ad agire; è generalmente accettata all'interno della società e può essere fatta valere in tribunale.

Numeri verdi etici (*ethics hotlines*)
Offrono ai dipendenti un modo confidenziale per ottenere consigli o denunciare comportamenti eticamente scorretti.

O

Obiettivi operativi (*operating goals*)
Definizione dei risultati ricercati attraverso le concrete procedure operative dell'organizzazione e spiegazione di quello che l'organizzazione cerca di fare.

Obiettivi ufficiali (*official goals*)
Definizione formale e dichiarata dell'ambito di attività dell'organizzazione e dei risultati che cerca di conseguire.

Obiettivo organizzativo (*organizational goal*)
Stato desiderato delle cose che un'organizzazione tenta di raggiungere.

Organizzazioni (*organizations*)
Entità sociali consistenti in sistemi di attività orientati a specifici obiettivi, strutturati in maniera deliberata e coordinati, collegati all'ambiente esterno.

Organizzazioni burocratiche (*bureaucratic organizations*)
Organizzazioni che enfatizzano una progettazione e una gestione su base impersonale e razionale mediante elementi quali gerarchie e responsabilità definite in modo chiaro, tenuta formale dei registri e applicazione uniforme di regole standard.

Organizzazione ibrida (*hybrid organization*)
Organizzazione che mescola sistemi di valori e comportamenti rappresentativi di due diversi settori della società, esponendosi in tal modo a tensioni e conflitti interni in merito a obiettivi e priorità.

Ottimizzazione congiunta (*joint optimization*)
Costituisce l'obiettivo dell'approccio dei sistemi socio-tecnici, il quale afferma che un'organizzazione funziona al meglio quando i suoi sistemi sociale e tecnico vengono progettati in modo che siano coerenti l'uno con i bisogni dell'altro.

P

Pensiero di gruppo (*groupthink*)
Tendenza dei membri di un gruppo a reprimere opinioni divergenti.

Persistenza nell'errore (*escalating commitment*)
Persistenza nell'investire tempo e denaro in una soluzione, ignorando prove evidenti che ne dimostrino il mancato funzionamento.

Personalizzazione di massa (*mass customization*)
Utilizzo di tecnologie di produzione di massa per l'assemblaggio rapido ed efficace sul piano dei costi di beni progettati per soddisfare le richieste di singoli clienti.

Politica organizzativa (*organizational politics*)
Attività volte ad acquisire, sviluppare e utilizzare il potere e altre risorse per influenzare gli altri e ottenere il risultato preferito da ognuno in presenza di incertezza o di disaccordo sulle scelte da effettuare.

Popolazione (*population*)
Insieme di organizzazioni impegnate in attività simili con schemi di funzionamento simili riguardo all'utilizzo delle risorse e ai risultati.

Potere (*power*)
Capacità di una persona (o di una unità) di influenzare altre persone (o altre unità) per l'esecuzione di ordini o azioni che altrimenti non sarebbe possibile eseguire.

Processo (*process*)
Un insieme organizzato di compiti o attività che sono correlati nella trasformazione degli input in output e creano valore per i consumatori.

Processo decisionale intuitivo (*intuitive decision making*)
Processo decisionale basato sull'esperienza e sul giudizio personale piuttosto che sulla logica sequenziale o sul ragionamento esplicito.

Processo di cambiamento (*change process*)
Modo in cui avvengono i cambiamenti all'interno di un'organizzazione.

Produzione a grandi lotti (*large-batch production*)
Processo manifatturiero caratterizzato da lunghi cicli di produzione di parti standardizzate.

Produzione a piccoli lotti (*small-batch production*)
Processo manifatturiero, spesso su ordinazione, che dipende fortemente dal lavoro umano e presenta un basso livello di meccanizzazione.

Produzione a processo continuo (*continuous-process production*)
Processo manifatturiero completamente meccanizzato nel quale non ci sono momenti di avvio o di interruzione.

Produzione snella (*lean manufacturing*)
Processo che utilizza personale altamente specializzato in ogni stadio del processo produttivo, adottando un approccio scrupoloso per ridurre lo spreco e migliorare il valore per il cliente.

Progetto strategico (*strategic intent*)
Situazione in cui tutte le energie e le risorse dell'organizzazione sono indirizzate verso un obiettivo generale ben definito, unificante e convincente.

Prospettiva della razionalità limitata (*bounded rationality perspective*)
Prospettiva che descrive il modo in cui le decisioni di fatto devono essere prese in presenza di stretti vincoli di tempo e risorse.

Punto-contrappunto (*point-counterpoint*)
Tecnica del processo decisionale in base alla quale i decisori vengono divisi in due gruppi e incaricati di responsabilità diverse e spesso contrastanti.

Q

Quasi-razionalità (*quasirationality*)
Tendenza nel campo dei processi decisionali che implica una combinazione di pensiero intuitivo e analitico.

R

Raggruppamento a rete (*virtual network grouping*)
In questa prospettiva, l'organizzazione è un gruppo di componenti separate debolmente collegate tra loro. Fondamentalmente, le unità sono organizzazioni distinte e collegate elettronicamente per condividere le informazioni necessarie allo svolgimento delle attività.

Raggruppamento delle attività (*departmental grouping*)
Raggruppamento nel quale i dipendenti condividono un supervisore e risorse comuni, sono congiuntamente responsabili dei risultati conseguiti e tendono a sviluppare un'identità comune e a collaborare tra di loro.

Raggruppamento divisionale (*divisional grouping*)
Raggruppamento che prevede che i dipendenti siano organizzati in base a ciò che l'organizzazione produce.

Raggruppamento funzionale (*functional grouping*)
Raggruppamento di dipendenti che svolgono funzioni o processi di lavoro simili o che apportano conoscenze e capacità simili.

Raggruppamento multifocalizzato (*multifocused grouping*)
Raggruppamento secondo il quale un'organizzazione adotta due o più alternative di raggruppamento strutturale allo stesso tempo, spesso denominato "a matrice" o "ibrido".

Raggruppamento orizzontale (*horizontal grouping*)
Raggruppamento di dipendenti organizzato intorno a processi chiave, lavori contigui e flussi di informazioni e materiali che creano direttamente valore per i clienti.

Reengineering
Iniziativa interfunzionale che implica la radicale riprogettazione dei processi di business per realizzare cambiamenti simultanei nella struttura organizzativa, nella cultura e nelle tecnologie informatiche allo scopo di produrre drastici miglioramenti nelle performance.

Relazioni interorganizzative (*interorganizational relationships*)
Transazioni, flussi e collegamenti relativamente duraturi che hanno per oggetto risorse e si verificano tra due o più organizzazioni.

Responsabilità sociale d'impresa (*corporate social responsibility, CSR*)
Concetto che si riferisce al dovere da parte del management di effettuare scelte e intraprendere iniziative che contribuiscano al benessere e all'interesse di tutti gli stakeholder dell'organizzazione.

Responsabilizzazione (*empowerment*)
Delega di potere o autorità ai subordinati all'interno di un'organizzazione; denominata anche "condivisione del potere".

Responsabile della conformità (*chief ethics officer*)
Alto dirigente aziendale che supervisiona tutti gli aspetti etici,

tra cui la definizione e l'ampia diffusione degli standard etici e la consulenza ai manager relativamente agli aspetti etici delle decisioni aziendali.

Ricerca per problemi (*problemistic search*)
Si verifica quando i manager ricercano una soluzione guardandosi intorno nell'ambiente più prossimo che li circonda per risolvere un problema velocemente.

Ridimensionamento (*downsizing*)
La riduzione intenzionale delle dimensioni della forza lavorativa di un'organizzazione.

Riti e cerimonie (*rites and ceremonies*)
Attività elaborate e pianificate che configurano un evento speciale e sono spesso svolte a beneficio di un pubblico.

Ruoli di confine (*boundary-spanning roles*)
Attività che collegano e coordinano un'organizzazione con elementi chiave nell'ambiente esterno.

Ruolo (*role*)
Parte di un sistema sociale dinamico che permette a un dipendente di utilizzare la propria discrezionalità e capacità per ottenere risultati e raggiungere obiettivi.

Ruolo di collegamento (*liason role*)
Ruolo nel quale una persona viene collocata in un'unità organizzativa, ma è responsabile per la comunicazione e il coordinamento con un'altra unità.

S

Scientific management
Approccio classico che enfatizza l'individuazione scientifica di mansioni e pratiche di gestione come mezzo per migliorare l'efficienza e la produttività del lavoro.

Selezione (*selection*)
La possibilità che un nuovo modello sia adatto all'ambiente e in grado di sopravvivere, oppure venga eliminato e fallisca.

Settori (*sectors*)
Suddivisioni dell'ambiente esterno che contengono elementi simili.

Simbolo (*symbol*)
Entità che ne rappresenta un'altra.

Sintomi di inadeguatezza strutturale (*symptoms of structural deficiency*)
Segnali che indicano il disallineamento della struttura organizzativa, comprendenti la mancanza di collaborazione fra unità, il differimento o la scarsa qualità delle decisioni, l'incapacità di rispondere in maniera innovativa ai cambiamenti ambientali, un calo della performance da parte dei dipendenti e il mancato raggiungimento degli obiettivi.

Sistema aperto (*open system*)
Sistema, come per esempio un'organizzazione, che deve interagire con l'ambiente per sopravvivere.

Sistema informativo verticale (*vertical information system*)
Strategia per incrementare l'ampiezza del flusso dell'informazione verticale.

Skunkworks
Un piccolo gruppo separato, informale, dotato di ampia autonomia e spesso caratterizzato da segretezza, che si concentra sulle idee più innovative per il business.

Slogan (*sayings*)
Motti o mantra che racchiudono i principali valori culturali.

Social business
L'utilizzo delle tecnologie dei social media come blog, social network o Twitter per interagire con dipendenti, clienti e altri stakeholder e facilitare la comunicazione e la collaborazione fra di essi.

Social media
Comprendono le community page e i forum dell'azienda, i blog e i wiki per la collaborazione virtuale, i siti di social media come Facebook o LinkedIn, canali video come YouTube, e i siti di microblogging come Twitter e il cinese Sina Weibo.

Social media command center
Ufficio dedicato in cui un'azienda può monitorare quanto viene detto sul suo conto nelle piattaforme di social media.

Social networking
Canale di comunicazione paritario mediante il quale gli utenti interagiscono in una comunità online, condividendo informazioni personali e foto e divulgando informazioni e opinioni di vario genere.

Soluzione del problema (*problem solution*)
Stadio del processo decisionale nel quale vengono considerati corsi d'azione alternativi e uno di essi viene selezionato e posto in essere.

Soluzione soddisfacente (*satisficing*)
Se le organizzazioni accettano un livello soddisfacente di prestazioni anziché cercare di ottimizzare la soluzione di un problema, ciò può consentire loro di raggiungere numerosi obiettivi contemporaneamente.

Somiglianza istituzionale (*institutional similarity*)
Emergere di strutture e approcci gestionali comuni tra organizzazioni di uno stesso ambito di attività; denominata *isomorfismo istituzionale* nella letteratura accademica.

Sostenibilità (*sustainability*)
Modello di sviluppo economico che genera ricchezza e soddisfa le esigenze dell'attuale generazione salvaguardando nel contempo le risorse naturali per le generazioni future.

Sottoculture (*subcultures*)
Culture che si sviluppano per riflettere i problemi, gli obiettivi e le esperienze comuni che sono condivise dai membri di un team, di un'unità o di un'altra entità organizzativa.

Specialista (*specialist*)
Organizzazione che fornisce una gamma più ristretta di beni o servizi o serve un mercato più limitato.

Stadio della collettività (*collectivity stage*)
Fase del ciclo di vita nella quale dipendenti si identificano nella missione dell'organizzazione e si dedicano a lungo a contribuire al successo organizzativo; i membri si sentono parte di una collettività.

Stadio della formalizzazione (*formalization stage*)
Fase del ciclo di vita di un'organizzazione in cui si registra l'entrata in vigore e l'utilizzo di regole, procedure e sistemi di controllo.

Stadio di elaborazione (*elaboration stage*)
Fase avanzata del ciclo di vita organizzativo nella quale la crisi da burocrazia viene risolta attraverso lo sviluppo di un nuovo spirito di lavoro di squadra e di collaborazione.

Stadio domestico (*domestic stage*)
Primo stadio dello sviluppo internazionale, nel quale un'azienda è orientata al proprio mercato domestico; i manager sono comunque consapevoli dell'ambiente globale e possono considerare l'eventualità di un primo coinvolgimento in mercati esteri per espandere il volume di produzione e realizzare le economie di scala.

Stadio globale (*global stage*)
Stadio dello sviluppo internazionale nel quale l'azienda trascende ogni dimensione nazionale.

Stadio imprenditoriale (*entrepreneurial stage*)
Fase del ciclo di vita nella quale un'organizzazione prende vita e pone enfasi sulla creazione di un prodotto e sulla sopravvivenza all'interno del mercato.

Stadio internazionale (*international stage*)
Secondo stadio del processo di sviluppo internazionale, nel quale l'azienda considera seriamente le attività di esportazione e comincia a pensare in maniera multidomestica.

Stadio multinazionale (*multinational stage*)
Stadio del processo di sviluppo internazionale nel quale un'azienda possiede una vasta esperienza in vari mercati internazionali e ha realizzato strutture di marketing, produzione o ricerca e sviluppo in diversi paesi stranieri.

Stakeholder
Qualsiasi gruppo all'interno o all'esterno dell'organizzazione che abbia un interesse nei confronti delle performance della stessa.

Storie (*stories*)
Racconti basati su eventi reali che sono frequentemente condivisi tra i dipendenti dell'organizzazione e raccontati ai nuovi dipendenti per dar loro informazioni sull'organizzazione.

Strategia (*strategy*)
Piano per interagire con l'ambiente competitivo allo scopo di raggiungere gli obiettivi organizzativi.

Strategia di differenziazione (*differentiation strategy*)
Strategia con la quale un'organizzazione cerca di distinguere i propri prodotti o servizi da quelli offerti dai competitori operanti nello stesso settore.

Strategia di globalizzazione (*globalization strategy*)
Standardizzazione della progettazione di prodotto, della produzione e dell'attività di marketing a livello globale.

Strategia di leadership di costo (*low-cost leadership strategy*)
Strategia che cerca di aumentare la quota di mercato mantenendo bassi i costi rispetto ai concorrenti.

Strategia multidomestica (*multidomestic strategy*)
Strategia secondo la quale la competizione in ogni paese è gestita in maniera indipendente dalla competizione in altri paesi.

Struttura (*structure*)
Dimensione valoriale relativa alla struttura dell'organizzazione; indica se l'atteggiamento strutturale dominante è la stabilità o la flessibilità.

Struttura a matrice (*matrix structure*)
Struttura organizzativa multifocalizzata, in modo che sia i prodotti sia le funzioni – ovvero sia i prodotti sia le aree geografiche – siano evidenziati nella stessa misura.

Struttura a rete (*virtual network structure*)
Forma nella quale l'organizzazione appalta un gran numero o la maggior parte dei processi principali ad aziende separate e coordina le loro attività da un'organizzazione centrale di piccole dimensioni, talvolta chiamata "struttura modulare".

Struttura divisionale (*divisional structure*)
Struttura che prevede l'organizzazione delle diverse divisioni in base a singoli prodotti, servizi, gruppi di prodotti, progetti o programmi principali, divisioni, attività economiche o centri di profitto; talvolta indicata anche come "struttura per prodotto" o "struttura per unità strategiche di business".

Struttura funzionale (*functional structure*)
Struttura organizzativa che prevede il raggruppamento delle attività in base alle funzioni dal vertice ai livelli più bassi dell'organizzazione.

Struttura globale a matrice (*global matrix structure*)
Forma di collegamento orizzontale che in un'organizzazione internazionale implementa contemporaneamente strutture per prodotti e per funzioni (orizzontali e verticali).

Struttura globale geografica (*global geographic structure*)
Struttura in base alla quale il mondo è suddiviso in diverse regioni geografiche, ciascuna dotata di una divisione geografica che riporta all'amministratore delegato.

Struttura globale per prodotto (*global product structure*)
Struttura nella quale le divisioni di prodotto hanno la responsabilità delle attività a livello globale relativamente alle loro specifiche aree di prodotto.

Struttura ibrida (*hybrid structure*)
Struttura che riunisce le caratteristiche di vari approcci disegnata per adattarsi a specifiche necessità strategiche.

Struttura organizzativa (*organization structure*)
Indica le relazioni di riporto gerarchico, compresi il numero di livelli gerarchici e lo *span of control* di manager e supervisori; identifica il raggruppamento di individui in unità organizzative e di unità organizzative nella totalità dell'organizzazione; comprende la progettazione di sistemi che assicurino una comunicazione e un coordinamento efficaci e l'integrazione degli sforzi fra le unità organizzative.

Struttura orizzontale (*horizontal structure*)
Struttura che organizza gruppi di dipendenti in base ai processi chiave.

Strutture mutevoli (*switching structures*)
Permettono all'organizzazione di creare una struttura organica quando quest'ultima si rende necessaria ai fini dell'avvio di nuove idee e ritornare a una struttura più meccanicistica per la successiva implementazione.

Sviluppo organizzativo (*organization development*)
Metodo per raggiungere il cambiamento culturale che si concentra sugli aspetti umani e sociali dell'organizzazione come strumenti per migliorare la capacità dell'organizzazione di adattarsi e risolvere i problemi.

T

Task force
Comitato temporaneo composto da rappresentanti di ogni unità coinvolta in un problema.

Tattiche per aumentare il potere (*tactics for increasing power*)
Comprendono l'accesso ad aree ad alto livello di incertezza, la creazione di rapporti di dipendenza, la fornitura di scarse risorse e la soddisfazione di contingenze strategiche.

Tattiche per l'aumento della collaborazione (*tactics for enhancing collaboration*)
Tecniche quali gli strumenti di integrazione, il confronto e la negoziazione, le consultazioni intergruppo, la rotazione dei membri, la condivisione di una missione e di obiettivi sovraordinati che permettono ai gruppi di superare le differenze e di lavorare sinergicamente.

Tattiche politiche per l'utilizzo del potere (*political tactics for using power*)
Comprendono la formazione di coalizioni, l'espansione dei network, l'assegnazione di persone fidate alla posizioni chiave, l'utilizzo della reciprocità, il controllo dei centri di potere, accrescere la legittimazione e l'esperienza e rendere esplicite le preferenze mantenendo al contempo implicito il potere.

Team
Task force permanenti utilizzate spesso insieme a una posizione full time di integrazione.

Team building
Attività che promuovono l'idea che le persone che lavorano insieme possono farlo come squadra.

Team di intelligence (*intelligence team*)
Gruppo inter-funzionale composto da dirigenti e dipendenti e di norma guidato da un professionista di competitive intelligence, con il compito di comprendere più approfonditamente una specifica questione competitiva.

Team globali (*global teams*)
Gruppi di lavoro internazionali composti da membri dotati di molteplici competenze la cui attività va a beneficio di molteplici nazioni; vengono anche indicati come team transnazionali.

Team virtuale (*virtual team*)
Un team composto da membri appartenenti a molte unità organizzative e a stabilimenti dispersi geograficamente che sono connessi fondamentalmente tramite tecnologie informatiche e comunicative avanzate.

Tecnologia (*technology*)
I processi, le tecniche, le macchine e le azioni utilizzate per trasformare gli input organizzativi (materiali, informazioni, idee) in output (prodotti e servizi).

Tecnologia artigianale (*craft technology*)
Tecnologia caratterizzata da un flusso di attività abbastanza stabile, ma nella quale il processo di trasformazione non è analizzabile o ben compreso.

Tecnologia ausiliaria (*noncore technology*)
Un processo di un'unità che è importante per l'organizzazione ma non è direttamente correlato alla sua missione primaria.

Tecnologia di mediazione (*mediating technology*)
Tecnologia che fornisce prodotti o servizi che mediano o stabiliscono un collegamento con i clienti dell'ambiente esterno e, così facendo, permette a ogni unità di lavorare indipendentemente.

Tecnologia ingegneristica (*engineering technology*)
Tecnologia che tende alla complessità perché presenta una sostanziale varietà nei compiti svolti, ma le varie attività sono generalmente gestite in base a formule, procedure e tecniche stabilite.

Tecnologia intensiva (*intensive technology*)
Tecnologia che fornisce congiuntamente a un cliente una varietà di prodotti o servizi.

Tecnologia non routinaria (*nonroutine technology*)
Tecnologia caratterizzata da un'alta varietà di compiti e da un processo di trasformazione non analizzabile o ben assimilato.

Tecnologia per i servizi (*service technology*)
Tecnologia caratterizzata da simultaneità di produzione e consumo, personalizzazione dell'output, partecipazione del cliente, intangibilità dell'output e natura *labor intensive.*

Tecnologia routinaria (*routine technology*)
Tecnologia caratterizzata da una bassa varietà di compiti e dall'utilizzo di procedure obiettive e computazionali.

Tecnologia sequenziale (*long-linked technology*)
Combinazione, nell'ambito di un'organizzazione, di successivi stadi di produzione, ognuno dei quali utilizza come propri input gli output dello stadio precedente e produce input per lo stadio successivo.

Teoria del prospetto (*prospect theory*)
Teoria secondo la quale il rischio di una perdita esercita un impatto maggiore su una decisione rispetto alla possibilità di un pari guadagno.

Teoria della dipendenza dalle risorse (*resource-dependence theory*)
Modalità razionali secondo le quali le organizzazioni cercano di minimizzare la loro dipendenza da altre organizzazioni e di influenzare l'ambiente per ottenere la disponibilità di tali risorse.

Teoria e progettazione organizzativa (*organization theory and design*)
Esame macro delle organizzazioni che analizza l'organizzazione nel suo complesso come un'entità unitaria.

Transaction processing systems (TPS)
Sistema di automatizzazione delle attività routinarie e delle transazioni commerciali quotidiane di un'organizzazione.

Trappole cognitive (*cognitive biases*)
Gravi errori di giudizio che tutti gli individui tendono a commettere e che generalmente conducono a scelte sbagliate.

U

Unità creative (*creative departments*)
Unità che danno vita ai processi di cambiamento, come la ricerca e sviluppo, le unità di ingegnerizzazione, di progettazione e di analisi dei sistemi.

Unità cuscinetto (*buffering roles*)
Attività che assorbono l'incertezza proveniente dall'ambiente.

V

Vantaggio competitivo (*competitive advantage*)
Quanto contraddistingue l'organizzazione dalle altre, fornendole una particolare capacità di soddisfare le esigenze dei clienti nel mercato.

Varietà (*variety*)
In termini di compiti, consiste nella frequenza di eventi nuovi e inaspettati che si presentano nel processo di trasformazione.

Venture team
Tecnica per alimentare la creatività all'interno delle organizzazioni creando dei team in forma di piccole aziende per la realizzazione di innovazioni.

Indice analitico

A

B

C

D

E

F

G

I

J

K

L

M

N

O

P

R

S

T

U

W

Indice dei casi

Le voci che compaiono **in grassetto** si riferiscono alle sezioni "Uno sguardo sull'Europa".

L

M

N

P

R

S

T

U

V

X

Z